广东教育年鉴编纂委员会

主　　任： 景李虎　朱孔军

副主任： 李大胜　那　佳　黄建固　李璧亮　欧阳谦　朱建华　徐仕敏　朱超华　邱克楠　朱俊文　蔡文雅
　　　　　曾声海　吴艳玲　黄友文

委　　员：（以姓氏笔画为序）

丁开万　王玉学　王春涛　王魏锋　方树生　邓旭峰　龙海山　卢振家　江存余　李　霞　李金俊
吴宝榆　张建锋　张家浚　陈东海　陈健生　邵子铀　邵允振　林锡江　范韶彬　周昭国　赵　琦
姜　琳　倪　熙　唐连章　黄小坚　程五一　傅湘龙　温燕欢　廖荣辉　戴庆洲

习恩民　叶溢奎　许伟明　杨　栋　杨利华　李　翔　利社会　张玉兰　陈　升　陈　爽　陈秋明
林卫兴　欧泽昌　罗浩翔　周武城　周章玉　黄令遥　梁钊俊　彭晓新　蔡益雄　管　雪

主　　　编： 朱建华

副　主　编： 王魏锋　黄小坚

编辑部主任： 龙建刚

编辑部副主任： 王蔓霞

编　　　辑： 王蔓霞　许纯子　钱昭君

GUANGDONG
EDUCATION
YEARBOOK

广东教育年鉴
2021

广东省教育厅 编

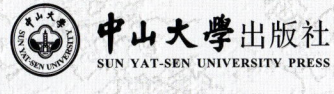
·广州·

版权所有　翻印必究

图书在版编目（CIP）数据

广东教育年鉴·2021/广东省教育厅编．—广州：中山大学出版社，2023.4
ISBN 978 - 7 - 306 - 07736 - 3

Ⅰ.①广…　Ⅱ.①广…　Ⅲ.①地方教育—教育事业—广东—2021—年鉴　Ⅳ.①G527.65 - 54

中国国家版本馆CIP数据核字（2023）第028019号

GUANGDONG JIAOYU NIANJIAN · 2021

出 版 人：王天琪
策划编辑：廖丽玲
责任编辑：廖丽玲
封面设计：林绵华
责任校对：梁嘉璐
责任技编：靳晓虹
策　　划：广东教育杂志社
出版发行：中山大学出版社
电　　话：编辑部 020 - 84110283，84113349，84111997，84110779，84110776
　　　　　发行部 020 - 84111998，84111981，84111160
地　　址：广州市新港西路135号
邮　　编：510275　传　真：020 - 84036565
网　　址：http://www.zsup.com.cn　E-mail：zdcbs@mail.sysu.edu.cn
印刷者：恒美印务（广州）有限公司
规　　格：889mm×1194mm　1/16　37.75印张　1249千字
版次印次：2023年4月第1版　2023年4月第1次印刷
定　　价：260.00元

如发现本书因印装质量影响阅读，请与出版社发行部联系调换

出版说明

一、《广东教育年鉴》（以下简称《年鉴》）是由广东省教育厅组织编纂的逐年反映广东教育改革与发展情况的文献资料性工具书，是社会各界了解教育基本情况和各级教育部门交流经验的平台，是展示教育风采的重要窗口。自2007年起每年出版一卷，本卷是第十五卷。

二、本卷《年鉴》的编纂工作以习近平新时代中国特色社会主义思想为指导，全面贯彻党的十九大精神，牢固树立新发展理念，落实高质量发展要求，紧紧围绕统筹推进"五位一体"总体布局和协调推进"四个全面"战略布局，落实立德树人根本任务，发展素质教育，推进教育公平，深化教育改革，加快教育现代化进程，着力解决教育发展不平衡不充分的问题，紧紧围绕"争先进、当标兵、建高地"中心工作，全面、系统、准确地记述全省教育的基本情况和教育现代化建设的主要举措，实事求是地总结全省教育工作的成就和经验，反映全省教育事业发展的基本面貌，为宣传、检索、研究广东教育提供权威的信息资料，促进广东教育改革发展。

三、本卷《年鉴》分"重要文件""概况""各级各类教育""教育综合管理""市域教育""教育人物""教育统计""学校展示"八大类目。采取三级目结构分类编辑法，以类目为一级目，以栏目为二级目，以条目为三级目。其中"各级各类教育""教育综合管理""市域教育"三个部分是主体，分别由主题相对独立的若干个栏目组成，每个栏目分为若干条目以及子条目。

四、本卷《年鉴》的基本栏目包括：教育部等部委有关教育的政策文件，省委、省政府有关教育的重要法规、文件，省教育厅及省相关单位有关教育的政策文件，教育事业发展概况，教育要事录，媒体聚焦，基础教育，职业教育与终身教育，高等教育，民办教育，党建工作，思想政治工作，政策法规，发展规划，基建财务，教育审计，学生助学，安全保卫工作，科研创新，体育卫生艺术与国防教育，队伍建设，教育交流与合作，人事管理，教育督导，学校后勤管理，老干部工作，教育纪检监察，招生考试，教育研究，教育宣传，语言文字工作，毕业生就业创业工作，教育装备，政务服务，各地级以上市教育概况及教育成果与特色，教育人物，教育统计，学校展示。

五、按目前国际国内通例，当年的年鉴反映上一年工作的基本情况。某些多年才能完成的工作任务，主要记述当年此项工作的进展情况。

六、《年鉴》发布的统计数据，由广东省教育厅发展规划处和基建财务处提供，引用应以此为准。某些条目中的数据，因统计口径不一，可能有不尽一致之处，请读者使用时注意。

七、《年鉴》的组稿以及编务工作得到了省教育厅机关各处（室）、有关直属单位，各地级以上市教育局及有关部门的积极协助和紧密配合。在年鉴编纂过程中，虽力求做到内容全面系统、资料准确无误、文字简明精练，但由于我们水平有限，仍有需要改进之处，欢迎读者批评指正。

《广东教育年鉴》编辑部
2022年4月

目 录

重 要 文 件

中共教育部党组印发《教育系统关于学习宣传贯彻落实〈新时代爱国主义教育实施纲要〉的工作方案》
　的通知 …………………………………………………………………………………………………… (003)
新时代高等学校思想政治理论课教师队伍建设规定 ………………………………………………………… (007)
教育系统内部审计工作规定 …………………………………………………………………………………… (011)
教育部关于废止部分规章的决定 ……………………………………………………………………………… (015)
中华人民共和国教育部令 ……………………………………………………………………………………… (016)
教育部等八部门关于加快构建高校思想政治工作体系的意见 ……………………………………………… (019)
教育部办公厅关于印发《高等学校命名暂行办法》的通知 ………………………………………………… (023)
教育部办公厅关于印发《教育系统"制止餐饮浪费 培养节约习惯"行动方案》的通知 ………………… (025)
教育部办公厅印发《关于防范和惩治教育统计造假弄虚作假责任制规定（试行）》的通知 ……………… (028)
教育部等五部门印发《关于进一步加强和规范教育收费管理的意见》的通知 …………………………… (030)
教育部办公厅等四部门关于进一步做好在院校实施 1 + X 证书制度试点有关经费使用管理工作的
　通知 ……………………………………………………………………………………………………… (034)
教育部关于印发《大中小学劳动教育指导纲要（试行）》的通知 ………………………………………… (035)
教育部关于印发《大中小学国家安全教育指导纲要》的通知 ……………………………………………… (041)
中共中央宣传部　教育部关于印发《新时代学校思想政治理论课改革创新实施方案》的通知 ………… (073)
教育部等九部门关于印发《职业教育提质培优行动计划（2020—2023 年）》的通知 …………………… (077)
教育部关于印发《高等学校课程思政建设指导纲要》的通知 ……………………………………………… (086)
教育部等六部门关于加强新时代高校教师队伍建设改革的指导意见 ……………………………………… (090)
教育部关于在部分高校开展基础学科招生改革试点工作的意见 …………………………………………… (094)
教育部关于加强残疾儿童少年义务教育阶段随班就读工作的指导意见 …………………………………… (098)
教育部等十部门关于进一步加强控辍保学工作健全义务教育有保障长效机制的若干意见 ……………… (101)
教育部等八部门关于进一步激发中小学办学活力的若干意见 ……………………………………………… (104)
教育部办公厅关于进一步加强面向中小学生的全国性竞赛活动管理工作的通知 ………………………… (107)
中共中央组织部等七部门关于实施高校毕业生就业创业推进行动的通知 ………………………………… (109)
关于推动公共实训基地共建共享的指导意见 ………………………………………………………………… (111)
体育总局　教育部关于印发深化体教融合促进青少年健康发展意见的通知 ……………………………… (114)
全国妇联　教育部关于印发《家长家庭教育基本行为规范》的通知 ……………………………………… (117)
教育部　广东省人民政府关于推进深圳职业教育高端发展争创世界一流的实施意见 …………………… (118)
广东省人民政府关于印发广东省进一步稳定和促进就业若干政策措施的通知 …………………………… (127)
广东省人民政府办公厅关于印发广东省教育领域省级与市县财政事权和支出责任划分改革实施方案的
　通知 ……………………………………………………………………………………………………… (131)

广东省学校安全条例 ……………………………………………………………………………………… (137)
广东省教育厅 中共广东省委机构编制委员会办公室 广东省财政厅 广东省人力资源和社会保障厅
　关于印发《广东省新时代教师发展体系建设实施方案》的通知 …………………………………… (144)
广东省教育厅关于建立健全新时代基础教育教研体系的实施意见 ……………………………………… (150)
广东省教育厅等十四部门（单位）关于转发《职业院校全面开展职业培训 促进就业创业行动计划》
　的通知 ……………………………………………………………………………………………………… (153)
广东省教育厅关于加强广东省中小学教师校本研修工作的指导意见 …………………………………… (155)
广东省教育厅关于进一步规范普通中小学招生入学工作的指导意见 …………………………………… (158)
关于推进中小学幼儿园集团化办学的指导意见 …………………………………………………………… (162)
广东省教育厅等八部门关于印发《关于加强残疾儿童少年义务教育阶段随班就读工作的实施细则
　（试行）》的通知 ………………………………………………………………………………………… (166)
广东省招生委员会 广东省教育厅关于印发《广东省2021年普通高等学校招生考试和录取工作实施
　方案》的通知 ……………………………………………………………………………………………… (175)
广东省人力资源和社会保障厅 广东省教育厅关于印发《广东省深化中等职业学校教师职称制度改革
　实施方案》的通知 ………………………………………………………………………………………… (180)

概　　况

2020年广东省教育事业发展概况 …………………………………………………………………………… (199)
2020年广东省教育要事录 …………………………………………………………………………………… (207)

媒体聚焦
广东为大湾区培育高素质产业生力军 ……………………………………………………………………… (218)
线上教育观 …………………………………………………………………………………………………… (220)
致敬逆行先锋，向红领巾传递信仰的力量 ………………………………………………………………… (229)

各级各类教育

基础教育
发展综述 ……………………………………………………………………………………………………… (235)
学前教育 ……………………………………………………………………………………………………… (236)
　基本情况 …………………………………………………………………………………………………… (236)
　实施"5080"攻坚工程 ……………………………………………………………………………………… (236)
　推进2020年城镇小区配套幼儿园治理工作 ……………………………………………………………… (236)
　组织开展无证幼儿园治理工作 …………………………………………………………………………… (236)
　启动学前教育科学保教示范工程 ………………………………………………………………………… (236)
　加大省级学前教育专项经费投入 ………………………………………………………………………… (236)
义务教育 ……………………………………………………………………………………………………… (237)
　基本情况 …………………………………………………………………………………………………… (237)
　着力推进"化解大班额""控辍保学"两大交账任务 …………………………………………………… (237)
　补齐农村教育发展短板 …………………………………………………………………………………… (237)
　保障适龄儿童平等就学权利 ……………………………………………………………………………… (237)
　着力提升办学质量 ………………………………………………………………………………………… (237)
普通高中教育 ………………………………………………………………………………………………… (237)
　基本情况 …………………………………………………………………………………………………… (237)

目录
CONTENTS

  消除大班额工作成效显著 …………………………………………………………………………（237）
  积极深化课程改革 …………………………………………………………………………………（238）
  实施学生综合素质评价 ……………………………………………………………………………（238）
  规范招生入学行为 …………………………………………………………………………………（238）
 特殊教育 ………………………………………………………………………………………………（238）
  基本情况 ……………………………………………………………………………………………（238）
  残疾儿童少年入学安置成效显著 …………………………………………………………………（238）
  不断完善专业支撑体系建设 ………………………………………………………………………（238）
  不断加大特殊教育经费投入 ………………………………………………………………………（238）
  加强教师队伍培训 …………………………………………………………………………………（238）
  举办第二届粤港澳融合教育论坛 …………………………………………………………………（238）
  提升学校办学质量 …………………………………………………………………………………（238）
 民族教育 ………………………………………………………………………………………………（239）
  基本情况 ……………………………………………………………………………………………（239）
  加大民族教育经费投入 ……………………………………………………………………………（239）
  加强内地民族班教育服务管理 ……………………………………………………………………（239）
  加强内派教师管理和培训 …………………………………………………………………………（239）
 教育信息化 ……………………………………………………………………………………………（239）
  基本情况 ……………………………………………………………………………………………（239）
  "三通两平台"成效明显 …………………………………………………………………………（239）
  加快推进信息技术与教育教学融合创新 …………………………………………………………（239）
  疫情期间线上教育取得实效 ………………………………………………………………………（240）
 学校展示（幼儿园、小学、中学） …………………………………………………………………（241）

职业教育与终身教育

 发展综述 ………………………………………………………………………………………………（321）
 高等职业教育 …………………………………………………………………………………………（321）
  基本情况 ……………………………………………………………………………………………（321）
  省职教城建设 ………………………………………………………………………………………（321）
  高职扩招工作 ………………………………………………………………………………………（322）
  高水平高职院校建设 ………………………………………………………………………………（322）
  创新强校工程 ………………………………………………………………………………………（322）
  一流高职院校结对帮扶计划 ………………………………………………………………………（322）
  "大湾区"交流与合作 ……………………………………………………………………………（322）
  就业升学工作 ………………………………………………………………………………………（322）
 中等职业教育 …………………………………………………………………………………………（322）
  基本情况 ……………………………………………………………………………………………（322）
  结构布局调整优化 …………………………………………………………………………………（322）
  招生工作 ……………………………………………………………………………………………（322）
  高水平中职学校建设 ………………………………………………………………………………（323）
  专业设置及专业建设 ………………………………………………………………………………（323）
  省级教育教学改革项目 ……………………………………………………………………………（323）
  就业升学工作 ………………………………………………………………………………………（323）
 终身教育 ………………………………………………………………………………………………（323）
  基本情况 ……………………………………………………………………………………………（323）

学历继续教育 (323)
　　全民终身学习活动周 (323)
　　乡村振兴教育 (323)
　　社区教育、老年教育 (323)
　　职业培训 (324)
学校展示（中职、高校及其他） (325)

高等教育

发展综述 (371)
教育教学管理 (373)
学位工作与研究生教育 (375)
　　学位工作 (375)
　　研究生教育工作 (376)

民办教育

　　概况 (378)
　　继续民办高校年度检查工作 (378)
　　落实财政扶持政策 (378)
　　推进民办高校实施"规范达标计划和品牌提升计划" (378)

教育综合管理

党建工作 (381)
　　机关党建工作 (381)
　　机关党务 (381)
　　机关群团组织工作 (382)
　　高校党建工作 (382)
　　开展建党100周年系列庆祝活动 (382)
　　抓实抓好党史学习教育 (382)
　　织密建强党的组织体系 (383)
思想政治工作 (383)
　　中小学德育工作综述 (383)
　　校园文化建设 (383)
　　中小学思政课建设 (383)
　　劳动教育 (383)
　　中小学心理健康教育 (384)
　　中小学德育队伍建设 (384)
　　高校思想政治工作综述 (384)
　　疫情防控思想政治工作 (384)
　　高校思想政治理论课建设 (384)
　　高校思想政治工作队伍建设 (384)
　　高校学生心理健康教育 (385)
　　高校网络思想政治教育 (385)
　　高校少数民族学生教育管理服务 (385)
政策法规 (385)
　　参与制定重大教育政策 (385)

疫情防控法治宣传教育 …………………………………………………………………………………… (386)
　　全面推进依法行政 ………………………………………………………………………………………… (386)
　　行政复议、行政应诉工作 ………………………………………………………………………………… (386)
　　全面推进依法治教、依法治校 …………………………………………………………………………… (386)
　　教育立法和教育普法 ……………………………………………………………………………………… (386)
发展规划 …… (387)
　　积极推进教育发展规划编制 ……………………………………………………………………………… (387)
　　高校设置工作成效显著 …………………………………………………………………………………… (387)
　　做好院校划转工作 ………………………………………………………………………………………… (387)
　　做好民办高校风险化解和日常管理 ……………………………………………………………………… (387)
　　积极争取科学编制高等教育招生计划 …………………………………………………………………… (387)
　　推动粤港澳大湾区教育合作发展和深圳教育先行先试 ………………………………………………… (388)
　　扎实开展教育大数据及统计工作 ………………………………………………………………………… (388)
基建财务 ……… (388)
　　全省教育基本建设投资情况 ……………………………………………………………………………… (388)
　　全省教育经费投入情况 …………………………………………………………………………………… (388)
　　教育基建财务重点工作 …………………………………………………………………………………… (389)
教育审计 ……… (389)
　　综述 …… (389)
　　教育审计实务工作 ………………………………………………………………………………………… (390)
　　教育审计整改工作 ………………………………………………………………………………………… (390)
　　教育审计制度建设 ………………………………………………………………………………………… (390)
　　教育审计队伍建设 ………………………………………………………………………………………… (391)
　　教育审计信息化建设 ……………………………………………………………………………………… (391)
学生助学 ……… (391)
　　综述 …… (391)
　　全力做好疫情期间学生资助工作 ………………………………………………………………………… (391)
　　完成教育脱贫攻坚任务 …………………………………………………………………………………… (391)
　　学生资助政策制度更加完善 ……………………………………………………………………………… (392)
　　生源地信用助学贷款工作稳步推进 ……………………………………………………………………… (392)
　　完善学生资助信息管理 …………………………………………………………………………………… (392)
　　学生资助政策宣传力度加大 ……………………………………………………………………………… (392)
　　高校资助育人工作取得新进展 …………………………………………………………………………… (392)
　　专项工作效果显著 ………………………………………………………………………………………… (392)
安全保卫工作 ……………………………………………………………………………………………………… (393)
　　综述 …… (393)
　　政治维稳工作 ……………………………………………………………………………………………… (393)
　　学校安全管理工作 ………………………………………………………………………………………… (393)
　　安全教育工作 ……………………………………………………………………………………………… (393)
科研创新 ……… (394)
　　高校科技/社科统计工作 …………………………………………………………………………………… (394)
　　科研人力资源 ……………………………………………………………………………………………… (394)
　　科研活动经费 ……………………………………………………………………………………………… (394)
　　研究机构 …………………………………………………………………………………………………… (394)

科研项目 ··· (395)
　　科研成果 ··· (395)
　　学术交流 ··· (395)
　　高校科技创新工作 ··· (395)
　　知识产权 ··· (396)
　　教育科研基本情况 ··· (396)
体育卫生艺术与国防教育 ··· (396)
　　疫情防控工作 ·· (396)
　　体育中考工作 ·· (396)
　　全国学生运动会备战工作 ·· (397)
　　校园足球工作 ·· (397)
　　学生体质健康工作 ··· (397)
　　体教融合工作 ·· (397)
　　按时保质保量完成教育部部署的"规定动作" ·· (397)
　　学校美育工作 ·· (397)
　　学校卫生工作 ·· (398)
　　国防教育工作 ·· (398)
　　主题案例征集活动 ··· (398)
队伍建设 ·· (399)
　　中小学教师培训工作 ·· (399)
　　校（园）长培训工作 ·· (400)
　　职业院校教师培训工作 ··· (400)
　　教师资格工作 ·· (400)
　　高校教师岗前培训工作 ··· (400)
　　加强高校高层次人才引培 ·· (400)
　　统筹谋划教师队伍发展 ··· (400)
　　加强师德师风建设 ··· (400)
　　推进教师发展中心建设 ··· (401)
　　推进落实乡村教师支持计划 ··· (401)
　　推进教师管理制度改革 ··· (401)
　　提高教师队伍地位待遇 ··· (401)
　　推进教师教育信息化工作 ·· (401)
教育交流与合作 ··· (401)
　　综述 ··· (401)
　　推进教育对外开放 ··· (401)
　　大力推动粤港澳大湾区教育合作 ··· (402)
　　大力引进世界优质资源合作办学 ··· (402)
　　国际学生教育管理持续优化 ··· (402)
　　粤台教育交流稳步进行 ··· (402)
　　有序开展涉外师生群体疫情防控 ··· (402)
人事管理 ·· (403)
　　综述 ··· (403)
　　统筹提高机构编制保障水平 ··· (403)
　　全面加强委厅干部队伍建设 ··· (403)

深化教育系统人事制度改革 …………………………………………………………………… (403)
　　进一步加强教育系统人才建设 …………………………………………………………………… (404)
　　大力推进"互联网+"教育政务服务改革 ………………………………………………………… (404)
　　进一步深化厅属企事业单位改革 ………………………………………………………………… (404)
教育督导 …………………………………………………………………………………………………… (404)
　　推进新时代教育督导体制机制改革 ……………………………………………………………… (404)
　　做好国家对省政府履行教育职责评价的组织实施 ……………………………………………… (404)
　　开展市县级政府履行教育职责评价 ……………………………………………………………… (404)
　　强化评估监测 ……………………………………………………………………………………… (405)
　　推进教育督导评估和教育强镇复评 ……………………………………………………………… (405)
　　规范校外培训和线上教育 ………………………………………………………………………… (405)
　　开展教育专项督导检查 …………………………………………………………………………… (405)
　　继续落实教育乱收费治理 ………………………………………………………………………… (405)
　　做好县域学前教育和幼儿园办园行为督导评估 ………………………………………………… (405)
　　推进中小学校责任督学挂牌督导 ………………………………………………………………… (406)
学校后勤管理 ……………………………………………………………………………………………… (406)
　　综述 ………………………………………………………………………………………………… (406)
　　支部建设 …………………………………………………………………………………………… (406)
　　疫情防控与物资保障 ……………………………………………………………………………… (406)
　　食品安全工作 ……………………………………………………………………………………… (406)
　　中小学"厕所革命" ……………………………………………………………………………… (407)
　　绿色学校 …………………………………………………………………………………………… (407)
　　节能减排 …………………………………………………………………………………………… (407)
　　校园生活垃圾分类 ………………………………………………………………………………… (407)
　　宿舍管理 …………………………………………………………………………………………… (407)
　　无偿献血工作 ……………………………………………………………………………………… (407)
　　建议提案办理 ……………………………………………………………………………………… (407)
老干部工作 ………………………………………………………………………………………………… (408)
　　综述 ………………………………………………………………………………………………… (408)
　　抓牢疫情防控 ……………………………………………………………………………………… (408)
　　做好党支部换届选举工作 ………………………………………………………………………… (408)
　　创新"五坚持"业务举措 ………………………………………………………………………… (408)
教育纪检监察 ……………………………………………………………………………………………… (409)
　　综述 ………………………………………………………………………………………………… (409)
　　强化政治监督 ……………………………………………………………………………………… (409)
　　坚持有案必查 ……………………………………………………………………………………… (409)
　　深化以案促改 ……………………………………………………………………………………… (409)
　　推动高校纪委建设 ………………………………………………………………………………… (409)
　　强化队伍建设 ……………………………………………………………………………………… (409)
招生考试 …………………………………………………………………………………………………… (410)
　　综述 ………………………………………………………………………………………………… (410)
　　疫情防控 …………………………………………………………………………………………… (410)
　　党建工作 …………………………………………………………………………………………… (410)
　　普通高考 …………………………………………………………………………………………… (410)

高中阶段学校招生考试 ………………………………………………………………………… (411)
中高职贯通试点招生 …………………………………………………………………………… (411)
普通高中学业水平合格性考试 ………………………………………………………………… (411)
本科插班生招生考试 …………………………………………………………………………… (411)
自学考试 ………………………………………………………………………………………… (411)
社会考试 ………………………………………………………………………………………… (411)
研究生招生考试 ………………………………………………………………………………… (411)
成人高校招生考试 ……………………………………………………………………………… (411)
考试命题 ………………………………………………………………………………………… (411)
考试招生信息化建设 …………………………………………………………………………… (411)
考试招生服务 …………………………………………………………………………………… (412)
院属企业管理 …………………………………………………………………………………… (412)

教育研究 …………………………………………………………………………………………… (412)
综述 ……………………………………………………………………………………………… (412)
推进新时代教研体系建设 ……………………………………………………………………… (412)
积极服务教育现代化决策 ……………………………………………………………………… (413)
聚焦重点关键开展教科研取得良好成效 ……………………………………………………… (413)
稳步推进教育宣传出版工作 …………………………………………………………………… (414)

教育宣传 …………………………………………………………………………………………… (414)
综述 ……………………………………………………………………………………………… (414)
党建工作 ………………………………………………………………………………………… (414)
疫情防控工作 …………………………………………………………………………………… (414)
教育宣传工作 …………………………………………………………………………………… (414)
教育品牌活动 …………………………………………………………………………………… (414)
新媒体工作 ……………………………………………………………………………………… (415)
事业发展成效 …………………………………………………………………………………… (415)

语言文字工作 ……………………………………………………………………………………… (415)
综述 ……………………………………………………………………………………………… (415)
提升语言文字工作治理能力和治理水平 ……………………………………………………… (415)
普通话水平测试 ………………………………………………………………………………… (415)
推广普通话宣传工作 …………………………………………………………………………… (416)
推进"学前学会普通话"计划 ………………………………………………………………… (416)
实施帮扶推普助力脱贫攻坚 …………………………………………………………………… (416)
广东省第十二届规范汉字书写大赛 …………………………………………………………… (416)
中华经典诵读 …………………………………………………………………………………… (416)
县域普通话普及情况调查 ……………………………………………………………………… (416)
语言资源保护工程广东项目 …………………………………………………………………… (416)
推进语言基地建设 ……………………………………………………………………………… (416)
提升科研工作管理水平 ………………………………………………………………………… (416)

毕业生就业创业工作 ……………………………………………………………………………… (417)
综述 ……………………………………………………………………………………………… (417)
就业概况 ………………………………………………………………………………………… (417)
就业举措 ………………………………………………………………………………………… (417)
大赛组织工作 …………………………………………………………………………………… (417)

教育装备 ………………………………………………………………………………………………(418)
　　综述 …………………………………………………………………………………………………(418)
　　中小学教育装备 ……………………………………………………………………………………(418)
　　高等教育装备 ………………………………………………………………………………………(419)
　　教育采购管理 ………………………………………………………………………………………(419)
政务服务 ………………………………………………………………………………………………(419)
　　综述 …………………………………………………………………………………………………(419)
　　打造新时代广东教育政务服务体系 ………………………………………………………………(420)
　　打造新时代舆论支持教育改革发展新平台 ………………………………………………………(420)
　　打造扶贫扶智"广东样板" …………………………………………………………………………(420)

市 域 教 育

广州市教育

概况 ……………………………………………………………………………………………………(425)
各级各类教育 …………………………………………………………………………………………(426)
　　基础教育 ……………………………………………………………………………………………(426)
　　职业教育与终身教育 ………………………………………………………………………………(428)
　　高等教育 ……………………………………………………………………………………………(428)
　　民办教育 ……………………………………………………………………………………………(429)
教育成果与特色 ………………………………………………………………………………………(429)
　　广州11个区委均成立教育工作领导小组 …………………………………………………………(429)
　　《广州教育发展报告（2019—2020）》出版 ………………………………………………………(430)
　　开展穗汉同读活动 …………………………………………………………………………………(430)
　　策划组织"广州电视课堂"线上课程资源建设 …………………………………………………(430)
　　首届穗港澳青少年冬令营开营 ……………………………………………………………………(430)
　　审议通过《广州市基础教育设施发展策略研究与布点规划（2019—2035年）》 ……………(430)
　　广州幼儿师范专科学校（筹）举行挂牌仪式 ……………………………………………………(430)
　　完成178所城镇小区配套幼儿园治理任务 ………………………………………………………(430)
　　完成中小学教师职称制度改革 ……………………………………………………………………(431)
　　创新基础教育高层次人才引进方式 ………………………………………………………………(431)
　　实施"乡村教师学历提升计划" …………………………………………………………………(431)
　　举办2020年粤港澳姊妹学校中华经典美文诵读比赛（广州）…………………………………(431)
　　筑牢筑实校园新冠肺炎疫情防线 …………………………………………………………………(431)
　　打造广州劳动教育新模式 …………………………………………………………………………(431)
　　搭建美育展示云上平台 ……………………………………………………………………………(431)
　　全市中小学校校医配备全覆盖 ……………………………………………………………………(431)
　　教师招聘 ……………………………………………………………………………………………(432)
　　教师资格认定 ………………………………………………………………………………………(432)
　　教师职称 ……………………………………………………………………………………………(432)
　　创新开展教师线上培训 ……………………………………………………………………………(432)
　　出台加强学校实验室安全管理的指导意见 ………………………………………………………(432)
　　首次建立广州市中小学卫生健康促进专家库 ……………………………………………………(433)
　　举行第三届"易美课堂"展示交流活动 …………………………………………………………(433)

大力推进优质资源均衡配置 (433)
　　推进高中教育拔尖创新人才培养工作 (433)
　　推进港澳子弟工作 (433)
　　开展技能竞赛 (433)
　　实施"粤菜师傅"工程 (433)
　　老年教育事业发展取得大突破 (433)
　　数字赋能"抗疫" (434)
　　服务全民终身学习 (434)

深圳市教育
概况 (435)
各级各类教育 (436)
　　基础教育 (436)
　　职业教育与终身教育 (437)
　　高等教育 (437)
　　民办教育 (438)
教育成果与特色 (438)
　　在线教学 (438)
　　学位建设 (438)
　　民生实事 (438)
　　教育科研 (438)
　　学校安全管理工作 (439)
　　教育考试 (439)
　　教育宣传 (439)
　　教育治理 (439)
　　队伍建设 (439)
　　人事管理 (439)
　　教育扶贫 (440)
　　教育资助 (440)
　　对外交流合作 (440)

珠海市教育
概况 (441)
各级各类教育 (443)
　　基础教育 (443)
　　中等职业教育 (444)
　　高等教育 (444)
　　民办教育 (447)
教育成果与特色 (447)
　　教育科研 (447)
　　素质教育 (447)
　　教育宣传 (447)
　　校园安全 (447)
　　助学帮扶 (448)

汕头市教育
概况 (449)

各级各类教育	(449)
基础教育	(449)
职业与成人教育	(449)
高等教育	(449)
民办教育	(450)
教育成果与特色	(450)
教育系统疫情防控	(450)
教育督导	(451)
教育法治	(451)
学校安全教育	(451)
教育投入	(452)
扶困助学	(452)
招生考试	(452)
高考录取	(453)
教师队伍建设	(453)
教育信息化	(453)
教育教学	(453)
科学主题教育活动	(454)
学校德育	(454)
学校体育	(455)
学校卫生健康	(455)
学校艺术教育	(455)
中职招生	(456)
中职教育专业建设	(456)
终身教育和社区教育	(456)

佛山市教育

概况	(457)
各级各类教育	(457)
基础教育	(457)
职业与成人教育	(458)
高等教育	(458)
教育成果与特色	(458)
全面落实素质教育	(458)
加强思想政治理论课建设	(459)
深入实施"强师工程"	(459)
全力维护校园安全	(459)
深入推进依法治教	(460)
深化教育科研和教学研究	(460)
推动信息技术与教育融合创新	(460)
加大教育对口帮扶与交流合作	(460)

韶关市教育

概况	(462)
各级各类教育	(462)
基础教育	(462)

职业与成人教育 ……（463）
　　高等教育 ………（464）
　　民办教育 ………（464）
教育成果与特色 ………………………………………………………………………………………………………（464）
　　义务教育质量监测工作 ……………………………………………………………………………………………（464）
　　政府履行教育职责评价工作 ………………………………………………………………………………………（464）
　　研学实践教育 ………………………………………………………………………………………………………（464）
　　德育实践活动 ………………………………………………………………………………………………………（465）
　　信息技术应用能力提升工程2.0工作 ………………………………………………………………………………（465）
　　教育教学工作 ………………………………………………………………………………………………………（465）
　　教育精准扶贫和学生资助工作 ……………………………………………………………………………………（465）

河源市教育

概况 ………（466）
各级各类教育 ……（466）
　　基础教育 ………（466）
　　职业教育与终身教育 ………………………………………………………………………………………………（466）
　　高等教育 ………（467）
教育成果与特色 ………………………………………………………………………………………………………（467）
　　疫情防控工作 ………………………………………………………………………………………………………（467）
　　教育强师工程实施 …………………………………………………………………………………………………（467）
　　教育信息化水平提升 ………………………………………………………………………………………………（467）
　　未成年人思想道德建设 ……………………………………………………………………………………………（468）
　　教育精准扶贫 ………………………………………………………………………………………………………（468）

梅州市教育

概况 ………（469）
各级各类教育 ……（469）
　　基础教育 ………（469）
　　中等职业教育 ………………………………………………………………………………………………………（470）
　　民办教育 ………（470）
教育成果与特色 ………………………………………………………………………………………………………（470）
　　抗疫复学工作 ………………………………………………………………………………………………………（470）
　　教育均衡 ………（470）
　　教师队伍建设 ………………………………………………………………………………………………………（471）
　　教学质量 ………（471）
　　教育保障 ………（471）
　　教育信息化 ……（471）
　　党建工作 ………（471）

惠州市教育

概况 ………（472）
各级各类教育 ……（472）
　　基础教育 ………（472）
　　职业与成人教育 ……………………………………………………………………………………………………（473）
　　高等教育 ………（473）
教育成果与特色 ………………………………………………………………………………………………………（473）

疫情防控取得阶段性成效 (473)
　　各学段学位保障水平提升 (474)
　　全方位育人水平提升 (474)
　　教育保障和安全发展基础夯实 (474)
　　教师队伍综合素质提高 (474)
　　社会办学 (474)

汕尾市教育
　概况 (475)
　各级各类教育 (477)
　　基础教育 (477)
　　职业教育 (477)
　　高等教育 (478)
　教育成果与特色 (478)
　　推动学前教育普惠规范发展 (478)
　　大力推进"厕所革命" (478)
　　提高生均经费和贫困子女教育保障水平 (478)
　　建设智慧教育服务系统 (478)

东莞市教育
　概况 (479)
　各级各类教育 (479)
　　基础教育 (479)
　　职业与成人教育 (480)
　　高等教育 (480)
　　民办教育 (481)
　教育成果与特色 (481)
　　大力实施教育扩容提质 (481)
　　教育改革提速发展 (482)
　　政府履行教育职责评价 (482)
　　加强教师队伍建设 (482)
　　随迁子女教育服务水平不断提升 (482)
　　德育工作实效进一步增强 (482)
　　家庭教育与心理健康教育工作稳步推进 (483)
　　体育、艺术教育取得丰硕成果 (483)
　　科技教育成果明显 (483)
　　教育科研水平不断提升 (483)
　　开展优质教学资源的建设与应用 (484)
　　大力开展终身教育 (484)
　　依法治教水平不断提升 (484)
　　加强学校安全管理 (484)

中山市教育
　概况 (485)
　各级各类教育 (488)
　　基础教育 (488)
　　职业与成人教育 (488)

高等教育 ……… (489)
  民办教育 ……… (489)
 教育成果与特色 ……… (489)
  教育督导 ……… (489)
  德育工作 ……… (490)
  学校安全工作 ……… (490)
  学校体育工作 ……… (490)
  学校艺术工作 ……… (491)
  新冠肺炎疫情防控工作 ……… (491)
  学校卫生保健 ……… (491)
  数字化教育工程 …… (491)
  教育科研 ……… (492)
  教育考试 ……… (492)
  招生制度改革 ……… (492)
  精品课程建设 ……… (492)
  教师队伍建设 ……… (492)
  名教师、名校长工程 …… (493)
  教师职称评审 ……… (493)
  教师资格认定及注册 …… (493)
  流动人口积分入学 ……… (493)
  扶困助学 ……… (493)
  教育扶贫工作 ……… (493)

江门市教育

 概况 …… (494)
 各级各类教育 …… (496)
  基础教育 ……… (496)
  西藏幼师班 …… (497)
  中等职业教育 ……… (497)
  社区教育 ……… (497)
  高等教育 ……… (497)
  民办教育 ……… (499)
 教育成果与特色 ……… (499)
  教学教研 ……… (499)
  教师继续教育 ……… (500)
  名师工程 ……… (500)
  德育工作 ……… (500)
  体卫艺教育 …… (500)
  安全教育 ……… (501)

阳江市教育

 概况 …… (502)
 各级各类教育 …… (502)
  基础教育 ……… (502)
  职业与成人教育 …… (503)
  高等教育 ……… (503)

目录

教育成果与特色	(503)
全面推进中小学德育工作	(503)
全面推进素质教育发展	(503)
全面推进教研科研融合发展	(504)
深入推进师德师风建设	(504)
持续加大教师均衡调配	(504)
全面提升教师能力素养	(504)
完善教育质量评价体制	(504)
开展校园安全专项整治	(505)
推进法治建设	(505)
全面提升惠民服务水平	(505)

湛江市教育

概况	(506)
各级各类教育	(506)
基础教育	(506)
职业与成人教育	(508)
高等教育	(509)
民办教育	(509)
教育成果与特色	(509)
教育经费投入	(509)
教育信息化建设	(509)
学生素质教育	(510)
师资队伍建设	(510)
教育资助	(510)
教育装备建设	(510)

茂名市教育

概况	(511)
各级各类教育	(511)
基础教育	(511)
职业教育	(512)
高等教育	(512)
民办教育	(512)
教育成果与特色	(513)
"县管校聘"改革	(513)
人才工程建设	(513)
教育信息化建设	(513)
校园足球特色品牌打造	(514)
基础工程建设	(514)
教育扶贫	(514)

肇庆市教育

概况	(515)
各级各类教育	(515)
基础教育	(515)
职业与成人教育	(516)

高等教育 (517)
教育成果与特色 (519)
职业技能竞赛 (519)
职工教育 (519)
成人高考 (519)
自学考试 (519)
教育资源共享 (519)
教育督导 (519)
免费义务教育 (520)
课程改革 (520)
扶困助学 (520)
未成年人思想道德建设 (520)
高中职招生任务 (520)
学校疫情防控 (520)
中小学党建"双百"工程 (520)
强师工程 (520)
"城乡联动、双向提升"改革 (521)
中小学教师职称评定 (521)
师德建设 (521)
肇庆市普通高中千人学校联盟成立 (521)

清远市教育

概况 (522)
各级各类教育 (523)
基础教育 (523)
职业与成人教育 (523)
高等教育 (523)
民办教育 (524)
教育成果与特色 (524)
乡村教育振兴工程 (524)
政府教育履职考核 (524)
教育督导 (524)
广清教育对口帮扶 (524)
教育科研 (524)
课程改革 (524)
教师培训 (525)
招生考试改革 (525)
扶困助学 (525)
教育公平 (525)
学位供给 (525)
体育艺术教育 (525)
校园食品安全管理 (525)
新冠肺炎疫情防控 (525)
全市安全工作会议 (526)
家校共育 (526)

潮州市教育

概况 …… (527)
各级各类教育 ……………………………………………………………………………………………… (528)
 基础教育 ………………………………………………………………………………………………… (528)
 高中阶段教育 …………………………………………………………………………………………… (528)
教育成果与特色 …………………………………………………………………………………………… (529)
 德育工作 ………………………………………………………………………………………………… (529)
 教研工作 ………………………………………………………………………………………………… (529)
 体育工作 ………………………………………………………………………………………………… (529)
 美育工作 ………………………………………………………………………………………………… (529)
 教师队伍建设 …………………………………………………………………………………………… (529)
 信息化建设 ……………………………………………………………………………………………… (530)
 安全工作 ………………………………………………………………………………………………… (530)
 后勤工作 ………………………………………………………………………………………………… (530)

揭阳市教育

概况 …… (531)
各级各类教育 ……………………………………………………………………………………………… (531)
 基础教育 ………………………………………………………………………………………………… (531)
 中职教育 ………………………………………………………………………………………………… (531)
 高等教育 ………………………………………………………………………………………………… (531)
 民办教育 ………………………………………………………………………………………………… (532)
教育成果与特色 …………………………………………………………………………………………… (532)
 校园疫情防控 …………………………………………………………………………………………… (532)
 德育工作 ………………………………………………………………………………………………… (532)
 教育改革 ………………………………………………………………………………………………… (532)
 教师队伍建设 …………………………………………………………………………………………… (533)
 体育卫生 ………………………………………………………………………………………………… (533)
 教育保障 ………………………………………………………………………………………………… (533)
 学校安全管理 …………………………………………………………………………………………… (533)

云浮市教育

概况 …… (534)
各级各类教育 ……………………………………………………………………………………………… (535)
 基础教育 ………………………………………………………………………………………………… (535)
 职业与成人教育 ………………………………………………………………………………………… (536)
 高等教育 ………………………………………………………………………………………………… (536)
教育成果与特色 …………………………………………………………………………………………… (536)
 校园疫情防控 …………………………………………………………………………………………… (536)
 教师"县管校聘"管理改革 ……………………………………………………………………………… (537)
 线上教学 ………………………………………………………………………………………………… (537)
 广东名师大讲堂——走进云浮（罗定）活动 ………………………………………………………… (537)

教 育 人 物

全国教书育人楷模 …………………………………………………………………………………（541）
钟南山详细事迹
　顶天立地　敢医敢言——一名医者、师者不平凡的人生 ………………………………………（542）

教 育 统 计

广东省学校数 ………………………………………………………………………………………（547）
广东省毕业生数 ……………………………………………………………………………………（548）
广东省招生数 ………………………………………………………………………………………（549）
广东省在校学生数 …………………………………………………………………………………（550）
广东省教职工数 ……………………………………………………………………………………（551）
广东省专任教师数 …………………………………………………………………………………（552）
广东省各级各类教育基本情况（一） ……………………………………………………………（553）
广东省各级各类教育基本情况（二） ……………………………………………………………（554）
广东省各级各类教育基本情况（三） ……………………………………………………………（555）
广东省各级各类民办教育基本情况（一） ………………………………………………………（556）
广东省各级各类民办教育基本情况（二） ………………………………………………………（558）
广东省主要教育综合指标在全国排位情况（一） ………………………………………………（560）
广东省主要教育综合指标在全国排位情况（二） ………………………………………………（561）
广东省主要教育综合指标在全国排位情况（三） ………………………………………………（562）
广东省各地级以上市学校数 ………………………………………………………………………（563）
广东省各地级以上市招生数 ………………………………………………………………………（564）
广东省各地级以上市在校学生数 …………………………………………………………………（565）
2020年广东省各普通高校研究生、普通本专科招生数和在校生数 ……………………………（566）

◆ 重要文件

MAIN DOCUMENTS

中共教育部党组印发《教育系统关于学习宣传贯彻落实〈新时代爱国主义教育实施纲要〉的工作方案》的通知

(教党〔2020〕11号)

各省、自治区、直辖市党委教育工作部门、教育厅（教委），新疆生产建设兵团教育局，部属各高等学校党委、部省合建各高等学校党委：

《教育系统关于学习宣传贯彻落实〈新时代爱国主义教育实施纲要〉的工作方案》已经部党组会审议通过，现印发给你们，请结合实际认真贯彻执行。

中共教育部党组
2020年1月16日

教育系统关于学习宣传贯彻落实《新时代爱国主义教育实施纲要》的工作方案

为推动《新时代爱国主义教育实施纲要》（以下简称《纲要》）学习宣传贯彻落实，在教育系统扎实开展深入、持久、生动的爱国主义教育，着力培养德智体美劳全面发展的社会主义建设者和接班人，特制定本方案。

一、总体要求

以习近平新时代中国特色社会主义思想为指导，紧紧围绕中国特色社会主义伟大实践、"两个一百年"奋斗目标和实现中华民族伟大复兴中国梦，深刻认识中国共产党团结带领全国各族人民进行的革命、建设、改革实践是爱国主义的伟大实践。完善立德树人体制机制，加快构建大中小学一体贯穿、循序渐进的教育体系，着力通过颂扬先进形象、打造有效载体、营造浓厚氛围、激发爱国情感、利用重要仪式、激励使命担当等途径砥砺爱国奋进。加强政府、学校、家庭、社会育人力量整体协同，教育引导广大师生从感性到理性、从自在到自为，激发爱党爱国爱社会主义的巨大热情，凝聚奋进新时代、实现民族复兴的磅礴伟力。

——坚持长短衔接，将传承民族精神与弘扬时代精神相结合。引导师生了解中华民族的悠久历史和灿烂文化，从历史中汲取营养和智慧，广泛开展党史、新中国史、改革开放史教育，将培养青年制度自信作为重要一环，引导广大师生牢记红色政权是从哪里来的、新中国是怎么建立起来的，不断增强"四个自信"。

——坚持由浅入深，将激发爱国之情与投身报国之行相结合。广泛开展理想信念教育，深化社会主义和共产主义宣传教育，深化中国特色社会主义和中国梦宣传教育，注重激发师生爱国情感，使爱国主义成为每个人心中的坚定信念和精神力量，引导师生把实现个人理想融入实现国家富强、民族振兴、人民幸福的伟大梦想之中，把爱国之情转化为报国之行。

——坚持内外联动，将挖掘校内资源与运用社会资源相结合。着力挖掘校园文化中蕴含的爱国主义教育元素和承载的丰厚道德资源，传承学校精神文脉，在爱校荣校教育中厚植师生家国情怀，让中华文化基因、传统美德观念植根于师生的思想意识和道德观念，积极统筹协调校外爱国主义教育资源，形成全社会共同推动爱国主义教育的良好氛围。

——坚持远近贯通，将久久为功与重点推进相结合。遵循教育教学规律和学生成长发展规律，坚持贯穿结合融入，研究制定中长期规划，久久为功、绵绵用力。把加强爱国主义教育作为教育系统2020年思想政治工作的主题，围绕关键节点、重点领域，细化具体方案和重点举措，推动落细落小落实，加快推进工作。

二、建立爱国主义教育工作体系

（一）在明理上下功夫，准确把握新时代爱国主义精神的丰富内涵

爱国主义是中华民族的民族心、民族魂，是中华民族最重要的精神财富，是中国人民和中华民族维护民族独立和民族尊严的强大精神动力。爱国主义的本质就是坚持爱国和爱党、爱社会主义高度统一。要深刻认识爱国主义精神实质和丰富内涵，切实加强理论研究与科学阐释，深入推进课程和教材内容体现爱国内涵，将爱国主义精神贯穿于学校教育教学全过程，成为全体师生的思想共识和自觉行动。

1．"立心铸魂"行动：加强爱国主义理论研究阐释。充分发挥教育系统人才资源优势和理论研究优势，组织研究力量，对《纲要》精神进行全方位、深层次、多角度的研究阐释，传承和弘扬中华民族爱国传统，推进重大现实问题、重大理论问题、重大实践经验总结的课题研究，推动建立爱国主义教育目标体系、方法体系、内容体系、制度体系。围绕爱国主义教育、公民道德教育主题，推广展示一批精品项目，编写一批优秀作品并纳入思想政治工作文库，推动出版一批反映中国特色、中国风格、中国气派的哲学社会科学重大原创性著作。

2．"笃志润德"行动：推动爱国主义教育进课堂、进教材。充分发挥课堂教学的主渠道作用，将爱国主义精神贯穿于学校教育教学全过程。将弘扬爱国主义精神、加强道德养成作为思政课重要内容，以爱国主义故事、先进典型事迹等鲜活素材充实思政课案例库。围绕政治认同、家国情怀、文化素养、法治意识、道德修养等重点，结合基础教育、职业教育、高等教育的不同特点，挖掘各门课程所蕴含的爱国主义教育元素和所承载的爱国主义教育功能，增强知识传授的道德教化功能，构建爱国主义教育与知识体系教育相统一的育人机制。大力推广和规范使用国家通用语言文字，优化爱国主义教材内容体系，推出反映爱国主义内容的高质量教辅读物。

（二）在共情上下功夫，涵育爱党爱国爱社会主义的真挚情感

爱国是人世间最深层、最持久的情感。要增强主体体验，加大情感共鸣，强化师生对中国特色社会主义道路的思想认同、情感认同、理论认同，涵养积极进取、开放包容、理性平和的心态。

3．"青春告白"行动：全方位、立体式激发爱国主义情感。长效化开展"青春告白祖国"等爱国主义教育工作，引导师生结合理论学习体悟和社会实践体验，生动真挚表达爱国主义热情。构建经常性爱国主义教育机制，把爱国主义内容融入党支部"三会一课"和党日团日、主题班会、班队会以及各类教育活动之中。针对不同年龄、学段特征，制作推介体现爱国主义内涵、适合网络传播的音频、短视频、网络文章、网络游戏、微电影等。积极运用微博微信、社交媒体、视频网站、手机客户端等传播平台，充分发挥易班、大学生在线等网络教育平台作用，着力构建校园网络新媒体传播矩阵，全方位开展网上爱国主义教育。

4．"共情共鸣"行动：多层次、全维度培育爱国主义情怀。深入挖掘和宣传国家功勋模范人物和先进典型的突出事迹，推动各类先进人物进入校园开展思想政治工作，并进一步结合课堂教学、校园文化、社会实践、网络文化等载体形成工作常态化。鼓励设立国家功勋荣誉获得者等命名的奖学金，支持大中小学校为革命烈士、国家功勋人物树立塑像、铭刻事迹等。深入开展祖国统一教育，加强宪法和基本法教育，组织港澳台学生语言文化交流活动，为港澳台师生来内地（大陆）交流、学习提供更多机会与便利，引导青少年为坚持"一国两制"和推进祖国统一而共同奋斗。以铸牢中华民族共同体意识为主线，加强民族团结进步教育，加大在优秀少数民族学生中发展党员力度，引导各族学生牢固树立"五个认同""三个离不开"思想。

（三）在弘文上下功夫，加强爱国主义教育的氛围营造和文化浸润

爱国主义是中国民族精神的核心，以爱国主义为核心的民族精神和以改革创新为核心的时代精神，是凝心聚力的兴国之魂、强国之魂。要坚持以文化人、以文育人，传承和弘扬中华优秀传统文化、革命文化、社会主义先进文化，充分发挥校园资源、社会资源、自然资源的育人功能，不断增强民族自尊心、自信心和自豪感。

5．"固本培元"行动：挖掘和运用校园文化爱国主义教育功能。深化文明校园创建活动，挖掘校史校风校训校歌的爱国主义教育功能，深入实施"高校原创文化精品推广行动计划"，鼓励广大师生积极创作体现爱国主义精神、正确价值导向的原创校园文化精品力作。用好校园报刊广播影视等媒体，推出仪式教育系列专题专栏，面向师生广泛宣传国旗升挂、国徽佩戴、国歌奏唱礼仪，认真组织升国旗仪式、入党入团入队仪式等，强化国家意识和集

体观念。加强网络舆论引导，引导学生明辨是非、分清善恶，自觉抵制损害国家荣誉的错误言行。

6. "同频共振"行动：构建爱国主义文化育人共同体。深入实施"中华经典诵读工程""中华传统节日振兴工程"，继续建设"中华经典资源库"，办好"中国诗词大会""中华经典诵写讲大赛""礼敬中华优秀传统文化""少年传承中华传统美德""全国中小学生电影周""新时代好少年"等活动。在重大纪念日、重大历史事件日，组织广大师生开展公祭、瞻仰纪念碑、祭扫烈士墓等纪念活动。依托自然人文景观和重大工程开展教育，组织爱国主义教育研学实践教育活动，引导广大师生投身美丽中国建设。

（四）在力行上下功夫，推动爱国精神转化为强国报国的自觉行动

爱国要体现在行动上，要引导师生把自己的理想同祖国的理想、把自己的人生同民族的命运紧密联系在一起，扎根人民，奉献国家。要搭建实践平台，开展调研考察和咨询服务，引导师生将个人的"小我"融入祖国的"大我"、人民的"大我"之中。

7. "激情追梦"行动：促进爱国行为养成。加强校企战略合作、产教融合，通过设立实习实训基地、校外辅导员工作室等方式，充分利用国企资源，开展教学实习、技能实训、岗位体验、就业实践等。建设爱国主义实践育人基地，制定完善实践育人指导教师激励机制。深入推进学雷锋志愿服务，强化劳动精神、劳动观念教育。引领广大师生围绕"一带一路""脱贫攻坚"等国家重大发展战略开展社会实践，在实践中坚定报国志向、锻炼本领能力。

8. "奋斗圆梦"行动：融入国家发展大局。深入开展知识分子"弘扬爱国奋斗精神、建功立业新时代"活动，在教师群体中弘扬"两弹一星"精神、载人航天精神等，发扬艰苦奋斗、永久奋斗的优良传统。推动供给侧与需求侧精准对接，向重点行业、重点地区、重点单位、重大工程、重大项目精准培养优秀毕业生，引导毕业生向先进制造业、现代服务业和现代农业等领域就业创业、建功立业。推送更多优秀高校毕业生到国际组织实习、任职，培养服务国家发展战略的全球治理人才。

三、近期重点举措

（一）迅速掀起学习宣传贯彻热潮

开展全系统贯通式专题培训，将《纲要》作为有关干部培训班重要内容，对直属高校领导干部、各类青年管理教学科研骨干、高校思想政治骨干等进行培训，依托"周末理论大讲堂"等平台对全国高校思政课教师进行培训。

（二）总结宣传推广首都教育系统国庆服务保障工作先进事迹

在深入总结首都教育系统服务保障国庆活动全国宣讲工作的基础上，汇集整理服务保障国庆活动工作中的先进事迹和典型经验并编印宣传读本，印发全体思政课教师和辅导员，进一步丰富形势政策教育资源库，使国庆活动中的精神财富转化为广大师生奋进新时代的强大动力。

（三）加大"青春告白祖国"优秀成果推广展示力度

在深入总结2019年"青春告白祖国"工作优秀成果的基础上，继续做好"小我融入大我、青春献给祖国"师生主题社会实践活动，并与有关媒体合作，制作推出专题展示节目，重点展示100个左右优秀成果。

（四）广泛开展"奋斗的我 最美的国"新时代先进人物进校园工作

在做好前期启动仪式和示范活动的基础上，会同中央宣传部、国资委、全国总工会、共青团中央、全国妇联、中国科协等部门持续做好新时代先进人物进校园工作，激励广大师生崇尚先进、学习先进、争做先进，整合社会资源服务高校育人，形成校内校外育人工作联动的长效机制。

（五）创作推送展示爱国主义网络文化作品

做好"全国大学生网络文化节"和"全国高校网络教育优秀作品推选展示活动"，加大爱国主义教育、公民道德教育相关内容的网络文章、微视频、微电影等作品推选倾斜力度，积极推介体现中华文化精髓、富有爱国主义气息的网络文学、动漫、有声读物、网络游戏、手机游戏、短视频等。

（六）不断深化各类品牌活动爱国主义教育成效

继续组织好"开学第一课""我和祖国共成长""青年红色筑梦之旅""少年工匠心向党""强国一代""圆梦蒲公英""读懂中国""院士回母校""全国大中小学生艺术展演"等各级各类学生品牌活动，不断强化爱国主义教育鲜明主题，增强活动吸引力、号召力，调动学生参与的积极性、主动性。

四、组织保障

（一）加强组织领导

要强化主体责任，压紧压实意识形态工作责任

制,加强宏观指导、统筹协调和督促落实。把爱国主义教育与落实立德树人根本任务,构建完善大中小学思想政治工作体系,建立不忘初心、牢记使命的制度联系起来。广大党员教师要以身作则、率先垂范,发挥模范带头作用,做爱国主义的坚定弘扬者和实践者。

（二）提高队伍能力

要建设一支由思政课教师、宣传骨干、辅导员骨干等组成的爱国主义教育队伍,加强素质能力培训。围绕破解爱国主义教育重点难点问题的路径和方法等重大理论和现实问题开展调查研究,创新工作方式方法,注重建立长效机制,把教育活动融入日常、抓在经常、落在平常。

（三）加强宣传推广

要深入挖掘报道爱国主义先进典型和优秀事迹,广泛宣传推广教育系统深入开展爱国主义教育的好经验、好做法、好成果。加强对道德领域热点问题的引导,着力增强师生的法治意识、公共意识、规则意识、责任意识,持续生动形象做好宣传。

（四）完善评价机制

要进一步优化机制,切实完善科学评价和政策保障,形成科学合理的评价激励体系。把爱国主义教育纳入学校党建工作责任制,把爱国主义教育成效作为开展相关评估评价、评审评比的政治标准和重要指标,推动任务落地落实。

有关落实情况,请及时报告教育部党组。

新时代高等学校思想政治理论课教师队伍建设规定

中华人民共和国教育部令第46号

《新时代高等学校思想政治理论课教师队伍建设规定》已经2020年1月7日教育部第1次部务会议审议通过,现予公布,自2020年3月1日起施行。

教育部部长 陈宝生
2020年1月16日

新时代高等学校思想政治理论课教师队伍建设规定

第一章 总 则

第一条 为深入贯彻落实习近平新时代中国特色社会主义思想和党的十九大精神,贯彻落实习近平总书记关于教育的重要论述,全面贯彻党的教育方针,加强新时代高等学校思想政治理论课(以下简称思政课)教师队伍建设,根据《中华人民共和国教师法》,中共中央办公厅、国务院办公厅印发的《关于深化新时代学校思想政治理论课改革创新的若干意见》,制定本规定。

第二条 思政课是高等学校落实立德树人根本任务的关键课程,是必须按照国家要求设置的课程。

思政课教师是指承担高等学校思政课教育教学和研究职责的专兼职教师,是高等学校教师队伍中承担开展马克思主义理论教育、用习近平新时代中国特色社会主义思想铸魂育人的中坚力量。

第三条 主管教育部门、高等学校应当加强思政课教师队伍建设,把思政课教师队伍建设纳入教育事业发展和干部人才队伍建设总体规划,在师资建设上优先考虑,在资金投入上优先保障,在资源配置上优先满足。

第四条 高等学校应当落实全员育人、全程育人、全方位育人要求,构建完善立德树人工作体系,调动广大教职工参与思想政治理论教育的积极性、主动性,动员各方面力量支持、配合思政课教师开展教学科研、组织学生社会实践等工作,提升思政课教学效果。

第二章 职责与要求

第五条 思政课教师的首要岗位职责是讲好思政课。思政课教师要引导学生立德成人、立志成才,树立正确世界观、人生观、价值观,坚定对马克思主义的信仰,坚定对社会主义和共产主义的信念,增强中国特色社会主义道路自信、理论自信、制度自信、文化自信,厚植爱国主义情怀,把爱国情、强国志、报国行自觉融入坚持和发展中国特色社会主义事业、建设社会主义现代化强国、实现中华民族伟大复兴的奋斗之中,为培养德智体美劳全面发展的社会主义建设者和接班人做出积极贡献。

第六条 对思政课教师的岗位要求:

(一)思政课教师应当增强"四个意识",坚定"四个自信",做到"两个维护",始终在政治立场、政治方向、政治原则、政治道路上同以习近平同志为核心的党中央保持高度一致,模范践行高等学校教师师德规范。做到信仰坚定、学识渊博、理论功底深厚,努力做到政治强、情怀深、思维新、视野广、自律严、人格正,自觉用习近平新时代中国特色社会主义思想武装头脑,做学习和实践马克思主义的典范,做为学为人的表率。

(二)思政课教师应当用好国家统编教材。以讲好用好教材为基础,认真参加教材使用培训和集体备课,深入研究教材内容,吃准吃透教材基本精神,全面把握教材重点、难点,认真做好教材转化工作,编写好教案,切实推动教材体系向教学体系转化。

（三）思政课教师应当加强教学研究。坚持以思政课教学为核心的科研导向，紧紧围绕马克思主义理论学科内涵开展科研，深入研究思政课教学方法和教学重点难点问题，深入研究坚持和发展中国特色社会主义的重大理论和实践问题。

（四）思政课教师应当深化教学改革创新。按照政治性和学理性相统一、价值性和知识性相统一、建设性和批判性相统一、理论性和实践性相统一、统一性和多样性相统一、主导性和主体性相统一、灌输性和启发性相统一、显性教育和隐性教育相统一的要求，增强思政课的思想性、理论性和亲和力、针对性，全面提高思政课质量和水平。

第三章　配备与选聘

第七条　高等学校应当配齐建强思政课专职教师队伍，建设专职为主、专兼结合、数量充足、素质优良的思政课教师队伍。

高等学校应当根据全日制在校生总数，严格按照师生比不低于1∶350的比例核定专职思政课教师岗位。公办高等学校要在编制内配足，且不得挪作他用。

第八条　高等学校应当根据思政课教师工作职责、岗位要求，制定任职资格标准和选聘办法。

高等学校可以在与思政课教学内容相关的学科遴选优秀教师进行培训后加入思政课教师队伍，专职从事思政课教学；并可以探索胜任思政课教学的党政管理干部转岗为专职思政课教师，积极推动符合条件的辅导员参与思政课教学，鼓励政治素质过硬的相关学科专家转任思政课教师。

第九条　高等学校可以实行思政课特聘教师、兼职教师制度。鼓励高等学校统筹地方党政领导干部、企事业单位管理专家、社科理论界专家、各行业先进模范以及高等学校党委书记校长、院（系）党政负责人、名家大师和专业课骨干、日常思想政治教育骨干等讲授思政课。支持高等学校建立两院院士、国有企业领导等人士经常性进高校、上思政课讲台的长效机制。

第十条　主管教育部门应当加大高等学校思政课校际协作力度，加强区域内高等学校思政课教师柔性流动和协同机制建设，支持高水平思政课教师采取多种方式开展思政课教学工作。采取派驻支援或组建讲师团等形式支持民办高等学校配备思政课教师。

第十一条　高等学校应当严把思政课教师政治关、师德关、业务关，明确思政课教师任职条件，根据国家有关规定和本规定要求，制定思政课教师规范或者在聘任合同中明确思政课教师权利义务与职责。

第十二条　高等学校应当设置独立的马克思主义学院等思政课教学科研二级机构，统筹思政课教学科研和教师队伍的管理、培养、培训。

思政课教学科研机构负责人应当是中国共产党党员，并有长期从事思政课教学或者马克思主义理论学科研究的经历。缺少合适人选的高等学校可以采取兼职等办法，从相关单位聘任思政课教学科研机构负责人。

第四章　培养与培训

第十三条　主管教育部门和高等学校应当加强思政课教师队伍后备人才培养。

国务院教育行政部门应当制定马克思主义理论专业类教学质量国家标准，加强本硕博课程教材体系建设，可统筹推进马克思主义理论本硕博一体化人才培养工作。实施"高校思政课教师队伍后备人才培养专项支持计划"，专门招收马克思主义理论学科研究生，不断为思政课教师队伍输送高水平人才。高等学校应当注重选拔高素质人才从事马克思主义理论学习研究和教育教学，加强思政课教师队伍后备人才思想政治工作。

第十四条　建立国家、省（区、市）、高等学校三级思政课教师培训体系。国务院教育行政部门建立高等学校思政课教师研修基地，开展国家级示范培训，建立思政课教师教学研究交流平台。主管教育部门和高等学校应当建立健全思政课教师专业发展体系，定期组织开展教学研讨，保证思政课专职教师每3年至少接受一次专业培训，新入职教师应参加岗前专项培训。

第十五条　主管教育部门和高等学校应当拓展思政课教师培训渠道，设立思政课教师研学基地，定期安排思政课教师实地了解中国改革发展成果、组织思政课教师实地考察和比较分析国内外经济社会发展状况，创造条件支持思政课教师到地方党政机关、企事业单位、基层等开展实践锻炼。

高等学校应当根据全日制在校生总数，按照本科院校每生每年不低于40元、专科院校每生每年不低于30元的标准安排专项经费，用于保障思政课教师的学术交流、实践研修等，并根据实际情况逐步加大支持力度。

第十六条　主管教育部门和高等学校应当加大对思政课教师科学研究的支持力度。教育部人文社科研究项目要设立专项课题，主管教育部门要设立相关项目，持续有力支持思政课教师开展教学研究。主管教育部门和高等学校应当加强马克思主义理论教学科研成果学术阵地建设，支持新创办思政课研究学术期刊，相关哲学社会科学类学术期刊要设立思政课研究栏目。

第五章 考核与评价

第十七条 高等学校应当科学设置思政课教师专业技术职务（职称）岗位，按教师比例核定思政课教师专业技术职务（职称）各类岗位占比，高级岗位比例不低于学校平均水平，不得挪作他用。

第十八条 高等学校应当制定符合思政课教师职业特点和岗位要求的专业技术职务（职称）评聘标准，提高教学和教学研究在评聘条件中的占比。

高等学校可以结合实际分类设置教学研究型、教学型思政课教师专业技术职务（职称），两种类型都要在教学方面设置基本任务要求，要将教学效果作为思政课教师专业技术职务（职称）评聘的根本标准，同时要重视考查科研成果。

高等学校可以设置具体条件，将承担思政课教学的基本情况以及教学实效作为思政课教师参加高一级专业技术职务（职称）评聘的首要考查条件和必要条件。将为本专科生上思政课作为思政课教师参加高级专业技术职务（职称）评聘的必要条件。将至少一年兼任辅导员、班主任等日常思想政治教育工作经历并考核合格作为青年教师晋升高一级专业技术职务（职称）的必要条件。

思政课教师指导1个马克思主义理论类学生社团1年以上，且较好履行政治把关、理论学习、业务指导等职责的，在专业技术职务（职称）评聘中同等条件下可以优先考虑。

思政课教师在思想素质、政治素质、师德师风等方面存在突出问题的，在专业技术职务（职称）评聘中实行"一票否决"。

第十九条 高等学校应当完善思政课教师教学和科研成果认定制度，推行科研成果代表作制度，制定思政课教师发表文章的重点报刊目录，将思政课教师在中央和地方主要媒体发表的理论文章纳入学术成果范围，细化相关认定办法。教学和科研成果可以是专著、论文、教学参考资料、调查报告、教书育人经验总结等。在制定思政课教师专业技术职务（职称）评聘指标和排次定序依据时，要结合实际设置规则，不得将国外期刊论文发表情况和出国访学留学情况作为必要条件。

第二十条 高等学校应当健全思政课教师专业技术职务（职称）评价机制，建立以同行专家评价为主的评价机制，突出思政课的政治性、思想性、学术性、专业性、实效性，评价专家应以马克思主义理论学科为主，同时可适当吸收相关学科专家参加。

思政课教师专业技术职务（职称）评审委员会应当包含学校党委有关负责同志、思政课教学科研部门负责人，校内专业技术职务（职称）评聘委员会应有同比例的马克思主义理论学科专家。

高等学校应当制定思政课教师专业技术职务（职称）管理办法。完善专业技术职务（职称）退出机制，加强聘期考核，加大激励力度，准聘与长聘相结合。

第六章 保障与管理

第二十一条 高等学校应当切实提高专职思政课教师待遇，要因地制宜设立思政课教师岗位津贴。高等学校要为思政课教师的教学科研工作创造便利条件，配备满足教学科研需要的办公空间、硬件设备和图书资料。

第二十二条 高等学校思政课教师由马克思主义学院等思政课教学科研机构统一管理。每门课程都应当建立相应的教学科研组织，并可以根据需要配备管理人员。

第二十三条 主管教育部门和高等学校要大力培养、推荐、表彰思政课教师中的先进典型。全国教育系统先进个人表彰中对思政课教师比例或名额作出规定；国家级教学成果奖、高等学校科学研究优秀成果奖（人文社科）中加大力度支持思政课；"长江学者奖励计划"等高层次人才项目中加大倾斜支持优秀思政课教师的力度。

第二十四条 主管教育部门和高等学校应当加强宣传、引导，并采取设立奖励基金等方式支持高等学校思政课教师队伍建设，以各种方式定期对优秀思政课教师和马克思主义理论学科学生给予奖励。

第二十五条 高等学校应当加强对思政课教师的考核，健全退出机制，对政治立场、政治方向、政治原则、政治道路上不能同党中央保持一致的，或理论素养、教学水平达不到标准的教师，不得继续担任思政课教师或马克思主义理论学科研究生导师。

第七章 附 则

第二十六条 本规定适用于普通高等学校（包

括民办高等学校）思政课教师队伍建设。其他类型高等学校的思政课教师队伍建设可以参照本规定执行。

第二十七条　省级教育部门可以根据本规定，结合本地实际制定相关实施细则。

第二十八条　本规定自2020年3月1日起施行。

教育系统内部审计工作规定

中华人民共和国教育部令第 47 号

《教育系统内部审计工作规定》已经 2020 年 2 月 25 日教育部第 2 次部务会议审议通过，现予公布，自 2020 年 5 月 1 日起施行。

教育部部长　陈宝生

2020 年 3 月 20 日

教育系统内部审计工作规定

第一章　总　　则

第一条　为加强教育系统内部审计工作，提升内部审计工作质量，充分发挥内部审计作用，推动教育事业科学发展，根据《中华人民共和国教育法》《中华人民共和国审计法》《中华人民共和国审计法实施条例》《审计署关于内部审计工作的规定》及其他有关法律法规，制定本规定。

第二条　依法属于审计机关审计监督对象的各级教育行政部门、学校和其他教育事业单位、企业等（以下简称单位）内部审计工作适用本规定。

第三条　本规定所称内部审计，是指对本单位及所属单位财政财务收支、经济活动、内部控制、风险管理等实施独立、客观的监督、评价和建议，以促进单位完善治理、实现目标的活动。

第四条　单位应当依照有关法律法规、本规定和内部审计职业规范，结合本单位实际情况，建立健全内部审计制度，明确内部审计工作的领导体制、职责权限、工作机构、人员配备、经费保障、审计结果运用和责任追究等。

单位应当加强本单位党组织对内部审计工作的领导，健全党领导相关工作的体制机制。

第五条　教育系统内部审计工作应当接受国家审计机关的业务指导和监督。

第二章　内部审计机构和人员

第六条　单位应当根据国家编制管理相关规定和管理需要，设置独立的机构或明确相关内设机构作为内部审计机构，履行内部审计职责。

第七条　内部审计机构应当在本单位主要负责人的直接领导下开展内部审计工作，向其负责并报告工作。

第八条　单位可以根据工作需要成立审计委员会，加强党对审计工作的领导，负责部署内部审计工作，审议年度审计工作报告，研究制定内部审计改革方案、重大政策和发展战略，审议决策内部审计重大事项等。

第九条　单位可以根据工作需要建立总审计师制度。总审计师协助主要负责人管理内部审计工作。

第十条　单位应当保证内部审计工作所需人员编制，严格内部审计人员录用标准，合理配备具有审计、财务、经济、法律、管理、工程、信息技术等专业知识的内部审计人员。总审计师、内部审计机构负责人应当具备审计、财务、经济、法律、管理等专业背景或工作经历。

第十一条　单位应当根据内部审计工作特点，完善内部审计人员考核评价制度和专业技术岗位评聘制度，保障内部审计人员享有相应的晋升、交流、任职、薪酬及相关待遇。

第十二条　单位应当支持和保障内部审计人员通过参加业务培训、考取职业资格、以审代训等多种途径接受继续教育，提高专业胜任能力。

第十三条　内部审计机构的变动和总审计师、内部审计机构负责人的任免或调动，应当向上一级内部审计机构备案。

第十四条　内部审计机构和内部审计人员依法

独立履行职责，任何单位和个人不得干涉和打击报复。

第十五条 内部审计机构履行内部审计职责所需经费，应当列入本单位预算。

第十六条 内部审计人员应当严格遵守有关法律法规和内部审计职业规范，独立、客观、公正地履行职责，保守工作秘密。

第十七条 内部审计机构和内部审计人员不得参与可能影响独立、客观履行审计职责的工作，不得参与被审计单位业务活动的决策和执行。

第十八条 在不违反国家保密规定的情况下，内部审计机构可以根据工作需要向社会中介机构购买审计服务。内部审计机构应当对中介机构开展的受托业务进行指导、监督、检查和评价，并对采用的审计结果负责。

第十九条 单位应当对认真履职、成绩显著的内部审计人员予以表彰。

第三章 内部审计职责权限

第二十条 内部审计机构应当按照国家有关规定和本单位的要求，对本单位及所属单位以下事项进行审计：

（一）贯彻落实国家重大政策措施情况；

（二）发展规划、战略决策、重大措施和年度业务计划执行情况；

（三）财政财务收支和预算管理情况；

（四）固定资产投资项目情况；

（五）内部控制及风险管理情况；

（六）资金、资产、资源的管理和效益情况；

（七）办学、科研、后勤保障等主要业务活动的管理和效益情况；

（八）本单位管理的领导人员履行经济责任情况；

（九）自然资源资产管理和生态环境保护责任的履行情况；

（十）境外机构、境外资产和境外经济活动情况；

（十一）国家有关规定和本单位要求办理的其他事项。

第二十一条 内部审计机构应当协助本单位主要负责人督促落实审计发现问题的整改工作。

第二十二条 教育部负责指导和监督全国教育系统内部审计工作。地方各级教育行政部门负责指导和监督本行政区域内教育系统内部审计工作。

教育行政部门指导和监督内部审计工作的主要职责：

（一）制定内部审计规章制度；

（二）督促建立健全内部审计制度；

（三）指导开展内部审计工作，突出审计重点；

（四）监督内部审计职责履行情况，检查内部审计业务质量；

（五）开展业务培训、组织内部审计工作交流研讨；

（六）指导教育系统内部审计自律组织开展工作；

（七）维护内部审计机构和内部审计人员的合法权益；

（八）法律、法规规定的其他职责。

第二十三条 内部审计机构应当对所属单位内部审计工作进行管理、指导和监督。

第二十四条 内部审计机构具有下列权限：

（一）要求被审计单位按时报送审计所需的有关资料、相关电子数据，以及必要的计算机技术文档；

（二）参加或列席有关会议，召开与审计事项有关的会议；

（三）参与研究有关规章制度，提出制定内部审计规章制度的建议；

（四）检查有关财政财务收支、经济活动、内部控制、风险管理的资料、文件和现场勘察实物；

（五）检查有关计算机系统及其电子数据和资料；

（六）就审计事项中的有关问题，向有关单位和个人开展调查和询问，取得相关证明材料；

（七）对正在进行的严重违法违规、严重损失浪费行为及时向单位主要负责人报告，经同意作出临时制止决定；

（八）对可能被转移、隐匿、篡改、毁弃的会计凭证、会计账簿、会计报表以及与经济活动有关的资料，经本单位主要负责人批准，有权予以暂时封存；

（九）提出纠正、处理违法违规行为的意见和改进管理、提高绩效的建议；

（十）对违法违规和造成损失浪费的被审计单位和人员，给予通报批评或者提出追究责任的建议；

（十一）对严格遵守财经法规、管理规范有效、贡献突出的被审计单位和个人，可以向单位党组织、主要负责人提出表彰建议。

第四章　内部审计管理

第二十五条　单位主要负责人应当定期听取内部审计工作汇报，加强对内部审计发展战略、年度审计计划、审计质量控制、审计发现问题整改和审计队伍建设等重要事项的管理。总审计师、内部审计机构负责人应当及时向本单位主要负责人报告内部审计结果和重大事项。

第二十六条　内部审计机构应当依照审计法律法规、行业准则和实务指南等建立健全内部审计工作规范，并按规范实施审计。

第二十七条　内部审计机构应当根据单位发展目标、治理结构、管理体制、风险状况等，科学合理地确定内部审计发展战略、制订内部审计计划。

第二十八条　内部审计机构应当运用现代审计理念和方法，坚持风险和问题导向，优化审计业务组织方式，加强审计信息化建设，全面提高审计效率。

第二十九条　内部审计机构应当着眼于促进问题解决，立足于促进机制建设，对审计发现问题做到事实清楚、定性准确，并在分析根本原因的基础上提出审计建议，通过与相关单位合作促进单位事业发展。

第三十条　内部审计机构应当加强自身内部控制建设，合理设置审计岗位和职责分工、优化审计业务流程，完善审计全面质量控制。

第三十一条　内部审计机构应当建立健全本单位及所属单位内部审计工作评价制度，促进提升审计业务与审计管理的专业化水平。

第三十二条　内部审计机构实施领导人员经济责任审计时，应当参照执行国家有关经济责任审计的规定。

第五章　内部审计结果运用

第三十三条　单位应当建立健全审计发现问题整改机制，明确被审计单位主要负责人为整改第一责任人，完善审计整改结果报告制度、审计整改情况跟踪检查制度、审计整改约谈制度，推动审计发现问题的整改落实。

第三十四条　单位应当建立健全审计结果及整改情况在一定范围内公开制度。

第三十五条　单位应当对审计发现的典型性、普遍性问题，及时分析研究，制定和完善相关管理制度，建立健全内部控制措施；对审计发现的倾向性问题，开展审计调查，出具审计管理建议书，为科学决策提供建议。

第三十六条　单位应当加强内部审计机构、纪检监察、巡视巡察、组织人事等内部监督力量的协作配合，建立信息共享、结果共用、重要事项共同实施、整改问责共同落实等工作机制。

第三十七条　单位应当将内部审计结果及整改情况作为相关决策、预算安排、干部考核、人事任免和奖惩的重要依据。

第三十八条　单位在对所属单位开展审计时，应当有效利用所属单位内部审计力量和成果。对所属单位内部审计发现且已经纠正的问题不再在审计报告中反映。

第三十九条　对内部审计发现的重大违纪违法问题线索，在向本单位党组织、主要负责人报告的同时，应当及时向上一级内部审计机构报告，并按照管辖权限依法依规及时移送纪检监察机关、司法机关。

第六章　法律责任

第四十条　被审计单位有下列情形之一的，由单位党组织、主要负责人责令改正，并对直接负责的主管人员和其他直接责任人员进行处理：

（一）拒绝接受或者不配合内部审计工作的；

（二）拒绝、拖延提供与内部审计事项有关的资料，或者提供资料不真实、不完整的；

（三）拒不纠正审计发现问题的；

（四）整改不力、屡审屡犯的；

（五）违反国家规定或者本单位内部规定的其他情形。

第四十一条　内部审计机构和内部审计人员有下列情形之一的，由单位对直接负责的主管人员和其他直接责任人员进行处理；涉嫌犯罪的，依法追究刑事责任：

（一）玩忽职守、不认真履行审计职责造成严重后果的；

（二）隐瞒审计查出的问题或者提供虚假审计报告的；

（三）泄露国家秘密或者商业秘密的；

（四）利用职权谋取私利的；

（五）违反国家规定或者本单位内部规定的其他情形。

第四十二条　内部审计人员因履行职责受到打击、报复、陷害的，主要负责人应当及时采取保护措施，并对相关责任人员进行处理；涉嫌犯罪的，移送司法机关依法追究刑事责任。

第七章　附　则

第四十三条　单位可以根据本规定，制定本地方、本单位内部审计管理规定。民办学校可以根据实际情况参照本规定执行。

第四十四条　本规定所称企业是指教育行政部门、学校及其他教育事业单位管理的国有和国有资本占控股地位或主导地位的企业。

第四十五条　本规定由教育部负责解释。

第四十六条　本规定自 2020 年 5 月 1 日起施行。教育部于 2004 年 4 月 13 日发布的《教育系统内部审计工作规定》（教育部令第 17 号）同时废止。

教育部关于废止部分规章的决定

中华人民共和国教育部令第 48 号

《教育部关于废止部分规章的决定》已经 2020 年 11 月 23 日教育部第 4 次部务会议审议通过，现予公布，自 2021 年 1 月 1 日起施行。

教育部部长　陈宝生

2020 年 12 月 2 日

教育部关于废止部分规章的决定

为贯彻落实党的十九大和十九届二中、三中、四中、五中全会精神，贯彻落实习近平总书记关于教育的重要论述和习近平法治思想，进一步加强教育部规章体系建设，现决定对已经明显不适应经济社会发展和教育改革发展要求的下列规章，予以废止。

1. 废止 1988 年 4 月 9 日国家教育委员会发布的《成人高等学校设置的暂行规定》（〔88〕教计字 40 号）。

2. 废止 1988 年 5 月 16 日国家教育委员会发布的《广播电视大学暂行规定》（〔88〕教计字 63 号）。

3. 废止 1991 年 4 月 26 日国家教育委员会发布的《教育督导暂行规定》（国家教育委员会令第 15 号）。

4. 废止 1991 年 8 月 21 日国家教育委员会、公安部发布的《社会力量办学印章管理暂行规定》（国家教育委员会令、公安部令第 17 号）。

5. 废止 1993 年 12 月 29 日国家教育委员会发布的《普通高等教育学历证书管理暂行规定》（教学〔1993〕12 号）。

6. 废止 1998 年 3 月 16 日教育部发布的《中小学德育工作规程》（教基〔1998〕4 号）。

7. 废止 2001 年 6 月 7 日教育部发布的《中小学教材编写审定管理暂行办法》（教育部令第 11 号）。

本决定自 2021 年 1 月 1 日起施行。

中华人民共和国教育部令

第 49 号

《中小学教育惩戒规则（试行）》已经2020年9月23日教育部第3次部务会议审议通过，现予公布，自2021年3月1日起施行。

教育部部长　陈宝生
2020年12月23日

中小学教育惩戒规则（试行）

第一条　为落实立德树人根本任务，保障和规范学校、教师依法履行教育教学和管理职责，保护学生合法权益，促进学生健康成长、全面发展，根据教育法、教师法、未成年人保护法、预防未成年人犯罪法等法律法规和国家有关规定，制定本规则。

第二条　普通中小学校、中等职业学校（以下称学校）及其教师在教育教学和管理过程中对学生实施教育惩戒，适用本规则。

本规则所称教育惩戒，是指学校、教师基于教育目的，对违规违纪学生进行管理、训导或者以规定方式予以矫治，促使学生引以为戒、认识和改正错误的教育行为。

第三条　学校、教师应当遵循教育规律，依法履行职责，通过积极管教和教育惩戒的实施，及时纠正学生错误言行，培养学生的规则意识、责任意识。

教育行政部门应当支持、指导、监督学校及其教师依法依规实施教育惩戒。

第四条　实施教育惩戒应当符合教育规律，注重育人效果；遵循法治原则，做到客观公正；选择适当措施，与学生过错程度相适应。

第五条　学校应当结合本校学生特点，依法制定、完善校规校纪，明确学生行为规范，健全实施教育惩戒的具体情形和规则。

学校制定校规校纪，应当广泛征求教职工、学生和学生父母或者其他监护人（以下称家长）的意见；有条件的，可以组织有学生、家长及有关方面代表参加的听证。校规校纪应当提交家长委员会、教职工代表大会讨论，经校长办公会议审议通过后施行，并报主管教育部门备案。

教师可以组织学生、家长以民主讨论形式共同制定班规或者班级公约，报学校备案后施行。

第六条　学校应当利用入学教育、班会以及其他适当方式，向学生和家长宣传讲解校规校纪。未经公布的校规校纪不得施行。

学校可以根据情况建立校规校纪执行委员会等组织机构，吸收教师、学生及家长、社会有关方面代表参加，负责确定可适用的教育惩戒措施，监督教育惩戒的实施，开展相关宣传教育等。

第七条　学生有下列情形之一，学校及其教师应当予以制止并进行批评教育，确有必要的，可以实施教育惩戒：

（一）故意不完成教学任务要求或者不服从教育、管理的；

（二）扰乱课堂秩序、学校教育教学秩序的；

（三）吸烟、饮酒，或者言行失范违反学生守则的；

（四）实施有害自己或者他人身心健康的危险行为的；

（五）打骂同学、老师，欺凌同学或者侵害他人合法权益的；

（六）其他违反校规校纪的行为。

学生实施属于预防未成年人犯罪法规定的不良行为或者严重不良行为的，学校、教师应当予以制止并实施教育惩戒，加强管教；构成违法犯罪的，依法移送公安机关处理。

第八条 教师在课堂教学、日常管理中，对违规违纪情节较为轻微的学生，可以当场实施以下教育惩戒：

（一）点名批评；

（二）责令赔礼道歉、做口头或者书面检讨；

（三）适当增加额外的教学或者班级公益服务任务；

（四）一节课堂教学时间内的教室内站立；

（五）课后教导；

（六）学校校规校纪或者班规、班级公约规定的其他适当措施。

教师对学生实施前款措施后，可以以适当方式告知学生家长。

第九条 学生违反校规校纪，情节较重或者经当场教育惩戒拒不改正的，学校可以实施以下教育惩戒，并应当及时告知家长：

（一）由学校德育工作负责人予以训导；

（二）承担校内公益服务任务；

（三）安排接受专门的校规校纪、行为规则教育；

（四）暂停或者限制学生参加游览、校外集体活动以及其他外出集体活动；

（五）学校校规校纪规定的其他适当措施。

第十条 小学高年级、初中和高中阶段的学生违规违纪情节严重或者影响恶劣的，学校可以实施以下教育惩戒，并应当事先告知家长：

（一）给予不超过一周的停课或者停学，要求家长在家进行教育、管教；

（二）由法治副校长或者法治辅导员予以训诫；

（三）安排专门的课程或者教育场所，由社会工作者或者其他专业人员进行心理辅导、行为干预。

对违规违纪情节严重，或者经多次教育惩戒仍不改正的学生，学校可以给予警告、严重警告、记过或者留校察看的纪律处分。对高中阶段学生，还可以给予开除学籍的纪律处分。

对有严重不良行为的学生，学校可以按照法定程序，配合家长、有关部门将其转入专门学校教育矫治。

第十一条 学生扰乱课堂或者教育教学秩序，影响他人或者可能对自己及他人造成伤害的，教师可以采取必要措施，将学生带离教室或者教学现场，并予以教育管理。

教师、学校发现学生携带、使用违规物品或者行为具有危险性的，应当采取必要措施予以制止；发现学生藏匿违法、危险物品的，应当责令学生交出并可以对可能藏匿物品的课桌、储物柜等进行检查。

教师、学校对学生的违规物品可以予以暂扣并妥善保管，在适当时候交还学生家长；属于违法、危险物品的，应当及时报告公安机关、应急管理部门等有关部门依法处理。

第十二条 教师在教育教学管理、实施教育惩戒过程中，不得有下列行为：

（一）以击打、刺扎等方式直接造成身体痛苦的体罚；

（二）超过正常限度的罚站、反复抄写，强制做不适的动作或者姿势，以及刻意孤立等间接伤害身体、心理的变相体罚；

（三）辱骂或者以歧视性、侮辱性的言行侵犯学生人格尊严；

（四）因个人或者少数人违规违纪行为而惩罚全体学生；

（五）因学业成绩而教育惩戒学生；

（六）因个人情绪、好恶实施或者选择性实施教育惩戒；

（七）指派学生对其他学生实施教育惩戒；

（八）其他侵害学生权利的。

第十三条 教师对学生实施教育惩戒后，应当注重与学生的沟通和帮扶，对改正错误的学生及时予以表扬、鼓励。

学校可以根据实际和需要，建立学生教育保护辅导工作机制，由学校分管负责人、德育工作机构负责人、教师以及法治副校长（辅导员）、法律以及心理、社会工作等方面的专业人员组成辅导小组，对有需要的学生进行专门的心理辅导、行为矫治。

第十四条 学校拟对学生实施本规则第十条所列教育惩戒和纪律处分的，应当听取学生的陈述和申辩。学生或者家长申请听证的，学校应当组织听证。

学生受到教育惩戒或者纪律处分后，能够诚恳认错、积极改正的，可以提前解除教育惩戒或者纪律处分。

第十五条 学校应当支持、监督教师正当履行职务。教师因实施教育惩戒与学生及其家长发生纠纷，学校应当及时进行处理，教师无过错的，不得因教师实施教育惩戒而给予其处分或者其他不利处理。

教师违反本规则第十二条，情节轻微的，学校应当予以批评教育；情节严重的，应当暂停履行职责或者依法依规给予处分；给学生身心造成伤害，构成违法犯罪的，由公安机关依法处理。

第十六条 学校、教师应当重视家校协作，积极与家长沟通，使家长理解、支持和配合实施教育惩戒，形成合力。家长应当履行对子女的教育职责，尊重教师的教育权利，配合教师、学校对违规违纪学生进行管教。

家长对教师实施的教育惩戒有异议或者认为教师行为违反本规则第十二条规定的，可以向学校或者主管教育行政部门投诉、举报。学校、教育行政部门应当按照师德师风建设管理的有关要求，及时予以调查、处理。家长威胁、侮辱、伤害教师的，学校、教育行政部门应当依法保护教师人身安全、维护教师合法权益；情形严重的，应当及时向公安机关报告并配合公安机关、司法机关追究责任。

第十七条 学生及其家长对学校依据本规则第十条实施的教育惩戒或者给予的纪律处分不服的，可以在教育惩戒或者纪律处分作出后15个工作日内向学校提起申诉。

学校应当成立由学校相关负责人、教师、学生以及家长、法治副校长等校外有关方面代表组成的学生申诉委员会，受理申诉申请，组织复查。学校应当明确学生申诉委员会的人员构成、受理范围及处理程序等并向学生及家长公布。

学生申诉委员会应当对学生申诉的事实、理由等进行全面审查，作出维持、变更或者撤销原教育惩戒或者纪律处分的决定。

第十八条 学生或者家长对学生申诉处理决定不服的，可以向学校主管教育部门申请复核；对复核决定不服的，可以依法提起行政复议或者行政诉讼。

第十九条 学校应当有针对性地加强对教师的培训，促进教师更新教育理念、改进教育方式方法，提高教师正确履行职责的意识与能力。

每学期末，学校应当将学生受到本规则第十条所列教育惩戒和纪律处分的信息报主管教育行政部门备案。

第二十条 本规则自2021年3月1日起施行。

各地可以结合本地实际，制定本地方实施细则或者指导学校制定实施细则。

教育部等八部门关于加快构建高校思想政治工作体系的意见

(教思政〔2020〕1号)

各省、自治区、直辖市教育厅（教委）、党委组织部、党委宣传部、党委政法委、网信办、财政厅（局）、人力资源社会保障厅（局）、团委，新疆生产建设兵团教育局、党委组织部、党委宣传部、党委政法委、网信办、财政局、人力资源社会保障局、团委，部属各高等学校、部省合建各高等学校：

为深入贯彻落实习近平新时代中国特色社会主义思想，贯彻落实党的十九大和十九届二中、三中、四中全会精神，学习贯彻习近平总书记关于教育的重要论述，加快构建高校思想政治工作体系，努力培养担当民族复兴大任的时代新人，培养德智体美劳全面发展的社会主义建设者和接班人，现提出如下意见。

一、指导思想和目标任务

1. 指导思想。以习近平新时代中国特色社会主义思想为指导，全面贯彻党的教育方针，坚持和加强党的全面领导，坚持社会主义办学方向，以立德树人为根本，以理想信念教育为核心，以培育和践行社会主义核心价值观为主线，以建立完善全员、全程、全方位育人体制机制为关键，全面提升高校思想政治工作质量。

2. 目标任务。健全立德树人体制机制，把立德树人融入思想道德、文化知识、社会实践教育各环节，贯通学科体系、教学体系、教材体系、管理体系，加快构建目标明确、内容完善、标准健全、运行科学、保障有力、成效显著的高校思想政治工作体系。

二、理论武装体系

3. 加强政治引领。把坚持以马克思主义为指导落实到教育教学各方面，对各种错误观点和思潮旗帜鲜明予以抵制。全面推动习近平新时代中国特色社会主义思想进教材、进课堂、进师生头脑，开展理论教育培训，编写出版理论读物，打造示范课堂，运用各种载体分群体深入开展习近平新时代中国特色社会主义思想学习研究宣传工作。推动理想信念教育常态化、制度化，加强党史、新中国史、改革开放史、社会主义发展史教育，加强爱国主义、集体主义、社会主义教育，把制度自信的种子播撒进青少年心灵，引导师生不断增强"四个自信"。推动领导干部、"两院"院士等专家学者、各方面英雄模范人物进校园开展思想政治教育。

4. 厚植爱国情怀。贯彻落实《新时代爱国主义教育实施纲要》，打造推广一批富有爱国主义教育意义的文化作品，定期举行集体升国旗、唱国歌仪式，有效利用重大活动、开学典礼、毕业典礼、重大纪念日、主题党团日等契机和重点文化基础设施开展爱国主义教育。

5. 强化价值引导。研究制定体现社会主义核心价值观要求的师生行为规范，组织国家勋章和国家荣誉称号获得者、最美奋斗者、改革先锋、时代楷模等新时代先进人物走进高校，面向广大师生开展思想政治教育。开展教书育人楷模、思政课教师年度人物、高校辅导员年度人物、大学生年度人物等先进典型的宣传选树。

三、学科教学体系

6. 办好思想政治理论课。按照"八个相统一"要求，扎实推进思想政治理论课建设思路创优、师资创优、教材创优、教法创优、机制创优、环境创优。遴选名师大师参与思想政治理论课讲授。把新媒体新技术引入高校思想政治理论课教学，打造高校思想政治理论课资源平台和网络集体备课平台。

7. 强化哲学社会科学育人作用。强化马克思主义理论学科引领作用，推出一批中国特色哲学社会科学精品力作。加强哲学社会科学教材规划编审和规范选用工作。加大哲学社会科学各学科专业中的马克思主义理论类课程建设。扎实推进哲学社会科学专业课程思政建设，文学、历史学、哲学类专业课程要帮助学生掌握马克思主义世界观和方法论，从历史与现实、理论与实践等相结合的维度深刻理解习近平新时代中国特色社会主义思想。经济学、管理学、法学类专业课程要培育学生经世济民、诚信服务、德法兼修的职业素养。教育学类专业课程要注重加强师德师风教育，引导学生树立学为人师、行为世范的职业理想。

8. 全面推进所有学科课程思政建设。统筹课程思政与思政课程建设，构建全面覆盖、类型丰富、层次递进、相互支撑的课程体系。重点建设一批提高大学生思想道德修养、人文素质、科学精神和认知能力的公共基础课程。理学、工学类专业课程要注重科学思维方法的训练和科技伦理的教育，培养学生探索未知、追求真理、勇攀科学高峰的责任感和使命感，培养学生精益求精的大国工匠精神。农学类专业课程要注重培养学生的大国"三农"情怀，引导学生"懂农业、爱农村、爱农民"。医学类专业课程要注重加强医德医风教育，注重加强医者仁心教育，教育引导学生尊重患者，学会沟通，提升综合素养。艺术学类专业课程要教育引导学生树立正确的艺术观和创作观，积极弘扬中华美育精神。

9. 充分发挥科研育人功能。构建集教育、预防、监督、惩治于一体的学术诚信体系。提高研究生导师开展思想政治教育意识和能力。持续开展全国科学道德和学风建设宣讲教育、"共和国的脊梁——科学大师名校宣传工程"等系列活动。

四、日常教育体系

10. 深化实践教育。把思想政治教育融入社会实践、志愿服务、实习实训等活动中，创办形式多样的"行走课堂"。健全志愿服务体系，深入开展"青年红色筑梦之旅""'小我融入大我，青春献给祖国'主题社会实践"等活动。推动构建政府、社会、学校协同联动的"实践育人共同体"，挖掘和编制"资源图谱"，加强劳动教育。

11. 繁荣校园文化。坚持培育优良校风教风学风，持续开展文明校园创建活动。建设一批文化传承基地。发挥校园建筑景观、文物和校史校训校歌的文化价值。加强高校原创文化精品创作与推广。

12. 加强网络育人。提升校园新媒体网络平台的服务力、吸引力和黏合度，切实增强易班网、中国大学生在线等网络阵地的示范性、引领性和辐射度，重点建设一批高校思政类公众号，发挥新媒体平台对高校思政工作的促进作用。引导和扶持师生积极创作导向正确、内容生动、形式多样的网络文化产品。建设高校网络文化研究评价中心，推动将优秀网络文化成果纳入科研成果评价统计。各高校应按照在校生总数每生每年不低于30元的标准设立网络思政工作专项经费。

13. 促进心理健康。把心理健康教育课程纳入整体教学计划，按师生比不低于1∶4 000比例配备专业教师，每校至少配备2名。发挥心理健康教育教师、辅导员、班主任等育人主体的作用，规范发展心理健康教育与咨询服务。强化心理问题早期发现和科学干预，推广应用《中国大学生心理健康筛查量表》和"心理健康网络测评系统"，提升预警预防、咨询服务、干预转介工作的科学性、前瞻性和针对性。

五、管理服务体系

14. 提高管理服务水平。健全管理服务育人制度体系，宣传推广一批管理服务育人的先进经验和典型做法，大力营造治理有方、管理到位、风清气正的制度育人环境。

15. 加强群团组织建设。增强工会、共青团、妇联等群团组织的政治性、先进性、群众性。推动学生会（研究生会）改革，强化党的领导，健全骨干遴选程序。加强学生社团建设管理，着力构建党委统一领导、团委具体管理的工作机制，配齐配强指导教师，突出分类指导，支持有序发展。

16. 推动"一站式"学生社区建设。依托书院、宿舍等学生生活园区，探索学生组织形式、管理模式、服务机制改革，推进党团组织、管理部门、服务单位等进驻园区开展工作，把校院领导力量、管理力量、服务力量、思政力量压到教育管理服务学生一线，将园区打造成为集学生思想教育、师生交流、文化活动、生活服务于一体的教育生活园地。

17. 完善精准资助育人。精准认定家庭经济困难学生，健全四级资助认定工作机制，完善档案、动态管理。建设发展型资助体系，加大家庭经济困难学生能力素养培育力度。

六、安全稳定体系

18. 强化高校政治安全。认真落实意识形态工作责任制，加强高校思想文化阵地管理，严格实行审批制度。坚决抵御境外利用宗教渗透，防范校园传教活动。

19. 加强国家安全教育。持续推动国家安全教育进学校、进教材、进头脑，把集中教育活动与日常教育活动、课堂教育教学与社会实践相结合。建立健全国家安全教育长效机制，不断充实教育内容，完善教学体系。

20. 筑牢校园安全防线。切实保护学生生命安全、财产安全、身体健康，严格落实安全防范工作规范要求，强化安全基础建设，完善校园及周边治安综合治理机制。

21. 健全安全责任体系。落实高校安全管理主体责任，完善相应协调和会商机制，落实"一岗双责"。完善预警预防、综合研判、应急处置、督查报告、责任追究等工作制度。

七、队伍建设体系

22. 建设高水平教师队伍。按照"四有"好老师要求，落实政治理论学习、培训轮训、实践锻炼等制度。完善教师评聘考核办法，把师德师风作为评价教师队伍素质第一标准。实施课程思政教师专题培训计划。充分发挥院士、国家"万人计划"哲学社会科学领军人才、文化名家暨"四个一批人才"、"长江学者"、"杰青"、国家级教学名师等示范带头作用。构建全校齐抓教师思想政治素质的工作体系，组织开展宣传师德典型、深化学术诚信教育，加强对海外归国和青年教师的思想引导。落实《新时代高校教师职业行为十项准则》，严格实行师德"一票否决制"，加大对失德教师的惩戒力度，推动师德建设常态化长效化。

23. 打造高素质思想政治工作和党务工作队伍。严格落实中央关于高校思想政治工作和党务工作队伍配备的各项指标性要求。完善高校专职辅导员职业发展体系，建立职级、职称"双线"晋升办法，学校应当结合实际情况为专职辅导员专设一定比例的正高级专业技术岗位。参照校内管理岗位比例，依据国家有关规定，建立完善高校专职辅导员管理岗位（职员等级）晋升制度。对长期从事辅导员工作、表现优秀的，按照国家有关规定给予奖励。各高校要切实履行辅导员选聘工作的主体责任，按照专兼结合、以专为主的原则加强辅导员选配工作。各地有关部门要积极支持并督导各高校严格落实专职辅导员人事管理政策，按规定签订聘用合同，不得用劳务派遣、人事代理等方式聘用辅导员。鼓励选聘各级党政机关、科研院所、军队、企事业单位党员领导干部、专家学者等担任校外辅导员。完善兼职辅导员和校外辅导员培训、管理、考核制度。持续提升思想政治工作和党务工作队伍素质能力和专业水平，实施思想政治工作中青年骨干队伍建设项目，组织开展国家示范培训、海内外访学研修、在职攻读硕士博士学位等专项计划。各地要因地制宜设置思政课教师和辅导员岗位津贴，纳入绩效工资管理，相应核增学校绩效工资总量。各高校应按照在校生总数每生每年不低于20元的标准设立思想政治工作和党务工作队伍建设专项经费。

24. 加大马克思主义学者和青年马克思主义者培养力度。加强马克思主义学院和马克思主义理论学科建设，加快培养一批立场坚定、功底扎实、经验丰富的马克思主义学者，特别是培养一大批青年马克思主义者。深入实施"高校思想政治理论课教师队伍后备人才培养专项支持计划"。组织实施青年马克思主义者培养工程，加强集中教育培训和后续跟踪培养。

八、评估督导体系

25. 构建科学测评体系。建立多元多层、科学有效的高校思政工作测评指标体系，完善过程评价和结果评价相结合的实施机制，推动把高校党建和思想政治工作作为"双一流"建设成效评估、学科专业质量评价、人才项目评审、教学科研成果评比的重要指标，并纳入政治巡视、地方和高校领导班子考核、领导干部述职评议的重要内容。

26. 完善推进落实机制。明确责任分工，细化实施方案，及时研究解决重点问题。将高校思想政治工作纳入整体发展规划和年度工作计划，明确路线图、时间表、责任人。

27. 健全督导问责机制。强化高校思想政治工作督导考核，对履职尽责不力、不及时的，加大追责力度。实行校、院系、基层党组织书记抓党建和思想政治工作述职评议考核制度，纳入党纪监督检查范围。

九、组织领导和实施保障

28. 加强党的全面领导。要把高校思想政治工作摆到重要位置，切实加强组织领导和工作指导。各高校党委要全面统筹各领域、各环节、各方面的资源和力量，力戒形式主义、官僚主义，加强体制机制、项目布局、队伍建设、条件保障等方面的系统设计，定期分析高校思想政治领域情况，研究解决重大问题，协调推进重点任务落实，党委主要负责同志落实领导责任，分管领导落实直接责任。党委书记是思想政治工作第一责任人，校长和其他班子成员履行"党政同责、一岗双责"。高校领导班子成员要主动进课堂、进班级、进宿舍、进食堂、进社团、进讲座、进网络，深入一线联系学生。

29. 加强基层党的建设。强化院系党组织政治功能，加强班子建设、健全集体领导机制、提高议事决策水平。发挥党支部战斗堡垒和党员先锋模范作用，优化支部设置，实施教师党支部书记"双带头人"培育工程，建强党支部书记队伍。严格党的组织生活各项制度，着重加强教师党支部和学生党支部建设、发展党员和党员教育管理工作。加强教师党支部与学生党支部共建，鼓励校企、校地党支部共同开展组织生活。落实党建带团建制度，做好推优入党工作。

30. 强化工作协同保障。推动形成学校、家庭和社会教育协同育人机制。发挥高校思想政治工作委员会的专家咨询作用，加大高校思想政治工作创新发展中心、思想政治工作队伍培训研修中心、省级高校网络思想政治工作中心建设力度。做好高校思想政治工作专项资金使用管理，引导地方和高校增加投入，强化经费投入的育人导向。

教育部 中共中央组织部
中共中央宣传部 中共中央政法委员会
中央网络安全和信息化委员会办公室
财政部 人力资源社会保障部 共青团中央
2020 年 4 月 22 日

教育部办公厅关于印发《高等学校命名暂行办法》的通知

(教发厅〔2020〕6号)

各省、自治区、直辖市教育厅（教委），新疆生产建设兵团教育局：

为规范高等学校命名工作，依据相关法律法规规定，结合高校设置工作实际，教育部研究制定了《高等学校命名暂行办法》，现印发给你们，请遵照执行。

教育部办公厅
2020年8月20日

高等学校命名暂行办法

为规范高等学校命名工作，根据《中华人民共和国高等教育法》《中华人民共和国民办教育促进法》及其实施条例，以及《普通高等学校设置暂行条例》等法律法规规定，制定本办法。

第一条 本办法适用于全日制大学、独立设置的学院、高等职业学校（含本科层次职业学校和专科层次职业学校）以及高等专科学校的命名事项。

第二条 高等学校命名要坚持名实相符、准确规范，体现办学理念，突出内涵特色，避免贪大求全。

第三条 高等学校根据人才培养目标、办学层次、规模、类型、学科类别、教学科研水平、隶属关系、所在地等确定名称，实行一校一名制。

第四条 本科层次的高等学校称为"××大学"或"××学院"，专科层次的高等学校称为"××职业技术学院/职业学院"或"××高等专科学校"，本科层次职业学校称为"××职业技术大学/职业大学"。可以根据学校所在地域、行业、学科等特点，冠以适当的限定词。

第五条 高等学校名称中使用地域字段，应遵循以下规范：

（一）原则上不得冠以"中华""中国""国家""国际"等代表中国及世界的惯用字样，也不得冠以"华北""华东""东北""西南"等大区及大区变体字样。

（二）原则上不得冠以学校所在城市以外的地域名；省级人民政府举办的学校可以使用省域命名，其他学校确需使用省域命名的，由省级人民政府统筹把关，但须在名称中明确学校所在地。

（三）未经授权，不得使用其他组织或个人拥有的商标、字号、名称等，不得使用国外高校的中文译名和简称。

第六条 高等学校名称中使用学科或行业字段，应遵循以下规范：

（一）农林、师范院校在合并、调整时，原则上继续保留农林、师范名称，确保农林、师范教育不受削弱。

（二）避免出现多个学科或行业类别并存的现象，原则上不超过2个。

（三）避免盲目追随行业的发展变化而频繁变更。

（四）使用相同学科或行业字段时，在省域范围内应具有区分度。

第七条 高等学校使用英文译名，应遵循以下规范：

（一）英文译名与中文名称保持一致。

（二）学校名称为"大学"的，对应的英文翻译为"university"。

（三）学校名称为"学院"的，对应的英文翻译为"college"，或根据学科类型，也可以翻译为"institute""academy""conservatory"等。

（四）学校中文名称中含有特殊含义的字段，可以使用音译。

第八条 高等学校名称，还应遵循以下规范：

（一）原则上不得以个人姓名命名，但经国务院教育行政部门按照国家规定的条件批准，可以在学校名称中使用对学校发展做出特殊贡献的捐赠者姓名或名称。

（二）未经授权，不得使用其他高等学校曾使用过的名称。

（三）避免与其他学校名称相近，引起混淆。

（四）字数原则上控制在12字以内。

第九条 由独立学院转设的独立设置的学校，名称中不得包含原举办学校名称及简称。

第十条 营利性民办高等学校名称在执行本办法的基础上，须在名称中明确为"有限责任公司"或"股份有限公司"。学校设立时可以向审批机关申请使用学校简称，简称仅可以省略学校名称中的公司组织形式。

第十一条 实施高等学历教育的中外合作办学机构的命名，按照《中华人民共和国中外合作办学条例》及其实施办法的相关规定执行。

第十二条 高等学校应严格管理、合理使用、依法保护承载学校历史与声誉的校名无形资产，保持名称稳定，原则上同层次更名间隔期至少10年。

第十三条 高等学校命名事项作为高等学校设置工作的重要内容，按照高等学校设置程序进行审批。

第十四条 对于服务国家和区域重大战略等特殊情况的高等学校命名事项，由国务院教育行政部门审批。

第十五条 本办法由国务院教育行政部门负责解释。

第十六条 本办法自发布之日起实施。

教育部办公厅关于印发《教育系统"制止餐饮浪费 培养节约习惯"行动方案》的通知

(教发厅〔2020〕9号)

各省、自治区、直辖市教育厅(教委),新疆生产建设兵团教育局,部属各高等学校、部省合建各高等学校:

为认真贯彻落实习近平总书记关于坚决制止餐饮浪费行为的重要指示精神,结合部门职责和工作实际,教育部研究制定了《教育系统"制止餐饮浪费 培养节约习惯"行动方案》,现印发给你们,请遵照执行。

教育部办公厅
2020年9月7日

教育系统"制止餐饮浪费 培养节约习惯"行动方案

为贯彻落实中央关于厉行节约、反对浪费的重要精神,坚决制止学校餐饮浪费行为,切实培养青少年勤俭节约习惯,引领带动社会文明新风尚,特制定本方案。

一、工作目标

坚持以习近平生态文明思想为指引,落实立德树人根本任务,让勤俭节约在教育系统蔚然成风,引导广大师生牢固树立勤俭节约意识,切实养成勤俭节约的良好习惯。2020年秋季学期行动取得明显成效,在此基础上建立健全学校餐饮节约管理长效机制,结合绿色学校创建,因校制宜制定针对性、操作性、实效性强的举措,重在从根本上解决学校餐饮浪费问题。进一步加大教育宣传力度,弘扬社会主义核心价值观和中华优秀传统美德,促进学生德智体美劳全面发展。

二、具体行动

(一)广泛开展教育宣传

根据教育教学规律和不同年龄段学生特点,把勤俭节约内容有机融入高校思想政治理论课、高校形势与政策教育宣讲、中等职业学校思想政治课程教学、中小学德育课程教学、幼儿园习惯养成等教育环节之中,在高校哲学社会科学课和中小学语文、历史、生物、化学等课程中深入发掘教育资源,鼓励探索开发地方和校本相关课程。充分利用校园广播、标语、挂图、公告栏和网络等媒介,多种形式宣传制止餐饮浪费,让节约教育在学校随处可见,营造浓厚氛围。以开学为契机,把勤俭节约教育内容融入开学典礼、"开学第一课"、新生军训、校规校纪教育等活动中,引导学生树立正确的世界观、人生观、价值观。加强先进典型的正面宣传,发挥榜样示范作用,对浪费行为开展反面警示教育,加大对浪费行为的纠正力度。

(二)大力培育校园文化

1. 深入推进光盘行动。全面持续开展食堂"光盘行动",采取多种方式激励师生吃完所购食物、不留剩饭剩菜的光盘行为,以此为抓手迅速扭转学校餐饮浪费的不良风气。结合实际制定节约用餐规范,建立泔水量等食品浪费信息定期发布机制,引导师生关注和参与学校餐饮节约,推动光盘常态化。

2. 开展各类校园活动。精心设计活动形式及载体,围绕勤俭节约开展主题班会、主题党团日、艺术节、读书读报、征文演讲等日常性活动;利用世界粮食日、全国爱粮节粮宣传周等契机开展专题教育,加强粮食安全宣传。把勤俭节约作为文明校园创建的重要内容,组织编排展演一批以勤俭节约为主题的校园文化作品,涵育师生品行、引领社会

3. 加大社会实践体验。组织学生走出课堂，走向田间地头和青少年社会实践基地等场所，广泛开展实践体验活动并形成制度，城市中小学校要在每个学段至少安排一次农业生产劳动，农村中小学校要因地制宜开展种植养殖体验，支持大学在食堂建立育人实践基地。通过社会实践、劳动体验，让学生切身感受食物的来之不易，真正形成尊重劳动和爱惜食物的思想意识。

（三）提升食堂管理水平

1. 加强运行管理。完善从食品原材料采购、库房储存、物流配送、生产加工到成品销售的全链条节约管理，实现食材配比有效动态调整。不断提升餐饮从业人员技能水平，改进烹饪工艺，推行一料多菜、一菜多味，提高食品原料利用率，严格成本核算及成本管理，最大限度减少损失和浪费。鼓励有条件的学校探索设立中央厨房、中央库房，实行集约化、专业化的高效管理。

2. 优化供餐服务。坚持学生食堂为学生健康成长服务的方向，建立科学、绿色的供餐服务体系。营养搭配菜品，注重膳食平衡和饭菜质量，严格食品卫生安全。根据男女生和不同人群餐饮消费特点，实行大小份、半份、拼菜和自助等供餐制度，鼓励有条件的学校实行按量收费制度，方便师生按需购餐。改进菜品口味，通过菜品创新、传统节日食品和风味小吃进校园，建立符合师生多样化口味的餐饮保障体系。各级学生营养办要指导农村义务教育学生营养改善计划试点学校加强供餐管理，提高供餐质量。

3. 强化现场管理。在食堂明显位置张贴宣传标语或宣传画、摆放提示牌，提醒师生适量点餐，制止浪费。安排专人加大食堂就餐巡视力度，建立以教师和学生为主体的文明就餐监督员志愿者队伍，加强自我管理和自我监督；中小学、幼儿园落实集中用餐陪餐制度。在食物收残环节对浪费行为进行直接监督和提醒，对有严重浪费行为的人员联合学工、院系加强教育管理。积极创新管理思路，建立激励机制、问题反映机制，结合实际开展光盘换水果、浪费随手拍等活动。

（四）创新使用科技手段

积极探索运用新技术、新工艺、新装备制止学校餐饮浪费，将信息技术、物联网、人工智能和现代食堂管理相结合，打造节约型智慧食堂。加强食材供应链信息化管理，建立采购和库存电子台账制度、食材溯源线上跟踪制度，有计划地采购食材，减少食材变质损耗浪费。开发就餐管理服务平台，根据订餐数据进行备餐，实现精准供餐，提供个性化服务，利用大数据手段分析峰谷人数和用餐习惯，加强服务互动，掌握师生菜品满意度，及时调整菜品，减少食物消费浪费。采取技防措施，推进食堂明厨亮灶工程建设，通过视频监控等形式，实现食堂全流程、无死角监控，对学校食堂泔水产生情况进行动态监测，及时发现并制止存在的餐饮浪费行为。

（五）建立健全制度体系

全面排摸掌握学校餐饮浪费情况，深入分析产生原因，抓住关键环节，在绿色学校创建的大框架下，制定具体管理制度和办法，构建学校餐饮节约立体式、全方位制度体系。坚持厉行勤俭节约办教育，把节约资源的绿色理念贯穿到学校教育、管理各项工作中。学校要编制餐饮节约年度工作计划，建立餐饮节约行为考评制度，将厉行节约反对浪费表现纳入师德师风、学生综合素质和食堂评价体系，作为师生评奖评优和食堂考核的重要参考。各地教育行政部门要对工作出色、成效显著的学校和个人予以表扬和宣传，对工作不力的予以通报批评，对存在严重浪费现象的严肃处理。在食堂价格平抑基金、标准化食堂建设、专项物价补贴、绿色学校创建等政策性措施评价标准中纳入制止餐饮浪费的指标。通过建立落实奖惩制度、考核制度和责任追究制度等，推动学校餐饮节约工作长期持续有效开展。

三、保障措施

（一）加强组织领导

各地各校要高度重视制止餐饮浪费工作，建立领导有力、职责清晰、任务具体、精干高效的组织体系，形成学校党政一把手负总责，分管校领导具体负责、职能部门领导、有关专职人员为骨干的工作力量，建立后勤、宣传、学工、教务、群团等多部门共同参与的协同联动工作机制。党员领导干部、教师要以身作则、率先垂范，践行勤俭节约。

（二）凝聚行动合力

学校要履行主体责任，食堂履行管理直接责任。发挥各级教育后勤协会的专业优势，制定行业标准，加强规范指导和先进推广。动员共青团、少年先锋队等组织力量，引导青少年发挥主力军和生力军作用。加强家校合作，强化家庭教育，引导家长与学校共同纠正学生不良饮食习惯，减少食物浪费行为。积极与当地妇联、共青团和消费者协会等组织加强沟通联系，合力推动制止餐饮浪费。

（三）强化工作监督

将教育系统厉行节约、反对浪费情况纳入省级政府履职评价和义务教育均衡发展督导验收，将中小学校（幼儿园）开展勤俭节约宣传教育、建立长效机制情况作为责任督学挂牌督导的重要内容。各地教育行政部门要加强对学校开展制止餐饮浪费工作的指导和监督。发挥相关行业协会特点，积极开展行业监督。

（四）做好评估总结

各地教育行政部门要按年度对学校行动开展情况和实施效果进行评估和考核，积极探索符合当地实际的方法、措施，鼓励各校创新工作理念和工作思路，不断完善体制机制，推广一批示范典型。总结行动中的成熟经验做法，固化提升为制度规定、标准规范，促进形成制止餐饮浪费、培养节约习惯的长效机制。

教育部办公厅印发《关于防范和惩治教育统计造假弄虚作假责任制规定（试行）》的通知

（教发厅函〔2020〕49号）

各省、自治区、直辖市教育厅（教委），新疆生产建设兵团教育局，部内有关司局、有关直属单位：

为贯彻落实党中央、国务院关于统计工作的决策部署，落实中央《关于深化统计管理体制改革提高统计数据真实性的意见》要求，我部制定了《关于防范和惩治教育统计造假弄虚作假责任制规定（试行）》，现印发给你们，请认真贯彻执行。

教育部办公厅
2020年9月22日

关于防范和惩治教育统计造假弄虚作假责任制规定（试行）

第一条 为防范和惩治教育统计造假、弄虚作假，健全落实教育统计机构领导责任制，保障统计数据质量，根据《中华人民共和国统计法》《中华人民共和国统计法实施条例》《统计违纪违法责任人处分处理建议办法》等法律法规和政策规定，制定本规定。

第二条 本规定适用于各级教育行政部门负责教育统计管理和工作的人员。

第三条 健全防范和惩治统计造假、弄虚作假责任制，要坚持集体领导与个人分工负责相结合，按照"谁主管、谁负责，谁统计、谁负责"的原则，建立一级抓一级、层层抓落实的责任体系。

第四条 各级教育行政部门主要负责人对防范统计造假、弄虚作假工作负主要领导责任；分管教育统计负责人负直接领导责任。

主要责任是组织贯彻落实党中央、国务院关于统计工作的决策部署；推动建立防范统计造假、弄虚作假责任机制；主持研究制定防范和惩治统计造假、弄虚作假工作规划和措施；带头遵守执行统计法律法规规章；健全教育统计工作机制，加强统计人员队伍建设，保障教育统计工作经费和条件。

第五条 各级教育行政部门综合统计机构主要负责人对防范统计造假、弄虚作假工作负主体责任。

主要责任是带头遵守执行统计法律法规规章；组织推动宣传和贯彻实施统计有关法律法规；研究制定并实施防范和惩治统计造假、弄虚作假工作有关制度；组织修订教育统计调查制度，推动依法科学规范开展统计调查；建立健全落实教育统计数据质量控制制度；组织协调教育统计工作监督、检查，开展数据质量核查与评估工作；协调解决其他重大问题。

第六条 各级教育行政部门具体承担教育统计任务的机构主要负责人对防范统计造假、弄虚作假工作负第一责任。

主要责任是遵守执行统计法律法规规章；研究落实本领域防范统计造假、弄虚作假的具体任务和措施；组织本领域严格依照统计法律法规规章和统计调查制度开展统计调查，确保相关机构、人员守住统计法律法规的底线、红线；健全本领域统计调查制度设计、统计任务布置和统计数据采集、处理、存储、报送和发布等环节的数据质量控制制度；开展本领域数据质量核查工作。

第七条 各级教育行政部门教育统计人员对防范统计造假、弄虚作假工作负直接责任。

主要责任是遵守执行统计法律法规规章；依法履行教育统计职责，坚持实事求是，如实采集、处理、核查、报送、汇总和发布统计资料；不得伪造、篡改统计资料，不得以任何方式要求任何单位和个人提供不真实的统计资料；对其负责采集、录入、汇总的统计资料与统计调查对象报送的统计资料的一致性负责。

第八条 各级教育行政部门信息技术支持、数据处理人员对防范统计造假、弄虚作假工作负直接责任。

主要责任是保障教育统计工作有关信息系统和信息技术支持的科学性、准确性、完备性；严格按照教育统计调查制度规定的方法进行数据处理，确保教育统计工作的信息技术支持和数据处理不受干扰；对违规干预信息技术支持和数据处理的，进行全面记录、全程留痕、保留完整档案；未经同级教育行政部门统计机构授权，不得提供、发布统计数据。

第九条 各级教育行政部门、各级各类学校和其他有关机构及其负责人不得自行修改教育统计机构和统计人员依法搜集、整理的教育统计资料，不得以任何方式要求统计人员伪造、篡改教育统计资料，不得对依法履行职责或者拒绝、抵制统计违法行为的统计人员打击报复。

第十条 违反统计法及其他相关规定，利用虚假统计资料骗取荣誉称号、物质利益或者职务晋升的，除对其编造虚假统计资料或者要求他人编造虚假统计资料的行为依法追究法律责任外，由作出有关决定的单位或者其上级单位、监察机关取消其荣誉称号，追缴获得的物质利益，撤销晋升的职务。

第十一条 各级教育行政部门防范和惩治教育统计造假、弄虚作假工作接受同级人民政府统计部门的业务指导。

第十二条 本规定由教育部解释，自发布之日起施行。

教育部等五部门印发《关于进一步加强和规范教育收费管理的意见》的通知

(教财〔2020〕5号)

各省、自治区、直辖市教育厅(教委)、发展改革委、财政厅(局)、市场监管局、新闻出版局,各计划单列市教育局、发展改革委、财政局、市场监管局、新闻出版局,新疆生产建设兵团教育局、发展改革委、财政局、市场监管局、新闻出版局,有关部门(单位)教育司(局),部属各高等学校:

为贯彻落实党的十九大和十九届二中、三中、四中全会精神,进一步加强教育收费治理体系和治理能力建设,教育部、国家发展改革委、财政部、国家市场监管总局、国家新闻出版署研究制定了《关于进一步加强和规范教育收费管理的意见》,现印发给你们,请结合实际贯彻执行。

各地要充分认识到,进一步加强和规范教育收费管理是巩固完善以政府投入为主、多渠道筹集教育经费的体制和非义务教育培养成本分担机制的重要内容,是各级治理教育乱收费联席会议办公室的一项重要职责,是加快推进教育财务治理体系和治理能力现代化的重要举措。要按照规定的管理权限全面落实教育收费管理主体责任,正确处理好政府与社会、受教育者的关系,正确处理好教育收费与财政拨款、学生资助的关系,正确处理好简政放权和放管结合、优化服务的关系,进一步完善教育收费政策体系、制度体系、监管体系,提升教育收费治理能力。

各地出台教育收费政策,要综合考虑经济社会发展水平、教育培养成本和群众承受能力等因素,认真履行成本调查(或成本监审,下同)、决策听证、公开公示等有关法定程序,把握好政策出台的时机和节奏,确保平稳有序推进各项工作。各省教育收费政策出台及执行情况,要及时报告全国治理教育乱收费联席会议办公室。

各地要调整完善各级治理教育乱收费联席会议制度,健全工作机制,认真履行职责,加大治理力度,严肃查处损害群众利益的教育乱收费行为。

教育部 国家发展改革委 财政部
国家市场监管总局 国家新闻出版署
2020年8月17日

关于进一步加强和规范教育收费管理的意见

党中央、国务院历来高度重视教育收费管理工作,自全国治理教育乱收费部际联席会议制度建立以来,在各有关部门、地方各级政府的共同努力下,教育收费水平保持了基本稳定,教育乱收费现象得到了有效遏制。但随着经济社会的发展,教育收费管理工作在体制机制、政策执行、监督管理等方面仍然存在一些问题,与教育改革发展的需要和人民群众的期待仍然存在一定差距。为贯彻落实《中国教育现代化2035》《国务院办公厅关于进一步调整优化结构 提高教育经费使用效益的意见》等文件精神,进一步加强和规范教育收费管理,现提出以下意见。

一、总体要求

(一)指导思想

以习近平新时代中国特色社会主义思想为指导,全面贯彻落实党的十九大和十九届二中、三中、四中全会精神,深入贯彻落实全国教育大会精神,始终坚持把教育事业摆在优先位置,主动适应教育、财税、价格等领域改革新要求,巩固完善以政府投入为主、多渠道筹集教育经费体制,逐步完善各级各类教育投入机制和非义务教育培养成本分担机制,建立健全教育收费政策体系、制度体系、监管体系，提升教育收费治理能力，持续巩固教育乱收费治理成果，促进教育公平而有质量的发展。

（二）基本原则

——坚持公益属性、分类管理。坚持教育的公益性，充分发挥政府对教育事业的主导作用。区分义务教育和非义务教育的不同阶段，区分非营利性和营利性民办教育的不同属性，正确处理政府与社会、受教育者之间的关系，合理分担教育培养成本。

——坚持分级审批、属地管理。教育领域行政事业性收费项目、标准实行中央和省两级审批，中央部门所属学校收费标准实行属地管理。各省、自治区、直辖市（以下简称各省）按照规定的管理权限，科学制定收费政策，加强收费项目管理，合理确定收费标准，全面落实教育收费管理主体责任。

——坚持问题导向、改革创新。不断健全教育收费管理体制，完善教育收费政策，加强重点领域、重点单位的收费治理，着力解决与教育改革发展不相适应的收费体制机制问题，着力解决群众反映强烈的收费问题。全面依法治教，坚持依法行政、依法理财，强化事中事后监管，将日常监督与专项监督相结合，创新收费监管方式。

二、完善教育收费政策

（三）坚持实施九年义务教育制度

义务教育全面纳入财政保障范围，公办义务教育学校不收取学费、杂费。各地要严格执行义务教育法，巩固完善城乡义务教育经费保障机制，坚持实行九年义务教育制度，严禁随意扩大免费教育政策实施范围。对民办义务教育学校学生免除学杂费标准按照生均公用经费基准定额执行；对生均教育培养成本不足部分，应严格落实非营利性法定要求，合理确定收费标准。严禁收取与招生入学挂钩的捐资助学款。按照国家有关规定招收义务教育阶段学生进行文艺、体育等专业训练的学校或其他社会组织，收取的学杂费不应包括学生完成九年义务教育课程按规定免除的学杂费。

（四）坚持实施非义务教育培养成本分担机制

非义务教育实行以政府投入为主、受教育者合理分担、其他多种渠道筹措经费的投入机制。各省应根据办学成本、经济发展水平和财力状况，落实并动态调整公办幼儿园、普通高中、中等职业学校、高职院校、普通本科院校生均财政拨款标准或生均公用经费标准。学校（包括幼儿园，下同）按照年生均教育培养成本的一定比例向受教育者收取学费（保育教育费），综合考虑实际成本（扣除财政拨款）等向住宿生收取住宿费，家庭经济困难学生按照国家有关规定享受减免政策。各省应结合本地实际，合理确定公办幼儿园、普通高中、中等职业学校学费（保育教育费）占年生均教育培养成本的比例。现阶段，公办高等学校学费占年生均教育培养成本的比例最高不得超过25%，各地应根据经济社会发展水平、培养成本和群众承受能力等合理确定。

军队举办的幼儿园招收地方人员子女，享受当地人民政府补助的，应按照公办幼儿园有关规定收费；未享受补助的，由军队依据国家有关政策具体制定，合理确定收费标准。中外合作办学和非全日制研究生教育收费政策，由各省制定。

（五）坚持实施民办教育收费分类管理

按照民办教育促进法有关规定，非营利性民办学校收费的具体办法，由省级人民政府制定；营利性民办学校的收费标准，实行市场调节，由学校自主决定。普惠性民办幼儿园收费标准根据各省级人民政府出台的普惠性民办幼儿园认定管理办法，统筹考虑公办幼儿园和普惠性民办幼儿园收费水平，结合经济发展水平、群众承受能力、办园成本和财政补助水平等因素合理确定。各地要加快制定并落实普惠性民办幼儿园财政补助标准，落实义务教育阶段民办学校生均公用经费补助，加强收费标准调控，坚决防止过高收费。2016年11月7日以前设立的民办学校，在未完成分类登记相关程序前收费政策按非营利性民办学校管理。

（六）完善学校服务性收费和代收费等政策

学校在完成正常的保育、教育教学任务外，为在校学生提供学习、生活所需的相关便利服务，以及组织开展研学旅行、课后服务、社会实践等活动，对应由学生或学生家长承担的部分，可根据自愿和非营利原则收取服务性费用。相关服务由学校之外的机构或个人提供的，学校可代收代付相关费用。学校服务性收费和代收费具体政策，由各省制定。国家已明令禁止的或明确规定由财政保障的项目不得纳入服务性收费和代收费，学校不得擅自设立服务性收费和代收费项目，不得在代收费中获取差价，不得强制或者暗示学生及家长购买指定的教辅软件或资料，不得通过提前开学等形式或变相违规补课加收相关费用。校内学生宿舍和社会力量举办的校外学生公寓，均不得强制提供相关生活服务或将服务性收费与住宿费捆绑收取。学校自主经营的食堂向自愿就餐的学生收取伙食费，应坚持公益性原则，不得以营利为目的。

（七）完善在内地（祖国大陆）学习的港澳台侨学生收费政策

对于在内地（祖国大陆）学习的港澳台地区学生以及海外华侨学生，在中小学校和幼儿园学习的，按照有关规定执行与内地（祖国大陆）学生相同的收费政策；录取到内地（祖国大陆）普通高等学校和科研院所学习的，按照有关规定执行与内地（祖国大陆）同类学生相同的收费标准。

（八）完善国际学生收费政策

在公办中小学、幼儿园就读的国际学生，收费政策由各省制定。外籍人员子女学校收费政策，由学校自主制定。高等学校接收的自费来华留学生收费标准由学校根据当地经济社会发展水平和培养成本等因素合理确定，避免引发恶性竞争。根据我国政府与派遣国协议来华接受教育的学生，收费政策按照有关规定执行。

三、健全教育收费管理制度

（九）建立健全教育收费标准动态调整机制

各地应按照规定的管理权限和属地化管理原则，综合考虑经济社会发展水平、教育培养成本和群众承受能力等因素，合理确定公办学校学费（保育教育费）、住宿费等收费标准，建立与拨款、资助水平等相适应的收费标准动态调整机制。学校收费政策有变化的，应在招生简章发布前向社会公示。鼓励各地适应弹性学制下的教学组织模式，探索实行高等学校学分制收费管理。经批准实行学分制收费的学校，学生按学分制培养方案正常完成学业所缴纳的学费总额原则上不得高于实行学年制的学费总额，加修其他专业课程或重修课程，学校可按所修课程规定的学分收费标准收取费用。学费、住宿费的收取实行"老生老办法、新生新办法"，按照学年或学期收取，不得跨学年（学期）预收。学生如因故休学、退学、提前结束学业或经批准转学，学校应根据实际学习时间合理确定退费额度。各地要全面落实国家各项资助政策，帮助家庭经济困难学生解决实际问题，不得因学费标准调整影响学生的正常学习和生活。

（十）加强教育培养成本调查

适时修订完善《高等学校教育培养成本监审办法（试行）》，组织做好高等学校年生均教育培养成本监审工作。各省按照定价权限根据价格法、《政府制定价格成本监审办法》等，结合本地实际，主动开展幼儿园、普通高中、中等职业学校教育培养成本调查工作，规范教育培养成本调查行为。各级各类学校应当加强成本核算，完整准确记录并核算教育培养成本。

（十一）规范教育收费决策听证制度

各地要严格按照国家规定的权限和程序制定或调整政府举办的各级各类学校学费等收费标准，纳入定价听证目录并实行听证，充分征求社会有关方面意见，确保教育收费决策的民主性、科学性和透明度。降低教育收费标准，或教育收费标准调整涉及面较小的，听证会可采取简易程序。制定其他的教育收费标准，认为有必要的，也可以实行听证。

（十二）严格执行教育收费公示制度

各地要严格执行教育收费公示制度，未经公示不得收费。各级各类学校应建立健全规范化的收费公示动态管理制度，主动接受社会监督。应将收费项目和标准在校内醒目位置向学生公示，在招生简章和入学通知书中注明。义务教育阶段民办学校收费标准应和学校获得的生均公用经费补助一并公示。对按规定应当公示而未公示的收费，或公示内容与规定政策不符的收费，学生有权拒绝缴纳。收费政策变动时，学校要及时更新公示内容，确保公示内容合法、有效。各地要严格执行教育收费等行政事业性收费目录清单，不得擅自增加收费项目、扩大收费范围。

（十三）加强教育收费收支管理

公办普通高中和中等职业学校学费、住宿费，公办高等学校学费、住宿费、委托培养费、函大电大夜大及短期培训费等收入，作为事业收入，按照"收支两条线"要求，纳入财政专户管理。公办幼儿园收费收入管理按现行规定执行。服务性收费收入由学校按规定列支；代收费收入由学校全部转交提供服务的单位，不得计入学校收入。学校要将教育收费收支全部纳入部门预算管理，加大资金统筹力度；教育收费安排的相关支出按规定纳入项目库规范管理。结合教育收费等其他收入情况，统筹安排财政拨款预算，更好发挥财政资金使用效益。各地不得将学校收费收入用于平衡预算，不得以任何形式挤占、截留、平调、挪用学校收费资金。民办学校收费收入应全部缴入经教育行政部门备案的学校银行账户，统一管理，主要用于教育教学活动、改善办学条件和保障教职工待遇并依据有关法律法规提取发展基金。学校收取行政事业性收费时要按照财务隶属关系使用财政部门印（监）制的财政票据，在收取服务性收费时应使用相应的税务发票，代收费时应使用资金往来结算票据。

四、加强教育收费治理

（十四）落实教育收费监管责任

教育收费坚持"谁审批、谁负责"的原则。治理教育乱收费联席会议成员单位按照各自职责，将教育收费纳入目录管理，适时动态调整并及时向社会公布，依法对相关收费项目和收费标准的执行情况实施监督；加强教育收费成本调查，建立健全收费标准动态调整机制；加强教育领域的收费监督检查，依法查处违法违规收费行为；加强教材、教辅材料价格管理；指导各级各类学校落实教育收费政策，规范收费行为。各级各类学校要严格执行规定的收费范围、收费项目、收费标准和收费方式，建立健全学校收费管理制度。

（十五）完善教育收费治理工作机制

各地要高度重视教育收费管理工作，建立健全领导体制和工作机制，坚持系统推进教育收费管理工作。各地治理教育乱收费联席会议成员单位要统筹协调，完善定期会商、信息发布机制，形成责任明确、协作联动、互相促进的收费管理工作格局，加强重点领域教育收费治理。要把教育收费管理纳入教育督导范围。探索建立学校收费专项审计制度，重点加强对非营利性民办学校的审计，严禁非营利性民办学校举办者和非营利性中外合作办学者通过各种方式从学费收入等办学收益中取得收益、分配办学结余（剩余财产）或通过关联交易、关联方转移办学收益等行为。

（十六）加大违规收费行为的查处力度

各地要加强对教育收费的日常监督和定期检查，建立完善教育收费风险预警、信访受理、督查督办、公开通报及约谈机制，对发现的违规收费问题要严肃处理。建立健全问责机制，对收费管理主体责任不落实、措施不到位，损坏群众切身利益，造成恶劣社会影响的单位和相关责任人要严肃问责。对民办学校违规乱收费造成恶劣影响的，依法依规扣减招生计划、财政扶持资金等，直至撤销、吊销办学许可证。

（十七）加强教育收费治理基础能力建设

贯彻落实《全国教育系统财务管理干部培训实施方案》，组织开展教育收费管理培训，提高教育收费治理能力和水平。各地要充分利用现代信息技术，探索建立教育收费年度统计报告制度，加强教育收费管理，进一步强化服务意识，提高服务能力和水平。

各级科研院所、党校等教育收费管理参照本意见执行，各级教育部门所属事业单位收费管理政策另行制定。

教育部办公厅等四部门关于进一步做好在院校实施1+X证书制度试点有关经费使用管理工作的通知

(教财厅函〔2020〕12号)

各省、自治区、直辖市教育厅(教委)、发展改革委、财政厅、人力资源社会保障厅,各计划单列市教育局、发展改革委、财政局、人力资源社会保障局,新疆生产建设兵团教育局、发展改革委、财政局、人力资源社会保障局,有关单位:

在院校实施1+X证书制度,是深化复合型技术技能人才培养培训模式、评价模式改革和提高人才培养质量的重大制度创新。为推动解决各地在院校实施的1+X证书制度试点过程中存在的突出问题,现就进一步做好试点有关经费使用管理工作通知如下。

1. 试点期间,院校组织开展的X证书培训、考核工作,相关费用应作为正常的教育教学支出列入学校预算。在国家职业教育指导咨询委员会指导下,教育部办公厅发布了《关于落实在院校实施的职业技能等级证书考核成本上限设置方案及相关说明的通知》(教职成厅函〔2020〕11号,以下简称上限公告),各省级教育行政部门要结合当地实际,指导培训评价组织依据上限公告及其说明,协商提出考核费用标准;对培训评价组织提出的考核费用标准,各省级教育行政部门可采取组织第三方机构或相关方面专家等方式予以核定。有关院校按照省级教育行政部门核定的考核费用标准向培训评价组织支付相应的费用,根据所承担的成本安排学校相应支出。试点期内已经完成的X证书考核工作,相关费用应于2020年底前结清。各地要根据证书制度实施、考核成本变化等情况,不断完善1+X证书考核成本、支出标准的核定办法,建立动态调整机制。确有特殊情况需要提高考核费用标准的,有关培训评价组织按程序报省级教育行政部门审核后实施。

2. 各地教育、财政、人力资源社会保障部门要认真落实教育部、人力资源社会保障部等十四部门印发的《职业院校全面开展职业培训促进就业创业行动计划》(教职成厅〔2019〕5号)等文件有关要求,根据教师工作量增加情况,适当核增X证书考核培训职业院校的绩效工资总量。院校在绩效工资总量中统筹考虑、合理确定承担X证书考核培训任务的教师薪酬,向承担培训任务的教师倾斜,建立健全激励机制。

3. 各地教育、发展改革、财政、人力资源社会保障部门要认真落实《国务院办公厅关于进一步调整优化结构 提高教育经费使用效益的意见》(国办发〔2018〕82号),切实加强省级统筹,在用好中央财政奖补资金、加大地方财政投入的同时,通过调整优化支出结构、鼓励社会资本参与、完善成本分担机制等多种渠道筹措教育经费,优先支持1+X证书制度等试点工作。院校可统筹财政拨款、学费及其他事业收入等,保证X证书培训、考核颁证、教师培训、承担考核培训任务的教师绩效工资等正常的教育教学支出。各地要统筹用好院校场地、设备、耗材、人员等现有资源,创新考核培训方式,充分利用现代信息技术,在保证质量的前提下,切实降低考核培训成本。要加强预算绩效管理,主动接受审计等监督,确保资金安全规范有效使用。

各地教育、发展改革、财政、人力资源社会保障等相关部门要按照本通知要求,进一步强化主体责任,加强沟通协商,完善相关政策,健全工作机制,创新工作方式,确保1+X证书制度试点工作健康有序推进。

教育部办公厅 国家发展改革委办公厅
财政部办公厅 人力资源社会保障部办公厅
2020年8月24日

教育部关于印发《大中小学劳动教育指导纲要（试行）》的通知

（教材〔2020〕4号）

各省、自治区、直辖市教育厅（教委），新疆生产建设兵团教育局，有关部门（单位）教育司（局），部属各高等学校、部省合建各高等学校：

为深入贯彻习近平总书记关于教育的重要论述，全面贯彻党的教育方针，落实《中共中央 国务院关于全面加强新时代大中小学劳动教育的意见》，加快构建德智体美劳全面培养的教育体系，我部组织研究制定了《大中小学劳动教育指导纲要（试行）》，现印发给你们，请认真贯彻落实。

教育部
2020年7月7日

大中小学劳动教育指导纲要（试行）

为深入贯彻习近平总书记关于教育的重要论述，全面贯彻党的教育方针，落实《中共中央 国务院关于全面加强新时代大中小学劳动教育的意见》，加快构建德智体美劳全面培养的教育体系，制定本指导纲要。

一、劳动教育性质和基本理念

（一）劳动教育性质

劳动是创造物质财富和精神财富的过程，是人类特有的基本社会实践活动。劳动教育是发挥劳动的育人功能，对学生进行热爱劳动、热爱劳动人民的教育活动。当前实施劳动教育的重点是在系统的文化知识学习之外，有目的、有计划地组织学生参加日常生活劳动、生产劳动和服务性劳动，让学生动手实践、出力流汗，接受锻炼、磨炼意志，培养学生正确劳动价值观和良好劳动品质。

劳动教育是新时代党对教育的新要求，是中国特色社会主义教育制度的重要内容，是全面发展教育体系的重要组成部分，是大中小学必须开展的教育活动。它具有鲜明的思想性，必须将马克思主义劳动观贯彻始终，强调劳动是一切财富、价值的源泉，劳动者是国家的主人，一切劳动和劳动者都应该得到鼓励和尊重；倡导通过诚实劳动创造美好生活、实现人生梦想，反对一切不劳而获、崇尚暴富、贪图享乐的错误思想。具有突出的社会性，必须加强学校教育与社会生活、生产实践的直接联系，发挥劳动在个人与社会之间的纽带作用，引导学生认识社会，增强社会责任感；同时注重让学生学会分工合作，体会社会主义社会平等、和谐的新型劳动关系。具有显著的实践性，必须面向真实的生活世界和职业世界，引导学生以动手实践为主要方式，在认识世界的基础上，获得有积极意义的价值体验，学会建设世界，塑造自己，实现树德、增智、强体、育美的目的。

（二）劳动教育基本理念

1. 强化劳动观念，弘扬劳动精神。将劳动观念和劳动精神教育贯穿人才培养全过程，贯穿家庭、学校、社会各方面。注重让学生在学习和掌握基本劳动知识技能的过程中，领悟劳动的意义价值，形成勤俭、奋斗、创新、奉献的劳动精神。

2. 强调身心参与，注重手脑并用。把握劳动教育的根本特征，让学生面对真实的个人生活、生产和社会性服务任务情境，亲历实际的劳动过程，善于观察思考，注重运用所学知识解决实际问题，提高劳动质量和效率。

3. 继承优良传统，彰显时代特征。在充分发挥传统劳动、传统工艺项目育人功能的同时，紧跟科技发展和产业变革，准确把握新时代劳动工具、劳动技术、劳动形态的新变化，创新劳动教育内容、途径、方式，增强劳动教育的时代性。

4. 发挥主体作用，激发创新创造。关注学生劳动过程中的体验和感悟，引导学生感受劳动的艰辛和收获的快乐，增强获得感、成就感、荣誉感。鼓励学生在学习和借鉴他人丰富经验、技艺的基础上，尝试新方法、探索新技术，打破僵化思维方式，推陈出新。

二、劳动教育目标和内容

（一）总体目标

准确把握社会主义建设者和接班人的劳动精神面貌、劳动价值取向和劳动技能水平的培养要求，全面提高学生劳动素养，使学生：

树立正确的劳动观念。正确理解劳动是人类发展和社会进步的根本力量，认识劳动创造人、劳动创造价值、创造财富、创造美好生活的道理，尊重劳动，尊重普通劳动者，牢固树立劳动最光荣、劳动最崇高、劳动最伟大、劳动最美丽的思想观念。

具有必备的劳动能力。掌握基本的劳动知识和技能，正确使用常见劳动工具，增强体力、智力和创造力，具备完成一定劳动任务所需要的设计、操作能力及团队合作能力。

培育积极的劳动精神。领会"幸福是奋斗出来的"内涵与意义，继承中华民族勤俭节约、敬业奉献的优良传统，弘扬开拓创新、砥砺奋进的时代精神。

养成良好的劳动习惯和品质。能够自觉自愿、认真负责、安全规范、坚持不懈地参与劳动，形成诚实守信、吃苦耐劳的品质。珍惜劳动成果，养成良好的消费习惯，杜绝浪费。

（二）主要内容

主要包括日常生活劳动、生产劳动和服务性劳动中的知识、技能与价值观。日常生活劳动教育立足个人生活事务处理，结合开展新时代校园爱国卫生运动，注重生活能力和良好卫生习惯培养，树立自立自强意识。生产劳动教育要让学生在工农业生产过程中直接经历物质财富的创造过程，体验从简单劳动、原始劳动向复杂劳动、创造性劳动的发展过程，学会使用工具，掌握相关技术，感受劳动创造价值，增强产品质量意识，体会平凡劳动中的伟大。服务性劳动教育让学生利用知识、技能等为他人和社会提供服务，在服务性岗位上见习实习，树立服务意识，实践服务技能；在公益劳动、志愿服务中强化社会责任感。

（三）学段要求

1. 小学。低年级：以个人生活起居为主要内容，开展劳动教育，注重培养劳动意识和劳动安全意识，使学生懂得人人都要劳动，感知劳动乐趣，爱惜劳动成果。指导学生：（1）完成个人物品整理、清洗，进行简单的家庭清扫和垃圾分类等，树立自己的事情自己做的意识，提高生活自理能力；（2）参与适当的班级集体劳动，主动维护教室内外环境卫生等，培养集体荣誉感；（3）进行简单手工制作，照顾身边的动植物，关爱生命，热爱自然。中高年级：以校园劳动和家庭劳动为主要内容开展劳动教育，体会劳动光荣，尊重普通劳动者，初步养成热爱劳动、热爱生活的态度。指导学生：（1）参与家居清洁、收纳整理，制作简单的家常餐等，每年学会1~2项生活技能，增强生活自理能力和勤俭节约意识，培养家庭责任感；（2）参加校园卫生保洁、垃圾分类处理、绿化美化等，适当参加社区环保、公共卫生等力所能及的公益劳动，增强公共服务意识；（3）初步体验种植、养殖、手工制作等简单的生产劳动，初步学会与他人合作劳动，懂得生活用品、食品来之不易，珍惜劳动成果。

2. 初中。兼顾家政学习、校内外生产劳动、服务性劳动，安排劳动教育内容，开展职业启蒙教育，体会劳动创造美好生活，养成认真负责、吃苦耐劳的劳动品质和安全意识，增强公共服务意识和担当精神。让学生：（1）承担一定的家庭日常清洁、烹饪、家居美化等劳动，进一步培养生活自理能力和习惯，增强家庭责任意识；（2）定期开展校园包干区域保洁和美化，以及助残、敬老、扶弱等服务性劳动，初步形成对学校、社区负责任的态度和社会公德意识；（3）适当体验包括金工、木工、电工、陶艺、布艺等项目在内的劳动及传统工艺制作过程，尝试家用器具、家具、电器的简单修理，参与种植、养殖等生产活动，学习相关技术，获得初步的职业体验，形成初步的生涯规划意识。

3. 普通高中。注重围绕丰富职业体验，开展服务性劳动和生产劳动，理解劳动创造价值，接受锻炼、磨炼意志，具有劳动自立意识和主动服务他人、服务社会的情怀。指导学生：（1）持续开展日常生活劳动，增强生活自理能力，固化良好劳动习惯；（2）选择服务性岗位，经历真实的岗位工作过程，获得真切的职业体验，培养职业兴趣，积极参加大型赛事、社区建设、环境保护等公益活动、志愿服务，强化社会责任意识和奉献精神；（3）统筹劳动教育与通用技术课程相关内容，从工业、农业、现代服务业以及中华优秀传统文化特色项目中，自主选择1~2项生产劳动，经历完整的实践过程，提高创意物化能力，养成吃苦耐劳、精益求精的品质，增强生涯规划的意识和能力。

4. 职业院校。重点结合专业特点，增强职业荣誉感和责任感，提高职业劳动技能水平，培育积极向上的劳动精神和认真负责的劳动态度。组织学生：（1）持续开展日常生活劳动，自我管理生活，提高劳动自立自强的意识和能力；（2）定期开展校内外公益服务性劳动，做好校园环境秩序维护，运用专业技能为社会、为他人提供相关公益服务，培育社会公德，厚植爱国爱民的情怀；（3）依托实习实训，参与真实的生产劳动和服务性劳动，增强职业认同感和劳动自豪感，提升创意物化能力，培育不断探索、精益求精、追求卓越的工匠精神和爱岗敬业的劳动态度，坚信"三百六十行，行行出状元"，体认劳动不分贵贱，任何职业都很光荣，都能出彩。

5. 普通高等学校。强化马克思主义劳动观教育，注重围绕创新创业，结合学科专业开展生产劳动和服务性劳动，积累职业经验，培育创造性劳动能力和诚实守信的合法劳动意识。使学生：（1）掌握通用劳动科学知识，深刻理解马克思主义劳动观和社会主义劳动关系，树立正确的择业就业创业观，具有到艰苦地区和行业工作的奋斗精神；（2）巩固良好日常生活劳动习惯，自觉做好宿舍卫生保洁，独立处理个人生活事务，积极参加勤工助学活动，提高劳动自立自强能力；（3）强化服务性劳动，自觉参与教室、食堂、校园场所的卫生保洁、绿化美化和管理服务等，结合"三支一扶"、大学生志愿服务西部计划、"青年红色筑梦之旅"、"三下乡"等社会实践活动开展服务性劳动，强化公共服务意识和面对重大疫情、灾害等危机主动作为的奉献精神；（4）重视生产劳动锻炼，积极参加实习实训、专业服务和创新创业活动，重视新知识、新技术、新工艺、新方法的运用，提高在生产实践中发现问题和创造性解决问题的能力，在动手实践的过程中创造有价值的物化劳动成果。

三、劳动教育途径、关键环节和评价

（一）劳动教育途径

将劳动教育纳入人才培养全过程，丰富、拓展劳动教育实施途径。

1. 独立开设劳动教育必修课。在大中小学设立劳动教育必修课程。中小学劳动教育课平均每周不少于1课时，用于活动策划、技能指导、练习实践、总结交流等，与通用技术和地方课程、校本课程等有关内容进行必要统筹。职业院校开设劳动专题教育必修课，不少于16学时；主要围绕劳动精神、劳模精神、工匠精神、劳动组织、劳动安全和劳动法规等方面设计。普通高等学校要将劳动教育纳入专业人才培养方案，明确主要依托的课程，可在已有课程中专设劳动教育模块，也可专门开设劳动专题教育必修课，本科阶段不少于32学时；课程内容应加强马克思主义劳动观教育，普及与学生职业发展密切相关的通用劳动科学知识，并经历必要的实践体验。

2. 在学科专业中有机渗透劳动教育。中小学道德与法治（思想政治）、语文、历史、艺术等学科要有重点地纳入劳动创造人本身、劳动创造历史、劳动创造世界、劳动不分贵贱等马克思主义劳动观，纳入歌颂劳模、歌颂普通劳动者的选文选材，纳入阐释勤劳、节俭、艰苦奋斗等中华民族优良传统的内容，加强对学生辛勤劳动、诚实劳动、合法劳动等方面的教育。数学、科学、地理、技术、体育与健康等学科要注重培养学生劳动的科学态度、规范意识、效率观念和创新精神。

职业院校要将劳动教育全面融入公共基础课，要强化马克思主义劳动观、劳动安全、劳动法规教育。专业课在进行职业劳动知识技能教学的同时，注重培养"干一行爱一行"的敬业精神、吃苦耐劳、团结合作、严谨细致的工作态度。

普通高等学校要将劳动教育有机纳入专业教育、创新创业教育，不断深化产教融合，强化劳动锻炼要求，加强高等学校与行业骨干企业、高新企业、中小微企业紧密协同，推动人才培养模式改革。专业类课程主要与服务学习、实习实训、科学实验、社会实践、毕业设计等相结合开展各类劳动实践，注重分析相关劳动形态发展趋势，强化劳动品质培养。在公共必修课中，要进一步强化马克思主义劳动观教育、劳动相关法律法规与政策教育。

3. 在课外校外活动中安排劳动实践。将劳动教育与学生的个人生活、校园生活和社会生活有机结合起来，丰富劳动体验，提高劳动能力，深化对劳动价值的理解。

中小学每周课外活动和家庭生活中劳动时间，小学1至2年级不少于2小时，其他年级不少于3小时；职业院校和普通高等学校要明确生活中的劳动事项和时间，纳入学生日常管理工作。

大中小学每学年设立劳动周，采用专题讲座、主题演讲、劳动技能竞赛、劳动成果展示、劳动项

目实践等形式进行。小学以校内为主，小学高年级可适当安排部分校外劳动；普通中学、职业院校和普通高等学校兼顾校内外，可在学年内或寒暑假安排，以集体劳动为主，由学校组织实施。高等学校也可安排劳动月，集中落实各学年劳动周要求。

4. 在校园文化建设中强化劳动文化。学校要将劳动习惯、劳动品质的养成教育融入校园文化建设之中。要通过制定劳动公约、每日劳动常规、学期劳动任务单，采取与劳动教育有关的兴趣小组、社团等组织形式，结合植树节、学雷锋纪念日、五一劳动节、农民丰收节、志愿者日等，开展丰富的劳动主题教育活动，营造劳动光荣、创造伟大的校园文化。

要举办"劳模大讲堂"、"大国工匠进校园"、优秀毕业生报告会等劳动榜样人物进校园活动，组织劳动技能和劳动成果展示，综合运用讲座、宣传栏、新媒体等，广泛宣传劳动榜样人物事迹，特别是身边的普通劳动者事迹，让师生在校园里近距离接触劳动模范，聆听劳模故事，观摩精湛技艺，感受并领悟勤勉敬业的劳动精神，争做新时代的奋斗者。

（二）劳动教育关键环节

各地和学校要注重围绕劳动教育的目标和内容要求，从提高劳动教育的效果出发，把握劳动教育任务的特点，抓住关键环节，选择适宜的劳动教育方式。

1. 讲解说明。围绕劳动为什么、是什么的问题，有重点地进行讲解，让学生懂得劳动的意义和价值。加强劳动观念、劳动纪律、劳动相关法律法规的正面引导，指明轻视劳动特别是轻视普通劳动的危害，让学生明辨是非。加强劳动知识技能的讲解，让学生认清事理，掌握实践操作的基本原理、程序、规则，正确使用工具的方法和技术。讲解要与启发思考、示范、练习等结合起来。

2. 淬炼操作。围绕如何做的问题，注重示范与练习，让学生会劳动。强化规范意识，注重从最基本的程序学起，严守规则，避免主观随意。强化质量意识，注重引导学生关注细节，每个步骤、环节都要精准到位。强化专注品质，注重引导学生对操作行为的评估与监控，做到眼到手到心到，有始有终。

3. 项目实践。围绕劳动能力的培养，让学生完成真实、综合任务，经历完整劳动过程。注重劳动价值体认，引导学生从现实生活中发现需求，选择和确定劳动项目。强化规划设计意识，充分发挥学生的主动性、积极性、创造性，引导学生对项目实践进行整体构思，综合运用所学知识、技术，不断优化行动方案。强化身体力行，锤炼意志品质，敢于在困难与挑战中完成行动任务。

4. 反思交流。围绕劳动价值意义的建构，引导学生总结、交流，促进学生形成反思交流习惯。指导学生思考劳动过程和结果与社会进步、个体成长的关联，避免停留在简单的苦乐体验上。组织学生交流分享劳动的体验和收获，肯定具有积极意义的认识，纠正观念上的偏差。将反思交流与改进结合起来，使学生在劳动中获得成长。

5. 榜样激励。围绕劳动的精神追求，树立典型，激发劳动热情。注意遴选、树立多类型榜样，不仅要有大国工匠、劳动模范，还要有身边劳动表现优异的普通劳动者和同学。指导学生从榜样的具体事迹中领悟他们的高尚精神和优良品质。明确要求学生在日常劳动实践中努力向榜样看齐。

（三）劳动教育评价

将劳动素养纳入学生综合素质评价体系。以劳动教育目标、内容要求为依据，将过程性评价和结果性评价结合起来，健全和完善学生劳动素养评价标准、程序和方法，鼓励、支持各地利用大数据、云平台、物联网等现代信息技术手段，开展劳动教育过程监测与纪实评价，发挥评价的育人导向和反馈改进功能。

1. 平时表现评价。要在平时劳动教育实践活动中及时进行评价，以评价促进学生发展。要覆盖各类型劳动教育活动，明确学年劳动实践类型、次数、时间等考核要求。关注学生在劳动教育活动中的实际表现，注重从行为表现中分析把握劳动观念形成情况。以自我评价为主，辅以教师、同伴、家长、服务对象、用人单位等他评方式，指导学生进行反思改进。要指导学生如实记录劳动教育活动情况，收集整理相关制品、作品等，选择代表性的写实记录，纳入综合素质档案，作为学生学年评优评先的重要参考。

2. 学段综合评价。学段结束时，要依据学段目标和内容，结合综合素质档案分析，兼顾必修课学习和课外劳动实践，对劳动观念、劳动能力、劳动精神、劳动习惯和品质等劳动素养发展状况进行综合评定。建立诚信机制，实行写实记录抽查制度，对弄虚作假者在评优评先方面一票否决，性质严重的应依法依规严肃处理。在高中和大学开展志愿者星级认证。高中学校和高等学校要将考核结果作为毕业依据之一。推动将学段综合评价结果作为学生升学、就业的重要参考。

3. 开展学生劳动素养监测。将学生劳动素养监测纳入基础教育质量监测、职业院校教学质量评估和普通高等学校本科教学质量评估。可委托有关专业机构，定期组织开展关于学生劳动素养状况调查，注重学生劳动观念、劳动能力、劳动精神、劳动习惯和品质等的监测。发挥监测结果的示范引导、反馈改进等功能。

四、学校劳动教育的规划与实施

（一）整体规划劳动教育

学校是劳动教育的实施主体，应根据国家相关规定，结合当地和本校实际情况，对劳动教育进行整体设计、系统规划，形成劳动教育总体实施方案。方案要明确劳动教育目标内容、课时安排、主要劳动实践活动安排、劳动教育过程组织与指导及考核评价办法等。同时要基于学生的年段特征、阶段性教育要求，研究制定"学校学年（或学期）劳动教育计划"，对学年、学期劳动教育实践活动作出具体安排，特别是规划好劳动周等集中劳动，细化有关要求，使总体实施方案和学年（或学期）活动计划相互配套、衔接，形成可持续开展的劳动教育实施方案。

学校在劳动教育规划时要注意处理以下几个方面的关系：

1. 理论学习和实践锻炼的关系。理论学习和实践锻炼都是劳动教育的必要内容。理论学习重在让学生理解和掌握"劳动创造了人本身""劳动创造世界"等历史唯物主义基本理论主张以及劳动相关法律、法规、政策，并作为行动的指南。实践锻炼重在将所学知识转化为真正有用的实际本领，形成良好的劳动习惯，弘扬劳动精神。规划劳动教育时，要两者兼顾，坚持以实践锻炼为主，切实保证每一个学生都有必要的劳动实践经历，不能只是口头上喊劳动、课堂上讲劳动。要通过学生实践前的计划构想、实践中的观察思考和实践后的反思交流，加深对有关思想理论、法规政策的理解，实现理论学习和实践锻炼的统一。

2. 劳动教育与其他教育活动的关系。在开足专门劳动教育必修课的同时，中小学劳动教育必修课实践环节中与综合实践活动的社会服务、设计制作、职业体验重叠部分，可整合实施。职业院校、普通高等学校劳动教育中学生生产劳动和服务性劳动可以通过专业实习、实训、创新创业等实践环节完成，日常生活劳动可以通过学生管理落实。

3. 劳动的传统形态与新形态的关系。将日常生活劳动教育贯穿大中小学始终。在安排生产劳动和服务性劳动项目时，中小学要以使用传统工具、传统工艺的劳动为主，引导学生体会劳动人民的艰辛与智慧，传承中华优秀传统文化，兼顾使用新知识、新技术、新工艺、新方法的劳动。职业院校、普通高等学校要注重结合产业新业态、劳动新形态，选择现代农业、工业、服务业项目，提升创造性劳动能力。

（二）劳动教育的组织实施

1. 实施机构和人员。学校要建立健全劳动教育组织实施的工作机制。明确主管校领导，设置机构或明确相关部门负责劳动教育的规划设计、组织协调、资源整合、师资培训、过程管理、总结评价等。

要建立专兼职相结合的劳动教育教师队伍。根据学校劳动教育需要，明确劳动教育责任人，进行劳动教育规划、组织实施、评价等，配齐劳动教育必修课教师，保持教师队伍的相对稳定性。要充分发挥教职员工特别是班主任、辅导员、导师的作用，利用少先队、共青团、党组织以及学生社团等各方面的力量，合力开展劳动教育实践活动。充分利用家长及当地人力资源，聘请相关行业专业人士担任劳动实践指导教师。

2. 劳动安全风险防范与管理。学校要把劳动安全教育与管理作为组织实施的必要内容，强化劳动安全意识，建立健全安全教育与管理并重的劳动安全保障体系。

要依据学生身心发育情况，适度安排劳动强度、时长，切实关注劳动任务及场所设施的适宜性。科学评估劳动实践活动的安全风险，认真排查、清除学生劳动实践中的各种隐患。在场所设施选择、材料选用、工具设备和防护用品使用、活动流程等方面制定安全、科学的操作规范，强化劳动过程每个岗位的管理，明确各方责任，防患于未然。制定劳动实践活动风险防控预案，完善应急与事故处理机制。要特别关注劳动过程中的卫生隐患，按照疾控、卫生健康部门及行业有关规定，采取相应措施，切实保护学生的身心健康。鼓励购买劳动教育相关保险。

3. 建立协同实施机制。中小学要推动建立以学校为主导、家庭为基础、社区为依托的协同实施机制，形成共育合力。学校要通过家长会、家长学校、社区宣讲、网络媒体等途径，引导家长树立正确的劳动观；明确家长的劳动教育责任，让家长主动指导和督促孩子完成家庭、社区劳动任务；学校要与相关社会实践基地共同开发并实施劳动教育课程。

职业院校、普通高等学校要建立学校负责规划设计，行业企业社会机构主要负责业务指导，双方共同管理的劳动教育实施机制。通过建立劳模工作室、技能大师工作室，设置荣誉教师、实务导师岗位等，多渠道引入社会力量参与学校劳动教育。要联合社会力量，共建共享稳定的劳动实践基地、校外实习实训基地、各类型创新创业孵化平台，多渠道拓展劳动实践场所。

五、劳动教育条件保障与专业支持

地方教育行政部门要切实加强对劳动教育工作的组织领导，明确机构和人员承担区域推进劳动教育的职责任务，切实加强条件保障、专业支持和督导评估，整体提高大中小学劳动教育质量和水平。

（一）条件建设

1. 丰富和拓展劳动实践场所。地方教育行政部门要统筹规划和配置劳动教育实践资源，满足学校多样化劳动实践需求。充分利用现有综合实践基地、青少年校外活动场所、职业院校和普通高等学校劳动实践场所，建立健全开放共享机制，特别是充分利用职业院校实训实习场所、设施设备，为普通中小学和普通高等学校提供所需要的服务。可安排一批土地、山林、草场等作为学农实践基地，确认一批厂矿企业作为学工实践基地，认定一批城乡社区、福利院、医院、博物馆、科技馆、图书馆等事业单位、社会机构、公共场所作为服务性劳动基地。推动学校充分利用校内学习、生活有关场所，逐步建好配齐劳动技术实践教室、实训基地，丰富劳动教育资源。

2. 加强师资队伍建设。要明确劳动课教师管理要求，保障劳动课教师在绩效考核、职称评聘、评先评优、专业发展等方面与其他专任教师享受同等待遇。推动中小学、职业院校与普通高等学校建立师资交流共享机制，发挥职业院校教师的专业优势，承担普通学校劳动教育教学任务。建立劳动课教师特聘制度，为学校聘请具有实践经验的社会专业技术人员、劳动模范等担任兼职教师创造条件。

高等学校要加强劳动教育师资培养，有条件的院校开设劳动教育相关专业。把劳动教育纳入教育行政干部、校长、教师、辅导员培训内容，开展全员培训，强化劳动意识、劳动观念，提升劳动教育的自觉性。对承担劳动教育课程的教师进行专项培训，提高劳动育人意识和专业化水平。

3. 健全经费投入机制。各地要统筹中央补助资金和自有财力，多种形式筹措资金，加快建设校内劳动教育场所和校外劳动教育实践基地，加强学校劳动教育设施建设，建立学校劳动教育器材、耗材补充机制。学校可按照规定统筹安排公用经费等资金开展劳动教育，可采取政府购买服务方式，吸引社会力量提供劳动教育服务。

（二）加强专业研究和指导

1. 加强劳动教育研究与指导。在全国教育科学规划、教育部人文社会科学研究项目中支持劳动教育研究。地方教育行政部门鼓励和支持相关机构设立劳动教育研究项目。设立一批试验区或试验学校，注重开展跟踪研究、行动研究。举办论坛讲座，营造良好学术氛围。

各级中小学教研机构要配备劳动教育教研员，组织开展专题教研、区域教研、网络教研，通过协同创新、校际联动、区域推进，提高劳动教育整体实施水平。鼓励高等学校依托有关专业机构开展劳动教育教学研究。

2. 组织开展劳动教育课程资源研发。基于劳动教育教学的实际需要，省级教育行政部门明确中小学劳动实践指导手册编写要求，体现"一纲多本"，满足不同地区学校的多样化需求，负责组织审查。职业院校可组织编写劳动精神、劳模精神、工匠精神专题读本，由编写院校或委托专业机构进行审查。鼓励学校、学术团体、专业机构等收集整理反映劳动先进人物事迹和精神的影视资料，组织研发展示劳动过程、劳动安全要求的数字资源，梳理遴选来自教学一线的典型案例和鲜活经验，形成分学段、分专题的劳动教育课程资源包，促进优质资源的共享与使用。

（三）督导评估与激励

1. 加强对学校劳动教育实施情况的督查。把劳动教育纳入教育督导体系，完善督导办法。对地方各级人民政府和有关部门保障劳动教育情况进行督导。对学校劳动教育开课率、学生劳动实践组织的有序性，教学指导的针对性，保障措施的有效性等进行督查和指导。督导结果要向社会公开，作为衡量区域教育质量和水平的重要指标，作为对被督导部门和学校及其主要负责人考核奖惩的依据。

2. 建立健全劳动教育激励机制。在国家级、省级教学成果奖励中，将劳动教育教学成果纳入评奖范围，对优秀成果予以奖励。依托有关专业组织、教科研机构等开展劳动教育经验交流和成果展示活动，激发广大教师实践创新的潜能和动力。积极协调新闻媒体传播劳动光荣、创造伟大的思想，大力宣传劳动教育先进学校、先进个人。

教育部关于印发《大中小学国家安全教育指导纲要》的通知

（教材〔2020〕5号）

各省、自治区、直辖市教育厅（教委），新疆生产建设兵团教育局，有关部门（单位）教育司（局），部属各高等学校、部省合建各高等学校：

为深入学习贯彻习近平总书记总体国家安全观，落实党中央关于加强大中小学国家安全教育文件精神和《中华人民共和国国家安全法》提出"将国家安全教育纳入国民教育体系"的要求，结合教育系统实际，指导大中小学系统、规范、科学地开展国家安全教育，我部制定了《大中小学国家安全教育指导纲要》，现印发给你们，请认真贯彻落实。

附件：《大中小学国家安全教育指导纲要》

教育部
2020年9月28日

大中小学国家安全教育指导纲要

为贯彻落实总体国家安全观，指导大中小学系统、规范、科学地开展国家安全教育，特制定本纲要。

一、总体要求

（一）指导思想

以习近平新时代中国特色社会主义思想为指导，贯彻党的教育方针，落实立德树人根本任务，牢固树立和全面践行总体国家安全观，构建具有中国特色的国家安全教育体系，系统推进国家安全教育进课程、进教材、进校园，全面增强大中小学生的国家安全意识，提升维护国家安全能力，为培养社会主义合格建设者和可靠接班人打下坚实基础。

（二）基本原则

坚持正确方向。以总体国家安全观为统领，坚持和加强党对国家安全教育的领导，增强国家意识，强化政治认同，坚定道路自信、理论自信、制度自信、文化自信，践行社会主义核心价值观。

坚持依法开展。在《中华人民共和国国家安全法》《中华人民共和国反恐怖主义法》《中华人民共和国反间谍法》《中华人民共和国网络安全法》《中华人民共和国教育法》等一系列法律框架内依法开展教育。

坚持统一规划。强化顶层设计，明确大中小学各学段国家安全教育目标，落实相关法律法规要求，统筹各领域国家安全教育内容，形成纵向衔接、横向配合、有机融入的教育格局。

坚持遵循规律。符合学生年龄特征，密切联系学生实际，紧贴世情国情社情，适应不同学科专业领域和不同类型教育特点，提升科学性和适宜性。

坚持方式多样。充分利用多种资源，专门课程与学科融入相结合，知识学习与实践活动相结合，学校教育与社会教育相结合，生动鲜活、易于接受，增强育人实效。

（三）主要目标

通过国家安全教育，使学生能够深入理解和准确把握总体国家安全观，牢固树立国家利益至上的观念，增强自觉维护国家安全意识，具备维护国家安全的能力。

小学阶段，重点围绕建立国家概念，启蒙国家安全意识。学生初步了解国家安全基本常识，感受个人生活与国家安全息息相关，增强爱国主义情感。

初中阶段，重点围绕认识个人与国家关系，增强国家安全意识。学生初步了解总体国家安全观，掌握国家安全基础知识，理解国家安全对个人成长的重要作用，初步树立国家利益至上的观念。

高中阶段，重点围绕理解人民福祉与国家关系，树立总体国家安全观。学生理解总体国家安全观，初步掌握国家安全各领域内涵及其关系，认识国家安全对国家发展的重要作用，树立忧患意识，增强自觉维护国家安全的使命感。

大学阶段，重点围绕理解中华民族命运与国家关系，践行总体国家安全观。学生系统掌握总体国家安全观的内涵和精神实质，理解中国特色国家安全体系，树立国家安全底线思维，将国家安全意识转化为自觉行动，强化责任担当。

二、主要内容

（一）总论

主要包括：国家安全的重要性，我国新时代国家安全的形势与特点，总体国家安全观的基本内涵、重点领域和重大意义，以及相关法律法规。

主要学习：习近平关于总体国家安全观重要论述，牢固树立总体国家安全观，坚持统筹发展和安全，坚持人民安全、政治安全、国家利益至上有机统一，坚持维护和塑造国家安全，坚持科学统筹。以人民安全为宗旨，以政治安全为根本，以经济安全为基础，以军事、科技、文化、社会安全为保障，健全国家安全体系，增强国家安全能力。完善集中统一、高效权威的国家安全领导体制，健全国家安全法律制度体系。

（二）重点领域

主要包括：政治安全、国土安全、军事安全、经济安全、文化安全、社会安全、科技安全、网络安全、生态安全、资源安全、核安全、海外利益安全以及太空、深海、极地、生物等不断拓展的新型领域安全。

主要学习：国家安全各重点领域的基本内涵、重要性、面临的威胁与挑战、维护的途径与方法。

具体内容：

政治安全包括政权安全、制度安全、意识形态安全等方面，是国家安全的根本，对于保障人民安全、维护国家利益，不断提高全体国民的获得感、幸福感、安全感，实现国家长治久安，具有根本性、全局性的重大意义。面临渗透、分裂、颠覆等敌对活动的威胁。维护政治安全必须加强党的领导、坚定理想信念。

国土安全包括领土以及自然资源、基础设施安全等方面，核心是指领土完整、国家统一，边疆边境、领空、海洋权益等不受侵犯或免于威胁的状态，是国家生存和发展的基本条件。面临境内外分裂势力的挑衅。维护国土安全必须加强国防和外交能力建设。

军事安全包括军事力量、军事战略和领导体制等方面，是国家安全的重要保障和保底手段。面临世界军事变革深入发展带来的挑战和潜在战争风险。维护军事安全必须贯彻落实习近平强军思想，全面推进国防和军队现代化建设。

经济安全包括经济制度安全、经济秩序安全、经济主权安全、经济发展安全等方面，是国家安全与发展的基础。面临国际经济金融动荡和国内经济可持续发展挑战。维护经济安全必须坚持和完善中国特色社会主义经济发展道路。

文化安全包括文化主权、文化价值观、文化资源安全等方面，是确保一个民族、一个国家独立和尊严的重要精神支撑。面临外部意识形态渗透、消极文化侵蚀、文化自信和向心力缺失等威胁。维护文化安全必须强化中华优秀传统文化、革命文化、社会主义先进文化教育。

社会安全包括社会治安、社会舆情、公共卫生等方面，是社会和谐稳定的基础。面临重大疫情、群体性事件、暴力恐怖活动、新型违法犯罪等威胁。维护社会安全必须健全法制，完善体制机制，提升应对重大新发突发传染病等社会公共安全事件的能力。

科技安全包括科技自身安全和科技支撑保障相关领域安全，涵盖科技人才、设施设备、科技活动、科技成果、成果应用等多个方面，是支撑国家安全的重要力量和技术基础。面临重点领域核心技术受制于人、原始创新能力不足等问题。维护科技安全必须重视人才培养、突破关键技术。

网络安全包括网络基础设施、网络运行、网络服务、信息安全等方面，是保障和促进信息社会健康发展的基础。面临网络基础设施安全隐患和网络犯罪等威胁。维护网络安全必须践行"没有网络安全就没有国家安全，没有信息化就没有现代化"的理念，强化依法治网、技术创新、国际合作等，树立网络空间主权意识。

生态安全包括水、土地、大气、生物物种安全等方面，是人类生存发展的基本条件。面临生态破坏、环境污染、疫情等威胁。维护生态安全必须践行"绿水青山就是金山银山"的理念，加强综合治理，筑牢国家生态安全屏障。

资源安全包括可再生资源安全、不可再生资源安全等方面，是国家战略命脉和国家发展依托。面临供需矛盾大、对外依存度高、开发利用水平低等问题。维护资源安全必须坚持推进绿色发展、利用好两个市场和两种资源。

核安全包括核材料、核设施、核技术、核扩散安全等方面，事关人类前途命运。面临核事故风险、涉核恐怖活动、核扩散威胁和核对抗挑战等。维护核安全必须强化政治投入、国家责任、国际合作、核安全文化建设，全面提升核技术能力。

海外利益安全包括海外中国公民、机构、企业安全和正当权益，海外战略性利益安全等方面。面临冲突与政局动荡、国际恐怖主义、重大自然灾害、重大新发突发传染病疫情等威胁。维护海外利益安全是高水平对外开放的必然要求，必须提升海外安全保障能力，加强国际合作。

新型领域安全包括太空、深海、极地、生物等发展探索、保护利用等，是未来国际竞争的新焦点。面临技术挑战、参与国际规则制定等问题。维护新型领域安全必须推进顶层设计、加快人才培养、深化国际合作等。

三、实施途径

（一）开设专门课程

高等学校依托校内相关教学科研机构，开设国家安全教育公共基础课。鼓励支持地方和中小学（含中职）挖掘和利用校内外国家安全教育资源，开设地方课程和校本课程。

（二）开展专题教育

围绕总体国家安全观和国家安全各领域，确定综合性或特定领域的主题。通过组织讲座、参观、调研、体验式实践活动等方式，进行案例分析、实地考察、访谈探究、行动反思，积极引导学生自主参与、体验感悟。

（三）融入各学科专业教育教学

中小学各学科课程标准、普通高等学校和职业院校公共基础课及相关专业课，要结合本学科本专业特点，明确国家安全教育相关内容和要求，纳入课程思政教学体系。

各学科专业教师要强化国家安全意识，通过延伸、拓展学科知识，引导学生主动运用所学知识分析国家安全问题，着力强化学生国家安全意识，丰富国家安全知识；要理解总体国家安全观，掌握国家安全基础知识，结合学科专业领域特点，在课程中有机融入国家安全教育内容，避免简单添加、生硬联系，注重教学实效。

（四）发挥校园文化作用

充分利用学校各类社团、报刊媒体、广播站、宣传栏等平台，实现国家安全知识传播常态化。鼓励和支持学校网站开设国家安全宣传专栏或在线学习平台，开发适合互联网、移动终端等新兴媒体传播手段的国家安全教育精品资源。结合入学教育、升旗仪式、军训、节日庆典、全民国家安全教育日等重要时间节点，组织开展形式多样的国家安全教育活动。

（五）充分利用社会资源

充分发挥国家安全各领域专业人才、专业机构和行业企业的作用，开设专题讲座、指导学生实践活动、培训师资、提供专业咨询和体验服务等。有效利用各类场馆、基地、设施等，开发实践课程，组织现场教学，强化体验感受。

四、考试评价

（一）评价原则

坚持发展性，强化教育引导，激发学生学习热情，提升学生国家安全意识，增强爱国主义情感，杜绝随意打分、简单排名。

坚持过程性，激发学生积极实践，提升学生维护国家安全能力，引导知行合一，避免单一考察知识概念。

坚持多元性，注重自评与他评相结合、过程评价与结果评价相结合、定性评价与定量评价相结合，保证评价全面客观。

（二）评价实施

依据国家安全教育主要目标和主要内容，明确评价要求和评价要点，突出素养导向。将相关国家安全教育内容纳入不同阶段学生学业评价范畴。小学阶段侧重考察参与相关活动情况；中学阶段相关学科要把国家安全教育有关内容纳入考核评价范围，兼顾活动参与情况的考察；大学阶段采用多种方式进行课程考试，兼顾过程性考核。客观记录学生参与国家安全专题教育、课程学习和社会实践等活动中的态度、行为表现和学习成果，确保记录真实可靠，纳入学生综合素质档案。

五、管理与保障

（一）组织领导

在党委统一领导下，省级教育部门会同省级党委有关办事机构，做好本地中小学（含中职）国家安全教育顶层设计，明确工作任务、人员配备、责任机构、条件保障、经费投入、推进计划等。实行分级负责制，省级党委有关办事机构协调推动，省级教育部门牵头协调其他部门，统筹指导本地国家安全教育工作，地市、县相关部门负责组织落实，督促中小学（含中职）履行国家安全教育教学实施主体责任。

高等学校党委负责本校国家安全教育的组织实施，在教师配备、经费投入等给予必要保障。

（二）课时保障

大中小学国家安全专题教育每学年不少于1次，每次不少于2课时。高等学校国家安全教育公共基础课不少于1学分。小学、初中、高中（含中职）各学段国家安全教育内容安排原则上不少于32课时，要统筹落实到课程标准和教材中。

（三）督导检查

把国家安全教育纳入教育督导体系，明确督导办法。各级教育督导部门要组织开展国家安全教育督导，着重检查教育实效，检验学生思想认识、态度情感、行为表现等方面的状况。将督导检查结果纳入年度考核范围。

（四）专业指导

全国国家安全教育指导委员会负责开展国家安全教育教学的研究、咨询、指导、评估、服务等工作，会同国家教材委员会相关专家委员会组织开展国家安全教育高等学校教材和中小学（含中职）读本审查。各地教育行政部门和学校通过开展典型培养、评优评先、学术研讨、经验交流等活动，进一步发挥示范引领作用。

相关专业学术机构、学术团体加强国家安全教育的理论与实践研究、学术平台建设，组织开展学术交流、教学应用研究等。

各级教研部门组织国家安全教育实施途径与方法的专项研究，探索学科有机融入、专题教育设计，有效指导教师教学。

（五）资源开发

国务院教育行政部门指导开发适合中小学（含中职）学生认知特点的国家安全教育读本，组织编写高等学校国家安全教育公共基础课教材。地方教育行政部门、学校和相关专业机构要综合运用信息技术手段，有针对性地开发配套多媒体素材、案例库、课件、微课、专题网站、应用软件、微信公众号、在线开放课程等集成的数字化课程资源，确保资源形式与种类多样化。

地方和学校应注重因地制宜，统筹利用现有资源，推动相关教育实践基地改造升级，拓展其国家安全教育功能，打造一批综合性教育实践基地和专题性教育实践基地。

（六）师资队伍建设

分级开展大中小学教师全员培训，将国家安全教育纳入"国培计划"、高等学校新入职教师培训、思政课教师培训等各级各类培训，强化每位教师的国家安全意识，提高实施国家安全教育的自觉性。

分层次举办校级领导总体国家安全观专题研讨班，对国家安全教育关联度较高的学科教师进行专项培训，建设培训者队伍和专家库，提升实施国家安全教育的能力。

选拔、培育一批专门从事国家安全教育的专业骨干教师；鼓励相关领域专家、思政课教师、相关学科教师，发挥专业特长，参与国家安全教育，形成专兼结合的国家安全教育师资队伍。

鼓励支持高等学校设置国家安全教育专业或开设国家安全教育专业双学位，强化师范专业国家安全教育要求，培养从事国家安全教育专业人才。

附录

国家安全教育知识要点

领域	知识类别	知识要点		开始讲授起点学段建议	中小学（含中职）学科覆盖建议（大学在公共基础课中全面落实，各学科专业主动结合相关内容落实）	
		一级知识点	二级知识点		主要学科	全学段相关学科
总体国家安全观总论	国家安全的重要性	直接关乎国家主权独立和领土完整		小学	思政①	历史、语文、地理、科学②
		人民安居乐业、幸福生活的保障		小学	思政	历史、语文、地理
		社会稳定、长治久安的基石		小学	思政	历史、语文、地理
		实现中华民族伟大复兴中国梦的重要前提		小学	思政	历史、语文、地理、科学、信息科技、信息技术③
	总体国家安全观内涵	总体国家安全观是习近平新时代中国特色社会主义思想的重要组成部分；国家安全内涵十分丰富，涵盖领域广泛	涉及政治安全、国土安全、军事安全、经济安全、文化安全、社会安全、科技安全、网络安全、生态安全、资源安全、核安全、海外利益安全等领域，以及新型领域安全（深海、极地、太空、生物等）	小学	思政	历史、语文、地理、科学、信息科技、信息技术
		各领域安全相互关联、相互支撑，是有机整体	五大要素：以人民安全为宗旨，以政治安全为根本，以经济安全为基础，以军事、科技、文化、社会安全为保障，以促进国际安全为依托 五对关系：既重视发展问题，又重视安全问题；既重视外部安全，又重视内部安全；既重视国土安全，又重视国民安全；既重视传统安全，又重视非传统安全；既重视自身安全，又重视共同安全	初中	思政	历史、语文、地理、信息科技、信息技术

① 思政，指思想政治课，包括义务教育阶段的道德与法治和普通高中、中等职业学校的思想政治。下同。
② 科学，小学起点包括小学科学、初中科学（或分科设置的物理、化学、生物学）和普通高中、中等职业学校（或分科设置的物理、化学、生物学）。下同。
③ 信息科技、信息技术，信息科技指义务教育阶段的信息科技，初中起点包括初中科学。下同。

续上表

领域	知识类别	一级知识点	知识要点 二级知识点	开始讲授起点学段建议	中小学（含中职）主要学科	中小学（含中职）全学段相关学科
总体国家安全观总论	总体国家安全观的重大意义	落实总体国家安全观是每个公民的法定义务	党的集中统一领导、人民安全为方针、国家利益至上、共同安全；加强国家安全人民防线建设	初中	思政	历史、地理、科学、信息科技、信息技术
		总体国家安全观的重大意义	构建了国家安全的中国话语体系，重塑了中国国家安全体制机制，指明了中国特色国家安全道路方向	高中	思政	历史、语文、地理

政治安全

领域	知识类别	一级知识点	知识要点 二级知识点	开始讲授起点学段建议	中小学（含中职）主要学科	中小学（含中职）全学段相关学科
政治安全	政治安全的重要性	攸关党和国家安危，是国家安全的根本		初中	思政	历史
		是维护人民安全和国家利益的根本保证		初中	思政	历史
		是坚持和发展中国特色社会主义的根本前提		初中	思政	历史
	政治安全的主要内容	政权安全	坚持党的集中统一领导、人民当家作主、全面依法治国	初中	思政	历史
		制度安全	中国特色社会主义制度	初中	思政	历史
		意识形态安全	坚持马克思主义在意识形态领域的指导地位，坚持学习贯彻习近平新时代中国特色社会主义思想，坚持社会主义核心价值观	初中	思政	历史
	政治安全面临的威胁与挑战	反华敌对势力对我国开展西方意识形态渗透		初中	思政	历史
		国际反华敌对势力对我国发展道路、社会制度等曲意诬蔑、遏制打压加剧		高中	思政	历史
		政治认同与政治信仰弱化		初中	思政	历史、地理、信息科技、信息技术
		民族分裂势力和宗教极端势力的分裂、极端活动		高中	思政	历史、语文
		党内"四风"等腐败现象				

重要文件

续上表

政治安全

领域	知识类别	一级知识点	知识要点 二级知识点	开始讲授起点学段建议	中小学（含中职）学科覆盖建议（大学在公共基础课中全面落实，各学科专业主动结合相关内容落实）		
					主要学科		全学段相关学科
政治安全	维护政治安全的途径与方法	社会矛盾交织、演变、传导		高中	思政	历史	语文
		加强党的自身建设	坚持和加强党的领导，做到"两个维护"	初中	思政	历史	语文
			全面从严治党	初中	思政	历史	语文
			坚定理想信念	初中	思政	历史	语文
			坚持"两个巩固"	高中	思政	历史	语文
		强化意识形态工作	加强理想信念教育	高中	思政	历史	语文
			深化中国特色社会主义和中国梦宣传教育	初中	思政	历史	语文
		坚决抵御"颜色革命"	抵御、依法打击敌对势力渗透颠覆破坏活动	初中	思政	历史	语文
			充分利用抗疫等事例加强"四个自信"教育	初中	思政	历史	语文
			注重群众路线				

国土安全

领域	知识类别	一级知识点	知识要点 二级知识点	开始讲授起点学段建议	中小学（含中职）学科覆盖建议（大学在公共基础课中全面落实，各学科专业主动结合相关内容落实）		
					主要学科		全学段相关学科
国土安全	国土安全的重要性	国家生存和发展的基本条件		初中	思政	地理	
		国土安全与其他领域的安全息息相关		初中	地理	思政、科学、外语	
		人民幸福生活的基础		初中	思政	地理	
	国土安全的主要内容	基本内涵	领土主权不受侵犯	小学	思政	地理、科学	
			领土完整不被分裂	小学	思政	地理、科学	
			涵盖领土、领海、领空以及自然资源、基础设施等要素	小学	思政	地理	
		领土	领土的概念与要素	初中	地理	思政、外语	
			领水、领陆和领空的关系				

续上表

领域	知识类别	知识要点		开始讲授起点学段建议	中小学（含中职）学科覆盖建议（大学在公共基础课中全面落实，各学科专业主动结合相关内容落实）	
		一级知识点	二级知识点		主要学科	全学段相关学科
国土安全	国土安全的主要内容	领海	领海的概念	小学	思政	地理
			我国的领海范围	小学	思政	地理
		领空	领空的概念	小学	思政	地理
			我国的领空范围	初中	地理	思政、科学、外语
			临近空间的概念	初中	地理	思政、科学、外语
	国土安全面临的威胁与挑战	国土边境、海洋安全面临问题与挑战	围绕领土边界起事端	初中	思政	历史、地理、外语
			在南海、东海多方与我国争夺岛礁主权和海洋权益	初中	地理	历史、思政、外语
		反分裂斗争形势依然严峻	反分裂斗争的长期性、复杂性、尖锐性	初中	思政	历史
			"台独""藏独""东突""港独"等分裂活动构成威胁	初中	思政	历史、地理、科学
		国土安全面临严峻的国际舆论环境	西方国家频频制造不实的国际舆论	高中	思政	历史、地理、信息技术、外语
			部分周边国家制造舆情激化矛盾	初中	思政	信息技术、地理、外语
	维护国土安全的途径与方法	完善国土安全法律和教育体系	完善维护国土安全的法律法规	小学	思政	地理
			加强国家版图和国土主权的宣传教育	大学	地理	
		坚持兴边富民、强边固边、稳边	推进兴边富民工程	大学	地理	
			巩固周边境安全	高中	地理	思政、外语
		坚持陆海统筹、建设海洋强国	坚持陆海统筹发展，推进共建"一带一路"	高中	地理	思政、外语
			推进海洋强国战略实施	高中	思政	地理、科学、历史
		加强国防和外交能力建设	加强国防建设捍卫国土安全	初中	思政	外语
			加强外交工作塑造良好外部环境	高中	思政	
			增强国土安全的国际话语权	大学		
			增强国土安全对外法律斗争能力	大学		

续上表

军事安全

领域	知识类别	一级知识点	知识要点 二级知识点	开始讲授起点学段建议	中小学（含中职）主要学科	学科覆盖建议（大学在公共基础课中全面落实，各学科专业主动结合相关内容落实）全学段相关学科
军事安全	军事安全的重要性	军事手段始终是维护国家安全的保底手段		小学	思政	历史
		军事安全是建设巩固国防的重要前提		初中	思政	历史
	军事安全的主要内容	军事与国防的关系	军事安全的概念	初中	思政	历史
			国防安全的概念	初中	思政	历史
		战争与战略	战争内涵与战争样式的变化	高中	思政	历史
			战略思想的历史演进	高中	思政	历史
		力量组成	国家武装力量的组成	初中	思政	历史
			中国人民解放军现役部队组成	小学	思政	历史
		领导体制	坚持党指挥枪	高中	思政	历史
		军事科技与武器装备	军事科技的分类	大学	思政	
			高技术武器装备类别	大学	思政	
		军事秘密	军事秘密装备的等级	大学	思政	
			军事秘密的范围	大学	思政	
		军事外交	军事外交的形式	高中	思政	外语
			军事外交的特点	高中	思政	外语
	军事安全面临的威胁与挑战	世界新军事革命深入发展带来新挑战	战ా形态和作战样式发生新的变化	大学	思政	
			军事战略、作战思想和军事力量建设面临新的环境	大学	思政	
			太空、网络、人工智能等新型安全领域的斗争日趋尖锐复杂	大学	思政	
		军事秘密泄密	境外人员渗透窃密不容乐观	高中	信息技术	
			境内人员失泄密面临新的挑战	高中	信息技术	
			网络军事窃密不容忽视	高中	信息技术	
		缺乏忧患意识	军队存在和平积弊	高中	思政	
			国民战争和平忧患意识淡薄	初中	思政	

续上表

军事安全

知识类别	一级知识点	二级知识点	开始讲授起点学段建议	主要学科	全学段相关学科
		知识要点		中小学（含中职）学科覆盖建议（大学在公共基础课中全面落实，各学科专业主动结合相关内容落实）	全学段相关学科
维护军事安全的途径与方法	加强领导指挥体制与力量建设	新一轮军队改革的总体布局	大学		
		军委管总、战区主战、军种主建	大学		
		重塑各军兵种作战力量	大学		
		党在新时代的强军目标	大学		
	贯彻强军思想创新军事战略指导	坚持"四军方略"	大学		
		积极防御的战略思想	大学		
		新时代军事战略指导方针	大学		
		应对新型安全领域威胁	大学		
		坚持军民融合发展战略	大学		
	加强军事保密教育	宣传普及军事保密法律法规	小学	思政	信息科技
		加强军事秘密泄密警示教育	小学	思政	信息科技
	拓展军事外交	丰富军事外交内涵	高中	思政	外语
		配合国家外交主动预置	高中	思政	外语
		加强国际安全主动预置	高中	思政	外语

经济安全

知识类别	一级知识点	二级知识点	开始讲授起点学段建议	主要学科	全学段相关学科
		知识要点		中小学（含中职）学科覆盖建议（大学在公共基础课中全面落实，各学科专业主动结合相关内容落实）	全学段相关学科
经济安全的重要性	国家安全重要基础和组成部分	实现人民安全宗旨的重要基础	初中	思政	历史
		实现政治安全的重要基础	初中	思政	历史、地理
		实现军事、文化、社会安全的重要基础	初中	思政	历史
		实现国际安全的重要基础	高中	思政	地理、外语

续上表

经济安全

领域	知识类别	一级知识点	知识要点		开始讲授起点学段建议	中小学（含中职）（大学在公共基础课中全面落实，各学科专业主动结合相关内容落实）		全学段相关学科
			二级知识点			主要学科		
经济安全	经济安全的主要内容	基本经济制度安全	公有制为主体，多种所有制经济共同发展		初中	思政	历史	
			按劳分配为主体，多种分配方式并存		初中	思政	历史	
			社会主义市场经济体制		初中	思政	历史	
		经济秩序安全	生产领域秩序安全		高中	思政		
			流通领域秩序安全		高中	思政		
			其他重点经济领域秩序安全		高中	思政	地理	
		经济主权安全	对内克服地方保护主义		初中	思政	地理	
			对外抵御外来经济威胁		初中	思政		
		经济发展安全	存在发生经济危机风险的风险		高中	思政	历史	
			防范化解经济危机风险的能力		高中	思政	历史	
	经济安全面临的威胁与挑战	国际经济金融动荡	国际金融危机持续影响		大学			
			世界贸易战的发展演变		大学			
			经济霸权主义和霸凌主义加剧国际经济金融动荡		大学			
		国际经济秩序面临变革	要求变革国际经济旧秩序的呼声不断高涨		大学	思政		
			"一带一路"倡议为全球经济治理拓展了新实践		高中	思政		
		主要经济领域安全存在风险	金融安全存在风险		高中	思政	地理、信息技术	
			财政安全存在风险		高中	思政	地理	
			产业安全（含粮食安全）存在风险		高中	思政	地理	
			经济发展信息存在泄露风险		大学	信息技术		
			重要经济信息存在泄露风险		高中	思政	思政	
			走私活动引发的风险		高中	思政	地理	

续上表

经济安全

领域	知识类别	一级知识点	二级知识点	开始讲授起点学段建议	中小学（含中职）学科覆盖建议（大学在公共基础课中全面落实，各学科专业主动结合相关内容落实）	
			知识要点		主要学科	全学段相关学科
经济安全	维护经济安全的途径与方法	实现基本经济制度安全的途径与方法	坚持以公有制经济为主体不动摇	初中	思政	历史、地理
			坚持多种所有制经济共同发展不动摇	初中	思政	历史、地理
		实现经济秩序安全的途径与方法	健全和完善经济领域法律法规	高中	思政	
			制止和打击破坏经济领域秩序安全的行为	高中	思政	
		实现经济主权安全的途径与方法	维护经济方针政策自主制定的权利	大学		
			维护有效掌握自己重要资源的权利	大学		
			维护有效掌握自己战略产业组织的权利	大学		
			维护自由利用国际市场的权利	高中	思政	
		实现经济发展安全的途径与方法	坚持新发展理念、促进高质量发展	高中	思政	
			深化供给侧结构性改革，防范、化解经济领域安全风险	初中	思政	地理
			创新和完善宏观调控	高中	思政	地理
			加强经济领域的保密管理	高中	思政	历史、地理
			坚持打击走私活动	高中	思政	

文化安全

领域	知识类别	一级知识点	二级知识点	开始讲授起点学段建议	中小学（含中职）学科覆盖建议（大学在公共基础课中全面落实，各学科专业主动结合相关内容落实）	
			知识要点		主要学科	全学段相关学科
文化安全	文化安全的重要性	文化是国家和民族的灵魂		小学	思政	语文、历史、地理、艺术（音乐、美术）、外语
		文化安全是国家安全的重要保障		小学	思政	语文、历史、艺术（音乐、美术）

续上表

文化安全

领域	知识类别	知识要点 一级知识点	知识要点 二级知识点	开始讲授起点学段建议	中小学（含中职）学科覆盖建议（大学在公共基础课中全面落实，各学科专业主动结合相关内容落实） 主要学科	全学段相关学科
文化安全	文化安全的重要性	建设社会主义文化强国的重要基础		初中	思政	历史、语文、艺术（音乐、美术）、外语
		文化安全是国家安全的关键精神保证		初中	思政	语文、历史、艺术（音乐、美术）、外语
		国际博弈的重要领域		高中	思政	语文、历史、艺术（音乐、美术）、外语
	文化安全的主要内容	国家文化主权	独立自主选择文化制度	初中	思政	语文
		国家文化主权	独立自主选择文化发展道路和政策	初中	思政	语文
		国家文化主权	防止文化"全盘西化"	小学	思政	语文、历史、外语
		国家文化主权	保障文化权益和推动文化发展	初中	思政	语文、历史
		文化价值观	文化自信	小学	思政	历史、语文、艺术（音乐、美术）、科学、物理
		文化价值观	文化认同（认同"三种文化"）	初中	思政	历史、语文、艺术（音乐、美术）、科学、物理
		中华优秀传统文化、革命文化、社会主义先进文化（"三种文化"）安全	"三种文化"创新发展，不能固化僵化	初中	语文	思政、历史、艺术（音乐、美术）、科学、物理
			文化遗产（语言、风俗习惯、传统节日、文物）保护	小学	语文	思政、科学、物理、地理、历史、体育与健康、艺术（音乐、美术）、外语
			文化生态	初中	地理	语文、思政、艺术（音乐、美术）、历史、物理、科学、外语

续上表

领域	知识类别	知识要点		开始讲授起点学段建议	中小学（含中职）学科覆盖建议（大学在公共基础课中全面落实，各学科专业主动结合相关内容落实）	
		一级知识点	二级知识点		主要学科	全学段相关学科
文化安全	文化安全面临的威胁与挑战	西方文化和西方意识形态侵蚀		初中	思政	历史、语文、信息科技、信息技术、外语
		消极娱乐、享乐和消费文化		小学	思政	信息科技、信息技术、科学、外语
		恶意解构文化传统与文化符号		小学	思政	语文、历史、信息科技、信息技术
		文化自信和文化向心力缺失		初中	思政	语文、历史
		文化民粹主义		初中	思政	历史
		不良网络文化威胁		初中	语文	信息科技、信息技术、艺术（音乐、美术）、思政、外语
	维护文化安全的途径与方法	加强文化认同教育（"三种文化"教育）	热爱中华优秀文化	初中	语文	思政、历史、地理、体育与健康、艺术（音乐、美术）
			增进文化自信	初中	语文	思政、历史、地理、体育与健康、艺术（音乐、美术）
			文化自觉	高中	语文	思政、历史、地理、体育与健康、艺术（音乐、美术）
			文化自强	高中	语文	思政、历史、地理、体育与健康、艺术（音乐、美术）
		坚持党对文化领导，培育和践行社会主义核心价值观	坚持党对文化建设的领导	初中	思政	历史、语文
			培育社会主义核心价值观	初中	思政	历史、语文
			践行社会主义核心价值观	初中	思政	历史、语文

重要文件

续上表

文化安全

领域	知识类别		知识要点		开始讲授起点学段建议	中小学（含中职）学科覆盖建议（大学在公共基础课中全面落实，各学科专业主动结合相关内容落实）	
		一级知识点	二级知识点			主要学科	全学段相关学科
文化安全	维护文化安全的途径与方法	加强文化遗产保护与利用	保护好文化遗产		小学	思政	语文、历史、地理、艺术（音乐、美术）、外语
			传承好文化遗产		小学	语文	思政、历史、地理、艺术（音乐、美术）、外语
			利用好文化遗产		初中	地理	思政、语文、历史、艺术（音乐、美术）、科学、外语
		推进文化创新体系与文化安全防线建设	健全文化产业体系，文化市场体系及促进公共文化服务体系		高中	思政	地理、语文、体育与健康
			构筑文化安全阵地防线		高中	思政	语文、信息技术
			加强文化安全国门把关和防控		初中	语文	地理、信息科技、信息技术、外语
		营造文化安全国际环境	积极主动加强国际文化合作		大学		
			提高文化软实力		高中	语文	历史、思政

社会安全

领域	知识类别		知识要点		开始讲授起点学段建议	中小学（含中职）学科覆盖建议（大学在公共基础课中全面落实，各学科专业主动结合相关内容落实）	
		一级知识点	二级知识点			主要学科	全学段相关学科
社会安全	社会安全的重要性	国家安全的重要保障			小学	思政	历史
		社会和谐稳定的基础			小学	思政	历史
		社会安全提升人民群众的幸福感和满意度			小学	思政	历史
	社会安全的主要内容	社会治安	暴力性、侵财性犯罪：敲诈勒索、盗窃、抢劫、拐卖人口等		初中	思政	
			网络犯罪		初中	信息科技	信息技术
			毒品犯罪		初中	思政	体育与健康、地理
			有组织犯罪		初中	思政	

续上表

社会安全

领域	知识类别	一级知识点	二级知识点	知识要点	开始讲授起点学段建议	中小学（含中职）学科覆盖建议（大学在公共基础课中全面落实，各学科专业主动结合相关内容落实）	
						主要学科	全学段相关学科
社会安全	社会安全的主要内容	社会安全事件		重大自然灾害	小学	地理	体育与健康、科学、物理、化学
				重大事故灾难	小学	思政	体育与健康、科学、物理、化学
				重大公共卫生事件	初中	地理	生物学、思政、体育与健康、化学
				暴力恐怖活动	小学	思政	历史、地理
				社会群体性事件	初中	思政	
		社会舆情		舆情传播	小学	思政	信息科技、信息技术、语文
				传统媒体和新媒体影响力	初中	思政	信息科技、信息技术、历史、语文、外语
				社会舆情监督	初中	思政	信息科技、信息技术
	社会安全面临的威胁与挑战	社会群体性事件时发		非正当维权事件	初中	思政	历史
				泄愤事件	初中	思政	历史、地理、信息技术、外语
				骚乱事件	高中	思政	历史、地理、信息技术、外语
		暴力恐怖活动事件时发		内部反动势力事件	高中	思政	历史、地理、信息技术、外语
				外部敌对势力事件	初中	思政	历史
		境外势力渗透破坏日益严重		非法宗教渗透	初中	思政	信息科技、信息技术、语文、外语
				互联网煽动	小学	思政	语文、信息科技、信息技术
				文化渗透	小学	思政	信息科技、信息技术
		新型违法犯罪方式多样		电信诈骗	小学	思政	信息科技、信息技术
				网络诈骗			

重要文件 MAIN DOCUMENTS

续上表

社会安全

领域	知识类别	一级知识点	知识要点 二级知识点	开始讲授起点学段建议	中小学（含中职）学科覆盖建议（大学在公共基础课中全面落实，各学科专业主动结合相关内容落实）	
					主要学科	全学段相关学科
社会安全	社会安全面临的威胁与挑战	社会舆情复杂	舆情炒作	高中	思政	信息技术
			同情效应	高中	思政	信息技术
			谣言冲击	高中	思政	信息技术
		健全社会安全法制体制机制	维护社会安全的原则、任务、方式与手段	高中	思政	
		提升应对社会安全事件能力	加强专业队伍建设	高中	思政	
			加强基层群众动员组织能力	初中	思政	体育与健康、思政、地理、生物学
			加强自然灾害、重大疫情等社会安全事件应对能力教育	小学	科学	
	维护社会安全途径与方法	预防和妥善处置群体性事件	建立社会安全预警体系	高中	思政	地理、信息技术
		加强反暴力反恐怖斗争	加强反恐专业队伍建设	高中	思政	信息技术
			加强暴力事件防控	高中	思政	信息技术、外语
			加强跨境防控合作	高中	思政	信息技术
		加强社会舆情引导管控	掌握舆情传播动态	高中	思政	信息技术
			监控舆情传播途径	初中	思政	信息科技、信息技术
		防范外来有害因素侵入	建立信息防控机制	小学	思政	地理
			依法加强海关把控、边境安全和出入境管理			

续上表

领域	知识类别	知识要点		开始讲授起点学段建议	中小学（含中职）学科覆盖建议（大学在公共基础课中全面落实，各学科专业主动结合相关内容落实）	
		一级知识点	二级知识点		主要学科	全学段相关学科
科技安全	科技安全的重要性	国家安全的重要标志		小学	思政	科学、物理、化学、生物学、信息科技
		维护国家利益的基础		小学	思政	科学、物理、化学、生物学、信息科技
		提升国家实力的前提		小学	思政	科学、物理、化学、生物、历史、信息科技、信息技术
		保障其他领域安全的技术支撑		初中	思政	物理、化学、生物学、科学、信息科技、信息技术
	科技安全的主要内容	科技人才	培养各类科技人才	初中	思政	物理、化学、生物学、科学、信息科技、信息技术
			海外引进人才	大学		
		设施设备	研究装置	高中	思政	信息技术、物理、生物学
			实验平台	高中	思政	信息技术、物理、化学、生物学
			创新基地	高中	思政	信息技术、物理、化学、生物学
		科技活动	科技情报	高中	思政	信息技术、化学、生物学
			研究开发活动	初中	思政	信息科技、物理、化学、生物学、科学

续上表

科技安全

领域	知识类别	知识要点		开始讲授起点学段建议	中小学（含中职）学科覆盖建议（大学在公共基础课中全面落实，各学科专业主动结合相关内容落实）	
		一级知识点	二级知识点		主要学科	全学段相关学科
科技安全	科技安全的主要内容	科技活动	国际科技合作	高中	思政	信息技术、物理、化学、生物学
			科研诚信	初中	思政	信息科技、信息技术、物理、化学、科学、生物学
			科技伦理	高中	思政	物理、化学、生物学、信息技术
			科学数据	高中	信息技术	物理、化学、生物学、思政
			知识产权保护	初中	思政	信息科技、信息技术、物理、化学、科学、生物学
			科技保密	高中	思政	信息技术、物理、化学、生物学
			技术进出口	初中	思政	信息科技、信息技术、物理、化学、生物学、科学
			科技安全审查	高中	信息技术	物理、化学、生物学、思政
		成果应用	支撑保障作用	高中	思政	信息技术、物理、化学、生物学、地理
			防范技术"双刃剑"效应	大学		
	科技安全面临的威胁与挑战	科技基础薄弱	基础研究和原始创新不强	高中	思政	信息技术、物理、化学、生物学
			缺乏足够的新兴科技产业	初中	思政	信息科技、信息技术、物理、化学、科学、生物学
			核心技术安全受威胁	初中	思政	信息科技、信息技术、物理、化学、生物学、科学

续上表

科技安全

领域	知识类别	知识要点		开始讲授起点学段建议	中小学（含中职）学科覆盖建议（大学在公共基础课中全面落实，各学科专业主动结合相关内容落实）	
		一级知识点	二级知识点		主要学科	全学段相关学科
科技安全	科技安全面临的威胁与挑战	重大科技信息风险	知识产权保护和科技保密工作有待加强	初中	思政	信息科技、信息技术、物理、化学、生物学、科学
			科学数据和科技资源存在失控风险	高中	信息技术	物理、化学、生物学
		科技安全风险防范	预警、监督和管理体制处于起步阶段	高中	思政	信息技术、物理、化学、生物学
			识别、防控和应对科技安全问题能力不足	高中	思政	信息技术、物理、化学、生物学
		人才风险	人才结构不合理	高中	思政	信息技术、物理、化学、生物学
			缺乏领军人才	高中	思政	信息技术、物理、化学、生物学
			高端人才流失	大学		
		落实战略规划	统筹国家安全与发展，完善国家创新体系	高中	思政	信息技术、物理、化学、生物学
			完善科技创新体制机制，促进技术创新和成果转化	高中	思政	信息技术、物理、化学、生物学
			加强科技安全基础设施建设	大学		
	突破重点领域		加强前沿问题探索，注重原创突破	初中	思政	信息科技、信息技术、物理、化学、生物学、科学
			突破关键技术，扭转受制于人的局面	初中	思政	信息科技、信息技术、物理、化学、生物学、科学

续上表

领域	知识类别	知识要点		开始讲授起点学段建议	中小学（含中职）学科覆盖建议（大学在公共基础课中全面落实，各学科专业主动结合相关内容落实）	
		一级知识点	二级知识点		主要学科	全学段相关学科
科技安全		加强科技人才队伍建设	造就世界水平的创新领军人才	高中	思政	信息技术、物理、化学、生物学
			注重培养中青年科技人才	高中	思政	信息技术
			加大人才奖励制度	初中	思政	信息科技
	维护科技安全途径与方法	加强科技安全治理	建立完善科技安全预警体系	高中	思政	信息技术、物理、化学、生物学
			完善科技安全保密法律法规	初中	思政	信息科技、信息技术、物理、化学、生物学、地理、科学
			加强科技安全宣传和教育培训，提升应对科技安全问题能力	初中	思政	信息科技、信息技术、物理、化学、生物学、地理、科学
			建立完善科技安全审查制度	高中	思政	信息技术、物理、化学、生物学
			加强科学伦理审查	高中	思政	信息技术、物理、化学、生物学

续上表

网络安全

领域	知识类别	一级知识点	二级知识点	知识要点	开始讲授起点学段建议	中小学（含中职）主要学科	中小学（含中职）全学段相关学科	大学在公共基础课中全面落实，各学科专业主动结合相关内容落实 全学段相关学科
网络安全	网络安全的重要性	事关国家安全和发展，事关国家网络主权，事关广大人民群众生活，事关经济社会稳定运行			初中	信息科技	思政、信息技术	思政、信息技术、外语
	网络安全的主要内容	基础设施安全		关键设施、设备安全	初中	信息科技	信息技术	
				防攻击、防渗透	小学	信息科技	信息技术	
		运行与服务安全		信息系统连续可靠运行	初中	信息科技	信息技术	
				网络软件传输产品安全	初中	信息科技	信息技术	
				数据信息传输安全	小学	信息科技	信息技术	
		信息安全		网络信息加密	小学	信息科技	信息技术	
				有害信息监察监管	小学	信息科技	信息技术、思政	
				防范网络诈骗、网络暴力	初中	信息科技	信息技术、思政	
	网络安全面临的威胁与挑战	网络信息影响民众意识形态和价值取向		不良不实网络信息误导民众价值取向问题凸显	初中	信息科技	信息技术、思政	
				网络意识形态安全意识薄弱，应对网络安全风险能力亟待提升	初中	信息科技	信息技术、思政	
				民众网络安全意识薄弱，应对网络安全风险能力亟待提升	高中	信息技术	思政、语文	
		关键基础设施面临的安全隐患增大		网络舆情事件呈现高发态势	初中	信息科技	信息技术	
				关键基础设施的低国产化和产品应用现状加大了隐患风险	初中	信息科技	信息技术、思政	
		网络犯罪呈现高发态势		针对国家关键信息基础设施攻击的威胁增大	小学	信息科技	信息技术、思政	
				网络窃密高发，后果严重	小学	信息科技	信息技术、思政	
	维护网络安全的途径与方法	依法治网		全面推进网络空间法治化	初中	信息科技	信息技术、思政	
				加强网络安全信息收集、分析、通报和应急处置	大学			
				建立网络安全监测预警与应急处置制度	大学			
				建立网络安全审查制度	大学			

续上表

网络安全

领域	知识类别	一级知识点	知识要点 二级知识点	开始讲授起点学段建议	中小学（含中职）主要学科	中小学（含中职）学科覆盖建议（大学在公共基础课中全面落实，各学科专业主动结合相关内容落实）全学段相关学科
网络安全	维护网络安全的途径与方法	网络管理	采取监测、记录网络运行状态和网络安全事件的技术措施	大学	信息科技	
			采取数据分类、重要数据备份和加密等措施	初中	信息科技	信息技术
		技术支持	技术创新，确保安全技术领先	初中	信息科技	信息技术
			加强保护国家关键信息基础设施的安全	初中	信息科技	信息技术
		宣传培训	建立维护国家网络主权的思维	小学	信息科技	信息技术、思政
			加强社会网络安全意识的教育	高中	信息技术	信息技术、思政
		国际合作	网络空间治理	高中	信息技术	思政
			网络技术研发和标准制定	初中	信息科技	信息技术、思政、外语
			打击网络违法犯罪			

生态安全

领域	知识类别	一级知识点	知识要点 二级知识点	开始讲授起点学段建议	中小学（含中职）主要学科	中小学（含中职）学科覆盖建议（大学在公共基础课中全面落实，各学科专业主动结合相关内容落实）全学段相关学科
生态安全	生态安全的重要性	生存发展的基本条件		小学	科学	思政、生物学、地理
		经济安全的基本保障		初中	地理	思政、生物学、科学
		政治安全和社会稳定的坚固基石		初中	思政	生物学
		国土安全的重要屏障		初中	地理	思政
		资源安全的重要基础		初中	地理	思政
	生态安全的主要内容	水安全	水量保障的安全	初中	地理	思政、化学、科学
			水质安全与水污染	初中	地理	化学、科学、思政
		土地生态安全	土壤污染	小学	科学	化学、地理、思政
			土壤功能破坏	小学	科学	化学、地理、思政

续上表

领域	知识类别	一级知识点	知识要点二级知识点	开始讲授起点学段建议	中小学（含中职）学科覆盖建议（大学任公共基础课中全面落实，各学科专业主动结合相关内容落实）	
					主要学科	全学段相关学科
生态安全	生态安全的主要内容	大气安全	大气污染	小学	科学	化学、地理、思政
		生物物种安全	气候变化威胁	小学	科学	地理、思政
			生物多样性丧失	初中	生物学（科学）	地理、思政
			生物入侵	初中	生物学（科学）	地理、思政
	生态安全面临的威胁与挑战	生态破坏	生态服务功能退化	初中	地理	生物学、思政
			水资源短缺对生产、生活及地区安全的影响	小学	科学	地理、思政
			水土流失对农业和水利工程的影响	小学	科学	地理、思政
			森林草原退化导致生态系统功能的紊乱、失调和衰退	小学	科学	生物学、地理、思政
			生物多样性丧失对生存环境的影响	小学	科学	生物学、地理、思政
			气候变化威胁人类生存发展	小学	科学	生物学、地理、思政
			生物入侵威胁生物多样性和生产生活	小学	科学	生物学、地理、思政
		环境污染	地表水、地下水污染威胁生活和生态系统健康	小学	科学	化学、地理、思政
			土地土壤污染威胁生产生活和生态系统健康	小学	科学	化学、地理、思政
			空气污染威胁公众健康、生态环境和农业生产力	高中	地理	化学、生物学、思政
	维护生态安全的途径与方法	健全生态保护和修复制度	实施重要生态系统保护和修复重大工程	高中	地理	思政
			划定生态保护红线、永久基本农田、城镇开发边界三条控制线	初中	地理	生物学、科学
			开展国土绿化行动	初中	地理	生物学、科学
			完善天然林保护制度，扩大退耕还林还草	小学	思政	生物学、科学
			保护野生动物和濒危植物	初中	地理	生物学、科学
			构建天地一体化的生态安全监测预警和评估体系	初中	地理	生物学、科学

续上表

生态安全

领域	知识类别	一级知识点	二级知识点	开始讲授起点学段建议	中小学（含中职）学科覆盖建议（大学在公共基础课中全面落实，各学科专业主动结合相关内容落实）	
					主要学科	全学段相关学科
生态安全	维护生态安全的途径与方法	健全生态保护和修复制度	完善相关法律法规和财税制度	初中	地理	思政，科学
			加强生态安全国际合作	初中	地理	思政，外语
		环境治理	大气污染防治	小学	科学	化学，物理，地理
			水污染防治	小学	科学	化学，地理
			土壤污染防治	小学	科学	化学，地理
			荒漠化的防治	小学	科学	地理，生物学，化学
			水土流失防治	小学	科学	地理，生物学，化学
		强化国门安全管理	建立外来有害生物、重大新发突发传染病、动植物疫情防控体系	小学	科学	生物学，地理
			禁止濒危动植物及产品贸易	小学	科学	生物学，地理

资源安全

领域	知识类别	一级知识点	二级知识点	开始讲授起点学段建议	中小学（含中职）学科覆盖建议（大学在公共基础课中全面落实，各学科专业主动结合相关内容落实）	
					主要学科	全学段相关学科
资源安全	资源安全的重要性	国家战略命脉，国家产业发展基础，国民经济主要支撑，社会稳定的基础		初中	地理	思政，科学
		经济安全和社会安全的依托，科技安全的有效载体		初中	地理	思政，科学
	资源安全的主要内容	可再生资源安全	水资源保护和开发利用	小学	科学	地理，化学
			土地资源保护和开发利用	小学	科学	地理，化学
			生物资源保护和开发利用	初中	生物学（科学）	地理，化学
			海洋资源保护和开发利用	初中	地理	化学，科学，外语
			可再生能源保护和开发利用	初中	生物学（科学）	化学，科学，地理

续上表

资源安全

领域	知识类别	一级知识点	二级知识点	知识要点	开始讲授起点学段建议	中小学在公共基础课中全面落实，各学科专业主动结合相关内容落实		大学（含中职）学科覆盖建议（各学科全学段相关学科）
						主要学科		全学段相关学科
资源安全	资源安全的主要内容	不可再生资源安全		矿产资源保护和开发利用	初中	地理	化学	化学、外语
				不可再生能源保护和开发利用	小学	科学	化学	化学、地理、外语
		资源供需矛盾形势严峻		资源开采和利用过度	初中	地理	思政	化学、科学
				人均资源量少，地区分布不均	初中	地理	思政	科学
				工业生产用地过量，红线保护形势严峻	初中	地理	思政	化学、科学、外语
				环境污染导致可利用资源减少	初中	地理	思政	化学、科学
	资源安全面临的威胁与挑战	资源对外依存度高		能源（石油天然气）大量依赖进口	初中	地理	思政	化学、科学
				矿产资源稀缺程度增高	初中	地理	思政	化学、科学
		资源开发利用水平不高		开发技术水平不高	初中	地理	思政	科学
				利用效率偏低				
				管理水平落后				
	维护资源安全的途径与方法	推进绿色发展		推进能源生产和消费革命，构建清洁低碳、安全高效的能源体系	高中	地理	思政	化学
				实施国家节水行动	小学	科学	思政	地理
				推进资源全面节约和循环利用，倡导绿色低碳的生活方式	小学	科学	思政	地理、化学
				构建市场导向的绿色技术创新体系和绿色产业发展	高中	地理	思政	外语
				支持资源型地区经济转型发展	高中	地理	思政	化学
		提高资源开发利用水平		强化资源综合利用，提高资源利用效益	初中	地理	思政	化学、科学
				加强再生资源利用	初中	地理	思政	物理、生物学、化学、科学、外语
				保护稀有资源供应可持续性	初中	地理	思政	化学、科学

续上表

资源安全

领域	知识类别	一级知识点	二级知识点	开始讲授起点学段建议	中小学（含中职）学科覆盖建议（大学在公共基础课中全面落实，各学科专业主动结合相关内容落实）	
			知识要点		主要学科	全学段相关学科
资源安全	维护资源安全的途径与方法	利用好两个市场、两种资源	加大资源勘查力度，增加国内资源储备	高中	地理	思政
			有效开发原生资源	高中	地理	思政
			加大海外资源投资权益保护	高中	地理	思政
			完善资源安全法律法规体系	高中	地理	思政
		健全预防预备体系	统筹国家资源供需战略，建立健全预防预备体系	高中	地理	思政
			打击跨境资源走私，维护国家资源利益	初中	地理	思政

核安全

领域	知识类别	一级知识点	二级知识点	开始讲授起点学段建议	中小学（含中职）学科覆盖建议（大学在公共基础课中全面落实，各学科专业主动结合相关内容落实）	
			知识要点		主要学科	全学段相关学科
核安全	核安全的重要性	核能与核科学技术发展的前提和基础		初中	物理（科学）	思政
		事关人民群众的生命和人类的前途命运		初中	物理（科学）	思政
	核安全的主要内容	核材料	放射性物质、核材料及相关活动	初中	物理（科学）	化学、地理
			核辐射危害与警示标志	初中	物理（科学）	化学、地理、思政
		核设施	反应堆	初中	物理（科学）	化学
			核电厂等	高中	物理	化学
			核燃料循环和放射性废物处理贮存处置设施	高中	物理	化学
		核技术	广义核安全	初中	物理（科学）	化学
	核安全面临的威胁与挑战		狭义核安全	初中	物理（科学）	化学、思政
		核扩散		初中	物理（科学）	化学、思政
		核事件分级	国际核事件分级表（INES）	高中	物理	化学、外语

续上表

核安全

领域	知识类别	知识要点		开始讲授起点学段建议	中小学（含中职）主要学科（大学在公共基础课中全面落实，专业主动结合相关内容落实）	全学段相关学科
		一级知识点	二级知识点			
核安全	核安全面临的威胁与挑战	核事故风险	和平利用核电存在的泄露和污染	初中	物理（科学）	化学
		核扩散形势严峻	核废料处理不当	初中	物理（科学）	化学
			不扩散核武器条约	初中	物理（科学）	化学
		核武器扩散	核能核技术核材料扩散流失风险和核恐怖主义威胁	大学	物理（科学）	化学、思政
	维护核安全的途径与方法	践行"四个强化"	强化政治投入	初中	思政	
			强化国家责任	初中	思政	
			强化国际合作	初中	思政	
			强化核安全文化	高中	思政（科学）	物理、科学
		保持核设施始终处于较高安全水平	核安全保障措施和基础设施建设	高中	物理	化学
			预防核事故发生的能力	高中	物理	化学
			核设施防范应对自然灾害能力	高中	物理	化学、地理
			放射性废物安全处置能力	高中	物理	化学
			核设施及核材料的安全保护和防范核恐怖主义	初中	物理（科学）	化学
			核材料、核技术管控能力	高中	物理	化学
		提升应急处置能力	核事故缓解和应急能力建设	高中	物理（科学）	化学、地理
			境外核事件应对机制与预案	高中	思政	地理
			核事件社会影响监测和舆情应对	高中	思政	信息技术
		信息公开和舆论引导	核安全相关信息依法公开	初中	思政	物理、化学、科学
			核安全科普与民众监督	初中	物理（科学）	化学
			科学引导与舆论引导	初中	思政	物理、化学、科学

续上表

核安全

领域	知识类别	一级知识点	二级知识点	开始讲授起点学段建议	主要学科	全学段相关学科
核安全	维护核安全的途径与方法	核安全的监督检查	核安全法规建设	初中	思政	物理、化学、科学
			核安全监督检查制度	高中	思政	
			核安全监管能力和人才队伍建设	高中	思政	
		加强国际合作，维护国际核安全体系	核安全国际组织与国际公约	初中	思政	物理、化学、科学、地理、外语
			核安全峰会进程	高中	思政	物理、化学、科学、外语
			国际核安全事件应对、援助与信息共享	高中	思政	物理、化学、科学、地理、外语
			核安全技术引进和合作开发	大学		

海外利益安全

领域	知识类别	一级知识点	二级知识点	开始讲授起点学段建议	主要学科	全学段相关学科
海外利益安全	海外利益安全的重要性	是新一轮对外开放的必然要求		初中	思政	地理、历史、外语
		是保护国家利益，增进人民福祉的重要保障		小学	思政	地理
		是统筹国内国际两个大局的时代召唤		高中	思政	地理
	海外利益安全的主要内容	海外中国公民、机构和企业合法权益	海外公民人身安全和基本权益保障	初中	思政	地理、外语
		海外战略性利益安全	战略物资、能源供应和重要海上通道安全保障	初中	地理	
			国家形象	高中	思政	思政
			国际规则	高中	思政	

续上表

海外利益安全

领域	知识类别	知识要点		开始讲授起点学段建议	中小学（含中职）学科覆盖建议（大学在公共基础课中全面落实，各学科专业主动结合相关内容落实）	
		一级知识点	二级知识点		主要学科	全学段相关学科
海外利益安全	海外利益安全面临的威胁与挑战	冲突与政局动荡	部分地区局势动荡与内战冲突威胁我国公民和法人在当地利益安全	高中	思政	地理、历史、外语
		国际恐怖主义活动多发	东道国政局不稳影响双边合作进展	高中	思政	地理、历史、外语
			恐怖主义活动严重威胁我国海外项目和人员安全	小学	思政	地理
		重大自然灾害，动植物疫情等时有发生	地震、海啸等自然灾害，以及重大新发突发传染病疫情对海外中国公民的安全威胁日益凸显	小学	思政	地理、生物学、科学
	维护海外利益安全途径与方法	健全维护海外利益安全的工作机制	增强海外利益风险监测、评估、预警、沟通及处置能力	高中	地理	信息技术、思政
			加强国家对于海外机构和人员的安全保护力量	高中	思政	
			构建社会合力量和海外机构机构广泛参与的维护海外利益的综合性安全网	大学		
			加强海外安全文明出行的宣传教育	小学	思政	地理、外语
		加强维护海外利益安全和保密的国际合作	加强维护海外安全和保密的宣传教育培训	初中	思政	信息科技、信息技术
			建立常态化国际反恐合作机制	高中	思政	外语
			加强国际执法合作打击跨国犯罪	初中	思政	外语
		强化海外非战争军事行动	增强军队海外护航、反恐演习、灾害救援等行动能力	高中	思政	地理、外语

续上表

领域：新型领域安全（太空安全、深海安全、极地安全、生物安全）

知识类别	一级知识点	知识要点二级知识点	开始讲授起点学段建议	中小学（含中职）主要学科	全学段相关学科
新型领域安全的重要性	是战略新疆域安全，涉及潜在的重大国家利益		初中	思政	地理、生物学、科学
	是未来国际竞争的新焦点		初中	思政	地理、生物学、科学、历史
新型领域安全的主要内容（太空安全、深海安全、极地安全、生物安全）	太空安全	太空资源的合理开发和利用	初中	地理	思政、物理、化学、科学
		太空科学考察与技术研究	初中	地理	物理、科学、信息科技
		太空开发的国际战略竞争	高中	地理	物理、信息科技
	深海安全	深海资源的合理开发和利用	初中	地理	化学、科学
		深海区域科学考察与技术研究	初中	地理	化学、科学
	极地安全	极地资源的合理利用	初中	地理	
		极地区域航道的探索与治理	初中	地理	
		极地区域科学考察与技术研究	初中	地理	物理、化学、科学、信息科技、信息技术
	生物安全	防控重大新发突发传染病、动植物疫情	初中	生物学（科学）	思政、体育与健康
		研究、开发、应用生物技术，保障实验室生物安全	高中	生物学	
		防范生物恐怖袭击、防御生物武器威胁	大学		思政
		保障人类遗传资源和其他生物资源安全	高中	生物学	信息技术
新型领域安全面临的威胁与挑战	太空安全面临的威胁与挑战	开发外层空间面临技术挑战	高中	物理	
		太空开发经营面临安全问题	高中	思政	
		频轨资源短缺，太空碎片增加阻碍人类活动	大学		生物学、信息技术
	深海安全面临的威胁与挑战	开发深海区域面临技术挑战	高中	物理	
		探索深海面临的未知风险	大学		

续上表

新型领域安全（太空安全、深海安全、极地安全、生物安全）

领域	知识类别	知识要点		开始讲授起点学段建议	中小学（含中职）学科覆盖建议（大学在公共基础课中全面落实，各学科专业主动结合相关内容落实）		全学段相关学科
		一级知识点	二级知识点		主要学科		
新型领域安全（太空安全、深海安全、极地安全、生物安全）	新型领域安全面临的威胁与挑战	极地安全面临的威胁与挑战	保护利用极地地区面临技术挑战	初中	物理（科学）		信息技术
			探索极地存在的巨大未知危险	初中	地理		
		生物安全面临的威胁与挑战	重大新发突发传染病、动植物疫情对人类健康的危害	初中	生物学（科学）	体育与健康	
			生物因素对生态环境的危害	初中	生物学（科学）		
			生物因素对经济社会发展的危害	初中	生物学（科学）	思政	
			生物因素对国家利益的危害	初中	生物学（科学）	思政	
	维护新型领域安全的途径与方法	推进新型领域安全的顶层设计	建立健全维护和塑造新型领域安全法律法规体系	初中	思政	地理、生物学、科学	
			制定太空、深海、极地、生物等新型领域发展规划	高中	地理	思政	
		加快新型领域安全的科技创新	加快新型领域核心科技创新与研发	初中	思政	物理、生物学、科学、信息科技	
		加快新型领域人才培养	加快培养和储备新型领域人才	高中	思政	物理、生物学、信息技术	
			加快新型领域基础设施设备建设	高中	思政	物理、生物学、信息技术	
		开展新型领域安全国际合作	推进新型领域的国际治理和规则制定	大学			
			推进新型领域国际合作，构建互利共赢可持续发展的环境	高中	思政	地理、外语	
			推动新型领域安全文化建设	大学			

中共中央宣传部 教育部关于印发《新时代学校思想政治理论课改革创新实施方案》的通知

(教材〔2020〕6号)

各省、自治区、直辖市党委宣传部、党委教育工作部门、教育厅（教委），新疆生产建设兵团党委宣传部、教育局，有关部门（单位）教育司（局），部属各高等学校、部省合建各高等学校：

为深入贯彻中共中央办公厅、国务院办公厅《关于深化新时代学校思想政治理论课改革创新的若干意见》精神，中央宣传部、教育部制定了《新时代学校思想政治理论课改革创新实施方案》，现印发给你们，请认真贯彻执行，贯彻落实情况请及时报教育部。

中共中央宣传部 教育部
2020年12月18日

新时代学校思想政治理论课改革创新实施方案

为全面贯彻党的教育方针，深入落实中共中央办公厅国务院办公厅《关于深化新时代学校思想政治理论课改革创新的若干意见》精神，充分发挥思想政治理论课（以下简称思政课）在立德树人中的关键课程作用，循序渐进、螺旋上升地开设好大中小学思政课，现就新时代学校思政课课程教材改革创新提出如下实施方案。

一、基本要求

一是把握新时代。坚持用习近平新时代中国特色社会主义思想铸魂育人，加强"四个自信"教育，将学习贯彻习近平新时代中国特色社会主义思想体现在大中小学各学段的课程目标、课程设置和课程教材内容中，实现全覆盖、贯穿全过程。二是推进一体化。建立纵向各学段层层递进、横向各课程密切配合、必修课选修课相互协调的课程教材体系，实现课程目标、课程设置、课程教材内容的有效贯通。三是突出创新性。完善课程教材建设机制，优化教材内容，创新教学方法，推动思政课在改进中加强、在创新中提高。四是增强针对性。遵循思想政治工作规律、教书育人规律、学生成长规律，编写适用不同类型高校的教材，进一步增强思政课的思想性、理论性和亲和力、针对性。五是注重统筹性。总体推进，分类指导，分步实施，积极稳妥地做好各项工作。

二、课程目标体系

按照循序渐进、螺旋上升的原则，立足于思政课的政治性属性，对大中小学思政课课程目标进行一体化设计，以了解学习、理解把握习近平新时代中国特色社会主义思想为课程主线，在政治认同、家国情怀、道德修养、法治意识、文化修养等方面提出明确要求，引导学生坚定"四个自信"，做德智体美劳全面发展的社会主义建设者和接班人。

（一）小学阶段重在培养学生的道德情感

重点引导学生知晓基本国情，尊敬国旗国徽、会唱国歌；了解革命领袖和民族英雄的生平故事，培养学生对习近平新时代中国特色社会主义思想的情感认同；知道社会主义核心价值观，初步形成规则意识，知道宪法有关常识，初步具有依据法律维护自身权益的意识；讲礼貌、守纪律、知对错；形成爱党、爱国、爱社会主义、爱人民、爱集体的情感，具有做社会主义建设者和接班人的美好愿望。

（二）初中阶段重在打牢学生的思想基础

重点引导学生初步了解习近平新时代中国特色社会主义思想，感知马克思主义的思想力量和中国特色社会主义的实践成就；增强国家意识和国情观念，树立民族自尊心、自信心、自豪感；加深理解社会主义核心价值观，了解与学生日常生活密切相关的法律常识，具有初步的宪法意识、法治观念等；明是非讲规则、辨善恶；把党、祖国、人民装在心中，强化做社会主义建设者和接班人的思想意识。

（三）高中阶段重在提升学生的政治素养

重点引导学生初步掌握马克思主义基本原理，了解马克思主义中国化历史进程及其理论成果，理解习近平新时代中国特色社会主义思想；树立正确的历史观、民族观、国家观、文化观，认同伟大祖国、中华民族、中华文化、中国共产党、中国特色社会主义，积极践行社会主义核心价值观，树立宪法法律至上、法律面前人人平等观念，进一步增强法治意识；有序参与公共事务，勇于承担社会责任，积极行使人民当家作主的政治权利，明方向、遵法纪、知荣辱；衷心拥护党的领导和我国社会主义制度，形成做社会主义建设者和接班人的政治认同。中等职业学校（含技工学校）课程要体现职业教育特色。

（四）大学阶段重在增强学生的使命担当

重点引导学生系统掌握马克思主义基本原理和马克思主义中国化理论成果，了解党史、新中国史、改革开放史、社会主义发展史，认识世情、国情、党情，深刻领会习近平新时代中国特色社会主义思想，培养运用马克思主义立场观点方法分析和解决问题的能力；自觉践行社会主义核心价值观，尊重和维护宪法法律权威，识大局、遵法治、修美德；矢志不渝听党话跟党走，争做社会主义合格建设者和可靠接班人。本科及高等职业学校专科课程重在加强理论教育和学习，高等职业学校课程还要体现职业教育特色。研究生课程重在探究式教育和学习。

三、课程体系

根据学生成长规律，结合不同年龄段学生的认知特点，构建大中小学一体化思政课课程体系。在小学及初中阶段"道德与法治"、高中阶段"思想政治"、大学阶段"思想政治理论课"中落实课程目标要求，重点推进习近平新时代中国特色社会主义思想融入课程，实现整体设计、循序渐进逐步深化，切实提高课程设置的针对性实效性。

（一）小学、初中阶段

小学、初中阶段开设"道德与法治"必修课程，课程教学内容主要包括中国特色社会主义、品德、法律常识、中华文化、心理健康等，课时占小学、初中阶段九年总课时的6%～8%。

（二）高中阶段

1. 普通高中课程设置。立足学习习近平总书记最新重要讲话精神，普通高中开设"思想政治"必修课程和选择性必修课程。必修课程教学内容包括中国特色社会主义、经济与社会、政治与法治、哲学与文化，共6学分。选择性必修课程围绕当代国际政治与经济、法律与生活、逻辑与思维等开展教学，共6学分。

2. 中等职业学校课程设置。中等职业学校（含技工学校）开设"思想政治"必修课程和选修课程。必修课程教学内容包括中国特色社会主义、心理健康与职业生涯、哲学与人生、职业道德与法治，共144学时。围绕时事政策教育，中华优秀传统文化、革命文化、社会主义先进文化教育，法律与职业教育，国家安全教育，民族团结进步教育，就业创业创新教育，公共卫生安全教育等教学内容，开设选修课程，不少于36学时。

（三）大学阶段

大学阶段开设"思想政治理论课"必修课程和选择性必修课程。

1. 大学阶段必修课程。

本科课程设置：

（1）马克思主义基本原理（3学分）。

（2）毛泽东思想和中国特色社会主义理论体系概论（5学分）。

（3）中国近现代史纲要（3学分）。

（4）思想道德与法治（3学分）。

（5）形势与政策（2学分）。

在全国重点马克思主义学院率先全面开设"习近平新时代中国特色社会主义思想概论"课，学分按有关要求执行。

高等职业学校专科课程设置：

（1）毛泽东思想和中国特色社会主义理论体系概论（4学分）。

（2）思想道德与法治（3学分）。

（3）形势与政策（1学分）。

硕士研究生课程设置：

新时代中国特色社会主义理论与实践（2学分）。

博士研究生课程设置：

中国马克思主义与当代（2学分）。

2. 大学阶段选择性必修课程。

各高校结合本校实际，统筹校内通识类课程，围绕马克思主义经典著作，党史、新中国史、改革开放史、社会主义发展史，中华优秀传统文化、革

命文化、社会主义先进文化、宪法法律等，开设本科及高等职业学校专科选择性必修课程，确保学生至少从"四史"中选修1门课程；围绕习近平新时代中国特色社会主义思想专题研究、马克思恩格斯列宁经典著作选读、马克思主义与社会科学方法论、自然辩证法概论等，开设硕士、博士研究生选择性必修课程，硕士研究生至少选择1学分课程。各高校要安排选择性必修课程必要学时，充分发挥马克思主义学院统筹审核把关作用。

各高校要规范实践教学，把思想政治教育有机融入社会实践、志愿服务、实习实训等活动中，切实提高实践教学实效。

四、课程内容

在各学段现有课程内容基础上，重点强化习近平新时代中国特色社会主义思想进课程进教材，培育和践行社会主义核心价值观，推进法治教育、劳动教育、总体国家安全观教育、公共卫生安全教育等方面内容的全面融入，实现学段纵向衔接、逐层递进，学科、课程协同联动。

（一）小学课程

以学生的生活为基础，主要讲授学生与自我、家庭、班级、社会、国家、世界、自然等的关系，结合"看到什么""听到什么"，了解中国特色社会主义的由来与发展，懂得当代中国怎样从站起来、富起来到强起来的奋斗历程，初步了解新时代"两步走"战略安排，帮助小学生从情感上认同伟大祖国、中华民族、中华文化、中国共产党、中国特色社会主义。

（二）初中课程

以学生的体验为基础，主要讲授个人和集体、自我和时代、社会规则和社会秩序、社会责任和社会担当、宪法和法律、国家利益和国家目标、中国和世界等内容，通过呈现党和国家事业在各方面取得的历史性成就，引导学生明确"是什么"，树立"四个自信"。

（三）高中课程

以学生的认知为基础，讲授中国特色社会主义的开创与发展，习近平新时代中国特色社会主义思想的丰富内涵、思想精髓和理论意义，帮助学生理解社会主义基本经济制度、中国特色社会主义政治发展道路、中华优秀传统文化、革命文化和社会主义先进文化等内容，引导学生理解"为什么"，坚定"四个自信"。中等职业学校（含技工学校）课程还要体现职业教育特色，加强对学生的心理健康与职业道德教育。

（四）本科及高等职业学校专科课程

本科及高等职业学校专科要围绕以下课程内容，根据不同类型学校和不同层次人才培养要求，进一步增强教学的针对性和实效性。

"马克思主义基本原理"，主要讲授反映马克思主义世界观和方法论的最基本的原理，帮助学生深刻领会、准确把握马克思主义的根本性质和整体特征，学习掌握贯穿其中的马克思主义立场观点方法，提升运用马克思主义基本原理分析世界的能力，增强对人类社会发展规律、特别是中国特色社会主义发展规律的认识和把握，树立共产主义远大理想和中国特色社会主义共同理想。

"毛泽东思想和中国特色社会主义理论体系概论"，主要讲授中国共产党把马克思主义基本原理同中国具体实际相结合产生的马克思主义中国化的两大理论成果，帮助学生理解毛泽东思想、邓小平理论、"三个代表"重要思想、科学发展观、习近平新时代中国特色社会主义思想是一脉相承又与时俱进的科学体系，引导学生深刻理解中国共产党为什么能、马克思主义为什么行、中国特色社会主义为什么好，坚定"四个自信"。

"中国近现代史纲要"，主要讲授中国近代以来争取民族独立、人民解放和实现国家富强、人民幸福的历史，帮助学生了解党史、国史、国情，深刻领会历史和人民选择马克思主义、选择中国共产党、选择社会主义道路、选择改革开放的必然性。

"思想道德与法治"，主要讲授马克思主义的人生观、价值观、道德观、法治观，社会主义核心价值观与社会主义法治建设的关系，帮助学生筑牢理想信念之基，培育和践行社会主义核心价值观，传承中华传统美德，弘扬中国精神，尊重和维护宪法法律权威，提升思想道德素质和法治素养。高等职业学校结合自身特点，注重加强对学生的职业道德教育。

"形势与政策"，主要讲授党的理论创新最新成果，新时代坚持和发展中国特色社会主义的生动实践，马克思主义形势观政策观、党的路线方针政策、基本国情、国内外形势及其热点难点问题，帮助学生准确理解当代中国马克思主义，深刻领会党和国家事业取得的历史性成就、面临的历史性机遇和挑战，引导大学生正确认识世界和中国发展大势，正确认识中国特色和国际比较，正确认识时代责任和历史使命，正确认识远大抱负和脚踏实地。

（五）研究生课程

"新时代中国特色社会主义理论与实践"，专题讲授新时代中国特色社会主义理论和实践的重大问题，帮助学生进一步掌握中国特色社会主义理论体系，深化对习近平新时代中国特色社会主义思想的认识，坚定对马克思主义的信仰、对中国特色社会主义的信念、对实现中华民族伟大复兴中国梦的信心。

"中国马克思主义与当代"，运用当代中国马克思主义的基本观点，深入分析当代世界重大社会问题和国际经济、政治、文化、生态环境等热点问题、全球治理问题、当代科学技术前沿问题、当代重大社会思潮和理论热点等，提高学生正确分析、研判当代世界问题的能力和水平。

五、教材体系建设

（一）完善教材编审制度

在党中央集中统一领导下国家教材委员会指导和统筹大中小学思政课课程标准、教学大纲和教材的统编统审统用。依据小学、初中、高中阶段思政课课程标准，教材实行"一标一本"，由教育部负责组织编写。大学阶段必修课教材实行"一纲一本"。由中央宣传部会同教育部组织编写本科、高等职业学校专科、研究生必修课教材，按程序审核后报中央审定，适时推出。适时组织编写"习近平新时代中国特色社会主义思想概论"课教材，规范"形势与政策"课教学资料编写使用。由教育部根据教学实际情况组织编写选择性必修课教学大纲或教材。地方或高校开设的思政课选修课教材，由地方或高校负责组织审核选用。

（二）健全一体化教材建设机制

建立大中小学思政课教材主编和主要编写人员联席沟通制度，定期研究各学段教材编写内容。健全一体化教材建设的编审专家库，加强编写人员与审核专家的沟通交流，发挥审核专家的指导作用。建立一体化教材建设监测反馈机制，跟踪研判评估教材使用情况，为加强教材研究和修订完善提供支撑。

（三）加强教材研究

重视和加强思政课课程教材建设的基础理论、基本概念、基本规律、重大问题研究。持续开展课程教材一体化研究，每门思政课教材内容、不同学段及同一学段各门思政课教材内容的相互关系研究，教材文献资料、学术话语、表述方式、呈现形式研究，以及思政课课程与教材、教学评价之间的互动研究等，促进思政课教材的科学性、权威性与针对性、生动性有机结合。

（四）构建立体化教材体系

加强大中小学思政课教材配套用书的建设和管理，依规进行编审工作。国家统编的中小学思政课教材的配套用书，按现行要求组织编写。高校思政课必修课教材的配套用书，根据需要由国家统一组织编写审核、推荐使用。支持、鼓励研制优秀教案、课件和案例等，推进数字资源和网络信息资源库建设，建大中小学思政课立体化教材体系。

六、组织领导

（一）加强领导

各地各级教育部门和学校要从坚持马克思主义在意识形态领域指导地位的根本制度的高度，切实加强领导，认真组织实施，做出具体的实施工作安排，确保取得实效。省级教育部门要统筹推进大中小学思政课课程教材一体化建设，做好组织领导和督促检查，落实大中小学思政课建设专项经费。省级宣传部门要从落实意识形态工作责任制的高度推进实施。各学校要加强党组织对学校思政课的统一领导，落实党组织书记、校长带头抓思政课机制。

（二）组织好教学

开齐开足课程，大中小学都要高度重视思政课教学，确保学时学分和教学质量。健全教学机构，小学应配备一定数量的专职思政课教师，中学应配齐专职思政课教师，高校要根据课程设立教研室（部）。鼓励有条件的高校和中小学组建思政课一体化教学改革创新联合体。充分挖掘各学科专业课程蕴含的思想政治教育资源，推进各类课程与思政课同向同行。在教学中注重多样化评价方式，综合考核学生的思想政治素质。

（三）培训好教师

针对教材重点内容和难点问题，组织开展大中小学思政课教师全员培训、专题研修，确保实现全覆盖。围绕教材使用，分课程、跨课程、跨学段组织大中小学思政课教师集体备课，每年至少一次。结合教学实践，组织大中小学思政课教师开展交流研讨，共同探讨思政课一体化教学规律。

（四）使用好教材

统一使用国家统编教材，把教材使用情况作为教学监测、评估、检查的重要内容和主要指标。组织教师加强教材重点难点的研究，准确把握教材的基本精神和主要内容。做好教材内容向教学内容的转化，组织教师编写教案、制作课件、整理案例，切实把教材体系转化为教学体系。

本方案从2021年秋季入学的新生开始，在全国大中小学普遍实施。

教育部等九部门关于印发《职业教育提质培优行动计划（2020—2023年）》的通知

（教职成〔2020〕7号）

各省、自治区、直辖市教育厅（教委）、发展改革委、工业和信息化主管部门、财政厅（局）、人力资源社会保障厅（局）、农业农村（农牧）厅（局、委）、国资委、扶贫办，新疆生产建设兵团教育局、发展改革委、工业和信息化局、财政局、人力资源社会保障局、农业农村局、国资委、扶贫办，国家税务总局各省、自治区、直辖市、计划单列市税务局，有关单位：

现将《职业教育提质培优行动计划（2020—2023年）》印发给你们，请结合实际，加强协同配合，认真贯彻执行。

教育部　国家发展改革委　工业和信息化部
财政部　人力资源社会保障部　农业农村部
国务院国资委　国家税务总局　国务院扶贫办
2020年9月16日

职业教育提质培优行动计划（2020—2023年）

为贯彻落实《国家职业教育改革实施方案》，办好公平有质量、类型特色突出的职业教育，提质培优、增值赋能、以质图强，加快推进职业教育现代化，更好地支撑我国经济社会持续健康发展，特制定职业教育提质培优行动计划（2020—2023年）（以下简称行动计划）。

一、总体要求

（一）指导思想

以习近平新时代中国特色社会主义思想为指导，贯彻党的十九大和十九届二中、三中、四中全会精神，牢固树立新发展理念，落实高度重视、加快发展的工作方针，坚持服务高质量发展、促进高水平就业的办学方向，坚持职业教育与普通教育不同类型、同等重要的战略定位，着力夯实基础、补齐短板，着力深化改革、激发活力，加快构建纵向贯通、横向融通的中国特色现代职业教育体系，大幅提升新时代职业教育现代化水平和服务能力，为促进经济社会持续发展和提高国家竞争力提供多层次高质量的技术技能人才支撑。

（二）主要目标

通过建设，职业教育与经济社会发展需求对接更加紧密、同人民群众期待更加契合、同我国综合国力和国际地位更加匹配，中国特色现代职业教育体系更加完备、制度更加健全、标准更加完善、条件更加充足、评价更加科学。

——职业教育发展制度基本健全，职业学校层次结构合理，分类考试招生成为高职学校招生的主渠道，职业教育国家"学分银行"投入运行。

——国务院有关部门协同配合、地方落实主责的职业教育工作机制更加顺畅，政府行业企业学校职责清晰、同向发力，政府统筹管理、社会多元办学格局更加稳固。

——职业教育与普通教育规模大体相当、相互融通，职业学校办学定位清晰，专业设置和人才供给结构不断优化，每年向社会输送数以千万计的高质量技术技能人才。

——国家、省、校三级职业教育标准体系逐步完善，职业学校教学条件基本达标，评价体系更具职教特色，教师、教材、教法改革全面深化。

——职业学校办学水平、人才培养质量和就业质量整体提升，职业教育的吸引力和社会认可度大幅提高，有效支撑地方经济社会发展和国家重大战略。

(三)基本原则

——育人为本,质量为先。加强党对职业教育工作的全面领导,推进新时代职业学校思想政治工作改革创新。深化产教融合、校企合作,强化工学结合、知行合一,健全德技并修育人机制,完善多元共治的质量保证机制,推进职业教育高质量发展。

——固本强基,综合改革。聚焦薄弱环节,着力补短板、强弱项,夯实职业教育发展基础。系统推进体制机制、教育教学、评价体系改革,为职业教育发展注入新动力,激发职业学校办学活力。

——标准先行,试点突破。健全国家、省、校三级标准体系,完善标准落地的工作机制。以打造创新发展高地为抓手,推进关键改革,突破瓶颈制约,打造一批职业教育优质资源和品牌,带动职业教育大改革大发展。

——地方主责,协同推进。构建政府行业企业学校协同推进职业教育高质量发展的新机制,强化省级政府统筹,加强计划执行的过程管理、检查验收和结果应用,确保各项改革措施取得实效。

二、重点任务

(一)落实立德树人根本任务

1. 推动习近平新时代中国特色社会主义思想进教材进课堂进头脑。以习近平新时代中国特色社会主义思想特别是习近平总书记关于职业教育的重要论述武装头脑、指导实践、推动工作。推进理想信念教育常态化、制度化,落实《新时代爱国主义教育实施纲要》和《新时代公民道德建设纲要》,加强党史、新中国史、改革开放史、社会主义发展史教育和爱国主义、集体主义、社会主义教育。将劳动教育纳入职业学校人才培养方案,设立劳动教育必修课程,统筹勤工俭学、实习实训、社会实践、志愿服务等环节系统开展劳动教育。加强职业道德、职业素养、职业行为习惯培养,职业精神、工匠精神、劳模精神等专题教育不少于16学时。加强艺术类公共基础必修课程建设,强化实践体验,促进学生全面发展。加强职业教育研究,加快构建中国特色职业教育的思想体系、话语体系、政策体系和实践体系。

2. 构建职业教育"三全育人"新格局。加强党委对学校思想政治工作的全面领导,落实全员全过程全方位育人,引导职业学校全面统筹各领域、各环节、各方面的育人资源和育人力量,教育引导青年学生增强爱党爱国意识,听党话、跟党走。引导专业课教师加强课程思政建设,将思政教育全面融入人才培养方案和专业课程。构建省校两级培训体系,建立辅导员职务职级"双线"晋升通道,推动辅导员专业化、职业化发展。加强中职德育工作队伍建设,办好中职学校班主任业务能力比赛。鼓励从企业中聘请劳动模范、技术能手、大国工匠、道德楷模担任兼职德育导师,建设一支阅历丰富、有亲和力、身正为范的兼职德育工作队伍。将党建和思想政治工作评价指标全面纳入学校事业发展规划、专业质量评价、人才项目评审、教学科研成果评估等。到2023年,培育200所左右"三全育人"典型学校,培育遴选100个左右名班主任工作室,遴选100个左右德育特色案例。

3. 创新职业学校思想政治教育模式。加强中职学校思想政治、语文、历史和高职学校思想政治理论课课程建设,开足开齐开好必修课程,按照规定选用国家统编教材。高职学校应当根据全日制在校生总数,严格按照师生比不低于1∶350的比例核定专职思政课教师岗位,中职学校要加大专职思政课教师配备力度。实施职业学校党建和思政工作能力提升计划,开展德育管理人员、专职思政课教师培训。改革思政课教师考核办法,将政治素质作为教师考核第一标准。遵循职业学校学生认知规律,开发遴选学生喜闻乐见的课程资源,因地制宜实施情景式、案例式、活动式等教法,建设学生真心喜爱、终身受益、体现职业教育特点的思政课程。持续开展职业学校"文明风采"系列活动。充分挖掘和利用地方、企业德育教育资源,鼓励引导校企共建德育实践基地。到2023年,培训10 000名左右德育骨干管理人员、思政课专任教师,遴选100个左右思政课教师研修基地,分级培育遴选1 000个左右思想政治课教学创新团队、10 000个左右思想政治课示范课堂、10 000个左右具有职业教育特点的课程思政教育案例。

(二)推进职业教育协调发展

4. 强化中职教育的基础性作用。把发展中职教育作为普及高中阶段教育和建设中国特色现代职业教育体系的重要基础,保持高中阶段教育职普比大体相当。系统设计中职考试招生办法,使绝大多数城乡新增劳动力接受高中阶段教育。全面核查中职学校基本办学条件,整合"空、小、散、弱"学校,优化中职学校布局。结合实际,鼓励各地将政府投入的职业教育资源统一纳入中职学校(含技工学校、县级职业教育中心等)调配使用,提高中职学校办学效益。支持集中连片特困地区每个地市原则上至少建好办好1所符合当地经济社会发展需要的中职学校。建立普通高中和中职学校合作机制，探索课程互选、学分互认、资源互通，支持有条件的普通高中举办综合高中。加大"三区三州"等深度贫困地区的普职融通力度，发挥职业教育促进义务教育"控辍保学"作用。到2023年，中职学校教学条件基本达标，遴选1000所左右优质中职学校和3000个左右优质专业、300所左右优质技工学校和300个左右优质专业。

5. 巩固专科高职教育的主体地位。把发展专科高职教育作为优化高等教育结构和培养大国工匠、能工巧匠的重要方式，输送区域发展急需的高素质技术技能人才。不限制专科高职学校招收中职毕业生的比例，适度扩大专升本招生计划，为部分有意愿的高职（专科）毕业生提供继续深造的机会。推动各地落实职业学校毕业生在落户、就业、参加机关事业单位招聘、职称评审、职级晋升等方面与普通高校毕业生享受同等待遇。扎实推进中国特色高水平高职学校和专业建设计划，加强绩效考核与评价，建成一批高技能人才培养培训基地和技术技能创新平台。探索高职专业认证。推进专科高职学校高质量发展，遴选300所左右省域高水平高职学校和600个左右高水平专业群。

6. 稳步发展高层次职业教育。把发展本科职业教育作为完善现代职业教育体系的关键一环，培养高素质创新型技术技能人才，畅通技术技能人才成长通道。稳步推进本科层次职业教育试点，支持符合条件的中国特色高水平高职学校建设单位试办职业教育本科专业。推动具备条件的普通本科高校向应用型转变。根据产业需要和行业特点，适度扩大专业学位硕士、博士培养规模，推动各地发展以职业需求为导向、以实践能力培养为重点、以产学研用结合为途径的专业学位研究生培养模式。

（三）完善服务全民终身学习的制度体系

7. 健全服务全民终身学习的职业教育制度。推进国家资历框架建设，建立各级各类教育培训学习成果认定、积累和转换机制。加快建设职业教育国家"学分银行"，制定学时学分记录规则，引导在校学生和社会学习者建立职业教育个人学习账号，存储、积累学习成果和技能财富。支持学校按照相关规则研制具体的学习成果转换办法，按程序受理学分兑换申请，符合条件的学生可免修部分课程或模块。支持国家开放大学体系创新发展，着力提高办学质量和水平，服务全民终身学习体系建设。

8. 推动学历教育与职业培训并举并重。落实职业学校并举实施学历教育与培训的法定职责，按照育训结合、长短结合、内外结合的要求，面向在校学生和全体社会成员开展职业培训。支持职业学校承担更多培训任务，成为落实《职业技能提升行动方案（2019—2021年）》的主力军，实现优质职业学校年培训人次达到在校生规模的2倍以上。深入推进1+X证书制度试点，及时总结试点工作经验做法，提高职业技能等级证书的行业企业认可度。发挥职业教育培训评价组织在实施职业技能培训中的重要主体作用。推动更多职业学校参与1+X证书制度实施，服务学生成长和高质量就业。引导有条件的普通高校和职业学校参与企业大学建设。根据军队需要保证职业学校定向培养士官质量。支持国家开放大学办好面向军队军士的学历继续教育。依托职业院校、培训机构、农业技术推广站等机构，面向"三农"提供全产业链技术培训服务及技术支持，为脱贫致富提供持续动力。引导职业学校和龙头企业联合建设500个左右示范性职工培训基地。

9. 强化职业学校的继续教育功能。面向在职员工、现役军人、退役军人、进城务工人员、转岗人员、城镇化进程中的新市民、城乡待业人员、残疾人、农村实用人才等社会群体开展多种形式的继续教育。鼓励职业学校积极参与社区教育和老年教育，与普通高校、开放大学（广播电视大学）、独立设置成人高校、各类继续教育机构互联互通、共建共享，形成服务全民终身学习的发展合力。实施"职业教育服务终身学习质量提升行动"，遴选200个左右示范性继续教育基地、2000门左右优质继续教育网络课程，在老年教育、特殊教育、学前教育、卫生护理、文化艺术等领域，遴选500个左右社区教育示范基地和老年大学示范校。

（四）深化职业教育产教融合、校企合作

10. 深化职业教育供给侧结构性改革。建立产业人才数据平台，发布产业人才需求报告，促进职业教育和产业人才需求精准对接。研制职业教育产教对接谱系图，指导优化职业学校和专业布局，重点服务现代制造业、现代服务业和现代农业。遴选建设一批产教融合型城市，推动试点城市建设开放型、共享型、智慧型实训基地。加大对农业农村等人才急需领域的职业教育供给，建设100所乡村振兴人才培养优质校，发挥好"国家级农村职业教育和成人教育示范县"等在服务乡村振兴战略中的重要作用。

11. 深化校企合作协同育人模式改革。建好用好行业职业教育教学指导委员会，提升行业举办和指导职业教育的能力。支持职业学校根据自身特点和人才培养需要，主动与具备条件的企业在人才培养培训、技术创新、就业创业、社会服务、文化传承等方面开展合作。支持国有企业和大型民营企业举办或参与举办职业教育，将企业办学情况纳入企业社会责任报告。支持行业领军企业主导建设全国性职教集团，分领域建设服务产业高端的技术技能人才标准和培养高地。全面推行现代学徒制和企业新型学徒制，鼓励企业利用资本、技术、知识、设施、设备和管理等要素参与校企合作。培育数以万计的产教融合型企业，建立覆盖主要专业领域的教师企业实践流动站，依托国有企业、大型民企建立1000个左右示范性流动站。发挥职教集团推进企业参与职业教育办学的纽带作用，打造500个左右实体化运行的示范性职教集团（联盟）、100个左右技工教育集团（联盟）。推动建设300个左右具有辐射引领作用的高水平专业化产教融合实训基地。

12. 完善校企合作激励约束机制。健全以企业为重要主导、职业学校为重要支撑、产业关键核心技术攻关为中心任务的产教融合创新机制。围绕关键核心技术，推动公共教学资源和实训资源共建共享。支持行业组织积极参与产教融合建设试点项目。对纳入产教融合型企业建设培育范围的试点企业，兴办职业教育的投资符合规定的，可按投资额的30%抵免当年应缴教育费附加和地方教育附加。充分发挥市场配置资源作用，鼓励地方开展混合所有制、股份制办学改革试点，推动各地建立健全省级产教融合型企业认证制度，落实"金融＋财政＋土地＋信用"的组合式激励政策。

（五）健全职业教育考试招生制度

13. 健全高职分类考试招生制度。建立健全省级统筹的高职分类考试招生制度。完善高职教育招生计划分配和考试招生办法，每年春季省级教育行政部门统一组织开展以高职学校招生为主的分类考试。分类考试录取的学生不再参加普通高考。保留高职学校通过普通高考招生的渠道，保持分类考试招生为高职学校招生的主渠道。

14. 规范职业教育考试招生形式。鼓励中职毕业生通过高职分类考试报考高职学校。推动各地将技工学校纳入职业教育统一招生平台。鼓励退役军人、下岗职工、农民工和高素质农民等群体报考高职学校，可免予文化素质考试，只参加学校组织的与报考专业相关的职业适应性测试或职业技能测试。逐步取消现行的注册入学招生。规范长学制技术技能人才贯通培养，逐步取消中职本科贯通，适度扩大中职专科贯通，贯通专业以始读年龄小、培养周期长、技能要求高的专业为主。严格执行技能拔尖人才免试入学条件。

15. 完善"文化素质＋职业技能"评价方式。完善高职分类考试内容和形式，推进"文化素质＋职业技能"评价方式，引导不同阶段教育合理分流、协调发展，为学生接受高职教育提供多种入学方式。文化素质考试由省级教育行政部门根据《中等职业学校公共基础课课程标准》统一组织。职业技能测试分值不低于总分值的50%，考试形式以操作考试为主，须充分体现岗位技能、通用技术等内容。省级教育行政部门按照专业大类统一制定职业适应性测试标准、规定测试方式。支持有条件的省份建立中职学生学业水平测试制度。鼓励高职学校与产教融合型企业联合招生。

（六）实施职业教育治理能力提升行动

16. 健全职业教育标准体系。发挥标准在职业教育质量提升中的基础性作用。适时修订中职学校、专科高职学校设置标准，研制本科职业学校设置标准。结合职业教育特点完善学位制度。实施职业学校教师、校长专业标准，制定"双师型"教师基本要求。统筹修（制）订衔接贯通、全面覆盖的中等、专科、本科职业教育专业目录及专业设置管理办法。构建国家、省、校三级专业教学标准体系，国家面向产业急需领域和量大面广的专业，修（制）订国家标准；各地根据经济社会发展需要和有关技术规范，补充制定区域性标准；职业学校全面落实国标和省标，开发具有校本特色的更高标准。

17. 完善办学质量监管评价机制。完善政府、行业企业、学校、社会等多方参与的质量监管评价机制。完善职业学校评价制度，把职业道德、职业素养、技术技能水平、就业质量和创业能力作为衡量人才培养质量的重要内容。研究制定职业学校办学质量考核办法，省级统筹开展职业学校办学质量考核，建立技能抽查、实习报告、毕业设计抽检等随机性检查制度。完善以章程为核心的校内规则制度体系，健全职业学校内部治理结构，深入推进职业学校教学工作诊断与改进制度建设，切实发挥学校质量保证主体作用。巩固国家、省、校三级质量年报发布制度，进一步提高质量年报编制水平和公开力度。完善职业教育督导评估办法，构建国家、省、校三级职业教育督导体系。

18. 打造高素质专业化管理队伍。强化职业学校校长队伍建设，完善选拔任用机制。落实和扩大职业学校办学自主权，健全完善职称评聘、分配制度等，支持学校在限额内自主设立内设机构，按规定自主设置岗位、自主确定用人计划、按规定自主招聘各类人才。建立国家、省、市（县）分级培训机制，组织开展职业学校校长和管理干部培训，造就一支政治过硬、品德高尚、业务精湛、治校有方的管理队伍。到2023年，集中培训5 000名左右中职校长（书记）和1 000名左右高职校长（书记），各级各类培训覆盖全部职业学校管理干部。

（七）实施职业教育"三教"改革攻坚行动

19. 提升教师"双师"素质。根据职业教育特点核定公办职业学校教职工编制。实施新一周期"全国职业院校教师素质提高计划"，校企共建"双师型"教师（含技工院校"一体化"教师，下同）培养培训基地和教师企业实践基地，落实5年一轮的教师全员培训制度。探索有条件的优质高职学校转型为职业技术师范类院校或开办职业技术师范专业，支持高水平工科院校分专业领域培养职业教育师资，构建"双师型"教师培养体系。改革职业学校专业教师晋升和评价机制，破除"五唯"倾向，将企业生产项目实践经历、业绩成果等纳入评价标准。完善职业学校自主聘任兼职教师的办法，实施现代产业导师特聘计划，设置一定比例的特聘岗位，畅通行业企业高层次技术技能人才从教渠道，推动企业工程技术人员、高技能人才与职业学校教师双向流动。改革完善职业学校绩效工资政策。职业学校通过校企合作、技术服务、社会培训取得的收入，可按一定比例作为绩效工资来源。各级人力资源社会保障、财政部门要充分考虑职业学校承担培训任务情况，合理核定绩效工资总量和水平。对承担任务较重的职业学校，在原总量基础上及时核增所需绩效工资总量。专业教师可按国家规定在校企合作企业兼职取酬。到2023年，专业教师中"双师型"教师占比超过50%，遴选一批国家"万人计划"教学名师、360个国家级教师教学创新团队。

20. 加强职业教育教材建设。完善职业教育教材规划、编写、审核、选用使用、评价监管机制。加强意识形态属性较强的哲学社会科学教材建设，纳入马克思主义理论研究和建设工程重点建设，做好教材统一使用工作。对接主流生产技术，注重吸收行业发展的新知识、新技术、新工艺、新方法，校企合作开发专业课教材。建立健全三年大修订、每年小修订的教材动态更新调整机制。根据职业学校学生特点创新教材形态，推行科学严谨、深入浅出、图文并茂、形式多样的活页式、工作手册式、融媒体教材。实行教材分层规划制度，引导地方建设国家规划教材领域以外的区域特色教材，在国家和省级规划教材不能满足的情况下，鼓励职业学校编写反映自身特色的校本专业教材。编写并用好中职思想政治、语文和历史统编教材。健全教材的分类审核、抽查和退出制度。到2023年，遴选10 000种左右校企双元合作开发的职业教育规划教材，国家、省两级抽查教材的比例合计不低于50%，职业学校专业课程全部使用新近更新的教材。

21. 提升职业教育专业和课程教学质量。推动依据国家战略和区域产业发展需求、专业建设水平、就业质量等合理规划引导专业设置，建立退出机制。规范人才培养方案研制发布程序，建立职业学校人才培养方案公开制度，为行业指导、企业选择、学生学习、同行交流、社会监督提供便利。加强课堂教学日常管理，规范教学秩序。推动职业学校"课堂革命"，适应生源多样化特点，将课程教学改革推向纵深。加强实践性教学，实践性教学学时原则上占总学时数50%以上，积极推行认知实习、跟岗实习、顶岗实习等多种实习方式，可根据专业实际集中或分阶段安排。完善以学习者为中心的专业和课程教学评价体系，强化实习实训考核评价。鼓励教师团队对接职业标准和工作过程，探索分工协作的模块化教学组织方式。建立健全国家、省、校三级教学能力比赛机制。遴选1 000个左右职业教育"课堂革命"典型案例，职业教育教学成果奖评选向课堂教学改革倾斜。

（八）实施职业教育信息化2.0建设行动

22. 提升职业教育信息化建设水平。落实《职业院校数字校园规范》，推动各地研制校本数据中心建设指南，指导职业学校系统设计学校信息化整体解决方案。引导职业学校提升信息化基础能力，建设高速稳定的校园网络，联通校内行政教学科研学生后勤等应用系统，统筹建设一体化智能化教学、管理与服务平台。推动信息技术和智能技术深度融入学校管理全过程，大幅提高决策和管理的精准化科学化水平。落实网络安全责任制，增强网络与信息安全管控能力。遴选300所左右职业教育信息化标杆学校。

23. 推动信息技术与教育教学深度融合。主动适应科技革命和产业革命要求，以"信息技术+"升级传统专业，及时发展数字经济催生的新兴专业。鼓励职业学校利用现代信息技术推动人才培养模式改革，满足学生的多样化学习需求，大力推进"互联网+""智能+"教育新形态，推动教育教学变革创新。探索建设政府引导、市场参与的职业教育资源共建共享机制，服务课程开发、教学设计、教学实施、教学评价。建立健全共建共享的资源认证标准和交易机制，推进国家、省、校三级专业教学资源库建设应用，进一步扩大优质资源覆盖面。遴选100个左右示范性虚拟仿真实训基地；面向公共基础课和量大面广的专业（技能）课，分级遴选5 000门左右职业教育在线精品课程。引导职业学校开展信息化全员培训，提升教师和管理人员的信息化能力，以及学生利用网络信息技术和优质在线资源进行自主学习的能力。

（九）实施职业教育服务国际产能合作行动

24. 加快培养国际产能合作急需人才。加强职业学校与境外中资企业合作，支持职业学校到国（境）外办学，培育一批"鲁班工坊"，培养熟悉中华传统文化、中资企业急需的本土技术技能人才。鼓励国家开放大学建设海外学习中心，推动中国与产能合作国远程教育培训合作。统筹利用现有资源，实施"职业院校教师教学创新团队境外培训计划"，选派一大批专业带头人和骨干教师出国研修访学。鼓励引进国（境）外优质职业教育机构来华合作办学，促进国际经验的本土化、再创新。

25. 提升职业教育国际影响力。推进"中文＋职业技能"项目，助力中国职业教育走出去，提升国际影响力。引导职业学校与国（境）外优秀职业教育机构联合开展学术研究、标准研制、师生交流等合作项目，促进国内职业教育优秀成果海外推介。对接联合国教科文组织，积极承办世界职业教育大会，在"一带一路"沿线国家举办中国职业教育发展成果展，贡献职业教育的中国智慧、中国经验和中国方案，展示当代中国良好形象。

（十）实施职业教育创新发展高地建设行动

26. 整省推进职业教育提质培优。主动适应国家区域发展战略，在东中西部布局5个左右国家职业教育改革省域试点。按照"一地一案、分区推进"原则，在学校设置、重点项目建设等方面加大政策供给，支持试点省份探索新时代区域职业教育改革发展新模式。引导地方落实主体责任，完善地方职业教育工作部门联席会议制度，推动各部门形成工作合力，优化职业教育办学体制机制，加强治理体系和治理能力现代化建设，探索职业学校毕业生高质量就业模式等。

27. 合力打造职业教育样板城市。国家、省、市三级推动，建设10个左右国家职业教育改革市域试点。支持地市政府把握功能区定位，加强市场化资源配置，在职业教育服务城市文明、服务城市创新、服务民生需求、服务绿色发展等领域重点突破、先行示范，率先建成与城市经济和民生相适应的现代职业教育体系，开创职业教育开放办学新格局，形成一批基层首创的改革经验。

三、组织实施

（一）加强党的全面领导

把加强党的全面领导落实到职业教育提质培优工作的各方面全过程。全面贯彻党的教育方针，落实中央教育工作领导小组各项要求，完善省（区、市）委教育工作领导小组定期研究职业教育工作制度。按照社会主义政治家、教育家的要求选好配强职业学校领导班子。职业学校要选优配强院（系）领导班子特别是党政正职，全面开展党组织"对标争先"建设计划，促进学校各级党组织组织力全面提升。全面实施教师党支部书记"双带头人"培育工程。强化党组织在职业学校的领导核心和政治核心作用，履行好管党治党主体责任，牢牢把握学校意识形态工作领导权，引导广大师生增强"四个意识"、坚定"四个自信"、做到"两个维护"。

（二）完善职业教育财政支持机制

新增教育经费要向职业教育倾斜，逐步建立与办学规模、培养成本、办学质量相适应的财政投入制度，进一步完善职业学校生均拨款制度，合理确定生均财政拨款水平。支持地方将职业教育纳入地方政府专项债券资金支持范围。鼓励社会力量兴办职业教育，健全成本分担机制，落实举办者的投入责任，拓宽经费来源渠道。各地可通过购买服务、助学贷款、奖助学金等方式对民办职业学校予以扶持。

（三）完善协同推进机制

国务院职业教育工作部际联席会议加强对"行动计划"实施工作的指导，教育部负责实施工作的统筹协调，国务院相关部门在职责分工范围内落实相应任务。完善国家职业教育指导咨询委员会工作机制，进一步提高政府科学化决策的水平。国务院相关部门建立"行动计划"执行情况检查通报制度。各地有关部门积极承接任务项目、制订工作方案、协调支持经费、加大政策供给，将"行动计划"与"十四五"事业发展同规划、同部署、同考核，确保改革发展任务落地。"行动计划"执行情况作为省级政府履行教育职责的重要内容。各地实施成效作为国家新一轮重大改革试点项目遴选的重要依据。

（四）营造良好发展氛围

加快推进修订和落实《中华人民共和国职业教育法》，鼓励地方因地制宜制定和颁布促进职业教育发展的地方性法规。办好全国职业院校技能大赛，发挥以赛促教促学的引领作用。办好职业教育活动周和世界青年技能日宣传活动，深入开展"大国工匠进校园""劳模进校园""优秀职校生校园分享"等活动。办好全民终身学习活动周，开展"百姓学习之星"和"终身学习品牌项目"等认定、宣传和展示活动。加强中央和地方主流媒体、新兴媒体对职业教育的宣传力度，打造一批形式多样的职业教育宣传品牌。鼓励职业学校建好用好新型宣传平台，讲好身边的职教故事。常态化开展职业学校校园开放、企业开放日、面向中小学生的职业体验、面向社会的便民服务、职教成果展示等宣传展示及服务活动，提升职业教育的影响力和美誉度。

附表：重点任务（项目）一览表

附表

重点任务（项目）一览表

序号	工作任务	责任部门
	落实立德树人根本任务	
1	加强职业教育研究，构建中国特色职业教育的思想体系、话语体系、政策体系和实践体系	教育部，各地有关部门
2	按照师生比不低于1：350的比例核定专职思政课教师岗位	教育部，各地有关部门
3	培育200所左右"三全育人"典型学校，培育遴选100个左右名班主任工作室，遴选100个左右德育特色案例	教育部、人力资源社会保障部，各地有关部门
4	培训10000名左右德育骨干管理人员、思政课专任教师，遴选100个左右思政课教师研修基地，分级培育遴选1000个左右思想政治课教学创新团队、10000个左右思想政治课示范课堂、10000个左右具有职业教育特点的课程思政教育案例	教育部、人力资源社会保障部，各地有关部门
	推进职业教育协调发展	
5	支持集中连片特困地区每个地市原则上至少建好办好1所符合当地经济社会发展需要的中等职业学校	教育部，相关省份有关部门
6	中职学校教学条件基本达标	教育部、人力资源社会保障部，各地有关部门
7	遴选1000所左右优质中职学校和3000个左右优质专业	教育部，各地有关部门
8	遴选300所左右优质技工学校和300个左右优质专业	人力资源社会保障部，各地有关部门
9	推进中国特色高水平高职学校和专业建设计划	教育部、财政部，各地有关部门
10	探索高职专业认证	教育部，各地有关部门
11	遴选300所左右省域高水平高职学校和600个左右高水平专业群	教育部，各地有关部门
12	推进本科层次职业教育试点	教育部，各地有关部门
13	推动具备条件的普通本科高校向应用型转变	教育部，各地有关部门
	完善服务全民终身学习的制度体系	
14	加快建设职业教育国家"学分银行"，健全学习成果的认定、积累和转换制度，制定学时学分记录规则	教育部，各地有关部门
15	支持职业学校承担更多培训任务，实现优质职业学校年职业培训人次达到在校生规模的2倍以上	人力资源社会保障部、教育部，各地有关部门

续上表

序号	工作任务	责任部门
完善服务全民终身学习的制度体系		
16	推进1+X证书制度试点	教育部、人力资源社会保障部、有关行业部门，各地有关部门
17	引导职业学校和龙头企业联合建设500个左右示范性职工培训基地	教育部、人力资源社会保障部，各地有关部门
18	遴选200个左右示范性继续教育基地、2000门左右优质继续教育网络课程；遴选500个左右社区教育示范基地和老年大学示范校	教育部，各地有关部门
深化职业教育产教融合校企合作		
19	建立产业人才数据平台，研制职业教育产教对接谱系图	工业和信息化部、教育部、有关行业部门，各地有关部门
20	遴选建设一批产教融合城市，培育数以万计的产教融合型企业	国家发展改革委、教育部，各地有关部门
21	实施国家级职成教示范县助力乡村振兴人才培养计划	教育部、人力资源社会保障部、农业农村部、扶贫办，各地有关部门
22	依托国有企业、大型民企建立1000个左右示范性教师企业实践流动站	教育部，各地有关部门
23	打造500个左右实体化运行的示范性职教集团（联盟）	教育部、有关行业部门，各地有关部门
24	打造100个左右技工教育集团（联盟）	人力资源社会保障部，各地有关部门
25	推动建设300个左右具有辐射引领作用的高水平专业化产教融合实训基地	国家发展改革委、工业和信息化部、教育部、人力资源社会保障部、有关行业部门，各地有关部门
26	建设100所乡村振兴人才培养优质校	农业农村部、教育部，各地有关部门
27	建立健全省级产教融合型企业认证制度，落实"金融+财政+土地+信用"的组合式激励政策	各地有关部门
健全职业教育考试招生制度		
28	建立健全省级统筹的职业教育考试招生制度，保持分类考试招生为高职学校招生主渠道，推进"文化素质+职业技能"的评价方式，完善多样化考试录取方式	教育部、人力资源社会保障部，各地有关部门
实施职业教育治理能力提升行动		
29	适时修订中职学校、专科高职学校设置标准，研制本科职业学校设置标准	教育部
30	结合职业教育特点完善学位制度	教育部、国务院学位委员会
31	实施职业学校教师和校长专业标准，制定"双师型"教师基本要求	教育部、人力资源社会保障部
32	修（制）订衔接贯通、全面覆盖的中等、专科、本科职业教育专业目录及专业设置管理办法	教育部、有关行业部门
33	制定职业学校办学质量考核办法；推进职业学校教学工作诊断与改进制度建设；巩固国家、省、学校三级质量年报发布制度；完善职业教育督导评估办法，构建国家、省、校三级职业教育督导体系	教育部，各地有关部门
34	集中培训5000名左右中职校长（书记）和1000名左右高职校长（书记），各级各类培训覆盖全部职业学校管理干部	教育部、人力资源社会保障部，各地有关部门

续上表

序号	工作任务	责任部门
实施职业教育"三教"改革攻坚行动		
35	根据职业教育特点核定公办职业学校教职工编制	各地有关部门
36	实施新一周期"全国职业院校教师素质提高计划";完善职业学校自主聘任兼职教师办法;改革完善职业学校绩效工资政策;专业教师中"双师型"教师占比超过50%	教育部,各地有关部门
37	校企共建"双师型"教师培养培训基地和教师企业实践基地	教育部,各地有关部门
38	校企共建技工院校"一体化"教师培养培训基地和教师企业实践基地	人力资源社会保障部,各地有关部门
39	探索有条件的优质高职学校转型为职业技术师范大学或开办职业技术师范本科专业	教育部,各地有关部门
40	实施现代产业导师特聘岗位计划	教育部,各地有关部门
41	遴选一批国家"万人计划"教学名师	教育部,各地有关部门
42	遴选360个国家级教师教学创新团队	教育部,各地有关部门
43	遴选10 000种左右校企双元合作开发的职业教育规划教材;国家、省两级抽查教材的比例合计不低于50%	教育部,各地有关部门
44	建立职业学校人才培养方案公开制度	教育部,各地有关部门
45	建立健全国家、省、校三级教学能力比赛机制	教育部,各地有关部门
46	遴选1 000个左右职业教育"课堂革命"典型案例	教育部,各地有关部门
实施职业教育信息化2.0建设行动		
47	落实《职业院校数字校园规范》,研制校本数据中心建设指南,指导职业学校系统设计学校信息化整体解决方案	教育部,各地有关部门
48	建立健全共建共享的资源认证标准和交易机制,推进国家、省、校三级专业教学资源库建设应用	教育部,各地有关部门
49	遴选300所左右职业教育信息化标杆学校、100个左右示范性虚拟仿真实训基地	教育部,各地有关部门
50	面向公共基础课和量大面广的专业(技能)课,分级遴选5 000门左右职业教育精品在线开放课程	教育部,各地有关部门
实施职业教育服务国际产能合作行动		
51	支持职业学校到国(境)外办学,培育一批"鲁班工坊"	教育部,各地有关部门
52	鼓励国家开放大学建设海外学习中心,推动中国与产能合作国远程教育培训合作	教育部,各地有关部门
53	统筹利用现有资源,实施"职业院校教师教学创新团队境外培训计划",选派一大批专业带头人和骨干教师出国研修访学	教育部,各地有关部门
54	推进"中文+职业技能"项目	教育部,各地有关部门
实施职业教育创新发展高地建设行动		
55	在东中西布局5个左右国家职业教育改革省域试点,建设10个左右国家职业教育改革市域试点	教育部,相关省级人民政府,相关地级市人民政府
营造良好发展氛围		
56	推进《职业教育法》修订和落实,完善配套法规制度;制定和颁布职业教育地方性法规	教育部,各地有关部门

教育部关于印发《高等学校课程思政建设指导纲要》的通知

(教高〔2020〕3号)

各省、自治区、直辖市教育厅(教委),新疆生产建设兵团教育局,有关部门(单位)教育司(局),部属各高等学校、部省合建各高等学校:

《高等学校课程思政建设指导纲要》已经教育部党组会议审议通过,现印发给你们,请结合实际认真贯彻执行。

教育部
2020年5月28日

高等学校课程思政建设指导纲要

为深入贯彻落实习近平总书记关于教育的重要论述和全国教育大会精神,贯彻落实中共中央办公厅、国务院办公厅《关于深化新时代学校思想政治理论课改革创新的若干意见》,把思想政治教育贯穿人才培养体系,全面推进高校课程思政建设,发挥好每门课程的育人作用,提高高校人才培养质量,特制定本纲要。

一、全面推进课程思政建设是落实立德树人根本任务的战略举措

培养什么人、怎样培养人、为谁培养人是教育的根本问题,立德树人成效是检验高校一切工作的根本标准。落实立德树人根本任务,必须将价值塑造、知识传授和能力培养三者融为一体、不可割裂。全面推进课程思政建设,就是要寓价值观引导于知识传授和能力培养之中,帮助学生塑造正确的世界观、人生观、价值观,这是人才培养的应有之义,更是必备内容。这一战略举措,影响甚至决定着接班人问题,影响甚至决定着国家长治久安,影响甚至决定着民族复兴和国家崛起。要紧紧抓住教师队伍"主力军"、课程建设"主战场"、课堂教学"主渠道",让所有高校、所有教师、所有课程都承担好育人责任,守好一段渠、种好责任田,使各类课程与思政课程同向同行,将显性教育和隐性教育相统一,形成协同效应,构建全员全程全方位育人大格局。

二、课程思政建设是全面提高人才培养质量的重要任务

高等学校人才培养是育人和育才相统一的过程。建设高水平人才培养体系,必须将思想政治工作体系贯通其中,必须抓好课程思政建设,解决好专业教育和思政教育"两张皮"问题。要牢固确立人才培养的中心地位,围绕构建高水平人才培养体系,不断完善课程思政工作体系、教学体系和内容体系。高校主要负责同志要直接抓人才培养工作,统筹做好各学科专业、各类课程的课程思政建设。要紧紧围绕国家和区域发展需求,结合学校发展定位和人才培养目标,构建全面覆盖、类型丰富、层次递进、相互支撑的课程思政体系。要切实把教育教学作为最基础最根本的工作,深入挖掘各类课程和教学方式中蕴含的思想政治教育资源,让学生通过学习,掌握事物发展规律,通晓天下道理,丰富学识,增长见识,塑造品格,努力成为德智体美劳全面发展的社会主义建设者和接班人。

三、明确课程思政建设目标要求和内容重点

课程思政建设工作要围绕全面提高人才培养能力这个核心点,在全国所有高校、所有学科专业全面推进,促使课程思政的理念形成广泛共识,广大教师开展课程思政建设的意识和能力全面提升,协同推进课程思政建设的体制机制基本健全,高校立

德树人成效进一步提高。

课程思政建设内容要紧紧围绕坚定学生理想信念，以爱党、爱国、爱社会主义、爱人民、爱集体为主线，围绕政治认同、家国情怀、文化素养、宪法法治意识、道德修养等重点优化课程思政内容供给，系统进行中国特色社会主义和中国梦教育、社会主义核心价值观教育、法治教育、劳动教育、心理健康教育、中华优秀传统文化教育。

——推进习近平新时代中国特色社会主义思想进教材进课堂进头脑。坚持不懈用习近平新时代中国特色社会主义思想铸魂育人，引导学生了解世情国情党情民情，增强对党的创新理论的政治认同、思想认同、情感认同，坚定中国特色社会主义道路自信、理论自信、制度自信、文化自信。

——培育和践行社会主义核心价值观。教育引导学生把国家、社会、公民的价值要求融为一体，提高个人的爱国、敬业、诚信、友善修养，自觉把小我融入大我，不断追求国家的富强、民主、文明、和谐和社会的自由、平等、公正、法治，将社会主义核心价值观内化为精神追求、外化为自觉行动。

——加强中华优秀传统文化教育。大力弘扬以爱国主义为核心的民族精神和以改革创新为核心的时代精神，教育引导学生深刻理解中华优秀传统文化中讲仁爱、重民本、守诚信、崇正义、尚和合、求大同的思想精华和时代价值，教育引导学生传承中华文脉，富有中国心、饱含中国情、充满中国味。

——深入开展宪法法治教育。教育引导学生学思践悟习近平全面依法治国新理念新思想新战略，牢固树立法治观念，坚定走中国特色社会主义法治道路的理想和信念，深化对法治理念、法治原则、重要法律概念的认知，提高运用法治思维和法治方式维护自身权利、参与社会公共事务、化解矛盾纠纷的意识和能力。

——深化职业理想和职业道德教育。教育引导学生深刻理解并自觉实践各行业的职业精神和职业规范，增强职业责任感，培养遵纪守法、爱岗敬业、无私奉献、诚实守信、公道办事、开拓创新的职业品格和行为习惯。

四、科学设计课程思政教学体系

高校要有针对性地修订人才培养方案，切实落实高等职业学校专业教学标准、本科专业类教学质量国家标准和一级学科、专业学位类别（领域）博士硕士学位基本要求，构建科学合理的课程思政教学体系。要坚持学生中心、产出导向、持续改进，不断提升学生的课程学习体验、学习效果，坚决防止"贴标签""两张皮"。

公共基础课程。要重点建设一批提高大学生思想道德修养、人文素质、科学精神、宪法法治意识、国家安全意识和认知能力的课程，注重在潜移默化中坚定学生理想信念、厚植爱国主义情怀、加强品德修养、增长知识见识、培养奋斗精神，提升学生综合素质。打造一批有特色的体育、美育类课程，帮助学生在体育锻炼中享受乐趣、增强体质、健全人格、锤炼意志，在美育教学中提升审美素养、陶冶情操、温润心灵、激发创造创新活力。

专业教育课程。要根据不同学科专业的特色和优势，深入研究不同专业的育人目标，深度挖掘提炼专业知识体系中所蕴含的思想价值和精神内涵，科学合理拓展专业课程的广度、深度和温度，从课程所涉专业、行业、国家、国际、文化、历史等角度，增加课程的知识性、人文性，提升引领性、时代性和开放性。

实践类课程。专业实验实践课程，要注重学思结合、知行统一，增强学生勇于探索的创新精神、善于解决问题的实践能力。创新创业教育课程，要注重让学生"敢闯会创"，在亲身参与中增强创新精神、创造意识和创业能力。社会实践类课程，要注重教育和引导学生弘扬劳动精神，将"读万卷书"与"行万里路"相结合，扎根中国大地了解国情民情，在实践中增长智慧才干，在艰苦奋斗中锤炼意志品质。

五、结合专业特点分类推进课程思政建设

专业课程是课程思政建设的基本载体。要深入梳理专业课教学内容，结合不同课程特点、思维方法和价值理念，深入挖掘课程思政元素，有机融入课程教学，达到润物无声的育人效果。

——文学、历史学、哲学类专业课程。要在课程教学中帮助学生掌握马克思主义世界观和方法论，从历史与现实、理论与实践等维度深刻理解习近平新时代中国特色社会主义思想。要结合专业知识教育引导学生深刻理解社会主义核心价值观，自觉弘扬中华优秀传统文化、革命文化、社会主义先进文化。

——经济学、管理学、法学类专业课程。要在课程教学中坚持以马克思主义为指导，加快构建中国特色哲学社会科学学科体系、学术体系、话语体系。要帮助学生了解相关专业和行业领域的国家战

略、法律法规和相关政策，引导学生深入社会实践、关注现实问题，培育学生经世济民、诚信服务、德法兼修的职业素养。

——教育学类专业课程。要在课程教学中注重加强师德师风教育，突出课堂育德、典型树德、规则立德，引导学生树立学为人师、行为世范的职业理想，培育爱国守法、规范从教的职业操守，培养学生传道情怀、授业底蕴、解惑能力，把对家国的爱、对教育的爱、对学生的爱融为一体，自觉以德立身、以德立学、以德施教，争做有理想信念、有道德情操、有扎实学识、有仁爱之心的"四有"好老师，坚定不移走中国特色社会主义教育发展道路。体育类课程要树立健康第一的教育理念，注重爱国主义教育和传统文化教育，培养学生顽强拼搏、奋斗有我的信念，激发学生提升全民族身体素质的责任感。

——理学、工学类专业课程。要在课程教学中把马克思主义立场观点方法的教育与科学精神的培养结合起来，提高学生正确认识问题、分析问题和解决问题的能力。理学类专业课程，要注重科学思维方法的训练和科学伦理的教育，培养学生探索未知、追求真理、勇攀科学高峰的责任感和使命感。工学类专业课程，要注重强化学生工程伦理教育，培养学生精益求精的大国工匠精神，激发学生科技报国的家国情怀和使命担当。

——农学类专业课程。要在课程教学中加强生态文明教育，引导学生树立和践行绿水青山就是金山银山的理念。要注重培养学生的"大国三农"情怀，引导学生以强农兴农为己任，"懂农业、爱农村、爱农民"，树立把论文写在祖国大地上的意识和信念，增强学生服务农业农村现代化、服务乡村全面振兴的使命感和责任感，培养知农爱农创新人才。

——医学类专业课程。要在课程教学中注重加强医德医风教育，着力培养学生"敬佑生命、救死扶伤、甘于奉献、大爱无疆"的医者精神，注重加强医者仁心教育，在培养精湛医术的同时，教育引导学生始终把人民群众生命安全和身体健康放在首位，尊重患者，善于沟通，提升综合素养和人文修养，提升依法应对重大突发公共卫生事件能力，做党和人民信赖的好医生。

——艺术学类专业课程。要在课程教学中教育引导学生立足时代、扎根人民、深入生活，树立正确的艺术观和创作观。要坚持以美育人、以美化人，积极弘扬中华美育精神，引导学生自觉传承和弘扬中华优秀传统文化，全面提高学生的审美和人文素养，增强文化自信。

高等职业学校要结合高职专业分类和课程设置情况，落实好分类推进相关要求。

六、将课程思政融入课堂教学建设全过程

高校课程思政要融入课堂教学建设，作为课程设置、教学大纲核准和教案评价的重要内容，落实到课程目标设计、教学大纲修订、教材编审选用、教案课件编写各方面，贯穿于课堂授课、教学研讨、实验实训、作业论文各环节。要讲好用好"马工程"重点教材（马克思主义理论研究和建设工程重点教材），推进教材内容进人才培养方案、进教案课件、进考试。要创新课堂教学模式，推进现代信息技术在课程思政教学中的应用，激发学生学习兴趣，引导学生深入思考。要健全高校课堂教学管理体系，改进课堂教学过程管理，提高课程思政内涵融入课堂教学的水平。要综合运用第一课堂和第二课堂，组织开展"中国政法实务大讲堂""新闻实务大讲堂"等系列讲堂，深入开展"青年红色筑梦之旅""百万师生大实践"等社会实践、志愿服务、实习实训活动，不断拓展课程思政建设方法和途径。

七、提升教师课程思政建设的意识和能力

全面推进课程思政建设，教师是关键。要推动广大教师进一步强化育人意识，找准育人角度，提升育人能力，确保课程思政建设落地落实、见功见效。要加强教师课程思政能力建设，建立健全优质资源共享机制，支持各地各高校搭建课程思政建设交流平台，分区域、分学科专业领域开展经常性的典型经验交流、现场教学观摩、教师教学培训等活动，充分利用现代信息技术手段，促进优质资源在各区域、层次、类型的高校间共享共用。依托高校教师网络培训中心、教师教学发展中心等，深入开展马克思主义政治经济学、马克思主义新闻观、中国特色社会主义法治理论、法律职业伦理、工程伦理、医学人文教育等专题培训。支持高校将课程思政纳入教师岗前培训、在岗培训和师德师风、教学能力专题培训等。充分发挥教研室、教学团队、课程组等基层教学组织作用，建立课程思政集体教研制度。鼓励支持思政课教师与专业课教师合作教学教研，鼓励支持院士、"长江学者"、"杰青"、国家级教学名师等带头开展课程思政建设。

加强课程思政建设重点、难点、前瞻性问题的研究，在教育部哲学社会科学研究项目中积极支持课程思政类研究选题。充分发挥高校课程思政教学研究中心、思想政治工作创新发展中心、马克思主义学院和相关学科专业教学组织的作用，构建多层次课程思政建设研究体系。

八、建立健全课程思政建设质量评价体系和激励机制

人才培养效果是课程思政建设评价的首要标准。建立健全多维度的课程思政建设成效考核评价体系和监督检查机制，在各类考核评估评价工作和深化高校教育教学改革中落细落实。充分发挥各级各类教学指导委员会、学科评议组、专业学位教育指导委员会、行业职业教育教学指导委员会等专家组织作用，研究制订科学多元的课程思政评价标准。把课程思政建设成效作为"双一流"建设监测与成效评价、学科评估、本科教学评估、一流专业和一流课程建设、专业认证、"双高计划"评价、高校或院系教学绩效考核等的重要内容。把教师参与课程思政建设情况和教学效果作为教师考核评价、岗位聘用、评优奖励、选拔培训的重要内容。在教学成果奖、教材奖等各类成果的表彰奖励工作中，突出课程思政要求，加大对课程思政建设优秀成果的支持力度。

九、加强课程思政建设组织实施和条件保障

课程思政建设是一项系统工程，各地各高校要高度重视，加强顶层设计，全面规划，循序渐进，以点带面，不断提高教学效果。要尊重教育教学规律和人才培养规律，适应不同高校、不同专业、不同课程的特点，强化分类指导，确定统一性和差异性要求。要充分发挥教师的主体作用，切实提高每一位教师参与课程思政建设的积极性和主动性。

加强组织领导。教育部成立课程思政建设工作协调小组，统筹研究重大政策，指导地方、高校开展工作；组建高校课程思政建设专家咨询委员会，提供专家咨询意见。各地教育部门和高校要切实加强对课程思政建设的领导，结合实际研究制定各地、各校课程思政建设工作方案，健全工作机制，强化督查检查。各高校要建立党委统一领导、党政齐抓共管、教务部门牵头抓总、相关部门联动、院系落实推进、自身特色鲜明的课程思政建设工作格局。

加强支持保障。各地教育部门要加强政策协调配套，统筹地方财政高等教育资金和中央支持地方高校改革发展资金，支持高校推进课程思政建设。中央部门所属高校要统筹利用中央高校教育教学改革专项等中央高校预算拨款和其他各类资源，结合学校实际，支持课程思政建设工作。地方高校要根据自身建设计划，统筹各类资源，加大对课程思政建设的投入力度。

加强示范引领。面向不同层次高校、不同学科专业、不同类型课程，持续深入抓典型、树标杆、推经验，形成规模、形成范式、形成体系。教育部选树一批课程思政建设先行校、一批课程思政教学名师和团队，推出一批课程思政示范课程、建设一批课程思政教学研究示范中心，设立一批课程思政建设研究项目，推动建设国家、省级、高校多层次示范体系，大力推广课程思政建设先进经验和做法，全面形成广泛开展课程思政建设的良好氛围，全面提高人才培养质量。

教育部等六部门关于加强新时代高校教师队伍建设改革的指导意见

（教师〔2020〕10号）

各省、自治区、直辖市教育厅（教委）、党委组织部、党委宣传部、财政厅（局）、人力资源社会保障厅（局）、住房和城乡建设厅（委、管委），新疆生产建设兵团教育局、党委组织部、党委宣传部、财政局、人力资源社会保障局、住房和城乡建设局，有关部门（单位）教育司（局），部属各高等学校、部省合建各高等学校：

为全面贯彻习近平总书记关于教育的重要论述和全国教育大会精神，深入落实中共中央、国务院印发的《关于全面深化新时代教师队伍建设改革的意见》和《深化新时代教育评价改革总体方案》，加强新时代高校教师队伍建设改革，现提出如下指导意见。

一、准确把握高校教师队伍建设改革的时代要求，落实立德树人根本任务

1. 指导思想。以习近平新时代中国特色社会主义思想为指导，落实立德树人根本任务，聚焦高校内涵式发展，以强化高校教师思想政治素质和师德师风建设为首要任务，以提高教师专业素质能力为关键，以推进人事制度改革为突破口，遵循教育规律和教师成长发展规律，为提高人才培养质量、增强科研创新能力、服务国家经济社会发展提供坚强的师资保障。

2. 目标任务。通过一系列改革举措，高校教师发展支持体系更加健全，管理评价制度更加科学，待遇保障机制更加完善，教师队伍治理体系和治理能力实现现代化。高校教师职业吸引力明显增强，教师思想政治素质、业务能力、育人水平、创新能力得到显著提升，建设一支政治素质过硬、业务能力精湛、育人水平高超的高素质专业化创新型高校教师队伍。

二、全面加强党的领导，不断提升教师思想政治素质和师德素养

3. 加强思想政治引领。引导广大教师坚持"四个相统一"，争做"四有"好老师，当好"四个引路人"，增强"四个意识"，坚定"四个自信"，做到"两个维护"。强化党对高校的政治领导，增强高校党组织政治功能，加强党员教育管理监督，发挥基层党组织和党员教师作用。重视做好在优秀青年教师、留学归国教师中发展党员工作。完善教师思想政治工作组织管理体系，充分发挥高校党委教师工作部在教师思想政治工作和师德师风建设中的统筹作用。健全教师理论学习制度，全面提升教师思想政治素质和育德育人能力。加强民办高校思想政治建设，配齐建强民办高校思想政治工作队伍。

4. 培育弘扬高尚师德。常态化推进师德培育涵养，将各类师德规范纳入新教师岗前培训和在职教师全员培训必修内容。创新师德教育方式，通过榜样引领、情景体验、实践教育、师生互动等形式，激发教师涵养师德的内生动力。强化高校教师"四史"教育，规范学时要求，在一定周期内做到全员全覆盖。建好师德基地，构建师德教育课程体系。加大教师表彰力度，健全教师荣誉制度，高校可举办教师入职、荣休仪式，设立以教书育人为导向的奖励，激励教师潜心育人。鼓励社会组织和个人出资奖励教师。支持地方和高校建立优秀教师库，挖掘典型，强化宣传感召。持续推出主题鲜明、展现教师时代风貌的影视文学作品。

5. 强化师德考评落实。将师德师风作为教师招聘引进、职称评审、岗位聘用、导师遴选、评优奖励、聘期考核、项目申报等的首要要求和第一标准，严格师德考核，注重运用师德考核结果。高校新入职教师岗前须接受师德师风专题培训，达到一定学时、考核合格方可取得高等学校教师资格并上岗任教。切实落实主体责任，将师德师风建设情况作为高校领导班子年度考核的重要内容。落实《新时代高校教师职业行为十项准则》，依法依规严肃查处师德失范问题。建立健全师德违规通报曝光机制，起到警示震慑作用。依托政法机关建立的全国性侵违

法犯罪信息库等，建立教育行业从业限制制度。

三、建设高校教师发展平台，着力提升教师专业素质能力

6. 健全高校教师发展制度。高校要健全教师发展体系，完善教师发展培训制度、保障制度、激励制度和督导制度，营造有利于教师可持续发展的良性环境。积极应对新科技对人才培养的挑战，提升教师运用信息技术改进教学的能力。鼓励支持高校教师进行国内外访学研修，参与国际交流合作。继续实施高校青年教师示范性培训项目、高职教师教学创新团队建设项目。探索教师培训学分管理，将培训学分纳入教师考核内容。

7. 夯实高校教师发展支持服务体系。统筹教师研修、职业发展咨询、教育教学指导、学术发展、学习资源服务等职责，建实建强教师发展中心等平台，健全教师发展组织体系。高校要加强教师发展工作和人员专业化建设，加大教师发展的人员、资金、场地等资源投入，推动建设各级示范性教师发展中心。鼓励高校与大中型企事业单位共建教师培养培训基地，支持高校专业教师与行业企业人才队伍交流融合，提升教师实践能力和创新能力。发挥教学名师和教学成果奖的示范带动作用。

四、完善现代高校教师管理制度，激发教师队伍创新活力

8. 完善高校教师聘用机制。充分落实高校用人自主权，政府各有关部门不统一组织高校人员聘用考试，简化进人程序。高校根据国家有关规定和办学实际需要，自主制定教师聘用条件，自主公开招聘教师。不得将毕业院校、出国（境）学习经历、学习方式和论文、专利等作为限制性条件。严把高校教师选拔聘用入口关，将思想政治素质和业务能力双重考察落到实处。建立新教师岗前培训与高校教师资格相衔接的制度。拓宽选人用人渠道，加大从国内外行业企业、专业组织等吸引优秀人才力度。按要求配齐配优建强高校思政课教师队伍和辅导员队伍。探索将行业企业从业经历、社会实践经历作为聘用职业院校专业课教师的重要条件。研究出台外籍教师聘任和管理办法，规范外籍教师管理。

9. 加快高校教师编制岗位管理改革。积极探索实行高校人员总量管理。高校依法采取多元化聘用方式自主灵活用人，统筹用好编制资源，优先保障教学科研需求，向重点学科、特色学科和重要管理岗位倾斜。合理设置教职员岗位结构比例，加强职员队伍建设。深入推进岗位聘用改革，实施岗位聘期制管理，进一步探索准聘与长聘相结合等管理方式，落实和完善能上能下、能进能出的聘用机制。

10. 强化高校教师教育教学管理。完善教学质量评价制度，多维度考评教学规范、教学运行、课堂教学效果、教学改革与研究、教学获奖等教学工作实绩。强化教学业绩和教书育人实效在绩效分配、职务职称评聘、岗位晋级考核中的比重，把承担一定量的本（专）科教学工作作为教师职称晋升的必要条件。将教授为本专科生上课作为基本制度，高校应明确教授承担本专科生教学最低课时要求，对未达到要求的给予年度或聘期考核不合格处理。

11. 推进高校教师职称制度改革。研究出台高校教师职称制度改革的指导意见，将职称评审权直接下放至高校，由高校自主评审、按岗聘任。完善教师职称评审标准，根据不同学科、不同岗位特点，分类设置评价指标，确定评审办法。不把出国（境）学习经历、专利数量和对论文的索引、收录、引用等指标要求作为限制性条件。完善同行专家评价机制，推行代表性成果评价。对承担国防和关键核心技术攻关任务的教师，探索引入贡献评价机制。完善职称评审程序，持续做好高校教师职称评审监管。

12. 深化高校教师考核评价制度改革。突出质量导向，注重凭能力、实绩和贡献评价教师，坚决扭转轻教学、轻育人等倾向，克服唯论文、唯帽子、唯职称、唯学历、唯奖项等弊病。规范高等学校SCI等论文相关指标使用，避免SCI、SSCI、A&HCI、CSSCI等引文数据使用中的绝对化，坚决摒弃"以刊评文"，破除论文"SCI至上"。合理设置考核评价周期，探索长周期评价。注重个体评价与团队评价相结合。建立考核评价结果分级反馈机制。建立院校评估、本科教学评估、学科评估和教师评价政策联动机制，优化、调整制约和影响教师考核评价政策落实的评价指标。

13. 建立健全教师兼职和兼职教师管理制度。高校教师在履行校内岗位职责、不影响本职工作的前提下，经学校同意，可在校外兼职从事与本人学科密切相关、并能发挥其专业能力的工作。地方和高校应建立健全教师兼职管理制度，规范教师合理兼职，坚决惩治教师兼职乱象。鼓励高校聘请校外专家学者等担任兼职教师，完善兼职教师管理办法，规范遴选聘用程序，明确兼职教师的标准、责任、权利和工作要求，确保兼职教师具有较高的师德素养、业务能力和育人水平。

五、切实保障高校教师待遇，吸引稳定一流人才从教

14. 推进高校薪酬制度改革。落实以增加知识价值为导向的收入分配政策，扩大高校工资分配自主权，探索建立符合高校特点的薪酬制度。探索建立高校薪酬水平调查比较制度，健全完善高校工资水平决定和正常增长机制，在保障基本工资水平正常调整的基础上，合理确定高校教师工资收入水平，并向高层次人才密集、承担教学科研任务较重的高校加大倾斜力度。高校教师依法取得的职务科技成果转化现金奖励计入当年本单位绩效工资总量，但不受总量限制，不纳入总量基数。落实高层次人才工资收入分配激励、兼职兼薪和离岗创业等政策规定。鼓励高校设立由第三方出资的讲席教授岗位。

15. 完善高校内部收入分配激励机制。落实高校内部分配自主权，高校要结合实际健全内部收入分配机制，完善绩效考核办法，向扎根教学一线、业绩突出的教师倾斜，向承担急难险重任务、做出突出贡献的教师倾斜，向从事基础前沿研究、国防科技等领域的教师倾斜。把参与教研活动，编写教材案例，承担命题监考任务，指导学生毕业设计、就业、创新创业、社会实践、学生社团、竞赛展演等情况计入工作量。激励优秀教师承担继续教育的教学工作，将相关工作量纳入绩效考核体系。不将论文数、专利数、项目数、课题经费等科研量化指标与绩效工资分配、奖励直接挂钩，切实发挥收入分配政策的激励导向作用。

六、优化完善人才管理服务体系，培养造就一批高层次创新人才

16. 优化人才引育体系。强化服务国家战略导向，加强人才体系顶层设计，发挥好国家重大人才工程的引领作用，着力打造高水平创新团队，培养一批具有国际影响力的科学家、学科领军人才和青年学术英才。规范人才引进，严把政治关、师德关，做到"凡引必审"。加强高校哲学社会科学人才和高端智库建设，汇聚培养一批哲学社会科学名师。坚持正确的人才流动导向，鼓励高校建立行业自律机制和人才流动协商沟通机制，发挥高校人才工作联盟作用。坚决杜绝违规引进人才，未经人才计划主管部门同意，在支持周期内离开相关单位和岗位的，取消人才称号及相应支持。

17. 科学合理使用人才。充分发挥好人才战略资源作用，坚持正确的人才使用导向，分类推进人才评价机制改革，推动各类人才"帽子"、人才称号回归荣誉、回归学术的本质，避免同类人才计划重复支持，以岗择人、按岗定酬，不把人才称号作为承担科研项目、职称评聘、评优评奖、学位点申报的限制性条件。营造鼓励创新、宽容失败的学术环境，为人才开展研究留出足够的探索时间和试错空间。严格人才聘后管理，强化对合同履行和作用发挥情况的考核。加强对人才的关怀和服务，切实解决他们工作生活中的实际困难。

七、全力支持青年教师成长，培育高等教育事业生力军

18. 强化青年教师培养支持。鼓励高校扩大博士后招收培养数量，将博士后人员作为补充师资的重要来源。建立青年教师多元补充机制，大力吸引出国留学人员和外籍优秀青年人才。鼓励青年教师到企事业单位挂职锻炼和到国内外高水平大学、科研院所访学。鼓励高校对优秀青年人才破格晋升、大胆使用。根据学科特点确定青年教师评价考核周期，鼓励大胆创新、持续研究。高校青年教师晋升高一级职称，至少须有一年担任辅导员、班主任等学生工作经历，或支教、扶贫、参加孔子学院及国际组织援外交流等工作经历。

19. 解决青年教师后顾之忧。地方和高校要加强统筹协调，对符合公租房保障条件的，按政策规定予以保障，同时，通过发展租赁住房、盘活挖掘校内存量资源、发放补助等多种方式，切实解决青年教师的住房困难。鼓励采取多种办法提高青年教师待遇，确保青年教师将精力放在教学科研上。鼓励高校与社会力量、政府合作举办幼儿园和中小学，解决青年教师子女入托入学问题。重视青年教师身心健康，关心关爱青年教师。

八、强化工作保障，确保各项政策举措落地见效

20. 健全组织保障体系。将建设高素质教师队伍作为高校建设的基础性工作，强化学校主体责任，健全党委统一领导、统筹协调，教师工作、组织、宣传、人事、教务、科研等部门各负其责、协同配合的工作机制。建立领导干部联系教师制度，定期听取教师意见和建议。落实教职工代表大会制度，依法保障教师知情权、参与权、表达权和监督权。加强民办高校教师队伍建设，依法保障民办高校教

师与公办高校教师同等法律地位和同等权利。强化督导考核，把加强教师队伍建设工作纳入高校巡视、"双一流"建设、教学科研评估范围，作为各级党组织和党员干部工作考核的重要内容。加强优秀教师和工作典型宣传，维护教师合法权益，营造关心支持教师发展的社会环境，形成全社会尊师重教的良好氛围。

教育部　中央组织部　中央宣传部
财政部　人力资源社会保障部
住房和城乡建设部
2020年12月24日

教育部关于在部分高校开展基础学科招生改革试点工作的意见

（教学〔2020〕1号）

各省、自治区、直辖市高等学校招生委员会、教育厅（教委），有关部门（单位）教育司（局），部属有关高等学校：

为深入贯彻党的十九大和十九届二中、三中、四中全会精神，落实全国教育大会精神，服务国家重大战略需求，加强拔尖创新人才选拔培养，我部决定自2020年起，在部分高校开展基础学科招生改革试点（也称强基计划）。现就有关工作提出如下意见。

一、指导思想和原则

以习近平新时代中国特色社会主义思想为指导，健全立德树人落实机制，探索多维度考核评价模式，着力实现学生成长、国家选才、社会公平的有机统一。服务国家战略，招收一批有志向、有兴趣、有天赋的青年学生进行专门培养，为国家重大战略领域输送后备人才。坚持育人为本，探索在招生中对学生进行全面、综合评价，转变简单以考试成绩评价学生的做法，引导中学更加重视学生成长过程，更加重视培养学生综合素质。加强统筹协调，与加快"双一流"建设、基础学科拔尖学生培养、加强科技创新等改革相衔接，形成改革合力。促进公平公正，着力完善制度规则，切实保障考试招生机会公平、程序公开、结果公正。

二、试点定位

强基计划主要选拔培养有志于服务国家重大战略需求且综合素质优秀或基础学科拔尖的学生。聚焦高端芯片与软件、智能科技、新材料、先进制造和国家安全等关键领域以及国家人才紧缺的人文社会科学领域，由有关高校结合自身办学特色，合理安排招生专业。要突出基础学科的支撑引领作用，重点在数学、物理、化学、生物及历史、哲学、古文字学等相关专业招生。建立学科专业的动态调整机制，根据新形势要求和招生情况，适时调整强基计划招生专业。

三、招生学校和规模

起步阶段，在部分"一流大学"建设高校（见附件1）范围内遴选高校开展试点。相关高校可向我部申请并提交相关专业的招生和人才培养一体化方案。我部组织专家综合考虑高校的办学定位、人才培养质量、科研项目及平台建设情况、招生和人才培养方案等因素，按照"一校一策"的原则，研究确定强基计划招生高校、专业和规模。2020年起，不再组织开展高校自主招生工作。

高校要与各地教育部门充分沟通协商，统筹考虑国家政策与导向、招生定位和培养要求、各地高考综合改革进程以及中学素质教育推进情况等因素，合理确定在各省（区、市）的强基计划招生名额，并在各省（区、市）的分省计划中安排。

四、招生办法

在保证公平公正的前提下，探索建立多维度考核评价考生的招生模式。高校根据有关拔尖创新人才培养需要，制定强基计划的招生和培养方案。符合高校报考条件的考生可在高考前申请参加强基计划招生。高校依据考生的高考成绩，按在各省（区、市）强基计划招生名额的一定倍数确定参加高校考核的考生名单。考生参加统一高考和高校考核后，高校将考生高考成绩、高校综合考核结果及综合素质评价情况等按比例合成考生综合成绩（其中高考成绩所占比例不得低于85%），根据考生填报志愿，按综合成绩由高到低顺序录取。有关高校要认真研究制定高中学生综合素质评价使用办法，并在招生简章中提前向社会公布。

对于极少数在相关学科领域具有突出才能和表现的考生，有关高校可制定破格入围高校考核的条件和破格录取的办法、标准，并提前向社会公布。考生参加统一高考后，由高校组织相关学科领域专家对考生进行严格考核，达到录取标准的，经高校招生工作领导小组审定，报生源所在地省级高校招生委员会核准后予以破格录取。破格录取考生的高考成绩原则上不得低于各省（区、市）本科一批录取最低控制分数线（合并录取批次省份应单独划定相应分数线）。

五、培养模式

招生高校要对通过强基计划录取的学生制定单独人才培养方案和激励机制,增强学生的荣誉感和使命感。实施基础学科拔尖学生培养计划的高校,要加强对人才培养的统筹。对通过强基计划录取学生可单独编班,配备一流的师资,提供一流的学习条件,创造一流的学术环境与氛围,实行导师制、小班化等培养模式。畅通成长发展通道,对学业优秀的学生,高校可在免试推荐研究生、直博、公派留学、奖学金等方面予以优先安排。探索建立"本—硕—博"衔接的培养模式,本科阶段培养要夯实基础学科能力素养,硕博阶段既可在本学科深造,也可探索学科交叉培养。推进科教协同育人,鼓励国家实验室、国家重点实验室、前沿科学中心、集成攻关大平台和协同创新中心等吸纳这些学生参与项目研究,探索建立结合重大科研任务进行人才培养的机制。强化质量保障机制,建立科学化、多阶段的动态进出机制,对进入强基计划的学生进行综合考查、科学分流。建立在校生、毕业生跟踪调查机制和人才成长数据库,根据质量监测和反馈信息不断完善培养方案和培养模式,持续改进招生和培养工作。高校要加强对学生的就业教育和指导,积极为关键领域输送高素质后备人才。教育部将加强对强基计划的政策支持。

六、严格规范管理

高校强基计划招生工作全程接受本校纪委监督,并建立申诉途径和举报机制。严格组织高校考核,按照国家教育考试有关要求组织实施。笔试、面试安排在国家教育考试标准化考点进行,试题按机密级事项管理。面试采取专家、考生"双随机"抽签的方式,过程全程录音录像。完善信息公开公示,落实教育部、省级、校级三级信息公开制度,合理设置公开范围,规范公开内容,主动接受监督。严肃查处违规行为,对于违规违纪行为,按照《国家教育考试违规处理办法》《普通高等学校招生违规行为处理暂行办法》严肃处理。对于因疏于管理,造成考场秩序混乱、大规模舞弊、招生严重违规的高校,取消其强基计划招生资格,对相关责任人依法依规严肃处理并追责问责。

七、加强组织领导

实施强基计划是服务国家重大战略、选拔培养拔尖创新人才、深化高校考试招生制度改革的重要举措。各省(区、市)教育行政部门和有关高校要充分认识做好强基计划实施工作的重要意义,严格落实主体责任。有关省级高校招生委员会负责监督相关高校在本地开展强基计划录取工作。有关高校是本校强基计划实施工作的责任主体,高校主要负责同志要对本校有关考试招生和培养工作负总责。要统筹兼顾本校实际情况,深入研究,根据文件要求认真制定招生和培养方案,确保相关工作科学规范、公平公正、平稳有序。要加强宣传引导,深入细致地做好强基计划的宣传解读工作,积极开展面向考生和家长的政策咨询,及时回应社会关切,营造良好改革氛围。教育部将强基计划招生及人才培养工作纳入巡视和督导的工作范围,建立动态准入退出机制。

附件:1. 强基计划试点高校名单
2. 强基计划招生程序及管理要求

教育部
2020 年 1 月 13 日

附件1

强基计划试点高校名单

北京大学、中国人民大学、清华大学、北京航空航天大学、北京理工大学、中国农业大学、北京师范大学、中央民族大学、南开大学、天津大学、大连理工大学、吉林大学、哈尔滨工业大学、复旦大学、同济大学、上海交通大学、华东师范大学、南京大学、东南大学、浙江大学、中国科学技术大学、厦门大学、山东大学、中国海洋大学、武汉大学、华中科技大学、中南大学、中山大学、华南理工大学、四川大学、重庆大学、电子科技大学、西安交通大学、西北工业大学、兰州大学、国防科技大学

附件2

强基计划招生程序及管理要求

一、制定招生简章

有关高校应根据本校的办学定位、学科特色等，制定强基计划招生简章，内容包括领导机构、招生专业及计划、报考条件及方式、入围高校考核的办法、考核程序及办法、学生综合素质评价使用办法、综合成绩折算办法及录取规则、监督机制、咨询及申诉渠道等。招生简章报经教育部核准备案后，于3月底前向社会公布。

二、考生申请报名

符合生源所在地当年高考报名条件以及强基计划招生学校报考条件的考生，由本人提出申请，于4月份按高校招生简章要求进行网上报名。省级招生考试机构要对本地报名考生的高考报名资格进行严格审核。

三、考生参加统一高考

报名考生均须参加全国统一高考。

各省级招生考试机构原则上于6月25日前根据高校招生简章确定的规则，向有关高校提供报名考生高考成绩（不含高考加分）。

四、确定入围高校考核名单并公示

对于以高考成绩入围高校考核的，有关高校在各省（区、市）本科一批录取最低控制分数线（合并录取批次省份应单独划定相应分数线，下同）上，按照在生源所在省份强基计划招生名额的一定倍数，以考生高考成绩从高到低确定参加高校考核名单。

对于符合高校破格入围条件的考生，考生高考成绩应达到高校招生简章确定的要求，且原则上不得低于各省（区、市）本科一批录取最低控制分数线。

有关高校原则上应于6月26日前确定入围高校考核的考生名单并公示入围标准。

五、组织高校考核

有关高校于7月4日前完成对入围考生组织高校考核（含笔试、面试）和体育测试，其中体育测试结果作为录取的重要参考。

高校考核是国家教育考试的组成部分，由招生高校负责组织实施。有关高校要严格执行教育部关于特殊类型考试招生工作相关规定，合理确定高校考核的内容和形式。积极探索通过笔试、面试、实践操作等方式，考查学生分析问题、解决问题的能力和创新思维，增强选才的科学性。要充分运用学生综合素质档案，全面、深入地考察学生的能力和素养。要加强命题安全管理和质量管理，加强面试专家等相关人员名单的安全保密，认真执行回避制度。高校考核的笔试、面试应安排在国家教育考试标准化考点进行，面试采取专家、考生"双随机"抽签的方式，全程录音录像。

考生综合素质档案由省级教育行政部门或中学根据入围高校考核的考生名单于6月27日前提供。已建立省级统一信息平台的省份，由省级教育行政部门统一将考生电子化的综合素质档案提供招生高校。未建立省级统一信息平台的省份，由考生就读中学提供经中学校长签字确认的综合素质档案。综合素质档案须提前在考生就读中学详尽公示。

六、确定录取名单并公示

有关高校将考生高考成绩、高校综合考核结果及综合素质评价情况等按比例合成考生综合成绩（其中高考成绩所占比例不得低于85%），并根据考生填报志愿，按综合成绩由高到低确定录取名单，提交生源所在省级招办办理录取手续。各省级招办应在提前批次录取开始前完成录取备案。破格录取的考生，按照高校招生简章公布办法进行录取。被录取考生不再参加后续高考志愿录取。有关高校须于7月5日前确定录取考生名单并公示录取标准。

七、严格遵守强基计划招生"十严禁"

高校不得发布未经教育部备案的强基计划招生简章或进行虚假招生宣传；不得以任何形式组织与强基计划招生挂钩的冬令营、夏令营及考核工作，或委托个人或中介组织开展报名、考核等有关工作；高校招生工作人员、专家评委不得参与社会机构组织的各类培训、辅导活动；不得以"新生高额奖学金""入校后重新选择专业"等方式进行恶性生源竞争或向考生违规承诺录取；未经批准不得突破强基计划的招生计划录取；不得在发放新生录取通知书或新生入学报到环节更改考生录取专业；通过强基计划录取的学生入校后原则上不得转到相关学科之外的专业就读。省级高校招生委员会和省级教育行政部门不得擅自扩大强基计划招生高校范围或出台与国家招生政策相抵触的招生办法。省级招生考试机构不得为不符合要求的考生或违反规定程序办理录取手续。有关中学等不得出具与事实不符的考生推荐材料、证明材料等或在考生综合素质档案中虚构事实或故意隐瞒事实。

教育部关于加强残疾儿童少年义务教育阶段随班就读工作的指导意见

(教基〔2020〕4号)

各省、自治区、直辖市教育厅（教委），新疆生产建设兵团教育局，部属各高等学校：

随班就读是保障残疾儿童少年平等接受义务教育的重要途径，是提高社会文明水平的重要体现。近年来，各地落实《残疾人教育条例》要求，大力实施融合教育，推进随班就读工作，学生规模不断扩大，质量稳步提升，但还存在着工作机制不健全、支持保障条件不完善、任课及指导教师特殊教育专业水平不高等突出问题。为深入贯彻落实党的十九大和十九届二中、三中、四中全会精神，落实全国教育大会和全国基础教育工作会议部署，根据相关法律法规规定，现就加强残疾儿童少年义务教育阶段随班就读工作提出如下指导意见。

一、总体要求

坚持以习近平新时代中国特色社会主义思想为指导，全面贯彻党的教育方针，落实立德树人根本任务，弘扬社会主义核心价值观，强化依法治教理念，更加重视关爱残疾学生，坚持科学评估、应随尽随，坚持尊重差异、因材施教，坚持普特融合、提升质量，实现特殊教育公平而有质量发展，促进残疾儿童少年更好融入社会生活。

二、健全科学评估认定机制

1. 规范评估认定。随班就读对象是具有接受普通教育能力的各类适龄残疾儿童少年。每年4月底前，由县级教育行政部门会同残联、街道（乡镇）组织适龄残疾儿童少年家长及其他监护人开展入学登记，对适龄残疾儿童少年入学需求进行摸底排查，全面摸清名单。5月底前，县级教育行政部门委托县级残疾人教育专家委员会，依据有关标准对残疾儿童少年身体状况、接受教育和适应学校学习生活能力进行全面规范评估，对是否适宜随班就读提出评估意见。

2. 建立工作台账。根据评估意见，县级教育行政部门应建立义务教育阶段残疾儿童少年随班就读工作台账，作为入学安置的基本依据。各级教育行政部门、残疾人教育专家委员会、学校及其工作人员须对残疾儿童少年个人信息及评估结果严格保密。

三、健全就近就便安置制度

3. 坚持优先原则。县级教育行政部门要结合区域义务教育普通学校分布和残疾儿童少年随班就读需求情况，加强谋划、合理布局，统筹学校招生计划，确保随班就读学位，同等条件下在招生片区内就近就便优先安排残疾儿童少年入学。为更好保障随班就读质量，可以选择同一学区内较优质、条件更加完善的普通学校作为定点学校，相对集中接收残疾儿童少年入学。

4. 强化控辍保学。县级教育行政部门要将随班就读残疾学生作为控辍保学联保联检机制重点工作对象，利用中小学生学籍管理信息系统加强监测，委托残疾人教育专家委员会对初次安置后确不适应的残疾儿童少年进行再评估，根据残疾人教育专家委员会的意见适当调整教育方式，切实保障具备学习能力的适龄残疾儿童少年不失学辍学。

四、完善随班就读资源支持体系

5. 加强资源教室建设。县级要根据残疾儿童入学分布情况，合理规划，统筹布局，在区域内选择若干普通学校设立特殊教育资源教室，对接收5名以上残疾学生随班就读的学校应当设立专门的资源教室，并按照特殊教育资源教室建设指南，根据学生残疾类别配备必要的教育教学、康复训练设施设备和资源教师及专业人员。对其他接收残疾学生随班就读的普通学校，也应给予相应的支持。要进一步提升资源教室的使用效率，充分利用资源教室为残疾学生开展个别辅导、心理咨询、康复训练等特殊教育专业服务。

6. 发挥资源中心作用。各地要加快建设并实现省、市、县特殊教育资源中心全覆盖,逐步完善工作机制,合理配置巡回指导教师。特殊教育资源中心要加强对区域内承担随班就读工作普通学校的巡回指导、教师培训和质量评价,大力宣传普及特殊教育知识和方法,为普通学校和家长提供科学指导和专业咨询服务,鼓励运用大数据、区块链技术提高服务的精准性。

五、落实教育教学特殊关爱

7. 注重课程教学调适。普通学校要根据国家普通中小学课程方案、课程标准和统一教材要求,充分尊重和遵循残疾学生的身心特点和学习规律,结合每位残疾学生残疾类别和程度的实际情况,合理调整课程教学内容,科学转化教学方式,不断提高对随班就读残疾学生教育的适宜性和有效性。有条件的地方和学校要根据残疾学生的残疾类别、残疾程度,参照特殊教育学校课程方案增设特殊课程,参照使用审定后的特殊教育学校教材,并为残疾学生提供必要的教具、学具和辅具服务。支持各地广泛征集遴选随班就读优秀教学案例,不断创新推广教学方法。

8. 培养生活劳动能力。普通学校要针对残疾学生的特性,制订个别化教育教学方案,落实"一人一案",努力为每名学生提供适合的教育。既要重视残疾学生学习必要的文化知识,更要关注开发潜能、补偿缺陷,特别是要加强公共安全教育、生活适应教育、劳动技能教育、心理健康教育和体育艺术教育,帮助其提高自主生活质量和劳动能力,培养正确的生活、劳动观念和基本职业素养,为适应社会生活及就业创业奠定基础。

9. 完善残疾学生评价制度。要健全符合随班就读残疾学生实际的综合素质评价办法,将思想品德、学业水平、身心健康、艺术素养、社会实践、科学知识以及生活技能掌握情况作为基本内容,并突出对社会适应能力培养、心理生理矫正补偿和劳动技能等方面的综合评价,避免单纯以学科知识作为唯一的评价标准,同时将调整过的知识和能力目标作为评价依据,实施个别化评价。对于完成九年义务教育、有继续升学意愿的随班就读残疾学生,要安排参加当地初中学业水平考试或单独组织的特殊招生考试。各地教育行政部门应依据国家有关规定为随班就读残疾学生参加中考提供相应合理便利条件。

10. 加强校园文化建设。接收随班就读学生的普通学校要在做好无障碍环境建设基础上,最大限度创设促进残疾学生与普通学生相互融合的校园文化环境,严禁任何基于残疾的教育歧视,积极倡导尊重生命、包容接纳、平等友爱、互帮互助的良好校风班风,把生命多样化观念、融合发展理念,办成学校鲜明的特色。对随班就读学生,班主任和任课教师要加大关爱帮扶力度,并建立学生之间的同伴互助制度,在确定品学兼优的学生轮流给予关心帮助的基础上,鼓励全班学生通过"一对一""多对一"等方式结对帮扶。鼓励通过征文、演讲、主题班会、微视频等形式展示关爱帮扶优秀事迹,大力弘扬扶残济困、互帮互助等中华民族传统美德。在课堂教学中,教师要安排好随班就读残疾学生与普通学生的交流互动,创设有利于残疾学生和普通学生共同学习成长的良好课堂环境。

六、提升教师特殊教育专业能力

11. 配齐师资力量。各地各校要选派具有一定特殊教育素养、更加富有仁爱之心和责任心的优秀教师,担任残疾学生随班就读班级班主任和任课教师;选派特殊教育专业毕业或经省级教育行政部门组织的特殊教育专业培训并考核合格、具有较丰富特殊教育教学和康复训练经验的优秀教师,担任特殊教育资源教师和巡回指导教师。要加大教师的配备力度,并保持教师队伍相对稳定,满足随班就读教育教学工作基本需要。鼓励各地通过政府购买服务,探索引入社工、康复师等机制,承担随班就读残疾学生照护以及康复训练、辅助教学等工作。

12. 抓好培训培养。要充分依托"国培计划"和地方各类教师培训项目,大力开展随班就读教师培训,将特殊教育通识内容纳入教师继续教育和相关培训中,提升所有普通学校教师的特殊教育专业素养。落实师范院校和综合性高校的师范专业普遍开设特殊教育课程的要求,优化随班就读工作必备的知识和内容,提升师范毕业生胜任随班就读工作的能力。各级教研部门要定期组织随班就读教师开展专题教研活动,通过公开课或优质课评选、优秀成果培育推广、专题讲座等多种方式,有效支持随班就读教师专业发展,不断提高随班就读教师工作水平。

13. 完善激励机制。各地要根据特殊教育的特点,在职称评聘体系中建立分类评价标准,实行分类评价。承担残疾学生随班就读任务的学校要建立健全随班就读教师考核机制,科学全面评价随班就读教育教学能力和实绩,在教师资格定期注册、职称评审、岗位聘用、评优评先和绩效奖励等工作中,对直接承担残疾学生教育教学工作的教师给予适当倾斜。依据国家有关规定，认真落实资源教师特殊岗位补助津贴政策。

七、切实抓好组织落实

14. 加强部门协作。各地教育行政部门要加强与发展改革、民政、财政、人力资源社会保障、卫生健康、残联等有关部门的协调，积极实施特殊教育提升计划，建立健全长效工作机制，对标找准问题，实行"一县一案"，制定专项工作计划，形成工作合力，共同推动随班就读工作。

15. 加大推进力度。要将随班就读纳入当地普及义务教育的整体工作中，统筹谋划，一体推进，实现应随尽随并不断提升随班就读质量。要及时足额拨付随班就读残疾学生生均公用经费，确保随班就读各项工作落实。支持通过随班就读示范区示范校创建，进一步探索推进随班就读的有效经验，发挥示范引领作用。要将普通学校实施融合教育情况、随班就读学生发展情况纳入当地教育行政部门对学校的年度综合考评以及对校长个人的年度考评。在义务教育均衡发展督导评估认定和地方政府履行教育职责督导评价工作中，将随班就读工作作为重要内容，不断加大督导力度。

16. 强化家校共育。要密切与残疾学生家长联系与沟通，加强家庭教育工作与指导，引导家长树立科学育儿观念，履行家庭教育主体责任。加强宣传引导，积极争取普通学生家长的理解和支持。注重发挥康复、医学、特殊教育等专业人员和社区、社会相关团体的作用，形成学校、家庭、社会教育的合力，共同为残疾学生成长创造良好的教育环境。

非义务教育阶段的普通教育学校（包括幼儿园、普通高中、中职学校和高等学校）开展随班就读可参照本意见执行。

教育部
2020 年 6 月 17 日

教育部等十部门关于进一步加强控辍保学工作健全义务教育有保障长效机制的若干意见

（教基〔2020〕4号）

各省、自治区、直辖市教育厅（教委）、扶贫办（局）、党委统战部、发展改革委、公安厅（局）、民政厅（局）、司法厅（局）、财政厅（局）、人力资源社会保障厅（局）、卫生健康委，新疆生产建设兵团教育局、扶贫办、党委统战部、发展改革委、公安局、民政局、司法局、财政局、人力资源社会保障局、卫生健康委：

在党中央、国务院坚强领导下，随着脱贫攻坚战的深入实施，义务教育有保障工作取得了重要进展和显著成绩。但受思想观念、自然条件等多种因素影响，一些地区防止学生辍学新增和反弹的任务依然十分艰巨。为贯彻落实习近平总书记在决战决胜脱贫攻坚座谈会上的重要讲话精神，认真抓好中央脱贫攻坚专项巡视"回头看"反馈意见的整改工作，历史性地解决义务教育阶段学生辍学问题，现就进一步加强控辍保学工作，健全义务教育有保障长效机制提出如下意见。

一、把握总体要求

坚持以习近平新时代中国特色社会主义思想为指导，认真贯彻落实党中央脱贫攻坚总体部署，对标对表脱贫攻坚目标任务，突出问题导向，强化责任落实，加强资源统筹，坚持精准施策，聚焦重点地区、重点人群、重点环节，立足当前、着眼长远，查漏补缺、攻坚克难，确保除身体原因不具备学习条件外，贫困家庭义务教育阶段适龄儿童少年不失学辍学，确保2020年全国九年义务教育巩固率达到95%，持续常态化开展控辍保学工作，形成义务教育有保障长效机制。

二、打好攻坚决战

1. 挂牌督战重点地区。各地要以52个未摘帽县为主战场，以"三区三州"为决战地，以控辍保学为主攻点，认真落实"中央统筹、省负总责、市县抓落实"的脱贫攻坚工作机制，从政策、资金、项目上继续加大倾斜支持，组织精锐力量梳理问题、分工包片、强力帮扶、挂牌督战，切实做好重点地区义务教育有保障攻坚工作。已脱贫摘帽和正在进行退出检查的县，要保持工作力度不减，确保打赢教育脱贫攻坚战。

2. 继续加大劝返力度。各地要依托控辍保学工作台账，全面梳理已复学和仍辍学学生情况，一人一案制定工作方案，切实做好仍辍学学生劝返复学工作，确保建档立卡贫困家庭辍学学生今年秋季学期全部应返尽返。完善残疾儿童接受义务教育制度，对身体具备学习条件的，要采取多种方式做好就学安置；对不具备学习条件的，经县级残疾人教育专家委员会评估认定，可以办理延缓入学或休学，并按规定纳入相关救助保障范围。认真做好随迁子女就学工作，户籍所在地应掌握随迁子女就学情况，随迁子女在流入地（即其学籍所在地）辍学的，原则上由流入地负责组织劝返；辍学后跨省流动的，原流入地应书面通知户籍所在地省份，由户籍所在地会同新流入地做好劝返复学工作。对于少数经相关部门联合劝返三次以上或经司法部门判决裁定、监护人已履行相应法定义务，但学生本人拒不返校的辍学学生，经县级扶贫工作领导小组核实同意，可以认定为达到"义务教育有保障"贫困退出条件，准许先办理延缓入学或休学手续，并继续做好劝返复学工作。

3. 坚决防止因疫辍学。各地要统筹做好新冠肺炎疫情防控和控辍保学工作，坚决防止因疫情影响造成新的辍学。开学前，县级教育部门和学校要通过电话、互联网等多种途径加强与家长及学生的沟通联系，及时掌握学生去向和身心状况，督促做好复学准备，按开学时间返校复课。开学后，要对学生复学情况进行全面摸排，对未返校复课的学生，要及时联系沟通，掌握学生情况，确认为辍学的要纳入工作台账管理，立即启动劝返复学工作。

三、突出工作重点

1. 切实解决因学习困难而辍学问题。各地教育部门和学校要深化教育教学改革,优化教学方式,帮助学生树立学习信心,提高学习兴趣,增强学习动力。要建立学有困难学生帮扶制度,精准分析学情,重视差异化教学和个别化指导,通过课后辅导服务、教师"一对一"帮扶、同学"手拉手"学习等方式,加大对学有困难学生的帮扶力度,特别是做好农村留守儿童的心理辅导和教育关爱,坚决防止因学习困难而辍学。各地要大力加强民族地区、贫困地区学前儿童普通话教育,促进适龄儿童在接受义务教育前能听懂、会说普通话,保障他们入学后能够熟练使用国家通用语言文字接受义务教育。各地各校要根据劝返复学学生的实际情况,有针对性地制定教学计划,通过插班、单独编班、普职融合、个别辅导等多种方式,切实做好教育安置工作,确保劝返复学学生留得住、学得好,坚决防止辍学反复反弹。

2. 切实解决因外出打工而辍学问题。各地公安、人力资源社会保障部门要通过各种执法检查活动严厉打击使用童工违法犯罪行为。各地教育、公安、人力资源社会保障部门要建立协作劝返机制,及时相互通报辍学学生外出打工信息。教育部门发现外出打工的未满十六周岁辍学学生,要会同务工地教育部门做好劝返复学工作,并及时向务工地公安、人力资源社会保障部门通报,由务工地公安、人力资源社会保障部门依法依规查处;公安、人力资源社会保障部门依法查处使用童工违法犯罪行为时,要将童工信息通报给当地教育部门,并由当地教育部门通报给其户籍地教育部门。各地乡(镇)人民政府、城市街道办事处以及村民委员会、社区居民委员会,要依法依规对允许子女辍学打工的父母或其他监护人进行批评教育。

3. 切实解决因早婚早育而辍学问题。各地民政部门要通过各种途径积极宣传健康文明的婚姻观念和早婚早育的危害性,引导适龄青年依法办理婚姻登记,加大对未成年人违法婚姻的治理力度,坚决防止未成年人早婚早育的现象。严禁利用传统风俗、家族或宗教仪式为未成年人证明婚姻关系或变相鼓励未成年人早婚早育;对造成义务教育阶段适龄儿童少年早婚早育的,各地要依法依规对父母或其他监护人等相关责任人员给予批评教育、行政处罚,情节严重的追究法律责任。各地应从实际出发,积极做好因早婚早育而辍学适龄儿童少年的劝返复学工作,给予特殊关怀,保障接受义务教育。

4. 切实解决因信教而辍学问题。国家实行教育与宗教相分离,各地要严格落实宪法和法律相关规定,严禁利用宗教妨碍国家教育制度的实施,坚决防止适龄儿童少年因信教而辍学。各地统战、宗教事务部门要切实加强对宗教界的教育引导,积极宣传宪法和法律有关规定,讲清适龄儿童少年接受义务教育的重要意义,禁止强迫适龄儿童少年信仰宗教或者因信教而辍学,争取宗教界的配合和支持。对于目前因信教而辍学的适龄儿童少年,各地教育部门要会同统战、宗教事务等部门依法依规做好劝返复学工作,妥善安排其入学接受义务教育。

四、加强组织保障

1. 健全联控联保责任机制。各地要将控辍保学工作作为打赢脱贫攻坚战、全面建成小康社会的重大任务,务必予以高度重视,切实加强组织领导,认真履行政府控辍保学法定职责,健全政府及有关部门、学校、家庭多方联控联保责任制,不断完善"一县一案"控辍保学工作方案,构建义务教育持续有保障的长效机制。要将控辍保学工作作为专项整治漠视侵害群众利益问题的重点内容,强化督导检查和考核问责,确保中央要求不折不扣落到实处。认真总结控辍保学工作成果,积极推广经验好做法,大力宣传表彰先进事迹和先进典型,不断营造良好氛围。

2. 健全定期专项行动机制。紧紧抓住招生入学关键环节,坚持控辍保学与招生入学工作同部署同落实,在每学期开学前后集中开展控辍保学专项行动,加大行政督促劝返复学力度,综合运用感情的、经济的、行政的、法律的等多种方式做好劝返复学工作,防止辍学新增和反弹。加强中小学学籍信息系统建设与管理,及时登记更新学生辍学复学信息;每年精准摸排辍学学生情况,完善与户籍、扶贫数据比对制度,实现部门数据共享,实行控辍保学工作台账动态销号管理。

3. 健全应助尽助救助机制。各地要将符合条件的贫困人口全部纳入社会救助范围。全面落实义务教育"两免一补"政策,依照有关规定将义务教育阶段建档立卡等家庭经济困难非寄宿学生全部纳入生活补助范围。深入实施贫困地区农村义务教育学生营养改善计划,切实改善学生营养健康状况。对符合条件的劝返复学适龄儿童少年,要落实社会救助政策措施,保障必要的生活条件和教育条件,促进学生顺利完成九年义务教育。

4. 健全依法控辍治理机制。各地要通过各种途径，加强对《中华人民共和国义务教育法》《中华人民共和国未成年人保护法》《中华人民共和国劳动法》《中华人民共和国民法典》《宗教事务条例》等法律法规的宣传教育，切实增强人民群众的法律意识，引导广大群众尊重和保护适龄儿童少年依法接受义务教育的权利，坚决禁止各种违法违规导致的辍学现象。认真排查并严厉查处社会培训机构以"国学班""读经班""私塾"等形式替代义务教育的非法办学行为。鼓励各地依照法律法规规定，结合实际完善运用法律手段做好劝返复学的工作举措，切实提高依法控辍工作水平。

5. 健全办学条件保障机制。各地要统筹利用义务教育各类工程建设项目，大力改善农村特别是贫困地区义务教育办学条件，重点加强乡镇寄宿制学校和乡村小规模学校建设，着力打造乡村温馨校园，切实做到基本消除大班额、全面消除超大班额，加快解决"大通铺"。大力加强义务教育学校教师队伍建设，统筹优化城乡义务教育教师资源配置，要针对劝返复学后的教育教学实际需要，配足配齐学科教师，并不断提高教师教育教学能力。进一步巩固深化中小学线上教育教学工作，加大优质教育资源开发利用力度，服务农村学校开足开齐课程，不断提高教育教学质量。

教育部 国务院扶贫办 中共中央统战部
国家发展改革委 公安部 民政部
司法部 财政部
人力资源社会保障部 国家卫生健康委
2020 年 6 月 19 日

教育部等八部门关于进一步激发中小学办学活力的若干意见

(教基〔2020〕7号)

各省、自治区、直辖市教育厅（教委）、党委组织部、党委宣传部、编办、发展改革委、公安厅（局）、财政厅（局）、人力资源社会保障厅（局），新疆生产建设兵团教育局、党委组织部、党委宣传部、编办、发展改革委、公安局、财政局、人力资源社会保障局：

为深入贯彻党的十九届四中全会和全国教育大会精神，认真落实全国基础教育工作会议部署要求，全面提高基础教育质量，办好人民满意的教育，经中央教育工作领导小组审议同意，现就进一步激发中小学办学活力提出如下意见。

一、总体要求

1. 指导思想。以习近平新时代中国特色社会主义思想为指导，全面贯彻党的教育方针，落实立德树人根本任务，大力发展素质教育，培养德智体美劳全面发展的社会主义建设者和接班人。深化教育"放管服"改革，落实中小学办学主体地位，增强学校发展动力，提升办学支撑保障能力，充分激发广大校长教师教书育人的积极性创造性，形成师生才智充分涌流、学校活力竞相迸发的良好局面，推动基础教育公平发展和质量提升，加快现代学校制度建设，为推进教育现代化、建设教育强国奠定坚实基础。

2. 基本原则。

——坚持正确方向。加强党对中小学工作的全面领导，确保社会主义办学方向，立足国情教情，遵循教育规律，育人为本、提高质量，推进教育治理体系和治理能力现代化。

——坚持问题导向。围绕对学校管得太多、干扰太多、激励不够、保障不够等突出问题，深化体制机制改革，着力破解影响和制约中小学办学活力的困难和问题。

——坚持制度创新。认真总结成功经验，加强顶层设计，着眼于长远的制度建设，鼓励各地各校继续深入探索、勇于创新、不断完善，持续释放和激发中小学的生机与活力。

——坚持放管结合。明晰政府、学校权责边界，处理好政府办学主体责任和学校办学主体地位之间的关系，既注重打破部门壁垒、做到应放尽放，又注重规范学校办学行为、强化事中事后监管。

——坚持有序推进。强化党委政府统筹和部门协调配合，注重从实际出发，加强分类指导，因地因校制宜，积极稳妥推进，处理好改革发展稳定关系，切实增强工作的针对性、协调性和实效性。

二、保障学校办学自主权

3. 保证教育教学自主权。鼓励支持学校结合本地本校实际，办出特色、办出水平。强化学校课程实施主体责任，严格落实国家课程方案和课程标准，结合实际科学构建基于学校办学理念和特色的校本课程。学校在遵循学科教学基本要求基础上，可自主安排教学计划、自主运用教学方式、自主组织研训活动、自主实施教学评价；对于学科间关联性较强的学习内容，可自主统筹实施跨学科综合性主题教学。充分发挥教师课堂教学改革主体作用，鼓励教师大胆创新，改进教育教学方法，开展丰富多彩的教育教学活动，积极探索符合学科特点、时代要求和学生成长规律的教育教学模式。严肃校规校纪，依法保障学校和教师加强对学生的教育管理。尊重和保障学生在学习中自主进行选择、参与、表达、思考和实践。大力精简、严格规范各类"进校园"专题教育活动，有效排除对学校正常教育教学秩序的干扰。

4. 扩大人事工作自主权。加大学校行政领导人员聘任制推行力度，进一步扩大学校在副校长聘任中的参与权和选择权，鼓励地方积极探索由学校按规定的条件和程序提名、考察、聘任副校长，并报上级主管部门备案。学校根据办学实际需要，按照精简效能的原则，自主设置内设机构，自主择优选聘中层管理人员。完善教师"县管校聘"具体实施办法，充分尊重和发挥学校在教师公开招聘工作中的重要作用，学校依据核定的编制、岗位数量及岗位结构比例和教育教学需要，提出教师招聘需求和岗位条件，并全程参与面试、考察和拟聘人员确定；鼓励地方探索在学校先行面试的基础上组织招聘；对具备条件的学校，可放权由其自主按规定组织公开招聘，并按要求备案。按照核定的岗位设置方案，中初级职称和岗位由具备条件的学校依据标准自主评聘，高级职称和岗位按照管理权限由学校推荐或聘用，并依据教师的工作表现和实际业绩，推动教师岗位能上能下、人员能进能出。奖励性绩效工资由学校在考核的基础上自主分配，充分发挥绩效工资的激励功能。

5. 落实经费使用自主权。学校按照预算管理有关规定和学校发展实际需要，自主提出年度预算建议，自主执行批准的预算项目，对预算资金进行全过程绩效管理。完善学校公用经费使用管理办法，加大学校经费使用自主权，优先保障教育教学需要，确保学校有效使用、正常运转。学校依法依规自主使用社会捐资助学的经费。

三、增强学校办学内生动力

6. 强化评价导向作用。建立健全以发展素质教育为导向的学校办学质量评价体系，强化过程性和发展性评价，更加注重评价学校提高办学质量的实际成效，并作为对学校核定绩效工资总量、对校长教师实施考核表彰的重要依据，引导和促进学校持续改进提高办学水平。各地要树立正确的政绩观和科学的教育质量观，不得以中高考成绩或升学率片面评价学校、校长和教师，坚决克服"唯升学""唯分数"的倾向。

7. 强化校内激励作用。学校要构建完善的教师激励体系，充分激发广大教师的教育情怀和工作热情。注重精神荣誉激励，积极开展优秀教师、教学能手、师德标兵和优秀教学团队等评选活动，充分展示教师的突出表现；强化专业发展激励，鼓励和保障教师参加培训、教研、学术研究等活动，及时帮助教师诊断改进教育教学问题，提高教育教学能力，促进教师专业成长；完善岗位晋升激励，切实落实教师岗位职责，把师德表现和教育教学实绩作为岗位晋升的重要依据；健全绩效工资激励，完善学校绩效工资分配办法，向教育教学实绩突出的一线教师和班主任倾斜；突出关心爱护激励，坚持把解决思想问题与实际问题相结合，加强思想政治工作和人文关怀，增强教师职业荣誉感和幸福感。

8. 强化学校文化引领作用。坚持以社会主义核心价值观为引领，大力构建积极向上、奋发有为、团结和谐、富有特色的学校文化，注重创建学校党建工作品牌，在师生中深入开展"一训三风"（校训、校风教风学风）征集提炼、培育弘扬活动，创作设计富有文化内涵、时代特征和学校特色的校歌、校徽、校旗，以科学正确的办学理念，凝聚广大师生的价值追求和共同愿景。加强校园绿化、美化和人文环境建设，深入开展校园文化活动，增强学校文化的感染力凝聚力。

9. 强化优质学校带动作用。深入推进学校办学机制改革，积极推进集团化办学、学区化治理，统筹学校间干部配备，推动优秀教师交流，完善联合教研制度，带动薄弱学校提高管理水平，深化教学改革，增强内生动力，促进新优质学校成长，不断扩大优质教育资源，整体提高学校办学质量。完善集团化办学机制，加大场地设施资源和优质课程教学资源的统筹力度，帮扶薄弱学校和农村学校提高办学水平。完善学区治理体系，科学规划学校布局，合理划分学区范围，统筹学区资源，促进学区内学校多样特色、优质均衡发展。加快推进基础教育信息化，积极开发优质学校名师网络课程、专递课堂资源，促进优质教育资源共享。对发挥带动辐射作用突出的学校，应给予政策支持和奖励。

四、提升办学支撑保障能力

10. 注重选优配强校长。各地要把培养好、选配好校长作为重要政治责任和激发办学活力的关键因素，加大校长培养培训力度，加快推进校长职级制改革，制订校长职级制实施办法，按照中小学校领导人员管理有关办法，严格落实校长任职条件和专业标准，规范校长选任程序，充分发挥教育部门党组织在校长选任中的重要作用，努力造就一支政治过硬、品德高尚、业务精湛、治校有方的高素质专业化校长队伍。完善校长考核管理与激励机制，鼓励校长勇于改革创新，不断推进教育家办学治校。

11. 注重加强条件保障。各地要主动为中小学服务，为激发办学活力提供强有力的条件保障支持。要依法依规优先保障学校基础设施、经费投入、教职工配备等教育教学基本需求；根据经济社会发展水平和财力状况，逐步健全生均公用经费、编制动态调整机制，切实解决学校办学后顾之忧。要建立健全办学激励机制，加大优秀校长教师表彰宣传力度，新增绩效工资总量主要用于奖励性绩效工资分配，进一步提高奖励性绩效工资在绩效工资总量中的占比，核定时向提高办学质量成效显著的学校倾斜；对具有高级职称、坚持在教学一线工作至退休且教学业绩突出的教师，尤其是长期在艰苦边远地区工作的乡村教师，要加大荣誉表彰和物质奖励力度，促进优秀教师长期从教、终身从教。

12. 注重拓展社会资源。各地要加强与社会有关方面合作，建立相对稳定的研学实践、劳动教育和科普教育基地，打造中小学生社会实践大课堂，免费或优惠向学生开放，充分发挥各类公共文化设施和科技场馆重要育人作用。通过政府投入、政策支持、社会参与等多种方式，按照国家有关规定多渠道筹措经费，确保中小学生社会实践正常开展。推动少年儿童优秀文化产品繁荣健康发展，面向社会遴选一批、组织专家创作一批、突出重点培育一批优秀图书、歌曲、影视、动漫等文化精品，积极组织时代楷模、名师大家等定期进校园开展教育活动，丰富少年儿童精神文化生活。

五、健全办学管理机制

13. 完善宏观管理。依法依规明确党委政府和教育主管部门对学校的管理事项，充分发挥教育督导机构作用，对学校落实国家课程方案和课程标准、规范使用教材、遵循学科教学基本要求、健全学校重大决策制度、加强师德师风建设、规范办学行为等方面的工作，要加强督导落实，强化监督管理，保障学校正确办学方向。要更多采取事中事后监管方式，针对不同学段、不同规模学校的实际情况，依据学校办学水平和管理能力，注重加强分类管理，实施精准定向赋权，构建差异化的监管方式。

14. 完善内部治理。坚持科学决策、民主决策、依法决策。学校发展规划、重要改革、安全稳定等重大事项和涉及师生员工切身利益的重要问题，由学校党政领导班子集体研究决定，并充分听取广大师生的意见，主动接受监督。党组织要强化政治功能，加强对重大事项、重要问题的政治把关。加强学校基层党组织和党员队伍建设，充分发挥党组织战斗堡垒作用和党员先锋模范作用；强化党建带团建、队建，加强学校党组织对共青团、少先队工作的具体领导和支持保障。学校要认真落实教职工代表大会或教职工全体会议制度，对学校重要工作进行审议、听取意见。学校要建立家长委员会，每学期至少召开1次家长委员会会议，积极配合学校做好教育教学工作，完善家校协同育人机制。加快推进学校章程建设，完善各项规章制度，增强自主管理、自我约束能力。

15. 完善社会监督。建立健全学校办学信息公开制度，重点公开课程设置、教学安排、招生入学、收费项目及标准等信息，保证学生家长及社会公众对学校重要事项的知情权。建立学校与社区沟通联系制度，及时听取社区和人大代表、政协委员等方面人士对学校工作的意见建议。

六、强化组织实施

16. 加强组织领导。各地要坚持基础教育优先发展，把激发中小学办学活力作为加快推进教育治理体系和治理能力现代化的重大任务，摆上重要议事日程，加强政府统筹，完善部门协调机制，加大改革创新力度，积极稳妥落实好各项改革任务举措。要认真研究制订具体工作方案，精心组织实施，强化考核督导，确保各项工作落到实处。

17. 落实部门职责。各相关部门要坚持刀刃向内，勇于自我革命，破除利益固化藩篱，有效形成工作合力，为最大限度激发中小学办学活力创造有利条件。教育部门要发挥好牵头协调作用，推动落实好各项改革任务。机构编制部门要依标足额核定中小学教职工编制。财政部门要完善经费管理办法，落实经费保障政策。人力资源社会保障部门要完善教师人事制度，落实教师待遇相关政策。其他相关部门按照各自职责，落实好相关任务。

18. 营造良好氛围。激发中小学办学活力是涉及方方面面的重要改革，是一项复杂的系统工程，要加强对这项改革重大意义和各项政策举措的宣传解读，密切家校沟通，广泛凝聚共识，积极争取各方理解支持。要切实增强广大校长教师的责任感和使命感，大力激发投身改革的积极性创造性。要认真落实减轻学校和教师负担的有关规定，依法依规处置涉校涉生纠纷，切实保障中小学正常教育教学秩序。要认真总结典型经验和有效做法，加大交流推广力度，努力使每一所学校办学活力显著增强，为全面提高基础教育育人质量提供强大动力和坚强保障。

教育部 中央组织部 中央宣传部
中央编办 国家发展改革委 公安部
财政部 人力资源社会保障部
2020年9月15日

教育部办公厅关于进一步加强面向中小学生的全国性竞赛活动管理工作的通知

(教基厅函〔2020〕21号)

各省、自治区、直辖市教育厅(教委),新疆生产建设兵团教育局,部属各高等学校、部省合建各高等学校,教育部审核公布的面向中小学生的全国性竞赛活动主办单位:

近年来,按照中央有关部署要求,教育部加大面向中小学生的全国性竞赛活动(以下简称竞赛)规范管理力度,印发了《关于面向中小学生的全国性竞赛活动管理办法(试行)》(教基厅〔2018〕9号),从2019年开始审核并公布竞赛名单,严控竞赛数量,切实减轻因竞赛过多过滥给学生带来的负担,取得了积极成效。近期个别竞赛组织过程中暴露出一些问题,如评审不严格、涉嫌家长代劳等,造成了不良影响。为坚持素质教育导向,切实维护教育公平,进一步规范竞赛管理工作,现将有关事项通知如下。

一、严格竞赛评审

各竞赛主办单位要切实履行主体责任,全面开展一次自查,对以往获奖项目的真实性、独创性进行复核。在复核基础上,进一步完善评审办法、评审标准,健全异议处理机制、监督机制等,对申请参评的竞赛项目严格把关,特别是加强资格能力审查,实施全程跟踪,坚决避免参赛项目明显不符合学生认知能力现象的发生,坚决防止由家长或其他人代劳等参赛造假行为。

二、严禁竞赛违规收费

各竞赛主办单位举办面向中小学生的全国性竞赛必须坚持公益性,不得以营利为目的。竞赛主办方、承办方不得向学生、学校收取任何费用,坚决做到"零收费";不得通过面向参赛学生组织培训、冬令营、夏令营等方式,变相收取费用;不得推销或与一些公司挂钩变相推销资料、书籍、商品等;不得借竞赛之名开展等级考试违规收取费用。

三、任何竞赛奖项均不作为基础教育阶段招生入学加分依据

各地要继续严格落实义务教育(幼升小、小升初)免试就近入学政策,不得将任何竞赛奖项作为升学依据。要严格落实《教育部关于进一步推进高中阶段学校考试招生制度改革的指导意见》(教基二〔2016〕4号)要求,继续对本地区高中阶段学校招生考试(中考)加分项目进行清理和规范,严禁将各类竞赛获奖情况作为高中阶段学校招生考试(中考)加分依据,相关特长和表现等计入学生综合素质评价档案。

四、严肃查处违规竞赛

教育部将进一步加强对审核通过的竞赛的管理,严肃查处竞赛中出现的违法违规行为,情节严重或者经警告、提醒仍不改正的,将从竞赛名单中移除,并不再受理举办单位举办竞赛的申请。各省(区、市)要加强对在省域内落地的全国性竞赛的管理,一旦发现存在违法违规行为,要立即查处,并反馈教育部做进一步处理;同时,加强对省级竞赛的管理,防止其出现违法违规行为。

五、加强师德师风建设

各地各学校要加强师德师风建设,进一步完善师德违规问题报告机制,加强对师德问题查处的监督和指导能力。各地各学校一经发现教师或其他人员存在让他人在未参加研究的成果上署名,代写论文或者代为进行创作、研究,为子女或他人参加评奖提供条件或者支持等违反师德师风或学术不端的行为,要严格按照《中共中央办公厅 国务院办公厅印发〈关于进一步加强科研诚信建设的若干意见〉的通知》、《教育部等七部门印发〈关于加强和改进新时代师德师风建设的意见〉的通知》(教师〔2019〕10号)、《高等学校预防与处理学术不端行

为办法》（中华人民共和国教育部令第 40 号）等有关要求，依法依规进行严肃查处，坚决禁止违背学术诚信要求的行为。

六、严格管理中小学校组织参赛行为

各地要加强对竞赛管理政策的宣传，让中小学师生和家长充分了解掌握全国和本省份竞赛名单。严禁各中小学校、各类教育机构组织承办或组织中小学生参加名单之外的竞赛活动。引导中小学师生和家长主动抵制名单外的违规竞赛活动，发现线索及时向相关部门投诉举报，共同维护良好秩序。

教育部办公厅

2020 年 7 月 20 日

中共中央组织部等七部门关于实施高校毕业生就业创业推进行动的通知

(人社部发〔2020〕65号)

各省、自治区、直辖市及新疆生产建设兵团党委组织部，政府人力资源社会保障厅（局）、教育厅（教委、教育局）、科技厅（委、局）、民政厅（局）、财政厅（局），团委：

高校毕业生就业关系民生改善和高质量发展。受新冠肺炎疫情影响，高校毕业生招聘延期、求职受阻，部分毕业生还未落实工作。为进一步促进未就业高校毕业生实现就业创业，现决定实施高校毕业生就业创业推进行动。现就有关工作通知如下：

一、指导思想

以习近平新时代中国特色社会主义思想为指导，贯彻落实党中央、国务院决策部署，把高校毕业生就业作为稳就业保就业工作重中之重，坚持市场引领与政府推动并重，就业创业与人才培养并举，普遍支持与特别帮扶并行，多点发力，精准施策，强化保障，克服新冠肺炎疫情带来的不利影响，集中帮助未就业毕业生就业创业，确保就业局势总体稳定。

二、行动时间

2020年9月15日至12月31日。

三、行动主题

扬帆筑梦，就创未来。

四、对象范围

2020届未就业高校毕业生和往届未就业高校毕业生。

五、工作目标

把未就业毕业生全面纳入就业创业推进行动，普遍落实实名帮扶举措，使有就业创业需求的毕业生都能得到相应服务支持，着力提升就业能力，充分激发创业活力，进一步提高人力资源配置效率，促进毕业生尽早就业。

六、主要措施

（一）开展专项摸排

县级及以上人力资源社会保障部门要建立未就业毕业生实名清单，将本地户籍与外地前来求职的毕业生全面纳入。做好教育部门和人力资源社会保障部门信息交接，放开线上线下各类登记服务渠道，开设本地求职热线，公开服务机构联系方式，开展基层摸排，对辖区内未就业毕业生应登尽登。对登记毕业生逐一联系，摸清基本信息、就业需求、就业状况，形成实名数据库，动态更新帮扶就业情况。

（二）加快岗位落实

加快实施企业吸纳就业补贴政策，明确申办流程，精简政策凭证，畅通线上线下申领渠道，激励企业更多吸纳毕业生就业。全面加快机关事业单位、国有企业、基层服务项目和科研助理岗位招录（聘）进度，抓紧启动笔试面试，尽早公布考试成绩，及时反馈录（聘）用结果，加快办理入职（聘用）手续，确保扩招任务尽快落地。持续拓展就业机会，对接新技术、新产业增长点储才育才，挖掘平台经济、数字经济从业机会，围绕基层治理、教育医疗、农业技术等人才紧缺领域增设岗位，拓宽毕业生市场化社会化就业渠道。

（三）扶持创业创新

推进创业培训广覆盖，对创业毕业生普遍提供创办企业、经营管理等培训，增设信息技术、现代农业等领域课程，提升培训针对性。倾斜创业服务资源，推荐适合发挥毕业生专长的创业项目，提供咨询辅导、跟踪扶持、成果转化等"一条龙"服务。优先安排经营场所，政府投资开发的各类创业载体安排一定比例场地，免费向毕业生提供，充分利用闲置资源提供低成本场地支持。加强创业资金保障，落实创业担保贷款、创业补贴等政策，缓解融资压力。

（四）提供不断线服务

各地各高校要对未就业毕业生指定专人服务，发放政策服务清单，推送针对性岗位信息，动员参加见习培训，对有特殊困难的，提供心理咨询辅导。常态化开展专项招聘，各级各类公共就业人才服务机构要广泛搜集岗位信息，在相关网站开设毕业生招聘专区专栏，创新"直播带岗""隔空送岗"等模式。根据疫情防控要求加密线上线下招聘活动，地市以上城市每月举办一次综合性招聘，每周举办一次专场招聘。设立就业手续办理绿色通道，推进档案转递、组织关系转接、落户等"一站式"办理，推动高校毕业生入职体检结果互认，最大限度减少重复体检。有条件的地方可对到本地求职的高校毕业生提供临时性住房安置或补贴。

（五）提升就业能力

开展针对性职业指导，增强求职能力，推出公开课、直播课，为毕业生提供丰富多元的职业规划、职业体验、求职技巧等指导。扩大就业见习规模，提升实践能力，募集一批企事业单位、社会组织、政府投资项目等见习岗位，增加管理、技术、科研类岗位比例，密集举办见习对接活动，让有需求的毕业生都能获得见习机会。开展大规模、高质量职业培训，提高技术技能，对接产业发展和就业急需，扩大专项能力培训，着力拓展新职业培训，对有培训意愿的毕业生应培尽培，支持取得多类职业技能等级证书。高校毕业生参加职业技能培训和创业培训，按规定给予职业培训补贴，所需资金从职业技能提升行动专账资金中列支。

（六）加大困难帮扶

明确帮扶重点，对建档立卡贫困家庭、零就业家庭、残疾和就业困难的少数民族毕业生、湖北籍毕业生开展专项帮扶。实施定制服务、优先服务，逐一制订求职计划，优先推荐就业岗位。对通过市场化方式确实难以实现就业的，按规定利用公益性岗位托底安置。对符合条件的，按规定纳入最低生活保障、临时救助等社会救助范围。对获得国家助学贷款的毕业生，离校后无法正常还本付息的，可按规定延后还款期限。

（七）保护就业权益

规范就业协议签订，高校不得以任何方式强迫毕业生签约，或劝说虚假签约，用人单位不得出具虚假用人证明，不得随意毁约，人力资源服务机构不得参与签订不实就业协议。规范招聘市场秩序，依法打击"黑中介"、虚假招聘、就业歧视等违法违规行为。加大对企业用工行为的监督检查，及时查处滥用试用期、拖欠试用期工资、不依法签订劳动合同等行为。公布维权渠道，及时受理投诉举报。

七、工作要求

（一）加强组织领导

各地要把就业创业推进行动作为做好当前高校毕业生就业工作的重要抓手，高度重视，精心实施。制定行动具体方案，充实细化内容，建立工作专班，明确职责分工、时间进度、工作要求，确保各项任务落地。定期调度行动实施和毕业生帮扶进展情况，加强督促检查，积极解决行动推进中遇到的困难和问题。

（二）加大工作保障

加强部门协同配合，强化信息共享，定期交流情况，做好统计核查，全面掌握毕业生就业情况。加大行动实施的人力、财力、物力等保障，科学调配资源，提升工作成效。运用政府购买服务方式，支持经营性人力资源服务机构、社会组织为高校毕业生提供多元化就业创业服务。

（三）强化宣传引导

紧扣就业创业推进行动主题，开展形式多样、内容丰富的专题宣传活动，扩大行动知晓度和参与度。依托传统媒体和新兴媒介，大力宣传国家支持高校毕业生就业创业的政策措施，讲述毕业生到城乡基层、生产一线就业创业故事，引导广大毕业生把个人的理想追求融入党和国家事业之中，到祖国最需要的地方建功立业。

中共中央组织部 人力资源社会保障部
教育部 科技部 民政部 财政部
共青团中央
2020年8月31日

关于推动公共实训基地共建共享的指导意见

(发改就业〔2020〕1951号)

各省、自治区、直辖市、新疆生产建设兵团有关部门：

就业是最大的民生。近年来，职业技能培训尤其是公共职业技能培训，在提升劳动者技能水平、提高劳动者就业质量等方面发挥了重要作用，是持续做好稳就业、保就业工作的重要支撑。为贯彻落实《国务院关于推行终身职业技能培训制度的意见》（国发〔2018〕11号）和《职业技能提升行动方案（2019—2021年）》（国办发〔2019〕24号），根据《关于提升公共职业技能培训基础能力的指导意见》（发改就业〔2018〕1433号）要求，进一步统筹推进职业技能培训基础能力建设，指导支持各地加强公共实训基地建设，推动职业技能培训资源共建共享，助力大规模开展职业技能培训，促进实现更加充分更高质量就业，现就公共实训基地共建共享工作提出如下意见。

一、总体要求

（一）指导思想

以习近平新时代中国特色社会主义思想为指导，全面贯彻党的十九大和十九届二中、三中、四中、五中全会精神，以推动高质量发展为主题，以深化供给侧结构性改革为主线，以改革创新为根本动力，以满足人民日益增长的美好生活需要为根本目的，以实现更加充分更高质量就业为导向，推动公共实训基地共建共享，进一步健全就业公共服务体系，完善终身职业技能培训制度，缓解结构性就业矛盾，提升劳动者技能素质，为加快建设现代化经济体系，加快构建以国内大循环为主体、国内国际双循环相互促进的新发展格局，提供技能人才支撑。

（二）基本原则

——坚持统筹融合。公共实训基地应涵盖技能实训、技能竞赛、职业技能培训考核评价、创业培训、就业招聘、师资培训、课程研发等功能，充分体现综合性。强化公共实训基地为城乡各类劳动者提供终身职业技能培训的功能定位，做好公共实训基地与院校实训基地、企业实训基地的有效衔接。鼓励各地以公共实训基地为平台，统筹优化工会、院校、行业、企业及其他社会组织的培训资源，提升综合利用效率。

——坚持合理布局。公共实训基地建设要与持续巩固脱贫攻坚成果、推动高质量发展、建设现代化经济体系紧密结合，服务区域重大战略，与新型城镇化战略、乡村振兴战略有效衔接，推动城乡一体化发展，助力农业转移人口市民化。各地要综合考虑本地人力资源情况与产业发展特点，以区域产业发展急需为牵引，推动人才链、创新链与产业链、供应链有效对接，突出公共实训基地的地方特色和区域辐射性。优先在巩固拓展脱贫攻坚成果任务重、劳动力资源相对丰富、技能劳动者供需缺口较大、产业集中度较高、返乡入乡创业就业工作成效明显的地区支持建设公共实训基地。

——坚持开放共享。公共实训基地要能为城乡各类劳动者提供广覆盖、多层次的职业技能培训，坚持"能共建则共建，能共享则共享"的导向，支持有公共职业技能培训任务和职能的多部门、多行业积极参与，充分体现公共性和开放性。要加强信息化、网络化建设，推动职业技能培训线上线下融合，让职业技能培训具有更强的可获得性。压实公共实训基地的培训责任，加强职业技能培训和公共就业服务以及企业人才需求的有效衔接，提高培训质量和效果。

——坚持聚焦重点。强化就业优先政策，完善职业技能培训支撑保障体系，加快提升劳动者技能素质。聚焦农村转移就业劳动者、城镇失业人员和转岗职工、高校毕业生、退役军人、脱贫人口、困难妇女、残疾人等就业创业重点群体，发挥职业技能培训对带动就业创业、培育和扩大中等收入群体的重要作用，充分体现公益性。聚焦发展实体经济，围绕建设制造强国、质量强国，推动职工综合技能素质提升，缓解高端技能人才供需矛盾。

——坚持高效利用。公共实训基地的运营、管理、课程设计和实训方式要密切联系当地产业实际，与企业的人力资源需求紧密结合，推动培训链和产业链对接，精准培养市场和企业最需要的人力资源，切实增强技能实训的针对性和有效性。要高度重视公共实训基地的运营管理，探索多种运营方式，提高设施利用率。公共实训基地要注重技能实训的务实管用，使参训人员尽快掌握一门本领、一项技能，提升就业能力。

（三）主要目标

通过支持各地开展公共实训基地共建共享，进一步提升我国职业技能培训基础能力，不断完善职业技能实训体系，加大对脱贫人口职业技能培训力度，做好脱贫人口稳岗就业，为持续巩固拓展脱贫攻坚成果、缓解结构性就业矛盾、建设现代化经济体系提供技能人才支撑。加快形成布局合理、点面结合、精准有效、机制健全的公共职业技能培训基础设施网络，为推动高质量发展和逐步实现共同富裕夯基助力。

二、公共实训基地的定位

（一）公共实训基地的功能

本意见所称公共实训基地，是指由政府主导建设，以就业为导向，向城乡各类劳动者以及行业企业、社会团体、产业园区、职业院校（含技工院校）、职业培训机构等提供技能实训、技能竞赛、职业技能培训考核评价、创业培训、就业招聘、师资培训、课程研发等服务的公共性、公益性、开放性、综合性公共就业服务场所。

（二）公共实训基地的布局

按照省级、市级、县级三个级别，统筹推进公共实训基地建设项目。紧密依托国家区域重大战略，在重点地区建设有效辐射周边区域，促进区域经济发展，服务中高端产业发展需求的省级公共实训基地；在劳动力流动规模较大、产业集中度较高的地级市，建设服务当地产业发展的市级公共实训基地；在脱贫攻坚成效显著、主导产业特色突出、基础条件较好的县（市），建设为当地产业链关键环节提供技能人才培训和就业服务的县级公共实训基地。

（三）公共实训基地的作用

各地结合实际，通过共建共享的方式加强公共实训基地建设，作为大规模开展职业技能培训的重要平台。鼓励各地符合条件的公共实训基地，承担技能竞赛实训和比赛基地、职工职业技能实训基地、职业技能培训考核评价基地、退役军人就业创业园地、返乡创业实训基地、高技能人才培训基地、技能大师工作室、高素质农民培育基地、先进制造业实训基地、劳模和工匠人才创新工作室、职业院校培训实训基地、全国贫困村创业致富带头人实训基地、妇女就业创业培训基地、养老服务人才培训基地、残疾人职业培训基地等有关职能，通过培训资源共享提供相关服务。

三、公共实训基地的建设

（一）加强公共实训基地资金支持力度

明确公共实训基地的公益性属性，各地在建设时可按国家有关规定减免相关收费。中央基建投资对符合条件的公共实训基地予以支持，主要用于实训场所建设和实训设施投入。鼓励各地统筹各类资金，加大对公共实训基地建设支持力度。

（二）做好公共实训基地建设前期准备工作

各地建设公共实训基地之前，应具备明确的建设方案、监管方案、运营方案。建设方案应包括项目单位基本情况、项目建设内容、项目总投资及资金来源、项目土地来源和其他建设条件落实情况。监管方案应包括监管单位、监管责任人和监管措施。运营方案应包括公共实训基地的运行管理机制、师资来源、经费保障、培训生源、培训内容、培训方式等。申请中央基建投资支持建设的公共实训基地，须完成建设项目用地预审与选址意见书审批、可行性研究报告批复、落实建设资金、具备按时开工条件等，项目业主单位须是独立法人。项目所在地政府应对项目的建设方案、监管方案、运营方案和相关情况认真审查把关并出具承诺函。

（三）加强公共实训基地建设和运营监管

根据简政放权、放管结合、优化服务的原则，公共实训基地建设项目由各地按照管理权限进行审批。各有关部门要严格落实项目建设方案、监管方案、运营方案，切实履行监管责任，督促落实配套资金，加强对项目建设和运营的督促指导。项目单位应认真履行项目建设主体责任，及时组织项目建设并按时投入使用。项目所在地政府应及时组织解决项目建设和运营中的相关困难。

（四）规范公共实训基地建设和验收

公共实训基地建设中应严格执行工程项目建设程序，切实落实项目法人责任制、工程建设监理制、项目招投标制、工程合同管理制等要求。同时，按照政府信息公开有关规定，做好项目信息公开工作。项目竣工后，相关单位应根据职责及时组织开展项目验收，并将验收结果按规定进行报备。

四、公共实训基地的使用

（一）丰富公共实训基地的培训内容和培训方式

优先在各级公共实训基地举办省级、市级和县级的职业技能大赛。鼓励在公共实训基地开展新产业、新技术、新业态培训，推动虚拟现实（VR）、增强现实（AR）、人工智能（AI）和电子商务的应用。推动云计算、大数据、移动智能终端等信息网络技术在公共职业技能培训中的广泛应用，提高培训便利度和可及性。

（二）聚焦公共实训基地的服务对象

公共实训基地要对城乡各类劳动者开放，统筹兼顾各类就业重点群体，要切实为企业职工以及农村转移就业劳动者特别是新生代农民工、城乡未继续升学初高中毕业生、城镇失业人员和转岗职工、退役军人、残疾人等提供急需的职业技能培训和就业服务。鼓励公共实训基地对脱贫地区劳动力加大开放力度，让有意愿的脱贫人口能在公共实训基地得到培训机会和就业服务。

五、公共实训基地的保障

（一）加强公共实训基地的师资能力建设

鼓励有条件的公共实训基地建立职业技能培训师资库，支持将世界技能大赛和国际残疾人职业技能大赛获奖者和省级一类以上职业技能竞赛前三名获得者、省级以上劳动模范、五一劳动奖章获得者、工匠人才、优秀创业培训导师、省级以上青年岗位能手标兵、省级以上农村青年致富带头人标兵等纳入师资库。鼓励企业高技能人才和符合条件的技能劳动者兼任公共实训基地的实训教师。

（二）加快公共实训基地的课程开发

鼓励有条件的公共实训基地组织开发一批覆盖现代农业、先进制造业、现代服务业、战略性新兴产业和地方特色产业，以及艰苦行业、民族传统技艺等相关专业领域的职业技能培训课程。积极开发网络课程、虚拟仿真实训平台、工作过程模拟软件、通用主题素材库以及名师名课音像制品等多种形式的数字化教学资源，建立动态、共享的职业技能培训资源库。

（三）完善公共实训基地技能培训的补贴政策

支持各地合理确定在公共实训基地开展公共实训的培训计划和补贴标准。培训主管部门每年可根据在公共实训基地开展的公共实训计划按规定拨付培训费用，符合条件的培训可通过职业技能提升行动专账资金予以支持。在公共实训基地上开展的项目制培训可按规定先行拨付一定比例的培训补贴资金。鼓励企业按规定使用职工教育经费在公共实训基地开展职业技能培训。各地要认真贯彻落实"放管服"改革，进一步精简享受补贴证明材料，简化在公共实训基地开展的技能培训补贴申领程序，优化培训资金管理流程，为各类劳动者享受培训补贴提供"一次办好"的便捷服务。

（四）提升公共实训基地信息化管理水平

在公共实训基地实施补贴性培训实名制信息管理，建立劳动者职业技能培训电子档案。积极探索建立培训就业有效衔接机制，依托各地人力资源市场信息系统，健全技能人才需求动态监测分析体系，定期发布技能人才市场供求信息，动态调整公共实训基地培训内容，支持劳动者根据自身就业和职业发展的需要自主选择培训项目。

六、组织实施

（一）加强公共实训基地管理机制建设

各地应加强公共实训基地共建共享工作的统筹协调，以实现更加充分更高质量就业为导向，按照"规划统筹、部门合作、多渠道资源建设、高效共享利用"的原则，切实做好公共实训基地的规划布局、统筹建设和持续运营。地方开展公共实训基地建设要符合本地区财政承受能力和政府投资能力，不能造成地方政府隐性债务。

（二）完善公共实训基地技能培训考核监督机制

进一步强化以就业为导向的技能培训成果验收标准和绩效考核标准，实现从市场的实际需求出发确定培训项目、内容和方式，建立以培训人次、培训质量、培训合格率、就业创业成功率为重点的培训绩效评估体系，满足社会、市场和企业对技能人才的实际需求。鼓励各地将在公共实训基地开展技能培训情况纳入教师评优与职称评聘的考核评价体系。

（三）加强公共实训基地共建共享政策解读和舆论宣传

各地应结合推动大规模开展职业技能培训，加强各类职业技能培训资源统筹衔接和共建共享的政策宣传，通过公共实训基地与院校、企业等联合开展培训交流活动等多种方式，提升政策知晓度。加强信息公开，及时发布各地工作动态，通过召开现场会等方式，组织开展区域间的经验交流，营造良好的社会氛围。

国家发展改革委 教育部 科技部
工业和信息化部 民政部 财政部
人力资源社会保障部 住房城乡建设部
农业农村部 商务部 退役军人部
国务院扶贫办 全国总工会
共青团中央 全国妇联 中国残联
2020年12月26日

体育总局 教育部关于印发深化体教融合促进青少年健康发展意见的通知

(体发〔2020〕1号)

各省、自治区、直辖市人民政府,新疆生产建设兵团,国务院有关部委、有关直属机构:

《关于深化体教融合 促进青少年健康发展的意见》已经中央全面深化改革委员会第十三次会议审议通过。经国务院同意,现印发给你们,请结合实际认真贯彻执行。

体育总局 教育部
2020年8月31日

关于深化体教融合 促进青少年健康发展的意见

为贯彻落实习近平总书记关于体育强国建设的重要指示和全国教育大会精神,充分发挥党委领导和政府主导作用,深化具有中国特色体教融合发展,推动青少年文化学习和体育锻炼协调发展,促进青少年健康成长、锤炼意志、健全人格,培养德智体美劳全面发展的社会主义建设者和接班人,经国务院同意,现根据"一体化设计、一体化推进"原则提出以下意见。

一、加强学校体育工作

1. 树立健康第一的教育理念,面向全体学生,开齐开足体育课,帮助学生在体育锻炼中享受乐趣、增强体质、健全人格、锤炼意志,实现文明其精神、野蛮其体魄。

2. 开展丰富多彩的课余训练、竞赛活动,扩大校内、校际体育比赛覆盖面和参与度,组织冬夏令营等选拔性竞赛活动。通过政府购买服务等形式支持社会力量进入学校,丰富学校体育活动,加强青少年学生军训。

3. 大中小学校在广泛开展校内竞赛活动基础上建设学校代表队,参加区域内乃至全国联赛。对开展情况优异的学校,教育部门会同体育部门在教师、教练员培训等方面予以适当激励。鼓励建设高水平运动队的高校全面建立足球、篮球、排球等集体球类项目队伍,鼓励中学建立足球、篮球、排球学校代表队。

4. 支持大中小学校成立青少年体育俱乐部,制定体育教师在课外辅导和组织竞赛活动中的课时和工作量计算等补贴政策。

5. 健全学校体育相关法律体系,修订《学校体育工作条例》。教育部、体育总局共同制定学校体育标准。教育部门要会同体育、卫生健康部门加强对学校体育教学、课余训练、竞赛、学生体质健康监测的评估、指导和监督。

6. 将体育科目纳入初、高中学业水平考试范围,纳入中考计分科目,科学确定并逐步提高分值,启动体育素养在高校招生中的使用研究。

7. 加快体育高等院校建设,丰富完善体育教育体系建设。加强体育基础理论研究,发挥其在项目开展、科研训练、人才培养等方面的智库作用。体育高等院校、有体育单独招生的普通高等学校加大培养高水平教练员、裁判员力度。建设体育职业学院,加强相关专业建设,遴选建设有关职业技能等级证书,培养中小学校青训教练员。

8. 在体育高等院校建立足球、篮球、排球学院,探索在专科、本科层次设置独立的足球、篮球、排球学院。

二、完善青少年体育赛事体系

9. 义务教育、高中和大学阶段学生体育赛事由教育、体育部门共同组织，拟定赛事计划，统一注册资格。职业化的青少年体育赛事由各单项协会主办、教育部学生体协配合。

10. 教育、体育部门整合学校比赛、U系列比赛等各级各类青少年体育赛事，建立分学段（小学、初中、高中、大学）、跨区域（县、市、省、国家）的四级青少年体育赛事体系，利用课余时间组织校内比赛、周末组织校际比赛、假期组织跨区域及全国性比赛。

11. 合并全国青年运动会和全国学生运动会，改称全国学生（青年）运动会，由教育部牵头、体育总局配合，组别设置、组织实施、赛制安排等具体事宜由组委会研究确定。

12. 加快推动体育行业协会与行政机关脱钩，充分发挥单项协会的专业性、权威性，教育部学生体协积极配合，以足球、篮球、排球、冰雪等运动项目为引领，并根据项目特点和改革进展情况积极推进。

13. 教育、体育部门为在校学生的运动水平等级认证制定统一标准并共同评定。

14. 对参加世界大学生运动会、世界中学生运动会、世界单项学生赛事、全国运动会、全国学生（青年）运动会、全国单项锦标赛田径、游泳、射击等项目运动员的成绩纳入体育、教育部门双方奖励评估机制。

三、加强体育传统特色学校和高校高水平运动队建设

15. 按照"一校一品""一校多品"的学校体育模式，整合原体育传统项目学校和体育特色学校，由教育、体育部门联合评定体育传统特色学校。教育、体育部门共同完善体育传统特色学校的竞赛、师资培训等工作。教育部门支持优秀体育传统特色学校建立高水平运动队，给予相应政策支撑。体育部门对青少年各类集训活动进行开放，接纳在校学生在课余时间参加，推动社会公共体育场馆免费或低收费向学生开放，促进学校体育水平提高。

16. 充分利用冬夏令营活动，以体育传统特色学校为主要对象，实施体育项目技能培训，并组织力量提供专业体育训练和指导，提高体育传统特色学校运动水平。

17. 教育、体育部门每两年对体育传统特色学校发展情况进行评估，制订相应工作计划。

18. 教育、体育部门联合建设高校高水平运动队，进一步规范项目布局、招生规模、入学考试、考核评价等。鼓励高校积极申报设立高水平运动队，合理规划高水平运动队招生项目覆盖面，加大对高水平运动队的招生力度。

19. 教育部门要完善加强高校高水平运动员文化教育相关政策，通过学分制、延长学制、个性化授课、补课等方式，在不降低学业标准要求、确保教育教学质量的前提下，为优秀运动员完成学业创造条件。

20. 体育、教育部门推进国家队、省队建设改革与高校高水平运动队建设相衔接，在高水平运动队训练、竞赛、保障等方面给予大力支持，并将其纳入竞技体育后备人才培养序列。按照公开公平公正的程序选拔一定比例的优秀运动员、运动队进入省队、国家队，由其代表国家承担相应国际比赛任务。

四、深化体校改革

21. 推进各级各类体校改革，在突出体校专业特色和体育后备人才培养任务的同时，推动建立青少年体育训练中心，配备复合型教练员保障团队，以适当形式与当地中小学校合作，为其提供场地设施、教学服务、师资力量等。

22. 继续贯彻落实《关于进一步加强运动员文化教育和运动员保障工作的指导意见》，将体校义务教育适龄学生的文化教育全部纳入国民教育体系，配齐配足配优文化课教师，加强教育教学管理。鼓励体校与中小学校加强合作，为青少年运动员提供更好教育资源，创造更好的教育条件，不断提高其文化教育水平。

23. 确保体校教师在职称评定、继续教育等方面相应享受与当地普通中小学校或中等职业学校教师同等待遇，合理保障工资薪酬。

24. 鼓励体校教练员参与体育课教学和课外体育活动，为学生提供专项运动技能培训服务，并按规定领取报酬。

五、规范社会体育组织

25. 鼓励青少年体育俱乐部发展，建立衔接有序的社会体育俱乐部竞赛、训练和培训体系，落实相关税收政策，在场地等方面提供政策支持。教育部、体育总局共同制定社会体育俱乐部进入校园的准入标准，由学校自主选择合作俱乐部。同时要加强事中事后监管，改善营商环境，激发市场活力，避免因联合认定俱乐部而可能出现变相行政审批的现象。

26. 支持社会体育组织为学校体育活动提供指导，普及体育运动技能。有条件的地方，可以通过政府向社会体育组织购买服务的方式，为缺少体育师资的中小学校提供体育教学和教练服务。

六、大力培养体育教师和教练员队伍

27. 落实《学校体育美育兼职教师管理办法》，制定优秀退役运动员进校园担任体育教师和教练员制度，制定体校等体育系统教师、教练员到中小学校任教制度和中小学校文化课教师到体校任教制度。畅通优秀退役运动员、教练员进入学校兼任、担任体育教师的渠道，探索先入职后培训。

28. 选派优秀体育教师参加各种体育运动项目技能培训，增强体育教学和课余训练能力。

29. 制定在大中小学校设立专兼职教练员岗位制度，明确教练员职称评定、职业发展空间等。

七、强化政策保障

30. 研究制定有体育特长学生的评价、升学保障等政策，探索灵活学籍等制度，采取综合措施为有体育特长学生创造发展空间，为愿意成为专业运动员的学生提供升学通道，解除后顾之忧。

31. 鼓励各地在体育传统特色学校的基础上建立健全"一条龙"人才体系，由小学、初中、高中组成对口升学单位，开展相同项目体育训练，解决体育人才升学断档问题。

32. 加强场地设施共享利用，鼓励存量土地和房屋、绿化用地、地下空间、建筑屋顶等兼容建设场地设施。支持场地设施向青少年免费或低收费开放，将开展青少年体育情况纳入大型体育场馆综合评价体系。鼓励利用场地设施创建或引入社会体育组织，提供更多公益性体育活动。

33. 严格规范青少年运动员培训、参赛和流动，加强运动员代理人从业管理，坚决执行培训补偿政策，切实保障"谁培养谁受益"。

34. 加大对青少年体育赛事、活动的宣传转播力度，营造全社会关注、重视青少年体育的良好氛围。

八、加强组织实施

35. 成立由国务院办公厅、教育部、体育总局牵头，中央宣传部、发展改革委、民政部、财政部、人力资源社会保障部、自然资源部、住房城乡建设部、卫生健康委、税务总局、市场监管总局、银保监会、共青团中央等部门参与的青少年体育工作部际联席会议制度，原则上每半年召开一次，研究解决存在的问题，重大事项按程序报国务院决定。

36. 压实地方责任。通过统筹资源、加强考核等政策引导，充分调动地方积极性。

37. 建立联合督导机制，对体教融合中涉及全民健身、竞技体育的相关政策执行情况要定期评估，对执行不力的要严肃追责。

全国妇联 教育部关于印发《家长家庭教育基本行为规范》的通知

（妇字〔2020〕30号）

各省、自治区、直辖市妇联、教育厅（教委），新疆生产建设兵团妇联、教育局：

为深入贯彻习近平总书记关于家庭教育的重要指示，落实全国教育大会精神，按照《新时代公民道德建设实施纲要》《新时代爱国主义教育实施纲要》《中共中央 国务院关于全面加强新时代大中小学劳动教育的意见》部署要求，进一步强化立德树人家庭教育，全国妇联、教育部对2004年制定的《家长教育行为规范》进行了修订完善。现将修订后的《家长家庭教育行为规范》（以下简称《规范》）印发给你们，请各地结合实际，通过多种形式加强社会宣传，切实引导家长学习和践行《规范》要求，树立正确的家庭教育理念，掌握科学的家庭教育方法，不断提升家庭教育水平，为促进儿童健康成长，培养担当民族复兴大任的时代新人贡献力量。

全国妇联 教育部
2020年8月24日

家长家庭教育基本行为规范

第一条 依法履行对未成年子女的监护职责，承担家庭教育主体责任，坚持立德树人，树牢"家庭是人生的第一个课堂，父母是孩子的第一任老师"理念。

第二条 注重家庭、注重家教、注重家风，构建平等民主和谐的家庭关系，营造相亲相爱的家庭氛围，弘扬向上向善的家庭美德，为子女健康成长创造良好家庭环境。

第三条 保护子女合法权利，尊重子女独立人格，注重倾听子女诉求和意见，不溺爱，不偏爱，杜绝任何形式的家庭暴力，根据子女年龄特征和个性特点实施家庭教育。

第四条 注重子女品德教育，引导子女爱党、爱国、爱人民、爱社会主义，形成尊老爱幼、明礼诚信、友善助人等良好道德品质，遵守社会公德，增强法律意识和社会责任感，养成好思想、好品行、好习惯。

第五条 教育引导子女养成良好学习习惯，提升自主学习能力，保护子女的好奇心和学习兴趣，理性帮助子女确定成长目标，不盲目攀比，不增加子女过重课外负担，用德智体美劳全面发展的眼光评价子女。

第六条 促进子女身心健康发展，保证子女营养均衡，科学运动，睡眠充足，身心愉悦，帮助子女形成阳光心态、磨炼坚强意志、锻炼强健体魄，保持良好生活习惯，有针对性进行性健康和青春期教育，增强孩子自我保护的意识和能力。

第七条 培养子女健康的审美情趣和审美能力，引导和鼓励子女亲近大自然，参加社会实践和公益活动，善于发现美、欣赏美、创造美，陶冶高尚情操，提升文明素质。

第八条 教育引导子女树立正确的劳动观念，参加力所能及的劳动，在出力流汗中体会劳动创造美好生活，提高生活自理能力，养成良好劳动习惯。

第九条 注重自身言行，在日常生活中做到爱岗敬业，诚信友善，孝老爱亲，遵纪守法，为子女树立良好的榜样，与子女共同成长进步。

第十条 积极参与家校合作和社区活动，尊重教师和社区工作者，理性表达合理诉求，用好各类教育资源，在家庭、学校、社会协同育人中发挥作用。

教育部 广东省人民政府关于推进深圳职业教育高端发展争创世界一流的实施意见

（粤府〔2020〕63号）

教育部各司局、各有关直属单位，广东省各地级以上市人民政府，广东省政府各部门、各直属机构，各相关高校：

深圳经济特区建立40年来，职业教育与区域产业共生共长，为改革开放和地方经济社会发展提供了强有力的人才支撑。2019年，党中央、国务院要求深圳抓住粤港澳大湾区建设重要机遇，增强核心引擎功能，朝着建设中国特色社会主义先行示范区的方向前行，努力创建社会主义现代化强国的城市范例，深圳职业教育事业迎来新的发展机遇。为打造世界一流职业教育，服务国家战略和建设粤港澳大湾区、支持深圳建设中国特色社会主义先行示范区，教育部、广东省人民政府决定共同推进深圳职业教育高端发展，率先建立中国特色职业教育高质量发展模式，并提出以下实施意见。

一、指导思想和建设目标

以习近平新时代中国特色社会主义思想为指导，全面贯彻习近平总书记对广东、深圳工作的重要讲话和重要指示批示精神，认真落实《粤港澳大湾区发展规划纲要》《中共中央 国务院关于支持深圳建设中国特色社会主义先行示范区的意见》和《国家职业教育改革实施方案》，对接国家所向、湾区所需、深圳所能，先行先试、改革创新，率先形成职业教育高质量发展格局，勇当建设中国特色世界一流职业教育的开路先锋。到2022年，建成坚定社会主义办学方向、体现世界一流水平、区域贡献卓著、彰显国际影响力的中国特色现代职业教育体系，为国家和世界职教事业贡献"深圳方案"。

二、坚定社会主义办学方向，培养时代新人

（一）加强党对职业教育的全面领导

以习近平新时代中国特色社会主义思想武装职教战线，全面落实"第一议题"制度。充分发挥省、市两级教育工作领导小组的议事协调职能，以及职业学校（含技工院校，下同）党组织的领导核心作用和战斗堡垒作用，牢牢把握社会主义办学方向，确保职业教育改革发展各项任务全面落实。强力推进党的组织和党的工作在各级各类职业学校、职业培训机构全覆盖。鼓励校企党建共建共享。严格落实意识形态工作责任制，坚决守好意识形态安全"南大门"。

（二）实施思政教育改革创新攻坚

把思政教育改革创新攻坚战纳入深圳市教育发展"十四五"规划重大项目。创新党政领导干部讲思政课常态化机制。建设20个卓越名师工作室，培养40位思政教坛新秀。打造一支能教、善教、乐教的专业化思政教师队伍，用好改革开放生动实践的"活教材"，全面落实大中小学思政课实施要求，在思政课教学中融入深圳元素，建设思政教育资源库，打造一批习近平新时代中国特色社会主义思想精品课和示范课，按程序开发一批讲好深圳故事、展现中国制度优势、国内可推广、国际可交流的优质读物。加强职业学校教材建设和管理，落实相关教材管理办法，切实落实教材建设有关要求，支持有实力的高等职业学校参与"马工程"重点教材建设，整体提升教材质量。实施"追梦，从深圳开始"教育浸润工程，增强学生对祖国的认同感、归属感和自豪感。全面推进课程思政建设，打造一批课程思政先行校、示范校。鼓励高职院校开办党务专班，培养基层党务工作者。强化党委领导、政府统筹职能，促进职业教育与其他教育的贯通融合发展。支持职业学校联合中小学开展劳动和职业启蒙教育，建设20个左右职业体验中心或劳动实践基地。

三、瞄准"高精尖缺"，打造人才培养高地

（三）建设一流职业学校

实施深圳高水平中职学校建设计划，支持深圳

创建6~8所国家级优质中职学校。着力发展与区域高端产业相匹配、与一流高等职业教育相衔接、满足社会需要和市民期待的中等职业教育，形成中职、高职、本科层次职业教育一体化协同发展机制，推动中职学校优质特色发展。支持深圳职业技术学院、深圳信息职业技术学院开设部分本科专业，创建中国特色世界一流职业学校。支持广东新安职业技术学院打造民办品牌高职院校。依托深圳广播电视大学建设开放大学。支持广东省按程序将深圳技师学院纳入高等职业学校序列。支持深圳技术大学招收职业学校毕业生。支持有条件的高职院校建设科技园区，培育孵化育成体系，助推师生创新创业。加快推进学习型城市建设，高质量推动形式多样的学习型组织建设，持续办好全民终身学习活动周，推动创新创业教育、社区教育加快发展，为深圳先行示范区建设提供智力支持和人才保障。

（四）建设一流专业群

面向国家重大战略和粤港澳大湾区、中国特色社会主义先行示范区建设需求，对接人工智能、5G、物联网、智能装备等战略性新兴产业布局专业，重点围绕集成电路、新一代信息通信技术等万亿级和千亿级产业集群建设10~15个一流专业群。瞄准芯片、新材料等关键技术，加大相关学科专业建设和高素质技术技能人才培养力度，支持深圳建设职业教育微电子人才培养示范基地等平台。对接新经济、新技术、新职业，加快传统专业升级和数字化改造。推进中职学校与高职院校加强专业群对接，中职学校每个专业群联合行业领军企业或行业组织、高职院校共建1个产教联合体，促进中高职无缝衔接、校企育人无缝衔接、学习就业无缝衔接；高职院校每个专业群联合世界一流企业或行业领军企业建设1所特色产业学院，共同建设高水平专业，共同开发课程标准，共同打造教学创新团队，共同设立研发中心，共同开发高端认证证书，共同"走出去"，到2022年建成10个示范性特色产业学院。研究出台校企命运共同体建设相关办法，推动形成校企共商共建共享的高水平专业群建设模式。顺应新一轮科技革命和产业变革要求，建立健全专业群对接产业、动态调整、自我完善的发展机制。

（五）建设一流师资队伍

优化师资队伍结构，专业课教师中"双师型"教师比例不低于80%、企业兼职教师比例不低于30%，公办高职院校高级专业技术职称教师不低于60%。实施职业教育"高精尖缺"人才专项计划，引进和培养行业有权威、国际有影响的专业群建设带头人20人，绝技绝艺大师20人，应用研发领军人才20人。实施职业教育教师教学创新团队培育计划，每年培育20个校企联合组建的高水平、结构化团队，构建分工协作的模块化教学新模式。支持校企共建10个教师培养培训示范基地和100个教师企业实践示范基地，培养一流工匠之师。分类建立新入职教师的专业化培训体系。支持深圳职业技术学院开展职业技术师范教育，培养高素质职业教育师资。

四、打造现代智慧职教，构建智能时代职业教育新生态

（六）建设智慧教育平台

建设深圳职业教育大数据中心，筹建产教融合大数据国家级平台，促进职业教育供给侧与产业需求侧精准对接，推进职业教育治理体系和治理能力现代化建设。建设中国南方智慧职业教育研究基地，加强人工智能时代职业教育发展战略和模式研究。充分发挥深圳5G独立组网的先发优势，全面推进5G智慧校园建设，加快改造学习空间，建设智慧教室、智能学习体验中心、AR/VR/MR实训室等，高标准打造泛在智慧学习环境。完善深圳终身学习平台，推行"互联网+培训"模式，推进终身教育教学资源库共建共享，开发未来课堂、移动App等学习终端，实现人人皆学、处处能学、时时可学。到2022年，深圳全部职业学校建成5G智慧校园，创建国家级智慧教育示范区。整合利用职业学校教育资源，有效发挥职业教育在技能提升、创新创业、家政服务等领域的优势，为全民终身学习提供多样化选择。

（七）加快课程数字化改造

建设深圳云端学校，集资源、教学、教研、评价、管理为一体，汇聚职业学校优质课程资源、师资资源，提供全方位立体式智能教学服务，扩大优质资源开放共享。加强在线课程建设，有计划、有目标地建成一批辐射力度强、影响力大的职业教育在线精品课程。加大MOOC/SPOC/微课、VR/AR/MR课程的建设力度。加强对虚拟仿真实验、实训课程项目和资源的开发。适应人工智能时代职业成长要求，将大数据、5G、人工智能等新技术有机融入课程体系，提升学生数字素养。

（八）深化教与学方式的变革

以大数据、人工智能技术为手段，开发多维度综合性智能评价系统，建立智慧学习教学管理体系，探索"一人一课表"，实行个性化培养。实施"人

工智能+课程"变轨超车工程,重点培育20个人工智能转型职教改革创新标杆项目,通过创新教学场景,再造学习流程,实施学情分析、学习干预,探索线上智能化学习。积极运用现代信息技术手段,构建现代课堂,以学习者为中心,推行基于数字化学习资源的个性化教学模式。推动教师转型发展,重构教师角色,提升教师的数字化教学设计与授课能力。

五、创建示范性产教融合型城市,打造高质量发展新引擎

（九）创新产教融合体制机制

加快国家产教融合型试点城市建设,促进教育链、人才链与产业链、创新链有机衔接。进一步完善"政府出补贴、企业出场地、校企共建共享"建设模式,支持校企共建企业校区和校内外实训实习基地;对校外产教融合实训基地,以基地一次性容纳实习实训的学生数量为基数,按生均不低于1万元的标准给予核拨建设经费。制定校企合作负面清单,与改善营商环境相关工作统筹考虑。出台建设培育产教融合型企业工作方案,落实"金融+财政+土地+信用"组合式激励政策。纳入产教融合型企业建设培育范围的试点企业,申报上市可走"绿色通道";符合规定的职业教育投资,可按投资额的30%,抵免该企业当年应缴教育费附加和地方教育附加。以招拍挂、重点产业项目遴选等方式,为产教融合型企业或相关运营实体提供用地支持。完善深圳国有企业考核管理办法,鼓励国有企业举办或参与举办职业教育。产业、科技、文化、卫生健康等相关部门把与职业学校合作成效作为资助企业各类重大计划的重要绩效考核指标,引导更多优质资源投入职业教育。深圳市规模以上企业按职工总数的2%安排实习岗位接纳职业学校学生实习。

（十）建设产教融合重大平台

设立科技专项,支持职业学校面向高端产业重点建设10个应用技术创新中心,面向行业需求重点建设10个公共技术服务平台,面向社会发展重点建设10个高端智库;支持校企协同攻关,聚焦产业链关键缺失环节,瞄准"卡脖子"应用技术,形成一批具有重大引领作用的研发成果,打造若干世界级应用技术研发中心。实施专项行动计划,推动职业学校对接服务"独角兽"企业、"隐形冠军"企业。完善政府投资、企业投资、债券融资、开发性金融等组合投融资支持,支持金融机构、社会资本设立粤港澳产教融合基金。推动职业学校建立科技成果转化与知识产权运营机构,探索建设技术技能经验积累与共享系统。

（十一）实施产教融合重大项目

以政府投入为主,有效利用企业资源,建设1~3个全球领先的生产性实训中心,力争建成具有辐射引领作用的高水平专业化产教融合实训基地、国际中试服务基地和产品工程转化基地。实施绝技绝艺团队建设计划,汇聚一批世界顶尖的能工巧匠和技术专家,加速科技成果熟化和产业化。支持深圳市罗湖、南山、龙岗区等创建产教融合示范区,开展"引企入教"改革,建立市场需求导向的育人体系、产业牵引的专业体系和教育支撑的科研体系。鼓励制造业企业为新增先进产能和新上技术改造项目配套安排实训设施,建设50个左右现代学徒中心,作为深圳工匠培养基地。培育50家以上产教融合型企业,建成3~5个在全国具有示范引领作用的职业教育集团。

六、推进粤港澳职教联动发展,打造世界湾区职教高地

（十二）完善互通共享机制

推动建立深港澳职业教育定期会商制度。发挥粤港澳大湾区职业教育产教联盟等平台作用,促进内地与港澳在招生就业、培养培训、师生交流、技能竞赛等方面密切交流合作。推动粤港澳高等专科学历互认试点工作。继续推进粤港澳资历框架对接,依托"学分银行",开展粤港澳大湾区学历教育与非学历教育学习成果认定、积累和转换,推动学分、学历、学位和技能等级互认互通。支持深圳率先探索与港澳地区开展职业技能等级认定试点,面向港澳学生开展技能等级认定。鼓励粤港澳大湾区内的企业建立技能等级与基本薪酬、岗位职级挂钩的激励机制。支持粤港澳大湾区内的职业学校基于中华优秀传统文化和区域文化联合开发一批人文通识课程,强化文化认同。

（十三）推动区域要素流动

依托深港科技创新合作区深圳园区,支持深港职业学校承担国家、省、市制造业创新中心、技术创新中心、产业创新中心等项目,推动人员、物资、科研经费等便利流动。鼓励深圳为港澳籍人员提供助学服务,支持其考取教师资格证等内地职业资格证书,并在内地就业。鼓励深圳聘请港澳能工巧匠、技能大师到职业学校任教。支持深圳高水平高职院校扩大港澳招生规模,支持香港副学位学生到深圳升读本科层次职业教育。

（十四）共建特色职教园区

创新粤港澳职业教育合作办学方式，推动与香港职业训练局共建粤港澳大湾区特色职业教育园区，探索中职与高职贯通，或高职与本科层次职业教育贯通培养模式，共同制定课程标准、引进师资，联合管理，颁发双方文凭；共同开展培训项目，面向全国职业学校和粤港澳大湾区内的中小微企业提供培训服务；建立技术技能人才创新创意创业园，吸引港澳青年来深圳就业创业。发挥深圳职业教育辐射带动作用，高起点、高标准建设深汕职业教育园区，契合当地需求和实际发展特色专业、探索新型办学模式。

七、主动参与全球职教治理，提升国际影响力

（十五）搭建职业教育国际高端平台

支持深圳建设联合国教科文组织发展中国家职业教育创新中心，提升深圳职业教育品牌的影响力和号召力。支持在深圳设立世界职业院校与应用技术大学联盟秘书处，建成中国职业教育对外交流与展示的重要窗口。引进和支持高水平国际职业教育学术会议、学术组织、专业论坛在深圳举办或永久落地，符合条件的给予300万元资助。举办"一带一路"职业教育国际研讨会，力争办成"一带一路"暨世界职业教育论坛。建设粤港澳大湾区中德教育与经济协同发展示范基地，支持开展高水平中外合作办学项目。

（十六）推动职业教育标准国际化

支持深圳依托新时代中国职业教育研究院，携手世界一流企业，借鉴国际先进标准，编制职业学校"双师型"教师、人才培养评价、信息化建设、专业建设等标准，重点开发具有中国特色和国际竞争优势的专业课程、教学管理模式和评价工具，构建衔接有序、国际领先的职业教育标准体系。支持国际相关标准组织常驻深圳，打造职业教育标准工作机构集聚地。举办国际职业教育标准论坛，推进国际性团体（联盟）标准互认。支持深圳职业技术学院牵头制定、推广职业教育专业国际认证"深圳协议"，推动我国职业教育标准"走出去"。

（十七）加快职业教育资源海外布局

支持深圳高水平高职院校在南非、埃及等国家开展境外办学，助力"一带一路"建设。支持组建深圳国际职业教育集团，推动职业学校在中资企业海外市场的主要国家和地区布局设立10个左右职业教育培训中心，促进当地就业和产业发展。实施海外职业教育代表计划，从职业学校遴选访问学者派到海外学习锻炼，与深圳市驻海外经贸代表处、经贸联络处工作有机结合，推动海外职业教育培训中心建设。鼓励职业学校教师在国际组织中兼任职务。

八、创新保障体制机制，助力职教改革发展

（十八）建立部省共建协调推动机制

建立由教育部部长和广东省省长任组长，教育部分管副部长、广东省分管副省长、深圳市市长任副组长，教育部相关司局和广东省政府及深圳市委、市政府有关负责同志为成员的领导小组，负责统筹协调推进深圳职业教育改革发展。组建由教育部职成司司长、广东省政府相关副秘书长、广东省教育厅厅长、深圳市分管副市长牵头的工作专班，负责具体推进工作。教育部、广东省提出支持政策清单，深圳市制定工作任务清单。出台《深圳经济特区职业教育条例》，以立法形式推动深圳职业教育创新发展。健全督政、督学、评估监测"三位一体"职业教育督导体系，把职业教育作为对市区两级政府履行教育职责评价督导的重要内容。

（十九）完善职业教育经费保障机制

建立与职业教育办学规模、培养成本、办学质量等相适应的财政投入制度，优化教育支出结构，计划到2022年累计投入100亿元支持职业教育发展。深化职业学校绩效工资制度改革，绩效工资分配向关键岗位、优秀拔尖人才、领军人才和优秀创新团队倾斜。鼓励教师、教育科研人员通过技术研发、教材研制、咨询服务等方式获取奖励性绩效收入。教师、教育科研人员依法取得的科技成果转化奖励收入不纳入绩效工资、不纳入单位工资总额基数。公办职业学校承担面向社会职业技能培训的收入在合理扣除直接成本后，按60%的比例提取补充单位绩效工资，在核定的绩效工资总量之外单列管理。允许职业学校将一定比例的培训收入纳入学校公用经费，学校培训工作量可按技能等级和学时比例折算成全日制学生培养工作量。

（二十）优化技术技能人才成长环境

设立"深圳工匠节"，加大对技术技能人才奖励力度，培育和传承工匠精神。设立职业教育深圳奖，面向全球奖励做出杰出贡献的个人或团队。清理调整对技术技能人才的歧视政策，建立符合技术技能人才特点的职称评审与职级晋升制度，同层次的高等职业学校毕业生在深圳市落户、就

业、参加机关事业单位招聘、职称评审、职级晋升等方面与普通高校毕业生享受同等待遇。将符合条件的技术技能人才纳入公租房、人才住房和安居型商品房保障范围。实施"大国工匠"精英引领计划，鼓励高校招收技能大赛优秀选手和绝技绝艺技术技能人才。强化职业学校社会服务功能，建设一批民生服务学院、社区学院、行业培训学院，进一步营造劳动光荣、技能宝贵、创造伟大的良好社会风尚。

附件：1. 教育部支持政策清单
2. 广东省支持政策清单
3. 深圳市工作任务清单

教育部 广东省人民政府
2020 年 12 月 1 日

附件 1

教育部支持政策清单

序号	政策内容
1	支持深圳创建 6～8 所国家级优质中职学校。支持深圳职业技术学院、深圳信息职业技术学院开设部分本科专业，创建中国特色世界一流职业学校。支持深圳广播电视大学建设开放大学。支持深圳技师学院按程序纳入高等职业学校序列。支持深圳职业技术学院开展职业技术师范教育，培养高素质职业教育师资
2	支持深圳高水平高职院校扩大港澳招生。支持香港副学位学生到深圳升读本科层次职业教育。支持深圳与香港高等专科学历互认试点工作，支持深圳与港澳开展学分、学历、学位和技能等级互认互通，率先探索面向港澳学生开展技能等级认定。支持与香港职业训练局共建粤港澳大湾区特色职业教育园区
3	指导深圳建设职业教育微电子人才培养示范基地，筹建产教融合大数据国家级平台
4	支持深圳建设粤港澳大湾区中德教育与经济协同发展示范基地，开展高水平中外合作办学项目
5	支持深圳建设联合国教科文组织发展中国家职业教育创新中心。支持深圳职业技术学院牵头制定、推广职业教育专业国际认证"深圳协议"

附件 2

广东省支持政策清单

序号	政策内容	责任部门
1	支持深圳按程序开发一批讲好深圳故事、展现中国制度优势、国内可推广、国际可交流的优质读物	省委宣传部、省教育厅
2	支持深圳高职院校开办党务专班，培养基层党务工作者	省教育厅
3	支持深圳创建 6～8 所国家级优质中职学校。支持深圳职业技术学院、深圳信息职业技术学院开设部分本科专业，创建中国特色世界一流职业学校，2021 年启动。支持广东新安职业技术学院打造民办品牌高职院校。深圳技术大学招收职业学校毕业生。支持深圳广播电视大学建设开放大学。支持深圳技师学院按程序纳入高等职业学校序列。支持深圳职业技术学院开展职业技术师范教育，培养高素质职业教育师资	省教育厅、省人力资源社会保障厅
4	支持深圳对接集成电路、新一代信息通信技术等万亿级和千亿级产业集群创建一批省级以上高水平专业群	省教育厅

续上表

序号	政策内容	责任部门
5	支持深圳高水平高职院校扩大港澳招生。支持香港副学位学生到深圳升读本科层次职业教育。支持深圳与香港高等专科学历互认试点工作，支持深圳与港澳开展学分、学历、学位和技能等级互认互通，率先探索面向港澳学生开展技能等级认定。支持与香港职业训练局共建粤港澳大湾区特色职业教育园区	省教育厅、省人力资源社会保障厅、省港澳办
6	支持深圳建立职业教育微电子人才培养示范基地。支持深圳筹建产教融合大数据国家级平台	省教育厅、省科技厅
7	支持深圳建设粤港澳大湾区中德教育与经济协同发展示范基地，开展高水平中外合作办学项目	省教育厅、省政府外办
8	支持深圳建设联合国教科文组织发展中国家职业教育创新中心。支持深圳职业技术学院牵头制定、推广职业教育专业国际认证"深圳协议"	省教育厅、省政府外办

附件3

深圳市工作任务清单

序号	政策内容	责任单位
1	建设20个卓越名师工作室，培养40位思政教坛新秀	市委教育工委、市教育局、市委宣传部
2	建设思政教育资源库，打造一批习近平新时代中国特色社会主义思想精品课程和示范课，按程序开发一批讲好深圳故事、展现中国制度优势、国内可推广、国际可交流的优质读物	市委教育工委、市教育局、市委宣传部
3	支持高职院校开办党务专班，培养基层党务工作者	市委教育工委、市教育局、市委组织部
4	支持职业学校联合中小学开展劳动和职业启蒙教育，建设20个左右职业体验中心或劳动实践基地	市委教育工委、市教育局
5	实施高水平中职学校建设计划，创建6～8所国家级优质中职学校	市教育局
6	支持深圳职业技术学院、深圳信息职业技术学院开设部分本科专业，创建中国特色世界一流职业学校	市教育局、深圳职业技术学院、深圳信息职业技术学院
7	支持广东新安职业技术学院打造民办品牌高职院校	市教育局、广东新安职业技术学院
8	依托深圳广播电视大学建设开放大学	市教育局、深圳广播电视大学
9	根据相关法律法规，按程序将深圳技师学院纳入高等职业学校序列	市教育局、市发展改革委、市人力资源保障局、深圳技师学院
10	支持深圳技术大学招收职业学校毕业生	市教育局、深圳技术大学
11	对接人工智能、5G、物联网、智能装备等战略性新兴产业布局专业，重点对接集成电路、新一代信息通信技术等万亿级和千亿级产业集群建设10～15个一流专业群	市教育局
12	支持深圳信息职业技术学院建立职业教育微电子人才培养示范基地	市教育局、市科技创新委、深圳信息职业技术学院
13	实施职业教育"高精尖缺"人才专项计划，引培行业有权威、国际有影响的专业群建设带头人20人，绝技绝艺大师20人，应用研发领军人才20人	市教育局

续上表

序号	政策内容	责任单位
14	实施职业教育教师教学创新团队培育计划，每年培育20个校企联合组建的高水平、结构化团队	市教育局
15	支持校企共建10个教师培养培训示范基地和100个教师企业实践示范基地	市教育局、市人力资源保障局、各区政府
16	支持深圳职业技术学院开展职业技术师范教育	市教育局、深圳职业技术学院
17	支持深圳职业技术学院建设深圳职业教育大数据中心，筹建产教融合大数据国家级平台，促进职业教育供给侧与产业需求侧精准对接	市教育局、市发展改革委、市财政局、深圳职业技术学院
18	建设中国南方智慧职业教育研究基地，加强人工智能时代职业教育发展战略和模式研究	市教育局、深圳职业技术学院
19	全部职业学校建成5G智慧校园，创建国家级智慧教育示范区	市教育局
20	出台建设培育产教融合型企业工作方案，落实"金融＋财政＋土地＋信用"组合式激励政策。纳入产教融合型企业建设培育范围的试点企业，申报上市可走"绿色通道"；符合兴办职业教育投资规定的，可按投资额的30%，抵免该企业当年应缴教育费附加和地方教育附加	市教育局、市人力资源保障局、市发展改革委、市工业和信息化局、市金融局、市国资委、市财政局、各区政府
21	以招拍挂、重点产业项目遴选等方式，为产教融合型企业或相关运营实体提供用地支持	市教育局、市发展改革委
22	研究出台校企命运共同体建设相关办法，推动形成校企共商共建共享的高水平专业群建设模式	市教育局、市工业和信息化局
23	制定校企合作负面清单	市教育局、市工业和信息化局
24	产业、科技、文化、卫生健康等相关部门把与职业学校合作成效作为资助企业各类重大计划的重要绩效考核指标，引导更多优质资源投入职业教育	市工业和信息化局、市科技创新委、市委宣传部、市文化广电旅游体育局、市卫生健康委
25	深圳市规模以上工业企业按职工总数的2%安排实习岗位接纳职业学校学生实习	市教育局、市人力资源保障局
26	设立科技专项，聚焦高端产业重点建设10个应用技术创新中心，聚焦行业需求重点建设10个公共技术服务平台，聚焦社会发展重点建设10个高端智库；支持校企协同攻关，聚焦产业链关键缺失环节，瞄准"卡脖子"应用技术，形成一批具有重大引领作用的研发成果，打造若干世界级应用技术研发中心	市教育局、市发展改革委、市工业和信息化局、市人力资源保障局、市财政局
27	实施专项行动计划，推动职业学校对接服务"独角兽"企业、"隐形冠军"企业	市教育局、市工业和信息化局、市人力资源保障局
28	支持金融机构、社会资本设立粤港澳产教融合基金	市教育局、市发展改革委、市财政局、市人力资源保障局、市工业和信息化局、市金融局
29	以政府投入为主，有效利用企业资源，建设1～3个全球领先的生产性实训中心，力争建成具有辐射引领作用的高水平专业化产教融合实训基地、国际中试服务基地和产品工程转化基地	市教育局、市人力资源保障局、市发展改革委、市财政局、市工业和信息化局、各区政府
30	启动实施绝技绝艺团队建设计划，汇聚一批世界顶尖的能工巧匠和技术专家	市教育局、市人力资源保障局
31	支持深圳市罗湖、南山、龙岗区等创建产教融合示范区	市教育局、市工业和信息化局、南山区政府、龙岗区政府、罗湖区政府

续上表

序号	政策内容	责任单位
32	建设 50 个左右现代学徒中心。培育 50 家以上产教融合型企业，支持建设 10 个示范性特色产业学院、3～5 个示范性职业教育集团	市教育局、市发展改革委、市人力资源保障局、各区政府
33	推进粤港澳资历框架对接，依托"学分银行"，开展粤港澳大湾区学历教育与非学历教育学习成果认定、积累和转换，推动学分、学历、学位和技能等级互认互通	市教育局、市人力资源保障局、市委大湾区办（市港澳办）
34	率先探索与港澳地区开展职业技能等级认定试点，面向港澳学生开展技能等级认定。鼓励粤港澳大湾区内的企业建立技能等级与基本薪酬、岗位职级挂钩的激励机制	市教育局、市委大湾区办（市港澳办）、市人力资源保障局
35	支持粤港澳大湾区内的职业学校基于中华优秀传统文化和区域文化联合开发一批人文通识课程，强化粤港澳大湾区产业、人才的精神标识	市委教育工委、市教育局、市委宣传部、市委大湾区办（市港澳办）
36	支持深圳高水平高职院校扩大港澳招生规模，支持香港副学位学生到深圳升读本科层次职业教育	市教育局、市委大湾区办（市港澳办）、市人力资源保障局
37	推动与香港职业训练局共建粤港澳大湾区特色职业教育园区，支持建设深汕职业教育园区	市教育局、深圳职业技术学院
38	支持深圳职业技术学院建设联合国教科文组织发展中国家职业教育创新中心	市教育局、市委外办、深圳职业技术学院
39	支持世界职业院校与应用技术大学联盟秘书处落户深圳	市教育局、市委外办、深圳职业技术学院
40	支持深圳信息职业技术学院建设粤港澳大湾区中德教育与经济协同发展示范基地，开展高水平中外合作办学项目	市教育局、市委外办、深圳信息职业技术学院
41	支持国际相关标准组织常驻深圳，打造职业教育标准工作机构集聚地	市教育局、市人力资源保障局、市委外办
42	举办国际职业教育标准论坛，推进国际性团体（联盟）标准互认	市教育局、市人力资源保障局、市委外办
43	支持深圳职业技术学院牵头制定、推广职业教育专业国际认证"深圳协议"，推动我国职业教育标准"走出去"	市教育局、市委外办、深圳职业技术学院
44	支持高水平职业学校在南非、埃及等国家开展境外办学，助力"一带一路"建设	市教育局、市人力资源保障局、市委外办
45	组建深圳国际职业教育集团，推动职业学校在中资企业海外市场的主要国家和地区布局设立 10 个左右职业教育培训中心，促进当地就业和产业发展	市教育局、市人力资源保障局、市委外办
46	实施海外职业教育代表计划	市教育局、市人力资源保障局、市委外办
47	出台《深圳经济特区职业教育条例》	市教育局、市人力资源保障局、市司法局
48	计划到 2022 年累计投入 100 亿元支持职业教育发展	市教育局、市财政局
49	鼓励教师、教育科研人员通过技术研发、教材研制、咨询服务等方式获取奖励性绩效收入。教师、教育科研人员依法取得的科技成果转化奖励收入不纳入绩效工资，不纳入单位工资总额基数	市教育局、市人力资源保障局
50	公办职业学校承担面向社会职业技能培训的收入在合理扣除直接成本后，按 60% 的比例提取补充单位绩效工资，在核定的绩效工资总量之外单列管理	市教育局、市人力资源保障局
51	设立"深圳工匠节"	市人力资源保障局、市教育局、市总工会
52	设立职业教育深圳奖	市教育局、市人力资源保障局、市财政局

续上表

序号	政策内容	责任单位
53	清理调整对技术技能人才的歧视政策，建立符合技术技能人才特点的职称评审与职级晋升制度，同层次的高等职业学校毕业生在深圳市落户、就业、参加机关事业单位招聘、职称评审、职级晋升等方面与普通高校毕业生享受同等待遇	市人力资源保障局
54	实施"大国工匠"精英引领计划，鼓励高校招收技能大赛优秀选手和绝技绝艺技术技能人才	市教育局、市人力资源保障局

广东省人民政府关于印发广东省进一步稳定和促进就业若干政策措施的通知

(粤府〔2020〕12号)

各地级以上市人民政府,省政府各部门、各直属机构:

现将《广东省进一步稳定和促进就业若干政策措施》印发给你们,请认真组织实施。实施过程中遇到的问题,请径向省人力资源社会保障厅反映。

广东省人民政府
2020年2月20日

广东省进一步稳定和促进就业若干政策措施

为全面贯彻习近平新时代中国特色社会主义思想和党的十九大精神,深入贯彻落实习近平总书记重要讲话和重要指示批示精神,统筹做好新冠肺炎疫情防控和经济社会发展工作,以更大力度实施好就业优先政策,多措并举促进各类群体就业,确保全省就业大局稳定和经济社会持续健康发展,根据《国务院关于进一步做好稳就业工作的意见》(国发〔2019〕28号)精神,结合我省实际,制定以下政策措施。

一、支持企业稳定岗位

按照国家统一部署,平稳有序调整和实施企业职工基本养老保险等缴费政策,保持企业社会保险缴费成本预期稳定。规范执法检查,行政执法机关不得开展社会保险欠费集中清缴。对受疫情影响不能按时缴纳企业职工基本养老保险、基本医疗保险(含生育保险)、失业保险、工伤保险以及住房公积金的企业,允许延期至疫情解除后三个月内补办补缴;补办补缴社会保险费用免收滞纳金,相关待遇正常享受,不影响参保个人权益记录。符合享受国家阶段性减免企业社会保险费相关政策的,按国家相关政策执行。2019年阶段性降低基本医疗保险费率、失业保险费率、工伤保险费率的政策,实施期限延长至2021年4月30日。继续按不高于2017年征收标准征收残疾人就业保障金,落实分档减缴和暂免征收优惠政策,实施期限至2022年12月31日(即征收所属期至2021年度)。

加大援企稳岗政策力度,对不裁员或少裁员的参保企业,继续实施援企稳岗返还政策,并将所有受疫情影响企业的稳岗返还政策裁员率标准放宽至上年度全国城镇调查失业率控制目标(2019年度全国城镇调查失业率控制目标为5.5%),对参保职工30人(含)以下的企业,裁员率放宽至不超过企业职工总数的20%;困难企业的失业保险费稳岗返还政策,以及困难企业一次性特别培训补助政策,实施期限延长至2020年12月31日。支持企业与职工集体协商,采取协商薪酬、调整工时、轮岗轮休、在岗培训等措施,保留劳动关系。对生产、配送疫情防控急需物资,在疫情防控期间新招用员工的企业,按每人不超过1000元标准给予一次性吸纳就业补助。建立应急公共法律服务机制,针对受疫情影响造成的劳资关系纠纷,设立服务专线,开展应急公共法律服务。

落实普惠金融定向降准政策,释放的资金重点支持民营企业和小微企业融资。支持银行业金融机构进一步完善服务民营企业和小微企业内部绩效考核机制,提高小微企业不良贷款容忍度,增加制造业中小微企业中长期贷款和信用贷款。用好中国人民银行专项再贷款,对国家及省确定的参与防疫的重点企业提供利率上限不超过一年期LPR减100个基点的优惠利率信贷支持,并通过配套的财政贴息,确保相关企业的实际融资成本降至1.6%以下。鼓励银行业金融机构对符合授信条件但暂时经营困难的企业实施"一企一策",不抽贷、断贷、压贷,给予延期还贷、展期续贷、降低利率、减免逾期利息。实施融资担保机构降费补助政策,对江门、惠州、肇庆和粤东西北地区政府性融资担保机构2019年起新增的、单户担保金额1000万元及以下、平均年化担保费率不超过1.5%的小微企业融资担保业务,省财政按年度业务发生额的0.5%给予补助。各级政府性融资担保、再担保机构应取消反担保要求。

加大粤东西北地区各类产业园区与珠三角地区对接力度,及时掌握有转移意愿的企业清单。推广工业用地长期租赁、先租后让、租让结合和弹性年期供应方式,降低物流和用电用能成本,有条件的地区可加大标准厂房建设力度并提供租金优惠,鼓励国有企业通过利用存量用地、城市更新、整治统租等渠道加大标准厂房供应,推动制造业跨区域有序转移。搭建跨部门综合服务平台,加强企业产销融通对接,重点支持相关企业对接国内各大电商平台和各行业、各区域大宗采购项目,支持企业拓展国内市场销售渠道。继续办好中国加工贸易产品博览会,为加工贸易企业内销提供展示交流平台。(省人力资源社会保障厅、省发展改革委、省工业和信息化厅、省财政厅、省自然资源厅、省住房城乡建设厅、省商务厅、省国资委、省医保局、省地方金融监管局、省残联、省税务局、人民银行广州分行、广东银保监局负责)

二、开发更多就业岗位

挖掘内需带动就业。支持广州、茂名开展家政服务业提质扩容"领跑者"行动试点。支持社会力量发展普惠托育服务,鼓励以城市为主体积极参与试点。支持养老服务业发展,加强养老服务队伍建设。支持文旅产业发展,打通文商旅体的消费渠道,对文旅展会、推介会等促进文旅消费活动给予扶持,政府采购、购买服务等适当向文旅企业倾斜。推动有条件的地市出台老旧汽车报废更新补贴政策,鼓励广州、深圳进一步放宽汽车摇号和竞拍指标。培育省内服务外包市场,支持行政事业单位、国有企业采购专业服务。

加大投资创造就业。完善投资项目资本金制度,按照项目性质规范确定资本金比例,适当调整基础设施项目最低资本金比例,鼓励通过发行永续债等权益型、股权类金融工具依法依规筹措重大项目资本金。加快发行使用地方政府专项债券,优先用于基础设施领域补短板项目。实施城镇老旧小区改造、棚户区改造、农村危房改造等工程,支持城市停车场设施建设,加快国家物流枢纽网络建设。引导骨干建筑企业主动接轨国际工程建设组织模式和管理方式,支持企业拓展轨道交通、高速公路、机场、水利、生态环保等市场,支持建筑业企业参与城市更新。实施新一轮技术改造三年行动计划。

稳定外贸扩大就业。扩大出口承保规模,进一步降低出口信用保险费率。推广国际贸易"单一窗口"信用保险模块应用,扩大小微企业出口信用保险覆盖面。支持企业建立国际营销服务网络,培育省级国际营销服务公共平台。加快广州、深圳、珠海、汕头、佛山、东莞跨境电子商务综合试验区建设。

培育壮大新动能拓展就业空间。大力发展壮大新一代信息技术、绿色石化、智能家电、汽车等战略性产业集群,聚焦高性能集成电路、超高清视频、生物医药、人工智能及机器人等领域,打造一批优势新兴产业集群。推进5G在垂直领域行业的融合应用。落实国家首台(套)保费补贴政策。(省发展改革委、省工业和信息化厅、省民政厅、省财政厅、省住房城乡建设厅、省交通运输厅、省商务厅、省文化和旅游厅、省卫生健康委负责)

三、促进劳动者多渠道就业

继续实施教师特岗计划、"三支一扶"计划等基层服务项目,开展基层医疗卫生等机构急需紧缺人才专项招聘。扩大征集应届高校毕业生入伍规模。开发1000个基层公共就业创业服务岗位,吸纳毕业2年内高校毕业生就业,参照当地同条件事业单位工作人员工资水平给予补贴,最长补贴2年。

加大公益性岗位开发力度,对从事公益性岗位政策期满仍未实现就业的,政策享受期限可延长1年,申请期限至2020年12月31日;对大龄就业困难人员、零就业家庭成员、重度残疾人等特殊困难人员,原则上可再安置一次。

继续实施员工制家政服务企业社会保险补贴政策。对年度内家政服务人员月平均在岗人数达到30人以上(粤东西北地区为20人以上)的员工制家政服务企业,按每人每年1000元给予补贴。被评为"省级家政服务龙头企业""家政服务诚信示范企业"的,分别给予30万元、20万元的一次性奖补。

加强灵活就业人员用工服务管理。进一步放宽灵活就业人员参保条件。在广州、深圳、佛山开展新就业形态人员职业伤害保障试点。对灵活就业的毕业2年内高校毕业生、就业困难人员，落实灵活就业社会保险补贴；对补贴期满仍未实现稳定就业的，政策享受期限可延长1年，申请期限至2020年12月31日。对不适用现行劳动保障法律法规的新就业形态人员，指导用工需求方与其协商签订协议，合理确定劳动报酬、休息休假、安全保护等基本权益。（省人力资源社会保障厅、省发展改革委、省教育厅、省财政厅、省商务厅、省征兵办负责）

四、进一步鼓励创业带动就业

加大创业担保贷款及贴息政策实施力度，对符合条件的劳动密集型和科技型小微企业，给予最高500万元最长3年的担保贷款，按贷款基础利率的50%给予贴息。降低小微企业创业担保贷款申请条件，当年新招用重点扶持对象达到企业现有在职职工人数的比例下调为20%，在职职工超过100人的比例下调为10%。在有条件的地区建立信用乡村、信用园区、创业孵化示范基地推荐免担保机制。认真落实从失业保险滚存基金余额中提取资金用于创业担保贷款担保基金的措施。加大小微企业带动就业补贴落实力度。返乡创业人员成功创办初创企业且正常经营6个月以上的，给予1万元一次性创业资助。对在乡村经营驿道客栈、民宿、农家乐的创业者（经营主体），落实创业扶持政策。加快推进"1+12+N"港澳青年创新创业基地体系和各类创新创业载体建设。对疫情防控期间为承租的中小企业减免租金的创业孵化示范基地、示范园区，各地可给予一定运营补贴。继续实施返乡创业孵化基地一次性奖补政策。鼓励建设村（居）农村电商服务站点（平台），符合条件的按每个不超过10万元给予一次性补助。各地年度新增建设用地计划指标优先保障县以下返乡创业用地。初创企业经营者素质提升培训补助范围扩大至登记注册5年内有发展潜力企业的经营者，规模扩大至每年1000名左右。实施返乡创业能力提升行动。疫情防控期间，对已发放的个人创业担保贷款，借款人患新冠肺炎的，可向贷款银行申请展期还款，展期期限原则上不超过1年，财政部门继续给予贴息支持；因疫情影响经营受损，在疫情防控期间未能及时还贷的，借款人可在疫情解除后30天内恢复正常还款并继续享受贴息。（省人力资源社会保障厅、省工业和信息化厅、省财政厅、省自然资源厅、省农业农村厅、人民银行广州分行负责）

五、稳定高校毕业生等重点群体就业

将基层就业补贴、小微企业社会保险补贴对象扩大至毕业2年内高校毕业生。自2021届起求职创业补贴标准提高至每人3000元。持续优化国有企业人才结构，招收大专以上应届高校毕业生比上年实现一定比例的增长，注重招收困难家庭高校毕业生。对组织毕业2年内高校毕业生和16～24岁失业青年参加就业见习的各类用人单位，按每人每月不高于当地最低工资标准给予就业见习补贴，符合条件的落实见习留用补贴。用人单位（机关事业单位除外）吸纳退役1年内的退役军人就业，稳定就业并参加社会保险1年以上的，按每人1万元给予补贴。将吸纳建档立卡贫困劳动力补贴标准提高至5000元。被认定为省级示范性就业扶贫基地的，给予30万元一次性奖补。在农村中小型基础设施建设、农村危房改造中实施以工代赈，组织建档立卡贫困劳动力参与工程项目建设。用人单位吸纳登记失业半年以上人员就业，稳定就业并参加社会保险6个月以上的，按每人5000元给予一次性吸纳就业补贴，实施期限至2020年12月31日。疫情防控期间，对职工因疫情接受治疗或被医学观察隔离期间企业所支付的工资待遇，按照不超过该职工基本养老保险缴费工资基数的50%补贴企业，所需资金在工业企业结构调整专项奖补资金中列支。（省人力资源社会保障厅、省财政厅、省退役军人事务厅、省国资委、省扶贫办、省总工会负责）

六、提升劳动者技术技能水平

将"广东技工""粤菜师傅""南粤家政"三大培训工程纳入省十件民生实事抓好抓实，实施"农村电商""乡村工匠"重点行动。支持广州、深圳建设国家产教融合型试点城市，建设培育100家以上产教融合型试点企业。制定职业教育重点专业建设规划，加快应用型本科院校转型发展。推进落实职业院校奖助学金调整政策，扩大高职院校奖助学金覆盖面，提高补助标准。推进职业教育、技工教育深化改革，推动技师学院纳入高等职业教育，加快高水平技师学院建设，推行校企双制办学，扶持建设一批省级重点专业和特色专业。实施十大重点群体职业技能提升工程，按规定落实职业培训补贴和生活费补贴。继续实施紧缺急需职业（工种）培训补贴标准最高上浮30%的政策。组织开展劳动预备制培训，按规定给予培训补贴和生活费补贴，实施期限至2020年12月31日。支持各类职业学校、

技工院校和企业合作建设职工培训中心、企业大学和继续教育基地，有关培训课程与教材开发、教师授课等相关费用，按规定从职业培训收入中列支。实施新职业开发计划。开展建筑劳务用工制度改革，支持深圳做好新时期培育建筑产业工人队伍建设试点。（省人力资源社会保障厅、省发展改革委、省教育厅、省财政厅、省住房城乡建设厅、省总工会负责）

七、加大困难人员托底帮扶力度

指导确需较多裁员的困难企业制定裁员安置方案，依法依规妥善处理劳动关系和社会保险转移接续等工作。推进失业保险基金省级统筹。对符合领取失业保险金条件的失业人员，及时发放失业保险金，由失业保险基金代缴其领取失业保险金期间的基本医疗保险费；对领取失业保险金期满仍未就业且距离法定退休年龄不足1年的人员，可继续发放失业保险金直至法定退休年龄。对生活困难又不符合失业保险金领取条件的失业人员，按每人5000元给予临时生活补助。建立失业人员实名制台账和定期联系制度，每月至少进行1次跟踪服务。对生活困难的失业人员及家庭，按规定纳入最低生活保障、临时救助等社会救助范围。享受城市居民最低生活保障人员实现再就业后，其家庭人均月收入达到或超过当地最低生活保障标准的，可继续保留6个月低保待遇。（省人力资源社会保障厅、省民政厅、省财政厅、省总工会负责）

八、强化就业服务供给

继续实施重点用工企业就业服务专员制度，设立高新技术企业人才服务专员，开展"专精特新"企业进校园、重点用工企业专场招聘等系列活动。疫情防控期间，建立24小时重点企业用工调度保障机制，保障重点企业尽快达产复工。人力资源服务机构为重点用工企业、高新技术企业介绍员工，符合条件的可按每人400元给予职业介绍补贴。对疫情防控期间积极协助企业解决招工难问题，帮助企业招工、恢复生产的人力资源服务机构，各地可给予一定补贴。鼓励企业"点对点"组织专车、专列等方式帮助异地务工人员返粤返岗，各地可给予一定补贴。严厉打击"黑中介""工头"操纵市场、扰乱市场秩序等违法违规行为。政府投资项目产生的岗位信息，要在本单位和同级人力资源社会保障部门网站公开发布；市级以上公共就业人才服务机构要在2020年一季度前实现岗位信息在线发布，向省级、国家级归集。加强"村企""园村""校企"招聘对接，深化省际劳务合作。对提供就业服务的公共就业服务机构、经营性人力资源服务机构、行业协会、社团组织、示范性创业孵化基地、普通高等学校、职业学校、技工院校，根据服务人数、成效和成本等，给予一定服务补助。继续实施国家级、省级人力资源服务产业园和国家、省"人力资源服务诚信示范机构"奖补政策。疫情防控期间，对受疫情影响不能按时办理就业创业补贴等业务的扶持对象，允许延期至疫情解除后3个月内补办。（省人力资源社会保障厅、省工业和信息化厅、省财政厅负责）

九、完善就业失业监测研判机制

健全就业失业登记系统，推行就业实名制。劳动者可按规定在户籍地、常住地或就业地办理失业登记，享受就业创业扶持政策和服务。对失业的灵活就业人员、无业的新成长劳动力实行承诺制失业登记，免提交失业证明材料。加强大数据比对分析，加强重大项目、重大工程、专项治理对就业影响跟踪应对，健全就业形势研判机制，同步制定应对措施。对承担就业失业监测任务的企业工作人员，按每月不高于200元给予补贴；每多承担一项就业监测任务的，补贴标准提高50元。建立健全就业风险防范机制，将处置就业风险支出纳入各级财政应急储备金使用范围。做好舆情监测研判、协调和应急处置，稳定社会预期。（省人力资源社会保障厅、省财政厅、省统计局、省政务服务数据管理局负责）

县级以上地方政府要切实履行促进就业主体责任，建立健全就业工作组织领导机制，加大政策宣贯力度，加强资金管理和绩效评价，确保各项任务落到实处。省人力资源社会保障厅要会同有关部门对《广东省人民政府关于印发广东省进一步促进就业若干政策措施的通知》（粤府〔2018〕114号）贯彻落实情况认真进行总结，结合本政策措施及时修订完善相关配套政策，梳理、归并和简化补贴项目，依托信息化系统提高补贴申领便利化程度。各地、各单位要树立一批就业创业典型予以表彰激励，在全社会形成支持就业创业的良好氛围。

广东省人民政府办公厅关于印发广东省教育领域省级与市县财政事权和支出责任划分改革实施方案的通知

（粤府办〔2020〕11号）

各地级以上市人民政府，省政府各部门、各直属机构：

《广东省教育领域省级与市县财政事权和支出责任划分改革实施方案》已经省人民政府同意，现印发给你们，请认真组织实施。实施过程中遇到的问题，请径向省财政厅反映。

广东省人民政府办公厅
2020年6月3日

广东省教育领域省级与市县财政事权和支出责任划分改革实施方案

为深入贯彻习近平新时代中国特色社会主义思想，深入贯彻党的十九大和十九届二中、三中、四中全会精神，加快推进教育现代化，办好人民满意的教育，根据《国务院办公厅关于印发教育领域中央与地方财政事权和支出责任划分改革方案的通知》（国办发〔2019〕27号）和《广东省人民政府办公厅关于印发基本公共服务领域省级与市县共同财政事权和支出责任划分改革方案的通知》（粤府办〔2018〕52号）精神，现就教育领域省级与市县财政事权和支出责任划分改革制定如下方案。

一、主要内容

我省教育领域财政事权和支出责任划分为义务教育、学生资助、其他教育（含学前教育、普通高中教育、职业教育、高等教育等）三个方面。

（一）义务教育

义务教育总体为省级与市县共同财政事权，并按具体事项细化，其中涉及学校日常运转、校舍安全、学生学习生活等经常性事项，所需经费一般根据省定标准，明确省级与市县财政分档负担比例，省级财政负担部分通过共同财政事权转移支付安排；涉及阶段性任务和专项性工作的事项，所需经费由市县财政统筹安排，省级财政通过转移支付支持。

1. 公用经费保障。省制定全省统一的城乡义务教育学校生均公用经费标准，并按规定提高寄宿制学校等公用经费水平，单独核定义务教育阶段残疾学生等公用经费标准。所需经费省级财政分四档（详见附件1）按比例分担，其中第一档按100%负担、第二档按80%负担、第三档按60%负担、第四档按50%负担。市县财政按属地管理原则承担支出责任。

2. 家庭经济困难学生生活补助。全省县级以上人民政府要落实家庭经济困难学生生活补助政策。省级财政对以下项目给予补助：城乡义务教育家庭经济困难寄宿生生活补助按国家标准由省级财政全额负担；家庭经济困难非寄宿生和少数民族地区寄宿制民族班学生生活补助按省定标准由省级财政全额负担。市县可根据本地区的实际情况，制定不低于省定标准的家庭经济困难学生生活补助标准，超出国家或省定标准部分由市县财政负担。市县财政按属地管理原则承担支出责任。

3. 校舍安全保障。全省县级以上人民政府要落实城乡义务教育学校校舍安全保障政策。省级财政参照国家统一制定的农村公办学校校舍单位面积补助测算标准，对全省农村公办义务教育学校以及粤东西北地区12市的县（市、区）、惠州和肇庆市的县（市、区）、江门市的困难县（市、区）城市公办义务教育学校校舍安全保障按统一分类分档方式

（详见附件2）给予补助，其中第一档按60%补助、第二档按50%补助、第三档按40%补助、第四档按30%补助。市县财政按属地管理原则承担支出责任。

4. 农村义务教育学生营养膳食补助试点。现阶段省级财政对农村义务教育学生营养膳食补助省级试点县县城以外的农村义务教育阶段在校学生按省定标准实施补助，所需经费按省定标准由省级财政全额负担。各地可结合实际开展地方试点工作，地方试点地区的营养膳食补助所需资金由地方自行负担，省级财政对工作开展较好并取得明显成效的地区给予奖补。市县财政按属地管理原则承担支出责任。

5. 城乡公办义务教育教师工资待遇。全省县级以上人民政府要保障义务教育教师工资福利和社会保险待遇落实，确保县域内中小学教师平均工资收入水平不低于或高于当地公务员平均工资收入水平。所需经费按学校隶属关系由同级财政负担，省级财政通过一般性转移支付对欠发达地区落实义务教育教师工资政策给予支持。市县财政按规定统筹上级一般性转移支付和本级财力确保按时足额发放公办义务教育教师工资待遇。

6. 免费教科书政策。全省县级以上人民政府要保障对义务教育学生提供免费教科书和小学一年级学生正版字典。省级财政对粤东西北地区12市、惠州和肇庆市、江门恩平市城乡义务教育学生按省定标准全额负担所需经费，并由省级财政承担支出责任；其他地区（深圳市除外）通过转移支付给予支持，其中农村学生按省定标准补助，城市学生按国家标准补助，并由市县财政按属地管理原则承担支出责任。市县可结合实际制定本地区免费提供教科书补助标准，超出国家或省定标准部分由市县财政承担。

7. 涉及阶段性任务和专项性工作的事项。现阶段省级财政通过转移支付补助，统筹支持市县人民政府根据需要建设农村义务教育寄宿制学校、加强义务教育教师培训、推进义务教育信息化等各项提升教育现代化能力事项。所需经费由市县财政统筹省转移支付资金和本级财力保障。

（二）学生资助

学生资助是相对独立完整的政策体系，覆盖学前教育、义务教育、普通高中教育、职业教育、高等教育等，总体为省级与市县共同财政事权，省级财政负担部分通过共同财政事权转移支付安排。

1. 学前教育幼儿资助。现阶段由市县人民政府负责落实学前教育幼儿资助政策，确保接受普惠性学前教育的家庭经济困难儿童、孤儿和残疾儿童得到资助。省级财政对市县财政按统一分类分档方式（详见附件2）进行分担，其中第一档按100%负担、第二档按85%负担、第三档按65%负担、第四档按30%负担。市县可结合实际制定本地区标准，超出省定标准部分由市县财政负担。市县财政按属地管理原则承担支出责任。

2. 普通高中免学杂费补助和国家助学金。普通高中免学杂费补助按省定标准，国家助学金按国家平均资助标准，由省级与市县财政按照学校隶属关系分别承担支出责任。省级财政通过转移支付对市县财政按省定标准给予补助，按统一分类分档方式（详见附件2）进行分担，其中第一档按100%负担、第二档按85%负担、第三档按65%负担、第四档按30%负担。市县可结合实际提高免学杂费具体补助标准，超出省定标准部分由市县财政负担，并按规定结合实际确定国家助学金分档资助标准。

3. 中等职业教育（含技工院校，下同）免学费补助和国家助学金。中等职业学校免学费补助按省定标准，国家助学金按国家平均资助标准，由省级与市县财政按照学校隶属关系分别承担支出责任。省级财政通过转移支付对市县财政给予补助，按统一分类分档方式（详见附件2）进行分担，其中第一档按100%负担、第二档按85%负担、第三档按65%负担、第四档按30%负担。市县可结合实际提高免学杂费具体补助标准，超出省定标准部分由市县财政负担，并按规定结合实际确定国家助学金分档资助标准。

4. 高校国家助学金。国家制定本科、专科学生国家助学金平均资助标准和研究生国家助学金资助标准，由省级与市县财政按照学校隶属关系分别承担支出责任。省级财政按统一分类分档方式（详见附件2）通过转移支付对市县财政给予补助，其中第一档按100%负担、第二档按85%负担、第三档按65%负担、第四档按30%负担。

5. 来粤留学生奖学金。省制定来粤留学生奖学金标准，对符合条件的省内高校本科以上（含本科）外国学生给予奖励。所需经费由省级财政全额承担，并通过转移支付对市属高校给予补助。省级与市级财政分别承担支出责任。

6. 研究生学业奖学金。省制定省属高校研究生学业奖学金补助标准，地市制定市属高校研究生学业奖学金补助标准，所需经费及支出责任由省级与市级财政按照学校隶属关系分别承担。

7. 少数民族大学生资助。省制定补助标准，对符合条件的本省户籍少数民族大学生给予资助。所需资金由省级财政全额负担,并通过转移支付对市县财政给予补助。市县财政按属地管理原则承担支出责任。

8. 高校国家助学贷款贴息、代偿、风险补偿金补助及高校毕业生到农村从教上岗退费。全省普通高校(不含中央部门所属高校,下同)国家助学贷款贴息、高校毕业生到农村从教上岗退费及参加"支教、支农、支医和扶贫"高校毕业生国家助学贷款代偿,由省级财政全额承担。国家助学贷款风险补偿金补助,生源地贷款部分由省级财政全额承担,校园地贷款部分由省级财政按50%比例分担(其余部分由学校分担)。省级财政承担支出责任。

9. 涉及阶段性任务的事项。现阶段对广东户籍建档立卡贫困子女实行免学杂费并给予生活费补助政策。省级财政通过转移支付,对市县学校免学杂费和户籍所在地政府发放生活费补助,按省级财政、对口帮扶市财政、贫困人口属地市财政6∶3∶1的比例共同分担。省级与市县财政分别承担支出责任。

10. 涉及中央事权的事项。根据国家方案要求,以下资助事项归属中央事权,包括:中等职业教育国家奖学金、高校国家奖学金、高校国家励志奖学金、大学生服兵役资助、退役士兵教育资助,所需资金由中央财政全额承担,并通过转移支付对地方财政给予补助,由省级与市县财政按照学校隶属关系分别承担支出责任。

(三)其他教育

学前教育、普通高中教育、职业教育、高等教育等其他教育,总体实行以政府投入为主、受教育者合理分担、其他多种渠道筹措经费的投入机制。政府财政事权原则上按照办学主体隶属关系由省级与市县财政分别承担支出责任,分级筹措办学经费。省级财政按具体财政事权事项通过转移支付给予市县财政支持。

1. 学前教育。学前教育财政事权总体按幼儿园隶属关系分级负担,其中公办幼儿园和普惠性民办幼儿园生均经费拨款为省与市县共同财政事权,省负担部分通过转移支付安排;公办幼儿园学位保障为市县财政事权,省级财政按阶段性任务目标,对欠发达市县财政给予转移支付补助。

(1)生均经费拨款。省制定全省统一的公办幼儿园和普惠性民办幼儿园生均经费拨款最低标准,市县要结合实际制定本地区拨款标准。省属公办幼儿园由省级财政承担,省级财政对市县财政按统一分类分档方式(详见附件2)给予补助,其中第一档按70%补助、第二档按50%补助、第三档按30%补助、第四档不予补助(由市县自行承担)。省级与市县财政分别承担支出责任。

(2)公办学位保障。公办幼儿园学位建设所需资金按办园主体隶属关系由同级财政承担,现阶段省级财政通过转移支付对欠发达市县财政给予支持,确保公办幼儿园在园幼儿占比达到国家要求。省级与市县财政分别承担支出责任。

(3)公办教师工资待遇。公办幼儿园教师工资待遇通过财政拨款、教育收费及其他收入统筹解决,确保教师工资及时足额发放。公办幼儿园教师工资待遇财政拨款部分按幼儿园隶属关系由同级财政负担,省级与市县财政分别承担支出责任。

2. 公办普通高中教育。公办普通高中教育财政事权总体按学校隶属关系由同级财政负担,其中生均公用经费拨款为省与市县共同财政事权,省负担部分通过共同财政事权转移支付安排。

(1)生均公用经费拨款。省按国家标准制定全省统一的公办普通高中生均公用经费拨款标准。省属公办学校由省级财政承担,省级财政对市县财政按统一分类分档方式(详见附件2)给予补助,其中第一档按70%补助、第二档按50%补助、第三档按30%补助、第四档不予补助(由市县自行承担)。省级与市县财政按学校隶属关系分别承担支出责任。

(2)公办学位保障。公办普通高中学位建设按学校隶属关系由同级财政负担,省级与市县财政分别承担支出责任。

(3)公办教师工资待遇。公办普通高中教师工资待遇通过财政拨款、教育收费及其他收入统筹解决,确保教师工资及时足额发放。公办普通高中教师工资待遇财政拨款部分按学校隶属关系由同级财政负担,省级与市县财政分别承担支出责任。

3. 公办中职教育。公办中职学校财政事权总体按学校隶属关系由同级财政负担。

财政定额拨款。全省县级以上人民政府要制定按学生数或按教职工编制数计算的公办中等职业学校财政定额拨款制度,保障本级政府举办的公办中职学校教师待遇以及办学需要,所需经费按学校隶属关系由同级财政负担。省制定全省公办中职学校生均财政拨款最低标准,市县应结合实际制定本地区拨款标准。省属公办学校由省级财政按照省定标准负担。省级与市县财政分别承担支出责任。

4. 公办高等教育。公办高等教育财政事权总体按学校隶属关系由同级财政负担,省级与市县财政分别承担支出责任。省属公办高校由省级财政负责生均综合定额拨款、办学基本建设等财政事权。

（1）财政定额拨款。全省县级以上人民政府要制定按学生数或按教职工编制数计算的公办高校财政定额拨款制度，保障本级政府举办的公办高校教师待遇以及办学需要，所需经费按学校隶属关系由同级财政负担。省确定全省公办普通高校生均财政拨款最低水平，市县应结合实际制定本地区拨款标准。省属公办普通高校由省级财政按照省定标准负担。

（2）基本建设。原则上公办高校学位建设经费按学校隶属关系由同级财政负担，市县人民政府要建立公办高校学位建设经费保障机制。现阶段涉及新建高校以及新校区建设等重大建设项目，按"谁主导，谁负责"的原则，由主导者同级财政承担支出责任。省级财政按"一校一策"原则通过转移支付对市县财政给予适当支持。

5. 山区和农村边远地区教师生活补助。省制定统一的平均补助标准，对全省山区和农村边远地区公办幼儿园和中小学教师给予生活补助；县级人民政府制定本地区具体发放标准。所需资金由省级和市县按照共同财政事权共同负担，省级财政对部分经济欠发达地区分两档（详见附件3）给予补助，其中第一档按80%补助、第二档按50%补助。市县财政按属地管理原则承担支出责任。民族教育、特殊教育、继续教育、民办教育和高校、国有企业所属学校等的管理和财政支持方式，按照有关法律法规、现行体制和政策执行。

二、财政保障标准

全省县级以上人民政府要按照"既尽力而为，又量力而行"的原则，合理确定教育领域财政保障标准，兜牢教育保障底线，并根据当地经济社会发展水平，实施动态调整机制。对中央和省已明确基础标准的地方共同事权，省级与市县财政应按规定的分担方式确保足额落实到位。对其他暂未制定国家基础标准和省定标准的事项，市县在不超越当地经济社会发展水平、不超出本级和下级财政承受能力的前提下，可结合实际制定市县标准。市县标准高于国家基础标准和省定标准的，应事先按程序报省业务主管部门和省财政部门备案后执行，高出部分所需资金自行承担。法律法规，党中央、国务院及省委、省政府另有规定的，从其规定。

三、配套措施

（一）落实支出责任

各地、各有关部门要加强组织领导，周密安排部署，密切协调配合，根据本方案确定的财政事权和支出责任划分，按规定做好预算安排，切实落实支出责任。滚动优化省级财政教育经费投入结构，压实市县对基础教育及其所属高校的支出责任，确保实现教育经费投入"两个只增不减"和中小学教师工资"两个不低于或高于"。

（二）完善预算管理

各级人民政府要全面实施预算绩效管理，优化支出结构，着力提高教育领域资金配置效率、使用效益和公共服务质量。省级财政根据改革和完善转移支付制度的总体要求，通过相关资金渠道对教育事业给予支持。各市要相应完善对下教育转移支付制度。

（三）修订完善制度

各地、各有关部门要按照本方案精神，在全面系统梳理的基础上，抓紧修订完善相关管理制度，加快推进依法行政、依法理财。教育领域财政事权和支出责任划分改革，要与教育领域综合改革紧密结合、协同推进、良性互动、形成合力，并根据教育改革发展形势，按照加快建立现代财政制度的要求，适时进一步健全省定标准，动态调整优化教育领域财政事权和支出责任划分。

本方案自2020年1月1日起实施。

附件：1. 义务教育公用经费保障分档名单

2. 统一分类分档名单

3. 山区和农村边远地区教师生活补助分档名单

附件1

义务教育公用经费保障分档名单

第一档：潮阳区、潮南区、乐昌市、南雄市、新丰县、乳源瑶族自治县、东源县、和平县、龙川县、连平县、紫金县、兴宁市、梅县区、平远县、蕉岭县、大埔县、丰顺县、五华县、梅江区、惠东县、陆丰市、海丰县、陆河县、汕尾城区、连州市、连山壮族瑶族自治县、连南瑶族自治县、阳山县、饶平县、普宁市、揭西县、惠来县。

第二档：南澳县、始兴县、翁源县、仁化县、龙门县、博罗县、阳西县、阳春市、吴川市、遂溪县、雷州市、徐闻县、廉江市、信宜市、高州市、化州市、四会市、高要区、广宁县、封开县、怀集县、德庆县、佛冈县、英德市、郁南县、罗定市、新兴县、曲江区、云城区、云安区、惠阳区、澄海区、阳东区、电白区、清新区、潮安区、揭东区、恩平市。

第三档：汕头市本级、韶关市本级、河源市本级、梅州市本级、惠州市本级、汕尾市本级、阳江市本级、湛江市本级、茂名市本级、肇庆市本级、清远市本级、潮州市本级、揭阳市本级、云浮市本级、金平区、龙湖区、濠江区、浈江区、武江区、源城区、惠城区、江城区、赤坎区、霞山区、麻章区、坡头区、茂南区、端州区、鼎湖区、清城区、湘桥区、榕城区、台山市、开平市。

第四档：广州市、珠海市、佛山市、东莞市、中山市、江门市（不含恩平市、台山市、开平市）。

附件2

统一分类分档名单

第一档：原中央苏区、海陆丰革命老区困难县、少数民族县，包括汕头市潮阳区、潮南区，韶关市南雄市、乳源瑶族自治县，河源市和平县、龙川县、连平县、紫金县，梅州市兴宁市、梅县区、平远县、蕉岭县、大埔县、丰顺县、五华县、梅江区，惠州市惠东县，汕尾市陆丰市、海丰县、陆河县、城区，清远市连山壮族瑶族自治县、连南瑶族自治县，潮州市饶平县，揭阳市普宁市、揭西县、惠来县。

第二档：除第一档以外的东西两翼和北部生态发展区沿海经济带市县，包括汕头、韶关、河源、梅州、汕尾、阳江、湛江、茂名、清远、潮州、揭阳、云浮12市，以及惠州市龙门县，肇庆市广宁县、封开县、德庆县、怀集县。

第三档：珠三角核心区财力相对薄弱市县，包括惠州市及惠城区、惠阳区、博罗县，肇庆市及端州区、鼎湖区、高要区、四会市，以及江门恩平市、台山市、开平市、鹤山市。

第四档：珠三角核心区其余市县，包括广州、深圳（由中央直接补助）、珠海、佛山、东莞、中山、江门（不含恩平市、台山市、开平市、鹤山市）7市。

注：统一分类分档名单适用于校舍安全保障、学前教育幼儿资助、普通高中免学杂费补助和国家助学金、中等职业教育免学费补助和国家助学金、高校国家助学金、学前教育生均经费拨款、公办普通高中教育生均公用经费拨款。

附件3

山区和农村边远地区教师生活补助分档名单

一、省给予80%补助的县（市、区）36个：南雄市、乐昌市、仁化县、乳源瑶族自治县、始兴县、翁源县、新丰县、封开县、广宁县、德庆县、信宜市、兴宁市、梅县区、蕉岭县、丰顺县、大埔县、五华县、平远县、陆丰市、陆河县、海丰县、东源县、龙川县、紫金县、连平县、和平县、清新区、连州市、连山壮族瑶族自治县、连南瑶族自治县、阳山县、饶平县、普宁市、揭东区、揭西县、惠来县。

二、省给予50%补助的县（市、区）35个：澄海区、潮阳区、潮南区、南澳县、曲江区、坡头区、麻章区、雷州市、廉江市、吴川市、徐闻县、遂溪县、高要区、四会市、怀集县、台山市、开平市、恩平市、茂南区、高州市、化州市、电白区、博罗县、惠东县、龙门县、阳春市、阳东区、阳西县、英德市、佛冈县、潮安区、罗定市、郁南县、新兴县、云安区。

广东省学校安全条例

(2020年4月29日广东省第十三届人民代表大会常务委员会第二十次会议通过)

第一章 总 则

第一条 为了加强学校安全教育和管理，提高安全防范能力，预防和处理学校安全事故，保障学生、教职工和学校的合法权益，维护学校秩序和社会稳定，根据《中华人民共和国教育法》《中华人民共和国突发事件应对法》等法律法规，结合本省实际，制定本条例。

第二条 本条例适用于本省行政区域内学校安全的管理、保障、教育、培训、应急处置和事故处理等工作。

第三条 学校安全工作应当遵循教育规律，以人为本、预防为主，坚持政府负责、属地管理、家校共建、社会协同、综合治理的原则。

第四条 县级以上人民政府领导本行政区域内学校安全工作，完善学校安全工作机制，建设学校安全防控体系。

县级以上人民政府教育、人力资源社会保障等学校主管部门按照各自职责对学校落实安全制度情况进行指导、监督、检查。县级以上人民政府公安机关依法维护校园周边的治安和交通秩序，指导学校做好校园安全保卫工作，及时依法处置学校突发事件和违法犯罪案件。

县级以上人民政府司法行政、城市管理、交通运输、卫生健康、应急管理、市场监督管理等主管部门和社会治安综合治理机构根据各自职责，做好相关的学校安全工作。

乡镇人民政府和街道办事处根据职责做好本辖区学校安全工作。

第五条 村民委员会、居民委员会协助乡镇人民政府、街道办事处做好学校安全工作。

第六条 学校应当建立健全安全管理制度，采取措施保障学生在学校期间以及参加学校组织的校外活动中的安全。

第七条 县级以上人民政府保障公办学校安全工作所需经费。民办学校举办者应当足额保障学校日常安全工作所需经费和提供其他必要条件。

各级人民政府可以采取购买服务等方式，支持学校加强安全人员配备，开展日常安全管理工作。

第八条 学生应当遵守法律法规和学校的安全管理制度，接受学校安全教育和管理，不得从事危及自身和他人安全的活动。

学生父母或者其他监护人应当依法履行监护责任，配合学校做好学生的安全教育。

第九条 工会、共产主义青年团、妇女联合会、残疾人联合会等团体应当协助做好学校安全工作。

鼓励科研机构、社会组织等开展学校安全教育和管理研究，在县级以上人民政府教育、人力资源社会保障等学校主管部门的指导监督下开展学校安全培训、宣传和评价等工作。

第十条 任何单位和个人发现危害师生身心健康、生命安全行为的，应当及时向县级以上人民政府教育、人力资源社会保障、公安等有权处理的部门报告。接到报告的部门应当依法及时处理；不属于本部门职责的，应当及时移送有权处理的部门。

第十一条 新闻媒体应当开展形式多样的学校安全知识宣传，发布有关学校安全的公益广告，客观、公正地报道学校安全事件和安全事故信息，营造良好的学校安全舆论环境。

发生学校安全事故，出现影响或者可能影响社会稳定、扰乱社会秩序的虚假信息或者不完整信息的，县级以上人民政府及其有关部门和学校应当及时采取措施予以澄清。

第二章 校园安全管理

第十二条 学校履行下列安全管理和教育职责：

（一）建立学校安全管理工作责任制；

（二）明确负责安全管理工作的机构和人员，确定岗位安全管理责任；

（三）开展学校安全宣传、教育和培训；

（四）进行学校日常安全管理，开展校园安全隐患排查、整改工作；

（五）建立突发事件应急机制，依法处置学校突发安全事件；

（六）建立学校安全事故调查处理机制，落实责任追究制度；

（七）法律、法规规定的其他职责。

中小学校和幼儿园应当建立教职工岗位安全职责和考核制度。

公办学校的主要负责人和民办学校的法定代表人、实际控制人、校长是学校安全工作的第一责任人。

第十三条　未成年学生的监护人在学校安全工作中应当履行以下责任：

（一）向学校提供有效的联系方式；

（二）书面告知学校学生特异体质、特定疾病或者其他生理、心理异常情况；

（三）对学生进行安全教育和校外安全管理；

（四）教育学生改正不良行为；

（五）其他需要在学校安全工作中履行的责任。

成年学生及其父母或者其他近亲属应当将前款第二项规定的情况书面告知学校。

第十四条　学校应当建立家校联系制度，及时向学生父母或者其他监护人介绍学校安全制度和告知学生遵守学校安全制度的情况。中小学和幼儿园应当定期听取学生父母或者其他监护人对学校安全工作的意见建议。

中小学校和幼儿园应当将上学、放学、放假、校外活动时间和地点提前告知学生父母或者其他监护人；临时变更的，应当及时告知学生父母或者其他监护人。

鼓励学生父母或者其他监护人、家长委员会参与学校安全工作，配合学校建立安全志愿者队伍，协助维护校园秩序。

第十五条　各级人民政府应当支持和督促本行政区域的学校运用信息化技术，完善校园安全管理平台信息化建设。

第十六条　学校应当按照国家和省的规定配备保安员。学校保安员上岗执勤时应当佩戴标识，并按照规定配备防卫器械。

第十七条　进入校园的人员应当遵守学校安全保卫管理规定，配合学校安全保卫人员验证身份和所携带的物品。不遵守规定的，学校安全保卫人员有权要求其离开校园。有危害校园安全行为的，学校安全保卫人员应当及时制止；涉嫌违法犯罪的，学校安全保卫人员应当立即报告公安机关。

中小学校和幼儿园实行出入校园登记制度，未经学校允许，校外人员不得进入校园。

学校安全保卫人员发现进入校园的人员携带非教学用的爆炸性、易燃性、放射性、毒害性、腐蚀性等危险物品以及动物时，应当制止；难以制止的，立即报告公安机关。

符合本条第一款、第三款规定情形，学校安全保卫人员报告公安机关后，在公安机关人员到达现场前，可以依法采取措施并保护现场。

第十八条　校园门前地面应当施划、设置禁止停放车辆、摆摊设点的标线、标志和道路交通信号，设置减速和防冲撞设施。没有行人过街设施的，应当施划人行横道线，设置提示标志。

公安机关交通管理、交通运输等部门应当根据实际，协助学校对校园道路进行道路交通安全管理规划，限定最高时速，设置规范的校园道路交通信号和施划停泊车位。

中小学校和幼儿园应当加强对校园道路交通安全的管理，未经学校允许，机动车辆不得进入校园；未实施人车分流的，除因教学管理的特殊需要外，不得允许机动车辆进入校园。

允许进入校园的车辆，应当遵守校内安全规则。发生校园交通事故，学校应当及时向学校主管部门和公安机关报告，公安机关应当依法及时处理。

第十九条　在学生集会、集中上下课等人员拥挤时段，中小学校应当合理安排学生疏散时间和楼道上下顺序，同时安排专人巡查，防止发生拥挤踩踏事故。

第二十条　幼儿园和小学一、二年级应当建立学生接送交接制度。监护人或者监护人委托的人不能按时接送学生的，学校可以按照规定提供照管服务，不得将学生、幼儿交给其监护人或者监护人委托的人以外的人员。

学生监护人或者监护人委托的人在中小学校、幼儿园放学前将学生、幼儿带离学校的，监护人应当告知学校并征得学校同意。

第二十一条　任课教师在教学活动开始前和教学活动进行过程中应当履行以下职责：

（一）体育、实验以及各种实践课程上课前应当检查场地、器材、用具、材料的安全性并做好记录，存在安全隐患的应当立即停用；

（二）对特异体质或者患有疾病等原因不适宜参加特定教育教学活动的学生以及生理期的女学生给予必要照顾；

（三）发现学生有身体或者心理异常情况的，及时采取有效救护措施并告知其监护人或者其他近亲属。

小学学生上课期间，在没有其他教师接替的情况下，任课教师不得离开教室。

第二十二条 在非教育教学时间，中小学校应当采用视频监控或者安排专人巡查，对校园实行安全管理。

中小学校学生在非教育教学时间段进入学校或者滞留学校自主活动的，应当遵守学校管理规定，服从安全保卫人员或者宿舍管理人员的管理。

第二十三条 幼儿园组织幼儿一日生活，保教人员应当在现场照管幼儿。幼儿在园就寝，保教人员应当值守照管，不得从事与照管幼儿就寝无关的事务，不得擅离值守。

第二十四条 中小学校和幼儿园组织开展大型体育活动以及其他大型学生活动，必须经过校外主要街道或者交通要道的，活动前应当征求公安机关交通管理部门的意见，与公安机关交通管理部门共同研究并落实必要的安全防护措施，保障通行安全。

学校组织大型校际活动，应当事先与公安机关等部门协商并落实安全措施。

第二十五条 县级以上人民政府教育、人力资源社会保障等学校主管部门应当制定中小学校校外实践活动、技工院校校外实践活动等管理办法。

学校组织学生校外集体活动的，应当制定安全方案、应急预案。

中小学校不得组织学生参加商业性活动。

校外集体活动需要租用车辆接送学生的，应当租用有相应客运资质的运输企业客运车辆，并与运输企业签订运输合同，明确安全责任。

第二十六条 县级以上人民政府应当建立健全防治校园欺凌工作协调机制。

学校应当建立健全校园欺凌防治工作早期预警、事中处理和事后干预机制，开展校园巡查，发现校园欺凌行为的，应当及时制止并开展调查处理，必要时向学校主管部门和公安机关报告。

中小学校应当建立校园欺凌综合治理委员会，按照国家和省有关中小学生欺凌综合治理的规定开展相关工作。

第二十七条 中小学校发现未成年学生有下列情形之一的，应当告知学生父母或者其他监护人，必要时向公安机关报告，涉及隐私的，应当依法保密：

（一）学生擅自离开学校且无法通过联系得知其下落的；

（二）遭受或者疑似遭受性侵、猥亵的；

（三）遭受社会人员欺凌或者其他暴力伤害的；

（四）其他遭受不法侵害的情形。

村民委员会、居民委员会发现未成年学生脱离监护，单独居住生活或者失踪的，应当及时向公安机关报告。

第二十八条 学校应当按照规定配备专兼职心理健康辅导人员，对学生进行心理健康教育。

未成年学生父母或者其他监护人有权了解学校开展的心理危机评估干预等活动情况。

第二十九条 学校发现学生有明显自杀、自残或者伤害他人倾向，以及有言语、情绪或者行为明显异常容易发生安全事故的，应当采取看护、陪护等必要措施，并及时告知学生监护人或者其他近亲属。

学校要求到校处理的，学生监护人或者其他近亲属应当及时到达学校。四十八小时内无正当理由拒不到校的，学校可以通知监护人或者其他近亲属住所地的乡镇人民政府或者街道办事处，共同督促学生的监护人或者其他近亲属到校履行监护职责。

疑似精神障碍的学生有自杀、自残、伤害他人行为，或者有自杀、自残、伤害他人安全危险的，其监护人或者其他近亲属和学校应当立即采取措施予以制止，并将其送往医疗机构进行诊断。

第三十条 教职工患有精神疾病、传染性疾病或者其他可能影响学生身心健康的疾病的，学校应当安排其离岗治疗。

患精神疾病教职工治愈后，学校应当根据二级甲等以上具备心理或者精神科执业资质的医院开具的医疗诊断证明文书安排其工作。

第三十一条 学校应当对校园网络采取必要的安全管理措施，阻止淫秽、色情、赌博、暴力、凶杀、恐怖或者教唆犯罪等有害信息进入校园网络。

第三十二条 学校应当建立健全宿舍安全管理制度，配备专人负责学生宿舍管理，落实值班、巡查责任，并根据男生、女生的不同特点加强对宿舍的安全管理。

校园内有教职工宿舍的，学校应当制定教职工宿舍安全管理制度。在教职工宿舍居住的人员应当遵守学校安全管理制度。

第三十三条 学校应当按照国家和省有关公共卫生的规定，建立公共卫生管理制度，完善突发公共卫生事件应急处理机制，加强传染病预防控制管理工作。

学校应当落实食品安全责任，建立食品安全管理制度，安排专门人员负责学校食品安全管理工作。

中小学校、幼儿园组织学生、幼儿群体服药，应当遵守学生、幼儿健康服务管理规定，不得擅自组织学生、幼儿群体服药。

第三十四条 学校应当按照国家和省有关规定落实消防安全主体责任,明确消防安全责任人和管理人,落实消防安全管理措施。

第三十五条 学校的场地、建筑物、设施、设备等应当符合国家和地方的安全标准以及用途要求,并进行定期检查、维护。

学校应当建立健全实验室安全管理制度,明确安全责任人员,落实实验仪器设备的日常安全管理措施,规范实验操作流程,加强对危险物品采购、运输、储存、使用和处置等环节的监管。

第三十六条 新建学校应当避开可能发生地质灾害、自然灾害、环境污染等灾害的区域,并与铁路、高架路、高速路、高压线、变电站、垃圾处理场所以及生产、储存易燃易爆危险品工厂、仓库等场所和设施保持规定的距离。

学校位于可能发生洪灾、山体滑坡和崩塌、泥石流、地面塌陷等灾害或者存在其他安全隐患区域的,县级以上人民政府应当采取有效防范措施或者组织学校迁移。

学校建筑物抗震设防标准应当不低于重点设防类的抗震设防标准。

第三章 校园周边安全管理

第三十七条 县级以上人民政府公安机关应当会同教育、人力资源社会保障等学校主管部门将校园周边一定区域划定为校园周边安全区域,纳入治安视频监控范围。划定校园周边安全区域时,应当听取学校的意见。

公安机关应当建立健全校园周边日常巡逻防控制度,加强对校园门口和校园周边安全区域的治安巡逻;对校园周边区域治安情况复杂的中小学校、幼儿园,应当在上学、放学时段校园门口五十米内安排警力重点守护。

第三十八条 有关单位应当按照各自职责对校园周边道路安全采取防控措施:

(一)公安机关应当在中小学校集中上学、放学时段维持学校门口的交通秩序;有条件的,公安机关交通管理部门应当会同教育、交通运输等部门设置临时接送学生车辆的停车点;确有必要的,在学校门口路段集中上学、放学时段可以采取机动车临时管制措施;

(二)公安、城市管理等部门应当按照各自职责依法处理在学校门前通道以及两侧五十米范围内摆摊设点以及一百米范围内堆放杂物、停放车辆、违章搭建、占道经营等违法行为;

(三)燃气、电力、通信、供水、排水等单位应当按照各自职责对学校周边道路地下管网井盖进行巡查和维护,相关主管部门负责监督管理;

(四)经批准在学校周边安全区域内施工的,建设单位应当在开工七日前通报学校并采取安全防护措施;

(五)中小学校、幼儿园应当协助做好学校门口上学、放学交通秩序管理工作。

第三十九条 公安机关应当组织校园周边安全区域内的单位以及群众自治组织成立治安交通联防组织,配合公安机关和学校维护校园周边安全区域的治安和交通秩序。

治安交通联防组织发现校园以及周边安全区域有以下危害或者可能危害师生身心健康和人身安全的情形之一的,应当立即采取相应措施予以制止,同时报告公安机关并通知学校:

(一)冲击、破坏校园的;

(二)非法携带枪支、弹药、管制刀具或者爆炸性、易燃性、放射性、毒害性、腐蚀性物品以及其他危险物品的;

(三)引诱、教唆、欺骗学生吸毒,向学生贩卖毒品的;

(四)社会人员或者学生欺凌、打架斗殴的;

(五)非法营运车辆搭载学生的;

(六)其他危害师生身心健康和生命安全的。

第四十条 公安、市场监督管理、城市管理等部门应当按照各自职责加强对校园周边食品药品经营行为的监管,依法查处制售假冒伪劣食品和过期食品药品、违法出售处方药品等违法行为。

第四十一条 新闻出版、电影、广播电视、文化和旅游、公安、市场监督管理等部门应当按照各自职责,加强对校园以及周边出版物经营场所、互联网上网服务营业场所、歌舞娱乐场所、点播影院等场所的检查,依法查处非法接纳未成年人进入营业场所以及出售、出租或者以其他方式传播含有淫秽、色情、赌博、暴力、凶杀、恐怖或者教唆犯罪等内容的出版物、影视节目、玩具、网络信息等违法行为。

第四十二条 自然资源、生态环境、住房城乡建设、文化和旅游、应急管理、城市管理等部门应当加强对在学校以及校园周边范围内新建下列建筑物、构筑物、设施或者场所的监管:

(一)易燃易爆、剧毒、放射性、腐蚀性等危险物品生产、经营、储存、使用场所或者设施;

（二）加油站、高压电设施设备和废弃物收纳、处理场所、垃圾转运站或者设施；

（三）游艺娱乐场所、互联网上网服务营业场所、歌舞娱乐场所；

（四）在学校建筑物、构筑物上搭建的违章建筑物、构筑物。

住房城乡建设部门应当加强对学校以及校园周边安全区域建筑工程施工工地的监督检查，发现有安全隐患的，应当责令施工单位及时整改。

第四十三条 公安、生态环境、城市管理等部门应当按照各自职责加强对校园周边安全区域污染物排放的监督、检测；发现危及或者可能危及师生身心健康的，应当及时处理，并告知学校采取相应的防护措施。

第四十四条 自然资源、住房城乡建设、水利等部门应当按照各自职责定期巡查、测评学校以及周边山体、水流、斜坡、挡土墙对学校建筑物、活动场所、通道的安全影响，发现存在安全隐患的，应当采取设置防护设施或者禁行、禁止靠近的警示标志等措施，要求相关单位在规定期限内完成整改，并及时通知学校。

相关管理单位应当加强对学校周边的河道堤防、山塘、水库的安全巡查，在易发生溺水的行人日常通行地段显著位置设置安全警示标志。

禁止安排中小学校教师和学生巡查江河湖泊岸线、堤防、山塘、水库等。

第四十五条 学校发现校园周边安全区域存在重大安全隐患的，应当及时采取预防措施并向有关部门报告，有关部门应当及时处理；情况特别紧急的，有关部门应当立即处理，消除安全隐患，并将处理情况通报学校。

第四章 校外实习安全管理

第四十六条 学校组织学生到生产经营等单位实习的，应当在实习前对实习学生进行安全教育。

学校应当加强与实习单位的联系，根据实习计划和实习单位的具体情况，做好学生的实习指导、教育和管理工作。

第四十七条 实习单位应当为学生提供安全健康的实习环境，采取劳动安全保护措施。

实习单位应当做好实习学生在单位的管理工作，并及时向学校反馈学生的实习情况。

第四十八条 学生参加由学校组织的实习，应当遵守学校和实习单位的管理制度，未经学校或者实习单位批准，不得擅自离开实习单位。

学生违反实习纪律情节严重的，学校可以责令其暂停实习。

第四十九条 学校和实习单位应当保障实习学生的合法权益，不得安排学生到影响其人身安全、身心健康的场所和岗位实习。

第五十条 学校和实习单位应当根据有关规定，落实实习学生实习责任险的投保责任。

学生在实习期间因工作受到伤害的，按照保险合同的约定赔偿；没有投保实习责任险的，由学校和实习单位参照有关规定予以赔偿。

第五章 安全教育与培训

第五十一条 省人民政府教育、人力资源社会保障等学校主管部门应当按照有关规定将安全教育列入课程计划。

学校应当开展校园安全文化建设，针对学生群体和年龄特点，采取合理形式开展防范诈骗、溺水、欺凌、暴力、毒品、酗酒、性侵害、网络沉迷，以及交通安全、消防安全、防震减灾、食品和药品安全、网络安全、卫生防疫、心理健康等专题教育，定期开展应急疏散和自救互救演练，教育学生掌握必要的安全知识和应急避险技能。

人民法院、人民检察院、公安机关、司法行政部门等单位应当按照有关规定选派人员担任学校法治副校长或者法治辅导员，学校应当按照有关规定聘请法律顾问，协助学校开展法治和安全宣传教育。

第五十二条 学校组织学生开展实验、体育、舞蹈、研学、社会实践等教育教学活动前，应当按照课程规范、教学大纲或者活动特点对学生进行特定活动的安全教育。

学校组织大型集体活动，应当提前对参加活动的学生进行安全教育。

第五十三条 地级以上市人民政府应当为具有预防未成年人犯罪法规定的严重不良行为的适龄少年设置专门的学校实施义务教育。

第五十四条 省人民政府教育、人力资源社会保障等学校主管部门应当组织开展学校安全教育和管理的科学研究。

教育主管部门应当将学校安全知识和安全技能教育纳入幼儿园、中小学校教师继续教育培训。

教育主管部门应当对新任中小学校、幼儿园校（园）长、副校（园）长和学校安全机构负责人进行不少于四十小时的安全教育任职培训。中小学校、幼儿园主管安全的副校（园）长和安全工作负责人任职期间，每年应当接受不少于二十小时的安全业务培训。

第五十五条 学校应当组织对教职工、安全保卫人员进行安全风险防控、应急处置和相关安全法律知识的教育培训。

县级以上人民政府公安机关应当会同教育、人力资源社会保障等学校主管部门加强对学校保安员培训的监督指导。

开设师范专业的学校，应当为师范生开设幼儿和未成年学生安全教育管理以及安全技能课程，课程考核不合格的不得在中小学校、幼儿园实习。

师范专业安全课程考核不合格的新入职中小学校教师和未接受幼儿安全知识与技能培训的新入职幼儿园教职工，应当进行岗前安全知识和技能培训，考核不合格的不得上岗。

第六章　教育惩戒与违法处理

第五十六条 中小学校学生在校园内有用硬物投掷他人、推搡、争抢、强迫传抄作业等违反学校安全管理规定行为的，教师应当予以制止和批评，并可以根据实际情况采取与其年龄和身心健康相适应的教育惩戒措施。不得对学生实施体罚、变相体罚或者打骂、辱骂以及其他侮辱人格尊严的行为。

第五十七条 义务教育阶段的学生违反学校安全管理制度的，学校应当批评教育，并可以约谈学生监护人；情节严重的，应当给予纪律处分。非义务教育阶段的学校根据学生违纪的情节、后果和影响，可以给予直至开除学籍的处分。

未成年学生有不良行为的，由其监护人陪同在学校进行专门法治教育。

高等学校学生违反学校安全管理制度的，由学校按照高等学校学生管理的相关规定处理。

第五十八条 学校发现学生在校园以及周边安全区域内有携带管制器具、打架斗殴、欺凌等违法行为的，应当予以制止，采取措施保护、帮助受伤害者，通知学生监护人或者其他近亲属，并及时调查处理；涉嫌违法犯罪的，应当及时报告公安机关。

学生父母或者其他监护人发现学生有违法行为，可能引发学校安全事故的，应当予以教育纠正，并及时告知学校。

第五十九条 教职工有下列行为之一的，应当按照有关规定给予处分；涉嫌违法犯罪的，应当及时报告公安机关；公安机关接到报告后，应当依法及时处理：

（一）歧视、侮辱学生的；

（二）虐待、伤害学生的；

（三）猥亵、性骚扰学生的；

（四）与学生有不正当关系的；

（五）其他侵害学生身心健康的行为。

第七章　突发事件与人身伤害事故处理

第六十条 县级以上人民政府教育、人力资源社会保障等学校主管部门应当建立学校突发事件的报告、处置和部门协调机制，指导学校制定突发事件安全应急预案。

学校应当组织开展针对突发事件的演练活动，配备必要的应急处置器材和设备。突发事件应急处置结束后，学校应当及时对学生进行心理辅导。

第六十一条 灾害预警信号发布后，学校应当按照有关规定启动应急预案，做好应急工作。

第六十二条 学生在校园发生人身伤害事故的，学校应当采取合理的急救措施，情况紧急、伤情严重的，应当立即送医疗机构治疗，通知监护人或者其他近亲属，并及时报告学校主管部门和公安机关。

第六十三条 县级以上人民政府教育、人力资源社会保障等学校主管部门应当会同公安、司法行政和其他有关部门成立学校安全事故纠纷调解组织。调解组织可以聘任人大代表、政协委员、法治副校长、教育和法律工作者等具备相应专业知识或者能力的人员参与调解。

高等学校之间可以加强合作，联合建立安全事故纠纷调处机制，维护学校教育教学秩序。

第六十四条 学校、学生或者学生监护人可以按照以下方式处理学生人身损害赔偿争议：

（一）自行协商；

（二）向学校主管部门申请行政调解；

（三）向学校所在地的校园安全事故纠纷调解组织申请调解；

（四）向学校所在地的乡镇、街道人民调解委员会申请调解；

（五）依法向人民法院提起诉讼。

第六十五条 学校安全事故发生后，任何单位和个人不得有下列影响学校正常教育教学秩序的行为：

（一）毁灭证据、破坏现场、隐瞒真相等阻扰学校安全事故调查处理；

（二）跟踪、纠缠、侮辱、威胁、恐吓、故意伤害学校相关人员、学生，或者非法限制其人身自由；

（三）侵占、毁损学校房屋、设施、设备以及其他财物；

（四）在学校或者校园周边安全区域内非法聚集、游行、设置障碍、贴报喷字、拉挂横幅、燃放鞭炮、播放哀乐、摆放花圈、停放尸体、泼洒污物、断水断电、堵塞大门、围堵办公场所和道路、干扰应急处置和事故处理；

（五）制造、散布与学校安全事故实际情况不符的谣言；

（六）其他扰乱学校教育教学秩序的行为。

前款规定行为经劝阻无效的，学校应当立即向公安机关报案并保护现场，配合公安机关调查取证。公安机关接到学校报案后，应当依法及时处理。

第六十六条 中小学校和幼儿园应当购买校方责任险，公办学校所需经费从公用经费中列支，民办学校所需经费从学费或者自筹资金中开支。

鼓励学生、学生父母或者其他监护人投保学生意外伤害和疾病等保险。

鼓励社会力量设立学校风险基金或者学生救助资金。鼓励保险机构创新保险产品和服务方式，开展与学校安全相关的保险业务。

第八章　法律责任

第六十七条 县级以上人民政府教育、人力资源社会保障等学校主管部门和其他有关部门不履行本条例规定职责的，由本级人民政府或者上级人民政府教育、人力资源社会保障等学校主管部门和其他有关部门责令限期改正；逾期不改正的，予以通报批评，对直接负责的主管人员和其他直接责任人员依法给予处分。

乡镇人民政府、街道办事处不履行本条例规定职责的，由上级人民政府责令限期改正；逾期不改正的，予以通报批评，对直接负责的主管人员和其他直接责任人员依法给予处分。

第六十八条 学校不履行本条例规定的安全教育和安全管理职责的，由县级以上人民政府教育、人力资源社会保障等学校主管部门按照职责责令限期改正；逾期不改正的，予以通报批评，对直接负责的主管人员和其他直接责任人员依法给予处分。

第六十九条 学校教职工未履行岗位安全职责造成学生伤害的，由学校给予处分；构成犯罪的，依法追究刑事责任。

第七十条 有本条例第六十五条所列情形的，公安机关应当依法处罚；构成犯罪的，依法追究刑事责任；造成损失的，依法承担赔偿责任。

第七十一条 校外人员违反法律、法规规定造成学生伤害的，由公安机关依法处罚；构成犯罪的，依法追究刑事责任；造成学校财产损失的，依法承担赔偿责任。

第九章　附　　则

第七十二条 本条例所称学校，是指公办和民办的幼儿园、中小学校（含特殊教育学校）、中等职业学校（含技工学校）、高等学校等。

中小学校非教育教学时间是指：

（一）上午早自习之前、中午放学之后至下午上课之前、下午放学之后至学校晚自习之前、晚自习之后；

（二）课间，即两节课之间的休息时间，但中小学校按照规定组织的课间操和大课间的活动除外；

（三）法定节假日、公休日、寒假、暑假；

（四）因防疫、安全防范等需要学生离开学校的时间；

（五）法律、法规和规章规定的其他非教育教学时间。

大课间是指中小学校按照国家和教育部有关规定开展的阳光体育活动时间，其内容包含学校组织中小学生进行的体操、舞蹈、身体素质练习、趣味游戏、特色活动、球类活动等。

幼儿一日生活是指幼儿园每天进行的全部教育活动，包括日常生活和其他活动。

学校区域是指学校建筑控制线内区域。

校园周边安全区域是指国家和地方规定应当保持的安全范围，一般是指距离学校建筑控制线以外两百米以内的公共区域。

第七十三条 外籍人员子女学校、港澳台子弟学校以及学校以外的其他教育机构的安全工作，可以参照本条例执行。

第七十四条 本条例自 2020 年 9 月 1 日起施行。

广东省教育厅 中共广东省委机构编制委员会办公室 广东省财政厅 广东省人力资源和社会保障厅 关于印发《广东省新时代教师发展体系建设实施方案》的通知

(粤教师〔2020〕11号)

各地级以上市人民政府,各高等学校和省直属有关单位:

经省人民政府同意,现将《广东省新时代教师发展体系建设实施方案》印发给你们,请结合实际,认真贯彻落实。

广东省教育厅
中共广东省委机构编制委员会办公室
广东省财政厅
广东省人力资源和社会保障厅
2020年11月11日

广东省新时代教师发展体系建设实施方案

为进一步深入实施"强师工程",建设新时代教师发展体系,努力建设高素质专业化创新型教师队伍,推动广东教育高质量发展,加快推进教育现代化,根据《中共广东省委 广东省人民政府关于全面深化新时代教师队伍建设改革的实施意见》要求,制订本实施方案。

一、总体要求

以习近平新时代中国特色社会主义思想为指导,全面贯彻党的教育方针,落实立德树人根本任务,坚持把教师队伍建设作为基础工作,遵循教育规律和教师成长发展规律,以提升教师师德素质和教育教学能力为重点,以健全教师教育体系、促进师资合理配置、深化教师管理制度改革、提高教师地位待遇为着力点,深入实施"强师工程",构建教师发展体系,促进教师队伍数量、结构、素质协调发展,努力建设一支高素质专业化创新型教师队伍,为我省加快推进教育现代化、实现"四个走在全国前列"、当好"两个重要窗口"提供师资保证。

二、工作目标

到2022年,全省教师发展体系基本形成,教师职业发展通道更加畅通,教师管理体制机制更加完善,教师工资待遇保障机制更加健全。教师队伍结构性紧缺状况基本缓解,各学段生师比达到国家和省的规定要求。教师学历水平稳步提升,幼儿园专任教师大专以上学历比例达到90%,小学和初中专任教师本科以上学历比例分别达到80%和95%,高中阶段学校教师硕士研究生以上学历比例达到20%,高等职业院校教师硕士研究生以上学历(硕士以上学位)比例达到65%,本科高等学校教师具有博士学位比例达到45%。职业院校专业课教师中"双师型"教师比例稳定在60%以上,教师队伍整体素质明显提升。

到2025年,教师发展体系健全完善,教师队伍治理体系和治理能力进一步提升。教师综合素质、专业化水平和创新能力显著提升,教师基本适应信息化、智能化等新技术变革需要,积极有效开展教育教学。教师学历水平进一步提升,幼儿园专任教师大专以上学历比例达到93%,小学和初中专任教师本科以上学历比例分别达到83%和96%，高中阶段学校教师硕士研究生以上学历比例达到22%，高等职业院校教师硕士研究生以上学历（硕士以上学位）比例达到68%，本科高等学校教师具有博士学位比例达到48%。高层次人才队伍不断壮大，培养造就一批骨干教师、名教师、名校长和教育家型教师和杰出人才、领军人才。

教师队伍建设有关量化指标

学段	学历层次	2022年目标		2025年目标	
幼儿园	大专	90%	珠三角地区95% 粤东西北地区80%	93%	珠三角地区98% 粤东西北地区83%
小学	本科	80%	珠三角地区90% 粤东西北地区55%	83%	珠三角地区93% 粤东西北地区58%
初中	本科	95%	珠三角地区98% 粤东西北地区90%	96%	珠三角地区98% 粤东西北地区92%
高中、中职	硕士	20%	珠三角地区23% 粤东西北地区12%	22%	珠三角地区25% 粤东西北地区14%
高职院校	硕士	65%	公办高职70% 民办高职50%	68%	公办高职73% 民办高职60%
本科院校	博士	45%	高水平大学65% 民办本科80%	48%	高水平大学70% 民办本科20%
职业院校专业课教师中"双师型"教师比例		保持稳定在60%以上			

三、主要任务

（一）加强和改进新时代师德师风建设

1. 加强教师党支部和党员队伍建设。用习近平新时代中国特色社会主义思想武装头脑，自觉用"四个意识"导航，用"四个自信"强基，"两个维护"铸魂，引导教师带头践行社会主义核心价值观。把全面从严治党要求落实到每个教师党支部和每位教师党员，充分发挥教师党支部的战斗堡垒作用和党员教师的先锋模范作用。健全"双带头人"和"双培养"机制，加大教师党员发展和教育管理力度，把教师党支部书记培养成为"党建带头人、业务带头人"，把骨干教师培养成党员，把党员教师培养成教育教学骨干。高校教师党支部书记"双带头人"基本实现全覆盖。配齐建强思想政治理论课教师队伍，打造多样化、立体式思想政治理论课教师综合素质提升平台。全面加强教师队伍思想政治工作，提升教师思想政治素质。

2. 健全师德建设长效机制。加强师德教育，深入开展师德建设主题教育月活动，以学习践行新时代教师职业行为准则为重点，引导教师自觉依法执教、规范执教，不断提升教师职业道德素养。加强师德基地建设，强化师德培训，将师德师风建设要求贯穿教师发展和管理全过程。完善教师招聘和引进制度，严格思想政治和师德考察。突出典型树德，持续开展优秀教师典型事迹宣传。将师德考核摆在教师考核的首要位置，坚持师德第一标准。完善师德师风监督机制，健全多元监督体系。坚持对师德违规行为"零容忍"，依法依规严肃查处，情节严重的依法撤销教师资格，坚决清除出教师队伍。

（二）健全教师教育体系

3. 优化师范教育体系。持续推进"新师范"建设。坚持教师教育以师范院校为主，师范院校以培养教师为主的原则，引导师范院校合理定位。科学规划高等学校学前教育、特殊教育等急需紧缺专业布局和培养规模，支持有关高等学校扩大学前教育、特殊教育专业招生规模，支持地方统筹资源设立幼儿师范高等专科学校。普通师范院校和综合性院校的师范专业按要求开设特教必修课程。支持高水平综合大学开展教师教育，推动有基础的高水平综合大学成立教师教育学院，设立师范专业，积极参与基础教育、职业教育教师培养工作。完善师范院校招生办法，开展师范院校招生录取改革，扩大我省高等学校师范类本科专业纳入提前批招生录取的范围。争取教育部支持在办学基础扎实、培养质量高、生源质量好的本科师范院校开展基于高考基础上的综合评价招生录取改革试点。深入实施公费定向培养粤东西北中小学教师计划。逐步扩大教育硕士的培养规模，鼓励有教育硕士授权点高等学校与省内院校开展教育硕士联合培养工作。完善职业技术师范生培养模式和培养机制，扩大职业技术师范生培养规模，探索高职（专科）、本科与专业学位研究生衔接招生培养模式改革等方式，提升职业技术师范生培养层次。全面开展师范类专业认证及对标建设，加强教师教育学科专业和课程建设。深化人才培养模式改革，探索建立"政府－高等学校－中小学"协同培养体系，积极推进创建国家教师教育创新实验区，遴选一批省级示范性教师教育实践基地。强化师范生实践能力培养，落实师范生教育实践累计不少于1个学期制度。

4. 健全中小学教师发展支持体系。构建形成省、市、县、校四级联动、层次分明、协同创新、互联互通的教师专业发展支持体系。加强省、市、县级中小学教师发展中心建设。推动省级中小学教师发展中心按照"整合资源、凝练特色，形成优势、共建共享"的要求加快内涵建设，实现师范生培养和教师职后培训有机衔接，承担国家和省级教师示范培训任务，开展基础教育教师发展研究，发挥示范、引领、带动作用，为教育行政部门、市县教师发展中心和中小学校教师发展提供支持服务，打造在国内具有较大影响的特色品牌。加快推进市、县级教师发展中心建设，配齐配强研训人员和培训管理者队伍，开展区域内教师培训、教师发展研究及成果推广。加强校本研修，遴选建设300所左右校本研修示范校，推动教师专业成长与学校整体发展相互融合、相互促进。

5. 健全分层分类递进式中小学教师发展体系。健全完善中小学教师、校（园）长分层分类培训课程体系。创新教师培训内容方式，聚焦学生成长，突出育人主线，重点围绕学科育德、学科知识体系、课堂学习指导和有效教学、育人能力等方面设置培训课程。将家庭教育纳入教育行政干部和中小学校长培训内容。加强乡村中小学教师培训。探索建设教师研修平台，联合移动互联网相关企业，打造教师移动学习终端，通过名师专题课堂、远程协同教研等方式，推送优质资源，推进教师校长自主选学、线上线下相结合的混合式研修。提升中小学教师信息技术应用能力，推动信息技术与教育教学深度融合创新。推进省培项目绩效评价改革创新，引入第三方机构进行绩效评价。健全省、市、县中小学教师人才培养体系，实施中小学"百千万人才培养工程"，培养造就一批业内认可、具有社会影响力的名教师、名校长、名班主任。省级每期（培养周期为3年）培养500名左右教育家型教师，每个地市平均每年培养不少于50名卓越教师，每个县（市、区）平均每年培养不少于100名骨干教师。加大名教师、名校长、名班主任、培训专家工作室的建设力度，建设500个左右省级名教师、名校长、名班主任、培训专家工作室，充分发挥基础教育领域高层次人才在教书育人、教学科研等方面的示范引领作用。

6. 健全职业院校"双师型"教师发展制度。构建职业教育师资多元培养培训格局，支持建设高水平职业技术师范大学，支持高水平理工大学培养职业教育师资。支持职业院校、本科高等学校和大中型企业共建"双师型"教师培养培训与实践基地，支持建设技工院校师资研修基地，充分发挥职业院校教师发展中心和实践基地的作用，大力开展教师培训。职业院校可确定不超过30%的岗位作为流动岗位，用于自主聘请行业企业兼职教师；完善职业院校教师资源配置新机制，盘活编制存量，优化岗位设置，向"双师型"教师队伍倾斜。规范职业院校兼职教师管理，学校依法依规自主聘请兼职教师和确定兼职报酬。建立行业企业高技能人才参与职业教育的激励机制，畅通高层次技术技能人才从教渠道。依托职教园区、职教集团、产教融合型行业（企业）等建立校企人员双向交流协作共同体。深入实施职业院校教师素质提高计划，打造师德高尚、技艺精湛、育人水平高超的教学名师、专业带头人、青年骨干教师等高层次人才队伍。建设60个省级以上"双师型"名教师、名校长、培训专家工作室。新增50个省级高等职业院校教学团队、20个左右国家级职业教育教师教学创新团队。面向战略性新兴产业、高新技术产业、智能制造产业和民生工程产业等专业领域，引进技能领军人才，建设60个省级以上技能大师工作室。

7. 健全高等学校教师发展制度。加强高等学校教师发展中心建设，搭建教师专业发展平台，组织研修活动，开展教学研究与指导，推进教育教学改革与创新。加强院系教研室等学习共同体建设，建立完善传帮带机制。全面开展高等学校教师教育教学能力培训，重点抓好新入职教师和青年教师专业发展。推动高等学校与中小学师资互聘，推动高等学校教师教育课程教师到中小学开展教育服务。实施高等学校中青年教师国内访问学者项目,每年遴选支持600名左右中青年教师到国内高水平大学访学进修。加强高等学校高层次人才队伍建设,深入实施"广东特支计划"教学名师项目和"珠江学者岗位计划",适当扩大珠江学者培养规模,加大珠江学者支持力度。支持高等学校依托国家和省重大人才项目,培养引进一批具有重大影响力的学科领军人才和青年学术英才,着力打造创新团队。

8. 健全教师对外交流与合作制度机制。按照"粤港澳大湾区"和"一带一路"建设要求,建立健全教师出访学习、交流、进修制度,支持教师参加国际学术会议、短期交流、长期学习等,学习国外及港澳台地区先进经验。鼓励和支持各地各校在教师教育、课堂教学、课程改革、科学研究等方面,深入开展对外交流与合作,拓宽校长、教师国际视野。打造粤港澳三地教师交流平台,加强粤港澳大湾区校长、教师的交流和合作。全面落实港澳台居民在广东省申请中小学教师资格政策。依托国家留学基金管理委员会"地方合作项目",每年选派100名左右优秀高等学校教师赴国外高水平大学或科研机构研修。鼓励高等学校与国(境)外著名大学、科研机构开展国际学术交流与合作,拓展教师的国际视野,提升教师的教学、科研和管理水平。加强高等学校人才引进工作,支持高等学校赴国(境)外高水平大学、科研机构招聘优秀人才到校全职或兼职任教。

(三)创新教师补充配置机制

9. 完善教师补充机制。加强和规范教职工编制管理,坚持"严控总量、统筹调配、挖潜创新、服务发展",统筹用好全省事业编制资源,加大内部挖潜和创新管理力度,按照国家标准及时核定中小学教职工编制,优先满足中小学教育需要。严格落实教师资格制度,严把教师入口关,确保持证上岗。加大教师补充力度,深入实施"上岗退费"政策和"银龄讲学计划",加快农村学校紧缺学科教师补充工作,满足农村学校发展的需要。加快探索高等学校员额制(人员总量)管理,高等学校根据核定的员额(人员)总量,依法依规自主分类制定岗位设置方案和管理办法,自主制定招聘条件和标准,自主公开招聘人才。积极吸引全国范围内顶尖教育家、优秀教师来粤工作。规范高层次人才合理有序流动,有效遏制人才恶性竞争。

10. 健全完善县域内中小学教师优化配置制度。加大教师资源统筹力度,深入推进实施中小学教师"县管校聘"改革,在核定的教师编制和岗位总量内,由县级教育行政部门根据学校布局调整、办学规模变化、各学段的教育教学任务等实际情况,按照配齐配足、科学合理、动态调配的原则,优化均衡配置各级各类学校的教师资源。推动骨干教师和校长向农村学校、薄弱学校流动,每学年县域内参加交流轮岗的教师和校长人数比例分别不少于5%,同时不低于符合交流条件教师总数的10%。

11. 建立健全跨区域帮扶支教和"集团化"办学扩大优质师资覆盖面的制度。完善边远贫困地区、民族地区和革命老区(简称"三区")教师队伍建设对口帮扶制度,充分发挥珠三角地区师资优势,强化珠三角地区和"三区"教师交流合作,加快形成统筹有力、高效帮扶、协同推进、共建共享的教师队伍建设对口帮扶新机制,有力有效缩小区域、城乡师资水平差距,促进"三区"教育优质均衡发展。完善学区化、集团化办学体制机制,优化教师资源配置方式。建立完善支持学区、办学集团教师交流制度,通过跨校兼课、走教、支教、轮岗等方式,推动教师在学区、集团内学校之间流动,扩大优质教师资源覆盖面,实现教育教学经验的分享、推广和创造。

12. 探索建立市域调剂普通高中教师配置的制度。逐步建立"市域统筹、以市为主"的普通高中教师管理体制,支持各地市结合高考综合改革实际,在市域范围内统筹配置普通高中教师资源,优化普通高中教师配备,按照国家和省的课程改革方案足额配备学科专任教师,适应普通高中育人方式改革和高考综合改革选课走班教学的需要。

(四)畅通教师职业发展通道

13. 完善教师职称制度。进一步深化中小学教师职称制度改革,坚持育人为本、德育为先,注重师德表现,注重教育教学工作业绩,完善符合中小学教师特点的职称评审标准。推进中等职业学校教师职称制度改革,在中等职业学校教师职称系列中设置正高级职称层级。加强高等学校教师职称评审权下放的监管和服务工作,指导高等学校完善教师职称评审标准。坚持教师职称与岗位聘用有效衔接,在岗位总量和岗位结构比例以内开展教师职称评审。推动高等学校落实思想政治理论课教师和辅导员职称评审政策规定。

14. 加快推进中小学校长职级制改革。研究制定全省推行中小学校长职级制改革指导意见,研究与现行事业单位人事管理制度相衔接的配套政策,推进地市实施中小学校长职级制改革,拓展校长职业发展空间,促进校长队伍专业化建设。支持校长大胆探索，创新教育思想、教育模式、教育方法，形成教学特色和办学风格，营造教育家脱颖而出的制度环境。

（五）健全完善教师激励保障制度

15. 健全完善教师表彰制度体系。组织开展南粤优秀教师、教学成果奖、特级教师等评选表彰活动。推动各地因地制宜开展多种形式的教师奖励表彰，建立荣誉与奖励相结合的表彰机制，激励优秀教师发挥示范引领作用，引导广大教师立德修身、潜心育人，营造尊师重教良好社会风尚。深入开展教师教学技能大赛，为教师搭建专业技能展示平台。对在乡村学校从教30年以上教师颁发国家荣誉证书，对在乡村学校从教20年以上的教师颁发省荣誉证书，支持各地对在乡村学校从教10年以上的教师给予鼓励。

16. 健全教师工资福利待遇保障制度。推进落实"县域内中小学教师平均工资收入水平不低于或高于当地公务员平均工资收入水平，县域内农村中小学教师平均工资收入水平不低于或高于当地城镇教师平均工资收入水平"的要求。推动完善中小学教师绩效工资总量核定分配制度和内部分配办法，绩效工资分配向班主任和特殊教育教师倾斜。推进落实统一标准、统一招聘、统筹调配中小学临聘教师，所需人员经费由本级财政核拨，确保临聘教师与公办教师同工同酬，按规定为临聘教师购买社会保险和建立企业年金。指导高等学校完善绩效工资分配制度，向关键岗位、优秀拔尖人才、学科领军人才和优秀创新团队倾斜。支持学校实施科技成果转化所得收益用于科研（团队）人员的奖励，奖励部分暂不列入绩效工资总量调控管理。鼓励和规范高等学校和职业院校教师通过技术创新、科技开发、成果转让和决策咨询等方式服务社会，获取合理报酬，增加合法收入。因地制宜设立思想政治理论课教师和辅导员岗位津贴。

17. 切实保障民办学校教师合法权益。依法依规落实民办学校教师待遇，鼓励民办学校逐步提高教师待遇，鼓励支持有条件的地区发放民办学校教师从教津贴；鼓励民办学校为教职工购买商业养老保险、建立年金制度，提高教师退休待遇。依法保障和落实民办学校教师在培养培训、职务聘任、教龄和工龄计算、表彰奖励、科研立项、社会活动等方面享有与公办学校教师同等权利。

（六）创新教师考核评价和退出机制

18. 完善教师考核评价制度。深入推进教师考核评价制度改革，建立健全与学校发展定位、学科特点相适应，符合教师岗位特点的考核评价指标体系。坚持立德树人，将师德表现作为教师考核评价的首要内容，把教书育人作为教育人才评价的核心内容，着力破除唯分数、唯升学、唯文凭、唯论文、唯帽子的顽瘴痼疾，改进结果评价，强化过程评价，探索增值评价，健全综合评价。建立充分体现中小学教师岗位特点的评价标准，重点评价其教育教学能力、教书育人工作业绩和一线实践经历，严禁简单用学生升学率和考试成绩评价中小学教师。完善职业院校"双师型"教师评价标准，吸纳行业、企业作为评价参与主体，重点评价其职业素养、专业教学能力和生产一线实践经验。深化高校教师考核评价制度改革，注重对师德师风、教育教学、科学研究、社会服务、专业发展的综合评价。突出教育教学业绩评价，建立健全教学工作量评价标准，落实教授为本专科生授课制度。健全完善校长考核评价制度，完善优胜劣汰机制，提升校长办学治校能力。完善学校、教师、学生、社会等多方参与的评价机制。强化考核结果运用，发挥考核评价的导向作用，激发教师队伍活力。

19. 健全完善教师退出机制。严格落实中小学教师资格定期注册制度、教师违反职业道德行为处理办法、事业单位人事管理等有关法规政策要求，以教师职业行为准则和岗位职责为依据，进一步健全以岗位聘用为核心的教师聘任制度，建立教师退出教学岗位的制度，完善教师退出机制。

四、保障措施

（一）加强组织领导

各级政府和各级各类学校是教师队伍建设的责任主体，要把教师队伍建设工作摆在更加重要的位置。各地各校要切实加强领导，实行一把手负责制，围绕教育改革发展大局，明确本区域、本校教师队伍建设工作目标、任务和措施，找准教师队伍建设的突破口和着力点，统筹协调解决教师队伍建设改革重大问题。

（二）加强部门协同

各级教育、机构编制、财政、人力资源社会保障等部门要各司其职、密切配合。教育部门要加强对教师发展体系建设工作的统筹协调；机构编制部门要创新编制管理制度，按规定做好教师编制保障并健全动态调整机制；财政部门要多方筹措，加大资金投入；人力资源社会保障部门要创新教育领域人事管理制度机制，督查指导落实社会保障政策。

（三）加强经费保障

各级财政要将教师队伍建设作为教育投入重点予以优先保障。省财政重点对教师发展体系建设给予支持。市、县要落实主体责任，保障教师队伍建设的经费投入，保障教师待遇政策落实。鼓励社会力量捐资投入教师队伍建设。加强教师队伍建设资金的管理和监督，规范经费使用，提高经费使用效益，对违反规定使用、骗取、挪用、挤占、截留资金的行为，将按照规定追回相关资金，追究有关人员责任并严肃处理。

（四）加强督导检查

省将教师发展体系建设情况纳入对市县政府履行教育职责评价和高等学校办学水平评估的重要内容，并将结果作为党政领导班子和有关领导干部综合考核评价、奖惩任免的依据，确保各项工作措施全面落实到位、真正取得实效。

广东省教育厅关于建立健全新时代基础教育教研体系的实施意见

(粤教教研〔2020〕1号)

各地级以上市教育局,各有关高校:

为贯彻落实《教育部关于加强和改进新时代基础教育教研工作的意见》(教基〔2019〕14号)等文件要求,深化基础教育综合改革,推动基础教育科学发展、高质量发展,现就建立健全新时代基础教育教研体系提出如下实施意见。

一、总体要求

(一)指导思想

坚持以习近平新时代中国特色社会主义思想为指导,深入贯彻习近平总书记关于教育的重要论述,全面贯彻党的教育方针,遵循教育规律,树立科学的教育质量观,为落实立德树人根本任务、发展素质教育、构建德智体美劳全面培养的教育体系提供强有力的专业支撑和智力支持。

(二)基本目标

用3~5年时间,理顺教研管理体制,完善教研工作体系,焕发教研机构生机活力,打造高素质教研队伍,创新教研机制,落实教研任务,强化教研保障,提高教研水平,建成富有广东特色、国内领先、上下联动、横向贯通的新时代教研体系。

二、重点工作

(一)健全完善教研机构及其职能职责

1. 完善教研机构设置。健全省、地级以上市、县(市、区)、校四级教研工作体系,地级以上市及有条件的县(市、区)要独立设置教研机构,暂不具备条件的县(市、区)应在相对统一的教育事业单位内独立设置。县(市、区)在整合相关资源建设教师发展中心过程中,应保持教研机构的完整性与独立性,可实行一支队伍、两块牌子,教研机构与教师发展中心并行。

2. 健全教研机构职能职责。各级教研机构要紧紧围绕培养担当民族复兴大任的时代新人这一目标,推进课程改革,指导教学实践,促进教师发展,服务教育决策,切实履行落实国家课程方案、开发地方与校本课程、开展教学改革实验、组织教学研究、实施教学诊断与改进、建设课程教学资源、培育推广优秀教育教学成果、为教育管理决策提供服务等职责。

(二)加强教研队伍建设

1. 配齐配强教研员。各级教研机构要按照国家课程方案配齐配强各学科专职教研员,省、地级以上市和有条件的县(市、区)教研机构应按学段配齐配强所有学科(含学前教育、特殊教育、心理健康教育等专门教育)专职教研员,全省专职教研员占专任教师比例要高于全国平均水平。可在中小学或其他相关机构聘请若干名合资格合条件的特约教研员或兼职教研员,形成专兼结合的高素质专业化创新型教研队伍。

2. 严格专业标准。建立健全教研员准入和退出机制,选调政治素质过硬、职业道德良好、教育理念先进、专业水平较高、教研能力较强的优秀教师加入教研员队伍。原则上教研员应有6年以上教学工作经历,具有中级以上教师专业技术职称,在教育教学上取得优异成绩,勇于推进教育教学改革创新。对不履行教研职责、违背教研学术道德、不适宜继续从事教研工作的教研员,按教育部教基〔2019〕14号等文件的要求处理。

3. 强化关键能力。着重提升教学实践能力,专职教研员在岗从事教研工作满5年,原则上要到中小学校从事1学年以上教育教学工作,保证理论研究与实践不脱节。切实提升教科研能力,每年根据教育教学改革发展需要设立若干重点研究项目或课题,鼓励教研员组建团队深入研究,加快培育优秀教育教学、教研成果。不断提升教育信息化应用能力,推动教研员引领信息技术与教育教学、教学研究、教育服务深度融合。

4. 实施全员培训。建立健全教研员全员培训制度和3年一周期教研能力提升研修机制,列入"强师工程"和国培计划，重点加强师德师风建设和专业能力锤炼。以教研员专项研修和课标、教材培训为抓手，扩展研修平台，丰富研修资源，确保每位教研员每年接受培训累计不少于90学时。支持教研员参加国内外教研交流与合作。

5. 激发队伍活力。建立良性持久的"旋转门"制度，有计划地培养和选拔优秀教研员到教育行政部门任职或担任中小学（幼儿园）负责人，践行先进教育理念和办学思想，推行科学教育方法和办学举措；聘请优秀教师、副校长、校长到教研机构担任专职或兼职教研员。提高教研机构专业技术高级岗位设置比例，更好引进培养优秀教研员，树立教研员的专业性、学术性、权威性。尊重教研员合法创造性劳动所获得的荣誉和利益。

（三）落实教研主要任务

1. 服务学校教育教学。着重在引领课程教学改革、提高教育教学质量上下功夫，紧扣"五育"并举重要改革发展任务，加强课程、教材、教学、作业、考试评价等关键领域、重点环节研究，引导学校从片面应试教育转向发展素质教育，落实课程育人、文化育人、实践育人、管理育人。加强国家课程研究，指导地方课程、校本课程规划与开发，优化课程体系，丰富发展优质课程教学资源。指导教师准确把握学科特质并实施基于课程标准的教学，不断提高教学诊断与改进水平；加强考试评价理论学习与研究，不断提高考试命题能力与质量。指导幼儿园科学保教、特殊教育融合发展。

2. 服务教师专业成长。着重在改进教学方式、提高教书育人能力上下功夫，指导教师切实更新教育观念，全面理解学科课程标准，切实把握学生认知规律，运用启发式、互动式、探究式、体验式等教学方式，融合传统方法与现代技术手段，组织学生开展研究型、项目化、合作式学习。指导教师切实完善作业调控机制，创新作业方式，研究探究性、实践性、综合性作业设计，注重家庭、学校、社区协同育人，提高教书育人效能。

3. 服务学生全面发展。着重在研究学生学习和成长规律、提高学生综合素质上下功夫，突出全面育人研究，强化学科整体育人功能。指导学校将德智体美劳全面培养的要求有机融入教育教学各方面全过程，特别要强化对学生理想、心理、学业、生活、生涯规划等方面的指导。开展学生综合素质评价科学研究，针对思想品德、学业水平、身心健康、艺术素养、社会实践等，创新评价标准和方法，推动建立以发展素质教育为导向的科学评价体系，促进学生全面而有个性成长。

4. 服务教育管理决策。着重在加强基础教育理论、政策和实践研究与提高教育决策科学化水平上下功夫，积极参与区域教育改革发展规划、政策和标准规范的研究、制定、实施、评估等工作。定期开展教学专题调研，及时反映需要引起重视的教情、学情变化，按照国家有关规定，协助和配合做好教育教学质量和办学水平监测分析工作，为教育管理决策提供参考，为学校改革发展提供建议。

（四）创新教研工作机制

1. 建立四级教研联动机制。省级教研机构统筹指导全省教研工作，加强对地级以上市、县（市、区）教研机构的业务指导。各级教研机构要重心下移，深入学校、课堂，帮助学校和教师解决教学、教研实际问题。学校要充分发挥校本教研作用，强化教研组织建设，充分发挥教研组、备课组、年级组作用，围绕课程实施、教法改进、作业优化、家校共育等开展经常性教研活动。

2. 创新基层教研联系机制。探索建立省级教研机构联系欠发达县域、市级教研机构联系镇街、县级教研机构联系乡村学校和教学点教研工作机制。建立教研员乡村学校、薄弱学校联系点制度，组织教研员深入欠发达地区和农村、民族、边远地区学校及薄弱学校持续开展教学指导，帮助推进教学改革与创新，提升教师教学水平和教研能力，提高教育教学质量。中小学校督学责任区中应有一定比例的教研员担任责任督学，定期开展挂牌督导工作，重点督导课堂教学和教学质量提升。落实学前教育教研指导责任区制度，充分发挥城镇优质园、乡镇中心园的辐射带动作用，加强对薄弱园的专业引领和实践指导。

3. 改进常规教研活动机制。加强主题教研、问题教研、联片教研、网络教研，围绕教育教学重点、热点、难点开展常规教研和专题教研。经常性开展聚焦课堂教学质量的教研活动，培育、遴选和推广优秀教学模式、教学案例，打造一批新课程新教材实施示范校、示范区，发挥引领带动作用。

4. 健全教学视导机制。省级教研机构每学年至少组织一次集体教学视导，地级以上市、县（市、区）教研机构结合实际开展经常性教学视导，走进学校、深入课堂，走近教师、关注学生，了解教学动态、诊断教学问题，指导加强校本教研、改进教学方式，推动破解制约教育教学优质均衡发展的矛盾和困难问题。

（五）创新教研实践样态

1. 构建智慧教研新方式。积极利用移动互联网、大数据、云计算、人工智能等现代技术，着力推动教研主体融合、教研内容创新、教研路径优化、教研方法升级。常态化开展网络教研活动，广泛传播先进教学理念和有效教学方法，分享优质教学资源。建设教育教学大数据平台和教与学诊断系统，加强数据研究和应用，推进教与学深度研究和困难问题精准解决。

2. 探索教研帮扶新模式。深入推进"专递课堂""名师课堂""名校网络课堂"研究与实践。利用"专递课堂"帮助农村薄弱学校和教学点开齐开足开好国家课程，促进教育公平和优质均衡发展。利用"名师课堂"发挥名师示范效应，促进广大教师专业发展和教学、教研水平提升。利用"名校网络课堂"扩大优质教育教学资源覆盖面，推动优质教育教学资源共建共享。

3. 建立实证研究新范式。支持有条件的教研机构设立实验学校（幼儿园）或附属学校（幼儿园），充分开发利用教研机构的智力资源，以人为本、尊重科学、遵循规律，切实贯彻国家、省的教育政策和标准规范，组织管理、课程、教材、教法改革实验，孵化前沿办学、教学、教研成果，促进优秀成果更好更快得到推广、转化和应用。

（六）构建教研开放合作新格局

1. 深化与中小学（幼儿园）密切合作。各级教研机构要与区域中小学（幼儿园）建立紧密合作关系，与一线教师共同深化课程改革，研究课标与教材实施，创新教学思想、教学方式、教学方法，总结课程教学改革经验，培育和推广优秀教育教学成果。

2. 加强与相关教育业务部门和高校教科研机构紧密合作。各级教研机构要与同级教师培训、考试评价、教育技术、教育装备等部门建立协同创新、联合攻关机制，丰富教研资源、视角和方式。与相关高校特别是师范类院校教科研机构在理论引领、经验提炼、成果整合上建立紧密协作关系，同时注重与教育信息技术科研院所、行业企业合作，聚力改变教学、教研生态。

3. 提升区域、城乡、学校之间教研协作力度。鼓励支持跨区域、跨学校、跨学科、跨学段开展教研活动，推动珠三角地区对口粤东西北地区、城镇学校对口乡村学校、强校对口薄弱学校，协作教学、协作教研，围绕教育教学改革发展重点、热点、难点问题联合开展研究与实践，共育名师、共享成果、共同进步。

4. 拓展粤港澳大湾区教研合作。依托大湾区各类教育联盟和姊妹校、姊妹园，推动基础教育课程改革交流、教材学术探讨、教学方法研究，开展同课异构、优质课展示、名师工作室交流、教学成果互学互鉴等高质量教研活动，增强教师民族文化自信，共同培养具有深厚家国情怀、担当民族复兴大任的时代新人。

三、保障措施

（一）加强教研组织领导

各级教育行政部门要强化党对教研工作的领导，把建立健全教研体系摆在更加突出的位置，将教研工作纳入教育发展整体部署和总体规划，及时研究解决困扰教研工作全面深入有效开展的体制机制、条件配备等关键问题，建立完善促进教研持续稳定发展的长效机制。中小学、幼儿园要把教研工作纳入教学常规，为教师开展教研提供足够的资源保证。

（二）加大教研经费投入

各级教育行政部门要将教研工作所需经费一并纳入本级财政年度预算安排，教研训一体化保障资金投入，确保教育教学研究项目、常规教研活动、教研员访学进修、教学质量监测、资源开发、成果总结推广等工作正常有效开展。各中小学、幼儿园要在公用经费中安排资金用于教研，加大校本教研投入，保障教师教研、进修经费专项专用。

（三）强化教研考核评价

各级教育督导机构要结合教育督导工作开展，将本地教研工作统筹纳入督导检查范围，内容包括教研机构设置、教研队伍建设、教研职责落实、教研条件保障、教研工作实效等。各级教研机构要细化学科教研员岗位职责，规范教研员工作行为，建立科学考核评价机制。强化督导评估结果运用，将评估结果按教育部教基〔2019〕14号等文件的要求执行。对做出重要贡献的教研机构和教研员给予奖励并纳入教师队伍荣誉与表彰体系。

请各地级以上市教育局、各有关高校结合实际，就贯彻落实本实施意见出台明确具体的实施办法或实施方案，每年评估贯彻落实情况。

广东省教育厅
2020年5月21日

广东省教育厅等十四部门（单位）关于转发《职业院校全面开展职业培训 促进就业创业行动计划》的通知

（粤教教研〔2020〕1号）

各地级以上市教育局、人力资源社会保障局、发展改革局（委）、工业和信息化主管部门、财政局、住房城乡建设主管部门、农业农村局、退役军人事务局、国资委、扶贫办（局）、总工会、团委、妇联、残联，各高等职业院校，省属中等职业学校：

现将《教育部办公厅等十四部门关于印发〈职业院校全面开展职业培训 促进就业创业行动计划〉的通知》（教职成厅〔2019〕5号，以下简称《行动计划》，附件1）转发给你们，并结合《"广东技工"工程实施方案》（粤办〔2019〕41号）、《广东省职业技能提升行动实施方案（2019—2021年）》（粤府办〔2019〕14号，以下简称《实施方案》）精神，提出以下贯彻意见，请认真抓好工作落实。

一、高度重视职业培训工作

各地、各职业院校要充分认识实施《行动计划》的重要意义，切实将职业培训摆在与学历教育同等重要的地位，进一步加强组织领导、注重宣传引导、强化实施管理，建立健全"政行企校"多方协同的工作机制，不断扩大培训供给、提高培训质量，面向全体劳动者特别是重点人群及技术技能人才紧缺领域开展大规模、高质量的职业培训。

二、落实职业院校主体责任

（一）加强学习宣传

职业院校要进一步夯实职业培训主体责任，加强对《行动计划》《"广东技工"工程实施方案》《实施方案》《广东省职业技能提升培训补贴申领管理办法》等相关政策文件的学习；要通过校园网、宣传专栏、专题报告会、专家讲座等形式，面向广大师生广泛宣传，营造良好氛围，形成工作合力，大力开展培训工作。

（二）制定实施方案和年度计划

职业院校要根据《行动计划》部署，结合《实施方案》有关工作要求，把职业培训工作列入学校年度工作要点；要明确专门负责的机构，配备专人负责；要制定本校实施方案（2020—2021年），明确目标、分解任务、落实责任，细化时间表和任务书。

（三）用足用好国家和省的政策

职业院校面向社会开展职业培训的收入，可按规定将一定比例纳入学校公用经费；可按规定在合理扣除直接成本后，按不超过60%的比例提取补充单位绩效工资，并在核定的绩效工资总量之外单列管理。职业院校要完善校内分配制度和教师工作绩效考核办法，将培训服务课时量和培训成效等作为教师工作绩效考核的重要内容，并向承担培训任务的一线教师倾斜。

（四）加强重点项目建设

职业院校要积极开展标准化培训基地、高水平培训实训基地、校企共建创业孵化器（就业创业基地）、校企共建企业大学、典型培训项目、培训师资队伍等重点培育建设。省教育厅将根据教育部工作安排适时组织重点项目遴选推荐。

（五）做好工作总结

职业院校要及时总结开展培训工作的经验做法和典型案例，广泛宣传、争取支持；要按照教育部职业教育与成人教育司《关于做好〈职业院校全面开展职业培训 促进就业创业行动计划〉实施工作有关事项的通知》（教职成司函〔2019〕104号）（附件2）要求，填报《行动计划实施绩效信息采集表》，并在职业院校质量年度报告中设置职业培训专章并面向社会公布。

三、各司其职推进培训工作

（一）加强指导和督促

省教育厅将成立专家委员会，负责职业培训工作的研究、咨询和指导等；将高等职业院校职业培训工作成效纳入创新强效考核和资金安排的考虑因素，将各地市中等职业学校培训工作成效纳入省级以上财政奖补资金安排的考虑因素；研制职业培训成果登记储存实施细则，依托广东终身教育学分银行开展职业培训成果的储存和应用。

（二）强化部门协同

各地教育、人力资源社会保障、发展改革、工业和信息化、财政、住房城乡建设、农业农村、退役军人事务、国资委、扶贫、工会、共青团、妇联、残联等部门（单位）要加强沟通协作，积极支持职业院校承担补贴性培训项目、本部门（行业）及相关领域的培训项目，共同帮助职业院校协调解决开展培训工作中遇到的实际困难和问题。各地教育部门要积极争取有关部门支持，将《行动计划》《"广东技工"工程实施方案》《实施方案》中有关支持职业院校开展职业培训的政策落细落小落地。

（三）"行企校"三方积极联动

鼓励行业企业联合职业院校共建高水平培训实训基地、创业孵化器、企业大学、继续教育基地、培训资源开发中心，广泛开展企业职工技能培训、就业创业培训、现代学徒制人才培养等。支持企业设立职工培训中心、高技能人才培训基地和技能大师工作室，企业可通过职工教育经费提供相应的资金支持，并按规定享受就业补助资金。支持行业企业联合职业院校组建职工培训集团等，发挥各方资源优势，共同开展补贴性培训、中小微企业职工培训和市场化社会培训。

附件：1. 教育部办公厅等十四部门关于印发《职业院校全面开展职业培训 促进就业创业行动计划》的通知（略）

2. 关于做好《职业院校全面开展职业培训 促进就业创业行动计划》实施工作有关事项的通知（略）

广东省教育厅　广东省人力资源和社会保障厅
广东省发展改革委员会　广东省工业和信息化厅
广东省财政厅　广东省住房和城乡建设厅
广东省农业农村厅　广东省退役军人事务厅
广东省人民政府国有资产监督管理委员会
广东省扶贫开发办公室　广东省总工会
共青团广东省委员会　广东省妇女联合会
广东省残疾人联合会
2020年1月26日

广东省教育厅关于加强广东省中小学教师校本研修工作的指导意见

（粤教继〔2020〕1号）

各地级以上市教育局，各省级中小学教师发展中心，省属中小学校：

根据《中共广东省委广东省人民政府关于全面深化新时代教师队伍建设改革的实施意见》精神，按照"建立与学校整体发展、教师专业发展相统一的校本培训制度"的要求，为进一步发挥校本研修（含园本研修，下同）的优势，提高校本研修的针对性和实效性，促进中小学（含幼儿园、特殊教育学校，下同）教师专业发展，建设高素质专业化创新型的教师队伍，特制定关于加强广东省中小学教师校本研修工作的指导意见。

一、指导思想

以习近平新时代中国特色社会主义思想为指导，全面贯彻党的教育方针，落实立德树人根本任务，以教育改革发展需求为导向，以促进教师专业发展和学校（含幼儿园、特殊教育学校，下同）发展为重点，以提升我省中小学课堂教学质量为中心，以"示范带动、校际联动、全面推动"为策略，以"分级管理、专业指导、科学评价"为保障，着力打造"一校一案""一科（幼儿园指年级，下同）一策""一师一题"的广东校本研修新模式，不断促进校本研修工作的科学化和规范化，全面构建校本研修新生态，积极推进我省基础教育高质量发展。

二、研修目标

校本研修应坚持立德树人的要求，立足培养目标和学校实际，在各级教师专业发展机构和培训、教研、电教等机构的指导下，聚焦学生（含幼儿，下同）成长过程中出现的普遍性和发展性问题有效开展研修，切实提高教师专业能力水平，提升学校教育教学质量。

1. 促进教师专业发展。校本研修要按照"四有"好教师标准，立足建设一支适应新时代发展需要的高素质专业化创新型的教师队伍，以教师专业标准为引领，研究和解决教育教学的实际问题，探索在不同学校场域、学科情境中的教师成长规律，着力提高教师师德修养，更新教育观念，优化知识结构，提高教育教学能力和教育创新能力，促进教师专业成长。

2. 提高学校办学水平。将校本研修作为学校变革的内生力量，根据本校发展规划和工作重点，结合本校教育教学实际，研制校本研修方案，有序实施校本研修，及时生成研修成果，服务学校教育文化和办学特色打造，满足学校发展需要，全面提高教育教学质量和办学水平。

3. 打造广东校本研修新模式。大湾区背景下的珠江三角洲、粤东西北地区学校要立足区域发展实际，创造性地开展具有区域特色的校本研修活动。学校要立足本校实际，形成促进学校和教师发展的研修模式，要与学科教学紧密结合，聚焦课堂教学，学习研究课程标准、教材教法和教学评价，形成体现不同学科特点的研修方法，着力打造一批具有广东特色、在全国具有影响力的校本研修新模式。

三、研修要求

校本研修要遵循教育规律和教师成长规律，以教育教学现实问题为突破口，严格落实各项研修要求，确保研修质量。

1. 明确研修定位。校本研修是基于学校，为了学校和教师发展的研修活动，以校本教研为核心，以促进教师发展为重点，以提升教育质量为目标，强化研修一体，精准施训。校本研修应坚持问题导向和实践导向，注重按需施训，学用结合，体现教师专业发展目标和教育教学问题解决、教学研究的有机统一，彰显学校在校本研修的决策、实施和管理方面的主体地位。

2. 规范研修环节。按照"需求导向化、项目主题化、主题序列化、成果显性化"的原则，强化校本研修各环节管理，科学制定研修方案，精心选择研修主题，精准设计研修过程，有效开展研修活动，科学组织研修评价，规范建立研修档案。

3. 整合研修资源。学校要充分利用推进教育信息化的契机，开展以校为本、基于课堂、应用驱动、注重创新、精准测评的校本研修，充分利用教育信息化活动生成的课程资源开展校本研修工作。充分利用各类培训项目资源充实校本研修资源，注重发挥教研员、名教师、名校长、名班主任作用，培养本校学科带头人。充分利用校内外专家资源，加强校际交流合作，提高校本研修的针对性和实效性。

4. 创新研修模式。各地各校要立足区域发展实际，与学科教学紧密结合，开展形式灵活、内容丰富、针对性强的研修活动。县（市、区）教研员应充分发挥校本研修专业支撑作用及校际、区域校本研修联动的引领作用。坚持改革创新，构建"一校一案""一科一策""一师一题"的校本研修新模式，即每一所学校要制定有特色的校本研修计划和方案，每一个学科要制定学科发展的研修策略，每一位教师要有自己教育教学研究的课题。要充分运用先进网络信息技术手段，满足教师个性化的学习需求，依托省、市教育资源公共服务平台和网络学习空间等，搭建教师互动和交流平台，建立即时沟通的网络学习型组织，充分发挥工作坊的作用，有效开展智慧研修，促进教师共同成长。

5. 健全研修机制。发挥中小学校在校本研修的主体作用，保证学校开展校本研修活动的自主权。建立和完善校本研修组织实施、学时学分认定和科学评价制度，推动校本研修的科学化和规范化。健全校本研修激励机制，注重荣誉激励，通过开展校本研修先进个人、优秀团队等评选活动，激发教师参加研修的积极性，让每一位教师都成为校本研修的主角。

四、研修内容

校本研修内容可分为两大领域：一是教师发展领域。研修内容包括教师的师德与修养、知识与技能、实践体验等综合素质提升。其中师德与修养包括教师应秉持的基本职业道德与文化修养等内容，可涵盖教育政策法规、教育价值观、师德修养、教师行为准则等模块；知识与技能包括教师专业发展所需的各类学科知识、通识教育知识、教育专业知识、教育教学管理能力等内容，可涵盖课程开发与实施、教学基本功与技能提升、班主任工作与班级管理、现代信息技术运用、职业生涯规划、教师心理健康等模块。二是学校发展领域。研修内容包括促进学校发展所需的各类内容，可涵盖学校发展规划与改进计划、学校文化、教科研共同体建设、精品课程、特色课程和品牌活动创建、家庭、社会和学校沟通合作等模块。

校本研修要根据当前基础教育改革发展要求，结合学校实际，有针对性选择研修内容，突出重点，讲求实效。

1. 幼儿园的园本研修要围绕保教知识与方法、幼儿发展与教育、保教策略与艺术、保教反思与研究、家庭教育与家校合作、教育改革与素养等内容，强化促进教师观察儿童和指导儿童活动的能力。

2. 义务教育阶段学校的校本研修要突出新课程、新教材、新方法、新技术内容，强化教师育德、课堂教学、作业与考试命题设计、实验操作和家庭教育指导等能力。

3. 普通高中阶段学校的校本研修要突出教师新课程新教材实施、学生发展指导和走班教学管理能力，强化新高考制度下课程教学改革能力、学科和学校特色构建等能力。

4. 特殊教育学校的校本研修要围绕学科内容与教法、特殊儿童身心发展与管理、特殊教育教学策略与艺术、个别化教育计划制订、教学反思与研究、教育改革与教育素养等内容，强化提升教师特殊教育课程教学改革能力。

五、研修方式

校本研修要做到集中研修与分散研修、专题研修与系统研修、线上研修与线下研修相结合，着力提升研修品质。研修方式可分为自我反思、同伴互助、专家引领、网络协作等。学校可根据研修需要，综合运用系列讲座、课例研究、课题带动、专题研讨、探究反思、观察分析、读书沙龙、教学论坛、师徒带教、网络研修等形式。

1. 自我反思。强调教师是校本研修活动的主体，通过对教学经验与问题的梳理与探究，促进理念转变与能力提升。具体可用反思日记、教育叙事、案例分析、小课题研究等方式。

2. 同伴互助。强调教师群体的共同实践、反思与探究，通过相互间的信息交流、经验分享、专题研讨，达到专业提升与问题解决的目的。具体可采用集体备课、同课异构、观课议课、小组研讨、工作坊研修等方式。

3. 专家引领。强调依托高校研究，通过专家针对性、示范性、指导性的引领，推动教师队伍的专业成长。具体可采用专家讲座、师徒结对、教学诊断、课题指导、名师工作室等方式。

4. 网络协作。强调运用先进的网络信息技术，满足教师个性化的学习需求，搭建教师互动、交流的平台，建立即时沟通的网络学习组织，有效开展智慧研修。具体可采用云课程资源、异地同步课堂、网络课堂等方式。

六、组织实施

以"示范带动、校际联动、全面推动"为策略，推进我省中小学教师校本研修工作。

1. 示范带动。制定校本研修（校本教研，下同）示范学校遴选条件，采取竞争性申报方式，在全省范围内分区域、分学段、分类别，遴选约200所省级校本研修示范学校。市、县（市、区）也应遴选一定数量的校本研修示范学校。加强校本研修示范学校的管理，优先推荐示范学校校长、教师参加省级高端研修、出国（境）研修等方式，支持校本研修示范学校建设。

2. 校际联动。成立跨区域校本研修合作联盟，建立示范学校之间、示范学校与乡村薄弱学校之间的协作机制，带动乡村薄弱学校校本研修协同发展。通过总结提炼示范学校经验、组织现场观摩会、现场诊断指导会、出版典型案例等形式，发挥校本研修示范学校的辐射和引领作用。

3. 全面推动。教育行政部门将校本研修纳入基础教育教学整体发展规划，多部门统筹协作，全面推进校本研修工作。要完善校本研修相关政策，建立校本研修方案备案制度，完善校本研修信息化管理平台，推动校本研修工作的常态化。要建立全方位、多层次的宣传机制，开展校本研修典型案例和精品课程评选活动，为推动校本研修工作营造良好氛围。要建立校本研修科学评价制度，定期开展校本研修工作绩效评价，不断提升校本研修专业化水平。

七、组织保障

1. 省教育行政部门负责全省中小学教师校本研修工作宏观指导，负责制定校本研修相关政策。成立"广东省中小学教师校本研修项目办公室"，成员由省教师继续教育指导中心、省教育研究院和广东第二师范学院相关负责人共同组成，项目办公室设在省中小学校长培训中心，具体负责全省中小学教师校本研修业务指导工作。省级中小学教师发展中心负责校本研修骨干教师培训、校本研修专家团队组建等工作，为中小学校开展校本研修提供相关课程资源。

2. 地市教育行政部门负责本辖区校本研修组织管理，负责制定校本研修相关政策，负责县（市、区）校本研修工作的指导和考核。市级教师发展中心负责做好校本研修骨干教师培训、专家团队组建工作，负责校本研修巡回指导，为中小学开展校本研修提供相关课程资源。

3. 县（市、区）教育行政部门是校本研修管理责任主体，负责制订本辖区校本研修规划和实施方案；建立区域中小学校本研修管理平台，做好辖区内校本研修计划备案工作；定期开展校本研修检查和指导，按要求做好校本研修学时认定工作；落实校本研修专项经费；将校本研修纳入学校和校长考核指标体系等。县（市、区）教师发展中心协助做好区域校本研修平台管理；做好学校校本研修计划审核、过程监管和绩效评估工作；为中小学校开展校本研修提供课程资源；做好校本研修经验交流工作，宣传推广校本研修先进典型和经验。

4. 中小学校是校本研修实施的责任主体，校长是校本研修第一责任人。学校要成立以校长为组长的校本研修工作小组，负责制定学校教师专业发展计划和研修计划；指导教师制定个人研修计划，制定和完善校本研修管理制度；组织校本研修项目申报，负责校本研修实施工作，做好校本研修绩效评估，凝练校本研修特色，打造校本研修新模式；组建以本校学科带头人和校外专家为主的研修团队；做好校本研修档案资料管理；按有关要求做好校本研修学时登记工作。各级各类学校应做好校本研修年度经费预算，在"按学校公用经费10%比例安排教师培训费"中安排校本研修经费，确保校本研修工作顺利进行。

广东省教育厅
2020年11月13日

广东省教育厅关于进一步规范普通中小学招生入学工作的指导意见

(粤教基〔2020〕3号)

各地级以上市教育局，广东实验中学、华南师范大学附属中学、华南师范大学附属小学：

为深入贯彻落实党的十九大和全国教育大会精神，全面贯彻党的教育方针，落实立德树人根本任务，规范普通中小学招生入学秩序，切实维护教育公平，努力让每个孩子都能享有公平而有质量的教育，根据《中华人民共和国义务教育法》《中华人民共和国民办教育促进法》《中共中央 国务院关于深化教育教学改革 全面提高义务教育质量的意见》《国务院办公厅关于新时代推进普通高中育人方式改革的指导意见》等法律法规文件精神，现就进一步规范我省普通中小学招生入学工作提出如下指导意见。

一、规范义务教育招生行为

（一）坚持免试就近入学

免试就近入学是《中华人民共和国义务教育法》确立的基本入学制度。所有公办民办学校都要严格遵守并全面落实义务教育免试入学规定。小学一般采取按地段对口方式入学，初中一般采取按地段对口入学、小学对口直升或电脑派位摇号等方式入学。实行对口直升的，要按照强弱结合原则合理调配对口直升的初中和小学，保障入学机会公平。严禁学校通过举办相关培训班或与社会机构合作提前选拔或特殊培养学生，严禁以各类考试、竞赛、夏（冬）令营、研学活动、培训成绩或证书证明等作为招生依据或参考，不得以面试、评测等名义选拔学生。坚决整治公办民办学校以面试、面谈、人机对话、简历材料等方式为依据的"掐尖"招生、提前招生、违规争抢生源的行为，坚决防止对生源地招生秩序造成冲击。

（二）合理确定招生范围

县级教育行政部门要严格按照"学校划片招生、生源就近入学"的目标要求，综合考虑适龄学生人数、学校分布、学校规模、交通状况等因素，采取单校划片（对口直升）或多校划片等方式，为每所公办义务教育学校划定服务片区范围，确保各片区之间教育资源大致均衡。在对学校原招生范围进行较大调整时，要充分听取群众意见，审慎论证，提前公告。片区确定后，应在一段时期内保持相对稳定。民办义务教育学校应在审批地教育行政部门核定的招生范围内招生，原则上主要面向学校所在县（市、区）招生。

（三）加强招生计划管理

各地教育行政部门要结合学校办学规模、办学条件及省定班额标准等，科学核定公办民办学校招生计划，于招生工作启动前1周向社会公布。严禁超计划招生。严格控制存在大班额和大校额学校的招生计划，确保在零增量的基础上逐步消除现有大班额。从2020年起，全面取消各类特长生招生，各地不得再核准各义务教育阶段学校特长生招生计划。高等学校附属中小学校和省、市属中小学校的招生计划须按程序报主管教育行政部门核准。

（四）规范民办学校招生行为

各地教育行政部门要按照"谁审批、谁负责"的原则，将民办义务教育学校招生纳入审批地统一管理，与公办学校同步招生。要进一步加强对民办学校招生工作指导和管理，完善民办学校招生简章及公告的备案管理办法，统一规范学生报读民办学校的方法和途径。从2020年起，对报名人数超过招生计划数的民办学校，全部实行电脑随机摇号录取。办学层次同时包括小学和初中的民办学校，应首先通过直升或电脑随机摇号方式招收本校自愿报读初中的小学毕业生，剩余的招生计划应公开报名，实行电脑随机摇号录取。民办学校电脑随机摇号录取的具体实施办法（或细则）由地级以上市教育行政部门统一制定，由各县（市、区）教育行政部门统一组织实施。电脑随机录取工作要做到全程录像，并邀请公证机构人员、纪检人员、人大代表、政协委员、新闻媒体代表和学生家长代表全程监督。各地向民办学校购买学位的入学办法,由属地教育行政部门具体制定。

(五)建立招生预警机制

各地教育行政部门要主动加强与人口信息管理部门沟通协调,建立常住人口和户籍人口数据信息共享机制,加强对学龄人口变化趋势的预测分析,建立完善学位预警机制。对出现适龄儿童入学需求持续增长、学位供给紧张情况的区域和学校,要提前采取应对措施,根据需要适时调整招生入学政策,科学制定学位分配办法及学生分流安排方案,及时通过官网、官微和主流媒体向社会发布预警提示,必要时可通过新闻发布会等形式扩大宣传,合理引导家长预期。鼓励各地探索研制招生电子地图,便于实时分析研判各学区学位供给动态变化情况,方便学生家长便捷查询各学校招生范围及学位供给信息。

(六)依法保障学生入学权利

各地教育行政部门和学校要严格落实《中华人民共和国义务教育法》《中华人民共和国未成年人保护法》等法律规定,依法保障适龄儿童少年接受义务教育的权利。适龄儿童少年因身体状况确需延缓入学或者休学的,其父母或者其他法定监护人应当提出申请,由当地乡镇人民政府或者县级人民政府教育行政部门批准。各地要严格履行控辍保学法定职责,落实联控联保工作机制,落实失学辍学学生劝返、登记和书面报告责任制度,建立完善控辍保学工作台账,共同做好控辍保学工作。

(七)简化证明材料要求

各地教育行政部门要按照国家和省有关要求,坚持"确有必要、从严控制、减证便民、优化服务"的原则,合理设定入学证明事项,并全面清理核查已设定的要求学生提供的各种入学证明材料,实行清单制管理。对通过法定证照、法定文书、书面告知承诺、政府部门内部核查和部门间核查、网络核验等能够办理,能够被其他材料涵盖或者替代,开具单位无法调查核实,或者不适应形势需要的证明事项,原则上应全部取消。严禁各地各校随意增加证明事项和材料的行为,清理群众办事堵点痛点,打通服务群众的"肠梗阻"。对省已明确要求取消的延缓入学就医证明、台湾人士子女入学证明和照顾录取证明等,要及时更新办事指南,防止出现管理和服务真空。

二、加强普通高中招生管理

(一)推进招生录取模式改革

积极稳妥推进高中阶段学校考试招生制度改革,加强中考改革研究,不断完善招生录取模式,建立完善工作机制。在试点基础上,全省从2020年初中一年级新生开始实施基于初中学业水平考试成绩、结合综合素质评价的招生录取办法改革。各地要根据实际优化初中学生综合素质评价指标体系,制定综合素质评价实施办法,指导初中学校健全综合素质评价工作机制。

(二)完善自主招生办法

要坚持阳光招生,加强对普通高中自主招生各环节的监管,做到招生规范有序、公开透明。各市可给予有条件的普通高中一定数量的自主招生名额,其中公办学校自主招生比例控制在学校年度招生计划的10%以内。自主招生对象为具有创新潜质和学科特长的学生,体育、艺术、科技等特长特色类型招生均纳入自主招生范围。招生学校须提前主动公开经主管部门备案的自主招生方案(含招生范围、计划、标准、办法和程序等),并根据招生方案、学生学业水平考试成绩、学生综合素质评价情况等开展自主招生,主动公开自主招生的各环节和录取结果。

(三)落实指标到校政策

认真落实指标到校政策要求,优质普通高中学校要安排不低于50%的招生名额,主要按初中学校在校生数,直接分配到区域内各初中学校(含民办),并适当向薄弱初中、农村初中倾斜,促进义务教育均衡发展和初中教育质量全面提高。名额分配招生采用单独批次、单独录取的招生办法,原则上不得设"限制性"分数线。从2020年入学的初中一年级新生起,普通高中学校名额分配招生一律不得设"限制性"分数线。

(四)规范学校招生行为

各地要根据省指导性招生任务,统筹考虑普通高中学校办学规模、办学条件和初中毕业生情况,合理确定普通高中招生计划,不得超省定班额标准招生。公办民办普通高中按审批机关统一批准的招生计划、范围、标准和方式同步招生,严禁违规争抢生源、"掐尖"招生、跨审批区域招生、超计划招生和提前招生。各地公办民办普通高中面向审批地招生,原则上不得跨地市招生。规范执行国家规定的特殊群体等加分政策。完善并落实本地区进城务工和港澳人员随迁子女参加中考的相关政策。

三、保障特殊群体受教育权利

(一)保障随迁子女入学权利

各地要认真落实国家"两为主、两纳入"要

求，强化流入地政府责任，进一步提高进城务工人员随迁子女在公办义务教育学校就读的比例，完善以居住证为主要依据的随迁子女入学政策，坚持以公办学校为主安排随迁子女就学，公办学校学位不足的可通过政府购买服务等方式安排随迁子女在普惠性民办学校就读，为其在父母或者其他法定监护人工作或者居住地提供平等接受义务教育的条件。实行随迁子女积分入学的地方，要合理设置积分条件，确保符合条件的随迁子女能够应入尽入。持有香港、澳门居民居住证的港澳居民或其随迁子女来我省接受义务教育的，按照"欢迎就读、一视同仁、就近入学"原则，平等享受当地随迁子女入学相关政策和基本教育公共服务。

（二）加强留守儿童入学管理

各地教育行政部门要主动与民政部门对接，重点做好无人监护、失学辍学等农村留守儿童就学保障工作，加强对农村留守儿童等控辍保学重点群体就学情况的监控，落实控辍保学责任，全面建立农村留守儿童档案并在学籍系统进行标注，准确掌握在校留守儿童信息。县级教育行政部门要会同乡镇人民政府（街道办事处）指导各中小学校、村（居）民委员会采取电话沟通、入户家访等方式，对不在学的适龄农村留守儿童逐一核查，并做好劝返复学工作。

（三）保障贫困家庭子女入学

各地教育部门要会同财政、扶贫、民政等部门把建档立卡等家庭经济困难家庭子女（含非建档立卡的家庭经济困难残疾学生、农村低保家庭学生、农村特困救助供养学生）接受义务教育作为教育精准扶贫的重要内容，按照"一家一案，一生一案"原则，制订帮教方案，落实家庭经济困难学生的资助政策，保障所有建档立卡贫困家庭子女顺利完成义务教育，确保孩子不因家庭经济困难而失学辍学，实现义务教育有保障。

（四）做好残疾儿童少年义务教育招生入学工作

按照"全覆盖、零拒绝"的要求，以融合发展为导向，以普通学校为特殊教育发展主阵地，优先采用普通学校就读的方式，就近安排能接受普通教育的适龄残疾儿童少年就读。加强市级统筹，指导市、县（市、区）特殊教育学校科学设置招生类别，统筹安排不能接受普通教育的适龄残疾儿童少年进入特殊教育学校就读。适龄残疾儿童少年需要专人护理、不能到学校就读的，采取送教进社区、进儿童福利机构、进家庭或者远程教育等方式实施义务教育。

（五）做好残疾人普通高中招生入学工作

地市特殊教育学校举办的残疾人普通高中部，应面向全市招生；县（市、区）特殊教育学校举办的残疾人普通高中部，应面向全县（市、区）招生。普通高中要积极招收符合录取标准的残疾考生随班就读，不得因其残疾而拒绝招收。招生考试机构应为残疾学生参加中考提供合理便利。

（六）落实各类教育优待政策

各地要贯彻落实好国家和省的各项教育优待政策，按照有关政策要求妥善解决好烈士子女、符合条件的现役军人子女及复退军人子女、公安英烈和因公牺牲伤残公安民警子女、国家综合性消防救援队伍人员子女、引进高层次人才子女、台胞子女、华人华侨子女、优秀归国留学人员子女等各类优抚优待对象的入学问题，进一步优化细化入学程序，简化入学流程要求，将各类教育优待政策落到实处。

四、加强新生入学管理

（一）加强学生分班管理

义务教育阶段学生实行均衡编班，严禁举办重点班，包括以特长班、特色班、快慢班、尖子班、兴趣班和"奥赛"班、国际班等名义的变相重点班。义务教育学校在编班时，要严格按照省定标准班额要求，以及男女生比例相对均衡原则和随机原则将男、女学生分配各班，均衡配置各班师资力量，不得按学生成绩进行编班，不得为编班进行任何形式的考试或测试。普通高中学校要根据普通高中课程方案和学生选课情况，合理排课编班，科学制订选课走班指南和课程实施方案，确保课程之间、年级之间的均衡性和学科学习的连贯性。

（二）严格规范学籍管理

学校应当从学生入学之日起1个月内为学生建立学籍档案，其中，残疾程度较重、无法进入学校学习的学生，由承担送教上门的学校建立学籍。学校要严格落实"一人一籍，籍随人走"的学籍管理要求，不得以虚假信息建立学生学籍，不得重复建立学生学籍，不得擅自删除学生电子学籍信息。对于未经学校批准，不按学校规定期限到校办理注册者，不予以建立学籍。各地教育行政部门要加强对学籍工作的核查，及时查处和纠正学籍建档过程中的不规范行为，严禁"人籍分离""双重学籍"等情况出现。

五、健全工作保障机制

（一）落实属地管理责任

各地要切实落实属地管理责任，加强普通中小学招生入学工作管理，将高等学校附属中小学校以及省属、市属中小学校的招生入学工作纳入学校所在地教育行政部门统一管理，制定和完善中小学招生入学政策以及工作实施细则，明确工作目标，完善工作方案，细化工作措施，明确工作时间表，优化招生入学流程，压实工作责任。2020年2月底前，各地要制定出台规范普通中小学招生入学的具体实施办法。教育部门要会同住建、市场监管等部门加强对房地产开发商以"名校""学位"等旗号开展虚假营销行为的治理。加强舆论宣传引导和风险研判，制定完善应急预案，健全应急机制，及时发现并妥善处置苗头性、倾向性问题，快速稳妥处理突发事件，确保招生入学工作平稳有序、和谐稳定。

（二）优化资源均衡配置

各地要主动适应新型城镇化、户籍制度改革和人口政策调整以及实现教育现代化需要，依据区域内城乡人口流动、学龄人口变化趋势，合理规划中小学校布局，有序推进规划学校建设，保障充足的学位供给。民办义务教育学生占比偏高的地方，要采取措施积极扩大公办教育资源。努力办好每一所学校，改善学校办学条件，统筹城乡师资配置，全面推进中小学教师"县管校聘"管理改革，着力解决乡村教师结构性缺员和城镇师资不足问题，积极推进集团化办学和学区化管理，扩大优质教育资源覆盖面，推动义务教育优质均衡发展和普通高中优质特色发展，努力从根本上破解"择校热"问题。

（三）推进招生信息化建设

各地要积极推进"互联网+招生"建设，市或县（市、区）级教育行政部门要统一建设中小学招生入学服务平台，推进中小学招生入学工作公开化、标准化、规范化和信息化，确保2020年民办义务教育学校招生实现网上统一报名和电脑随机派位摇号等功能。要按照"让信息多跑路，让群众少跑腿"要求，采取可信身份认证、电子证照、部门内部信息互通、跨部门信息共享等措施，实现入学报名信息、学生学籍、学生综合素质评价等数据的有效对接，简化优化入学报名、材料核验和资格审核流程，提高普通中小学招生入学工作管理的信息化应用水平。

（四）大力推进阳光招生

各地各校要按照《教育部办公厅关于印发〈义务教育领域基层政务公开标准指引〉的通知》要求，落实信息公开制度，通过简章、网站、官微等途径及时主动向社会特别是广大学生家长公布招生政策、招生计划、招生范围、招生结果、咨询方式等信息。在招生入学关键环节和关键时间，及时、主动、准确、全面做好招生入学核心政策和群众关心政策的宣传释疑工作，加强舆论引导，及时回应人民群众关切。出台群众关心的招生入学政策和重大改革措施时，要广泛征求群众意见，加强风险评估，做好宣传引导。

（五）深化违规招生治理

各地要加强对招生入学工作的监督检查，建立完善招生入学监督工作机制，主动公布招生咨询方式、投诉举报电话和电子信箱，畅通举报和申诉受理渠道，主动接受社会监督，及时处理群众来信来访，解决招生工作过程中出现的突出问题，化解矛盾。建立违规问题曝光机制和通报制度，完善违纪举报和申诉受理机制，健全违规招生查处和责任追究机制。各地教育督导部门要将中小学招生入学工作纳入责任督学日常督导范围，适时对辖区内招生入学政策落实情况开展督导，严肃查处违反教育部"十项严禁"和省教育厅"六项规定"等招生政策和纪律要求以及扰乱中小学入学招生秩序的行为，对于造成不良影响或严重后果的单位和学校，视情节轻重给予约谈、通报批评、追究相关人员责任、责令主管部门核减招生计划等处罚措施。依法查处以在家学习、接受"私塾""读经班"等培训替代国家统一实施的义务教育的行为。

（六）压实政府履职责任

对于未落实《中共中央 国务院关于深化教育教学改革全面提高义务教育质量的意见》中"严禁以各类考试、竞赛、培训成绩或证书证明等作为招生依据，不得以面试、评测等名义选拔学生；民办义务教育学校招生纳入审批地统一管理，与公办学校同步招生；对报名人数超过招生计划的，实行电脑随机录取"要求，或者出现辖区内义务教育阶段违规考试招生〔包括以各类培训机构、体验课、夏（冬）令营、编程班、研学活动等方式变相考试选拔生源〕行为的，视同为落实中央和国家重大政策不力，纳入市县级人民政府履行教育职责评价，视情况分别给予核减分数或者降低评价等级处理。

本指导意见自2020年2月20日起实施，有效期5年。

广东省教育厅
2020年1月19日

关于推进中小学幼儿园集团化办学的指导意见

(粤教基〔2020〕19号)

各地级以上市教育局、党委编办、财政局、人力资源社会保障局,省属中小学、幼儿园:

为进一步深化基础教育综合改革,创新办学模式,提高管理效益,根据省委、省政府关于推动基础教育高质量发展的有关文件精神,现就推进我省中小学(幼儿园)集团化办学工作提出如下指导意见。

一、总体要求

(一)指导思想

以习近平新时代中国特色社会主义思想为指导,深入贯彻落实党的十九大和十九届二中、三中、四中全会精神以及全国教育大会精神,全面落实全省教育大会精神和工作部署,紧紧围绕加快推进教育现代化、建设教育强省、办好人民满意教育的目标,深化基础教育管理体制和办学模式改革,优化教育资源均衡配置,提高管理效益,整体提升全省基础教育发展的平衡性和协调性,推动我省基础教育高质量发展,让每个孩子享有更加公平更高质量的教育。

(二)发展目标

通过实施中小学(幼儿园)集团化办学,完善办学的体制机制,充分发挥优质教育资源的辐射带动作用,彰显集团化办学的优势,推动集团内各成员学校的共同发展,扩大优质教育资源覆盖面和受益面,不断缩小区域、城乡、校际差距,努力破解基础教育发展不平衡不充分问题,努力满足人民群众"上好学"的需求。

到2022年,全省建立形成中小学(幼儿园)集团化办学的良好发展态势;培育创建不少于100个省级优质特色教育集团,充分发挥省级优质特色教育集团的辐射带动作用;每个地市至少创建2个省级优质特色教育集团,举办一批有特色有影响的本地优质教育集团。

二、推进举措

(一)优化集团化办学布局

1. 探索多种集团化办学模式。各地要深入总结、相互借鉴现有优质教育资源(学校)办分校、托管、合作办学、教育联盟等集团化办学的经验,加强对集团化办学模式机制创新、办学瓶颈与难点突破等问题的研究,积极探索多校协同、区域组团、同学段联盟、跨学段联合、委托管理、多法人组合、单法人多校区、九年一贯制、十二年一体制等多种集团化办学模式。鼓励将农村学校、薄弱学校、新建学校等纳入教育集团管理,提升办学质量。支持各地采取优质学校设立分校区、优质学校委托管理薄弱学校、新建学校划归优质学校管理等方式组建紧密型的教育集团。积极引导社会力量举办的高水平非营利性民办学校、优质民办学校牵头组建教育集团。鼓励公办、民办中小学(幼儿园)开展资源共享、人才交流和深度合作。

2. 统筹区域内集团化办学。各地要采取办学主体自主组合、政府引导组合等多种方式,以区域内一所优质品牌学校或者优质教育资源(以下简称核心校)为龙头,与区域内其他学校组建教育集团,制定共同的教育发展愿景与目标,实现区域内优质教育资源共建共享,推动集团内各成员校同步、优质、均衡、特色发展。鼓励县(市、区)以义务教育学校、幼儿园为主体组建县域内的教育集团,鼓励地市以优质特色普通高中为核心校组建市域内的教育集团。县域内集团化办学应与学区化管理同步推进实施。各县(市、区)要按照地理位置相对集中原则,因地制宜地将辖区内若干所幼儿园和义务教育学校组成资源共享、交流合作和共同发展的学区,实现学区内学校横向连通、纵向衔接、优势互补。积极推动城区优质教育资源向周边地区辐射,促进学前教育普惠健康发展,义务教育优质均衡发展,普通高中多样化有特色发展。

3. 推动跨区域集团化办学。鼓励各地市之间、市域内各县区之间、市属学校与县区学校之间广泛开展基础教育领域的办学合作,组建跨市域、跨县域的教育集团,实现优质教育资源利用效益最大化。推动珠三角地区与粤东西北地区加强合作,以珠三角优质中小学、幼儿园为核心校组建教育集团,带动提升粤东西北基础教育水平。广州、深圳应积极发挥粤港澳大湾区核心城市作用，推动组建辐射大湾区的教育集团，促进大湾区基础教育协同发展。支持省属中小学与粤东西北地市和珠三角学位紧缺的地市深度合作，通过建立分校区、委托管理等形式开展集团化办学。吸引省内外知名高校、科研院所以及省外优质品牌学校与我省中小学、幼儿园合作，创办教育集团，创新人才培养模式，培育优质学校。鼓励有条件的学校加强与港澳台及国外教育机构交流合作。省级优质教育集团要通过多种办学形式，进行跨地区示范辐射。优质教育资源的引入地要在学校用地规划、校园建设、财政投入、人员编制、教师待遇等方面给予不低于本地优质教育集团的优惠条件。

4. 合理确定集团办学规模。各地要根据当地教育发展需求，综合考虑资源条件、辐射幅度、保障能力和实际效果等因素，科学规划教育集团发展，合理控制教育集团办学规模，避免单一校区规模过大、在校生人数过多。要防止出现集团规模过大导致办学质量滑坡，以及简单化贴牌管理等负面影响，避免优质教育资源稀释。原则上一个教育集团覆盖的学校（分校区）数不超过9所，覆盖的学生数不超过1.5万人。

（二）健全集团化办学机制

5. 优化内部治理机制。不断完善教育集团基本治理模式，优化内部治理结构。集团内可以建立常设协调管理机构，选派政治素质高、沟通能力强、富有责任心的管理人员承担集团日常管理、协调事务。建立健全集团内部集中决策、民主管理、组织协调等运行机制，完善集团议事规则和决策程序，构建更加开放、更加科学的现代学校制度。紧密型的教育集团可以设立总校长，赋予其管理权限，对集团内部事务进行统筹协调管理，推动实现集团内部管理一体化、课程教学一体化、教师发展一体化、考核评价一体化。非单一法人教育集团的各个成员学校，应通过制定章程、签订多方合作协议等方式，对成员学校权利义务进行明确。

6. 建立成员校成长溢出机制。将教育集团作为不断提升成员校办学水平、不断培育释放新优质资源的载体、孵化器和平台。充分发挥核心校的辐射带动作用，尊重各成员校的主观能动性，共享先进的办学理念、成功的管理模式、优质的课程教学、优秀的管理团队和教师团队等，增强薄弱学校自身造血机能，使其逐步成长，从而增加优质教育资源总量。集团内的成员校达到一定条件后，可以脱离原教育集团。鼓励各地以成长后的成员校为核心校，组建新的教育集团，与薄弱学校共享相关资源、课程、理念和人才。

7. 健全教师交流轮岗机制。各地要加大教师资源统筹力度，在深入推进实施教师"县管校聘"改革的基础上，建立完善支持集团内各成员校之间互派管理人员双向交流、互派教师轮岗交流的制度。鼓励教育集团通过兼课、走教、轮岗、支教等方式，组织教师在各成员校之间流动。通过骨干教师交流、学科基地建设、联校教研活动、特需教师配送等形式，推动骨干教师向集团内的农村学校、薄弱学校、新建学校流动。健全集团内流动教师考评制度，在绩效考核、职称评聘、评先评优、培养培训、选拔任用等方面向农村学校、薄弱学校、新建学校流动的教师倾斜。新任成员校校级领导一般应具有集团内两所以上学校工作的经历（其中每所学校的工作时间不少于1年）。

8. 建立资源共建共享机制。推动集团共建共享优质课程资源，在开齐开足国家课程的基础上，结合集团特点和地域特色，利用集团优势，聚合学校力量，统筹集团内课程规划，开发课程资源，完善课程体系，丰富课程供给，打造特色化、多样化、优质化集团学校课程群，实现国家课程综合化、学科课程层级化、地方课程主题化、校本课程特色化。探索集团内实施教师走教、信息化同步教学等多种教学互动形式。统筹利用集团内各类教学场地资源，建立文体场馆、图书馆、实验室等场地资源和仪器设备的开放共享共用机制。各成员学校的校外教育基地、社会实践基地及其他社会资源应在集团内共享。建立集团内学生活动、家庭教育指导联合运作机制，整体提升德育、智育、体育、美育、劳动教育，以及科技教育、家校合作等方面的水平。

9. 规范招生入学机制。各地要坚持义务教育免试就近入学的原则，指导各教育集团依法依规落实好义务教育阶段招生入学工作要求，小学一般采取按地段对口方式入学，初中一般采取按地段对口入学、小学对口直升或电脑派位摇号等方式入学。成立教育集团的优质普通高中的招生计划名额分配可适当向本市招生区域的集团内农村初中和薄弱初中倾斜。规范民办义务教育招生办学行为，严禁教育集团内通过"掐尖"方式违规招生，严禁教育集团违规跨区域招生，严格落实国家和省关于普通高中自主招生政策要求。集团内各成员学校应按规定做好学籍管理工作，严禁以各种形式借读、挂学籍跨校就读。

（三）提高集团化办学质量

10. 深化教育教学改革。集团内各学校要积极探索基于情境、问题导向的互动式、启发式、探究式、体验式课堂教学，探索项目式学习、研究性学习等跨学科综合性教学，积极开展验证性实验和探究性实验教学。积极探索教学资源开发模式与路径，集中优秀教师开发优质教学资源，包括教学设计、微课、教学案例、教学录像、试题库等。协同高科技企业，建设网络教研平台，开展线上线下相结合的专题研修，推广辐射优秀教学成果。利用信息技术手段全面、及时开展课堂教学诊断，借助数据精准发现和解决课堂教学问题，利用大数据分析形成集团、学校各层面教学质量分析报告，有针对性地采取措施提升集团内各学校的教学质量。

11. 促进教师专业发展。建立健全集团内教师招聘、培训、培养、评价和考核等机制。鼓励有条件的教育集团统一组织教师公开招聘，统一开展新入职教师的岗前培训和跟岗实践。充分发挥集团内名校（园）长、名教师和骨干教师的示范引领作用，通过共建教师发展中心、课程建设中心、名校（园）长名师工作室、特级教师流动站、骨干教师研修共同体等方式，开展教师培训和校本研修，搭建教师成长平台，统筹培养学科带头人和骨干教师，促进集团内教师专业素质整体提升。建立集团内同学段、同学科教研组或备课组，实施教师联合备课、联合教研、合作科研、教学竞赛，激发教师的积极性和创造性。探索建立集团内教师职称统一推荐评审制度，鼓励各地向办学成效显著、管理规范的集团下放教师职称评审权，统一开展教师职称评审。

12. 完善考核评价制度。建立省级优质教育集团评价标准，各地要研制并完善集团化办学发展性考核评价制度，出台本地区优质教育集团评价指标，从学生发展、教师发展、学校发展、社会认可和发展潜能等层面，对集团和各成员校内部治理和运行、优质资源共享、教师队伍建设、办学水平提升等方面全方位开展发展性、捆绑式绩效评估和动态质量监测。加强考核评价结果的使用，将考核评价与解决问题、促进发展相结合。将集团内各成员校的发展情况作为对核心校校长年度绩效考核的重要内容，把参与集团共建作为对其他成员校校长年度绩效考核的重要内容。对集团其他成员校校长及相关管理人员进行年度考核时，应当充分听取核心校校长的意见。有条件的地方可按程序赋权集团核心校对其他成员校进行年度考核。在推进实施校长职级制等改革时向办学质量高的教育集团给予适当倾斜。探索开展集团化办学第三方绩效评估制度，列入教育质量评估指标予以考核。建立集团化办学视导诊断制度，每年定期邀请专家对下辖教育集团办学情况进行诊断和指导。

13. 打造提升集团办学特色。充分发挥教育集团的品牌影响力和文化辐射力，以文化引领各成员校"和而不同"发展。集中集团专业力量，帮助各成员校在提升常规课程教学水平的同时，打造特色课程，凝练办学特色。在尊重各成员校办学实际和文化传统的前提下，凝聚发展共识，凝炼核心价值，共谋发展愿景，发掘培育集团办学特色，丰厚集团文化内涵，培育向善向上、和谐奋进的集团文化，促进集团学校内涵发展，品质提升。各级教师发展机构、教科研机构要发挥引领作用，在课堂改革、课程创新、教师培养、科研实践、质量评价、学校治理等方面，引导教育集团提升内涵，形成发展特色。鼓励师范院校、教科研机构参与集团化办学的实践、研究与指导。

三、保障支撑

（一）加强党的领导

全面加强党对集团化办学工作的领导，把握正确的政治方向和办学方向。充分发挥集团内学校各级党组织政治引领作用，加强教育集团党建、思政、意识形态工作，保证教育集团各成员学校贯彻落实党的教育方针，坚持立德树人，实施素质教育，推动集团化办学在促进教育公平、提高育人质量上取得良好成效。

（二）加强统筹规划

深化教育领域省市县各级政府事权划分改革，坚持义务教育和学前教育以县为主的管理体制，逐步建立普通高中以市为主的管理体制，统筹推进集团化办学各项工作，落实各级政府教育责任。各级教育部门要结合深化基础教育综合改革的实际，研究制定推进集团化办学的实施方案，明确目标任务、主要举措和时间表、路线图。要将集团化办学作为教育督导的重要内容，推进落实支持集团化办学的各项政策措施。

（三）加强部门协同

各级教育部门和组织、宣传、机构编制、发展改革、财政、人力资源社会保障等部门要加强沟通协调，制定完善集团化办学体制、经费投入、教师管理、评价考核机制，打破校际边界，赋予教育集团一定的人事、经费和资源统筹权，为集团化办学营造良好的政策环境。

（四）加强经费保障

各地应建立集团化办学的经费保障机制，对公办中小学（幼儿园）集团化办学给予经费支持。推进集团内各成员学校优质均衡发展，对紧密型集团成员学校之间办学条件有较大差距的，要加大薄弱学校扶持力度。省将对集团化办学成效显著的地区在安排相关专项资金时给予适当倾斜，对集团化办学重大项目及重要课题予以资助。

（五）加强宣传引导

各地要充分发挥各类媒体作用，宣传报道集团化办学优秀典型，大力推广好的经验做法，引导社会各界理解支持集团化办学，关心基础教育改革发展。主动加强舆情管理，及时正面引导，为集团化办学营造良好环境氛围，确保工作平稳推进。

广东省教育厅
中共广东省委机构编制委员会办公室
广东省财政厅
广东省人力资源和社会保障厅
2020年7月31日

广东省教育厅等八部门关于印发《关于加强残疾儿童少年义务教育阶段随班就读工作的实施细则（试行）》的通知

（粤教基〔2020〕29号）

各地级以上市教育局、编办、发展改革局、民政局、财政局、人力资源社会保障局、卫生健康局（委）、残联：

随班就读是保障残疾儿童少年平等接受义务教育的重要途径，是提高社会文明水平的重要体现。近年来，各地落实《残疾人教育条例》要求，大力实施融合教育，推进随班就读工作，学生规模不断扩大，质量稳步提升，但仍存在工作机制不健全、支持保障条件不完善、任课及指导教师特殊教育专业水平不高等突出问题。为贯彻落实党的十九大和十九届二中、三中、四中、五中全会精神，进一步加强随班就读工作管理，提高随班就读工作质量，根据《教育部关于加强残疾儿童少年义务教育阶段随班就读工作的指导意见》要求，广东省教育厅等八部门制定了《关于加强残疾儿童少年义务教育阶段随班就读工作的实施细则（试行）》，现印发给你们，请认真贯彻执行。

广东省教育厅
中共广东省委机构编制委员会办公室
广东省发展和改革委员会
广东省民政厅
广东省财政厅
广东省人力资源和社会保障厅
广东省卫生健康委员会
广东省残疾人联合会
2020年12月21日

关于加强残疾儿童少年义务教育阶段随班就读工作的实施细则（试行）

第一章 总 则

第一条 为加强适龄残疾儿童少年义务教育阶段随班就读工作管理，保障残疾儿童少年受教育权利，依据《中华人民共和国义务教育法》《中华人民共和国残疾人保障法》《残疾人教育条例》《教育部关于加强残疾儿童少年义务教育阶段随班就读工作的指导意见》要求，制定本实施细则（以下简称细则）。

第二条 本细则适用于本省行政区域内招收义务教育阶段适龄残疾儿童少年的普通中小学校（以下简称普通学校）开展随班就读工作。

第三条 以习近平新时代中国特色社会主义思想为指导，全面贯彻党的教育方针，落实立德树人根本任务，培育和践行社会主义核心价值观，以公平融合为导向，强化依法治教、依法治学理念，高度重视关爱残疾学生，健全随班就读工作体系和保障机制，全面实施融合教育，努力提高残疾儿童少年随班就读工作质量和水平。

第四条 随班就读是残疾儿童少年在普通学校同普通学生共同就读、平等接受义务教育的重要途径，是帮助残疾儿童少年更好适应、融入和参与社会生活的重要举措，是全面推进融合教育，促进教育公平的必然要求。

第五条 随班就读工作应坚持公益普惠，科学评估、应随尽随，尊重差异、因材施教，普特融合等原则，全面提高融合教育质量，推动特殊教育公平融合高质量发展。

第六条 省级教育行政部门负责统筹指导全省开展随班就读工作。地级以上市教育行政部门负责本地区随班就读工作的统一规划实施、检查、指导、评估等。县级教育行政部门是残疾儿童少年随班就读工作的责任主体，应将随班就读工作纳入当地普及义务教育整体工作中，加强统筹谋划，建立完善随班就读工作支持保障体系，完善工作机制和管理制度，科学规划随班就读学校布局，优化随班就读资源教室、资源教师等各类教育教学资源均衡配置，统筹做好招生入学、教育安置、学籍管理、教师队伍建设、巡回指导检查等工作，不断提升随班就读质量。

第二章 对象、认定与入学安置

第七条 普通学校随班就读对象，指具有接受普通教育能力的各类适龄残疾儿童少年。

第八条 每年招生入学工作开始前，各级残联应将所有持证适龄残疾儿童少年名册及相关信息提供给当地教育行政部门。县级教育行政部门应组织县级残疾人教育专家委员会，对照残联提供的适龄持证残疾儿童少年名单，依据有关标准对其身体状况、接受教育和适应普通学校学习生活能力等进行科学全面评估，将适宜随班就读的残疾儿童少年妥善安置到普通学校就读。

第九条 实施义务教育的普通学校应当依法依规接收具有接受普通教育能力的适龄残疾儿童少年随班就读，不得拒绝接收，不得歧视或变相歧视随班就读学生。

第十条 残疾儿童少年随班就读的入学年龄与普通儿童少年相同。适龄残疾儿童少年因身体状况需要延缓入学的，其监护人应当提出申请，由当地乡镇人民政府或者县级人民政府教育行政部门批准。

第十一条 县级教育行政部门要结合区域义务教育普通学校分布和残疾儿童少年随班就读需求情况，加强谋划、合理布局，统筹做好学校招生计划，保障随班就读学位，同等条件下按免试就近原则优先安排残疾儿童少年入学。为更好地保障随班就读质量，可以选择同一学区内较优质、条件更加完善的普通学校作为定点学校，相对集中安置残疾儿童少年入学。

第十二条 经评估鉴定为适宜接受普通教育的残疾儿童少年，就近安排到普通学校或教育行政部门指定的普通学校就读；对认定为不适宜接受普通教育且能到校学习的残疾儿童少年，应安排到特殊教育学校就读；对确实不能到校就读的残疾儿童少年，由特殊教育学校或教育行政部门指定的普通学校提供送教上门或远程教育等服务。县级教育行政部门应根据残疾人教育专家委员会意见，对初次安置后确不适应的残疾儿童少年教育方式进行重新评估和调整，保障具备学习条件的适龄残疾儿童少年不失学辍学。

第十三条 普通学校应根据随班就读学生的实际情况进行合理编班，原则上每班以1～2人为宜，最多不超过3人。普通学校开设特教班的，原则上每班不超过9人。

第十四条 除在小学入学时已认定为随班就读的学生外，其他年级学生需要申请随班就读认定的，原则上在学期结束前向学校提出认定申请。经评估后残疾状况无明显变化的小学随班就读学生，升入初中时仍可认定为随班就读学生。

第十五条 随班就读对象的认定（或撤销）遵循自愿原则，由监护人向就读学校提出申请，由属地教育行政部门组织残疾人教育专家委员会进行科学评估后进行确认。随班就读对象的认定（或撤销）工作一般安排在暑假期间进行，学生从新学年开始获得或撤销随班就读认定。

第十六条 随班就读学生残疾情况发生明显变化的，监护人可向属地教育行政部门申请复测和重新认定。经评估后，学生残疾情况确有好转且不适宜随班就读的，应作为普通学生对待；学生残疾情况加重的，应根据复测结果给予合理安置。

第十七条 在特殊教育学校学习的残疾儿童少年，经教育、康复训练后，能够接受普通教育的，可申请转入或者升入普通学校就读。在普通学校学习的残疾儿童少年，难以适应普通学校学习生活的，其监护人可以申请将其转入特殊教育学校或者属地教育行政部门指定的普通学校就读。任何学校不得无理由拒绝残疾儿童少年的转介安置。

第十八条 残疾儿童少年监护人与学校就入学、转学、复学安排发生争议的，由属地教育行政部门综合考虑学校的办学条件、残疾儿童少年及其监护人意愿以及残疾人教育专家委员会评估结果等因素，对残疾儿童少年入学、转学、复学等作出最终安排。

第十九条 普通学校应按规定将随班就读学生相关信息录入全国中小学学籍管理系统，建立学籍档案。教育行政部门和普通学校要将随班就读学生作为控辍保学联保联检机制重点工作对象，利用全国中小学学籍管理系统实施动态监测。

第二十条 义务教育阶段随班就读学生不予留级。随班就读学生修完九年义务教育全部课程，按照素质评价有关规定，符合毕业条件的（包括补考后），准予毕业，由学校在《广东省九年义务教育证书》上注明"毕业"。

第二十一条 对于已完成义务教育并有继续升学意愿的随班就读学生，市级教育行政部门应根据有关规定安排其参加当地初中毕业生学业水平考试或单独组织的特殊招生考试，为随班就读学生参加考试提供相应合理便利条件。

第二十二条 普通学校应为随班就读学生建立个人档案，包括个人和家庭情况、残疾鉴定、个别化教育计划、学业情况、考核评估、成长记录等材料。普通学校要加强学生档案管理，做到专人专柜保管，在学生毕业、升学、转学时做好有关档案材料交接手续。县级特殊教育资源中心（特殊教育指导中心）应对本行政区域内所有随班就读学生的档案进行跟踪管理。各部门和相关工作人员应注意保护残疾学生个人隐私，不得擅自公开其个人相关资料或信息。

第三章 教育教学管理

第二十三条 普通学校应全面贯彻党的教育方针，坚持立德树人、"五育"并举，尊重残疾学生的身心特点和特殊需求，尊重特殊教育规律，关注每一位残疾儿童少年的身心健康发展，着力培养学生良好的学习生活行为习惯，使其逐步树立自尊、自爱、自强、自立精神，促进学生德智体美劳全面发展。

第二十四条 普通学校要最大限度创设促进残疾学生与普通学生广泛交往、全面交流、深度交融的校园文化环境，严禁任何基于残疾的教育歧视，积极倡导尊重生命、包容接纳、平等友爱、互帮互助的良好校风班风，树立生命多样化观念和融合发展理念，形成学校鲜明特色。对随班就读学生，班主任和任课教师要加大关爱帮扶力度，建立学生之间的同伴互助制度，在安排品学兼优学生轮流给予关心帮助的基础上，鼓励全班同学通过"一对一""多对一"等方式进行结对帮扶。

第二十五条 普通学校要根据国家普通中小学课程方案、课程标准和统一教材要求，遵循残疾学生的身心特点和学习规律，根据每位残疾学生残疾类别和程度的实际情况，科学评估残疾学生的学习能力和水平，合理调整课程教学内容，科学转化教学方式，不断提高对随班就读学生教育的适宜性和有效性。有条件的地方和学校可以根据残疾学生的残疾类别、残疾程度，参照特殊教育学校课程方案增加特殊课程，参照使用审定后的特殊教育学校教材，为残疾学生提供必要的教具、学具和辅具服务。支持各地广泛征集遴选随班就读优秀教学资源，不断创新推广教学方法。

第二十六条 教师在课堂教学中应处理好普通学生与残疾学生的关系，加强对随班就读学生的个别辅导。任课教师在课堂教学目标设置、教学内容安排、教学方法选择和教学评价等方面，应充分考虑随班就读学生的学习需要和发展需求。在教学中，教师要安排好随班就读学生与普通学生的交流互动，创设有利于残疾学生和普通学生共同学习成长的良好教学环境。鼓励各地积极探索运用大数据、人工智能、5G、虚拟现实等现代教育技术，推进教育信息化与残疾儿童少年教育教学的深度融合创新应用，提升育人质量。

第二十七条 普通学校要针对残疾学生的特性，按照因材施教和"一人一案"的原则，为随班就读学生制订个别化教育教学方案，努力为每一位学生提供适合的教育。普通学校既要重视残疾学生学习必要的文化知识，更要注重开发潜能、补偿缺陷，特别要加强公共安全教育、生活适应教育、劳动技能教育、心理健康教育和体育艺术教育，帮助残疾学生提高自主生活质量和劳动能力，培养正确的生活、劳动观念和基本的职业素养，为适应社会生活及就业创业奠定基础。

第二十八条 普通学校制订随班就读学生个别化教育计划的有关要求如下：

（一）由班主任或学校教师收集随班就读学生的基本情况（残疾评估状况，学业水平评估结果，社会适应能力评估结果，家庭教育状况，学习支持需要条件等）；

（二）由学校随班就读工作小组、巡回指导教师、学生监护人等相关人员共同研讨，科学分析诊断确定其教育需求；

（三）制订出阶段性教育目标（可分为学年目标和学段目标）及达成目标的具体措施，明确目标达成情况的评估方法；

（四）个别化教育计划原则上每学期制订一次，由学校定期对其实施情况进行评估。个别化教育计划在实施过程中应根据实际情况作必要的调整或修订。

第二十九条 随班就读学生个别化教育计划，由家校共同组织实施。个别化教育应以课堂为主渠道，注重补偿训练，重视功能补偿和潜能开发，使随班就读学生更好地适应普通学校的学习。补偿训练主要包括感统训练、沟通训练、情绪行为训练、社交能力训练、粗大动作训练、精细动作训练、物理治疗、劳动技能训练、生活自理能力训练等，改善其残疾状况。学校应保证每个随班就读学生每周享有不少于3课时的个别辅导和训练。家庭教育和社区教育也是个别化教育的组成部分。

第三十条　普通学校要落实《深化新时代教育评价改革总体方案》要求，根据随班就读学生特点，建立科学的、符合时代发展要求的教育评价制度和基于个别化教育的多元评价体系，健全符合随班就读学生实际的评价办法，改进随班就读学生的评价方式，将思想品德、学业水平、身心健康、艺术素养、社会实践、科学知识以及生活技能掌握情况作为基本评价内容，突出对社会适应能力培养、心理生理矫正补偿和劳动技能等方面的综合评价，避免单纯以学科知识作为唯一的评价标准。

第四章　教师队伍及培训

第三十一条　各地各校要加大随班就读教师配备的力度，按要求配齐配足教职工，保持教师队伍相对稳定，满足随班就读教育教学工作基本需要，努力建设一支高素质专业化创新型随班就读教师队伍。鼓励各地可以通过购买服务的方式，探索引入社工、康复师等机制，承担随班就读学生照护及辅助康复训练、辅助教学等工作。

第三十二条　各地各校要选派具有一定特殊教育素养、更加富有仁爱之心和责任心的优秀教师担任残疾学生随班就读班级班主任和任课教师；选派特殊教育专业毕业或经省、市教育行政部门组织的特殊教育专业培训并考核合格、具有较丰富特殊教育教学和康复训练经验的优秀教师，担任特殊教育资源教师和巡回指导教师。

第三十三条　落实省属、市属（或省内）师范院校和综合性高校师范专业普遍开设特殊教育课程、师范生必修特殊教育学分的要求，建立随班就读班主任、随班就读学校普通教师必修特殊教育课程制度，优化随班就读工作必备的知识和内容，提升师范毕业生胜任随班就读工作的能力。

第三十四条　完善特殊教育师资培训制度。省级教育行政部门负责组织特殊教育管理干部（含市级特殊教育资源或指导中心负责人）、特殊教育资源中心（特殊教育指导中心）种子教师及随班就读骨干教师示范培训。地级以上市教育行政部门负责县（市、区）特殊教育管理干部、特殊教育资源中心（特殊教育指导中心）巡回指导教师、随班就读骨干教师培训。县级教育行政部门负责随班就读教师的全员培训。普通学校应多层次、多形式（如开

展个案研究）地开展随班就读任课教师和资源教师的校本研修工作，提升教师特殊教育专业素养。

第五章　支持与保障

第三十五条　各级教育部门要加强与机构编制、发展改革、民政、财政、人力资源社会保障、卫生健康、残联等有关部门和单位的沟通协调，建立健全长效工作机制，建立特殊教育部门间联席会议制度，及时研究解决残疾儿童少年随班就读工作中出现的问题，形成工作合力，共同推动随班就读工作。

第三十六条　各地要将普通学校实施融合教育情况、随班就读学生发展情况纳入当地教育行政部门对学校的年度综合考评以及对校长个人的年度考评。教育督导机构在义务教育均衡发展督导评估认定和地方政府履行教育职责督导评价工作中，要将随班就读工作作为重要内容，不断加大督导力度。

第三十七条　县级以上教育行政部门要建立由教育、心理、康复、法律、社会工作等方面专家组成的残疾人教育专家委员会，健全残疾儿童就学评估机制及随班就读学生认定机制，完善教育评估安置办法。建立健全随班就读学生信息部门间交流共享机制和实名跟踪服务体系。

第三十八条　普通学校要加强党对随班就读工作的全面领导，建立由校长任组长，分管副校长、中层干部、班主任、任课教师、资源教师、校医等人员组成的随班就读工作小组，建立健全教师考核方案等相关制度，制订并实施学生个别化教育计划；按标准配齐配足专职资源教师，组织开展教师培训和教科研工作，提升教师的专业水平；按标准建设随班就读资源教室，为残疾学生购置或配备特殊需要的教材、学具和辅助用具等，提供学习辅导、康复训练、心理疏导、生活辅导等特殊教育专业服务和便利条件。

第三十九条　各地特殊教育学校要充分利用师资、设施设备等资源优势，会同教研部门定期对本区域内普通学校随班就读工作开展巡回指导、研讨和交流，指导普通学校随班就读教师开展教育教学工作，提供教育教学资源等方面的支持，帮助普通学校提高随班就读教育教学质量。

第四十条　各级教育部门要依托当地教研部门、高等学校、特殊教育学校、设有特教班的普通学校等，加快建立特殊教育资源中心（特殊教育指导中心），并实现市、县特殊教育资源中心（特殊教育指导中心）全覆盖，为普通学校随班就读工作提供咨询、研究、评估、指导等服务。还没有特殊教育

学校的地区，要依托有条件的普通学校，整合相关方面的资源建立特殊教育资源中心（特殊教育指导中心）。

第四十一条 各地教育部门要为当地特殊教育资源中心（特殊教育指导中心）配备专兼职人员。特殊教育资源中心（特殊教育指导中心）受属地教育行政部门委托，承担以下特殊教育专业服务工作：

（一）参与指导、评价区域内的随班就读工作；

（二）为区域内随班就读资源教师提供培训；

（三）派出教师和相关专业服务人员支持随班就读工作，为接受送教上门和远程教育的残疾儿童少年提供辅导和支持；

（四）为残疾学生家长提供咨询；

（五）其他特殊教育相关工作。

第四十二条 各级教育科研部门要加强特殊教育教科研人员队伍建设，市、县教育行政部门必须配齐配足专职特殊教育教研员，深入开展随班就读教育教学研究，组织随班就读教师开展专题教科研活动，通过课题研究、公开课或优质课评选、优秀成果培育推广、专题讲座等多种方式，有效支持随班就读教师专业发展，提高随班就读教师教育教学能力和工作水平，提高教育教学质量。

第四十三条 普通学校应全面构建家校协同育人机制，加强与随班就读学生家长联系与沟通合作，充分发挥家委会的作用，积极争取普通学生家长的理解和支持。加强对家庭教育工作的指导，引导家长树立科学的育儿观念，履行家庭教育主体责任。注重发挥康复、医学、特殊教育等专业人员和社区、社会相关团体的作用，形成学校、家庭、社会教育的合力，共同为残疾学生成长创造良好的教育环境。

第四十四条 各地各校应按照《无障碍环境建设条例》要求，积极推进无障碍校园环境建设。对不符合要求的设备设施，普通学校应及时进行整改维修，确保使用安全。

第四十五条 普通学校应按照《教育部办公厅关于印发〈普通学校特殊教育资源教室建设指南〉的通知》和《广东省特殊儿童少年随班就读资源教室建设与管理实施办法（试行）》要求，加强随班就读资源教室建设。招收5名以上随班就读学生的普通学校，应设立资源教室，配齐配足有关教学辅助设施和康复训练设备，为残疾学生提供个别化教育和康复训练服务。随班就读学生不足5人的，由属地教育行政部门统筹规划资源教室的布局，辐射片区所有随班就读学生，实现共享发展。

第四十六条 每个随班就读资源教室至少要设专职资源教师1名，并根据学校随班就读学生的数量适当增加专职或兼职资源教师。负责随班就读工作的专职资源教师连续负责资源教室工作一年，可等同于在"乡村学校或薄弱学校工作一年"，在职称评聘时同等条件下优先考虑。兼职资源教师在资源教室的工作量不应低于其工作总量的三分之二。

第四十七条 各地级以上市、县（市、区）教育行政部门应严格落实我省特殊教育教职工编制标准，在机构编制部门核定的教师总编制中统筹解决专职资源教师、巡回指导教师的编制。

第四十八条 各地要及时足额拨付随班就读学生生均公用经费，用好国家和省财政各类特殊教育转移支付资金，加强经费使用和绩效管理，充分发挥资金使用效益，确保随班就读各项工作落实到位。各地教育部门要将资源教室建设纳入当地特殊教育事业发展规划，建立财政支持保障的长效机制。普通学校应将资源教室建设、维护以及工作运行纳入年度经费预算，保证资源教室工作正常开展。

第四十九条 各地要根据特殊教育的特点，在职称评聘体系中建立分类评价标准，实行分类评价。承担残疾学生随班就读任务的学校要建立健全随班就读教师（包括班主任和专兼职资源教师）的考核机制，科学全面评价随班就读教育教学能力和实绩。在教师资格定期注册、职称评审、岗位聘用、评优评先和绩效奖励工作中，对直接承担残疾学生随班就读工作的教师给予适当倾斜。依据国家、省有关政策规定，专职从事特殊教育的资源教师享受特殊教育岗位津贴政策。

第五十条 各地各校要加大宣传引导力度，充分利用各种新闻传播媒介，引导全社会进一步增强对随班就读工作重要性的认识，为随班就读工作创造良好的舆论环境，形成全社会关心、重视和支持特殊教育的良好氛围。

第六章 附 则

第五十一条 "县级教育行政部门"指县（市、区）教育行政部门。"市级教育行政部门"指地级以上市教育行政部门。"县级以上教育行政部门"包括县级、市级、省级教育行政部门。

第五十二条 非义务教育阶段的普通教育学校（包括幼儿园、普通高中、中职学校）开展随班就读可参照本细则执行。

第五十三条 各地级以上市教育行政部门应根据本实施细则，结合当地实际，制定或完善本地区随班就读学生管理的相关规定或办法，并及时报省教育厅备案。

第五十四条 本细则自发布之日起30日后施行，有效期3年，由广东省教育厅负责解释。

附件：1. 普通学校随班就读工作职责
2. 市、县（市、区）特殊教育资源中心（特殊教育指导中心）工作职责
3. 特殊教育学校随班就读工作职责
4. 随班就读资源教师工作职责
5. 特殊教育资源中心（特殊教育指导中心）巡回指导教师工作职责
6. 随班就读工作档案要求

附件1

普通学校随班就读工作职责

1. 落实国家及省关于特殊教育的法律法规，按照上级教育部门关于特殊教育工作的要求开展随班就读工作。将随班就读工作纳入学校整体发展规划，研究并制定学期工作计划。组织教师及相关工作人员，整合学校各方面力量开展随班就读工作。

2. 建立由校长任组长，分管副校长、中层干部、班主任、任课教师、资源教师、校医等人员组成的随班就读工作小组。建立健全随班就读工作岗位责任制、教师工作量核定标准、教师工作考核标准等有关随班就读工作的规章制度，对随班就读工作实施规范管理。

3. 按规定向特殊教育资源中心（特殊教育指导中心）申请做好随班就读对象的认定（或撤销）工作，根据学生的实际情况进行合理安置。做好随班就读学生的学籍管理工作。

4. 针对学生的实际需要设计课程，安排学习内容、学习时间和施教方式。保证每个学生的个别化教育和康复训练时间。

5. 研究与制订适合随班就读学生特点的、反映学生成长过程的多元评价内容，对学生的发展进行综合评价。

6. 组织专门的教研组对随班就读教育教学工作进行校本研究，开展有关随班就读工作的教科研课题研究。

7. 保障特殊教育需要的设施设备，建立平等、关爱、友善的师生、生生关系，将特殊教育融入学校文化建设。充分利用和开发各种有助于残疾学生学习的教育资源，创设无障碍的、促进学生发展的良好环境。

8. 开展随班就读资源教师培训工作，采用各种方式提高教师特殊教育专业化水平，增强教师进行随班就读的教育教学能力，建设随班就读骨干教师队伍。

9. 普通学校应加强与随班就读学生家长的沟通与合作，建立良好工作机制，及时宣传学校的随班就读工作，充分发挥家委会的作用，争取学生家长理解和支持学校工作，充分发挥家长作用，共同为残疾学生成长创造良好的教育环境。班主任和任课教师应当与学生家长经常交流学生情况，提高家校协同育人实效。

10. 接受特殊教育资源中心（特殊教育指导中心）的指导，及时反馈随班就读学生的信息、通报开展随班就读工作的情况，积极依靠特殊教育资源中心（特殊教育指导中心）以及利用各种社会资源，开展随班就读工作。

附件2

市、县（市、区）特殊教育资源中心（特殊教育指导中心）工作职责

1. 落实当地特教联席会议部署。按照当地特殊教育联席会议要求，制定相关政策并具体实施。接受联席会议委托，完成特殊教育发展各类政策制定、专项建设、过程指导、质量评估、专业研究等任务。

2. 协助制定区域特教资源规划。根据区域内残疾儿童的年龄、残疾类别、居住地等分布情况，协助当地教育行政部门制定区域特殊教育发展规划。

3. 指导融合教育环境建设。指导普通学校通过配备专职特教教师、设置特教班、配建资源教室、改造无障碍环境、创设生活化教育环境等方式，建设适合特殊儿童学习发展需求的融合教育环境。

4. 组织实施教育诊断与评估。在当地特殊教育联席会议和残疾人教育专家委员会指导下，组建由教育、医疗、心理、康复、社会工作、家长等方面专家组成的特殊教育专家库。结合残疾人教育专家委员会相关工作，对区域内适龄残疾儿童少年的身体状况、接受教育的能力和适应学校学习生活的能力进行评估，提出教育安置、转介建议；开展随班就读学生的认定（或撤销）工作。指导学校做好特殊学生多元化评价工作，将学生阶段性发展情况纳入各学校教育质量评价中。

5. 普通学校个别化教育指导。依据国家普通学校课程标准和特殊教育课程标准，指导各融合教育学校制订特殊学生需求的个别化教育方案，提供过程性教育评估与课程调适建议，实施适宜的教育服务。协调卫健、残联等部门资源，为特殊需要学生提供康复服务，指导家长做好家庭康复训练。指导初高中学校制订实施特殊学生生涯发展规划，指导职业技能教育。指导普通中小学校实施义务教育阶段送教上门工作。依托巡回指导教师构建特殊教育教科研人员团队，通过集体审议提高个别化教育指导和服务能力。

6. 区域特殊教育评估与管理。受属地教育行政部门委托制定特殊教育工作管理办法，督导区域内各普通学校及特殊教育机构的融合教育、送教上门等工作，并将督导结果纳入教育行政部门对学校的年度综合考评。会同民政、卫健、残联等部门，全面掌握本行政区域内适龄残疾儿童少年的数量和残疾情况，实现职能部门间数据对接共享。搜集管理本地区特殊教育信息、资源，为学校、家长、学生提供辅导、咨询、远程教育等专业支持。

7. 特殊教育研究与师资培训。联合专业力量开展特殊教育教学研究，探索解决特殊教育实践中的重点难点问题，为普通学校提供专业支持，为教育行政部门提供决策建议。研究特殊教育教师专业发展，组织开展系统性全员培训，包括管理人员、特教教师和资源教师等培训，加强对特殊教育骨干教师队伍建设的指导与培养。

8. 各地级市特殊教育资源中心（特殊教育指导中心）负责指导辖区内各县（市、区）特殊教育资源中心（特殊教育指导中心）的业务工作。

附件3

特殊教育学校随班就读工作职责

1. 利用特殊教育学校的师资、设施设备等资源优势，为随班就读工作提供技术支持与服务。协助特殊教育资源中心（特殊教育指导中心），对随班就读学生开展康复训练，对随班就读学校教师、随班就读学生家长开展康复技能培训与指导。

2. 充分发挥特殊教育学校在教育教学、教科研等方面的专业化优势，将成功的教育教学经验，尤其是康复技术和特教工作经验，向普通学校辐射，使特殊教育学校教师成为指导普通学校提高随班就读教育教学质量的骨干力量。

3. 协助特殊教育资源中心（特殊教育指导中心），对普通学校随班就读的康复训练、个别化教育等教学工作进行指导，帮助普通学校教师提高特殊教育专业化水平。

4. 充分利用特殊教育学校的专业化优势，深入开展有关随班就读工作的教科研课题研究。

附件4

随班就读资源教师工作职责

1. 开展随班就读学生的教育教学工作。随班就读资源教师要针对残疾学生的特性，按照因材施教的原则，为随班就读学生制订个别化教育教学方案，努力为每一位学生提供适合的教育。利用学校和社会的物质、人力资源，提供适合随班就读学生特点的教育教学，对随班就读学生实施个别化教育和康复训练，提高教育的有效性。

2. 开展教育教学研究和科研。对随班就读教育教学工作中的热点、难点问题开展研究，总结教育教学经验和研究成果，提高随班就读工作的科学性。

3. 开展对随班就读学生发展过程的评价。加强对随班就读学生的观察，了解学生的发展过程，针对学生的实际情况设计评价内容，实施有利于学生发展的评价办法。

4. 加强学习，提高特教专业化水平。积极参加各种特教专业知识的培训和学习，参加各级教育行政部门组织的各种教科研、交流活动，主动保持与特教资源中心的联系，提高开展特殊教育工作的专业技能。

5. 关心随班就读学生的思想、身体、心理的健康成长，把促进学生全面发展放在首位。重视随班就读学生社会适应能力的培养与评估，定期分析、研究。密切关注随班就读学生的素质发展并做好相关记录。

6. 备课中要体现随班就读学生的教学目标、教学过程、课内练习、课后作业。精心选择有效的内容、有效的教学方式，把随班就读学生的教学要求融汇到集体教学、小组教学、伙伴合作中。

7. 开展家庭教育指导工作。向学生家长宣传特殊教育知识，开展家校间经常性的联系，指导学生家长采用正确的方法开展家庭教育，注重家庭教育与学校教育的一致性。

附件5

特殊教育资源中心（特殊教育指导中心）巡回指导教师工作职责

1. 为普通学校教师提供指导与服务。配合普通学校教师分析随班就读对象的发展情况，指导制订个别化教育方案及对随班就读学生的评估。与随班就读资源教师共同研究教育教学、康复训练中的困难与问题。

2. 为随班就读学生和家长提供指导与服务。协助康复治疗师对有特殊康复训练需要的随班就读学生进行康复训练。为家长提供教育咨询，指导家长采用正确的方法对学生进行康复训练。

3. 为接收随班就读学生的学校提供特殊教育技术支持，对随班就读学生安置、课程安排、心理与教育评估、评价内容与方式、教育资源配置等工作提出意见与建议。

4. 协助做好随班就读学生的管理工作。掌握区域内随班就读对象的情况，协助做好随班就读对象的审核工作，协助特殊教育资源中心（特殊教育指导中心）做好随班就读学生个人档案管理工作，及时更新有关信息。

5. 开展随班就读工作研究。参与区域内随班就读教育教学、管理工作研究，组织力量开展教科研工作。

6. 根据特殊教育资源中心（特殊教育指导中心）的工作安排，做好本地区随班就读资源教师、学生家长关于特教知识与技能培训的有关工作。

附件6

随班就读工作档案要求

一、学校组织管理类档案

1. 组织和领导（分管领导、领导小组、管理网络、联络员等名单）。
2. 文件和制度［全国、省、市、县（市、区）特殊教育文件、管理制度］。
3. 学校随班就读工作的学期计划和总结。
4. 检查与考评（学校检查记录、检查评估表等）。
5. 随班就读学生花名册。
6. 有关资源教室的建设材料等。
7. 经费投入（学校有关特殊教育专项经费的申请和批复、特殊教育补贴、特殊教育设施设备建设等）记录。

二、随班就读学生个人档案

1. 广东省义务教育阶段学生入学登记表（原始表）。
2. 随班就读学生申报确认表（附检测证明或残疾证复印件）。
3. 随班就读学生历次智力测量报告及各种相关的测量评估报告。
4. 随班就读学生的医学检查报告。
5. 随班就读学生的家庭情况及成长史，治疗教育历史。
6. 随班就读学生的个别化教育计划表、实施及反馈记录。
7. 随班就读学生考试情况分析表。
8. 随班就读学生发展评价表。
9. 随班就读学生成长记录袋。
10. 随班就读学生适应性行为和社会交往能力评估报告。

三、教科研活动类档案

1. 随班就读教科研（有关教科研活动的记录、研讨课教案及评价等）。
2. 巡回指导教师、资源教师、康复治疗师、班主任、任课教师、家长和随班就读学生（如果需要）一起参与制订的个别化教育计划研讨记录等。
3. 校本教材（学校为随班就读学生编的各类教材及拓展性教材）。
4. 个案研究（历年个案研究报告、心理咨询研究报告等）。
5. 文字资料（有关特殊教育、随班就读各项研究成果和新闻报道等）。

四、融合活动、家校沟通类档案

1. 普特融合活动（历年普特融合活动方案、活动小结等）。
2. 专题活动（历年特殊教育专题活动方案、活动小结等）。
3. 家校联系（历年随班就读学生家长会、家访记录等）。
4. 社区互动工作。

五、其他类别档案

1. 荣誉记载（各种特殊教育先进集体或个人获奖记录等）。
2. 影像资料（各种有关特殊教育、随班就读工作的照片、录像等）。

广东省招生委员会 广东省教育厅关于印发《广东省2021年普通高等学校招生考试和录取工作实施方案》的通知

各地级以上市教育局，各普通高校，广东实验中学、华南师范大学附属中学：

现将《广东省2021年普通高等学校招生考试和录取工作实施方案》印发给你们，请认真贯彻执行。

广东省招生委员会 广东省教育厅
2020年12月28日

广东省2021年普通高等学校招生考试和录取工作实施方案

根据教育部有关规定和《广东省人民政府关于深化考试招生制度改革的实施意见》（粤府〔2016〕17号）要求，为全面落实《广东省人民政府关于印发广东省深化普通高校考试招生制度综合改革实施方案的通知》（粤府〔2019〕42号）确定的各项工作任务，现就广东省2021年普通高等学校招生考试和录取工作提出如下方案。

一、总体要求

坚持以习近平新时代中国特色社会主义思想为指导，全面贯彻党的教育方针，落实立德树人根本任务，按照有利于促进学生健康发展、有利于高校科学选拔人才、有利于维护社会公平的原则，统筹推进考试组织和招生录取工作，着力增强考试招生管理的系统性、整体性、协同性、操作性，形成全面发展的考试、综合考核的评价、更加公平的选拔，确保高考综合改革平稳实施、政策平稳过渡，建立健全促进公平、科学选才、监督有力的高校考试招生管理体制机制。

二、夏季高考

（一）考试科目

2021年夏季高考实行"3+1+2"模式，"3"为全国统一高考科目的语文、数学、外语，"1+2"为广东省普通高中学业水平选择性考试（下称：选择性考试）科目。报考艺体类专业（含音乐类、美术类、书法类、舞蹈类、广播电视编导类、体育类，下同）的考生还需参加相应专业术科全省统一考试。

数学不分文理。外语选考语种为英语、俄语、日语、法语、德语、西班牙语中的一种。外语语种为英语的考生，须参加英语听说考试，英语听说考试单独举行。

（二）考试时间（表1、表2）

表1　2021年全国统一高考科目考试时间安排

考试日期	上午	下午
6月7日	语文 （9：00—11：30）	数学 （15：00—17：00）
6月8日	物理/历史 （9：00—10：15）	外语（15：00—17：00） （英语听说考试时间另行通知）
6月9日	化学（8：30—9：45） 地理（11：00—12：15）	思想政治（14：30—15：45） 生物学（17：00—18：15）

注：全国统一高考科目考试时间安排以教育部公布的为准，如有调整，我省选择性考试科目的考试安排将做相应调整。

表2 2021年夏季高考术科统考时间安排

考试日期	统考类型
1月9日—18日	音乐
1月13日—22日	体育
1月19日—22日	舞蹈

注：2021年夏季高考的美术、书法、广播电视编导类专业术科统考已于2020年12月6日举行。

（三）录取工作

1. 招生批次及志愿设置。

2021年夏季高考分为提前、本科、专科（高职）三个批次。

（1）提前批次。

①提前批次分为本科提前和专科提前两个部分。本科提前部分安排在普通本科院校录取开始前进行，专科提前部分安排在普通本科院校录取结束后、普通专科院校录取开始前进行。

本科提前部分包括空军招飞院校，军检院校（含需政审、面试、体检的军队、武警、公安、司法、消防、民航招飞院校），独立设置本科艺术院校（含参照）及经批准的本科院校艺术专业，经批准的非军检本科院校的师范、农林、小语种等专业，本科层次的教师专项计划和卫生专项计划，高校专项计划、高水平艺术团、高水平运动队、综合评价等特殊类型招生院校。

专科提前部分包括专科提前院校和专科层次卫生专项计划。

②志愿设置。

本科提前部分院校志愿设置：空军招飞院校设1个志愿；军检院校（含需政审、面试、体检的军队、武警、公安、司法、消防、民航招飞院校）设10个平行志愿；独立设置本科艺术院校（含参照）及经批准的本科院校艺术专业的"统考+校考"设1个志愿、校考设1个志愿；经批准的非军检本科院校的师范、农林、小语种等专业设20个平行志愿；本科层次教师专项计划设10个平行志愿；本科层次卫生专项计划设10个平行志愿；高校专项计划、高水平艺术团、高水平运动队、综合评价等特殊类型招生设1个志愿。

专科提前部分院校志愿设置：专科提前院校设5个平行志愿；专科层次卫生专项计划设10个平行志愿。

（2）本科批次。

①本科批次包括普通类本科院校（含地方专项计划、少数民族班、各类预科班）、艺体类本科院校。

②志愿设置：普通类本科院校（含地方专项计划、少数民族班、各类预科班）设45个平行志愿；艺体类本科院校统考设20个平行志愿；艺术类本科院校"统考+校考"设2个顺序志愿；艺术类本科院校校考设2个顺序志愿。

（3）专科（高职）批次。

①专科（高职）批次包括普通类专科院校和艺体类专科院校。

②志愿设置：普通类专科院校设45个平行志愿；艺体类专科院校统考设20个平行志愿；艺术类专科院校校考设2个顺序志愿。

以上各批次各类型院校均实行院校专业组投档录取模式，每个院校专业组包含6个专业志愿和1个是否服从专业调剂选项。

2. 计划编制。

各院校按院校专业组方式编制在粤招生计划。院校公布计划须具体编制到院校专业组内各专业。不分省计划的特殊类型招生专业，按国家有关规定执行。

（1）院校根据招生专业人才培养对学生学科专业基础的需要，在物理、历史2门选择性考试科目中提出1门要求，在思想政治、地理、化学、生物学4门选择性考试科目中再提出不超过2门科目要求。院校专业组由考试科目相同、招生条件要求相同的若干专业组成。

（2）普通类专业分普通类（物理）、普通类（历史）两类，分别编制院校专业组及招生专业计划。

（3）艺体类专业统一编制院校专业组及招生专业计划，不分物理、历史。

（4）一所院校可设置一个或多个院校专业组，每个院校专业组内可包含数量不等的专业。同一院校考试科目要求相同的专业可以设在同一个院校专业组内，也可以分设在不同的院校专业组中，但每个院校专业组内各专业的考试科目要求必须相同。院校在安排院校专业组时，原则上同专业组内各专业要求（含性别、身体条件、外语语种等）应相同。

（5）专科（高职）批次除部分有特殊要求的专业需单独编组外，其他专业原则上只分普通类（物理）、普通类（历史）、艺体类（不分物理、历史，按术科类别区分为不同的组）三大类组合。

3. 志愿填报。

（1）高考成绩公布后填报志愿，除强基计划外，提前批、本科批、专科批三个批次同时填报，分开录取。具体志愿填报时间及安排另行通知。

（2）考生以院校专业组为单位填报志愿，一个院校专业组即为一个独立的志愿、一个投档单位。可以填满所有可填志愿，也可以只选择填报部分志愿。

（3）志愿填报要求。

考生应根据本人实际情况，结合自身兴趣、爱好及考试成绩，合理选择各批次具备填报资格的志愿，填报志愿时务必仔细阅读相关院校的招生章程，了解招生专业对选考科目、身体条件、成绩要求等规定。因未认真阅读院校招生章程，填报了不符合报考条件的志愿，导致不能被录取的责任由考生自负。

考生对照院校专业组提出的选考科目要求填报志愿。院校专业（类）选考科目要求分为首选科目要求和再选科目要求。首选科目要求从物理、历史2门科目中确定；再选科目要求从思想政治、地理、化学、生物学4门科目中确定。

①考生的首选科目须符合高校对首选科目的要求。选考物理的考生只能填报物理科目组合下的院校和专业，选考历史的考生只能填报历史科目组合下的院校和专业。

②再选科目要求。高校对再选科目的要求分为四种：

一是不提再选科目要求的，符合首选科目要求的考生均可报考；

二是提出1门再选科目要求的，考生必须选考该科目方可报考。如某校某专业对化学科目提出要求，符合首选科目要求且选考化学的考生才能报考；

三是提出2门再选科目要求且均须选考的，考生须同时选考这2门科目方可报考。如某校某专业对化学和生物学科目提出要求，符合首选科目要求且同时选考化学和生物学科目的考生才能报考；

四是提出2门再选科目要求但只需选考其中1门的，考生选考该2门科目中的任意1门即可报考。如某校某专业要求考生选考化学或生物学科目，符合首选科目要求且只要再选科目中有化学或生物学科目的考生即可报考。

③填报高校专项计划、综合评价、地方专项计划志愿的考生须在公示合格名单中；填报高水平艺术团、高水平运动队志愿的考生须先取得相关院校特殊类型招生资格、公示无异议，且高考成绩达到相应控制线。高校专项计划、高水平艺术团、高水平运动队、综合评价4类志愿之间不得兼报，考生只能选择其中一类进行填报。

④同批次普通类与艺体类不得兼报，考生只能选择其中一类进行填报。

⑤征集志愿填报。对未完成招生计划、参加征集志愿的院校（专业），由省招办统一公布征集志愿资格线。高考成绩在征集志愿资格线上且未被录取的考生才能填报征集志愿。

4. 投档原则。

各批次各类型院校实行院校专业组投档录取模式。普通类分物理、历史两类分开划线，分开投档录取；艺体类不分物理、历史按计划类别统一划线，一起投档录取。

（1）普通类专业依据语文、数学、外语3门全国统一高考科目成绩和考生选择的3门广东省普通高中学业水平选择性考试科目成绩，参考综合素质评价择优录取；艺体类专业依据语文、数学、外语3门全国统一高考科目成绩和考生选择的3门广东省普通高中学业水平选择性考试科目成绩及相应专业术科成绩，参考综合素质评价择优录取。投档时，省招办将学生综合素质评价情况提供给招生院校。综合素质评价情况具体使用办法由招生院校在招生章程中予以明确。

（2）符合高校专项计划、高水平艺术团、高水平运动队、综合评价等特殊类型招生资格，且高考成绩达到相应控制线的考生，全部投档给院校，由院校按照招生章程公布的原则进行录取。

（3）不安排分省分专业招生计划的院校专业组，投档时不含政策性加分。

5. 投档排序及同分处理。

（1）根据考生高考成绩合成总分（含政策性加分）从高到低确定投档位序。合成总分（含政策性加分）相同时，比较"3+1+2"考试科目总分（不含政策性加分）高低，高者优先。

（2）"3+1+2"考试科目总分（不含政策性加分）仍相同时，按以下原则进行排列：

第1位序，比较语文加数学两门合计成绩高低，高者优先；

第2位序，比较语文和数学两门中的单科较高成绩高低，高者优先；

第3位序，比较外语成绩高低，高者优先；

第4位序，普通类专业按选考物理、历史分开两类比较物理或历史成绩高低，高者优先；艺体类专业比较术科统考成绩高低，高者优先；

第5位序，比较两门再选科目中的单科较高成绩高低，高者优先；

第6位序，比较两门再选科目中的单科次高成绩高低，高者优先；

第7位序，单科成绩均相同的同时投档。

6. 录取原则。

（1）投档后，院校按院校专业组投档结果进行专业录取，录取办法由院校在招生章程中公布。

（2）当考生所填专业均已录满时，院校依据考生填报的是否服从专业志愿调剂情况进行专业调剂录取。专业调剂录取只能在考生被投档的院校专业组内未录满专业中按院校录取原则进行调剂录取。

（3）因不服从专业志愿调剂，不符合专业录取条件（身体条件、文化课成绩、单科成绩等要求）不能被录取的考生，由院校作退档处理。

（4）高校专项计划、高水平艺术团、高水平运动队、综合评价等特殊类型招生录取控制线按照普通类（物理）、普通类（历史），参照往年文理科类本一或本二批次院校招生计划比例分别划定。主要用于高校专项计划、高水平艺术团、高水平运动队、综合评价等特殊类型招生以及其他有相应文化成绩要求的院校（专业）招生录取参考。

（5）同一院校的不同院校专业组间的计划不能调剂使用。如生源不足，须在征集志愿阶段，经研究决定未完成计划的使用原则。

三、春季高考

2021年春季高考包括高职院校依据普通高中学业水平考试成绩招生录取（下称：依学考）、普通高等学校招收中职毕业生"3＋专业技能课程证书"考试招生（下称：3＋证书）、高职院校自主招生、面向初中毕业生的中高职贯通五年一贯制和三二分段招生，共5种类型。依学考和3＋证书招生考试按本方案执行，另外3种类型的招生考试工作另行通知。

（一）考试安排

依学考考试安排按《关于做好2021年1月广东省普通高中学业水平合格性考试报名工作的通知》（粤考院函〔2020〕131号）执行，依据该次考试的语文、数学、英语成绩进行录取；3＋证书考试安排按《关于做好2021年普通高等学校招收中职毕业生"3＋专业技能课程证书"考试招生工作的通知》（粤招办普〔2020〕43号）执行。

（二）录取工作

春季高考实行院校专业组投档录取模式，除3＋证书本科批次、西藏新疆班外，每个院校专业组设置6个专业志愿和1个是否服从专业调剂选项。

1. 招生批次及志愿设置。

（1）依学考不分批次，分普通类（不分物理、历史）、艺体类（分音乐类、美术类、舞蹈类、广播电视编导类、体育类5类，下同，艺体统考类别由招生院校划分不同的专业组进行区分）2个类别。普通类设20个院校专业组志愿；艺体类设10个院校专业组志愿。普通类与艺体类不得兼报，考生只能选择其中一类进行填报。

（2）3＋证书分本科、专科（高职）两个批次。本科批次设1个院校专业组志愿，1个专业志愿，不设是否服从专业调剂选项；专科（高职）批次按考生类型分中职生批次设35个院校专业组志愿；退役军人批次设10个院校专业组志愿；西藏新疆班设1个院校专业志愿，1个专业志愿，不设是否服从专业调剂选项。

2. 计划编制。

院校按照院校专业组编制招生计划，招生计划须具体到各专业。一所院校可设置多个专业组，每个专业组包含若干个专业，但同一专业只能在一个专业组。其中，艺体类要按照音乐类、美术类、舞蹈类、广播电视编导类、体育类5个统考类别进行编组。

3. 投档录取。

省招办根据生成的院校专业组数据，以院校专业组为投档单位，结合考生填报的院校专业组志愿和考生总分排位进行投档，由招生院校根据招生章程进行录取。若考生无法录取到所填报的专业，服从专业调剂的考生，只能调剂到该专业组内未完成计划的专业；不服从调剂的考生，作退档处理。

4. 投档排序及同分处理（不含3＋证书本科批次）。

（1）根据考生春季高考成绩合成总分（含政策性加分）从高到低确定投档位序。总分（含政策性加分）相同时，比较语文、数学、英语3门科目合计成绩（不含政策性加分）高低，高者优先。

（2）语文、数学、英语3门科目合计成绩（不含政策性加分）仍相同时，按以下原则进行排列：

第1位序，比较语文加数学两门合计成绩高低，高者优先；

第2位序，比较语文和数学两门中的单科较高成绩高低，高者优先；

第3位序，比较英语成绩高低，高者优先；

第4位序，依学考艺体类专业比较术科统考成绩高低，高者优先。

四、保障措施

（一）加强组织领导

各地、各校要高度重视高考综合改革工作，将其摆在更加突出的位置，切实加强组织领导，强化属地管理责任，及时研究解决高考综合改革工作中遇到的困难和问题，加强风险防控和舆情应对，保障高考综合改革平稳顺利实施。要落实各级教育行政部门、招生考试机构、高校的工作职责，建立工作台账，加强督导检查，确保各阶段工作按计划完成，确保改革各项任务落到实处。

（二）狠抓贯彻落实

各地、各校要全面贯彻落实国家和省高考综合改革的决策部署，加强统筹协调，强化条件保障，加大人财物投入力度，大力完善高中办学条件，大力推进标准化考点建设，逐项落实考试报名、招生录取各环节工作，特别是要提高信息化水平，夯实改革技术支撑。按照国家和省统一部署，认真组织模拟演练，开展适应性测试，及时发现问题、解决问题，完善工作流程，切实为高考综合改革平稳顺利实施奠定坚实基础。

（三）加强宣传培训

各地、各校要加大政策宣传解读力度，提升政策公众知晓度，开展教育行政部门、考试招生机构、高校、高中学校、考生家长线上线下的宣传解读和培训，及时回应社会关切，特别是要优化服务水平，有针对性地组织开展考生志愿填报咨询指导，努力营造高考综合改革的良好氛围。

广东省人力资源和社会保障厅 广东省教育厅关于印发《广东省深化中等职业学校教师职称制度改革实施方案》的通知

(粤人社规〔2020〕52号)

各地级以上市人力资源和社会保障局、教育局，省直有关单位：

现将《广东省深化中等职业学校教师职称制度改革实施方案》印发给你们，自2020年12月15日起实施，有效期为5年。

实施中如有问题及意见，请及时反馈省人力资源社会保障厅专业技术人员管理处和省教育厅师资管理处。

广东省人力资源和社会保障厅
广东省教育厅
2020年12月2日

广东省深化中等职业学校教师职称制度改革实施方案

为贯彻落实《中共中央国务院关于全面深化新时代教师队伍建设改革的意见》《中共中央国务院关于深化新时代教育评价改革总体方案》《国家职业教育改革实施方案》《中共中央办公厅国务院办公厅关于深化职称制度改革的意见》，促进广东教育事业的科学发展，加强中等职业学校教师队伍建设，根据《人力资源社会保障部 教育部关于深化中等职业学校教师职称制度改革的指导意见》精神，结合我省实际，制定本实施方案。

一、指导思想和基本原则

（一）指导思想

以习近平新时代中国特色社会主义思想为指导，全面贯彻落实党的十九大和十九届二中、三中、四中、五中全会以及全国教育大会精神，遵循职业教育特点和中等职业学校教师职业发展规律，构建分类清晰、名称统一、科学规范的中等职业学校教师职称制度，建立科学的教育评价导向，坚决克服"五唯"顽瘴痼疾，改进结果评价，强化过程评价，探索增值评价，健全综合评价，畅通中等职业学校教师职业发展通道，为加快发展现代职业教育提供制度保障和人才支撑。

（二）基本原则

1. 坚持师德为先和能力为重相统一。以德能兼修为导向，重师德、重能力、重业绩、重贡献，激励教师提高师德修养和教书育人水平。

2. 坚持统一制度和分类评价相结合。建立统一的中等职业学校教师职称制度，对文化课、专业课教师和实习指导教师进行分类评价，发挥人才评价"指挥棒"作用，促进中等职业学校教师的专业化发展。

3. 坚持职称评审和岗位聘用相统一。创新评价机制，充分发挥用人主体的作用，促进人才评价与使用相结合，使职称制度与中等职业学校聘用制度和岗位管理制度相衔接。

4. 坚持下放权限和强化监管相结合。合理界定和下放中等职业学校教师职称评审权限，积极培育学校自主评审能力，同时加强监管、优化服务，保证职称评审质量。

二、改革的范围

改革范围为在我省中等职业学校（含中等技术学校、中等师范学校、成人中等专业学校、职业高中学校）及省、市、县职业教育教研机构、高等学校举办的中职部（含附设中职班）实行中等职业学校教师职称（职务）制度的在职在岗人员。

三、主要内容

通过健全制度体系、完善评价标准、创新评价机制、实现职称评审与岗位聘用制度的有效衔接等措施，形成以品德、能力和业绩为导向，以社会和业内认可为核心的中等职业学校教师职称制度。

（一）健全制度体系

1. 完善中等职业学校教师职称设置。普通中专、职业高中、成人中专和高等学校举办的中职部（含附设中职班），均设文化课、专业课教师和实习指导教师职称类别。省、市、县职业教育教研机构设文化课、专业课教师职称类别。原来实行的中等专业学校教师职称系列和职业高中教师职称统一并入新设置的中等职业学校教师职称系列。

2. 统一职称等级和名称。文化课、专业课教师职称设初级、中级、高级，初级只设助理级，高级分设副高级和正高级，助理级、中级、副高级和正高级职称名称依次为助理讲师、讲师、高级讲师、正高级讲师。实习指导教师职称设初级、中级、高级，初级分设员级和助理级，高级分设副高级和正高级，员级、助理级、中级、副高级和正高级职称名称依次为三级实习指导教师、二级实习指导教师、一级实习指导教师、高级实习指导教师、正高级实习指导教师。

3. 统一后的中等职业学校教师职称与原中等专业学校教师、职业高中教师职称的对应关系是：原职业高中正高级教师对应正高级讲师；原中等专业学校高级讲师、职业高中高级教师对应高级讲师；原中等专业学校讲师、职业高中一级教师对应讲师；原中等专业学校助理讲师、职业高中二级教师对应助理讲师；原中等专业学校教员、职业高中三级教师可聘任为助理讲师。

4. 统一后的中等职业学校教师职称等级与事业单位专业技术岗位等级对应关系为：正高级对应专业技术岗位一至四级，副高级对应专业技术岗位五至七级，中级对应专业技术岗位八至十级，助理级对应专业技术岗位十一至十二级，员级对应专业技术岗位十三级。

（二）完善评价标准

1. 坚持把师德放在评价的首位。坚持教书与育人相统一，言传与身教相统一，潜心问道与关注社会相统一，学术自由与学术规范相统一，引导教师以德立身，以德立学，以德施教，以德育德，立德树人，爱岗敬业，为人师表。强化师德考评，对违反师德师风的行为"零容忍"。

2. 充分体现中等职业学校教师职业特点。根据教师的岗位类型和岗位特征，制定各类教师的评价标准，实行分类评价。突出教育教学工作实绩，注重实践教学和技术技能人才培养实绩，注重产教融合、校企合作和工学结合的教学改革实绩，注重行业企业实践经历。切实改变过分强调论文、学历、课题项目等倾向。区别不同情况，可将教研报告、教案、发明专利、参与教学标准和人才培养方案开发成果、参与学校专业建设、参与实训基地建设、指导学生实习成果、指导学生或本人参加职业技能竞赛或教学竞赛成绩、参与行业标准研发成果等作为评价条件。注重个人评价和团队评价相结合，尊重和认可团队所有参与者的实际贡献。以实绩、贡献为导向，允许所教专业与所学专业或教师资格证标注的专业不一致的教师参加职称评审，促进"双师型"教师队伍建设。

3. 实行省级标准和地区标准相结合。根据我省中等职业教育发展情况，结合现有各类中等职业学校的特点，在国家制定的中等职业学校教师职称评价基本标准的基础上，制定广东省中等职业学校教师职称评价标准条件（见附件1）。各地可根据实际，制定不低于省级标准的具体评价标准。文化课、专业课教师和实习指导教师交流后，应按照现工作岗位相应类别职称评价标准条件申报晋升；其他系列专业技术人员、普通高中教师和中等职业学校教师的交流按照我省转系列评审相关规定执行。

4. 向优秀人才倾斜。对于在艰苦边远地区工作和扶贫支教的中等职业学校教师和既承担文化课、专业课教学任务，又承担实习教学任务的教师，在职称（职务）评聘时，予以适当倾斜。对于公开招聘的具有3年以上企业工作经历并具有高职以上学历的教师，在首次评审时可参考其在企业的工作经历和业绩成果直接评定相应层级职称。

（三）创新评价机制

1. 健全评审机制。进一步完善以同行专家评审为基础的业内评价机制，增强专家评审的公信力。加强评委会组织管理，注重遴选高水平的职业教育教学专家、一线教师、行业企业技术专家和高技能人才担任评委。健全评委会工作程序和评审规则，建立评审专家责任制。

2. 创新评价方式。探索社会和业内认可的形式，采取教学水平评价、面试答辩、专家评议、实践操作等多种评价方式，充分结合学校开展的日常考核评价结果，对中等职业学校教师的专业素质和教学水平进行有效评价。在高级职称评审中实行面试答辩。全面推行公开、公示制度，增加职称评审的透明度。

3. 下放评审权限。完善省、市、校分级管理服务机制，积极培育中等职业学校自主评审能力。省人力资源社会保障厅和省教育厅负责全省中等职业学校教师职称改革工作，省教育厅具体负责正高级教师职称评审工作。各地级以上市人力资源社会保障、教育行政部门负责副高级及以下等级教师职称评审工作。向广州市、深圳市下放中等职业学校正高级教师职称评审权。举办中等职业教育的高等学校负责本校副高级及以下等级教师职称评审工作。各级职业教育教研机构、省属中等职业学校根据属地原则，由其所在地市负责教师职称评审工作。

各地可将初级、中级职称交由符合条件、管理规范的中等职业学校自主组织评审。对学校开展的自主评审，政府部门不再审批评审结果，改为事后备案管理。加强对自主评审工作的监管，对于不能正确行使评审权、不能确保评审质量的，暂停自主评审工作直至收回评审权。

（四）实现职称评审与岗位聘用制度的有效衔接

1. 坚持中等职业学校教师职称评审和岗位聘用相统一。中等职业学校教师职称评审是教师岗位聘用的重要依据和关键环节，岗位聘用是职称评审结果的主要体现。中等职业学校教师职称评审，在核定的岗位结构比例内进行，不再进行岗位结构比例之外、与岗位聘用相脱离的任职资格评审。中等职业学校教师竞聘更高等级的专业技术岗位，由学校在岗位结构比例和空缺岗位内推荐符合条件的教师参加评审，按照有关规定将通过职称评审的教师聘用到相应教师岗位，及时兑现受聘教师的工资待遇。各地各校要建立健全考核制度，加强聘后管理，在岗位聘用中实现人员能上能下。

2. 对此次改革前已经取得中等职业学校专业技术职务任职资格但未被聘用到相应岗位的人员，在聘用到相应岗位时不再需要经过评委会评审。各地各校要结合实际制定具体办法，同等条件下优先聘用。

3. 改革前已取得我省原中等专业学校教师、中等师范学校教师职称，以及职业高中教师取得中小学教师系列职称的，可视同取得统一后的同等级中等职业学校教师职称。

4. 中等职业学校教师高级、中级、初级岗位之间的结构比例，以及高级、中级、初级岗位内部各等级的结构比例，要根据新的中等职业学校教师职称等级体系，按照国家和省关于中等职业学校岗位设置管理的有关规定执行。其中，正高级教师要从严控制，在确保质量的前提下逐步达到合理比例。

四、组织实施

（一）加强领导，明确职责

深化中等职业学校教师职称制度改革政策性强，牵涉面广，涉及广大教师切身利益，区域情况差别大。各地各校要充分认识改革的重大意义，切实加强领导，深入贯彻落实"放管服"改革精神，进一步明晰部门职责，着力构建权责一致的体制机制。人力资源社会保障部门牵头推进中等职业学校教师职称制度改革，主要负责职称政策制定；教育部门及学校主要负责职称评审工作的具体组织实施。各部门要密切配合，相互协商，确保中等职业学校教师职称制度改革顺利推进。

（二）周密部署，稳步实施

各地要结合自身实际，妥善做好新老人员过渡和新旧政策衔接工作。各有关学校、教育教研机构现有在岗教师（教研员），按照原专业技术职务与统一后的职称对应关系，直接过渡到统一后的职称体系，改革前取得的职称统一填表登记过渡（登记表详见附件2），并存入教师（教研员）个人档案。各地（各校）要切实加强调查研究，充分掌握本地区（本校）中等职业学校情况、教师队伍状况，积极应对改革中遇到的新情况和新问题。要深入细致地做好政策宣传解释和思想政治工作，引导广大教师积极支持和参与改革，确保改革顺利推进。

（三）强化监管，确保公正

中等职业学校教师职称制度改革涉及教师切身利益，关乎公平正义。要严格规范职称评聘程序，按照个人申报、考核推荐、专家评审、学校聘用的基本程序进行。要健全和完善评审监督机制，建立健全职称评审回避制度、公示公开制度、随机抽查制度、责任追究制度，建立复查、投诉机制，充分发挥相关部门和广大教师的监督作用，确保评审公正规范、评审过程公开透明。

各地各校要及时总结经验，认真研究并解决改革中发现的新情况和新问题，妥善处理改革、发展和稳定的关系。有关改革进展情况及遇到的重要问题及时报告。

附件：1. 广东省中等职业学校教师职称评价标准条件

2. 广东省深化中等职业学校教师职称制度改革人员过渡登记表

附件1

广东省中等职业学校教师职称评价标准条件

第一章 总 则

第一条 为引导广大中等职业学校教师进一步加强教学改革和专业实践，提高"双师"素质，全面履行教师职责，造就一支师德高尚、素质优良、结构合理的中等职业教育教师队伍，根据国家和我省中等职业教育改革发展需要和中等职业学校教师工作岗位特点及要求，特制定本标准。

第二条 本评价标准适用于在我省中等职业学校（含中等技术学校、中等师范学校、成人中等专业学校、职业高中学校）及省、市、县职业教育教研机构、高等学校举办的中职部（含附设中职班）从事中等职业教育教学及教研工作的在职在岗并具备符合《教师资格条例》规定教师资格的人员。

第三条 中等职业学校文化课、专业课教师职称分为助理讲师、讲师、高级讲师、正高级讲师。实习指导教师职称分为三级实习指导教师、二级实习指导教师、一级实习指导教师、高级实习指导教师、正高级实习指导教师。

第二章 基本条件

第四条 思想政治素质、职业道德要求。

1. 遵守国家宪法和法律，贯彻党和国家的教育方针，热爱职业教育事业，具有良好的思想政治素质和职业道德，自觉践行社会主义核心价值观，以德立身、以德立学、以德施教，立德树人，爱岗敬业，为人师表，关爱学生。

2. 任现职以来，符合下列条件：

（1）达到政策规定的各项要求，年度考核合格以上次数不少于资历条件规定的任教年数，其中近2年年度考核均在合格以上。

（2）2年内未出现因工作失职而引发事故造成损失。

（3）未受到影响参加职称评定的处理或处分，或受到的处理或处分影响期满、不影响参加职称评定的。

第五条 身心健康要求。

身心健康，心理素质良好，能全面履行岗位职责。

第六条 实践实训要求。

任现职以来，文化课教师定期到行业企业开展考察、调研和学习；专业课教师和实习指导教师每年到行业企业实践或实训基地实训至少累计1个月，且每5年行业企业或生产服务一线实践时间累计不少于6个月。

第七条 职称外语和计算机应用能力要求。

职称外语和计算机应用能力条件不做统一要求，成绩仅作为参考。确需评价外语、计算机能力水平的，由用人单位在职称申报推荐环节增加相关要求。

第八条 继续教育要求。

根据国家和省有关规定完成继续教育学习任务。

第三章 助理讲师评价标准

第九条 学历资历要求。

具备下列条件之一：

1. 具备硕士学位。

2. 具备大学本科学历或学士学位，或技工院校预备技师（技师）班毕业，见习1年期满并考核合格。

3. 具有3年以上企业工作经历，并具有大学专科以上学历或技工院校高级工班毕业，见习1年期满并考核合格。

第十条 育人工作要求。

1. 基本掌握教育学生的原则和方法，胜任班主任或辅导员工作，积极参与学生管理工作，认真履行教书育人职责，正确教育和引导学生健康成长。从教以来，担任班主任或辅导员工作1年以上，具有较好的班级管理能力。

2. 能较好地组织开展学生社团、第二课堂、兴趣小组、课余专业技能训练等活动。

第十一条 教学工作要求。

具有本专业必备的知识和技能，掌握所教课程的课程标准、教材、教学原理和方法等，基本胜任教学岗位，教学效果较好。从教以来，具备下列条件：

1. 系统讲授1门以上课程，平均每学年授课（含实验课、实训课）时数达到市（县）或学校规定的课时数。

2. 年度教学质量评估"良好"以上次数不少于资历条件规定的年数。

3. 每学年积极参加本专业教学研讨观摩活动，或个人、团体（排名前3）获得教学竞赛校级奖项1项。

4. 每学年带领学生参加社会实践（如实习、设计、社会调查等）、研学实践、劳动教育等活动1次。

5. 能结合教学实际进行教学反思与总结，提交独立撰写本专业教学经验总结1篇。

第十二条 职业教育教研机构教研员申报助理讲师条件。

符合第九条要求，且从教以来，具备下列条件：

1. 平均每年听课20节以上并撰写听课综述。

2. 参加校级以上教育教学科研课题（项目）或教育教学改革课题（项目）1项。

3. 撰写本专业教育教学研究论文或学术论文1篇。

4. 参与本区域中等职业学校教育教学指导工作（包括专业人才培养方案制定、教师培训、课程开发、实习实训、教研活动、课题研究等）1次。

第四章 讲师评价标准

第十三条 学历资历要求。

具备下列条件之一：

1. 具备博士学位。

2. 具备硕士学位，并在助理讲师岗位任职满2年。

3. 具备大学本科学历或学士学位，或技工院校预备技师（技师）班毕业，并在助理讲师岗位任职满4年。

4. 具有3年以上企业工作经历，并具有大学专科以上学历或技工院校高级工班毕业，在助理讲师岗位任职满4年。

第十四条 育人工作要求。

较好掌握教育学生的原则和方法，认真履行教书育人职责，较好地完成班主任或辅导员工作，正确教育和引导学生健康成长。任现职以来，具备下列条件：

1. 担任班主任或辅导员工作3年以上，具有较好的班级管理能力。

2. 能较好地组织开展学生社团、第二课堂、兴趣小组、课余专业技能训练等活动。

第十五条 教学工作要求。

具有较扎实的专业知识和技能，独立掌握所教课程的课程标准、教材、教学原理和方法等，教学经验比较丰富，教学效果好。任现职以来，具备下列条件：

1. 系统讲授1门以上课程，平均每学年授课（含实验课、实训课）时数不少于300课时。兼任行政工作的教师授课时数不少于专任教师的2/3。

2. 年度教学质量评估"良好"以上次数不少于资历条件规定的年数，其中近2年年度教学质量评估均在"良好"以上。

3. 每学年积极参加本专业教学研讨观摩活动，或个人、团体（排名前3）获得教学竞赛校级以上奖励1项。

4. 每学年带领学生参加社会实践（如实习、设计、社会调查等）、研学实践、劳动教育等活动1次。

第十六条 专业课教师专业实践要求。

具备双师素质，积极承担校企合作、产教融合、实习实训教学等工作，具有相应专业实践能力。具备下列条件之一：

1. 取得非教师系列相关专业初级以上职称，或相关专业（工种）中级（四级）以上职业资格证书、相关行业执业资格证书、职业技能等级证书。

2. 近五年有行业企业一线本专业实际工作经历。

3. 任现职以来，参与本专业应用技术研究1项。

4. 任现职以来，参与专业实践教学（设施）建设1项。

5. 体育、艺术学科专业课教师，本人近五年有参加体育、艺术类专业实践活动经历。

第十七条 教研科研成果要求。

具有一定的组织和开展教育教学研究的能力，承担一定的教学研究任务，并在教学改革、专业建设实践中积累了一定经验。任现职以来，同时具备下列条件中的两项：

1. 参编正式出版的本专业中等职业教育教材、教学参考书1部。

2. 公开出版发行本专业教育教学类著作或学术著作（译著）1部。

3. 参与完成校级以上本专业教育教学科研课题（项目）或教育教学改革课题（项目）1项，并通过结题验收。

4. 参与完成科学技术成果、教学成果或教科研成果，所取得成果获得奖励1项。

5. 参与完成新产品、新技术、新工艺或新设备的科技开发或成果转化1项，并通过相关行业组织和机构鉴定，并推广应用，取得社会、经济效益。

6. 申请本专业或相关专业授权发明专利1件，或授权实用新型专利1件，或授权外观设计专利1件，或登记计算机软件著作权1项。

7. 独立或作为第一作者在公开发行的专业学术刊物上发表本专业教育教学研究论文或学术论文1篇（或作为第二作者发表论文2篇）；或艺术学科教师创作的作品被县级以上专业机构收藏、设计项目被采用1件。

8. 本人或指导选手参加本专业或相关专业技能（知识）竞赛（含体育、艺术类竞赛），获地市级以上竞赛三等奖以上1项。

9. 参与校级以上专业建设项目（如教学标准研制、人才培养方案制订、课程开发、实训基地建设等）。

10. 参与企业技术攻关1项，成效较显著。

11. 艺术学科教师在学校公开举办具有一定专业水平的个人专场音乐会或艺术创作展演（展览）1次。

第十八条 职业教育教研机构教研员申报讲师条件。

符合第十三条要求，且任现职以来，具备下列条件：

1. 平均每年听课80节以上并撰写听课综述。

2. 开设县级以上公开课、研究课、示范课或专题讲座年均不少于2次。

3. 参与完成县级以上教育教学科研课题（项目）或教育教学改革课题（项目）1项，并通过结题验收（排名前3）。

4. 独立或作为第一作者在公开发行的专业学术刊物上发表本专业教育教学研究论文或学术论文2篇以上。若有公开出版发行本专业教育教学类学术著作或译著，每1部可视同1篇论文。

5. 参与本区域中等职业学校教育教学指导工作（包括教学标准研制、人才培养方案制定、教师培训、课程开发、实习实训、教研活动、课题研究等）年均不少于1次。

第五章 高级讲师评价标准

第十九条 学历资历要求。

具备下列条件之一：

1. 具备博士学位，并在讲师岗位任职满2年。

2. 具备大学本科及以上学历或学士以上学位，或技工院校预备技师（技师）班毕业，并在讲师岗位任职满5年。

3. 具有3年以上企业工作经历，并具有大学专科以上学历或技工院校高级工班毕业，在讲师岗位任职满5年。

第二十条 育人工作要求。

具有崇高的职业理想和信念，认真履行教书育人职责，任现职以来较出色地完成班主任或辅导员工作，班级管理经验丰富，形成可供学习借鉴的德育经验，正确教育和引导学生健康成长。从教以来担任班主任或辅导员工作8年以上，任现职以来，担任班主任或辅导员工作3年以上，具有较强的班级管理能力，所带班级班风良好，班集体建设成绩突出，受到好评。

第二十一条 教学工作要求。

具有扎实的理论基础、专业知识和技能，了解本专业发展现状和趋势，掌握先进的教育理念、教学方法，教学经验丰富，教学业绩显著，形成一定的教学特色和可供借鉴的教学经验。任现职以来，具备下列条件：

1. 文化课教师系统讲授1门以上课程，专业课教师系统讲授2门以上课程，平均每学年授课（含实验课、实训课）时数不少于300课时。兼任教学工作的校级领导授课时数不少于专任教师的1/3；兼任行政工作的教师授课时数不少于专任教师的1/2。

2. 年度教学质量评估"良好"以上次数不少于资历条件规定的年数，其中近3年年度教学质量评估均在"良好"以上且至少1次"优秀"。

3. 承担校级以上公开课、研究课、示范课或专题讲座1次以上，或个人、团体（排名前3）获得教学竞赛市级以上奖项或校级二等奖以上1项，或被评为县级以上教学能手、骨干教师、专业（学科）带头人等称号。

4. 每学年带领学生参加社会实践（如实习、设计、社会调查等）、研学实践、劳动教育等活动1次以上。

第二十二条 专业课教师专业实践要求。

具备双师素质，在校企合作、产教融合、实习实训教学等方面取得较突出成果，具有较强专业实践能力。具备下列条件之一：

1. 取得非教师系列相关专业中级以上职称，或相关专业（工种）高级（三级）以上职业资格证书、相关行业执业资格证书、职业技能等级证书。

2. 任现职以来，近五年有一年以上（可累计计算）行业企业一线本专业实际工作经历（任现职时间不足5年的，任现职以来的行业企业一线本专业实际工作经历时长不少于任职时长的1/5）。

3. 任现职以来，主持或主要参与本专业应用技术研究1项，成果已被行业企业使用，效益良好。

4. 任现职以来，主持或主要参与专业实践教学（设施）建设1项，效果良好。

5. 体育、艺术学科专业课教师，任现职以来，本人平均每学年参加体育、艺术类专业实践活动1次以上。

第二十三条 教科研成果要求。

指导与开展教育教学研究，在教学改革、专业建设实践中取得较突出的成绩。任现职以来，同时具备下列条件中的三项：

1. 主编或参编正式出版的本专业中等职业教育教材、教学参考书1部。

2. 公开出版发行本专业教育教学类著作或学术著作（译著）1部。

3. 主持或参与完成市级以上本专业教育教学科研课题（项目）或教育教学改革课题（项目）1项（排名前3），并通过结题验收。

4. 主持或参与完成科学技术成果、教学成果或教科研成果获地市级以上奖励1项（排名前3）。

5. 完成新产品、新技术、新工艺或新设备的科技开发或成果转化1项，并通过相关行业组织和机构鉴定，并推广应用，取得较好的社会、经济效益。

6. 授权本专业相关的发明专利1件，或实用新型专利、外观设计专利、登记计算机软件著作权2项。

7. 独立或作为第一作者在公开发行的专业学术刊物上发表本专业教育教学研究论文或学术论文2篇（或作为第二作者发表论文3篇）；或艺术学科教师创作的作品被市级以上专业机构收藏、设计项目被采用1件。

8. 本人或指导选手参加本专业或相关专业技能（知识）竞赛（含体育、艺术类竞赛），获省级以上竞赛三等奖以上或地市级竞赛二等奖以上1项；或本人作为教练或专家所指导的选手进入国家级技能大赛省级集训队。

9. 主持或参与完成国家或省级教育行政部门立项的重点专业（群）建设项目或实训基地建设项目（排名前3），或主持、参与完成省级以上行业标准研发并被行业主管部门采用（排名前3）。

10. 主持或主要参与企业技术攻关1项，成效显著。

11. 艺术学科教师在市级以上范围公开举办具有一定专业水平的音乐会或艺术创作展演（展览）1次。

第二十四条 示范引领要求。

任现职以来，具备下列条件：

1. 在教学团队中发挥骨干作用，能够带领团队积极开展教育教学改革、实训室建设或技能竞赛等工作，对推动学校专业建设发挥重要作用。系统指导1名以上青年教师教学教研，指导工作成绩突出。

2. 指导青年教师组织开展学生社团、第二课堂、兴趣小组、课余专业技能训练等活动，为校园文化建设、提高学生素质做出重要贡献。

第二十五条 职业教育教研机构教研员申报高级讲师条件。

符合第十九条要求，且任现职以来，具备下列条件：

1. 平均每年听课80节以上并撰写听课综述。

2. 开设县级以上公开课、研究课、示范课或专题讲座年均不少于4次，其中至少1次在市级以上范围开设。

3. 主持或参与完成市级以上本专业教育教学科研课题（项目）或教育教学改革课题（项目）1项（排名前3），并通过结题验收。

4. 独立或作为第一作者在公开发行的专业学术刊物上发表本专业教育教学研究论文或学术论文3篇以上。若有公开出版发行本专业教育教学类学术著作或译著，每1部可视同1篇论文。

5. 参与本区域中等职业学校教育教学指导工作（包括教学标准研制、人才培养方案制定、教师培训、课程开发、实习实训、教研活动、课题研究等）年均不少于2次。

第二十六条 破格申报高级讲师条件。

担任讲师职务满3年，且任现职以来，年度考核至少2次为"优秀"，具备下列条件之一：

1. 教书育人成效显著，在教书育人方面做出突出贡献。如获得省部级表彰。

2. 教学业绩成果丰硕，教学研究和教学改革取得重大突破。如获得国家级教科研优秀成果奖、教育教学成果奖二等奖以上（排名前3）或省级教科研优秀成果奖、教育教学成果奖一等奖（排名前3），获得全国青年教师教学大赛二等奖或省级青年教师教学大赛一等奖、全国职业院校教师教学能力大赛二等奖或省级职业院校教师教学能力大赛一等奖等。

3. 科研创新能力突出，为推动本专业领域科技进步做出突出贡献。如获得国家级科学技术奖二等奖以上（排名前3）或省级科学技术奖一等奖（排名前3）等。

4. 专业技能技艺精湛，公认为省内行业（领域）内本专业带头人，影响力显著。如入选市级高层次人才项目杰出、领军人才，本人（或指导选手）获得世界技能大赛等世界级技能大赛（含体育、艺术类竞赛）优胜奖以上，本人（或指导选手）获得国家级技能大赛（含体育、艺术类竞赛）二等奖以上或省级技能大赛（含体育、艺术类竞赛）一等奖，担任省级技能大师工作室负责人等。

第六章　正高级讲师评价标准

第二十七条　学历资历要求。

具备大学本科及以上学历或学士以上学位，从企业公开招聘的应具有大学专科以上学历或技工院校高级工班、预备技师（技师）班毕业，并在高级讲师岗位任职满5年。

第二十八条　育人工作要求。

具有崇高的职业理想和信念，认真履行教书育人职责，任现职以来出色地完成班主任或辅导员工作，班级管理经验丰富，将思想道德教育有效融入教学全过程，形成可供推广和借鉴的德育经验或模式，正确教育和引导学生健康成长。从教以来担任班主任或辅导员工作10年以上（或担任德育专职教师、心理健康教育专职教师12年以上），任现职以来，担任班主任或辅导员工作3年以上，具有较强的班级管理能力，所带班级班风良好，班集体建设成绩突出，受到好评。

第二十九条　教学工作要求。

深入系统地掌握本学科基础理论、专业知识和技能，掌握国内外本专业发展现状和趋势，掌握先进的教育理念、教学方法，教学经验丰富，教学业绩卓著，教学特色鲜明，形成可供推广和借鉴的教学经验或模式。任现职以来，具备下列条件：

1. 文化课教师系统讲授1门以上课程，专业课教师系统讲授2门以上课程，平均每学年授课（含实验课、实训课）时数达到市（县）或学校规定的课时数且不少于280课时。兼任教学工作的校级领导授课时数不少于专任教师的1/3；兼任行政工作的教师授课时数不少于专任教师的1/2。

2. 近五年年度教学质量评估均在"良好"以上，近三年至少2次"优秀"。

3. 开设校级以上公开课、示范课、观摩课、专题讲座3次以上并获好评，或个人、团体（排名前3）获得教学竞赛国家级奖项或省级二等奖以上或市级一等奖1项，或教育教学重大成果在省级以上现场会观摩推广。

4. 每学年带领学生参加社会实践（如实习、设计、社会调查等）、研学实践、劳动教育等活动1次以上。

第三十条　专业课教师专业实践要求。

具备双师素质，在校企合作、产教融合、实习实训教学等方面取得突出成果，具有突出专业实践能力。具备下列条件之一：

1. 取得非教师系列相关专业副高级以上职称，或相关专业（工种）技师（二级）以上职业资格证书、相关行业执业资格证书、职业技能等级证书，或专业技能考评员资格。

2. 近五年有1年以上（可累计计算）行业企业一线本专业实际工作经历。

3. 任现职以来，主持应用技术研究1项，成果已被行业企业使用，效益明显。

4. 任现职以来，主持专业实践教学（设施）建设1项，效果突出。

5. 体育、艺术学科专业课教师，任现职以来，本人平均每年参加体育、艺术类专业实践活动1次以上。

第三十一条　教科研成果要求。

主持和指导教育教学研究，在教育思想、专业建设、课程改革、教学方法等方面取得创造性成果。任现职以来，同时具备下列条件中的四项：

1. 主编正式出版的本专业中等职业教育教材、教学参考书1部。

2. 公开出版发行本专业教育教学类著作或学术著作（译著）1部。

3. 主持完成省级以上本专业教育教学科研课题（项目）或教育教学改革课题（项目）1项，并通过结题验收。

4. 主持完成科学技术成果、教学成果或教科研成果获省（部）级以上奖项1项。

5. 完成新产品、新技术、新工艺或新设备的科技开发或成果转化1项，并通过相关行业组织和机构鉴定，并推广应用，取得明显的社会、经济效益。

6. 作为发明人获得本专业或相关专业授权发明专利1件。

7. 独立或作为第一作者在公开发行的专业学术刊物上发表本专业教育教学研究论文或学术论文3篇（或作为第二作者发表论文4篇）；或艺术学科教师创作的作品被省级以上专业机构收藏、设计项目被采用1件。

8. 本人或指导选手参加本专业或相关专业技能竞赛（含体育、艺术类竞赛），获国家级竞赛二等奖以上或省级竞赛一等奖以上1项；或本人作为教练或专家所指导的选手进入世界技能大赛等世界级技能大赛（含体育、艺术类竞赛）国家集训队。

9. 主持完成国家或省级教育行政部门立项的重点专业（群）建设项目或实训基地建设项目，或主持完成省级以上行业标准研发并被行业主管部门采用。

10. 主持完成企业技术攻关1项，成效显著。

11. 艺术学科教师在市级以上范围公开举办具有一定专业水平的音乐会或艺术创作展演（展览）1次。

第三十二条 示范引领要求。

任现职以来，具备下列条件：

1. 在教学团队中发挥关键作用，对推动本地区学校的专业建设发挥带头人作用。系统指导2名以上其他教师教学教研，其中至少有1名为校级以上骨干教师，指导工作成绩突出。

2. 能较好地指导青年教师组织开展学生社团、第二课堂、兴趣小组、课余专业技能训练等活动，为校园文化建设、提高学生素质做出重要贡献。

第三十三条 职业教育教研机构教研员申报正高级讲师条件。

符合第二十七条要求，且任现职以来，具备下列条件：

1. 平均每年听课40节以上并撰写听课综述。

2. 开设县级以上公开课、研究课、示范课或专题讲座年均不少于5次，其中至少2次在市级以上范围开设。

3. 主持完成省级以上本专业教育教学科研、改革课题（项目），或参与国家级本专业教育教学科研、改革课题（项目）1项（排名前3），并通过结题验收。

4. 独立或作为第一作者在公开发行的专业学术刊物发表高水平、有创见的本专业教育教学研究论文或学术论文5篇。若有公开出版发行的本专业教育教学类学术著作或译著，每1部可视同1篇论文。

5. 每学年参与本区域中等职业学校教育教学指导工作（包括专业教学标准研制、人才培养方案制定、教师培训、课程开发、实习实训、教研活动、课题研究等）3次以上。

第三十四条 破格申报正高级讲师条件。

担任高级讲师职务满3年，且任现职以来，年度考核至少3次为"优秀"，具备下列条件之一：

1. 教书育人成效显著，在教书育人方面做出突出贡献。如获得国家级表彰。

2. 教学业绩成果丰硕，教学研究和教学改革取得重大突破。如获得国家级教科研优秀成果奖、教育教学成果奖一等奖（排名前3）或省级教育教学成果奖特等奖（排名前3），获得全国青年教师教学大赛一等奖、全国职业院校教师教学能力大赛一等奖等。

3. 科研创新能力突出，为推动本专业领域科技进步做出突出贡献。如获得国家级科学技术奖一等奖（排名前3）等。

4. 专业技能技艺精湛，公认为国内外行业（领域）内本专业带头人，影响力显著。如入选国家级或省级高层次人才项目杰出、领军人才，本人（或作为中国技术指导专家组成员指导选手）获得世界技能大赛等世界级技能大赛（含体育、艺术类竞赛）金、银、铜牌，本人（或指导选手）获得国家级技能大赛（含体育、艺术类竞赛）一等奖，担任国家级技能大师工作室负责人等。

第七章 三级实习指导教师评价标准

第三十五条 学历资历要求。

具备下列条件之一：

1. 具备大学本科及以上学历或学士以上学位，或技工院校预备技师（技师）班毕业。

2. 具备大学专科学历或技工院校高级工班毕业，任教1年期满并考核合格。

3. 具有中等职业学校学历或技工院校中级工班毕业，任教2年期满并考核合格。

第三十六条 育人工作要求。

基本掌握教育学生的原则和方法，胜任班主任或辅导员工作，积极参与学生管理工作，认真履行教书育人职责，正确教育和引导学生健康成长。从教以来，担任班主任或辅导员工作1年以上。

第三十七条 教学工作要求。

具有教育学、心理学和教学法的基础知识，基本掌握所教专业课程的专业知识和生产实习实训教学法，能够承担本专业部分实习实训教学。从教以来，具备下列条件：

1. 独立或参与承担1门课程的实习实训指导工作，授课（含实验课、实训课）时数达到市（县）或学校规定的课时数。

2. 年度教学质量评估"良好"以上次数不少于资历条件规定的年数。

第三十八条 专业实践要求。

具备双师素质,了解本专业各种工具、设备结构原理以及文明生产、安全操作规程,具有相应专业实践能力。具备下列条件之一:

1. 近五年有行业企业一线本专业实际工作经历。

2. 近五年参与本专业应用技术研究或工具、设备修理及研制。

3. 近五年参与专业实践教学(设施)建设。

第八章 二级实习指导教师评价标准

第三十九条 学历资历要求。

具备下列条件之一:

1. 具备大学本科及以上学历或学士以上学位,或技工院校预备技师(技师)班毕业,在三级实习指导教师岗位任职满1年。

2. 具备大学专科学历或技工院校高级工班毕业,在三级实习指导教师岗位任职满2年。

3. 具备中等职业学校学历或技工院校中级工班毕业,在三级实习指导教师岗位任职满3年。

第四十条 育人工作要求。

掌握教育学生的原则和方法,胜任班主任或辅导员工作,积极参与学生管理工作,认真履行教书育人职责,正确教育和引导学生健康成长。任现职以来,担任班主任或辅导员工作1年以上。

第四十一条 教学工作要求。

具有教育学、心理学和教学法的基础知识,基本掌握所教专业课程的专业知识和生产实习实训教学法,能够独立承担本专业部分实习实训教学,教学效果较好。任现职以来,具备下列条件:

1. 独立承担1门课程的实习实训指导工作,授课(含实验课、实训课)时数达到市(县)或学校规定的课时数。

2. 年度教学质量评估"良好"以上次数不少于资历条件规定的年数。

3. 每学年积极参加本专业教学研讨观摩,或个人、团体(排名前3)获得教学竞赛校级奖项1项。

4. 能结合实习教学实际进行教学反思与总结,提交独立撰写本职业(工种)实习教学经验总结1篇。

第四十二条 专业实践要求。

具备双师素质,掌握本专业各种工具、设备结构原理以及文明生产、安全操作规程,具有相应专业实践能力。具备下列条件之一:

1. 近五年有行业企业一线本专业实际工作经历。

2. 任现职以来,参与本专业应用技术研究或工具、设备修理及研制。

3. 任现职以来,参与专业实践教学(设施)建设。

第九章 一级实习指导教师评价标准

第四十三条 学历资历要求。

具备下列条件之一:

1. 具备大学本科及以上学历或学士以上学位,或技工院校预备技师(技师)班毕业,并在二级实习指导教师岗位任职满3年。

2. 具备大学专科学历或技工院校高级工班毕业,并在二级实习指导教师岗位任职满4年。

3. 具备中等职业学校学历或技工院校中级工班毕业,并在二级实习指导教师岗位任职满5年。

第四十四条 育人工作要求。

较好掌握教育学生的原则和方法,认真履行教书育人职责,较好地完成班主任或辅导员工作,正确教育和引导学生健康成长。任现职以来,担任班主任或辅导员工作年限:

1. 具备大学本科及以上学历或学士以上学位的教师,2年以上;

2. 具备大学专科以上学历的教师,3年以上;

3. 具备中等职业学校学历的教师,4年以上。

第四十五条 教学工作要求。

具有较扎实的专业知识和技能,掌握本专业的教学原理和生产实习实训教学法等,教学经验比较丰富,教学效果好。任现职以来,具备下列条件:

1. 独立承担1门课程的实习实训指导工作,平均每学年授课(含实验课、实训课)时数达到市(县)或学校规定的课时数且不少于500课时。兼任行政工作的教师授课时数不少于专任教师的2/3。

2. 年度教学质量评估"良好"以上次数不少于资历条件规定的年数,其中近2年年度教学质量评估均在"良好"以上。

3. 每学年积极参加本专业教学研讨观摩活动,或个人、团体(排名前3)获得教学竞赛校级以上奖励1项。

第四十六条 专业实践要求。

具备双师素质,了解本专业工作过程或技术流程,承担校企合作、产教融合、实习实训教学等工作,具有相应专业实践能力。具备下列条件之一:

1. 取得非教师系列相关专业中级以上职称,或相关专业(工种)高级(三级)以上职业资格证书、相关行业执业资格证书、职业技能等级证书。

2. 近五年有行业企业一线本专业实际工作经历。

3. 任现职以来，参与本专业应用技术研究1项。

4. 任现职以来，参与专业实践教学（设施）建设1项。

第四十七条 教科研成果要求。

具有一定的组织和开展实习教学研究的能力，承担一定的教学研究任务，并在教学改革、专业建设实践中积累了一定经验。任现职以来，同时具备下列条件中的两项：

1. 参编正式出版的本专业中等职业教育教材、教学参考书1部。

2. 公开出版发行本专业教育教学类著作或学术著作（译著）1部。

3. 参与完成校级以上本专业教育教学科研课题（项目）或教育教学改革课题（项目）1项，并通过结题验收。

4. 参与完成科学技术成果、教学成果或教科研成果，获得奖励1项。

5. 参与完成新产品、新技术、新工艺、新设备的科技开发或成果转化1项，并通过相关行业组织和机构鉴定，并推广应用，取得社会、经济效益。

6. 申请本专业相关发明专利1件，或授权实用新型专利1件，或授权外观设计专利1件，或登记计算机软件著作权1项。

7. 独立或作为第一作者在公开发行的专业学术刊物上发表本专业教育教学研究论文或学术论文1篇，或作为第二作者发表论文2篇，论文专业性较强。

8. 本人或指导选手参加本专业或相关专业技能（知识）竞赛，获地市级以上竞赛三等奖以上1项。

9. 参与校级以上专业建设项目（如教学标准研制、人才培养方案制订、课程开发、实训基地建设等）。

10. 参与企业技术攻关1项，成效较显著。

第十章 高级实习指导教师评价标准

第四十八条 学历资历要求。

具备下列条件之一：

1. 具备大学专科以上学历或技工院校高级工班毕业，并在一级实习指导教师岗位任职满5年。

2. 具备中等职业学校学历或技工院校中级工班毕业，并在一级实习指导教师岗位任职满7年。

第四十九条 育人工作要求。

具有崇高的职业理想和信念，认真履行教书育人职责，任现职以来较出色地完成班主任或辅导员工作，班级管理经验丰富，形成可供学习借鉴的德育经验，正确教育和引导学生健康成长。从教以来担任班主任或辅导员工作8年以上，任现职以来，担任班主任或辅导员工作年限：

1. 具备大学专科以上学历的教师，3年以上；

2. 具备中等职业学校学历的教师，5年以上。

第五十条 教学工作要求。

具有扎实的理论基础、专业知识和精湛的操作技能，掌握先进的教育理念、教学方法，教学经验丰富，教学业绩显著，形成一定的教学特色和可供借鉴的教学经验。任现职以来，具备下列条件：

1. 独立承担2门课程的实习实训指导工作，平均每学年授课（含实验课、实训课）时数达到市（县）或学校规定的课时数且不少于500课时。兼任教学工作的校级领导授课时数不少于专任教师的1/3；兼任行政工作的教师授课时数不少于专任教师的1/2。

2. 年度教学质量评估"良好"以上次数不少于资历条件规定的年数，其中近3年年度教学质量评估均在"良好"以上且至少1次"优秀"。

3. 承担校级以上公开课、研究课、示范课或专题讲座1次以上，或个人、团体（排名前3）获得教学竞赛市级以上奖项或校级二等奖以上1项，或被评为县级以上教学能手、骨干教师、专业（学科）带头人等称号。

第五十一条 专业实践要求。

具备双师素质，掌握本专业工作过程或技术流程，了解本行业技术新标准、掌握新技能，在校企合作、产教融合、实习实训教学等方面取得较突出成果，具有较强专业实践能力。具备下列条件之一：

1. 取得非教师系列相关专业高级以上职称，或相关专业（工种）技师（二级）以上职业资格证书、相关行业执业资格证书、职业技能等级证书，或专业技能考评员资格。

2. 近五年有一年以上（可累计计算）行业企业一线本专业实际工作经历。

3. 任现职以来，主持或主要参与本专业应用技术研究1项，成果已被行业企业使用，效益良好。

4. 任现职以来，主持或主要参与专业实践教学（设施）建设1项，效果良好。

第五十二条 教科研成果要求。

具有较强的组织开展实习实训教学研究、专业建设、技术革新的能力，取得较突出的成果，起到带头人的作用。任现职以来，同时具备下列条件中的三项：

1. 主编或参编正式出版的本专业中等职业教育教材、教学参考书1部。

2. 公开出版发行本专业教育教学类著作或学术著作（译著）1部。

3. 主持或参与完成市级以上本专业教育教学科研课题（项目）或教育教学改革课题（项目）1项（排名前3），并通过结题验收。

4. 主持或参与完成科学技术成果、教学成果或教科研成果获地市级以上奖励1项（排名前3）。

5. 完成新产品、新技术、新工艺或新设备的科技开发或成果转化1项，并通过相关行业组织和机构鉴定，并推广应用，取得较好的社会、经济效益。

6. 授权本专业相关的发明专利1件，或实用新型专利、外观设计专利、登记计算机软件著作权2项。

7. 独立或作为第一作者在公开发行的专业学术刊物上发表本专业教育教学研究论文或学术论文2篇（或作为第二作者发表论文3篇），论文专业性强。

8. 本人或指导选手参加本专业或相关专业技能（知识）竞赛，获省级以上竞赛三等奖以上或地市级竞赛二等奖以上1项；或本人作为教练或专家所指导的选手进入国家级技能大赛（含体育、艺术类竞赛）省级集训队。

9. 主持或参与完成国家或省级教育行政部门立项的重点专业（群）建设项目或实训基地建设项目（排名前3），或主持、参与完成省级以上行业标准研发并被行业主管部门采用（排名前3）。

10. 主持或主要参与企业技术攻关1项，成效较显著。

第五十三条 示范引领要求。

任现职以来，具备下列条件：

1. 在教学团队中发挥骨干作用，能够带领团队积极开展教育教学改革、实训室建设或技能竞赛等工作，对推动学校专业建设发挥重要作用。

2. 在培养指导青年教师提高技能水平和实习教学能力方面取得明显成效。系统指导1名以上青年教师教学教研，指导工作成绩突出。

第五十四条 破格申报高级实习指导教师条件。

担任一级实习指导教师职务满3年，且任现职以来，年度考核至少2次为"优秀"，具备下列条件之一：

1. 教书育人成效显著，在教书育人方面做出突出贡献。如获得省部级表彰。

2. 教学业绩成果丰硕，教学研究和教学改革取得重大突破。如获得国家级教科研优秀成果奖、教育教学成果奖二等奖以上（排名前3）或省级教科研优秀成果奖、教育教学成果奖一等奖（排名前3），获得全国青年教师教学大赛二等奖或省级青年教师教学大赛一等奖、全国职业院校教师教学能力大赛二等奖或省级职业院校教师教学能力大赛一等奖等。

3. 科研创新能力突出，为推动本专业领域科技进步做出突出贡献。如获得国家级科学技术奖二等奖以上（排名前3）或省级科学技术奖一等奖（排名前3）等。

4. 专业技能技艺精湛，公认为省内行业（领域）内本专业带头人，影响力显著。如入选市级高层次人才项目杰出、领军人才，本人（或指导选手）获得世界技能大赛等世界级技能大赛（含体育、艺术类竞赛）优胜奖以上，本人（或指导选手）获得国家级技能大赛（含体育、艺术类竞赛）二等奖或省级技能大赛（含体育、艺术类竞赛）一等奖，担任省级技能大师工作室负责人等。

第十一章 正高级实习指导教师评价标准

第五十五条 学历资历要求。

具备大学本科及以上学历或学士以上学位，或技工院校预备技师（技师）班毕业（从企业公开招聘的应具有大学专科以上学历），并在高级实习指导教师岗位任职满5年。

第五十六条 育人工作要求。

具有崇高的职业理想和信念，认真履行教书育人职责，任现职以来出色地完成班主任或辅导员工作，班级管理经验丰富，将思想道德教育有效融入教学全过程，形成可供推广和借鉴的德育经验或模式，正确教育和引导学生健康成长。从教以来担任班主任或辅导员工作10年以上，任现职以来，担任班主任或辅导员工作3年以上。

第五十七条 教学工作要求。

深入系统地掌握本专业基础理论、专业知识和操作技能，掌握国内外本专业发展现状与趋势，掌握先进的教育理念、教学方法，教学经验丰富，教学业绩卓著，教学特色鲜明，形成可供推广和借鉴的教学经验或模式。任现职以来，具备下列条件：

1. 独立承担2门课程的实习实训指导工作，平均每学年授课（含实验课、实训课）时数达到市（县）或学校规定的课时数且不少于460课时。兼任教学工作的校级领导授课时数不少于专任教师的1/3；兼任行政工作的教师授课时数不少于专任教师的1/2。

2. 近五年年度教学质量评估均在"良好"以上，近三年至少2次"优秀"。

3. 开设校级以上公开课、示范课、观摩课、专题讲座3次以上并获好评，或个人、团体（排名前3）获得教学竞赛国家级奖项或省级二等奖以上或市级一等奖1项，或教育教学重大成果在省级以上现场会观摩推广。

第五十八条 专业实践要求。

具备双师素质，熟练掌握本专业工作过程或技术流程，了解本行业技术新标准、掌握新技能，在校企合作、产教融合、实习实训教学等方面取得突出成果，具有突出专业实践能力。具备下列条件之一：

1. 取得非教师系列相关专业高级以上职称，或相关专业（工种）高级技师（一级）以上职业资格证书、相关行业执业资格证书、职业技能等级证书，或专业技能高级考评员资格。

2. 任现职以来，主持或主要参与应用技术研究2项，成果已被行业企业使用，效益良好。

3. 任现职以来，主持或主要参与专业实践教学（设施）建设2项，效果良好。

第五十九条 教科研成果要求。

具有主持和指导教育教学研究的能力，在教育思想、专业建设、实践教学改革、教学方法等方面取得突出成绩。任现职以来，同时具备下列条件中的四项：

1. 主编或参编正式出版的本专业中等职业教育教材、教学参考书1部。

2. 公开出版发行本专业教育教学类著作或学术著作（译著）1部。

3. 主持完成地市级以上本专业教育教学科研课题（项目）或教育教学改革课题（项目）1项，并通过结题验收。

4. 主持完成科学技术成果、教学成果或教科研成果获省级以上奖项或地市级一等奖1项。

5. 完成新产品、新技术、新工艺、新设备的科技开发或成果转化1项，并通过相关行业组织和机构鉴定，并推广应用，取得明显社会、经济效益。

6. 作为发明人获得本专业或相关专业授权发明专利1件以上。

7. 独立或作为第一作者在公开发行的专业学术刊物上发表本专业教育教学研究论文或学术论文2篇（或作为第二作者发表论文3篇），论文专业性强。

8. 本人或指导选手参加本专业或相关专业技能竞赛，获国家级竞赛二等奖以上或省级竞赛一等奖以上1项；或本人作为教练或专家所指导的选手进入世界技能大赛等世界级技能大赛（含体育、艺术类竞赛）国家集训队。

9. 主持完成国家或省级教育行政部门立项的重点专业（群）建设项目或实训基地建设项目，或主持完成省级以上行业标准研发并被行业主管部门采用。

10. 主持完成企业技术攻关1项，成效显著。

第六十条 示范引领要求。

任现职以来，具备下列条件：

1. 在教学团队中发挥关键作用，能够带领团队积极开展教育教学改革、实训室建设或技能竞赛等工作，对推动本地区学校的专业建设发挥带头人作用。

2. 在指导和培养其他教师提高技能操作水平和实习教学能力方面做出一定成绩。系统指导2名以上其他教师教学教研，其中至少有1名为校级以上骨干教师，指导工作成绩突出。

第六十一条 破格申报正高级实习指导教师条件。

担任高级实习指导教师职务满3年，且任现职以来，年度考核至少3次为"优秀"，具备下列条件之一：

1. 教书育人成效显著，在教书育人方面做出突出贡献。如获得国家级表彰。

2. 教学业绩成果丰硕，教学研究和教学改革取得重大突破。如获得国家级教科研优秀成果奖、教育教学成果奖一等奖（排名前3）或省级教育教学成果奖特等奖（排名前3），获得全国青年教师教学大赛一等奖、全国职业院校教师教学能力大赛一等奖等。

3. 科研创新能力突出，为推动本专业领域科技进步做出突出贡献。如获得国家级科学技术奖一等奖（排名前3）等。

4. 专业技能技艺精湛，公认为国内外行业（领域）内本专业带头人，影响力显著。如入选国家级或省级高层次人才项目杰出、领军人才，本人（或作为中国技术指导专家组成员指导选手）获得世界技能大赛金、银、铜牌，本人（或指导选手）获得国家级技能大赛（含体育、艺术类竞赛）一等奖，担任国家级技能大师工作室负责人等。

第十二章 附 则

第六十二条 技工院校中级工班、高级工班、预备技师（技师）班毕业，可分别按相当于中专、大专、本科学历申报相应职称。

第六十三条 本标准由省人力资源和社会保障厅、省教育厅负责解释。

第六十四条 本标准自2020年12月15日起实施，有效期5年。

第六十五条 相关的词语或概念的特定解释见附录。

附录

《广东省中等职业学校教师职称评价标准条件》的相关词语或概念的特定解释

1. 本专业：指中等职业学校教师任教专业。具体专业名称以教育部中等职业学校专业目录为准。

2. 任现职：指被聘的职务与职称。上述标准中，除有明确规定，均指任现职以来取得的业绩成果。

3. 凡冠有"以上"的均含本级或本数量。如"3年以上"含3年。

4. 市级：指行政区划的地级以上市。

5. 县级：指行政区划的县、县级市、县级区，含无县级设置地级市的镇区。

6. 在职在岗：指在中等职业学校等单位教育教学专业技术岗位上从事教育教学及教研工作。

7. 学历：指国家教育行政主管部门认可的国内或国外学历。各种培训班颁发的结业证书或专业证书、未经国家教育行政主管部门批准招生的学校颁布的学历证书，不能作为评审的学历依据。

8. 资历：指从被聘为现专业技术岗位之日起从事本专业技术工作的年限，在此期间全脱产学习者，应扣除其全脱产学习的时间。

9. 担任班主任工作年限：学校正职校长、正职党委（党支部）书记、分管德育工作的校级领导、共青团专职正副书记、德育专职教师、心理健康教育专职教师、年级组长等承担学生管理工作的干部，其工作年限可按班主任工作年限计算；教研员不做班主任工作年限要求。

特殊教育教师申报高级职称评审，班主任工作年限为从教以来4年以上，任现职以来担任班主任工作年限不作限制。

具备博士学位教师，申报讲师职称评定，班主任或辅导员工作年限不作硬性要求；申报高级讲师评审，为从教以来担任班主任工作2年以上，任现职以来担任班主任工作1年以上；申报正高级讲师评审，为从教以来担任班主任工作5年以上，任现职以来担任班主任工作3年以上。

具备硕士学位教师，申报助理讲师职称评定，班主任或辅导员工作年限不作硬性要求；申报讲师职称评定，应有担任并胜任班主任工作的经历，同时符合"能较好地组织开展学生社团、第二课堂等活动，所指导的学生参加社团、第二课堂等活动，获得校级以上奖励1项"条件；申报高级讲师评审，为从教以来担任班主任工作6年以上，任现职以来担任班主任工作2年以上。

具备大学本科及以上学历或学士以上学位教师，申报三级实习指导教师职称评定，班主任或辅导员工作年限不作硬性要求。

10. 各级公开课。

市级公开课：指由市级教研部门组织的全市范围教师参加观摩的公开课。县级公开课：指由县级教研室组织的全县范围教师参加观摩的公开课。校级公开课：指由学校行政部门组织，本学科组全体教师以及教导处、教研室、校级领导等行政干部参与观摩的公开课。

德育专职教师举行各级主题班会公开课等同各级公开课，特殊教育教师执教各级学术团体组织的公开课等同各级公开课。

研究课、示范课或专题讲座可参照公开课界定。

11. 学校年度教学质量评估：指学校在每学年通过学生、同行、督导评教等方式，对任课教师一年来教学质量进行的综合性评价。按学期考核的学校须根据教师学期考核情况综合成年度教学质量考核结果。

12. 每五年行业企业或生产服务一线实践时间

累计不少于 6 个月；从申报当年起，向前倒推 5 年，计算连续 5 年的企业或生产服务一线实践时间。2016 年之前的行业企业或生产服务一线实践时间不作硬性要求。

13. 校级领导：指学校的正、副校长，学校的正、副书记。

14. 德育专职教师：指学校专职从事学生德育管理工作的教师，包括主管德育工作的校级领导，学校内设德育管理机构负责人等。

15. 职业教育教研机构教研员：指在省、市、县职业教育教研机构从事教育教学及教研工作的人员。

16. 教材、教学参考书：指依据课程标准编制的、系统反映学科内容，并取得 ISBN（国内、国际标准书号）并公开出版发行的教学用书或指导书。其学术水平（价值）由评委会专家公正、公平、全面地评定。所有教材、教学参考书的清样稿或出版证明等不能作为已公开出版发行的依据。教材不含论文集、习题集等。

17. 著作：指在取得 ISBN（国内、国际标准书号）并公开出版发行的学术专著。应具有特定的研究对象，概念准确，反映研究对象规律，并构成一定体系，属作者创造性思维的学术著作。其学术水平（价值）由评委会专家公正、公平、全面地评定。所有著作的清样稿或出版证明等不能作为已公开出版发行的依据。

凡文章汇编、资料手册、一般编译著作、作品集、普通教材、普通工具书不能视为学术著作。

18. 公开发行的专业学术刊物：指有 ISSN 或 CN 刊号的刊物；在刊物的"增刊""特刊""专刊""专辑"上发表的论文以及论文集收集的论文均仅作参考。

19. 论文：指通过逻辑论述，阐明作者的学术观点，回答学科发展及实际工作问题的文章，应包括论题（研究对象）、论点（观点）、论据（根据）、结论、参考文献等内容。其学术水平（价值）由评委会专家公正、公平、全面地评定。凡对事业或业务工作现象进行一般描述、介绍、报道的文章，不能视为论文。所有论文的清样稿或录用通知（证明）不能作为已发表的依据。艺术学科教师公开出版具有一定水平的画册、作品集 1 部，可视同 1 篇论文。

20. 教育教学科研课题（项目）：指教育行政部门或教研部门组织立项的科研课题（项目）。教科研课题（项目）均须已结题，并提供正式的立项报告或签订的正式协议和结题报告。取得的社会与经济效益，必须提供本专业、行业权威部门的书面鉴定材料。

教育教学改革课题（项目）：指教育行政部门或教研部门组织立项的推进教育教学改革的课题（项目）。教育教学改革课题（项目）均须已结题，并提供正式的立项报告或签订的正式协议和结题报告。取得的社会与经济效益，必须提供本专业、行业权威部门的书面鉴定材料。

21. 称号：指各级政府和教育行政部门授予的教育教学类表彰荣誉称号和各类人才培养项目。

22. 实训基地：指由多个实验实训室组成的，用于在校学生通过工学结合学习实践技能的场所。

23. 各项指标要求均须提交相关部门的有效证明材料，否则不予认可。

24. 对于既承担文化课、专业课教学任务，又承担实习教学任务的教师，相同或相近专业兼任课程和教学工作量同等互认、业绩同等考量。

25. 2020 年前取得中等职业学校教师职称的教师，如有承担相应专业技术职务工作的，可视同在相应岗位任职。2020 年前，在中等职业学校教师职称改革范围内的学校（或教育教研机构）入职且尚未取得职称的人员，承担专业技术职务工作年限满足学历资历要求的，可直接申报中级及以下职称。

26. 其他职称系列转评中等职业学校教师系列职称，按照省人力资源社会保障厅有关规定执行。

27. 申报材料中的业绩成果若属同一成果，不可重复计算。

28. 对于公开招聘的具有 3 年以上企业工作经历并具有高职以上学历的教师，在首次评审时可参考其在企业的工作经历和业绩成果直接评定相应层级职称。

29. 企业工作经历：指在企事业单位及经济组织、社会组织等工作的经历。离校未就业高校毕业生到高校毕业生实习见习基地参加见习或者到企事业单位参与项目研究的经历，可视为工作经历。在校期间的社会实践经历，不能视为工作经历。申报中等职业学校教师职称的专业，须与申报人在企事业单位或组织从事的专业技术工作相关。

附件2

广东省深化中等职业学校教师职称制度改革
人员过渡登记表

姓名		性别		出生年月	
最高学历		任教学段		任教学科	
职称过渡情况	过渡前专业技术资格名称		过渡前专业技术资格取得时间		过渡后职称名称
个人核对意见	本人承诺，所提供材料真实有效，如有弄虚作假，愿承担由此带来的一切后果。 签名： 年　月　日		学校（单位）意见		审核人： （学校或单位公章） 年　月　日

本表填写1份，由学校或单位统一填写审核，存入本人档案。

■ 概 況

GENERAL SITUATION

2020年广东省教育事业发展概况

2020年，在省委、省政府的正确领导下，省委教育工委、省教育厅（以下简称委厅）领导班子坚持以习近平新时代中国特色社会主义思想为指导，深入贯彻党的十九大和十九届二中、三中、四中、五中全会精神以及全国、全省教育大会精神，深入贯彻落实习近平总书记关于教育的重要论述及出席深圳经济特区建立40周年庆祝大会和视察广东重要讲话重要指示精神，围绕省委"1+1+9"工作部署，牢牢把握"双区驱动"战略机遇，全面贯彻党的教育方针，落实立德树人根本任务，委厅上下团结一心、迎难而上，统筹抓好疫情防控和教育改革发展，全力确保校园安全稳定，教育公平日益彰显，教育质量不断提升，收官之年各项目标任务如期完成，为"十三五"全省教育改革发展画上圆满句号。

一、全面部署落实学校疫情防控工作，全力确保正常教育教学秩序

1. 筑牢校园疫情防控坚固防线。早研判、早部署，1月20日即发出紧急通知，提醒各地各学校高度重视，做好应急预案。制定实施"四精准""六分""一独立""三全""五管"校园疫情防控方案，共发布57个防控工作方案、指引和流程图，指导落实好各项防控举措。健全工作机制，牵头组建全省学生返校工作专班，共召开工作会11次、视频调度会66次，坚持每天编印工作简报指导督促工作落实，全年共编印简报250期。平稳开展线上教育，保障3.6万所学校、2600多万名师生顺利开学，无校园聚集性疫情，教育教学秩序运转正常，涉校舆情平稳。

2. 完成高考、中考招生录取工作。积极应对考试时间推迟后广东省气候炎热情况，首次实现全省高考、中考考场空调全覆盖，新安装空调近7万台。高考招生春夏两季共录取72.12万人，比2019年增加2.93万人，其中夏季47.97万人，计划完成率达101%，比2019年高出5个百分点，各批次、各科类招生任务顺利完成，实现平安高考目标，考生、院校、社会满意度进一步提升。

二、党对教育工作的全面领导和教育系统党的建设进一步加强

1. 落实党的全面领导。省委教育工作领导小组研究教育重点议题，开展党的教育方针贯彻落实情况调研，分析研判教育发展形势，督促落实重点工作。21个地级以上市全部成立市委教育工作领导小组，13个地级市成立市委教育工委，党对教育工作的全面领导进一步加强。

2. 强化政治建设。落实"第一议题"制度，开展省教育厅党组"第一议题"学习115次、党组中心组学习20期，全省高校党委理论学习中心组开展专题学习2544次、"第一议题"学习9194次，确保学深悟透习近平新时代中国特色社会主义思想，在思想上、政治上、行动上与以习近平同志为核心的党中央保持高度一致，始终做到"两个维护"。深入开展党的十九届五中全会精神和《习近平谈治国理政》（第三卷）学习宣讲，高校各级党组织宣讲学习场数达5300多场，近46万人次参加，掀起学习热潮。开展"百千万"党组织书记培训班13期，举办"广东高校学习论坛"4期，参加学习培训5.2万人次。

3. 持续夯实基层党建。在全国首次分类明确高校党建工作责任和省市县三级管理责任，党建体系更加健全。建立公办高校对口帮扶民办高校党建工作机制、民办高校和中小学校党建重点任务常态化调度和通报制度机制。遴选第三批270个高校党建示范校、标杆院系、样板支部和"双带头人"教师党支部工作室。开展第一批全省基础教育党建工作示范校评选，将党组织覆盖率和中小学校党组织归口率纳入市县政府履行教育职责评价。100%完成党员发展计划，发展高知识群体党员460多名、疫情防控一线党员386名。从公办高校选派12名在职领导干部到民办高校担任党委书记。

4. 落实校园意识形态和政治安全工作责任。召开全省教育系统2020年度安全稳定工作会议，签订安全稳定责任书，压实各地各学校安全稳定工作责任。推动出台《广东省学校安全条例》并组织做好宣传贯彻。建立安保维稳工作三级响应工作机制，做好重要节点和敏感期校园安全专项督导检查，组织开展校园安全稳定飞行检查10余次，处置30余起涉稳敏感事件。制定《广东省校园新媒体管理办法》，进一步规范校园新媒体舆论生态。加强做好境外非政府组织管理等相关工作，印发工作指引5份，

指导高校加强涉外安全管理。

5. 全面从严治党向纵深推进。制定《省委教育工委 省教育厅党组落实全面从严治党责任清单》，列出落实全面从严治党"三张清单"共34项责任。深入推进党风廉政建设和反腐败斗争。省教育厅党组专题研究党风廉政建设和反腐败工作13次。坚定不移深化政治巡察，全年推动开展厅党组巡察3轮，覆盖厅直属单位13家。坚定支持驻厅纪检监察组查处腐败案件，全年立案7件7人，党纪处分19人，政务处分12人。注重发挥教育审计监督作用，全年组织开展审计项目18项，审计总金额26.11亿元，查出有问题资金1.91亿元。

6. 强化高校干部队伍建设。调整配备29所高校及其附属医院领导干部56人次，完成13所高校及附属医院换届工作。加大在疫情防控第一线辨别选用干部力度，提拔2名抗击疫情表现突出的干部进入高校领导班子。组织对全省74所高校的领导班子和领导干部进行2019年度考核；完成40所省属本科院校和厅属高职院校2019年度选人用人"一报告两评议"工作；做好74所省属高校党委书记2019年度书面述责述廉工作，认真执行开展党内谈话有关工作要求，约谈高校主要领导7人次。组织开展高校教育人才"组团式"帮扶工作中期检查和总结，进一步推动帮扶工作取得成效。加强在帮扶中培养和锻炼干部，已有表现比较突出的3名干部被提拔为高校领导班子成员。

7. 加强自身建设。开展模范机关创建"回头看"，对基层党组织"灯下黑""两张皮"问题进行全面整改。坚持正确选人用人导向，协助省委组织部选拔任用委厅干部3名，选拔任用正处职干部4名、副处职干部13名，完成262人次职级晋升，调任公务员2名，交流轮岗干部18名，遴选新一届委厅直属机关团委负责人人选1名。着眼服务粤港澳大湾区教育合作发展，首次考试录用2名香港籍公务员。强化正向激励，对3名公务员记三等功，给予38名公务员嘉奖；制定实施委厅直属事业单位工作人员嘉奖办法（试行），给予32名事业单位工作人员嘉奖。走访慰问老干部50人次。启动离退休人员党支部换届选举工作，将原有的15个党支部整合为14个党支部，完成三个片区党总支选举。

三、落实立德树人根本任务，大力发展素质教育

1. 推进学校思想政治工作。坚持用习近平新时代中国特色社会主义思想铸魂育人，强化思想引领，用好疫情防控"教科书"，组织上好"复学第一课""开学第一课"。深化实践育人，开展大学生"立志、修身、博学、报国"、中小学生"我和我的祖国"主题教育活动，持续推动"校地结对 实践育人"项目，为实现全面脱贫攻坚目标贡献高校力量。毫不放松思政课建设，强力督促各高校落实思政课教师配备工作，高校专兼结合思政课教师师生比达1∶330、专职辅导员师生比达1∶193，圆满完成年度工作任务。举办全省大中小学思政课一体化教学展示活动。建设23个"八个相统一"高校思政课示范点，培育22个"三全育人"体制机制建设试点高校，完善思想政治工作"七大体系"。出版"马克思主义中国化进程与青年学生使命担当"精品思政课程教案。培育推荐国家级中小学劳动教育示范区，遴选一批省级中小学劳动教育示范校、精品项目和课例，着力构建具有广东特色的劳动教育体系。强化学生心理健康教育，制定实施《广东省中小学心理健康教育行动计划》，建立广东省学生心理危机联防联控机制，指导学校完善"家—校—社"防范心理危机联动机制，开展学生心理健康工作专项督导，多措并举帮助学生"减压"。

2. 大力发展素质教育。一是加强学校体育工作。贯彻落实习近平总书记"文明其精神、野蛮其体魄"指示精神，牢固树立"健康第一"的教育理念，指导做好疫情期间学校体育和体育中考工作。举办"省长杯"校园足球联赛全省总决赛、青少年校园足球夏令营，29人入选全国总营最佳阵容，取得近三年来最好成绩，在全国名列前茅。完成《国家学生体质健康标准》省内抽测工作，测试学生6万余名。成功创建100所全国青少年校园篮球特色学校，50所全国青少年校园排球特色学校，23所全国青少年校园冰雪体育传统特色学校。二是加强学校美育工作。课堂教学、课外活动、艺术展演和校园文化四位一体育人机制更加健全。组织开展第六届大学生艺术展演活动，持续推进广东学校美育浸润行动计划，成功创建第三批省级高校中华优秀传统文化传承基地10个、第二批省级中小学中华优秀传统文化传承学校212所、第四批省级中小学艺术特色学校242所，开展40场高雅艺术进校园活动。成功举办第三届粤港澳大湾区学校美术与设计作品展暨第五届广东省高校美术作品学院奖双年展，进一步推动粤港澳三地学校艺术实践教育深度交融与合作。三是加强学校国防教育工作。圆满完成大学生征兵任务，2020年全省共征集大学生17 125人，其中大学毕业生5 086人，比2019年提高6个百分

点，数量创历史新高。全省共有71.57万名高校新生、82.47万名高中阶段新生参加军训，军训工作安全有序开展。支持配合海军招飞局在华南师范大学附属中学做好海军航空实验班招生工作，2020年共招录41名学生。四是加强学校卫生工作。加强儿童青少年近视防控工作，会同省卫生健康委组织开展全省学生近视率、中小学校教室采光照明情况调查，开展全国儿童青少年近视防控改革试验区和试点县（区）遴选工作。加强学校卫生技术人员与健康教育骨干教师队伍建设，组织覆盖所有教职员工的新冠肺炎防控线上培训，先后组织9场骨干培训，共培训超过1000人次，不断提升应对传染病疫情和开展健康教育工作的能力。

3. 语言文字工作扎实推进。2020年，广东省普通话普及率达到85.6%，省级语言文字规范化示范校达到284所，省级规范汉字书写特色校达到128所，建成2个国家语言文字推广基地，以及"国家语言服务与粤港澳大湾区语言研究中心"。组织在省教育厅官微发布"抗击疫情湖北方言通"微信版，将2000本湖北方言口袋书转送到湖北抗击疫情前线。开展南粤学子"云朗诵"经典诵读活动、第二届中华经典诵写讲大赛、第十二届广东省大中小学规范汉字书写大赛。统筹做好疫情防控和普通话水平测试工作。完成中国语言资源保护工程广东工程，广东省语言文字工作委员会办公室获得教育部、国家语委授予的"中国语言资源保护奖"先进集体称号。

四、推进教育交流开放，大湾区教育合作和深圳教育先行先试稳步推进

1. 大湾区教育合作扎实推进。拓宽高等教育合作，教育部、广东省联合出台《推进粤港澳大湾区高等教育合作发展规划》。香港科技大学、香港城市大学、香港公开大学等来粤办学顺利推进。推动新机制高起点设立大湾区大学。落实保障在粤的港澳学生与内地居民同等接受学前教育、义务教育、高中阶段教育的权利，9万名港澳中小学生在粤就读。港澳台居民在粤就读子女与广东居民同等条件报名参加普通高考。加强粤港澳青少年学习交流，努力推动港澳年轻一代人心回归。推动广东高校联合港澳高校、科研院所建设8家粤港澳联合实验室，支撑大湾区国际科技创新中心建设。支持设立港澳子弟学校或港澳子弟班，加强师生交流平台和品牌建设，粤港澳三地已缔结姊妹学校（园）1067对，粤港澳高校联盟新增3个专业联盟，新成立2个平台。支持深圳教育体制机制改革先行先试。部省共同推进深圳职业教育高端发展，争创世界一流。天津大学佐治亚理工深圳学院正式获批。引进世界知名大学来粤合作办学取得新进展。3所不具有法人资格的中外合作办学机构获教育部批准设立，岭南师范学院、深圳大学获批设立中外合作办学项目，广东省本科以上中外及内地与港澳台合作办学机构增至11个，本科以上中外合作办学项目增至34个。指导和推进广东以色列理工学院、深圳北理莫斯科大学做好党建、思政、意识形态等工作。

2. 推进教育交流合作。一是做好涉外疫情防控工作。16万名外籍师生、港澳台师生平稳有序返校学习。加强关心关爱，指导广东省海外留学人员做好自身健康管理。二是不断提升涉外治理能力。会同省直八部门出台贯彻落实教育部等八部门关于加快和扩大教育对外开放的工作意见，持续推进教育对外开放。印发《广东省合作办学工作指引（试行）》，加强对中外及内地与港澳台合作办学机构的管理。三是服务"一带一路"建设。指导高校稳妥开展境外办学，支持高职院校参加"鲁班工坊建设联盟"；构建"三洲六国"国际职教交流格局，建设学生海外实习基地"五中心六基地"。支持成立华南"一带一路"职业教育水利电力联盟，举办"一带一路"职业教育联盟暨华南"一带一路"轨道交通产教融合联盟2020年度活动。四是努力打造"留学广东"品牌。2020年秋季学期，全省高校招收来粤留学生1.5万人，1468名国际学生获得广东省政府来粤留学生奖学金。组织留学生参加"读懂中国"TED主题演讲活动等。五是做好粤台教育交流合作。落实党和国家关于进一步做好台湾教师聘任管理和服务工作，协助东莞台商子弟学校克服疫情影响落实台湾学测考试考务工作。

五、抢抓机遇推进11所新建高校（校区）建设，进一步扩大高等教育人才培养规模

大力推动新建高校（校区）建设，11所新建高校（校区）取得阶段性重要进展，2021年将实现地级以上市本科高校（校区）、高职院校全覆盖。"校本部+新校区"办学模式成效显著，助推"新校区"高起点、高标准、高水平办学，落实对口帮扶机制，推动受扶高校（校区）加快建设、稳妥起步。2021年，广东省将有11所高校（校区）建成招生，其中9所落户粤东西北地区，填补了部分地市没有本科高校或者没有高职院校的空白，进一步

扩大高等教育人才培养规模，为粤东西北地区经济社会高质量发展注入新动能，促进与珠三角地区协调发展。

六、聚焦人民群众关切，不断完善公共教育服务体系

1. 基础教育优质资源覆盖面不断扩大。建立统筹推进基础教育高质量发展工作机制，扎实完成教育改革发展重点交账任务。实施"5080"攻坚行动，累计增加公办学位112.52万个，全省公办园在园幼儿占比达51.58%、公办和普惠性民办幼儿园在园幼儿占比达86.7%，100%完成小区配套幼儿园和无证幼儿园治理。全面消除66人以上超大班额，义务教育阶段学校56人以上大班额总数控制在1%以下；加强控辍保学，建档立卡贫困家庭辍学学生实现动态清零；全面推进"两类学校"建设，实施"改薄提升"工程，省教育厅在全省推进乡村振兴战略工作实绩考核中获评优秀；加强中小学招生入学管理，全面落实"公民同招"政策要求。出台推进中小学幼儿园集团化办学的指导意见，修订广东省普通高中课程实施方案，全面实施普通高中新课程新教材，省综合素质评价信息系统平台基本建成。全省中小学校（含教学点）宽带接入率达到100%，中小学校100%实现接入带宽速率超100M，中小学校最少拥有1间多媒体教室的比例达100%。建设17个粤东西北互联网环境下基础教育教学改革实验区，推进516个信息化中心学校和241个融合创新示范培育推广项目建设，实施国家课程数字教材规模化应用全覆盖工程，有效推进信息技术与教育教学融合创新。

2. 保障特殊群体受教育权利。一是推进特殊教育公平融合发展。新建成5所特殊教育学校，印发《广东省教育厅等八部门关于加强残疾儿童少年义务教育阶段随班就读工作的实施细则（试行）》和《广东省特殊教育发展联席会议制度》，残疾儿童少年义务教育入学率达98.66%，超额完成国家目标要求。二是促进民族教育高质量发展。下达民族地区教育补助资金1000万元，支持民族地区公办幼儿园和普惠性民办幼儿园新建、改扩建和改善办园条件项目。加强内地民族班教育服务管理，深入全省9个地市31所内地民族班学校走访调研，指导学校统筹做好疫情防控、线上教育和日常管理工作。三是健全并全面落实资助政策。联合省财政厅印发《关于进一步健全学生资助政策体系的意见》，印发《关于建立健全普通高校学生资助工作管理制度的通知》，修订《广东省学生资助资金管理实施办法》，学生资助政策制度更加完善。2020年全省下达财政资助资金74.7亿元，受助学生约309万人次。发放国家助学贷款11.6亿元，资助家庭经济困难学生14.5万人，广东省教育厅在全国2020年生源地信用助学贷款受理工作启动会上交流典型经验。

3. 加大对口帮扶力度。深入推进"组团式"教育人才援藏、教育援疆"五个一"工程，选派491名教师支教；实施东西部教育扶贫协作"牵手工程"，组织1577所各级各类学校参与帮扶，组建"职业院校对口支援协同发展联盟"；开展粤川中高职贯通培养"2+1+2"分段试点工作，招收甘孜学生160名；实施广东与西藏"校地共建"项目，选派810名大学生到林芝实习支教，组织6000多支队伍、近9万名大学生就近就地开展"携手奔小康 共筑中国梦"大学生暑期社会实践活动，助力脱贫攻坚；参加省委挂牌督战韶关市脱贫攻坚工作组，督促指导始兴县抓好党建引领脱贫攻坚等工作，全面开展问题整改，推动始兴县剩余未脱贫的46户125人全部完成脱贫摘帽。加强对厅驻黄坑村工作队工作的指导，顺利完成定点帮扶工作任务。组织开展"广东扶贫济困日"爱心捐赠活动和"学子献爱心"活动，共收到爱心捐款310多万元。做好消费扶贫工作，通过"以购代捐"的形式向始兴县和黄坑村集中采购扶贫产品。

4. 加强校园安全。加强涉校安全隐患排查治理和专项整治力度，全省教育系统保持安全稳定良好局面。开展校车及学生交通安全、学生溺水、学生欺凌等专项治理，抓好自然灾害防范工作，开展防诈骗工作。开展毒品预防教育，联合省禁毒办承办2020年全国青少年禁毒知识竞赛总决赛，广东代表队获全国二等奖。开展形式多样的安全宣传教育，全年开展常态化教育累计约3000万次，发送安全提醒累计26万条，有效提高师生安全防范技能。

七、聚焦提升贡献力，大力促进高等教育内涵发展

1. 高等教育实现普及化，内涵发展势头良好。一是扩大高等教育规模，加强高校规划和建设，督促高校改善办学条件。安排本科插班生计划4.66万人（同比增加158%），录取5.05万人。2020年教育部下达广东省省市属高校博士研究生计划2375人，比2019年增加15%；下达硕士研究生计划3.4万人，比2019年增加39.45%，总量和增幅都位居全国前列。高质量完成高职扩招

任务16万人，完成率达197%。高等教育毛入学率达到53.41%。二是深入实施高等教育"冲一流、补短板、强特色"提升计划，大力加强重点学科建设，打造一流学科。全省高校共有105个学科入围ESI排名前1%，比2019年同期增加28个，增量排全国第一。三是深化一流本科专业和一流本科课程建设，增设117个本科专业，超半数为理工科和医学专业，有效服务产业集群发展。推进产教融合协同育人，37所本科高校建设134个产业学院，数量居全国第一，广东省成为参与教育部首批现代产业学院论证的两个省份之一。四是高校创新平台建设水平和创新能力进一步提升，新增粤港澳联合实验室、教育部协同创新中心等省级以上创新平台33家，广东高校牵头获国家三大科技奖8项，占全省以第一完成单位获奖总数的80%。广州医科大学钟南山院士为抗击新冠肺炎疫情科研攻关做出杰出贡献，荣获共和国勋章。制定印发《广东省高等学校服务乡村振兴科技创新行动实施方案（2020—2022年）》。深入推进高校科研评价制度改革，圆满完成SCI论文相关指标使用等重大事项清理工作。五是贯彻落实习近平总书记对研究生教育重要指示精神和全国研究生教育会议精神，召开全省研究生教育工作会议，研究部署研究生教育创新发展相关工作。推进学位授权审核和专业学位改革，完成49所高校166个新增学士学位授予专业的审核工作，撤销2个学士学位授予专业。推进研究生联合培养基地建设，推动高校与省实验室启动实质性联合研究生培养，促进科产教融合协同开展研究生联合培养。六是加快推进高校科技成果转移转化。进一步完善知识产权管理体系和科技成果转移转化体系，广东工业大学等10所高校获批为国家知识产权试点示范高校，暨南大学获批为第二批高等学校科技成果转化和技术转移基地。印发《广东高校科技成果转移转化政策工作指引》，举办区域性科技成果对接活动20场，促进高校科技成果项目落地转化金额超过1亿元。启动开展2020年高校科技成果转化路演大赛。七是着力打造具有广东特色的哲学社会科学研究体系。围绕重大现实和理论问题，全年立项人文社科类科研项目617项，获第八届高等学校科学研究优秀成果奖（人文社会科学）51项，获教育部人文社科一般项目212项。大力加强高校特色新型智库建设，立项广东高校高水平智库21个，人文社科重点研究基地5个。

2. 职业教育扩容提质加快推进。高质量完成高职扩招任务，扩招16万人，完成率达197%，省职教城一期工程和二期工程先行项目完工，进驻10所院校，在校生约8万人。大力推进"粤菜师傅""广东技工""南粤家政"三大工程，"粤菜制作""粤点制作"标准列入国家职业技能等级证书目录。深化产教融合、校企合作，校企合作企业达4万余家；76%的高职院校开展现代学徒制试点，广东省拥有全国试点单位38家，位居全国第一。加强内涵建设，推进高职"创新强校工程"和中职布局结构调整，推进省属职业院校集团办学。立项建设89所省级高水平中职学校和185个省级高职高水平专业群；1+X证书制度试点规模17万人，位居全国前列。全国职业院校教师教学能力大赛参赛作品100%获奖，一、二等奖获奖数连续三年位居全国第一。

3. 努力办好继续教育。提升高等学历继续教育教育治理水平，进一步规范高等学历继续教育专业备案工作，严格审核高等学历继续教育人才培养方案。推动广东终身教育资历框架等级标准应用与实践，开发汽车后市场、物流（冷链）等行业资历框架子标准，探索高职扩招生源的资历成果认定和转换。推动全省开放大学体系以更名转型为契机，重点发展社区教育、老年教育。

4. 提升高校毕业生就业创业水平和质量。全力做好高校毕业生稳就业工作，提供就业手续全流程数字化一站式办理服务，全力实施"百日冲刺"和高校毕业生就业攻坚行动，落实"一把手"工程，广东省高校毕业生初次就业率为85.8%，超额完成教育部70%的硬指标任务，总体就业率达97%，确保了广东省高校毕业生就业局势总体稳定。成功承办第六届中国国际"互联网+"大学生创新创业大赛，实现办赛精彩、参赛出彩，"1+6"系列活动共吸引国内外117个国家和地区、4186所学校的147.3万个项目、631万人报名参赛。广东高校在此次大赛中表现优异，获得21金和6个创新潜力奖的好成绩，金奖和创新潜力奖总数位居全国第一，约占全国的20.1%；广东省荣获"青年红色筑梦之旅"活动省市优秀组织奖，华南理工大学被大赛组委会授予特别贡献奖。

八、聚焦激发活力，纵深推进教育改革

1. 启动教育评价改革。组织开展《深化新时代教育评价改革总体方案》（以下简称《总体方案》）学习研讨和辅导培训。牵头制定落实《总体方案》的任务分工方案和两个任务清单，启动教育评价改革试点省创建。

2. 深化"放管服"改革。一是深化体制机制改革。全面梳理总结党的十八届三中全会以来全省教育领域综合改革情况报省委改革办。省教育厅牵头的重要改革举措29项、参与4项，均已完成或基本完成。开好部省联席会议。二是深化行政体制改革。互联网+教育政务服务改革大力推进，完成行政审批和政务服务效能绩效考核，2019年度委厅行政审批和政务服务效能考核分为100.4。做好全省"互联网+监管"第三方评估工作，做好事项清单认领、行政检查要素完善、执法数据汇聚等工作。三是深化人事制度改革。调整广东石油化工学院等5所省市共建高校办学体制，工作方案经省政府常务会议审议通过。制定落实《广东省教育厅管理的省直公办学校及厅属其他事业单位绩效工资总量核定工作指引（试行）》。

3. 考试招生制度改革平稳有序。一是加快完善新高考配套政策。制定《广东省2021年普通高等学校招生考试安排和录取工作方案》，对新高考考试安排、志愿设置、志愿填报、录取批次安排、考试总成绩投档排位、院校专业组计划编制、院校专业组录取原则、录取模式等做出明确规定。二是加大考试招生改革宣传和政策解读力度，积极营造良好的考试招生环境，确保新高考改革平稳实施。三是加强新高考命题工作研究。开展选择性考试物理、历史、化学、生物、政治、地理6门学科及新高考英语听说考试说明起草工作。全年命制各类试题1073套、供卷1257套。四是稳步推进中考和中职学考改革，出台《初中学业水平考试物理、化学、生物学等科目实验考试的指导意见》，制订《全省中职学校学业水平考试改革工作方案》。组织专家对2019年广州市中考5个科目试卷进行评估。五是加强考试评价工作，组织编制高考年报，开展高中学考评价工作。

4. 加强民办教育管理。深入实施民办高校规范达标计划和品牌提升计划，召开现场会，对实施情况进行阶段性总结。加强日常监管，完成民办高校年度检查整改组织工作，通报检查结果并发送整改意见，督促学校按期整改；组织修订民办高校年检实施办法及指标体系；完成省级民办教育2020年度专项资金分配，积极优化资金支出结构，提高资金使用效益；开展省级民办教育专项资金绩效考核，修订省级民办教育专项资金管理办法，采用因素分配与项目管理相结合的办法，落实省级事权责任，加强资金使用管理。做好转设独立学院等民办院校章程审核。

九、聚焦高素质专业化，全面加强教师队伍建设

1. 加强师德师风建设。开展"淬炼师德师能、践行育人使命"主题师德建设教育月活动、庆祝第36个教师节系列活动，出版师德征文优秀作品集。建立完善师德建设长效机制，研究制订处理中小学和高校教师违反职业道德行为的指导性文件，严肃处理师德违规行为。开展校外培训机构从教人员授课内容清查整治工作。

2. 提升教师队伍整体素质。印发《广东省新时代教师发展体系建设方案》，加快推进市县级教师发展中心建设，全省计划建设的149所市县级教师发展中心全部获批成立。加强教师培养培训工作，印发《广东省中小学"百千万人才培养工程"培养项目实施办法》，组织培养项目遴选。深化"新师范"建设，新增省级示范性教师教育实践基地165个，支撑教师教育实践教学。落实农村从教"上岗退费"政策，提供2390个"上岗退费"教师岗位。公费定向培养粤东西北中小学教师3400人。落实"三区"人才支持计划教师专项计划，省级派出支教教师800人次，实施订制式、"一县一案"式"三区"教师全员轮训，培训8.8万名骨干教师、校（园）长。实施"银龄讲学计划"，178名退休教师到农村支教。修订珠江学者岗位计划实施办法，开展117名珠江学者期中、期满考核。遴选推荐14名享受国务院特殊津贴人员。遴选推荐高校中青年教师548人到国内高水平大学访学，70人到国外高校或研究机构访学。建立健全新时代基础教育教研体系，打造高素质教研队伍。加强职业教育"双师型"教师队伍建设改革、高层次人才引培和中青年教师队伍建设。

3. 深化教师管理制度改革。召开深化教师队伍建设改革工作推进视频会。推动各地深入落实中小学教师"县管校聘"管理改革，进一步优化配置城乡教师资源。四部门联合出台《关于进一步挖潜创新加强中小学教职工管理的实施办法》。积极推进临聘教师规范管理，推动各地优化教师招聘流程，全省共招聘中小学教师约4.4万人。深化高校教师职称制度改革，143所高校完成制度文件备案，135所高校完成改革后首次评审，对改革进度缓慢的高校进行通报。印发《广东省中等职业学校教师职称制度改革实施方案》，开展政策宣传和评审筹备工作。开展中小学正高级教师评审，全省除广州、深圳市外（两市自主评审），共有187人申报。全面落实中小学教师工资收入水平"两个不低于或高于"要

求;督促各地落实山区和农村教师生活补助政策、原民办代课教师生活困难补助政策;扎实推进中小学教师减负工作,制订减负实施方案和负面清单。

4. 深入开展教师继续教育。加强教师培养培训工作,共安排省级培训项目89个,培训骨干教师、校(园)长23 771名。制定印发《广东省中小学教师校本研修工作的指导意见》,推动校本研修工作科学化、规范化发展。推动中小学教师信息技术应用能力提升工程2.0全面实施,遴选省级试点校80所、省级试点县(市、区)25个。新遴选17所省职业院校"双师型"教师培训基地。全省共认定中小学教师资格70 110人。通过高校教师资格认定7 324人。推动建立健全新时代基础教育教研体系,打造高素质教研队伍。

十、聚焦保障机制,夯实教育事业发展基础

1. 强化教育投入。2020年,全省一般公共预算教育经费支出达3 537.82亿元,比2019年增长9.95%,占全省一般公共预算支出的20.3%,比2019年提高了1.7个百分点,占比在全国排名第二位。联合省财政厅印发关于疫情期间做好民办幼儿园扶持工作的通知,确保广东省民办幼儿园整体平稳有序。平稳组织学校住宿费退费,省属学校累计为145万余人次退付或抵扣10.41亿元。联合有关部门印发《关于建立健全我省教育经费保障体系的实施意见》和《关于促进我省教育基金会发展的指导意见》。完成民生实事,学前教育生均公用经费最低标准由每生每年300元提高到400元,义务教育生均公用经费拨款标准继续保持在全国前列,全省公办普通高中生均公用经费最低标准由每生每年500元提高到1 000元。狠抓年度预算执行进度,上线运行"中央对地方教育转移支付资金管理平台",对中央教育转移支付资金分配、下达和执行进行全过程信息化管理和动态跟踪。印发省属公办高校提高高等教育毛入学率基建项目管理工作指引,加快省职教城二期项目建设,指导华南农业大学建设综合体育馆。印发《部分省属学校校区优化整合实施方案》《部分省属学校校区综合开发实施方案》,研究制定《广东省农村中小学幼儿园闲置校园校舍排查登记综合盘活利用工作方案(送审稿)》。全面推进高校所属企业体制改革。

2. 强化教育督导。推动印发《深化新时代教育督导体制机制改革的通知》。完成国家对广东省履行教育职责考核评价整改,开展对21个地级市和122个县(市、区)政府履行教育职责评价。组织省政府教育督导委员会会议,对上一年度市县级政府履行教育职责评价结果进行审议,向21个地级市政府(含所辖县区)"点对点"反馈评价情况,提出整改意见。制定并印发《2020年对市县级人民政府履行教育职责评价实施细则》,指导市、县政府开展自评和初审。印发《2021年对市县级人民政府履行教育职责评价要点》,督促落实重点工作任务。制定《督导评价体系建设方案》,强化广东省教育督导评估监测职能。组织实施义务教育质量监测并开展全省首次广东问卷调查。申报成为教育部学前和高中教育质量监测的全国试点省。指导茂名市、潮州市创建成为广东省推进教育现代化先进市,对佛山、惠州、汕尾、清远等4个市的12个镇(乡、街)开展教育强镇复评抽查。进一步做好幼儿园办园行为督导评估工作,大力推进义务教育优质均衡县创建。规范校外培训和线上教育,对线上教育备案制定详细的申报指引,全年审查各类网课平台(含校外线上培训平台和教育移动应用程序)1 472个,通过并列入白名单563个。做好教育领域社会矛盾风险防范处置工作,印发2020年教育及培训问题社会矛盾专项治理行动方案。妥善防范和处置高考复读生大规模上访、校外培训机构倒闭潮风险。全面落实规范办学政策要求,整治小升初掐尖培训等违规行为。加强教育乱收费治理,共受理教育收费信访件145件。

3. 加快教育信息化步伐。广东省教育厅发布《关于在粤普通高校网站全部使用EDU.CN域名的通告》。截至2020年7月30日,在粤154所普通高校和7所省外高校在粤办学机构网站已全部使用EDU.CN域名,率先在全国实现普通高校网站的EDU.CN域名全覆盖。试点规划了全省一体化可信教育数字身份及密码应用支撑服务体系,多项举措已成为行业标准。加快推进省级网络学习空间的平台建设,广东省有10个单位分别获评教育部网络学习空间应用普及优秀区域和优秀学校。广东省国家课程数字教材规模化应用全覆盖项目实现全省义务教育数字教材"学校、学科、教师、学生"资源、账号和培训全覆盖。全省30多万名师生参与了教育信息化教学应用创新实践共同体项目的构建。

4. 推进教育法治建设。制定《广东省教育厅重大行政决策全过程记录和档案管理办法》,修订《广东省教育厅"双随机、一公开"工作实施细则》及《广东省教育厅随机抽查事项清单》。编印《广东省依法治教案例评析》,指导依法治教工作。受理

行政复议案件9件，办结率为100%，已审结案件被上级机关维持率为100%。行政诉讼按期答辩率为100%，审结案件胜诉率为100%，负责人出庭完成率为100%。持续推进依法治校创建活动，全省各地95%以上的中小学达到依法治校认定标准。大中小学基本实现"一校一章程""一校一法律顾问"全覆盖。全面启动高校章程修改。联合省司法厅、省普法办遴选认定第二批省级青少年法治教育实践基地33个。完成教育系统"七五"普法终期总结工作，启动"八五"普法规划研制。

5. 提升学校后勤管理水平。做好学校疫情防控物资保障工作，做好师生返校前安全生产大排查、学校校园及周边食品安全专项检查。大力推进中小学"厕所革命"，印制广东省中小学"厕所革命"工作指南和文件汇编，召开全省中小学"厕所革命"工作视频推进会议，全省共2787所学校完成厕所提升改建工作，超额完成省民生实事任务。印发《绿色学校创建行动方案》，中山大学等23所高校创建成为广东省首批节水型高校。

6. 提升教育装备管理和应用水平。出台《广东省教育厅关于加强和改进中小学实验教学的实施意见》。开展中小学教具创新大赛，7个作品入选全国实验教学说课活动现场展示案例，在全国名列第三。开展中小学教学仪器质量监督工作，检查6市24所中小学校87批次的教学仪器设备质量并进行通报。强化实验室安全管理，组织开展实验室危险源和风险点摸查，发现全省高校实验室安全隐患问题2780个并督促限期整改。启动2020—2021年度新一期教育部门协议采购，制定《2020年度广东省教育部门进口产品清单》，开展政府采购意向公开工作试点。

7. 提升教育智库建设水平。开展教育改革发展及人才培养战略研究、政策研究、理论研究、实践研究。有序推进广东省教育科技协同创新中心建设。协同开展基础教育高质量发展关键问题研究与配套政策、评估指标研制工作。参与"广东技工调研"、"粤菜师傅"工程调研，开展基于粤港澳大湾区的终身教育资历框架对接的研究。与有关高校共同推进产业学院建设理论与实践研究，形成"广东高校产业学院科创资源在线"建设方案，凝练形成《广东省应用型本科院校建设基本标准》，开展"新师范"人才培养模式研究。开展民办学校教师科研能力提升策略、省民办教育促进法实施办法修订、民办学校党建工作策略等专项研究。对教育评价改革多方位开展专题研究，开展第三方教育评估机构制度的构建研究，深入推进财经素养教育研究，协助开展高校"冲补强"评价指标体系研制、广东省职业教育院校办学评估、全省助学工作绩效评估，完成省首届民族教育教学成果遴选工作。"粤教同一堂课"观看人数累计突破1000万人次。举办广东省第五届高校（本科、高职）青年教师教学大赛，大力推广优秀教学成果，促进提高教师整体教学水平。

8. 提升政务服务效率。开展政务服务"四免"优化专项工作，实现16项材料免提交、2项业务表单数据免填写，17项事项出证可用电子印章。梳理涉企高频事项，在"粤商通"成功上线"高校院系专业查询""邀约面试"等5个事项，推动企业服务"指尖办理"。推进电子证照应用，实现6种证照在行政审批通过后同步签发电子证照，新签发电子证照65万张。

9. 强化新闻舆论引导。统筹做好全省教育系统疫情防控宣传及信息发布工作，加强正面宣传，强化舆论引导，监控分析舆情，及时回应关切。组织媒体报道委厅教育重要新闻194次，在国家、省市级刊物，电视台及数字化新媒体上的报道956篇次，统筹官网发布校园新冠疫情防控权威信息1024条，组织开展新闻发布（通气）会14场，为全省学校疫情防控和教育改革发展营造良好舆论生态。策划开展线上教学、高校人才培养、教师节优秀教师典型、教育助力脱贫攻坚等重点专题宣传。编辑每日舆情快报242份、教育决策参考11份、专报12份。省委宣传部在2019年度广东省新闻发布工作评估试点情况通报中点名表扬省教育厅。

10. 提升办文办会办事效能。一是文电工作提质增效。落实公文质量定期通报制度，公文质量进一步提升。加强信息报送针对性和实效性，省教育厅被评为全省党委系统信息工作先进单位。内网建设加快进度，预计2021年第一季度可投入使用。二是切实加强保密工作。加强日常保密管理，开展委厅机关保密风险隐患排查，修订委厅机关保密工作制度，持续开展系列保密宣传教育和培训。三是规范办理建议提案。完善建议提案办理工作台账制度，强化跟踪督办，积极主动与代表委员沟通，吸纳合理化建议。全年共办理代表建议154件、政协提案232件，代表委员和社会群众的满意度较高。四是信访工作渠道畅通。信访事项及时受理率、按期办结率、群众满意率高，信访工作取得明显成效，省教育厅在全省信访工作考核中获评优秀。受疫情影响，全年办理信访件约1.7万件，信访量同比增加131%，全部及时分办并重点跟进落实。

（撰稿、审稿　广东省教育厅办公室）

2020年广东省教育要事录

1月

1月2日 省教育厅召开义务教育优质均衡发展县督导评估工作座谈会，将深圳市南山区、福田区、盐田区，佛山市顺德区，江门市鹤山区，韶关市仁化县等6个区（县）创建全国义务教育优质均衡发展县纳入全省教育"十四五"规划。

1月3日 广东省第一批万名教师支教计划援疆教师期满返粤座谈活动在广州举行，省教育厅二级巡视员朱俊文参加活动，总结广东省万名教师支教计划援疆工作，推动广东援疆支教工作"树品牌、创模式"。

1月7日 会同省市场监督管理局、省人力资源社会保障厅印发《学校食堂互联网＋"明厨亮灶"建设工作方案》，积极推进学校食堂互联网＋"明厨亮灶"建设全覆盖。

1月13日 印发《广东省教育系统食品安全突发事件应急预案》，指导各地各校积极应对和妥善处理食品安全突发事件。

1月15日 联合有关部门印发《广东省教育厅等五部门关于印发广东省无证学前教育机构专项排查整治工作实施方案的通知》，指导各地开展无证学前教育机构专项排查整治工作，建立健全无证学前教育机构整治协调机制。2020年全省累计治理无证幼儿园807所，完成率达100%。

1月17日 召开广东省教育厅中小学招生入学和中小学生减负工作新闻通气会，通报广东省规范中小学招生工作和减轻中小学生课业负担的举措。省委教育工委委员，省教育厅党组成员、副厅长王创出席并向媒体通报情况。

1月20日 印发《广东省教育厅关于做好学校新型冠状病毒感染的肺炎疫情防控工作的紧急通知》，部署各地各学校高度重视新冠肺炎疫情防控、分类落实防控措施、加强部门联动、开展爱国卫生专项行动、做好开学前的各项准备工作。

1月22日 印发《关于成立学校防控新型冠状病毒感染肺炎工作领导小组的通知》，切实加强对各级各类学校新型冠状病毒感染的肺炎疫情防控工作的组织领导。

1月23日 广东省决定启动重大突发公共卫生事件一级响应。印发《广东省教育厅关于暂停各类聚集性教育教学等活动的通知》，要求各地各校和校外培训机构不组织聚集性教育教学活动，师生不要提前返校。

1月26日 印发《广东省教育系统防控新型冠状病毒感染的肺炎疫情重点人员健康监测和管理工作方案》《广东省教育厅关于进一步做好新型冠状病毒感染的肺炎疫情防控工作的通知》，部署指导各地各学校做好校园疫情防控工作。

1月28日 省人民政府下发《关于企业复工和学校开学时间的通知》；省教育厅印发《广东省教育厅关于充分发挥高校优势全力做好新型冠状病毒感染的肺炎疫情防控工作的通知》，组织动员有关高校及其附属医院积极参与疫情防控工作。

1月28日 广东省人民政府新闻办公室举行新闻发布会，通报广东省新冠肺炎疫情和防控工作情况，省委教育工委书记，省教育厅党组书记、厅长景李虎在发布会上向媒体介绍大专院校、中小学及幼儿园错峰开学安排情况。

1月30日 印发《广东省教育厅关于严密防控疫情做好开学工作的通知》，制定防控新型冠状病毒感染的肺炎疫情相关工作指引，做好开学后的防控工作准备。

1月31日 印发《广东省高等学校高层次人才队伍建设工作指引》，围绕加强海内外高层次人才引进、确保高层次人才引进畅通规范有序、强化高层次人才培育支持、构建高层次人才考核评价体系、加强人才工作组织领导五大方面提出17条措施，确保将党管人才落到实处，实行人才工作目标责任考核，建立高层次人才发展长效机制。

1—9月 省教育厅面向2020届高校毕业生共举办636场招聘活动，共计12.7万家企业参加，累计提供就业岗位395.2万个，通过省就业创业智慧服务平台精准匹配推送就业岗位信息共127次，累计将341万个岗位精准推送给全省毕业生。

2月

2月4日 省教育厅联合省生态环境厅、省市场监督管理局、省科协印发《关于转发教育部办公厅等四部门关于在中小学落实习近平生态文明思想、增强生态环境意识的通知》，组织各地各校系统开展生态文明教育活动。

2月4日 召开全省教育系统防控疫情工作视频会议，通报全省教育系统防控疫情工作进展，解读《中华人民共和国传染病防治法》，明确各地各校开学方案制定要点，并对进一步做好疫情防控工作提出要求。省委教育工委书记，省教育厅党组书记、厅长，省教育厅防控新型冠状病毒肺炎疫情工作领导小组组长景李虎出席会议并讲话。

2月4日 印发《广东省教育厅关于精准施策狠抓落实切实做好开学准备工作的通知》，部署各地各校科学研判，精准施策，全力做好校园新型冠状病毒肺炎疫情防控工作。

2月4日 广东省人民政府新闻办公室举行新闻发布会（教育专场），省委教育工委书记，省教育厅党组书记、厅长景李虎及中山大学、华南农业大学、广州市教育局、广东实验中学等单位负责人出席，介绍教育系统疫情防控情况，并回答记者提问。

2月7日 印发《广东省教育厅关于调整学校开学时间的通知》，部署推迟各级各类学校学生春季学期返校时间。

2月16日 印发《关于全员全过程全方位周密防控确保开学安全的通知》，制定各级各类学校防控新冠肺炎疫情工作指南、应急工作预案、传染病防控工作制度等规范，要求全省教育系统全员、全过程、全方位周密防控，加强五方面管理，确保开学安全，严防疫情输入校园，严防发生校园聚集性疫情。

2月19日 省委常委、宣传部部长、省疫情防控指挥部副总指挥傅华到广州大学城调研高校疫情防控工作。

2月20日 制订出台《疫情防控期间广东省高校毕业生就业工作方案》，推出13条积极措施，助推广东省高校毕业生顺利就业。

2月20日 印发《广东省教育厅防控新型冠状病毒肺炎疫情工作领导小组关于新冠肺炎疫情防控期间加强学生思想引领工作的通知》，对各地各校提出工作指引和具体要求，加强新冠肺炎疫情防控期间学生思想引导，把广大学生的思想认识和行动统一到习近平总书记关于坚决打赢疫情防控的人民战争、总体战、阻击战的重要指示精神和党中央关于疫情防控的决策部署上来，助力教育系统疫情防控大局。

2月21日 印发《关于做好校园食堂、宿舍、图书馆、实验室等人群密集场所疫情防控工作的通知》，指导各地各校做好校园食堂、宿舍、图书馆、实验室等人群密集场所疫情防控工作。

2月26日 印发《广东省中小学校"厕所革命"提升改造工作方案》，进一步明确中小学"厕所革命"工作总体要求、目标任务、基本原则以及阶段工作安排和保障措施。

2月26日 广东省万名教师支教计划援疆工作推进会在广州召开，省委教育工委书记，省教育厅党组书记、厅长景李虎出席会议，全面总结广东省教育援疆"五个一工程"和万名教师支教计划援疆工作，打造广东省教育援疆特色"样板"。

2月29日 联合省扶贫开发办公室印发《关于为建档立卡学生提供线上教育用平板电脑的通知》，为全省省级贫困村9262名建档立卡初三、高三年级学生提供线上学习平板电脑，及时帮助解决无网络、无电视学生线上学习中遇到的困难，确保网上教学"不让一人掉队"。

2—4月 动员全省教育系统以疫情防控为主题积极开展法治宣传教育，在省教育厅"广东教育"微信公众号发布四期推送介绍全省学校依法战"疫"的好经验、好做法，以法治筑牢校园安全防线，讲好广东教育法治故事。

2—4月 开展广东教育空中课堂建设，支撑大规模在线教育教学，实现"停课不停学"。

3月

3月1日 联合省扶贫开发办公室、省广播电视局、省通信管理局印发《关于做好疫情防控期间中小学线上教育有关工作的紧急通知》，确保中小学校线上教育顺利实施。

3月4日 省财政下达2020年学前教育发展资金（第一批）116780万元，用于扩大普惠性学前教育资源供给和体制机制建设，推动广东省学前教育"5080"攻坚任务和省十件民生实事任务。10月30日，下达2020年学前教育发展资金（第二批）3220万元，用于支持"新课程"项目建设。

3月5日 印发《广东省教育厅关于实施学前教育"5080"攻坚行动 切实落实2020年省民生实事任务的通知》，组织各地做好幼儿园建设专项规划、城镇小区配套幼儿园治理、公办学位资源扩充等工作，推动各地落实省十件民生实事任务"增加学前教育公办学位供给"。截至2020年底，全省新增公办幼儿园学位112.52万个（含购买公办学位），实现"5080"年度目标。

概况
GENERAL SITUATION

3月5日 印发了《广东省教育移动互联网应用程序备案管理实施细则》。

3月8日 印发《关于做好2020年春季学期高校党委书记、校长和院（系）党组织书记、院长（系主任）及中小学党组织书记、校长上第一堂思政课工作的通知》，要求各学校紧扣学习贯彻习近平总书记关于新冠肺炎疫情防控工作系列重要讲话和重要指示批示精神这一主线，突出"打赢疫情防控人民战争、总体战、阻击战"主题，强化学生"四个自信"教育，讲好春季学期开学第一堂思政课。

3月9日 广东省美育浸润行动计划启动，支持华南师范大学、星海音乐学院等第一批14所高校面向粤东西北欠发达地区的63所中小学开展对口帮扶，推动全省美育均衡发展。

3月12日 印发《广东省教育厅关于公布2019年广东省教育教学成果奖获奖项目的通知》，公布2019年广东省教育教学成果奖670项，其中特等奖15项、一等奖295项、二等奖360项。

3月19日 召开2020年直属机关党建工作会议，深入学习贯彻习近平总书记关于机关党建重要论述和对广东重要讲话、重要指示批示精神，全面落实全省机关党的建设工作会议和2020年省直机关党的工作会议部署，回顾总结2019年工作，研究部署2020年任务。省委教育工委书记，省教育厅党组书记、厅长景李虎出席会议并讲话。

3月20日 印发《县域学前教育普及普惠督导评估工作方案》，部署县域学前教育普及普惠督导评估工作。

3月26日 印发《广东省教育厅关于下达2020年教育发展专项资金（支持民办教育发展）任务清单和做好资金使用管理工作的通知》，下达资金9600万元，支持14个地市和12所民办高校发展民办教育。

3月 广东省语言文字工作委员会办公室获得教育部、国家语委授予的"中国语言资源保护奖"先进集体称号。

4月

4月2日 印发《广东省教育厅关于组织申报学前教育"新课程"科学保教示范项目的通知》，编制了省学前教育"新课程"资源体系子项目分类表，组织各地对照分类表进行项目申报，启动建设以"生活 生长、自主 自由、发现 探索、自然 生态、幸福 共生"为导向，具有科学性、系统性、选择性、适宜性、中国特色和岭南风格的广东省学前教育"新课程"资源体系。完成135项学前教育"新课程"科学保教示范项目省级立项，325名专家、7个实验区（县、市）以及21个地市的127所领衔幼儿园、850所参与幼儿园共同开展为期3年的课程品质提升工程。同时，广州市白云区、清远市连州市成为安吉游戏国家级推广实验区。

4月8日 联合省司法厅、省普法办共同完成2019年度32个省级青少年法治教育实践基地遴选认定。

4月15日 联合有关单位在华南理工大学举办"国家安全教育日"专题研讨会，成立非传统安全与应急管理研究基地，为广东省教育系统国家安全工作提供智力决策支撑。

4月22日 广东省人民政府新闻办公室举行新闻发布会，通报广东省新冠肺炎疫情和防控工作情况，省委教育工委委员，省教育厅党组成员、副厅长王创在发布会上介绍全省高三、初三年级学生返校前校园疫情防控工作情况。

4月23日 广东省委教育工委召开2020年全省教育系统全面从严治党工作视频会议，总结2019年全省教育系统全面从严治党工作，具体部署2020年工作。

4月24日 广东省城镇小区配套幼儿园专项治理工作小组（办公室设在省教育厅）印发《2020年广东省城镇小区配套幼儿园专项治理工作方案》，指导各地推进2020年城镇小区配套幼儿园专项治理工作，有效贯彻落实《国务院办公厅关于开展城镇小区配套幼儿园治理工作的通知》和《广东省城镇小区配套幼儿园治理工作方案》。2020年全省完成城镇小区配套幼儿园治理556所，年度治理任务完成率达100%，增加普惠性幼儿园学位17.15万个。

4月24日 召开2020年度全省中小学德育工作视频会议，全面总结2019年全省中小学德育工作，研究部署2020年工作安排。省委教育工委副书记、省教育厅党组副书记李大胜出席并讲话。

4月28日 指导潮州市创建成为推进教育现代化先进市。潮州市在粤东地区率先实现"广东省推进教育现代化先进县（区）"全覆盖。

4月29日 《广东省学校安全条例》经广东省第13届人民代表大会常务委员会第20次会议审议通过。该条例自9月1日起施行，有助于提高学校安全工作的法治化、规范化水平。

4月29日 召开广东省2020年度高校思想政

治工作视频会议，深入学习贯彻习近平总书记关于高校思想政治工作的重要论述，总结2019年全省高校思想政治工作，分析高校思想政治工作面临的新形势、新要求，部署2020年高校思想政治工作。省委教育工委副书记、省教育厅党组副书记李大胜出席并讲话。

4月 召开省政府教育督导委员会会议，对2019年度市县级政府履行教育职责评价结果进行审议，省长马兴瑞、副省长覃伟中审定评价结果。向21个地级市政府（含所辖县区）"点对点"反馈评价成绩、区域排名，分析比对数据，指出存在问题，提出整改意见。

4月 联合广东广播电视台南方生活广播等单位，创造性开展《大爱有声——南粤学子"云朗诵"致敬抗疫英雄》公益展播，鼓励大学生凝聚青春正能量，用自己的声音向抗疫英雄致敬。活动共播出10期，华南师范大学等10所高校近1000名师生踊跃参加活动，影响广泛。

4—8月 组织全省参加第二届中华经典诵写讲大赛，打造特色品牌。

5月

5月6日 出台《关于推进2020年广东省普通高校毕业生就业工作的若干政策措施》，为高校毕业生就业创业提供政策保障。

5月11日 印发《广东省"三区"教师全员轮训实施方案》；7月7日，召开广东省"三区"（原中央苏区、革命老区、民族地区）教师全员轮训工作动员部署会，省委教育工委委员、省教育厅副厅长王创致辞，全面启动广东省"三区"教师全员轮训工作。

5月11日 牵头成立"省教育厅防范学生心理危机事件工作专班"，把学生心理健康教育与心理危机防范工作纳入教育系统疫情防控整体安排，下设心理专家咨询组，定期召开专班工作会议，结合学生复学返校工作及时调整部署工作任务，守护学生心理健康。

5月15日 召开广东省推进2020届高校毕业生就业工作电视电话会议，副省长覃伟中出席会议并讲话，对广东省2020届高校毕业生就业工作进行部署。

5月18日 印发《关于推进2020年广东省大学生创业工作的若干政策措施》，推动广东省高校毕业生创业工作向纵深发展。

5月19日 印发《广东省市、县（市、区）级教师发展中心认定方案》，推进市县级教师发展中心规范化和科学化建设。

5—7月 全省110余万名考生平安、顺利完成初中毕业生升学体育考试。

6月

6月2日 副省长覃伟中召开第六届中国国际"互联网＋"大学生创新创业大赛广东省筹备工作领导小组会议，对广东承办大赛工作进行部署。

6月3日 召开全省中小学"厕所革命"工作视频推进会议，全面部署广东省中小学厕所提升改造工作。

6月5日 印发《2020年广东省国家课程数字教材规模化应用全覆盖项目工作方案》，初步形成推动数字教材支撑课堂教学变革的"省—市—区—镇—校"上下联动推广模式。

6月5日 2020年广东省教育科研工作会议在广州召开。省教育厅副厅长王创出席会议并讲话。省教育研究院院长、各地级以上市教育局分管教育科研工作的领导、各高校分管教育科研工作的校领导或教育科研机构主要负责人、部分省级教育类学会（协会）负责人等近200人参加会议。

6月5日 印发《广东省中国"互联网＋"大学生创新创业大赛激励措施》，推动广东省高校创新创业教育工作上新台阶。

6月5日 广东省人民政府新闻办公室举行新闻发布会，通报广东省新冠肺炎疫情和防控工作进展情况，省教育厅二级巡视员邱克楠出席并介绍大学生退役后在复学方面的优惠政策。

6月12日 教育部召开教育对口支援西藏工作视频会议，教育部党组书记、部长陈宝生等出席会议并讲话。省教育厅副厅长那佳、省教育厅二级巡视员朱俊文在广东分会场参加会议。广东省教育厅在会议上进行了《雪域高原谱写南粤教育大爱》视频短片展示交流。

6月18日 会同省市场监管局、省人力资源社会保障厅、省公安厅、省卫生健康委等部门印发《关于加强2020年我省中高考期间食品安全监管工作的通知》，同时由省市场监管局、省教育厅派员组成专项检查组赴部分地市开展飞行检查，指导各地各校做好食品安全工作，全力保障中高考期间饮食安全。

6月18日 省教育厅党组2020年第一轮巡察工作动员部署会在省教育厅机关召开。省委教育工委书记，省教育厅党组书记、厅长景李虎出席会议并做动员讲话，省委教育工委委员，省教育厅党组成员、省纪委监委驻省教育厅纪检监察组组长黄建固到会并讲话。

6月28日 省委教育工委书记，省教育厅党组书记、厅长景李虎以"强化政治机关意识、当好重要方阵"为主题，给省教育厅全体党员干部上专题党课。

6月30日 第六届中国国际"互联网+"大学生创新创业大赛"青年红色筑梦之旅"活动在深圳、北京两地采取线上线下同步的方式启动，教育部副部长钟登华、广东省副省长覃伟中出席活动并讲话。

6月 印发《广东省教育厅 广东省语言文字工作委员会关于统筹做好新冠肺炎疫情防控和普通话水平测试工作的通知》，要求各地各高校在严格做好常态化疫情防控的基础上，经批准有序恢复语言测试，已有60个普通话水平测试站点恢复了普通话水平测试，占全部66个测试站的91%，共测试22.5万人次。

6—8月 牵头组织省直单位和21个地级市落实国家2019年对省政府履行教育职责评价实地督查反馈意见指出的问题，起草广东省整改报告，重点分析基础教育存在的问题，提出解决措施，报省长马兴瑞审定。根据国家2020年对省政府履行教育职责评价要求，制定自查自评方案，会同省直单位共同开展自评。

7月

7月2日 全省大学生征兵工作电视电话会议在省教育厅召开，对抓好年度大学生征兵工作进行动员部署，提出明确要求。

7月5日 广东省人民政府新闻办公室举行新闻发布会，通报广东省新冠肺炎疫情和防控工作情况，重点介绍高考期间防疫、安全保障等相关工作情况。省委教育工委书记，省教育厅党组书记、厅长景李虎在发布会上介绍了广东省高考准备情况，并回答记者提问。

7月9日 印发《广东省教育厅关于实施广东省高水平中职学校建设计划的通知》，正式启动省高水平中职学校建设计划。

7月10日 印发《广东省教育厅关于开展2020年广东省中小学"书香校园"建设系列活动的通知》，部署广东省"书香校园"建设工作。

7月15日 教育部职业技术教育中心研究所组织召开"抗击疫情，促进学生发展——中国职教在行动"线上交流视频会。省教育厅党组副书记、副厅长邢锋作为两个地方行政部门发言代表之一，介绍了疫情期间广东职教的经验做法。

7月16日 省教育厅遴选评定97家单位为省级中小学生研学实践基地，6家单位为省级中小学生研学实践营地，为中小学生开展研学实践提供保障。

7月17日 印发《广东省教育厅关于培育建设"八个相统一"高校思政课建设示范点的通知》，在全省高校中培育建设23个"八个相统一"思政课建设示范点，凝练和打造一批落实"八个相统一"要求、可复制可推广的思政课建设经验做法和特色品牌，辐射带动全省高校思政课建设水平提升。

7月22日 教育部召开"奋进之笔"第17场视频会，围绕规范校外培训机构与加强民族地区学校国家通用语言文字教育两个主题开展专项工作交流，广东省教育厅在视频会议上介绍了规范校外培训机构发展的工作经验。

7月22日 广东轻工职业技术学院牵头组织西藏、新疆、贵州等地的11所职业院校，在贵州省毕节市举办"职业院校对口支援协同发展联盟"成立大会，广东省教育厅二级巡视员朱俊文出席会议并讲话，总结广东省职业教育东西协作经验，以职业教育助力脱贫攻坚，搭建"教育帮扶、协同发展、校企合作"平台。

7月23日 会同省市场监督管理局等五部门印发《广东省校园食品安全守护行动实施方案（2020—2022年）》，全面落实校园食品安全校长（园长）负责制。

7月24日 召开广东省2020届高校毕业生就业工作调度会，副省长覃伟中出席会议并讲话，对广东省2020届高校毕业生就业工作推进和再部署。

7月24日 联合省公安厅、省卫生健康委等十部门，建立省学生心理危机联防联控机制，召开联防联控机制第一次联席会议，分析当前问题和形势，研究下一步工作措施，构建学生心理健康防护体系。

7月31日 广东省中小学教师信息技术应用能力提升工程2.0工作推进会在广州召开。省委教育工委委员，省教育厅党组成员、副厅长王创出席活动并讲话。广东省中小学教师信息技术应用能力提升工程2.0全面落地实施。

7月31日 召开全省学生资助工作视频会议，省教育厅二级巡视员蔡文雅出席并讲话。

7月 印发《2020年对市县级人民政府履行教育职责评价实施细则》。指导市、县政府开展自评和初审，组织对各地的自评情况进行集中评审。

7月 省教育厅、省军区学生军训工作办公室联合印发《关于扎实做好2020年学生军事训练工作的通知》，指导各地各校开展好学生军训工作。

7月底 实现在粤154所普通高校和7所省外高校网站EDU.CN域名全覆盖。

8月

8月4—5日 广东省第五届高校（高职、本科）青年教师教学大赛总决赛在广东财经大学广州校区落幕。总决赛环节，高职院校9名青年教师现场比拼绝活、本科高校11名青年教师现场比拼教学能力，精彩纷呈。省总工会党组书记、常务副主席陈伟东，省总工会党组成员郭开农，省委教育工委委员、省教育厅副厅长王创，广东财经大学党委书记郑贤操和党委副书记、工会主席刘祖华，省教育研究院党委书记、院长傅湘龙以及省总工会、省教育厅相关处室领导出席并为获奖教师颁奖。

8月14日 省教育厅印发《广东省校园新媒体管理办法（试行）》，进一步规范校园新媒体建设管理。

8月17日 联合省发展改革委印发《转发教育部办公厅国家发改委办公厅关于印发〈绿色学校创建行动方案〉的通知》，系统部署广东省"绿色学校"创建工作的标准与流程、责任与目标等。

8月21日 广东省教育厅举办"建行杯"第六届中国国际"互联网+"大学生创新创业大赛广东省分赛总结表彰暨总决赛参赛动员活动。

8月25日 印发《给全体中小学生和家长的一封信（校外培训和在线教育培训）》，提醒全省广大学生、家长理性选择校外培训和线上教育培训机构，在缴费之前认真、仔细阅读合同（协议）各项条款，增强学生、家长的风险防范意识。

8月25日 印发《广东省教育厅关于做好2020年秋季学期中小学生心理健康教育与心理危机预防干预工作的通知》。

8月26日 副省长王曦到广州市小北路小学、广东实验中学调研秋季学期开学准备工作，组织召开学生返校工作专班调研会。

8月底至10月初 开展广东省涉未成年人网课平台专项整治工作，累计排查和整顿153个应备案尚未备案的教育类网课平台。

9月

9月1日 联合省公安厅组织秋季开学"交通安全第一课"活动，观看现场直播人数超2 000万人，新闻阅读量超5 000万次，有力提升师生交通安全意识。

9月1日 联合广东电视台在广州大学附属中学举办"开学健康第一课"活动。

9月2日 印发《广东省教育厅关于制止餐饮浪费行为培养节俭美德的通知》，积极开展制止餐饮浪费工作。

9月2日 印发《广东省教育厅关于做好2020年秋季学期高校党委书记、校长和院（系）党组织书记、院长（系主任）及中小学党组织书记、校长上第一堂思政课工作的通知》，要求各学校坚持用习近平新时代中国特色社会主义思想铸魂育人，加强学生形势与政策教育，引导学生准确理解党的路线、方针、政策，正确了解国情、党情、社情、民情，增强"四个意识"，坚定"四个自信"，做到"两个维护"，自觉担当为实现"两个一百年"奋斗目标、实现中华民族伟大复兴中国梦而奋斗的新时代青年使命。

9月4日 制定《广东省教育厅重大行政决策全过程记录和档案管理办法》，进一步规范省教育厅重大行政决策全过程记录、材料归档和档案管理工作，加强决策活动的监督管理。

9月5—12日 全省青少年校园足球夏令营（初、高中组）在梅州市五华县举行。此次活动共设立高中、初中2个大组8个组别，全省21个地级市共选派787名领队和运动员参加。

9月7—25日 省教育厅审计调研组赴粤西和高校开展教育审计工作调研，宣讲审计"三令"，分别听取了茂名市教育局、广东海洋大学、岭南师范学院、广东石油化工学院、广东药科大学、广东环境保护工程职业学院、广东生态工程职业学院、广东省旅游商务职业技术学校等单位贯彻落实"三令"的做法、成效、问题和建议，以及开展教育政策落实专项审计工作的相关情况；逐个单位面对面征求有关专项审计调查报告的意见和建议，并有针对性地提出审计整改要求。

9月10日 印发《广东省教育厅关于全面推进高职院校课程思政建设工作的意见》，部署全面推进全省高职院校课程思政建设工作。

9月10日 召开高校专职思政课教师配备调研座谈会，就高校专职思政课教师配备现状、存在问题及下一步工作意见建议进行调研座谈。省委教育工委副书记、省教育厅党组副书记李大胜主持讲话。

9月12日 联合省消防总队、广东广播电视台制作"消防开学第一课",共计1 800余万人观看。

9月15日 省教育厅在全国网课平台视频会议上介绍广东省涉未成年人网课平台及网络环境专项治理工作情况。

9月15日 召开2020年秋季学期全省学校食品安全工作视频会议,积极贯彻落实习近平总书记关于制止餐饮浪费行为切实培养节约习惯的重要指示精神,部署秋季学期学校食品安全工作,切实做好常态化疫情防控期间学校食品安全工作,保障师生在校饮食安全。省教育厅副厅长朱超华出席会议。

9月27日 印发《广东省教育厅等八部门(单位)关于进一步做好2020年高职扩招工作的通知》,启动2020年高职扩招专项行动计划。2020年高职扩招18万人,完成任务数的2倍。

9月27日—10月9日 全国青少年校园足球夏令营(高中组)第四营区分营、总营在清远举行。

9月28日 广东省义务教育质量监测继续实现全覆盖,全省123个县(市、区)和东莞市、中山市均参加义务教育质量监测。全省共2 740所中小学,97 701名五年级、九年级学生参加了测试;2 740名中小学校长,39 267名科学、德育、心理健康教师及班主任等接受了问卷调查;23 355名语文、数学、体育教师和80 966名五年级、九年级学生参加了广东问卷调查。

9月28日 印发《广东省中小学心理健康教育行动计划》,对新形势下加强中小学心理健康教育提出明确工作目标和任务要求,为全省中小学心理健康教育科学化、规范化发展提供行动指南。

9月28日 共青团广东省教育厅直属机关第三次代表大会顺利召开,大会选举产生了共青团广东省教育厅直属机关第三届委员会。省委教育工委副书记、省教育厅党组副书记李大胜出席会议并讲话。

9月29日 印发《关于深入推进课程思政建设改革工作的通知》,推进课程思政建设改革"四个一"试点,遴选认定2020年省课程思政示范团队、课程思政示范课程、课程思政示范课堂共400个(门)左右。

9月30日 省教育厅直属机关党委印发《厅直属机关党支部换届选举工作流程》,指导22个基层党组织完成改选、补选、组织调整等工作。

9—10月 省教育厅联合省委宣传部、省征兵办组织开展"高校党委书记谈征兵"活动,对17所高校党委书记抓征兵情况进行宣传报道,在社会营造浓厚的拥军爱国氛围,激发广大青年学生踊跃报名参军报国的热情。

9月 省教育厅联合省委宣传部等八部门共同举办第二十三届全国推广普通话宣传周活动。

9月底 广东省职业教育城二期工程先行项目全部建成,顺利交付5所高校使用,共4万名学生进驻。先行项目共22个单体建筑,总建筑面积26.6万平方米。

10月

10月10—14日 第五届全省学生"学宪法 讲宪法"活动决赛在广东外语外贸大学南校区举行,活动分为演讲比赛和知识竞赛两项赛事,累计表彰学生238人次。省委教育工委委员,省教育厅党组成员、副厅长那佳出席并致开幕词。

10月12日 成功争取教育部授权广东省对在广东学习、工作和生活3个月及以上的港澳台人士和外籍人士开展普通话水平测试。

10月14日 全省民办高校实施"规范达标计划和品牌提升计划"(以下简称"双计划")现场会在中山大学南方学院召开,以贯彻落实全省教育大会精神,推动广东省民办高等教育内涵发展,交流民办高校实施"双计划"工作经验,推进"双计划"落细落实。省委教育工委书记、省教育厅厅长景李虎出席会议并讲话。省教育厅副厅长那佳,省民办教育协会会长赵康,各民办高校书记、理(董)事长、校长以及省教育厅相关职能部门负责同志参加会议。

10月14日 国务院扶贫开发领导小组在北京举办2020教育扶贫论坛,广东省教育厅二级巡视员朱俊文出席活动并发言。

10月16日 广东省职业院校"双师型"教师培训基地授牌仪式暨培训品牌项目建设经验交流会在广东技术师范大学举行。全省共有27所院校入选为省职业院校"双师型"教师培训基地。省教育厅主任督学李璧亮出席活动并讲话。

10月20—23日 广东-贵州产教融合促进大会在贵州省毕节市召开,广东省教育厅二级巡视员朱俊文出席活动并发言。广东、贵州共48所职业院校与到场的60家企业携手,签订对口帮扶、校企合作等协议40多项。

10月23日 在"南方+"合作伙伴大会上,"广东教育"南方号被南方日报、"南方+"客户端授予"南方号战疫力量奖"。

10月26日 印发《广东省教育厅关于成立第一届中职学校心理健康教育与咨询专家委员会的

通知》。

10月下旬 与省残联联合举办全省首届国家通用手语"寻找最美手语人"技能大赛。

10—12月 面向2021届毕业生共举办55场省级专场招聘活动，共计3.3万家企业参加，提供就业岗位151.53万个。

10—12月 开展了45项省级学校体育竞赛活动，组织比赛4 800余场，参赛人数为46 000余人。

11月

11月5日 经学校申请、专家评审、公示等，确定65所学校为第三批省级校园生活垃圾教育基地。

11月6日 省教育厅直属机关工会举行第四次会员代表大会，会议审议通过了厅直属机关工会第三届委员会工作报告和经费审查委员会经费审查报告，选举产生了厅直属机关工会第四届委员会委员。省委教育工委副书记、省教育厅党组副书记李大胜出席会议并讲话。

11月6日 省委教育工作领导小组在广州召开第五次全体会议。省委常委、省委秘书长、省委宣传部部长、省委教育工作领导小组组长张福海主持会议，副省长、省委教育工作领导小组副组长王曦出席会议。会议深入学习习近平总书记关于教育的重要论述，听取全省教育有关重点工作进展情况汇报，研究近期教育重点工作。

11月6—28日、12月3—20日 广东省"省长杯"青少年校园足球联赛（大学组、高中组、中职组）分别在广东外语外贸大学、湛江市举行。

11月12日 广东省中职学校心理健康教育与咨询专家指导委员会成立大会暨专题培训会在广东技术师范大学东校区召开。

11月12日 省教育厅职业教育与终身教育处主要负责人代表广东省在教育部举办的"推进多元协同治理 引领职业教育高质量发展"论坛上做主旨报告。

11月13日 印发《广东省教育厅关于加强广东省中小学教师校本研修工作的指导意见》，推动中小学教师校本培训研修工作的开展，提升中小学教师校本培训研修质量。

11月17日 省教育厅党组召开2020年第二轮巡察工作动员部署会。省委教育工委委员，省教育厅党组成员、副厅长，巡察工作领导小组副组长朱超华到会做动员讲话。省委教育工委委员，省教育厅党组成员、省纪委监委驻省教育厅纪检监察组组长，巡察工作领导小组副组长黄建固到会并做指导讲话。

11月17—19日 第六届中国国际"互联网+"大学生创新创业大赛总决赛在华南理工大学顺利举行。广东高校在此次大赛中表现优异，共获得21金和6个创新潜力奖的好成绩，金奖和创新潜力奖总数位居全国第一，约占全国的20.1%。广东省荣获"青年红色筑梦之旅"活动省市优秀组织奖，华南理工大学被大赛组委会授予特别贡献奖。中共中央政治局委员、国务院副总理孙春兰现场观看了冠军争夺赛，并参观了大学生创新创业成果展。

11月18日 广东省中等职业学校资助学生在校情况管理系统在广州市、韶关市以及省属学校试用。系统利用大数据手段集资助管理的申请、认定、发放、监管、宣传于一身。系统的应用不仅加快了资助管理现代化步伐，而且从技术手段上提高防范虚报资助资金的能力。

11月19日 教育部、广东省人民政府在广州召开2020年度部省深化教育体制综合改革联席会议。教育部部长陈宝生、广东省省长马兴瑞出席会议并讲话。教育部副部长钟登华主持会议，广东省副省长王曦出席会议。为落实联席会议精神，深化推进广东教育综合改革，广东省人民政府办公厅、教育部办公厅联合印发了《教育部 广东省人民政府共同深化教育综合改革重点工作备忘（2020—2021年）》。

11月19日 省长马兴瑞主持召开十三届省政府第120次常务会议，会议原则上同意《调整广东石油化工学院等5所省市共建高校办学体制工作方案》，明确广东石油化工学院、韶关学院、嘉应学院、肇庆学院、惠州学院5所高校作为省属全日制普通本科高校，由广东省人民政府举办，由广东省教育厅作为主管部门。

11月21日 教育部语言文字信息管理司（以下简称教育部语信司）、广东省教育厅和广州大学三方共建共管的国家语言服务与粤港澳大湾区语言研究中心在广州大学举行揭牌仪式，教育部语信司司长田立新、广东省教育厅副厅长那佳出席揭牌仪式并发表讲话。

11月24日 省教育厅的政务服务应用案例《发挥"数字政府"支撑能力 助力应届毕业生智慧就业》入选省电子政务协会组织评选的"2020年广东省政务服务创新案例"。

11月25日 省教育厅直属机关举行第三次妇女代表大会，会议审议通过了厅直属机关第二届妇委会工作报告，选举产生了厅直属机关第三届妇委会委员。省委教育工委委员，省教育厅党组成员、副厅长那佳和省直机关妇工委主任张琼出席会议并讲话。

11月27日 以"全民智学，助力'双战双赢'"为主题的2020年全民终身学习活动周广东省开幕式在乳源瑶族自治县举行。活动由广东省教育厅主办，韶关市教育局、乳源瑶族自治县人民政府、广东开放大学、广东省成人教育协会承办，乳源瑶族自治县教育局、乳源瑶族自治县东坪镇政府、乳源瑶族自治县开放大学协办。省教育厅党组副书记、副厅长邢锋出席活动并讲话。

11月27日 以"构建产教融合新生态，释放现代职教新动能"为主题的粤港澳大湾区职业教育产教融合论坛开幕式在珠海市横琴新区举行。中国职业技术教育学会会长鲁昕、广东省教育厅副厅长朱超华、珠海市政府副市长李翀，以及粤港澳大湾区三地职业院校、行业协会、企业等相关负责人共200余人参会。

11月29日 经省政府同意，联合省财政厅印发《进一步健全学生资助政策体系的通知》，系统整合广东省现行学生资助政策，明确健全学生资助政策的总体任务、政策内容和工作要求。

11月29日—12月4日 组织学生参加第五届全国学生"学宪法 讲宪法"活动全国总决赛，广东省获得演讲比赛高校组全国季军、小学组一等奖、小学组最佳表达奖以及高中组、初中组和小学组三等奖，知识竞赛全国一等奖，广东省教育厅获优秀组织奖。

11月29日—12月1日、12月14日—12月16日 依托省委组织部干部党性教育基地，先后组织开展2期党员干部党性锤炼培训，先后共有80余名党员干部接受党性教育专题培训。

11月 组织6个实地核查组，抽取珠海、梅州、阳江、茂名、清远和揭阳开展实地核查，重点对评价发现的问题以及省十件民生实事、省政府重点工作中的教育事项、国家要求的交账任务等进行督办。

11月 印发《2021年对市县级人民政府履行教育职责评价要点》，要求各地对标对表，查漏补缺，加快推进落实，确保完成各项教育工作任务。

11月 《广东省青少年校园足球发展报告（2015—2019）》发布。

11月 广东省共计发放国家助学贷款11.6亿元，资助高校家庭经济困难学生约14.5万人次，贷款人数增幅为29.2%，贷款金额增幅为30.2%，保持高速增长。国家助学贷款发放金额和受惠家庭经济困难学生人数创历史新高。

11月 广泛发动推进国家语言文字推广基地建设，暨南大学和华南师范大学成功申报教育部第一批基地建设重点项目和一般项目。全省第二批申报数比2019年增加133.33%。申请与教育部语信司、广州大学三方共建"国家语言服务与粤港澳大湾区语言研究中心"获国家语委批准。

11—12月 开展全省大中小学生体质健康抽测工作，近6万名学生参加了抽测。

12月

12月1日 教育部、广东省人民政府印发《关于推进深圳职业教育高端发展 争创世界一流的实施意见》，对接国家所向、湾区所需、深圳所能，共同推进深圳职业教育高端发展，率先建立中国特色职业教育高质量发展模式，为国家和世界职教事业贡献"深圳方案"，服务国家战略和建设粤港澳大湾区，支持深圳建设中国特色社会主义先行区。

12月1日 联合省防治艾滋病工作委员会办公室、广州市防治艾滋病委员会办公室在广州市城市职业学院举办"2020年世界艾滋病日主题宣传教育活动"。副省长李红军出席活动并讲话。

12月4日 在国家宪法日当天，全省教育系统开展了"宪法晨读"活动，各地市教育局与部分高校通过接入省教育厅晨读主会场视频系统观看教育部活动直播，诵读宪法条文，其他学校结合实际登录青少年普法网观看直播。省委教育工委委员，省教育厅党组成员、副厅长那佳出席并主持活动。

12月4—18日 广东省第六届大学生艺术展演活动在广州举行。自活动启动以来，全省100所高校报送了作品1 153个（件）。经过评审，广东省向教育部报送作品参加全国第六届大学生艺术展演活动。其中，艺术表演类节目30个，艺术作品类项目16个，大学生艺术实践工作坊9个，高校校长书画作品16件，高校美育改革创新优秀案例16个。

12月7—8日 2020年广东省中小学校美育改革发展成果交流活动在珠海举办，活动展示了全省学校美育优秀成果。相关省直单位、各地市教育局负责人、中小学校教师代表等200余人参会，省教育厅二级巡视员邱克楠出席活动并讲话。

12月8日 省委教育工委书记，省教育厅党组书记、厅长景李虎在《中国教育报》发表署名文章《广东为大湾区培养高素质产业生力军》，介绍广东职业教育的经验做法。

12月8日 南方日报、"南方+"举办了"走向我们的小康生活"新媒体爆款大赛,"广东教育"南方号新媒体作品《脱贫攻坚 粤教力量》获大赛三等奖。

12月9日 公布广东省大学生创新创业教育示范学校(2020—2023年)名单。暨南大学、广州中医药大学、汕头大学、肇庆学院、广州美术学院、广东白云学院、广州大学华软软件学院、广东职业技术学院、广东女子职业技术学院、顺德职业技术学院等10所高校为广东省大学生创新创业教育示范学校(2020—2023年)。

12月9—12日 2020年全国职业院校技能大赛教师教学能力比赛现场决赛在湖南省株洲市举办。广东省代表队荣获一等奖10个、二等奖15个,一、二等奖获奖总数连续三年位居全国第一,并荣获最佳组织奖。

12月10日 省教育厅党组召开2020年第三轮巡察工作动员部署会。省委教育工委书记,省教育厅党组书记、厅长,巡察工作领导小组组长景李虎出席会议并做动员讲话。省委教育工委委员,省教育厅党组成员、省纪委监委驻省教育厅纪检监察组组长,巡察工作领导小组副组长黄建固到会做指导讲话。

12月10—11日 西藏自治区教育"组团式"援藏工作年度总结暨现场推进会在林芝召开,广东省教育厅二级巡视员朱俊文出席会议并发言。广东省教育厅在"组团式"援藏工作年度总结暨现场推进会上交流经验。

12月14日 印发《广东省教育厅关于民办高校2019年度年检结果的通报》,接受年检的民办高校共50所,其中45所年检结论为"合格",5所年检结论为"基本合格"。

12月18日 在腾讯大粤网举办的第八届广东互联网政务论坛上,"广东教育"微信公众号被评为"2020政务新媒体年度十大订阅号(省级)"。

12月18日 联合省水利厅、省能源局印发《关于公布广东省第一批节水型高校名单的通知》,认定23所高校为广东省第一批节水型高校。

12月22—23日 以"和合相生,融合教育推进及支持策略研究"为主题的第二届粤港澳融合教育论坛在广东外语外贸大学国际学术交流中心举行。省教育厅主任督学李璧亮出席论坛并讲话,各地级以上市教育局、有关高校、开展融合教育的普通学校、特殊教育学校及港澳地区的代表共230多人参加了论坛。

12月23日 印发《广东省教育厅关于印发推进中小学校长职级制改革工作指引的通知》,采取"求同存异、分步推进、逐项突破"的方式,指导、督促各地市特别是至今尚未开展校长职级制改革的地市按照工作指引尽快部署开展校长职级制改革。

12月25日 由广东省教育厅指导、广东省教育研究院主办的第八届中国南方教育高峰年会召开。峰会主题为"新时代教育科学研究:使命、任务与机制、举措"。广东省教育厅主任督学李璧亮、中国教育学会副会长周洪宇、中国教育发展战略学会执行会长孙霄兵等出席峰会。该届年会以"云峰会"为主要形式,知名专家学者与教育行政部门负责人、教育科研机构负责人、大中小学校长教师代表通过网络平台,打破时间空间局限,展开智慧交汇。

12月29日 省委办公厅、省政府办公厅印发《关于深化新时代教育督导体制机制改革的通知》,全面贯彻落实中央《关于深化新时代教育督导体制机制改革的意见》要求,围绕确保教育优先发展、落实立德树人根本任务,进一步优化管理体制、完善运行机制、强化结果运用,提升广东省教育督导质量和水平。

12月30日 中小学"厕所革命"民生实事任务中,全省共2787所学校完成厕所提升改建工作,完成率达164%;完成投入资金6.08亿元,增加卫生厕所面积10.97万平方米,增加坑位2.88万个。

12月31日 全省语言文字会议在省政府召开。副省长王曦出席会议并讲话,全省21个地市均设立了分会场,参会人员近700人。

12月 完成第十一届广东省规范汉字书写大赛,出版《优秀作品选集》。该书由中国书法学会原副主席、中山大学教授陈永正题词。

12月 为巩固教育创强成果,对佛山、惠州、汕尾、清远4个市的12个镇(乡、街)开展教育强镇复评抽查。佛山市顺德区大良街道等43个镇(乡、街道)通过"广东省教育强镇(乡、街道)"复评。

2020年 广东省高校201个本科专业入选国家一流本科专业建设点,总数居全国前五。新增设置120个经济社会发展急需专业,其中超半数为理工科和医学专业。

2020年 积极推进"新工科"和产业学院建设,开展第二批新工科研究和实践项目遴选推荐。全省已有37所本科高校设置134个产业学院,数量居全国之首。

2020年 "新师范"建设取得新成果，11个师范类专业通过教育部师范类专业第二级认证，27个师范类专业入选教育部高等教育教学评估中心师范类专业第二级认证受理专业名单。

2020年 "新医科"建设持续深入推进，落实《关于进一步加强我省公共卫生人才队伍建设的若干措施》，在2020年专升本考试中增设预防医学专业，扩大本科及研究生招生规模。扩大订单定向医学生培养规模，2020年组织高校落实招收订单定向农村卫生人才计划2 200名。

2020年 广东省教育厅被评为教育部科技司2020年网络安全攻防演习优秀单位。

2020年 广东省教育技术中心被评为2020年度广东省"扫黄打非"工作先进集体。

2020年 广东省教育厅被省委宣传部评为"2020年度广东省新闻发布工作评估优秀单位"，在2020年全省信访工作考核中被评为"优秀"。

媒体聚焦

广东为大湾区培育高素质产业生力军

广东省委、省政府认真贯彻习近平总书记关于职业教育的重要论述和指示批示精神，聚焦建设粤港澳大湾区和支持深圳建设中国特色社会主义先行示范区，以"扩容、提质、强服务"为主线，提质培优、增值赋能、以质图强，为广东经济社会高质量发展培养大批高素质技术技能人才。

从规模看，广东共有职业院校（含技工院校）676所，在校生233.1万人，办学规模连续多年位居全国前列；从质量看，广东14所高职院校入选国家"双高计划"，64所学校被认定为国家中等职业教育改革发展示范校；从结构看，广东高中阶段教育职普比连续多年保持大体相当，高等职业教育招生占高等教育半壁江山。

以改革为动力，激发职业教育办学活力。广东把优化管理体制、转变政府职能作为深化职业教育改革的突破口，用足用好改革这个关键一招。

深化管理体制改革。颁布《广东省职业教育条例》，明确地级以上市人民政府统筹中等职业教育发展，省人民政府统筹高等职业教育发展，明晰省市政府事权，压实责任，调动各方积极性。

深化"放管服"改革。下放高职院校专业设置、岗位管理、职称评审等一批事权，落实办学自主权。"创新强校工程"由学校自主规划、自定项目，省级负责年度考核并根据考核结果安排奖补资金，奖补资金由学校自主确定使用项目。健全中职学校教师职称评审政策，向地市下放副高以下职称评审权。改革省财政中等职业教育资金分配方式，实行"大专项+任务清单"式管理，先按因素法安排到各地市，再由地市统筹安排至具体学校和项目。

支持深圳先行先试，以建设中国特色社会主义先行示范区为契机，用足用好政策"方阵"，在职业教育办学体制、管理机制、人才培养改革等方面大胆探索创新，为中国特色职业教育高质量发展提供"深圳方案"。

以扩容为重点，筑牢技术技能人才培养主阵地。广东把扩大职业教育规模作为响应产业转型升级需求、优化教育结构的重要举措。

高质量推进高职扩招。把高职扩招作为落实"六稳""六保"的重要战略举措，高位推进、顶格部署，按照"标准不降、模式多元、学制灵活"原则，分类实施教学管理，加强培养过程监管，2019、2020年共扩招27万人，是国家下达扩招任务的1.7倍。

依托珠三角、面向大湾区、辐射华南，在清远市建设省职业教育城，选取行业发展前景好、紧密对接区域产业发展需要的职业院校进驻，集中共建共享公共设施，引入企业共同育人，打造"教、科、产、城"融合发展示范区。目前已进驻10所院校，在校生近8万人，预计全面竣工后可达到15万人以上。

对接广东省"一核一带一区"区域发展新格局和"双十"产业集群建设，优化职业院校布局结构，盘活存量、做优增量，印发《关于进一步优化中等职业教育布局结构的意见》，推动各地市优化中职学校布局。实施"7+1"粤东西北地区新建扩建高校工程，实现每个地市至少设置一所高职院校。开展本科层级职业教育试点，2所高职院校建设成为本科职业院校。

以提质为核心，大力培养高素质产业生力军。深化产教协同育人改革，实施"订单式"、现代学徒制、共建产业学院等多种办学模式，全面推行工学结合人才培养。79%的高职院校开展现代学徒制试点，38家单位入选国家试点。中山市财政注资3亿元成立中山教育科技股份公司，参照德国"双元制"职业教育模式，建设中德合作（中山）职业技能人才培训基地。珠海城市职业技术学院与格力集团共建格力明珠产业学院。

发挥标准在职业教育质量提升中的基础性作用，校企共联合研制76个中高本一体化专业教学标准。发布《广东终身教育资历框架等级标准》，推动各类学历教育和培训学习成果的认定和转换。深入推进1+X证书制度试点，275所院校的20余万人参与试点工作。实施推广"粤菜制作""粤点制作"职业技能等级标准，研制"南粤家政家庭服务""家政服务运营"职业技能等级标准。

强化"工匠之师"建设，全面落实职业院校教师到企业实践和轮训制度，健全"双师型"教师队伍培养机制，建设17个"双师型"教师培训基地，着力提高教师教育教学能力和专业实践能力。全省职业院校"双师型"专业课教师占比超过60%。

以强服务为目标，提高职业教育服务区域发展能力。推动职业院校主动与当地企业开展合作，促进教育链、人才链与产业链、创新链有机衔接。职业院校专业设置覆盖全省现代产业体系，62%的专业对接重点产业开设。成立66家职业教育集团（联盟），密切联系200多个行业协会、4 000多家企业。建立产教融合型企业制度，建设培育产教融合型企业878家，加强"校企"协同创新，发挥企业重要办学主体作用。

服务脱贫攻坚战略，大力发挥职业教育在精准扶贫中的作用，连续10年实施中职"转移招生计划"，省属和珠三角中职学校每年招收粤东西北地区学生10万人，共招生110万人以上，其中85%以上在珠三角地区就业。承担"东西协作计划"、支援新疆等工作，直接招收贫困家庭学生0.5万人，组织帮扶外省近百所职业院校。

支撑粤港澳大湾区和深圳示范区建设，与香港、澳门分别签订资历框架、教育培训及人才交流合作意向书，加强大湾区职业教育产教联盟等6个平台建设，推进深圳职业技术学院与香港职业训练局共商共建"大湾区特色职业教育园区"，组织5所技师学院与香港机电工程署、职业训练局和澳门劳工事务局等机构开展合作。

（作者系广东省委教育工委书记，广东省教育厅党组书记、厅长　景李虎）

本文来源：《中国教育报》2020年12月8日第5版

线上教育观

策划语

在新冠肺炎疫情防控期间，教育战线积极行动起来，最具特色的就是"停课不停学"线上教育的提出与实施。

2020年2月12日，教育部办公厅、工业和信息化部办公厅联合印发《关于中小学延期开学期间"停课不停学"有关工作安排的通知》。2月13日，广东省教育厅防控新冠肺炎疫情工作领导小组印发了《延迟开学期间中小学线上教学工作指引》。2月25日，广东省教育厅印发《关于线上教育安排的通知》，对全省各级各类学校开展线上教育工作做出明确规定，全省中小学校3月2日起要按照"五育"并举、家校协同、因地制宜、线上与线下结合、统筹与个性兼顾的原则，有序组织开展线上教育。

线上教育，可以说是新冠肺炎疫情防控期间采取的具有实验意义的教育大考。在此次线上教育大考中，广东省教育厅有着怎样的具体指引，各地各校在具体实践过程中又有哪些好的做法、遇到了怎样的问题、采取何种应对策略、获得了什么样的经验与体悟，通过网络征集以及线上采访的方式，《广东教育 综合》特别推出"线上教育观"策划。

广东中小学线上教育热点问答

文/记者 黄日暖 通讯员 粤教宣

在新冠肺炎疫情防控期间，为贯彻落实教育部有关工作要求，回应广大家长和学生居家学习的期盼，出于对学生生命安全和身体健康的考虑，2月25日，广东省教育厅印发了《关于线上教育安排的通知》，对全省各级各类学校开展线上教育工作做出明确规定，全省中小学校3月2日起开展线上教育。针对社会对线上教育如何开展的若干疑问，广东省教育厅官微"广东教育"特别推送了一份包含16个具体问题的"权威解答"。

1. 在疫情防控期间，广东省中小学线上教育是怎样安排的？

线上教育按照省级托底、区域统筹、学校实施的原则组织开展。高中阶段由市级统筹，义务教育阶段由各县（市、区）统筹，各中小学校组织实施。省级托底线上教育资源将逐步推送。鼓励各地各学校根据选用教材的版本和当地学情，开发使用更有针对性的线上教育资源。线上教育要坚持"五育"并举，结合疫情、居家学习特点，安排丰富多样的学习活动，注重劳逸结合，强化生命教育、生活教育、学法指导、艺术欣赏等素养教育。

2. 中小学生通过哪些途径可以获得线上学习资源？

从3月2日起，全省中小学生可通过广东有线电视（每个年级一个频道，共12个频道）、广东移动、电信、联通宽带电视（IPTV）和腾讯教育、南方+等平台提供的导学表、节目单，让基础教育12个年级的学生通过直播、点播和回看等方式开展在线学习。广东实验中学、华南师范大学附属中学将通过"粤教翔云"广东公共资源服务平台向全省提供普通高中优质课程资源，广州市将向全省提供初中阶段的教学资源，广州、深圳、珠海、佛山等地区将向全省提供小学阶段的教育资源。尚在外地的学生可安心在家进行远程学习，通过网络点播、IPTV省外服务等模式收看授课视频，也可在相关网站下载课程视频，与学校老师互动交流。

3. 线上教育时长可纳入春季学期正常教学计划吗？

为保证完成春季学期的课程教学任务，各地各校要对原春季学期的教学计划进行适当调整，因地制宜、因时制宜统筹安排好疫情防控期间的课程教学计划。线上教育是正常教学的组成部分，教育时长可纳入正常教学时长范畴，保证新学期教育教学进度不受大的影响。

4. 小学阶段学生也要开展线上教育吗？

考虑到小学阶段学生自主学习能力有限，我省对小学阶段特别是低年级是否开展线上教育不做强制要求。各地可结合学生年龄特点灵活安排线上教育内容，加强教师和学生之间各种形式的联系沟通，在学生返校后要严格实行"零起点"教学，确保教育公平。

5. 如何解决家庭经济困难学生线上学习设备及条件保障问题？

为解决家庭经济困难学生线上学习设备及条件

保障问题,省教育厅、省扶贫开发办公室、省广播电视局和省通信管理局联合印发《关于做好疫情防控期间中小学线上教育有关工作的紧急通知》(以下简称《通知》),明确要关注家庭经济困难学生,确保中小学线上教育顺利实施。《通知》要求,各相关部门和相关机构、各地各学校要密切关心关注无网络、无电视的农村地区学生和留守儿童学习情况,特别是建档立卡等家庭经济困难学生的学习情况,及时帮助解决无网络、无电视学生线上学习中遇到的困难。有线网络尚未覆盖的贫困户,驻村扶贫干部要协调当地党委、政府尽快开通网络,提供必要的线上教育设备。对线上教育网络设备缺乏的农村地区学生和留守儿童,要积极采取措施,做好"一人一策"托底方案,通过电话、广播等音频教学方式开展学习指导,做好线上教育和返校学习衔接,确保不让一个学生掉队。对实在无法解决线上学习条件的学生,待正式开学以后,学校要建立学习帮扶制度,进行个别化辅导,确保这部分学生跟上正常教学进度。

6. 线上教育就是教师直播吗?教师应该如何组织好线上教育,保证实效?

线上教育不等同于教师直播授课,也不等同电视课堂。线上教育,对于学生而言,是"教师指导下的自主学习",组织形式可以是多样的。开展线上教育,教师要注意防止照搬套用课堂教学方式、时长和教学安排,应坚持线上与线下结合、统筹与个性兼顾的原则,把线上授课和学生线下自主学习结合起来,同时要充分利用信息技术开展学习效果评价,强化有效互动、即时反馈,精准分析学情,组织小组式、个别化指导和答疑,确保线上教育、线上答疑有的放矢。要限时限量合理安排学习和作息时间,不得强行要求学生每天上网"打卡"和上传学习视频。规范教学时间,线上课程教师讲授(直播、录播)时间一般不超过20分钟,小学每天线上教育总时长原则上不超过2小时,初中高中原则上不超过3小时。线上教育期间,教师还应加强对学生选择适宜的学习资源的指导和帮助,促进学生全面发展、身心健康。省的托底课程就是按照线上导学(直播、录播、答疑)+线下自学的方式进行安排,一般情况下一节课安排10~20分钟的导学,留出学生自主学习、思考的时间和空间。

7. 线上教育应如何进行教学设计?

要科学把握学生认知规律和居家学习特点,按照有利于居家学习、有利于学生主动参与、有利于学生自主进行的原则进行教学设计。新课的课程资源包括导学单、导学视频、练习评价、学习材料等,导学视频强调精讲、重难点讲,导学单、练习评价、学习材料利于学生自主学习。整个教学设计突出学科育人功能,结合生活和此次疫情落实立德树人要求进行教学设计。学习设计强调情境性、启发性、实践性、发展性;学习任务要有情境性,体现学习、思考、动手实践有机结合;学习问题有启发性,引导学生以解决问题的方式开展学习;学习活动有实践性,要鼓励学生就地取材进行学习;学习评价有发展性,便于学生自我评价和教师及时分析学情。

8. 如何为教师开展线上教育创造良好条件?

各地各学校要按照当地疫情防控要求,妥善做好线上教育教师工作安排。要减轻教师负担,不得安排中小学教师到与教育教学无关的场所开展相关工作。要统筹安排线上教育师资,发挥优秀教师、教学名师、名校长的示范引领作用,避免不顾条件组织教师线上直播或录播。教师参加线上教育、网络远程培训,按照考核认定的学时数计入教师培训学时(学分)。教师承担线上教育、在线辅导答疑、作业批改等计入工作量,纳入绩效管理。

9. 学生居家学习期间,应如何强化家校联系,形成育人合力呢?

学生不返校期间,家庭成为学生学习的主阵地,线上教育能否取得实效,在很大程度上取决于能否形成家校共育的合力。各地各学校要充分挖掘家庭教育的潜力,积极争取广大家长对线上教育工作的理解和支持。有条件的地区和学校可编制家长学习指导手册,开设家长课堂,引导家长开展家庭学习"五项修炼",包括积极心态、建立学习规则、兴趣培养、清单管理、亲子沟通等。要积极引导家长理性看待不返校期间教学工作的安排和问题,正确对待和包容孩子学习中出现的问题,营造居家学习正能量场。要指导家长根据家庭实际帮助孩子制订合理的学习计划,尽量减少家长复工、孩子学习的矛盾。各学校可向家长提供学科学习常规任务清单,定期向家长反馈孩子学习情况,形成有效督促。通过推荐书目、发布话题、在线展示等方式,帮助家长开展亲子对话、亲子阅读、亲子实践、亲子劳动等,鼓励家长关注和新生孩子兴趣、爱好,指导家长严爱结合,营造良好亲子关系。

10. 如何指导学生开展自主学习?

各地要组织学科教研、教学骨干深入研究学习方法,研制适合居家进行的学习指导手册,积极引导学生养成"九个习惯"(课前预习、专注听课、课后复习、及时完成作业、巧做笔记、学习计划、每日反思、晨起诵读、每日阅读），培养"五项能力"（表达沟通能力、线上学习能力、同伴合作能力、系统思考能力、实践创造能力），促进高效学习。要尽可能采用易用、常用的工具和平台开展线上学习、互动、答疑，提供简单明了的资源和工具使用指引，帮助学生有效开展线上学习。各学校要引领学生协商制定线上学习规则和网络文明公约，鼓励有条件的学生开展小组学习、同伴学习。指导学生根据自身实际制订学习计划，引导学生居家期间生活自理、学习自律。要引导学生发现自己的兴趣和爱好，鼓励学生不返校期间强化自己的特长。

11. 如何解决家里有2个小孩需要同时参加线上教育的问题？

对于家里有2个小孩需要同时参加线上教育的情况，可以让孩子同时用不同设备同时观看，也可以分别在直播和重播时间观看；滚动播出的IPTV用户还可在7天内观看回放。具体操作指引已经通过"广东教育"微信公众号推送。

12. 学生居家学习如何保障用眼健康？

一是提供多个渠道，包括网络、电视等，支持学生"小屏"转"大屏"。二是控制对着屏幕的时间，线上课程教师讲授（直播、录播）时间一般不超过20分钟，小学每天线上教育总时长原则上不超过2小时，初中高中原则上不超过3小时。三是强化身体锻炼，每半天安排1个小时的居家运动和眼保健操时间。四是严格控制作业量，小学一、二年级不留书面作业，其他年级每天书面作业总量适当调减，鼓励布置实践性作业、探究性作业，鼓励弹性作业。

13. 线上教育就是线上教学吗？

线上教育不能简单地理解成线上教学。线上教学只是线上教育的一部分。教育是个系统工程，包括育人目标、课程、教学、学习、评价、治理等多个环节和要素，线上教学只是其中的一个部分，当然是非常重要的一部分。开展线上教育首先要设置好课程，要坚持"五育"并举，尤其是要坚持国家课程学习与疫情防控知识学习相结合，注重疫情防控知识普及，大力开展生命教育、安全教育、道德与爱国主义教育、心理健康教育；其次是教学问题，要提供优质的课程资源；三是学习的问题，解决好学生怎么学、学习支持的问题；四是保障问题，如技术、教材等。

14. 怎样做好线上教育和返校学习衔接？

学生返校后，学校要对学生居家学习情况进行摸底，对线上学习质量进行诊断评估，有针对性地调整教学计划，做好线上教育和返校学习衔接，确保每名学生较好掌握线上教育内容后，再进行新课程教学。

15. 对特殊教育学生开展线上教育是如何考虑的？

面对突如其来的疫情，特殊教育学生在心理上可能会造成一定的冲击。考虑到特殊教育学生综合能力普遍偏弱的特殊性，原则上不强制要求各地各校对特殊教育学生开展线上教育。对面临升学的初高中毕业班学生，各地可以根据实际需要组织开展线上教育。各地应加强家校联系，指导家长做好学生居家防护、居家学习和康复训练等方案，通过组织亲子活动、家庭游戏、适度的体育锻炼、远眺等方式排解疏导长期居家生活中产生的烦躁情绪以及行为问题，增进亲子理解与家庭关系，为特殊教育学生健康成长营造良好的环境。

16. 春季学期教材应如何保障？

各地教育行政部门要指导学校安排纸质教材发放，确保线上教育实施前做到"课前到书，人手一册"。如确实因在外省未返粤或物流不能到达，学生可登录"粤教翔云"数字教材应用平台（网址：https://www.gdtextbook.com/）下载电子教材，保证不影响线上教育的开展。

线上教育大家谈

文/记者　黄日暖

在新冠肺炎疫情防控期间，记者通过网络征集与线上采访的方式，邀请了部分教育工作者谈线上教育的做法、问题与对策以及感悟体会，特摘录如下。

《广东教育》：按照省教育厅《关于线上教育安排的通知》，全省中小学校3月2日起开展线上教育。线上教育开展得怎样？

张少霞（中山市坦洲镇教育事务指导中心德育专干）：3月2日线上教育第一天，坦洲镇小学一年级到初中三年级23 619名学生如期在线上学习课程，科任教师同步参与直播听课，配合主讲教师指导好本班学生本学科的学习，做好作业批阅、线上测评等工作，做到了线上线下有机融合，确保线上教学取得实效。

"停课不停学"期间，线上升旗仪式、隔空上课、致敬抗疫英雄争做时代雷锋主题班（团队）

课、居家锻炼、抗疫防护意识……坦洲镇线上教育课程形式新颖，内容丰富。

杜世民（东莞市第一中学副校长）：教师如何将课堂教学转型为线上教育？我们的做法是利用原有的东莞慧教育慕课平台进行课程发布与教育教学。由于近年来我校教师早已熟悉了慕课教学流程，所以上手很快。从1月29日到2月9日所有慕课课程发布，我校经历了调研、决策、定案、实施（教师录课与学生报名双管齐下）、审核、开课等过程。慕课采取"教师备课连载式，学生听课点播制"，即每个周末学校教务处都会根据每一个备课组的教学进度和课程表，提前制定下一周的《线上课程录课工作方案》，给录课教师预留一周准备时间。学校也在周末通过班主任提前向学生发布下一周的课程安排表，做到有计划、有落实。如此，线上教学制度化、流程化，确保了师生教与学的持续、稳定开展，实施至今，累计上传视频数量超过1000个。此外，我们每一个科任教师还建立了微信答疑群，为学生及时答疑解惑。

柯中明（广州市番禺区市桥中心小学校长）："开学不上课，上课就上体验课"，这是我作为校长对学校每个学期开学第一天工作的定位。在过往的每个学期中，我们有"闹元宵、煮汤圆""醒狮闹新春""天南海北说家乡"等形式的开学第一天。这是学生非常开心的一天。所以我校2020年的开学第一课是早有准备的。然而随着疫情的发展，原定开学的日子推迟了，原定的"开学不上课，上课就上体验课"的主题要改变，原定的内容要调整、原定的地点要变换、原定的节目要取消。为此，学校马上召开线上行政会议，讨论新学期第一课的安排。大家一致认为，结合疫情防控，突出特色项目，新学期第一课就定位为"开学不上课，上课就上2.0版体验课"。

"开学不上课，上课就上2.0版体验课"是学校"开学不上课，上课就上体验课"的升级版。非常时期的开学第一课，通过线上"秀厨艺、秀手艺、秀才艺；请英模说、请志愿者说、请专业人员说"这些形式与手段，教育学生领会"自学、自律、自护"的价值。生活总会有风雨，生活总会有坎坷。通过这次疫情，让孩子们领悟自学、自律、自护的价值，那我们的教育就有意义。

曾宇宁（深圳市坪山区中山小学校长）：我校为响应疫情期间"停课不停学"号召，积极开展线上教育。其中，最有特色的是搭建"习性云舞台，有梦你就来"的线上达人秀活动平台，孩子们用视频的方式展示自己的艺术特长，学校管乐团学生还通过"云合奏"的方式，坚持练习管乐，收获了意想不到的效果。学校还特别编写了《居家亲子沟通秘籍》，帮助家长和孩子度过这个阶段，指导家长利用居家学习的机会陪伴孩子度过一段有意义的亲子时光。

《广东教育》：线上教育在开展过程中存在哪些主要问题？应如何具体应对？

曾令鹏（广东省教育研究院教学教材研究室主任）：3月2日晚上，省教育研究院教学教材研究室小学数学学科召开各地级以上市小学数学教研员微信群碰头会，各市汇报了线上教育实施情况。此次微信群碰头会，我们发现线上教育亟须克服四大难题：一是农村地区线上教育设备保障难问题；二是课程资源的质量与适切性问题；三是学生的学习习惯和学习方式的适应问题；四是教师的专业素养适应性问题。基于此，我们提出了四条对策建议：一是加强对所有学生的关注，为不具备线上学习条件的孩子提供学习资源。比如为孩子推荐和开发一些线下学习资源，设计学习任务，布置线下作业；比如让孩子用已经学习的和将要学习的数学知识编写数学故事，指导孩子开展数学游戏，制作学具，开展小课程、小实验等。二是加强线上教育课程资源建设，为学校提供资源保障。除了发动各名师团队开发优秀课程资源外，各级教研员要建骨干团队，梳理、鉴别、整理各大正规平台上的现有资源，把它们按学科编成基本按进度、适合学校使用的课程系列，统一推荐给学校作为托底的硬菜。三是加强对学生独立学习习惯的培养，转变学生的学习方式。线上教育在学生身上折射出来的问题，并不是这个特殊时期特有的问题，而是我们日常教育教学中未能很好解决的问题。对此，我们要开展专题研究，深入探索和实践。四是加强对教师的专业指导，提高教师对线上教育的适应性。全面发挥教研员的职能作用，为线上教育提供质量保障，包括：组织开展网络专题教研，为一线教师更好地开展线上学科教学提供实实在在的理念、方法、模式和技术的支撑；尽早开始切入网上听课，进行教研方式的创新，及时纠正一些苗头性的问题；立足长远，化危为机，以课题研究的形式，推动信息技术与数学教学深度融合。

值得一提的是，小学数学线上教育教学存在的问题其他学科也普遍存在，也应采取相应的对策解决，尤其是要为疫情结束后的正常教学和教学改革积累经验。

尹凤葵（东莞市莞城步步高小学校长）：这次线上教育，上级部门提供了各学科优秀资源共享，减轻了学校一线的工作量。教师要做的，就是用好资源，做好最后一公里的链接。正是这"最后一公里的链接"，我们遇到了不少的问题，主要是有部分学生不能按时完成学习内容，因无法面对面指导，学生的学习效果跟进有难度，等等。为此，我们主要的解决策略是"兼顾规划与变通，兼顾全体与个体"，采用灵活变通的跟进形式与互动形式，鼓励学生每天"秀作业"，并随机抽取或找一些典型例子进行点评，实行共性问题群里分享，自查自改；对于部分情况比较特殊的学生，教师一对一进行沟通和支持，鼓励他们根据自身的实际情况制订学习规划，并尝试按照学习规划按时、按量、有质地完成学习任务。

另外，我们利用学生喜欢表现的特点，结合"德体美劳"的实际，开展"作品我来晒""公众号宣传""校长微班会"等活动，通过活动展示尽可能提升"五育"并举效果。

陈文娟（广州市黄埔区教育研究院音乐教研员）：如何适当地使用网络，发挥音乐学科特点，减轻学生视觉负担，又能巩固和增进音乐能力呢？我们有以下一些探索：一是自制微课短视频。如黄埔区新港小学音乐科组以"自制五分钟微课短视频"的方式授课，微课以抗疫歌曲和已学歌曲为素材，通过"看—忆—做"形式，既保护了学生视力，也提升了学生的学习兴趣。二是主播陪你学音乐。如黄埔区铁英小学橙子老师在喜马拉雅FM开通"橙子带你听音乐"免费栏目、黄埔区荔园小学雅静老师在班级微信平台上用录制好的"音频"给孩子们上音乐课。这种"听—学"方式解放了孩子们的眼睛，是值得鼓励的音乐学科线上学习方式。三是请你来做"音乐+"活动，如音乐+歌唱家、主持人、配乐大师、伴乐大师等，激发学生的创造欲。这些音乐授课形式和学习任务围绕"音乐、听觉和能力"展开，反响不错。

《广东教育》：开展线上教育以来，有什么特别值得一提的经历与感悟？

夏良英（深圳市龙华高级中学物理教师）：印象最深的是在安徽老家开直播课的经历。在家过年的我，受疫情影响，道路被封，无法及时回深圳。农村没接通宽带，只能开手机热点给电脑联网，但无法满足视频课的流畅性。怎么办？经过咨询相关人员，在电信基站附近信号更好。由于最近的基站位于离我家约3公里的另一个村的田野里，于是我把课堂搬到了田野里。疫情防控期每个村之间的道路是封闭的。出村后返回必须村委会开通行证明，进出人家村必须两个村委会沟通同意并开具证明。每次直播，我都要出村半小时，上课近两小时，回村再半小时，北方的冬天只有零度左右，天寒地冻，又有风雪，脸会冻得通红，手会冻僵，连鼠标都握不住，手也起了冻疮。疫情防控阻断了山水，阻断不了这飘雪的田野课堂。这是我从教生涯以来最难忘的授课体验，必将成为我教育人生中最宝贵的财富。

黄栈谊（和平县和平中学数学教师）："有条件要上，没有条件创造条件也要上。"通过这次全新的线上教育实践，我真正体会到了这句话的含义。虽然我们是山区的一所高中，但我们的网课行动可能是最早的一批。尤其我们高三是首先尝试的，肯定有各种各样的问题与不足，但是，做总比不做好，只有行动起来，才能边解决问题边完善线上教育实践。我们学校采取的是"一人负责一级"的钉钉直播课堂教学模式，没有授课任务的教师开展线上教学辅导。我承担的是高三整个年级的理科数学直播教学。2月3日晚上，学校对我们进行了网上教学培训；第二天，就在年级学生群进行了网课教学测试。按照年级线上教学课程表，我的课是第一节，很有点"第一个吃螃蟹"的意义在。虽然万事开头难，但我的这次网课还算顺利。课后，不少学生都用钉钉私发消息问问题，我则用语音功能与拍图功能给学生做解答。慢慢地，我对网上直播教学越来越娴熟。当高一、高二和其他学校也开展线上教学时，还有不少同事、朋友来问我怎么用钉钉直播教学，我都一一做了分享。对于线上教育，由陌生到熟悉到分享，一路下来都有点小成就感了。

江海（珠海市香洲区格力学校语文教师）：印象最深的是我们平时的研究与实践能够比较好地应用到学校这次在线教育之中，助力"停课不停学"。我主持的"基于微社交软件的小学语文低年段'微作业2.0'的深度开发与实践课题组"设计的创意语文"微作业"，在作业互动上取得了很好的效果。我们课题组根据疫情防控的需要，巧妙地选取了"七步洗手法""社区通行卡""口罩佩戴方法"等非连续文本，根据内容设计出了配套阅读理解练习，有效提高了学生对非连续文本阅读的理解能力；课题组还充分利用"微作业"互联网+的优势，在孩子对非连续文本阅读后，亲身对文本内容进行实践，通过1分钟视频的形式，展示如何正确洗手、如何佩戴好口罩，把阅读中获得的知识实实在在地迁移到生活，活学活用。

林剑峰（陆丰市玉燕中学语文教师）：线上授课，对教育是一种考验，对教学是一种挑战，对工作是一种检验。于语文学科而言，如何进行线上的教与学呢？一开始我们是尝试推送网络视频的，但效果并不佳。尽管网上有许多名家教学视频，但终究不是自己的老师，学生听起来自然少了些亲切感。如果我们自己录播呢？这是一个学科专业与信息技术高度融合的工程。考虑到种种客观因素，学校对此没有做硬性要求。依本地区的学情，要做到课课直播、科科视频不太可能。乡镇农村终究不能与城市比，有些家庭孩子本就多，设备紧缺。学情，就是教情。为了减少视频直播等，我们想办法把线上任务引入线下学习。以"科组研讨—平台推送—线下学习—数据反馈—反思调整"为主线，发挥文科的读写优势，让学生通过线上任务，借助课本进行自读自学并拍照上传，家长在此期间做好必要的监护，教师检查，适时答疑，然后通过微信群反馈情况。这样一来，情况就好多了。

卢春梅（潮州市潮人阳光教育集团总校长）：我们立足校本，以学生学习为中心，把常态化的"三构式多维互动"阳光教学模式融入线上教育探索之中，形成"课前自主学习、课内探究导学、课后巩固练习"三段式"学导练"为主线的网课设计模块，积极提高网课学习的互动性和有效性。在这种探索过程中，备课组精心组织线上集体备课研讨活动，每个年级学科组群策群力磨出一个优秀的录播课作为示范，重点解决网课教学中出现的"独角戏"等灌输式教学问题，力求达到讲练结合、学思结合，有效实现教与学的互动，提高线上网课的有效学习率。同时，通过优秀录播课的展示，形成具有校本特色的线上网课有效设计的教学评价模式与标准，引领各年级学科教师提高网课直播教学设计能力。看到授课教师在群里谈思路、谈教学方法、谈教学设计，备课组合力修改授课课件，确保线上教育的互动性和趣味性，增强对学生的吸引力，我倍感欣慰。

"五心"服务：开启愉快线上学习模式

文/广东肇庆中学 谭庆娟

新冠肺炎疫情防控期间，我校研究制定了《广东肇庆中学"停课不停学"网络学习方案》，推出以"信心、精心、细心、开心、暖心"为主题的"五心"服务，助力全校师生愉快开启线上学习模式，确保学生身心健康有保障、学习能力有发展、学科素养有提升，做到"停课不停学、延学不降质"，切实有效服务于德智体美劳"五育"并举，培育时代新人。

一、树立信心，校长来信凝精神、鼓士气

2月8日，校长陈淑玲在学校微信公众号推出"校长来信"——《心有光芒，一路向前》，鼓励全体师生要保持内心的光芒，积极响应上级部门号召和安排，主动配合、群防群治、担当作为、共克时艰，打赢新冠肺炎疫情防控硬仗。短短几天，该篇文章阅读量就达1.2万，并先后被"学习强国""南方+"等媒体转载刊登，在师生、家长及社会各界中引起了强烈反响。

自疫情发生以来，截至3月12日，学校微信公众号已发表战"疫"推文85篇，其中原创30篇，紧紧抓住疫情防控重点环节、重点任务，牢牢把握意识形态和网络舆情宣传的领导权、管理权和话语权，科普新冠肺炎防控知识，指导学生进行网上学习、宅家生活，号召师生团结战"疫"、共度时艰。多篇原创推文被肇庆教育号、肇庆电视台、《西江日报》、"南方+"、"学习强国"等转载和引用，体现了肇中人的人文情怀，彰显了肇中的高度、厚度和温度。

二、编排精心，线上学习接地气、见实效

学校结合实际，于1月29日成立了在线学习、备考领导小组，制定了《广东肇庆中学"停课不停学"网络学习方案》，明确提出各部门协同联动，全力以赴为师生做好保障服务。坚持把做好疫情防控放在首位，坚持教师线上指导帮助与学生居家自主学习相结合，坚持立德树人与学科教学高度融合，限时限量科学合理安排，务求实效。疫情防控期间确保网络教学提升三个能力：一是提高教师在网络环境下的教研和指导能力，二是提高学生的自控能力，三是提升学生自我规划、自主学习的能力。自2月2日起，学校分年级组织教师开展线上教育模式与教学方法培训，要求以录播为主，结合直播，采取"采编播"的方式，充分发挥网上集体备课的力量，力求接地气、见实效。

年级统筹各学科备课安排，精编学习任务清单，融入名著阅读、随笔写作、家庭小实验、书画教学等拓展内容，丰富了居家学习的内容。生物科组把直播课堂搬到家中阳台，阳台成了讲台，课堂犹如置身"微观大自然"，还设计酿酒、制作酸奶、观察鸡蛋等家庭作业，特别具有吸引力；化学科组设计可在家进行的小实验，指导学生在家中就地取材，动手操作，并定期展示学生的学习成果，让学生体验科学的魅力；政治科组精编导学案，指导学生画思维导图，构建知识框架，有的放矢地进行主干知识分类讲解……各年级定期对学生网上学习质量进行诊断评估，精准分析学情，做好居家学习与开学后教学的衔接，确保在有效防疫的前提下顺利完成教育任务。

三、讲求细心，教育教学方式多样化、自主化

学校全体教师注重团队合作，积极开展网络教研，最大限度发挥学校"采编播"经典法宝。以备课组为单位，广泛搜集优质资源，集合团队智慧进行整合、优化，推选骨干教师录播网课。同时做好现有教学资源的整合、梳理和遴选工作，精推优秀网课给学生作为拓展学习和辅助参考。根据不同年级学业任务量及学生特点做出网上学习限时限量的具体规定，避免网上学习时间过长。备课组合理安排学生线上学习、自主学习，依据学科特点分类分层设计更具内涵的作业，如练字、唱歌、蛋壳作画、观察日记、项目探究等。灵活布置综合实践、亲子讨论、名著阅读交流等多样化的学习任务，构建跨媒介学习共同体。同时指导学生合理安排作息时间，通过增大休息间隔、定时做视力保健操、在家做体育运动等方式，保护视力，增强体魄，保障身心健康。

高三备考受新冠肺炎疫情影响，无论是对学校备考管理、高三教师备考指导，还是对学生复习备考都是一次大考。我们强调优质网课要突出学生学习的自主性，引导学生学会独立思考、学会整理。从整理房间、整理生活开始，整理知识、整理思路、整理方法。抓住学生居家学习的机会，让学生学会整理、深度思考，使知识系统性更强，思路更清晰，进一步内化形成能力和素养。

四、服务暖心，关心关怀特殊群体、困难学生

学校党委班子成员多次电话、短信关心关怀身处疫区的教师，心系其健康和安全。持续对在重点疫区的、经过重点疫区的、与重点疫区人员有接触的教师进行摸排统计。所有师生、合同工、饭堂工作人员、保安每天上报健康状况，对填写身体不适或与重点人员有接触的师生员工，逐一打电话询问、了解详细情况，确保师生健康、安全。各班主任每天汇总问卷调查结果，了解掌握学生的健康状况和出行情况，关注学生的动态，引导学生做好安全防范和学习安排。对家庭经济困难的学生，逐一进行电话家访，了解其学习情况，制定《广东肇庆中学"圆梦2020"爱心传递方案》，落实有关帮扶措施。

3月2日，我校正式开始线上教育，并将其纳入正常教学时长。为确保所有学生能顺利进行线上学习，不落下任何一个学生，我校为所有线上学习存在困难的学生送去学习资料和学习设备。

开展心理支持，设立心理咨询服务热线。4名心理教师面向全校师生及家长开启网上心理辅导服务，只要通过扫描二维码添加"肇中红白蓝充电堡"心理健康教育服务中心公众号或"心协"QQ号就可进行预约，助力师生共克时艰。

五、教学开心，宅家学习互动乐趣多、重体验

学校坚持国家课程学习与疫情防控知识学习相结合，坚持教师线上指导帮助与学生居家自主学习相结合，坚持学科课程与综合课程兼顾，并通过线上升旗礼、班会课，渗透爱国主义教育和生命健康教育。教师以备课组为单位合作教研，资源共享，利用"学习强国"、班级Q群等资源平台促学、辅学，实现专业成长；学生积极参与空中课堂学习，勤学巧思，在教师的指导下自主学习、个性化学习，师生、生生互动频繁，乐在其中。

学生在家认真学习之余，积极参加体育锻炼，帮父母做家务，抚琴练书画。家长们通过晒照，在班群分享学生居家生活的美好瞬间。肇中公众号推出的文章《征集令@多才多艺的你，用你最擅长的创意作品，一起表达战"疫"心声吧！》《我的战"疫"时光》系列推文，得到了全校师生的积极响应，师生纷纷投稿展示居家"才艺"，如厨艺、书法、音乐、舞蹈、折纸等，体现了师生在疫情面前的勇敢、自律和担当。

多"点"开花：让网络课程教学更精彩

文/中山市石岐太平小学 郑结霞

通过线上教育网络课程让学生感受到教师的关爱和鼓励，用教学温情的语言消除学生防疫期间不安的心情，让家长得到明确的指引，我认为，这就是有效的网络课程教学。我校针对疫情防控期网络课程教学的特点，对网络课程逐步了解、持续实践，多"点"突破，指导全校教师适应网络授课的角色，引导全校学生自主学习、积极锻炼、乐观生活，保障了疫情防控期间师生教学的"质"与"效"，以实际行动将疫情对学生的学业影响降到最低。

一、铺设起跑点，积极宣传网络课程意义

疫情防控期线上教育是在新冠肺炎疫情导致学

校无法正常开学的背景下,上级教育行政部门做出的决策。我校采取召开网络视频会议、微信等方式,及时传达了各级文件精神,明确部门工作任务,引导全校师生、家长正确做好防范疫情工作,以"共成长"的态度直面这次线上教育,积极开展网络教学。

在给学生的一封信中,学校在"积极面对疫情、科学预防疫情、配合防范工作、开展有益活动"4个方面提出具体要求,建议每天通过观看电视、报纸等渠道了解疫情的情况,增强面对疫情的自护能力,了解奋斗在抗疫防控一线医护人员的事迹,并就居家期间坚持做学习"小能人"、阅读"小书迷"、锻炼"小达人"、劳动"小能手"和护眼"有心人"提出细致引导。在给教师的一封信中,学校鼓励全体教师继续配合上级及时推送各种准确的疫情信息,以自身的积极心态帮助家长和学生消除恐慌与焦虑,助力整体防控工作推进。还就如何把应对疫情的危机转化为教育的契机进行细致引导,就如何为学生提供贴心的学习引导和辅导答疑提出具体要求。在给家长的一封信中,详尽介绍了学校制定的《停课不停学》《开启线上教授新课》方案,向家长提出既要优化孩子的作息时间,又要创造性地引导孩子进行网络学习,力争达到学习、长知识、锻炼均不误。向家长承诺学校的工作目标:不让"停课不停学"成为家长和孩子的负担,让孩子在网络课程中和老师保持"链接",以此走进"特殊"的成长模式。

三封信均通过微信平台推送到每一位相关人员手上,不仅及时宣传了"停课不停学"的意义,更对网络课程事宜进行细致阐述,为即将开展的网络教学铺设了一个更好的起点。

二、围绕基本点,精心创设网络课程内容

学校不开学,如何才能更好地为学生创设居家成长的课程,让学生不因疫情而掉队,在疫情防控期间变得更坚强、自律,更懂得合理安排时间,更懂得珍惜?这是学校管理者面对疫情的重大考验。

疫情期间,防控疫情是各方关注的基本点,对于网络课程教学而言,学生安心居家是网络课程教学的首要前提,学生对疫情的正确认识、了解是保障,提高学生自我防范疫情能力是关键,鼓励学生保持乐观积极的情绪是网络教学的重点。为此,学校引导行政团队制订如下线上教育工作方案。包括:提供一天居家作息的时间模板,指引学生健康生活、合理安排时间,如上午的晨读、收看老师发出的网络课程、课外阅读,下午的室内锻炼、做作业、做家务,晚上的观看新闻、特长学习等指引。发出居家活动推荐,以表格的形式制订学习资源一览表,有优秀的电视节目、儿童电影、各年龄段的推荐书单等。在此基础上,学校还发动行政和骨干教师进行抗疫公共课程的开发,先后开发出"呵护双手、保护自己""抗'疫'三月情""科学饮食、打好餐桌'防疫战'""阅读伴你共抗疫情""以艺抗'疫'""防控家居锻炼"等18节公共课程,为学生提供直面疫情的课程学习资源。

学校精心推出居家作息时间模板、居家活动推荐和抗疫公共课程,拉开了"停课不停学"的序幕,让学生的居家生活变得丰富、健康起来,努力将这场疫情对教育造成的损失降到最低。

三、辨别异同点,择优整合网络课程资源

大家所熟悉的网络课程是随着网络技术迅速发展而产生的,利于学习者获取知识,是近年来教育的一个新热点,但疫情防控下的居家线上教育课程,与前者有着性质上的明显区别,因此,要辨别一般的网络课程教学和疫情防控背景下的网络课程教学二者的异同,明确后者的特点,结合实际,择优整合网络课程资源。

疫情防控下的网络课程对象是全校师生,具体由学科教学教师负责组织进行。但是疫情发生在寒假期间,发生在不能组织全体师生、家长进行系统培训的背景下,因此,网络课程一定要根据学校的实际情况,根据教师队伍的年龄特点、教师群体运用信息技术的能力等情况进行安排,还要考虑到学生的家庭环境和家长的素质。对于年龄比较大的教师,宜推荐操作性强而容易检测学生学习情况的系统,反之,应鼓励教师使用网络上便于师生互动的平台,甚至鼓励录制网络课程。当然,创造性地使用省、市教育部门推荐的课程资源,也是一条便捷而易于收到教学实效的途径。

在这次疫情防控期间,我既要为全校学生录制防疫公共课程,还要承担一年级数学网络课程开发的任务。在实践过程中,我认为课程设计的简洁性尤为重要。因为必须正视学生使用电子产品学习和保护视力的矛盾问题,所以每一个课程控制在10分钟左右,再加上3～5分钟时间的巩固练习,以课程的简洁性帮助减少电子产品对学生视力的影响。同时,网络课程既要体现指导性和趣味性,更要凸显课程的整体性,要实现这个目标,对设计者是个挑战。再者,小学生对视觉和听觉反应比较敏锐,所以,最佳的网络课程应是声音和图像有机结合。我先后采用了自行录制网络课程、选用网络应用平台的课程以及使用本市学科教学资源的方式,三者有机结合、择优使用,既减少了录制课程所带来的大量烦琐的工作,又收到实在的教学效果。每天晚上,我在网络应用后台检查完学生的作业后,再用手机录像的方式进行2～3分钟的作业评讲。这样的网络教学不仅得到家长和学生的一致认同,还实现了高效学习的效果。

实践证明,根据实际情况选择合适平台,整合优质资源,积极开展网络课程教学,这样的线上教育不仅让学生居家也能学到新知识,还避免了因校园聚集而带来的疫情传播风险,实现了教师教学、师生互动的目的,是疫情期间妥当、可行的教育形式。

线上教育：新冠肺炎疫情防控期间的最大教育"公约数"

文/记者　黄日暖

3月2日是广东省全面开展线上教育第一日。

其实,2月份以来,响应教育部与广东省教育厅的工作指引,很多学校就已经开始了线上教学工作,最重要的区别是3月2日之前的线上教育不上新课,3月2日之后的线上教育正式开始上新课,意味着"不返校已开课"。

自从教育部1月底发出"停课不停学"号召以来,线上教育就引发了广泛的关注与讨论。

寒假过后,相比居家"放羊式"学习与返校"冒险式"学习,即使存在诸多问题,线上教育也无疑是新冠肺炎疫情防控期间的最大教育"公约数"。它或许没有那么有奇效,但它终究还是有利于学生在教师指导下更好更自主地学习成长,有利于缓解家长的教育焦虑,也有利于学生返校后正常学习生活的顺利展开。而且,从某种意义上说,这次不得已而为之的线上教育实验也给我们发现教育信息化进程中的问题带来了机遇,为我们今后的教育教学改革提供了精准的发力点,有利于更好推进教育现代化。

值得欣喜的是,面对线上教育,实践仍在进行,师生与家长都在慢慢适应,并以积极主动的做法去化解与应对困难,各地各学校也逐渐在实践中找到了一些好的策略与方法。比如短时间内,东莞市第一中学利用原有的东莞慧教育慕课平台进行课程发布与教育教学,教师上手很快;中山市石岐太平小学开发了"呵护双手、保护自己""抗'疫'三月情""阅读伴你共抗疫情"等18节公共课程,为学生提供直面疫情的课程学习资源;珠海市香洲区格力学校的创意语文"微作业",广东肇庆中学开展的网上心理辅导服务,以及很多学校不约而同实践的"云展示""云分享"活动,都在助力线上教育。

如果说新冠肺炎疫情防控,是对治理体系和治理能力的一次大考,那么疫情防控期间的线上教育,则是对教育信息化与教学自主性的一次大考。如今看来,新冠肺炎疫情防控取得了极其显著的成效,疫情防控期间的线上教育实际成效又如何呢?期待学生返校后有一个针对性的检测,重要的不是检测结果如何,而是由此线上教育实践及检测结果所引发的教育教学反思与革新。有了这样的反思与革新,新冠肺炎疫情防控期间线上教育才能给常态化的教育教学实践一个更好走向未来的开始。

本文来源:《广东教育·综合》2020年第4期

致敬逆行先锋，向红领巾传递信仰的力量

新冠肺炎疫情发生以来，全国人民群防群治，万众一心，众志成城，许多"逆行先锋"冲锋在前，感动了无数少先队员，也激发了队员们的学习热情。中国少年先锋队广东省工作委员会（以下简称省少工委）充分发挥队员的自主教育作用，开展广东红领巾"致敬逆行先锋"活动，引导队员向逆行先锋学习，培养责任意识与担当精神，让队员在致敬中成长，向红领巾传递信仰的力量。

组建团队，汇聚教学智慧

据省少工委副主任周媛介绍，疫情发生后，省少工委迅速下发《关于开展广东红领巾"致敬逆行先锋"活动的通知》，倡导全省少先队员做好自身防护、保持身心健康、学习"逆行先锋"。在组织方面，引导少先队员通过互联网组建自我管理、自主学习、互帮互助的红领巾抗疫"云小队"。队员每周汇报自己的健康情况，培养抗疫健康好习惯，努力争取首枚红领巾特色章"抗疫小卫士"奖章。活动开始仅一周，4 551个红领巾抗疫"云小队"就主动在网上向省少工委报到。各项云活动的开展离不开少先队辅导员的指导。团省委发动各级团属青少年宫、红领巾示范校、少先队辅导员导师团、名师工作室的骨干力量，组建了广东红领巾战"疫"志愿辅导队。40余名省级少先队辅导员导师团成员率先成立省级少先队志愿服务队，共分为5组：云小队活动指导组、"逆行先锋故事"挑选审核一组（音频视频）、"逆行先锋故事"挑选审核二组（图文）、抗疫科普云队课授课组、兴趣学习辅导组。

此次活动是特殊时期对少先队组织发挥作用的一次考验，大家群策群力，发挥自身优势，探索出"导师团+各地市辅导员"的少先队工作模式。其中，上述各组组长迅速组建各辅导组教研工作微信群，开展集体备课，做好统筹策划；各组成员紧密配合，不计个人得失，主动承担任务；各组每周准时给"广东红领巾"微信公众号供稿，由公众号统一推送。"这次能在短时间内集结各地骨干力量，导师团发挥了重要作用。在全国的少先队工作中，广东率先组建导师团。早在2015年的广东省少先队辅导员继续教育高级研修班上，经过为期5天的培训、2场综合考核、1次模拟实训，22名优秀学员脱颖而出，成为导师团第一届初级导师，聘期3年。同时，12名从事少先队和少年儿童教育研究工作的资深专家被聘任为少先队辅导员高级导师。"据广东省教育研究院基础教育研究室副主任姚铁洁介绍，导师们在全省开展少先队工作的培训教学、活动评审、督导评估、学术研究，助力建设一支高素质、学习型的辅导员队伍，推进了广东少先队事业发展。第一届聘期结束后，广东省教育研究院又聘用了第二届导师共57名。

温情陪伴，服务重点群体

在全民防疫战斗中，广东各级团委、少先队组织通过互联网，在线陪伴、竭诚服务少年儿童，聚焦三类群体积极开展服务。一是聚焦寒假期间随长辈赴湖北且滞留在湖北的队员。二是聚焦籍贯湖北现在广东的队员，开展与荆州等地区学校队组织手拉手活动，通过手抄报、原创歌曲、诗歌朗诵等方式，表达"我在广东，我为老家打气加油"的祝福。三是聚焦父母在抗疫一线的、父母已返岗的队员，以团属少年宫为主要工作力量，提供免费优质的"网上少年宫"公益课程85课，提供远程学习答疑、作业辅导、心理健康辅导等服务。团省委"12355"青少年服务热线也积极在线提供心理咨询和个案帮扶。

深圳市少先队总辅导员石淳介绍，深圳和荆州两地紧密联动，开展了为期一个月的"红领巾'云'行动·争做抗疫小先锋"活动，深圳全市（含市直属、深汕合作区）与荆州的学校有超过3 000支"云小队"参与，影响超过30 000个家庭，累计捐赠口罩34 900个，累计近10万人观看互动直播。其中，盐田区外国语小学一共建立35支小队参加红领巾云行动，进行"一分钟开合跳""平板支撑""给妈妈的爱心煎蛋""防疫口号"打卡，每支小队每完成一次打卡行动，活动主办者就会代替队员们捐赠出一个口罩。

疫情期间，深圳市坪山中心小学的古天宇，与父母一起滞留在湖北襄阳老家。因为山里网络信号弱，古天宇的教室只能设在院子里。一张木桌、一

把木椅、一部手机，旁边地上还有没化的雪。坪山中心小学专门为75名湖北籍学生的家长建立了坪小"守望远方"微信群。校长黎金涛每天在群里跟家长、学生互动，教师也把课本及作业本免费快递到家长手中。学校还特意制作了2个视频，向他们表达问候和鼓励，激励学生安心在家学习。

父母在抗疫一线的队员，在这特殊时期，得不到父母的陪伴，还为他们的安危担忧。2月10日，广州市越秀区少工委提出倡议，组建"云小队"的队员，通过视频、文字、绘画等形式给予这些队员"云拥抱"，最后汇编成3个短视频。中队辅导员用电话、微信等方式，给予这些队员爱的鼓励，让他们感受到来自少先队组织的关怀。

4月2日下午，由广州市文明办、广州市少先队理事会指导，《广州日报》《岭南少年报》组织，广州市越秀区少工委与广东省人民医院、广东药科大学附属第一医院联合主办的2场"从小学先锋 对话逆行者"的采访活动在线上展开。最特别的是有2对父女进行了云同框、云采访，他们是广东省人民医院感染科副主任医师马晓军和他的女儿马聆嘉，广东药科大学附属第一医院呼吸内科医生毛锐和他的女儿毛含月。马医生对女儿深情寄语，马聆嘉轻拭泪珠；毛含月动情诵读，毛医生感动不已。马医生说："我很紧张，因为你们都是我们在一线要奋力保护的人！"毛含月说："这2个多月，我都担惊受怕，生怕爸爸一去不复返……"线上所有人都被感动了，队员们深深感受到，每一位冲锋在前的逆行者，身后都有一个个用力支撑的家庭，正因为有了他们的付出，才有了全国人民的平安。

广州市越秀区旧部前小学徐欣悦的爸爸，是广州医科大学附属第一医院重症医学科副主任医师徐永昊。在"战疫"中，他奔波于多地会诊新冠肺炎危重症病人，3月7日，他又接到新的任务支援伊拉克抗疫。欣悦是个懂事的孩子，把对爸爸的思念、担忧与自豪写进了文字里："爸爸您放心工作，不用担心家里，我长大了，我会照顾弟弟。"队员们知道这一消息后纷纷给徐爸爸写信，向他致以崇高的敬意，表达诚挚的祝愿："希望您平安登上去往伊拉克的快车，愿您与快乐紧紧拥抱！我们会好好照顾欣悦。"4月7日，徐爸爸回信了："病毒威胁不分国籍，疫情防控没有国界，面对全球公共卫生安全的共同挑战，我们的国家从构建人类命运共同体的高度，积极开展疫情防控的国际合作。与世界人民共同战疫，这亦是我们作为医务工作者所要承担的使命！"队员们深受感动，表示一定不负徐爸爸的期望，好好学习，将来投身建设更加美好和强大的祖国。

线上教育，传授科学知识

为向队员传授科学知识，省少工委开发抗疫科普云队课，开展了线上教育。课程共包括4个模块。"卫生习惯"模块，关注队员对健康卫生知识的学习，包括"游戏千万条，护眼第一条——护眼知识""同样是消毒，为啥他们那么突出——居家消毒知识"等内容。"心理健康"模块，引导队员维持健康的情绪状态，疏导消极情绪，包括"赶走烦恼，送你一颗'安心丸'""累了，就听听音乐放松一下吧"等内容。"科学知识"模块，注重培养队员对科学知识的探究兴趣，包括"口罩家族与你一同战'疫'""一个馒头引发的实验""你知道酒精有多努力吗？""春分立蛋，不得不说的秘密"等内容。"尊重生命"模块，引导队员感悟生命的价值和意义，包括"清明抗疫，与'艾'同行""别再吃野味啦，到底哪些动物才算野味？""中医有力量，大国显担当"等内容。

课程设计遵循以下原则：在课程理念上，传递尊重科学、尊重生命的理念，让队员通过科学知识，尊重科学、尊重生命；在课程目标上，聚焦日常的健康卫生知识的学习，让队员通过学习，培养健康卫生的生活习惯；在内容选题上，以新冠肺炎疫情为切入口，体现疫情形势发展与队员学习生活的相统一；在课程教学上，以队员为主体，注重队员学习主动性的发挥，采用多样化的方式进行教学。

"例如，在'游戏千万条，护眼第一条——护眼知识'课程中，我们在教学设计时，切近队员的阅读特点，采用游戏化教学的方式，利用'抖音'软件进行教学视频拍摄，并通过视频特效和夸张语言的运用，将护眼知识进行分解和强调，为队员营造轻松愉快的在线学习氛围。"广州市越秀区少先队总辅导员汤婉峰说道。

创新形式，抒写心中之情

省少工委与广东新闻广播共同制作广东红领巾《逆行先锋故事汇》音频节目，推出少先队员优秀原创音频故事21集，联合广东广播电视台推出原创歌曲《口罩超人》，及《抗击疫情手势舞》《元宵节三颗汤圆祝福前方的人们早日团圆》等23部原创视频；广东少先队员抖音号"六娃和一妞"共发布短视频43部，观看量877.4万，点赞互动量4.5万人次。

深圳、中山、珠海、佛山、阳江、肇庆等地的队员在辅导员的远程辅导下，拍摄制作防疫知识宣传视频和防疫歌曲，创作了《"战疫"一线的叔叔阿姨加油！我就在您的身后》《防疫拍手歌》《信念爸妈》《万众一心》等原创作品，用童声童语为抗疫一线工作者加油鼓劲。

广州、汕头、惠州、汕尾、江门、清远、云浮等地邀请队员，以漫画、诗歌、散文、书信等形式创造主题作品，在互联网设置"展览馆"、诗词感想"陈列室"，抒发对奋斗在疫情一线医务人员和工作者的赞美之情，表达众志成城克时艰的坚定信念。

东莞少先队红领巾舞蹈社团以网络编排舞蹈方式，梅州少先队员以创作致敬逆行英雄剪纸作品的方式，向抗疫一线先锋致敬；韶关、河源、湛江、茂名、揭阳、潮州等地也都积极发动队员通过朗诵、演讲、快板、自弹自唱防疫歌曲等形式，勇当抗疫"小小宣传员"。

字里行间，我们读出了队员对医护人员抗击病毒、坚决守护每一位患者健康，对社区志愿者宣传防疫知识、配合做好人员体温监测工作的感谢；歌声动听，我们听出了队员对公共通信人员坚守岗位、确保通信线路畅通，对警务人员维护社会治安稳定的敬佩；画面之中，我们看出了队员对市场监督管理人员保障市场秩序、保障人民正常生活，对民航工作者保障人员和医疗物质快速运输的敬意。

正如广东省少先队工作专家毛湘玲所说，此次广东红领巾"致敬逆行先锋"活动做到了贴近时代、贴近生活、贴近学生，从途径、策略、方法三方面进行创新，向少先队员传播了正能量，向红领巾传递了信仰的力量。

本文来源：《广东教育·综合》2020年第6期；文/记者　魏文琦　黄博彦

各级各类教育

VARIOUS LEVELS AND SORTS OF EDUCATION

基础教育

发 展 综 述

2020年，广东省基础教育学校共有36 273所，在校生共2 135.53万人（不含工读学校，下同）。其中，幼儿园20 747所，在园幼儿480.18万人，专任教师32.15万人。义务教育阶段小学10 600所，在校生1 057.11万人（其中民办小学670所，在校生227.4万人），专任教师57.34万人。初中3 748所，在校生405.47万人（其中民办初中1 063所，在校生93.4万人），专任教师30.09万人。全省义务教育随迁子女在校生456.8万人（其中外省户籍随迁子女246万人），占义务教育在校学生总数的31.22%。普通高中1 035所，在校生190.35万人（其中民办高中228所，在校生27.7万人），专任教师15.18万人。特殊教育学校143所，在校生6.38万人（随班就读学生数及送教上门学生数3.96万人已包含在各普通中小学学生数中），专任教师0.58万人。

广东省基础教育在中共广东省委、广东省人民政府的指导下，积极深化教育教学改革，扎实推进素质教育，持续完善基础教育办学条件和办学能力，为广东"四个走在全国前列"、当好"两个重要窗口"提供支撑。严格落实疫情防控要求，按照"省级托底、区域统筹、学校特色、个性教育"的原则，有序开展基础教育线上教育教学工作，先后印发了《广东省教育厅关于做好中小学校线上教育工作的通知》和相关指引，召开全省线上教育视频工作会议及时部署有关工作和要求，指导各地做好学生返校学习、教学时间安排等工作，学生返校返园工作平稳、安全、有序。以省委、省政府名义印发《关于推动基础教育深化改革高质量发展的意见》，制定《广东省教育厅关于统筹推进基础教育改革发展的工作方案》，建立工作例会制度等4项工作统筹机制。会同省委编办等部门组成5个调研组赴全省21个地市开展基础教育高质量发展专题调研，形成调研报告，为制订广东省教育"十四五"规划和促进基础教育人才队伍建设提供支撑。印发《关于推进中小学幼儿园集团化办学的指导意见》，推动建立形成中小学（幼儿园）集团化办学的良好发展态势，全省已有17个市开展集团化办学，成立教育集团264个。

截至2020年12月底，根据省十件民生实事数据，2020年广东省学前教育毛入园率达107.04%，累计增加公办学位112.52万个（含购买公办学位），公办幼儿园在园幼儿达248.12万人（含购买公办学位），公办幼儿园在园幼儿占比达51.58%，公办幼儿园和普惠性民办幼儿园在园幼儿达417.08万人（含购买公办学位），公办和普惠性民办幼儿园在园幼儿占比达86.7%，完成学前教育"5080"攻坚行动；治理完成小区配套幼儿园556所和无证幼儿园807所，完成率达100%。义务教育九年巩固率达96.11%，全面消除66人以上超大班额，义务教育阶段学校56人以上大班额总数控制在1%以下，符合国家要求；全力推进控辍保学工作，全省疑似辍学学生已实现动态清零。推进普通高中新课程改革，印发《广东省普通高中课程实施方案（2020年修订）》；开展普通高中违规跨地市招生专项治理，进一步规范普通高中学校办学行为。加强综合素质评价系统建设，推进集团化办学，促进基础教育优质均衡发展。妥善安置全省12 571名适龄残疾儿童，残疾儿童少年义务教育入学率达到98.66%；建立广东省特殊教育发展联席会议制度，成立广东省特殊教育资源中心，特殊教育专业支撑体系建设得到加强。全省少数民族地区在读学生8.7万人，民族学生4万人；内地民族班西藏班学生1 668人，新疆班学生6 275人。以国家课程数字教材规模化应用全覆盖工程、互联网环境下教育教学改革试点、省级教育信息化教学应用创新实践共同体项目、同步课堂（双师课堂）试点项目等加快推进信息技术与教育教学融合创新。义务教育实现县域基本均衡，成为全国第6个全部县（市、区）通过国家验收的省份。

（撰稿 冯婉燕 刘蕾 段中岳 王莹 叶振华；审稿 李霞 赵琦 周贵 张正安）

学前教育

【基本情况】根据教育事业统计，2020年全省共有幼儿园20747所，在园幼儿480.18万人，专任教师32.15万人。2020年广东省政府将"增加学前教育公办学位供给"列为十件民生实事之首，全省启动学前教育"5080"攻坚工程。在省委、省政府的高度重视和正确领导下，省委教育工作领导小组负责同志督办，各地、各部门协同配合、狠抓落实。根据省十件民生实事数据，截至2020年12月底，公办幼儿园在园幼儿达248.12万人（含购买公办学位），公办幼儿园在园幼儿占比达51.58%，公办幼儿园和普惠性民办幼儿园在园幼儿达417.08万人（含购买公办学位），公办和普惠性民办幼儿园在园幼儿占比达86.7%。

【实施"5080"攻坚工程】省委、省政府印发了《关于推动基础教育深化改革高质量发展的意见》，将实施学前教育"5080"攻坚行动列为2020年度基础教育十项工程。省政府将"增加学前教育公办学位供给"列为十件民生实事之首，省教育厅印发《广东省教育厅关于实施学前教育"5080"攻坚行动切实落实2020年省民生实事任务的通知》，将实施"5080"攻坚工程列入2020年度"教育厅厅长突破项目"，印发工作方案、压实市县责任、分解工作任务、每月跟踪通报。广东省教育厅联合中共广东省委机构编制委员会办公室印发《关于进一步做好公办幼儿园事业单位登记管理工作的指导意见》，健全工作机制，聚焦破解村（居）集体等主体举办的公办幼儿园事业单位法人"登记难"问题。2020年以来，全省新增公办幼儿园学位112.52万个，其中新建公办幼儿园402所，新增公办学位12.26万个；改扩建公办幼儿园625所，新增公办学位7.06万个；通过小区配套幼儿园治理新增公办幼儿园113所，新增公办学位3.86万个；通过回收、回购、转制等方式新增公办幼儿园1590所，新增公办学位40.39万个；通过扩班扩容新增学位11.17万个；购买公办学位37.78万个。

【推进2020年城镇小区配套幼儿园治理工作】为贯彻落实《国务院办公厅关于开展城镇小区配套幼儿园治理工作的通知》，确保2020年城镇小区配套幼儿园治理工作全面完成，广东省委、省政府强化工作统筹，压实市县责任，成立了专项治理工作小组统筹有关部门推进城镇小区配套幼儿园治理。先后印发了《广东省城镇小区配套幼儿园治理工作方案》《2020年广东省城镇小区配套幼儿园专项治理工作方案》，召开了系列现场推进会和视频工作会议，出台了《广东省教育厅 广东省住房和城乡建设厅关于报送广东省城镇小区配套幼儿园治理进展情况的通知》《广东省城镇小区配套幼儿园专项治理工作小组关于印发广东省城镇小区配套幼儿园专项治理工作任务清单的通知》等文件，建立和完善了月报制度，明确治理任务清单，及时对任务地市进行督办，持续推进治理工作。2020年度全省完成城镇小区配套幼儿园治理556所，增加普惠性幼儿园学位17.15万个。

【组织开展无证幼儿园治理工作】2020年1月，广东省印发了《广东省教育厅等五部门关于印发广东省无证学前教育机构专项排查整治工作实施方案的通知》，指导各地建立健全无证学前教育机构整治协调机制，通过宣传发动、集中整治、全面总结等方式开展2020年度无证学前教育机构专项整治。完善无证学前教育机构整治督查制度，将无证幼儿园治理工作纳入政府履行教育工作考核指标，落实月报通报和督促整改。2020年全省累计治理无证幼儿园807所，其中，274所经整改达到办园标准颁发办园许可，533所已取缔（消亡），完成率达100%。

【启动学前教育科学保教示范工程】2020年，广东省教育厅启动学前教育"新课程"科学保教示范项目建设，以"聚焦现状、引领发展、合作研发、实践探索、凝练收获、促进提升"为指导思想，在实践中通过"梳理—学习—研究—开发—试点—培育—选用"的工作模式推动项目培育，建立教育部门、教科研机构和高校、幼儿园联合开展课程资源共研、共建、共享有效机制，丰富学前教育课程的理论研究和实践研究成果。135项学前教育"新课程"科学保教示范项目获省级立项，325名专家、7个实验区（县、市）、21个地市共计127所领衔幼儿园、850所参与幼儿园共同开展为期3年的课程品质提升工程。2020年广州市白云区、清远市连州市成为安吉游戏推广国家级实验区。

【加大省级学前教育专项经费投入】2020年省财政安排学前教育专项经费12亿元用于扩大普惠性

学前教育资源供给和体制机制建设，比2019年增长51.45%。全省公办幼儿园生均公用经费补助最低标准为400元/人，比2019年提高了100元/人，对符合条件的普惠性民办幼儿园参照公办园标准给予补助，省财政下达学前教育生均拨款补助资金4.1亿元，比2019年增加投入1.02亿元，增长33%。

（撰稿　冯婉燕　邵　毅；审稿　周　贵）

义 务 教 育

【基本情况】2020年，广东省有义务教育阶段学校14348所，在校学生1462.58万人，小学净入学率为100%，初中毛入学率为109.75%。其中，小学10600所，招生177.07万人，在校生1057.11万人，专任教师57.34万人；普通初中3748所，招生141.96万人，在校生405.47万人，专任教师30.09万人。广东省义务教育随迁子女在校学生人数为456.8万人，占全省在校学生总数的31.22%。

【着力推进"化解大班额""控辍保学"两大交账任务】截至2020年底，广东省义务教育阶段学校已全面消除66人以上超大班额，56人以上大班额总数为1081个，比例控制在1%以下，达到国家要求；依托全国中小学学籍信息管理系统建立控辍保学动态监测机制，建立控辍保学工作月报和定期通报制度，重点加强对国家及省重点县监测及工作进展缓慢地区的监督指导，实现全省疑似辍学学生动态清零。

【补齐农村教育发展短板】将优先发展乡村教育作为脱贫攻坚和乡村振兴等重大战略任务的重要内容，深入推进义务教育薄弱环节改善与能力提升工程，及时下达"改薄提升"资金21.98亿元。狠抓项目管理，建立全省"改薄提升"月报制度，组织培训，将各地市进展情况每月通报到地市人民政府。对学校项目建设工作进展慢的地市负责人进行约谈，有效推进项目实施。全面加强乡村小规模和乡镇寄宿制学校建设，全省完成现有寄宿学位改造111万个，新增寄宿学位27万个。全省乡村小规模学校标准化率从80.67%提高至92.73%。

【保障适龄儿童平等就学权利】落实国家"两为主要求"，指导各地强化流入地政府责任，完善以居住证为主要依据的随迁子女入学政策，鼓励有条件的地区仅凭居住证报名入学，进一步提高进城务工人员随迁子女在公办义务教育学校就读的比例。2020年度广东省随迁子女入读公办学校（含政府购买学位）比例达69.5%。指导各地市制定或完善招收符合条件的并在广东工作的港澳居民子女入读义务教育学校政策，保障持有香港、澳门居民居住证的港澳居民或其随迁子女在广东省平等享受当地随迁子女入学相关政策和基本教育公共服务。

【着力提升办学质量】切实减轻中小学生课业负担，会同省发改委等九部门联合印发实施《广东省中小学生减负工作实施方案》。推进"公民同招"政策深入实施，印发《广东省教育厅关于进一步规范普通中小学招生入学的指导意见》，督促21个地市制定招生实施细则，全面落实中央关于规范民办学校招生行为的要求。深化改革，着力提升办学质量，加强全省竞赛活动管理，对2020年全省竞赛活动名单进行评审及公示。

（撰稿　刘　蔷　李家润；审稿　赵　琦）

普通高中教育

【基本情况】2020年，广东省共有普通高中学校1035所，较2019年增加27所；在校学生190.35万人，较2019年增加6.61万人；毕业生59.83万人，较2019年减少3.01万人；招生67.18万人，较2019年增加3.24万人；专任教师15.18万人，较2019年增加0.3万人；高中阶段教育毛入学率达到97.29%。广东省普通高中教育围绕育人方式改革，改善学校办学条件，全面实施国家新课程新教材，推进学生综合素质评价，规范招生秩序，促进普通高中优质特色多样化发展。

【消除大班额工作成效显著】各地按照国家高中阶段教育普及攻坚统一部署和《广东省推进普通

高中全面提升行动方案》要求，积极落实市、县政府责任，多管齐下，综合施策，抓住关键环节予以化解，推动消除大班额工作取得成效。2020年度，全省普通高中学校共有教学班39176个，较2019年增加了1528个。全省普通高中学校存在56人以上大班额总数为836个，比例为2.13%，较2019年减少1448个，下降了3.93个百分点。

【积极深化课程改革】印发《广东省普通高中课程实施方案（2020年修订）》，实施新课程新教材培训，推动各地加强课程实施管理、优化教学方式、深化教育评价改革、完善学生发展指导机制。全省从2020级高一年级起全面实施新课程新教材。推进深圳市、华南师范大学附属中学、广东实验中学、广州市执信中学新课程新教材实施国家级示范区示范校建设，在开发选修课程、推进选课走班、加强学生发展指导、实施综合素质评价、健全学分认定管理办法和完善办学质量评价等重点环节实现突破，创新综合实践活动和劳动教育方式方法，充分发挥辐射带动作用。

【实施学生综合素质评价】常态化实施普通高中综合素质评价，依托省信息平台完成学生过程性评价、公示、档案生成等，为学生自我发展、学校质量评价和高校招生录取工作提供支撑；2020年底，普通高中信息平台用户数约为220万人。指导各地开展初中学生综合素质评价，7月，省级信息平台在广州市初中学校正式投入使用，2020年底，用户数约为52万人。

【规范招生入学行为】在全省开展普通高中违规跨地市招生专项治理行动，指导督促各市、县教育行政部门成立普通高中违规跨地市招生行为专项治理工作小组，多措并举开展普通高中违规跨地市招生的专项治理工作。通过开展专项治理工作，招生行为得到进一步规范，教育公平得到保障。

（撰稿　段中岳；审稿　张正安）

特殊教育

【基本情况】2020年，广东省有特殊教育学校143所，特殊教育学生63802人，残疾儿童少年义务教育入学率98.66%。特殊教育学校教职工7461人，其中专任教师5841人。

【残疾儿童少年入学安置成效显著】印发《广东省教育厅关于做好适龄残疾儿童少年入学情况监测系统应用和管理工作的通知》《广东省教育厅转发教育部关于进一步做好全国适龄残疾儿童少年义务教育入学情况监测系统数据填报工作的通知》，逐一指导各级教育行政部门"一人一案"，做好残疾儿童少年入学工作。截至2020年12月中旬，全省共有12571名适龄残疾儿童得到妥善安置，残疾儿童少年义务教育入学率已经达到98.66%，超额完成教育部历史重点交账任务。

【不断完善专业支撑体系建设】建立广东省特殊教育发展联席会议制度，成立广东省特殊教育资源中心。12月，印发《广东省教育厅等八部门关于加强残疾儿童少年义务教育阶段随班就读工作的实施细则（试行）》。开展广东省特殊教育专家指导委员会委员推荐、遴选和增补工作，新增了特殊教育、医学康复、社会工作、数据分析等领域共13名委员。

【不断加大特殊教育经费投入】2020年，下达特殊教育建设维护资金3000万元，支持经济欠发达地区新建和改扩建特殊教育学校，配备教育康复设施设备，建设特殊教育资源中心、资源教室。下达特殊教育公用经费、课本费约2.63亿元，下达特殊教育中央补助资金2455万元。新增特殊学校2所，新建特殊教育资源中心7所、资源教室115个。

【加强教师队伍培训】2020年11月，在岭南师范学院举办第五届特殊教育干部培训班，全省各地市（县、区）特教干部170余人参加了培训。

【举办第二届粤港澳融合教育论坛】12月，指导广东教育学会特殊教育专业委员会、广东狮子会、救世军港澳军区在广州主办了"和合相生，融合教育推进及支持策略研究"第二届粤港澳融合教育论坛，搭建三地融合教育及特殊教育交流平台，9万多人参加了线上线下交流活动。

【提升学校办学质量】组织开展10场特殊教育对口支援活动，组织珠三角地区特殊教育学校，赴粤东西北开展同课异构、专题讲座、交流研讨等支援活动。推进特殊教育科研能力建设。评审确定了50项特殊教育研究专项课题；组织广东省特殊教育教科研能力现场研讨活动，推动课题研究工作科学、规范开展。组织开展了特殊教育数字资源征集活动，

·各级各类教育·
VARIOUS LEVELS AND SORTS OF EDUCATION

收到各地市提交的特殊教育数字资源1204件；开展特殊教育教学案例征集，评选出特殊教育教学优秀案例29项。

（撰稿　王莹　何非；审稿　张正安）

民族教育

【基本情况】 2020年，广东省少数民族地区在读学生8.7万人，民族学生4万人。内地民族班西藏班学生1668人，新疆班学生6275人。

【加大民族教育经费投入】 根据省委、省政府《关于推动民族地区加快高质量发展的意见》精神，下达民族地区教育补助资金1000万元，支持民族地区公办幼儿园和普惠性民办幼儿园新建、改扩建和改善办园条件项目。

【加强内地民族班教育服务管理】 印发《广东省教育厅关于进一步做好内地民族班疫情防控和线上教育有关工作的通知》和《广东省2020学年春季学期内地民族班学生健康返校复学工作指引》，并在省教育厅副厅长王创、李璧亮的带领下，会同省公安厅、省教育厅内有关处室和新疆驻粤教育协调组负责同志深入全省9个地市31所内地民族班学校进行全面走访调研，指导学校统筹做好防疫防控防舆、线上教育和日常管理等相关工作。积极协调省公安厅、广州市公安局、广铁集团等单位，扎实做好内地民族班学生暑期返乡返校交通运输保障工作。

【加强内派教师管理和培训】 召开广州市内地民族班学校座谈会，督促全省各内地民族班学校做好开学新生培训和学生军训工作。完成新疆95名内派教师、内地民族班学校新疆部主任的培训工作。

（撰稿　步金萍；审稿　张正安）

教育信息化

【基本情况】 2020年，教育部发布《教育信息化发展研究报告（2019）》广东基础教育信息化综合发展指数排在全国第4位，教学应用排在全国第3位。

【"三通两平台"成效明显】 一是实现"校校通"，2020年广东省各级各类学校实现宽带接入率达100%，宽带接入率超100M达100%。二是基本实现"班班通"，97.9%的中小学校（含教学点）配备了多媒体课室。三是基本实现"人人通"，"人人通"学习空间全省开通率达100%。开展"班班通"应用统计分析，通过数据分析为各级教育行政管理部门决策提供服务和数据支撑。四是教育资源公共服务建设稳步推进。着力构建"粤教翔云"教育资源公共服务体系，全省20个地市已实现与省教育资源公共服务平台的对接，基本形成上接国家、下连市、区的教育资源公共服务体系。五是完善教育管理公共服务平台。基本完成全省统一教育身份中心实名制体系改造，梳理系统开发与集成规范，完善数据资源中心功能与管理，有序推进应用系统集成与数据治理服务。

【加快推进信息技术与教育教学融合创新】 推进信息技术环境下的课程与教学改革，着力解决信息技术应用于课堂教学改革的"最后一公里"问题。一是组织实施国家课程数字教材规模化应用全覆盖工程。采用购买服务的方式，推进义务教育阶段国家课程全版本全学科全学段数字教材配套资源及应用服务。二是开展互联网环境下教育教学改革试点。构建基于互联网的自主学习、互动探究、主题拓展的新型教学模式，探索建立以学生发展为本的新型教学关系，改进教师教学方式和学生学习方式，变革教学组织形式，创新教学手段，提高课堂教学质量。2020年全省欠发达地区推进17个互联网环境下基础教育教学改革试点。三是深入研究信息技术在教育教学中的常态化、规模化应用。积极研究信息技术与教育教学、教研、管理的深度融合的创新研究，共立项250项融合创新课题，通过提炼、培养、推广，形成了30个具有应用创新和辐射带动作用的示范课题。四是在全国率先启动创建省级"教育信息化教学应用创新实践共同体项目"。依托广东省"双融双创"虚拟智慧共享社区建立共同体项目交流发展机制,构建"创新、创造、创作"的"互联网+"众创环境,设立了跨学科融合创新教育(STEAM 教育)等 5 个主题,遴选出覆盖省内外 1000 多家成员学校共 80 个省级创新实践共同体项目。五是开展同步课堂(双师课堂)试点项目。在韶关市南雄市等 5 个县(市、区)设立试点,在此基础上不断探索广东省同步课堂(双师课堂)教学模式,以推动消除区域之间、城乡之间、学校之间的水平差距。

【疫情期间线上教育取得实效】省教育厅联合省扶贫办,推动省教育基金会为广东省 2277 个相对贫困村建档立卡贫困家庭 9262 名普通高三和初三年级学生提供平板电脑用于在线学习。各基础电信运营企业为省内建档立卡家庭经济困难的 287 079 名大中小学生每人每月免费赠送 30G 助学流量包。各地通过政府购置平板电脑、学校提供电脑(平板电脑)、社区或居(村)委会等为困难家庭学生提供电视机等方式提供了 94 560 台终端设备用于贫困学生在线学习。通过政府购买流量、通信运营商免费安装宽带,在确保安全的前提下,利用社区或居(村)委文化室、党群会议室学习等方式解决了 114 966 名贫困学生无网络参加在线学习的问题。省级托底教育教学资源"粤课堂"从小学到高中 12 个年级共 4800 节课分别在广东广播电视台支持下的三大电信运营商宽带电视(IPTV)、广东有线电视、南方+、腾讯教育网络等 6 个平台同步播出,多渠道广覆盖为全省中小学生提供在线教育,确保一个学生也不落下。

(撰稿 叶振华;审稿 赵 琦)

广东省育才幼儿院一院

70年沧桑砥砺，薪火相传；70年培苗以爱，春华秋实；70年芳华如歌，时光回溯。2020年是广东省育才幼儿院一院（以下简称育才一幼）建园70周年的喜庆时刻，育才一幼以"遇见·时光"为主题，举办了别具一格的系列庆祝活动，向同行、社会各界、家长分享教育成果，传递教育理念，展现70年的文化积淀和对未来的追求。

应新冠疫情防控的需要，育才一幼打破传统线下庆典的局限，凝结全体育才人和社会各界人士的力量，充分利用网络时代的先进技术，打造了线上为主、线下为辅的独特庆祝模式，引领线上庆典新潮流。此次庆典的关键词是教育、创新、共享，从9月初启动，历经两个多月于11月20日顺利结束，共推出《遇见你，在时光里》主题曲MV、《看世界》微电影、《绽芳华》微电影、《颂华诞》四条视频，相继在各大网络平台、学习强国和微信公众号推出，向社会各界分享育才一幼的教育理念、团队文化、课程特色和庆典片段。借助新媒介的力量，育才一幼让文字和画面穿透屏幕，让更多的人看见一代代育才人的集体记忆和情感底色，仅微信公众号就收获10万多的点击量。线下庆典从探秘育才70年的故事开始，师生编织了"我和我的幼儿园"院庆课程，架起了对幼儿园的多角度认知，让爱的种子植入每个幼小的心田。11月20日，育才一幼在校园升旗广场举行简单而富有仪式感的现场庆典，师生同庆，欢度美好时光。尽管因疫情没有邀请嘉宾和院友参与，少了一份热闹，但学校收到了许许多多世界各地院友发来的祝福，让育才70芳华在满满的爱与祝福中留下永恒的印记。

这一路走来，育才一幼的成长离不开广东省机关事务管理局的正确引领，离不开各级教育行政部门的大力支持，离不开社会各界人士、院友、家长的殷切关爱，更离不开一代代育才人的倾力奉献。展望未来，育才一幼将风雨如磐不动摇，坚守初心逐梦行，竭尽全力为祖国护好根，为民族托起中国梦，为创造育才更美好的明天奋勇前进！

院长为院庆致辞

礼炮启动未来

象征奔腾不息的巨幅祝福

童声共唱《育才是我的骄傲》

爱的表白

钟南山院士为院庆送祝福

教职工欢庆

华南师范大学附属幼儿园

社区教育活动实践基地授牌

军功章的故事——人民武装部亲子论坛

蝴蝶标本——生命科学学院微研学

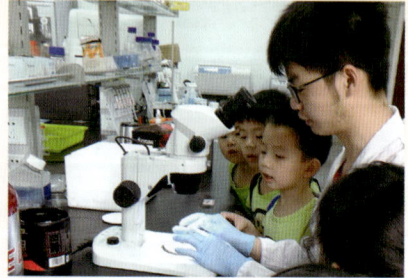

奇妙的触角——昆虫研究所微研学

美丽星球——地理科学学院微研学

园舍环境

园所概况 华南师范大学附属幼儿园（以下简称华师附幼）创办于1952年，坐落于"211"重点大学华南师范大学校内，历史悠久、特色鲜明，是一所具有示范性的广东省一级幼儿园。幼儿园占地面积11193平方米，建筑面积10220平方米；现有班级23个，在园幼儿652人，教职工103人。

至真文化 华师附幼以陈鹤琴"活教育"理论及陶行知"创造教育"思想为指导，秉持"人本·童真"的办园宗旨，坚持"求真知·行真事"的园训和"自然活力·童真合一"的园风，倡导"真知真行·自在童年"的理念，致力于将幼儿园建设成为简朴自然、绿色生态、守望成长的童年乐土及精神家园，培养"质朴善良、快乐健康、身心自由、知行有爱"的"真"孩童。

师资力量 华师附幼现拥有正高级教师1人，副高级教师4人，省特支计划教学名师1人，省特级教师2人，省五一劳动奖章获得者1人，南粤优秀教育工作者1人，省中小学"百千万人才培养工程"培养对象1人，省名园长、名教师工作室主持人3人。

教育成效 华师附幼在60多年的探索中，形成了家、园、社区协同共育的教育理念，依托社区教育活动实践基地打造了内容丰富的社区微研学课程，并提出了资源开发、科研引领、基地共建、项目落地的协同共育路径，成果获得广东省基础教育教学成果一等奖。《点亮社区，守望至真》获得广东省幼儿园特色建设方案一等奖。出版了《幼儿园家庭社区协同共育》一书。幼儿园多次获得天河区保教质量考核优秀等级，被评为广州市绿色幼儿园、儿童发展与儿童智力开发研究中心实验园、教育部幼儿园园长培训中心实践教学基地等；是广东省7所院校学前教育实践基地、华南师范大学教育硕士联合培养基地。华师附幼共获广东省教育教学成果奖2项，拥有省级在研课题8项，是一所"保教科研并重型"幼儿园。

机甲机器人——信息光电子学院微研学

未来展望 幼儿园着眼时代发展、结合地区特色、立足园所实际，将在各级领导的支持引领与园所教师的共同奋斗下，为构建幼儿成长的良好教育生态做出不懈努力。

信宜市教育城幼儿园

园所概况 信宜市教育城幼儿园坐落于美丽的锦江河畔,创办于2003年7月,总占地面积约4.67万平方米,建筑面积约1.8万平方米,户外活动面积约1.6万平方米。园内园林式设计,布局合理,绿树成荫,整洁优雅,集绿化、美化、童趣化、游戏化、现代化于一体,是广东省一级幼儿园。

设备设施 园内设备设施完善,有音乐室、舞蹈室、美术室、科学启蒙室、棋艺室、图书室、游戏室、体能室等10多个功能室。设有超过800平方米的大型游乐场,约260平方米的游泳池,3个悬浮地板运动场,5个幼儿足球场。此外,还有种植乐园、观赏鱼池。每个教室都配备一体机、视频展台等教学设备,园内配套150平方米的录播室,满足现代化教学。幼儿园被遴选为茂名市中小学信息技术应用能力提升工程2.0试点校。

办学规模 幼儿园开设40个教学班,在园幼儿1380人,教职工215人,专任教师145人(在编教师67人),教师学历达标率为100%。其中,高级教师11人,一级教师33人,南粤优秀教师6人,茂名市名班主任、优秀教师、学科带头人共16人,信宜市优秀教师45人。

办园特色 一直以来,幼儿园坚持以"阳光育人,和谐发展"的办学理念,秉承"以阳光之心,育阳光之人"的园训,形成了"和谐、健康、创新"的园风,开展"阳光文化""阳光体育"特色教育。一是确保活动时间,每天确保不少于1小时的户外阳光体育活动;二是优化活动项目,根据不同年龄段的幼儿特点,合理规划活动区域,科学安排项目,有效开展了12项体能锻炼、体能大循环、户外混龄游戏、"一班一特色"体育活动、快乐晨间操。还开展了第二课堂活动,有花样轮滑、花样篮球、足球、趣味跳绳、跆拳道等,培养了幼儿阳光健康、活泼自信、团结协作的良好品质,展现出幼儿良好的精神风貌。2020年,幼儿园被评定为全国足球特色幼儿园,荣获全国少儿线上体育嘉年华优秀团体奖,篮球队获全国第五届幼儿篮球嘉年华(茂名站)U6篮球比赛冠军、技能赛亚军。此外,围绕"阳光体育"开展科研攻关,拥有"开展多元化体育活动,提升幼儿综合素养的研究"等多个茂名、信宜市级立项课题;多篇论文、课例获得市级以上奖励;社会领域教研组被评为信宜市优秀教研组。"阳光体育"吸引了当地及邻市幼儿园前来观摩交流,起到辐射引领作用,成为特色教育示范。

办学成效 幼儿园的办学质量得到上级部门的肯定和社会各界的广泛赞誉,先后获全国百家幼儿美术创新教育基地、广东省巾帼文明岗、茂名市优秀家长学校、茂名市语言文字示范学校、茂名市安全文明校园、茂名市三八红旗集体、信宜市校本教研先进单位等荣誉称号,是信宜市学前教育专业实习实训基地。

会堂一楼

户外平衡区

图书室

音乐室

幼儿园全景

录播室

广州市番禺区华师附中番禺小学

阳光团队

教师集体照

体育节开幕式

集体入队仪式

学农劳动

毕业典礼

广州市番禺区华师附中番禺小学创办于2003年8月，地处番禺区南村镇华南新城小区内，是一所经区教育局批准，合生创展（集团）有限公司创办，以国家示范学校——华南师范大学附属中学的现代教育理念进行管理的新型民办小学。学校占地面积约2.2万平方米，建筑面积约1.1万平方米，2020学年有33个教学班，学生1473人，教职工117人，外籍教师3人。学校教学楼、科技楼、图书馆、体育馆成弧形构造，楼楼相连，相映成趣；校园绿树成荫，桂香飘逸，洋溢着浓郁的育人气息。

学校秉承华师附中"以完整的现代教育塑造高素质的现代人"的办学理念，提炼出"尊重个性，多元发展"的办学思想，以"优质教育、优质服务"为办学目标，铸就了"尊师爱校、文明守纪、好学进取、立志成才"的校风，"勤、严、实、巧"的教风和"认真、刻苦、求实、创新"的学风。

华师附中番禺小学是一所"自我领导力学校"（Leader in Me School），是广州市第一所引进国际著名管理大师史蒂芬·柯维博士（Stephen Covey）提出的"七个习惯"（主动积极、以终为始、要事第一、双赢思维、知彼解己、统合综效、不断更新）系统的学校。自我领导力教育的核心框架建立在史蒂芬·柯维博士《高效能人士的7个习惯》之上，遵循历久弥新的普适原则，是杰出的领导力教育课程体系，其核心信念是每一位孩子都可以是卓越的领导者，帮助孩子学会承担责任、制订计划、主动学习、与人合作。学校积极践行自我领导力，打造充满生机与活力的校园文化，由内而外释放师生潜能，促进师生提高效能，做"最好的自己"。举办读书节、艺术节、体育节、科技节，学生参与策划，主动组织展示，校园小主人的精神迸发出熠熠光彩；学工、学农、学商、学军、大自然工作坊、中草药种植等独具特色的个性化课程与社会实践活动，培养了学生特长，为学生社会化发展与成为终身学习者奠基。

2020年，学校制订严格的防疫计划和详细的线上教学方案、居家学习指引，"停课不停学，停课不停育"，一系列线上、线下教育教学活动引导学生坚定信心，持续发展。在这特殊的一年，华师附中番禺小学依然硕果累累：2名学生被广东奥林匹克学校录取；学生发表文章及参加学科比赛获奖共244人次；教师发表文章近30篇，获奖近50人次。在广州市第一届中小学英语优秀课例评选活动中，李伟业老师荣获特等奖；郑熙然同学在全球21个国家1000多名竞争者中脱颖而出，荣获富兰克林柯维教育全球自我领导力演讲大赛5～10岁组冠军！

学校良好的办学质量、优质的服务以及良好的校风、学风、教风赢得了社会认可、家长信任。学校被评为义务教育规范化学校、德育示范学校等，被羊城晚报教育发展研究院授予"2020年度教育领航者单位之家长口碑奖"。在未来的办学道路上，华师附中番禺小学将继续阔步前行！

学校航拍图

学校荣誉

华南师范大学附属小学

华南师范大学附属小学（以下简称华师大附小）创建于1922年，历经近一个世纪的发展，从昔日的"勷勤大学附属小学"发展成为以建设"一流教育，终身发展"的学习型、研究型的品牌形象为亮点，同时以传承传统文化、引领风气之先为特色的全国一流名校。如今，学校总占地面积16200平方米，建筑面积13859平方米，拥有得天独厚的人文环境和人文资源。

学校秉承积淀，创新思路，从学生的心灵出发，从生命的拔节着手，立足新时代发展之需，确立"美好教育，教育美好"的办学思想。学校以传承非遗文化为目标，结合音乐、体育、美术等学科核心素养的培养要求，以传统文化为基础，开设非遗特色课程，涵盖了古琴艺术、纸雕艺术、京剧文化等31种中华传统文化。近年来，学校又新增了广东早茶、民族首饰、咏春拳、皮艺制作、面塑、八仙传说、木贴画艺术、藏族唐卡等8种传统文化课程，打造"一班一特色、一班一非遗"的文化体系。

走进华师大附小，"美好石"格外引人注目，彰显出学校的教育理念。校园内打造了五园，分别是丁园、昆园、琢园、賡园、旨园。丁园，由可在晴天收集太阳能、逢雨季收集雨水供自动灌溉学校花木的99支大伞覆盖而成，寓意壮盛、强大。昆园，三棵罗汉松伫立在昆园东南角，昆园还有桃树、李树、樱花和异木棉，到了开花季节，桃李吐艳，春有樱花，秋有异木棉，象征春华秋实，桃李芬芳。琢园，"琢"出自《三字经》"玉不琢，不成器。人不学，不知义。"賡园，"賡"含继续、传承之意。旨园，"旨"指美味、美好。整个校园环境经过了精心的系统规划，诗意化、主题化的学校环境寓教育性、知识性、艺术性于一体，使整个校园成为开放式的"非遗"博物馆，全方位陶冶学生的情操，激发学生热爱学习、热爱生活的情感，增加学生奋发向上的信心，促进学生身心健康发展。

随着非遗课程的建设，学校先后被评为全国中小学中华优秀文化艺术传承学校、广东省非物质文化遗产走进校园示范学校，并获得广东省中小学特色学校建设成果一等奖。在非遗文化传播方面，学校利用微信公众平台建立了华师大附小传承非遗文化公众号。该公众号主要承载学校非遗活动宣传、重温传承艺人进校园讲座、展示学生非遗作品等内容，在非遗文化宣传方面起到了一定的作用。在科研成果方面，已成功发表《活在校园里的非遗文化种子》《新时期小学非物质文化遗产传承教育的思考》等。

从班级打造"一班一特色"、传统文化进课堂，到校园里的建筑、山水、花木巧妙组合，"虽为人作，宛自天开"，一山一石耐人寻味，一花一草皆有画意。校园的每一处美景都能成为学生的乐园、学园，让学生在耳濡目染、潜移默化中将深厚的优秀传统文化传承根植于内心。

"美好"石刻

非物质文化遗产博物馆

学生在非遗博物馆参加刺绣活动

学生展示汉服

学生在旨园

賡园

深圳市宝安区拾悦小学

新生开学典礼

篮球比赛

广播操比赛

跳绳比赛

拾级而上的评价体系

航天科技节活动

深圳市宝安区拾悦小学成立于2019年。作为宝安勇立"双区建设"潮头、争当先行示范标杆大背景下创办的一所新校,该校创办伊始便精准定位,在未来学校建设上先行一步。

悦纳成长,对话世界,努力营造开放包容的育人环境

教育的现代化,首先是教育理念的现代化。学校及时确立"悦纳成长 对话世界"的办学理念;极力倡导"悦教育"——悦教即乐教,悦学即乐学;致力于培养具有国际视野、中国情怀的少年。基于此办学理念,又鉴于学校的物理"小空间",学校为每个班级配置电子班牌,记录孩子们成长足迹、精彩瞬间的同时,精心打造智慧校园数字化平台,悦纳传统精粹,融合世界文化。比如数字图书馆、绘本馆、朗读亭、电影室、桌面云电教室等,延伸课堂,让学生能够随时随地通过移动终端获取知识,打开未知世界的探索之门。

为助学生实现"悦学",学校坚持以生为本营造舒适的学习环境。无论是接待室旁的移动书屋,还是绘本馆里琳琅满目适合低年级孩子的绘本;无论是教室里整齐的书包柜,还是操场上适于小学生身高、可调节高度的篮球架;无论是每间教室标准配置的护目灯,还是午休室里的冷暖空调;更不必说为应对不可抗力的噪音而进行的声学环境改造……处处彰显学校对学生健康成长的人文关怀。

厚学悦教,泽人泽己,积极构建乐教善育的师资团队

百年大计,教育为本。教师是立教之本、兴教之源,承担着让每个孩子健康成长、办好人民满意教育的重任。学校自筹建以来,从全市抽调优秀教师,其中有名校长工作室成员、"薪火计划"成员和宝安骨干教师、优秀教师、优秀班主任等;同时面向国内外名校招聘优秀毕业生。如今,学校已建立了一支富有活力的专业化教师队伍,其中包括国家一级乒乓球运动员、曾参加2018年央视春晚(广东分会场)录制的舞蹈老师、深圳市中小学生篮球赛优秀教练员、宝安马拉松赛优秀裁判员等。

尚德悦学,知行合一,倾情培养全面发展的阳光少年

立德树人是教育的根本任务。立德树人的成效,则是检验学校一切工作的根本标准。为更好地将立德树人落在实处,培养尚德悦学、知行合一的"十悦好少年",拾悦小学开办伊始,便确立了以"每周一报""每月一星""期末一评""十悦成长记录册"为主的递进式评价体系,关注每一个孩子的全面发展、个性发展。

午餐午休全覆盖

学校开发出具有拾悦特色的"十悦"精品课程,其中包括国粹乒乓、播音主持、律动篮球、国际象棋、少儿击剑、形体礼仪、儿童绘画、考拉英语、花样跳绳、少儿书法等,让每一个教师都能尽展所长,同时让每一个学生都能拥有相伴终生的爱好。

深圳市宝安区艺展小学

学校概况 深圳市宝安区艺展小学成立于2018年1月11日，是宝安区贯彻落实办人民满意教育、为百姓家门口办好学校的重要民心工程，是宝安区教育局高标准定位、高规格设计、高质量发展打造的一所样板新校。学校占地面积12218.65平方米，提供1350个优质学位，开设有3个年级，学生714人，教职工52人。

学校行政班子

开笔礼

办学理念 学校秉承"让每个生命精彩绽放"的办学理念，以"办一所有美感、有故事、有温度、有人性的品牌学校"为办学目标，以"培养具有家国情怀、国际视野、多才多艺的未来公民"为培养目标，提出了学校的"一训三风"，以"立德修身、通文达艺"为校训，建设"博艺、乐展"的学风、"弘艺、善导"的教风、"兴德、尚艺"的校风。为了让理念落地，学校着眼于学生全面和谐发展，提出"一体两翼三维"的艺香课程体系，即以国家课程为主体，以中华传统文化国学课程、国际理解教育多元课程为两翼，以学生社团才艺活动自学课程、家庭助学课程、社区研学（体验）课程为三维。学校围绕"一体两翼三维"体系，重点打造"诗、书、礼、琴、棋、画"的"六艺"课程，着力走"国家课程校本化、校本课程社团化、社团课程精品化"之路。社团课程做到了"生生有社团、个个受关注、人人有发展"。学校还开设了竖琴、啦啦操、戏曲、合唱、传统舞、街舞、围棋、国际象棋、主持、舞狮等近40个社团。

读书节

学校荣誉 学校先后被评为广东省义务教育标准化学校、广东省绿色校园、深圳市2020年度新锐学校、深圳市少先队工作先进单位、深圳市教育学会第七届理事会会员单位、宝安区教育先进单位、"宝安区中小学创客实践室"实验学校、宝安区国际象棋课程特色学校，还获得2020年宝安区中小学青年教师基本功比赛优秀组织奖。

体育节

师生荣誉 2020年，青年教师参加深圳市中小学教学基本功比赛，再创佳绩，获得3个特等奖、4个一等奖、3个二等奖，获奖人数及获奖级别位居全区小学之首；教师许彤琳参加宝安区班主任专业能力大赛获得一等奖。学生参加宝安区班级合唱比赛获一等奖。啦啦操社团参加第八届全国全民健身操舞大赛总决赛获金奖；戏曲社团参加第十届"国戏杯"学生戏曲大赛获金奖；竖琴社团参加宝安区艺术节展演获佳绩，并受邀在宝安区首届文博会演出，赢得社会关注。

啦啦操社团

珠海高新区金凤小学

2020年12月，学校核心管理团队参加第十一届京师基础教育创新论坛

学校音乐剧《弃物再造指导中心》荣获第五届广东省科普剧大赛一等奖第一名

学生成长在活动中——新年合唱艺术节

珠海高新区金凤小学创建于2019年，坐落于高新区香山路399号，坐拥珠海信息港、高新发展大厦等城市CBD，西临唐家湾城轨站与金琴快线延长段，东濒兴业快线隧道口，毗邻北京师范大学珠海校区。学校占地面积1.6万平方米，建筑面积1.2万平方米，办学规模为24个教学班。

窗含凤凰山脉之巍峨，户纳翠湖高尔夫草场之叠翠，连廊画宇，于现代典雅风格中彰显岭南文化气质。学校建筑地面上最高五层，地下二层。珍贝楼、明珠楼、乐育楼依连廊为一体，200米蓝色环形跑道的云帆操场与蓝天白云相互掩映。学校设普通教室24间、功能室17间，均配有空调。着力打造STEM创客空间、心理健康空间、劳动教育空间等特色空间。学校建有下沉式多功能综合馆"云谷"、餐饮中心"练食谷"，配有完备的新风系统，是一所标准的现代化学校。

乘粤港澳大湾区建设之机，在"政府主导、委托管理、机制创新、自主办学"的合作原则下，作为国家级高新技术产业开发区与北京师范大学联袂打造的新建公办小学，金凤小学"如珠而育，向海而行"，趋合时代，顺应潮流。

学校坚持"儿童中心"立场，"五育"并举，全面开花。"适"课程获批教育部基础课程教材发展中心的课题立项；联合区域内的金鼎中学、北师大珠海附属高级中学，承办了全国思政课小初高一体化建设研讨会分会场；将全员运动会搬进大学校园田径场，承办了全国体育教学改革展示活动，开展了全员参与的"太阳杯"足球联赛，启动了全员性的游泳课程"珍珠计划"；紧跟国家美育改革步伐，成功入选北师大教育集团艺术素养改革种子校；将戏剧教育常态化融入特色舞蹈校本课程，音乐剧《弃物再造指导中心》荣获第五届广东省科普剧大赛一等奖第一名；全学科开展劳动教育，获评广东省劳动教育特色校。

短短两年时间，学校取得了以上丰硕成绩，展现了北师大委托管理合作办学的品质优势与品牌效应。学校将发挥改革先锋标杆定位，以创新的机制，融洽的资源整合形式，以其特有的使命和担当，培养具有独立精神、合作意识、科学素养、家国情怀、国际视野的新时代少年，致力于把金凤小学建设成立足高新、扎根珠海、走向全国的研究型幸福小学。

没有兴趣就没有学习——"太阳杯"足球赛

教书育人在细微处——建党100周年献礼

没有爱就没有教育——学生笑脸墙

珠海市金湾区航空新城小学

珠海市金湾区航空新城小学创建于2016年9月，2017年新校舍落成使用。学校占地面积21903平方米，建筑面积19982平方米，现有5个年级38个教学班，学生1989人，专任教师102人，是广东省标准化学校。

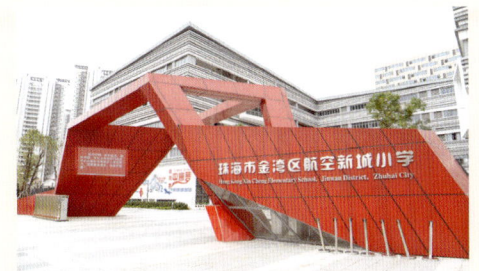

学校大门

学校邀请全国模范教师、著名数学特级教师吴正宪（前排左六）到校讲学

学校在"立德树人"、"五育"并举的新时代教育背景下，提出"励心教育"的育人理念，这是全体教师育人的共识与抓手，让教育成为追求"一份感动心灵的成长，一份挑战自我的勇气，一次童年生命的拔节，一次超越自我的感叹，一抹守护内心的坚定"。

2020年，学校齐心协力抗击新冠疫情，落实疫情防控工作职责，实行"网格化"管理，筑牢一道道坚实的健康屏障，打造安全、温馨的学习场域。在"一体双翼"课程实施中顺利推进网络空间教学，分享优质资源，保障学生疫情期间的学习效能，助力学生居家学习的丰富与美好；教师落实课改精神，实施学科深度教研，以数字教材创新应用和STEM课程的研究，促进信息技术与教育教学深度融合，打造优质课堂，全面提高教学质量。加强师德师风建设，推进"铸高尚师德、炼过硬师能、涵儒雅师情"工作进程，让"党建"和"三师工程"落地生根。推进学校文化建设，开启"创美丽航小 讲美好故事"行动，旨在用环境美陶冶人，用育人美温暖人，让师生彼此尊重、互相影响、共同成长。学校运动场修缮一新，并举行了首届综合性体育运动会；学校艺术舞蹈团自创舞蹈《飞行梦》多次在市区展演，受到广泛关注；多元评价下有30名校级"五心"好少年得到综合嘉奖；教师团队远赴云南省贡山县普拉底乡中心学校送教；与澳门圣保禄学校结成姊妹校，在大湾区教育繁荣进取中携手同行。2020年，对于航空新城小学来说是快速成长的一年，也是收获满满的一年。学校组织师生参加各级竞赛，有百余人获奖，首次参加第二届珠海市青少年机器人大赛暨珠港澳青少年机器人横琴邀请赛获得市级一等奖3项、二等奖4项；在珠海市小学生游泳锦标赛中喜获3个冠军。学校还被评为珠海市教育系统先进集体，被区教育局评为智校应用先进学校。

学校参加"童心向党"2020第十六届珠海市金湾区青少儿艺术花会

航空科技节活动

运动会开幕式

《飞行梦》表演

一路坚守，满目繁花，在育人路上航小人将不忘初心，牢记使命，以忘我之情书写发展新篇章。

佛山市南海区狮山镇松岗中心小学

乐雅课堂之"本草"课堂

乐雅课堂之"本草园"实践基地

乐雅课堂之全国中小学科学教育体验活动

乐雅课堂之创客3D打印

乐雅课堂之戏剧社团

乐雅课堂之粤剧社团

佛山市南海区狮山镇松岗中心小学创办于1987年,是全国STEM教育项目种子学校、全国中小学科学教育体验活动示范学校、广东省书香校园、佛山市优秀家长学校、南海区高效课堂示范学校等。2012年,政府投资1.3亿元扩建新校区,新校区占地面积4万平方米。

学校以"乐雅教育"为办学特色,秉承"培养主动、健康发展的人"之办学理念,树"乐学、乐活、雅言、雅行"之校风,以雅润德、以雅启智、以乐赋能、以乐践行,致力于将学校打造成师生儒雅、课程高雅、环境优雅的现代化新型学校。"乐雅"教育提倡课堂教学多样化,学生培养多元化。学校构建了乐学、乐活、雅言、雅行四大课程系列,开设了60多个社团,为学生搭建了广阔的成长平台。

学校是南海区"新基础教育"研究核心试验校之一,在学校管理、课堂教学、学生工作等领域开展了变革实践,逐步实现了"价值提升、结构开放、过程互动、动力内化"的新型学校发展模式。学校也是中国教科院"STEM教育"种子学校,获得全国课题立项,并应邀参加第五届中国教育创新成果公益博览会,受到广泛关注。学校最具特色的项目是"乐雅心·本草情"校本课程。该课程以"本草"为主题,将健康生活、实践体验、语言训练、科学文化四大领域的学习内容有机融合为一体,吸引了来自全省各地的兄弟学校到访观摩和交流。

面向未来,松岗中心小学将紧紧把握新时代教育发展方向,精心打造"乐雅教育",努力走创特色、铸品牌之路,为松小学子提供公平而有质量的现代教育,为社会和人民贡献更有品质的教育服务。

乐雅课堂之北京研学

五华县第一小学

五华县第一小学创建于1940年，是五华县第一所直属全日制重点小学。现有教学班60多个，学生3000多人，教职工近200人。

学校以"做更好的自己"为办学理念，立足发展每一位教师，成就每一位孩子，坚持"以人为本，全面发展"的办学宗旨，秉承"崇德进学，笃行致远"的校训，树立"敬业乐群，追求卓越"的教风，倡导"乐学善思，各美其美"的学风，逐渐形成了"德艺双馨，止于至善"的校风。

学校以党建引领各项工作为前提，以四个结合为抓手，全面打造"党建+"工作新模式，党建工作与学校中心工作高度融合。学校以"打造传统文化底蕴，弘扬创新人文精神"为特色，以"好习惯、好体魄、好智能、好情商、好才艺"为培养目标，开发"木偶"课程；以"积累、表演、表达"为核心，开发"人文"课程；以"健体、健心、健智"为核心，开发"尚体"课程；以"欣赏美、发现美、创造美"为核心，开发"尚美"课程；以"创意、创想、创造"为核心，开发"创客"课程。为学生素质全面发展和特长打造提供了有力保障，凸显了活动育人、课程育人的文化特色，开发了学生潜能，不断推进素质教育向更高层次发展。

学校以名校长、名教师工作室为引领，"聚焦课堂教学变革，构建科学评价体系"，开展丰富多彩的校园文化艺术节、体育科技节活动，组织"五佳教师""最美教师"评选活动等，通过"青蓝工程""征文比赛"等不断提升教师业务素养，与学生同学习、共发展，与家长同呼吸、共成长，与学校同脉搏、共提升。

学校先后被评为全国青少年校园足球特色学校、广东省基础教育党建工作示范校、广东省绿色校园、广东省禁毒教育示范学校、广东省艺术教育特色学校、广东省校本研修示范校、梅州市科学教育特色学校等。

未来，学校将继续以"打造'教师有归属感，学生有幸福感，家长有荣誉感'的成长乐园、现代化学校"为办学愿景，师生携手同行，创造更加美好的明天。

梅州市李钧名校长工作室与广东省余志君名校长工作室联合开展研修活动

全国青少年校园足球专家委员会委员到学校交流

学校开展"我向国旗敬个礼"活动

学校木偶兴趣班学员表演《盛世欢歌》

学校举办"传承经典"现场书法大赛

学校举办"小小科学家"展示交流活动

五华县岐岭镇中心小学

校长孔庆林给学生上党史教育课

学校举办"学党史 感党恩 跟党走"主题党日活动

学校开展"童心向党,党的故事我来讲"故事会比赛

学校开展"童心向党,唱支红歌给党听"歌咏比赛

学校举办千人现场书法大赛

学校举办校园文化艺术节颁奖典礼

学校荣誉

梅州市五华县岐岭镇中心小学位于梅州北大门的五华北部山区岐岭镇,下辖7间完全小学、10间教学点、1间中心幼儿园、15间附属幼儿园,在校学生4564人,在园幼儿1700人,专任教师295人,其中高级教师36人,国家级青年培养教师1人,南粤优秀教师4人。学校交通便利,环境优美,文化氛围浓厚,教育教学设施设备齐全,实现了教学平台、教学网络全覆盖。

学校以习近平新时代中国特色社会主义思想为指导,以办人民满意的教育为己任,以创建一流的农村小学为目标,坚持"以人为本、求实开拓、立德树人、素质育人"的办学理念,把立德树人作为教育的根本任务,把知行合一、全面发展作为教育的重点,发挥教育在培育和践行社会主义核心价值观中的重要作用,营造了"五育并举,以人为本,人尽其才,德才兼备,均衡发展"的办学环境。

学校坚持以党建引领发展,全面贯彻党的教育方针,确立了质量立校、特色兴校、品牌强校的发展战略,明确实施了"保平安、抓管理、强师资、提质量、求发展"的工作思路。以校园文化建设入手,不断丰富校园文化载体,怡情养智,习礼润智,培养特长;以教育科研为抓手,聚焦课堂改革,探索高效课堂教学模式,实现"减负增效";以特色学校、品牌学校建设为指针,学校先后实施了以足球、艺术、书法、经典文化与文明礼仪教育为专题的特色学校建设项目,取得了良好的办学效果,形成了"活泼、勤学、文明、自律"的校风,"敬业、奉献、严谨"的教风,"乐学、善思、合作、创新"的学风。

学校先后被评为梅州市校园足球特色学校、五华县安全文明校园、五华县德育示范学校;学校党支部先后获评县、镇先进党支部和"三好"党支部、"四强"党支部;教学质量稳居全县前列,组织学生参加县级以上文艺、体育等比赛,共有30多人次获奖,20多名教师获得县级以上表彰奖励。

东莞市南城阳光第一小学分校（胜和小学）

学校概况 东莞市南城阳光第一小学分校（胜和小学）位于东莞市运河东岸，南城街道建设路南侧，学校总用地面积约 2.37 万平方米，总建筑面积约 4 万平方米，招生规模为 36 个班，提供小学学位 1620 个，是一所生机勃勃的现代化学校。教学楼、办公楼、风雨球场与教师宿舍由风雨连廊贯通其间，教学楼以超宽中轴长廊把教学区和功能区巧妙联合，像生机勃勃的叶脉向东西两侧延伸，室内外的景观绿化空间交互共融，整个建筑群相互交错又层次分明，虚实的变化、交错的光影让校园空间变得丰富而灵动。

办学理念 学校以德为首办教育，以"纳德于心 与美同行"为办学理念，全心全意培养学生"懂道德、守道德、扬道德"的高尚情操，陶冶学生"认识美、发现美、感受美、创造美"的高雅审美情趣，凝聚成"美行教育"的办学品牌，为学生幸福人生奠基。学校以"爱如初 心向阳"为校训，遵循学生身心发展规律；将"德如玉 行有方"作为校风，以玉之美引导学生言行之美，以德之美引导学生习惯之美；以"启于美 敏于行"为教风，以"学而美 习而行"为学风，以美为钥开启童蒙，以敏自励勤奋笃行，呵护成长。

办学力量 2020 年，学校招收一年级新生 6 个班，约 300 人；拥有专任教师 25 人，其中高级教师 2 人，国家心理咨询师 1 人，获得全国荣誉称号教师 2 人、广东省荣誉称号教师 1 人、东莞市荣誉称号教师 6 人。教师教学成绩优异，参加教学类竞赛获全国级别奖项 2 项、广东省级别奖项 3 项、东莞市级别奖项 26 项，科研课题获省级奖项 5 项、市级奖项 10 项。

发展愿景 学校始终坚持关注学生的成长，为每一个孩子的终身发展打好人生底色，践行"纳德于心 与美同行"的办学理念，成就有温度、有深度、有特色的教育。

党建长廊

教室

科学室

报告厅

室内篮球场

东莞市沙田镇中心小学

新学校启航

民乐团演出

弦乐团演出

学校概况 东莞市沙田镇中心小学成立于1961年，四迁其址，2020年9月搬至沙田镇阁西村沿河路1号。新学校是沙田镇为全力推动教育扩容提质，投资3.2亿元兴建的。学校占地面积4.68万平方米，总建筑面积7.08万平方米，位于镇中心区与港湾新城交叉位置，交通便利，环境优美，配套设施齐全，办学条件优越。学校规划72个教学班，现有62个教学班，在校学生3030人，教职工198人，其中专任教师173人。

办学理念 学校以"积沙营田，润德耕心"为精神引领，以"兴文养艺，立雅成人"为办学理念，以"德艺双馨，才学兼善"为育人目标，以"微创新"为发展抓手，以"PBL+"撬动课堂和课程双改革，以可持续发展的"生态教育"为育人哲学，回归学生立场，直抵生命本真，构建"5+N"新生态学养课程体系，努力让每一个孩子成为更好的自己。

艺术特色 学校重视艺术教育，提升学生的艺术素养，让学生学会发现美、欣赏美、追求美、创造美。乐器进课堂，让每一个学生学会一样乐器；书法进课堂，让每一个学生写一手好字；"咸水歌"进课堂，让每一个学生传承好非物质文化遗产。学校打造了民乐、咸水歌、贝壳工艺等精品艺术社团50多个，取得了丰硕的成果。2020年，学校民乐团参加广东省第十一届音乐邀请赛获金奖；贝壳工作坊受邀参加2020年东莞市中小学艺术实践工作坊展示活动获一等奖；学校还被评为东莞首批12个非遗在校园传习基地之一。

办学成果 学校办学成果丰硕，先后被评为全国文明学校、全国优秀家长学校、全国青少年校园足球特色学校、广东省红领巾示范校、广东省绿色学校、广东省书香校园、广东省标准化学校、广东省中小学艺术教育特色学校、广东音乐进校园扶持计划示范基地、东莞市写字教育名校、"小公民"道德建设活动实践基地、东莞市一级学校、东莞市巾帼文明示范岗、东莞市绿色学校、东莞市交通安全文明学校、东莞市文化建设先进单位、东莞市普教系统文明单位、东莞市家庭教育先进集体、东莞市普教系统五好关工委、东莞市科普标兵学校、东莞市依法治校示范校、东莞市古琴文化传承基地、东莞非遗在校园传习基地等。

东莞市第四届青少年万人书写大赛

贝壳工艺作品展

学校俯视图

江门市启明小学

江门市启明小学坐落在美丽的蓬江河畔，占地面积13000平方米，建筑面积15000平方米，是一所办学历史悠久、文化积淀厚重，具有一定示范性和影响力的广东省一级学校。

学校积极践行科学发展观，围绕"启慧明德，知书达理"的核心文化理念，以"星光璀璨耀天宇"的教育愿景为引领，确立了"仰望星空，脚踏实地"的校训，形成了"启蒙博学，明志厚德"的优良校风，力求实现"处处皆成教育资源，处处精心；事事皆有教育含义，事事精彩"，将教育变得"像呼吸一样自然"。

琢玉成器，淬炼成钢。在校园文化的浸润下，学校实施独辟蹊径的"启明教育"，走出了一条特色之路：构建学习共同体，突出"集体导引"与"首席导引"相结合，培养"有智识、有智能、有智谋、有智情"的"明智之师"；开发"明德课程"，搭建"启明·星舞台"，打造"多维度交互式立体开放"的"启慧课堂"，培育"明德理、义理、事理、学理、情理"的"明理少年"。学校启动"摘星工程"，开展"非常6+1"造"星"活动，构建"社工+义工"服务新团队，建立警、家、校"三维联动机制"，形成养成教育常规化、主题教育系列化、节日专题教育制度化、教育形式多样化的"四化"无痕德育模式，让校园中的每一个生命体会到成长和展示自我的美妙之处。汇聚而成的耿耿星河，在教育路上熠熠生辉。

启明小学秉承"做有态度的教育，办有温度的学校"的办学理念，成为师生幸福成长的发源地、梦想的出发点，取得了丰硕的教育教学成果，先后获得广东省红旗大队、广东省"千校扶千校"先进单位、江门市规范汉字书写教育特色学校、江门市书法教育基地、首批江门市德育示范校、江门市红领巾示范校、江门市安全文明校园、江门市艺术教育先进单位等荣誉称号，赢得了各级领导、广大家长及社会各界的一致赞誉。

学校蔡李佛武术队助力江门市申报广东省第十六届运动会

学生创客作品在"家庭智能灭火宝"江门市青少年机器人竞赛中获得一等奖

灵动的情智课堂

美丽的校园风光

开学典礼暨法制安全讲座活动

童趣盎然的书法课

学校少先队员探望社区孤寡老人

学生表演粤曲《卖荔枝》

江门市新会圭峰小学

校长冯家传系广东省"百千万人才培养工程"名校长培养对象（优秀学员）、广东省名校长工作室主持人

学校副校长胡务娟系广东省特级教师、广东省名教师工作室主持人

江门市新会圭峰小学（原新会师范附属小学）复办于1994年，2003年独立办学后更用现名至今，2005年被评为广东省一级学校，是江门地区示范性窗口学校，校园占地面积约26666.67平方米，建筑面积28000多平方米。学校现有教学班70个，学生3903人；拥有教职工195人，其中专任教师218人，本科以上学历教师占98.5%。

学校以"让幸福成为教育的不懈追求"为办学理念，吸纳时代精神，立足发展现状，实施"幸福教育"；积极创建"追求卓越，幸福成长"的学校文化，精心构建"幸福课程"体系；推进实施"名师工程"和"青蓝工程"，成就"幸福名师"；落实优质教育和特色教育，培养"幸福学生"；营造师生与学校共成长的"幸福家园"，坚持走"立足新会—辐射五邑—知名广东—走向全国"的名校办学发展之路。

学校师资力量雄厚，现有广东省教育系统"百千万人才培养工程"名校长培养对象1人，广东省名校长工作室主持人1人，广东省名教师工作室主持人1人，广东省特级教师1人，江门市名校长工作室主持人1人，江门市名师工作室主持人1人，江门市专家工作室主持人1人，江门市红领巾工作室主持人1人，江门市"名师名医名家"人才2人，江门市学科带头人、兼职教研员共19人，区级名教师、名班主任、学科带头人、兼职教研员共33人，副高级以上职称教师13人。学校共有70多名教师在区级以上教学赛课活动中获得一、二等奖，17名教师获得省级以上一等奖。

学校承办"走进圭小·面对面"圭峰会城小学教学管理培训活动

礼拜孔子，开蒙启智

办学20多年来，学校教育教学质量一直在新会区名列前茅，先后被授予全国艺术教育特色单位、全国"真语文·真教育"培训基地、全国名师培训基地、国家基础教育实验中心外语实验学校、全国少年军校示范校、全国小小科学家实验学校、中华优秀传统文化教育示范学校、全国"真语文·真教育"示范校、人民德育实验学校、广东省基础教育校（园）本教研基地、广东省首批中小学校本培训示范校、广东省首批书香校园、广东省首批心理健康教育示范校、广东省首批红领巾示范校、广东省德育示范校、广东省安全文明校园、广东省绿色学校、广东省依法治校示范校、广东省现代教育技术实验校园、广东省小学语文教学研究先进学校、广东省语言文字规范化示范学校、广东省规范汉字书写特色教育示范校、广东省中小学教师信息技术应用能力提升工程示范校、广东省科技创新教育实验学校、广东省中小学艺术教育示范学校、广东省"最美阅读空间"、广东省"科普中国校园e站"、广东省足球推广实验学校等荣誉称号。

好书共享，书香满园

阳光体育，缤纷活力

素质教育，学子风采

廉江市第二十小学

廉江市第二十小学是廉江市委、市政府为有效解决廉江市城南片区小学学位紧缺问题，在建成廉江市第十九小学后高规划、高起点新建的一所学校，于2018年12月8日动工兴建，2019年9月2日落成开学。学校位于廉江市城南街道南开路东145号，校园占地面积约2.3万平方米，总建筑面积约1.95万平方米，其中教学用房面积约1.83万平方米；建设总投资约为7580万元，其中基建工程约为6160万元，设施设备购置约为1420万元。

开学典礼

"守教育初心、铸高尚师德"教师诗朗诵比赛

学校办学规模为60个教学班，现有学生2700人，教师135人。教师队伍年轻有为，学科教师资源配置合理，其中副高职称教师4人，一级教师22人。

学校建筑设计风格富有现代气息，教学区、运动区、生活区相互独立，校园环境优美，教学设备设施先进；建有环形结构的综合教学楼1幢，内设普通教室60个，中心数据机房1个，校园监控室2个，计算机室2个，科学实验室2个，科学实践室4个，校园电视台、创客实验室、心理咨询室、保健室、档案室、队部室以及音乐、美术、书法、舞蹈等功能教室共16个；建有图书室1个，藏书约6.5万册；设有阅览室2个，会议室3个，学术报告厅1个，教师办公室共38间。此外，学校还建有1个校园广场约3250平方米，1个综合运动场约1.13万平方米（含足球场1个，田径场1个，篮球场2个，综合舞台1个）。

元旦文艺汇演

主教学楼

自建校以来，学校先后获得湛江市文明校园、湛江市依法治校达标学校、廉江市文明校园等称号，少先队大队部被评为廉江市城区小学少先队先进大队。学校师生参加各级各类竞赛成绩斐然：英语科组在廉江市朗诵展评活动中获得一等奖；李春霞老师在"首届京师杯"全国中小学幼教数字化教学能力展示活动中获得广东地区小学数学教学课件类作品一等奖、微课视频类作品二等奖；龙阳盼、卢惠敏、钟晓玲三名教师创编的多模态绘本在2020年湛江市PEP小学英语语音绘本资源征集活动中荣获一等奖；陈雅诗老师在2019年湛江市第二届中小学青年教师专业技能大赛中荣获一等奖，在2020年"华夏之星"青少年艺术展评（古筝考级曲专项赛）活动中获优秀指导老师奖；廖桂福主任指导学生陈泓颖参加第35届湛江市青少年科技创新大赛，获得优秀少年儿童科学幻想绘画作品三等奖。

运动场

学校教学教研团队年轻、充满活力、富有创新精神，先后承担了"小学语文课内外阅读整合教学方法的研究""小学语文作文常见问题和研究""在小学数学教学中提升学生解决问题能力的策略研究"等教学科研课题的研究。校长邹颖华是湛江市第三批名校长培养对象，主持研究湛江市教育局"十三五"规划2020年度课题"对问题学生心理健康教育的有效性研究"。

校园全景设计效果图

湛江市实验小学

市、区各级领导参加学校揭牌仪式

学校党委书记、校长詹水平在"三名"工作室揭牌仪式上讲话

学校拥有坡头区首批名校长、名教师、名班主任工作室

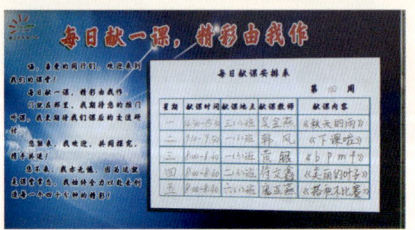

学校"每日献一课"活动

湛江市实验小学坐落于美丽的湛江湾之东——海东新区，是海东新区第一所公办义务教育学校，于2017年建成开学。学校占地面积26713平方米，校舍建筑面积21222.48平方米，建有1栋教学楼、1栋综合楼和1栋辅助用房。学校设施设备齐全，全面实行多媒体教学。学校规模按6个年级设置，每个年级8个教学班，共2160个学位。办学3年来，学校在上级政府和教育部门的正确领导下迅速发展，现有学生近1300人。

学校秉承"打造一流校园环境，营造和谐书香氛围，培养品学兼优学生"的办学理念，在办学实践中不断探索。充分利用素质教育这个机遇，把课程落到实处。除了按质完成国家标准课程以外，还积极探索以生活劳作相结合的实践课、跨学科相融合的整合课等校本特色课程，为学生营造快乐成长的空间，为教师搭建自我发展的平台，让每个人都有出彩的机会。

学校曾被评为广东省少先队红旗大队、广东省垃圾分类教育示范基地、湛江市艺术教育特色学校、湛江市性别平等教育示范学校、湛江市先进党支部。

强化师资队伍建设，不断增强育人本领

学校有在职在编教师共76人，全部为大学本科以上学历。学校坚决贯彻落实党中央、国务院、教育部等有关工作部署，以立德树人为核心，以培养"四有"教师、实现教育现代化为目标，采取一系列措施，深化体制改革、强化管理服务、优化队伍结构、提高整体素质，取得显著成绩。学校要求教师保持"可信、可敬、可靠，乐为、敢为、有为"的良好形象，做到"人格要正"，用高尚的人格感染学生，用真诚的付出感动学生，用知识的力量感召学生，以丰富的学识赢得学生，自觉做为学为人的表率，成为让学生喜爱的老师。

学校通过系列活动，持续提升教师的教学能力、班级管理能力、语言表达能力、写作能力等。

大力开展教研活动，提升实战教学能力

学校发展的核心是教育教学质量，教育教学质量提升的关键是教师，教师提升的关键是教师的专业水平和教学能力的提高。

教研活动方面，为提升实战教学能力，学校通过开展多种教研活动，着重抓住课堂40分钟，开展"每日献一课"、"15分钟微课堂教学展示"、各学科教师专业能力比赛、校际交流等系列活动，不断提升教师自身的教学能力，提高教学质量。课改方面，

学校教职工趣味运动会

学校《童心向党 爱在中国》节目参加坡头区童心向党歌咏比赛获得一等奖

学校"童心童梦"百人现场绘画比赛

学校学生手语操比赛

学校特色课程"阅读分享课"

学校特色课程"种植实践课"

以校本课程为突破口，开发研究校本课程，积极实践，大胆探索，使校本课程内容丰富多彩。学校已落实的校本课程包括"体育与数学应用""种植与实践""阅读与分享"。课题研究方面，以课题研究为抓手，打造学校教研文化，构建学习型研究型教师团队。学校共有3个省级课题、1个市级课题、3个区级课题正在研究中，研究内容涉及语文、数学、英语教学以及跨学科融合、德育教育等。

此外，学校拥有3个坡头区首批工作室，分别是詹水平名校长工作室、黄敏名班主任工作室、陈娟名教师工作室，通过发挥工作室的引领、辐射作用，为教师教学能力提升加速。

研发特色教育，在玩中快乐学习

小学阶段是每个人一生中最快乐的童年时光，也是每个人养成良好的学习习惯、生活习惯和塑造高尚人格的重要时期。学校成立以来，坚持"学校教育不仅是为了丰富学生的知识，提高能力，更是要让学生的精神生活过得快乐而充实"的教育思想，倡导"玩学"的教育理念，通过"玩"的课程和活动，激发学生的想象力、创造力，从而使学生乐学、会学。

学校顺应儿童爱"玩"的天性，借"玩"塑造灵性、创造个性，激发学生"学"的活力。开启"种植与实践""阅读与分享"特色课程，打造学校的教育教学特色。同时在整合课程，形成特色方面不断努力，开创了"语文+阅读分享""语文+种植实践""数学+体育活动""英语+信息技术"等特色课程，深受学生喜爱，并取得理想的教育教学效果。

强化以德育人，培养全面发展人才

学校紧紧围绕党中央、国务院、教育部等有关文件要求，以凝聚人心、完善人格、开发人力、培育人才、造福人民为工作目标，发展素质教育，培养德智体美劳全面发展的社会主义建设者和接班人。

学校在德育方面打造中小学生社会实践大课堂，大力弘扬爱国主义，传承优秀传统文化，培养积极向上的爱国主义人才。

学校"种植实践课"场地——开心农场

跆拳道课

陶艺课

学校队部室

学校梦想书吧

吴川市建兴小学

学校大门

教学区

休闲区

吴川市建兴小学创办于2005年9月，原是一所公民联办的完全小学，校名为吴川市梅菉中心小学梅岭实验学校。2007年9月，学校改制为公办学校，更名为吴川市梅菉中心小学分校。2014年9月，经吴川市人民政府批准，学校与中心小学分离，独立办学，命名为吴川市建兴小学。学校现已办成一所功能齐全、设备先进的现代化小学，是莘莘学子求学的理想场所。

学校位于梅菉街道大有岭开发区，占地面积17000平方米，建筑面积达13380平方米。学校现有46个教学班，拥有图书室、阅览室、多媒体教室、舞蹈室、科学室、计算机室、音乐室、少先队部室、体育器械室、美术室、心理咨询室、录播室、智慧教室、卫生保健室、广播室等设备先进的功能室。学校现有学生2650人，教职员工117人，教师学历合格率达100%。学校领导班子学科结构合理，是一支年轻、专业、富有战斗力和向心力的队伍，教师年龄结构合理，教育教学能力突出。近年来，教师有80多人次获得各级荣誉称号或奖励，其中3名教师受到省政府、省教育厅表彰奖励，6名教师获得湛江市青年岗位能手、湛江市优秀教师等称号，5名教师在湛江市教学比武中获得一、二等奖。

学校以习近平新时代中国特色社会主义思想为行动指南，遵循"以德为首，教学为主，素质为根，特色为翼"的办学思想，确立"管理规范、质量过硬、特色明显、家长信任、社会满意"的办学目标，形成"尊师、爱校、勤学、守纪"的校风，"爱生、乐教、勤研、善创"的教风及"自主合作、勤学善思"的学风。近年来，学校大力推进素质教育，实行新课程改革，加强教师队伍建设，努力改善办学条件，并取得了显著的成绩。学校集体20多次、学生500多人次获得各级荣誉称号或奖励。学校是教育部首批全国青少年校园足球特色学校，先后被评为全国示范家长学校、广东省依法治校示范校、广东省安全文明校园、湛江市安全文明校园、湛江市规范化家长学校、湛江市"十大书香校园"；少先队大队部被评为广东省"红旗大队"。2020年，学校还被评为广东省书香校园，并被推评"全国文明校园"，通过了网上公示。

如今，学校正致力于高标准的建设，全面引进智慧校园管理，优化管理环节，提高管理水平，构建现代创新教育教学模式，向更高的目标迈进。

图书阅览室

学校男子足球队参加2020年湛江市"市长杯"比赛获第三名

学校男子足球队获2020年吴川市青少年校园足球联赛甲组冠军

化州市第二小学

化州市第二小学创建于1951年，坐落在化州城区风景别致的宝山脚下、鉴江河畔西侧，毗邻化州名胜景区"鼓楼"的南端。学校占地面积56000平方米，总建筑面积22001平方米，东、西两个教学区与运动场成犄角之势，校园环境优美舒适，风景秀丽，建筑物精致典雅。

学校在弘扬传统文化的基础上，沉淀办学经验，升华教育思想，构建了"党建+发展"的管理模式，坚持"办精品学校 育时代英才"的办学宗旨，秉承"立德树人 为学生的美好未来奠基"的办学理念，走出了规范化办学、精细化管理、内涵式发展的新路子。

学校以"夯实基础、带好队伍、促进改革、提高质量、凸显特色"为工作着力点，始终贯彻"以德治校、科研兴校、特色立校、质量强校、平安稳校"的办学思路，完善了学校管理文化、德育文化、课程文化体系，全面推进平安校园、书香校园、智慧校园、特色校园和幸福校园的"五园建设"，营造了生动和谐的育人环境。

学校大力弘扬"明德、励志、求真、尚美"的校训精神，形成了"文明、传承、进取、创新"的校风、"博学、严谨、爱生、敬业"的教风和"勤奋、善思、乐学、敏行"的学风，全面实施素质教育，为党育人、为国育才，取得了丰硕的育人成果。

学校办学成效显著，先后被评为广东省书香校园、茂名市文明校园、茂名市优秀家长学校、茂名市现代教育教学技术实验学校、茂名市乒乓球体育传统项目学校、茂名市教育作家协会培训基地、茂名市知识产权教育培训基地、茂名市"小小科学家"科学教育体验活动试点学校、化州市文明单位、化州市教育系统宣传工作先进单位、化州市安全文明校园、化州市德育示范学校，学校少先队大队部连续六年被评为茂名市、化州市少先队红旗大队。2020年，王振清老师被评为"化州好人"，杨锦莲老师被评为化州"最美教师"；吴晟晖同学被评为"茂名市新时代好少年"，苏子锷同学被评为"化州市新时代好少年"。学校乒乓球队积极参加省、市级乒乓球比赛，先后获得茂名市"体彩大乐透杯"青少年乒乓球锦标赛女子团体第二名、男子团体第三名，第二十一届中小学生运动会乒乓球比赛丙组团体总分第三名，化州市小学生乒乓球锦标赛团体总分第一名等集体荣誉，同时还获得其他省、市级个人奖项10个。

学校乒乓球队获得茂名市第二十一届中小学生运动会乒乓球比赛团体总分第三名

学校党支部开展党员理论知识学习

广东省书香校园揭牌仪式在学校举行

学校原创曲目《党旗飘扬祖国腾飞》在化州市庆祝建党百年歌唱比赛中获得特等奖

学生参加学习社会主义核心价值观主题教育实践活动

学校办学宗旨、办学理念和"一训三风"

学校书法室

信宜市教育城小学

学校办学理念园

信宜市教育城小学是信宜市委、市政府为实施"科教兴市"战略，带动全市教育跨越式发展而兴建的一所优质学校。校园占地面积20多万平方米，建筑面积7万多平方米，绿化面积达5万平方米，按园林式科学设计，分为教学区、运动区、生活区、休闲区。2003年秋季开始招生，现有教学班120个，学生6000多人。

学校师资力量雄厚，现有专任教师300多人（含党员104人），其中特级教师3人，国家级骨干教师4人，省级骨干教师12人，市级骨干教师42人以及信宜市"十佳"教师一批。拥有小学正高级职称教师1人，高级职称教师66人，研究生学历教师3人，本科学历教师141人。

学校以"服务稳校，质量立校，科研兴校"为办学理念，以"书香校园、师生家园、成长乐园"为办学目标，形成了"培养良好习惯，活动展现个性"的办学特色。学校按"抓党建促教育质量提升"的工作思路，将党建工作渗透到教育教学全过程，发挥党员先锋模范作用和基层党组织战斗堡垒作用。注重素质教育，每天开展1小时的大课间活动，做到春有"读书节"、夏有"科技创新节"、秋有"体育节"、冬有"校园文化艺术节""亲子才艺比赛"等活动，形成了"玩"式教育、"科技创新教育"等特色教育。坚持开展"四节一艺"活动，取得丰硕的成果。肖惠丹同学的科幻画作品荣获全国第三十二届科技创新大赛二等奖、广东省第三十二届科技创新大赛科幻画一等奖；张展鹏、何政谦同学荣获广东省青少年机器人竞赛小学组季军；刘逸羲同学获得第四届"曹灿杯"全国朗诵大赛北京全国总决赛银奖。2020年，学校朗诵社团在茂名市中小学抗击疫情朗诵比赛决赛中荣获一等奖。

学校"五育"并举亮点初现，年年获得信宜市教育教学质量综合评价第一名，先后被评为全国青少年校园足球特色学校、广东省现代教育技术实验学校、广东省中小学校本培训示范学校、广东省安全教育基地学校、茂名市未成年人思想道德建设先进集体、首批广东省中小学艺术教育特色学校、广东省信息中心示范学校。2020年，学校还被评为茂名市安全文明校园、广东省安全文明校园、全国文明校园。

学校将不忘初心，牢记使命，努力培养德智体美劳全面发展的社会主义建设者和接班人，办好人民满意的教育，谱写新时代学校高质量发展新篇章！

学术厅

支部同志学习党章党史

慰问抗美援朝老兵活动

科技节活动

体育节活动

朗诵比赛

罗定泷州小学

学校党支部书记、校长郭彤

学校少先队建队69周年主题队日活动

学校概况

罗定泷州小学由政府投资、乡贤捐资兴建，教育教学管理由政府教育主管部门负责，是直属于罗定市教育局管理的公益一类事业单位、罗定市示范性小学。自办学以来，学校先后被评为广东省中小学教师校本研修示范培育学校、第四批广东省中小学艺术教育特色学校、广东省信息化中心学校、广东省义务教育标准化学校、云浮市"三全育人"示范校、云浮市文明校园先进学校等。

践行"润德教育"理念

学校坚持"以文化为引领，以发展为宗旨，以质量为根本"，积极践行"润德教育"理念。"润德教育"着眼于学生的全面发展和自主发展，凝聚师生力量，挖掘办学优势，提升办学质量，建设品牌学校，指引学校不断向更高水平迈进。

构建"润德文化"体系

名礼仪：开展"争章"活动，争做"美德少年"。美好礼德从良好习惯开始。学校持久开展学生"五相·五礼"良好习惯礼仪养成活动，形成良好的学校风尚，其中"五相"指站相、坐相、走相、吃相、睡相，"五礼"指微笑礼、问候礼、握手礼、鼓掌礼、感谢礼。

懂孝悌：开展"增彩"活动，创建"礼德家庭"。深入开展"润德好家风"创建活动，推动"好家风"的一脉相承；丰富学校德育内涵，促进家庭教育与学校教育进一步融合，使家校共育效果更加明显。

辨荣辱：开展"增分"活动，争创"礼德班级"。班级润德文化是学校润德文化的重要体现，学校确定了班级润德教育的"六型模式"，分别为书香型班级、艺术型班级、自治型班级、体验型班级、温馨型班级、环保型班级。

实施"润德英才"计划

创建"六大学院"课程（德、智、体、美、劳、创）：体学院课程、艺学院课程、礼学院课程、文学院课程、社学院课程、科学院课程。

培养学生"九个一"综合素养：一生受用的行为习惯、一项突出的生活技能、一路伴随的艺术修炼、一个强劲的健美体魄、一副流利的演说口才、一种科学的思维方式、一手漂亮的软硬书法、一些善良的互助伙伴、一门优秀的学科素养。

打造"润德教师"团队

学校现有教师198人，其中特级教师2人，高级教师7人，本科学历教师占比80%。学校以"泷州小学名师专业发展中心"为平台，打造"魅力型、学习型、科研型、名师型"的润德教师团队。

英语特色课程活动

科技节活动现场

学生美术作品展示活动

学校微信公众号二维码

校园文化体育艺术节文艺汇演

学校跆拳道社团成员合影

罗定市罗平镇中心小学

学校荣获广东省"传笔下金典,做向上少年"少儿书写大会最佳组织奖

学校教师黎月丽被评为云浮市第三届青少年科技创新大赛"优秀组织工作者"

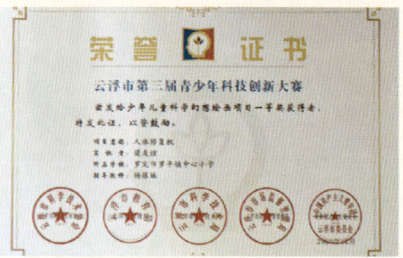

学生梁友谊荣获云浮市第三届青少年科技创新大赛少年儿童科学幻想绘画项目一等奖

学生在上劳动课

校园一角

学校全景

创办历程 罗定市罗平镇中心小学创办于1912年,原名为诚正小学,1921年更名为罗平第二高级小学,1949年后更名为罗定县第四区第一小学,1952年迁往罗平圩西部重建新校,1954年后改名为四区中心小学。1978年在中心校原址恢复设立罗平镇中心小学。2003年,学校增建中心校高年级部,校园占地面积33600平方米,建筑面积2500平方米,于2005年9月投入使用;2013年新征用地约10000平方米,2018年新征用地约3333.33平方米,不断扩宽校区空间,完善学校配套设施。

基本情况 学校下辖完全小学1所,面上教学点27个,幼儿园11所(其中公办幼儿园4所,民办幼儿园7所);拥有小学教师334人、幼儿园教师93人、小学生6460人,在园幼儿2606人。校本部有学生2435人,教师141名,其中小学高级教师9人、小学一级教师52人。学校教学区、运动区、生活区布局合理,绿化覆盖率达60%以上;建有专用教室49间,教师办公室、计算机室等功能场室共24个;配有计算机120台,电教平台54套;配备了200米环形跑道标准田径运动场1个,标准水泥篮球场5个,排球场2个,羽毛球场2个。2020年,学校投入资金109万元,对中心幼儿园教学楼进行修缮建设;投入22万元,升级改造中心小学校本部篮球场;投入45万元,新建替北小学综合楼,以及对配套设施进行配备;投入40.5万元,对高、低校区和替阳、罗白围、竹围等学校零星工程进行建设;投入20万元,对全镇电教平台网络和视频监控系统等进行改造和维修。

办学成果 学校坚持"德育为首,育人为本,德能并重"的办学宗旨,在全市小学中发挥了窗口示范作用。2020年,学校劳动教育成果《我和春天有个约会——美化小花圃劳动实践活动》获广东省优秀成果奖;学校营下的黄牛木教学点、双莲教学点、泗盆教学点等被评定为"毒品预防教育"示范学校;教学质量不断提升,获2020年罗定市教学质量综合评价三等奖;师生参加各级比赛,有100多人次获得市级以上奖励;学校被评为2020年广东省"绿色学校"。

科创特色 2020年12月,学校师生参加第十五届广东省青少年科学调查体验活动,作品《追寻蒲公英》《传承剪纸文化》分别获得二等奖,作品《自动开关窗的制作与使用实验报告》《落木星》《叶脉吊灯》《"幸月光"灯饰》《叶脉书签》《移动的叶脉抽纸盒》均获得三等奖。学校组织师生参与由中国科协、教育部、国家发改委等六部委联合开展的2020年度青少年科学调查体验活动,获得全国"2020年青少年科学调查体验活动优秀学校"称号。

新兴县六祖镇中心小学

 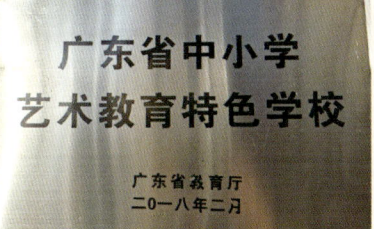 

学校荣誉　　　　　　　　　　　　　　　　禅心雅行植物墙

学校概况　云浮市新兴县六祖镇中心小学坐落在六祖圩镇中心，位于六祖大道旁边，与龙山旅游度假区为邻。学校始建于1898年，原名为雅冈小学，2003年易名六祖镇中心小学，沿用至今。学校建筑面积8168平方米，拥有12个教学班，26名教职员工，470名学生。学校现有高级教师3人，省版画教育名师1人，省名教师工作室助手2人，县学科带头人1人，县骨干教师7人，镇级名教师工作室2个，为学校的内涵发展提供了有力的保障。

雅园读书吧

办学思想　学校结合六祖雅冈的地域环境和学校特色，充分挖掘、传承、创新，把学校的特色文化定位为"禅雅教育"，确立了以"践行禅雅教育，奠基幸福人生"为核心的校园文化体系，以"培养'雅心雅品、雅言雅行、雅情雅趣'的禅雅学子"为育人目标，以"感恩、坚忍、博雅、创新"为校训，形成"健在身心，雅于言行"的校风，秉承"博爱乐教，儒雅善导"的教风，发扬"博闻乐学，宏雅善问"的学风，为孩子的终身发展和幸福奠定基础。

校本课程自主选课现场

办学特色　学校立足立德树人，落实"三全"育人工作，坚持走"国家课程校本化""校本课程多样化"和"德育课程具体化"之路。严格执行国家课程计划，开齐课程，开足课时，通过课程构建、主题活动、德育活动和书香校园建设等倾力打造"禅雅教育"文化体系。学校坚持德育为先、能力为重、全面发展，构建更具特色的"四个一"（一日一雅行、一月一主题、一期四件事、一年一研学）德育系列课程，开展各阶段相互联系、形成系列的主题教育活动。遵循"学为中心，素养为本"的教育理念，探索"246课堂教学模式"，打造高效课堂。根据学生兴趣爱好和综合素质全面发展的要求，开设富有特色的17项社团活动，采用自主选课形式，取得显著成效，有效促进学校体艺特色的形成和发展，较好地实现了全科育人、全程育人和全员育人，提升了学校办学内涵。

研学实践活动

办学成果　学校围绕"禅雅"文化建设这一中心工作，稳中求变，变中思进，全校师生在文化建设中探索，在课程建构中提高，在课堂改革中成长，取得了较好的办学成果，得到社会各界的肯定。学校先后获得中国青少儿版画教育活动基地、广东省中小学艺术教育特色学校、云浮市依法治校达标学校、云浮市文明校园先进学校等荣誉称号。

大课间活动

广东实验中学

学校大门

德政楼

万有楼

校园长廊

广东实验中学（以下简称省实）是直属广东省教育厅领导的省级重点中学，广东省首批国家级示范性高中。

跨越百年历程，斯文一脉相承。 学校秉承"爱国、团结、求实、创新"的校训，牢记"立德树人"的初心，扎根中国大地办教育，立足"以人为本，以德树人，以质立校"的办学理念，培养了包括邓锡铭、黄耀祥、范海福、蔡睿贤、姜伯驹、岑可法、钟南山等院士在内的万千优秀学子。学校还坚持"实验性、创新性、示范性"的办学特色，耕植"实验区里的试验田"，勇当"先行区里的先行者"，传承创新，内涵发展，做广东基础教育领头羊。学校办学成绩显著，先后获得全国文明单位、全国文明校园、全国师德建设先进集体、广东省先进集体、广东省文明单位等荣誉。

2020年是不平凡的一年，省实人"把不容易，变成有意义"，矢志深耕内涵，勇担教育使命，办学再创佳绩。

不忘初心担使命，立德树人铸师魂。 广东实验中学深入学习贯彻习近平总书记在党史学习教育动员大会上的重要讲话精神，贯彻落实《中共中央关于在全党开展党史学习教育的通知》和中央、省委、省委教育工委、省教育厅动员大会精神，对学校党史学习教育进行全面部署。把党史学习教育作为2020学年度的一项重大任务，作为关系学校教育事业高质量发展全局的重大举措来贯彻落实。同时深入开展党风廉政建设，增强党员教师队伍廉洁自律意识，加强师德师风教育，充分发挥基层党组织的战斗堡垒作用和共产党员先锋模范作用，激发广大教职工以更加饱满的热情推动教育事业更高质量、更有效率、更可持续发展。

疫情袭来，学校始终按照国家、省市的相关疫情防控要求，统一思想，树立安全意识，把师生健康放在第一位，研究落实各项疫情防控要求，科学抗疫，秉承"教书育人，服务社会"的理念，坚持"五育"并举，在全省率先组织线上学习，并向全社会开放。疫情期间，学校通过四个平台（广东教育资源公共平台、南方+、新花城、广东移动 IPTV）向社会开放19个常规课、85个专题课，点击观看量达1500多万，得到社会的广泛关注。广东电视台新闻、广州电视台新闻、广州电视台G4栏目、南都传媒、广州日报都对此进行了采访和报道。

示范引领开新局，实验创新勇争先。 学校获评全国文明校园、国防教育特色学校，成功入选普通高中新课程新教材实施国家级示范校，荣获"新时代广东省中小学、幼儿园科创和STEM教育课程教材构建与实施"教改实验学校称号；6项课题获得广东省教育科学"十三五"规划2020年度教师教育科研能力提升计划项目立项，其中"普通高中生态美育体系研究与实践——以广东实验中学为例"获得重点项目立项。

足球场

学校食堂

校园一角

中考高考创辉煌，筑巢引凤纳贤才。学校高中教学处探索建立了适应新高考改革的"高中教学目标体系"，主要依据国家制定的高中学生学科核心素养体系，拟定学校的高三"五线"、高一高二"六线"目标体系，以过程监控、教学评价为抓手，增强教学评价功能，加强教学过程监控。同时通过"四课"等形式，拓宽教学优化途径。2020年高考，广东实验中学既有"高峰"，又有"高原"，11名同学进入全省文理前100名，18名同学被清华大学、北京大学录取。2020年中考也取得优异成绩，总分760分以上共7人，总分750～759分共12人。广东省基础教育研究博士工作站落户省实，学校成功引进7名博士，均毕业于清华大学、北京大学、香港大学、中国科学技术大学等一流名校，学校师资结构不断优化。

深圳市教育局与广东实验中学举行合作办学签约仪式

科创体艺齐绽放，特色品牌放光芒。沈岱同学获国际天文学与天体物理学国际银牌，许培丽、梁然两名同学获中国女子奥林匹克数学竞赛银牌，许培丽同学获中国奥林匹克数学竞赛铜牌。在全国中学生天文知识竞赛中，沈岱同学获全国银牌，黄山同学获全国铜牌。共有40人获广东省学科竞赛一等奖。在第三十五届广东省青少年科技创新大赛上，共获得一等奖4项、二等奖3项、三等奖1项，是广东省获得奖牌数和一等奖数量最多的学校。合唱团在意大利RIMINI国际合唱节大赛中获得混声合唱冠军，民乐团在广东省第七届中国民族器乐大赛中获得5项金奖，交响乐团在广东省第二届校际管乐节比赛中获最高奖项"示范乐团"。初中篮球队获得全国U15篮球比赛亚军，羽毛球队、武术队、网球队、乒乓球队、游泳队、无线电测向队等参加各类比赛摘金夺银。

学校合唱团参加第十四届意大利RIMINI国际合唱节

示范引领促均衡，集团办学谱新篇。"一枝独秀不是春，百花齐放春满园。"广东实验中学不忘初心，贯彻基础教育均衡发展的重要战略方针，学校北拓白云，东进深圳，集团化办学稳步推进。学校新校区正式落户广州市白云区。深圳市教育局与广东实验中学就创办广东实验中学深圳学校签署合作协议。学校形成了"一校四区十门"的集团化办学格局。

省实集团化办学最终的希冀是实现教育公平，共享优质教育资源。这正是省实作为百年名校的社会责任与情怀担当，是为大格局也！

学校民乐团参加广东省第七届中国民族器乐大赛

学校篮球队参加全国U15篮球比赛

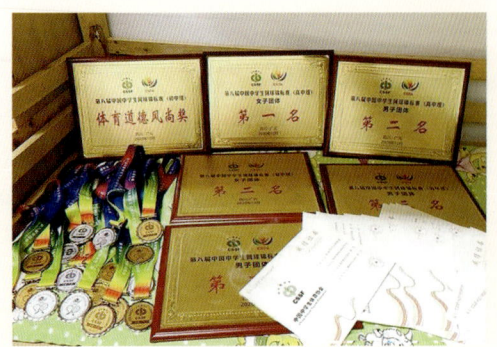

体育团队奖牌

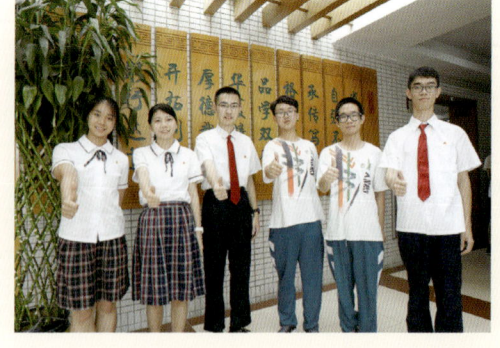

2020年高考高分考生合照

证书

广东实验中学：

被评为第二届全国文明校园，特发此证予以表彰。

中央精神文明建设指导委员会
2020年11月

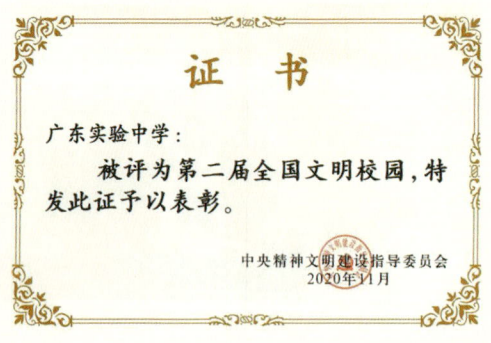

2020年，广东实验中学被中央精神文明建设指导委员会评为全国文明校园

广东实验中学

广东省博士工作站

广东省人力资源和社会保障厅 制发
二〇二〇年二月

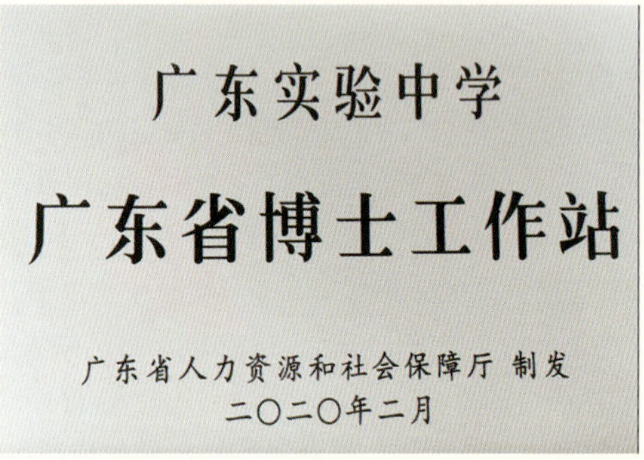

2020年，广东省基础教育研究博士工作站落户广东实验中学

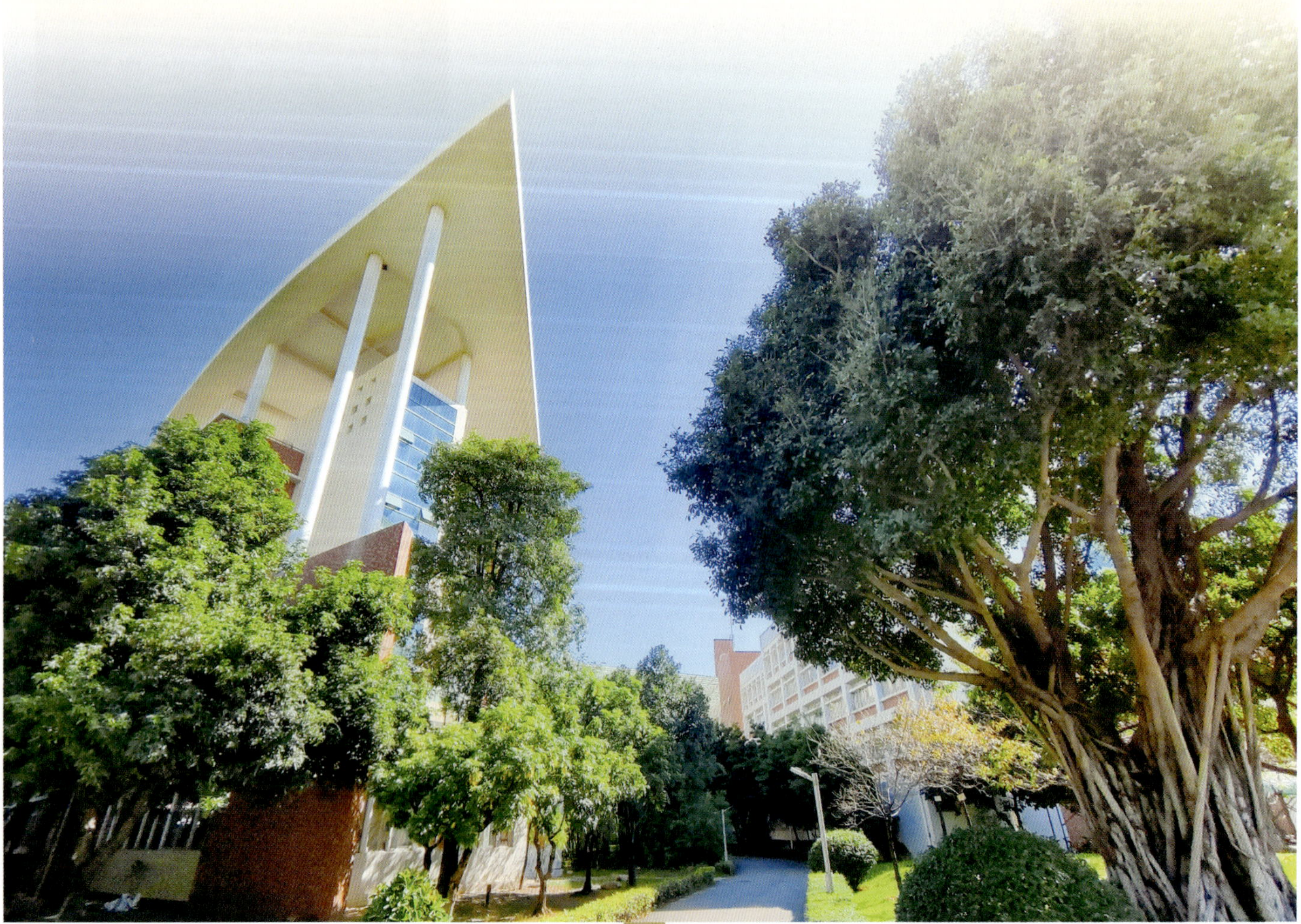

广东华侨中学

广东华侨中学创建于1930年，办学历史悠久，文化底蕴深厚。学校是直属于广州市教育局领导的广东省国家级示范性普通高中，先后被评为全国特色中学、全国航空特色学校、全国青少年校园网球特色学校、广东省中华文化传承基地、广州市基础教育国际交流与合作基地等。

跨越世纪长河，学脉赓续不息。 建校九十年来，学校始终与民族命运共浮沉，与时代脉搏同起伏，一代代"侨中人"秉承"爱国、正直、奋发、图强"的校训精神，奋发有为，砥砺前行。

师资力量雄厚，教育条件优越。 学校现有正高级教师4人，特级教师3人，高级和中级教师123人；拥有博士后1人，硕士以上学位教师113人；拥有广东省名教师工作室主持人3人，广东省和广州市名教育专家培养对象2人，广州市名校长和名教师工作室主持人6人；教师获得全国优秀教师、南粤优秀教师（优秀教育工作者）、广州市优秀教师（优秀教育工作者）等荣誉称号共40多人。

课程体系完善，助推人才培养。 学校积极推进"创新人才培养"计划，构建"必修课程＋选修课程＋特色课程＋社团活动＋研学拓展"五位一体的课程体系，融合STEAM教育理念，强调知识与能力、实践与创新并重，为学生量身定制个性化课程，培养基础厚实、勤于实践、勇于创新的高素质拔尖创新人才。学校成立了"广东华侨中学学生发展指导委员会"，聘请华东师范大学霍益萍教授专家团队，从学业、心理和生涯规划等方面对学生进行全面指导，推进学校创新人才培养工作。

全面素质教育，打造特色品牌。 学校秉承"以学生健康发展、全面发展、终身发展为本"的教育理念，将科技、体育和艺术教育三大项目作为全面实施素质教育的有效载体，以科技节、体育节、艺术节、读书节、班主任文化节、社团节等特色综合性活动为主阵地，充分继承、挖掘、完善和发展校园文化，为学生的发展提供更宽广的平台。

深化交流合作，发挥示范引领。 作为广州市"基础教育国际交流与合作基地"之一，学校主动适应基础教育国际化趋势，开设港澳子弟班，高标准打造国际课程班，积极创建"中""侨""外"文化汇集的国际化教育基地。

学校创新班学生在北京大学研学

学校创新班学生在清华大学研学

学校官方微信二维码

"侨中诗会"全球直播

学校被评为"全国特色中学"

学校被中国航空学会评定为"全国航空特色学校"

工程技术实验室

广州白云广雅实验学校

春天的校园

图书馆一角

学校参加第十一届广州市中小学生诵读中华经典美文表演大赛荣获广州市二等奖

绿茵点亮梦想，激情舞动青春——白云广雅首届校园足球嘉年华暨亲子运动会

学校舞蹈队节目《花季·雨季》参加广州市第三届"羊城学校美育节"舞蹈类比赛获得中学组一等奖

广州白云广雅实验学校（以下简称白云广雅）坐落在白云山麓、美丽的石井河畔、张九龄公园旁，取义——"白云"寄壮志，"广雅"肇鸿基，名门传血脉，"实验"创先河，是一所由广州邵盛贸易有限公司投资建设、广东广雅中学负责教育教学管理的九年一贯制学校，师生合约3000人。

2008年，在广雅书院文化垂范120周年之际，广州白云广雅实验学校成为广雅教育集团直接管理的一所优质民办学校。办学十二载，白云广雅以其先进的理念、规范的管理、特色的课程、温润的德育、优异的质量、过硬的品牌，赢得学生、家长、社会的认可。不仅历年中考成绩在广州市名列前茅，而且在"和谐·创新"的素质教育之路上高歌猛进，形成了"温润德育、博雅课程、文化赋能"的特色名片。学校先后被评为广东省书香校园、广东省绿色学校、广东民办教育四十周年突出贡献机构、广州民办教育四十周年突出贡献机构、广州市文明校园、广州市义务教育阶段特色学校、广州市中小学心理健康教育特色学校、广州市民办教育先进单位、广州市安全文明校园、广州市白云区智慧校园、白云区德育品牌学校、白云区毒品预防教育示范学校、白云区民办教育先进单位，还是中国数学教育创新实验基地、广东人文教育实践基地、中小学舞蹈教育传统学校、广州市校园足球项目推广学校、广州市中小学综合实践活动学科研究基地。

2020年，在白云教育大格局的引领下，在广雅集团共联赋能的支持下，白云广雅抓住时代发展契机，顺应社会对优质基础教育资源需求的历史潮流，高效入局、注册"云雅教育"品牌。在落实"立德树人"根本任务的基础上，坚守"有温度的教育"，让学子丰富"有故事的生活"，为学生的成长与发展提供更多样化的选择与指导，不断完善"三回归、三标志、五维度"德育模式，不断优化"博雅课程"教学体系，不断升级"云雅文化"环境赋能教育。

未来的道路上，白云广雅将继续凭着务本求实、甘为人梯、敢为人先的精神阔步向前：以广博而益智，以雅正而厚德，以弘毅而致远，以和谐而至强。

学校模联社参加广东省中学生模拟联合国大会

学校获评为广东民办教育四十周年突出贡献机构

广州市番禺区市桥桥兴中学

广州市番禺区市桥桥兴中学坐落于市桥河畔，校园环境优美，四季花开，现有教学班38个，师生近2000人。学校秉承"为生命立心，为成长搭桥"的办学理念，创建"心桥"文化，坚持以人为本，尊重学生个体差异，使每个学生学有所得、学有所长，让每一个孩子"成为最优秀的自己"。

美丽校园

五四青年节新团员宣誓仪式

学校拥有一支品德优良、专业过硬、结构合理、年富力强的师资队伍，超过一半的教师获得中级以上职称，教师100%为本科及以上学历。学校教师团队由广州市名校长工作室主持人领航，由10多名省、市、区级名师执教，让每一名学生都能受到公平而优质的教育。

学校精心组织开展"润心德育"活动，校园生活精彩纷呈。学校每年举办科技文化节、体育艺术节、明心书香节、礼仪节、义卖活动、感恩活动、离队入团活动等特色鲜明的活动，让学生在活动中行思结合，学会担当，润泽心灵，成就人生。

初一年级学生队列队形会操展演

学校着力打造"高水平、有特色"的"盈心课程"体系，开展语言艺术、武术、游泳、书法、足球等特色课程，着眼于莘莘学子的未来，为学生的幸福人生奠基，促进每一个桥兴学子的健康成长。学校的语言艺术、武术、游泳等项目通过广州市高水平美育、体育团队评审，成为学校的品牌项目。学校开设了天文、美术、朗诵、舞蹈、烹饪、机器人、龙狮、乒乓球、足球、小主持人等40多个学生社团，满足学生的个性发展需求，培养学生的可持续发展能力；学生积极参与各类社团活动，综合素质得到全面提升。

经典诵读比赛

学校办学规模不断扩大，教育教学质量稳步提高，先后被评为广东省依法治校示范校、广州市健康学校、广州市安全文明校园、广州市体育传统项目（武术）特色学校、广州市游泳试点推广学校等。学校中考成绩连续多年在市、区名列前茅。学校连续十年获得番禺区初中毕业班工作一等奖，近两年获得番禺区初中办学绩效一等奖。学校每年有500余人次在省、市、区各级各类学科及活动竞赛中获奖。学校结对帮扶贵州省毕节市多所学校，取得突出的成绩；发挥示范和辐射作用，先后接待了到校参观交流的校长、骨干教师共计50多批次1000余人。

学校教学楼

广州市广大附属实验学校

党员活动室

标准会议室

多功能会议厅

创客室

茶艺室

广州市广大附属实验学校是一所集小学、初中、高中于一体的十二年一贯制优质民办学校，隶属广大附中教育集团，现为广州市示范性普通高中学校。学校创办于1998年，办学20多年来，始终践行"为学生迈向人生高峰奠定坚实基础"的办学理念，全面贯彻党的教育方针，逐步发展成为一所办学思想先进、师资力量雄厚、教育质量优异、学生全面发展、办学特色鲜明的优质民办学校，先后被评为广东省标准化学校、广东省安全文明校园、广东省依法治校示范校、广东省绿色学校、广东民办教育四十周年突出贡献机构、广东省艺术特色学校、广东省劳动教育实验学校、广东省规范汉字书写特色学校、广东省特级档案室单位、广州市一级学校、广州市高中教学水平优秀学校、广州市羽毛球示范学校。

崇德尚善 打造鲜明的办学特色

学校全力打造"善德教育、国防教育、艺术教育"三大教育特色。一是重点突出国防特色。传承广大附中国防特色，以"传承红色基因，弘扬红色文化"为宗旨，初中开设少年军体班，高中开设国防班，进行军事化管理，一周进行3次规范军事化训练。打造国防教育特色文化体系，让国防教育成为学校一大特色与亮点。二是持续推进善德特色。完善优化崇德尚善的育人文化体系，始终将立德树人作为教育的根本任务，围绕"善心""善行""善才"科学规划德育工作，完善德育体系。三是全力打造艺术特色。以"学校有特色，教师有专长，学生有特长"作为学校艺术特色教育的出发点，加强学生艺术特长培养。大力开展第二课堂，支持创办各类艺术社团，发挥新建雕刻室、书画室、版画室、舞蹈室、茶艺室等艺术功能场室的作用，让每个学段的毕业生通过学习都拥有1项以上的特长爱好。全力打造艺术特色校园，加强一校一品建设，让美术的版画、雕刻和音乐的舞蹈、葫芦丝成为学校素质教育的亮丽名片。

名师引领 锤炼优异的教学质量

学校利用自身的办学优势，通过市教育局柔性引进和对外招聘，大力引进有较高学术素养的名教师作为学校学科建设的领头雁。设有名师工作室6个，吸纳名师培养对象23人；教师发展工作室11个，参与教师近110人。每月开设教育论坛，分学科让名师举行讲座，介绍教育教学先进经验。不断提高教师福利待遇，增强教师的幸福感和获得感。学校已

游泳池

运动场

读书节

国防班

连续16年为教职工提升工资待遇，每年投入近200万元为教师购买年金。免费为教师提供早餐、午餐，教师子女就读本校全免学费。2016年，学校新建了4栋教师公寓，2018年又在新校区新增教师宿舍1栋，能满足全部教师在校住宿的需要，大部分教师能够住上三房一厅或两房一厅、一房一厅的住房。现有正高级、特级教师等名教师6人，清华大学、中山大学等名校研究生学历教师45人。近年来，学校教育教学质量不断攀升。连续两届高考夺得白云区理科第一名。2017—2020年，高考本科率分别高达92%、95%、90%、98%，高分保护线上线率保持在45%左右，在白云区独占鳌头；中考成绩在白云区始终名列前茅；小学毕业考曾连续八年名列石井学片第一名，连续五年荣获白云区小学教育教学工作综合评价一等奖。近三年来，学生在全国、省、市、区的学科竞赛中获得1400多个奖项，同时也是广州市唯一开展五科奥赛并均能获奖的民办学校。一大批毕业生，先后考入清华大学、北京大学、浙江大学等名校研究生。学校的快速发展，得到了上级领导的高度肯定、社会各界的充分认可、家长的良好口碑。

帮扶西部　发挥突出的引领效应

学校始终践行善德理念，无偿资助西部贫困学生，先后资助贵州黔南140多名贫困生到校就读，免收学费、住宿费、生活费等所有费用，上大学的费用也由学校承担，每年累计无偿捐资助学达300多万元。多年来，学校师生每年定期开展爱心手拉手、一米阳光等爱心活动，向西部捐款捐物，不遗余力支持西部教育发展，曾为西藏波密中学捐款10余万元。学校在贵州省黔南州独山县无偿承办了广大附属实验学校独山分校，分校年年中考获黔南州第一名，已夺得黔南州中考五连冠；又在贵州独山创办广大附属实验中学教育集团，接管独山高级中学、为民中学。学校在黔南的影响力不断扩大，成为当地一张亮丽的教育名片。

分校独山高级中学

分校独山为民中学

分校贵州独山三中

分校黔南民族师范学院附属中学

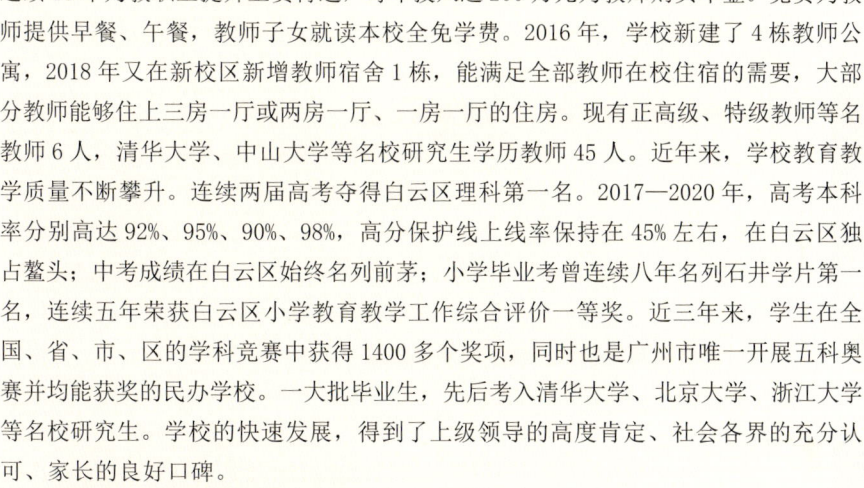

广州市南武实验学校

形式丰富的党史学习教育

智慧课堂专题研讨活动

语文特色活动培养学生核心素养

广州市南武实验学校（以下简称南实）于2000年9月1日诞生在珠江之滨，是一所全日制初级中学。学校依托百年名校南武中学的教育资源，传承南武文化的精髓，自强不息，志存高远，在不断践行"为学生提供优质教育"办学宗旨的过程中，逐步凝练成"高标准、严要求、重落实"的南实精神和"旭日教育"特色，努力打造优质教育的品牌。学校现有教学班18个，学生近900人，教职工70人。

思维教学聚核心，智慧课堂增效能。 2020年，学校继续潜心研究具有南实特色的自主学习五步法：课前先学—课堂学习—改错—追记—教会别人。同时，借助智慧课堂实施精准教学，提升思维教学的水平，取得不俗的成果。学校积极开展综合性活动，举办语文阅读分享会、数学讲题比赛、英语诗歌朗诵会等。

良好习惯促养成，五育并举润心智。 学校一直以来坚持以培养良好习惯为抓手，落实养成教育。以"守规则、担责任、求真知、能创新"作为育人目标，依托南实养成教育目标体系，借助"每月一事"德育主题活动，分级推进落实德育工作。组建了菁音主持社、阳光志愿团、腾飞文学社、日晞记者社等学生社团，举办形式多样的党史学习教育、田径运动会、元旦文艺晚会、爱国歌曲展演、红色剧目展演、经典诵读活动等。

优质教育守初心，硕果累累创辉煌。 20年来，经过不懈的努力，南实不负众望，日渐强大，教育教学水平和质量连年攀升，中考成绩一直位居海珠区的前列，多年来都获得"海珠区初三毕业班工作一等奖"，先后被评为广东省义务教育标准化学校、广东省优秀学校推选活动示范名校、广东省绿色学校、广东省书香校园、广东省依法治校示范学校、广州市义务教育阶段特色学校、广州市民办教育先进单位、广州市安全文明校园等，还荣获广州市优秀党组织、海珠区巾帼文明岗、海珠区师德先进集体、海珠区教育工作先进集体等荣誉。

经典美文朗诵激发学生爱国情感

榜样引领铸文化

课题成果强品牌

榜样引领铸文化，课题成果强品牌。 春去秋来，南实二十载，不变的是教师们求实创新、刻苦钻研的精神。南实的教师们热爱三尺讲台，潜心教学和课堂研究，一次又一次地走在课堂改革的前端。丰厚的奖项是教师成长的见证，为学生提供更优质的教育是教师不变的初心。在2020年海珠区中学第四届"海教杯"课堂教学评比活动初中组比赛中，学校有5名教师勇夺佳绩，语文科吴利芬老师、数学科周竞灿老师、英语科刘婷婷老师获得一等奖，道法科蔡敏老师、物理科谭文科老师获得二等奖。优秀班主任陈哲老师在第八届广州市中小学班主任专业能力大赛中获得综合类二等奖、情景答辩单项一等奖。由李平老师主持的海珠区教育科学"十二五"规划立项教师课题"自主学习理念下初中数学新课学案设计"顺利结题，并获得评审专家组给予的"优秀"评价。

一路风雨，一路欢歌，站在新的起点，南武实验学校将以更高昂的姿态，迎接新的挑战，高扬时代精神，向着更高更远的方向奋进，为培育更多的社会人才而不懈努力，为实现中华民族的伟大复兴而奋斗不息。

校运赛场展风采

管乐合奏旋律飞扬

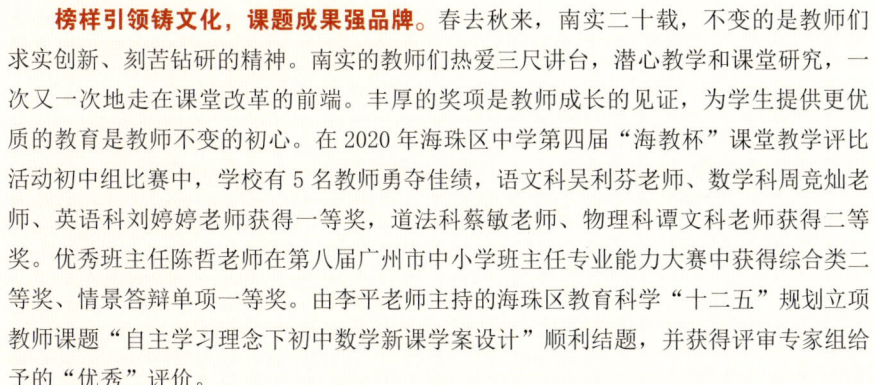

广州市真光中学

学校木桩创意粤剧彩绘作品参展第六届羊城美育节

校长赵小成为高一学生上党史课

真光合唱团在广州市优秀学校合唱团专场音乐会演出

学校健美操团队在省联赛中获得佳绩

广州市真光中学历史悠久，前身为那夏理女士于1872年创办的真光书院。高中校本部坐落在珠江之滨，白鹤洞山顶，占地面积9万余平方米，建筑面积6万余平方米。学校环境优美，古木参天，红墙绿瓦，现代化教学大楼与百年校舍相映成趣。

真光中学是广东省首批国家级示范性普通高中、首批广东省普通高中教学水平优秀学校、全国科技创新十佳学校、首批广东省德育示范学校、首批广东省心理健康教育特色学校、广东省依法治校示范校、广东省书香校园、广东省示范性教师教育实践基地、学生发展指导体系建设创新示范基地，2020年获评广州市文明校园。

学校现有白鹤洞校本部和汾水校区两个公办高中校区，有岭南校区和芳花校区两个初中校区，此外还举办了1所民办初中学校（真光实验学校）和1所民办小学（真光中英文小学）。随着东漖中学、金道中学和培真小学的加盟，2018年真光教育集团正式挂牌成立，学校走上了集团化发展的道路。

学校以习近平新时代中国特色社会主义思想为指导，全面贯彻党的十九大精神，贯彻党的教育方针，落实立德树人根本任务，强化纪律观念，改进工作作风，增强发展意识；落实"管理科学化，教育优质化，科研实践化，特色品牌化"的工作目标，走内涵发展道路，教育教学质量稳步提升，体育、艺术等特色进一步彰显；学校的品牌地位显著提升，进入高位、持续、稳步发展的新阶段。

咬定青山不放松，脚踏实地加油干。 真光人坚持立德树人，"五育"并举，成果丰硕。学校是广州市体育传统项目学校，在2020年全国青少年校园足球夏令营活动中，3人获得国家二级运动员资格，2人获得国家一级运动员资格并同时入选校园足球国家队。真光健美操团队在2020年广东省中小学生健美操啦啦操总决赛中获得高中组自选花球啦啦操第二名、徒手健身操第一名的成绩。学校合唱团实力雄厚，获2020年广东省高水平艺术团创建交流展示活动奖、优秀学校组织奖。

学校领导与师生在艺术节文艺汇演上同唱《难忘今宵》

学校举办18岁成人宣誓仪式

学生在校运会上表演艺术操

学校2020高考录取部分情况

学校获评为"广州市文明校园"

学校获广东省中小学校高水平艺术团队创建交流展示活动优秀组织奖

学校"木色丹青，桩载粤韵"木桩创意粤剧彩绘艺术实践工作坊参加第六届羊城学校美育节，展示了真光艺术团队的风采。此外，学校师生还在中学生大课间体育评比、书香校园活动等多个比赛中斩获多个特等奖、一等奖。学校举办的体育节、艺术节等多项大型活动获得师生和社会各界人士的高度认可。

用汗水浇灌收获，以实干笃定前行。2020年，学校高考成绩再创新辉煌。高优上线人数536人，上线率为68.9%，本科上线人数766人，上线率为98.46%。总分尖子生成绩突出：张林海同学理科总分699分，位居全省第37名，成为区属学校唯一被屏蔽的考生，被北京大学录取。钟汶珈同学文科总分639分，位居全省第79名，被中国人民大学录取。学校稳夺荔湾区文理总分第一名。理科650分以上的考生有14人，600分以上的考生有102人；文科600分以上的考生有16人，高分段人数创历史新高。

平凡铸就伟大，奋斗书写华章。在全体真光人的奋斗之下，学校先后被评为广州市文明校园、广州市教育工作先进单位、广东省教师教育示范性实践基地、广东省东西部扶贫协作先进单位。真光团队落实疫情防控常态化要求，关心爱护学生身心健康。真光教师"六种精神"发扬光大，师德师风进一步彰显。教师深化课堂教学改革，落实质量目标管理，强化质量过程管理，推进质量精细管理，坚持科研课题引领，专业水平再获提升。学校顺利完成支援新疆疏附、贵州毕节等地的教育帮扶工作，在脱贫攻坚的伟大历程留下了真光人的印迹。

"求真理，爱光明"，真光人不驰于空想，不骛于虚声，将一步一个脚印，聚焦抓质量，专注谋发展，为办好人民满意的教育而不懈奋斗！

广州市协和中学

荣获 2019—2020 学年度"广东省优秀学生"称号的欧仁古丽同学与学校党委书记、校长何冠南合影

2020 学年度"广东省宋庆龄奖学金"获得者张紫茹同学与校长何冠南合影

协和中学航模队在 2020 年广东省学生航空航天模型锦标赛中获得 3 个现场项目第一名

广州市协和中学的前身为1911年创立的"慈爱保姆传习所"和1921年设立的"广州市立师范学校",1952年两校合并为"广州市师范学校"。学校于2001年转办普通高中并更名为"广州市协和高级中学",自2002年起承担内地新疆高中班办学任务,2008年被评为广东省国家级示范性普通高中,2009年正式更名为"广州市协和中学",2016年开办初中。

学校现为广州市教育局直属公办完全中学,校址位于广州市西湾路93号,校园占地面积6万多平方米,建筑面积约6万平方米,是广州地区花园式单位。

学校现有教学班58个,其中初中班13个、高中班45个;全校共有学生2353人(含内地班学生172人);教职工257人,其中专任教师213人,含正高级教师2人、特级教师1人、高级教师以上职称91人。

学校秉承"协力和衷,作育英才"的办学理念,大力发扬"尔识真理,真理释尔"的校训精神,先后被评为国际生态学校、中华百年名校、全国生态环境教育百强学校、广东省教育系统创先争优先进基层党组织、广东省绿色学校、广东省节能减排先进单位、广东省校园生活垃圾分类教育基地、广东省依法治校示范学校、广东省青少年科技特色学校、广东省中小学心理健康教育示范学校、广州市文明单位、广州市德育示范学校等。

协和中学的生态特色闻名全国。学校先后承担了广东省重大科技项目"协和静园智能化绿色建筑集成与示范"、广州市环保局科技示范项目"协和静园生活污水强化吸附曝气处理生活污水"并顺利通过验收。围绕生态校园建设,学校学生开展了相关研究性学习达150多项,一批项目案例入选联合国教科文组织国际交流成果库;学生有2项研究学习成果获得发明专利,16项研究学习成果获得实用新型专利。

学校连续多年获得广州市高中毕业班工作一等奖。2020年,学校先后承办了广东省学生航空航天模型锦标赛、广东省电子制作锦标赛。近年来,学生获得国家、省、市级各类创新与科技类竞赛获奖近400项。

朝气蓬勃的协和学子

协和中学德山楼

协和堂

广州市中学生劳动技术学校

广州市中学生劳动技术学校创办于1983年，坐落在佛山市南海区大沥镇泌冲，校园占地面积305026平方米。学校先后获得全国青少年校外活动示范基地、全国消防科普教育基地、全国中小学环境教育社会实践基地、国家环保科普基地、国家防震减灾科普教育基地、全国教育系统先进集体、中国青少年社会教育银杏奖优秀团队奖、首批广东省中小学生研学营地、广东省德育示范基地、广东省青少年法治教育实践基地、广东省科普教育基地、广州市青少年学生社会实践示范基地、广州市国防教育基地、广州市爱国主义教育基地、广州市安全文明校园、广州市人民防空先进单位、广州市垃圾分类教育示范基地、广州市科学技术普及基地、广州市教育局大湾区中小学生素质教育基地、广州市劳动教育协会副理事长单位、广州市爱国主义教育基地优秀基地等多项荣誉，办学质量获得广泛的社会认可度、关注度和美誉度。

学校劳动课现场

学生劳动课成果收获

办校37年来，学校坚持为广州市中小学生提供以劳动教育融合"五育"并举的体验式校外特色教育模式。学校以"做美好生活的创造者"为办学理念，以"立德树人、实践育人"为办学宗旨，以"劳动神圣、知能双长、手脑并用、提高素质"为校训，建设"一个核心""三条主线""五大领域""七大主题"的"生态劳动教育"特色课程体系，实施示范性、专业性、体系化、特色化劳动课程育人。

生态教育自然观察课程老师带领学生进行农作物观察

在当前劳动教育大发展的背景下，学校在广东省教育厅、广州市教育局的关怀重视下，大力发挥劳动教育示范引领作用。承办广东省教育厅"我和我的祖国"劳动教育主题活动、广东省劳动教育成果展示活动、广东省劳动教育网络研讨活动，承办广州市教育局劳动教育成果展示活动，在多批次省内外同行参观学习交流中输出广州劳动教育实践经验，参与国内新时代劳动教育新发展新举措新路径新成效的探索研讨。疫情期间，学校开发的7个篇章、28项课程、162个教学视频、540分钟的线上教育视频，为广东省中小学生居家劳动"五育"并举做出了指引和示范，通过教育部新闻办"微言教育"公众号向全国推广。学校劳动教育的显示度引发社会广泛关注，劳动教育新实践屡获主流官方媒体报道。今后，学校将在构建粤港澳大湾区以劳动教育融合"五育"并举的青少年素质教育新格局中继续发挥更大更积极的作用。

科技夏令营生物探究项目实践

法治课模拟法庭现场

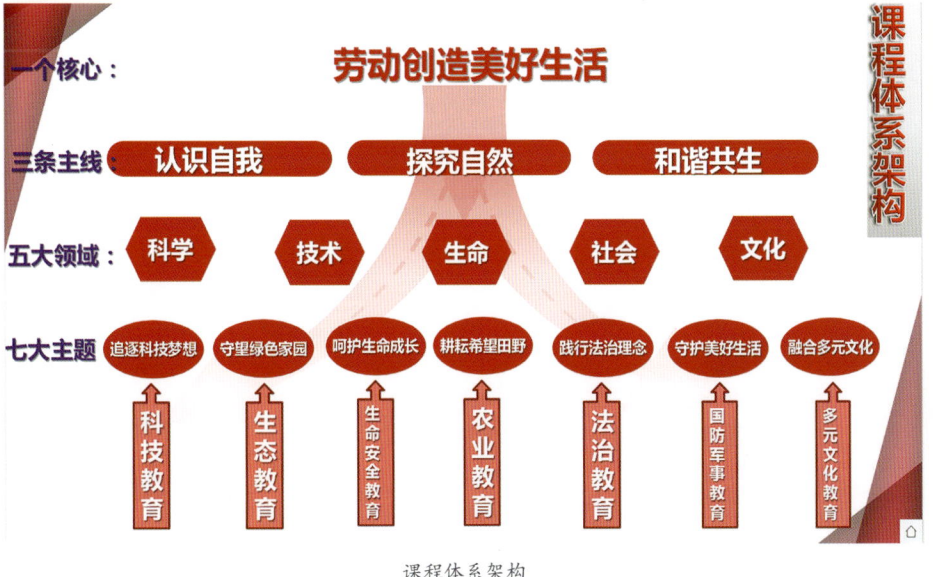

课程体系架构

茶艺课老师绘声绘色讲解茶文化

华中师范大学宝安附属学校

学校大门

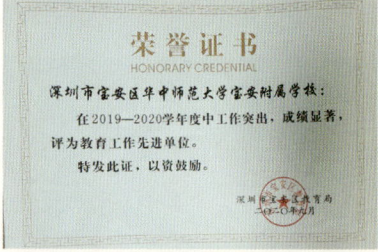

学校荣誉

学校图书馆一角

华中师范大学宝安附属学校开办于2017年9月，是由深圳市宝安区人民政府、华中师范大学、深圳市康达尔（集团）股份有限公司三方合作创办的一所九年一贯制公办学校。学校位于宝安区西乡街道共和工业路320号，背靠古华荟萃的铁仔山，面朝碧波荡漾的珠江出海口，得山之厚实，纳海之灵动。学校地理位置优越，育人环境雅致。

学校占地面积21745.09平方米，建筑面积31706.35平方米，设计办学规模为48个教学班，其中小学36个班，初中12个班。现有小学24个班，初中12个班，在校学生1725人。现有教职工124人，其中专任教师117人，中高级职称教师27人，硕士研究生学历47人，博士研究生学历1人，教师学历全部达到本科以上。根据合作办学协议，学校设立了"教师激励基金""教育发展基金"，助力学校高质量发展。

学校以"深度教育、智慧发展"作为办学理念，以"厚德、博雅、坚毅、自信"为校训，秉持"和合"的文化理念（"和"即和善、和美、和谐，"合"即合作、合力、合适），营造合作、和谐的文化氛围；把培养具备"完善人格、健康身心、关键能力、知行合一、情怀天下"的阳光少年作为学生培养目标，使学生具备"爱阅读、会观察、善思考、勤动手、敢创新、有个性"等关键能力。

学校坚决贯彻执行党的教育方针，把落实"立德树人"作为根本任务。2020年，在上级教育部门的关心指导下，学校着手开展"德育高地"建设，持续推进"五育"并举落地，以"高质量发展"为目标开展教学工作。开办以来，学校通过了广东省标准化学校评估，获得宝安区微软创新学校示范校、宝安区教育工作先进单位、宝安区书法教育示范学校、宝安区教育系统工会工作先进集体、宝安区教育系统阅读推广工作先进集体等荣誉称号。《中国教育报》《宝安日报》等媒体对学校办学进行了深度报道。学校正朝着建设成为"学生向往，家长放心，教师舒心，社会信赖"的深圳名校的目标而努力。

初中部学生在文化艺术节上朗诵经典

小学部学生在文化艺术节上表演才艺

小学部学生在体育节上参加田径比赛

华中师范大学附属光明勤诚达学校

学校简介 华中师范大学附属光明勤诚达学校坐落于深圳光明区玉塘街道，由光明区人民政府、华中师范大学、勤诚达集团三方合作创办，是一所定位"一流、高端、优质"的公立九年一贯制名校。

三方签约，合作创建品牌名校

学校特色创建出成效，被教育部授予"校园冰雪运动特色校"牌匾

办学理念 学校坚持立德树人，以"培养健全人格，奠基幸福人生"为教育理念，以"明德博雅，勤诚志达"为校训精神，着力提高学生核心素养，使他们成为德智体美劳全面发展、担当民族复兴大任的时代新人。

特色创建 一是"12345"德育体系建设。学校坚持立德树人，以完善学生人格品质为目的，初步形成了较为完整的"人格教育"育人体系，即围绕一个教育理念（培养健全人格，奠基幸福人生），完善"两课"保障机制（以课题为引领，以课程为载体），落实"三全"育人要求（落实全员育人、全程育人、全方位育人的总体要求），形成四项有效制度（落实校内课堂道德教育制度，完善校内课外活动育人跟进制度，建立家庭美德教育长效机制，拓展社会公德教育渠道），实施五大系列教育（实施"爱国感恩教育、明德善行教育、公民权责教育、理想情趣教育、生命心健教育"五大系列20项要素的"人格教育"主题班会课程）。二是"134N"课堂教学特色创建。学校以"深度教学、高效课堂"为核心，引领师生进行深度参与、全身心投入的沉浸式学习和逐步推进、逐层深入的层进式学习，基本形成了"人格教育课堂"教学的基本范式，即一个原则（发展性原则，促进每个学生的发展），三个策略（一是有效运用"教学分层设计案"，二是小组分层合作学习，三是教师分类指导），四个环节（自主探究、合作共研、交流分享、归纳拓展），N个流程（适应不同学科、不同学段、不同课型的多样化教学流程）。三是"华彩"课程体系建设。学校制定实施"华彩课程体系规划纲要"，以"华彩"课程为载体，紧扣学生的核心素养和"人格教育理念"，构建"光辉"少年"六维"目标体系。通过"国家和地方课程规范化、校本化""特色课程系统化、层次化""拓展课程菜单化、生活化"三大策略，将国家课程、地方课程、校本课程都纳入了课程体系，统一在"六维"培养目标里，打造完整、合理的课程体系。拓展性课程分为"培德""启智""健体""怡情""交际""社群"六大课程群，分别对应六个维度的培养目标。

学校以科研为抓手，全面提升教育教学水平

书声琅琅，成就光辉梦想

多姿多彩华强节，强身健体华附人

办学成果 学校开办以来，先后获得市、区级以上媒体报道150余次，被授予全国校园冰雪运动特色学校、广东省依法治校达标校、广东省科创和STEM课程实验基地学校、广东教育常务理事单位、深圳科创特色示范学校等多项称号。

深圳市宝安区清平实验学校

深圳市宝安区清平实验学校是一所九年一贯制公办学校，创办于2018年1月，2018年9月开始招生（借址新桥小学办学），2019年8月启用新校区。校园占地面积34001.09平方米，总建筑面积62569.64平方米；办学规模为72个班（小学48个班、初中24个班），现有教学班22个。

学校秉承"汇融并蓄 择善求真"的办学理念，遵照"源清志平"的校训，全面关注每个孩子的个体差异和个性发展，引导孩子们树立爱国报国的远大志向。学校形成了"慈爱谨严"的教风，提倡教师在行为习惯、言谈举止、价值取向等方面严格要求学生，同时根据学生各自的特点给予个性化的关爱、引导和教育，激发并充分挖掘每个学生的潜能。

学校师资力量雄厚，现有高级教师7名；成立了宝安区名师工作室5个，特级教师工作站1个，通过专家团队带领年轻教师成长，促进每一名教师的专业发展；着力打造教师精英团队，面向深圳全市选调区级以上名师、优秀中青年骨干教师20余名，面向浙江大学、南京大学、武汉大学、英国约克大学、香港中文大学、北京师范大学、中山大学等国内外知名重点大学招收硕士研究生27人。

学校确立了"诗意地成长"的课程理念，构建了"兼具人文与责任"的特色课程体系，并开发了一系列特色化、精品化的校本课程，引导学生体悟生命的美感、质感和动感，使学生成为"有德、有才、有胆、有为、有爱、有趣"之人。学校开设的核心课程、拓展课程、个性课程与学科传授型、项目研究型、活动体验型等教学方式相互交融，突出了"教为导、学为主"的教学特色。

学校开设了7个特色课程、49个拓展课程，涵盖文学、绘画、戏剧表演、健美操、足球、传统舞龙醒狮、古琴、绘画等丰富多彩的课程内容，全面培养学生的创新精神和实践能力。学校每学年均举办人文读书节、文化体育节、科技艺术节、诗歌戏剧节等校园活动，开阔学生视野，展示学生特长，挖掘学生天赋，树立学生自信。

2020年，学校先后被评为宝安区教育工作先进单位、宝安区中小学依法治校示范校、宝安区文明校园、宝安区国际象棋特色及推广学校等，在第六届深圳教育改革创新论坛暨颁奖典礼上荣获"深圳市家校共育典范学校"称号。

学校被评为教育工作先进单位

宝安区名师工作室在学校揭牌成立

学校特级教师工作站启动仪式

"家长共读一本书"颁奖仪式

学生期末乐考活动

学生开展"项目研究型"课程景点采访调查

深圳市光明区李松蓢学校

深圳市光明区李松蓢学校是光明区教育局直属九年一贯制公办学校，毗邻即将落成的深圳市青少年国际足球训练中心，校园占地面积32660平方米，建筑面积32169平方米。

学校现有教学班50个（小学32个班，初中18个班），学生2423人，教职工175人，其中高级职称教师16人，中级职称教师35人，区级以上名师（学科带头人）11人，本科及以上学历教师174人（硕士33人）；拥有名师工作室1个。学校配备了先进的教育教学设施设备，体育馆、功能室、实验室、舞蹈室、图书馆等一应俱全；博雅书院藏书达7万余册，被评选为光明区图书馆分馆和光明区儿童友好型图书馆。

学校坚持党建引领，秉承"博我以文 雅我以礼"的办学理念，践行"博雅"的校训，发扬"桃李品质，青松风格"的办学精神，形成了"博仁并蓄 才望高雅"的政风、"博雅于中 礼形于外"的校风、"博爱多识 温文儒雅"的教风和"博学善思 笃行文雅"的学风。学校以培养"博雅少年"为目标，积极开展"三礼"（开笔礼、成长礼、成童礼）和"六节"（"博智"数学节、"雅韵"国际文化节、"博志"体育节、"博韵"艺术节、"博思"科技节、"博雅"传统文化节）活动，构筑以儒家文化中的"博""雅""礼"为核心的环境文化、精神文化、行为文化，创建中华传统文化与现代化气息相融合的学校人文景观，形成了富含中国传统文化内涵的"博雅文化"办学特色。

学校以"博雅"课堂教学理念（激、启、合、雅）规范课堂教学，打磨精品课堂；以科研学术引领专业发展，2020年成功申报了1个省级课题、6个市级课题、9个区级课题并获准立项。学校着力打造"博雅"文化特色社团，成立了舞蹈、民乐、合唱、书法、创客、体育、武术、足球、篮球、象棋、围棋等56个学生社团，涵盖文学、艺术、体育、科技、环保等类别，充分发掘学生的潜能。

学校办学水平得到社会的广泛认可，先后获得广东省绿色学校、广东省象棋特色学校、广东省中小学生劳动教育特色学校、深圳市教育教学先进单位、深圳市德育示范学校、深圳市青年文明号、深圳市文明校园、光明区最美文明校园、光明教育优秀宣传集体、广东省五四红旗团支部标兵、深圳市少先队红旗大队等荣誉称号。

党总支书记、校长刘号召

班级合唱比赛

学生在上木工课

学校"博雅园"

学校"明礼庭"

校门

学校"向阳庭"

深圳市松岗中英文实验学校

校园文化艺术节

体育节开幕式

校长杯篮球比赛

深圳市松岗中英文实验学校是广东省一级学校,2011年增设高中部,2015年设立溪头校区,形成了"一校两区三部"的办学格局。学校先后被授予深圳市办学效益优秀学校、深圳市教育先进单位、宝安区教育先进单位等60多项荣誉。

学校占地面积共2.97万平方米,建筑面积共3.62万平方米,运动场面积2.18万平方米。学校设有科学实验室、电教室、美术室、音乐室、舞蹈室、心理咨询室、图书室等功能室近30间。现有教学班104个,学生4488人,教职工456人,专任教师286人。

为创新体制机制和育人模式,满足家长多层次多样化的教育需求,学校把"学会做人,学会学习"作为育人理念,通过创设"一个育人环境"(绿色、书香、和谐校园)、推出"双育双导"(爱育、心育)、践行"三个规范"(三行、行为、文明礼仪)、开展"四项活动"(演讲、表演、展示、评比)、开通"五条育人渠道"(课堂、活动、媒体、环境、基地)系列科学育人方略,形成丰富多彩的育人内涵。学校继续开设多元化校本课程,注重创新精神和实践能力的培养,内容涉及实践、才艺、活动、素养课程。充分利用好"两个阵地"(第二课堂和专业队训练)、"两个节日"(文艺节和英语节)、"两赛两展"(运动会、学科竞赛和书画展、科技创新展),为学生搭建了施展才华的舞台,拓宽育人渠道。

2020年9月,学校从小学一年级、初一年级开始全面实施"小班化"教学,逐步实现由满足学位到提供选择、由追求规模到提升内涵的转变。小班化教学在开齐国家课程的同时,制订出学校课程实施计划,包括文化课程、国际课程、校本课程三大系列。其中,校本课程有实践课程、礼仪课程、特色课程、国学课程、家长课程等,以"让每个孩子得到最适合的教育"为核心,开启"求质量、铸精品"的优质教育之路,致力于培养具有中国灵魂和世界眼光的世界公民。

科技节活动

小班化特色课程——手工制作

小班化特色课程——棋艺课

珠海市斗门区和风中学

学校大门

学校图书馆

丰富的文体活动

珠海市斗门区和风中学坐落在珠三角最高峰黄杨山下，是珠海市历史最为悠久的一所学校，创建于1763年（清乾隆二十八年），其前身为凤冈乡学与和风书院，至今已有258年的历史。学校在发展过程中，曾几度更易校名，但校址一直未变。2004年，学校举行"百年校庆"，复名为珠海市斗门区和风中学。多年来，学校为社会培养出许多人才，其中不乏商界翘楚、政坛精英、学者名流，校友遍布世界各地。

如今，和风中学是一所市直属高中，占地面积约40000平方米，校舍建筑面积为46876平方米。学校有48个教学班，在校学生2257人；在职在编教职员工213人，其中正高级教师1人，副高级教师72人，一级教师105人，研究生学历教师28人，教师学历达标率为100%。拥有特级教师1人，南粤优秀教师6人，市名班主任工作室主持人1人，市名师工作室主持人3人，市名班主任3人，市、区名教师、骨干教师6人。

田径运动会

学校领导班子审时度势，狠抓机遇，全力推行教育教学改革。以"教育要面向现代化、面向世界、面向未来"为办学指导思想；以教育改革和教研工作为动力，努力提高师资队伍素质；以加强学校物质文化建设为保障，不断改善办学环境；以教育教学工作为中心，抓好教学过程的管理；以"让每一位学生都得到和谐发展"的办学理念为引领，严格遵守"礼、爱、勤、严、和"的校训，培育学生素质养成，促进学生个性全面发展。学校通过聘请英语外教，开设日语班，设置专门的音乐与传媒特长班、美术特长班和体育特长班等方式，拓宽教育渠道，提升教育教学成绩，使学生成为德智体美劳全面发展的社会主义建设者和接班人。

非物质文化遗产传承保护基地项目——皇族祭礼

多年来，学校在教育教学方面取得了可喜的成绩，先后被评为全国五一巾帼标兵岗、广东省一级学校、广东省普通高中教学水平优秀学校、广东省安全文明校园、广东省绿色学校、广东省心理健康教育特色学校、广东省巾帼文明示范岗、广东省现代技术实验学校、英特尔未来教育项目推广示范学校、珠海市文明校园等。

学校荣誉

珠海市斗门区实验中学

珠海市斗门区实验中学是珠海市斗门区直属公办学校，是广东省一级学校、广东省现代教育技术实验学校、广东省"粤教云"试点学校，前身为1959年创办的斗门一中初中部。学校现有教学班34个，专任教师148人，专任教师学历达标率为100%。学校远瞻秀美黄杨，背枕翠绿霞山，水傍碧波龙井，校园环境优雅，景色宜人，是理想的读书、治学园地。

学校奉行"育人至上、科研引领、以人为本、求实创新"的办学理念，形成了"德育为首，教学质量为生命线，培养体艺个性特长"的办学特色。学校以"鸿、博、谨、雅、信"校训为教育教学目标，用智慧和汗水凝成"严格、求实、勤奋、活泼"的校风。

学校全体师生勤教乐学，成绩显著。每年中考成绩综合指标均居全区首位，2020年中考屏蔽生7人，占全区的46.7%；五所示范性高中上线人数191人，占全校人数的31.5%。2020年，师生参加各级各类竞赛频频获奖。1月，学校荣获珠海市第三届平安校园竞赛最佳组织奖。5月，叶子昊同学获第三十五届广东省青少年科技创新大赛二等奖。7月，学校获斗门区体育大课间录像评比活动一等奖；梁洪源老师获第二届广东省中考数学疑难问题教学设计特等奖；潘雨彤同学被评为广东省优秀学生，并获第五届"最美南粤少年"美德少年提名奖。11月，学校获珠海市中学生羽毛球比赛中学团体总分第一名、珠海市中学生田径锦标赛第六名、珠海市中学生跳绳比赛团体总分第二名及道德风尚奖，李卓睿同学获珠海市中学生乒乓球赛女子单打冠军，邝嘉琦等同学获第二届珠海市青少年机器人大赛一等奖1个、二等奖2个，刘俊豪同学获斗门区第七届"小小金话筒"银奖。12月，邝嘉琦、戴馥宇、吴子聪、周思源同学获第三十六届珠海市青少年科技创新大赛一等奖。

学校办学品位不断提升，赢得了社会、家长的赞誉。学校先后被评为全国"零犯罪学校"、广东省书香校园、广东省安全文明校园、广东省绿色学校、广东省校本培训优秀示范校、广东省南粤女职工文明岗、广东省朝阳读书活动先进集体、广东省教育系统关心下一代先进单位、珠海市文明单位、珠海市文明校园、珠海市教育系统先进集体、珠海市德育示范学校、珠海市"职工书屋"示范单位、珠海市先进工会、珠海市语言文字示范学校。学校每年都被评为斗门区教学质量先进单位、素质教育先进单位、德育先进单位、先进基层党组织。学校参加珠海市首届"互联网＋教研"活动，荣获突出贡献奖。

展望未来，珠海市斗门区实验中学将不忘初心，砥砺前行，不断提升办学内涵，深化办学理念，把简单的事做经典，把平凡的事做精彩。

校门

体育馆

教学楼

"创客"班特色课程

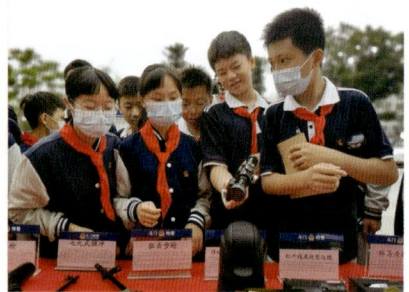

学生参加警营开放日活动

校运会

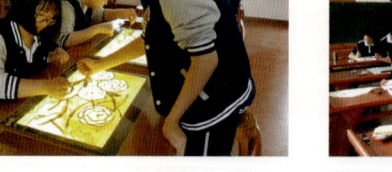

"沙画"特色课程

书法课程

珠海市实验中学

珠海市实验中学创办于 2000 年 7 月，2008 年 4 月晋升为广东省国家级示范性普通高中。

学校以"博学博爱、至善至美"为校训，用中华优秀传统文化滋养善美师生、打造文化校园。学校已形成一湖（思源湖）、二路（宁静路、思远路）、三区（教学区、运动区、生活区）、四园（博学园、博爱园、至善园、至美园）的基本格局，确立"五好"教师（德行好、学识好、专业好、沟通好、研修好）的为师之道和"六有"学生（有礼、有信、有爱、有尊、有责、有恩）的育人标准，并根据各年级学生的不同特点实施"礼仪、诚信、仁爱、尊重、责任、感恩"修身计划，全面提升师生人文素养和学校文化品位。

学校现有教学班 60 个，在校生 3000 多人，专任教师 250 多人，其中正高级教师 4 人，特级教师 3 人，全国优秀教师、国家级骨干教师 6 人，省级学科带头人 2 人，省级骨干教师 14 人。现任校长张六安是正高级教师、特级教师、南粤优秀教师、珠海市第九届人大代表、珠海市人民政府督学、珠海市基础教育系统名师、珠海市"十佳"教师。

学校自开办以来，为社会培养了数以万计的各类优秀人才，办学成绩显著。学校荣获了全国民族团结进步模范集体、全国民族团结进步创建示范单位、全国青少年校园足球特色学校、全国青少年校园网球特色学校、教育部国防教育特色学校、广东省文明校园、广东省绿色学校、广东省中华优秀文化传承学校、广东省语言文字规范化示范校、广东省中小学心理健康教育特色学校、广东省依法治校示范校、广东省民族团结进步模范集体、广东省五一劳动奖状、广东省中小学艺术教育特色学校、广东省省级校园生活垃圾分类教育基地、珠海市文明单位、珠海市教育系统先进集体等称号。2020 年，学校被珠海市政府评定为珠海市教育系统先进集体。

学校新疆班师生举行"我与国旗同框"活动

学生在科技节上感受驾驶的乐趣

师生表演舞蹈节目《黄河》

美丽校园

博爱园

珠海中山大学附属中学

电子琴选修课

机器人选修课

美术选修课

书法选修课

足球选修课

珠海中山大学附属中学于2017年9月开办，是由珠海市高新区管委会举办、中山大学委托管理的一所全日制公办初级中学。

学校位于珠海市北部的国家高新技术产业开发区，背倚青葱翠绿的凤凰山麓，面向浩瀚的南中国海，紧邻中山大学珠海校区，山色水影交融，风景宜人。现有教职员工101人，学生1320人。教学所需功能室齐全，教学设施设备先进。

学校开办以来，坚持传承中山大学和中山大学附属中学办学理念，并传承孙中山先生为广东大学（中山大学前身）所题的"博学、审问、慎思、明辨、笃行"校训，坚持正确的办学方向，把立德树人作为根本任务，全面贯彻落实党的教育方针，全面深入推进素质教育，坚持以"立德树人、全面发展"为宗旨，努力建设师德高尚、业务精湛、专业素养高的教师队伍，系统构建科学、合理、多样化的课程体系，创新开展丰富多彩的实践体验活动，精心打造"自信自强、敢为人先、家国情怀、追求卓越"的校园文化，培养品学兼优全面发展的学生，提供公平而有质量的教育，办学生喜爱、家长满意的学校，为培养社会主义优秀建设者和可靠接班人奠基。

学校坚持"四高"（高起点、高标准、高要求、高质量）要求，努力建设优质特色学校。学校坚持开齐开足开好国家核心课程，开设丰富多彩的校本选修课程，组织实践体验活动课程，最大限度满足学生个性化发展需求。学校坚持以教学为中心，聚焦课堂，重视教学常规，坚持科研创新，开展了分层教学、分层作业以及小组分层合作学习的研究和实践，扎实推进素质教育。

学校把德育、心理健康教育和学生发展指导紧密结合起来，充分发挥学生的主体作用，开展社会主义核心价值观教育，引导学生形成正确的世界观、价值观和人生观，在学生心中厚植家国情怀，培养既仰望星空又脚踏实地的学生。

展望未来，全体师生将积千年古镇文化沉淀之底蕴，借百年名校中山大学优厚之学术资源，乘粤港澳大湾区蓬勃发展之东风，扬帆起航，乘风破浪，把珠海中山大学附属中学之航船驶向光辉的彼岸。

汕头市澄海汇璟中学

学校概况 汕头市澄海汇璟中学位于汕头市澄海区广益街道，创办于1996年8月，现有在校学生1800多人，教职工150人。学校占地面积30000平方米，校园整洁优雅，树木繁茂，环境优美，文化氛围浓郁。拥有标准教室、心理辅导中心、机器人实验室、人机对话语音室、美术室等各类教辅室，及生物园、地理园、图书馆、未成年人成长室、师生书画作品展览室等近百间专门场室，并配套篮球场、排球场、田径运动场等学生活动成长平台。在推行新课程改革、全面实施素质教育之中，创造了"低进高出""低进多出"的办学成效，是汕头市澄海区一所颇具影响力的面上完全中学。

课题开题报告会

学生研学活动

办学理念 开发潜能，发展个性。学校秉持"陪伴·成长"的办学理念，以培养"有文化、会传承、敢担当"的有为青年为育人目标，为每个学生搭建适合个性发展的平台。英语手抄报比赛、书画展、灯谜竞猜、花灯技艺学习、"潮剧进校园"等活动精彩不断。通过潜移默化，让学生感受到有活力的校园，热爱学习、关心时政、勇于担当、超越自我。

师资力量 德才兼备，敬业爱生。学校拥有一支素质高、有特长、结构合理的教师队伍，并坚持以"教研训一体化"模式为载体，提高教师的修养、教养、涵养、学养。构建优良的人文环境，提升学生的归属感，不断地推动学校向前发展。教师团队获得省级奖项53人次、市级奖项310人次，入选汕头市名教师工作室成员3人。

教育成果 学校被评为广东省绿色学校、广东省平安校园、汕头市文明校园；2020年，学校团委荣获"汕头市五四红旗团委"称号；师生获得省级奖项238人次，市级奖项988人次。

展望未来 朝气蓬勃，继往开来。汇璟中学以学生发展为中心，实施核心素养引领下的校本课程，统筹学科资源和校内校外教育资源衔接，搭建德育与智育之间的桥梁，努力追求学生成人、成才教育本真，把以人为本的教育思想贯穿于整个教育教学活动的始终，引领学校不断发展，形成特有的校园文化。今天，这所城乡接合部学校，乘着教育改革的良机，深化学校内部改革，求实、求新、求效，呈现出蓬勃的教育态势。悉心陪伴，静待花开，汇璟中学正带着教育探索的虔诚，培育适合学生健康成长的校园沃土，紧跟时代发展的步伐，向着更高更远的教育目标迈进。

思政课堂

音乐课堂

学生参加2020年汕头市中小学智能机器人竞赛暨首届广东省机器人大挑战粤东选拔活动

佛山市高明区第一中学附属初中

校长关伟明

学校星光龙狮社团在2020年高明区"百村狮王争霸赛暨少年狮王大赛"中获得季军

学校参加高明区中学优秀社团课程成果展示活动

学校合唱团参加高明区第二届中小学合唱比赛

评课议课活动

课间活动

佛山市高明区第一中学附属初中创办于1996年,是一所公办初级中学。学校的前身为高明区荷城街道跃华中学,2014年5月与高明区第一中学成立教学联盟后改用现名,是佛山市一级学校、佛山市安全学校、佛山市心理健康教育达标学校、广东省依法治校达标学校、高明区篮球网点学校、广东省第二批足球推广学校,获得市(区)文明单位、教育系统先进集体、高明一中优质生源基地等荣誉称号。

学校文化 学校秉承"和谐共进,师生同辉"的教育理念,确立了"高效管理、高尚师资、高雅校园、高誉口碑"的办学目标,以培养"有品、有识、有志、有恒、有为"的"五有学子"为育人目标,践行"明德明理,力学力行"的校训,营造"同心同向、自律自强"的校风、"授业有道、解惑有方"的教风和"学而不厌、勤而不辍"的学风。

学校管理 德育精细化管理。学校把日常管理做细,抓好落实。学生的排队习惯、仪容仪表、日常锻炼、社团活动、学习习惯等均实现制度化管理。学校通过精细化的德育管理,取得了显著的教育教学成效,成为区内学校德育管理的标杆。

创新教育教学模式。学校实施"学对互助 小组合作"学习模式,引导学生通过课堂学对互助、组内交流学习,激发学生的学习自主性,加强学生自主管理,让学生在探索中思考、在合作中互助,形成了"多思乐学,同步成长"的良好风气。

缤纷社团,助力成长。学校大力推进素质教育,定期开展丰富多彩的社团活动,为学生社团的蓬勃发展注入动力,从而促进学生的全面发展。

办学条件 学校现有教学班30个,学生1538人,教职工111人。学校教学设备先进,教学设施齐全,建有可容纳1800多名学生的教学大楼1栋、宿舍大楼2栋,宿舍和课室均安装了空调;拥有400米塑胶跑道标准运动场1个,标准游泳池1个,配备了篮球场、羽毛球场、排球场等体育运动场所。

办学效益 学校拥有一个团结务实的领导班子,一群为高明教育奉献青春与智慧的优秀教师。近年来,学校中考成绩和升学率在区内同类学校中名列前茅,连续五年以绝对优势蝉联中考总平均分全区第一名。师生参加各类竞赛,获奖层次及人数均逐年攀升。亮丽的成绩,进一步巩固了学校在高明区公办初中行列中的领跑地位,使学校赢得了良好的社会口碑。

展望未来,学校将不断深化办学内涵,加强校园文化建设,努力提高办学品位。

教学楼

运动场

佛山市高明区高明实验中学

佛山市高明区高明实验中学是一所按照广东省一级学校标准建设的公办完全中学，是高明区现代教育管理示范学校。2018年，学校被确定为佛山市新优质高中创建学校，同年入选"全国校园足球特色学校"；2019年，学校被广东省教育厅认定为"广东省依法治校示范校"；2020年，学校被评为"佛山文明校园"。学校环境优美，依山而建，校园建筑错落有致。学校设施设备先进，教师敬业爱岗，学校管理精细，师生们形成了团结务实、严谨治学、开拓创新的良好风貌。

创设优质适合教育 学校基于"以文化为魂、课程为本、创新为力、特色为道"的办学思路，坚持"创设适合的教育，让学生全面而富有个性地发展"的办学宗旨，形成了"三位一体"的"适合教育"体系："三位"是指个性化教学模式、"三育"实践型体验式德育模式和学生个性发展模式；"一体"是以创设适合的教育为主体，构建多元、选择、个性、特色的优质教育体系。学校致力于为每一名学生的发展提供适合的平台，达到"适合的才是最好的"的育人效果。

促进学生个性发展 学校坚持走特色化办学之路，以"多元化、校本化、个性化"为内涵，以"严谨、创新"为策略，取得了辉煌的成绩。在艺术（音乐、舞蹈、美术、传媒综艺等）教育、体育和创客教育等方面具有明显的品牌优势，尤其体现在科技创新教育上。近三年来，学校组织学生参加虚拟机器人、WER机器人、3D创意设计、电子创意、计算机程序设计、网页制作、电脑绘画、科技辅导等各类科技竞赛取得了优异的成绩，先后获得全国一等奖1项、全国三等奖4项、全省一等奖3项、全省二等奖7项、全省三等奖16项。在学校极具个性化的育人环境里，学生总能找到合适自身发展的平台。学校每年均举办才艺节、体育节、科技文化节、生命节等丰富多彩的校园活动，为学生发展个性特长提供了广阔的空间。学校教师开发80多门"风雅堂"特色校本课程，让学生按照自己的喜好选修课程。个性化的教育模式让师生们感到骄傲和幸福。

学校微信公众号二维码

校　址：广东省佛山市高明区荷城街道三清路99号

学校国旗护卫队

学校女子足球队

创客课堂

舞蹈表演

德育实践之爱心义卖活动

校园一景

"风雅堂"特色校本课程体系结构图

佛山市南海区南海实验中学

佛山市南海区南海实验中学（以下简称南实）创办于2001年9月，是一所全日制寄宿类民办实验学校。学校位于佛山市南海区中心城区桂城街道，占地面积约6.67万平方米；现有教学班60个，学生近3000人，教职员工322人。

立德树人，"加减"有道。学校秉承"幸福1+N，为学生终身发展奠基"的教育理念，率先推行"周末零作业"，以创新的教育方式为学生营造自主学习、快乐成长的广阔空间，精心培育具有多元文化思维、能适应国际竞争的新型人才。

"幸福1+N"，筑深课程体系。学校积极实施"六个一"工程，推动特色课程全面发展、智慧课堂共生共建，坚持"把国学艺术做大、数学教育做强、信息教育做精、科技创新做特、安全健康教育做实、国际教育做优、综合实践做深"的办学宗旨，努力办好初高中衔接教育。

"幸福1+N"，统领校园活动。学校着力打造"幸福校园"，定期开展多元活动：体艺科技节、读书节、仁孝节、器乐节、数学文化节、英语文化节等，让学生在素质教育的舞台上绽放异彩；"器乐节""中国诗词大会"等品牌活动的网络直播点击量达数百万，走进千家万户。

"幸福1+N"，助推学生成长。2020年，学校中考成绩再创新高，蝉联南海区中考十八连冠，各项数据领跑全市。学校学生参加各级各类活动及竞赛，获奖人数达468人次。毕业生素质高、后劲足、潜力大，备受清华大学、北京大学、牛津大学、剑桥大学、哈佛大学、耶鲁大学等国内外顶尖高校的青睐。

"幸福1+N"，引领教师发展。学校立足于校本研修，推进"三师工程"，现有正高级教师2名、特级教师3名，省、市、区街道骨干教师共68名；拥有广东省中小学教师工作室1个，南海区名校长及名师工作室4个，广东省示范教研组2个，佛山市示范教研组5个。2020年，学校教师中有627人次以过硬素质、突出业绩获得各种荣誉奖项。

立足大湾区，铸就教育品牌。2020年，学校的"幸福1+N"办学理念建设团队荣获南商教育基金突出贡献奖、佛山教育年度特色教育成果创新奖。学校连续五年荣获"佛山教育最佳口碑奖"，先后被评为佛山市心理健康教育特色学校、广东省中小学艺术教育特色学校、广东省绿色学校、广东省校本研修示范学校。中国教育发展战略学会区域教育专业委员会2020年年会暨广东佛山南海教育改革发展现场会在南实举行，南实的教育特色及成功办学经验广受好评。

2020年8月，上级部门做出将南海实验中学、南海实验小学、桂城外国语学校合并办学、推进集团化发展的重大决策和统一部署，并拟于2021年8月兴建南实金桂校区。学校紧抓"九年一贯制、一校五区"的发展契机，正朝着建设"全国一流教育强校"的目标不断迈进。

学校荣获2020年佛山教育口碑榜年度特色教育成果创新奖

中国教育发展战略学会区域教育专业委员会2020年年会在学校举行

国际课程实验班师生合影

特色剪纸课程

特色书法课程

校园诗词大会

学生器乐训练

学校第十届器乐节综合晚会

佛山市南海区狮山高级中学

艺术楼和体育馆

学校办公楼与运动场一角

校长赵骥在"新时代全国特色学校建设研讨会"上做《创体育特色学校，育文体双全英才》主题报告

佛山市南海区狮山高级中学（以下简称狮山高中）地处佛山市副中心城区、佛山市国家级高新区核心区狮山镇的中心位置，是南海区直属公办重点高中、南海区"大城名校"特色品牌学校、佛山市南海区狮山高级中学体育特色教育集团龙头学校。

狮山高中秉承"多元办学，全面发展"的办学理念，围绕"文体双全，内外兼修，德才兼备"的育人目标，践行"五育并举，以体育人"的特色教育理念，致力于培养"最具体育素养的普通文化生和最具人文底蕴的体育特长生"。

2020年12月24—26日，狮山高中校长赵骥在"新时代全国特色学校建设研讨会"上做了《创体育特色学校，育文体双全英才》主题报告，报告得到教育部基础教育课程教材发展中心主任、教材局局长、课程教材研究所党委书记、所长、国家督学、中国教育学会副会长以及与会人员的广泛赞誉。

铸就体育特色品牌 狮山高中以紧抓学校体育特色发展为核心，遵循"基于体育、为了学生、实现突破"的原则，精心构建体育特色课程，开设了让学生享受乐趣、增强体质、健全人格、锤炼意志的"体育选项课程"以及让学生增强竞技心理和竞技能力的射击、拳击、空手道、击剑、跆拳道、摔跤、武术等"体育冠军课程"。学校着力打造体育特色，形成了田径、游泳、篮球三大项目品牌，成为南海区普通高中体育特色教育的一张闪亮的名片。

学校在广东省中学生田径锦标赛中荣获团体冠军

"径"准发力，领先全省。2020年，学校在广东省中学生田径锦标赛中夺得团体总分第一名，这是学校自2016年以来连续第五年获得该项赛事团体冠军。

"泳"于超越，挺进前列。狮山高中游泳队参加广东省游泳锦标赛，荣获团体总分第八名。

"球"实奋进，赢取未来。2020年9月26日，狮山高中篮球队荣获南海区高中篮球联赛冠军；同年11月4日，以狮山高中篮球队为主力的狮山代表队斩获佛山市南海区第十一届运动会冠军；同年11月8日，狮山高中篮球队再创佳绩，一举夺得2020年佛山青少年体育全赛季篮球锦标赛冠军。2020年，狮山高中成为佛山市三所特长特色类型自主招生的高中之一。

学生李力被清华大学录取

突出教育教学质量 学校重点本科上线率和本科上线率连年上升。2020年，学校高考成绩再创历史新高，重点上线率为22%，居南海新区直高中第一名；本科上线率为69%，居南海新区直高中第二；李力同学被清华大学录取，多名学生被北京体育大学等全国著名高校录取。2020年，在佛山市普通高中高三教学工作会议上，狮山高中继2017年后又一次荣获"佛山市普通高中教学质量综合评价优秀奖"。2020年，学校高三雄狮团队继2018年、2019年获得南海区南商基金"卓越贡献奖"和"突出贡献奖"后再次荣获"突出贡献奖"。

学校获得佛山市普通高中教学质量综合评价优秀奖

五华县大都中学

学校举办校园足球活动

2020年学校中考成绩综合排名居全县第3名

跳水世界冠军张雁全与学校学生合影

学生参加劳动实践

五华县大都中学创办于1972年，初办时为高级中学，1980年改制为初级中学。学校秉承"尚德、明理、笃学、善行"的校训，校风正，学风好，教育教学成绩显著，连续多年中考综合排名居全县前列。2020年中考综合排名全县第三名，2019年、2020年被评为五华县先进学校。

学校占地面积36300平方米，校园建筑错落有致，周边环境优美，教学区、生活区、运动区布局合理。学校拥有15个多媒体教学平台，配备有电脑室、理化生实验室，教学仪器设备齐全，图书室藏书23900多册，建有250米环形跑道足球场1个、篮球场2个、排球场2个、羽毛球场2个、乒乓球场1个，还有"百香果园""桃李园""蔬菜园"3个劳动实践基地。

学校有学生658人，其中内宿生382人；教师40人，专任教师本科率达100%，高级教师占27.5%，一级教师占40%，师资力量雄厚，队伍素质高。学校引导教师树立"一个人、一辈子、一件事"潜心做教育的终身信仰，不断提升专业知识和育人能力，做学生健康成长的指导者和引路人。

学校始终把"坚持以人为本，构建和谐校园，培养学生的可持续发展"作为办学理念，坚信"每一朵花都有春天"，以常规教学为基础，面向全体学生，重视培养学生的创新精神和实践能力，让每一个学生都能找到适合自己发展的方向，培养他们的成长自信，帮助他们快乐成长。

学校坚持开展书法教育，先后有60多名学生在国家级书法比赛中获奖。学校成功入选广东省校园足球推广学校，拥有男子足球队和女子足球队。2020年，学校成功申报梅州市劳动教育特色学校。

展望未来，学校将不断探索提升山区教育教学质量的新方法，形成政府、社会、学校、家庭的教育合力，营造教师安教、学生乐学的育人氛围，谱写大都中学教育的新篇章！

五华县棉洋中学

五华县棉洋中学创办于1906年，其前身是"教会学校联和小学"，1956年改名棉洋中学，是位于五华县南片的一所大型的完全中学。学校先后被授予梅州市一级学校、梅州市德育示范学校、梅州市未成年人思想道德建设工作先进学校、广东省硬笔书法教育示范基地、广东省安全文明校园、广东省书香校园、学校心理危机干预能力建设示范校等荣誉称号。

"聚焦课堂教学变革，构建科学评价体系"课堂教学评比颁奖

组织教师参加五华县教工运动会

学校交通便利，地理环境优越，办学条件日臻完善，按标准化学校建设标准进行规划设计，教学区、生活区、运动区布局合理，分区明确，环境幽雅舒适，教学设施先进，功能齐全，是青少年求学的理想园地。

学校组织开展"聚焦课堂教学变革，构建科学评价体系"课堂教学评比展示活动，探索课堂教学新模式和新方法，提高课堂教学的效率。教育教学质量逐年提高，高考、中考成绩喜人。高考升本科人数较大幅度提高，连续多年获县委、县政府授予的"高考优胜奖""高考大奖"，其中2020年高考本科上线率达23%，在全县排名第4名。中考进入梅州市第一批国家级示范学校最低录取分数线的学生逐年增多，学校综合排名不断攀升。

组织学生参加研学活动

学校坚持德育为首，把社会主义核心价值观贯穿于教育教学全过程，致力于让青年学生"扣好人生的第一粒扣子"。狠抓中华传统文化和礼仪教育，尤其是系统性地开展以"孝亲、尊师、友学、立志、长善、救失、守法和落实《弟子规》"为内容的"新八德"教育，有力地促进了学校良好"三风"的形成。学生彬彬有礼，积极向上；教师爱岗敬业，爱生如子；校园和谐美丽，充满活力。学校已形成了八德教育、书写培训、音乐教育等办学特色，在当地享有较好声誉。

学生参加森林防火志愿服务

学校始终坚持党建统领，行政领导同心同德，锐意创新，带领全校师生凝心聚力，砥砺奋进，不断汇聚团结一心、积极向上的力量，不忘立德树人初心，牢记为党育才、为国育人使命，正朝着"办人民满意的教育"的目标阔步前进。

校园一角

五华县水寨中学

现代化的雄鹰教学楼

梅州市五华县水寨中学创办于1914年，是一所历史悠久、底蕴深厚、特色鲜明的百年老校，是全国青少年校园足球特色学校、广东省国家级示范性普通高中、广东省普通高中教学水平优秀学校、广东省精神文明先进单位、广东省安全文明校园、梅州市书香校园。

一代代水中人栉风沐雨、砥砺前行，创造了许多光辉业绩，为国家和社会培养了一批批杰出人才。学校先后有27人考入北京大学、清华大学，知名校友有广东省政协原副主席郑群、北京航空学院原副院长马文、北京航空航天大学原党委副书记曾妙南、中山大学原副校长魏聪桂、华南理工大学原副校长陈铁群等。

花木繁盛的主道

学校现有教职工344人，在校生3754人，班级78个。拥有高标准的体育馆、运动场、多媒体教学平台、实验室、电脑室、电子阅览室、儒园书屋、3D智慧课室、多功能录播室等教育教学设施。校园花木繁茂、绿草如茵、布局合理、功能齐全，呈现出一派宁静典雅、奋发向上的育人氛围。

学校秉承"勤朴、弘毅、博学、笃行"的校训，开拓进取，与时俱进，锻造了一支理念先进、师德高尚、业务精良、结构合理的教师团队。教师不断深入课堂，聚焦课堂教学改革，构建科学评价体系，提炼出独具特色的"导学用，疑探悟"新课改理念，把课堂变成学生学习、展示、思考、合作、交流的舞台，致力于培养学生的创新精神，力促学生终身持续发展。

美丽的运动场

学校实行全封闭管理，校风、教风、学风优良。近年来，先后有16名教师被评为广东省特级教师、南粤优秀教师、嘉应名校长、嘉应名师。现有高级教师100人，一级教师142人，在职在读研究生17人，省、市、县骨干教师86人。

新时代，新征程，学校将以习近平新时代中国特色社会主义思想为指导，不忘初心，牢记使命，努力打造"师生赞同、家长赞扬、政府赞许、社会赞誉"的品牌学校，为振兴山区教育贡献力量。

最美阅读空间——儒园书吧

文化长廊

千人书法大赛

五华县五华中学

"凤凰鸣矣，于彼高冈。梧桐生矣，于彼朝阳。"巍峨延绵的紫金山南麓，历史文化积淀深厚的长乐古镇，孕育了一所百年老校——五华中学。

五华中学创建于清光绪二十八年（1902年），其前身初为师范传习所，继为官立初等模范小学堂，1911年改办为长乐官立中学堂，后易名长乐县立中学校、五华县立中学校、五华县立第一中学校、五华县立第一中学，1950年定名五华中学，后又更名为华城中学，至1980年省政府批准复名为五华中学，迄今百余年，是梅州市历史最悠久的中学。

学校素有光荣的革命历史和严谨治学的优良传统。1925年，周恩来率领东征军驻扎于华城，指导五华中学学生成立"新学生社"，领导师生开展革命斗争。抗日战争时期，五华中学成立了中共学生党支部，是粤东地区最早成立中共学生党支部的革命学校。学校现有在校生3870人，教学班82个，教职员工331人，党员116人。师资力量雄厚，队伍精良，拥有高级职称教师87人，中级职称教师154人，专任教师学历达标率为100%。

学校以党建工作为引领，在"承长乐历史，扬客家文化，育五华人才"的办学理念指导下，教育教学成绩突出。2020年，初中毕业生有85人入围河东中学、梅州市曾宪梓中学录取线，教育教学成绩稳居全县第二；高考高分优先投档线入围19人，本科入围148人，高分优先投档线、本科线均超额完成县下达的高考任务。连续多年多项统计数据在梅州市面上高（完）中排名第一，被誉为"梅州市面上高（完）中的一面旗帜"。学校先后被授予广东省安全文明校园、广东省书香校园、广东省语言文字规范化示范学校、梅州市文明校园、五华县精神文明建设先进单位、五华县三好党支部、五华县四强党支部、五华县高考优胜奖、五华县先进学校等荣誉。

进入新时代，学校全面贯彻党的十九大精神，以习近平新时代中国特色社会主义思想为指导，深入贯彻落实习近平总书记重要讲话精神，坚定不移落实党对学校工作的全面领导，不忘初心，立德树人，为办好人民满意的教育昂首前进。

百年纪念楼

和平楼

学校举办"迎新年·颂党恩·展新貌"元旦大合唱比赛

学校举行日常行为规范宣誓仪式

学校荣誉

五华县兴华中学

五华县兴华中学教育集团挂牌成立

学校少工委成立

学生参加校外志愿服务

　　五华县兴华中学始建于1982年，是五华县唯一的县直属初级中学。学校占地面积53360平方米，建筑面积36065平方米，环境清静幽雅，办学条件日新月异，设施设备俱全。学校拥有一支师德高尚、爱生乐教、业务精湛、勇于创新的高素质教师队伍。学校有在校学生3800多人，专任教师233人，其中副高职称教师114人，一级教师101人。

　　学校始终围绕立德树人根本任务，扎实推进党建工作，以党建引领学校各项工作全面开展。学校树立"德育为先、能力为重、全面发展"的育人思想，坚持面向全体学生，让每一位学生都能健康成长。学校始终坚持以教学为中心，坚持质量立校，深入推进课程改革，教育教学质量稳步提高。2020年，学校获评广东省基础教育校本教研基地、梅州市校本教研示范校、梅州市中小学教师信息技术应用能力提升工程2.0试点学校、五华县先进学校、五华县进步二等奖单位。在2020年初中毕业水平测试综合排名中，学校居全县初级中学第一名，并且高分段学生较多，其中全县总分前10名有8人，前100名有28人。同时，为推进教育均衡优质发展，学校与城镇中学、华强学校、马汕曾镜明中学、油田中学组建了兴华中学教育集团。学校鼓励教师参加各类教研、教学竞赛活动，在2020年，学校有42人在县级以上教学论文评比中获奖，12个县级课题顺利完成结题。

　　学校积极实施素质教育，开展社团活动和课外文体活动，并取得了显著成绩。2020年7月，学校获得2019—2020学年度五华县校园足球四级联赛暨"县长杯"足球赛初中男子组和女子组冠军；11月，学校获得2020年梅州市"市长杯"青少年校园足球联赛初中男子组冠军和女子组季军。2020年，在五华县中小学生文艺汇演活动中，学校荣获中学组舞蹈类节目二等奖，器乐、综合类三等奖；在"体彩杯"五华县第四届中小学生男子篮球赛中，学校荣获中学组第二名；在五华县中学生田径运动会中，学校荣获初中女子团体第一名，初中男女团体第三名；在五华县"朗读者·红色经典咏流传"朗读比赛中，学生张维珂荣获二等奖；在学生大课间比赛中，学校荣获梅州市二等奖；在"钟声杯"教工篮球赛中，学校男子教工篮球队获得冠军。

　　兴学育人谱华章，敦厚崇礼续辉煌。兴华人将不忘初心，牢记使命，拥抱新时代，迎接新挑战，为全面实施素质教育，努力打造高质量、有特色的学校砥砺奋进！

学校足球队蝉联梅州市"市长杯"青少年足球联赛初中男子组冠军

学校足球队蝉联五华县校园足球四级联赛冠军

学校运动健儿在2020年五华县中学生田径运动会上斩获佳绩

惠东县大岭中心学校

惠东县大岭中心学校创办于2003年秋，毗邻惠东县城，坐落在美丽的西枝江畔，占地面积31603平方米，建筑面积19538平方米，是一所年轻而富有活力的九年一贯制学校。拥有理化实验室、仪器室、多媒体教室、电子白板教室、图书室、阅览室、卫生室、广播室等门类齐全的功能室，图书254900册、生均36.94册，5个篮球场、1个人工草坪足球场、1个300米塑胶环形跑道运动场。现有学生6900多人，小学班69个，初中班54个，共123个教学班。在校教职工448人，中小学高级教师19人，一级教师229人，县骨干教师68人，为学生的优质发展提供了有力的保障。

学校全面贯彻执行国家的教育方针和政策，推进素质教育，与时俱进，不断创新。学校树立"构建和谐校园、创办特色学校"的办学理念，秉承"立志、爱校、开拓、奉献"的校训，弘扬"严谨、博学、善教、爱生"的教风，发扬"善学、多思、惜时、守纪"的学风，开展丰富多彩的教研活动，实行开放式教学，研究性学习，以学生发展为中心，重视学生的差异，因材施教，分层教学，深化教育教学改革，全面提高教育教学质量。

学校教职工团结拼搏，辛勤耕耘，教学质量稳步上升，办学效益逐年提高，被誉为广大市民心目中的教育"金字招牌"，莘莘学子向往"读书的好地方"。2003年至今，学校连续十六年被评为"中小学教育教学质量综合评估先进单位"，先后被评为惠州市人民满意学校、惠州市安全文明校园、惠州市心理健康教育示范学校、惠东县师德建设先进单位，在惠东县初中教学质量综合评价中多次获得二等奖以上。其中，2009年、2010年连续获得第一名。教师论文、课题立项、科研成果、知识竞赛、科技创新、田径比赛等项目荣誉满载，硕果累累。

惠东县大岭中心学校正以务实的态度、百倍的热情、崭新的风貌迎接新时代的挑战，开创更加辉煌灿烂的明天。

校门

文化长廊

校园一角

学校荣誉

新生军训

大课间活动

东莞市第一中学教育集团

国旗护卫队

青年教职工户外拓展活动

师生健身活动

校园一景

学校夜景

东莞市第一中学教育集团的前身为1957年创建的东莞县建设中学，1971年更名为莞城第一中学，1995年被评为广东省一级学校，2004年剥离初中部成为普通高中。2005年，学校更名为东莞市第一中学，获评为广东省国家级示范性普通高中；2019年，学校与东莞市中堂实验中学（初中）组建为东莞市第一中学教育集团（以下简称集团），集团本部设在东莞市第一中学。

集团本部占地面积约为11.67万平方米，建筑面积为10.44万平方米，额定招生规划约为3000人、60个教学班。2020年，学校启动扩建工程，拟于2022年秋季起每年增加500个优质学位。学校师资力量雄厚，现有专任教师246人，其中全国优秀教师1人、南粤优秀教师8人、特级教师1人、中学正高级教师2人、高级教师87人、"广东特支计划"数学名师1人、广东省名校长及名师工作室主持人2人、东莞市名师工作室主持人5人、东莞市学科带头人25人、东莞市教学能手46人。

东莞市第一中学以"办一所让人幸福成长的学校"为教育理念，以"适性求是、成人幸福"为实践路径，构建了"厚德载物、自强不息"的校园文化体系："立志勤奋、求实创新"的校训，"诚朴务实、民主和谐、锐意进取、追求卓越"的学校精神，"明德崇雅、致知臻美"的校风，"进德乐业、立己达人"的教风，"乐学善思、合作笃行"的学风，以及"清正团结、务实高效"的政风。学校始终立于教育教学改革的潮头，在学业教育、体育教育、创客教育等方面取得了显著的办学成绩；享有较高的社会声誉，先后被授予全国中小学思想道德建设活动先进单位、广东省依法治校示范校、广东省现代教育技术实验学校、广东省中小学心理健康教育先进单位、广东省体育特色学校、广东省基础教育研究实验基地学校等数十项荣誉称号。2019年12月，学校以"幸福教育"特色获评为东莞市首批"品牌学校"之一，并成立了东莞市首个"高中品牌学校工作室"。

东莞市第一中学（集团）中堂实验中学位于东莞市中堂镇，占地面积约为10.67万平方米；现有教学班36个，专任教师134人，在校学生1820人。学校秉承"守正创新、慧雅臻美"的办学理念，倾心打造"慧雅·幸福"教育品牌，取得了突出的办学成果，先后获得广东省绿色学校、广东省中学示范团校、东莞市德育示范学校、东莞市学校共青团先进单位、东莞市现代教育技术实验学校、东莞市中小学心理健康教育特色学校、东莞市慕课信息化重点推广学校、东莞市第二批创客教育学校等多项荣誉。2020年11月，中堂实验中学被东莞市教育局确定为东莞市第三批品牌学校培育对象，提前实现了"一年大变化、两年有突破、三年成名校"的办学目标。

东莞台商子弟学校

东莞台商子弟学校（以下简称东莞台校）成立于2000年9月2日，是中国大陆第一所由台商举办的、专门招收台商子女的学校，是一所公益性质的学校。学校董事长叶宏灯先生为创办人，曾担任东莞台商投资企业协会第二、三届会长，现任校长为郑忠煌先生。自学校成立以来，学生人数从698人发展至2400人，是一所覆盖幼儿园到高中学段的住宿学校，依"台湾教育"模式办学，课程教学与中国台湾地区同步接轨。

东莞台校的创校宗旨是圆台商家庭团聚梦，培养新世代的台商精英，助推两岸文化教育交流，回馈社会公益；办学特色是以生活、生命及品格为核心，透过语文、资讯、才艺、生活、探索、环境之课程，培养五育均衡发展、具备强烈社会责任感及国际视野的优秀人才。

东莞台校的成立，是台资企业在大陆发展到一个新阶段的重要标志，同时也是两岸教育交流的一个新里程碑。它不仅为台商子女教育、家庭团聚创造了条件，而且优化了东莞及珠三角的台商投资环境，使台商安心经营、永续发展。在两岸交流层面，学校积极推动两岸教育、文化交流活动，共同弘扬中华民族的优良文化传统。东莞台校设立了中华文化教育馆，包括典范墙、文化廊、思源堂、丽德书院、华夏厅、国学堂，用以宣扬中华民族优秀文化和历史上的典范人物。学校每年3月依循周礼为高二学生举办成年礼活动，为学生加冠，强化中华传统文化教育。

这所由海峡两岸爱心人士共同孕育出来的学校，是两岸文化教育交流的一个平台，更是联系两岸情感的纽带以及融合的种子。东莞台商子弟学校将继续秉持公益办学之精神，努力打造成为具特色、有品位的未来领袖摇篮学校，期许台校学子立足两岸、拥抱寰宇。

中学部学生集体展示太极拳

中学部学生参加成都研学交流活动

中学部举办第十二届田径锦标赛

莞脉传承之非物质文化遗产进校园——龙舟模型制作

高中部学生在恒温室游泳馆上课

中山市小榄中学

校长范卫平在毕业典礼致辞为毕业生送上美好祝福

青年教师上示范课

设立在学校的华南地区"好朋友"文化体验基地

校运会师生竞技

发轫于1740年的中山市小榄中学（中山市外国语学校）位于伟人故里中山市，是中山市唯一的公办外国语学校、中山市北部重点中学、广东省国家级示范性普通高中。

学校现有教学班69个，教师282人，其中省级"百千万人才培养工程"培养对象、南粤优秀教师、中山市骨干教师8人，高级教师和硕士、博士以上学历教师约占2/3。学校办学历史悠久，业绩出众，先后获得全国体育教育示范学校、全国教育科学新课程个性化教学试验研究示范学校、全国国防教育示范学校、促进国际人文合作贡献单位、全国俄语教学十佳单位、广东省第一批基础教育党建工作示范校、广东省教学水平评估优秀学校、广东省艺术教育特色学校等荣誉，现在还是全国中等日语教学研究会会长单位、珠三角外国语学校联合体会员校会长单位、广东省教育国际化实验学校。

筑牢发展理念，盘活两大资源。学校立足"新时代背景下普通生源的乡镇普通高中如何办学？"这个时代之问、教育之问，立足现实，远眺希望，以新一轮课程改革和新高考为契机，以弘扬学生主体精神为宗旨，以"人本主义理论"和"多元智能理论"为依据，走富有个性化的扬长教育之路，逐步形成"多元发展、人人成才"的办学理念。发挥多语种优势，实施特色办学。学校开设英语、法语、德语、日语、俄语、西班牙语六门外语供学生自主选择，不仅为学生提供国内的高等教育资源，而且为学生在全球范围内配置高等教育资源和就业、创业机会。每年毕业生赴英、美、日、俄、德等国家留学人数稳居中山市前四位，多名学生获得国家留学基金委"国家互换奖学金项目"公派留学机会。

"多元发展、人人成才"办学理念实施以来，学校实现了5年应届本科上线人数翻两番的目标。日语、俄语保持集群优势，多名学生考取东京大学、俄罗斯人民友谊大学等国际一流名校，艺体学生先后考取中央音乐学院、中国美术学院、北京体育大学等知名院校。

展望新时代，中山市小榄中学（中山市外国语学校）将继续全面加强党对学校工作的领导，抢抓粤港澳大湾区建设和深圳先行示范区建设"双区驱动"、新课程全面实施等重大机遇，全面深化学校综合改革，为普通高中发展成为优质特色示范高中闯出新路径。

学生正在进行探究性实验

学校大爱石：建于"5·12"大地震后

鹤山市第一中学

鹤山市第一中学（以下简称鹤山一中）创建于1925年，首任校长是毕业于美国斯坦福大学的鹤邑华侨李照衡。学校先后被评为广东省国家级示范性普通高中、全国模范职工之家、全国语文教改示范校、广东省绿色学校、广东省依法治校示范校、广东省青少年科学教育特色学校等，被誉为"江门市乃至广东省基础教育的一面旗帜"。

学校周边自然环境怡人，人文气息浓郁。校园内林木葱茏，花繁草茂，蝉鸣鸟唱，风清气爽。学校占地面积达13万多平方米，现有教学班54个，在校学生2881人。师资力量雄厚，现有专任教师230人，其中全国优秀教师2人，全国科教先进校长1人，全国优秀科技辅导员8人，广东省特级教师1人，江门市高层次人才55人，鹤山市名校长、名教师、名班主任及学科带头人共61人，教师学历达标率为100%。学校教师队伍素质高，敬业奉献的精神得到鹤山市委、市政府和社会各界的高度评价。

学校秉承"劳心劳力，达己达人"的办学理念，因材施教，实施分层教学，在课堂教学内容的深浅程度、习题配置的难度和题量等方面满足不同层次学生的需求。学校推行导师制，将不同层次的学生按照其学科特点分配到各科任教师，不断为学生提供支持和反馈，尽可能让每一名学生获得足够的关注及个性化指导，实现"尖子生有人促、临界生有人带、待优生有人帮"，形成了"尊师爱生、勤教苦学、艰苦朴素、守纪爱国"的优良校风，赢得了社会的赞誉、家长的信赖和学生的喜爱。

学校不断更新教育理念，在关注学生生长现状的同时，更加重视学生的可持续发展；逐步完善和丰富学生生涯规划教育的模式及机制，大力开展校内外学生生涯规划教育活动，让学生在参与生涯规划的组织、策划工作之余，提升个人能力及团队合作能力，拓宽视野，陶冶情操，树立高远目标；帮助学生确立生涯规划及人生发展目标，激发学生自主学习的动力，提高学生综合素质，为社会输送更多优秀的人才。

学校在2020年高考中取得了优异的成绩：高分优先投档入围人数505人（入围率达50.7%），本科线入围人数972人（入围率近97.6%）；重点本科上线率、本科上线率持续位居江门市前列，600分以上的考生多达91人。

校　　长：吕文英
副校长：吴怀军　施国成　谢庆欢

2020年4月27日，学校高三学生返校复学并进行高考冲刺宣誓

2020年9月7—11日，学校举行高一新生军训结营大会

2020年9月10日，学校举行庆祝第三十六个教师节暨高三学生"拜师礼"活动

"开学第一课"爱国主义教育主题班会活动

"书香伴我成长，阅读圆我梦想"读书节经典诵读暨诗词大赛

2020年11月30日，学校举行建校95周年校庆文艺晚会

广州大学台山附属中学

2020年11月5日,广州大学台山附属中学教育集团前往广州大学附属中学黄华路校区参加教学能力提升培训讲座

2020年10月22日,学校举办汤贵洪先生赞助"中国梦·家风美"主题作文比赛暨2020年奖教奖学助学颁奖大会

2020年12月8日,广东揭阳真理中学代表到学校交流研讨

江门市优秀教研组——语文科组集体备课

学校概况 广州大学台山附属中学是汇集台山市原水步中学与广大中学优势教育资源,整合升级而成的新型现代化学校,位于台山市水步镇水步大道108号,占地面积8万平方米,总建筑面积约33200平方米,建有教学楼、科技楼、综合楼各1幢,生活楼2幢,400米标准塑胶跑道运动场(人造草足球场)1个,是一所结构布局合理、信息化设备完善,学习生活条件优越、校园环境幽静,每个年级可容纳800名学生的全寄宿制公办初级中学。学校现有教学班42个,学生2185人;教师124人,教师学历达标率为100%,其中,高级职称教师14人,中级职称教师63人。

办学思想 学校以"博学笃行,与时俱进"为校训,坚持"以生为本,与时俱进,把学校办成高质量、有特色、现代化、示范性的五邑地区乃至省内一流学校"的办学目标,以"让学生健康、快乐成长;让学校持续、和谐发展"为办学理念,以"国防教育"为办学特色,形成了"有序、和谐、健康、发展"的校风、"务实治学、奉献爱生"的教风以及"勤奋、自主、合作、探究"的学风。

特色文化 学校与广州大学附属中学缔结为姊妹学校,借力广州大学附属中学名校名师的丰厚资源,建立教学联盟,实现了办学理念、教学方法、特色办学等优质教育资源全方位共享,继以"国防教育"为办学特色,全面进行准军事化的教学和管理,每一学年进行两期军事训练和举办校内会演,并选拔优秀学员加入学校国旗护卫队。学校被教育部认定为国防教育特色学校、中小学国防教育示范学校。此外,学校坚持多元化发展,致力于促进学生全面发展。学校举办了两期"三国"(国学、国乐、国防)教育青少年研学实践活动;以军体拳为特色,结合跑步、跳绳、排球、足球、篮球等项目,开展阳光大课间活

整齐划一的军体拳表演

打造军事化管理

组建国旗护卫队

动,曾获台山市中小学阳光体育大课间活动特等奖;参加2020年台山市中小学生校园足球比赛,获得优秀组织奖;参加2020年台山市中小学生"我爱你中国"合唱比赛,获得初中组一等奖。学校还被评为江门市体育传统项目学校(排球)、广东省校园排球推广学校。

师资管理 学校通过"走出去学、请进来教"和教育集团的相互帮扶等途径,加强对教师的专业培训。学校教职工知识结构得到改善,专职任课教师学历全部达标,综合素质不断增强,专业化水平明显提升。学校九大科组全面开展市级课题立项,各学科教师联合开发校本课程,使用效果明显。教师教研成果喜人,有221人次获广东省、江门市、台山市等各级奖励。其中陈兵老师获得广东省教育学会论文评选三等奖,吴薇老师获得广东省中学化学优秀教学成果二等奖,李敏儿老师获得第十三届广东省中小学"暑假读一本好书"活动"优秀指导教师"称号。

办学成果 学校教育教学水平不断攀升,先后获得江门市初中阶段协同教育质量进步奖、江门市初级中学教学水平优秀学校、江门市初中阶段协同教育质量先进学校一等奖、江门市关心下一代工作先进集体、江门市初中教研联盟先进集体、台山市教育系统综治(平安建设)先进单位、台山市优秀学校、台山市德育先进学校、台山市义务教育阶段教研工作先进单位、台山市教育教学质量一等奖、台山市教育系统模范党支部、台山市教育集团化办学成果展评活动一等奖等荣誉和奖项。

发展愿景 凤凰自古栖大梧,良木由来作栋梁。广州大学台山附属中学将立足新起点,昂首前行,全力以赴实现更大跨越,将学校建设成为高质量、有特色、现代化、示范性的五邑地区乃至省内一流学校,以回报社会各界的支持,回馈广大人民的厚爱。

学生军训

学校舞蹈队演出

足球场

鹤山市昆仑学校

学校开展第六届"四学+智慧"课堂教学比赛

2020年10月24日,学生参加第二十届广东省青少年机器人竞赛荣获广东省一等奖

学生学习劳动技能

振兴咏春,强身健体

鹤山市昆仑学校开办于2016年,占地面积约15.33万平方米,办学规模为3000人。学校周边青山环绕,绿水潺潺,环境宜人,教学设施一流,办学条件优越,管理规范,是一所领导认可、社会认同、家长放心、充满活力的优质民办学校。

"五自"管理,培养优秀"达人"。在"达人教育"这一办学理念和"五自"管理模式的指引下,学校制订了一套体系完善、行之有效的"达人"评选制度并定期进行表彰。每位学生都能做到自我管理、自我教育、自我约束、自主学习、自我实现,在追梦路上不断养成良好的行为习惯。

"四学+智慧"课堂,转变学习方式。学校重视课堂教学改革,立足学校实际,借鉴外校经验,已形成富有特色的"四学+智慧"课堂教学模式:导学,点燃智慧;帮学,生成智慧;助学,共享智慧;评学,巩固智慧。绿色高效、精准施教的课堂贯彻"目标导向、问题导思、师者导学"的原则,有效把"知识人"转变为"智慧人",进一步提高教育教学质量。

五育并举,促进学生发展。为促进学生德智体美劳全面发展,学校坚持德育为先、智育为重、劳育为荣、美育为根、体育为本的"五个一"育人策略,务必使每个学生都能掌握一门乐器、掌握一项劳动技能、擅长一项体育运动、写一手好字、每个学期读一本好书。同时,组建学生喜爱的社团,大力开展各类活动,使每个学生健康快乐成长,让每个学生都有出彩的机会。

硕果累累,提升办学效益。学校质检、中考成绩和各类学科体艺竞赛成绩斐然,办学成绩逐年提高。学校先后被评为广东省依法治校达标学校、江门市义务教育标准化学校、江门市中小学艺术教育特色学校、江门市体育传统项目学校(乒乓球)、江门市第三批校园足球推广试点学校及特色学校、鹤山市思政课示范学校、鹤山市文明校园示范校,并且获得江门市初中阶段协同教育质量先进学校一等奖2次、鹤山市绩效考评"标兵"等级3次。

环境优雅的宿舍

宽敞明亮的图书馆

鹤山市沙坪中学

鹤山市沙坪中学创办于1980年,是鹤山市的一所初级中学,也是广东省一级学校。因发展需要,2013年9月学校整体搬迁至新校址,新校位于鹤山市沙坪街道容章路800号,占地面积9.4万平方米,建筑面积5.5万平方米,总投资1.65亿元。2020年9月,学校共有教学班56个,学生2806人;教职员工270人,专任教师学历达标率为100%,其中中学高级教师49人,中学一级教师89人,鹤山市学科带头人12人。

学校设施设备先进,高标准配置计算机室5间、理化生实验室共18间,设有阅览室、音乐室、舞蹈室、美术室、书法室、心理辅导室、沙坪街道成人教育活动室及其他多功能教室60多间。食堂宽敞明亮,被评为广东省食品安全示范学校食堂。400米塑胶跑道运动场、体育馆、图书馆、50米游泳池等配套设施均以国家标准规范建设。

学校以"让学生进步、让老师成功、让家长满意"为办学理念,以"崇德广业,循道以教"为校训,形成了"校风优良,彰显个性,体艺双馨"的办学特色。学校荣获2020年全国青少年校园足球特色学校称号,同时也是第三批广东省青少年校园足球推广学校、广东省健康促进示范学校、鹤山市体育网点项目学校。学生参加各类体艺、科技创新比赛成绩优异,吴卓彬同学入选2020年全国青少年校园足球夏令营男子乙组最佳阵容,并获得国家一级运动员称号;关炜乐同学入选2020年全国青少年校园足球夏令营全国分营最佳阵容,获得国家二级运动员称号;教师乐喜乐荣获2020年全国青少年校园足球夏令营优秀教练称号。梁嘉俊、邓嘉铭同学荣获2020年广东省青少年环保科技创意大赛一等奖,教师王忠明获优秀指导老师奖。学校获2020年江门市中小学阳光体育大课间评比一等奖;参加2020年江门市青少年校园足球四级联赛冠军赛,获初中男子组第二名;参加2020年江门市中小学生篮球比赛,分别获初中男子组、女子组第三名。

学校教学教研成绩优异,2018—2020年连续三年荣获江门市初中阶段协同教育质量先进学校一等奖。物理科组被评为广东省初中物理示范教研组,数学、语文、英语科组分别被评为江门市优秀教研组。

2020年6月16日,学校开展鹤山市书法进校园活动

2020年6月,学生梁嘉俊、邓嘉铭获广东省环保科技创意大赛一等奖

2020年9月17日,学校举行2020鹤山网络安全宣传周六大主题日活动

400米跑道标准田径运动场、足球场

2020年11月27日,学校党支部在学校阶梯室举行党建知识竞赛

2020年10月,教师乐喜乐荣获2020年全国青少年校园足球夏令营优秀教练称号

江门市新会区新外国语学校

学校大门

语文课堂

科学探究课堂

江门市新会区新外国语学校（原名：江门市新会区广外附设外国语学校）于2018年9月正式开学，是由江门市人民政府引进、名冠教育集团投资的一所涵盖小学、初中、高中为一体的十二年一贯制学校。学校共开设55个班级，有教职工320多人，办学规模逐渐壮大。

学校位于"启超故里""著名侨乡"江门市新会区银港大道，南望银洲湖水系南坦岛万亩葵林，北靠新会区政府和小鸟天堂，东连新会港，西接潭江水系，学校校舍、教育教学设备按照超省一级学校标准建设，占地面积7.2万平方米。

学校依托广东外语外贸大学的优质教育资源，传承并发展广外先进办学理念和成功教育模式，着眼于学生终身发展，培养走向世界的现代中国人。学校以"轻负荷，高质量"为教学特色，以"先成人，后成才"为德育特色，以"给学生创造一个包含学园、乐园、家园和探究园的完整的校园生活"为办学定位，围绕"以国学文化为抓手打造学生的东方伦理智慧，用西方科学精神去武装学生头脑"的办学思路，提出全员学文化、全员学艺体、全员学科学，从文化、艺体、科技三大板块出发的"三驾马车"的办学策略。通过一流的师资队伍，依托"向宽处延伸，为每一个鲜活的生命奠基，向高处生长，让每一个独特的梦想成真"的"宽高课程"体系，来践行生本理念下的全人教育，培养"明德尚行，学贯中西"的高素质现代化人才。

学校通过搭建舞台让学生和教师都得到发展和提升，实现"学生有专长，教师有风格，学校有特色"。建校三年，学校先后被评为家庭教育实验学校、德育心理健康示范学校、广东省体育传统项目学校（排球）。师生参加省级、市级、区级各项赛事屡获大奖。首届中考成绩优异，普高上线率达到94.4%，成绩喜人。

美术课堂

茶艺课堂

校管乐队演奏

阳江市阳东区进德实验学校

阳江市阳东区进德实验学校（原阳东区星重学校）创办于2002年，是一所九年一贯制民办学校；坐落于阳东区工业园内，拥有幼儿园、小学、中学三个独立学部；校园占地面积约30000平方米，校舍总建筑面积约14282平方米。学校坚持"规范化校园、高标准建设、高水平办学、高质量发展"的理念，致力于打造一所"阳东一流、阳江前列、粤西知名"的高品质、有特色的示范性学校。

学校秉承"唤醒灵魂之崇高、培育美好之人性，为孩子的终身发展奠基"的办学理念，践行"弘毅精进，高尚其德"的校训，形成了"朝乾夕惕，敬慎笃实"的校风、"教而不厌，诲而不倦"的教风和"勤学好问，善思果行"的学风；不断强化学校管理，规范办学行为，推进素质教育，促进学校在原有基础上创新发展、全面提升。

学校按照广东省义务教育标准化学校标准进行建设，校园环境优美，绿树掩映，生态和谐，教学区、生活区、运动区规划合理，教学设施完备，功能场所齐全。学校建有普通教室54间，宿舍180间（含教师宿舍30间，学生宿舍150间），办公室24间，各种功能室25间。功能室包括物理实验室1间、化学实验室（含准备间）1间、生物实验室（含准备间）1间、科学教室2间、音乐教室2间、美术教室3间、计算机教室3间、多功能教室（含学术报告厅）2间、体育活动室1间、体育器材室2间、卫生保健室1间、图书室（含阅览室）2间、心理咨询室1间、团（队）室2间、广播室1间。

学校师资力量雄厚，拥有市、区级名师5人，现有专任教师110人，其中本科学历教师100人，专科学历教师10人，教师学历达标率为100%。教师整体素质较高，教学经验丰富，专业技术资格达标。学校教务处及学科组不断加强教学常规管理，加大"推门听课"力度，积极开展校本教研，切实提高教学实效，减轻了学生的课业负担。

学校在高质高效完成国家课程的基础上，开设了编程、小主播、舞蹈、口风琴等40门选修课，旨在提高学生的综合素养。学生在阳江市教育学会举办的2020年阳江市青少年儿童美术作品比赛中脱颖而出，取得佳绩；学校足球队在阳东区第四届中小学生校园足球比赛中获得小学男子组第二名、初中女子组第六名，学校获得优秀组织奖。

近年来，学校不断改善办学条件和办学环境，促进办学质量提升，如今已走上了迈向教育现代化的快速发展轨道。

校长李卫华

学校男子足球队在2020年阳东区第四届中小学生校园足球比赛中获得小学男子组第二名，学校获优秀组织奖

智慧课堂

书法课

学校北门

篮球场

舞蹈课

雷州市第二中学

学校开展主题党日活动

校长韩江伟在建校周年庆典上致辞

师生参加创卫工作志愿服务

化学实验课

阅读指导课

雷州市第二中学创办于1958年，坐落于南湖之滨，校园环境幽雅，建筑设计别致，是莘莘学子求学成才的好地方。学校现有学生4000多人，教学班88个，在职教工412人，其中，高级教师33人，一级教师256人，研究生学历教师12人，是雷州市规模较大的面上完全中学。

学校领导班子开拓创新，高举习近平新时代中国特色社会主义思想伟大旗帜，努力学习党的十九大精神和深刻领会习近平总书记的系列重要讲话精神，更新办学理念，以人为本，以生为本，不断强化管理。学校以"知行合一、至善至上"为办学理念，以"思想育人、知识育人、管理育人、服务育人"为办学原则，以"攻坚克难、超越自我、追求卓越"为动力。德育工作方面始终以"抓纪律、促学风、提质量"为目标；教学工作方面认真落实"严、实、精、活、新"的课堂教学五字要求，以传统文化教学为抓手，以生本教育为载体，全面深化教育教学改革，推进新课堂改革进程。近年来，共有243名教师在省市级报刊上发表论文，24名教师的课题获得国家、省、市批准立项，322名教师参与国家、省、市、县的各类竞赛获得较好成绩；50多名教师被评为省、市级优秀教师，其中省骨干教师8人，市优秀教师、骨干教师、学科带头人43人。

学校构建了"三位一体"的德育管理网络。"三位"就是校级领导值周，中层干部值日，年级教师值班；"一体"就是网络化，系统化。"三位一体"网络管理为学校德育管理注入了强劲动力。学校秉承习近平总书记立德树人的指导方针和党的教育方针，坚持以"以人为本，以质兴教"为导向，办学水平、办学质量取得了显著提高。近三年，学校艺体类考生本科录取率达82%以上，中考、高考均取得骄人的成绩。尤其是高考，无论是升本人数、上重点线人数，还是综合质量评价都在湛江市连续多年名列前茅。

学校先后被授予全国教育教学创新示范校、全国素质教育先进示范学校、广东省安全教育示范单位、广东省书香校园、湛江市文明标兵单位、湛江市高考先进单位、雷州市高考先进单位等荣誉称号。

如今，全校师生凝心聚力，不忘初心，撸起袖子，锐意进取，正昂首阔步地朝着广东省一级学校的目标迈进。

遂溪县大成中学

学校概况 遂溪县大成中学是爱国重教的香港同胞林文恩先生捐资，由遂溪县政府于1985年创办的一所普通中学，学校毗邻遂溪孔子文化城，校园面积约10.87万平方米，环境优雅。现有教学班72个，在校学生3760人，在编在岗教职员工352人。

办学条件 学校利用资源整合的优势，科学规划校园环境建设，打造美丽校园景观，全面改造校道，营造浓郁文化氛围，不断优化办学条件。学校迁建工程第一期工程项目于2017年11月18日动工建设，主要在校园内建综合楼、教学楼、学生宿舍、图书馆、学生饭堂等5栋建筑，土建工程完成投资总额达9400万元。截至2020年12月30日，第一期工程全部通过竣工总验收，建筑面积达50333.06平方米。配套工程建设逐步完善，新建成的物理实验室、化学实验室、生物实验室、美术室、音乐室、地理室、历史室、通用技术室等设备先进的功能室投入使用。

办学特色 学校坚持"教人向善、导人向上、成就大成"的办学理念，坚持"成人—成才—成功"的德育目标，坚持"质量立校、管理固校、特色强校"的发展方向，以培养学生核心素养为导向，以弘扬孔儒文化为主题，以校园足球和校园篮球为载体，努力探索"文体艺兼修，多元化发展"的特色办校之路，强化内涵建设，全面提升人才培养质量。2020年，学校语文科组、历史科组、政治科组、生物科组分别实施"悦读——经典朗诵""中华古礼""晓之习理""生态环境保护课堂"等校本研修教研活动。历史科组举办"礼仪之邦，一生有礼"中华古礼展演校本课程实践活动，遂溪县广播电视台对活动进行了报道。学校与岭南师范学院生命与科学技术学院签订"粤西青少年生命科技创客教育联合体"合作协议。全年共有138名同学获县级以上荣誉，学生参加各类竞赛共有76人次获县级以上奖励；共有172名教师在各类评优活动中获得县级以上奖励，其中，国家级1人、省级4人、市级31人。学校被评为全国生态文明教育特色学校、广东省校园排球推广学校、湛江市高中教学质量管理先进单位、湛江市生态环保教育活动先进学校。11月，中华人民共和国生态环境部主管的《环境教育》杂志以《践行生态教育，打造绿色学校》为题对学校生态文明教育纪实进行了专题报道。

线上教学 新冠肺炎疫情防控期间，学校按照上级防疫工作的决策部署，结合学校实际，形成实战化的防控工作方案。在延期开学期间，学校制定了《遂溪县大成中学疫情防控期间线上教育教学实施方案》和《遂溪县大成中学线上教学评优活动实施方案》，确保延期开学期间"停课不停教、停课不停学""网络教育不间断、思政教育不断线"。2月2日，学校党总支书记、校长陈华强通过学校微信公众号发布《众志成城，攻坚克难——致全体师生及家长的一封信》，并被"学习强国"网站刊登。学校防疫复学工作有序平稳，"志愿迎生归、爱心暖校园"项目被评为湛江市中小学校"优秀志愿服务项目"。

新教学楼

新综合楼

新图书馆

学思园一角

学校举办2020年冬季跑操暨五步拳运动会

历史科组举办"礼仪之邦，一生有礼"中华古礼展演活动

吴川市职业高级中学

学党史——黄学增故居实地研学

消防知识讲座

消防演练

元旦晚会

学校概况 吴川市职业高级中学是经吴川市人民政府于2018年6月批准，利用吴川市林屋中学的场地和教学资源创办的一所全日制公立职业高级中学，隶属吴川市教育局。学校位于"全国十大魅力乡村""全国文明村"的吴川市黄坡镇林屋村中，毗邻湛江海东新区，距湛江市区16公里、吴川市区20多公里，靠近省道373，交通便利。学校占地面积约7万平方米，建筑面积4万多平方米。校园绿树成荫、环境幽雅，是莘莘学子求学的好地方。

教学配套 学校教育、教学、生活设施完善，拥有教学楼2幢，教室32间；男女生宿舍楼各1幢，共1500个床位，每间宿舍都安装空调；学生食堂1幢，可容纳1800人同时就餐；综合大楼、实验实训楼各1幢。广东粤凯机械有限公司提供大型实训实操基地，实训设备先进。体育场地有塑胶运动场1个、篮球场4个、足球场2个、排球场2个、羽毛球场2个。还拥有学生图书馆、阅览室、计算机室、教学录播室、交互室、电教室、心理咨询室、音乐室、美术室、舞蹈室等10多个功能室。通过上级部门拨款支持和学校自筹经费，计算机室已投入使用，其他如焊接、会计、美术、舞蹈、音乐等实训基地建设也已初具规模。

治校理念 学校以"爱国、明理、求真、创新"为校训，以市场为导向，以服务为宗旨，以就业为向导，走产学结合之路，建立具有地方特色的专业人才培养模式；坚持"育人为本，服务社会"的原则，全面推行素质教育和职业教育。打响品牌效应，努力打造吴川市"四位一体"的职教中心。

师资力量 学校师资力量雄厚，拥有教职工51人，其中高级职称5人、中级职称41人，具有本科学历以上的教师占90%以上，超过半数教师均参加过教育部组织的职业学校"国培""省培"等项目培训。学校也配备了财会、计算机、美术、音乐、舞蹈、焊接等专业教师和"双师型"教师。

课程设置 学校严格按计划招生，合理编班，严格执行国家课程规定，开足课程和课时。班级管理坚持以人为本，帮助特困生和学困生完成学业，落实免学费和助学金政策。根据《中等职业学校公共基础课程方案》《中等职业学校专业教学标准》，结合学校实际，课程设置分为公共基础课程、专业技能课程和职业素质能力拓展课程三大类。

对外交流 学校与深圳诚展人力公司开展实习顶岗、人才交流合作，培养学生的劳动技能，为学生上大学和走上就业岗位储备宝贵的专业知识和学习经验。初步与省内外高职院校达成合作意向，制定"3+2"高职（中高职三二分段制）计划。

徐闻县第一中学

徐闻县第一中学创办于1938年,是徐闻县办学历史最悠久的一间中学。学校毗邻明代大戏剧家汤显祖创建的贵生书院,与贵生公园和县博物馆接壤。校内有建于1501年的古迹——文庙和泮池,校园儒家文化氛围浓厚,是读书育人的理想场所。

学校有教学班79个,在校生4100多人,教职工350多人,其中高级教师39人,一级教师130人。学校重视教师队伍建设,培养了一大批优秀教师,其中省级骨干教师4人,立项课题主持人10人,省市县优秀教师和优秀班主任100多人。学校教学设备完善,办学条件优越。拥有理化生实验室、多功能电脑室、舞蹈室、音乐室、美术室、体育训练室等功能室,建有信息化管理中心和知新书屋,有2万平方米的劳动技能实践基地,有标准塑胶跑道运动场,教室全部配备了多媒体教学平台,基本实现了"三通两平台"的现代信息化教育。

学校南校门

学校以"求真求实,至善至美"为办学理念,以"弘扬儒家文化,创建书香校园"为办学特色,以"厚德、慎思、明理、笃行"为校训,以"崇德养正、见贤思齐"为校风,以"有教无类,诲人不倦"为教风,以"乐学、好学、勤思、苦练"为学风,坚持以人为本、依法治校、科学管理,逐渐形成了独特的校园文化和办学特色。

学校经过80多年的不断探索,已发展成为一所历史悠久、环境优美、文化氛围浓厚、师德雄厚、业绩显著的完全中学。近年来,学校以儒家文化为依托,以精细管理为抓手,以现代化教育理念为动力,不断推进学校教育全面发展,取得了显著的业绩,享有良好的社会声誉。学校工作的主要亮点体现在"三三两两"十个方面。"三个校园",即儒家文化校园、南粤书香校园和文明法治校园;"三个突出",即体艺特长生培养成绩突出、行为养成教育成效突出和培优补差效果突出;"两个活力",即教师团队充满活力和学生社团彰显活力;"两个显著",即高考、中考成绩显著和课题立项成果显著。学校多次被评为湛江市中考先进单位、湛江市高考先进单位。学校还先后被评为湛江市一级学校、湛江市现代教育技术实验学校、湛江市文明单位标兵、全国读书育人特色学校、广东省文化建设标兵单位、广东省书香校园、湛江市德育示范学校、广东省一级学校、湛江市文明校园、广东省民族团结进步创建示范单位、广东省安全文明校园。

学校阅览室——"知新书屋"

孔庙

高考动员会

学校荣誉

化州市第一初级中学

校长好书推荐活动

书法比赛活动

诗歌朗诵活动

化州市第一初级中学是2014年6月经化州市人民政府批准成立的示范性初级中学。学校占地面积约48000平方米，现有学生2760人，教师176人，其中研究生学历5人，在读研究生1人，所有教师均为全市公开招考并具有本科以上学历。教师年龄结构合理、整体素质较高，拥有正高级职称教师1人，高级职称教师15人。

学校确立了"管理一流、质量一流、有高度社会责任感和鲜明文化特色的初级中学"的办学目标，致力于培养有中华民族优良品质、有坚实知识基础和有广阔视野的一代新人。树立鲜明国学文化特色，形成了"一念"引领、"两心"教育、"三风"保障、"四士"追求、"五星"目标文化育人体系，即以"让优秀成为习惯"的办学理念为引领，以"感恩的心"和"中国心"教育为切入点，以"崇德、尚学、勤勉、创新"之校风、"博学善导、敬业爱生"之教风和"谦逊、好学、善思、坚韧"之学风为保障，以"在纪律面前，我们是战士；在困难面前，我们是勇士；在修养面前，我们是雅士；在知识面前，我们是博士"为目标，以"感恩之星、至诚之星、尚学之星、文明之星、激情之星"评选为载体，推行全方位育人机制。

在"让优秀成为习惯"的文化理念的指引下，学校坚持"品学兼修，志存高远"的校训，修品尚学，注重学生品格的培养与知识的学习并重，经过7年的努力，学校在推广国学文化、感恩文化方面逐步形成了"学习国学文化，做堂堂正正的中国人；学习感恩文化，感恩伴随一生成长"的办学特色。

在全校师生共同努力下，学校教育教学成绩显著。2020年，学校有175人考上化州市第一中学等重点高中，重点高中上线率连续4年名列全市前列。因办学成绩突出，学校被教育部评定为全国青少年校园足球特色学校，被省文明委评定为国学实验教学践行基地，被茂名市评为茂名市诚信文化教育基地，被广东省初中教育发展联盟聘为会员学校，被茂名市书画教育研究会聘为会员单位，被茂名市教育局评定为国学特色教育学校、茂名市中小学教师专业发展示范学校、茂名市优质学校改革创新工程种子学校，被化州市教育局评定为优秀家长学校、家校联动工作先进单位、阅读活动先进单位。

阅读活动成果展

教学大楼

书法长廊

化州市第一中学

化州市第一中学创办于1914年,是一所百年老校,1979年被定为化州县重点中学,1995年被评为广东省一级学校,2006年被定为国家教师基金"十一五"规划重点课题实验学校,2008年被评为广东省国家级示范性普通高中,2011年被评为全国文明单位。

学校占地面积约33.33万平方米,校园环境优美,设备设施先进,师资实力雄厚。学校现有教职工585人,其中中学高级教师210人,特级及正高级教师6人。

学校秉承"明德、博学、笃志、敏行"的校训,坚持"以人为本、文化育人、科研兴校"的办学理念,形成了"爱国、文明、勤奋、创新"的校风。学校育人环境不断优化,教学管理不断完善,教育教学工作稳步发展。学生参加国家级、省级智科竞赛成绩突出,高考上线人数逐年增加,多名学生考上清华大学、北京大学等全国重点高校。2020年,学校高考成绩再创辉煌:杨柏森、莫英玮同学同时以680分夺得化州市理科总分第一名,李碧珩同学以623分夺得化州市文科总分第一名,陈柄霖同学被中国人民解放军空军军航空大学录取;考生中670分以上的有4人,600分以上的有255人,上优先投档线的有920人,上本科线以上的有3017人。

学校艺体教育特色彰显,是全国青少年校园足球特色学校、广东省排球传统项目学校。2020年,学校男子排球队参加广东省中学生排球锦标赛获得第四名;学校代表茂名市参加广东省艺术花会总决赛,原创小组唱节目《桥边人家》荣获音乐类金奖。

学校办学成果丰硕,先后获得全国文明单位、全国第三届和谐校园先进学校、全国青少年信息学(计算机)奥林匹克联赛成绩显著学校、全国群众体育先进集体、广东省文明单位、广东省普教系统先进单位、广东省十项工程劳动竞赛优胜单位、广东省体育特色学校、广东省楹联文化基地、广东省先进职工之家等荣誉称号,学校团委被评为广东省五四红旗团委。

学校实行"用心工作、爱心育人、真心服务"的精细化管理,正朝着建设"环境优美、管理规范、师德高尚、校风文明、教育有特色的优质示范性普通高中"的目标不断迈进。

文艺晚会

实验楼

校园图书馆

校园东湖

校园清华池

学校荣誉

佛冈县第一中学

学校开展国防教育暨征兵宣传讲座

"与爱同行·圆大学梦"公益助学活动

教师"快递车队"为学生上门送教材

学校概况 佛冈县第一中学是广东省中小学艺术教育（舞蹈）特色学校、广东省健康促进示范学校。2020年，学校有教学班51个，学生2467人，教职工200人，专任教师195人，其中，硕士研究生13人，高级教师67人，一级教师118人。

德育工作 学校以立德树人为根本任务，抓好德育队伍培训和学生养成教育。选派赖丽萍等5名教师参加A证心理健康教育培训，选派刘华斌老师参加模拟法庭活动。何石金同学获宋庆龄奖学金，邹馨、何石金被评为清远市"三好学生"，黄盈同学获佛冈县"中华美德传统教育"主题书信活动一等奖。学生操行评定优良率达99.44%，师生违法犯罪率为零。

设施设备 学校投入237.4万元用于高考考点网上巡查系统改造及人脸识别身份验证系统工程，投入77.5万元更新笔记本电脑155台，投入46.8万元装修考务室，投入62.25万元改善学生住宿条件，投入64万元安装电教平台20套，投入444.1万元升级改造运动场，投入约25万元购置疫情防控物资，投入85万元安装空调120台，投入60万元新建消防水池，投入120万元建设智慧图书馆，投入80万元安装800KVA预装式箱变项目，投入49万元安装0.4KV低压出线工程项目。

教育科研 疫情期间，学校停课不停学，为学生上门送教材，利用钉钉等平台开展线上教学。做好疫情防控，派出骨干教师71人次外出学习。承办佛冈县高一年级理科教学研讨、清远市高中数学蹲点教研、清远市第二轮教学视导课（历史和地理）等活动。2020年，学校共立项省、市、县级课题4项，市、县级课题结题共6项。

办学成果 2020年，学校获清远市健美操啦啦操比赛第二名；男、女子足球队分获县中学生足球赛冠军；邓顺平被评为清远市教坛标兵，黄志锋被评为清远市优秀思想政治理论课教师，叶思韵被评为清远市优秀班主任；学生参加各级竞赛获市级一等奖2人、二等奖4人，县级一等奖9人、二等奖12人、三等奖9人。

足球代表队参加佛冈县中小学生足球比赛

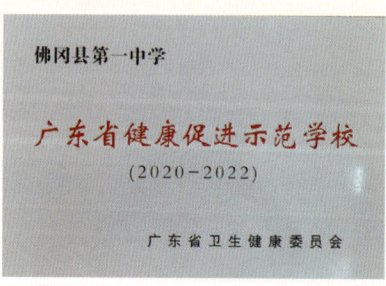
学校获评广东省健康促进示范学校

教学楼

连山中学

连山中学位于连山壮族瑶族自治县天峰山下、吉水河畔，是广东省一级学校、广东省文明校园、广东省绿色校园、华南师范大学教育实践研究基地。

学校肇始于清康熙四十七年（1702年）由著名理学家、教育家李来章创办的连山书院，现代教育起于1931年创办的连山中学，1982年更名为连山民族中学；2005年，连山民族中学高中部搬迁至吉田镇古县坪（现址）独立办学，改名为连山高级中学；2012年8月，广德中学并入连山高级中学后，学校复名为连山中学。

学校总投资达1.8亿元，校园占地面积12万平方米，建筑面积4.7万平方米；现有教学班49个，学生2032人；教职工225人，其中高级教师32人。

学校树立了"依山立德、傍水养智"的办学理念，以"仁、智、卓、雅"为校训，积极践行新时代立德树人任务，立足实际，为民族地区学生培基铸魂。

学校积极推进素质教育，注重规范化、现代化、特色化管理，办学效益日益明显。学校倡导"愉悦的心态，良好的习惯，科学的方法，促进师生全面健康发展"的教学理念，坚持"温暖、自主、健康、快乐"的德育理念，构建体验式德育模式，引导学生自主管理，积极推进全员德育工程，落实成长导师制，着力打造社团活动特色。学校办有《连山中学报》《天峰》等报刊，从各方面力抓学校文化建设。

学校承担省、市级课题28个，曾获得全国中小学心理健康教育优秀成果评选一等奖。近年来，学校教师中有数十人次获得国家、省、市级荣誉称号，有200多篇教师教育教学论文在省、市、县论文评选中获奖，200多篇各类文章在各级报刊上发表。学生中有100多人次获得国家、省、市级奖励，曾荣获第二届"德艺双馨"中国文艺展示活动"古筝合奏组"全国金奖、全国中学生新课程英语语言能力竞赛一等奖、第六届"写作杯"全国文学艺术作品大赛一等奖、首届"语文月刊杯"广东省中小学生作文大赛特等奖、清远市首届青少年科技创新大赛一等奖。

学校高考成绩稳步攀升，曾荣获清远市高考工作二等奖，先后向中山大学、中央民族大学、华南理工大学、华南师范大学等高校输送了4000多名优秀学生；初中部教学质量大幅度提升，自2015年以来，历届中考成绩名列全县第一。

校长胡家是

学校国旗护卫队

2020年学生成人礼活动

运动会入场式

学校办公楼和教学楼

学校参加连山壮族瑶族自治县第十三届中小学生田径运动会

清远市清新区第四中学

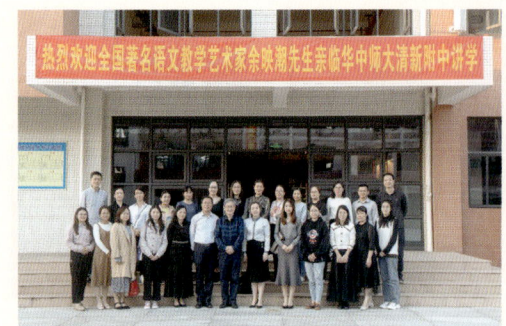

著名语文教学艺术家余映潮（前排居中）到校讲学

2020年清远市清新区第二届中小学生美育节
暨庆祝中国共产党成立99周年"童心向党"歌咏比赛 课本剧类（中学甲组）

特等奖

清远市清新区教育局
2020年9月30日

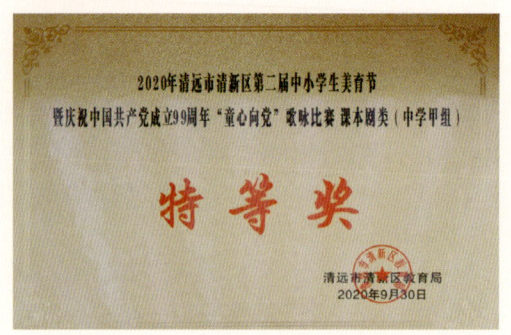

学校获2020年清远市清新区第二届中小学生美育节暨庆祝中国共产党成立99周年"童心向党"歌咏比赛课本剧类（中学甲组）特等奖

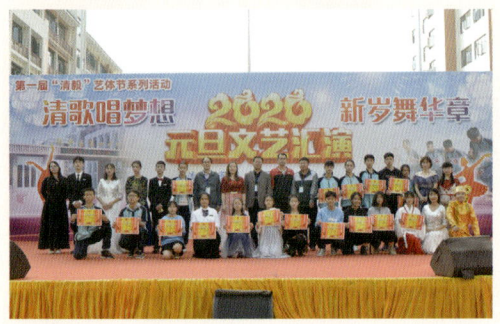

学校举办2020元旦文艺汇演

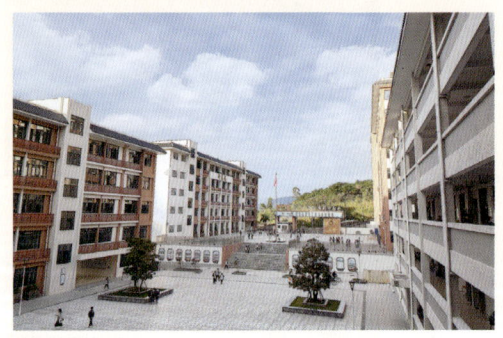

美丽校园

清远市清新区第四中学（华中师范大学附属清新初级中学）始建于2018年8月，坐落于清远市清新城区西北部环城路花尖山下。2019年，清新区人民政府正式与教育部直属重点师范院校——华中师范大学合作办学，是华中师范大学在粤西北地区合作办学的第一所附属公办完全初中学校，学校致力于办高质量的创新型、示范性、引领型优质品牌学校。

学校占地面积59971.41平方米，总建筑面积58768.53平方米，校园布局合理，人车分流，动静分区，环境清雅。所有教室均配备了多媒体教学设备，图书馆、实验室、学术报告厅等功能馆室齐全，各类硬件设施完备，满足师生发展的需要。学校现有教学班78个，学生4200余名。

学校注重内涵发展，以"育人为本，和谐发展"为办学理念，以"清己日新，刚毅近仁"为校训，形成"清和秉德，跋陟弘毅"的校风、"清勤笃实，善教严毅"的教风、"清慧博雅，精进沉毅"的学风，致力于培养身心健康、习惯优良、基础扎实、特长明显的时代新人。现有教师258人，其中，特级教师1人，本科以上学历教师达98.5%（研究生学历教师23人），中级、高级职称教师159人（占比为61.6%）。学校依托华中师范大学合作办学平台，定期邀请华中师范大学的专家进校园，实现区域共享优质教育资源。组织骨干教师到华南师范大学第一附属中学跟岗学习，推动教育工作不断创新实践。学校积极构建"以人为本，终身学习，合作共赢，和谐发展"的教师发展共同体，实干创新、富有教育情怀的领导班子，勤耕不辍、无私奉献的教师，为学校发展注入了不竭的动力。

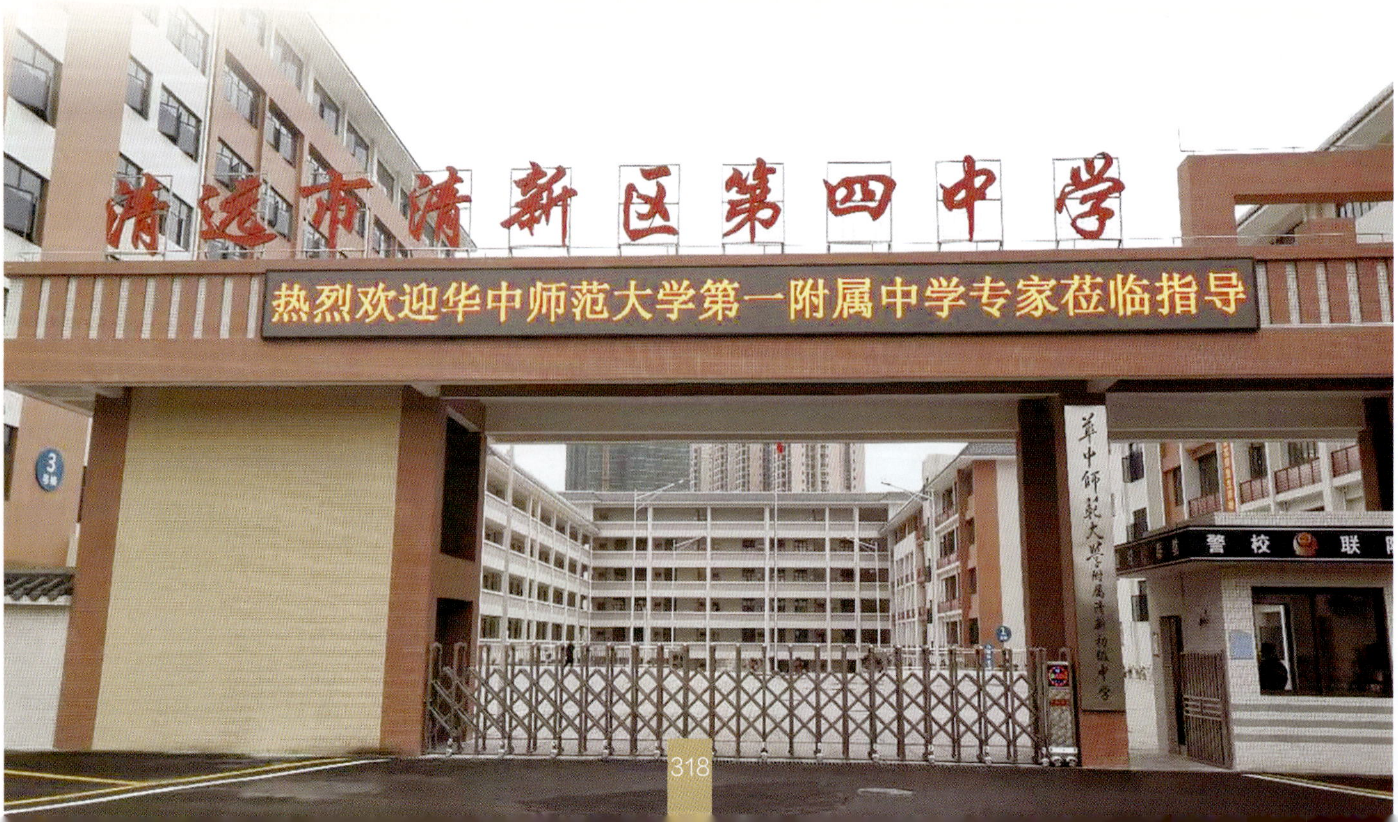

潮州市潮安区龙湖阳光实验学校

潮州市潮安区龙湖阳光实验学校建于2014年，是由潮安亨达服装实业有限公司创办的一所高起点、高规划的义务教育阶段区直属民办学校。学校坐落于有着近千年优秀教育文化历史的潮安区龙湖镇，东临风光绮丽的韩江，西接四通八达的厦深铁路，环境优美，交通便捷。

学校占地面积约2.67万平方米，建筑面积4.88万平方米，运动场面积13350平方米。校园布局合理，设备先进，拥有高规格的教学楼、办公楼、学生宿舍楼和教师公寓，配备了现代化网络多媒体教室、各学科教学功能室，以及200米标准塑胶跑道运动场、体育活动园地、生物园、地理园等配套设施。

学校积极传承龙湖镇"尊师重学"的优良传统，延续龙湖优质教育文化，倾力打造"阳光教育"品牌，实施"德育为先，能力为重，多育并举"的管理模式。在教育教学实践中，教师以"悦纳、博爱"的精神风貌面对工作，促进学生自信自律、全面和谐发展。

学校初中部注重保持课堂教学的高效性，教学成绩优秀。2020年，学校中考成绩再创新高，全校有356人参加考试，其中高分屏蔽生34名，占潮安区中考高分屏蔽生总人数的40%以上；多名学生被潮州市金山中学（以下简称金中）等重点高中录取，其中金中正取生入围人数82人，占全区金中正取生人数的40%以上；上金中扩招线184人；潮州市高级中学正取生入围人数214人，潮州市华侨中学正取生入围人数269人；第一批市重点高中入围率达75.56%，第二批区重点高中入围率达99.5%。

学校小学部在优化课堂教学、不断提高教学质量的同时，重视传统文化教育，着力培养学生良好的道德品质和行为习惯；重视身心健康教育，培养学生良好的身体素质和心理素质；重视艺术教育、科普教育和劳动教育，培养学生的创新精神和实践能力；重视凸显礼仪教育和足球教育特色，全面培养学生的综合素养。小学部在2020年潮安区六年级质量监测中取得"语数英三科总指数第一名"的好成绩。

为进一步满足社会群众对学校优质学位的需要，学校将依托各级党政领导和上级教育主管部门的大力支持，不断拓展办学空间，扩大办学规模，提升办学品位，致力于把学校打造成为"学生向往、家长称心、社会给力、领导点赞"的潮州市民办学校一流品牌单位，为潮州市增扩优质教育资源做出更大的贡献，为每一个"阳光学子"的幸福未来奠定坚实的基础。

2020年1月6日，学校师生参加潮安区重点车辆驾驶人道路交通应急处置实训（演练）

2020年4月22日，潮安区教育局安全股等部门到学校检查防疫工作进展情况

2020年5月9日，潮安区公安局交警支队联合交通运输等部门到学校开展校车专项检查工作

消防安全知识及灭火技能培训

潮安区龙湖镇派出所民警到学校开展法制安全讲座

校园操场

潮州市湘桥区意溪中学

学校学生在第十七届中国青少年机器人竞赛VEX机器人工程挑战赛中荣获（高中组）全国二等奖

意溪中学与韩山师范学院合作研发的机器狮在第二届香港潮州节上展演

英姿飒爽的学校女子舞龙队

潮州市湘桥区意溪中学始建于1956年，是一所农村完全中学，先后获得全国中华优秀传统文化艺术传承学校、全国校园冰雪运动特色校、全国青少年足球特色学校、广东省体育（武术）特色学校、广东省青少年体育俱乐部、广东省足球传统学校、广东省安全文明校园、广东省群众体育先进单位、潮州市青少年龙狮训练基地、潮州市武术散打基地、粤东青少年创客教育联盟基地学校等荣誉称号。

学校现有教学班51个，学生2500余人；全校教职工169人，其中省、市、区级学科骨干教师共有40多人。

学校充分把握高校招生渠道多元化的契机，在音乐、体育、美术、传媒四大特色高考备考模式的基础上，与北京理工大学珠海航空学院合作共建航空飞行员实验班；融入与韩山师范学院共建的"人工智能创新班"特色教学，培养学生的学科专长，为学生量身打造多样化、个性化的升学途径。近年来，学校培养了一批有学科特长的学生，获得全国高中数学联赛广东赛区二等奖4个，国家级科创、编程比赛奖项20多个；学生刘敏蓉、张薇分别以优秀的综合素质成功入选国家集训队，成为单板滑雪备战2022年冬奥会试训运动员。学校高考重本上线率和本科上线率屡创新高，学生在2020年高考中斩获湘桥区理科总分第一名和第二名；中考成绩稳居全市前列，2020年中考，学校有3名高分学生成绩被屏蔽。

学校精心打造"创教育"特色品牌，创建"厚德博学、范行善喻"的教风，着力开展"学习共同体"建设和校本研训工作，为每一名教师的主动创新发展提供平台和资源。学校教师参加省市级教学观摩赛、教学能力大赛、实验技能比赛、自制教具比赛和论文比赛屡获大奖；学校承担了2个全国教育科学"十三五"规划教育部重点课题。

展望未来，意溪中学将"继往开来、守正出新"，铸造"创教育"办学特色，坚持"有创意、有创新、有创造、有创举"的教育理念，实现学校发展方式的改变，为学校及师生的发展开辟更为广阔的空间。

航空飞行员实验班学子风采

平板班智慧课堂

·各级各类教育·
VARIOUS LEVELS AND SORTS OF EDUCATION

职业教育与终身教育

发 展 综 述

广东省职业教育与终身教育坚持以习近平新时代中国特色社会主义思想为指导，以"扩容、提质、强服务"为主线，主动对接国家和省重大发展战略，精部署、强推进、严落实，推动高质量发展。2020年，广东省职业教育工作获国家督查激励表扬；省教育厅在教育部举办的"推进多元协同治理引领职业教育高质量发展"论坛上做主旨报告；教师参加全国职业院校教师教学能力大赛25个作品获一、二等奖，获奖数连续三年居全国第一。

大力"扩容"，着力增加优质职业教育资源。高质量完成高职扩招任务，扩招18万人，完成扩招任务的2.2倍；大力推进省职业教育城建设，二期工程先行项目9月底全部建成，交付5所高校使用，新增高职学位4万个。超额完成年度招生计划，全省职业院校（含技工学校）共招生106.36万人，同比增长23.4%。2020年，全省共有职业院校（含技工学校）629所，在校生265.34万人。

强力"提质"，大力培养高素质产业生力军。加强高水平职业院校和专业建设，完成高职教育"创新强校工程"考核，启动省级高水平中职学校建设，立项184个省级高职高水平专业群。畅通技术技能人才成长通道，中高职贯通培养三二分段试点招生计划6.5万人，同比增加40.6%；三二分段专升本协同育人试点招生计划1万人，同比增加68.1%。深化校企协同育人模式改革，76%的高职院校开展现代学徒制试点；扩大1+X证书制度试点范围和规模，完成考核10.3万人、17万人次，均位列全国第一；9家职教集团立项为国家示范性职教集团培育单位。

着力"强服务"，提高职业院校社会服务能力。大力推进"粤菜师傅""广东技工""南粤家政"三项工程，服务保民生、促就业；职业技能等级证书"粤菜制作""粤点制作"列入国家目录。服务脱贫攻坚，支援西藏、新疆、云南、贵州、广西、四川、黑龙江等地区，组织帮扶近百所职业院校；东西协作中职招生3665人，对口云南建档立卡户高职招生1453人。服务乡村振兴战略，91所职业院校开设涉农专业，年培训农民工、新型职业农民、乡村工匠等45万人次；高职扩招设置村干部、农技和基层卫生人才等招生专班，培养乡村振兴高素质人才。韶关市创建为职业教育综合改革示范市，更好服务区域经济社会发展。部省出台《关于推进深圳职业教育高端发展 争创世界一流的实施意见》，支持深圳建设职业教育创新发展高地城市，服务"双区"建设。

（撰稿　张文跃；审稿　吴艳玲）

高等职业教育

【基本情况】2020年，全省共有高等职业学校87所；招生53.3万人，同比增加19.88万人；在校生117.77万人，同比增加28.35万人，增幅为31.7%。

【省职教城建设】在省职教城项目建设总指挥部统筹指挥下，省教育厅、省有关厅局、清远市、相关院校齐心协力，稳步推进省职教城建设。一是省领导高度重视。省委书记李希、时任省长马兴瑞现场调研省职教城建设工作，多次对省职教城建设工作做出指示和批示。时任副省长覃伟中、副省长王曦定期听取省职教城有关工作汇报及工作建议，多次对省职教城有关工作做出批示。二是加强沟通协调。总指挥部下设办公室各成员单位认真落实省领导、指挥部的工作部署，注重加强沟通协调，推动各项工作有序开展。三是建设工作进展显著。二期工程先行项目22个单体，建筑面积26.6万平方米，于2020年9月全部投入使用，新增学位4万个。二期工程后续项目92个单体，建筑面积85.8万平方米，全部完成桩基础施工，正在进行主体结构施工。三期工程组团拟进驻的6所高校已完成校园总体规划概念设计初稿、可行性研究报告初稿编制工作。到2020年底，共有1所本科高校和9所高职院校进驻省职教城，在校学生近8万人。

【**高职扩招工作**】2020年，广东省大力推进高职扩招工作，高质量完成扩招任务。一是加强扩招工作组织领导。省政府常务会议专题研究部署高职扩招工作，印发《广东省教育厅等八部门（单位）关于进一步做好2020年高职扩招工作的通知》，制定和实施《2020年高职扩招工作方案》，组织开展高职扩招专项行动。二是超额完成扩招任务。2020年高职扩招任务8.12万人，完成扩招18万人，完成任务的2.2倍，居全国前列。三是实现质量扩招。投入教学改革经费4395万元，立项209个省级和447个校级扩招教改项目，组织3805名教师开展扩招项目研究与实践，探索适合扩招学员的培养模式。推动学校适应扩招新要求，成立扩招质量监督工作小组，制定扩招人才培养指导性文件，加强过程监管，强化质量督查，确保实现质量型扩招。

【**高水平高职院校建设**】下达1.3亿元省财政配套资金，组织国家"双高计划"高职院校完善建设方案，稳步推进建设工作。组织开展省级高职院校高水平专业群建设，立项首批184个省级高职高水平专业群，通过打造一批精准对接行业、特色鲜明、校企合作深、培养质量高、综合实力强的高水平专业群，辐射带动全省高职院校特色发展、内涵发展、争创一流。启动广东省一流高职院校建设计划验收工作。

【**创新强校工程**】对接"扩容、提质、强服务"要求，修订高职教育"创新强校工程"考核指标体系，下达2.07亿元高职"创新强校工程"奖补资金，组织开展2020年度高职"创新强校工程"考核。组织开展2020年省高职教育品牌专业建设项目验收工作，74个专业通过验收。

【**一流高职院校结对帮扶计划**】组织19所一流高职院校对口帮扶18所欠发达地区高职院校，推动粤东西北地区高职院校和新建院校建设，安排4500万元专项资金用于帮扶工作。截至2020年底，帮扶院校共选派47名教学管理人员和骨干教师到受扶院校挂职帮扶，选派229名专家到受扶院校开展针对性指导，培训2214名受扶院校教师，帮助受扶院校开展68个高水平专业群建设，协助受扶院校申请并成功立项33个省质量工程项目，帮助受扶院校申请47项省级以上科研项目，吸纳18名受扶院校教师参与10项帮扶院校主持的重大科研项目。

【**"大湾区"交流与合作**】印发《广东省教育厅关于做好高职院校招收港澳学生工作的通知》，扩大高职院校面向港澳招生规模。加强湾区产教联盟等6个平台建设，举办粤港澳大湾区职业教育产教联盟2020年论坛、广东省"一带一路"职业教育联盟年度活动，推动共建"粤港澳大湾区特色职业教育园区"。支持深圳职业技术学院与香港职业训练局在动画、服装设计、屋宇装备、酒店管理4个专业开展合作办学。

【**就业升学工作**】2020年，全省高职院校毕业生27.36万人，较2019年增加了2.25万人，学生就业率为97%，自主创业比例达0.7%。全省本科插班生招生计划数为4.59万人（含三二分段专升本转段），比2019年增加3.12万人，增长211.14%，实际报考人数为9.09万人（含三二分段专升本转段），比2019年增长61.95%，实际录取5.05万人（含三二分段专升本转段），超额完成了招生计划，为2019年的2.8倍。

（撰稿　张文跃；审稿　吴艳玲）

中等职业教育

【**基本情况**】2020年，全省共有中等职业学校（含技工学校）542所，招生53.06万人，在校生147.57万人，同比增加3.87万人。

【**结构布局调整优化**】完善地级以上市人民政府统筹中等职业学校教育发展管理体制，推动地市统筹规划高中阶段教育，全省中职教育与普通高中教育招生规模连续多年保持大体相当。对接"一核一带一区"区域发展新格局，整合"小、散、弱"学校，推动各市优化布局结构，做足做优中等职业教育，全省中职学校校均规模和办学条件达标率进一步提高。到2020年底，全省中职学校（不含技工学校）调整为396所。

【**招生工作**】加强招生计划管理，按职普比大体相当核定下达普通高中与中职教育招生计划。加强招生过程督导，将中等职业教育招生计划完成情况纳入市县政府履行教育职责考核指标，组织中职招生过程检查。发挥财政资金导向作用，将职普比纳入省级以上财政中等职业教育专项资金安排因素。

2020年，中职招生共53.06万人（含技工学校），与2019年基本持平。

【高水平中职学校建设】坚持以产教融合、内涵发展、扶优扶强、市级统筹为原则，以立德树人为根本、服务发展为宗旨、促进就业为导向、内涵建设为重点、专业群建设为载体、产教融合和校企合作为手段，启动高水平中职学校建设项目，示范带动全省中职学校提升办学水平、提高人才培养质量和增强服务发展能力。启动新一轮省级重点中等职业学校评估工作。

【专业设置及专业建设】对接广东省战略性"双十"产业集群，进一步优化专业设置，专业布点总数3561个，涵盖教育部专业目录的19个专业大类。完善专业随产业发展动态调整机制，专业设置覆盖全省现代产业体系。加强国控专业管理，印发《关于加强农村医学等三个中等职业学校国控专业设置管理的实施方案》。启动第三批"双精准"示范专业遴选工作。

【省级教育教学改革项目】围绕立德树人、产教融合和校企合作体制机制、专业建设和人才培养模式改革、课程建设和教学改革、师资队伍建设等9类主题，立项665个2020年中等职业教育教学改革项目，进一步深化"教师、教材、教法"改革，补齐中等职业教育教研教改短板，提升中等职业教育教研教改水平。

【就业升学工作】2020年，全省中等职业学校毕业生就业形势继续保持平稳态势。全省中职学校毕业生23.25万人（不含技工学校），其中就业22.4万人，就业率为96.33%；直接就业13.84万人，其中对口就业11.59万人，对口就业率为83.78%；升入高一级学校就读的有8.56万人，占毕业学生总数的36.83%。

（撰稿　张文跃；审稿　吴艳玲）

终身教育

【基本情况】2020年，继续发挥社区教育示范区、实验区的先行示范作用，推动社区教育机构标准化建设。推动全省开放大学体系积极发展老年教育，加强全民终身学习支持服务，不断满足人民群众多样化的学习需求，为构建终身教育体系、加快转型升级、建设幸福广东做出积极贡献。

【学历继续教育】2020年，广东省高校学历继续教育在籍学生达145.91万人，招生60.61万人，比2019年增加3.38万人；毕业生40.38万人，比2019年增加7.95万人。其中，本科高校学历继续教育本专科在籍学生122.89万人（含成人、网络、开放），招生49.62万人，比2019年增加2.23万人，毕业生30.54万人，比2019年增加4.24万人；高职院校专科生在籍学生23.02万人（含成人、网络、开放），招生10.99万人，比2019年增加1.15万人，毕业生9.84万人，比2019年增加3.71万人，为提高高等教育普及率做出了较大贡献。广东省进一步规范高等学历继续教育专业备案工作，严格审核高校高等学历继续教育人才培养方案，相关工作被作为教育部工作会议典型案例进行推广。

【全民终身学习活动周】广东积极探索服务全民终身学习教育体系的新路子，构建方式更加灵活、资源更加丰富、学习更加便捷的终身学习教育体系，实现人人皆学、处处能学、时时可学。2020年，委托韶关市教育局等成功举办了"以全民智学，助力'双战双赢'"为主题的"2020年全民终身学习活动周广东省开幕式"，21个地级以上市和90%的县（区、市）同期组织全民终身学习活动周。全省累计43人获评"全国终身学习之星"，47个项目获评"全国终身教育品牌项目"，6个地级以上市加入全国学习型城市联盟，推进学习型城市建设。

【乡村振兴教育】广东省积极推动职业教育服务乡村振兴战略，探索乡村振兴创新模式。一是支持鼓励职业院校开设涉农专业，年培养服务"三农"人才近万名。在高职扩招中，专门设置村干部、农业技术和基层卫生人才招生专班，为乡村振兴提供人才支撑保障。二是探索继续教育服务乡村振兴创新模式，指导广东开放大学，以云浮市为试点建设乡村振兴学院，推动办学网络下沉、专业建设下沉、教学模式下沉，服务乡村品牌建设，打造乡村振兴教育"一镇一品牌、一村一特色"的继续教育"云浮模式"，如在龙湾镇对接南药种植开展教育培训，在建城镇对接黄皮产业开展教育培训等。

【社区教育、老年教育】组织研制社区教育标准化建设指标体系、老年教育示范校设置标准，支持院校实施优质教育资源进社区，多措并举扩充社区教育、老年教育资源供给。按教育部有关规定，各市、县广播电视大学全部更名转型为开放大学，进一步建立健全广东省开放大学体系。以更名转型为契机，推动开放大学体系全面发展社区教育、老年教育，累计设立了90余所社区学院、老年大学分校。立项建设粤港澳大湾区老年教育研究基地，是华南地区首个老年教育领域的省级高校人文社科重点研究基地。推动广东开放大学融合老年人学习需求和社会治理需要，开发了一批适合老年人学习特点的线上课堂和线下学习支持服务相混合的精品开放式课程。

【职业培训】 落实《广东省职业技能提升行动实施方案（2019—2021年）》，压实院校主体责任，推动职业院校全面开展职业培训，年培训达115万人次。推动职业院校聚焦"粤菜师傅""广东技工""南粤家政"三项工程开展职业技能培训近56万人次。推动广东终身教育资历框架等级标准应用与实践，开发汽车后市场、物流（冷链）等行业资历框架子标准，探索高职扩招生源的行业资历成果认定和转换。

（撰稿　周宝堂；审稿　吴艳玲）

广东省对外贸易职业技术学校

2020年，广东省对外贸易职业技术学校以习近平新时代中国特色社会主义思想为指导，深入贯彻党的十九大和十九届二中、三中、四中、五中全会精神，围绕广东省委、省政府的部署和省教育厅的要求，狠抓基层党建、疫情防控、集团办学等工作，获评"广东省第二届文明校园"，校企合作企业获评"第一批建设培育产教融合型企业"，通过"第二批省级中华优秀传统文化传承学校"评选。

校长许琳伟（右四）带队到蓝月亮（中国）有限公司进行实地调研交流

第十二届广东省规范汉字书写大赛评审工作在学校顺利开展

持续加强基层党建 学校党委以学习习近平新时代中国特色社会主义思想为主线，全年组织各类集体学习活动30余次，全体党员坚持集中学习与自主学习相结合，做到"及时跟进学、前后贯通学、联系实际学"；夯实党建工作基础，签订基层党建工作责任书，制定《党委落实全面从严治党责任清单》；推进"五好六有"支部建设，健全"三会一课"等制度；全力支持和配合省教育厅党组巡察工作，做到边察边改；正确运用监督执纪"四种形态"，开展谈话提醒活动2次；完善"1+2"指导制度，加强党支部书记队伍建设。

全面推进集团办学 学校加强与广东省外语艺术职业学院各层面的沟通联系，做好集团办学政策宣传，配合推进各项工作。2020年，学校招收602名高考录取、104名社会人员扩招录取高职学生，校区高职学生规模达到1065人；配备最强的师资队伍，加强教育教学督导检查，确保高职教育教学的质量。

学校召开集团办学工作座谈会

深入推进产教融合 学校与广州市阿隆索智能科技有限公司共建"家商城"产学研实训基地，获省发改委批准成为"第一批建设培育产教融合型企业"；与广州市佳马贸易有限公司共建"一匹好马"创新创业基地，每批次实习实践学生近80人；组织近700名学生参加实战"6·18""双十一""双十二"等校企合作实践活动。

学校召开理论学习中心组（扩大）学习会议

持续推进依法治校 学校进一步完善党委领导下的校长负责制，提高党委把方向、管大局、做决策的能力；完善民主参与的依法治校工作机制，发挥教代会、工会的参政议政作用；健全规章制度体系，推进内控体系建设；规范人事分配管理和财务收支管理，优化后勤工作管理，加强校园安全管理，有效提升管理效能。

学校高职班学生参加广东省外语艺术职业学院第十九届校运会取得佳绩

广州市幼儿师范学校

广州市"百名优秀学校思想政治理论课教师"、学校党委书记、校长丘毅清为全校师生上"开学思政第一课"

学校挂牌成立广州市幼儿园教师发展中心,"一体两翼"发展模式落地并深化

广州幼师学前教育集团打造了3所附属幼儿园

广州市幼儿师范学校直属广州市教育局,是一所培养幼儿师资和艺术类人才的全日制公立省级重点中等职业学校,也是省、市学前教育职后培训基地。学校具有109年的办学历史。1956年,广州市人民政府正式设立广州市幼儿师范学校,开始独立建校至今。学校开设学前教育、社会文化艺术、音乐、美术绘画、舞蹈表演5个专业,其中学前教育专业是省中职重点专业、省级中职"双精准"示范专业、市中职示范专业。牵头制定了《广州市中职学前教育专业教学指导方案》并建设市中职学前教育专业群。学校拥有一支高素质的教师队伍,有省督学1人,市中职"百千万人才培养工程"名校长1人,名教师2人,市基础教育系统名教师工作室主持人1人,市级骨干教师8人,广州市"百名优秀学校思想政治理论课教师"1人。

学校连续四年获得广州市教育局考核优秀,被广州市政府授予"广州市教育工作先进集体"等荣誉称号。《〈幼儿园教育活动指导〉工作过程导向课程教学模式探究与实践》《"标准引领'四化'推进"的学前教育专业中高职衔接人才培养创新与实践》等3项成果荣获教育教学成果奖,其中一等奖2个,实现学校历史性突破,反映了近年来学校在教育教学和专业建设方面的成效与创新。

学校坚守师范教育属性,持续推进学校内涵式发展,秉承"乐教扬才·爱育未来"的核心精神,在粤港澳大湾区背景下,致力于打造学前教育应用型、艺术型人才的培养特色,以社会需求为导向,确定"学前教育为龙头,艺术教育为补充,体育健康教育为发展"的专业发展方向,培养"有梦·有艺·有为"的幼师生。学校探索学前教育向早期教育延伸,率先在全市中职学校开设了早期教育方向,采用校企合作模式培养早教人才。在保证中职招生满足社会需求的基础上,学校进一步拓展中高职贯通、学前教育学院、学前教育师资在职学历提升等办学形式,与广东省外语艺术职业学院、广东文艺职业学院、广东体育职业技术学院3所高职院校开展三二分段中高职贯通人才培养;与广东省外语艺术职业学院、广东女子职业技术学院合作办学,开展高职人才培养。"学前儿童卫生与保育(实操指导)"被确定为2020年广州市中等职业学校精品课程。学校成功申报为教育部1+X证书制度第三批幼儿照护专业试点院校,

学校高水平团队——语言艺术队参加广州市中小学生诵读中华经典美文表演大赛获得特等奖

学校根据社会发展需求培养早教人才

学校被广东省教育厅评为"广东省中小学艺术教育特色学校"

开展学前教育专业证书融通途径探索，2020年的幼儿照护证书中级通过率达94.3%。学校在语言艺术、合唱、舞蹈、健美操、美术等优势项目中一直保持佳绩，连续11年在广州市中小学生诵读中华经典美文表演大赛中获得特等奖或一等奖，在广州市中小学生合唱比赛中获得十四连冠。坚持特色发展，学校被广东省教育厅评为"广东省中小学艺术教育特色学校"，打造学校体育美育工作品牌，语言艺术、合唱、足球、美术4个团队被确定为"广州市高水平学生体育美育团队"，是全市入选团队最多的职业学校。

学校成立了职业教育和学前教育融合的广州幼师学前教育集团，拥有3所附属幼儿园（三园四址），打造了"向美好生长，为幸福扎根"的集团精神以及附属幼儿园全套顶层理念体系和课程体系特色思路，构建了学前教育师资培育与学前教育办学之间的整体回路，建立起"产学研"的完整链条；挂牌成立广州市幼儿园教师发展中心，"一体两翼"发展模式落地并深化；致力于打造具有广州特色的学前教育师资培训模式，构建了学前教育学历培养与师资人才培训同步发展的新格局；不断加强对外交流与合作，连续16年承担海外华文幼儿师资培训任务，与英国爱丁堡学院合作开设英语国际融合课程，与香港明爱庄月明中学缔结为粤港姊妹学校。

在广州市政府的大力支持下，2019年10月，"新设广州幼儿师范专科学校"被广东省教育厅正式纳入广东省高校设置"十三五"规划；2020年7月，广州幼儿师范专科学校（筹）登记设立并挂牌；2020年12月，广州幼儿师范高等专科学校通过广东省高校设置评议委员会专家组的实地考察。

学校被市政府授予"广州市教育工作先进集体"荣誉称号

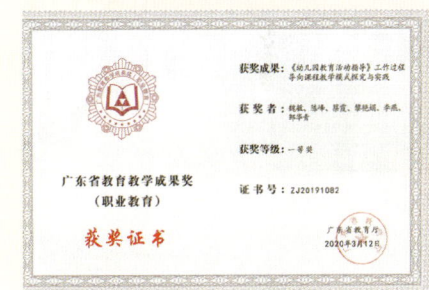
学校获得广东省教育教学成果奖（职业教育）一等奖

广东省商业职业技术学校

教职工大合照

教师文艺活动

学生艺术设计作品展

学前教育专业学生表演舞蹈

广东省商业职业技术学校是直属广东省教育厅的公办全日制商贸类国家级重点中职学校,创办于1951年,依傍风景秀丽的珠江畔,校园环境优美。2019年8月,经广东省教育厅批准成立广东工贸职业技术学院荔湾校区,实施集团办学。学校先后荣获广东省职业技术教育工作先进集体、广东省德育示范学校、广东省培育和践行社会主义核心价值观示范点、广东省规范汉字书写教育特色学校等称号。学校现有在校生3000多人,教职工200人。

师资优质,设施齐备。学校具有中高级专业技术职称的教师有上百人,"双师型"教师占专业教师总数的80%以上。建有主干千兆并连接互联网的数字化校园,拥有数字化多媒体交互式网络教学系统、容纳1200台电脑的计算机中心,各类专业实训室(实训场所)配置完备,课室配备纳米互动系统,学生宿舍配有太阳能热水装置,学习生活场所全部配备空调。

特色鲜明,品牌凸显。学校坚持以市场为导向,立足职业教育,打造商业品牌,形成了鲜明的办学特色。以"诚商、敬业、笃学、爱校"为校训,秉承"勤奋成就梦想,人文塑造儒商"的办学理念,形成"学商—会商—从商—经商"的办学特色,打造出了"商校特色德育模式""教学商场模式"两大品牌。学校开设了财经商贸、文化艺术、公共管理与服务、教育、技工五大类10多个专业。其中,电子商务、市场营销、会计、商务英语4个专业先后被评为广东省中职学校重点骨干专业。学校还是广东省中高职衔接"三二分段"试点学校。

就业路宽,升学路广。学校成立实习就业科,为学生提供就业指导服务;每年不定期举办校园招聘会,为学生提供就业机会,就业率稳定在98%以上。学校牵头成立了省属中职学校的第一家教育集团——广东省商业职业教育集团,构建职业教育链,为学生就业提供更优质的资源。学校与广东工贸职业技术学院联合开办"3+2"中高职衔接班;与多个有资质的办学实体合作开设成人大专班,与新西兰怀卡托理工学院合作开展国际化办学,为学生升学提供多元化的渠道。

商道石

篮球场

玉兰树道

广州市增城区职业技术学校

广州市增城区职业技术学校是一所公办中职学校，校园占地面积24.47万平方米，建筑面积6.7万平方米。学校开设学前教育、电机电器制造与维修、电子技术应用、汽车运用与维修、计算机应用、工艺美术、服装设计与工艺、电子商务、会计事务、学前教育等18个专业，拥有实验实训室110多间，在校学生4000多人，教职工300多人。

学校制冷、电子专业学生分别获全国技能大赛一等奖

学校举办1+X证书制度汽车专业领域汽车维修职业技能等级考试考评

学校坚持"以人为本，激扬生命，发展技能，服务社会"的办学理念，发扬"勤奋、协调、自信、创新"的增职人精神，创新职业技能人才培养模式，强化学校内涵建设，为增城以及珠三角地区的经济发展培养了大批人才。学校优化内部管理，改善办学条件，突出专业建设。电子技术应用、计算机应用、会计、学前教育、电机电器制造与维修5个专业成为广州市重点专业，电机电器制造与维修和电子技术应用专业被评为省重点建设专业。

学校全面推进教育教学改革，开展全日制中职教育、短期培训和技能鉴定多元办学。学校还积极开展深层次的校企合作，坚持产教融合、工学结合。紧紧依托新塘商会、增江商会、广州市经济开发区，先后与北汽集团、广汽集团、LG（广州）公司、广州数控、广汽菲克汽车有限公司、广州明毅电子机械有限公司、广州金邦液态模锻技术有限公司等企业建立了校企合作关系，签订了订单式培养协议，创新技能型人才培养模式，这些企业已成为学校技能型人才培养的基地。

广汽本田向学校捐赠教学用车

学校大力推进中高职融通，为学生搭建升学平台，学生可通过参加高职类"3+技能证书"考试、高职院校自主招生、中高职三二分段和高职专业学院招生等方式进入全日制大学学习深造。学校与广东农工商职业技术学院、广州科技贸易职业学院、广东生态工程职业学院、广东交通职业技术学院、广东省外语艺术职业学院等开展合作办学。

校运会

学校高度重视学习型师资队伍建设，教师参加广东省教学成果评比获二等奖；园林教师团队参加全国职业院校技能大赛教学能力比赛，获得全国决赛一等奖。学校先后被评为广东省示范性中职学校、广东省高水平中职学校建设单位、广州"教育e时代"应用实验学校、广州市安全文明校园、广东省教育厅中职生本教育实验学校、广东省中等职业教育校长挂职培训基地、国家环境宣传教育示范基地、全国特色教育示范基地。

教学楼

广州市旅游商务职业学校

2020年8月28日，广州市研学实践协会成立，学校为"广州市研学实践协会会长单位"

2020年10月27日，学校携手知名企业合作举办粤菜师傅李锦记班（希望厨师班）开班仪式

2020年12月16日，学校足球队夺得广东省"省长杯"青少年校园足球联赛（高中、中职组）全省总决赛冠军

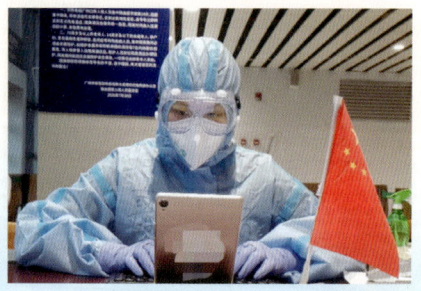

2020年，学校青年教师主动报名参加广州白云国际机场志愿服务

广州市旅游商务职业学校是1981年经广州市教育局批准成立的全日制中等职业高中，由广州市人民政府主办、广州市教育局直接管理。学校以"人人皆可成才，人人尽展其才"为办学理念，秉承"至诚、精艺、尚美、乐生"的校训，弘扬"自强不息、追求卓越"的精神，创建"校店合一"的办学模式，创设"上学如上班，上课如上岗"的育人氛围，构建"三平台三基地"校企合作运行机制，培养全国一流旅游服务人才。

多年来，学校的办学质量得到社会的广泛称赞，被誉为"粤菜厨师黄埔军校""广东旅游商务人才的黄埔军校"，先后获评国家级重点职业学校、首批中等职业教育改革发展示范学校、全国职业教育先进单位，入选全国27所中职"教学工作诊断与改进"试点学校、教育部"改革开放四十年全国中职高质量发展五个案例"学校，还被教育部、人力资源和社会保障部授予"全国教育系统先进集体"荣誉称号。

学校与时俱进，以"立足湾区，岭南特色，全国一流，国际影响"的办学定位，构建学历教育与培训并重的现代职业教育体系，努力发展成为以培养工学结合、知行合一的旅游服务类中高级技术技能人才为主的全国一流职教名校。

推进队伍建设，筑牢发展根基

学校学习贯彻党的十九届五中全会精神、习近平总书记"七一"重要讲话精神，扎实开展党史学习教育，校长、书记坚持每个学期讲"思政第一课"，筑牢广大教职工的理想信念之基。通过线上、线下的方式开展全体教师、骨干教师培训，为培养"有扎实学识"之师提供持续动力。

以"合格教师—骨干教师—专业（学科）带头人—名师—专家型教师"的模式搭建教师梯队。大力落实教师企业实践制度，聘请行业专家充实兼职教师队伍，加强师资队伍建设全面发力。名师示范引领，教师队伍建设成效明显，教研团队工作成绩显著，教师比赛成绩喜人。2020学年，教师获评"广东省技术能手"1人，"中华人民共和国第一届职业技能大赛突出贡献"12人。戚威、潘嘉丽、宋春玲3人主动报名参加广州白云国际机场志愿服务，担当起筑牢境外输入第一道防线、守护隐形国门的重要使命。

践行阳光德育，促进全面发展

学校推广阳光活动，让德育的阳光照耀校园。修订《广州市旅游商务职业学校学生管理手册》，形成富有特色的学生日常行为公约。开展丰富的心理健康课程、举办"5·25"心理健康月系列活动，实施阳光心育，健全学生人格。开展"校长杯"校园足球班级联赛、礼仪广播操比赛、传统体育文化（武术）比赛等多样化体育活动，促进学生全面发展。将一年一度的"旅商"道德风尚人物打造成德育品牌，弘扬传统美德，彰显青年担当。

2020年12月16日，学校足球队代表广州以6战全胜的战绩捧回中职男子组别的冠军，这是学校足球队自2015年首次参加"省长杯"以来再创佳绩，获得了四冠二亚的辉煌战绩。

陈金川同学入选2019—2020学年度中等职业教育国家奖学金100名优秀代表

财经（模拟银行证券大厅）实训室

超大型中餐实训室

夯实专业建设，教学研赛出彩

学校坚持"做强优势专业、扶持新兴专业、改造传统专业"原则，持续开展新专业建设，服务国家战略。善用大数据修订人才培养方案，推进智慧教育示范区支撑校建设项目。主动对接融入，对接粤港澳大湾区发展，打造两个重点专业群，同步带动N个专业群，探索"岗课赛证"人才培养模式改革，基本形成"校级—市级—省级—国家级"的"金字塔型"专业层次结构，促进全校专业实力整体提升。

以研促教培育教学能手，教师参加省、市教学能力大赛和专业技能竞赛均获一等奖，参加广东省第一届中式烹调师职业技能竞赛夺得总决赛金奖。《调酒知识与酒吧服务实训教程》和《餐饮成本核算》2本教材获首届全国优秀教材二等奖，3项学校美育课题成果获得国家版权局计算机软件著作权专利。"产教融合下职业体验式劳动教育的实践研究"等6个项目获得"广东省教育厅2020年中等职业教育教学改革项目（课题）"立项，这是学校推进"三教"改革的又一项重要成果。

学生竞赛升学成绩突出，2020学年参加广东省中等职业学校技能大赛及非教育行政部门组织的比赛21项，共获奖项67个。陈金川获得"国家技术能手"称号和中等职业教育国家奖学金，其事迹被编入《2020年中等职业教育国家奖学金获奖学生风采录》，广东省教育系统仅有3名学生入选。2020学年，通过各种形式升入高职高专院校人数达719人，被高职院校录取率为53.85%；其中烹饪系14名同学被韩山师范学院烹饪营养教育本科专业录取，创当年新高。

点心实训室

加强社会培训，助力乡村振兴

落实"粤菜师傅"工程，助力乡村振兴。2020学年，学校已经建成广东地区最具影响力的"粤菜师傅"培训基地和"粤菜师傅"大师培训室。2020年12月30日，学校粤菜师傅大师工作室团队从32支参赛队中脱颖而出，获得一等奖及"羊城工匠"等荣誉称号，荣获首届广州市"青年粤菜师傅"创新创业大赛总决赛一等奖。学校全力打造"共建、共创、共赢"的终身职业技能培训平台，编写粤菜烹饪教材5本，研制粤菜烹饪标准多项，开发20余道粤菜菜品培训。2020年，通过线上线下的方式，顺利开展80期培训。

烹饪实训室

动漫实训室

酒窖实训室

酒店前厅实训室

茶艺室

美容美发厅前台

西餐中心

马可波罗园　　徐霞客园

校园一角

开展"职业体验式劳动教育"课程，彰显"旅商"研学职业劳动特色。2020年，学校被授予"广东省中小学生劳动教育基地"和"广东省首批研学实践教育基地"。基地"以家国情怀显研学课程特色，以人文底蕴促学生快乐成长"，发挥学校专业优势，开发了"小小咖啡师""小小茶艺师"和"小小中点师"等职业体验式劳动课程，为广州市小学高阶、初中两个阶段的孩子提供劳动实践教育课程。

深化产教融合，校企共育新人

学校有校外实习基地88个，在"三平台三基地"的校企合作运行机制下，推动集团内校企、中高职衔接，用好实训基地，共育服务技能型人才。作为学校首创"2.5+0.5+2"模式定制班，中、高职院校和企业携手为中职毕业生提供实习、就业、升学贯通机会，已成功开班多年，在企业留用率超50%。学校于2019年开设了粤菜师傅班，2020年与李锦记酱料集团合作举办粤菜师傅李锦记班（希望厨师班），招收来自广西、贵州等地区的贫困学生，由企业全程全额资助学生就读，旨在通过培养一个学生实现一个家庭脱困，助力粤东西北以及全国欠发达地区贫困学生享受学校优质的教育资源，成为传承粤菜文化、振兴乡村经济的粤菜传承人，为"乡村振兴"做出贡献。

探索产业学院模式，构建校企命运共同体，拓宽产教融合新路径。筹备国际金钥匙学院广州分院，进一步提高学校在酒店、旅游等现代服务专业上的人才培养规格，培养更多高素质、高水平的服务人才。2020年，广州市旅游商务职业教育集团经公示认定为第二批省示范性职业教育集团（联盟）建设单位。

创新交流合作，擦亮职教名片

学校立足国内面向国际，接轨世界职业教育，深入开展境外交流与合作。坚定做优秀传统文化的传播者，与葡萄牙国家旅游局互建工作站项目已经进入工作常态。在疫情常态化的情势下，参与线上"数字化转型：利用数据构建旅游业和酒店业的知识"国际研讨会。积极与葡萄牙国家旅游局沟通，将学校的中华茶艺和粤菜烹饪课程纳入葡萄牙国家旅游局下属酒店旅游院校的培训课程体系。推进证书融通，主动担当大湾区职教的联盟者。参与粤港澳大湾区旅游职业教育联盟线上交流和论坛等活动。与澳门旅游学院共同推动让前厅服务项目融入MORS系统，并两次组织相关教师考取MORS证书，推动建立大湾区融通的专业技能认证。

未来，学校将凝心聚力，砥砺前行，构建学历教育与培训并重的现代职业教育体系，完善学校内部治理体系，深化产教融合，推进复合型技术技能人才培养培训模式改革，打造服务国家战略和学生发展的"特色引领、骨干支撑、协同发展"的旅游服务专业群，形成工学结合、知行合一的高素质技术技能人才培养体系，为早日建成"立足湾区，岭南特色，全国一流，国际影响"的示范性职教名校赓续奋斗！

深圳市福田区华强职业技术学校

深圳市福田区华强职业技术学校（以下简称华强职校）地处深圳中心城区，是国家级重点职校、国家中职示范校、全国中职学校德育先进集体、国际生态学校、世界技能大赛深圳集训基地，是广东省高水平中职学校建设单位，曾入选中国职业教育百强校。

学校创办于1986年，现有学生3600人，拥有4个校区和1所附属幼儿园。下设信息部、商贸部、动漫艺术部、财经部、国际部等5个专业部和1个公共基础部，开设计算机应用、电子商务、美术设计、智能机器人、金融事务等12个专业。2013年，经市教育局批复同意，由学校牵头成立了深圳市华强职业教育集团。

学校以"厚德强技、服务发展"的理念培养学生，发展"双元育人"特色教育，高质量建设高水平中职学校，高起点培养"德才兼备、技能精湛"的高素质技术技能人才，打造职业教育新标杆。

学校在重视技能训练的同时，也重视学生的文化基础学习与综合能力提升。学生每年参加高职类高考，成绩遥遥领先，录取率接近100%，高分段学生数量在全省同类学校中占绝对优势。2020年，全省总分前10名中，华强职校占5人。

学校师资力量雄厚，优秀教师云集，现有在岗教职工282人，包括全国优秀教师2人，南粤优秀教师等省级优秀教师8人，博士1人，硕士56人，市、区级名师近百人。拥有区级以上名师、名班主任工作室3个。

在大力发展中等职业教育的同时，学校在南校区开办社区学院，开展技能培训和技能考核认证，培训学员超过2万人。在北校区与深圳职业技术学院合作开办华强高职专业学院，拥有在校大专生300多人，为探索中高职衔接提供新举措。附属幼儿园有在园幼儿400余人，是深圳市一级幼儿园。

华强职校在市、区政府及教育主管部门的关心支持下，将继续落实福田区第八次党代会精神，深入开展校企合作，促进产教深度融合，加强"双师型"教师队伍建设，深化"双元育人"，推进中高职衔接和集团化办学，把学校打造成现代职业教育的示范基地，建设好广东省高水平中职学校，努力创建国家级优质中职学校。

学生风貌

学生参加湾区年度共读活动

学生参加2020上海时装周

2020年高职高考全省总分前十名的华强学子

学校代表赴腾讯总部开展产教融合研讨交流

佛山市南海区九江职业技术学校

校党政班子激励全体教师争做新时代最美教师

国赛荣获金奖、银奖的教师团队

欢度第36个教师节

佛山市南海区九江职业技术学校是由佛山市南海区教育局创办的全日制中等职业技术学校。学校先后被授予全国群众体育先进单位、国务院扶贫办粤桂两省（区）贫困村创业致富带头人培训基地、广东省粤菜师傅培训基地、南海区教育先进集体等荣誉称号。中餐烹饪专业入选广东省"双精准"示范专业。

全面建设党组织，创聚教育力量。 党员教师的思想、行动与党的政策路线保持高度一致，树立"党员就是服务员"工作理念，为学生服务，为人才培养服务，切实做到"教育为民"，推行礼信教育，立德树人，不断推动学校教育教学质量提升，营造出团结奋进的职教氛围。

全程激励师生，创收职教佳绩。 在广东省职业院校学生专业技能大赛（中职组）中，电商专业、烹饪专业、汽修专业均荣获三等奖以上佳绩；在全国职业院校技能大赛教师教学能力比赛（全国总决赛）中，信息技术团队（王萌萌、彭燕娟、赵立和、区平安）夺得金牌、汽修团队（蔡克平、罗凯、陈虎、曾繁昌）夺得银牌。此外，学生在各类竞赛中获市级及以上奖励37项，教师在各类竞赛中获省级及以上奖励16项。

全力扶持培训，创建职业基地。 多渠道融合资源，搭建平台，争做职教助农的领跑者，创建"粤桂两省（区）贫困村创业致富带头人培训基地"及"广东省粤菜师傅培训基地"，精准助农，共培训了3751人次，培训工作取得了良好的社会影响。

全线联合校企，创导精准育人。 聘请行业专家作为专业课程教师，拓展职业教育发展的渠道。学校与德国 F+U 萨克森职教集团合作，引进德国"双元制"办学模式；与广东台一精工有限公司合作，将部分订单引入学校数控实训室加工生产；与周边大酒店合作，烹饪专业与企业对接，高效解决了学生的就业问题。其中，电子商务专业、汽修专业、烹饪专业、数控运用专业均可与高职院校三二分段对接，所有专业均可通过"3+证书"考试进入本科或专科院校就读。

醒狮社团在省赛舞台展风采

企业家吴荣开先生手把手教学

广东省"最美班主任"王萌萌

佛山市南海区理工学校

学校概况 佛山市南海区理工学校创办于1988年,原名为"佛山市南海区盐步职业技术学校",是南海区直属公办学校,被评定为广东省重点中等职业学校、全国职业院校教学诊断与改进工作试点学校、广东省高水平中职学校培育单位。学校现有盐步、大沥两个校区,占地面积8万多平方米,未来两年在校学生人数将达4000人。

师资队伍 学校现有教职员工200人,其中南粤优秀教师、"广东十大科学传播达人"、市区优秀教师、各学科带头人共30人;设有模具专业带头人工作室、服装设计与工艺带头人工作室、机器人应用与维修专业带头人工作室等专业名师工作室。高素质的师资队伍,成为莘莘学子职业教育之旅的引路人。

办学特色 学校以服务珠江西岸先进装备制造产业带建设为契机,基于本区域"两高四新"经济发展转型和产业结构调整对技能人才的需求,坚持品牌专业建设,开设了7个骨干专业,其中模具制造技术、服装设计与工艺专业、电子商务专业为广东省"双精准"示范建设专业,会计事务、高星级饭店运营与管理专业为佛山市重点专业,工业机器人技术应用专业获准立项为"佛山市面向产业急需的专业示范点"。学校开设的所有专业均与高职院校实施"三二对接"办学,学生可通过参加"三二分段"中高职贯通培养、高职院校自主招生、高职高考等途径升入高职学院就读并取得大专、本科毕业证书,获得高级职业技能等级证书,成为高素质高技能人才。

教育成果 学校教育成果丰硕,先后被授予国家教育委员会先进单位、国家教育委员会农村成人教育先进学校、全国科普教育示范基地、中国纺织行业人才建设示范基地、广东省职业教育工作先进集体、广东省现代教育技术试验学校、广东省社团建设优秀学校、广东省中小学心理健康教育特色学校、广东省毒品预防教育示范学校、广东省中小学劳动教育实践基地、佛山市教育系统先进单位、南海区教育创新工作先进单位、南海区校园廉洁文化示范学校等荣誉称号。

未来展望 学校秉承"品质立校,创新强校,和谐治校"的办学理念,坚持"为学生的出彩人生奠基"的育人宗旨,倡导以"谦虚、谨慎、自律"的"三牧"精神培养学生品格,以"双精准"专业、现代学徒制和1+X证书制度试点为抓手,致力于打造一所"具有广东特色、全国水平,引领改革的高水平中职学校"。

学校党总支被中共佛山市委授予"佛山市先进基层党组织"称号

学校教师张遇贤荣获广东省中职班主任业务能力大赛一等奖

精彩纷呈的体艺节活动

宽敞明亮的教学楼

高端大气的实训楼

校园全景

花团锦簇的校园

佛山市顺德区龙江职业技术学校

学校与广东联塑科技集团公司"产教融合、合作办学"签约仪式

学校连续12年受邀参加中国（广州）国际家具博览会

学校举办庆祝中华人民共和国成立70周年系列活动

家具创意班学生廖振羽的作品获得第九届"健威杯"板式家具设计大赛铜奖

学生正在制作新型板式折装家具

学校与企业共建的校内华一家具科技创业孵化基地

顺德区龙腾数字产业学院、顺德区美学家居产业学院揭牌仪式在学校举行

佛山市顺德区龙江职业技术学校始建于1997年，2002年迁至新址办学，2010年被认定为国家级重点中等职业技术学校，是佛山市文明校园、顺德区先进学校、广东省家协理事单位、广东省教育评估协会理事单位、全国重点建设职业教育师资培训基地、广东省绿色学校、广东省健康促进示范学校、广东中等职业学校校长培训中心实践基地、内地高校大学生实训就业基地、佛山市脱贫攻坚突出贡献集体、顺德区失业人员再就业定点培训机构。

学校占地面积8.64万平方米，建筑面积4.86万平方米，校园环境优美，设施完善，设备先进，信息化程度高。全校共有教职工179人，在编教师135人，在校学生2091人。学校秉承"科学精神与人文底蕴并举，个性定制、多元发展"的办学理念，以"让学生喜欢，让家长放心，让企业满意，让教师自豪"为办学目标，致力于实现"让每位师生都有出彩机会和美好人生"；打造"出彩匠心"的核心文化品牌，为学生生存与发展奠基，促进学生就业和再就业，为地方经济发展和社会进步服务。

学校紧紧围绕产业需求，打造家具专业群品牌，其中家具设计与制作专业是广东省重点建设专业、广东省双精准专业、佛山市示范专业、佛山市双精准专业，电子商务、家具设计与制作专业成为佛山市现代学徒制试点专业。学校专业群发展优势显著，连续十二年作为全国唯一中职学校受邀参加广州（国际）家居设计展。

近三年来，学校师生参加技能竞赛呈欣欣向荣之势，共有50人次获得国家级奖励，220人次获得省级奖励，1060人次获得市、区级奖励。学校有39份家具设计竞赛作品申请国家专利，获得国家知识产权局批准。学校多名专业骨干教师获评"广东省家具行业杰出青年"，2名学生获评"广东省优秀学生"，8名学生获得首届中等职业教育国家奖学金。

学校积极搭建"中高职贯通立交桥"，精心培养高技能家具行业人才，是广东省首批进行中高职衔接"三二分段"教学试点单位；与泰国曼谷吞武里大学合作办学，为学生打通本科留学通道。学校在高职类高考中取得喜人的成绩，2019年、2020年高职类高考上线率均为100%，学生毕业就业率达100%。

学校在顺德区政府和龙江镇政府的关心支持下砥砺前行，一步一个脚印，扎实耕耘，以培养优秀的技能人才为己任，为学生创造全方位的成才环境，提供多样化的成长选择。学校一批批学生通过就业、升学、竞赛等多元化的路径，成长为各具特色的技能型、实用型人才，活跃在龙江镇大大小小的企业中，成为龙江经济发展的中流砥柱。

河源市卫生学校

河源市卫生学校创办于1943年，现为国家中职示范学校、国家重点中职学校。学校于2012年9月迁入市区东江教育城办学，校园占地面积28万平方米，建筑面积10.8万平方米，投入资金4.3亿元。学校师资雄厚，设施先进。现有教职员工272人，其中副高以上职称68人，博士、硕士研究生25人。现有学生7952人，其中全日制中专生5469人，全日制大专生1054人，成人高等教育大专、本科生1429人。

校门

学生在户外学习

学校设立办公室、人事保卫科、教务科、学生科、后勤科、招生与就业科、继续教育中心7个内设机构和党委、工会、团委会等党群组织，以及医学教研室、教学督导室和公共基础学部、医学基础学部、护理学部、药学学部、医学技术学部等教学管理机构。全日制中专开设护理、中医护理、药剂、医学检验技术、中医康复技术、康复技术、婴幼儿托育、医学影像技术、中药9个专业，其中护理、药剂专业为广东省级重点建设专业；全日制大专开设护理、药剂、康复技术、助产、药学、医学检验技术6个专业；成人高等教育大专、本科开设临床医学、护理、助产、药学、医学检验、康复技术6个专业。学校实习教学医院、药企共有168所，遍及河源市、珠三角及江西赣州等地区。

人体生命科学馆

学校投资数千万元建设护理实训中心、康复实训中心、基础实训中心、助产实训中心、药品流通中心等实训中心。学校坚持"以服务为宗旨、以就业为导向、以技能为核心、以素质教育为根本"的办学思想，实行"理实一体"的教学模式和"学做一体"的教学方法，打造"暖心德育"品牌，建设"最美学校"，构建"温暖校园"，培养出具有"扎实专业知识、过硬专业技能、良好人文素养、优秀思维品质"的高素质医疗卫生人才。2020年，教师获得国家级奖励5人次、省级奖励18人次；学生获省级奖项2人次、市级奖项49人次。教师论文发表数量在全省中职卫生学校中排名第一，学生护士资格证考试通过率达80%以上，学生就业率达98.9%以上。

中药标本馆

学校先后获得全国首批中等职业教育改革发展示范学校、全国和谐校园先进学校、全国模范职工小家、广东省安全文明校园、广东省教育系统先进基层党组织、广东省五四红旗团委、广东省依法治校示范校、广东省书香校园、广东省省级校园生活垃圾分类教育基地、广东省绿色学校、广东省第一批基础教育党建工作示范校、河源市文明单位、河源市先进基层党组织、河源市直机关党建工作示范点等荣誉称号。

中草药园

爱湖

东莞市纺织服装学校

东莞市纺织服装学校抓实"两个坚持",聚焦"三个强化",统筹推进,分类指导,开创建设高水平学校新局面。

坚持文化立校,为高标准领航助力

文化建设是学校深厚历史底蕴的集中展示和核心竞争力的重要支撑。学校努力实现"为教师、学生、社会创造真实而持久的价值,办受人尊敬的职业教育"的办学愿景,是首批国家级重点中职学校、广东省首批心理健康教育特色学校、广东省禁毒教育示范校。学校牵头成立全国非遗职教集团,启动广东省高水平学校建设工作,并承担教育部职业教育目录修改工作。

坚持改革创新,为高水平建设赋能

学校致力于三项改革。一是教育改革,致力于全面提升学生综合素养;二是教学改革,全力培养高素质复合型技术技能人才;三是师资队伍建设改革,努力锻造一支高水平专业化的师资队伍。

强化德育引领,构建育人体系。立德树人是学校人才培养的核心。学校紧紧围绕"五育"并举,提出了育人目标的"4个一"(扣准人生第一粒扣子、掌握一门专业技能、培养一项生活兴趣、学会一项运动技能),培养学生的六大核心素养,即专业素养、职业素养、安全素养、健康素养、信息素养、创新素养。构建了四轮驱动(史政讲堂、职业素养、心理健康和社团活动)的德育体系。建设了家长委员会和家长学校。

强化专业建设,抓好教学改革。学校以"六个依托"(依托产业办专业,依托岗位设置课程,依托生产搞实训,依托项目搞校企合作,依托学生搞教改,依托市场搞评价)理念指导专业建设,探索"四企业三协同"人才培养模式,即在企业化工作环境中学习、运用企业化项目教学、使用企业管理运营模式、建立企业考评机制,实现校企协同创新、协同育人、协同就业,走出了一条中职研学产训特色之路。学生就业率持续保持在高位,平均就业率超过95%,对口就业率逐年提高,就业平均起薪超过3300元,用人单位对学校毕业生平均满意度达到了90%以上。

强化师资建设,提升师资水平。教师队伍是学校发展的关键。学校拟订了具有学校特色的"四有五师三于"师德师能师风标准,引领教师发展。

校长接受专访

学校正门

国庆主题活动

第二届国家中职奖学金获得者

经典诵读活动

服装专业毕业设计大赛

东莞市汽车技术学校

东莞市汽车技术学校是东莞市教育局直属的一所公办省级重点中等职业学校，坐落在拥有"中国汽车销售名镇"之称的东莞市寮步镇。学校始终坚持"德育为首，技能为重，发展为先，创业为旨"的办学理念，致力于打造"技之城、乐之域"的出彩汽校。

学校以建设汽车技术专业为主、新工科专业为辅，着力开展汽车技术专业技能人才教育培养。"十三五"期间，学校为东莞市汽车行业输送了近4000名汽车技术人才，有效地服务于东莞汽车产业的各大岗位，助推了东莞区域汽车产业经济的发展。

学校坚持"面向市场，服务区域发展"的办学方向，突出"一校一品牌"特色发展，开设了汽车运用与维修、汽车电子技术应用、汽车美容与装潢、汽车车身修复、汽车服务与营销、连锁经营与管理、新能源汽车运用与维修、工业机器人技术应用八大专业，配建了汽车综合实训中心、汽车整车维修实训中心、汽车营销展厅、汽车美容与装潢实训中心、汽车钣喷实训中心5个专业实训中心以及途虎产业学院、博世培训学校2个产教培训中心，全方位地满足学生的专业学习需求。

学校围绕"立德树人"根本任务，全面构建"三全"育人格局，推行"领航德育"，取得了显著的育人成效。近三年来，学生参加广东省中职学校"文明风采"竞赛屡创佳绩，师生获奖率达98%以上。学校多次获得优秀组织奖、优秀案例一等奖等荣誉，学校学生会被评为"广东省优秀学生会"，学校团校被评为"首批东莞市示范中学团校"，学校团委先后获得"东莞市五四红旗团委""东莞市五四红旗团委标兵"等称号。

为促进学生专业技能发展，学校大力推进校企合作、产教融合，牵头成立了东莞市汽车职业教育集团，搭建了专业教学、技能提升、企业实践等多元育人平台，形成了"定向引领、多元合作、专班培养"的人才培养路径。学校与东莞职业技术学院、佛山职业技术学院、广东交通职业技术学院、东莞市汽车行业协会和100多家汽车企业开展深度合作，开设了中德国际课程专班、"三二分段"中高衔接专班及行业企业技能专班等，帮助学生实现"就业有技能、创业有本领、升学有通道"的发展目标。

学校不断深化教育改革创新，教育教学质量稳步提升。近三年来，学校学生参加各类汽车专业技能竞赛获奖共计55项，其中国赛一等奖2项、二等奖2项、三等奖3项；2020年，学生在广东省职业院校学生专业技能大赛中获得汽车类赛项7个项目一等奖。

学校途虎产业学院落成典礼

学生荣获全国职业院校技能大赛（中职组）汽车营销赛项一等奖

学校模特队在东莞市职业教育技能周上展现风采

汽车综合实训中心

国际课程班课堂教学指导

汽车改装技能班学生正在改装汽车LED大灯

广东省连州卫生学校

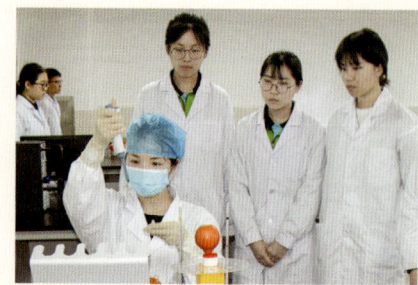
医学检验技术专业技能操作

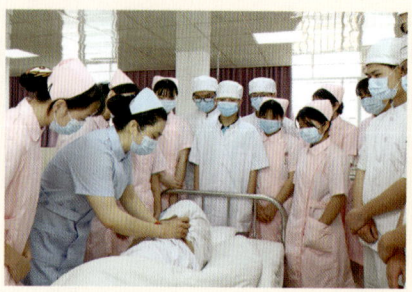
护理专业技能操作

口腔修复工艺专业技能操作

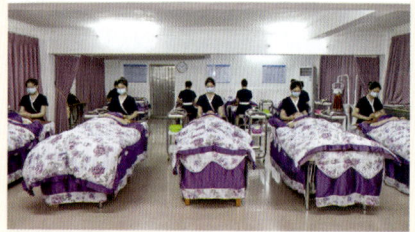
中医美容专业技能操作

药剂实验室

广东省连州卫生学校历史悠久、环境优美、实力雄厚，办学成果显著，是一所省重点中等职业学校，位于粤西北部历史文化名城——连州市。学校创建于1947年，1951年广东省卫生厅将学校更名为"广东省第六医士学校"，1994年更名为"广东省连州卫生学校"。校园占地面积5.51万平方米，建筑面积6万多平方米，图书馆藏书10万多册，教学设备完善，校园环境优美，生活设施配置齐全。

学校现有全日制中职学生4000多人，全日制高职学生600多人，成人业余学历教育专科、专升本学生2000多人。现有教师及常年外聘教师170人，其中高级讲师、讲师、正（副）主任医师、主治医师110人。

学校开设了护理、药剂、中药、医学检验技术、口腔修复工艺、中医养生保健（推拿治疗技术）、中医养生保健（中医美容）、智慧健康养老服务、药剂（三二分段）、中药（三二分段）、医学检验技术（三二分段）、口腔修复工艺（三二分段）、中医康复技术（推拿治疗技术）（三二分段）等专业。经广东省教育厅批准，1993年开始与中山大学联合举办临床医学、妇幼卫生、医学检验大专班，2000年开始与广东药学院联合举办公共卫生、护理、临床医学、药学专科、本科成人学历教育班，2005年与南方医科大学联合举办临床医学专科、本科成人学历教育班。办学至今，已培养中专毕业生6万多人，其中不少毕业生已成为省内外，尤其是粤北山区医疗卫生单位的专业技术骨干和组织管理者。

学校在上级领导的指导关怀下，取得了可喜的成绩：参加广东省医学检验技术学生技能竞赛荣获团体一等奖、特等奖，参加全国卫生职业院校检验技能竞赛荣获团体二等奖；参加广东省医学美容技术学生技能竞赛荣获团体一等奖；护理、药剂专业学生在广东省卫生职业院校技能竞赛中多次荣获一、二、三等奖；口腔工艺技术专业学生参加国家级、省级技能竞赛也都获得优异的成绩。教师在国家级、省级、市级等各项技能竞赛和评比中获得优异的成绩：2020年，教师荣获国家级荣誉4人次，省级荣誉8人次，市级荣誉25人次。

学校先后被评为广东省护士资格考试优秀单位、广东省依法治校示范校，校团委获评广东省五四红旗团委，校党支部获评连州市先进基层党组织、清远市教育系统先进基层党组织。

英德市职业技术学校

英德市职业技术学校前身是创办于1941年的广东省英德师范学校。2003年，英德市委、市政府整合职业教育，将望埠职业中学、成人中专、广播电视大学（现更名为英德市开放大学）合并，更名为英德市职业技术学校，2007年，教师进修学校合并到英德市职业技术学校，2013年，又把广东省南华技工学校并入学校，实行"三块牌子，一套人马"的管理模式。

美丽校园

教学楼

学校是国家级重点中等职业学校、广东省示范性中等职业学校、国家级综合性职业培训基地、广东省依法治校示范校、广东省省级职业教育实训中心、广东省幼儿园园长（教师）培训基地、清远市第十四技能鉴定所、英德市创业培训基地、英德市农村劳动者转移就业职业技能培训定点机构、英德市农村劳动力转移培训定点机构。近年来，学校已发展成为教育部首批1+X证书制度试点专业学校、国家第三批现代学徒制试点学校、广东省第二批"双精准"示范专业学校。

学校占地面积9.6万平方米，总建筑面积9.6万平方米，实训室108间，设备总价值6000多万元。现有教职工293人，其中专任教师278人，研究生学历教师16人，高级职称教师42人，"双师型"教师182人。开设机电技术应用、数控技术应用、电子商务、汽车运用与维修、计算机应用、计算机网络技术、会计、旅游服务与管理、物流服务与管理、畜牧兽医、中餐烹饪、学前教育、茶叶生产与加工、模具制造技术14个专业。

2020年11月6日，清远市第二十八届中小学青年教师（中职组）教学基本功比赛在学校举行

办学特色鲜明，专业优势突出。学校以"'七彩'育德，匠心育才，培养高素质现代职业人"为办学理念，坚持"育匠心、做匠品、成匠才"的办学思路和"办山区特色职教，育现代技能人才"的办学策略。在专业设置上，学校以机电技术应用和畜牧兽医专业等省重点建设专业为龙头，带动电子商务、汽车运用与维修、中餐烹饪、学前教育、茶叶生产与加工等专业的建设，突出特色与质量、效益与形象相结合的办学优势和办学特色。

建校以来，学校共为社会培养了5万余名技能人才，是广东省中等职业教育实训中心、清远市劳动力转移培训基地。学校先后获得广东省安全文明校园、广东省中等职业技术教育先进集体、广东省成人教育先进集体等荣誉称号。

2020年12月2日，学校与佛山职业技术学院开展交流座谈

揭阳捷和职业技术学校

"崇德修身 行为世范"主题教育实践系列活动之"校长思政第一课"

学校与广东金成投资集团有限公司开展校企合作

教师郑文焕被评选为2020年揭阳市最美工匠

模拟法庭

揭阳捷和职业技术学校是一所公办的综合性国家级重点中等职业学校，是揭阳市第一家公立中职学校，广东省第一家华侨捐资创办的职校，也是第一批国家级重点中等职业学校（2000年认定）。学校秉承"责任高于一切，发展在于努力"的校训，以"性格开朗，兴趣广泛，一技之长，社会欢迎"为人才培养目标。

学校占地面积10万多平方米，建筑面积10万平方米，环境优美，绿树成荫，鸟语花香。开设中餐烹饪与营养膳食、学前教育、计算机动漫与游戏制作、电子商务、汽车运用与维修等12个专业，其中电子与信息技术、机电技术应用、计算机应用为省级重点专业，计算机动漫与游戏制作为省级"双精准"专业。学校已形成以科技、工贸、财经、艺术为主干的多专业、多学科协调发展的办学格局；现有在校生3500多人，教职员工220多人。

学校自1964年创设以来，形成具有独特职教文化内涵的"一二三四五"办学思想，即"立德树人"一个中心，"诚信教育、礼仪教育"两个重点，"立德、立业、立人"三立育人思路，"文德捷和、文艺捷和、文化捷和、文明捷和"四文建校及"和正、和容、和乐、和兴"四和治校特色，"学历教育、社区教育、技能培训、联合办学、校企合一"五位一体的办学模式。

学校产教结合、校企合作特色鲜明，先后与当地200多家知名企业建立长期合作关系，毕业生供不应求；开展现代学徒制培养模式，形成人才"入口"到"出口"畅通的良性循环，特别是致力于实施"粤菜师傅"工程，创办"大师工作室"，培养潮菜师傅储备人才；打通人才培育通道，与多所省内外大型企业联合办学，与广东农工商职业技术学院、揭阳职业技术学院等高校开展"三二分段"办学，与广东环境保护工程职业学院、揭阳职业技术学院建立高职专业学院，实现多渠道多形式多层次办学；"四文建校""四和治校"特色鲜明，践行人文关怀与法治教育，检校合作共建"法治示范校"。

学校被团中央授予"中学社会实践教育合格单位"称号，先后获得广东省绿色学校、广东省安全文明校园、广东省依法治校示范学校、广东省语言文字规范化示范校、广东省五四红旗团委、揭阳市文明学校、揭阳市十佳校园、揭阳市书香校园、揭阳市精神文明建设先进单位、揭阳市电商人才培训先进单位、全国职工教育培训优秀示范点、国防教育特色学校、全国足球特色学校等多项殊荣，成为粤东中等职业教育的一颗璀璨的明珠。

社团活动

元旦晚会

学校全景

广东南华工商职业学院

广东南华工商职业学院有天河校区、黄埔校区、清远校区三大校区，校园占地面积约73.27万平方米，规划建筑面积50万平方米，在校生近1.2万人。现有7个二级学院、马克思主义学院和体艺部，共有15个系，在专业结构上以商科为主，兼含工科，涵盖经济学、工学、法学、管理学等十大学科门类。拥有1个省级高水平专业群，2个广东省高等职业教育重点专业，2个广东省高等职业教育二类品牌专业立项，1门省级精品开放课，1门省级精品资源共享课，2个省级精品在线开放课程建设项目，5个省级实训基地，4个省级校外实践教学基地建设项目，1个省级教学团队立项项目，36项省级现代学徒制试点，14项省级1+X证书试点，11个省级创新创业训练计划项目。学校被确定为广东省第二批高等职业院校内部质量保证体系诊断与改进试点院校。

学校成立了全国首家工匠学院"广东工匠学院"，广泛开展职工素质技能提升培训，在做好"六稳"工作、落实"六保"任务中充分发挥积极作用，助力广东省稳就业、保就业工作。中央电视台13套《新闻周刊》栏目曾以广东工匠学院为主线拍摄时评节目《工与匠》，节目播出后获得良好的社会反响。

学校探索思政工作新模式，将劳动模范优秀的职业素养和奉献精神融入到学校人才培养过程中，充分发挥劳模精神在劳动教育中的重要作用，大力推进劳模工匠进校园系列活动。2020年，学校集中聘任陆建新等50名国家级、省级劳动模范、五一劳动奖章获得者为兼职德育导师、兼职班主任。深化劳动教育全方位实施方案，探索设立劳模学院，充分发挥劳模学院在学生及产业工人队伍劳动教育中的重要平台作用。

学校高度重视产教融合、校企合作。2020年召开首届产教融合大会，吸引企业设备、资金捐赠总计1000余万元；与英德市五方共建成立英德茶产业学院，与清远国家级高新区建立全方位校地合作关系，与碧桂园千玺机器人集团达成共建机器人餐饮产业学院重要合作意向；服务乡村振兴，与梅州市平远县人民政府正式签约共建校地实践育人基地，成为平远县乡村振兴战略科技创新和成果供给的重要力量。

2020年，学校在全省90所高职院校中理科录取分数排名第6名，文科录取分数排名第11名，2020届毕业生初次就业率为94.1%。学校以高职院校团体总分第5名的成绩夺得第十二届"挑战杯"广东大学生创业大赛"优胜杯"，并被教育部授予"全国第三批国防教育特色学校"称号。

广东工匠学院成立

学校集中聘任50名国家级、省级劳动模范、五一劳动奖章获得者为兼职德育导师

学校获得第十二届"挑战杯"广东大学生创业大赛"优胜杯"

学校与梅州市平远县人民政府共建校地实践育人基地

学校清远校区风光

学校召开产教融合大会

广东农工商职业技术学院

粤垦路校区校门

增城校区校门

学校图书馆

广东省教学名师陶正平教授在产教融合实训基地指导学生嫁接技术

学校女篮荣获第二十二届CUBA中国大学生篮球三级联赛全国总决赛亚军

广东农工商职业技术学院是一所普通高等公办全日制专科院校。学校创建于1952年，前身为叶剑英元帅在兼任华南垦殖局局长期间创办的华南垦殖干部学校，1984年经广东省人民政府批准成立广东农垦管理干部学院，1989年经农业部批准挂牌"农业部华南农垦干部培训中心"，1993年易名为广东农工商管理干部学院，2000年转制为广东农工商职业技术学院。

学校坚持"以人为本、特色强校、求实创新、和谐发展"的办学理念，依托农垦、面向广东、服务社会，以"农"为主导，带动"工商"两翼，三者融合发展，培养服务国家、服务社会的高素质技术技能人才。2005年被确定为全国"高职高专院校人才培养工作水平评估"优秀院校，2016年被确定为"广东省示范性高等职业院校"、"广东省一流高职院校建设计划"立项建设单位；2018年荣膺高等职业院校"服务贡献、国际影响力、教学资源"等三个全国50强。在《武书连2020年中国高职高专排行榜》中，学校综合实力在全国高职中排第44名，在广东高职中排第7名。

学校拥有粤垦路校区和增城校区，有9个二级学院，开设51个招生专业，招生范围遍及12个省（自治区），全日制在校生达2万多人。近年来，学生毕业薪酬稳居广东省高职院校前列，毕业生初次就业率持续走在全省高校前列，深受用人单位欢迎。

学校先后获得广东省职业教育先进单位、广东省师德建设先进集体、广东省文明单位、广东省依法治校示范校等荣誉，入选成为国家级乡村振兴人才培养优质校、国家级示范性职业教育集团，获国家级智能财税学生技能大赛协办权。学校扶贫工作被评为全省脱贫攻坚先进集体，为高校定点扶贫做出了示范。

学校将以广东省一流高职院校建设为抓手，大力实施"创新强校工程"，努力建设成为省内一流、全国知名、东南亚有影响，具有南亚热带产业特色的应用型大学。

校　　址：广东省广州市天河区粤垦路198号（粤垦路校区）
　　　　　广东省广州市增城区中新镇风光路393号（增城校区）
电　　话：（020）85230372
传　　真：（020）85230563
官　　网：http://www.gdaib.edu.cn

广东培正学院

广东培正学院创建于1993年，原名培正商学院，2005年3月经教育部批准为民办普通本科高校，更名为广东培正学院；2012年5月通过教育部本科教学合格评估，2018年5月接受教育部本科教学审核评估。

学校一直坚持"公益办学、规范办学、诚信办学、特色办学、质量至上"的办学方针，秉承"培智·正德·尚行·立新"的校训，坚持"董事会领导、校长负责、党委政治核心、教授治学、民主管理"的管理体制，实行"德育为先，能力为重，学生为本"的人才培养模式。现有在校学生1.8万余人，二级学院12个，专业数42个，形成了以管理学、经济学、文学、法学、艺术学、工学、理学多学科协调发展的学科专业格局。

学校经过近30年的建设和发展，已达到一定的规模，教室、实验室、图书馆和教学辅助用房配备齐全，功能完备，满足本科教育需要。学校智慧校园建设初显成效，智慧教学楼内运用5G技术打造智慧课堂，智慧停车楼和智慧校园监控系统全面启用。建校以来，学校做到了思想上重视，经费上保证，制度上体现，管理服务上到位。在民办本科教育的道路上积极探索，取得了一定成绩，近年来学校总体就业率均在99%以上；普通高考录取分数逐年攀升，2020年学校全省文科最低录取分数466分，理科最低录取分数446分，皆高出省控线36分；艺术类最低录取分数473分，高出省控线64.5分；在省内民办本科高校（不含独立学院）中，文科、理科、艺术最低录取分数均名列第一。

办学多年，成绩斐然，学校先后获得全国民办高校先进单位、全国民办教育百强学校、全国民办教育先进集体、广东省先进民办学校、广东当代民办学校突出贡献奖、广东民办教育四十周年突出贡献机构、广东民办学校竞争力十强单位等荣誉，入选第四届"中国民办教育百强"。

广东培正学院已跻身国内知名度、美誉度较高的民办高校行列，是中国民办本科高校中的一颗璀璨明珠。面临"十四五"建设高水平民办大学的大好时机，学校正围绕"建设国内一流、国际有影响的应用型民办本科大学"的伟大目标而努力奋进！

校　址：广东省广州市花都区赤坭镇培正大道53号
邮　编：510830
电　话：（020）86710904
网　址：https://www.peizheng.edu.cn

优秀教职工表彰大会

校内模拟法庭实训

学生作品在2020"大浪杯"中国女装设计大赛中斩获铜奖

校园风景

培正钟楼

第五教学楼

广东体育职业技术学院

学校与白俄罗斯国立体育大学签订合作办学框架协议

学校与广东世纪城集团有限公司、广东省羽毛球协会签订三方战略合作框架协议

学校与广州融创文旅城签署校企合作协议并举办授牌仪式

2020年广东省第一届职业技能竞赛国赛精选项目社会体育指导（健身）省选拔赛在学校顺利揭幕

学校概况 广东体育职业技术学院前身为1956年成立的广东省体育运动学校，2003年5月经广东省人民政府批准建立；2020年6月15日，学校由广东省体育局成建制划转至广东省教育厅管理。学校位于广州市天河区奥林匹克体育园区，实有占地面积10万余平方米，建筑面积8万余平方米。建有校内实训室48间，校外实训基地124个，产学合作企业128家，在全省21个地级市设立体育行业国家职业资格技能培训基地51个。现有全日制学生4170人，成人教育在读学员250余人。

师资情况 学校有教职工225人，聘请体育行业及企业的专家和能工巧匠等170人。校内专任教师中，具有高级职称的占37.1%，"双师素质"教师占73.5%，取得硕士研究生以上学历学位的占55.4%。

专业建设 学校现有招生专业9个，省级重点专业2个，省级二类品牌专业1个，省高职院校高水平专业群1项，省级重点实训基地3个，省级高本协同育人试点专业2个，省级中高职衔接人才培养试点专业5个，五年一贯制专业2个，现代学徒制试点专业2个，获批教育部1+X证书试点1个。

办学成效 建校以来，学校与境外10余所一流体育大学、体育组织机构建立合作伙伴关系，开展广泛合作与交流。学生参加国内外各级各类体育竞赛共逾千项，其中获国际级赛事奖项269项，国家级赛事奖项逾400项，省级赛事一等奖逾300项。教师承担省、厅局级教科研项目150余项，其中省部级以上教科研项目32项；获国家实用新型专利4项。学校社会服务工作领先全国同类体育院校，所承管的广东省体育行业职业技能鉴定站鉴定人数连续15年居全国前列，被国家体育总局评为"全国群众体育先进单位"；在2020年全国第一届职业技能大赛办赛工作中贡献突出，荣获广东省人民政府通报表扬。2020年，学校在省直机关事业单位绩效考核工作中取得一等奖；在广东省教育厅高等职业教育"创新强校工程"考核中进入全省B类院校前三。

新的发展周期，学校将全面贯彻党的教育方针，以立德树人为根本任务，立足广东，面向粤港澳大湾区，辐射全国，为中国体育事业和体育产业发展提供体育技能型人才支撑与保障，争当国内领先、国际知名的全国体育高等职业院校排头兵。

校　址：广东省广州市天河区黄村奥体路52号
邮　编：510663
电　话：（020）61034003
传　真：（020）82168231
官　网：https://www.gdtzy.edu.cn

学校作为中华人民共和国第一届职业技能社会体育指导（健身）项目的实施保障单位，因贡献突出，受到广东省人民政府的通报表扬

学校游泳队在2020年广东省大学生游泳锦标赛中获多枚金牌

广东文艺职业学院

广东文艺职业学院是经广东省人民政府批准、教育部备案，隶属于广东省教育厅的公办综合性艺术类高职院校，是广东文化大省建设九大工程之一，面向广东和部分外省招生。学校有着光荣历史传统和深厚文化积淀，是一所致力于培养适应文化艺术行业需求的复合型和创新型高级技术技能人才的高等职业院校。

学校现坐落于广州市番禺区市广路242号，占地面积70410平方米，建筑面积104762平方米，建有现代化的实验剧场、歌剧院、教学楼、实训楼、图书馆以及设施齐全、标准化的学生公寓，环境优雅，交通便利，教学、生活、体育配套设施设备一应俱全。

学校开设环境艺术设计、动漫设计、美术教育、音乐教育、音乐表演等21个专业，面向广东及部分外省（自治区）招生，设有六大教学单位（设计与工艺美术学院、音乐与舞蹈学院、影视与动漫学院、马克思主义学院、人文学院、终身教育学院）。现有全日制在校生3867人，专任教师218人；教学仪器设备总值2744.72万元，馆藏纸质图书31.64万册。

学校按照"校企合作、工学结合"的办学理念，探索"项目导入、任务驱动"等有利于增强学生能力的教学模式。共建立国家级实训基地3个，即中国音协合唱联盟广东培训基地、中国音协广东流行音乐培训基地、中国书画等级考试广东省培训机构；建立校内实践基地74个，校外实习实训基地91个，为毕业生和社会从业人员提供高等教育学习机会。学校教学成绩显著，硕果累累。师生参加全国及省、市各类艺术展演获奖4000多人次，荣获各类金、银、铜奖与优秀奖等奖项共计1100多项。学校转制以来共培养毕业生1万多人，近三届毕业生平均就业率达97%以上，均高于全省平均水平。

学校大门

校本部剧院

专业学习

学校在2020年度全国职业院校艺术设计类作品"广交会"同步交易展中再创佳绩

2020年迎新生文艺汇演

学生演出

广东舞蹈戏剧职业学院

教学楼

校门

宿舍楼

《不眠夜》荣获全国"荷花奖"舞蹈比赛现代舞奖

《大英歌》荣获第四届广东省"岭南舞蹈"大赛创作金奖、作品金奖、表演金奖

《傩焰》荣获广东省第六届"岭南舞蹈"大赛创作金奖、作品金奖、表演金奖；入选第十一届全国"桃李杯"教育教学成果展

粤剧音乐剧《朝夕星辰·杨殷传》

广东舞蹈戏剧职业学院是一所省属公立专科层次高等职业艺术院校，有着60余年的办学传统，曾用名为广东人民艺术学院（1969—1978年），其前身为国家重点中专广东粤剧学校（成立于1958年）、广东舞蹈学校（成立于1959年），2012年经广东省人民政府批准、教育部备案，合并升格为广东舞蹈戏剧职业学院。学校对标国家"双高计划"推进建设，坚持面向国内外文化艺术前沿、面向国家文化战略需求、面向区域经济文化社会需求，主动对接广东和粤港澳大湾区文化艺术建设，坚持内涵建设、创新引领、特色发展、开放办学的发展理念，聚焦"艺术+"，积极探索新师范、新文科建设发展，是广东省高水平专业群建设职业艺术院校。

学校由广东省人民政府举办，广东省教育厅主管，属国家公益二类事业单位，注册地广州市，分东校区、西校区，校区间隔30公里，交通便利，占地面积21.33万平方米，建筑面积13.22万平方米。主要承担高等职业教育、中等职业教育学历教育和成人学历教育等任务，承担文化行业继续教育工作，开展文化行业培训、职业技能鉴定、文化艺术和社会文化基础研究工作，以及国内外、校际教育的合作和学术交流。学校文化艺术类专业设置齐全，下设戏剧系、舞蹈系、音乐系、艺术设计系、社会文化系、文化创意系共6个系，涵盖文化艺术、教育类等28个专业，包括音乐表演、舞蹈表演、戏曲表演、戏剧影视表演、舞台艺术设计与制作、音乐教育、现代流行音乐、音乐制作、钢琴伴奏、钢琴调律、数字媒体艺术设计、视觉传达设计、室内艺术设计、传播与策划、音像技术、影视照明技术与艺术、录音技术与艺术、电子竞技运动与管理、国际标准舞、公共文化服务与管理、现代文秘、文化产业经营与管理、音乐传播、舞蹈教育、学前教育、美术教育、体育教育等专业。现有在岗教职工472人，其中专任教师350人，具有副高职称60余人、正高职称6人，具有博士学位8人。

学校坚持服务文化艺术产业需求导向，办人民满意的大学。通过不断调整和优化专业结构，深化传统优势专业内涵，强化艺术教育、艺术表演专业特色，突出艺术人文科技融合，探索拓展"艺术+人文""艺术+生活""艺术+教育""艺术+科技""艺术+管理"等艺术服务型人才培养方向。

学校2020年1月顺利通过广东省教育厅组织的人才培养工作评估，学校是全国1+X证书制度试点院校、全省高校中华优秀传统文化传承基地、广东省首批体育美育浸润行动计划试点学校；戏曲表演专业被评为全国首批职业院校民族文化传承与创新示范专业、广东省高等职业教育品牌专业；舞蹈表演专业被评为全国第二批职业院校民族文化传承与创新示范专业，获中央财政支持。

广州东华职业学院

学校大门

综合楼

琴房

学校荣誉

学校成立应急救援志愿21连

医药健康学院举办首届校园义诊活动

篮球比赛

广州东华职业学院创办于2011年2月，是经广东省人民政府批准设立、教育部备案，由广东省教育厅主管的一所全日制普通高等院校。学校坐落于广州市白云区帽峰山风景区东侧，环境优美，交通便利。校园占地面积50.53万平方米，基础设施完备，是读书治学、修身养性的理想园地。

机构健全，专业设置合理。 学校下设信息工程学院、建筑艺术传媒学院、管理学院、财经学院、智能机电学院、健康医药学院、继续教育学院、创新创业学院、公共理论学院等9个二级学院和1个思政课教学部，并成立了广州智能建筑产业学院、应急管理技术学院等一批特色产业学院；学校开设软件技术、智能控制技术、电子商务、大数据与会计、建筑室内设计、工程造价、城市轨道交通运营管理、护理等社会紧缺及新兴专业40多个，在校生10000余人。

职教特色鲜明，师资力量雄厚。 学校拥有一支由教授、博士等组成的"双师型"专任教学团队，以及一批行业企业能工巧匠组成的兼职教师队伍。大力推进"创新强校工程"和"教学质量工程"，推荐青年教师参加省级各类竞赛的项目申报。学校创办了《广州东华教育》杂志，有多名教师主编参编《大学生心理健康教育》等"十三五"规划高职教育教材。

推行学历和职业资格"双证书"制度，学业就业两手抓。 学校先后与南方航空集团、美的集团、京东集团、广州地铁集团、广电城市服务集团、中科雅图、棒谷科技、东莞力合双清创新基地和肇庆高新区社保局等合作共建了200多家校外实习基地，毕业生就业面不断拓宽，就业领域不断扩展，主要集中于广州、深圳等粤港澳大湾区城市就业，近三年毕业生总体就业率达到98%以上，累计为广东乃至华南地区培养输送高素质技术技能人才近2万人。学校被授予"广东省当代优秀民办高校"荣誉，入选中国民办教育百强榜；会计专业荣获"广东省院校特色专业"称号。

广州理工学院

学校大门

蓝盾网络空间安全实验室

粤港BIM国际联合实验室

广州理工学院坐落在广州市白云区帽峰山风景区南麓，2020年6月30日经教育部同意成功转设，成为独立设置的全日制普通本科高校，也是"十三五"期间广东省第一所转设的独立学院。2020年，学校被评为"广东民办教育四十周年突出贡献机构"。

学校设有11个二级学院、3个产业学院、43个本科专业，其中有21个工科专业。现有专任教师630多人，全日制在校生13000多人。学校新工科特色鲜明，工学、管理学、经济学、文学、艺术学等多学科协调发展，立足广东，面向华南，服务粤港澳大湾区，致力于培养知行合一、信息化素养较高、实践能力创新精神较强、具有国际视野的高素质应用型人才。

学校坚持走校企合作与产教融合的人才培养道路，现有广东省重点学科2个、省级一流专业1个、省级特色专业4个、省级质量工程38项、省教改项目40项，省级一流课程和省级"金课"多门。拥有校内实验室138个、校内外实践教学基地118个，教学科研仪器设备总值近1亿元，与23所国外高校实现合作交流。坚持产学研结合与科教融合，突出应用研究、协同创新，促进科技成果转化应用。现有省工程技术研究中心1个、粤港合作BIM工程技术中心1个、教学科研学术团队58个、省厅级以上立项项目130余项、师生授权专利213项、高新技术产品认定14项，工业机器人集成与应用产品销往12个省市中职高职院校，实现产值达5000多万元。

学校积极实施"三全育人"，教育教学质量稳步提升，累计培养高素质应用型专门人才46000人，连续多年被评为广东省就业指导工作、创新创业工作先进单位。历年招生录取率达100%，2020年第一志愿录取率达100%。近五年，学生最终就业率连续保持在97%以上，稳居全省高位，社会声誉良好。

站在历史新起点上，学校将高举习近平新时代中国特色社会主义思想伟大旗帜，以立德树人为根本任务，坚定不移走产教深度融合、校企协同育人的应用型人才培养道路，大力彰显"新工科"办学特色、多学科协调发展，朝着国内知名、广东一流的应用型民办本科高校既定目标，击节而歌、筑梦前行！

智能制造典型应用实验室　　学校研制的教学设备　　毕业典礼

广州商学院

学校概况 广州商学院前身是华南师范大学增城学院，2014年转设并更名为广州商学院。校园占地面积约66.67万平方米，现有专任教师836人，兼职兼课教师206人，全日制在校学生16896人，教学科研仪器设备总值9014.03万元，各类图书279.6万册，是一所以管理学、经济学为主，多学科协调发展的全日制普通本科院校。

学科专业 学校面向广东尤其是广州行业企业生产、管理、服务一线需要，着力落实立德树人根本任务，培养适应社会需要的高素质应用型人才。学校获批为硕士学位授予立项建设单位。电子商务学科获广东省特色重点学科建设立项；华为ICT学院获批省级产业学院建设项目；法学专业获省级一流本科专业建设点；会计学、法学、商务英语、互联网金融、数据科学与大数据技术等5个专业获批省级特色专业建设项目；国际经济与贸易、金融学、电子商务、会计学等4个专业通过省级专业综合改革试点项目验收。获批省级教学团队4个、省级课程思政示范团队1个、省级实验教学示范中心4个、省级大学生实践教学基地11个、省级一流课程3门、省级精品资源共享课程4门。

学习成效 2014—2020年，学生共有2471人次获991项省级以上学科专业比赛奖项，其中国家级300项910人次、省级691项1561人次；学生获大学生创新创业奖项248项，其中国家级47项、省级201项；共有602名学生升读国内外硕士。2018—2020届毕业生初次就业率均高于当年全省平均水平，用人单位对毕业生总体满意度较高；学生就业专业对口率达70%，在广州地区就业的约占46%。

科学研究 学校获批广东省博士后创新实践基地、广东省社会科学研究基地等3个研究基地，成立了大数据与量化金融研究中心、会计与审计研究所等18个省级或校级研究中心（研究所），以及广州市法律援助处中新知识城法律援助工作站等10个校内外合作科研平台。2014—2020年，学校共有省部级科研项目109项，横向项目35项，发表学术论文1941篇，出版学术著作（教材）52部，形成应用型成果47项、实践性成果97项，获得市厅级以上科研奖励42项。

国际合作 学校开展国际办学项目18年，是广东较早获教育部批准举办中外合作办学本科项目的民办高校。现已同美国、英国等国家的近30所知名高校签署合作协议，联合开展"2+2""3+1"等多种形式的国际化办学项目，"专、本、硕"一体化的国际合作教育格局已经形成。学校入选新华网"品牌竞争力中外合作院校"。

主要成果 经过20多年建设，学校累计培养了4万余名毕业生，为地方经济社会发展做出了应有的贡献。学校先后获得第五届全国教育科学研究优秀成果三等奖、广东省教育教学成果奖二等奖等奖项，并获评为广东省第六批博士后创新实践基地、广东省安全文明校园。

2020年8月，黄埔区首家"华为ICT学院"落户广州商学院

2020年12月4日，学校北校区一期学生宿舍开工

学生获中国大学生服务外包创新创业大赛一等奖

"千人太极"活动

小东湖

第四教学楼

第一教学楼

广州市广播电视大学海珠区分校

海珠区电大教室

海珠区电大教学楼

海珠区电大召开教学质量会议

海珠区电大第三期SYB创业培训班结业

海珠区电大举办首期教师书法培训班

广州市广播电视大学海珠区分校（简称海珠区电大）创办于1979年，是广州市电大的直属分校，由海珠区政府主办，是海珠区教育局下属的教育支撑机构。学校经费来源属于财政补助一类，宗旨和业务范围是通过多媒体设备为社会成员提供高等教育服务，并进行相关的专业培训和社会服务，是面向广州地区开展现代远程开放教育、培养应用型人才的成人高等学校。

多年来，海珠区电大在海珠区委、区政府和区教育局的大力支持下，加强信息化建设及教学现代化建设，开拓创新，锐意改革，坚持"立足海珠区、服务广州地区"的办学宗旨，以新模式、新技术、新手段整合各级各类教育资源，将办学延伸到社区、基层、企业、部队等，形成了数字化、集成化、终身化的学习支持服务环境，为社会各类群体提供学习支持服务。

学校通过构建"学校＋基地"的办学模式，坚持"多层次、多项目"的办学发展思路，从而保证电大的整体运作。一是将培养职业拓展型人才作为办学理念，服务成年在职人群；二是推行教学模式改革，实行理论与实践相结合的"两位一体"实践教学模式；三是在服务模式方面实行"送教到基层"。学历在校生每年保持在3000人左右的规模，呈平稳上升之态，是学校办学模式与办学特色成效的体现。

在办学模式上，海珠区电大是"三驾马车"并行发展，以支撑基层电大的独立运作。"三驾马车"即学历教育、非学历教育及以公益课程为主的社区教育。学校加挂了"海珠区社区教育学院"的牌子，构建"社区教育学院＋特色基地"的新实践模式，形成具有海珠特色的社区教育网络基地。

在社区教育服务的老年人群、职业人群、青少年人群中，学校将老年人群作为重点服务对象，建成了东部特色基地和西部特色基地。通过大讲堂、培训、展演及主题活动等多元化教学形式，构建了"体验式学习＋远程学习＋展演"的教学模式，以期打造成为"学—演—游"一体化的老年教育特色品牌基地。

私立华联学院

私立华联学院创建于1990年，是经广东省人民政府批准、教育部备案的全日制民办普通高校，是"广东省第一家民办大学"、全国首批6家民办大学之一，为社会输送和培养了6万多名实用型人才。2020年12月，学校被授予"广东民办教育四十周年突出贡献机构"荣誉，董事长、老校长侯德富教授获得"广东民办教育四十周年突出贡献人物"殊荣。

学校举办新宿舍楼交楼仪式

坚持特色发展，提升办学实力

学校拥有广州校区、清远校区，占地面积约53.33万平方米，校舍建筑面积22万多平方米，教职员工近600人。学校实行"教授办学、教授治校"的办学特色，坚持"五位一体""四大系统"的治理结构，践行陶行知教育思想，深入开展学生"立志、修身、博学、报国"主题教育，打造以退休老教授为骨干、以中青年教师为主体的专兼职"双师型"优秀教师队伍。

积极应对疫情，彰显责任担当

2020年，学校落实教育部、省教育厅"开学不返校、停课不停教、停课不停学"要求，全力做好新冠肺炎疫情防控工作，保障学生生命安全和身体健康，在董事会及学院党政班子的正确领导下，线上教学工作平稳有序开展。

学校举办校企合作签约仪式

2020年6月3—23日，学校共分五批在体育馆为2020届2513名毕业生举办毕业典礼，让毕业生不留遗憾，为大学生活画上了一个圆满的句号。校领导反复研究，精心准备，并报请上级部门验收批准，实施毕业生错峰返校，顺利分期分批举办了毕业典礼。会上，党委书记宣读优秀毕业生和国家奖学金名单，由董事长、老校长侯德富为在场每一位毕业生逐一颁发毕业证书并合影留念。

推进教学改革，提升教育质量

2020年，学校积极推进产学融合，确认市场营销、体育运营与管理、汽车检测与维修、新能源汽车技术4个专业为现代学徒制试点专业，把企业资源引入人才培养全过程，将工匠精神培育融入职业教育。电子商务技术专业群获广东省第一批高等职业院校高水平专业群建设项目立项。在国家、省、市组织的各类高校学生技能竞赛中，学校参赛队伍共获奖54项，其中，一等奖7项、二等奖11项、三等奖27项。学校"学陶师陶志愿"服务队荣获广东省大中专学生志愿者暑期"三下乡"社会实践活动"优秀团队"称号。

学生在VR模拟仿真教学实训中心学习汽车发动机构造与检修课程

2020年毕业典礼

金融实训课堂教学

学生参加工业机器人比赛现场

中山大学南方学院

2020年7月2日，中山大学博士生导师黄天骥教授等5名专家受聘为学校督学顾问

2020年7月1日，学校党委于学术报告厅召开庆祝中国共产党成立99周年暨表彰大会

2020年10月28日，学校举行第一次侨界代表大会暨2020年从化区侨联对外文化推广系列活动

2020年10月31日，中国会计学会2020学术年会在学校召开

中山大学南方学院是2006年经教育部批准，由中山大学与广东珠江投资股份有限公司合作创办的独立学院，是一所多学科全日制应用型本科高等学校，2016年被遴选为广东省普通本科转型试点高校。

基本情况 学校位于素有"北回归线上的明珠"和"广州后花园"之誉的广州市从化区，校园占地面积728060平方米。经过十余年的建设和发展，基本实现了千亩校园、万人规模、学科齐全、名师齐聚、人才辈出的办学目标。校园布局别致，秀丽宁静，是陶冶情操、读书治学的胜境。

学校图书馆面积2.91万平方米，纸本藏书197.49万余册，电子图书100余万册，已初步建设成为数字化图书馆，更开创广东省高校图书馆24小时开放的管理模式，全方位满足读者需求。

学科发展 学校设有10个院系42个专业，形成以管理学、经济学、文学为主，工学、医学、艺术学协调发展、结构合理、优势互补的学科体系。现有本科生19162人。

学校现有国家级一流本科专业建设点2个，省级一流本科专业建设点2个，省级重点学科2个，中华工程教育认证（IEET）专业1个，省级综合改革试点专业7个、省级特色专业5个、省级重点专业2个、省级战略新兴特色专业1个、省级应用型人才培养示范专业1个、省级卓越人才培养计划专业1个、省级大学生实践教学基地7个，省级人才培养模式创新实验区6个，省级实验教学示范中心3个，省级教学团队4个，省级一流课程3门、省级思政示范项目课程5门、省级精品资源共享课程5门、省级在线开放课程6门。

近三年，学校承担国家社科基金项目1项、省部级科研项目68项（含教育部人文社会科学研究项目3项）、横向项目43项，项目经费总额达1753.87万元；教师公开发表论文被CSSCI、SSCI、SCI、EI、TSSCI等国内外核心期刊收录共292篇；向政府提供咨政建言报告12份。2020年，学校"广东地方治理研究中心"获批为广东省普通高校特色新型智库。

2020年12月，学校举办中山大学附属医院抗疫英雄先进事迹报告会暨南方论坛

2020年12月，学校荣获"广东民办教育四十周年突出贡献机构"称号

体育场

游泳池

师资建设 学校现有专任教师853人，含博士生导师17人、教育部新世纪优秀人才2人、广东省特支计划教学名师1人、省级教学名师2人、南粤优秀教师4人；具有博士学位的教师170人，占专任教师总数的19.93%；具有副高级以上职称的教师259人，占专任教师总数的30.36%；"双师双能"教师300人，占专任教师总数的35%。学校重视青年教师成长，近几年推选参加广东省中青年骨干教师访问学者项目34人，赴境外访学进修20余人，在职攻读博士学位43人。学校特聘知名学者夏书章、黄天骥、陈平原3名教授担任学术顾问，聘请巴曙松、任剑涛、王哲民等8名具有重要影响力的学者担任讲座教授。

人才培养 学校从2013年开始实施自由转专业，2015年起开始实施完全学分制，并成为广东省实行完全学分制的试点高校。学校先后搭建了"政商研究院""ACCA、CGA实验班""经济类专业应用型人才创新实验班""珠江卓越工程师人才培养特色班"和"达人书院"等精英化培养平台。通过实验班学习、个性化指导、国际化教育等模式，构筑"拔尖应用型人才"培养平台，以点带面逐步形成独具特色的应用型人才培养体系。

食堂

学校将专业教育、思政教育、通识教育、成长教育四个教育充分融合，不断加强内涵式发展，落实立德树人的根本任务。创造性地实施"思政、通识、学工"三位一体特色育人模式，形成了培养学生"成人"的多维育人体系，促进学生德智体美劳全面发展。

办学成果 学校办学水平不断提高，毕业生深受用人单位好评，社会认可度高。学校荣获广东民办教育突出贡献奖，并被评为中国社会影响力独立学院、中国最具办学特色独立学院。2019年，学校在央广网教育峰会活动中荣获"品牌影响力独立学院"称号；2020年，学校在"艾瑞深中国校友会网"中国独立学院一流专业排行榜中位居同类高校前列（全国第4名、广东省第2名，被评为六星级中国顶尖独立学院）。

行政楼咖啡厅

中山大学新华学院

中山大学新华学院东莞校区

2020年1月20日，中山大学新华学院与广东省科学院战略合作协议签约仪式在学校东莞校区举行，中山大学新华学院董事长刘荣海（前右）和广东省科学院党委书记、院长廖兵（前左）代表双方院校签署战略合作协议

中山大学新华学院创建于2005年，2020年12月24日经教育部公示，拟转设为广州新华学院。学校有广州、东莞两个校区，在校生21966人。学校秉承"立德树人，服务社会"的办学宗旨，坚持"质量立校、学术强校、特色兴校、开放办校"，致力于培养"德才兼备、知行合一"的应用型人才，名列艾瑞深校友会网2020中国独立学院第14位、华南地区第4位，荣膺2020"中国五星级大学"美誉，跻身中国一流独立学院行列。

打造品牌专业，丰富特色内涵。学校48个专业涵盖经济学、法学、教育学、文学、理学、工学、医学、管理学、艺术学等学科。生物医学工程、听力与言语康复、医学影像技术、眼视光学、金融科技为广东独立学院唯一开设专业；药学、听力与言语康复立项为省级特色专业；会计学立项为省级一流本科专业；护理学立项为省级重点专业和省级一流本科专业，并被评为中国六星级专业暨"中国顶尖独立学院专业"，居独立学院榜首。

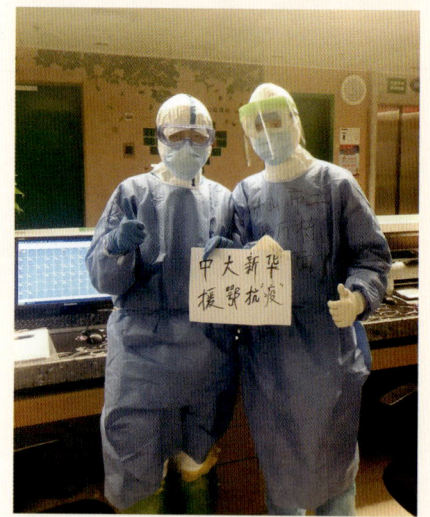

2020年2月20日，中山大学新华学院援鄂抗疫一线护理学专业校友

稳抓教学质量，树立质量意识。因疫情防控要求，2020年春季学期实施学生不返校的在线教学。根据校长的线上教学思路"网上精讲、指导自学，网络建组、团队合作，先学后练、互教互学，形式不拘、讲求实效，课程思政、德能并重，安全第一、防控不懈"，689名教师共开设859门"网课"，借力"互联网+"创新教育教学模式。学校全员参与、全过程跟进、全方位发力，探索线上教学质量监控，保障线上线下教育教学实质等效。财务管理、药物分析、护理学基础、管理会计、高级财务会计、药理学6门课程入选2020年省级一流本科课程。

创办"逸仙新华班"，探索教育改革。"逸仙新华班"于2014年创办，着力探索独立学院人才培养模式改革。2020年，《逸仙新华班——独立学院优秀人才教育教学模式探索与实践》获第九届广东省高等教育教学成果奖二等奖。"逸仙新华班"后段人才培养改革课题获广东省高等教育学会"一流本科教育与'四新'建设研究"重大课题立项。

学术强校，提升科研竞争力。2020年，学校教师发表论文458篇，其中发表在核心期刊的有78篇。获省部级科研立项4项、市厅级科研立项43项，获专利发明授权4项。据《2020中国民办本科院校及独立学院科研竞争力评价研究报告》，学校位列2020中国独立学院科研竞争力第10名。

立德树人，战"疫"逆行。疫情期间，190余名学生志愿者参与疫情防控工作，累计提供志愿服务19310小时；26名护理学专业校友奔赴援鄂抗疫一线，勇做最美逆行者。学校设立专项慰问基金，关爱战疫校友。战"疫"逆行，中大新华人用行动传承学校立德树人的育人使命，诠释"德才兼备、知行合一"的人才培养目标。

2020年9月29日，学校举行2020级新生开学典礼暨迎新晚会。图为根据学院护理校友一线战疫事迹所改编的话剧《使命》，呈现中大新华学子在疫情期间奋勇向前、挺身而战的事迹

2020年11月7日至8日，2020年"外研社杯"全国英语演讲大赛（广东赛区）在中山大学新华学院举办。图为获奖选手与领导嘉宾评委合影

广东新安职业技术学院

学校概况 2020年，广东新安职业技术学院有全日制在校生4462人，成人教育学生216人；教职工303人，其中，专任教师233人。高级职称教师54人，占专任教师的23.18%；硕士以上学位教师128人，占专任教师的54.94%。学校占地面积91259.31平方米，校舍建筑面积76872.77平方米。固定资产总值3902.642万元，其中，教学、科研仪器设备资产值为2236.6万元。拥有校内实训基地30个，开设8个系（部）、27个专业。2020年有高职毕业生1616人，就业率达91.3%，毕业生广受用人单位的青睐和欢迎。学校在广东省民办高校年度检查中连续三年获评"合格"；创新强校排位从B类28位跃升至B类16位，位列全省25所民办高职院校第8位。

院长许金召

党建工作 学校以习近平新时代中国特色社会主义思想为指导，继续加强基层党建。不断完善党组织体系，开展"双创"工作，用心打造"样板支部"，落实"双带头人"教师党支部书记培育工程，丰富师德师风教育、红色教育，构建课程思政育人体系，力促党的建设全面加强，在深圳党史馆建立了"现场教学基地"。学校在广东省高校教师党支部书记素质能力大赛中，荣获三等奖1项。

学校管理 进一步理顺内部管理结构，全面制定、修订293项规章制度，优化管理职能、提升管理成效；调整充实行政领导班子，完成《广东新安职业技术学院创建民办品牌高职院校规划方案》《广东新安职业技术学院"十四五"事业发展总体规划》的编制工作。

招生就业 学校顺利完成招生任务，新生报到率达到80.45%，创学校历史新高；专插本上线人数实现新突破，录取率高达43%；成人高考招生工作录取合计1331人，总数同比2019年增加1227人，学校高等学历继续教育扩容、强服务迈出坚实的一步。

硬件设施 学校完成了在深汕特别合作区创建中职学校和新校区建设的论证和框架协议签订工作，初步落实了新校区建设用地，进入了新校区规划；完成了现有校区三期工程（科技交流中心及图书馆大楼）建设，增加建筑面积1.3万平方米；实习实训场所达到27913.26平方米，比2019年增加28.6%；教学仪器设备总值达2236.6万元，比2019年增加15.3%。完成了校园信息化一期工程建设，搭建了办公自动化平台，建立了开放、网络化、高效的行政办公新环境。

2020年1月9日，学院与深圳市猛犸公益基金会、华大智造在深圳国家基因库签署基因组学教学实验室共建合作协议

2020年11月19日，学院男子足球队在2020年广东"省长杯"青少年校园足球联赛（大学组）总决赛小组赛第一轮比赛中获胜

2020年12月12日，中国职教学会党建工作委员会民办职业院校秘书处、协同创新研究院落户广东新安职业技术学院

2020年12月27日，啦啦操校队获得广东省大学生健美操啦啦操网络赛自选爵士啦啦操冠军

广东东软学院

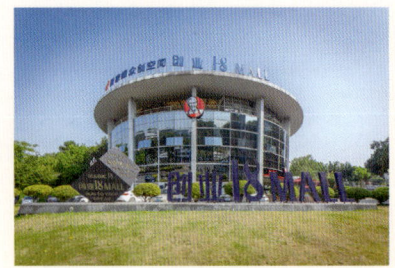

国家级众创空间

学校图书馆

学校学生创业中心

广东东软学院是经教育部批准设立，由东软出资举办的一所民办普通高等院校，成立于2002年。学校是教育部认定的"国家级技能型紧缺人才（信息技术类）培养基地"、科技部认定的"国家级众创空间"，以及"广东省首批示范性软件学院"。2014年学校经教育部批准升格为普通本科学校，更名为广东东软学院，开展全日制本科教育，2018年通过新建本科院校学士学位授予单位评估。

学校坐落于广东省制造业重镇佛山市，地处佛山市高新技术产业开发区的核心园区，毗邻广州。学校现有9个二级学院，共设置22个本科专业，学科专业涵盖工学、管理学、艺术学、文学4个学科门类，面向15个省（市、自治区）招生，现有全日制在校生13000余人。

学校秉承"教育创造学生价值，学生创造社会价值"的办学理念，明确了服务IT行业及区域经济发展的应用型办学定位。不断更新思想观念，深化综合改革，借鉴国际先进工程教育理念CDIO，结合办学实际，构建了一体化TOPCARES应用型人才培养模式，办学水平和综合实力明显提升。

学校坚持开放办学和国际合作，积极实施"引进来、走出去、双向合作"。2016年获批招收海外留学生资格，是广东省民办院校中少数接受国外留学生的高校之一。2020年获教育部批准与英国西英格兰大学合作开展"软件工程"专业"4+0中外合作办学"项目。学校还与普利茅斯大学、印度VIT等8所大学建立了软件工程、电子商务等专业的学分互认项目；与加拿大阿尔伯塔大学、中国台湾地区的东海大学和佛光大学签订学术交流协议，为学生提供赴美、赴日带薪实习项目，与英国、美国等合作学校开展了多种形式的互访和交流活动。

学校先后获得广东省金融高新技术产业区人才培养基地、广东省信息化人才及Linux应用人才培养培训基地、广东省依法治校示范校、2020年度品牌影响力民办高校等多项称号。学校党建和思政工作成效显著，是广东省民办高校马克思主义研究和教学专委会主任单位，学校党委荣获"佛山市先进基层党组织"称号。

学生为刘积仁董事长讲解科创作品
（无人配送小车）

学生体验自制研发的VR游戏

佛山剪纸"非遗"传承人饶宝莲执教留学生剪纸课

惠州城市职业学院

惠州城市职业学院创建于2014年3月，是经广东省人民政府批准成立、由广东省教育厅主管的一所公办全日制普通高等院校（学校代码：14510，高考录取批次：专科批次、高职"3+证书"、学业水平考试、自主招生、高职专业学院、五年一贯制、现代学徒制、高职扩招等）。学校的前身为惠州商贸旅游高级职业技术学校，系由惠州商业学校、惠州外贸学校、惠州旅游学校三所公办中专学校于2011年合并成立。

学校占地面积30万平方米，校舍建筑面积20.2万平方米；设有二级实体学院8个，二级功能学院5个。2020年，学校开设了30个专业，其中物流管理专业群被确定为第一批省级高水平专业群建设项目。

学校践行"明德力行，成己达人"的校训精神，秉承"为了每一个学生的全面发展和自由成长"的办学理念，形成了"崇德尚能，力行创新"的校风、"立德树人，敬业爱生"的教风和"守正求实，乐学笃行"的学风；以"培养具有中国情怀和国际视野的高素质高技能现代职业人才"为育人目标，以"服务城市发展、对接特色产业、服务地方经济社会发展、促进学生发展成长"为办学宗旨，面向先进制造业和现代服务业办学，培养高素质高级技术技能人才，为现代城市建设和发展提供服务和人力资源保障。

学校积极构建"政、行、校、企、研"五位一体的教学模式，深度开展产教融合、校企合作，设有教育部中德诺浩新型汽车技能人才培养基地、教育部工业机器人技能人才培养基地、教育部人工智能共建学院、中国志愿服务研究培训基地（惠州）、天津大学－惠州先进陶瓷实验室、思科网络学院、惠州志愿服务学院、惠州市工艺美术研究所、惠州市教师发展中心、仲恺创新学院、东江科技园数字智能产业学院、东江菜产业学院、惠州市"东江菜师傅"厨艺学堂、惠州市东江菜饮食文化研发中心等协同育人、协同创新平台。2020年，学校大学科技园荣获省级认定，成为惠州市唯一拥有省级大学科技园和省级众创空间的高校。

2020年，学校全面进入课程标准的课堂实施和教学成果达成度评价阶段，其中"机电一体化"专业接受IEET（中华工程教育学会）工程专业认证机构进校核查，并通过认证。2020年，学生参加全省专业技能大赛共获奖23项，其中一等奖2项、二等奖11项、三等奖10项。在第六届广东省"互联网+"创新创业大赛中，学校高职组参赛作品有3808件，中职组参赛作品有365件，获得1个银奖、3个铜奖、2个优秀组织奖；选送2个项目参加第十二届"挑战杯"广东省大学生创业大赛，获得1个金奖、1个银奖。学校在2020年度高等职业教育"创新强校"考核评审中获得B类高职院校第五名。

学校师生团队在2019—2020年度广东省职业院校学生专业技能竞赛导游服务赛项中荣获一等奖

学校师生团队参加2019—2020年度广东省职业院校学生专业技能大赛学前教育专业教育技能赛项

学校艺术学院学生正在进行"手绘党史"创作

校园夜景

校园秋景

校园春景

惠州工程职业学院

学校2020届毕业生毕业典礼

惠州工程职业学院是2017年在惠州工程技术学校基础上创建成立的一所理工科特色鲜明的公办全日制普通高等院校，其前身为创办于1948年的惠阳县平潭农校和1950年迁移校址后更名的惠阳专区农业学校、惠州农业学校。2012年，按照惠州市委、市政府关于职业教育布局调整的要求，惠州农业学校与创办于1973年的惠州工业科技学校合并重组为惠州工程技术学校。办学73年来，学院已培养出10多万名高素质技术技能人才，服务于经济社会的建设与发展。

学校占地总面积38万平方米，校舍建筑面积22万平方米。校园依山傍水，园林交辉，青山与绿水共存，人文与自然相融，是"学在花园里，校在山水间"的现代化文明校园，是莘莘学子孜孜求学、养性修为，实现职业追求和人生梦想的理想场所。学校现有在校学生16079人，教职工429人，其中专任教师315人，具有研究生以上学历教师144人（含博士研究生7人），副高级以上职称教师104人。

学生参加2020年广东省第二十届大学生篮球联赛

学校对标惠州经济驱动发展转型需求，坚持"农业有特色、工科有优势、商科有精品"的办学发展定位，不断优化专业布局，加快推动人才培养模式改革，专业设置落实前瞻性规划部署，紧紧贴合产业需求。学校现有智能工程系、机电工程系、信息工程系、生态工程系、财经商贸系、人文教育系、马克思主义学院7个二级院（系），开设了应用电子技术、电气自动化技术、工业机器人技术、无人机应用技术、机械制造与自动化、数控技术、计算机应用技术、物联网应用技术、大数据技术与应用、新能源汽车技术、工业设计、建筑室内设计、数字媒体艺术设计、园艺技术、园林技术、动物医学、畜牧兽医、电子商务、商务数据分析与应用、大数据与财务管理、投资与理财、幼儿发展与健康管理22个专业，实训实验场地总面积35400平方米，设备总值达1.6亿元。

师生教学实训活动

实训场馆：海尔智慧家居物联网实训基地

实训场馆：机器人与智能制造中心

实训场馆：智慧园艺大棚

大学生素质活动中心

校园人才招聘会

美丽的校园夜景

惠州经济职业技术学院

校门

学校与惠州市惠城区公共文化发展中心携手共建爱国主义教育基地

2020级新生开学典礼暨军训表彰大会上的新生方阵表演

学校工商学院团支部荣获"广东省五四红旗团支部"称号

学校图书馆

惠州经济职业技术学院成立于2004年3月，位于惠州市惠城区马安新乐教育园区，是一所全日制普通高等专科学校（民办）。

学校秉承"以生为本、以质立校、学工并举、崇尚实用"的办学理念，践行"明德、博学、求真、致用"的校训，坚持社会主义办学方向，致力于为社会培养高素质技术技能人才。

学校设有12个二级学院、45个招生专业，分布在财经商贸、电子信息、装备制造等9个专业大类中，其中58%的专业对标广东的支柱产业或重点发展产业，重点建设的专业群有6个；拥有省级重点专业1个，省级品牌专业2个；建有省级实训基地3个，省级公共实训中心1个，省级大学生校外实践教学基地2个，以及符合现代化教学需求的实践教学实训室137个，符合产教融合要求的校外教学实践基地105个。学校学生的考证通过率达95%以上，毕业生就业率保持在98%以上。

2020年，学校在广东民办高校优秀科协评选活动中荣获二等奖，学校工商学院团支部荣获"广东省五四红旗团支部"称号，教研与校企合作部被授予惠州市2019年度"巾帼文明岗"荣誉称号。学校建筑与艺术设计学院教师胡丽丽被授予惠州市2019年度"三八红旗手"荣誉称号，有7名副教授受聘成为广东省职业院校教学指导委员会委员，4名教师入选惠州市第四届社会科学专家库。

2020年，学校共有6个实训基地、1个公共实训中心、4个大学生校外实践教学基地获得广东省高等职业教育教学质量与教学改革工程基地类项目验收或认定通过；新增惠州市重点实验室——惠州市人工智能技术与应用实验室，获得财政资助390万元。

学校教育教学硕果累累，学生参加省级以上各级各类竞赛共获得奖项55个，其中一等奖7项、二等奖20项、三等奖28项，奖项涵盖技能竞赛、"互联网+"创新创业、学工、体育、美育、思政六大类。

惠州卫生职业技术学院

惠州卫生职业技术学院遵循"厚朴远志"的校训，坚持"立足惠州、放眼全国、面向基层，依托医药行业，围绕健康产业，培养高素质技术技能人才"的办学定位，践行"医德为先、技能为本，服务师生成长，服务人民健康"的办学理念，对接惠州市生命健康产业发展战略和粤港澳大湾区健康产业的需求，致力于为当地卫生健康事业的发展提供人才支撑。

立德树人 学校党委书记、校长带头上好新学期"思政教育第一课"，落实立德树人根本任务。学校召开思想政治工作研讨会，实现课程思政改革全覆盖；构建十大育人体系，形成"全员、全过程、全方位"的育人格局。近年来，师生政治认同、思想认同、情感认同进一步增强，尤其是在疫情发生以后，学校师生大力发扬"抗疫精神"，全力投入疫情防控、复学复课的各项工作当中。

专业建设 学校紧紧围绕惠州市中药、医疗服务、康养护理等多个重点产业，建设特色专业、重点专业以及适应城市发展人才需求的新专业，成功申报针灸推拿、口腔医学、老年保健与管理、老年服务与管理等专业并顺利招生；促进专业交叉融合，涵盖"医护康养"的护理专业群获得广东省第一批高水平专业群立项，专业结构和质量进一步得到优化。

人才培养 学校不断深化教育教学改革，取得了丰硕的教科研成果：在"创新强校工程"方面，在2020年度考核中获得全省C类院校排名第一的好成绩；在教学方面，教学改革与教学质量提升工程项目及子项目建设呈"井喷"之势，达到300余项，师生在全国和省级技能大赛中获奖30余项；在科研方面，共有40项课题获准立项，发表论文59篇，论文获奖达103人次；成功申报"惠州市中医药博物馆和药用植物园建设"项目，获专项经费350万元，各类指标与2019年相比均有大幅度的提升。

社会服务 一方面，学校响应惠州市委、市政府的号召，积极主动参与抗击疫情工作，组织师生参与抗疫志愿活动达6400多人次；参与疫情防控科普工作，受众超过100万人；到学校附属医院协助核酸采样，累计采样达20000多人次。学校荣获"广东省抗击新冠肺炎疫情先进集体"称号。另一方面，学校加强服务地方经济社会发展的力度，主动与政府、医院和企业合作，开展养老护理员、志愿者应急救护、基层卫生人才和健康管理等项目的培训，累计培训2万多人次。

合作办学 学校进一步深化医学美容技术、口腔医学技术等专业的校企合作，对产业学院进行了有益探索；继与香港大华教育机构、英国桑德大学合作培养护理专业国际人才之后，学校药学专业也与英国思克莱德大学签约开展"2.5+1.5"办学模式合作。

2020年4月8日，惠州市委调研组到学校调研"大健康产业"医疗和康养护理人才培养现状

2020年6月6日，刘家怡（右四）等援鄂抗疫英雄回到母校与师生座谈交流

2020年10月，学校举办学生思想政治工作研讨会

2020年12月25日，应届毕业生供需见面会在学校举行

2020年，学校积极参与疫情防控工作，荣获"广东省抗击新冠肺炎疫情先进集体"称号

2020年3月25日，惠州市儿童青少年近视综合防控领导小组第一次会议暨惠州市儿童青少年近视综合防控指导中心揭牌仪式在学校举行

东莞理工学院

学校概况　东莞理工学院是东莞第一所普通本科院校，诺贝尔物理学奖获得者杨振宁博士任名誉校长。学校于1990年筹办，于1992年4月成立，2002年3月变更为本科院校，2006年5月获批学士学位授予单位，2008年5月提前通过本科教学工作水平评估，2010年6月获批为"卓越工程师教育培养计划"实施高校，2015年9月被确定为广东省重点支持的高水平理工科大学建设单位，2018年5月被确定为新增硕士学位授予单位，2018年11月学校大学科技园入选"国家大学科技园培育单位"。2019年7月，学校成为全省唯一省市共建新型高水平理工科大学示范校，2020年入选首批国家知识产权试点高校名单。

2020年7月19日，学生在第十二届"挑战杯"广东大学生创业大赛中夺得4金3银10铜，并第四度捧得优胜杯

教育教学　2020年，学校有通信工程、软件工程、社会工作等10个专业入选国家级一流本科专业，应用化学、电子信息、环境工程等12个专业入选省级一流本科专业，工程力学、微机原理与单片机技术入首批国家级一流课程。机械设计制造及其自动化、电子信息工程、应用化学、软件工程等专业通过国际工程教育专业认证，持续推进小学教育专业师范认证。第二批教育部新工科项目共有3个项目获批，立项数居全省高校第二。学校组织撰写的《以现代产业学院为载体推进人才培养的探索与实践》入选新工科优秀案例项目库。完成教育部产学研合作项目立项申报和23项省级项目开题工作。培育和打造一批标志性教学成果，获批广东省教育教学成果奖一等奖3项、二等奖1项，位居全省同类型高校前列。优化国内首个"杨振宁创新班"模式，探索构建基于现代产业集群和大科技装置集群的拔尖创新人才培养模式。

2020年8月12日，学校举行国家重点研发计划项目"城市大规模建筑群地震灾害风险智能感知系统研发"项目启动及实施方案研讨会

学科建设与科学研究　2020年，学校的计算机科学与技术学科上榜软科"计算机科学软科中国最好学科排名"，位居全国前40%。作为大陆9所新增ESI前1%学科的高校之一，工程科学进入全球1%学科。新增机械硕士专业学位授权点，土木工程等8个硕士学位授权点已通过广东省学位委员会评审和公示，获推荐至国务院学位委员会。"申博"工作被列为"东莞市系统推进省改革创新实验区改革事项"。首次以第一单位承担国家重点研发计划项目，获批中央财政专项资金2217万元。获批粤莞联合基金青年基金92项，立项数在全省排名第二。95项入选广东省基础与应用基础研究基金联合基金拟立项名单，获资助经费1420万元。2020年累计受理专利申请530件，其中PCT13件、国际发明专利44件；发明专利291件，实用新型专利166件。获授权专利共计183件，其中发明专利79件，实用新型专利100件；软件著作权36件。学校以第一单位发表论文301篇，以第一单位发表三大索引168篇，其中发表SCI论文165篇；发表CSSCI论文19篇；发表核心期刊论文34篇。获第七届广东省专利奖金奖1项，第六届广东省专利奖优秀奖2项，中国轻工业联合会科学技术进步奖二等奖1项，中国机械工业技术科学技术奖三等奖1项，创新东莞技术发明奖3项。

2020年9月8日，计算机科学与技术学院学生在第十九届全国大学生机器人大赛RoboMaster 2020机甲大师对抗赛中荣获10项全国一等奖、2项全国二等奖

校　址：广东省东莞市松山湖科技产业园区大学路1号
邮　编：523808
电　话：（0769）22861699
传　真：（0769）22861680

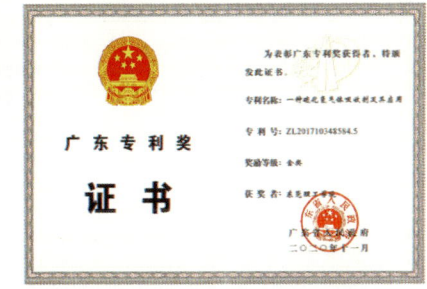

2020年11月13日，生态环境工程技术研发中心李长平教授团队发明的专利《一种硫化氢气体吸收剂及其应用》获得第七届广东省专利奖金奖

东莞理工学院城市学院

中国共产党东莞理工学院城市学院第三次代表大会在学术报告厅召开

东莞理工学院城市学院华为云学院人工智能中心成立，携手华为创新人才培养模式

2020年6月15日，学校举行"云"毕业典礼

党建工作 2020年，东莞理工学院城市学院推行"网格化＋第一议题""网格化＋头雁工程"，领导干部带头引领政治学习，提高政治站位，把思政工作贯穿教育教学全过程；召开中国共产党东莞理工学院城市学院第三次代表大会，选举产生了第三届党委和第一届纪委；学校教师党支部全部配齐"双带头人"书记，配备率达100%；基层党建工作持续向好。

学科专业建设 2020年，学校申报的"机器人工程（080803T）""工程造价（120105）""环境设计（130503）"3个本科专业通过教育部备案。至此，学校全日制本科专业达到44个，涵盖了工学、管理学、经济学、文学、艺术学、法学、理学等7个学科门类。

教科研成果 2020年，中国科教评价研究院发布《2020中国民办本科院校及独立学院科研竞争力评价研究报告》，东莞理工学院城市学院在该项报告中排名第21位，属A级，居广东省第7位。2019—2020学年，学校组织申报科研项目获准立项108项，其中省级5项、厅级13项。

人才培养 2020年，学校不断完善协同育人机制，与华为技术有限公司、广州粤嵌通信科技股份有限公司联合开办"华为创新班"；网络思政平台建设成果取得重大进展，学校易班优课教学活跃度排名全国第6位，荣登"互联网＋思政教学"全国10强高校之一；创新创业型人才培养成果显著，2020年6月，学校"众创空间"被认定为东莞市级众创空间，同时也是东莞市首家获得认定的学校；学校在第六届中国"互联网＋"大学生创新创业大赛中，获省赛铜奖、金奖各1项，是同类院校在该赛道唯一获得金奖的高校。

学科竞赛成果 2020年，学校师生在各类学科竞赛中取得的成绩创历史新高，获得全国性赛事一等奖3项、二等奖18项、三等奖12项，获得省级赛事一等奖13项、二等奖24项、三等奖29项。其中，参加第十二届"挑战杯"广东大学生创业大赛，斩获2项金奖、6项银奖，入围作品数量和获奖数量均为广东省独立学院第一名。

2020年9月10日，学校举行教师节表彰大会

2020年10月，学校学生获中国国际"互联网＋"大学生创新创业大赛金奖

2020年11月，学校女子排球队勇夺省大学生联赛冠军

广东酒店管理职业技术学院

广东酒店管理职业技术学院是经广东省人民政府批准设立、教育部备案的全日制普通高等职业院校，2016年纳入国家普通高考招生计划，颁发国家普通高校毕业证书。学校地处东莞——粤港澳大湾区科创经济带核心区域，香港、深圳、广州一小时生活圈内。

学校规划占地面积约60.53万平方米，总投资近20亿元。学校以"低碳环保、绿色清新"为建设理念，由中国工程院院士何镜堂主持规划设计，校园水波环绕、湖光云影，树木葱茏、绿草如茵，与建筑格调、空间布局一起构成和谐优雅的育人氛围。

学校设有酒店与旅游学院、餐饮学院、医养与教育学院、财经系、人工智能系等5个院系，开设酒店管理、会展策划与管理、旅游管理、空中乘务、西餐工艺、烹调工艺与营养、中西面点工艺、大数据技术与应用、智能控制技术、室内艺术设计等34个专业，现有全日制在校生近5000人。

学校"双师型"教师队伍来自海内外，60%具有硕士以上学历（学位），此外，学校还特聘了一批业界资深高管。学校以现代服务职业人的高规格，培养学生的道德情操、人文素养和技术技能，秉承"德能并进 学以致用"的校训精神，倡导"阳光广酒 绽放青春"的校园文化，注重"思想塑造 行为历练"的养成教育。

学校依托粤港澳大湾区发达的酒店与现代服务业，努力构建国际化、开放型的办学格局。与万豪、洲际、凯悦等国际品牌酒店集团和驻穗深莞世界500强企业集团密切合作、协同育人，建设校外实习培训基地，让学生将理论与实践无缝对接，学用结合，学以致用；与澳大利亚、新西兰、马来西亚等国外知名高校和我国香港大学专业进修学院、台湾弘光科技大学等建立合作关系，为学生留学深造提供便利。

学校图书馆

校园风光

学校与澳大利亚South West TAFE签订合作协议

2020年11月22—25日，第五届中国青年志愿服务项目大赛暨2020年志愿服务东莞交流会在学校举行

2020年11月30日，学校在省职业院校学生技能大赛中餐主题宴会设计赛项中喜获佳绩

学校与万豪国际集团签订校企合作协议

广东石油化工学院

2020年9月,学校与沈阳鼓风机集团测控技术有限公司、广东茂化建集团有限公司签约共建全国首个石化装备安全智能化共同体

2020年11月11日,举行广东石油化工学院大学生创新创业孵化基地启用揭牌仪式

2020年11月20日,学校举行育人品牌活动——广油之星年度盛典

广东石油化工学院始创于1954年,是广东省人民政府与中石化、中石油、中海油"四方共建"的省属公办本科高校,华南地区唯一一所石油化工特色高校,教育部"卓越工程师教育培养计划"试点高校,广东省高水平理工科大学建设高校。

人才培养 2020年,学校有全日制在校本科生2.5万余人。办学66年来,学校培养了18万名应用型人才,是石油石化行业人才培养的重要基地,一大批校友成长为中国石化茂名分公司、中科炼化等大型石化央企主要负责人和地方主要领导干部。学校先后荣获全国普通高校毕业生就业工作先进集体、全国五四红旗团委等称号。

师资队伍 学校有教职员工1600多人,其中,拥有博士学位的教师近500人。近年来,学校自主培养了俄罗斯自然科学院外籍院士1人、国家"百千万人才工程"培养对象1人、国务院特殊津贴专家1人、珠江学者3人;拥有"双聘院士"、"长江学者"特聘教授、"国家杰青"、中科院"百人计划"人才、"863计划"首席专家、教育部新世纪优秀人才等一大批高层次人才。

学科专业 学校开办本科专业58个,理工科专业占比74.13%。拥有7个省级重点学科,3个"珠江学者"设岗学科;通过国际工程教育专业认证专业8个,国家级一流本科专业建设点2个,省级一流本科专业建设点9个;国家级一流课程(首批)1门,省一流本科课程6门。

科学研究 学校拥有院士工作站、省重点实验室等省级创新平台29个。近三年,学校承担国家自然科学基金重点项目2项、(NSFC)国际(地区)合作与交流项目1项、省重点领域研发计划重点专项1项以及国家自然科学基金面上项目、省科技专项等省级以上项目1000余项,先后获中国石油和化工自动化行业科技进步一等奖和技术发明一等奖、广东省科技二等奖等奖励90多项,获专利授权1200多件。

交流合作 与英国、美国等国家及港澳台地区近50所高校或政府机构建立交流合作关系。与英国林肯大学共建工业安全大数据研究院,联合培养博士、硕士研究生。

发展远景 学校大力实施"创新发展、协调发展、内涵发展、特色发展"四大战略,坚持走差异化发展路径,全力建设石化特色鲜明、优势突出的高水平理工科大学。

2020年11月26日,学校举办第二十届广东省高校统战理论研究会年会

2020年,学校获评第七届广东志愿服务金奖集体

学校西城校区西北校门

肇庆学院

肇庆学院是由广东省人民政府主办、省教育厅主管的公办全日制本科院校。学校有主校区和星湖校区两个校园，校园占地总面积约84.74万平方米，校舍建筑面积约53.1万平方米。学校先后获得全国毕业生就业典型经验高校、全国创新创业典型经验高校、全国绿化模范单位、"全省党建工作示范高校"培育创建单位、广东省文明单位、广东省高校治安综合治理先进学校、广东省依法治校示范校、国家级大学科技园培育单位、国家级科技企业孵化器、广东省安全文明校园等荣誉称号。

学校现有全日制在校生20465人，函授生4495人。教职工1699人，教授等正高职称人员122人，副高职称人员431人。其中，专任教师1207人，兼任教师310人，专任教师中具有博士学位人员413人。

学校图书馆藏书176.98万册，电子图书107.3万种；固定资产总值15.25亿元，其中教学和科研仪器设备价值3.82亿元。设立了70个本科专业，其中国家级特色专业1个，省级重点特色专业13个，省级以上本科专业综合改革试点9个，省级应用型人才培养示范专业6个，省级一流本科专业建设点7个，通过IEET工程教育专业认证4个。2020年，汉语言文学专业接受了教育部师范专业二级认证的专家实地访评。

学校围绕立德树人根本任务，不断提升人才培养质量，深化教育改革，推行完全学分制。2020年，学生参加省级以上各类学科、文体竞赛获奖564项，其中国家级192项；293名学生考取硕士研究生；在全省师范生技能大赛中获奖64项。

学校重视学科建设、科学研究和社会服务，设有11个省级各类重点建设学科，其中环境科学与工程重点建设学科获批省重点实验室。机械学科获珠江学者设岗学科。学校已被推荐为新增硕士学位授权点单位，教育硕士、电子信息硕士、艺术硕士3个学位点列入推荐名单。建有"广东省环境健康与资源利用重点实验室"等15个省、部级研究基地和重大科研平台。

学校注重加强对外交流与合作。2020年，学校与肇庆市政府、香港公开大学签署合作协议，共同创办一所本科层次的教学研究型大学。学校有16名教师赴国（境）外访学或攻读博士学位。学校以"学术校庆"为主题举办五十周年校庆系列学术活动。举办第二届全国乡村教师专业发展论坛，发布全国乡村教师专业发展论坛肇庆行动宣言，学校与政府、中小学合作开展乡村教师培养培训的创新做法被教育部称为"肇庆模式"。此外，学校还举办了第五届利玛窦与中西文化交流国际学术研讨会和第五届西江旅游论坛。

2020年8月13日，肇庆学院第六批援藏支教服务队赴西藏墨脱

2020年9月17日，中国共产党肇庆学院第四次代表大会开幕

2020年10月31日，肇庆学院在第八届广东高校辅导员素质能力大赛中获佳绩

2020年11月11日，肇庆学院与肇庆高新区全方位合作

2020年11月21日，第二届全国乡村教师专业发展论坛在肇庆学院开幕

2020年11月21日，肇庆学院举行建校50周年庆祝大会

茂名市电白区教育局

2020年7月20日,茂名市电白区碧桂园城市花园学校奠基

2020年9月11日,茂名市电白区2020年教师发展大会暨"欣旺达杯"第二届电白好老师颁奖仪式在区大会堂举行

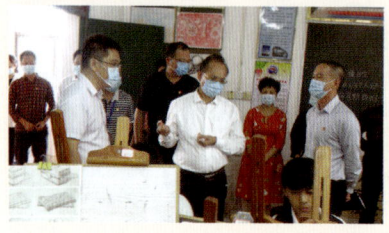

2020年10月29日,茂名市委教育工委书记、市教育局党组书记、局长罗欣荣(右三)一行到电白区调研学校党组织关爱留守儿童工作室建设工作情况

2020年12月18日,茂名市电白区教育局召开教育系统作风建设大会,全面推进教育系统作风建设

2020年,茂名市电白区坚持教育优先发展,增加教育投入,持续改善教育教学条件,推动教育高质量发展。

2020年7月1日,电白区委教育工委正式挂牌成立,全面加强党对教育工作的领导,全区中小学党组织统一隶属管理,实现党组织和工作全覆盖,共建成96间留守儿童工作室。通过集团化办学、办分校区、抱团发展联盟等方式,走名校拉动、带动、联动路子,促进义务教育学校均衡发展。已下达小规模学校和乡镇寄宿制学校建设资金21460万元(其中,2019年11543万元,2020年9917万元),项目正在按计划实施。投入1600万元新建和改扩建一批幼儿园,已竣工18个项目。全区公办幼儿园和普惠性幼儿园占全区幼儿园总数的87.6%,全区公办园在园人数34745人,占全区幼儿数的50.65%,学前教育"5080"任务顺利完成。投入资金4600万元征地28000平方米扩建电白一小沙琅校区(沙琅镇新城小学),进度如期推进,计划2021年秋季学期投入使用。2020年9月,华南师范大学附属电白学校投入使用。

县管校聘改革全面完成,全区已有12737名教师被聘用,其中2262人为跨校竞聘,各中学超编问题得到彻底解决。广东实验中学电白班、广州大学附属中学电白班已初见成效。2020年高考,全区上优先投档线人数761人,优先投档线、本科线上线人数均创电白建县以来历史新高,实现连续三年大幅度提升。2020年中考,全区成绩喜人,获得多项全市第一,全市中考总分前10名,电白区占5名,优质生源培养效果显著,学科教学质量整体提升。

电白教育加大宣传力度,在电白教育南方号共推送文章430篇,并且在2020年度南方号奖项中荣获"民生服务奖"。编纂出版了《不忘初心育桃李》、《别具匠心追梦人》、《我的带班故事》、《电白梦,马山情》、《我的线上教育故事》(小学卷、中学卷)、《我和我的学校》(小学卷、中学卷)等9本书,弘扬教育发展主旋律,营造和谐的教育氛围,树立了教育和学校的良好形象。

2020年,电白区教育局党组在常态化疫情防控中扛起责任,坚持党建引领,有序组织动员党员干部下沉一线,压实学校党组织主体责任,带领群众落实好"外防输入,内防反弹"各项措施。建立健全与常态化疫情防控相适应的社会管理、心理疏导、关心帮扶机制。在全区抽调24名骨干心理老师组建了"心悦小筑"心理辅导志愿服务队伍,为疫情期间有需要的师生和群众提供帮助。联系协调卫生部门,完成了全区434所中小学校健康副校长聘请工作。各学校教学秩序、疫情防控、后勤保障、安全管理等情况稳定正常。

广东教育书店有限公司

广东教育书店有限公司（以下简称教育书店）成立于1992年11月，2000年从广东省教育厅划至广东省广弘资产经营有限公司（下称广弘公司），2019年4月随广弘公司划归广东省出版集团管理。教育书店是广东省中小学教学用书发行单位，主要经营幼儿园、中小学、中职教材及配套教学用书，以及图书馆用书、音像制品、电子出版物、教育装备等。教育书店在全省拥有62家控股企业，建立了覆盖全省的发行服务网络和物流配送体系，具有ISO9001质量管理体系认证、ISO14001环境管理体系认证和T28001职业健康安全管理体系认证。

教育书店从事教学用书发行工作迄今已经28年。自成立以来，秉承"服务教育、服务社会"的宗旨，坚持以促进青少年健康成长为己任，配合各级教育部门开展教学改革、新教材推广、师资培训及校园文化建设等活动，并以高度的事业心和责任感，全力以赴做好全省中小学教材的征订发行工作，确保了"课前到书，人手一册"，取得了"政府满意、学校满意、家长满意"的良好效果。

在此基础上，教育书店充分发挥国有骨干文化企业的主渠道作用，参与社会主义精神文明建设，持续开展送书下乡、捐资助学、扶贫济困等公益活动。特别是近年来，教育书店顺应广东省教育文化事业发展需要，打造"最美基层书店"助力全民阅读，并倾力打造"粤教服务云平台"，为全省中小学师生提供多功能在线教育服务。教育书店先后被评为全国教育图书发行先进单位、广东省先进集体、广东省文明单位、全国"三科教材"发行工作先进集体。

作为广东省国有骨干文化企业，教育书店将在广东省出版集团的正确领导和上级部门的指导支持下，进一步深化改革，一如既往地为全省教育事业做好服务，为广东创建教育强省、打造南方教育高地、全面实现教育现代化做出应有贡献。

地　址：广东省广州市天河区花城大道6号名门大厦豪名阁24楼
邮　编：510623
电　话：（020）38299587
邮　箱：gdjysd@126.com

公司旗下知本教育书店参加南国书香节

广东教育书店幼教产品《岭南幼儿多元智能课程》

连锁店分布图

荣誉称号

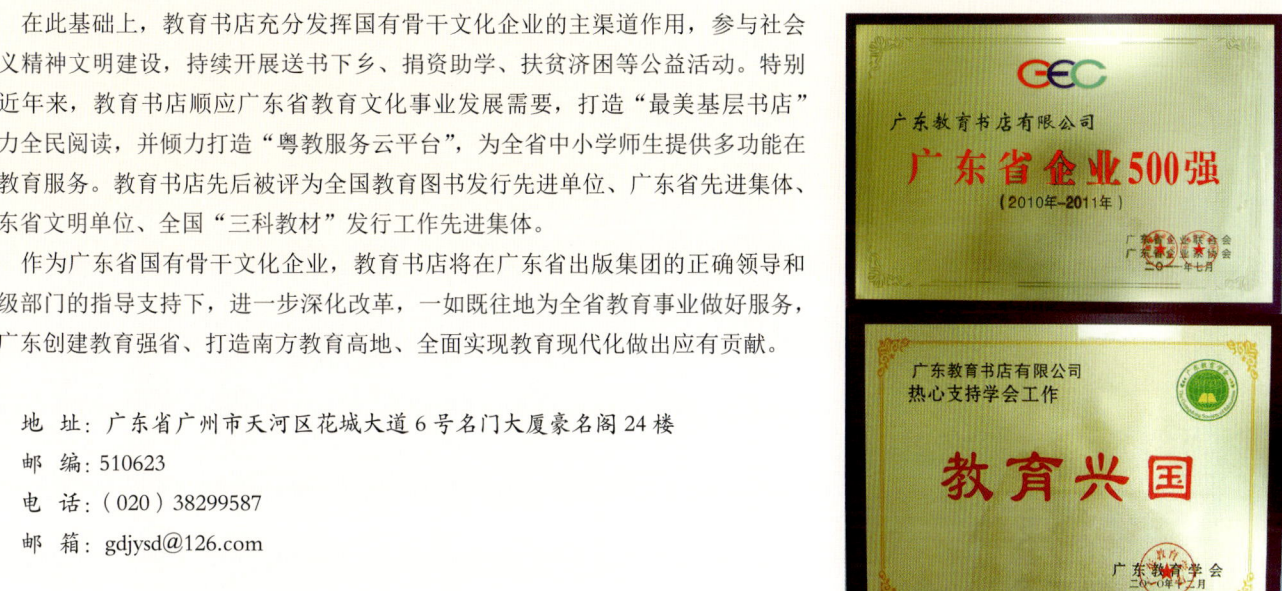

高等教育

发 展 综 述

（一）高等教育办学规模

2020年，广东省共有普通本科高等学校66所（含独立学院15所）。其中，公办学校39所，占全省普通本科高校的59.09%；民办学校23所，占全省普通本科高校的34.85%；合作办学4所，占全省普通本科高校的6.06%。广东省公办普通本科高等学校分布在广州地区的有22所，占全省公办普通本科高等学校的56.41%；广东省民办普通本科高等学校分布在广州地区的有14所，占全省民办普通本科高等学校的60.87%。

广东省会广州市设立的普通高等学校有36所，占全省高校总数的54.55%。广州市是广东省设立高等学校最多的城市，其次是深圳市（占比9.09%）、湛江市（占比6.06%）、珠海市（占比6.06%）。广东省21个市中仍有6个市（汕尾市、河源市、阳江市、清远市、揭阳市、云浮市）暂未独立设立本科院校，其中河源市、清远市、云浮市已与部分高校合作办校区。广东省通过高校合作跨地市办校区的方式扩大省内高校的校区区域布局，以满足粤东西北地区人民群众日益增长的优质教育需求。同时，积极推动中外合作办学、跨境联合办学模式。广东省已有4所中外合作办学的高校，分别为北京师范大学－香港浸会大学联合国际学院、香港中文大学（深圳）、深圳北理莫斯科大学、广东以色列理工学院，占全国中外合作办学高校的近半数。

2019—2020学年，广东省普通本科高校本科在校生为1 274 636人。全省本科生人数排名前十的高校主要集中在广州，2020年排名前三的高校分别是华南农业大学、广东工业大学以及广东海洋大学，本科生人数分别为37 966人、36 705人、33 709人。

（二）高等教育专业情况

1. 各学科门类专业情况。2019—2020学年，全省共设有3 224个专业点，涵盖401种本科专业，其中工学开设了129种，专业结构上占比达32.17%，数量在12个学科门类中排名第一。401种本科专业共涉及12个学科、92个专业类，参照教育部《普通高等学校本科专业目录》，除工学未开设兵器类专业外，其余11个学科门类实现了专业类100%覆盖。

2. 专业布点数变化情况。2016—2020年，全省工学、管理学、文学、经济学、法学、教育学、医学的专业布点数逐年上升。其中增长比例最高的是医学，2020年比2016年专业布点增加32.54%；其次是工学，专业布点增加27.93%；再次是经济学，专业布点增加19.05%；均高于全省专业布点增长比例（16.81%）。在2019—2020学年全省的专业布点，计算机科学与技术的布点数最多，达到55个，全省83.33%的本科高校均有开设；英语的布点数排名第二，达到52个，全省79%的本科高校开设本专业。

（三）高等教育办学师资条件

1. 部分省市高校专任教师数。广东省普通本科高校专任教师数历年来一直在全国名列前茅。截至2020年9月，广东省普通本科高校专任教师总数为72 386人，较2019年增加2 983人。

2. 广东省高校专任教师数。广东省普通本科高校专任教师数排名前十的高校中有9所位于广州，1所位于深圳。排名前三的大学分别是华南理工大学、中山大学、深圳大学，其专任教师数均在2 500人以上。其中，2020年广东省公办普通高等学校专任教师52 195人，占全省本科院校专任教师数的68.37%；民办普通高校专任教师20 191人，占全省本科院校专任教师数的26.45%。各高校历年来专任教师比例逐步提高。

3. 师资队伍学位结构。2019—2020学年，广东省普通本科高校的专任教师有72 386人，其中具有博士学位的教师数为32 099人，占44.34%，较2019年增加了1 904人；具有硕士学位的教师数为30 590人，占42.26%；具有学士学位的教师数为7 814人，占10.79%；具有其他学位的教师数为1 883人，占2.61%。2016—2020年，具有博士、硕士学位的专任教师数量逐年增加，具有学士学位和其他学位的专任教师数量有所减少，广东省普通本科高校专任教师的学历层次稳中有升。

4. 师资队伍职称结构。2019—2020学年，广东省普通本科高校专任教师中，具有高级职称的教师数33 964人，占比46.92%；具有中级职称的教师数为27 049人，占比37.37%；具有初级职称的教师数为3 877人，占比5.36%。2016—2020年，广东省普通本科高校专任教师中具备高级职称的人数稳步增长，梯队结构呈现合理优化趋势。

（四）高等教育教学建设与改革

1. 落实立德树人根本任务，统筹推进本科人才培养。民族振兴在教育，人才培养在质量。高校作为我国整体教育序列的最后一环，是青年成长成才的主阵地，初心是培养人才，立德树人是其核心职能。2020年，广东省教育厅深入贯彻落实习近平总书记关于教育的重要论述和全国教育工作会议精神，坚持和加强党对教育工作的全面领导，按照"五位一体"总体布局和"四个全面"战略布局，带领全省高校增强"四个意识"，坚定"四个自信"，做到"两个维护"。坚持把立德树人成效作为检验高校办学质量的根本标准，把社会主义核心价值观教育融入教育教学全过程，融入质量标准、课堂教学、实践活动和文化育人各环节，帮助学生正确认识历史规律、准确把握基本国情、牢牢掌握唯物辩证法。推动习近平新时代中国特色社会主义思想构建进教材、进课堂、进师生头脑。在全国首创高校党委书记、校长每学期为学生上第一堂思政课制度，培育一批"八个相统一"思政课建设示范校，建设11个高校思政课区域协同创新中心。打造"强国系列"名师大讲堂，首批12堂思政课在"学习强国"学习平台展示。坚持完善学校思想政治工作体系，构建"三全育人"工作格局，推动知识传授、能力培养与理想信念、价值理念、道德观念教育有机融合，充分发挥专业课教师"主力军"、专业课教学"主战场"、专业课堂"主渠道"的作用，开展课程思政"四个一"试点，即每所学校至少要试点一个学院，学校的每个学院至少要试点一个专业，学院的每个专业至少要试点一门课程，专业的每门课程至少要试点一个课堂，让广大教师站上讲台、站稳讲台、站好讲台，做到课程门门有思政，教师人人讲育人。

2. 贯彻大湾区部署，推动粤港澳高校人才培养合作。服务"双区驱动"战略，稳步推进教育合作和先行先试。《粤港澳大湾区发展规划纲要》明确提出"推动教育合作发展"，具体包括：支持粤港澳高校合作办学，鼓励联合共建优势学科、实验室和研究中心，鼓励三地高校探索开展相互承认特定课程学分、实施更灵活的交换生安排等。教育部与省人民政府于2020年联合印发《推进粤港澳大湾区高等教育合作发展规划》，明确到2035年，粤港澳大湾区将建成若干所世界一流水平的高校，产出一批对世界科技发展和人类文明进步有重要影响的原创性科学成果，成为世界高等教育合作发展和创新发展先进典范。

3. 推进新工科建设，服务国家创新驱动发展战略。广东省以高水平理工科大学为引领、以工程专业认证为抓手、以产业学院建设为突破口，加快形成新工科建设"广东模式"，探索形成领跑全球工程教育的中国模式、中国经验，助力高等教育强国建设。2020年，广东多所高校新增新工科专业，涵盖人工智能、机器人工程、数据科学与大数据技术等相关专业，或在新工科专业增加了招生数量。

4. 深化新师范建设，加快推进广东教育现代化。2020年广东省教育厅持续深化广东特色新师范建设，推动公费定向师范生培养计划，实施师德养成教育工程，培养德艺双馨的教师。2020年，组织开展第二届"新师范+教育信息化2.0"高峰论坛，共同探讨"人工智能+教育"时代背景和新冠疫情防控常态化状态下，师范生培养与教育信息化深度融合的思路、运行机制与发展路径。

5. 推进医学教育改革，落实"健康广东2030"规划。全省已设置高等医学院校20所、中等医学院校14所，基本建立了涵盖中职、专科、本科、硕士和博士研究生等学历层次的医学类专业人才培养体系。坚持服务民生，培养应用型医学卫生人才，启动面向镇、村等基层医疗卫生机构的订单定向医学人才培养，招生人数较往年有较大提升，为粤东西北地区培养基层所需的全科医生。针对疫情期间暴露的公共卫生专业人才短板问题，扩大预防医学专业招生规模并强化学生实践能力培养，在2020年专升本考试中增设预防医学专业。2020年广东省高校共录取公共卫生专业学位硕士研究生482人，同比增加一倍以上。

6. 坚持新文科建设，建设中国特色文科人才培养体系。近年来，新文科建设已成为广东高等教育改革创新和质量提升的关键战略部署。教育部新文科建设工作组于2020年主办的新文科建设工作会议发布了《新文科建设宣言》，新文科建设推动文科教育创新发展，是培养知中国、爱中国、堪当民族复兴大任的新时代文科人才，培育新时代社会科学家，构建哲学社会科学中国学派，创造光耀时代、光耀世界的中华文化的战略一招、关键一招和创新一招。

7. 围绕"一核一带一区"战略，构建粤东西北高校新格局。2018 年广东出台《高等教育"冲一流、补短板、强特色"提升计划实施方案》，将公办本科高校对应分成"冲一流、补短板、强特色"三类实行分类发展。高水平大学建设计划以"冲一流"为目标，紧密对接国家"双一流"，着力建设一批原始创新能力强的高峰学科，提高拔尖创新人才供给能力，加强基础研究和应用基础研究，积极参与推进大科学装置集群、省实验室等重大科技专项和工程建设；粤东西北高校振兴计划以"补短板"为目标；强特色高校提升计划以"强特色"为目标，着力建设一批特色突出、在国内具有较大影响力的学科专业，培养适应现代产业需求的高素质应用型人才。

教育教学管理

（一）教学基本条件建设

1. 教学科研仪器设备。2019—2020 学年，广东省普通本科高校中，62 所高校的生均教学科研仪器设备值处于监测合格值以上，4 所高校处于预警状态，较上一学年减少 1 所。广东省普通本科高校拥有普通教室、多媒体教室、语音室、计算机房等各类功能教室，设施齐全，设备先进，能较好地满足教学需要。

2. 教学行政用房。2019—2020 学年，广东省各普通本科高校中，34 所高校的生均教学行政用房面积（教学行政用房面积/全日制在校生数）处于监测合格值以上，其中 14 所高校的生均教学行政用房面积在 20 平方米以上；31 所高校处于预警状态；1 所高校处于限制招生状态。

3. 实验室数量。2019—2020 学年，广东省普通本科高校实验室数量为 13 791 个，实验室数量较上一学年保持稳定增长态势。

4. 图书与信息资源。广东省各普通高等学校的图书馆在文献资源、学科服务、技术研发、阅读推广等方面稳步发展，构建了网络化、信息化的文献综合服务体系，建立了学科门类齐全、结构合理、独具特色的文献资源体系，实现了纸质资源和数字资源的一站式检索，为学生提供了日益丰富的学习资源。从高校生均图书监测状态来看，2020 年广东省有 21 所本科高校的生均纸质图书处于监测合格值以上，哈尔滨工业大学（深圳）以生均纸质图书 193.26 册位居第一。近三年广东省普通本科高校生均图书资源状况整体较好。

（二）专业建设

广东省结合实际，高度重视一流本科专业的培育及建设点申报工作。按照教育部印发的《普通高等学校本科专业目录》和《普通高等学校本科专业目录设置管理规定》，广东省组织高校认真落实《普通高等学校本科专业类教学质量国家标准》（以下简称《国标》），严格对照《国标》开展专业建设，根据教育部专业标准和专业评估结果，对高校专业设置进行调控，不断优化专业结构；2020 年继续落实《关于开展普通高等学校专业认证工作的意见》，统筹推进全省高校专业认证工作，实施建设广东省一流本科专业计划，遴选 2020 年一流本科专业建设点。

1. 实施"双万计划"，建设一流专业。2019—2020 学年，根据《教育部办公厅关于实施一流本科专业建设"双万计划"的通知》（教高厅函〔2019〕18 号）的工作要求，省教育厅印发《广东省教育厅转发教育部办公厅关于实施一流本科专业建设"双万计划"的通知》（粤教高函〔2019〕57 号），继续组织各省属普通本科高校开展 2020 年国家级和省级一流本科专业建设点申报工作。2020 年，在已有一流本科专业建设点的基础上，根据《广东省教育厅关于实施一流本科专业建设计划的通知》和《广东省教育厅关于开展 2020 年一流本科专业建设点遴选工作的通知》，广东省推荐 417 个普通本科专业参评 2020 年国家级一流本科专业建设点，推选 310 个普通本科专业作为 2020 年省级一流本科专业建设点。2019 年度，广东省高校总计 234 个专业入选国家一流本科专业建设点，187 个专业入选省级一流本科专业建设点。其中中山大学、华南理工大学和暨南大学等部属高校成绩突出，共有 76 个专业入选国家级一流本科专业建设点。

2. 开展专业认证，优化专业布局。2019—2020 学年，省教育厅继续落实《关于开展普通高等学校专业认证工作的意见》，积极与教育部高等教育教学评估中心谋划在广东省开展"HEEC 认证"试点，统筹推进全省高校保合格、上水平、追卓越三级专业认证工作。基于专业认证工作，广东省组织高校继续健全专业动态调整机制，做好本科专业建设规划。对于首批入选的一流专业建设点，完善支持措施，持续加强建设，不断夯实基础、改善条件，强化专业特色，提升专业内涵和建设水平，保证其建设期结束后通过认定。2020年，全省高校共新增备案专业112个，新增审批专业8个，撤销专业17个。其中新设最多的专业为数据科学与大数据技术、人工智能、机器人工程，分别新开设10个、6个、5个。

3. 推进卓越计划，培养拔尖人才。2019—2020学年，广东省深入实施"冲一流、补短板、强特色"计划，旨在提升高等教育内涵发展水平。加强学科建设，着力提升高校科技创新能力。紧密对接国家"双一流"建设，谋划实施新一轮"冲一流、补短板、强特色"提升计划，在新的起点上推进全省本科高校分类发展、内涵提升，重点培育建设一批入选ESI全球排名前1%或国内排名前十的学科。深入推进人才培养模式改革，提升拔尖创新人才培养能力。深入实施"一流本科专业"建设计划，落实一流专业建设"双万计划"，做强一流本科、建设一流专业、培养一流人才。根据高等教育质量监测国家数据平台显示，截至2020年，广东省累计共有58个国家级一流学科，258个省级一级学科；在一流专业中，累计共有22个专业入选卓越工程师教育培养计划2.0专业，9个专业入选卓越农林人才教育计划培养2.0专业，9个专业入选卓越教师培养计划2.0专业，2个专业入选卓越法治人才教育培养计划2.0专业，5个专业入选基础学科拔尖学生培养计划2.0专业。

（三）课程建设

2020年，广东省围绕落实立德树人根本任务，认真落实《教育部关于一流本科课程建设的实施意见》，推动专业课程与思政课程同向同行，全面加强一流课程建设，开展2020年广东省精品在线开放课程遴选认定工作和2020年度省级系列在线开放课程立项建设工作，对2019年立项的省级系列在线开放课程进行中期检查，推动高校建设体系优、质量高、内容适中、受益面广的课程群。

根据教育部2020年11月24日发布的《教育部关于公布首批国家级一流本科课程认定结果的通知》，全国共认定5118门课程为首批国家级一流本科课程，广东省本科高校共有258门课程被认定为一流课程（包含原2017年、2018年国家精品在线开放课程和国家虚拟仿真实验教学项目），占全国总一流课程量的5.04%，认定一流课程数量居全国各省前列。

就公布各类型课程分布情况看，广东省线上一流课程67门（包含2017年本科国家精品在线开放课程9门，2018年本科国家精品在线开放课程22门），占全国的3.57%；线下一流课程91门，占全国的6.22%；线上线下混合式一流课程40门，占全国的4.61%；社会实践一流课程11门，占全国的5.98%；虚拟仿真实验教学一流课程49门（包含2017年国家虚拟仿真实验教学项目7个，2018年国家虚拟仿真实验教学项目23个），占全国的6.73%。对比各类一流课程的占比率，线上一流课程和线上线下混合式一流课程占比较低，均低于5%；而其他三类课程占比率较高，均高于5%，其中又以虚拟仿真实验教学一流课程占比率最高。这表明广东省在线上课程和线上线下混合式课程建设方面相对较弱，在虚拟仿真实验教学项目和线下课程的建设方面较强。

2020年，广东省普通本科高校精品在线开放课程、MOOC、SPOC的数量规模不断增大。其中精品在线开放课程自建791门、引进174门，MOOC自建468门、引进2 456门，SPOC课程自建3 662门、引进786门。2016—2020年，广东省普通本科高校在线课程8 337门，开设门数逐年递增。2020年开设在线课程8 337门，较上一学年增加了1 198门。2016—2020年，广东省普通本科高校开设的本科课程数量逐年增加，且在2020年达到103 363门，专业课达到87 303门，占84.46%；其中，专业课数量呈增长趋势，而公共必修课和公共选修课的数量基本保持一致，波动幅度较小。在2020年，公共必修课达到5 129门，占4.96%；公共选修课达到10 931门，占10.58%。

课程是人才培养的核心要素，是高等教育中最微观的问题，广东省各类高校根据自身所属类型和发展水平，紧贴经济社会发展需求，推动课程教学改革，促进本科教学工作内涵式发展。

明确课程建设目标，完善课程体系。广东省坚持以提高专业综合应用能力和实践能力的产教融合课程教育体系和旨在培养和锤炼思想素质、人文情怀、实践意识和创新精神的多维渗透素质拓展教育体系，引导各高校对课程体系进行优化，明确课程建设目标、深化课程内涵，满足学生对多样课程的需求。

加强开放课程建设，实现资源共享。广东省积极推进教学信息化建设，通过引入课程和自建课程相结合的办法，积极推广线上线下融合的混合式教学，强化课堂教学互动，提升课堂教学效果，将优质在线开放课程作为课堂教学的重要补充。同时，以教学质量工程项目建设为抓手，进一步加强优质课程建设，加大国家级、省级、校级、院系的优质课程、精品在线开放课程、创新创业教育课程和应用型人才培养课程建设力度，积极推动已有的精品开放课程向在线开放课程转型，建设一批优势学科特色课程，建成一批名师系列课程群，建立健全精品在线开放课程的运行机制，加快推进在线开放课程的应用，实现优质课程教学资源共享。

推进课程思政建设，强化课程育人。为深入贯彻习近平总书记在学校思想政治理论课教师座谈会上的重要讲话精神及全国、全省教育大会精神，落实教育部《高等学校课程思政建设指导纲要》，广东省教育厅出台《关于强化课程思政建设一流课程的意见》，提出通过挖掘课程育人功能、完善课程准入机制、及时更新课程内容、改革课程教学模式、严格课程考试制度、完善课程评价体系、实施一流课程计划等措施，形成全省高校百花齐放、特色鲜明的课程思政工作局面。

广东省本科高校文化素质教育指导委员会发布《关于征集课程思政教学优秀案例的通知》，组织开展了2020年度课程思政教学优秀案例的评选活动。此次活动广东省共有47所高校1 107个案例参与评选，共选出709个优秀案例，其中一等奖91例、二等奖618例。此外，广东省还发布《广东省教育厅关于深入推进课程思政建设改革工作的通知》，积极开展2020年度课程思政建设改革示范项目，评选出示范团队83个、示范课程160门、示范课堂148个，总计391个优秀项目。

提高课程建设质量，实现自主学习。广东省以优化教学内容、创新教学方法和加强课程管理为重点，着力提高课程教学质量；将课程建设与学科专业建设结合起来，积极探索课程体系、课程标准、课程质量、课程群以及课程考核的实现方式；整合优质课程资源，探索在线开放课程的学分认定，激发学生学习兴趣，提高教学效果，形成开放、互动、共建、共享的教育模式，满足学生多元化和个性化学习的需求，逐步提高学校整体教学水平和教学质量。

完善创新创业体系，建好双创课程。广东省为促进专业教育与创新创业教育有机融合，积极鼓励各高校开设创新创业教育必修课和选修课，把创新创业教育贯穿人才培养全过程，不断增强学生的创新精神、创业意识和创造能力。各高校创新创业课程体系建设不断完善，课程体系越来越成熟。

（四）高等教育教学质量管理

一是以评促建，完善教学质量保障体系建设。完善自评机制，健全质量保障体系；推进审核评估，持续改进教学质量；打造竞赛平台，促进创新人才培养。二是教研相长，加快实现本科教育提质增效。推进人才强校战略，建设教育高地；教学科研深度融合，促进卓越教学。三是多措并举，全力保障疫情期间线上教学。

（撰稿　赵　琪；审稿　杨永文）

学位工作与研究生教育

【学位工作】（一）扎实推进学位授权审核工作

根据国务院学位委员会最新颁布的《学士学位授权与授予管理办法》，开展全省学位授权审核摸底调查，组织相关专家深入研究解读国家关于学位授权审核工作的有关文件，在此基础上制定广东省开展学位授权审核工作的方案和申报指南。邀请兄弟省份权威专家为新增博士硕士学位授权单位申报工作把脉问诊，提出有针对性和建设性的意见建议。召开学位授权审核工作布置会，引导各单位做好相关工作。组织包括国家学科评议组成员在内的317名权威专家对7个拟新增博士学位授权单位、8个拟新增硕士学位授权单位和298个拟新增学位点的申报材料进行评审，最终确定全省拟新增的博士授权单位3家、硕士授权单位8家和新增学位点233个。完成49所高校166个新增学士学位授予专业的审核工作，撤销2个学士学位授予专业。

（二）实施学位授权点动态调整

根据国务院学位办有关文件精神和《广东省学位委员会关于做好博士、硕士学位授权学科和专业学位授权类别动态调整工作的若干意见》，省学位委员会开展了学位授权点动态调整工作。华南农业大学、广州医科大学、深圳大学3所高校主动申请撤销1个一级学科硕士点和2个二级学科硕士点，同时在华南师范大学、南方医科大学、广州医科大学3所高校新增1个一级学科硕士点和2个专业学位硕士点。

（三）完成学位授权点合格评估工作

根据《国务院学位委员会 教育部关于下达学位授权点合格评估结果及处理意见的通知》，广东省2014—2019年学位授权点合格评估结果为全省55个抽评学位点中，有54个合格，1个不合格，总体合格率为98.2%。对抽评结果被评为"不合格"的学位授权点给予撤销，并且5年内不得重新申请。根据国家将周期性开展学位授权点合规评估工作的精神，督促和指导各研究生培养单位高度重视学位授权点建设，扎实开展富有针对性、实效性的整改和建设，夯实基础条件，提升内涵水平。

【研究生教育工作】2020年，广东省研究生教育得到进一步发展。全省共招收研究生59 918人（其中博士生6 394人，占10.67%；硕士生53 524人，占89.33%），在校研究生151 347人（其中博士生22 127人，占14.62%；硕士生129 220人，占85.38%）。

（一）大力深化专业学位研究生教育综合改革

以服务国家重大战略、关键领域、区域重大需求为重点，加强顶层设计和组织协调，深入推进专业学位研究生教育综合改革试点工作。吸引行业企业全过程深度参与专业学位研究生培养，围绕产业升级转型关键性课题和企业实际难题精准培养产业急需人才。建立研究生培养示范点、出台系列激励政策、搭建全省高校科技成果转化中心等措施，引导企业深度参与人才培养。

（二）大力推进研究生联合培养基地建设

推进研究生联合培养基地建设，为佛山、中山、东莞3个工程专业硕士联合培养基地单列研究生招生指标近800名。复制推广联合培养工程硕士的经验做法，在教育硕士、农业硕士、法律硕士3个领域开展联合培养试点，安排专项招生计划280名。强化科教融合，推动高校与省实验室启动实质性联合研究生培养，引导13所高校安排超过200多名联合培养研究生招生指标，加强双方合作交流，推动人才、资源、成果的共享。推进与行业企业深度合作，调研走访省发展改革委、科技厅、工业和信息化厅等12个省直部门和华为、格力、TCL、温氏集团等龙头企业，与其建立联席会议制度和协同工作机制，明确合作事项清单，引导各培养单位根据行业主管部门、行业协会和相关企业的需求修订完善人才培养方案，调整不同类别、不同学科领域研究生的培养规模和规格，促进科产教融合协同开展研究生联合培养。

（三）深入实施研究生教育创新计划系列项目

围绕落实立德树人根本任务和人才培养模式改革，立项认定113项教育改革研究、65项示范课程、48个研究生学术论坛、29个研究生暑期学校以及101个联合培养研究生示范基地项目，不断优化有利于高层次、高质量、创新型人才培养的研究生培养体系。

（四）做好广东省优秀学生（研究生阶段）评选表彰工作

以习近平新时代中国特色社会主义思想为指导，贯彻落实全国、全省教育大会精神，落实立德树人根本任务，在全省研究生中树立勤奋学习、锐意创新的榜样，营造崇尚先进、学习先进的良好氛围，组织开展优秀学生（研究生阶段）评选表彰工作。经限额推荐和组织专家审核资格，共328名研究生获得表彰。

（五）加强学位与研究生教育质量保证和监督体系建设

按照国家教育督导委员会的统一部署，2020年广东省硕士学位论文抽检工作按照"随机抽取，均衡比例，科学公正"的原则组织，从全省27家硕士学位授予单位（2019年9月1日至2020年8月31日）授予硕士学位的13 833篇学术学位论文中，抽取809篇送检（其中包含2019年9月1日以来脱密论文156篇，根据方案100%送审），占全省学术型学位论文总数的5.85%，高于《博士硕士学位论文抽检办法》规定的5%，覆盖全省被抽检单位所有一级学科。综合初评与复评，共有32篇论文1名专家评价不合格，占送审总论文数的3.96%，2篇论文2名专家评价不合格，占送审总论文数的0.25%。在全省范围内公布各学位授予单位抽检统计情况，对相关单位、相关学位授权点给予相应预警，并将抽检结果与研究生教育资源配置直接挂钩。一是将抽检结果纳入广东省高等教育"冲一流、补短板、强特色"提升计划考核评估中，与资金分配直接挂钩；二是拟在2021年研究生招生计划分配时，根据抽检结果对各单位招生指标进行适当调整，奖优罚劣；三是拟在评选广东省优秀学生（研究生阶段）、广东省研究生教育创新计划项目等工作中，根据近年博士、硕士学位论文抽检优秀率及不合格论文数调整各单位指标。通过连续多年的抽检，全省研究生学位论文质量显著提高，学位论文质量与教育资源分配挂钩的做法受到认可。

（六）广泛开展科学道德和学风建设宣讲活动

广泛开展科学道德和学风建设宣讲活动，引导广大师生遵守学术规范，坚守学术诚信。在全省本科及以上高校开展学位论文买卖、代写行为专项检查工作，引导督促高校加强制度建设，严肃处理违规行为。

（七）强化研究生教育的交流合作

以建设粤港澳大湾区国际教育示范区为契机，拓展研究生层次合作办学，支持中外、内地与港澳合作办学机构开展研究生教育。组织实施优秀青年科研人才国际培养计划，下达资助经费2 700万元，资助省内相关高校选派的300名优秀博士（含具有博士学位的青年科研人才）赴国（境）外开展学术交流和访学进修，同时，督促高校做好"选拔、派出、管理、回国"各环节的工作，加强目标和过程管理。

（撰稿　杨立群；审稿　吴宝榆）

民办教育

【概况】 至2020年底，广东省有各级各类民办学校（含幼儿园，不含培训机构）1.54万所，在校生726.5万人。其中民办幼儿园13 624所，在园幼儿283万人；义务教育阶段民办学校1 733所，在校生320万人；民办普通高中228所，在校生27.7万人；民办中职学校100所，在校生16.99万人；民办高校50所（不含中外合作办学），在校生78.03万人。

【继续民办高校年度检查工作】 完成50所省属民办高校的2019年度检查工作，年检内容主要包括学校基本条件核查、资产管理情况、依法依章程开展学校治理情况、教育教学管理常规、师生权益保障，其他需要检查情况等，以及学校落实民办教育新法新政和"双计划"的工作情况，包括党建与思政工作情况、学校依法治理情况、学校资产财务管理、保障学校师生权益、学校安全稳定工作、'双计划'具体实施方案制定等内容。经认真核查，45所民办高校年检结论为"合格"，5所民办高校年检结论为"基本合格"。

【落实财政扶持政策】 2020年省级财政安排1亿元（含技工教育400万元）专项资金支持民办教育，用于广东省民办学校分类扶持民办教育健康发展，促进学校规范特色发展。为引导民办教育公益性发展方向，2020年资金分配仅面向非营利性民办学校，资金分配遵循"公开公正、分类支持、突出重点、统筹引导、注重绩效"，其中基础教育资金按因素法分配给14个可支配财力较低地市，用于资助各地推进义务教育阶段学校和普惠性民办幼儿园规范达标建设。高等教育资金按因素法竞争性分配给广东白云学院、广州城建职业学院等12所民办高校，用于资助各校特色品牌申报项目建设。组织开展2019年度民办教育专项资金项目绩效第三方评价，衡量和检验专项资金预期目标的实现程度，考核资金使用效率和综合效率，进一步改进和加强民办教育专项资金管理，不断提高财政资金管理水平和使用效益。

【推进民办高校实施"规范达标计划和品牌提升计划"】 为深入学习贯彻习近平总书记关于教育工作的重要讲话、重要指示和批示精神，贯彻落实全省教育大会精神，推动广东省民办高等教育内涵发展，广东省教育厅于10月24日在中山大学南方学院召开全省民办高校实施"规范达标计划和品牌提升计划"（以下简称"双计划"）现场会，交流民办高校实施"双计划"工作经验，推进"双计划"落细落实。省委教育工委书记、省教育厅厅长景李虎出席会议并讲话，各民办高校书记、理（董）事长、校长及省教育厅相关职能部门负责同志参加会议。中山大学南方学院、广州商学院、吉林大学珠海学院、广州华夏职业学院在会上做了"双计划"实施工作交流发言。

会议充分肯定了民办高校对广东省高等教育发展做出的积极贡献，分析了民办高校面临的机遇和挑战，指出了存在的问题和短板。会议指出，民办学校"双计划"是全省教育大会提出的重点任务之一，各民办高校要以"双计划"为总抓手，解决六个关键问题（坚定社会主义办学方向，落实民办高校主体责任，完善治理体系、提高治理能力，加强人才队伍建设，激活体制机制，打造一批优质品牌），整合资源，激发活力，打造特色品牌，推进内涵发展，推动广东从民办高等教育大省向强省迈进。

（撰稿　付敬辉　梁嘉仪；审稿　戴庆洲）

教育综合管理

GENERAL MANAGEMENT IN EDUCATION

党建工作

【机关党建工作】 2020年,在省教育厅党组的正确领导下,省教育厅机关党建工作坚持以习近平新时代中国特色社会主义思想为指导,全面贯彻党的十九大和十九届二中、三中、四中、五中全会精神,全面贯彻新时代党的建设总要求和新时代党的组织路线,进一步增强"四个意识"、坚定"四个自信"、做到"两个维护",推动党建工作与立德树人根本任务深度融合,机关党的建设工作质量全面提升。

【机关党务】 (一) 政治建设

旗帜鲜明讲政治抓政治,用习近平新时代中国特色社会主义思想铸魂育人。抓好党的十九届五中全会精神和习近平总书记对广东系列重要讲话和重要指示批示精神的学习贯彻。厅党组理论学习中心组开展专题学习会3次,学习党的十九届五中全会精神、习近平总书记出席深圳经济特区建立40周年庆祝大会和视察广东重要讲话重要指示精神。厅党组及时督办2020年教育工作重点任务,推进3类29项改革任务,确保广东省教育事业始终朝着正确的政治方向前进。

加强政治机关建设,严明政治纪律和政治规矩。深入贯彻落实习近平总书记在中央和国家机关党的建设工作会议上的重要讲话精神,开展强化政治机关意识教育,省委教育工委书记,省教育厅党组书记、厅长景李虎在"七一"期间围绕"强化政治机关意识、当好重要方阵"为机关党员干部讲党课。贯彻民主集中制,全面加强政治能力建设,不断提高政治判断力、政治领悟力、政治执行力。召开厅党组2020年度民主生活会。不断深化模范机关创建,贯彻落实"讲政治、守纪律、负责任、有效率"的要求,落实《2020年度广东省省直机关模范机关创建活动工作清单》。开展模范机关创建"回头看",向省直机关工委推荐模范机关创建典型案例1例,模范机关创建先进单位1家。

(二) 思想建设

坚持把学习贯彻习近平新时代中国特色社会主义思想作为头等大事和首要政治任务。举办全省高校领导干部《习近平谈治国理政》(第三卷)专题学习培训班,集中3天时间,结合省教育厅重点工作任务列出5个专题,深入开展集中学习研讨。厅领导班子成员进行主题发言10人次,其他副处级以上干部进行交流发言51人次,随机点名发言3人次,撰写学习心得130篇。严格落实"第一议题"制度,提高学习贯彻质量。全年厅党组会议开展了115个议题学习,各级党组织通过"三会一课"等形式及时开展学习贯彻。厅机关党委全年编印学习简报共15期,及时分享各级党组织提高学习贯彻质量的好经验、好做法。为各级党组织发放学习资料3 000余册,组织2期党性锤炼活动,组织参加党员发展对象线上培训班,制定《委厅机关青年理论学习小组工作方案》,统筹推进机关青年干部思想政治引领工作。

(三) 组织建设

召开厅直属机关党建工作会议,印发《2020年省教育厅直属机关党建工作计划》,部署2020年机关党建工作任务。

抓好《中国共产党支部工作条例(试行)》《中国共产党基层组织选举工作条例》学习贯彻,加强基层党组织标准化规范化建设,进一步增强党组织的政治功能和组织力。落实好基层党组织按期换届督促提醒机制,指导22个基层党组织完成改选、补选、组织调整等工作。严格执行党费收缴、使用、管理制度。扎实做好发展党员工作,共发展党员29人。开展基层党组织书记抓基层党建述职评议考核工作,切实增强抓党建的政治意识和责任意识。及时总结党建工作典型案例,向省直机关工委报送"党支部四库"建设典型案例2例。

严肃党内政治生活,严格执行党章和党内法规。实施"组织生活周"制度,委厅领导以普通党员身份参加组织关系所在支部的组织生活,同时参加非分管处室党组织的组织生活。督促各级党组织从严落实"三会一课"、主题党日、民主评议党员等"规定动作",鼓励结合自身特点做好"自选动作"。对省级机关党建绩效考核发现问题、厅机关基层党组织"灯下黑""两张皮"问题进行全面整改。

(四) 作风纪律建设

印发《中共广东省委教育工委 中共广东省教育厅党组落实全面从严治党责任清单》,列出落实全面从严治党责任"三张清单"共34项责任,推动全省教育系统、厅机关和直属单位坚定不移全面从严治党。

进一步加强和改进机关纪委建设。不断规范机关纪委工作流程，完成机关纪委专职副书记的选拔任用。在驻厅纪检监察组的指导下，完成2名处级党员干部的党纪处分下达与谈话，完成6名科级及以下党员干部的党纪处分下达与谈话，完成1名党员的诫勉谈话，完成1名党员干部的提醒谈话。审理厅机关党员违纪案件1件，向省直机关纪检监察工委报送备案案件4件。严格依纪依规处理信访、申诉件，办理有关信访件13件。配合驻厅纪检监察组将近年来委厅查办的违纪违法案件编印成册，及时开展教育警示活动。举办纪律教育宣讲、专题教育学习、节假日向党员干部发送廉政提醒短信，教育党员干部不越"红线"，进一步涵养委厅党员干部清正廉洁的价值理念。探索建立委厅重大任务落实监督机制，开展对委厅数据系统迁移专项监督工作。

坚定不移深化政治巡察。全年组织开展常规巡察2轮，组织巡察反馈和督促整改3轮，召开巡察工作动员部署会2次，带队到现场指导督促巡察组工作3次，专题听取巡察情况汇报和部署有关具体工作10余次。通过巡察，有效发现部分直属单位管党治党重要问题85项，问题线索31件，提出意见建议26条，推动组织调整2人，推动立案审查6人，督促完善重要规章制度96项，推动有关单位落实清退违规发放津补贴、奖励金等款项约66万元，涉及人员90余人。推动中职学校加快省属职业院校集团办学工作步伐，有效发挥巡察政治监督作用。

【机关群团组织工作】召开厅直属机关团委第三次代表大会，选举产生新一届团委会；召开厅直属机关工会第四次会员代表大会，选举产生新一届委员会、经费审查委员会、女职工委员会；召开厅直属机关第三次妇女代表大会，选举产生新一届妇委会。做好机关群团工作，发挥联系广大青年、干部职工的桥梁纽带作用，团结带领广大青年、干部职工听党话、跟党走，建功新时代。落实干部职工各项集体福利和帮扶慰问，对有政策内生育、因病住院、直系亲属去世等情况的干部职工和困难职工开展慰问。做好计生政策宣传教育工作，完成年度计划生育达标审核，按规定发放年度计生达标奖励金。

【高校党建工作】持续深入学习贯彻习近平新时代中国特色社会主义思想。举办高校学习论坛4期，举办第25期全省高校领导干部暑期读书班，学习贯彻第27次全国高校党建工作会议精神，提出贯彻落实意见。4名省领导带头授课，各地级以上市分管教育工作负责同志和教育局局长、全省高校领导班子成员及骨干教师代表共1600多人参加培训学习。深入学习宣传贯彻党的十九届五中全会精神，开展专题网络培训，培训人数1.1万人。召开全省教育系统学习贯彻党的十九届六中全会精神动员部署会，组建六中全会精神宣讲团，举办高校处级干部专题培训班。

坚决做到"两个维护"。贯彻《关于加强高校党的政治建设的若干措施》工作方案，落实省委"两个维护"十项制度机制、政治要件闭环落实机制，坚定不移维护党中央权威和集中统一领导，推动教育系统广大党员干部自觉在政治立场、政治方向、政治原则、政治道路上同党中央保持高度一致。围绕政治要件、中心工作和问题线索深入抓好督查督办工作，全面落实疫情防控各项措施，坚决筑牢疫情防控严密防线，及时督办省领导重要批示和重点交办事项近300件。召开全省教育系统全面从严治党工作视频会议，制定全面从严治党工作要点，明确全省各类高校党建责任。

【开展建党100周年系列庆祝活动】组织开展中国共产党成立100周年系列庆祝活动。组织做好"两优一先"推荐表彰工作，获国家、省级表彰的高校"两优一先"人选15人次，党组织10个；省委教育工委、省教育厅党组评选表彰"两优一先"人选157人，党组织79个；各高校表彰"两优一先"人选16 300人，党组织2 274个；颁发"光荣在党50年"纪念章3 012枚。汇编教育系统"两优一先"风采录及高校党建研究成果，宣传高校党建工作成绩。联合南方日报、"南方+"客户端推出28期"百年对话——广东高校党委书记谈党建引领育新人"。组织高校开展"七一"走访，慰问老党员、困难党员和烈士遗属、因公殉职党员干部家属2 287人。

【抓实抓好党史学习教育】按照中央的决策部署及省委党史学习教育"1+10+N"总体安排，成立领导小组和工作机构，印发全省教育系统工作方案，组建15个党史学习教育巡回指导组和党史学习宣讲团，持续抓好总书记"七一"重要讲话、十九届六中全会精神学习宣传贯彻，开展专题宣讲近百场，覆盖师生100万人次，出台广东党史进校园系列活动工作方案，推动党史融入思政课程、嵌入校园文化、汇入社会实践、走入组织生活。举办全省高校"知史爱党"党史学习挑战赛，编发党史学习教育简报131期，各高校党史学习教育好的做法被

·教育综合管理·
GENERAL MANAGEMENT IN EDUCATION

省委党史办简报采用38次,被中央电视台、光明日报、新华网等国家媒体报道1 868次。落实"小切口大变化"民生实事办理制度,将"推动新高考平稳落地""基础教育高质量发展""稳妥推动'双减'工作落实""促进普惠性学前教育扩学位、提质量""深入开展'护校安园'行动"等列入重点民生项目清单。

【织密建强党的组织体系】不断强化党的组织体系建设。完善党领导教育工作的体制机制,21个地市党委均成立教育工作领导小组。18个地级以上市、84个县区成立了党委教育工委或系统党委。印发了《广东省教育系统贯彻落实〈广东省加强党的基层组织建设三年行动计划(2021—2023年)〉实施方案》,不断优化组织设置,健全党委—党总支—党支部—党员全链条党建工作体系。省委教育工委所属高校党组织数8 398个,党员人数19.57万人,优化调整基层党组织1 587个。会同省委组织部修订《高校党支部规范化建设指导标准》,拟制《中国共产党普通高等学校组织工作条例重点任务清单》。推动民办高校将党的建设写入学校章程,启动12所公办高校与12所民办高校建立党建对口帮扶工作,做好9所独立学院转设后党委更名和调整隶属关系,开展全省高校党委书记抓基层党建述职评议考核工作。

加强党员管理教育,激发党建生机活力。落实《2019—2023年广东省教育系统党员干部教育培训实施方案》,全年开展培训3 439期,培训党员干部61.62万人次。开展"百千万"党组织书记、公办高校组织部部长、民办高校党务干部专题培训班,深入学习贯彻《中国共产党普通高等学校基层组织工作条例》,开展党建教育基地排查、合作办学党建、高校多校区党建、高校党建工作责任落实、民办高校对口帮扶工作等专题调研,提出落实落地党建工作具体举措。开展高校党建"双创"工作,3个研究生党支部、4个研究生党员入选全国第二批研究生党建"双创"名单。开展全省高校精品党课优秀党史宣讲员评选活动,择优选出100部精品党课,60名优秀党史宣讲员。

(撰稿 王慧菁 徐鹏飞;审稿 邓旭峰 廖荣辉)

思想政治工作

【中小学德育工作综述】2020年,中共广东省委教育工委、省教育厅坚持以习近平新时代中国特色社会主义思想为指导,深入学习宣传贯彻党的十九大及十九届二中、三中、四中、五中全会精神,认真学习宣传贯彻习近平总书记出席深圳经济特区建立40周年庆祝大会和视察广东重要讲话、重要指示精神,坚决落实习近平总书记关于坚决打赢疫情防控人民战争、总体战、阻击战的重要指示精神,围绕落实立德树人根本任务,贯彻落实《中小学德育工作指南》和《关于加强和改进新时代中等职业学校德育工作的意见》,统筹抓好疫情防控和德育工作改革创新,工作方法推陈出新、德育成效不断深入。

【校园文化建设】围绕抗击疫情阻击战、全面建成小康社会等主题,用好疫情防控"教科书",挖掘爱国主义教育资源,组织开展校园主题教育活动。开展了中小学生"我和我的祖国""我为祖国升国旗"主题教育,举办了中职学生"文明风采"系列主题活动、学生社团优秀成果展示活动等,丰富了校园文化生活,坚定广大青少年学生听党话跟党走的信心决心。持续开展文明校园建设,37所学校入选第二届全国文明校园,35所学校入选第二届广东省文明校园,在培育践行社会主义核心价值观方面发挥示范引领作用。

【中小学思政课建设】结合抗疫主题,省教育厅部署各地各学校用好抗疫思政素材,组织中小学校长、党组织书记上好思政"第一课",讲好"复学第一课",将"四个自信"教育、理想信念教育、社会主义核心价值观教育融入思政课教学,组织各地各校采取课堂教学、专题教育、升旗仪式、主题班会、团队日活动等多种形式,弘扬伟大抗疫精神,激发学生的爱党爱国热情。全面落实《关于新时代学校思想政治理论课改革创新的意见》《广东省学校思想政治理论课建设行动计划(2019—2021年)》,推动各级教育部门加快配齐配强思政课教研员,组织思政课教师集体备课,开展教学展示和教师比赛,促进中小学思政课教师专业发展。华南师范大学附属中学在教育部举办的学校思政课建设推进会上交流发言。

【劳动教育】印发《中共中央 国务院关于全面

加强新时代大中小学劳动教育的意见》和教育部《大中小学劳动教育指导纲要（试行）》任务分工方案，推动各项工作落实，着力构建有广东特色的中小学劳动教育体系。举办广东省中小学劳动教育暨学生信息素养提升实践活动、"我劳动，我快乐"等劳动主题教育活动，召开华南师范大学附属中学（学农30年）暨全国中学劳动教育研讨会，弘扬劳动精神，探讨劳动教育路径。遴选建设省级中小学劳动教育基地38个，遴选第一批97个省级研学实践基地、6个营地，做好中央公益彩票金支持校外教育基地建设工作，拓展中小学生劳动教育实践资源。督促各地各校切实开齐开好劳动教育课程，鼓励学校结合当地资源，开发有区域特色的劳动实践类校本课程。评选命名85所省级中小学劳动教育特色学校，发挥先进典型的示范带动作用。

【中小学心理健康教育】疫情发生以来，广东省教育厅把学生心理健康教育与心理危机防范工作纳入教育系统疫情防控整体安排，成立委厅防范学生心理危机事件工作专班，建立省级学生心理危机联防联控机制，指导学校开展心理筛查、危机干预、重症转介、家校协作，构建"学校、家庭、社会"三位一体学生心理健康防护体系。研制《中小学生心理危机干预手册》，印发《广东省中小学心理健康教育行动计划》《广东省中小学生复学前后心理健康防护指引》等。开发心理筛查系统，开通心理热线，开展"5·25"心理健康教育活动。发布心理健康知识宣传推文48期，累计点击100万余人次。制作心理微课、公开课91门，点击量逾千万人次。全覆盖开展专项督导，压实各地政府教育职责，对重点地市进行实地督查和约谈。组织培育第四批广东省中小学心理健康教育特色学校55所，发挥特色学校的示范带动和引领辐射作用。广州市教育局代表广东在2020年全国中小学德育工作会议上介绍和交流中小学生心理健康教育工作经验。

【中小学德育队伍建设】广东省教育厅开展德育管理干部、班主任、思政课教师等德育队伍培养培训，举办中小学心理健康教育教学基本功比赛、班主任大赛、班主任工作室展示，发挥73个中小学名班主任工作室辐射引领功能、330名省级名班主任的示范带动作用，着力提升中小学德育队伍的素质能力和专业水平。广东在全国职业院校技能大赛中等职业学校班主任能力比赛中获一等奖人数居全国第一，广东省教育厅获优秀组织奖。

【高校思想政治工作综述】2020年，中共广东省委教育工委、省教育厅组织全省各高校坚持以习近平新时代中国特色社会主义思想为指导，全面贯彻党的十九大和十九届二中、三中、四中、五中全会精神，认真贯彻习近平总书记出席深圳经济特区建立40周年庆祝大会和视察广东重要讲话、重要指示精神，坚持围绕中心服务大局，统筹做好疫情防控和高校思政工作，推动高校台账式落实《关于加快构建高校思想政治工作体系的意见》，着力构建"三全育人"工作体系，高校思想政治工作不断取得新进展、新成效。

【疫情防控思想政治工作】坚决落实习近平总书记关于打赢疫情防控人民战争、总体战、阻击战的重要指示和中央、省委决策部署，印发《关于新冠肺炎疫情防控期间加强学生思想引领工作的通知》，召开全省高校思想政治工作视频会议，全面部署疫情防控期间高校思政工作。指导高校用好疫情防控"教科书"，组织开展"抗疫"思政"第一课"，教育引导学生坚决拥护党中央关于疫情防控的决策部署，坚定必胜信心。深化大学生"立志、修身、博学、报国"主题教育活动。持续推动"校地结对 实践育人"项目，为实现全面脱贫攻坚目标贡献高校力量。在疫情各阶段多维度开展大学生心理状况调研和思想政治状况滚动调查，准确把握疫情防控期间思政工作新形势新任务新特点，提交高质量调研报告。组织全省教育系统线上线下学习宣传贯彻党的十九届五中全会以及习近平总书记出席深圳经济特区建立40周年庆祝大会和视察广东重要讲话、重要指示精神，掀起学习新热潮，在新的历史起点谋划新时代新蓝图。培育22个高校"三全育人"体制机制试点。

【高校思想政治理论课建设】全面推动《关于深化新时代学校思想政治理论课改革创新的若干意见》《广东省学校思想政治理论课建设行动计划（2019—2021年）》落地落实。建好用好1个"长江学者"工作室、11个高校思政课区域协同创新中心平台、12个思政课名师工作室，建设23个"八个相统一"高校思政课示范点，发挥示范带动作用，激发思政课教学改革创新活力。实施"一校一品牌、一院一特色、一课一精品"建设计划，为思政课建设打牢坚实基础。深化推广"马克思主义中国化进程与青年学生使命担当"精品思政课程，公益化出版课程讲义教案。打造"强国系列"名师大讲堂，首批12堂思政课在"学习强国"学习平台展示。举办全省大中小学思政课一体化教学展示活动、高校青年思政课教师教学基本功比赛。

【高校思想政治工作队伍建设】在疫情防控常

态化阶段组织高校宣传部部长、学工部部长集中研修，统一思想、凝聚共识。建立台账、挂图作战、强化督导，推动高校落实思政课教师岗位和编制要求，"按师生比1∶350专兼结合配齐思政课教师，按师生比1∶200配齐专职辅导员" 2项任务顺利完成。指导高校统筹用好地方党政领导干部、企事业单位管理专家、社科理论界专家、各行业先进模范等八支队伍，兼职讲授思政课。健全兼职思政课教师聘任管理制度，一视同仁加强纪律教育、听课督导。建好用好6个高校思政课教师培训基地，举办高校青年思政课教师教学基本功比赛及粤桂琼赣滇五省区联赛、高校辅导员素质能力大赛、高校大学生心理健康教育教学基本功比赛、工作室展示等活动，发挥12个思政课名师工作室、7个名辅导员工作室、22个骨干辅导员工作室、12个高校心理健康教育与咨询区域中心等培训培养功能，搭建人才学习成长平台。广东省3名思政工作者入选教育部大中小学思政课一体化建设指导委员会委员，1名高校辅导员荣获"2020年全国高校辅导员年度人物"称号。

【高校学生心理健康教育】把学生心理健康教育与心理危机防范工作纳入教育系统疫情防控整体安排，成立委厅防范学生心理危机事件工作专班，建立省级学生心理危机联防联控机制，指导各校开展心理筛查、危机干预、重症转介、家校协作。制发《广东省高校复学前后学生心理危机预防与干预工作指引》等，开展"5·25"心理健康教育活动，指导高校做好相关工作，发挥省高校心理健康教育指导委员会、高校区域学生心理健康教育中心等智库作用，组织专家巡回督导检查。建设省级心理援助平台"心晴热线"，指导全省20所高校面向社会开通网上心理咨询服务，全部高校面向本校师生开通心理网络咨询、心理热线电话服务，逾4万余名求助者接受在线心理辅导。

【高校网络思想政治教育】指导高校发挥校园官方新媒体宣传矩阵作用，及时传达疫情防控权威信息、工作部署，引导广大师生从权威渠道获取信息，不信谣不传谣。及时、真实宣传疫情防控斗争中的先进典型特别是高校附属医院医护人员的感人事迹、师生捐助抗疫物资的暖心善举。组织开展"我在战'疫'中成长"广东高校大学生抗疫征文活动、"共抗疫情、爱国力行"网络原创作品主题宣传活动、"爱国心·报国情·强国志"征文活动、"学回信，话担当！我们都是收信人"高校网上接龙活动、"网上重走长征路"暨"四史"学习教育活动等主题教育活动，凝聚起广大师生众志成城、全力以赴、共克时艰的强大正能量。制发《广东省校园新媒体管理办法（试行）》，鼓励建立校园新媒体联盟，指导高校加强校园新媒体管理。

【高校少数民族学生教育管理服务】结合全省民族团结进步宣传月活动，落实高校专职少数民族辅导员和内派管理服务教师的培养培训工作，举办新疆籍少数民族预科学生入学教育和新疆少数民族骨干大学生卓越训练营。选树典型，广东省共有3所高校和省属中小学校获评广东省民族团结进步模范集体，6名高校教师和1名辅导员荣获"广东省民族团结进步模范个人"称号。

（撰稿 汪 芸 李顺风；审稿 倪 熙）

政策法规

【参与制定重大教育政策】深入开展政策调研，组织开展或参与教育行政执法调研、中小学教师实施教育惩戒权规则调研、民办义务教育调研、民办高校分类管理课题调研、教育法治工作调研、民办教育独立学院转设等系列调研，形成调研报告，了解掌握事业改革与发展基础情况。做好教育政策文件起草工作，推动省人大常委会审议通过《广东省学校安全条例》。继续推进《广东省教育教学成果奖励办法》《广东省中小学校教职工代表大会工作规定》《广东高等学校馆藏品管理规定》起草工作。高质量完成重要文稿起草工作，为2020年全省教育重点工作座谈会筹备收集、整理系列资料。按照目标导向、问题导向形成包括民办高校人才队伍建设"十四五"规划在内的广东省教育发展"十四五"规划相关工作素材稿和重点任务设想。省教育厅向教育部、省政府、省委依法治省办等报送了2019年度法治政府建设、教育系统法治建设情况及2020年工作设想、《广东省教育厅关于广东省推进高校法治工作情况的报告》、《推进民办高等教育健康发展课题调研材料》，深度参与支持《广东省教育发展"十四五"规划》以及《广东省教师发展体系建设实施方案》等系列重要文稿修改工作。

【疫情防控法治宣传教育】选编了教育系统有关新冠肺炎疫情防控工作重要法律、法规、规章和文件，以及疫情防控法律法规汇编和解读，印发省教育厅内各处室（单位）干部职工学习使用。向全省教育系统印发《广东省教育厅防控新型冠状病毒肺炎疫情工作领导小组关于做好疫情防控法治宣传教育工作的通知》。动员全省教育系统以疫情防控为主题积极开展法治宣传教育，在省教育厅官微"广东教育"微信公众号发布四期推送介绍全省学校依法战"疫"的好经验、好做法，以法治筑牢校园安全防线，讲好广东教育法治故事。

【全面推进依法行政】制定《广东省教育厅重大行政决策全过程记录和档案管理办法》，2020年完成规范性文件合法性审核和公平竞争审查6件，已印发4件。完成5项法规、规章、规范性文件、政策文件专项清理工作，进一步厘清省教育厅规范性文件目录。开展行政执法能力提升系列活动。共评查省教育厅内行政许可案卷54份，各市教育局行政许可案卷、行政处罚案卷约152份。对案卷以"一案一评查"报告的方式反馈评查报告，指出存在问题，指明改进方向。修订《广东省教育厅"双随机、一公开"工作实施细则》及《广东省教育厅随机抽查事项清单》，起草教育部门"双随机、一公开"联合执法抽查事项清单，并向社会公示。省教育厅分别在2020年7月17日的广东省"双随机、一公开"监管工作研讨会和2020年11月23日的国家督查组对广东省督查座谈会上做典型发言。编印《教育政策文件选编（2019）》《广东省依法治教案例评析》，指导依法治教工作。五是派员到省教育考试院开展依法行政交流辅导。

【行政复议、行政应诉工作】提供法律咨询58起，合同审核96件，出具法律意见书9份，参与多起重大决策论证等。每季度总结开展"法情通报"，向省教育厅内各处室发出涉法事务通报、专项法务解读和风险预警，提高有效防范和化解法律风险的能力。公正处理有关涉法事务，化解纠纷矛盾。认真履行复议审理职责，受理行政复议案件9件，作为被申请人参加复议案件3件，计12件。行政复议办结率100%，已审结案件被上级机关维持率100%。依法办理行政应诉，落实《广东省行政应诉工作规定》要求，所有行政案件均依法进行答辩、举证，并履行人民法院生效裁判。2020年，省教育厅接到行政应诉通知书8份，其中1件开庭审理案件由省教育厅副厅长那佳出庭应诉，法院判决省教育厅胜诉。行政诉讼按期答辩率100%，审结案件胜诉率100%，负责人出庭完成率100%。

【全面推进依法治教、依法治校】持续推进依法治校创建活动，通过"法治广东建设（依法行政）考评系统"、印发《广东省教育厅关于全面开展依法治校创建活动工作落实情况的通报》等，推动各地落实省委依法治省办要求，开展依法治校创建活动。全省各地95%以上的中小学达到依法治校认定标准。编制《广东省依法治校图文集》，总结广东省"千校示范校"创建工作经验做法，供各地各校参阅、借鉴。开展中小学章程和法律顾问建设督查，推进各地加快建立现代学校制度。大中小学基本实现"一校一章程""一校一法律顾问"全覆盖建设任务。全面启动高校章程修改。印发《广东省教育厅关于开展高等学校章程修订、核准与实施工作的通知》，规范章程修订程序，明确章程修订内容，统筹章程修订进度，进一步强化高校章程的实施、监督工作。联合广东外语外贸大学成立广东省教育法治研究基地。

【教育立法和教育普法】联合省司法厅、省普法办共遴选认定第二批省级青少年法治教育实践基地33个。举办第五届全省学生"学宪法 讲宪法"活动，邀请澳门学生同台竞技；在全国"学宪法 讲宪法"活动决赛中，广东省选派的选手获得演讲比赛高校组季军，小学组一等奖、最佳表达奖，知识竞赛团体赛一等奖。"全省学生齐聚网络学宪法"获得2019—2020年全省国家机关"谁执法谁普法"创新创先优秀项目。开展《民法典》《社区矫正法》等普法宣传教育工作，省教育厅送选的选手在"我与民法典有个约"青年演讲比赛中获高教组季军。完成教育系统"七五"普法终期总结工作，并启动"八五"普法规划的研制工作。组织开展省教育厅全体干部参加民法典专题学考暨2020年度学法考试，优秀率达95%以上。

（撰稿　付敬辉　梁嘉仪；审稿　戴庆洲）

发 展 规 划

【积极推进教育发展规划编制】开展广东省教育发展"十三五"规划实施评估总结工作，系统梳理"十三五"规划实施进展情况、取得成绩以及存在问题，正视短板弱项，深入剖析并研究提出下一步工作方向。全面贯彻习近平总书记关于教育的重要论述和全国、全省教育大会精神，按照国家和省教育现代化2035远景规划及实施方案，做好广东省教育发展"十四五"规划编制工作。强化问题导向，聚焦实际难题，注重与上级文件精神延续衔接，力求突显广东特色。坚持问计于民，务求集思广益，规划编制过程注重听取群众呼声、理清工作思路、明确未来方向。重点跟进2020年省重点建设项目和重点建设前期预备项目建设进度，择优推荐2021年省重点建设项目、重点建设前期预备项目、中央预算内投资计划项目。

【高校设置工作成效显著】一是做好新建高校工作。推动华南师范大学汕尾校区、广东工业大学揭阳校区、广东海洋大学阳江校区、广东金融学院清远校区、广州幼儿师范高等专科学校、广东汕头幼儿师范高等专科学校、广东潮州卫生健康职业学院、广东梅州职业技术学院、广东云浮中医药职业学院、广东肇庆航空职业学院等高校加快筹设，持续做好推动设立广州交通大学、深圳理工大学、广东格力职业学院、广东华航航空职业学院有关工作。二是做好独立学院转设。推动广东技术师范大学天河学院成功转设为广州理工学院；中山大学南方学院转设为广州南方学院、广东财经大学华商学院转设为广州华商学院、广州大学松田学院转设为广州应用科技学院、广州大学华软软件学院转设为广州软件学院已获得教育部公示；吉林大学珠海学院、中山大学新华学院、广东海洋大学寸金学院、华南理工大学广州学院4所独立学院转设已完成教育部专家组实地考察工作。三是做好省内高校设立分校区考察，进一步拓展办学空间，优化高等教育布局。推动广州美术学院佛山校区四方共建，完成广东技术师范大学河源校区、广东邮电职业技术学院江门校区、广东岭南职业技术学院清远校区、广东理工学院鼎湖校区等首期校园办学条件评估。

【做好院校划转工作】完成省直部门（单位）所属学院划转工作。2020年6月，省政府批复同意广东体育职业技术学院成建制移交省教育厅管理，同意广东青年职业学院和广东行政职业学院整合移交省教育厅管理。至此，省教育厅已完成《广东省管理体制调整实施方案》中的所有划转任务。

【做好民办高校风险化解和日常管理】一是做好北京理工大学珠海学院转设风险化解工作，学院办学总体稳定。广东信息工程职业学院举办者纠纷风险得以解除。指导做好广东珠江职业技术学院、惠州经济职业技术学院举办者纠纷化解工作。指导做好广东亚视演艺职业学院办学风险化解工作。二是做好东莞理工学院城市学院、华南理工大学广州学院、华南农业大学珠江学院3所独立学院举办者变更指导协调工作；完成广州东华职业学院等10所民办高校办学许可证办理，广州科技职业技术大学等18所高校董事会成员变更备案；做好广东工商职业技术大学等3所学校民办非企业变更登记事项的审核工作。此外，积极与教育部、省人社厅沟通，做好开展本科层次职业教育试点工作；推动全省广播电视大学更名为"开放大学"；做好省外高校在粤设立成人函授教育辅导站的评议、备案工作，全年共收到27项设立申请，经组织专家评议，同意7项设立申请。

【积极争取科学编制高等教育招生计划】一是高质量完成专升本扩招任务，通过鼓励民办本科高校扩大本科插班生招生、支持公办本科高校与高水平高职院校联合培养、协同育人等方式，共安排本科插班生计划4.66万人（同比增加158%），最终录取5.05万人，有效扩大应届毕业生就业渠道。二是积极争取研究生计划。2020年教育部下达广东省省市属博士研究生计划2 375人，比2019年增加15%；下达硕士研究生计划34 312人，比2019年增加39.45%，总量和增幅都位居全国前列。三是积极扩大高考招生规模，安排省市属高校本科计划28.7万人，鼓励有条件的高校扩大招生规模，积极优化本科结构，其中安排公办高校本科计划17.7万人，比2019年增加1.2万人；根据高等教育毛入学率提高和高职扩招的需求，足额安排高职计划，2020年录取53.3万人。四是认真编制成人高等教育招生计划。下达高考招生计划共43.33万人，比2019年增加5.26万人。

【推动粤港澳大湾区教育合作发展和深圳教育先行先试】一是推动出台推进粤港澳大湾区高等教育合作发展规划。2020年11月2日，教育部和广东省人民政府正式印发《推进粤港澳大湾区高等教育合作发展规划》，系统谋划大湾区高等教育合作的总体要求、重点任务和组织实施与保障。二是统筹落实推进粤港澳大湾区教育合作发展2020年重点任务。建立重要文件、重大政策、重大项目、重大事项清单式管理机制。三是推进大湾区内地新设高校筹建。《大湾区大学办学初步方案》通过省政府常务会议审议，已向省政府提请聘任北京大学原副校长田刚院士为湾区大学创校负责人，正有序衔接筹建工作涉及的人、财、物、土地等办学资源配置事宜；中山科技大学建设用地使用方案已获批，正委托有关机构开展校园建设规划、学科及专业设置规划、师资队伍建设规划；广州交通大学筹建工作方案已通过广州市政府常务会议审议，正根据筹建方案推进征拆及校园建设、师资招聘等工作；华南理工大学广州国际校区二期工程已开工；继续推动华南师范大学粤港澳大湾区教师教育学院筹建前期准备工作。四是全力支持深圳建设中国特色社会主义先行示范区。建立推进深圳建设先行示范教育高地和高等教育综合改革先行示范区2020年工作台账，明确推进工作的时间表、责任人，每月通报进展情况，省市共同推进重点工作和项目，及时研判遇到的难点堵点问题，细化工作措施，专人专岗跟进落实督导。

【扎实开展教育大数据及统计工作】落实《教育统计管理规定》，加强教育统计科学研究，为厅内资金分配、督导评估、考核评价及计划安排等提供服务和支撑。按疫情防控要求，创新工作方式，充分利用互联网、大数据、云计算等现代化信息手段开展数据核查工作，通过系统间数据比对、历史数据比对、数据逻辑比对以及业务处室提供的可疑线索，针对学校重点指标发现的可疑数据，利用视频远程进行数据核查，并针对性抽查了13个地市、17所学校，发现虚报班额等情况，按要求在政府履职评价中进行了扣分。紧扣控辍保学重点任务，协同厅内有关职能处室（单位），会同省公安厅、出入境管理局等省职部门，通过广东省教育数据采集前置系统，开展全省适龄儿童学籍信息、户籍信息、出入境数据交叉比对，并形成了常态工作机制，为广东省控辍保学任务圆满完成提供了核心支撑。

（撰稿　魏天翔；审稿　谢春艳）

基建财务

【全省教育基本建设投资情况】2020年，全省地方所属各级学校基本建设完成投资9 768 061.5万元，施工面积35 902 736平方米，竣工面积16 287 959平方米（其中，教学及辅助用房9 286 873平方米，行政办公用房605 696平方米，生活服务用房5 045 319平方米，教职工住宅56 769平方米，其他用房1 293 302平方米）。

【全省教育经费投入情况】2020年，全省地方教育经费总投入为5 386.96亿元（见表1），占全国教育经费总投入的10.16%，比2019年增长9.52%，高于全国增幅3.83个百分点。其中，全省财政性教育经费为4 180.32亿元，占全国财政性教育经费的9.74%，比2019年增长12.51%，高于全国增幅5.36个百分点。全省一般公共预算教育经费为3 537.82亿元，比2019年增长9.95%，占全省一般公共预算支出的20.3%，比2019年提高了1.7个百分点，占比在全国排名第二位。

2020年，各级教育生均一般公共预算教育经费实现增长。全省幼儿园生均一般公共预算教育经费为9 521.44元，比2019年增长57.65%；普通小学生均一般公共预算教育经费为14 654.73元，比2019年增长2.95%；普通初中生均一般公共预算教育经费为21 708.59元，比2019年增长0.09%；普通高中生均一般公共预算教育经费为23 769.10元，比2019年增长9.75%；中等职业学校生均一般公共预算教育经费为20 377.74元，比2019年增长2.54%；普通高等学校生均一般公共预算教育经费为36 894.01元，比2019年增长1.61%。

· 教育综合管理 ·

GENERAL MANAGEMENT IN EDUCATION

表1　2020年广东省地方教育经费投入情况

项目	2019年（亿元）	2020年（亿元）	增长（%）
总计	4918.76	5386.96	9.52
一、国家财政性教育经费	3715.58	4180.32	12.51
其中：一般公共预算教育经费	3217.77	3537.82	9.95
二、民办学校中举办者投入	24.36	29.31	20.32
三、捐赠收入	9.73	10.36	6.47
四、事业收入	1126.22	1118.11	-0.72
其中：学费	981.10	982.83	0.18
五、其他教育经费	42.87	48.85	13.95

【**教育基建财务重点工作**】一是完善经费保障体系，做大做优教育经费"盘子"。落实省政府决策部署，联合有关部门印发了《关于建立健全我省教育经费保障体系的实施意见》和《关于促进我省教育基金会发展的指导意见》。印发《省教育厅2020年省级财政资金绩效评价和"十四五"省级财政教育投入和支出规划编制工作方案》。切实推进落实省政府确定的2020年十件民生实事之一，将全省学前教育生均公用经费最低标准由每生每年300元提高到400元，义务教育生均公用经费拨款标准继续保持在全国前列，全省公办普通高中生均公用经费最低标准由每生每年500元提高到1000元。

二是推进全省教育系统基建工作，支撑提高高等教育毛入学率。加快"提高高等教育毛入学率"工程、省职教城二期建设等重点项目建设。安排下达2020年学位综合补助资金21.3亿元，全力推进"提毛"工程。推进华南农业大学建设综合体育馆等项目建设。全力协助保障政府债券发行，2020年共发行专项债券26.6亿元，一般债券15.4亿元。

三是全面推进高校所属企业体制改革，扎实做好国有资产管理工作。举办省属高校所属企业体制改革专题培训，部署推开非试点高校企业改革。严格审核批复省属高校企业体制改革方案。严把出租出借、报损报废等资产处置关口，全面梳理所属单位出租出借房产物业以及闲置土地、房产物业和空置旧校区等情况。

（撰稿　杨　超；审稿　卢振家）

教 育 审 计

【**综述**】2020年是全面建成小康社会和"十三五"规划收官之年，也是全国上下万众一心、众志成城、坚忍不拔书写抗疫史诗极不平凡的一年。各级教育行政部门和高校审计机构以习近平新时代中国特色社会主义思想为指导，围绕广东省教育改革发展大局，以"大学习、深调研、真落实"为重点，以"促发展、强管理、保安全"为主线，以"审计计划有精度、查核问题有深度、审计定性有温度、价值提升有高度、审计整改有力度"为目标，牢固树立科学审计理念，充分发挥内部审计"体检表"和"温度计"作用，努力构建集中统一、全面覆盖、权威高效的教育审计监督体系，为教育改革与发展保驾护航，为国家治理体系和治理能力现代化建设贡献教育审计力量。

2020年，广东省教育系统开展审计项目24047项，审计总金额3219.85亿元，查出有问题资金8.99亿元，促进增收节支6.37亿元，移交审计线索24件，提出审计建议11690条，促进全省教育系统制定修订内审制度596个。截至2020年底，全省教育系统审计机构共有263个（其中独立设置112个），审计人员1220人（其中专职审计人员554人）。

2020年，省教育厅组织开展审计项目18项，审计总金额26.11亿元，查出有问题资金1.91亿元，促进增收节支1684.54万元，提出审计建议261条，推动被审单位立行立改，完善修订管理制度267个。制定审计整改台账4份，发出整改通知24份，涉及24个单位；向省政府办等有关部门提交省教育厅审计整改报告6份；向审计机关提供审计资料94件。审计室代表广东省教育厅参加第八届广东省市直机关"先锋杯"工作创新大赛,并获得转变作风项目"优秀作品奖"。

【教育审计实务工作】2020年,围绕委厅党组中心工作,贯彻审计全覆盖和审计要求,聚焦主责主业,消除监督盲区,落实"三个区分开来"与审计业务体系融会贯通,着力推动政策落实、促进深化改革、维护经济安全、加强廉政建设,保障教育事业健康发展。

探索开展政策落实专项审计。聚焦教育发展重点和社会关注热点,采用"统一部署、分类指导、省市协同、整体推进"的方式,组织开展政策落实专项审计。一年来,省教育厅开展政策落实专项审计调查9项,全省开展效益审计、专项资金审计、内控评审、风险评估、信息系统审计1 145项。一是组织做好各地级以上市教育局2017年至2019年度学前教育政策落实情况的专项审计调查,出具了汕头市、韶关市、茂名市3个市教育局学前教育政策跟踪审计报告。二是组织做好省属高校2016年至2018年科研经费管理情况和师资培训经费的专项审计调查,出具了广东海洋大学、广东药科大学、岭南师范学院、广东石油化工学院、广东环境保护工程职业学院、广东生态工程职业学院6所高校的审计报告。三是以政策落实审计为抓手,推动全省教育审计转型升级,针对教育热点、难点问题,主动作为,勇于探索,加快管理审计、内控审计、风险管理、绩效审计的步伐,促使国家和省学前教育、师资培训、科研经费等教育政策措施有效贯彻落实。

扎实开展领导干部经济责任审计工作。聚焦领导干部经济责任,强化权力制约监督,贯彻落实《党政主要领导干部和国有企事业单位主要领导人员经济责任审计规定》,积极指导各地各校开展经济责任审计。一年来,全省教育系统共开展领导干部经济责任审计1165项,省教育厅2项。一是认真做好广东省教育装备中心原主任彭红光、厅直属三企业联合经营实体原总经理李瑾凡的离任经济责任审计工作;二是积极指导各地各校开展经济责任审计,全面落实审计全覆盖,加强领导干部监管,促进履职尽责、担当作为,确保中央令行禁止,推进党风廉政建设向纵深发展。

认真做好专项审计工作。聚焦国有资金安全,规范管理提高效益,推进党风廉政建设。2020年,全省教育系统开展专项审计调查626项,提交审计调查报告734份,省教育厅开展专项审计调查7项。一是民办高校审计,完成了广东信息工程职业学院的专项审计;二是转企改制审计,完成了广东教育杂志社转企改制财务专项审计;三是援藏经费审计,完成了广东教育援藏经费(2016年6月至2019年7月)专项审计;四是做好广东省环境保护职业技术学校、广东省财政职业技术学校、广东省旅游职业技术学校、广东省旅游商务职业技术学校4所中职学校专项审计调查。

认真开展财务预决算审计和财务收支审计。组织各高校认真开展预算执行与决算审计和财务收支审计813项,有力促进各地各高校加强经费预算管理,提高经费使用效益。

深入开展基建与修缮工程审计。指导各校做好工程项目审计,实施基建全过程跟踪审计。2020年,全省教育系统深入开展工程项目审计7 317项,核减工程造价约426.85亿元。

【教育审计整改工作】探索打通审计整改"最后一公里",确保审计整改全覆盖、无死角。一是协同推动审计整改。根据《厅党组会议纪要2020年第11期》精神,将2017年以来省教育厅出具的32份审计报告移送委厅干部处、人事处、机关纪委、驻厅纪检监察组,强化内部审计结果运用。二是牵头做好审计整改。积极协调审计署驻广州特派办和省审计厅,做好国家重大政策落实审计整改,对近3年审计发现问题制定整改台账,向省政府办等报送整改报告6份。三是做好审计跟踪检查。分类制定审计整改台账,实行对账销号。做好广东省教育研究院稿酬跟踪检查,多次与省教育研究院商议审计整改事项;做好广东省轻工职业技术学校、广东交通职业技术学院、岭南职业技术学院等审计跟踪检查,督促做好整改。四是发出审计整改通知书。强化整改主体责任,注重完善长效机制。对近2年省教育厅审计的有关学校(单位)发出审计整改通知书24份,针对审计发现问题做好整改,从体制机制和制度层面上分析产生问题的原因,进一步规范管理,健全制度,完善内部治理体系和内控长效机制,堵塞管理漏洞,举一反三,防止同类问题再次发生。五是组织召开审计整改专题会,深入粤西和广州地区等教育行政部门和6所高校,召开7次审计整改专题会,指导、督促落实"三令",完善制度,规范管理,做好整改。

【教育审计制度建设】立足新时代,落实新要求,强管理,建章立制,进一步加强教育审计制度建设。一是编印《广东省教育审计规范化管理制度汇编》,分发到各地各校,确保审计工作依法依规、按制度、按程序开展；二是统一审计文书格式，规范查询函、取证函、工作底稿、审计报告等，严防审计风险，提高审计质量；三是规范审计档案管理，对省教育厅历年审计档案、资料进行全面整理、归档，建立电子审计档案，确保审计档案的完整与安全；四是积极参与省审计厅《广东省部门单位内部管理领导干部经济责任审计办法（试行）》起草工作，参与中国教育审计学会《教育内部审计准则》起草工作，进一步提升审计工作规范化、制度化、科学化水平；五是着力理顺内部审计工作体制机制，支持成立审计委员会或审计工作领导小组，切实加强党的领导，加快教育审计治理体系和治理能力现代化建设，茂名市教育局成立了政策法规与审计科，汕头市教育局、广东环境保护工程职业学院、广东生态工程职业学院等成立了审计工作领导小组，岭南师范学院、广东海洋大学、广东石油化工学院等相继成立了审计委员会，有力推动教育审计依法依规独立开展工作。一年来，全省教育系统努力提高内部审计规范化水平，制定修订内部审计制度共596个，进一步规范了审计行为，提高了审计质量。

【教育审计队伍建设】认真学习贯彻习近平总书记系列重要讲话精神，创新培训方法和内容，坚持分类培训，组织全省教育审计培训班2期，培训321人，全省共有3 155名教育审计人员参加各类培训，以上率下带头学、带头干，打造忠诚、干净、担当的教育审计队伍。

【教育审计信息化建设】继续建设"广东省教育系统综合监督信息平台"，完善数据采集、访问与共享机制，研发重大问题预警数据模型。平台进行8批次试运行，覆盖21个地级以上市和100多所高校，强化"总体分析，发现疑点，分散核实，系统研究"的审计作业模式，做好平台迁移上云等相关工作，有效实现各地各校的综合监督，进一步提高审计监督效能和力度，为教育审计发展注入了新的活力。

（撰稿 李　赞　邓柳雁；审稿　丁开万　陈　斌）

学 生 助 学

【综述】2020年，学生助学工作管理办公室紧紧围绕委厅中心工作，以"精准资助质量提升年"为管理目标，按照《2020年广东省学生资助工作要点》工作部署，进一步健全学生资助政策体系，提高学生资助工作管理水平，推动全省学生资助工作高质量发展。一是全年下达学生资助财政资金74.2亿元，受助学生约309万人次。二是国家助学贷款工作取得新成效。全年全省共计发放国家助学贷款11.6亿元，资助高校家庭经济困难学生约14.5万人次，分别较2019年增长30.2%和29.2%，持续保持高速增长。

【全力做好疫情期间学生资助工作】一是联合印发《关于做好中小学校线上教育工作的紧急通知》《广东省教育厅 广东省财政厅转发关于做好新型冠状病毒感染肺炎疫情防控期间学生资助工作的通知》等通知，进一步压实地方责任，及时帮助解决无网络、无电视学生线上学习中遇到的困难，确保网上教学"不让一人掉队"。二是精心组织，为全省省级贫困村9 262名建档立卡初三、高三年级学生提供线上学习平板电脑，为全省中小学生办理宽带免费提升，为省内287 079名建档立卡学生每人每月免费赠送30G流量包。三是推动高校加大对受疫情影响家庭经济困难学生的资助力度。各地各学校全力做好疫情防控期间的学生资助工作，制订工作方案，精准了解学生情况，设置专项资助，及时发放国家资助资金，对疫情严重地区和家庭经济困难的学生，发放防疫物资、爱心礼包、流量补助、临时补贴等，有效保障了学生的基本学习生活。韶关市教育局出台了《韶关市教育系统落实教育"一对一"精准帮扶活动实施方案》，组织教师对贫困家庭学生进行家访，建立"一对一"帮扶。阳江市教育局免费提供电脑给建档立卡贫困家庭学生使用。

【完成教育脱贫攻坚任务】一是资金发放更加精准及时，有力保障了教育精准扶贫精准脱贫任务目标的完成。2020年发放建档立卡学生生活费补助10.3亿元，受助学生30.5万人，发放免学费补助2.6亿元，受助学生7.5万人。二是工作制度更加完善规范，联合省扶贫开发办公室印发文件，进一步明确建档立卡学生补助工作有关事项，更好地规范了义务教育到研究生教育阶段建档立卡学生资助工作。三是数据管理更加全面高效，在全国学生资助管理系统基础上建立了"三大数据平台"，研发建档立卡学生资助特色模块，将建档立卡学生资助管理工作推上新台阶。四是监督指导更加到位及时，通过发好文、开好会、常督查、抓考核、抓整改、抓辍学等形式加强对各地市各学校的监督检查力度。协同学籍部门做好建档立卡适龄儿童控辍保学，并纳入统筹推进基础教育高质量发展重点工作。五是工作规划更加靠前，与省扶贫开发办公室和省财政厅协调谋划"十四五"期间相对贫困户子女的教育资助，做好脱贫攻坚后期政策衔接。

【**学生资助政策制度更加完善**】一是健全省级层面学生资助政策，经省政府同意，联合省财政厅印发《关于进一步健全学生资助政策体系的通知》，系统整合广东省现行学生资助政策，明确健全学生资助政策的总体任务、政策内容和工作要求。联合省财政厅修订《学生资助资金管理办法》，统一规范各教育阶段学生资助资金管理。二是规范高校学生资助工作制度，印发《关于建立健全普通高校学生资助工作管理制度的通知》，要求各高校加强管理制度建设，完善学校国家奖助学金实施办法，健全各项学生资助工作管理制度，进一步提升全省高校学生资助工作管理水平。

【**生源地信用助学贷款工作稳步推进**】根据教育部的工作安排，稳步推进生源地信用助学贷款工作，加强生源地信用助学贷款政策宣传和解读，重视做好疫情期间国家助学贷款的还款救助和预申请工作。2020年，全省国家助学贷款家庭经济困难大学生共有14.5万人，贷款金额11.6亿元。在教育部全国学生资助管理中心、国家开发银行联合召开的全国2020年生源地信用助学贷款受理工作启动会上，广东省做了题为"建机制 强手段 把时点 重成效——确保资助政策宣传家喻户晓"的典型经验交流。一是印发《2020年国家开发银行经办的国家助学贷款工作指引》《关于做好2020年生源地信用助学贷款工作的通知》等文件，稳步推进生源地信用助学贷款工作。二是优化服务手段，按照"好事办好、方便群众"的原则，进一步创新和优化生源地信用助学贷款各项服务。三是加强对地市和县区的实地指导和业务培训，指导各地把握时间节点，提前谋划、确保全面贯彻落实好生源地信用助学贷款资助政策。

【**完善学生资助信息管理**】进一步加强学生资助信息系统建设，完善系统管理功能，提高学生资助工作管理水平。一是推进学生资助综合管理平台建设，完成综合管理平台软件系统研发，待项目立项批准即可推广应用。二是完成中职学校资助学生在校情况管理系统研发和应用，进一步规范中职学校学生资助工作管理。三是实现高校本专科学生国家奖学金线上评审。

【**学生资助政策宣传力度加大**】一是制订全年资助宣传工作方案，加大家庭经济困难学生资助政策宣传，完善学生资助舆情监控和应对机制的舆论引导工作。二是把握关键节点，扩大宣传效果，印发《关于做好新型冠状病毒感染肺炎疫情防控期间学生资助工作的通知》《关于在新型冠状病毒感染肺炎疫情防控期间强化国家助学贷款还款救助机制的通知》，解除受疫情影响学生的后顾之忧。三是印发《致初、高中毕业生的一封信》，并在高考《报考指南》《报考目录》及高校录取通知书里附送《广东省高等学校学生资助政策简介》。四是与新华社、南方日报等媒体合作，在半月谈和省教育厅官微、官网上宣传报道广东省学生资助政策和成效。

【**高校资助育人工作取得新进展**】广东省高校在落实国家和省的资助政策同时，积极推动保障型资助向发展型资助转变，积极探索实施扶贫与"扶智""扶志"相结合的资助育人新模式，将育人工作融入学生资助工作中。各高校都实行勤工助学"三助"岗位向家庭经济困难学生倾斜政策，让学生在"三助"岗位上加强责任担当教育，提升自强意识。佛山科技学院完善学生资助管理办法，设立"学生综合素质提升奖助学金"，将扶贫与"扶智""扶志"结合起来，帮助家庭经济困难学生提高通识综合素质、科技文化素养、就业创新能力，构建成长型资助育人体系。

【**专项工作效果显著**】一是调整国家励志奖学金评审方式，采取全省分布式交叉评审，提高了评审质量和效率。召开国家奖学金评审工作座谈会，规范高校国家奖学金评审。二是开展高校学生奖助基金专项整治工作，针对审计指出奖助基金提取不足、支出率低、结余经费过多的问题，通过多次通报、约谈、座谈、实地调研等方式，督促问题学校及时落实整改。2020年首次实现全省所有高校全部足额提取学生奖助基金。三是开展纠正截留克扣农村义务教育学生营养膳食补助专项整治"回头看"工作，督促各地市认真落实、注重实效，逐一摸排是否还存在截留、克扣、挤占、挪用、拖欠营养膳食补助等突出问题。四是召开研究生奖助工作座谈会，规范研究生国家奖助学金评定与发放工作。五是开展学生资助资金核查工作，经核查，广东省建档立卡等四类学生已实现应助尽助，学生资助资金及时到位，按时足额发放学生资助资金，未发现虚报套取、挤占挪用、截留克扣等问题。

（撰稿　卓　越　朱顺平；审稿　张建锋）

安全保卫工作

【综述】2020年，广东省教育系统安全保卫工作以习近平新时代中国特色社会主义思想为指导，严格落实省委、省政府和省委教育工委、省教育厅党组的工作部署，牢固树立安全发展理念，创新安全教育方式方法，加强涉校安全隐患排查治理和专项整治，全省教育系统保持安全稳定的良好局面。

【政治维稳工作】严密部署年度安全稳定工作，召开全省教育系统2020年度安全稳定工作会议。与各地级以上市教育局、高校、省属中职学校签订《2020年安全稳定责任书》，明确各地各学校安全管理和宣传教育职能及责任。开展2020年政治安全专项行动，制定《2020年全省教育领域维稳安保等级响应工作机制》《2020年全省教育领域维稳安保工作响应等级清单》，建立安保维稳工作三级响应工作机制，并按要求及时启动应急响应。开展职业院校集团化办学风险评估。加强对清远职教城安全工作指导，建立省清远职教城高校校际安全稳定工作联席会议制度。重要节点组织开展专项督导检查、飞行检查。切实加强教育系统"扫黑除恶""扫黄打非"等工作。

【学校安全管理工作】一是开展安全隐患大排查。印发《广东省教育厅关于迅速开展涉校安全隐患排查整治专项行动的紧急通知》《广东省教育厅关于全面推行"一线三排"工作机制的通知》《广东省教育系统今冬明春火灾防控工作方案》等，对校园及周边安全隐患进行全面排查整治，重点开展春秋火灾防控、夏季防风防汛、学期末和开学前隐患排查。全省教育系统共排查出涉校安全隐患4100余项，整改3700余项，整改率达90%以上。二是整治重点、难点问题。印发《广东省教育厅关于加强重大突发公共卫生事件一级响应期间应急值守的通知》《疫情防控期间校园安全保卫工作十三条措施》，加大疫情防控期间校园安全管理的力度，要求各地各校采取有效措施，全面加强校园安全管控，严防发生校园安全事故，切实维护师生生命安全和身体健康。通报典型校园火灾事故，要求涉事学校加强校园巡查、隐患排查力度。对存在重大安全隐患的学校、地区进行督办，并开展实地调研。印发《广东省教育厅关于进一步加强学校安全管理工作的通知》，开展校园矛盾纠纷排查，建立整改工作台账，制订工作方案，确保底数清、情况明。三是开展校车及学生交通安全专项整治。印发《广东省校车安全管理厅际联席会议办公室关于开展校车安全专项整治工作的通知》，开展校车安全专项整治，共排查中小学幼儿园21700余所，校车运营单位45个，专用校车57100辆，校车司机58000人。四是开展学生溺水问题专项治理。印发了《广东省教育厅关于进一步加强学生防溺水工作的通知》《关于预防学生溺水致全省中小学生家长的信》，要求各地各学校严格落实"十一项必须"和"六个准"要求，扎实开展防范学生溺水专项行动，2020年学生溺亡事故较2019年下降。五是积极抓好自然灾害防范工作。印发《关于开展2020年汛前防汛防风工作大检查的通知》《关于进一步做好汛前准备工作的通知》《关于做好2020年学校防灾减灾救灾工作的通知》，要求各地各学校全面摸排地质灾害隐患现状，加强对校园及周边地质灾害隐患点或在建工地的监测防范，确保学校安全度汛。六是持续开展学生欺凌排查整治。组织开展"关爱女童、护苗成长"行动，履行对女童的安全保护职责，着力预防性侵女童行为发生，及时处置性侵女童案件。对学生欺凌、校园暴力和性侵害等案（事）件加强监测，及时处置，对严重和社会影响恶劣的案事件进行督办。七是开展防诈骗工作。针对电信网络新型违法犯罪特点，建立健全防诈骗工作机制，协助打击诈骗违法犯罪活动，指导帮助受骗师生通过合法途径维护权益。对于公安机关查办的涉校涉师生的案（事）件，积极配合调查。八是开展安全条例宣讲解读。《广东省学校安全条例》（以下简称《条例》）于2020年4月29日经广东省第十三届人民代表大会常务委员会第二十次会议通过，自9月1日起施行，有助于提高学校安全工作的法治化、规范化水平。为做好宣传贯彻，印制发放《条例》单行本5万余份，并在全省教育系统开展《条例》宣讲解读辅导。

【安全教育工作】一是开展常态化安全教育。通过广东省安全教育平台广泛开展平安寒暑假专项活动、预防溺水专题教育、全国中小学生安全教育日主题活动、"5·12"防灾减灾安全教育、"11·9"消防安全日教育、交通安全日教育等专题教育15

次，开展安全坐电梯、防范燃气泄漏、青春期烦恼、泥石流逃生、如何面对灾难等日常生活安全教育12次。2020年开展常态化教育累计约3 000万次，发送安全提醒累计26万条。二是加强国家安全教育。印发《广东省教育厅办公室关于开展2020年国家安全专题教育活动的通知》；4月15日，举办"国家安全教育日"专题研讨会，成立非传统安全与应急管理研究基地；7月至9月，组织省教育厅机关和高校处级以上干部811人参加教育部"国家总体安全观主题教育"网络培训示范班；组织国家安全教育相关学科骨干教师80余人参加"2020年国家安全教育教师国家级培训"。三是开展网络安全教育。根据抗击疫情情况，重点打造"校园日"线上宣传活动。组织高校师生参加"高校师生同上一堂网络安全课"，直播当天共计532 185人次观看。组织学生参加"网络安全知识竞赛"以及"校园硬核正能量、网络安全共担当"游戏活动。四是开展毒品预防教育。做好青少年毒品预防教育"6.27"工程，举办"6·3"虎门销烟纪念日、"6·26"国际禁毒日等活动，推动禁毒宣传"进网课""进生活"，融入防疫宣传。组织广东金融学院大学生社会实践队深入汕头开展毒品预防宣传教育。推动全国青少年毒品预防教育数字化平台应用，开放禁毒数字展览馆。联合省禁毒委员会办公室承办2020年全国青少年禁毒知识竞赛总决赛，广东代表队获得全国二等奖。五是开展交通安全教育。联合省公安厅组织秋季开学"交通安全第一课"活动，观看现场直播人数超2 000万人，新闻阅读量超5 000万次，有力提升师生交通安全意识。六是加强消防安全教育。联合省应急管理厅印发《关于组织开展全省2020年中小学生"森林防火"专题教育活动的通知》，并联合录制《森林防火驻心田，绿水青山映蓝天》公开课，全省共计500余万名师生参与。联合省消防总队、广东广播电视台制作《消防开学第一课》，共计1 800余万人观看。印发《广东省教育厅办公室关于开展2020年"119"消防安全宣传月活动的通知》，进一步加强全省学校消防安全宣传教育，提升消防安全宣传教育水平。七是强化安全应急培训和演练。11月，在广州南沙举办全省教育系统维稳安全培训，并举办全省应急疏散演练示范观摩活动，着力提升广大安全管理人员的业务能力。

（撰稿 罗 洁；审稿 江存余）

科研创新

【**高校科技/社科统计工作**】2020年，全省共有154所高校和21家高等学校附属医院参加广东省普通高校科技/社科统计工作。参加科技类统计的单位有138个，其中普通高校117所，高校附属医院21家；参加人文社科类统计的单位有150个，均为高校。

【**科研人力资源**】2020年，全省普通高校从事教学与研究人员总数为149 795人，其中理、工、农、医类（以下简称科技类）人数为87 559人，人文社会科学类（以下简称人文社科类）人数为62 236人。

全省普通高校从事教学与研究人员中，具有高级职称（正高和副高职称之和）的人数为50 203人，其中科技类高级职称有31 925人，人文社科类有18 278人。具有博士学位者共42 060人，其中科技类有29 295人，人文社科类有12 765人。

【**科研活动经费**】2020年，全省普通高校当年投入科研经费总额为251.67亿元，其中科技类经费为223.82亿元，占总经费的88.94%；人文社科类经费为27.85亿元，占总经费的11.06%。

全省普通高校当年政府投入的科研经费为179.25亿元，占全省普通高校当年投入科研总经费的71.23%；其中投入至科技类的经费为163.8亿元，占科技类总经费的73.19%；投入至人文社科类的经费为15.45亿元，占人文社科类总经费的55.47%。

全省普通高校当年企事业单位投入的科研经费为42.82亿元，占全省高校当年投入科研总经费的17.01%；其中投入至科技类的经费为37.12亿元，占科技类总经费的16.59%；投入至人文社科类的经费为5.7亿元，占人文社科类总经费的20.45%。

全省普通高校当年其他经费投入的科研经费为29.6亿元，占全省高校当年投入科研总经费的11.76%；其中投入至科技类的经费为22.89亿元，占科技类总经费的10.23%；投入至人文社科类的经费为6.7亿元，占人文社科类总经费的24.07%。

【**研究机构**】2020年，全省普通高校共拥有各级研究机构2 002个。其中科技活动机构1 457个，

·教育综合管理·
GENERAL MANAGEMENT IN EDUCATION

包括国家级机构74个,省部级机构1069个,其他主管部门机构314个;人文社科研究活动机构545个,包括国家高端智库2个,省级智库25个,教育部重点研究基地10个,中央其他部委重点研究基地8个,省部共建基地3个,省级基地103个,省级实验室24个,其他研究机构370个。

【科研项目】2020年,全省普通高校投入项目经费合计154.08亿元,占全省普通高校当年投入科研经费的61.22%。在研项目106 023项,其中当年新立项项目35 707项,当年新立项项目投入经费94.86亿元。

科技类项目当年投入经费141.92亿元,在研项目60 677项;其中新立项项目23 043项,新立项项目当年投入经费85.06亿元。

人文社科类项目当年投入经费12.16亿元,在研项目45 346项;其中新立项项目12 664项,新立项项目当年投入经费9.81亿元。

【科研成果】(一)发表学术论文

2020年,全省普通高校共发表学术论文123 132篇,其中在国外发表学术论文55 530篇。全年发表科技类学术论文95 416篇,其中在国外发表学术论文52 443篇,三大索引(SCI、EI、ISTP)收录论文53 584篇。发表人文社科类学术论文27 716篇,其中在国外发表学术论文3 087篇。

(二)出版图书

全省普通高校出版各类图书2 764部,其中出版科技类图书926部,人文社科类图书1 838部。全省普通高校出版专著1 151部,其中科技类出版专著310部,人文社科类出版专著841部。

(三)技术转让

全省普通高校签订技术转让合同691项,合同金额175 819.2万元,当年实际收入31 231.1万元。

(四)专利

全省普通高校专利申请22 643件,其中发明专利14 914件,占专利申请总数的65.87%;专利授权17 655件,其中发明专利6 702件。据报表,全省高校拥有专利62 602件,其中发明专利27 280件。

(五)成果获奖

全省普通高校共获得各类成果奖249项。其中,科技领域获得省部级二等奖以上奖励133项;人文社科领域获得部级奖111项。

(六)项目验收

全省普通高校科技类项目中共有128项国家级重大、重点项目验收。其中,"973"项目1项,国家科技支撑计划项目5项,"863"项目2项,国家自然科学基金重大、重点项目82项,军工项目38项。

全省普通高校人文社科类项目中,国家社科基金项目结项288项,教育部人文社会科学研究项目结项267项。

【学术交流】2020年,高校在开展科技类学术交流方面,共派出合作研究人员1 529人次,接受2 100人次;出席国际学术会议8 817人次,交流论文3 612篇;主办国际学术会议136场次,形成国际学术会议特邀报告922篇。

在开展人文社科类学术交流方面,共派出合作研究人员435人次,接受371人次;出席学术会议7 196人次,交流论文4 036篇;主办学术会议425场次。

另外,截至2020年12月31日,全省普通高校主办学术期刊212种。其中,科技类学术期刊124种,人文社科类学术期刊88种。

【高校科技创新工作】(一)高校重点平台建设

按照"需求导向、学校自主、政府统筹、分类指导"的建设思路,汇聚各方资源,统筹规划、科学布局、分类建设、重点突破,构建平台建设体系,布局平台重点领域,创新平台运行方式,增强重点平台的活力,力争实现广东高校重点创新平台整体实力的迅速提升。经组织专家遴选,确定了6类90个重点平台立项建设,其中广东省普通高校重点实验室8个,广东省普通高校工程技术研究(技术开发)中心17个,广东省高职院校产教融合创新平台项目37个,广东省普通高校哲学社会科学重点实验室2个,广东省普通高校人文社科重点研究基地5个,广东省普通高校特色新型智库21个。

(二)高校重大科研项目立项

围绕国家和广东省经济发展、文化战略和社会可持续发展的重大科学和技术问题,充分发挥高校建设主体作用,组织跨学科、跨领域的高水平科学研究,分期规划,合理布局,重点突破,力争全面提升广东省高校承担重大科研项目、产出重大成果的能力。经高校推荐认定,组织专家遴选,确定了4类1 673项省级重大科研项目立项建设,其中,省级创新团队项目100项,重点领域科研项目327项(其中"智能制造"重点领域专项103项、"服务乡村振兴"重点领域专项99项、"新一代信息技术"重点领域专项125项),省级特色创新项目723项省级青年创新人才项目523项。

(三)成果获奖

2020年广东省获国家科技奖通用项目奖(高校

第一完成单位）2项，其中国家科技进步奖一等奖1项，国家科技进步奖二等奖1项。17所高校作为第一完成单位获得省科技奖82项，其中，突出贡献奖1项，自然科学一等奖6项，技术发明一等奖6项，科技进步特等奖1项，科技进步一等奖15项。

【知识产权】（一）专利申请与授权

2020年，广东省高校申请专利量为22 643件，其中发明专利申请量为14 914件，实用新型申请量为6 502件。广东省高校专利授权量为17 655件，其中发明专利授权量为6 702件，实用新型授权量为8 471件。广东省高校专利申请量和发明专利授权量最多的高校是华南理工大学，专利申请量为3 020件，专利授权量为2 462件。

（二）专利技术的实施

40所省内高校和11家高校附属医院签订技术转让合同691项，合同金额达175 819.2万元，2020年实际收入31 231.1万元。

【教育科研基本情况】一是完成广东省教育科学"十三五"规划2020年度课题申报工作和立项工作。在2020年5月组织广东省教育科学"十三五"规划2020年度中小学教师教育科研能力提升计划项目的评审认定工作，共立项707项。从2015年度起，一般项目的评审工作由省教育厅委托各地级市教育部门负责（省直单位由省教育厅组织评审）。各地级市教育部门组织人员对本地区申报一般项目进行形式审查，并组织专家对申报项目进行竞争性评审，经地市教育部门领导班子集体讨论后确定建议立项项目；评审结果报送省教育厅，省教育厅组织专家进行审查后予以认定。在2020年5月组织2020年粤港澳大湾区国际教育示范区建设研究项目评审认定工作，共立项98项，其中重点项目立项3项，一般项目立项95项。在2020年6月组织广东省教育科学"十三五"规划2020年度课题的申报评审认定工作，共立项617项。二是加强教育科研项目的中后期管理，及时受理全国规划办和省教育厅教育科研类立项项目的开题、变更和结题鉴定工作。2020年度完成研究任务进行结题的省级教育科研课题共357项。三是完成全国教育科学规划课题申报和立项工作。广东省获得全国教育科学"十三五"规划2020年度立项课题23项，其中国家重点课题1项，国家一般课题12项，国家青年课题3项，教育部重点课题4项，教育部青年课题1项，教育部专项课题2项。

（撰稿　钟振原　曾俊伟；审稿　吴宝榆）

体育卫生艺术与国防教育

【疫情防控工作】2020年，奋力坚守教育系统防疫岗位。1月22日，广东省教育厅成立全省教育系统新型冠状病毒肺炎防控工作领导小组，办公室设在体育卫生与艺术教育处（以下简称体卫艺处）。随着疫情形势变化，自1月23日起，全体人员中断春节休假，陆续到岗工作，通过网上办公和建立数据平台及时处理防疫应急事务，发扬持续作战、艰苦奋斗的作风，坚守在全省教育系统抗疫第一线。4月16日，省政府成立学生返校工作专班，办公室也设在体卫艺处，牵头承担省疫情防控指挥办学生返校工作专班协调工作。牵头拟制疫情防控相关文件。主动联系省卫健委和疾控中心，及时研判疫情情况，协调有关处室，对各级各类学校开学时间、开学准备、开学第一课、校内宣传教育、防疫要求、全员培训、应急演练、心理健康教育、关心关怀、舆情监管等方面提出意见建议。先后牵头拟制57份校园疫情防控工作指引。梳理疫情防控要点知识，通过官微、官网、报纸、下发通知等途径，指导高校和中小学校加强防控知识宣传教育。督促指导学校落实多项防控措施。严格督促各地各校及时启动应急响应，督促指导各地各学校认真落实"四精准""六分一独立""三全""五管"等疫情应对措施，筑牢防控工作网络。及时收集上报各类工作信息。自广东省启动Ⅰ级响应以来，第一时间响应号召值班值守，第一时间启动日报告、零报告制度，立即安排摸清底数，运用信息化手段每日收集全省师生疫情情况，按要求向上级部门报送信息，为省疫情防控指挥办科学决策提供必要依据和数据支持。组织召开11次专班工作调度会和63次专班视频调度会，编发81期《每日工作简报》、215期《学生返校工作专班简报》、省疫情防控工作例会汇报材料150余份。通过全厅各处室和各单位的共同努力，实现了全省校园疫情零感染的目标，保障春季、秋季学期各级各类学校顺利开学，教学秩序安全平稳，保障健康高考、健康中考顺利进行。

【体育中考工作】2020年的体育中考面临新冠

疫情和炎热天气的双重压力，社会关注度高、组织难度大，在省疫情防控办的统一部署下，省教育厅把师生生命安全和身体健康放在第一位，在保持中考体育总分值不变的情况下，在时间安排上进行了调整，针对体育科目的学科特殊性，对考试总体安排也顺应做出了调整。于4月24日印发《广东省教育厅关于切实做好2020年初中毕业生升学体育考试工作的通知》（粤教体函〔2020〕8号），以保护广大学生的生命安全、身体健康为出发点和总原则，在综合考虑各方面因素的基础上，对2020年体育中考提出总体要求。后续又印发了《广东省新冠肺炎疫情防控期间体育与健康教学指导意见》，以加强疫情防控期间体育与健康课程教学指导。为帮助广大初三学生合理选项、积极备考、科学锻炼，通过"广东教育"微信公众号推出了一系列《中考体育项目居家锻炼指南》，并督促各地市教育局进行转发，或相应制作类似的专题宣传和指南。考试历时50余天，共有110余万名考生分布到1351个考点参加现场考试。各市共进行考试应急演练708场，有18855名考务人员全程参与考试工作，共有2509名巡考人员赴各考点巡查，巡考次数达1322次。

【全国学生运动会备战工作】结合疫情发展形势，攻坚克难抓好疫情防控期间的备战训练工作，督促各备战队充分发挥线上指导和督促作用，防止备战工作"外紧内松"。与涉及5个地市、7所高校共27个项目备战队保持密切联系，并关注疫情防控形势动向，在充分做好疫情防控前提下，分阶段做好集训工作。为做好第十四届全国学生运动会科学论文报告会论文遴选报送工作，1月份印发了《广东省教育厅办公室关于做好第十四届全国学生运动会科学论文报告会论文报送工作的通知》，在各市各高校踊跃报送论文的基础上，组织专家组织了现场评审工作。顺利完成篮球、排球、乒乓球和健美操四个项目的预赛任务。

【校园足球工作】举办了广东省青少年校园足球夏令营，从近700名中学生中选拔出176人参加全国分营，其中103人入选全国分营最佳阵容，最终有29人入选全国总营最佳阵容，取得近三年来最好成绩，在全国名列前茅。完成校园足球各类型师资培训15期，参培人员近2000人。顺利完成"省长杯"校园足球联赛全省总决赛，参赛师生超5000人，赛事规模和影响力不断扩大，品牌效应凸显。

【学生体质健康工作】在成立"广东省学生体质健康专家委员会"基础上，于6月29日举办了专家委员会全员参加的广东省学生体质健康工作交流活动。活动中为专家颁发了聘书，通报了2019年学生体质健康抽测情况，并围绕进一步提升学生体质健康工作进行了研讨和交流。分管厅领导出席活动并进行了工作部署讲话。顺利完成《国家学生体质健康标准》省内抽测工作，共抽取21个县（市、区）、64所高校和省属中职学校，测试学生共计6万余名。

【体教融合工作】中央全面深化改革委员会第十三次会议审议通过了《关于深化体教融合促进青少年健康发展的意见》（以下简称《意见》），广东省教育厅和省体育局及时、多次进行了专题工作对接，就两厅局共同推进体教融合事宜进行了深入研讨。双方达成共识，教育和体育工作在本质上是相融相通、相辅相成的关系，最终都是提高青少年体质健康。《意见》印发后，联合省体育局编制工作计划，开展相关调研和研讨，按照国家统一部署，进一步加大合作力度，致力于共同的目标，深入推进体教融合工作。

【按时保质保量完成教育部部署的"规定动作"】一是创建了100所全国青少年校园篮球特色学校、50所排球特色学校，东莞市创建为全国青少年校园篮球"满天星"训练营，同期开展了省级青少年校园篮球和排球推广学校创建工作，公布了291所省级篮球推广学校和125所省级排球推广学校。二是在全省校园冰雪运动工作中，指导各地市创建申报全国青少年校园冰雪运动特色学校及北京2022年冬奥会和冬残奥会奥林匹克教育示范学校，成功创建23所全国青少年校园冰雪体育传统特色学校；三是根据教育部要求，发动北京冬奥会和冬残奥会吉祥物故事征集主题活动，动员全省320 501名学生参与征集10 782篇作品，从中遴选出100篇优秀作品、10个优秀组织单位及10名优秀指导教师并上报教育部。

【学校美育工作】《学校美育改革发展备忘录》得到进一步落实。顺利举办了"翰墨薪传"全省教师书法作品展、全省中小学广东音乐交流展、全省中小学美育改革发展成果现场交流展等活动。通过系列展演的组织与实施，切实促进了广东省学校美育工作改革和发展的有效落实。

课堂教学、课外活动、艺术展演和校园文化四位一体育人机制得到进一步体现。一是组织开展了全省第六届大学生艺术展演活动，进一步活跃大学生第二课堂氛围，充分发挥了美育导向作用；二是持续推进广东学校美育浸润行动计划，发挥了珠三角发达地区人才教育资源优势，建立健全帮扶机制，进一步缩小粤东西北地区美育水平的差距，使每一个学生都享有公平的、高质量的美育教育；三是与长江公益基金会和时代公益基金会深入合作，进一步加强乡村美育教师培训力度，兴建乡村音乐教室。

中华优秀传统文化艺术的传承与发展得到进一步加强。一是成功创建了第三批省级高校中华优秀传统文化传承基地10所、第二批省级中小学中华优秀传统文化传承学校212所、第四批省级中小学艺术特色学校242所；以传承中国优秀文化和特色美育项目为抓手，发挥出基地和特色学样传承、教育、培训等功能作用。二是开展了40场高雅艺术进校园活动，使更多的青年学生近距离欣赏美育、认识美育、懂得美育。粤港澳学校美育交流与合作进一步推进。成功举办了第三届粤港澳大湾区学校美术与设计作品展暨第五届广东省高校美术作品学院奖双年展，紧紧围绕美术与设计主题，开展粤港澳学生间的学习交流，拓宽三地青年互通互动平台，进一步推动粤港澳三地学校艺术实践教育深度交融与合作。

【学校卫生工作】 推动儿童青少年近视防控工作。会同省卫生健康委组织开展全省学生近视率、中小学校教室采光照明情况调查，开展全国儿童青少年近视防控改革试验区和试点县（区）遴选工作。开展"爱护眼睛 健康成长"等专题宣传教育活动和专题研讨、培训活动，提高中小学校近视防控的健康知识传播的精准性。及时部署和处置学校传染病疫情。针对秋冬季学校传染病疫情流行特点，及时部署各级各类学校做好常见传染病的预防工作，加强培训指导；及时处置各类学校的突发公共卫生事件，控制疫情扩散蔓延。加强师生健康教育。部署开展"师生健康中国健康"专题健康教育活动。组织各级各类学校结合"急救日""学生营养日""爱眼日""爱牙日""世界艾滋病日"等重要纪念日开展急救、营养与健康、口腔卫生、近视防控、预防艾滋病等专题教育活动。联合省卫生健康委开展学生常见病监测与干预工作。面向师生和家长，通过"广东教育"微信公众号针对学生常见病和传染病进行广泛的宣传教育。重点推动性与生殖健康预防艾滋病教育活动，组织开展了预防艾滋病的大学生同伴教育主持人比赛和高校骨干教师授课比赛；组织高校预防艾滋病专家专题巡讲活动；利用广东省青少年性与生殖健康预防艾滋病友好服务平台，为学校和青少年提供线上咨询与科普服务。加强学校卫生技术人员与健康教育骨干教师队伍建设。组织开展卫生与健康工作培训研讨活动，2月份组织新冠肺炎防控线上培训，覆盖全省各级各类学校所有教职员工；10月以来，先后组织4场地市学校卫生技术人员和健康教育教师骨干专题培训、2场高校卫生技术人员和骨干教师培训、3场大学生骨干培训，共培训教职员工和学生超过1000人次，不断提高基层教育部门主管人员、各级各类型学校教职员工和大学生骨干应对新冠肺炎等传染病疫情和开展健康教育工作的能力。

【国防教育工作】 顺利完成2020年大学生征兵任务。成立厅长景李虎任组长的广东省高校征兵工作领导小组，统一领导全省高校征兵工作；下发《关于进一步做好2020年大学生征兵工作的通知》，出台14条激励措施，为提高大学生入伍积极性提供了政策依据；结合疫情防控需要，制定下发《广东省普通高校新冠肺炎疫情常态化防控下征兵工作操作指引（试行）》；开展"高校党委书记谈征兵"活动，协调新闻媒体对17所高校党委书记抓征兵工作情况进行宣传报道，使大学生征兵工作真正成为"一把手"工程；先后赴90多所高校调研征兵工作，明确高校征集任务，帮助解决实际问题。2020年全省共征集大学生17 125人，其中大学毕业生5 086人，比2019年提高6个百分点，数量创历史新高。扎实开展学生军训工作。拟制下发《2020年全省高校学生军训计划》《关于扎实做好2020年学生军事训练工作的通知》等文件，赴部分高校开展军训工作调研，广泛征求意见，研究解决问题，统筹协调承训单位，提出明确要求，规范学生军训着装。全省共71.57万名高校新生、82.47万名高中阶段新生参加军训，军训工作安全有序开展。着力抓好学校国防教育教学工作，下发《关于加强学校海防教育工作的通知》《2020年广东省全民国防教育工作要点》等文件，推动《普通高等学校军事课教学大纲》《普通高等学校军事课建设标准》落实。充分发挥国防教育的综合育人功能，不断丰富国防教育内容，创新教育形式，学生国防意识和军事素养大幅提升。支持配合海军招飞局在华南师范大学附属中学做好海军航空实验班招生工作，2020年共招录41名学生。

【主题案例征集活动】 2020年5月9日，以中共广东省教育厅党组名义印发《关于学习贯彻习近平总书记在安康市平利县老县镇中心小学考察时重要讲话精神的通知》（粤教党函〔2020〕7号），要求各地级以上市委教育工委、市教育局党委（党组），各高等学校党委，一要充分认识习近平总书记重要讲话对学校体育工作的重要指导意义；二要深

·教育综合管理·
GENERAL MANAGEMENT IN EDUCATION

入贯彻落实习近平总书记重要讲话精神,牢固树立健康第一的教育理念,高度重视学校体育教育教学工作,加强青少年学生的体育活动和体育竞赛,做好疫情防控期间学生强身健体工作;三要积极营造学习宣传贯彻习近平总书记重要讲话精神良好氛围。

5月18日,印发《广东省教育厅关于举办"文明其精神,野蛮其体魄"主题案例征集和征文活动的通知》,推动全省各级各类学校深入学习和贯彻习总书记重要讲话精神。

(撰稿 许 颖;审稿 陈健生)

队伍建设

【中小学教师培训工作】 全力推进教师专业发展"五位一体"平台建设。一是全力推动优质资源深入基层一线,充分发挥省级中小学教师发展中心示范引领作用,推动"校地对接"培训模式,引入优质高校资源与粤东西北欠发达地区建立教师专业发展协作机制,用最新理念和优秀经验为一线教师培训工作注入新活力,为粤东西北地区教师提供丰富、优质的专业发展资源。二是全力推动市县级教师发展中心建设,构建区域教师专业发展主阵地,制定印发《广东省市、县(市、区)级教师发展中心认定方案》,加强市县教师发展中心建设调研视导和督导评估。开展市级教师发展中心认定工作,督促各地做好县(市、区)级教师发展中心认定工作。2020年全省计划建设的149所市县级教师发展中心全部获批成立。三是全力加强校本研修制度建设,搭建学校教师专业发展平台。建立和完善与学校整体发展、教师专业成长相统一的校本培训机制,制定印发《广东省中小学教师校本研修工作的指导意见》。遴选了200所校本研修示范校和80所校本研修示范培育学校,通过发挥示范辐射引领作用,推动各地校本研修工作的蓬勃开展。四是全面发挥工作室辐射带动作用,搭建个体教师专业发展平台。积极适应疫情防控工作新要求,充分发挥全省各级4599个名教师、名校(园)长、培训专家工作室辐射作用,带动近6.8万名入室学员利用学科优势,设计制作微课、教学案例等课程资源,通过网络空间形成"云辐射"效果,有针对性地开展网络教学,打造优质教学资源和富有特色的线上教学模式。广东省的做法在全国教师培训工作视频会议上被推介交流。修订《广东省中小学名教师、名校(园)长、名班主任工作室管理办法》,严密组织434个省级名师、名校(园)长工作室终期考核,遴选了新一轮447名省级名师、名校(园)长、名班主任工作室主持人。

扎实推动教师专业发展体系建设。一是加强教师专业发展课程体系建设。组织《广东省中小学幼儿园教师、校(园)长分层分类培训课程指南》全面落地实施。研制中等职业学校电子与信息技术、计算机应用、汽车运用与维修、西餐烹饪4个专业教师培训课程指南。二是加强教师专业发展质量评价体系建设。依托华南师范大学深入开展教师培训工作质量评估调查研究,进一步修订完善广东省教师培训质量评价指标体系,加强对各地市、县(市、区)教师培训工作的指导监测。三是加强教师培训者队伍建设。积极开展"深调研、大学习、真落实"活动,分片区深入粤东西北地区开展教师专业发展调研,组织培训项目管理和实施机构相关人员赴北京、云南等地学习培训,通过学习调研,进一步摸清情况、理清思路、更新理念。

创新教师培训工作模式。一是努力克服新冠肺炎疫情对教师培训工作带来的不利影响,全面加强线下教师培训工作管理,鼓励支持以网络研修、线上辅导和在线视频对讲形式组织教师、校(园)长培训,全力推动教师"在线教学"能力提升培训工作,全面提高教师网络教学质量,为中小学"停课不停学"提供师资保障。2020年"强师工程"省级培训完成了89个项目、23771名中小学幼儿园教师、校(园)长的集中培训任务,累计完成了1881583人次师德师风和心理健康专业课线上培训任务。二是全力推进专项订制式的"三区"(原中央苏区、革命老区、民族地区)教师全员轮训,创新校地对接培训模式,2020年通过采取"一对一""订制式"精准培训指引各省级中小学教师发展中心、相关高校与"三区"各县(市、区)做好对接工作,共同按照"一县一案"的要求精细研制轮训方案,省级中小学教师发展中心先后39次深入"三区"县(市、区开展)开展调研指导,分学科、分阶段组织79个班次的专业培训,专家送教下乡63次,全面提升"三区"教师全员轮训质量。三是推动中小学教师信息技术应用能力提升工程2.0全面实施,制定印发实施方案、实施指南、能力测评指南、考核指标体系等一系列指导性文件，组建了省级培训专家库，遴选了80所省级试点校、25个省级试点县（市、区），制定试点校建设与管理办法，专家一对一指导学校制定"两案"（信息化教育教学规划方案和校本研修与考核方案），全力推进试点校教师信息化全员培训，全年共有13 052人集中参训。从全国优质培训资源中征集遴选了11套优质课程入选省课程资源库，完成广东省教育资源公共服务平台改造升级，认真组织省级专项培训，全年共有86 985名中小学教师参加网络研修。积极征集遴选优秀教学创新案例，发掘推广优秀应用成果，举办智慧教育论坛和专项培训成果展示，分享经验成果。积极开展教师信息化提升的帮扶工作，组织3个省级试点校参与粤藏教育信息化校地帮扶活动。

【校（园）长培训工作】一是做好"校长国培计划"项目培训人员遴选推荐工作。选派67名校（园）长、培训者参加"校长国培计划"项目培训，为广东省培养培训一批优秀校（园）长和培训者。二是做好中小学、幼儿园校（园）长省级培训工作。开展跨区域合作中小学卓越校长高级研修、中小学骨干校长高级研修、普通高中课程教学改革与校长领导力提升培训、中小学校长培训者专题研修、乡村中小学骨干校长高级研修、乡村中小学校长访名校培训、幼儿园卓越园长高级研修、普惠性民办幼儿园园长专题培训、乡村幼儿园园长高级研修等9个项目研修，共培训1 550名中小学校（园）长。通过培训，更新校（园）长教育观念，提升校（园）长管理能力和治校办学能力。

【职业院校教师培训工作】依托"创新强校工程"对高职院校教师队伍建设情况进行检查考核，督促指导职业学校在教师队伍规模、结构、专业发展、制度保障等方面加强建设。创新职业院校"双师型"教师培训工作，印发《广东省职业教育"双师型"教师队伍建设改革实施方案》，明确"十四五"广东省职业教育教师队伍建设目标和工作举措。推进职业院校师资培训体系建设，扩大国培、省培培训基地，2020年新遴选了17所省职业院校"双师型"教师培训基地，省级职业院校"双师型"教师培训基地达到27所。结合广东省产业优势，打造了9个职业教育师资培训的优质品牌项目。开展职业教育"双师型"名教师、名校长、培训专家工作室中期考评。2020年，广东省职业院校教师素质提高计划和中等职业学校教师能力提升工程培训共开设165个项目，培训5 978名职业院校校长、专业带头人和教师。

【教师资格工作】认真指导中小学教师资格认定和注册工作。2020年底全省共认定中小学教师资格70 110人。指导市县（市、区）注册机构研制注册计划，规范注册流程，2017年以来全省中小学教师资格首次定期注册共完成1 164 525人，其中2020年有121 861人网上报名参加定期注册。

认真组织高校教师资格认定工作。根据疫情防控要求，以网络会议的形式对全省156所高校进行了业务培训，2020年全省156所高校7 341人通过高校教师资格认定，27人未通过，全部按照行政审批事项要求进行公示、告知和送达工作。

积极做好中小学教师资格考试面试工作。印发面试考务工作通知，发布考试公告。积极推进港澳台居民教师资格认定新政策，2020年共有107名港澳台居民认定教师资格，其中认定高校教师资格73人，认定中小学教师资格34人。

【高校教师岗前培训工作】落实高校岗前培训主体责任，充实岗前培训内容，加强了教育教学技能的培训。2020年全年完成8 421名新入职高校教师的培训任务。

【加强高校高层次人才引培】修订《广东省高等学校珠江学者岗位计划实施办法》，开展117名珠江学者期中、期满考核。遴选推荐14名享受国务院政府特殊津贴人员。遴选推荐高校中青年教师548人到国内高水平大学访学，70人到国外高校或研究机构访学。

【统筹谋划教师队伍发展】深入总结《省委、省政府关于全面深化新时代教师队伍建设改革的实施意见》印发以来的工作进展。9月，省委常委会专门听取省教育厅有关教师队伍建设工作的汇报，并研究部署了下一阶段工作。谋划"十四五"教师队伍建设工作，印发《广东省新时代教师发展体系建设方案》，研究制订"十四五"期间广东省教师队伍建设的主要任务和工作措施。深入实施"强师工程"，加强项目和经费管理，督促各地各校提高项目绩效。

【加强师德师风建设】组织开展庆祝第36个教师节系列活动，省政府分管领导到学校看望慰问教师，发动各地各校积极参与"为教师亮灯"公益活动。建立完善师德建设长效机制，研究制订处理中小学和高校教师违反职业道德行为的指导性文件，125所高校、8个地市和14所省属中等学校向省教育厅报备了教师违反职业道德行为处理办法。加强师德宣传教育，以"淬炼师德师能、践行育人使命"为主题开展师德建设教育月活动；评选出第九届师德主题征文获奖文章360篇，获奖视频36个，出版师德征文优秀作品集。严肃处理师德违规行为，开展校外培训机构从教人员授课内容清查整治工作。

【推进教师发展中心建设】 印发《广东省市、县（市、区）级教师发展中心认定方案》，2020年全省计划建设149所市县级教师发展中心，其中144所获机构审批，113所挂牌成立。充分利用省级中小学教师发展中心、高校的丰富经验和优质资源，推动"校地对接"培训模式，引入优质高校资源与粤东西北欠发达地区建立教师专业发展协作机制。

【推进落实乡村教师支持计划】 落实农村从教"上岗退费"政策，组织农村从教网络专场招聘，提供2390个"上岗退费"教师岗位。印发《关于公费定向培养粤东西北地区中小学教师的实施办法》，招收本专科师范生和教育硕士3400人。实施"银龄讲学计划"，招募178名退休教师到农村支教。深入开展"'三区'人才支持计划教师专项计划"，省级派出支教教师800人次。组织200多名省级名师、名校长深入农村学校开展示范巡教讲学，受益乡村教师4万余人次。指导各地按照"一县一案"的要求研制"三区"教师全员轮训方案，2020年共培训约8万名教师。

【推进教师管理制度改革】 召开深化教师队伍建设改革工作推进视频会。推动各地深入落实中小学教师"县管校聘"管理改革，进一步优化配置城乡教师资源。积极推进临聘教师规范管理。推动各地优化教师招聘流程，全省共招聘中小学教师约4.4万人。深化高校教师职称制度改革，142所高校完成制度文件备案，135所高校完成改革后首次评审。印发《广东省中等职业学校教师职称制度改革实施方案》，开展政策宣传和评审筹备工作。开展2020年度中小学正高级教师评审，全省新增中小学正高级教师223名。

【提高教师队伍地位待遇】 扎实推进中小学教师减负工作，制订减负实施方案和负面清单。督促各地落实县域内义务教育教师工资收入水平不低于或高于公务员工资收入水平，全省各县（市、区）已全面落实。督促各地落实山区和农村教师生活补助政策、原民办代课教师生活困难补助政策。

【推进教师教育信息化工作】 加快推动全国教师管理信息系统与其他教育管理服务平台的互联互通，实现数据信息共享共用，实现全省教师流动情况实时监控，推进高层次人才评选、教师职称评审等日常工作全程信息化管理。建设教师继续教育管理信息平台和公需课学习平台，实施教师继续教育公需科目全员培训。

（撰稿　张　喆　马桂波　莫　凡　张海涛　杨　澎　魏长松　吴　伦　邱旭英　江远彬；审稿　邓旭峰　李　霞）

教育交流与合作

【综述】 2020年，广东省教育交流与合作工作以习近平新时代中国特色社会主义思想为指导，全面贯彻党的十九大和十九届二中、三中、四中、五中全会精神，深入贯彻习近平总书记关于教育的重要论述和在全国教育大会上的重要讲话精神，按照党和国家对外交及港澳台工作部署和精神，全力应对新冠肺炎疫情输入风险，努力提高教育涉外治理能力，持续推进教育对外开放，统筹推进粤港澳台各级各类教育交流合作。

【推进教育对外开放】 加强顶层设计，出台贯彻落实教育部等八部门关于加快和扩大教育对外开放的工作意见，指导广东省各地各高校持续推进教育对外开放。积极参与"一带一路"建设，加强与各国的交流互鉴。积极应对疫情防控创新形式举办高层次国际会议，如华南师范大学举办第四届"东南亚论坛国际会议"、广东外语外贸大学举办第十九届亚洲大学校长论坛、华南理工大学广州学院举办2020国际商科教育认证委员会亚洲区会议等，持续扩大国际话语权。大力加强与"一带一路"沿线国家教育交流合作平台建设，成立华南"一带一路"职业教育水利电力联盟，举办"一带一路"职业教育联盟暨华南"一带一路"轨道交通产教融合联盟2020年度活动，促进广东省职业教育国际交流合作，提升国际影响力。积极参加"鲁班工坊建设联盟"，广东建设职业学院建设赞比亚分院、赞比亚研究中心、刚果金分院；广东轻工职业技术学院对接美国、加拿大、德国、英国、澳大利亚、新西兰等发达国家开展交流合作，推动构建"三洲六国"国际职教交流格局，在日本、马来西亚、卡塔尔、新西兰、澳大利亚等国建立学生海外实习基地，建设

"五中心六基地"。持续推进孔子学院和国际中文教育，召开全省孔子学院建设和国际中文教育创新工作会、教育部中外语言交流合作中心专家座谈会，为进一步推进广东省孔子学院建设提供指导性意见，孔子学院中方院长和骨干教师建设取得新进展。有序推进公派出国留学工作，完成近20个项目的受理、审核、选派工作，共受理621人、录取413人，派出工作根据疫情情况及时调整。

【**大力推动粤港澳大湾区教育合作**】港澳高校来粤办学取得新进展，香港科技大学（广州）全面推进校园建设、学科设置、科研合作等工作；香港城市大学与东莞理工学院推进合作设立香港城市大学（东莞）、香港公开大学与肇庆学院推进合作设立香港公开大学（肇庆）；澳门科技大学与珠海市政府就合作办学签署了协议；香港理工大学、香港大学、岭南大学对来粤合作办学表示了较大的意向。香港中文大学（深圳）新增临床医学专业获教育部审批通过。华南师范大学粤港澳大湾区教师教育学院开展建设，承接教育部任务举办内地赴港澳指导教师培训班；深圳职业技术学院与香港职业训练局开展深度合作，推进共建二级学院。港澳台学生就读服务保障工作全方位加强，截至2020年11月，全省各级各类学校在校港澳台学生12.4万人，其中基础教育领域11万人，高等教育领域1.4万人。成立广东高校港澳台侨学生管理研究联盟，建设港澳台侨学生国情教育基地，打造港澳台侨学生国情视频课，开展港澳台侨学生普法活动，以创新方式开展港澳台侨学生管理服务工作。粤港澳青少年交流统筹推进。粤港澳姊妹学校规模进一步扩大，2020年新增粤港姊妹学校13对、粤澳姊妹学校8对，粤港澳姊妹学校共达1067对；粤港澳三地教育合作平台建设稳步发展，粤港澳高校联盟新增3个专业联盟，新成立粤港澳大湾区中小学校长联合会、华南教育历史研学学校联盟2个平台；三地交流活动克服疫情影响持续举办粤港澳姊妹学校中华经典美文诵读比赛、粤港澳高校联盟校长峰会、青年学者论坛、粤港澳大湾区中小学校长论坛、粤港澳学前STEM教育论坛、粤港澳大湾区职业教育产教联盟年度论坛、粤港澳中小学音乐教育联盟年度大会、第三届粤港澳大湾区学校美术作品展、粤港澳大湾区（佛山）幼儿教育与融合发展研讨会等活动，通过"云诵读""云论坛""云会议""云音乐会""云设计展""云中双选会"等线上线下结合的方式创新举办，活动品牌影响力不断提升。

【**大力引进世界优质资源合作办学**】进一步加快和推进教育对外开放，引进世界一流资源来粤开展合作办学取得新进展。设立天津大学佐治亚理工深圳学院、华南农业大学广州都柏林国际生命科学与技术学院、哈尔滨工业大学深圳国际创意设计学院3所不具有法人资格的中外合作办学机构，岭南师范大学与爱尔兰高威－梅努斯理工学院合作举办烹饪与营养教育专业本科、深圳大学与法国南特高等商学院合作举办金融科技与风险控制硕士学位等中外合作办学项目获教育部批准设立。香港中文大学（深圳）、广东以色列理工学院等4所已建成的合作大学进一步建设发展，治理结构不断完善。

【**国际学生教育管理持续优化**】围绕"扩大规模、提高层次、保证质量、规范管理"的来华留学工作方针，指导各高校克服疫情影响，做好留学生招生、培养、管理等各项工作。2020年秋季学期全省高校在读国际学生1.5万人，评选出1468名优秀国际学生获广东省政府来粤留学生奖学金。各类留学生文化体验、学术研讨、志愿服务活动稳妥有序开展。如组织150名留学生参加"读懂中国"TED主题演讲活动，举办"留学广东"论坛、"留学广东－印象岭南"汉语才艺短视频展示大赛，组织"我眼中的广东"留学生征文和摄影活动、留学生管理业务培训、创新创业实践活动等系列活动。各国留学生参与我国抗疫志愿活动，南方医科大学、广东外语外贸大学等高校外国留学生积极协助开展外国人健康管理服务工作，向国际社会宣传我国防疫政策，扩大积极影响。

【**粤台教育交流稳步进行**】举办第十五届海峡两岸（粤台）高等教育论坛，顺利组织第七届台湾青年岭南行国防学习体验系列活动，支持广东舞蹈戏剧职业学院执行台湾青少年戏剧表演研习营，牢固树立对台教育交流品牌，增进粤台青年对大陆的了解。支持办好东莞台商子弟学校。

【**有序开展涉外师生群体疫情防控**】新冠肺炎爆发以来，先后印发《教育系统落实一视同仁无差别健康服务若干措施》《全力做好留学生及港澳台学生防控疫情有关工作的通知》等文件20余份，切实做好全省合作办学机构、外籍人员子女学校、各级各类学校的外籍师生以及港澳台师生等涉外师生群体的疫情防控及健康管理服务工作，确保有关机构、人员防控工作不留死角，消除风险隐患。2020年秋季学期，广东省各地各高校稳步做好涉外师生返校工作，共16万名外籍师生、港澳台师生平稳有序返校学习。关心关爱广东在海外留学人员，指导广东省在海外留学人员做好自身健康管理。加强与

· 教育综合管理 ·

GENERAL MANAGEMENT IN EDUCATION

驻外使领馆联系、协调广东省各部门分工与合作，联合驻外使领馆、省委外办、省卫健委向海外师生发出《致广东在海外留学人员的一封信》，暖心嘱咐在海外留学人员做好个人防范，应对海外疫情；联合省委外办等部门举办视频连线，慰问广东省在英国留学人员，邀请钟南山院士等医护人员做专题讲座；指导高校通过与海外留学人员通电话、录制视频、传达校领导亲笔信、寄送口罩和消毒液等急需物资等多种方式向海外师生表达慰问和关怀。

（撰稿　王静娴；审稿　李金俊）

人事管理

【综述】2020年，广东省教育厅党组坚持以习近平新时代中国特色社会主义思想为指导，全面贯彻党的十九大和十九届二中、三中、四中、五中全会精神，深入贯彻落实习近平总书记出席深圳经济特区建立40周年庆祝大会和视察广东重要讲话、重要指示精神，增强"四个意识"、坚定"四个自信"、做到"两个维护"，全面贯彻落实新时代党的组织路线，落实好干部标准，树牢正确用人导向，持续加强干部队伍建设，为统筹推进教育系统疫情防控和教育改革发展工作、实现教育"十三五"规划圆满收官提供了坚强组织保证。

【统筹提高机构编制保障水平】调整优化省教育厅机关、省教育考试院机构职能编制设置，初步完成厅直属信息类事业单位改革。会同广东省委机构编制委员会办公室（以下简称省委编办）出台《关于进一步做好公办幼儿园事业单位登记管理工作的指导意见》；会同省委编办、省财政厅和省人力资源社会保障厅联合出台《关于进一步挖潜创新加强中小学教职工管理的实施办法》，初步建立中小学教职工编制内部挖潜、统筹调剂机制，建立全省中小学教职工编制周转专户。指导7所高职院校、10所中职学校制定实施集团办学配套"三定"规定，协同省委编办核增广东实验中学、华南师范大学附属中学参与集团化办学所需编制。进一步完善市县级人民政府履行教育职责评价的基础教育教职工编制配备使用情况评价指标并全覆盖实施评价。

【全面加强委厅干部队伍建设】制定《中共广东省委教育工委　广东省教育厅县处级领导干部选拔任用工作规程》《中共广东省委教育工委　广东省教育厅公务员职级晋升工作规程》，进一步完善省教育厅执行选拔任用和职级晋升人选政治表现和廉政鉴定"双签字"制度、干部选拔任用工作材料归档清单。协助省委组织部提拔或进一步使用3名委厅干部，开展领导班子和干部队伍专项考核、专题调研。选拔任用5名正处职干部、13名副处职干部，完成公务员（参照公务员法管理单位工作人员）262人次职级晋升，调任公务员2名，交流轮岗18名干部，遴选1名新一届省教育厅直属机关团委负责人人选。接收安置2020年度军队转业干部8名。着眼服务粤港澳大湾区教育合作发展，首次考试录用2名香港籍公务员，指导、监督厅直属事业单位开展公开招聘和选调8批次。组织完成《干部教育培训工作条例》和《2018—2022年全国干部教育培训规划》实施情况评估、新时代领导干部能力培训专题调研；组织省教育厅干部45人次参加中央和省脱产培训、445人次参加网络培训，教育系统干部12人次参加国家和省脱产培训。协助完成2019年度省教育厅省管领导班子和领导干部年度考核及干部选拔任用工作"一报告两评议"。组织完成省教育厅机关及直属事业单位共2890人年度考核。强化正向激励，对3名公务员记三等功，给予38名公务员嘉奖；制定实施《中共广东省委教育工委　广东省教育厅直属事业单位工作人员嘉奖办法（试行）》，给予32名事业单位工作人员嘉奖。组织187名有关干部集中报告2019年度个人有关事项，按规定开展随机抽查、重点查核和查核验证工作，查核一致率提高至95%。对2019年以来领导干部隐瞒不报个人有关事项或重视不够、理解不对、沟通不畅等问题进行全面梳理、专项整治，对填报"不一致"领导干部进行逐人谈话。推进落实省属学校、厅属企事业单位工作人员人事档案专项审核"全覆盖"。加强援派干部管理服务，做好疫情期间援派干部慰问工作。协调做好双拥工作，统筹落实好2020年实事清单。组织推荐首届"广东最美退役军人""广东双拥模范单位和个人"。

【深化教育系统人事制度改革】报省政府批准，调整广东石油化工学院等5所省市共建高校办学体制。制定并落实《广东省教育厅管理的省直公办学校及厅属其他事业单位绩效工资总量核定工作指引（试行）》。牵头完成2019年度省教育厅机关绩效考核自评工作，完成省教育厅管理的69家事业单位2019年度绩效考核。牵头推动全省中小学校长职级制改革，指导试点市完成试点工作，出台有关工作指引。完成公务员（参照公务员法管理单位工作人员）职务职级并行工资改革工作、离退休人员基础信息采集及生活补贴套转工作，做好原机关服务中心人员绩效工资归并套改工作。

【**进一步加强教育系统人才建设**】印发《广东省高等学校高层次人才队伍建设工作指引》，建立高层次人才发展长效机制。高质量完成人才项目推荐评选工作，广东省高校2019年国家级人才计划入选14人，比2018年增加4人。完成教育系统表彰推荐工作，包括2019年省教育教学成果奖特等奖获奖项目报批工作、国家及广东省抗击新冠肺炎疫情表彰推荐和人选考察等工作、"全国教书育人楷模"人选推荐工作。广州医科大学钟南山院士获评"全国教书育人楷模"称号。

【**大力推进"互联网+"教育政务服务改革**】完成行政审批和政务服务效能绩效考核。做好全省"互联网+监管"第三方评估工作，做好政务服务事项清单认领、行政检查要素完善、执法数据汇聚等工作。

【**进一步深化厅属企事业单位改革**】7家纳入省直机关事业单位经营性国有资产统一管理的厅属企业完成清产核资，广东省教育建筑设计研究院完成脱钩划转，广东省教育招待所完成注销工作。省委编办批复同意广东教育杂志社转企改制方案。制定《广东省教育厅直属企业工资决定机制改革实施办法》，开展2019年度企业工资总额预算执行结果清算，完成企业负责人2019年度薪酬审核工作。

（撰稿　姜英伟　吴思维　纪林彤；审稿　徐仕敏）

教 育 督 导

【**推进新时代教育督导体制机制改革**】深入贯彻落实《关于深化新时代教育督导体制机制改革的意见》，按照省委、省政府工作要求，结合实际牵头起草了《中共广东省委办公厅　广东省人民政府办公厅关于深化新时代教育督导体制机制改革的通知》（以下简称《通知》），先后征求了国务院教育督导委员会办公室、广东省教育督导委员会各成员单位及各地级以上市教育局意见，经省重大民生领域改革专项小组会议、省政府常务会议、省委全面深化改革委员会会议审议通过，2020年12月印发实施。《通知》对完善广东省教育督导管理体制、健全教育督导运行机制、深化教育督导问责机制、加强督学聘用和管理、强化教育督导保障机制等做出了顶层设计和具体要求。

【**做好国家对省政府履行教育职责评价的组织实施**】根据国务院办公厅印发的《对省级人民政府履行教育职责的评价办法》要求，国务院教育督导委员会反馈省政府2019年度履行教育职责评价结果指出，省政府全面加强党对教育工作的领导，认真贯彻落实全国教育大会精神，积极贯彻中央关于粤港澳大湾区建设战略部署，推进各级各类教育取得新进展。按照国家评价意见要求，分析基础教育存在的问题，提出解决措施，形成省整改报告。联合省直单位开展2020年省政府履行教育职责自评，撰写自评报告，汇总各测评点自评说明，报省政府审定。

【**开展市县级政府履行教育职责评价**】2020年3月，召开省政府教育督导委员会会议，就2019年对市县级政府履行教育职责评价的结果进行审议。反馈评价结果，督促各地认真整改，并将整改落实情况列入下一年度政府履职评价成绩。7月，召开市县级政府履行教育职责评价工作视频会，部署2020年对市县级政府履行教育职责评价工作。制定印发《2020年对市县级人民政府履行教育职责评价实施细则》，指导全省所有市、县开展自评和初审。10月，联合省教育厅各处室对各地的自评情况进行集中评审。11月，组织6个实地核查组，抽取珠海、梅州、阳江、茂名、清远和揭阳开展实地核查，每个核查组均由省政府教育督导委员会组成单位的厅级领导带队，重点对评价发现的问题以及省十件民生实事、省政府重点工作中的教育事项、省交账任务等进行督办。委托第三方开展政府履行教育职责公众满意度调查。汇总各地自评、初审、第三方满意度调查、实地核查情况，形成年度评价结果。印发《2021年对市县级人民政府履行教育职责评价要点》，汇集教育重点工作要求，建立评价指标库，督促各地及时落实好年度教育工作任务。国务院教育督导委员会办公室充分肯定了广东省对市县级政府履行教育职责评价的做法，在教育部网站上予以专

· 教育综合管理 ·
GENERAL MANAGEMENT IN EDUCATION

题报道。

【强化评估监测】 逐步建立覆盖各级各类教育的督导监测工作网络，促进各级各类教育质量提升。邀请国家和省70多名专家学者开展全省首次义务教育质量监测语文学科的划标工作，精准反映广东省义务教育阶段学生语文学习质量的状况。在全省各县（市、区）和东莞市、中山市实施义务教育质量监测，开展全省首次广东问卷调查。推动监测结果应用，首次组织全省43名专家到19个地市开展2016—2018年的监测报告面对面解读，争取教育部基础教育质量监测中心大力支持，对全省分片开展2019年监测报告解读，对各地树立正确的质量观，提升教育精细化管理水平，为教育教学改革提供决策依据起到了明显成效。

【推进教育督导评估和教育强镇复评】 召开全省申报义务教育优质均衡发展县督导评估地区培训会议，对深圳市南山区、福田区、盐田区，佛山市顺德区，江门市鹤山市，韶关市仁化县等申报区进行精准指导。推进教育现代化先进市督导评估，潮州市和茂名市成为推进教育教育现代化先进市；督促指导湛江市、河源市、揭阳市整改，汕尾市加紧申报。做好教育强镇复评工作，强化基层政府履行教育职责，对佛山、惠州、汕尾、阳江、清远的12个镇开展教育强镇复评抽查。2020年，共认定43个教育强镇通过复评。

【规范校外培训和线上教育】 一是指导各地加强整治。举办全省校外培训和线上教育治理工作业务视频培训会议，系统梳理校外培训和线上教育的设置标准、审批许可、日常监管、教育执法等政策，详细讲解校外培训机构执法典型案例，提升各地治理能力和工作水平。二是加强警示宣传教育。印发《给学生家长的一封信（中小学校外培训机构）》，提醒广大学生、家长理性选择校外培训和线上教育培训机构，引导学生、家长选择列入全国中小学生校外培训机构管理服务平台白名单的合规机构，加强学生、家长风险防范意识。三是实施分类监管方式。针对人民群众反映强烈的收费、有害内容问题，广东省重拳出击，开展整顿。2020年4月，组织力量赴广州、深圳市，对首批通过白名单的5个校外线上培训机构主办者进行了实地检查，重点核查其财务资金和收退费制度的落实情况，指导企业合规营业。对于受疫情影响临时性转为线上培训的机构，允许其自主运营，并安排审查团队加强指导，缓解校外培训机构经营困难的问题。四是充实法律顾问力量。通过采购服务方式，聘请了专业律师团队，为广东省涉校外培训机构整顿和执法提供咨询顾问服务。启动教育培训机构执法的系列文书编制工作，为市、县开展治理和整顿提供翔实的指导文本。五是全力做好企业服务。制定了详细的申报指引、评审要点、注意事项，在省教育厅门户网站向社会公开，帮助企业更好地申报备案和学习各项业务。建立QQ企业交流群，派驻业务熟悉的人员为在线教育企业提供咨询答疑服务，加快了在线教育备案和治理的工作进度。截至2020年12月31日，共审查各类网课平台（含校外线上培训平台和教育移动应用程序）1695个，通过审查并列入白名单的网课平台789个。2020年广东省校外培训机构（含线上教育）治理工作持续取得明显成效，并先后两次在全国工作会议上介绍经验，河南、湖南省教育厅到广东省交流调研，《人民日报》对广东省规范校外线上培训工作进行了采访报道。

【开展教育专项督导检查】 组织开学返校专项督导。印发了《关于开展2020年广东省教育系统开学返校督导检查工作的通知》，采取"四不两直"方式，突击检查了珠海、佛山、东莞、惠州等市。开展心理危机专项督导。印发了《关于开展防范学生心理危机事件督导检查的通知》，组织联合督导组，实地督导汕尾、湛江、茂名、揭阳等市的政府职能部门及中小学校；约谈事件高发的深圳、东莞、揭阳、广州、湛江、惠州、佛山、汕尾、汕头市教育局负责人，压实市县责任。开展义务教育教师工资落实情况专项督导，切实保障教师群体合法权益。

【继续落实教育乱收费治理】 完善教育乱收费治理工作机制。贯彻落实全国治理教育乱收费联席会议办公室的要求，牵头调整完善广东省治理教育乱收费厅际联席会议制度，形成治理工作合力，规范教育收费行为。加大教育收费信访调查处理力度。2020年疫情以来，涉教育收费、退费的投诉较多。高度重视群众反映的教育收费问题，进一步畅通反映渠道，健全教育收费信访投诉快速督办和定期通报机制，完善信访件的办理程序，对媒体报道及实名举报件，一律实行专函督办，及时解决群众反映的教育收费问题。2020年，受理教育收费问题信访投诉件共155件，已回复155件，回复办结率100%，切实做到了件件有着落，事事有回音。

【做好县域学前教育和幼儿园办园行为督导评估】 启动县域学期教育督导评估工作，3月，制订广东省《县域学前教育普及普惠督导评估工作方案》，第一批报教育部审定通过。随后，印发《学前教育普及普惠县省级督导评估指标审核任务分工方案》《关于开展 2020 年度县域学前教育普及普惠督导评估工作的通知》，部署县域学前教育普及普惠督导评估工作，做好创建规划，全省各县（市、区）计划在 2021—2028 年分区域、分批次申报。继续做好幼儿园办园行为督导评估工作，5 月，印发《关于进一步做好幼儿园办园行为督导评估工作的通知》，对第一周期的督导评估工作提出新任务。截至 12 月 30 日，13272 所幼儿园完成办园行为自评，完成县级督导评估 4782 所。

【推进中小学校责任督学挂牌督导】围绕"落实督导改革精神，转变教育督导方式"开展中小学校挂牌督导工作，制定"数据驱动督导战略"，建设"广东教育督导评估监测系统"，为全省责任督学提供平台和工具支撑，实现全省挂牌督导信息化管理和协同联通，有效提高了督导工作效能，做到规范、精准督导。

（撰稿　杨宇泽　张志立　李　超；审稿　方树生　陈韩冬　任　洁）

学校后勤管理

【综述】2020 年，学校后勤管理工作坚持以习近平新时代中国特色社会主义思想为指导，把学习教育成果转化为进一步做好学校后勤工作的动力，始终以解决广大师生最关心最直接最现实的问题作为出发点和落脚点，以教育后勤制度化建设和规范化管理为抓手，以提高队伍素质为保证，深化改革、开拓进取、求真务实，一手狠抓疫情防控，一手进一步推动"平安后勤""智慧后勤""公平后勤""效率后勤""绿色后勤"和"文化后勤"六大保障体系的构建，努力为学校落实立德树人这一根本任务提供后勤保障。

【支部建设】按照"抓学习、促规范、提效率"的思路，开展支部建设。制订 2020 年学校后勤管理处党支部学习计划，继续推进"两学一做"学习教育常态化制度化和"不忘初心、牢记使命"专题学习，坚持支部工作例会制度，每月至少召开两次全体党员干部参加的党建例会，使班子成员在思想上保持高度团结，工作上互相支持，干部成员配合默契，形成合力。2020 年共召开 21 次支部学习主题生活会，认真学习《习近平谈治国理政》（第三卷），支部书记分别以《增强学习能力，做一名合格党员》《守初心、担使命、找差距、抓落实》《依靠学习走向未来》为题为支部党员同志讲党课 3 次。直属机关党委第 6 期简报以《以习近平新时代中国特色社会主义思想为指导，全力投入抗疫情、保民生、促发展》为题报道了党支部的做法和经验。

【疫情防控与物资保障】联合省工信厅召开全省教育系统疫情防控物资保障工作视频会议，印发《关于做好学校疫情防控物资保障工作的通知》等文件，积极协调省物资保障一组和各地市指挥办做好学校防疫物资保障工作，先后发配省物资一组调配的成人口罩 232 万个，儿童口罩 7 万个，手持测温仪 9728 支，防护服 1000 件，隔离衣 10400 件，护目镜 3815 副，25L 装消毒液 653 桶；发配省慈善总会捐赠的 1L 装消毒液 5000 支，6L 装消毒液 500 桶；发配清华大学教育基金会捐赠的防护帽、防护服、隔离衣等防疫物资共 391 箱，口罩 4000 个。

【食品安全工作】一是转发《教育部新冠肺炎疫情工作领导小组办公室关于做好高校开学安全生产排查和防疫物资准备工作的通知》，要求各地各校把食品安全与疫情防控工作结合起来，切实按要求做好师生返校前安全生产大排查。二是春秋开学之际，召开全省学校食堂食品安全工作视频会议，督促各校每日进行食品安全自查。三是开展学校校园及周边食品安全专项检查，对学校和向学校供餐的集体用餐配送单位全覆盖检查。联合开展飞行检查，对部分地市随机抽取学校食堂、周边食品经营单位和向学校供餐的集体用餐配送单位进行实地抽查，并委托开展大宗物品产品抽检，扎实推动全省校园食品安全工作，督促各级教育行政部门、各学校做好疫情防控期间食品安全工作，大力提升校园食品安全保障能力和水平。四是开展全省高校食品安全管理培训，有效提升学校食品安全管理人员依法管理校园食品安全的能力。五是举办首届学校食品安全管理员技能大赛，全省各地市组织学校食品安全管理员队伍参赛，提升学校食品安全管理员工作能力，从而提高校园食堂食品安全保障能力和水平。六是印发《广东省教育厅关于制止餐饮浪费行为培养节俭美德的通知》《广东省教育厅关于转发教育部办公厅〈教育系统"制止餐饮浪费　培养节约习惯"行动方案〉的通知》等文件，召开专门会议，部署相关工作，积极推进制止餐饮浪费行为的落实。

2020年，省教育厅学校后勤管理处被评为全国食品安全工作先进集体，贺丰霞被评为全国食品安全工作先进个人。

【中小学"厕所革命"】印发《广东省中小学校"厕所革命"提升改造工作方案》《2019—2021年广东省中小学"厕所革命"提升改造计划》，转发教育部办公厅等七部门印发的《中小学校"厕所革命"行动计划》和《教育部办公厅关于加快推进中小学校幼儿园改厕工作的通知》等文件，根据要求建立工作月报制度，每月跟踪改建进程，及时对各地各校完成情况进行通报。印制中小学"厕所革命"提升改造工作的工作指南和文件汇编，分发至各县区教育局指导各地统筹推进工作落地落实；收集各地各校在推动工作过程中的案例、做法，汇编《广东省中小学"厕所革命"经验材料》，加强地区与学校之间的交流，取长补短、共同进步。召开全省中小学"厕所革命"工作视频推进会议，通报工作进程，布置下一阶段工作，确保各地各校保质保量完成"厕所革命"任务。组织有关人员根据各地工作开展情况进行调研，先后在珠海、东莞、梅州、惠州、河源、茂名、阳江等地开展检查。2020年全省共2787所学校完成厕所提升改建工作，完成省十件民生实事"新建和提升改造一批中小学厕所，支持1700所以上中小学改造厕所"任务，完成率达164%，投入资金3.85亿元，增加卫生厕所面积8.39万平方米，增加坑位1.95万个。

【绿色学校】印发《关于转发教育部办公厅等四部门关于在中小学落实习近平生态文明思想、增强生态环境意识的通知》（粤教后勤办函〔2020〕1号），要求各地各校结合植树节、中国水周、节水宣传周、"无塑开学季"、节能宣传周、世界环境日、世界海洋日等契机，开展系统生态文明活动和教育。根据省委、省政府和教育部部署，启动绿色学校创建工作，组织有关专家编制"绿色学校"建设标准，印发《绿色学校创建行动方案》，各地市已完成2020—2022年绿色学校创建三年计划和分年度计划编制工作。2020年全省共2851所学校完成"绿色学校"创建工作。

【节能减排】印发文件组织开展教育系统2019年度公共机构能源资源消费统计工作。根据广东省能源局要求，组织华南师范大学、广东外语外贸大学、广州大学、五邑大学、广东工贸职业技术学院5所院校开展自评自查并报送相关材料。印发《广东省教育厅关于做好2021年省级节能专项资金储备项目征集工作的通知》，组织省属普通高校和省属中小学校按照文件要求如实填写申请报告。联合省水利厅，组织开展节水型高校创建，经学校申报、专家评审、联合复核等，共有23所高校创建成为广东省首批节水型高校。

【校园生活垃圾分类】印发《广东省教育厅办公室关于做好第三批"省级校园生活垃圾分类教育基地"申报认定工作的通知》，组织开展新一批省级校园生活垃圾分类教育基地的申报、评选工作，经学校申请、专家评审、公示等，确定65所学校为第三批省级校园生活垃圾教育基地。

【宿舍管理】统筹做好疫情防控和后勤保障工作，先后印发《关于强化疫情防控加强校园安全防范和后勤保障工作的通知》《关于做好校园食堂、宿舍、图书馆、实验室等人群密集场所疫情防控工作的通知》，督促学校提前做好宿舍、食堂等区域的疫情防控工作方案，协助指导高校医疗机构加强做好校园疫情防控工作，加强疫情防控知识的科普宣传和培训。

【无偿献血工作】积极做好疫情防控常态化下教育系统红十字会及无偿献血工作。2020年，广东省获得"全国无偿献血先进省份"荣誉称号，广东省教育厅获得全国无偿献血促进奖（特殊奖），学校后勤管理处程五一获得全国无偿献血促进奖（个人奖），华南理工大学、广东石油化工学院、广州大学、佛山科学技术学院、东莞理工学院、广东白云学院6所高校获得全国无偿献血促进奖。

2020年，广东省教育厅与广东省卫生健康委携手推进常态化疫情防控期间全省高校无偿献血工作，积极发挥高校教师党员、学生党员和团员骨干带头作用，发扬新时代青年不惧风雨、勇挑重担的精神，做到"精准预约、有序献血、确保安全"，确保了全省常态化疫情防控期间血液安全和供应工作。2020年9月1日至12月31日，广州地区在校大学生有66 850人参加献血，比2019年同期增加25.77%，总献血量为83 736个单位（200 mL为一个单位），比2019年同期增加11.56%。

【建议提案办理】2020年，共处理74条舆情，其中涉及学校食堂食品安全管理的舆情39条，学校宿舍管理的舆情29条，校服管理的舆情3条，校园外卖、学校装修管理及饮用水舆情各1条。学校后勤管理处及时跟进处理，有效降低了舆论的负面影响；办理人大建议和政协提案共15件，涉及校外托管机构规范管理、垃圾分类教育、食品安全等内容，所有建议和提案已于5月30日前全部完成书面回复。

（撰稿　胡沛均；审稿　程五一）

老干部工作

【综述】 2020年,在省教育厅党组和分管厅领导的正确领导下,老干部工作坚持以习近平新时代中国特色社会主义思想为指导,深入贯彻落实党的十九届四中全会、五中全会精神,落实习近平总书记对老干部工作重要指示精神,秉持精准服务工作理念和求真务实工作作风,积极创新工作方法,扎实推进各项工作,较好地完成全年的目标任务,赢得了广大老干部的好评。

突显"政治学习高标准,对党忠诚严要求",保持劲头"好状态"。一是把学习贯彻习近平新时代中国特色社会主义思想作为首要政治任务,在理论学习上有更强自觉性,在学懂弄通做实上有更高要求,学深悟透,内化于心,外化于行,把学习成效体现到推动离退休人员服务工作中。二是建立健全学习贯彻工作快速反应机制,在提高深入学习贯彻习近平新时代中国特色社会主义思想成效上做表率。三是常态化推进"大学习、深调研、真落实"工作,推动学用结合,破解老干部工作难题,推进学习贯彻往深里走、往实里走、往心里走。四是做到"两个维护",把带头做到"两个维护"作为党的政治建设和机关党的建设首要。五是把不忘初心、牢记使命作为加强党的建设的永恒课题和全体党员、干部的终身课程,深入开展对党忠诚教育、革命传统教育,发展积极健康的党内政治文化。

【抓牢疫情防控】 突出抓牢疫情防控,实现涉疫"零事故"。一是主动作为,将疫情防控措施落实到每一位离退休人员,全员全程全方位不留死角。疫情暴发后,离退休人员服务处全体人员提前结束春节休假,投入到老干部防控疫情工作中。二是及时将国家、省关于疫情防控的决策部署、有关文件精神传达到各支部,教育引导老同志保持政治定力,坚定必胜信心,在做好自身防控的基础上积极支持单位、社区开展联防联控工作。省教育厅广大离退休干部积极参与群防群治、捐款捐物、发声助力,为打赢疫情防控的人民战争贡献力量,有167名离退休老同志自愿捐款共计人民币10.94万元支持疫情防控工作。三是防疫工作力求做到精准细致。利用党总支和各支部微信群发布《致全省离退休干部的倡议书》,引导老同志强化自我保护意识,做好防范工作;建立健康信息报告制度,以支部为单位,通过微信、电话、短讯等多种方式定期了解掌握老同志生活及身体健康等基本情况。

【做好党支部换届选举工作】 重点做好支部换届和党总支组织设置改革,汇聚助力"新活力"。为贯彻落实全面从严治党要求,进一步提升离退休党支部的组织能力和互助能力,9月启动了离退休人员党支部换届选举工作,将原有的15个党支部整合为14个党支部,11月完成了3个片区党总支的选举工作。换届选举工作筹备期间,紧密结合离退休党支部建设工作实际,多次召开专题会议进行研究部署,制订实施方案,明确细节流程;各支部召开换届选举会议时,各支部联系人列席会议、监督指导,为换届选举工作的顺利进行提供了有力保障;各支部的老党员们也克服各种困难,参会行使党员权力,顺利完成了选举工作。通过此次换届选举,进一步加强了离退休人员党支部队伍建设,选优配强了支部班子,为今后各支部工作的顺利开展奠定了坚实的组织基础,为广大离退休党员持续凝聚和释放正能量搭建了良好平台。

【创新"五坚持"业务举措】 一是坚持把政治建设摆在首位,健全党支部组织生活制度,制订党支部学习计划,积极开展"三会一课"。严明党的政治纪律和政治规矩,严肃党内政治生活,涵养风清气正的政治生态。二是坚持服务主业务。组织迎春团拜会和情报通报会。为36名副厅级以上离退休干部办理保健卡,协助人事管理处做好省属企业离休干部纳入省直机关事业单位医疗保障制度管理服务工作,委厅及直属事业单位、直属学校离退休干部危重和困难补助等工作。组织委厅离退休干部前往南方医院体检;重阳节为2020年满70岁以及80岁以上老干部发放慰问金;组织离休和副厅级以上退休干部到从化健康疗养,为离退休干部征订年度报刊。针对"双高期"离退休干部的特点和需求,用足用好各类涉老服务政策措施,千方百计帮助解决医疗护理、紧急救助等方面的实际困难。三是坚持人文关怀和组织关心。2020年春节前夕,厅领导分别带队走访慰问离退休老领导、老党员和困难老同志,向老干部通报情况、听取意见建议,并致以节日的问候和祝福。在"七一"前夕,走访慰问老

· 教育综合管理 ·
GENERAL MANAGEMENT IN EDUCATION

干部老党员和在疫情防控中做出贡献的老同志4名；在抗日战争胜利75周年纪念日，慰问老同志8名，并送上慰问金；在抗美援朝作战70周年纪念日，慰问参加抗美援朝的老同志5名，并送上纪念章和慰问金；在国庆、中秋节期间，走访慰问老红军老干部2名。慰问患病住院老同志5名，帮助办理14名因病去世老同志的善后事宜。进一步完善离退休人员困难帮扶机制，对身患重病、失能、高龄等有特殊困难的老同志，给予更多关心照顾。四是坚持首问负责制。自觉维护离退休人员服务处"热心、务实、高效"的良好形象，防止工作中出现推诿、扯皮现象，更好地为老干部提供方便、快捷、满意的服务。五是坚持创新体现活力。继续办好《老干天地》，用好"广东省离退休干部服务管理系统"、"离退休干部工作"微信公众号、"广东老干部"微信公众号、秋光网等，增强学习教育的感染力和吸引力。发挥老干部"正能量"作用，激发更多老同志参与关心下一代工作。组织引导老干部融入社区、参加学校党建和教学研究等活动。

（撰稿　林　青；审稿　邵子铀）

教育纪检监察

【综述】2020年，广东省教育纪检监察工作以习近平新时代中国特色社会主义思想为指导，深入贯彻落实中央纪委和省纪委决策部署，聚焦主责主业，认真履行纪检监察两项职责，充分发挥监督"探头"作用，积极实践"四种形态"，用好监督执纪"七个看"、问责"六字诀"，深入推进党风廉政建设和反腐败工作，有力推动省级教育系统全面从严治党向纵深发展。

【强化政治监督】驻省教育厅纪检监察组将各单位党组（党委）政治理论学习情况纳入必查科目，推动省直教育系统进一步增强"四个意识"，坚定"四个自信"，做到"两个维护"。加强对新冠肺炎疫情防控工作监督，办理涉疫情防控信访举报46件，指导出台《关于严明纪律做好全省教育系统新冠肺炎防控工作的通知》。加强常态化监督，主动参与省教育厅"三重一大"决策事项，会同厅党组召开党风廉政建设专题会议2次。全年提供党风廉政建设回复情况1226人次，其中，对干部选拔任用回复496人次，做出"一票否决"2人次。开展干部任前谈话29人次，发放提醒函12份。推动开展谈话提醒工作，50所高校开展谈话提醒2743人次，其中，厅级10人次、处级1431人次、科级及以下1302人次。

【坚持有案必查】驻省教育厅纪检监察组全年共受理群众来信、来访、来电及网络举报747件，其中，上级转办交办314件。严格执行线索处置和案件查办"双报告"制度，上报线索处置和案件查办情况39条。坚持有腐必反、有案必查，全年立案7件7人。坚持惩前毖后、治病救人，落实"三个区分开来"，全年审理案件27宗，其中，处级10人，科级及以下17人。处理干部26人，党纪处分19人，其中警告9人，严重警告6人，撤销党内职务1人，留党察看2人，开除党籍1人；诫勉处理（警示谈话）2人；政务处分12人。

【深化以案促改】印发《中共广东省纪委广东省监委驻省教育厅纪检监察组受处分人员回访教育工作办法（试行）》，召开联系监督单位回访教育工作推进会。开展以案示警教育，选取10个典型案例编纂《教育警示录》。

【推动高校纪委建设】完成24所省管班子和21所省管一把手高校纪委书记考核。深入19所联系监督高校开展调研，形成省管高校纪检监察机构队伍情况调研报告。协助省纪委监委组织部编印《广东省省管高校纪检监察工作指引》，制订《省管高校纪检监察机构职责权限》和《省管高校纪检监察机构规范化建设任务清单》。推动2所省属高校纪委副书记提拔交流任职。指导高校监督执纪工作，50所高校纪委共受理信访举报831件次，开展监督执纪专项检查156次，发现问题线索1458条；立案29件，监察立案8件；约谈干部10833人次；对拟选拔任用干部提供党风廉政情况回复15410人次，做出"一票否决"33人次；发出纪律检查（监察）建议书294份。

【强化队伍建设】深入学习贯彻习近平总书记系列重要讲话精神、"两会"精神、十九届五中全会精神，进一步增强"四个意识"，坚定"四个自信"，做到"两个维护"。建立"双周学习制度"，深入学习党言党语、纪言纪语、法言法语、教言教语。新建2间适用于监督执纪第一、第二种形态的谈话室。加强履职能力培训，组织高校纪委派员参加省纪委监委培训320人次,选派干部参加"以干代训""以案代训"110人次。坚守安全底线,全年办案安全"零事故"。

（撰稿　温燕欢　高　琦；审稿　黄建固）

招 生 考 试

【综述】2020年,广东省教育考试招生工作围绕服务考试、服务考生、服务育人,坚持稳中求进工作总基调,统筹推进疫情防控和考试招生工作,圆满完成了各项任务。经省委编办批准,省教育考试院增设命题和保密印刷基地管理办公室（正处级）,编制3名；增加省教育考试院"承担全省各类教育考试招生的分析研究和有关考试质量评价工作"职责,并调整相关处室职能；调整后高等教育招生考试处更名为考试招生一处,中等教育招生考试处更名为考试招生二处,社会考试处更名为社会考试与考试评价处。

【疫情防控】全年各类考试没有发现新冠肺炎确诊或疑似病例、无症状感染者,顺利实现"健康、平安、公平、诚信、暖心"五大目标。

疫情防控扎实有效,把抓实抓细抓牢疫情防控作为首要政治任务,及时对各类考试工作予以推迟或取消,如高考推迟1个月,得到社会的认可和考生、家长的支持。召开全省考试招生工作视频会,统筹部署疫情防控和考试招生工作。出台《高考疫情防控工作标准》《自学考试防疫操作办法》及初中、高中学业水平考试疫情防控工作指引等10多份文件。抽查考点防控工作,压实考试招生机构和考点责任。完善工作机制,增补高考联席会议成员单位,成立高考、中考疫情防控专班,定期召开高考、中考专班视频调度会,确保问题得到及时研究、及时解决。

【党建工作】落实党委主体责任,进一步明确党建目标任务,发挥党委在考试招生工作的领导作用和政治保障作用,落实党委会议"第一议题",举办院党委理论中心组学习会4次、党委会议27次,印发广东省教育考试院党委党建常规工作表,各党支部开展组织生活会36场次。

加强思想政治学习,组织党员干部认真学习《习近平谈治国理政》（第三卷）,确保习近平新时代中国特色社会主义思想不断往深里走、往心里走、往实里走。举办依法行政专题辅导讲座,组织干部参加《民法典》专题讲座等,提高依法行政能力,全年组织干部职工参加各类学习讲座13次。办公大楼增设电子宣传栏,每周更新2~3次,让干部职工及时了解时政、教育热点。

加强党风廉政建设,把廉政教育和纪律教育融入日常工作。进一步规范合同管理工作,抓住重大项目采购、逢年过节、招生录取等节点,对党员干部及时提醒。严肃考风考纪,严格履行招生录取执纪监察职责,处理和报告投诉举报13件次。积极开展"专项行动",高质量如期完成专项清查处置工作。

【普通高考】2020年,全省普通高考考生78.8万人,比2019年增加2万人；其中春季高考28.8万人,夏季高考67.4万人。经春、夏季两次招生,共录取72.12万人,比2019年增加2.93万人。其中,本科录取30.71万人,比2019年增加0.39万人；专科录取41.41万人,比2019年增加2.54万人。夏季招生计划47.54万,录取47.97万人,其中,本科录取30.52万人,专科录取17.45万人,计划完成率达101%,比2019年增加5个百分点。

为考生提供暖心服务,全力推进各考场安装空调和高清视频监控改造工作。全省479个高考考点所有考场新装空调21 770台,首次实现考场空调、高清视频监控"两个全覆盖"。为做好疫情防控工作,高考期间共安排1769名医护人员和974名心理辅导教师值守,设置备用考点25个、隔离考场2 305个。

扎实推进高考综合改革,对广东省2018级高中学生选科情况进行全面摸底。制定《广东省2021年普通高等学校招生考试安排和录取工作方案》,对新高考考试安排、志愿设置、志愿填报、录取批次安排、考试总成绩投档排位、院校专业组计划编制、院校专业组录取原则、录取模式等做出明确规定,提前向社会公布。加大考试招生改革宣传和政策解读力度,积极营造良好的考试招生环境,确保新高考改革平稳实施。继续扩大艺术类专业省级统考涵盖范围,2021年起增加书法类专业统考,实行计算机辅助评卷。

扎实开展高职扩招专项行动,2020年高职扩招专项行动报名12.2万人,录取96 050人。

【高中阶段学校招生考试】2020年，全省中考报名111.51万人，比2019年增加5.69万人，增长5.4%。共录取97.15万人，比2019年增加7.65万人，增长8.74%。其中普通高中录取65.1万，比2019年增加2.98万人，增长5%；中职学校录取32.05万人，比2019年增加4.67万人，增长17.1%。

中考考场空调全覆盖，通过一市一策，争取各级政府支持、发动社会捐助、开通"绿色通道"简化审批手续等超常规措施，在短短一个月内全省考场新装空调37 522台，实现中考考场空调全覆盖。

维护中考招生公平公正，加强中考考试招生管理，全省中考未发现违规加分、校外机构参与招生、热点学校"掐尖"招生等违规行为。落实随迁子女在粤参加中考工作，2020年全省高中阶段学校共录取随迁子女17.96万人，比2019年增加2.47万人，增长15.95%；其中外省籍7.62万人，比2019年减少0.45万人，降幅为5.62%。其中，普通高中招收11.81万人，比2019年增加2.99万人，增幅为33.86%；中职学校招收6.15万人，比2019年减少0.52万人，降幅为7.75%。珠三角9市中考共招收港澳居民随迁子女2 635人，比2019年增长38.68%。

稳步推进中考和中职学考改革，出台《初中学业水平考试物理、化学、生物学等科目实验考试的指导意见》，制订《全省中职学校学业水平考试改革工作方案》，召开全省中考改革推进视频会议。

【中高职贯通试点招生】扎实开展中高职贯通招生工作，确定77所高职院校与252所中职学校（含技工学校）在1 254个专业点开展中高职贯通三二分段试点招生，招生计划扩大到64 604名。开展高职院校招生章程审核工作，对49所高职院校上报的20 823名考生三二分段高职段录取材料进行审核，录取率为66.09%。顺利完成高职院校五年一贯制考试招生工作，全省统考报考人数为9 296人，录取4 231人，比原计划增招711人，公费定向考生1 647人，招生计划完成率达99.5%。

【普通高中学业水平合格性考试】2020年，广东省参加普通高中学业水平合格性考试的考生达118.81万人次。

【本科插班生招生考试】2020年，扩大专升本招生规模，招生计划43 432人，报名88 773人，共录取48 856人，比2019年增加30 899人，增长188.12%。三二分段专升本录取1 652人，比2019年增加594人，增长56.14%。录取退役士兵650人、建档立卡考生997人。

【自学考试】全年共组织自学考试3次，新生报名累计25.14万人，考生报考总规模113.65万人次、254.46万科次，同比分别增长8.94%、4%，创近10年来新高。毕业39 795人，同比增长5.9%。加强考点统筹，新增自考考点15个。

【社会考试】2020年，中小学教师资格考试笔试、大学英语四六级考试、英语等级考试、计算机等级考试、成人高等教育学士学位外国语水平全省统一考试、同等学力人员申请硕士学位外国语水平和学科综合水平全国统一考试、大学英语四六级口语考试等各类考试考生共有196.7万人次，报考234.4万科次，新增考点22个。其中，中小学教师资格考试实现在县区设置考点，有效缓解了考位供求矛盾。

【研究生招生考试】2020年，全省35个考点报考人数达17.4万人，比2019年增加3.4万人，增幅为24.3%，报考人数居全国前列。各考点首次实行研招网（中国研究生招生信息网）统一缴费，采用三级分账模式，报名工作效率明显提高。首次开展网上确认试点工作，减轻组考压力，得到了考生、考点和社会的普遍认可。积极改革创新，采取网络远程复试方式。全省30个硕士招生单位共录取5.3万人，17个博士招生单位共录取0.6万人，新增考点9个。

【成人高校招生考试】2020年，在广东省招生的成人高校共198所，报考56.6万人，比2019年增加7.1万人，增长14.3%，人数继续居全国前列；新增考点65个。

【考试命题】加强新高考命题工作研究和队伍培训，开展选择性考试（思想政治、历史、地理、物理、化学、生物学6门科目）及新高考英语听说考试说明研制工作。全年命制各类试题1 073套，供卷1 257套。组织全省教育考试命题省级骨干教师培训班，共培训1 699人。

【考试招生信息化建设】积极推进技术防疫，加强与广东省政务服务数据管理局、数字广东公司等有关单位的信息共享，对接"粤康码"数据接口，全面掌握考生健康状况。开发高考考生健康上报系统，实现高考考前连续14天健康监测。各类考试报名确认业务由线下改为线上，在方便考生的同时有效防范疫情传播风险。

信息化建设取得重要进展，一是全面实施高考无纸化体检，新增考点及设备更新的考点全部推行人脸识别技术核验考生身份。二是推进考试招生工作平台的整合与利用。加强与平安科技、华为、省电信等企业的交流合作，制订省教育考试公平考务项目的总体方案和技术方案，积极推动项目立项。三是加快新高考考务综合管理平台和卷库/题库平台建设，命题专家库管理平台、学位外语全省统考的新报名及考务系统投入使用。四是安全防范水平进一步提升，广东省教育考试院参加"粤盾"2020广东省数字政府网络安全攻防演练被评为"优秀防守单位"。

【考试招生服务】加强宣传引导，通过省教育考试院官微、官网、南方号、在线接访等宣传解读有关政策，及时为考生答疑、排忧解难，群众满意度进一步提高。2020年，省教育考试院官微推送文章1017篇，粉丝数649万人，比2019年增加约191万人。高考期间，联合广东气象局每日对各考点的天气进行预判，并及时将天气预报发送全省各考点和考生，做到精准预报。开展高考、自考等报名专题系列宣传。精品选出，选送3篇新闻作品参选"广东教育好新闻奖"，获评一等奖1篇、二等奖2篇。

提高线上服务水平，让考生和家长"少跑腿"。如考试实行网上报名、缴费、信息采集等。微信小程序访问量达1亿次，向考生发送服务短信2071万条。生成加盖电子签章的成绩证书238万张、录取名册1.3万份。

提升信访服务质量，坚持关口前移，落实业务处室责任，及早排查，及时为考生排忧解难。建立信访舆情、信访月报、信访总结工作机制，倡导网上信访，制定《广东省教育考试院涉访突发事件应急处置预案》，妥善处理群访和非理性上访。共接待来访考生及家长3114人次。全年信访整体情况平稳可控，收到群众赠送锦旗9面。

优化后勤保障服务，制订《广东省教育考试院疫情防控工作方案》，严密做好疫情防控工作。提升物业、餐饮服务水平，办公大楼整体环境得到明显改善。高标准完成试卷保密室、标准化考场和信息技术运用展示厅建设，以及运维监控和开发场地升级改造。完成办公用房和安防系统改造以及命题和保密印刷基地监控系统升级换代。及时妥善处置基地后山山体滑坡，确保高考中考制卷工作顺利完成。完成基地双回路备用电源建设，行政区、命题区视频监控优化升级改造等工程。有序推进招标和政府采购工作，全年完成采购项目60多项。严格执行现金管理和结算制度，基本实现现金零支付。各类考试收费基本实施网上缴费。

加强考试评价工作，组织编制高考年报，开展高中学考评价工作。

【院属企业管理】完善企业管理制度，成立粤赛公司董事会，召开股东会、董事会；出台服务中心员工职务职级管理办法、采购管理办法，修订粤赛公司保密管理办法等；建立企业班子会议制度和重大事项决策制度，加强财务管理。夯实保密安全措施，完善保密印刷设施设备，粤赛公司顺利通过了国家秘密载体印刷资质检查验收，按时保质完成高考、成考等试卷印刷任务。落实企业经营自主权，坚持政企分开，稳步推进"放、管、服"工作，进一步扩大企业经营自主权，激发企业员工积极性。

（撰稿　李小丹；审稿　许顺兴）

教育研究

【综述】在广东省教育厅党组领导下，广东省教育研究院坚持以习近平新时代中国特色社会主义思想为指导，全面贯彻党的十九大和十九届二中、三中、四中、五中全会精神，深入贯彻落实习近平总书记出席深圳经济特区建立40周年庆祝大会和视察广东重要讲话、重要指示精神，落实立德树人根本任务，推进新时代高水平教研体系建设，为教育高质量发展提供智力支持。

【推进新时代教研体系建设】一是加强新时代基础教育教研体系顶层设计。印发《关于建立健全新时代基础教育教研体系的实施意见》。召开全省教育科研工作会议，举办3次基础教育教研主题集体学习研究会。开展全省基础教育教研工作调研并提出对策建议。推进教研体系内涵建设，启动三类教研基地建设项目。

二是着力提升教研队伍整体素质。开展高考综合改革方案和普通高中新课标新教材培训、义务教育"三科"教研员及骨干教师培训，组织全省基础教育教研员能力研修班，督促指导地市加强教研队伍建设。

三是组织指导疫情防控期间教学教研工作。研制《广东省中小学线上教学课程与教学设计规范指引（试行）》。组织开展疫情防控期网络教研。协助对义务教育阶段2880节、普通高中各学科1000节课程资源进行审核。

四是组织教师能力大赛，推广优秀教研教学成果。组织广东省第五届高校青年教师教学大赛，组织开展"名师送教"大赛成果推广。开展基础教育、职业教育教学成果专项推广。出版中职教育、高职教育优秀教学设计及教学绝活集萃。编著出版《广东教育改革发展研究报告》。

五是推进教育教学教研与信息技术融合创新。推进省教育科技协同创新中心建设，与腾讯合作建设"粤教研"平台。"同一堂课"网络教研累计1000万人次参与。举办全省中小学智慧课堂交流展示。完成"大数据云平台在职业教育教学优质环境构建中的应用"和珠海普通高中"基于大数据的区域教育教学评价与质量监测"项目试点工作。

【积极服务教育现代化决策】一是承担编制《广东省教育发展"十四五"规划》。制定《〈广东省教育发展"十四五"规划〉编制工作实施方案》，形成规划文本。

二是加强粤港澳大湾区教育交流合作与研究。承担编制的《推进粤港澳大湾区高等教育合作发展规划》，由教育部、省政府印发实施。举办粤港澳大湾区中小学校长论坛暨粤港澳大湾区中小学校长联合会成立大会。组织开展"走进大湾区·同一堂课"网络教研。开展基于粤港澳大湾区的终身教育资历框架对接、大湾区大学集群发展、国际教育示范区标准和政策支持体系等研究。启动"粤港澳大湾区教育一体化发展的制度创新研究"。

三是深入开展政策研究，协助配合厅机关健全完善相关政策制度。协助研制《关于推进中小学幼儿园集团化办学的指导意见》《省级优质基础教育集团评估方案及指标体系》《广东省教育厅关于加强和改进中小学实验教学的实施意见》《广东省教育厅关于义务教育阶段残疾儿童少年随班就读工作的实施细则（试行）》《广东省教育厅等八部门关于加强残疾儿童少年义务教育阶段送教上门工作的指导意见》《广东省中小学地方课程和校本课程规划、开发与实施指南》《广东省民办高等学校年度检查实施办法》《广东省民办高等学校年度检查指标体系》。修订《中小学地方综合课程指导纲要（试行）》《广东省教育厅关于实施初中学生综合素质评价的指导意见（试行）》。

【聚焦重点关键开展教科研取得良好成效】一是积极承担国家、省的教科研任务。获批全国教育科学规划国家一般课题1项、教育部专项课题1项，广东省哲学社会科学规划一般项目2项、广东教育科学规划中小学教师教育能力提升计划（强师工程）项目8项，粤港澳大湾区国际教育示范区建设专项一般项目3项，广州市高等学校第十一批教育教学改革研究项目重点项目1项。完成全国教育科学规划国家一般课题1项、教育部青年课题1项，广东省教育科学规划课题结题5项。

二是召开第八届中国南方教育高峰年会。以"新时代教育科学研究：使命、任务与机制、举措"为主题，以"云峰会"为主要形式，邀请知名专家学者与教育行政部门负责人、教育科研机构负责人、大中小学校长和教师代表利用直播平台展开深入研讨，为新时代如何把握教育科学研究的目标使命、主要任务、实现路径提供了思想盛宴和行动框架，为科学开展教育科学研究奠定智慧支撑。超62万人次关注峰会直播、参与交流互动。

三是深入开展基础教育教研指导工作。第一，扎实推进全面育人研究工作。举办普通高中思想政治学科广东教研基地主题教研活动、学前教育保教研讨活动、校园足球送教下基层暨宣讲活动、广东省第十届体育与健康教学展示活动等。制定《广东省中小学体育与健康课堂教学基本要求》，研制《新时代广东省中学化学深度学习教改实验方案》，组织编撰《中小学劳动教育指导手册》，组织特殊教育教研对口帮扶。联合开展全省红领巾"致敬逆行先锋"活动。第二，扎实推进普通高中新课程实施工作。研制《广东省普通高中课程实施方案（2020年修订）》及《普通高中新课程学科教学指导意见》。举办广东省普通高中新课程改革研讨暨成果交流展示活动。第三，积极推进基础教育实验区实验校建设和专题教育研究及实践。指导始兴、丰顺、中山南头实验区开展教育现代化研究与实践，筹建省教育研究院实验学校。组织"中国STEM教育2029行动计划"种子学校申报，推进"基于高新工程技术支持下的STEM教育研究与应用"，举行全省中小学项目式学习研讨。配合开展全省中小学科普工作，编写《初中财经素养教育教师用书》，指导课题学校开展研究。

四是推进职业教育提质培优研究。完成教育部委托课题《在职业院校、应用型本科高校试行1+X证书制度研究》。配合做好教育部资历框架专项研究、财经类专业目录修订、中职新增专业教学标准研制、全国中职年报编制、学生思想状况调查等工作。出版《2019年度广东省中等职业教育质量报告》《广东省高等职业教育质量年度报告（2020）》，着手编制2021年广东省高等职业教育年度报告。开展全省职业院校"粤菜师傅"人才培养培训调研，形成《广东省教育厅大力推进"粤菜师傅"工程的报告》，参与职业技能等级证书制订。主持并完成"广东技工调研"项目，指导"南粤家政"职业技能等级证书制订。举办广东省职业教育教科研工作专题交流活动，开展中职学校教研现状调研，形成《广东中等职业教育教研状况的调研报告》。

五是推进产业学院科技成果转化与推广。完成《广东省本科高校产业学院建设情况调研报告》，编撰《广东省本科高校产业学院建设的理论与实践》，搭建"广东高校产业学院科创资源在线"。研究制定《广东省应用型本科院校建设基本标准》。

六是积极开展基层民办教育改革实践研究。承担东莞市民办教育发展方向重大研究课题，形成研究报告。组织论证《珠海市学生校外托管机构管理暂行办法》。

七是推进教育评价改革与教育评估监测研究。开展高考改革与人才发展、高考改革与学校变革等主题研究，推进中小学生课业负担监测与公告制度建设、大数据在职教教学评价应用、中小学教师在教育科研中应用定量方法现状等专题研究。协助开展高校"冲补强"评价指标体系研究研制、职业院校办学评估、助学工作绩效评估、首届民族教育教学成果遴选等工作。

【稳步推进教育宣传出版工作】一是新型教育智库舆论引导能力进一步增强。建设广东省教育研究院融媒体矩阵。省教育研究院网站和"广东教育研究"微信、网易号、南方号全年发布文章约1800篇，阅读量达300万余次。密切联系省教育厅网站、"广东教育"微信及主流媒体等开展联动宣传，借助省教育信息技术资源平台、"央视频"、网易新闻等，打造省教育研究院直播展示平台。

二是推进教育出版各项业务。广东高等教育出版社发印图书700种，生产码洋3.4亿元，销售收入1.3亿元，利润总额约1100万元；出版《文体与跨文体研究丛书》《潘懋元文集（第二版）》等重点丛书，策划一批高质量选题和抗疫主题出版物。广东音像教材出版社参与广东省国家课程数字教材规模化应用全覆盖项目；合作运营3A课题及口语易平台；开拓"师同霸方"同步板智能系统；完成62个选题出版。

（撰稿、审稿 广东省教育研究院）

教 育 宣 传

【综述】2020年是深入贯彻落实全国教育大会精神的关键之年。作为委厅教育宣传机构，广东教育杂志社（以下简称杂志社）围绕中心、服务大局，积极开展各项工作，助力广东省教育事业高质量发展。

【党建工作】2020年，杂志社党支部进一步建设基层战斗堡垒，不遗余力做好党建工作。一是针对新冠肺炎疫情影响，杂志社党支部在疫情严峻时期灵活采用"线上开会"形式，召开各类党员会议，疫情防控和党建工作两手抓。二是通过"走出去，请进来"方式强化党建工作。9月4日，组织党员到广东省博物馆参观"众志成城——致敬抗疫者"抗疫先锋展；9月7日，邀请广州中医药大学第一附属医院副主任医师詹少锋到社开讲座。此外，支部书记黄小坚多次线上分享"党建要闻""学习笔记""手机短评"等信息，及时传达习近平总书记重要讲话精神。

【疫情防控工作】在以黄小坚为组长的杂志社疫情防控工作领导小组的组织领导下，杂志社办公室严格做好疫情防控工作，包括购买医用外科口罩、消毒液等防控物资，对出入人员进行测温、检查口罩佩戴情况并登记有关信息，每天保持办公场地清洁、全面做好卫生工作，每日向上级汇报杂志社人员情况等。

【教育宣传工作】努力做好教育宣传工作。一是围绕委厅中心工作做好教育宣传工作，对广东省乡村体育教师提升行动活动、广东省教育系统疫情防控工作、广东红领巾"致敬逆行先锋"活动等进行宣传报道，并聚焦教育现代化，推介汕头市金平区、清远市、韶关市等地区的教育现代化建设经验。二是为各级各类学校的品牌打造提供服务，策划推出《特色发展视野下的'共乐'路径——深圳市宝安区共乐小学共乐教育特色探幽》《让学生幸福得像花儿一样——广州市黄埔区东荟花园小学"幸福教育"探秘》等报道，传递广东教育正能量。

【教育品牌活动】努力做好教育品牌活动。一是继续做好传统活动项目，开展"第十三届广东省中小学'暑假读一本好书'活动""第九届'弘扬高尚师德，潜心立德树人'师德征文及微视频活动""2019年广东教育好新闻评选活动"等相关工作。二是努力做好新活动、新项目，如做好"信以为真——广东第二届中小学生书信活动"，精心筹划"2020年广东省校园摄影大赛"等。

【新媒体工作】积极做好新媒体工作。杂志社微信公众号"广东教育传媒"积极配合省教育厅做好疫情防控宣传、线上教学资源汇集等工作，为社会大众特别是广东教育系统师生了解疫情、学习疫情防控知识、做好疫情防控和线上教学等提供资讯和参考，全年共推送相关文章近千篇，阅读量超千万人次。此外，联络广州、东莞、佛山等教育局官方微信公众号宣传"广东省校园摄影大赛""暑假读一本好书""书信大赛"等活动，推文总阅读量达50万人次；开设"广东教育""广东教育传媒"抖音号，已积累了粉丝3万多人。

【事业发展成效】2020年，虽受疫情影响，但杂志社运转正常，各项工作如常开展，防疫生产两不误。一是党建工作有成效。通过开展形式多样的党建活动，进一步提升党员的思想理论水平和党性修养。二是采编工作获好评。刊登于《广东教育》（综合）的《止于至善的湘桥力量——潮州市湘桥区特色教育发展探幽》《迈步越雄关，教育谱新章——南雄市推进教育现代化纪实》等报道获得各界好评。三是新媒体事业发展势头良好。"广东教育传媒"发展迅速，影响力日益增强，顺利实现年初预设目标，公众号粉丝数、阅读量均实现"翻一番"，18篇文章阅读量达10万多次，"广东教育""广东教育传媒"抖音号播放量约为630万次，获赞达11万多个。

（撰稿、审稿　广东教育杂志社）

语言文字工作

【综述】2020年，广东省语言文字工作委员会办公室（以下简称省语委办）深入学习贯彻习近平新时代中国特色社会主义思想，贯彻落实党的十九大和十九届二中、三中、四中、五中全会精神，贯彻落实全国教育大会、全国语言文字会议精神，在教育部和省委、省政府指导下，在委厅党组坚强领导下，积极开展疫情防控，依法履行语言文字工作职责，推广普及国家通用语言文字，传承弘扬中华优秀传统文化，努力营造和谐语言文字环境，推动语言文字工作取得新成效。

【提升语言文字工作治理能力和治理水平】一是组织参加全国语言文字会议。2020年10月13日，教育部、国家语委召开改革开放以来第三次、新时代第一次全国语言文字会议。会议以视频形式召开，主会场设在北京。广东省政府副省长李红军和22个省直有关部门的负责同志出席了省政府分会场会议。二是召开全省语言文字会议。2020年12月31日，广东省人民政府召开全省语言文字会议主会场会议，省政府副省长王曦出席会议并讲话。全省21个地市均设立了分会场。省直有关单位、各高等学校、部分语言文字专家出席会议。参会人员近700人。三是起草实施意见。2020年11月，起草《广东省人民政府办公厅关于全面加强新时代语言文字工作的实施意见（征求意见稿）》并召开专家论证会后形成初稿，将初稿发至各省直有关部门、各地级以上市教育局、部分高校、省教育厅有关处室征求意见，已进入修改完善阶段，下一步待报委厅领导签批后，报省政府领导签批印发。四是草拟《广东省语言文字"十四五"规划》。按照全国语言文字会议精神和教育部的要求，以及全省语言文字工作实际，草拟广东省语言文字"十四五"规划，召开专家论证会后形成初稿。五是召开全国语言文字会议精神专题学习网络会议。2020年11月17日，邀请教育部语用司副司长王晖解读全国语言文字会议精神。广东省各地市语委办、全省普通话测试站全体工作人员近300人参加了网络会议。六是参与举办语言服务高级论坛。2020年11月21日，邀请教育部语信司司长田立新到广东，做了题为《贯彻全国语言文字会议精神　推动新时代语言文字事业高质量发展》的报告。

【普通话水平测试】2020年6月，按照党中央、国务院和教育部最新指示精神，以人民为中心，聚焦就业导向，印发《广东省教育厅　广东省语言文字工作委员会关于统筹做好新冠肺炎疫情防控和普通话水平测试工作的通知》，明确提出各地各高校在严格做好常态化疫情防控的基础上，经批准有序恢复语言测试。6月以来，已有60个普通话水平测试站点恢复了普通话水平测试工作，占全部66个测试站的91%，测试22.5万人次。10月，教育部复函广东省教育厅，同意授权广东省对在广东学习、工作和生活3个月及以上的港澳台人士和外籍人士开展普通话水平测试。11月13日，2020年全省普通话水平测试站工作人员培训班在江门市顺利举行，来自全省各地市语委办负责人、普通话水平测试站站长共85名干部参加了培训。

【推广普通话宣传工作】省语委办始终将构建和谐语言生活作为政治任务来抓，着力加强国家语言文字的服务能力。9月，省教育厅联合了省委宣传部等8个部门共同举办"推普周活动"。从9月14日至30日，广东卫视等10多个省级电视台全频道以及21个地市电视台合共超过30个电视台24小时滚动插播推普公益宣传片，南方日报等主流媒体登载推普周新闻，形成了全天候、立体式宣传攻势，共同营造出浓郁的宣传氛围，得到了教育部的充分肯定。

【推进"学前学会普通话"计划】贯彻教育部《推普脱贫攻坚行动计划（2018—2020年）》精神，继续深入实施国家通用语言文字普及攻坚工程，按照广东省与四川省签订的协议，深入实施对口援助四川凉山彝族自治，从教师培训、远程教学等方面支持凉山彝族自治州"学前学会普通话项目"，帮助凉山彝族自治州11个深度贫困县农村学龄前儿童突破语言障碍，学会普通话，将语言文字帮扶纳入扶贫协作工作中，不断推进"学前学会普通话"计划。

【实施帮扶推普助力脱贫攻坚】党的十八大以来，推动佛山市投入四川省凉山彝族自治州教育帮扶资金6513.3万元，受益学生10.14万人。其中仅2020年就安排1807万元用于支持凉山彝族自治州"学前学会普通话"项目，共惠及11个贫困县2300余个贫困村，培训幼教点辅导员、幼儿园教师13027人。指导华南师范大学国家语言文字推广基地举办凉山彝族自治州美姑县教师语言文字能力提升在线示范培训班和藏语文教师语言文字提升能力培训班。2020年11月17日，由华南师范大学国家语言文字推广基地主办，省语委办协办的2020年藏语文工作者国家通用语言文字素养培训班开班仪式在华南师范大学举行，培训班为期10天，以推广国家通用语言文字为主线，以传承中华经典为主题，提升西藏干部、教师的国家通用语言文字水平。将凉山彝族自治州学前教育骨干教师培训（含国家通用语言文字培训内容）纳入广东省"强师工程"省级师资培训统筹安排。组织39所中小学结对帮扶凉山39所中小学，帮扶凉山打造5所"种子学校"。2020年，组织开展大学生暑期"社会实践活动"，共有6000多支队伍、近9万名师生就近就地开展普通话口语培训等活动。

【广东省第十二届规范汉字书写大赛】2020年7月至12月，举办第十二届广东省规范汉字书写大赛，将弘扬伟大抗疫精神与书法艺术、规范汉字书写教育相结合，以"团结抗疫"为主题，用书法艺术致敬抗疫英雄，彰显时代正能量。大赛共收到书法作品3518件，经遴选，有584件学生作品和186件教师作品获奖。

【中华经典诵读】2020年4月起，积极联合广东广播电视台南方生活广播等单位，创造性开展《大爱有声——南粤学子"云朗诵"致敬抗疫英雄》公益展播，鼓励大学生凝聚青春正能量，用自己的声音向抗疫英雄致敬。活动共播出10期，华南师范大学等10所高校近1000名师生踊跃参加活动，影响广泛。积极实施第二届中华经典诵写讲大赛，打造特色品牌，全省大中小学参赛热情高涨。

【县域普通话普及情况调查】根据教育部、国家语委部署，扎实开展2020年全国普通话普及情况抽样调查工作。完成教育部对广东省广州、深圳、江门、梅州、湛江等地的普通话抽样调查共2000样本，为广东省开展普通话县域验收和制定语言文字政策提供了科学依据。

【语言资源保护工程广东项目】2019年，为进一步调动语言文字战线积极性，为语言文字工作营造积极奋发、干事创业的氛围，教育部、国家语委开展了中国语言资源保护奖评选表彰工作。2020年3月，评选表彰结果出炉，广东省语言文字工作委员会办公室等获评先进集体，暨南大学汉语方言研究中心教授甘于恩、中山大学教授庄初升、广东省广州市教育局语委办副主任李晓云、广东外语外贸大学语保志愿者工作站志愿者邵美影等获评先进个人。2020年，组织对《中国语言资源集·广东》课题的中期检查。

【推进语言基地建设】2020年11月，暨南大学和华南师范大学分别成功申报教育部第一批国家语言文字推广基地建设项目的重点项目和一般项目。同时，组织开展第二批国家语言文字推广基地的申报。各地各高校掀起申报热潮，全省共有28个单位报送了申报材料，比2019年增加133.33%。

【提升科研工作管理水平】广东省教育厅申请与教育部语信司、广州大学三方共建"国家语言服务与粤港澳大湾区语言研究中心"并获批准。积极指导、支持广州大学开展国家语委重大科研项目"粤港澳大湾区语言状况及规划研究"。

（撰稿　冯成志　林浩敏；审稿　朱建华）

·教育综合管理·
GENERAL MANAGEMENT IN EDUCATION

毕业生就业创业工作

【综述】2020年受新冠肺炎疫情影响，高校毕业生就业形势复杂严峻。在教育部的指导下，在省委、省政府的正确领导下，广东省教育系统经受住疫情影响、经济下行、岗位大幅减少等多重考验，在拓宽渠道上挖掘潜力，在服务保障上创新方式，在就业指导上精准施策，在供需对接上主动靠前，提供就业手续全流程数字化一站式办理服务，全力实施"百日冲刺"和高校毕业生就业攻坚行动，落实"一把手"工程，截至9月1日，广东省高校毕业生初次就业率为85.8%，确保了全省高校毕业生就业局势稳定。广东省就业工作得到了教育部和省委、省政府有关领导多次表扬。高标准做好第六届中国国际"互联网+"大学生创新创业大赛组织承办工作，实现了办赛精彩、参赛出彩的目标。在此次大赛中广东省高校表现优异，共获得21金和6个创新潜力奖的好成绩，金奖和创新潜力奖总数位居全国第一，约占全国的20.1%。广东省荣获"青年红色筑梦之旅"活动省市优秀组织奖，华南理工大学被大赛组委会授予特别贡献奖。

【就业概况】2020年，广东省普通高校毕业生共有60.3万人，除去因休学、结业、肄业等未取得毕业资格的学生，实际参加就业的毕业人数为57.11万人，其中研究生2.88万人、本科生26.87万人、专科生27.36万人。初次就业率为85.8%，其中研究生就业率为85.25%，本科生就业率为82.31%，专科生就业率为89.29%。高校毕业生充分就业的态势持续稳定，就业状况与2019年同期大致相当，并呈现以下特点：超过八成的已就业毕业生集中在珠三角地区就业；制造业，信息传输、软件和信息技术服务业，批发和零售业等行业占据了行业流向的前三位，共吸纳约39%的已就业毕业生。自主创业人数为3 797人，创业比例为0.66%。毕业生对初次就业岗位满意度为97.27%，对母校总体满意度为97.24%。

【就业举措】一是明确责任主体，全力谋划推进。省委、省政府多次召开常务会议研究广东省高校毕业生就业工作，分管省领导多次召开全省高校毕业生就业工作推进会、调度会，并做出工作部署。全省150多所高校压实压紧责任，落实"一把手"工程，完善校、院两级就业工作体系，形成工作合力，深挖岗位资源，为毕业生做好就业服务。二是出台积极政策，拓宽就业渠道。疫情以来，迅速出台13条积极措施，全面推行高校毕业生就业择业期政策，联合省直有关部门共同出台《关于推进2020年广东省普通高校毕业生就业工作的若干政策措施》等文件，为高校毕业生就业创业提供政策保障。促就业举措应出尽出，拓岗位办法能用尽用，推动公务员、事业单位专项招录应届毕业生，增加"三支一扶""山区计划""西部计划"项目招募人数，扩大硕士研究生和专插本招录规模，开展第二学士学位教育，开发科研助理项目岗位吸纳应届毕业生。三是精准就业服务，加强就业帮扶。强化毕业生就业统计工作，严格落实"四不准"要求。开设就业创业直播公益课堂，强化就业育人实效。宣传广东省高校毕业生就业创业先进人物事迹，营造良好就业创业氛围。落实家庭经济困难毕业生就业帮扶政策，实行"一生一策一导师"动态管理，截至2020年底，广东省家庭经济困难的建档立卡毕业生总体就业率为100%。四是创新就业举措，确保岗位充足。采取"走出去、请进来"多方联动的方式，千方百计筹措岗位，为企业和毕业生搭建供需平台，进一步畅通供需桥梁。截至9月1日，面向2020届高校毕业生共举办636场招聘活动，共计12.7万家企业参加，累计提供就业岗位395.2万个，通过省平台精准匹配推送就业岗位信息共127次，累计将341万个岗位精准推送给全省毕业生。五是优化办理流程，提升社会效益。依托广东省高校毕业生就业创业智慧服务平台，全面打造就业政务信息化，实现就业信息统计"日日清"。全省共约568万名毕业生（含往届）在平台申领、下载、验证电子就业报到证，2020届30多万名毕业生在线签订就业协议。落实放管服改革，把调整改派审批权限下放至高校。平台成功对接"粤商通"涉企移动政务服务平台，实现了省级数字政府大数据共融共享。以《发挥"数字政府"支撑能力，助力应届毕业生智慧就业》为题的电子政务案例，入选广东省政务信息化"放管服"典型案例，是广东省教育厅唯一入选的案例，位列政府典型案例第二位。

【大赛组织工作】一是成立大赛省市校三级筹备工作机构，合力推进大赛筹备。广东省政府成立了第六届中国国际大学生创新创业大赛广东省筹备工作领导小组，统筹协调大赛相关工作。领导小组下又设置了12个专门工作组，负责相关专项工作。广州市和华南理工大学也相应成立了筹备工作小组，省、市、校三级联动，共同推进大赛筹备工作。二是研究谋划大赛总体方案，统筹推进大赛同期活动。在教育部的指导下，结合疫情防控情况，最终确定了"1+6"系列活动。6项同期活动都已顺利举行，达到预期效果。其中"智投未来"资源对接会精心打造了线上资源对接平台，融资意向额共计36.65亿元，参与投资的机构或投资人达到459个，参与活动项目达2020个，刷新历史最高纪录。三是出台相关政策，为大赛提供制度保障。先后出台《关于推进2020年广东省大学生创业工作的若干政策措施》《广东省教育厅关于印发〈广东省中国"互联网+"大学生创新创业大赛激励措施〉的通知》等文件，针对广东省内的参赛高校及师生在资金奖励、学校评估等方面给予一定激励。除了政策支持外，广东省给予2500万元财政经费支持，确保精彩办赛。四是在防范风险上下功夫，构筑疫情防控新格局。大赛建立了"部—省—市—校"四方联动机制，严格落实分类疫情防控管理制度，认真做好"三管理、四必须""应检尽检"等工作。五是在开放办赛上下功夫，打造国际大赛新模式。该届大赛吸引了一半以上世界前100强的大学报名参赛，真正做到了"百国千校"共襄盛举。探索线上线下相结合的新型办赛模式，打造了疫情下举办国际级赛事的新模板。六是强内功，积极深化高校创新创业教育改革。按照"面向全体，分类施教，结合专业，注重实践"四大原则推进高校创新创业教育，出台《广东省教育厅关于深化高校创新创业教育改革的若干意见》，开展创建大学生创新创业教育示范学校活动并对示范学校进行动态调整，2020年遴选出暨南大学等10所高校为新周期第三批示范学校，推动创新创业教育改革向纵深发展。

（撰稿　吴小明；审稿　张昌应）

教 育 装 备

【综述】2020年，广东省教育装备系统坚持以习近平新时代中国特色社会主义思想为指导，认真贯彻落实省委、省政府和省教育厅的决策部署，在新冠肺炎疫情防控、全面建成小康社会、教育脱贫攻坚的大战大考中开创教育装备事业新格局，为实现"十三五"圆满收官、为推动广东省教育事业高质量发展提供了有力保障。

【中小学教育装备】2020年2月21日，印发《关于做好校园食堂、宿舍、图书馆、实验室等人群密集场所疫情防控工作的通知》和《学校实验场所新冠肺炎疫情防控工作指引》。3月20日，向教育部基础教育司、教育装备研究与发展中心报送《广东省教育厅关于广东省中小学图书馆图书审查清理工作的报告》。6月28日，出台了《广东省教育厅关于加强和改进中小学实验教学的实施意见》。7月10日，印发《广东省教育厅关于开展2020年广东省中小学"书香校园"建设系列活动的通知》，部署全省"书香校园"建设工作。8月，举办了广东省中小学实验教学说课活动。10月23—25日，组织教师参加全国实验教学说课现场展示。10月30日，省教育装备中心党支部与广东新华发行集团第二、第四党支部赴佛冈县水头中学共同开展以"守初心、担使命，传书香、享文化"为主题的党支部共建活动暨中小学阅读空间捐助活动。11月7—11日，赴粤东、粤北、粤西地区，组织汕尾、清远和湛江3个地市的中学实验室管理人员危险化学品和实验室安全教育宣讲和培训活动，约500人参加宣讲和培训。11月13日，召开2020年全省教育装备工作会议。会议深入学习贯彻习近平总书记出席深圳经济特区建立40周年庆祝大会和视察广东重要讲话重要指示精神，深入学习贯彻党的十九届五中全会精神，传达学习2020年全国教育装备重点工作推进会精神，总结前期广东省教育装备工作，探讨"十四五"时期教育装备发展设想。省教育厅主任督学李璧亮出席会议并讲话，省教育厅基础教育与信息化处副处长、二级调研员赵琦，省教育装备中心班子成员、各部室负责人及全省各地级以上市教育装备部门主要负责同志参加会议。11月28日，组织省市装备部门负责同志、中小学校长和图书馆馆长参加教育部教育装备研究与发展中心与北京师范大学在珠海开展的"书香校园建设与中小学校长、教师阅读素养项目"首期培训班。12月，举办了广东省中学化学和生物学实验教师（实验管理员）实验操作与创新技能竞赛。

· 教育综合管理 ·

GENERAL MANAGEMENT IN EDUCATION

【高等教育装备】 6月，省教育厅公开征集了14家实验室危险废弃物处置相关企业（包含分类处理服务、交通运输服务、废物处置服务、全流程处理服务4个类别）纳入广东省教育部门政府采购协议供应商目录，为协调解决高校实验室危险化学废弃物回收难、签合同难、运输难的问题提供便捷服务。7月7日，向教育部上报《广东省教育厅2019年度高校教学实验室安全工作年度报告》。9月14日至11月4日，省教育厅科研处、安全保卫处、教育装备中心负责同志及相关专家组成4个检查组，分赴粤东西北和珠三角地区，对35所学校（18所高校、1所中职学校、16所中学）进行危险化学品和实验室安全工作的实地抽查和检查，查找了问题，督促了整改，强化了安全。10月15日，向教育部科技司上报《广东省高校科研实验室安全自查自纠报告》。10月28日，省政府办公厅召开专题座谈会，研究解决高校实验室危险废弃物运输难的问题。11月2—6日，赴杭州参加教育部高教司举办的全国高等学校实验室信息统计干部培训。11月5日，省教育厅会同省生态环境厅、省公安厅交管部门、省交通运输厅等单位建立工作专班机制，突出解决中山大学实验室危险废弃物运输难问题。省生态环境厅突出解决全省高校实验室环境安全管理政策咨询解答、及时协调相关处置企业等问题。省生态环境厅与省教育厅协同联动，将高校遇到的问题直接对接处置企业。11月7—10日，广东省教育装备中心赴长沙参加中国高等教育学会举办的第55届中国高等教育博览会和实验室安全管理论坛。11月13日，省教育厅、省生态环境厅联合组织中山大学等6所高校、16家处置企业和广州等6个地级以上市生态环境局召开座谈会，专题研究协调解决全省高校实验室危险废弃物处置过程中的堵点难点问题。11月17日，向教育部高教司上报了《广东省高等学校实验室信息数据统计报告》。12月22—29日，印发《关于开展高校实验室危险废弃物存量处置情况抽查的通知》，省教育厅分管领导带队，会同省生态环境厅组成联合检查组，赴中山大学、华南理工大学、暨南大学、广东药科大学、广州大学，检查实验室危险废弃物存量处置情况，并现场协调解决相关问题和困难。12月29—30日，针对2020年12月28日广东石油化工学院出现的学生使用化学品伤人事件，省教育厅组成联合检查组，迅速对广东工业大学、暨南大学、东莞理工学院、广东医科大学、华南师范大学和华南师范大学附属中学的实验室安全和危险化学品管理进行了飞行检查，现场指出了存在的问题，明确了整改期限和要求。

【教育采购管理】 2020年2月5日，紧急发布《广东省教育厅防控新型冠状病毒感染的肺炎疫情工作领导小组关于实施疫情防控采购便利化措施的通知》，出台"紧急4条"，实施疫情防控采购便利化措施，为疫情防控采购建立"绿色通道"。6月10日，启动2020—2021年度新一期教育部门协议采购，探索制订教育部门集中采购目录，充分发挥集中带量采购的规模优势，为高校采购工作提供规范化流程和便利服务。7月15日，发布《2020年度广东省教育部门进口产品清单》，从严管理单一来源采购方式和进口产品采购。11月27日，在广州举办2020年广东省教育系统政府采购工作培训，进一步加强和完善学校政府采购内控管理，提高广东省教育系统政府采购管治能力，省属高校、中职学校、中小学校和厅直属有关单位约200人参加培训。

（撰稿 黄晓滨 杨文金 廖帆 陈亮 郑双东 张衍龙；审稿 林锡江）

政 务 服 务

【综述】 2020年，政务中心在广东省教育厅党组的坚强领导和厅领导的悉心指导下，始终坚持"讲政治、当表率、站前列、创一流"，不断提升政务服务能力和水平。《发挥"数字政府"支撑能力 助力应届毕业生智慧就业》入选2020年广东省政务服务创新案例；"广东教育"南方号荣获南方日报、南方+客户端颁发的"南方号战疫力量奖"，同时还被评为"广东省2020年政务新媒体影响力订阅号"；"脱贫攻坚 粤教力量"专题荣获南方+客户端"走向我们的小康生活"新媒体爆款奖。在国务院扶贫办、教育部举办的教育扶贫论坛上，广东省教育厅做了主旨发言；在教育部组织召开的教育援藏工作视频会议上，广东省教育厅做了经验介绍；西藏自治区组织的17省市"组团式"教育人才援藏工作现场会，在广东省对口支援的西藏林芝市召开，省教育厅受邀介绍"组团式"教育人才工作经验。

【打造新时代广东教育政务服务体系】一是服务平台一体化。统筹做好"省政务服务网教育厅窗口""粤省事""粤商通""政务服务咨询投诉平台""厅门户网站""广东教育微信公众号"等6个政务服务平台和教育专区的建设管理、事项管理、网上办理、系统对接、数据共享、咨询投诉受理、栏目更新、资讯发布等工作。通过合理规范各平台的分工，实现优势互补，精准服务，打造"互联网+政务服务"一体化升级版。二是行政审批标准化。精简行政权力事项，优化服务事项供给，将130个政务服务事项压减至94项；规范统一办事要素，对94个省级行政权力事项和公共服务事项编写了实施清单并统一发布，做到了"应进必进"；对行使层级涵盖市、县的63个事项编写了统筹清单，实现各地在事项名称、设定依据、材料表单等"十统一"。开展政务服务"四免"优化专项工作，通过电子证照、数据共享等手段，实现24项材料免提交、2项业务表单数据免填写，17项事项出证可用电子印章。三是网上办事便民化。推动企业高频服务"指尖办理"，在"粤商通"成功上线"高校院系专业查询""企业发布岗位信息""应届生投递简历查询""邀约面试""推送offer"等事项。推进电子证照应用，全年实现6种证照在行政审批通过后同步签发电子证照，新签发电子报到证、自考成绩证明等高频电子证照65万张。加大政务公开力度，做好网站考评涉及的100多个栏目的更新工作。2020年，政务服务网受理办件17974单，"好差评"评价184条、平均得分9.75分，12345热线受理咨询投诉工单411单，厅网站审核新闻稿件5177篇、主动公开政府信息3434条，受理信息公开申请72例、按时回复率100%。四是窗口服务人性化。始终把为人民服务的理念挺在前列，时时处处注重展示委厅机关的良好形象，既当好政务服务的办事员，又做好政策法规的宣传员，方便群众能贴心、政策咨询有耐心、投诉建议会倾心、办事服务讲细心，切实让群众在教育政务服务中，感受党和政府以人为本的情怀，在办事体验中，增强幸福感、获得感。全年政务大厅窗口受理办件89单，接受现场咨询约1200人次。

【打造新时代舆论支持教育改革发展新平台】一是提高新媒体平台的公信力和传播力。服务疫情防控和教育改革发展大局，精心策划了战"疫"、招考、就业、助学、教师队伍建设、教育扶贫等10个专题，及时回应舆情，全年推送资讯1200多篇，新增关注用户120多万人，关注总人数突破240万人。在疫情防控期间，增加推送次数、加速发布时间、丰富资讯类型，权威发布广东省教育系统疫情防控最新政策，及时普及科学防控知识，正面宣传战"疫"先进典型，在第一时间回应社会关注，同时讲好教育抗"疫"故事，赢得社会各界理解认同，吸引了8000多万人次关注阅读，单篇最高阅读量达1304.5万人次，为厅官微阅读量历史最高纪录。二是提高新媒体专题策划的引导力和影响力。与省内媒体开展深度合作，在新时代脱贫攻坚目标任务如期完成的重要时刻，联合南方日报、南方+客户端开展"教育扶贫 携手小康"系列报道，报纸、新闻客户端、微信公众号共同发声，形成"刷屏"效应；在教师节前夕，联合南方+客户端、广东教育杂志社共同策划"大写的人生，不止撇捺"专题，讲述特殊教育教师教书育人的感人故事，树立教师队伍良好形象。发挥广东教育系统微矩阵"同频共振"作用，与各地各校开展密切合作，共同策划推广了"战疫，广东教育系统在行动""青春有梦 不负韶华"等专题，将正能量宣传延伸至基层，为全民共知共享广东教育改革发展成果提供权威引导和舆论支持。

【打造扶贫扶智"广东样板"】一是持续擦亮"校地共建"教育援藏品牌，组织广东省11所高校共派出810名大学生到林芝60多所学校开展为期半年至一年的支教活动，取得了学校支持、学生欢迎、当地认同"三方共赢"，实现了教育援藏模式、民族团结教育形式、实践育人载体、人才培养机制"四大创新"。二是深入推进"组团式"教育人才援藏和教育援疆"五个一工程"，选派491名援藏援疆支教教师，组织培训受援地教师201批共15260人次，协助受援学校成功申报课题44项，开设特色文化教育项目37项，通过夏令营、书信活动等形式组织两地师生交往交流等百余次。三是实施东西部教育扶贫协作"牵手工程"，组织广东1454所学校与受扶地学校结对，组织广东轻工职业技术学院和广东省外语艺术职业学院在甘孜藏族自治州招收初中毕业生，开展中高职贯通培养"2+1+2"分段试点工作，招生160人；组织广东轻工职业技术学院牵头有关省市11所职业院校，在贵州省毕节市共同组建"职业院校对口支援协同发展联盟"，举办"广东－贵州产教融合促进大会"，推动粤黔48所职业院校与60家企业开展产教协作，形成前方有团队引领、后方有学校支撑的职教帮扶特色。四是开展"携手奔小康 共筑中国梦"大学生暑期社会实践活动，首次联合省扶贫办，突出"四原则""三聚焦",采取"组团式""互联网+教育+帮扶"相结合的方式,跨年级、跨学科,灵活多样组织6 000多支队伍、近9万名师生就近就地开展社会实践活动,助力脱贫攻坚取得良好成效,中国教育报、南方日报、广东卫视、羊城晚报等多家媒体进行了宣传报道。

(撰稿 熊伟平 植绮华 罗宇东 邓国华;审稿 梅 毅)

市域教育

EDUCATION IN VARIOUS CITIES

广州市教育

概 况

2020年，广州市教育系统坚持以习近平新时代中国特色社会主义思想为指导，全面贯彻党的教育方针，落实立德树人根本任务，统筹抓好疫情防控和教育改革发展工作，着力构建公平卓越、活力创新、开放包容的广州教育新体系，加快推进教育现代化，办好人民满意的教育，综合实力和影响力得到明显提升。

（一）织密织牢校园疫情防控网

建立联防联控机制，构建省、市、区、校四级联动教育防控工作体系，建立应急处置绿色通道。制定防控指引，制定"三案三手册一指引"，译制英日韩外语版防控培训资源和学生、家长、学校手册，在全省推广使用。加强帮扶，2173所民办幼儿园、低收费义务教育阶段民办学校和教育培训机构享受帮扶政策。加强督导，市、区两级联合督查组在春秋季学期返校开学前实地验收各类学校4053所，累计巡查培训机构90000多间次，返校秩序井然。提高线上教育质量，广州电视课堂助力"停课不停学"，截至5月22日全国共12.64亿人次观课，观课群体覆盖全国31个省（自治区、直辖市），北京、上海、深圳等教育发达地区均有大量用户，在全国范围内形成品牌效应。

（二）推进各级各类教育优质均衡

高质量完成学前教育"5080"攻坚任务，公办幼儿园在园幼儿占比51.11%，普惠性幼儿园在园幼儿占比87.04%。中小学校三年提升计划新增公办学位1.35万个，新组建教育集团27个，全市达86个，市属优质教育资源和特殊教育学校实现11区全覆盖。推进局属中职布局整合和提质培优，职业院校建成国家级重点专业17个、省级重点专业104个、"双精准专业"44个，建成"粤菜师傅"省级大师工作室1个、省级培训基地3个，新增省级示范性职教集团1个。推进高水平大学建设工作，市属高校现有国家级科研平台5个（含培育）、省部级科研平台64个，10个学科进入全球ESI学科排名前1%，9门课程入选首批国家级一流本科课程。加快推进香港科技大学（广州）、广州幼儿师范高等专科学校、广州交通大学、中国科学院大学广州学院筹建工作，推进华南理工大学广州国际校区建设。大力支持广州番禺职业技术学院、广州铁路职业技术学院中国特色高水平高职学校和专业建设。新创建市级健康学校（幼儿园）49所，创建市级校园足球基地学校42所、推广学校135所，新增全国体育传统特色学校17所，高水平学生体育团队创建覆盖学校105所。组织"羊城学校体育节""羊城学校美育节"系列活动。组织城乡学生结对开展劳动实践，研发《综合实践活动·劳动》教材并在169所学校开展教学实验。推进"全国智慧教育示范区"建设，打通广州图书馆、广州少儿图书馆图书资源，全市参加智慧阅读试点的学校达260所、学生29万人，广州市获批"全国中小学虚拟实验教学实验区"。

（三）加强大湾区教育合作

与香港建造业议会签署穗港建造业职业教育交流合作备忘录，推动广州铁路职业技术学院与港铁学院签署合作框架协议书，探索与澳门旅游学院开展酒店管理及旅游人才培养合作。全市共开设港澳子弟班25个，新增穗港澳姊妹学校21对，新增认定港澳人士通过中小学教师资格7人。成功创新形式举办"我是广州对外交流小使者"英文辩论赛、粤港澳姊妹学校中华经典美文诵读比赛和首届"同根同源同心"穗港澳青少年冬令学习营等交流活动。积极引进中外合作办学项目，新增外籍人员子女学校1所，新开办具有国际化特色学校2所。

（四）深化教育综合改革

网上政务服务"行政许可事项办事不用跑比率"达100%，"办理时限压缩率"达89.32%。平稳推进义务教育招生改革，民办义务教育学校招生纳入属地区统一管理，实施公办、民办学校同步招生。继续推进过渡期中考改革，指标到校分配比例达50%，22所示范性普通高中试行自主招生。扎实推进普通高中新课标新教材新高考改革，全面实施新课程使用新教材，全面实施选课走班。全面开展中学生综合素质评价改革，全市约38万名初中学生、15万名普通高中学生实施综合素质评价。推动中小学教师"区管校聘"管理改革，有效促进区域

内师资均衡发展。挂牌成立市级教师发展中心6个，并推动区级中心全覆盖。加大"引育并举"力度，引进基础教育高层次人才11人，赴北京开展市教育系统"优才计划"校园招聘，成功引进一批优秀毕业生到广州市任教。

（五）推进教育共建共治共享

市对区教育转移支付24.37亿元、同比增长10.9%，全市财政性教育经费投入超600亿元，实现生均拨款制度学段全覆盖。控辍保学台账完成率100%，残疾儿童义务教育入学率达98.86%，符合条件的随迁子女就读义务教育公办学校和政府补贴的民办学校起始年级人数占符合申请条件的随迁子女总数的81%。全年资助学生25.1万人次，资助金额3.75亿元；投入改善农村义务教育学生营养经费约3500万元，受益学生15.63万人。筹集资金1460万元帮助完善受援地教学基础设施，财政拨款5354万元资助清远市、梅州市建档立卡贫困生。通过"广州终身学习"App，向市民开放人文、艺术、生活等11大类的1300多门课程，新增注册老年学员4.6万人。推进校园整体安全水平提升专项行动，构建校园安全风险防控体系。加强师生心理健康教育，建立市—区—校心理危机事件三级联动响应机制和学生心理危机预防、预警、干预"三预"工作机制。

各级各类教育

【基础教育】（一）学前教育

2020年，广州市有幼儿园2068所（见表1），在园幼儿574541人，学前教育毛入园率达115.13%。全市有幼儿园教职工85567人，其中园长3846人，专任教师41019人。广州市全力推进学前教育"5080"攻坚工作，截至2020年12月底，全市公办幼儿园在园幼儿占比51.11%，普惠性幼儿园在园幼儿占比87.04%，完成"5080"任务目标。扩大公办幼儿园管理改革试点区，延长公办幼儿园管理改革试点期。开展幼儿园保教质量评估监测工作，形成评估监测报告。广州市在广东省教育厅学前教育"新课程"科学保教示范项目中立项33项。

（二）中小学教育

2020年，广州市有小学992所（见表2），在校生1125103人，教职工67684人，其中专任教师62615人。中学539所（初中419所，高中120所），在校生543203人（初中383803人，高中159450万人），教职工55659人，其中专任教师45249人（初中30629人，高中14620人）。出台规范性文件《广州市教育局关于进一步做好义务教育招生入学工作的通知》，推进免试就近入学全覆盖，统筹公办、民办学校同步招生，实施民办学校招生电脑派位，强化监管，坚决有力维护招生秩序。民办学校招生电脑派位政策平稳落地。

（三）特殊教育

2020年，广州市有特殊学校20所，在校生5757人，教职工1416人，专任教师1163人。实施适龄残疾儿童少年15年免费教育。义务教育阶段开展随班就读学校810所，同比增加46所。新建资源教室47间，特教班3个，共建成资源教室268间，特教班55个。南沙区启慧学校正式开办招生，特殊教育学校覆盖11区，越秀区启智学校与培智学校合并，广州市启明学校和花都区智能学校新校区建设稳步开展。义务教育适龄残疾儿童少年入学率达98.86%。2020年，出台《广州市特殊儿童少年转介安置办法（试行）》《广州市义务教育阶段普通学校资源教室、特教班教师配备的实施意见（试行）》《广州市基础教育阶段特殊学生营养午餐补贴的实施意见》，印发《政协十三届广州市委员会第四次会议第1082号重点提案办理工作方案》。广州市新穗学校石井校区累计232名学员取得初中毕业证。

表1 2020年广州市幼儿园基本情况

项目	单位	数量	比2019年增长（%）
幼儿园	所	2068	5.19
其中：民办幼儿园	所	1298	-4.14
在园幼儿	人	574541	8.89

续上表

项目	单位	数量	比2019年增长（%）
教职工	人	85 567	7.99
其中：园长	人	3 846	0.92
园长学历达标率	%	100	0.05
其中：教师	人	41 019	8.20
教师学历达标率	%	99.58	−0.12

表2　2020年广州市中小学校基本情况

项目	单位	数量	比2019年增长（%）
小学教育			
学校	所	992	1.22
在校学生	人	1 125 103	1.85
适龄儿童毛入学率	%	101.51	−0.23
小学生毕业率	%	100.10	0.96
小学毕业生升学率	%	96.36	1.43
教职工	人	67 648	5.45
其中：专任教师	人	62 615	4.30
教师学历达标率	%	100	0
其中：大专及以上	%	99.61	0.14
中级职称及以上	%	46.61	−0.62
普通中学教育			
学校	所	539	0.94
其中：初级中学	所	419	0.96
普通高中	所	120	0.84
在校学生	人	543 203	3.23
其中：初中在校生	人	383 753	4.60
高中在校生	人	159 450	0.06
初中生毕业率	%	99.17	0.24
初中毕业生升学率	%	97.13	0.73
高中生毕业率	%	99.78	1.20
高中毕业生升学率	%	95.51	2.99
教职工	人	55 659	2.70
其中：专任教师	人	45 249	2.42
其中：初中教师	人	30 629	3.11
高中教师	人	14 620	1.00
初中教师学历达标率	%	99.99	0
其中：本科及以上	%	94.69	1.06
中级职称及以上	%	59.29	−0.56
高中教师学历达标率	%	98.95	−0.84
其中：中级职称及以上	%	77.20	0.26

【职业教育与终身教育】（一）中等职业教育

2020年，全市有中等职业学校45所（见表3），在校生97 367人，招生35 107人（其中三二分段贯通培养招生计划8 369人，同比增加993人），毕业生26 862人，就业率96%（其中，全日制升学33.5%，与2019年相比增加1.2个百分点）。

广州市教育局认真开展创建"广东省现代职业教育综合改革示范市"迎评验收工作；扎实推进局属中职学校布局调整和提升发展；10所学校成为省高水平中职学校立项建设（培育）单位；实现全市薄弱中职学校申报省重点学校全覆盖；推进落实职业教育提质培优行动计划，组织推动31所中职学校申报承接相关任务（项目）；成功申报119个省级教学改革项目；13个专业获批为广东省第三批中等职业教育"双精准"示范专业建设项目；新开发专业和专业方向、专业更名共45个；认定市级中等职业学校示范专业9个和教产对接、校企合作示范项目6个；新增认定市级精品课程13门，新增立项建设市级精品课程25门；组织并完成两批"1+X"试点申报，截至2020年底，全市累计有28所中职学校和7所高职院校的209个证书试点经审核通过；指导成立市广州医药健康职教集团、广东汽车改装产教联盟，中职学校牵头成立职教集团累计达10个，产教联盟3个。

（二）终身教育

一是加强终身教育队伍建设。广州市教育局与中国教育科学研究院职业与继续教育研究所联合举办"广州市2020年终身教育研讨会"，与广州市广播电视大学组织全市老年教育管理人员赴西安培训，委托广州市广播电视大学组织全市老年教育一线教师专业培训，通过系列活动，提升了终身教育队伍的理论和实践水平。二是组织开展2020年全市社区教育项目立项和2019年社区教育项目结题工作。研制立项指南，扩大参与面，提升研究质量，以项目推进广州市社区教育品牌培育，出版多期《广州社区教育》。

表3 2020年广州市属中等职业教育基本情况

项目	学校（所）	在校学生（人）	招生（人）	毕业生（人）	教职工（人）	专任教师（人）
中等职业学校	45	97 367	35 107	26 862	6 967	5 235
技工学校	27	110 706	33 624	24 660	5 690	4 227
合计	72	208 073	68 731	51 522	12 657	9 462

【高等教育】2020年，广州市属普通高校共有10所，其中普通本科高校3所，高职学校7所，在校普通本专科生122 758人，在校研究生8 851人，成人本专科教育在校生73 794人；成人高校1所，在校生共15 774人。

推动香港科技大学（广州）（筹）设立登记为市属新型事业单位法人，启动正式设立申报工作。2020年4月8日，广州大学与香港科技大学通过"云端"签署联合科研种子基金合作协议，进一步推动两校在交叉学科研究领域的产学研合作。广州医科大学联合哈佛大学医学院等成立"新型冠状病毒肺炎"科研攻坚小组，围绕快速检测诊断、临床救治、药物筛选和疫苗研发等开展科研合作。深化穗港职业教育合作，2020年1月13日，广州市教育局与香港建造业议会，广州铁路职业技术学院与港铁学院分别签署合作备忘录，拟在学术交流、教师培训、职业技能人才培养等方面开展合作。

大力推进广州市高水平大学建设。广州大学、广州医科大学共有10个学科进入全球ESI学科排名前1%。2020年，市属高校9门课程入选首批国家级一流本科课程。加强与在穗高校合作，服务在穗高校发展。广州市教育局用于支持中山大学等多所广州地区高校的专项经费超过1000万元。积极推进华南理工大学广州国际校区建设有关工作。

推进广州市一流高职院校建设。大力支持广州番禺职业技术学院、广州铁路职业技术学院按照教育部、财政部的要求制定并上报"双高计划"建设方案和任务书，研究支持"双高计划"建设实施意见。

推进职业教育布局调整。推进广州城市职业学院与广州市市政职业学校、广州大学市政技术学院整合提升工作；按照分工推进局属三所中职学校整合提升组团发展。推动职业教育改革创新。推动建立广州市职业教育联席会议制度。支持在穗高职院校联合深圳共建职业教育高地。深化产教融合与校企合作。

持续做好大学生创新创业教育工作。组织第六届中国国际"互联网+"大学生创新创业大赛广东省分赛"萌芽版块"广州市送省项目的评审工作。

·市域教育·
EDUCATION IN VARIOUS CITIES

全力配合做好第六届中国国际"互联网+"大学生创新创业大赛总决赛的筹备工作,统筹协调市各有关单位解决华南理工大学的办赛需求,圆满完成办赛任务。市属院校参赛团队在总决赛中共斩获1金4银。组织市属高校积极申报2020年全国大众创业万众创新活动周参展项目,参加第七届"创青春"广东青年创新创业大赛暨第三届粤港澳大湾区青年创新创业大赛。

推动市属高校毕业生更高质量更充分就业,截至2020年9月1日,市属高校2020届毕业生初次就业率平均为88.97%,其中,广州航海学院、广州番禺职业技术学院、广州铁路职业技术学院、广州工程技术职业学院、广州科技贸易职业学院就业率达90%以上。

持续做好疫情防控,推动平稳返校复学。建立大学城高校新冠肺炎疫情联防联控工作机制。统筹广州地区高校疫情防控工作。成立了广州市高等教育线上教学资源审查委员会,指导高校做好线上教学安排。跟进督促广州地区高校疫情防控工作,做好基础数据信息的摸查,牵头成立广州地区高校师生返校工作专班,跟进返校各项准备工作。做好返校情况摸查,及时了解返校进度和有关安排,参与审核高校有关工作方案、应急预案、返校方案等,参与开学督查。

【民办教育】2020年,广州市有各级各类民办学校2675所。其中,非学历教育培训机构918所,幼儿园1382所,小学143所,九年一贯制学校(含小学、初中)164所,十二年制学校1所,初中41所,完全中学(含初中、高中)12所,高中5所,中等职业学校9所。全市民办学校在校生134.74万人,占全市在校生总数的42.59%。

落实《广州市民办学校年度检查实施办法(试行)》,民办学校信息化管理平台和网上年检系统开发完毕并投入使用,市、区两级第一次实现全部民办学校管理和网上年检全覆盖,年检内容扩大至党建、规范管理、安全、师资等8个方面。出台《广州市教育局关于进一步做好民办幼儿园、低收费义务教育阶段民办学校和教育培训机构帮扶工作的通知》,疫情期间,确定了提前下拨普惠园生均经费,减免租金、税费、"五险一金"、提供金融支持等一系列帮扶政策,在全国省会城市中最早出台相关扶持政策。全年共为民办教育机构减税4197.93万元,减免租金6923.4万元,减免"五险一金"1.2亿元,帮助其获得低息贷款3.5亿元。全市共有1336所民办幼儿园、570所民办培训机构、267所义务教育阶段低收费民办学校、8.5万教职员工享受到帮扶政策照顾。将2020年幼儿园生均定额市财政补助预算资金提前拨付给各区,扶持普惠性幼儿园正常运作。共有10103名民办教师获得从教津贴和年金补贴,市区两级财政共支出1.2亿元。出台广州市教育局等四部门《关于进一步加强民办基础教育分类扶持和管理的实施意见》,在民办教育管理、分类扶持等方面不断探索创新。

2020年,制订《广州市教育局关于进一步做好义务教育招生入学工作的通知》,进一步规范义务教育民办学校招生行为。加强了民办学校的审计,对6所市管民办学校落实民办教育政策进行专项审计。发挥民办行业协会管理作用,成立中共广州市民办教育行业委员会,加强对民办学校党建工作的统筹领导。着力推进民办教师培训。全员培训共开设3000多门次课程,民办学校教师的参训人数为54283人;专项培训共开设了民办校长培训班、民办学校教师教学改革培训班、民办学校基层党组织书记培训班等4个培训项目,讲授民办学校依法治校、教育教学改革、党务工作等有关知识,约培训500人次。

简化办学办证手续,缩短办学审批时间,共依法清理规范8项行政审批中介服务事项,取消12项办证办事证明事项,采用电子证照替代纸质材料,精简办学审批提交材料。22项行政审批事项承诺办理总时限从2050天压缩到219天,办结时间总体减少89.32%。

教育成果与特色

【广州11个区委均成立教育工作领导小组】各区委教育工作领导小组设组长1名,由区委书记或区委相关常委担任;设副组长1名或多名,由区委相关领导或职能部门主要负责人担任。成员单位由区委组织部、区委宣传部等10多个局委办组成。领导小组成员为各成员单位的主要领导(单位主要领导为区委常委的则由1名副职担任)。截至2020年10月底,广州市所属11个区均成立了区委教育工作领导小组。

【《广州教育发展报告（2019—2020）》出版】2020年11月，由广州市教育研究院研制的"广州教育蓝皮书"《广州教育发展报告（2019—2020）》由社会科学文献出版社正式出版。《广州教育发展报告（2019—2020）》通过理论和实践研究，以年度报告形式总结了广州市各级各类教育在2018—2019年迈向高质量发展过程中取得的成就、经验及面临的挑战，分析了广州市各级各类教育高质量发展的现状及存在问题，并提出相应的对策和建议。全书约32万字，分为总报告、各级各类教育高质量发展篇、调查篇和区域实践篇。"广州教育蓝皮书"是广州市教育研究院教育智库建设的重要内容之一。

【开展穗汉同读活动】2020年，广州市教育研究院通过智慧阅读网络平台，引领广州、武汉两地的小学生共同阅读《广州》《武汉》。活动以阅读滋养学生心灵，以阅读丰富学生情感，以阅读增强学生抗疫力量，构建线上教育新样态，吸引了武汉、广州两地共计24 068名学生参与。结合阅读，两地学生可以开展各种实践与创作，作品上传平台展示与交流，共收到作品达64 675份，涵盖诗歌、手抄报、视频、语音等。编辑出版《我把刚写的一首诗，放在太阳底下晒——"穗汉小朋友，同读大中华"智慧阅读线上教育活动童诗集萃》。

【策划组织"广州电视课堂"线上课程资源建设】2020年，广州市教育研究院组织学科教研员，统一课表、统一进度，指导教师教学设计、录制视频课程资源，通过电视课堂、广研学堂等平台发布中小学课程视频2 983节，"广州电视课堂"观课量达12.64亿人次，覆盖了全国31个省（自治区、直辖市），在全国范围内形成了品牌效应。疫情防控转向常态化后，组织开发7 000~8 000节课的中小学全套课程常态课线上教学资源。

【首届穗港澳青少年冬令营开营】2020年11月20日，首届"同根同源同心"穗港澳青少年冬令学习营在广东华侨中学举办开营仪式。此次活动由广州市教育局主办，广东华侨中学协办。活动以"同根同源同传承，同声同气同筑梦"为主题，在广州9所开办港澳子弟班学校就读的近100名港澳籍优秀学子参与，共同开启为期2天的广府文化和非遗文化体验活动。活动设置了中华传统武术、茶艺、中医药、广东凉茶、粤剧、粤菜、广绣等学习课程。通过此次冬令学习营，不断深化对港澳学生的培养，以学习广府文化课程切入，让港澳青少年亲身学习体验历史悠久的广府文化，共寻文化之根，共聚文化之力，共盈文化之魂。

【审议通过《广州市基础教育设施发展策略研究与布点规划（2019—2035年）》】2020年12月29日，15届128次市政府常务会议审议通过《广州市基础教育设施发展策略研究与布点规划（2019—2035年）》。布点规划期限到2035年。规划范围为广州市行政辖区，面积7 434平方公里。规划对象包括全市各级各类基础教育学校。采取市区联动的工作方法，形成了市区互动成果体系；深化城乡统筹、公共服务均等化的理念，将乡村发展地区、常住人口子女入园需求统筹纳入布点规划；全面对接在编国土空间总体规划，横向协调土地利用总体规划和社会发展规划，纵向衔接总规、控规、村庄规划等城乡规划；充分衔接控制性详细规划，明确基础教育设施用地范围、办学模式和建设规模等核心内容。基于主城区、副中心、外围城区、新型城镇与乡村地区四类政策分区，提出保留、改扩建、异地重建、新建和撤并5种基础教育设施空间布局调整策略。到2035年，基础教育学位规模达到435万～462万人，全市规划基础教育设施5 388所。

【广州幼儿师范专科学校（筹）举行挂牌仪式】2020年7月14日，广州幼儿师范专科学校（筹）揭牌仪式在广州市幼儿师范学校举行。广州幼儿师范专科学校（筹）作为广州幼儿师范高等专科学校的筹建主体，负责学校的专业设置、师资队伍组建、设施购置以及申报验收等相关工作。该校选址广州科技教育城，于2019年11月正式动工。该校计划首批招生1 000人，5年内在校生达到6 000人以上。广州幼儿师范高等专科学校建成后，将为实现《广州市发展学前教育第三期行动计划（2017—2020年）》，推动高素质幼儿教师人才培养提供师资保障。

【完成178所城镇小区配套幼儿园治理任务】截至2020年11月，广州市已圆满完成178所城镇小区配套幼儿园治理任务，完成率达100%。2019年1月，国务院办公厅印发《国务院办公厅关于开展城镇小区配套幼儿园治理工作的通知》，部署在全国开展城镇小区配套幼儿园摸底排查和清理整治工作。广州市委、市政府高度重视，切实落实以人民为中心的发展理念，重视顶层设计，推动规划先行，部门合力联动，破解瓶颈难题。在完成前期摸查的基础上，2020年3月，成立广州市城镇小区配套幼儿园专项治理工作小组，4月印发《广州市城镇小区配套幼儿园治理工作方案》。针对城镇小区配套幼儿园规划、配建、移交、使用不到位等情况，分类列出清单、建立台账，制订相应的整改措施，并建立督导、监督和评估机制，将治理情况纳入教育督导内容。经过2年的治理，圆满完成任务。

【**完成中小学教师职称制度改革**】落实提升高级岗位结构比例，到2022年，幼儿园从5%提升到10%，小学从5.5%提升到15%，初中从22%提升到30%，高中从25%提升到40%，大部分区已提前落实，也是率先在全省落地；岗位比例的提高，使广大中小学教师从中受益，2020年申报高级职称的教师达到2630人，比2019年增长45%。广州市教育局、广州市人力资源和社会保障局印发《关于明确中小学教师聘用倾斜政策和岗位结构比例设置有关问题的通知》，为职称制度改革政策的延续性提供政策指引。

【**创新基础教育高层次人才引进方式**】截至2020年底，累计引进基础教育高层次人才99名。在疫情形势下探索人才引进线上工作系统，建成全国教育界高层次人才专业平台"广州教育人才引进工作网"（www.gzeti.com）为教育人才引进提供"一站式"服务；开展了全国首个教育高层次人才引进"空中宣讲会"，上线首日吸引了约20万人观看；精选符合高层次人才引进条件的校长和教师共124人采用"云面试"，推进宣讲会成果落地。

【**实施"乡村教师学历提升计划"**】首批面向番禺、白云、花都、从化、增城、南沙六区遴选了1022名乡村教师，攻读广州电大学历教育的学前教育、小学教育管理等专业；2020年有1039名乡村教师报名参加学历提升。首届广州市中小学青年教师教学能力大赛成果显著，2020年制定《广州市中小学青年教师教学能力大赛工作方案》，形成2年一次的赛事机制。

【**举办2020年粤港澳姊妹学校中华经典美文诵读比赛（广州）**】2020年12月6日，2020年粤港澳姊妹学校中华经典美文诵读比赛（广州）颁奖仪式暨穗港澳姊妹学校签约仪式在广州市广播电视台举行。来自广州、香港、澳门的36所姊妹学校组成18支参赛队伍线上结对参赛，围绕"中华诵 湾区情"主题，以诵读中华经典的方式抒发对祖国的崇高敬意，展现穗港澳姊妹学校同心同向的深厚情谊。此次活动是2020年度粤港澳教育交流重点活动，是推进穗港澳三地教育发展的重要平台，也是穗港澳青少年交流品牌活动，至2020年已成功举办四届。2020年的比赛呈现形式新颖，参赛积极性高、覆盖面广，诵读节目内容丰富、形式多样的特点。

【**筑牢筑实校园新冠肺炎疫情防线**】建立健全联防联控机制。指导全市中小学校100%配备"1+1+N"校园医疗保障组。对11个区3740所各级各类学校35万名教职工、382万名学生的健康状况和外出动向进行摸查，通过穗康学生卡、穗康教职工卡做好师生健康监测，落实35万名教职工全员培训，指导各级各类学校100%开展防控演练，完成50.2万名各批次教职员工和重点地区学生核酸检测，全力推进学校食堂互联网+"明厨亮灶"建设，全市3671家学校食堂100%完成与市级平台对接。强化学生居家体育、美育、劳动教育引导。发布《宅家战"疫"，修炼更美的自己——广州市中小学生居家修身倡议书》等图文推文，引导学生居家健体、至美、尚劳。人民日报、央广新闻全文转发《广州娃艺术"童"心，共同战"疫"》，充分肯定广州市教育局的做法。

【**打造广州劳动教育新模式**】劳动教育试点学校城乡结对活动是广州市教育局在推进全市中小学校劳动教育实施过程中探索形成的新措施与策略。城乡结对活动秉持"劳动育人、资源共享"的原则，着力构建劳动教育共同体，共享城乡劳动教育资源。至2020年，已完成第一批共112所劳动教育试点学校创建和结对工作，成功组织一批学生开展为期2天的城乡结对劳动实践活动。劳动教育城乡结对平台的搭建，使得乡村学校的劳动基地资源得到更加充分的利用，也为城市学校的劳动资源提供交流的机会。在互动和融合中开展劳动教育主题活动，让更多的学生能参与多样化的劳动，掌握基本的劳动知识和技能，养成良好的劳动习惯，形成积极的劳动态度，树立正确的劳动价值观。

【**搭建美育展示云上平台**】组织第五届2020年"羊城学校美育节"系列活动，内容涵盖器乐、舞蹈、语言艺术、书画等6项比赛及手工艺作品、学生艺术实践工作坊、农村和外来务工子女学校艺术教育成果展示等展示活动。受新冠肺炎疫情影响，大部分比赛由学生录制视频参加。第二届农村和外来务工人员子女学校艺术教育成果展演为农村和外来务工人员子女学校搭建交流展示平台，在线收看师生达83.69万人，线上直播收视率创新高。艺术实践工作坊展示活动同步在线上推出，活动当日在线观看人数达到20万人次，通过云展厅展示方式，师生们充分将岭南传统特色艺术工艺融入各种巧思妙想的手工作品中。

【**全市中小学校校医配备全覆盖**】截至2020年12月25日，广州市教育系统1571所中小学校共配备校医2432人，全市有1174所学生人数超过600

人的学校或寄宿制中小学校按600∶1标准配足配齐校医，配备率、配备合格率均在全省率先达到100%。一是强化组织领导，统筹推进校医配置工作。印发《关于进一步加强学校卫生专业技术人员配备工作的通知》《关于进一步加强广州市学校卫生工作实施意见》，明确学校卫生工作管理机制、人员配备、投入保障、考核评价等，提出校医配置时间节点。建立区政府、教育、卫健、疾控、医疗机构联动机制，整合社会资源，形成工作合力。二是融智借"医"，多途径配置校医。越秀、荔湾、番禺、从化区通过落实财政经费保障，采取区或学校自主招聘在编或临聘校医模式；白云区、黄埔区、花都区、南沙区、增城区采取购买卫生机构医疗服务模式；海珠区、天河区采取"政府主导，医教结合"方式，形成"学校购买服务，社区卫生服务中心配置，学校享受卫生保健服务"的校医配置模式；部分市属学校通过购买服务方式，采用校医室托管模式配置校医。三是开展督导检查，确保工作落地见效。将各区各学校校医配置工作情况纳入广州市人民政府教育督导室"学校卫生健康与食品安全工作专项督导"，每周统计各区配置进度，并在每次的全市教育系统疫情防控工作视频会议中进行通报。

【教师招聘】2020年，广州市教育局大力推行教师招聘制度改革，采用"综合素质评估（小组讨论）＋说课/试教＋笔试"的形式进行，其中体育、音乐、艺术类教师职位以及实操性强的中职专业课教师职位，突出考核实操技能，重点考查职业道德、综合素质、从教技能和执教潜能等方面的内容，遴选乐教适教善教的优秀人才进入教师队伍。全年组织公开招聘专任教师4次，共计录用226人，其中硕士研究生161人、本科生65人。赴北京开展广州市教育系统"优才计划"校园招聘，成功引进清华大学、北京大学、北京师范大学等高校毕业生到广州市任教。

【教师资格认定】2020年，广州市开展中小学教师资格认定2次，共认定各类教师资格15 861人（含港澳居民7人），其中高中、中职（含中职实习指导）教师资格6 184人，占比38.99%。教师资格认定材料审核环节实现"零现场"办理，申请人通过"穗好办"App即可提交认定材料，实现足不出户办理，政务服务进一步优化。高中、中职（含中职实习指导）教师资格电子证照上线，申请人可通过"粤省事"App查看。

【教师职称】2020年，14 113名（评审8 582名、认定5 531名）中小学教师晋升高一级职称（正高级教师58名、高级教师2 192名、一级教师2 959名、初级教师8 904名）。农村教师、民办教师分别占全市中小学教师申报评审通过总人数的28.3%和49%。"十三五"期间，全市幼儿园高级教师由改革前的18名增加到302名，特殊教育专业高级教师由改革前的6名增加到149名，小学高级教师由改革前的107名增加到4 618名，初中高级教师由改革前的3 044名增加到5 797名。

【创新开展教师线上培训】一是与华南师范大学、广东省中小学校长联合会以及北京、上海相关单位联合举办"期待，返校的那一天：非常时期·非常课"活动，推出名校长十讲、名班主任六讲，活动宣传推文由中共中央宣传部"学习强国"平台转载发布，全国阅读量达到近19万人次。二是挖掘教师线上教育技能培训课程资源，上线来自"国培计划""信息技术应用能力提升工程"等16类232门优质培训课程，课程点击量达2万余次；广泛动员广州市中小学教育专家、名校长、名教师工作室主持人积极为广州市线上教育贡献智慧，有近50%的工作室主持人共265人发布总资源数达到近6 000个，实现普通中小学所有类型、所有学段、所有区域、所有学科全覆盖。三是以心理健康教育为切入点，支持返校复学工作。在校园防疫培训中专门开设"心理危机干预与心理救援队伍组建"课程，累计培训13.92万人次；联合广州教育学会开展"守护师生身心健康"系列活动，推送舒缓师生、家长心理压力的文章，文章阅读量达3万余人次；通过市委政法委的心理援助热线为广大师生、家长提供免费心理咨询在线服务。

【出台加强学校实验室安全管理的指导意见】2020年，广州市率先出台全国首个全面加强学校实验室安全管理文件《关于全面加强广州市学校实验室安全管理的指导意见》。该文全面覆盖实验室安全管理要求，首次明确广州市学校实验室生物安全管理要求，全面明确相关监管部门和学校的职责。全面构建实验室安全管理体系，明确全要素全流程的要求，具备独创性、前瞻性、指导性和操作性，全面促进学校落实，并印发《广州市学校实验室安全管理指引》。

《广州市学校实验室安全管理指引》提出14项管理措施，全面涵盖制度建设、组织架构、隐患排查、宣传教育、环境管理、实验管理、化学试剂"购存用处"和应急处置等工作内容。该文附件首创"广州市学校实验室安全管理制度框架"，提供学校实验安全管理制度及配套文件，全文共18章。

【**首次建立广州市中小学卫生健康促进专家库**】广州市中小学卫生健康促进中心根据中小学卫生健康促进事业发展需要，精心筹划专家库的建设，从儿童青少年卫生、运动健康、视力健康、心理健康、中医保健、公共卫生事件应急处置、学校卫生管理、健康传播等领域邀请行业领军人物担任专家库首席专家。10月12日、11月10日、11月25日、11月27日、12月9日先后召开7场专家咨询会议，就"'十四五'规划及对中小学生健康促进工作的新要求和发展方向""学生体质监测与常见病防治""中小学健康教育""学校卫生工作与校园传染病防控问题与对策"等相关主题听取专家意见，促进解决学校卫生健康事业发展的瓶颈问题、涉及师生健康切身利益的难点热点问题。2020年12月3日，举行"广州市中小学卫生健康促进首席专家聘任仪式"，首席专家及其团队、教育局领导、各区教育局分管副局长、卫生专干，各学校代表、新闻媒体记者共150余人出席了仪式。此次专家受聘仪式和学校卫生健康专家库的成立为广州中小学卫生健康促进事业在"十四五"规划起好步、开好头提供智力支撑，奠定基础。

【**举行第三届"易美课堂"展示交流活动**】第三届"易美课堂"——粤、藏、新、黔"互联网+智慧美育"展示交流活动在广州市黄埔区怡园小学、西藏林芝市第一小学、西藏波密县完全小学、西藏波密县玉许乡中心小学、新疆疏附县第二小学、贵州黔南州独山县第六小学同步举行。此次活动以"民族团结、美美与共"为主题，通过运用信息化手段，组织4个地区6所学校学生打破空间的界限共同上课，广州市的老师在课堂上通过网络及信息化美育设备对六所学校的学生进行实时授课及指导。"易美课堂"是广州教育系统为了落实国家战略部署、以教育信息化促进教育帮扶工作，着力推动基于信息技术的美育改革的系列活动。

【**大力推进优质资源均衡配置**】一是深入推进集团化办学。截至2020年底，广州市基础教育阶段共成立教育集团86个，涵盖中小学幼儿园各学段。其中市属教育集团10个，覆盖全市11个区超过80所学校，有力推动全市基础教育优质均衡发展。二是持续优化优质教育资源布局。引入清华大学附属中学等省外优质教育资源，推动广东实验中学、华南师范大学附属中学在广州市以新建校区、委托管理学校等方式扩大办学规模。

【**推进高中教育拔尖创新人才培养工作**】华南师范大学附属中学、广东实验中学、广州市执信中学被教育部确认为国家级新课程新教材实施示范校。全市高考文理排名前50等关键段位人数持续位列全省首位；2020年高考高优率达到31.76%，首次突破30%大关，本科率达到74.24%。

【**推进港澳子弟工作**】2020年，广州市6个区（越秀、天河、南沙、黄埔、花都、白云）9所学校（广东华侨中学、广州市培正中学、广州市越秀区朝天小学、广州市南国学校、广州市华美英语实验学校、广州外国语学校附属学校、华南师范大学附属外国语学校、广州市花都区雅正学校、广州市培英中学）共计开设25个港澳子弟班，共有港澳籍学生达600人。

【**开展技能竞赛**】学生技能竞赛方面，广州市中职学生5人入选第46届世界技能竞赛国家集训队；参加中华人民共和国第一届职业技能大赛（以下简称第一届全国技能大赛），省赛获一等奖7个、二等奖9个、三等奖8个，国赛获银牌1个、铜牌1个、优胜奖5个；参加2020年全国职业院校技能大赛改革试点赛，获一等奖1个、二等奖4个；参加2020年广东省中等职业学校学生专业技能竞赛，获一等奖52个、二等奖75个、三等奖135个。

教师教学能力大赛方面，中职教师参加2020年广东省职业院校教师教学能力大赛，获一等奖15个、二等奖32个、三等奖28个，5个作品入围国赛，4个作品入围国赛决赛，数量居全省首位，在国赛决赛中又取得了3金1银1铜的好成绩，一等奖数量位列全国第一。

【**实施"粤菜师傅"工程**】按照《广州市"粤菜师傅"工程实施方案》的工作要求，广州市教育局大力加强"粤菜师傅"工程建设，新增"粤菜师傅"省级培训基地2个。至2020年，市教育系统建有粤菜师傅省级大师工作室1个，省级培训基地3个，市级培训室2个，市级培训基地3个，服务和推进了广州市脱贫攻坚、东西部协作、乡村振兴等工作的开展。

【**老年教育事业发展取得大突破**】一是开展乐学防疫服务老年群众需求。通过"广州终身学习"App，向市民开放人文、艺术、生活等11个大类的1 300多门课程，新增注册老年学员46 021人，课程点击新增25.56万人次。同时探索开展"直播课堂""手机摄影""中医养生""护老有法"等活动，深受老年学员欢迎。

二是配合开展老年教育专项督导。重点督查各区老年教育组织领导与机制建设、办学体系与资源建设、队伍建设、保障措施、成效与特色等方面工作。各区初步形成了文化养老的良好氛围,大部分区完成了既定工作目标。

三是启动老年教育科研项目。重点开展老年教育特色基地及学习团队研究与培育、老年教育养教结合课程建设、老年教育归口统计与考核标准建设及实施、老年教育师资库建设与志愿者队伍建设、老年教育办学系统布点建设。

四是加强老年教育资源建设。举办广州社区老年教育《护老有"法"》等系列教材首发活动,探索老年教育新模式。

【数字赋能"抗疫"】2020年2月,广州开放大学组织"校园疫情防控远程培训",3天时间完成课程部署,7天时间实现培训全覆盖,培训惠及广州市22万名教职工和316万名学生,其后还大规模输出到全国31个省份,惠及100多万名中小学教师,此举获得"2020中国互联网教育'停课不停学'突出贡献院校奖"。根据此事例制作的视频《非同寻常的培训》获广东省市直机关第八届"先锋杯"工作创新大赛优秀奖。

广州开放大学利用国家开放大学云课室直播平台,面向广州市11个区身处防疫一线的6 000多名"羊城村官上大学"工程学生开展云直播,涉及专、本科36门课程,共137次总计274小时,满足了村干部学员"抗疫"学习两不误的需求。学生实时收看率和回看率平均达90%,效果反响良好。

广州开放大学老年教育异军突起,依托智慧化老年教育探索成果,开展166场直播讲座,吸引近42.7万人次参与,开展微信群教学,共有9 297人次参与。学校受到国家开放大学表彰,被评为"乐学防疫"优秀组织单位。

【服务全民终身学习】广州市中小学教师继续教育全员培训突破120万人次,并针对返校后学校疫情防控的教学管理工作开设了"班级管理""心理健康""教育反思""教学管理"等专题培训课程。培训总计1 209 541人次,参与学习1 157 365人次,学习率为95.68%,考核通过1 143 423人次,通过率为94.53%。

广州开放大学全年实施了包括各地各级教育部门委托的培训项目共46项,累计培训学员43 430人次,其中面授培训4 129人次,远程培训39 301人次。

广州开放大学成人高考招生录取脱产生600人、业余生2 766人,共计3 366人。2020年春秋两季共招收"村官"班学生397人,其中本科244人、专科153人;办理毕业59 752人次(其中本科7 358人次、专科52 394人次),办理学位证书241个。

(撰稿　徐俊湫　张忠维　沈蔓　郭海清　鞠研娜　吴佳敏　吴松海　李耀喜　傅中伟　黄大谷　李渊浩　黄卉　任祥辉　王依红　谭江平　程孟飞　邓睿智　蒋凯　熊小艳　麦智荣　邓纳莉　袁方正　黄艳　吴勇　杨英明　杨诗璇　侯巍　谢怡　汪亮　冯金磊　谭文辉　李海兵　易明皇　郭三鹏　廖雪红　艾祎　张璐　崔焱燚　徐雯婷;审稿　陶海兵　郭海清　徐浚湫)

·市域教育·
EDUCATION IN VARIOUS CITIES

深圳市教育

概　　况

2020年，深圳市教育系统以习近平新时代中国特色社会主义思想为指导，认真贯彻落实全国及省、市教育大会精神，紧紧围绕市委、市政府中心工作，以"双区驱动"为契机，精心统筹校园疫情防控和教育改革发展，完成全年各项工作任务，教育发展再上新台阶。

截至2020年底，全市共有各级各类学校（含幼儿园）2713所，各级各类在校学生总数242.16万人，教职工23.28万人。全市公办义务教育标准化学校覆盖率达99%；规范化幼儿园覆盖率达97%。

（一）深入推进党建引领，加强党风廉政建设

疫情期间，党员教师成为在线教学、疫情防控的主力军，教育工委系统党员自发捐款189万元。完善高校党委班子成员联系院（系）党组织和师生党支部制度，进一步规范院（系）党组织会议和党政联席会议制度。印发《关于进一步整改提升中小学校党建工作质量的方案》，建立中小学"党建+督导"模式，常态开展党建督导检查。制定公办、民办高校和直属中小学校党建工作评分细则，积极创建17所市、区级中小学党建工作示范校。开展中小学试点党组织领导下的校长负责制研究，民办中小学党组织覆盖率和归口管理率均实现100%。全面推行民办中小学选派党组织书记机制，向民办中小学、幼儿园选派党组织书记或"第一书记"近百名。持续推进基层党组织"头雁"工程，公办高校教师党支部书记"双带头人"比例达到100%。注重选拔优秀党员干部担任中小学党组织书记，全市90%以上公办学校实行书记、校长"一肩挑"。

坚持"第一议题"制度，完成党支部书记、半专职党务干部学习轮训全覆盖，对全市3019名校长（园长）开展党建、廉政建设专题培训。健全局领导班子联系点制度，局领导班子深入学校讲党课。首次实施"书记项目"，18个党组织书记积极申报项目，党建与业务融合成效显著。建立党员"政治生日"制度，每月为当月入党的党员送上一张"政治生日贺卡"。选派党员志愿者下沉到社区、企业一线参与疫情防控，其中1名同志获评深圳市"抗疫先进个人"。印发挂点联系南山西丽街道工作方案，局领导班子成员挂点联系1个街道党委，每个支部结对共建1个社区党委。

（二）抓住综合改革试点契机，推动教育高质量发展和先行示范

贯彻落实《中共中央国务院关于支持深圳建设中国特色社会主义先行示范区的意见》《深圳市深化教育领域综合改革方案（2015—2020年）》《深圳市教育发展"十三五"规划》要求，在教育体制改革方面先行先试。2020年10月，中共中央办公厅、国务院办公厅印发《深圳建设中国特色社会主义先行示范区综合改革试点实施方案（2020—2025年）》，支持深圳探索扩大在深高等学校办学自主权，在符合国家相关政策规定前提下，支持深圳引进境外优质教育资源，开展高水平中外合作办学。

（三）加大教育经费投入，保障教育事业发展

2020年，全市国家财政性教育经费投入1022.47亿元，投入结构进一步优化。保障基本运行经费的同时，加大学位建设、学位补贴等方面的投入。发放在园儿童健康成长补贴7.65亿元，惠及儿童51万名；发放民办学位补贴25.9亿元，惠及学生71.8万人次；发放幼儿园保教人员长期从教津贴3.8亿元、民办教师长期从教津贴2.54亿元，惠及保教人员3.7万名、民办教师1.96万人次。

（四）开展国家义务教育质量监测，创新开展督导评估工作

组织开展国家义务教育质量监测，完成425所样本校、约2.9万名学生、6000余名教师的测试，推动监测结果应用。制定《深圳市义务教育质量监测问题整改工作方案》，积极推进问题整改，推动全市质量监测结果应用建章立制。完成督学换届工作，组织督学、专家库成员参加国家教育行政学院网络培训，进一步推进督学队伍建设。编印《深圳市2019年教育工作亮点情况汇报》，深圳市在政府履行教育职责评价工作中取得优异成绩。完成"广东省义务教育标准化学校"市级复查，对71个"深圳市学习型社区"开展督导评估。指导市属学校责任督学重点开展疫情防控和学校安全经常性检查、学校党建工作专项督导、班主任工作和新高考（新中考）形势下的课堂教

学状况专项调研。创新开展深圳市民办学校办学水平评估试点工作，修订完善《深圳市义务教育阶段学校办学水平评估指标体系》。首创学习型街道督导评估试评工作，研制《深圳市学习型街道督导评估方案》及工具量表，对7个街道开展试点评估。

（五）推进教育信息化建设，教育城域网跨越式发展

积极推进《教育信息化2.0行动计划》，印发《深圳市义务教育学校设备设施配备标准指引》和《深圳市普通高中学校设备设施配备标准指引》，加速推动学校教与学及管理模式变革。深圳教育云平台支撑"中小学健康申报系统"实现全市返校师生健康排查与健康信息申报。教育部公布"基于教学改革、融合信息技术的新型教与学模式"实验区名单，深圳市入选首批国家级信息化教学实验区。成功举办第三届深圳教育装备博览会，已逐渐成为扩大深圳教育装备领域创新影响力、展示国际最先进装备的窗口。申报2020年度全国"智慧教育示范区"项目，深圳市通过第一轮评审并入围答辩。成功举办2020年中国互联网学习白皮书（基础教育）年会。深圳教育城域网跨越式发展，主干带宽从2.5G提升到20G，两个核心节点之间的连接带宽高达40G，为构建"云端学校"奠定坚实基础。《深圳教育云教学平台构建与应用》荣获2020年度深圳市科学技术奖"科技进步奖"。

各级各类教育

【基础教育】学前教育普惠优质发展进一步加强。2020年，全市新增幼儿园70所，新增幼儿园学位2.1万个。全市幼儿园在园儿童总数为55.97万人，其中公办园在园儿童占比为51.6%，公办园和普惠性民办园在园儿童占比为86.19%。2020—2021学年，深圳市在园儿童健康成长补贴领取人数为55.71万人，财政投入8.36亿元；幼儿园保教人员从教津贴领取人数为4.42万人，财政投入4.35亿元。全力推进公办园建设，圆满完成"5080"攻坚任务目标，《中国教育报》头版头条刊发题为《公办园建设加速，在园儿童占比提升至50%——公办园扩容提质的"深圳兵法"》的报道，该文同时被教育部门户网站和学习强国平台转发。公办园建设得到社会广泛赞誉，受到市民欢迎，"公办园扩容提质，推动学前教育普惠优质发展"荣获南方都市报组织评选的"南都街坊口碑奖"第一名"年度致敬大奖"。连续出台2轮帮扶措施，印发《深圳市教育局关于做好疫情防控期间民办幼儿园帮扶工作的通知》等，对民办园提供运行支持专项补助，全市共发放民办园运行专项补助资金1.09亿元。启动《深圳经济特区学前教育条例》研制工作，已完成文本起草和4轮意见征求工作。

基础教育学位保障攻坚战全面打响。2020年9月，深圳市委、市政府印发《关于加快学位建设推进基础教育优质发展的实施意见》，确立了到2025年，全市新增公办义务教育学位74万个、新增幼儿园学位14.5万个的目标。加上2019年底发布的《深圳市高中学校建设方案（2020—2025年）》，公办普通高中将新增学位11.8万个，到2025年，深圳市将新增基础教育学位共100万个以上，其中公办中小学学位将接近翻一番，建设力度空前，将从根本上解决长期困扰深圳教育发展的学位供需矛盾问题。此目标分为两个阶段实施：第一阶段（2020—2022年）全市新增公办义务教育学位29万个，新增幼儿园学位6万个，基本消除超国家标准班额现象，优质教育资源进一步扩充，"学有优教、幼有善育"取得重大进展；第二阶段（2023—2025年）全市新增公办义务教育学位45万个，新增幼儿园学位8.5万个，基本消除超核定规模办学现象，建成资源充分、选择多元、质量一流的基础教育发展新格局，实现较高水平的教育现代化，为深圳加快补齐民生短板、打造"学有优教、幼有善育"的民生幸福标杆，建设中国特色社会主义先行示范区奠定坚实基础。

基础教育公平不断彰显。全面加强规范办学监管，遏制掐尖等违规办学行为，全面应用大数据核验招生信息，积极推进大学区招生，营造义务教育良好生态。强化高中自主招生统筹管理，普通高中自主招生申报、评审、实施和评价实行全流程管理，首次将区属公办高中和民办高中纳入，改革录取机制，挂钩中考成绩，保障规范公平。特殊教育保障能力不断提升，2020年全市残疾学生义务教育安置率达100%，达到国家不低于95%的目标要求，制定《深圳市促进特殊教育公平融合发展行动方案》，

在全国率先明确特殊教育经费投入标准,并首次将学前教育纳入。

基础教育进一步优质均衡发展。消除大班额取得突破性进展,2020年全市义务教育大班额比例从2019年的2.63%大幅降至0.24%,实现全市基本消除大班额目标。成功申报普通高中新课程新教材实施国家级示范区,成为广东省唯一的示范区。出台《深圳市普通高中特色化办学指导意见》《深圳市高中园建设和办学指导意见》等系列文件,强化高中多样化特色化发展顶层设计。成功引进东北师范大学附属中学、广东实验中学两所国内名校签约办学。

基础教育改革深化创新。启动云端学校筹建,积极探索未来教育新样态。新初中综评方案平稳实施,高中综评有序推进。探索拔尖人才培养新模式,"华为-深中数理实验班(高中)"省班、市班顺利开办,指导深圳外国语学校初中招生实施综合素质评价和语言能力评估,取得良好效果。推动设立深圳外国语湾区学校,创新二类事业单位编制使用模式,打造中国特色多元融合学校。科技创新教育成果丰硕,中国国际"互联网+"大学生创新创业大赛萌芽赛道成绩领跑全国,获奖数量占全国1/5,同时研制《深圳市中小学科技创新教育五年行动计划》。

【职业教育与终身教育】职业教育取得新突破。全市职业院校办学质量不断提高,办学规模逐步扩大,全市现有职业院校31所,在校生12.5万人,中高职就业率均达到98%以上。深圳职业技术学院、深圳信息职业技术学院2所高职院校于2019年入选"中国特色高水平高职学校和专业"建设单位。全市中职学校中有省级以上重点中等职业学校14所,其中国家中职教育改革发展示范学校5所。8所中职学校入选广东省高水平中职学校建设计划。

职业教育高起点规划顶层设计。2020年,教育部、广东省人民政府联合印发《教育部 广东省人民政府关于推进深圳职业教育高端发展 争创世界一流的实施意见》,推动深圳职业教育高质量发展。深圳市教育局会同深圳市发展和改革委员会印发《关于开展产教融合型企业建设培育试点的通知》和《关于深圳市第一批产教融合型企业入库培育的通知》,积极推动国家产教融合试点城市建设。研制《深圳经济特区职业教育条例》,完善职业教育立法,突破热点难点问题,保障职业教育改革创新发展。启动修订《深圳市职业教育校外公共实训基地认定和管理办法》,加强校外实训基地管理,促进教育链、人才链与产业链、创新链有机衔接。

职业教育产教融合共谋发展。进一步增强职业教育港澳交流与合作,举办粤港澳大湾区职业教育产教联盟论坛,推进职业教育参与"一带一路"建设,承办2020年"一带一路"职业教育国际研讨会,发起"国际网络教育学院"。扎实推进职业教育东西扶贫协作计划,对口协助新疆喀什地区,帮扶广西百色、云南昭通职业教育发展。

职业教育获奖取得新突破。瞄准"高精尖缺",培养大国工匠,深圳市代表队参加全国职业院校技能大赛试点赛,获得一等奖10个、二等奖5个、三等奖3个,奖项总数占广东省的40%。参加全国首届职业技能大赛,荣获5金2银1铜的好成绩,并获得2项优胜奖。参加全国中职学校班主任业务能力大赛,荣获一等奖1个、二等奖1个、三等奖2个。参加全国职业院校教学能力大赛,荣获一等奖1个、二等奖8个(其中高职4个、中职4个)、三等奖4个。

全民学习氛围更加浓厚。研制《深圳市学习型街道评估指标体系(暂行)》,汇编《深圳市社区教育服务民生创新工作案例》。组织开展深圳市学习型社区、街道创建工作,全市71个社区通过评估督导验收。深圳市学习型社区创建达715个(个别棚改社区未参加创建),合格率达98%以上。组织征集深圳市社区教育服务民生创新工作案例,评选30篇质量较高的优秀案例,编制《深圳市社区教育服务民生创新工作案例》(第七辑),评选10名"深圳市百姓学习之星"、10个"新时代大讲堂"项目。广东省政府正式批准深圳广播电视大学更名为深圳开放大学。

【高等教育】高水平大学建设取得新进展。深圳大学在泰晤士高等教育世界大学排名中位居内地高校第18位,物理学、社会科学总论、环境科学/生态学分别成为第7、8、9个ESI全球排名前1%的学科,材料科学成为学校继工程学和计算机科学后第3个跻身ESI全球排名前3‰行列的学科,22个学科上榜软科世界一流学科排名;深圳大学平湖医院2020年12月正式试营业。南方科技大学在泰晤士高等教育世界大学排名中位居内地高校第8位,生命科学、理学、工学、计算机科学4大学科进入国内前15位。哈尔滨工业大学(深圳)首届354名本科毕业生圆满完成学业,就业率达到93.79%;重点实验室集群项目于6月2日正式奠基。香港中文大学(深圳)进一步完善高水平学科体系和人才培养体系,获教育部批准举办5年制临床医学本科专业。

新高校建设取得重大突破。通过《深圳音乐学院筹建方案》，正式启动深圳音乐学院建设。创新创意设计学院筹建工作加快推进，市政府审定筹建方案，选址宝安区凤凰岭，总建筑面积约30万平方米，总投资约27.9亿元。中山大学·深圳校园交付使用，2 346名学生从广州校区搬迁到深圳校区，深圳校区学生约3 600人。召开海洋大学专家咨询会，加快起草办学方案。中国科学院深圳理工大学获广东省教育厅高校设置评议委员会考察评议通过。

合作办学成果丰硕。教育部批准设立天津大学佐治亚理工深圳学院。北京大学汇丰商学院、剑桥大学嘉治商学院和前海深港现代服务业合作区管理局签署《商学与管理学合作意向备忘录》，深圳前海中英研究院加快建设。暨南大学深圳旅游学院旅游管理专业入选2020年国家级一流本科专业建设"双万计划"。教育部批准设立哈尔滨工业大学深圳国际设计学院。

积极推进高校体制机制改革。2020年9月，中央办公厅、国务院办公厅印发《深圳建设中国特色社会主义先行示范区综合改革试点实施方案（2020—2025年)》提出，支持深圳探索扩大在深高校办学自主权；在现有政策下，支持深圳引进境外优质教育资源，开展高水平中外合作办学。制订深化合作办学改革实施意见，提请市委书记办公会审议通过，进一步规范和引导合作办学高校高质量发展。市政府出台《深圳市高等院校财政经费投入保障实施方案》，进一步规范全市高校财政经费投入政策，优化高等教育发展环境。鼓励社会力量参与办学，会同市财政部门给予高校社会捐赠配比资金2.94亿元。

【民办教育】新修订的《民办中小学设置标准》颁布实施，大幅提高教育设施设备的配置标准和教师学历要求。组织深圳市优质特色民办中小学评选活动，评出39所民办中小学，为民办学校的转型升级和特色发展提供示范和引领。全覆盖落实"两免一补"，全市民办中小学学生领取学位补贴人数逐年增加，2020年秋季领取学位补贴学生数占在校学生总数比例已达到99.75%，进一步推进教育公平。组织全市民办中小学专（兼）职心理健康教师全员培训，有效提升学校心理健康教师的业务水平和危机处置能力。

教育成果与特色

【在线教学】成立市区校三级工作专班，构筑校园疫情防控"十大防线"，全市校园未发生一例疫情，2 600多所学校（幼儿园）232万学生平安返校。在全国率先启动实施在线教学，全覆盖、高质量实现"停课不停学"。针对疫情期间学生心理特点，举办12期家庭教育专家大讲堂，累计观看人数超过3 000万人次，成为市民欢迎的民生实事品牌项目。

【学位建设】新改扩建公办中小学校60所，新增公办中小学位8万个，新增学位数量再创历史新高。新增88所幼儿园，新增学位约2.3万个；新增116所普惠园，全市已建成1 325所普惠园。完成150所新型公办园建设任务。编制实施《深圳市高中学校建设方案（2020—2025年)》和《关于加快学位建设推进基础教育优质发展的实施意见》，规划2020—2025年全市新增公办普通高中学位11.8万个，公办义务教育学位74万个，幼儿园学位14.5万个。

【民生实事】全面完成市政府民生实事，通过多方式解决学生午餐供应、多途径改善学生校内午休条件和完善校内午餐午休管理等举措，大力推进义务教育阶段学生校内午餐午休工作。全市705学校（含校区）提供校内午餐午休服务，占学校数的96%，共接纳学生50.2万人。全面实施深圳市《中小学生营养配餐指南》（以下简称《指南》），《指南》配套的深圳市中小学生配餐信息平台已研发完成，手机App已同步开发，在全市学校推广使用，全面保障学生吃得安全、营养、健康。

【教育科研】制定《深圳市新课程新教材实施国家级示范区三年规划》《深圳市新课程新教材实施国家级示范区年度工作计划》和《深圳市新课程新教材实施方案》。加挂"深圳市教师发展中心"牌子，增加"承担在职教师培训、教师专业发展研究及成果推广、提供教育决策服务等"职责任务。组织全国教育科学"十三五"规划2020年度课题的申报工作，5项课题获得立项；组织广东教育科学"十三五"规划2020年度中小学教师教育科研能力提升计划（强师工程）项目申报，全市共有90项课题获得立项。在中国国际"互联网+"大学生创新创业大赛萌芽赛道项目中，深圳市5个项目全部获奖。印发普通高中、义务教育学校、中职学校在线教学工作指导意见及相关指引，提供保底课程共计5654节课，组织各学科在线公开课达152节。编撰《深圳市国家义务教育质量监测项目研究报告（2016—2018年）》《深圳市基础教育阶段线上教学评价调研报告》。编辑出版《深圳教育年鉴》《深圳教育发展年度报告（2019）》《国际教育动态》《深圳教育研究》《教育观察》等刊物。

【学校安全管理工作】印发《深圳市加强中小学幼儿园安全风险防控体系建设的实施意见》，进一步强化学校风险防范能力。完成新一轮学校及学生"双险"招投标工作，组织全市学校做好校园"双险"投保实施工作。联合公安交警、交通部门对在用校车实行安全"六严查"，完成356家学校食堂提A任务。部署全市学校在大门安装防恐冲撞桩，全面提升学校防范恐怖袭击能力。组织完成32所学校"深圳市学校消防安全管理标准化示范校"创建验收工作。全市共2985个单位（含高校、中小学、幼儿园及培训机构）纳入"深圳市安全综合管理信息系统"开展隐患排查整治。开展50场"理论+情景模拟体验"创新模式的"学生安全宣传教育嘉年华"活动，切实有效提高中小学生安全意识与能力。

【教育考试】完成"健康考试""平安考试""公平考试""诚信考试""暖心考试"工作目标，全年组织8大类34次教育统一考试，考生参考规模124万人次，较2019年增长15%，启用考点1236场次，组考科目258万科次。出台《深圳市普通高中体育与健康等科目学业水平考试实施办法》，为2021年"广东省高考综合改革方案"落地实施提供深圳经验。全面推动高中阶段学校招生录取同权，全省首个实施中职试点专业与普通高中学校第一批次同步录取，自主招生民办高中和公办高中同步同权。推进外语小语种科目纳入中考改革试点。成功组织首次线上招生咨询会，引入网上报名系统、网上预约服务系统、考试人脸识别系统考试服务效能全面提升。

【教育宣传】紧紧围绕"打造民生幸福标杆、办好人民满意教育"主题强化宣传，加强新闻策划和多种媒体矩阵构建，有力提升深圳教育在全国、全省的影响力。2020年，《人民日报》、新华社、央视《新闻联播》、《光明日报》等权威媒体及其他国家级、省、市媒体30多家共334次对深圳教育亮点进行报道。全年共在教育部网站、《中国教育报》、《中国教师报》、中国教育新闻网等刊发58篇深圳教育新闻报道。围绕深圳教育40年、校园抗疫、脱贫攻坚、教育民生工程等重大宣传主题，开展融媒体系列宣传报道，推出特刊报道超过60版。"一网双微"建设运营取得新成效，新增语音智能搜索、教育统计数据可视化等便民功能；"深圳教育"微信公众号全年推文阅读量超过2100万次，粉丝增加到270万人，涨幅达365%，荣获深圳市网信办（深圳市互联网违法和不良信息举报办公室）组织评选的"年度最具影响力政务新媒体"。

【教育治理】实施《师德师风"负面清单"管理制度》，深入开展师德师风主题教育月活动，持之以恒加强师德师风建设。紧盯教育乱收费问题，开展专项整治，堵住学校食堂管理监管漏洞，建立"阳光运行"监管平台。在全市教育系统深入开展"厉行勤俭节约，反对餐饮浪费"行动，狠刹奢侈浪费歪风。规范中考自主招生工作，制定工作规程，严格监管招生流程。

【队伍建设】优秀人才引进持续加速，2020年全市招聘毕业生5181名，研究生及以上学历占比84%。与市人力资源保障局联合修订《深圳市深化中小学教师职称制度改革实施方案》，将校长（含副校长）、民办学校教师、公办学校临时性岗位人员、校外教育机构教师等群体纳入职称评审范围。积极推进完善中小学校长职级制配套待遇制度，完成校长职级评定并兑现职级津贴，启动特级、一级校长职级评定工作。进一步完善师德师风建设长效机制，在全市中小学、幼儿园实施师德师风"负面清单"管理制度。选树宣传师德示范典型，5名教师获评广东"最美教师"荣誉称号。正式挂牌成立市教师发展中心，为实现教科研训一体化提供保障。组织第2期优秀校长培训班、第2批赴港培训班、校（园）长暑期学习班，进一步加强校（园）长培训力度。首次与东北师范大学、香港教育大学合作实施教师学历提升计划，推荐60余名教师攻读博士、硕士研究生。组织开展两期正高级、特级、年度教师等名师培训班，启动教师信息技术应用能力提升培训2.0工程。完成《深圳市基础教育系统"名师工程"实施方案》修订工作。

【人事管理】加强干部选拔任用工作规划，提拔处科级干部46名，进一步加大干部轮岗交流力度。积极协调市人力资源保障局，修订完善《深圳市事业单位2020年人才紧缺岗位和特殊岗位目录》，扩宽教育特殊人才引进绿色通道。组织春节、国庆等重要节日的老干部、老教师慰问活动,局领导班子成员带头上门慰问。

【教育扶贫】 有效建立市、区、校三级协同联动教育帮扶工作体制机制,稳步构建资金投入、人才交流、物力支撑和智力扶持四位一体的多渠道教育帮扶保障体系,累计新安排超134所大中小学(幼儿园)与各受援地学校缔结"一对一"结对帮扶关系,促进双方教育教学质量和水平的共同提升。选派190名教师赴各地支教、交流,分享和传播深圳教育先进理念和先进经验。开展深圳"年度教师"巡回分享报告活动,赴广西河池、百色,西藏林芝、察隅开展交流分享,收听和收看现场及网络直播的人数累计达3万余人。实施精准培训培养工程,接收各受援地市到深圳挂职跟岗、学习培训的教师达8000余人次。开展"以购代捐"活动,鼓励全市各类学校认购扶贫农产品,助力消费扶贫工作,助力脱贫攻坚。

【教育资助】 大力推进政府主导的学生资助,全市资助学生25.72万人次,资助金额约5.13亿元,进一步保障教育公平,增强市民群众获得感。2020年度生源地信用助学贷款成功发放,发放金额持续翻番,有效缓解了新冠肺炎疫情对家庭经济困难大学生的影响。全市学前教育阶段学生困难资助经费首次突破100万元,全国学生资助管理信息系统学前资助子系统正式启动系统填报。

【对外交流合作】 制定印发《居住在香港跨境到深圳上学的学童返校复课疫情防控方案》。制订印发《疫情防控期间深圳跨境到香港学校就学学生的服务保障总体工作方案》,保障跨境学童2020年春季学期顺利复学复课。3所深圳中小学校与港澳学校新缔结为姊妹学校。通过线上线下相结合的方式举办主题为"智能时代与教育转型发展"的第十届深港校长论坛,深港300多名校长参加论坛。组织全市相关教研员、专业教师参加香港生涯规划教育研讨会线上直播会,提升学校教师职业生涯教育能力。推动设立深圳前海哈罗外籍人员子女学校,全市此类学校总数达到9所。组织学校参加第四届金砖国家在线数学国际竞赛项目、莫斯科夏令营在线活动、中美"千校携手"项目百所名校校长培训会等,增进学生跨文化理解能力,推进深圳市对外教育文化交流。

(撰稿 王玉文;审稿 杨 平 王伟峰)

·市域教育·
EDUCATION IN VARIOUS CITIES

珠海市教育

概 况

2020年，珠海市教育局党组在市委的坚强领导和正确指导下，深入学习贯彻党的十九大和十九届二中、三中、四中、五中全会精神，贯彻落实习近平总书记关于教育的重要论述和全国教育大会精神，深入学习贯彻习近平总书记出席深圳经济特区建立40周年庆祝大会和视察广东重要讲话重要指示精神，统筹抓好疫情防控和教育改革发展，全力确保校园安全稳定，落实立德树人根本任务，深化教育领域综合改革，加快推进教育现代化，教育公平日益彰显，教育质量不断提升。

（一）加强党对教育工作的全面领导，教育系统党的建设更加有力

强化政治建设，召开市委教育工作领导小组2020年第一次会议，印发《关于大力弘扬特区精神深化教育领域综合改革 推进新时代珠海教育现代化建设的意见》，对党的十八大以来珠海市贯彻落实党的教育方针情况开展调研，形成调研报告。制定《2020年珠海市委教育工委理论学习中心组学习计划》，每月举办一期中心组学习会，举办《习近平谈治国理政》（第三卷）专题学习研讨会。调整完善党员领导干部党建联系点制度，落实到校督导工作，指导和参与基层组织生活。坚持谈心谈话制度，自主开展"咬耳扯袖""红脸出汗"提醒谈话34人次。加强廉政建设，制定教育系统纪律教育学习月活动实施方案，征订发放廉政学习资料，举办领导干部党章党规党纪教育培训班和理论学习中心组专题学习，组织观看警示教育专题片。落实意识形态责任制，全年没有重大意识形态事件。夯实基层党建，印发《中共珠海市委教育工作委员会2020年党建工作要点》，召开年度全市教育系统党建暨党风廉政建设工作会议，组织签署年度党建目标责任书。扎实推进基层党组织建设三年行动计划，深入实施基础教育阶段"双百工程"，全市中小学校党组织和党的工作落实全覆盖，全市中小学校党组织归口教育部门管理比例提升至98.17%。市直属16所学校完成党组织委员增补选工作。开展党员先锋队活动，2名党员受到市委组织部表扬。扎实推进"双报到"工作，所属党组织均已完成注册，在职党员到常住地社区党委报到数达2 000余人。实施党建"领路人"和"双向培育"工程，发展党员1795人，58名教师党支部书记成为"双带头人"。协助市委做好在珠高校专职副书记选派工作，6所高校专职副书记先后到位。

（二）坚持以人民为中心，疫情防控和教育教学"双胜利"更加保障

坚决打赢校园疫情防控阻击战，新冠肺炎疫情发生以来，珠海市教育局第一时间成立疫情防控专班，加强联防联控，定期召开疫情研判会议。坚持落实每日摸排、每日报告制度。协调市、区两级卫健部门为市、区学校委派卫生健康副校长170名。按照"应检尽检、愿检尽检"原则，累计核酸检测7万余人，检测结果全部为阴性。疫情期间，快速有序开展"停课不停学"，线上教育不让一个孩子掉队；守好校门，加强健康监测，学生返校复学工作平稳、有序、安全。全市教育系统2个集体、2名个人获市表彰。完成高考、中考招生录取工作，高考全市7个考点、364个考场、38个备用隔离考场全部配备空气消毒机、空调及高清视频监控，各部门全力以赴为10 791名考生保驾护航，完成平安高考。中考各考场实现空调全覆盖，给考生营造良好考试环境。

（三）坚持"五育"并举，培育时代新人水平更加提高

扎实推进学校思想政治工作，用好疫情防控"教科书"，开展返校复学第一周的"八个一"活动，做好学生心理健康教育工作。评选珠海市首批德育名校长工作室主持人14人和第三批名班主任工作室主持人11人，选树珠海德育工作带头人。组织学校做好每学期学校党委书记、校长上"第一堂思政课"活动。扎实推进素质教育，出台《珠海市教育局等9部门关于推进中小学研学旅行的实施意见》和《珠海市研学实践教育基地建设与管理办法》，评选13个市研学实践教育基地，全市中小学100%参与到文明校园创建中来，2020年有2所学校获评全国文明校园，新增32所市文明校园。开展教育系统校园生活垃圾分类活动，4所学校获评广东省教

育厅认定的"省级校园生活垃圾分类教育基地",金凤小学垃圾分类主题舞蹈获得省级表演一等奖。扎实推进学校体育、美育、艺术教育,出台《珠海市学校体育与健康教育三年行动计划(2020—2022年)》,科学谋划全市学校体育与健康教育工作,4所学校获评全国校园篮球学校,1所学校获评全国校园排球特色学校。出台《2020年珠海市初中学业水平体育考试工作实施方案》,确保2020年初中毕业生升学体育考试安全有序进行。进一步完善学校卫生健康工作管理体系,全市所有中小学100%配备卫生健康副校长、卫生健康联络指导员。印发《珠海市直学校兼职卫生健康副校长工作制度(试行)》,进一步明确、规范卫生健康副校长的职责。19所学校入选第二批"广东省中华优秀文化传承学校",承办2020年广东省中小学校美育改革发展成果交流活动。推进学校艺术特色项目创建工作,对全市11个艺术工作室进行考核,规范艺术工作室管理,增强示范、引领、辐射作用。持续推进"书法进校园"工作,组织全市193名中小学教师参与"广东省教师书法作品展"。扎实推进劳动教育,制定《珠海市劳动教育实施方案》,组建劳动教育和综合实践活动课程评委专家库,开发建设小学、初中、高中三个学段的地方劳动教育读本,举办珠海市2020年高中劳动教育新课标新教材教学设计优秀作品征集活动。

(四)推动教育加快发展,教育获得感更加增强

完成市十件民生实事,新建和改扩建10所中小学,新增学位1.19万个;建成20所公办幼儿园,新增学位7380个。切实完成省十件民生实事中小学"厕所革命"提升改造建设任务,全市43所中小学完成"厕所革命"提升改造建设任务(其中教育部下达的任务5所)。扎实推进学前教育"5080"攻坚行动,出台《珠海市学前教育"5080"攻坚行动工作方案》《珠海市公办属性幼儿园认定标准》等文件,多管齐下增加公办幼儿园和公办学位,顺利完成学前教育"5080"目标任务,公办幼儿园在园幼儿数占比达53.58%,普惠性幼儿园覆盖率达86.07%。100%完成全市城镇小区配套幼儿园专项治理任务。发布市级规范办园行为督导报告,全市新增4所市级幼儿园。开展新一轮办学联盟工作,出台《珠海市多校协同、区域组团集团化办学联盟实施方案》,探索集团化办学、跨学段联合、同学段联盟等多种实现路径。出台《珠海市卓越高中、优质特色高中创建工作方案》,不断推进普通高中优质特色发展。民族班管理彰显特色,成绩斐然。2020年9月,珠海市第四中学荣获"广东省民族团结进步模范集体"称号,北京师范大学(珠海)附属高级中学校长梁柏健被评为"广东省民族团结进步模范个人"。珠海市第一中等职业学校在2020年全国职业院校技能大赛中职组分布式光伏发电的装调与运维项目中荣获金牌。吉林大学珠海学院转设为珠海科技学院。有序推进残疾学生入学工作,残疾儿童少年义务教育入学率达100%。开展与广东省教育研究院和教育部基础教育课程教材发展中心的合作,重点推进"深度学习"教学改进项目,开展国家课程数字教材规模化应用全覆盖试点区申报工作,金湾区成为全省十个试点区之一。完成5次大型学业质量监测工作,推进国家义务教育质量检测结果应用,不断提高教育教学研究水平。

(五)全面加强新时代教师队伍建设,教师干事创业的精气神更加提振

落实师德建设负面清单,开展师德征文和师德微视频征集活动,连续4年获得广东省教育厅"师德征文"活动优秀组织奖。开展珠海市新一轮(2020—2022年)名师工作室主持人遴选工作,共评选出69个市级名师工作室。出台中小学教师信息化技术应用能力提升工程2.0实施方案,进一步提升珠海市教师信息化应用能力。制定中小学教师市县级减负清单,切实减轻教师负担,让教师潜心教书、静心育人。2名教师获评广东省新时代最美幼师,2名教师获评省级最美教师。做好中小学教师职称评审工作,8名教师获评正高级教师职称,231名教师通过副高级职称评审。珠海市委、市政府召开庆祝2020年教师节暨表彰大会,有力弘扬尊师重教之风,凝聚兴教重教合力。加强学校管理干部队伍建设,全年共选拔任用直属学校校领导11人、交流调任7人,开展直属学校中层干部队伍建设调研,着力加强中层干部队伍建设。举办2020年珠海市中学校长暑期高级研修班,190人参训,全市中学校长统筹管理教育工作能力普遍提高。

(六)推进教育改革创新,教育事业发展生机活力更加激发

市教育研究中心顺利组建更名为珠海市教育研究院。出台高中阶段学校考试招生制度改革的实施意见,稳步推进高中阶段学校考试招生制度改革。《珠海市教育系统"放管服"改革实施意见(试行)》通过市政府常务会议审定。持续深入推进"县管校聘"改革工作,加强市直属学校教师调配调动的管理,做好市直属学校奖励性绩效工资增量

考核分配,激发教师活力。出台鼓励社会力量兴办教育促进民办教育健康发展的实施意见,推动民办教育实行分类管理。

(七)推进珠港澳教育融合发展,教育开放水平更加提升

印发《珠海市教育国际化三年行动计划(2020—2022年)》,拟定《珠澳教育合作与交流协议工作项目清单》,健全珠港澳教育行政主管部门定期会晤机制和学校间的深度交流合作关系。新增缔结4对港澳姊妹学校(园),广泛开展文体科技交流,促进珠澳交流交融。深化与港澳高等教育交流合作,市政府与UIC办学协议、与澳门科技大学合作办学协议顺利签署。举办2020粤港澳大湾区中小学校长论坛。全力做好港澳人员子女入学工作,2020年秋季学期全市义务教育阶段共录取港澳籍学生475人。

(八)加强教育基础能力建设,服务保障能力更加过硬

不断提高教育帮扶水平,坚持决胜脱贫攻坚,全面提高教育帮扶水平,扎实开展对口帮扶国内、省内10个州、市、县(区)、村,累计投入资金约1亿元,选派支教教师共计210余人次,"一对一"结对共建学校176所,搭建的教育互通交流平台22个。对口帮扶云南怒江"一堂两班"项目成绩显著,成为教育帮扶示范,怒江州民族中学"珠海班"2020年高考勇夺怒江州理科第一名,一本上线率达100%,创怒江州历史最好成绩。扎实开展第二十三届全国推广普通话宣传周活动,推进全市各中小学校语言文字工作全面达标建设,语言文字工作稳步推进。创建首支珠海市教育系统媒体监督员队伍(共10人),开展2020年珠海教育十大亮点评选活动,营造关心教育、支持教育的良好氛围。实现校园安全"三个百分百""特保进校园"基本全覆盖,"广东省重点单位来访人员登记系统"全面推广应用。做好扫黑除恶专项斗争相关工作,全力保障教育系统安全稳定。全面排查整改教育系统森林防火及消防、危化品、防风防汛、校车管理及交通安全、防溺水等重要领域安全隐患。全市现有579家持证学校食堂(含幼儿园)已实现"互联网+明厨亮灶"100%覆盖,学校食堂量化分级全部达到B级以上,其中285家学校食堂被评为A级食堂,占比49.22%,高于全省平均水平。全市所有公办小学100%覆盖开展校内课后服务工作,出台进一步规范和加强小学生校内课后服务有关工作的指导意见,推动校内课后服务更加提质增效。

各级各类教育

【基础教育】(一)学前教育

全市有幼儿园360所,在园幼儿87 959人,招生31 691人,毕业27 785人。幼儿园教职工13 475人,其中专任教师6 780人。2020年,珠海市教育局扎实推进学前教育"5080"攻坚行动,出台《珠海市学前教育"5080"攻坚行动工作方案》《珠海市公办属性幼儿园认定标准》等文件,多管齐下增加公办幼儿园和公办学位。截至2020年底,全市新增公办幼儿园学位35 185个(含从民办幼儿园购买学位23 115个),公办幼儿园在园幼儿数占比为53.58%,公办幼儿园和普惠性民办幼儿园在园幼儿数占比为86.07%,顺利完成学前教育"5080"目标任务。55所城镇小区配套幼儿园全面完成治理。发布市级规范办园行为督导报告,全市新增4所市级幼儿园。启动珠海市申报县域学前教育普及普惠督导评估计划。

(二)义务教育

全市有小学137所,在校生185 969人,招生31 949人,毕业27 494人,小学专任教师8 205人。初中60所,在校生73 341人,招生26 646人,毕业21 044人,初中专任教师6 194人。2020年,珠海市教育局着力提高义务教育优质均衡发展水平。做好招生入学各项工作,全市公办小学录取2.61万人(较2019年同比增加3.5%),全市公办初中录取2.15万人(较2019年同比增加7.4%)。全市民办小学招生计划为1.07万人,实际录取5 896人;民办初中招生计划为6 666人,实际录取4 946人。开展新一轮办学联盟工作,出台《珠海市多校协同、区域组团集团化办学联盟实施方案》,探索集团化办学、跨学段联合、同学段联盟等多种实现路径。出台《珠海市中小学生减负工作实施方案》《珠海市教育局关于面向中小学生的全市性竞赛活动的管理办法(试行)》,引导树立正确的减负观。按计划完

成2020年市十件民生实事，新建和改扩建10所中小学，新增学位1.19万个；建成20所公办幼儿园，新增学位7 380个。全市新增1所市一级民办中小学校。

（三）普通高中教育

全市有普通高中20所，在校生33 350人，招生11 913人，毕业10 307人。普通高中专任教师3 416人。2020年，珠海市教育局大力推动普通高中教育优质发展。落实《珠海市普通高中质量提升行动计划（2019—2023年）》，提高普通高中办学质量。印发《珠海市卓越高中、优质特色高中创建工作方案》，推动3年内打造若干所卓越高中和一批优质特色高中。组建新一轮办学联盟和集团化办学学校，11所普通高中参与集团化办学、跨学段联合、同学段联盟，推动优质资源共享、优势互补、合作共赢。制定《珠海市普通高中同等学力认定办法》《关于做好普通高中转学工作的通知》等文件，开展普通高中违规跨地市招生专项治理工作，规范普通高中办学行为。2020年珠海市高考成绩位于全省前列，2人总分进入全省文科前20名和理科前50名，10人总分进入全省文理科前100名；全市普通高中考生10 791人，占全省考生人数（67.4万）的1.6%。全市本科上线率为67.03%，高分优先投档线上线率为23.46%。

（四）特殊教育

全市有特殊教育学校2所，在校生632人，招生75人，毕业25人。教职工227人，其中专任教师165人。2020年，珠海市教育局不断推进特殊教育全面发展。有序推进残疾学生入学工作，残疾儿童少年义务教育入学率达到100%。落实《珠海市第二期特殊教育提升计划》，建立市特殊教育发展联席会议制度和残疾人教育专家委员会，不断推进特殊教育专业支持体系建设。督促香洲区、金湾区和斗门区依托特殊教育学校或者教师发展中心建立区级特教指导中心，构建珠海市融合教育三级支持体系。珠海市教育局在第二届粤港澳融合教育论坛上作为地市代表进行主题发言，分享融合教育推进的工作经验。

【中等职业教育】全市有独立办学的中等职业学校12所，在校生29 632人，招生11 142人，毕业7 712人，教职工1 803人，其中专任教师1 417人。其中技工学校5所，在校生10 312人，招生4 462人，毕业2 147人，教职工666人，其中专任教师465人。普通中专2所，在校生4 063人，招生1 246人，毕业1 134人，教职工217人，其中专任教师158人。职业高中7所，在校生15 257人，招生5 434人，毕业4 431人，教职工920人，其中专任教师794人。

2020年，珠海市教育局不断促进职业教育转型发展。制定《珠海市关于职业教育"双精准"示范专业培育指导意见》《关于中等职业学校精品在线公开课程认定试行办法》，促进职业学校教育教学和实训水平进一步提高。珠海市第一中等职业学校在2020年全国职业院校技能大赛中职组分布式光伏发电的装调与运维项目中荣获金牌。制定珠海市职业教育公共实训基地方案，纳入珠海市第一中等职业学校、珠海市理工学校整体搬迁建设方案。与市人力资源社会保障局共同建立珠海市中职教育发展联席会议制度，有力促进全市中职类教育和技工类教育协调发展。中职学校申报省高水平中职学校建设项目进展顺利。

【高等教育】（一）概况

全市有中山大学珠海校区等10所高等学校（校区、学院）。2020年，珠海市教育局不断推进高等教育内涵发展。顺利完成市政府与UIC协议签署工作。推动与澳门科技大学合作办学，签署《珠海市人民政府与澳门科技大学合作办学协议》。北京师范大学珠海校区顺利完成2020年招生工作，教育学、心理学等16个优势学科团队落户珠海校区取得初步成效。暨南大学科技创新楼一期工程正式投入使用。"天琴计划"、南海海洋科学与工程广东省实验室（珠海）建设及暨南大学珠海校区国外高水平院士团队项目的落地、发展取得新成效。独立学院转设工作顺利推进，吉林大学珠海学院转设为珠海科技学院，北京理工大学珠海学院转设工作正在按照市委、市政府部署推进。

（二）中山大学珠海校区

中山大学是珠海市引进的第一所大学，开启了名牌大学与地方政府合作办学的先河，被社会誉为"中大-珠海模式"。中山大学珠海校区位于广东省珠海市高新区唐家湾镇，占地面积3.571平方千米。院系设置有中国语言文学系（珠海）、历史学系（珠海）、哲学系（珠海）、国际金融学院、国际翻译学院、国际关系学院、旅游学院、数学学院（珠海）、物理与天文学院、大气科学学院、海洋科学学院、地球科学与工程学院、化学工程与技术学院、海洋工程与技术学院、中法核工程与技术学院、土木工程学院。2020年，中山大学"天琴计划"和珠海校区基础设施基本完成；中山大学的海洋科学、海洋工程、地球科学与工程、大气科学等理工科学科建设进一步加快。

（三）暨南大学珠海校区

暨南大学是中国第一所由政府创办的华侨学府，是国务院侨办、教育部、广东省共建的"211工程"重点综合性大学，也是广东省高水平大学重点建设高校。珠海校区设有人文学院、翻译学院、国际商学院、包装工程学院、智能科学与工程学院、电气工程学院、国际能源学院、人工智能产业学院等8个专业学院，轨道交通研究院、物联网与物流工程研究院、先进与应用化学合成研究院、能源电力研究中心等多个研究机构，20个本科专业，涵盖文学、经济学、管理学、法学、工学等学科门类，有社会学一级学科硕士学位授权点，国际商务、包装工程、智能信息处理、翻译学4个二级学科硕士学位授权点。拥有一批实力较强的科研机构，包括12个研究中心（所）和9个综合实验室（内含33个分实验室）。2020年，珠海市与高校合作协议的落实工作顺利推进，暨南大学科技创新楼一期工程正式投入使用；暨南大学珠海校区国外高水平院士团队项目的落地、发展取得新成效。

（四）北京师范大学珠海分校、北京师范大学珠海校区

北京师范大学珠海分校是教育部批准设立、由北京师范大学和珠海市人民政府合作举办、进行本科层次教育的全日制普通高等学校。在教育部有关批复精神的指导下，珠海分校坚决执行北京师范大学提出的"资源国有、学校举办、市场运作、全新模式"的建校方针，坚决贯彻"以质量求生存、以创新求发展，以贡献求支持，以共赢求合作"的发展思路，在学校建设与发展中大胆进行教学模式、管理方式、运行机制、国际合作以及产学研一体化方面的改革尝试，努力把学校建设成为教育与科技产业复合发展、特色鲜明的综合性改革实验区，发展成为开放式、有特色、应用型高水平大学。珠海分校设有文学院、教育学院、管理学院、信息技术学院、不动产学院、物流学院、法律与行政学院、设计学院、艺术与传播学院、外国语学院、工程技术学院、应用数学学院、运动休闲学院以及国际商学部等14个学院（部），涵盖8大学科门类的61个本科专业，形成了以经济类、管理类及工科类等应用型学科为主体，教育类学科为特色，文学、艺术、法律、理学等传统学科协调发展的综合性学科布局。

北京师范大学珠海校区是北京师范大学建设"综合性、研究型、教师教育领先的中国特色世界一流大学"的重要组成部分，是按照学校"一体两翼"办学格局和"高标准、新机制、国际化"原则，打造的与北京校区同一水平的南方校区。2020年，北京师范大学珠海校区顺利完成招生工作，建设发展进一步加快；推动北京师范大学珠海校区建设，优化调整学科专业，落实教育学、心理学等16个优势学科团队落户珠海校区取得初步成效。

（五）北京理工大学珠海学院

北京理工大学珠海学院是经教育部批准，于2004年5月8日正式成立的普通高等学校。学校以北京理工大学为办学主体，是其重要延伸和战略组成，下设有信息学院、计算机学院、工业自动化学院、航空学院、材料与环境学院、商学院、会计与金融学院、民商法律学院、外国语学院、设计与艺术学院、数理与土木工程学院、布莱恩特学院、中美国际学院、马克思主义学院、荣誉学院、创业学院、继续教育学院、体育部等18个专业学院（教学部）。学校在继承北京理工大学的品牌学科专业优势的基础上，根据广东省尤其是珠三角地区产业结构特点，设置优势和特色专业，体现专业的应用性、创新性和复合性。学校现有61个本科专业，其中理工科专业34个，占比为55.73%。专业结构基本对接通用航空、电子信息、智能制造、软件、化工、集成电路、智能电网、新能源汽车、物联网、大数据、3D打印等粤港澳大湾区重点发展的支柱产业。形成了工学类专业集成度高、专业体系与产业链关联度高、专业布局与珠三角主导产业吻合度高的应用型特色明显的专业体系。2020年，北京理工大学珠海学院在专业设置和调整上也更多地符合珠海经济社会尤其是产业发展的需求。

（六）吉林大学珠海学院

吉林大学珠海学院经教育部2004年5月18日批准成立，现由吉林大学与珠海市华政教育投资有限公司在吉林大学珠海校区合作建设的独立学院。现有吉林大学研究生院珠海分院、吉林大学南方研究院、无机合成与制备化学国家重点实验室珠海分实验室、国家地球物理探测仪器工程技术研究中心珠海分中心、符号计算与知识工程教育部重点实验室珠海分实验室、吉林大学海洋油气资源研究中心、中国人口老龄化与经济社会发展研究中心南方基地、吉林大学粤港澳台区域合作与发展研究中心和吉林大学珠海学院等9个教学、科研和管理机构。已经形成从学士、硕士到博士培养的完整高等教育教学体系以及集人才培养、科学研究和社会服务于一体的完整高等学校功能体系。学校现有本科专业58个，涵盖经济学、法学、文学、理学、工学、医学、

管理学、艺术学、教育学九大学科门类。其中理工科专业占比47.3%。机械设计制造及其自动化、旅游管理、广告学、英语、网络工程、建筑学、金融学、电子信息科学与技术、计算机科学与技术、物流管理等10个专业被广东省教育厅确定为专业综合改革试点专业（特色专业）。吉林大学珠海学院现已顺利转设为珠海科技学院。

（七）遵义医科大学珠海校区

遵义医科大学创建于1947年，前身为大连医学院，是抗战胜利后中国共产党创办的第一所医学本科院校，1953年成为卫生部直属高校。2018年12月，经教育部和贵州省人民政府批准，学校正式更名为遵义医科大学。珠海校区下设基础教学部（基础医学部）、第二临床学院、医学影像学系、口腔医学系、护理学系、生物工程系、外语系、人文社会科学公共教学部（马克思主义学院）等8个教学学院部系。本科开设临床医学、口腔医学、医学影像学、护理学、生物工程、药学、英语、商务英语、社会体育指导与管理等9个专业，医学类专业已在全国一半以上的省份实现一本招生，临床医学、口腔医学、护理学为国家级特色专业。研究生教育涵盖4个学科门类，其中，一级学科硕士学位授权点7个，二级学科硕士学位授权点27个，专业学位授权点4个。在贵州省"双一流"建设中，药学获得国内一流建设学科；临床医学获得区域内一流建设学科，并已进入ESI排名全球前1%行列。珠海校区始终坚持人才培养的中心地位，在不断加强校内教学保障条件建设的同时，还建立了包括30余家"三甲"医院在内的72个实践教学基地，与广东省多家医院联合培养临床医学研究生，为学生专业学习搭建了广阔的平台。

（八）北京师范大学－香港浸会大学联合国际学院

北京师范大学－香港浸会大学联合国际学院（以下简称北师港浸大）由北京师范大学和香港浸会大学于广东省珠海市携手创立，是首家中国内地与香港高等教育界合作创办的大学，获得教育部特批。自2005年成立至今，北师港浸大已发展成为一所拥有独特教育理念的国际化大学，设有工商管理学部、文化与创意学部、人文与社会科学学部和理工科技学部4个学部，下设23个专业方向。北师港浸大拥有一支来自30多个国家和地区的优秀师资队伍，实施全英文教学，本科毕业生学成后获颁北师港浸大毕业证书和香港浸会大学学士学位，在国内外均获认可。2020年，完成了市政府与UIC合作协议的签署工作。

（九）广东科学技术职业学院

广东科学技术职业学院是广东省人民政府1985年批准设立、教育部备案的一所全日制公办普通高等学校，正厅级建制，是在校生规模最大的省属高职院校。学院有全日制在校生23971人，是在校生规模最大的省属高职院校。现设有计算机工程技术学院（人工智能学院）、商学院、应用外语学院、旅游学院、文化与传媒学院、机器人学院、机械与汽车学院、建筑工程学院、艺术设计学院、财会与金融学院、体育健康学院、广州学院、马克思主义学院、国际合作学院、创新创业学院、继续教育学院等16个二级学院；设有广东省人才研究所、高职教育研究所、电子与信息技术研究所、软科学研究所4个科研机构。学院主动服务国家"一带一路"和粤港澳大湾区建设，新设国际合作学院，在校生规模近500人，两批学生赴法国深造，先后与法国克莱蒙商学院、德国德累斯顿工业大学、美国北密歇根大学、澳大利亚科廷大学、马来西亚城市大学等签订了合作协议，20%以上的专业建设正对接国际标准。学校已取得招收国际学生资质，已有两届学历留学生入读相关专业。中法合作办学项目获教育部正式备案。

（十）珠海城市职业技术学院

珠海城市职业技术学院是由珠海市人民政府举办的全日制普通高等院校，2004年4月经广东省人民政府核准成立，并报教育部备案，是由原珠海教育学院、珠海广播电视大学、原珠海市工业技工学校、原珠海市财贸学校合并组建而成。珠海教育学院的前身是创建于1970年3月的珠海师范学校，1983年7月升格为专科层次院校。学校举办高等教育已逾30年，积累了丰富的职业教育办学经验。学校对接珠海产业布局，建立了电子信息、机电工程、旅游管理、物流管理、社会工作和艺术设计等6大专业群。

学校与格力电器、微软、三一重工、珠海港控股集团、华发集团、长隆等193家企业开展不同形式的合作，与格力电器合作共建"格力明珠产业学院"，与珠海港控股集团合作共建"珠海港企业大学"，整合优质办学资源，精准服务珠海产业发展人才需求，专业直接对接珠海高端产业比例达到90%。

（十一）珠海艺术职业学院

珠海艺术职业学院是南粤大地上一所重要的艺术高等学府。前身为1998年创办的中国舞教学研究

·市域教育·
EDUCATION IN VARIOUS CITIES

院，2003年经广东省人民政府批准，教育部备案，颁发电子注册文凭，纳入国家统一招生计划的全日制普通高等院校。学校办学定位精准，厚植珠海特区、立足广东、面向全国，专业设置积极对接文化艺术事业和先进第三产业的持续发展需求，为区域经济和社会发展培养应用型高技能专业人才，学校设有音乐舞蹈学院、艺术设计学院、经济管理学院和文化与旅游学院，开设包括国家级骨干专业首饰工艺与设计、省级重点建设专业环境艺术设计、音乐表演及舞蹈表演，以及播音与主持、工商企业管理、旅游管理和商务英语等在内的34个专业，涵盖艺术学、管理学、经济学等五大学科门类，形成以艺术教育为特色，文学、经济学、管理学协调发展的办学格局。

【民办教育】2020年，珠海市教育局推进民办教育分类改革。出台《珠海市人民政府关于鼓励社会力量兴办教育促进民办教育健康发展的实施意见》，推动民办教育实行分类管理，创新体制机制，完善制度设计，加强规范管理，提高办学质量，打造民办教育品牌。制定《珠海市直属民办普通中小学校年检办法（试行）》，规范民办学校年检工作。

教育成果与特色

【教育科研】2020年，珠海市教育局不断提高教育教学研究水平。印发《珠海市教育研究中心教育科研项目评审制度》，进一步加强教育科研课题的管理。实施《珠海市教育信息化三年行动计划（2018—2020年）》，持续推进信息技术深度应用，开展国家课程数字教材规模化应用全覆盖试点区申报工作，金湾区成为全省十个试点区之一。举办2020年珠海市第三届中小学创客教育研讨会、2020年珠海市青少年信息学奥林匹克竞赛。

【素质教育】2020年，珠海市教育局出台《珠海市教育局等9部门关于推进中小学研学旅行的实施意见》和《珠海市研学实践教育基地建设与管理办法》，评选13个市研学实践教育基地。全市中小学100%参与到文明校园创建中来，2020年有2所学校获评全国文明校园，新增32所市文明校园，1所学校入选教育部评选的落实《中小学德育工作指南》"一校一案"典型案例，1所学校入选教育部评选的首批100所"乡村温馨学校"。评选14个首批市德育名校长工作室和11个第三批市名班主任工作室，成立市德育研究会。开展教育系统校园生活垃圾分类活动，4所学校获评广东省教育厅认定的"省级校园生活垃圾分类教育基地"，金凤小学垃圾分类主题舞蹈获得省级表演一等奖。

【教育宣传】2020年，珠海市教育局高质高效做好新闻宣传。"珠海特区教育"微信公众号的宣传能力更上台阶，新闻宣传教育更加广泛，在《中国教育报》《南方日报》《珠海特区报》刊发文章4篇，宣传疫情防控期间以及珠海教育40年来取得的成绩。创建首支珠海市教育系统媒体监督员队伍（共10人），首次开展2020年珠海教育十大亮点评选活动，营造关心教育、支持教育良好氛围。信息报送质量有新提升，2020年向市委、市政府报送信息30余条（不含疫情信息专报），其中国办专报2条，上报国办1条，省府办采用4条，获市领导批示2条。广东省学生返校工作专班简报采用了珠海市的54篇稿件，采稿量在全省各地市排名第二。

【校园安全】2020年，珠海市教育局安全保障更加高质高效。全市学校人防、物防、技防建设全面提升，实现校园安全"三个百分百"、"特保进校园"基本全覆盖、"广东省重点单位来访人员登记系统"全面推广应用。严格落实安全工作责任制，与各区教育行政部门、各高校、各直属学校签订《安全稳定工作责任书》，做好扫黑除恶专项斗争相关工作，全力保障教育系统安全稳定。开展第四届"平安校园"安全知识竞赛，竞赛参与总人数逾100万人，创历史新高，其中学生人数达29.7万人、家长人数逾70万人，参与率高达99.4%。扎实开展"安全生产月"活动，做好消防安全工作。按《全国安全生产专项整治三年行动方案》《珠海市安全生产委员会关于印发安全生产领域七大专项整治方案的通知》等要求，全面排查整改教育系统森林防火及消防、危化品、防风防汛、校车管理及交通安全、防溺水等重要领域安全隐患。做好禁毒宣传工作，推进毒品预防教育"6·27"工程，开展"九个一"活动，确保全市在校学生接受毒品预防教育覆盖率达100%。做好交通安全教育和校车安全管理工作，联合交警对全市1150名校车司机、2300名随车照管员进行安全培训。做好防溺水宣传教育工作，开展以"珍爱生命、严防溺水"为主题的2020年中小学生（幼儿）"预防溺水"专题教育活动，全面排查梳理溺水安全隐患点386处，设立安全隔离带、围栏护栏等防护设施。全力做好"两会"、经济特区建立40周年等重要时间节点安全工作，以及义务教育阶段招生、高校转设安全稳定工作。做好"三防"、节假日期间值班值守。

【助学帮扶】2020年，珠海市教育局不断提高教育帮扶水平。对口帮扶云南怒江"一堂两班"项目成绩显著，成为教育帮扶示范，怒江州民族中学"珠海班"2020年高考勇夺怒江州理科第一名，一本上线率达100%，创怒江州历史最好成绩。赴云南怒江支教79人次，组织两地学校129所69对开展结对帮扶，77名教师到珠海跟岗学习。在怒江3个普通高中开设9个"珠海班"，学生451人，在珠海5所中职技工学校培养怒江籍学生398人，成绩突出。按照百家学校结对帮扶、百名校长培养、百名名师培养、百名教研员培养的"四百工程"，推进阳江教育帮扶工作；采取"组团式"等帮扶模式，共26名骨干教师赴西藏新疆支教；扎实开展对口四川甘孜藏族自治州、重庆巫山县教育帮扶，完成4所"一帮一"结对帮扶学校，加强对口帮扶，共56人次到珠海跟岗学习；与黑河市教育局签署《黑河市教育局与珠海市教育局2020年交流合作项目》，5所学校签订结对协议。对口高州市大坡镇军屯村、禾田村全面实现脱贫，顺利完成了帮扶目标任务，以优秀成绩通过市扶贫办考核。

（撰稿、审稿　珠海市教育局）

·市域教育·
EDUCATION IN VARIOUS CITIES

汕头市教育

概　　况

2020年，汕头市共有中小学校1 044所（完全中学58所，高级中学21所，十二年一贯制学校17所，初级中学114所，九年一贯制学校97所，小学737所），在校生共949 891人（普通高中生137 178人、初中生236 498人、小学生576 215人）；中等职业学校19所（含粤东高级技校），本地在校生47 449人；特殊教育学校8所，义务教育阶段残疾儿童少年在校生4 051人（含送教上门）；幼儿园1 151所，园幼儿212 323人。民办学校99所（小学22所，初级中学7所，九年一贯制学校49所，完全中学2所，十二年一贯制学校14所，中等职业学校4所，技工学校1所），民办学校在校生187 398人。

各级各类教育

【基础教育】（一）学前教育

2020年，汕头市有幼儿园1 151所（公办园500所，民办园651所），其中规范化幼儿园741所，约占全市幼儿园总数的64.38%。全市具有管理职能的40个镇（街道）全部设立规范公办中心幼儿园，占比100%。全市在园幼儿21.23万人，学前三年入园率为104.73%。幼儿园教职工约2.71万人，其中专任教师约1.71万人，教师学历达标率为99.54%，大专以上学历占82.35%。

（二）义务教育

2020年，汕头市实施义务教育薄弱学校基本办学条件改造计划，改善义务教育办学条件，缩小城乡差距，提高均衡化程度。全市有小学737所，在校生57.62万人，比2019年增加1.19万人，小学适龄儿童净入学率为100%，辍学率为零。初中211所（含九年一贯制学校），在校生23.65万人，初中教育毛入学率为111.19%，初中辍学率为零。全市义务教育阶段在校生81.27万人。公办义务教育学校标准化覆盖率达100%。

（三）普通高中教育

2020年，汕头市有普通高中（含完全中学和十二年一贯制学校）96所，在校生约13.72万人。全市83所普通高中均为市一级及以上普通高中。高中阶段教育毛入学率为97.23%。

（四）特殊教育

2020年，汕头市推动特殊教育发展，重点加快特殊教育学校建设力度。全市有特殊教育学校8所，其中市属学校2所，区级学校6所。设立特教班的普通学校4所。全市残疾儿童少年在各类学校接受教育4 051人（含送教上门），其中就读特殊教育学校934人，就读普通中小学附设特教班59人，在普通中小学随班就读1 693人，送教上门1 365人。

【职业与成人教育】2020年，汕头市实施《汕头市市属公办职业教育院校优化整合工作方案》，完成涉及合并、撤消的中职学校的学生承接和安置工作，调整优化各职业学校专业设置，全市中等职业学校（含技工学校）从24所调整为18所（含粤东高级技工学校），其中国家级重点学校3所，省级重点学校（含省级示范学校）5所，市级重点学校2所。中等职业学校专业覆盖土木工程类、加工制造类、交通运输类、信息技术类、医药卫生类、商贸财经类等15类110多个专业。拥有10个省级重点建设专业，8个省中职教育"双精准"示范专业建设项目，10个省级实训中心。中等职业学校（含技工学校）有本地在校生47 449人，全市中职毕业生就业率为96.6%。

【高等教育】为加快打造区域教育高地，高标准规划高等教育发展，综合考虑汕头市高等教育发展需求和远景规划，研究部署推进高等院校建设发展和大学园区规划布局工作。2020年已规划西部大学园区、濠江区东湖教育园区、华侨试验区大学园区、澄海莲花山高教园区、大南山东麓高教园区等。

截至2020年底，共规划建设7所高校（校区），新增用地面积约253.33万平方米，在华侨试验区塔岗围新建汕头大学东校区,在中以创新科技园核心区新建广东以色列理工学院南校区,在东湖教育园区新建广东汕头幼儿师范高等专科学校,在汕头市卫生学校基础上扩建并新设汕头健康护理学院,扩建汕头职业技术学院、粤东技师学院、汕头技师学院,新建校舍建筑面积约170万平方米。各项目均已启动建设,进展顺利,将于"十四五"期间陆续完工,交付办学使用,届时可新增高等教育学位约4万个。将为全市建设省域副中心城市提供人才保障和智力支持,发挥集聚效应,带动汕头乃至粤东的产业发展,加快推进城镇化进程,提升城市文明形象和综合竞争力。

【民办教育】2020年,汕头市有民办学校99所,其中小学22所,初级中学7所,九年一贯制学校49所,完全中学2所,十二年一贯制学校14所,中等职业学校(含技工)5所。民办学校在校生187 398人,其中普通高中生22 203人,初中生78 920人,小学生79 563人,中职学生(含技工)6 712人。民办中小学就读学生占全市在校生数的17.45%。民办中职学校5所,占全市中职学校数的26.32%,民办中职在校生6 712人,占全市中职在校生数的14.15%。民办幼儿园651所,占全市幼儿园总数的56.56%。就读民办幼儿园的幼儿10.52万人,占全市在园幼儿总数的49.53%。

教育成果与特色

【教育系统疫情防控】针对2020年新冠肺炎疫情,汕头市各级教育行政部门和各级各类学校高度重视、严阵以待,始终把师生生命安全和身体健康放在第一位,全力以赴落实各项学校疫情防控工作。1月,汕头市教育局迅速响应,暂停各类聚集性教育教学活动,成立汕头市教育局防控新型冠状病毒工作领导小组,各区县教育局和各学校行政人员取消休假正常上班,并建立防控工作日报告制度。2月3日,成立市教育局防控网络指挥中心,并组成8个督查组,对全市各级各类学校疫情防控工作进行督查。2月20日,印发《汕头市教育系统新冠肺炎疫情防控开学方案》《汕头市教育系统新型冠状病毒感染的肺炎疫情防控工作学生返校应急工作预案》,建立健全教育系统疫情防控"网格化"管理系统,指导学校严格落实"四精准""六分""一独立""三全""五管"校园疫情防控方案,对重点人员登记造册,精准掌握师生健康状况和出行路线。2月28日,印发《汕头市教育局有序推进防控新冠肺炎疫情线上教育工作方案》,向全市学生提供有针对性的线上教育资源,帮助学生在未返校期间做好学习、锻炼和心理健康调适。3月,开展全市学校疫情防控应急预案演练,查缺补漏,储备防控物资,做好第一批学生返校准备工作。4月16、17日,组织开展全市学校学生返校防控工作应急演练和师生缺勤情况上报演练,强化教育和卫健部门联防联控机制,落实每所中小学配备卫生健康副校长。4月20日,成立市、区(县)两级学生返校工作专班,专班下设6个工作组,职责分工明确。各级专班每晚7点参加省专班电视电话会议,各级教育行政部门领导,各区(县)、镇(街道)领导对全市1 049所学校实行全面挂钩。4月27日,第一批308所学校初三级、高三级学生共11.39万人返校复课,总体平稳有序。5月,召开学生返校工作专班扩大会议,组织全市教职员工进行核酸检测,全市学校通过政府支持、学校自购、社会力量捐赠等方式做好物资储备,全力以赴做好学生全面返校复课各项工作;发出《关于新冠肺炎疫情防控期间校外培训机构开展线下教学活动的通知》,要求各区(县)专班强化属地管理职责,落实校外培训机构主体责任。5月11日、18日,全市第二、三批学生分批、错峰返校,返校复课工作总体平稳有序,师生工作学习状态良好。6月,做好托幼机构和校外培训机构开学审批工作,截至6月4日,全市共分4批约102万名学生返校。7月,做好暑期校园各项疫情防控工作,加强师生健康状况监测。8月,多次召开全市学生返校工作专班视频会议,组织全市学校开展疫情防控模拟演练。8月26日,召开全市2020年秋季学期学生返校工作视频会议,听取各地各学校疫情防控演练情况的汇报交流,副市长林晓湧对秋季学期学校疫情防控工作做出部署。9月1日,印发《汕头市2020年秋季学期学校疫情防控工作实施方案》。9月27日,发出《关于做好中秋国庆假期学校疫情防控工作的提醒函》。10月,开展全市学校及校外托管机构隐患排查工作。11月9日,开展全市教职员工核酸抽测;11月12日,组织全市学校开展秋冬季疫情防控应急处置演练;11月18日在汕头市第一中学新校区开展学校疫情防控应急演练观摩活动，并通报全市学校及校外托管机构、培训机构秋冬季新冠疫情防控风险隐患和安全隐患排查情况。12月22日，举办学校新冠肺炎疫情应急处置桌面演练，检验学校疫情防控快速响应、应急处置和联防联控等环节的落实情况，同时发出《关于毫不松懈抓好今冬明春校园疫情防控工作的通知》，抓好学校防疫关键环节，强化"家长、家庭、学生、学校"疫情防控链条，做好元旦春节期间及冬春季学校新冠肺炎疫情防控工作。

【教育督导】2020年，汕头市深化教育督导体制机制改革，创新教育督导方式方法，发挥教育督导专业优势，对汕头"十三五"教育事业发展情况进行总结，开展汕头"十四五"教育事业发展规划前期研究，形成课题研究报告供有关部门参考。编制《汕头市建设区域教育高地行动计划（2020—2025年）》，以市政府名义印发，助力汕头建设区域教育高地。推动教育督导信息化，依托汕头教育云平台建设"汕头教育督导信息管理系统"，提高督学工作效率，做好2020年市县级政府履行教育职责评价工作。完成2020年全国义务教育阶段学生科学学习质量、德育状况监测任务，汕头市教育局及全市5个区教育局被教育部基础教育质量监测中心评为2020年国家义务教育质量监测实施优秀组织单位。发挥义务教育质量监测效能，做好义务教育阶段学生学业质量报告的分析、解读，借助国家义务教育质量监测结果，指导各区（县）准确掌握教育质量现状，找准问题及其原因，推进义务教育质量监测结果应用。

【教育法治】2020年4月，汕头市教育局印发《汕头市教育局2020年法治建设工作要点》，全面推进依法治教、依法治校工作。开展法治宣传教育，组织开展第五届全市学生"学宪法 讲宪法"活动。11月，汕头市实验学校吴雁同学获全省演讲比赛高中组第一名，汕头市龙湖区金阳小学吴涵同学入围网络海选晋级名单，两人均作为广东省代表队成员参加全国总决赛，分获全国高中组、小学组三等奖。汕头市教育局获第五届全省学生"学宪法 讲宪法"活动优秀组织奖。全面推动"青少年法治教育实践基地"建设，全市有市级青少年法治教育实践基地10个，其中汕头市卫生学校获省认定，入选广东省第二批青少年法治教育实践基地。市教育局联合市普法办等单位组织汕头市2020年法律进校园系列活动，在全市各区（县）学校举办8场"法律进校园"讲座。开展"卫生法治大课堂"，保障全市师生平稳复学。开展依法治校创建活动，截至年底，全市有广东省依法治校达标学校1069所，实现全覆盖。51所中小学被评为广东省依法治校示范校，50所中小学被评为汕头市依法治校示范校。2020年，市教育局参加汕头市2020年国家机关"谁普法谁执法"履职报告评议活动，获评"优秀"等次。

【学校安全教育】2020年，在汕头市委、市政府的正确领导下，根据各级各部门的统一部署和要求，全市教育系统在全面筑牢校园疫情防控防线的同时，大力开展教育领域风险隐患排查整治，全面加强风险隐患防范化解，筑牢校园安全防线，维护学生健康安全和校园和谐稳定。全市教育系统全面贯彻落实学校安全要求，按照"党政同责""一岗双职"的原则，推行飞行检查和"四不两直"的检查方式，强力推进校园安全工作。

一是加强疫情防控常态化下的校园安全防范。抓好重大突发公共卫生事件一级响应期间应急值守，切实做好疫情防控期间校园安全保卫工作13条措施，加强校园安全管控。二是加强校园"三防"建设。坚持"立足校园、预防为主、内外联动，全面设防"的原则，重点加大对"五无"（无保安、无围墙、无校门、无监控报警设施、无一键式报警装置）问题的整改力度，解决校园"五无"问题。与公安部门协同配合，共建共治，完善校园安防力量和设施配备。到2020年底，全市中小学与城市（城镇）幼儿园专职保安员配备率达到100%。全市中小学与城市（城镇）幼儿园全部实行封闭式管理，达标率达到100%。全市中小学与城市（城镇）幼儿园配足配齐一键式报警装置与视频监控，一键式紧急报警与视频监控达标率达到100%。全市中小学与城市（城镇）幼儿园"护学岗"设置达标率达到100%。三是开展防溺水专项治理。各地各学校严格落实"十一项必须"和"六不准"要求，扎实开展教育防范学生溺水专项行动，不断持续强化预防学生溺水工作。开展学生防溺水专项治理，建立"学校、家庭、社会"三位一体的防护体系，排查隐患水域。开展防溺水宣传教育，加强安全提示和教育。制定印发了《汕头市教育局2020年预防学生溺水专项行动方案》，建立和落实学生溺水问题特别防护期制度，将4月至11月定为2020年汕头市学生溺水问题特别防护期，分别与学生、家长签订《预防学生溺水"六不"承诺书》《预防溺水安全责任书》等约720万份，回执回收率达100%；进一步对可能发生学生溺水事故的水域进行地毯式排查，对危险地段设置安全警戒线1650条和警示标志

2230个，在事故易发区域设置救生绳、救生圈等简易救生设备550个，并定期检查维护；落实好"三个百分之百"，即做到学生安全教育达到100%、排查水域达到100%、整改落实达到100%；通过细致排查，列出全市溺水黑点清单共达1300多处。开展各级安全管理人员的防溺水救护救援能力培训，切实提高学校安全管理人员的防溺水救护救援能力。四是组织开展校园及周边治安综合治理行动。2020年联合开展了10多次检查，召开了6次会议，督促规范各地各学校做好交通安全、消防安全和学生防溺水等教育工作。配合市公安交警部门加大对中小学、幼儿园周边道路的交通违法行为的整顿力度，规范校园周边交通秩序。对中小学、幼儿园接送学生车辆逐一登记造册，对不符合安全要求的一律依法予以查扣。结合汕头市"文明创建"中心任务，联合向全市学生家长发出《公开信》，进一步提高了广大学生安全文明交通意识，提升校园防范防护能力，确保学校及校园周边的安全稳定。五是做好交通安全宣传和校车安全管理工作，开展交通安全宣传教育活动。以案例警示教育为主要内容举行交通安全讲座，警示广大中学生吸取惨痛教训，进一步提高交通安全意识；家校联合禁止中小学生驾驶摩托车、轻便摩托车上下学；组织全市中小学生观看省教育厅联合省公安厅开展的秋季开学复课"交通安全第一课"活动；贯彻落实市委教育工作领导小组会议精神，与市公安局、市交通运输局联合召开全市校车安全管理工作会议，部署校车安全管理工作，加强对校车驾驶人资质、车况等安全隐患的排查整改，强化安全教育培训。六是加大扫黑除恶工作宣传力度。通过开展"小手拉大手"活动、印发宣传小册子、派发《致学生家长一封信》《扫黑除恶专项斗争倡议书》，让学生家长、全社会都主动参与扫黑除恶，参加社会治理，营造良好的社会风气。通过微信公众号广泛宣传发动，动员全社会参与到"扫黑除恶"的专项行动中来。一年来，全市通过手机短信点对点以及QQ群、微信群、一封信、宣传册等途径发送相关信息300多万条，张贴通告、海报，悬挂横幅、LED显示屏14 890幅（条），确保宣传动员全覆盖，营造良好氛围，对黑恶势力形成高压态势。七是持续提升学校毒品预防教育水平。贯彻落实省整治毒品三年行动计划，持续提升学校毒品预防教育水平。利用青少年毒品预防教育"6·27工程"、"6·3"虎门销烟纪念日、"6·26"国际禁毒日等关键时间节点，做好禁毒宣传教育活动。大力推广全国青少年毒品预防教育数字化平台应用，组织中小学生通过平台进行学习。八是做好自然灾害防范工作。及时部署自然灾害防范工作，在"龙舟水"和"鹦鹉""海高斯"等台风期间及时启动应急响应，开展汛前防汛防风工作大检查，切实做好学校防灾减灾救灾工作。

【教育投入】全年全市学校基建总投入11.62亿元，新建、扩建、改建、修缮公办、民办学校859所次，竣工建筑面积127.16万平方米。截至2020年底，生均校舍面积小学为6.06平方米，中学为17.16平方米。

【扶困助学】2020年，汕头市在幼儿园、义务教育阶段、普通高中、中等职业学校等全方位做好扶困助学工作。

2020年，全市学前教育资助家庭经济困难儿童11 607人，发放资助金额1 160.7万元。2020年春季，全市资助义务教育阶段家庭经济困难寄宿生678人，农村学校非寄宿生20 247人，共发放生活费补助611.95万元；秋季，全市资助义务教育阶段家庭经济困难寄宿生934人，非寄宿生21 100人，共发放生活费补助654.462 5万元。2020年春季，共资助普通高中家庭经济困难学生13 129人，发放资助金额1 312.9万元；秋季，共资助普通高中家庭经济困难学生10 330人，发放资助金额1 033万元。2019—2020学年，享受普通高中免学杂费资助人数（建档立卡等家庭经济困难学生）为2 675人，共减免学杂费692万元，发放建档立卡17 445人的生活费补助。2020年，中等职业学校享受免学费人数春季为21 511人，秋季为23 363人，全市全年免学费补助资金约7 852.95万元；享受助学金人数春季为2 031人，秋季为2 191人，全年发放助学资金约422.2万元。29名中职学生获得2020年中等职业学校国家奖学金，共发放奖学金17.4万元。

【招生考试】由于新冠疫情影响，广东省2020年上半年取消若干场教育考试（如全国英语等级考试、计算机等级考试、教师资格考试等），全年市招生办组织正式考试超过17场，全市统一组织高考模拟考试2场，全年合计考生数超过38万人次。

2020年，全市报名参加普通高考人数49 347人（含"3+证书"考生2 546人），比2019年减少了138人，减幅为0.2%，全市设42个考点。在汕头市报考硕士研究生人数为3 478人，比2019年增加484人，增幅为16.1%。在汕头市报考成人高校考生人数7 818人（高中起点报考专科4 456人，高中起点报考本科402人，专科起点报考本科2 960人），比2019年减少998人，减幅为11.3%。全市组织3

·市域教育·
EDUCATION IN VARIOUS CITIES

次自学考试，报考人数 21 420 人次，报考科目 47 713 科次，考生数比 2019 年增加 906 人次，增幅为 4.4%。全年办理毕业登记 642 人。全市参加高中阶段学校招生考试的考生人数 69 395 人（其中，进城务工人员随迁子女 10 763 人），比 2019 年增加 1 304 人，增幅为 1.9%。2020 年比 2019 年减少组织 1 场高中学业水平考试，全市共组织了 2 次普通高中学业水平考试，考生人数 86 170 人次，考生数比 2019 年减少 15 793 人次，减幅为 15.5%。全市参加初中生物、地理学科学业考试的考生人数 77 737 人，比 2019 年增加 2 678 人，增幅为 3.6%。全市组织 2 次中等职业技术教育专业技能课程考试，考生人数 3 011 人次，比 2019 年减少 90 人次，减幅为 2.9%。全市组织 1 次全国英语等级考试，考生人数 500 人次，比 2019 年减加 1 569 人次，减幅为 75.8%。全市组织 1 次全国计算机等级考试，考生人数 5 905 人次，比 2019 年减少 4 961 人次，减幅为 45.6%。

【高考录取】2020 年，汕头市高考成绩喜人，优先投档线上线 7 036 人、上线率为 17.6%，本科上线率为 52.6%，总上线率 99%，居全省前列。全市有 18 人被清华大学（8 人）和北京大学（10 人）录取。全市共 876 人被"985"高校录取，1 713 人被"211"高校录取。汕头市文理科共有 7 名考生高考成绩排位被屏蔽，占全省 10%。高职院校依据普通高中学业水平考试成绩招生录取，全市共报考 28 348 人，实际录取 17 755 人。

【教师队伍建设】2020 年，汕头市加强党对教师队伍建设的全面领导，把立德树人内化到教师队伍建设和管理各领域、各方面、各环节，建设党和人民满意的有理想信念、有道德情操、有扎实学识、有仁爱之心的"四有"好老师。全面加强师德师风建设，坚持把提高教师思想政治素质和职业道德水平摆在首要位置，建立健全教育、宣传、考核、监督、奖惩相结合的师德建设长效机制，把师德教育贯穿于教师培养、准入、培训、考核、晋升、管理的全过程。进一步提升教师队伍素质，加大优秀教育人才招聘引进力度，充分发挥优秀教育人才的示范引领作用。全面深化教师管理制度改革，出台《关于全面深化新时代教师队伍建设改革的若干措施》，深化中小学教师"县管校聘"管理制度改革，加强班主任队伍建设。大力推进市、区（县）教师发展中心建设。根据《广东省教育厅 广东省机构编制委员会办公室 广东省人力资源和社会保障厅 广东省财政厅关于推进市级教师发展中心建设的意见》（粤继函〔2018〕17 号）文件精神，对汕头市教育局属下教学研究室（汕头市普通话培训测试站）、电教仪器站、教育科学研究所、汕头市教育人才代理中心的相关职能和资源进行整合，于 2020 年 9 月 16 日举行汕头市教师发展中心成立大会和揭牌仪式。

【教育信息化】2020 年，以教育信息化推进汕头教育高质量发展，在融合创新、应用培训、安全管理和线上教育等方面均取得长足发展。16 所省信息化中心学校、8 个教育信息化融合创新示范培育推广项目及 2 个广东省 2019 年教育信息化教学应用创新实践共同体的创建工作有序推进；全市 2 个课题获得广东省教育信息化应用融合创新课题立项，其中 1 个为重点课题；确立了 8 所省级国家课程数字教材规模化应用全覆盖项目试点学校，推进国家课程数字教材规模化应用项目深入开展；金山中学被列入省首批 5G 融合创新应用项目。在应用培训方面，全市 670 名教师参加广东省教育技术中心关于教育"双融双创"行动计划强师工程网络培训，共获取学时 19 622 个；教师教育教学信息化大赛、中小学劳动教育暨信息素养提升实践等活动顺利举办。在各类信息技术应用活动中取得优异成绩，共获全国一等奖 4 人次，二等奖 6 人次，三等奖 3 人次；省一等奖 30 人次，二等奖 78 人次，三等奖 124 人次。在安全管理方面，全市开展教育系统网络安全专项行动和实验室危险化学品安全管理专项检查工作，印发《汕头市中小学实验室危险化学品购买指引》。完成全市教育系统统一用户平台注册及应用工作，对接国家、省各级教育信息化平台用户身份认证体系，实现各级教育信息系统统一用户登录认证；全市教育系统新媒（网站）运维管理及学校学习类 App、教育移动互联网应用程序的备案管理工作开展良好。线上教育方面，市教育局全力做好新冠肺炎疫情期间线上教育支持工作，在汕头教育云平台开设网课视频专栏，设置思政大讲堂、学科网络课程、名师课程资源、身心健康与安全教育、音乐和美术鉴赏、学前和特殊教育、名校名师网课共享资源等 7 个栏目，涵盖了高中（含中职）、初中、小学、中职、学前、特殊教育 5 个阶段，累计录制并上线网课视频 2 657 个，浏览量 3 880 万次、IP 访问量 562 万次，视频累计播放时长 484 万小时。

【教育教学】加强教育教学研究，推动教师专业发展。一是为应对疫情防控居家学习的新情况，组织骨干教师共录制了 2 275 个网课，内容涵盖特教、小学、初中、高中各年级、各学科课程，受教育对象覆盖全市100多万名中小学生。二是加强教育教学研讨，及时调整教学计划，疫情期间中学阶段共召开网络教学研讨会议21场次。三是推动教师专业发展，中学各学科全年组织各类培训会、研讨会、公开课、专题讲座共计180余场次。四是推动省、市教师工作室共建工作，组织工作室研讨活动、实践活动共150余场次，出版专著4册。组织市教学改革先进教师评选，评出2020年汕头市教学改革先进教师100名。

坚持"德智体美劳"全面发展。一是加强思想政治课程建设，全年召开思政课教师培训活动7场，有3名思政课教师取得正高级教师职称。二是加强课程思政建设，各学科开展演讲比赛、视频大赛、写史征文活动共4场。三是开展2020年院士科学家走进汕头校园讲科学主题教育活动74场，共计7名科学家走进各级各类中小学校。四是举办汕头市校园足球教学比赛、体育与健康教学展示研讨活动，组织汕头市中小学体育教学技能比赛，举办"文明其精神，野蛮其体魄"主题案例征集活动。五是开展"美育云端课堂"，展示优秀美育课例，开展"潮汕音乐课程教学策略与实践研究"研究活动，在12所中小学开展潮剧进校园活动，全年有13所学校被省教育厅评为中小学中华优秀传统文化传承学校，3所学校被省教育厅评为中小学艺术教育特色学校。六是加强劳动教育，提升劳动课教师教学水平，组织21名骨干教师参加劳动课程培训，提升劳动教师专业技能。组织开展学生劳动实践活动，疫情期间全市各中小学校广泛开展家务劳动、烹饪等学习教育活动。

推进教师专业发展。举行小学教师教学技能比赛，为广大小学教师创设成长平台。全市共327名教师获奖，其中，74人获一等奖，109人获二等奖，144人获三等奖。以"服务学校教育教学，引领课程教学改革，提高教育教学质量"为目标，以"专题研究"为抓手，全市小学阶段各学科分别开展课程建设、教学研讨、经验交流、送教下乡、成果评选等系列活动80多场次。加强全市小学思政课建设，充分挖掘学科育人核心价值，开展思政课建设经验现场交流评选活动，4所学校获得一等奖，7所学校获得二等奖，15所学校获得三等奖。组织全市特殊学校举办以"寻找最美手语人"为主题的广东省首届国家通用手语技能大赛汕头市预选赛，6人获一等奖，4人获二等奖。加强教师培训工作。组织开展汕头市小学阶段三级教研培训活动，实现教研工作中心下移，市、区两级小学各学科教研员以及全市近800所小学分管教学副校长参加了活动。组织全市50名幼儿园园长、学前教育教研员、幼儿教育专干等参加了陕西师范大学举办的幼儿园园长培训班活动。

【科学主题教育活动】为指导学生掌握疫情背景下的健康科学知识，创新科技教育方式，全面提升青少年科学素质，2020年5月18日，汕头市教育局举行"院士科学家走进汕头校园讲科学活动"线上专题报告会，活动邀请中国科学院微生物研究所的孙万儒教授在北京通过直播的方式为全市孩子们做了题为《新冠病毒还在狂——复课前后如何防护》的精彩防疫科普讲座。10月26日，由汕头市教育局、汕头市科学技术局和汕头市公益基金会联合主办，汕头市教师发展中心承办、汕头市青少年科技创新促进会协办的"2020年院士科学家走进汕头校园讲科学"主题教育活动在汕头市金山中学正式启动。活动为期一周，邀请到国际欧亚科学院院士郭传杰教授，中国科学院大气物理所研究员高登义教授，中国科学院力学研究所研究员张德良教授，中国气象科学研究院研究员陆龙骅教授，中国科学院自动化研究所研究员卢汉清教授，中国气象局国家卫星气象中心研究员夏青教授，中国科学院国家天文台研究员王俊杰教授等7名来自中科院不同专业领域的院士及科学家，为全市带来73场报告。全市约4万名师生与院士科学家零距离接触，聆听报告，感受科普魅力，享受科普盛宴。

【学校德育】2020年，汕头市教育局紧紧围绕立德树人的根本目标，以培育和践行社会主义核心价值观为指引，以文明校园创建为抓手，扎实推进学校德育工作。

一是完善德育工作制度，"五育"并举育新人。完善德育工作网络和工作制度，以《中小学德育工作指南》为导向，建立市委、市政府领导班子挂钩到学校讲授思政课制度和定期听取学校思想政治工作汇报制度。全市中小学校共有思政课专职教师1728人，兼职教师5344人，其中正高级职称教师2人，广东省名师工作室主持人3人，市、区教师工作室主持人27人，市、区级教学名师36人。重视心理健康教育教师能力提升，2020年12月，组织100名心理健康教育教师骨干赴陕西师范大学进行专题培训。完善学校心理危机识别干预机制，印发《汕头市中小学校心理健康教育工作指导手册》。二是创新德育工作形式，思想道德建设有成效。开展培育和践行社会主义核心价值观主题活动，探索将社会主义核心价值观有机融入国家课程各学科教学之中的方式、途径。多渠道拓展劳动教育实践活动，开齐开足劳动教育相关课程。2020年，全市共有5所学校被评为广东省中小学生劳动教育特色学校，认定公布15个市级中小学生研学实践教育基地和2个市级中小学生研学实践教育营地。开展形式多样的心理健康教育活动，疫情防控期间组织心理健康教育教师工作室和班主任教师工作室录制"中小学生心理健康教育"抖音小视频和心理辅导教育视频23个。着力打造特色和品牌活动进校园，在全市中小学校组织开展经典诵读、戏曲、书法、传统体育等优秀传统文化进校园活动。三是完善未成年人思想道德建设工作机制，家校社"三位一体"育新人。发挥学校在"三结合"教育网络中的龙头作用，把德育工作由学校向家庭、社会延伸。发挥家庭在"三结合"教育网络中的基础作用，2020年11月，邀请陕西师范大学心理学专家为全市教师和家长开设《学校心理健康教育的理论与实践》《科学养护、让孩子健康成长》两个专题辅导讲座。发挥社区在"三结合"教育网络中的平台作用，依托"妇女之家""儿童友好社区"等平台，动员社区力量对学生、家长进行专题教育。四是以文明校园创建为抓手，文明新风遍校园。构建各相关部门齐抓共管、各级各类学校具体实施、全社会共同参与的工作格局。全市各级各类学校将文明校园创建工作列入学校管理的重要工作，市区（县）两级文明办、教育局和各级各类学校坚持"一把手"亲自抓，分管领导具体抓，全力推动创建工作。结合学校常规工作，进一步强化"对标创建、提质升级"创建标准。印发《汕头市文明校园创建活动的工作方案》《汕头市中小学文明校园创建测评标准》操作手册和文明校园创建负面清单，开展年度测评工作，推进文明校园创建提质升级。截至2020年，全市有全国文明校园4所，省级文明校园5所，省级文明校园先进单位20所，市级文明校园60所。市、区（县）分别开展"文明校园对标先行点"创建工作，全力打造未成年人思想道德教育主阵地。

【学校体育】2020年，做好各级各类体育特色学校、推广学校遴选工作，全市有15所中小学校被评为全国校园足球特色学校、全国青少年校园篮球体育传统特色学校，20所中小学校被评为广东省校园篮球推广学校，1所小学被评为全国青少年校园排球体育传统特色学校，5所中小学校被评广东省校园排球推广学校。开展阳光体育运动、校园足球活动，严格执行国家学生体质健康标准，97.24%的学生体质健康达到《国家学生体质健康标准》合格以上标准。9月11—15日，汕头市校园足球教学比赛暨体育与健康教学展示研讨活动分别在澄海实验学校、龙湖区金阳小学举行。9月19—30日，由汕头市教育局、汕头市文化广电旅游体育局联合主办，汕头市龙湖区教育局承办的汕头市第五届"市长杯"青少年校园足球联赛分别在蓬鸥中学、体育运动学校乒乓球训练中心、龙湖区金晖小学举行；来自全市34支中小学校足球队，其中男子小学组11支队、男子初中组8支队、男子高中组11支队，女子中学组4支队，领队、教练员、运动员共623名参加总决赛。11月20日，由汕头市教育局、汕头市文化广电旅游体育局联合举办的2020年"喜迎亚青会"汕头市中小学生阳光体育冬季长跑活动在澄海实验学校举行启动仪式，1 000多名学生参加。

【学校卫生健康】2020年4月24日至5月11日，汕头市市场监督管理局、汕头市教育局、汕头市公安局组成2个联合督查组，对各区（县）学校返校复课疫情防控和食品安全工作开展督导检查，保障师生生命安全和"舌尖上"的安全。10月16日，在汕头市第一中学举办汕头市儿童青少年生长发育项目校园健康教育行启动仪式暨首期校医培训班，共300多人参加。11月20日，联合市城管局举办"汕头市教育系统城市生活垃圾分类工作培训班"，各区（县）教育局、市直学校和各区县中小学校垃圾分类工作相关负责人160多人参加学习。11月底前全市所有学校（幼儿园）食堂全部实现"互联网+明厨亮灶"，有效提升校园食品安全智慧化监管。12月1日，举办汕头市中医药文化进校园工作培训班，邀请市中医院专家讲授中医基础理论和中医体质辨识与养生知识，200人参加培训。12月11日，汕头市公安局、汕头市教育局、汕头市市场监督管理局在汕头市金阳小学开展"食品安全进校园"宣传教育活动，向全市中小学校（幼儿园）发放宣传册100万份，向学生大力宣传和普及食品安全知识，提高中小学生食品安全自我防护能力。12月27日，在市实验学校举办汕头市中小学生"争当垃圾分类小能手"决赛活动。

【学校艺术教育】2020年，汕头市深入贯彻全国教育大会和全国学校美育工作会议精神，不断提高学生审美和人文素养。疫情期间，坚持停课不停学，停课不停教，广泛开展网上教学活动。运用"互联网+"，举办处处能学、时时可学的"美育云端课堂"，让教师展示优秀课例，促进教学研讨，让学生培养艺术素养。开辟中小学音乐、美术鉴赏、潮汕音乐鉴赏、合唱小讲堂等专栏网课，设计制作了音乐美术网课近200个。深入开展"潮汕音乐课程教学策略与实践研究"研究活动，在汕头市丹霞小学、汕头市金阳小学、东厦小学等12所中小学开展潮剧进校园活动，通过开发乡土音乐课程，编写潮乐教材，引入潮乐教学，开展校园潮乐活动，激发体验热情等方面的探索，实践潮乐音韵的传承。年初，举办了汕头市第二届中小学青年教师教学能力大赛音乐、美术学科决赛，参赛教师120人；举办了汕头市初中、高中音乐教师器乐技能比赛，参赛教师45人。全年有13所学校被省教育厅评为中小学中华优秀传统文化传承学校，3所学校被省教育厅评为中小学艺术教育特色学校。

【中职招生】2020年3月，公布2020年汕头市中职学校招生名单，部署中职招生工作，完成县（区）和各中职学校中职教育招生（送生）任务的下达，确定全市中职学校招生名单和专业，推动各区县、各中职学校建立完善中职招生工作机制。加大职业教育宣传，营造中职教育招生良好氛围。9月份起开展中职自主招生，拓展中职教育招生渠道、建立中职招生周报制度，加强中职招生工作的督促推动，全力完成全年中职招生（送生）任务。做好高职扩招工作，制订高职招生计划和工作措施，召开专项会议，宣传发动，落实市高职扩招工作任务。汕头市林百欣科技中专学校等9所中职学校36个专业经省教育厅同意，开展2020年中高职贯通培养三二分段试点工作。

【中职教育专业建设】2020年4月，各中职学校完成新增专业及新设专业方向的申报与备案工作；5—7月，汕头市7所中职学校申报2020年广东省第一、二批1+X证书制度试点学校，共有17个项目获得试点证书考点；7—8月，推荐教师参加2020年全省职业院校技能大赛教学能力比赛，获得省二等奖3项、三等奖6项；9月，推荐3所中职学校申报"广东省高水平中职学校"，同时建设6个高水平专业群。10月，推荐4个专业申报第二批广东省中职教育"双精准"示范专业建设项目。11—12月，组织开展3场中职教育"研训一体化"活动，包括2场市中职教师工作室"送教下基层"活动。12月，举行"第二届职业学校教师教学能力大赛"，全市各职业学校共76名教师参加专业组赛，6名选手进入总决赛。9月26日至11月30日，汕头市组队参加省中职学校学生技能竞赛，共获一等奖3人、二等奖6人、三等奖22人。12月，全市各中职学校共30个中职教育教学改革项目获得广东省教育厅立项，并顺利开题。

【终身教育和社区教育】2020年6月24日下午，汕头开放大学党委与汕头职业技术学院、汕头融媒集团党委、金霞街道党工委在金霞街道丹霞党群服务中心举行"党建协同、合力共赢"党建共建签约仪式。四方共建坚持围绕中心、服务大局、统筹兼顾、整体推进的原则，重点围绕"四个一"开展共建，即共同为群众办一件实事，共同上一次党课，共同进行一次联合组织生活会，共同进行一次党建共建促膝谈。11月18日，由汕头市教育局主办、汕头开放大学承办的"2020年汕头全民终身学习活动周"启动仪式在金霞街道党群服务中心举行，围绕"全民智学，助力'双战双赢'"活动主题开展全民终身学习活动，进一步推动学习型社会建设。

（撰稿　郭泽飚；审稿　王溅波）

· 市域教育 ·
EDUCATION IN VARIOUS CITIES

佛山市教育

概　　况

2020年是中华民族伟大复兴进程中具有里程碑意义的关键一年，是全面建成小康社会和实现"十三五"规划收官之年。佛山市教育局党组坚持以习近平新时代中国特色社会主义思想为指引，深入学习贯彻习近平总书记出席深圳经济特区建立40周年庆祝大会和视察广东重要讲话、重要指示精神和关于教育的重要论述，全面贯彻落实党的十九届五中全会精神，切实按照全国、全省、全市教育大会工作部署，落实新时代党的建设总要求，全面贯彻党的教育方针，落实立德树人根本任务，推动教育全链条全学段快速发展，不断提升教育现代化水平，办好人民满意教育，为佛山争当全省地级市高质量发展领头羊，为广东实现"四个走在全国前列"、当好"两个重要窗口"做出了教育战线的积极贡献。

2020年，佛山市共有各级各类学校1 741所，其中幼儿园1 039所，小学419所，初中154所，普通高中62所，中职学校（含市属、省属中职和技工学校）41所，特殊教育学校7所，普通高校（含省属驻佛山高校校区、民办高校，下同）13所，成人高校6所。全市教职工和学生共173万人，其中教职工13万人，学生160万人。

2020年新冠肺炎疫情发生后，佛山市教育局坚持把广大师生的身体健康和生命安全放在第一位，迅速成立局领导小组，局主要领导担任市指挥部学校专责组组长和市学生返校工作专班副组长，坚决落实省教育厅"四精准、六分、一独立、三全、五管"要求，压实"属地、部门、学校、家长学生"四方责任，强化领导统筹，加强部门协同，夯实医护专业力量支撑，建立学校与定点医院点对点联系工作制，建立区、镇（街）领导蹲点包干挂钩学校工作机制，加强督导检查，织密织牢全员全方位全过程校园疫情防控网络。第一时间对全市近170万名师生开展全覆盖无死角精准排查，在全省首批次启动线上教育教学，慎严实细确保校园防控和安全万无一失，多措并举加强学生心理健康教育和危机预防。因时因势、科学审慎做好分期分批返校复学工作，在全省率先实现教职员工核酸检测应检尽检，首批13.8万名返校师生在3天内完成核酸检测全覆盖，学校防疫物资保障、应急演练等落实到位，用心用情全力保障中高考安全有序，实现校园疫情防控零差错，扎实工作成效受到省教育厅表扬。在2020年12月10日市委、市政府召开的佛山市抗击新冠肺炎疫情表彰大会上，佛山市教育局被授予"佛山市抗击新冠肺炎疫情先进集体"称号，佛山市教育局机关党委被授予"佛山市先进基层党组织"称号。

各级各类教育

【基础教育】 学前教育普惠健康发展。佛山市政府把"5080"攻坚行动纳入民生实事和考核项目加以推进落实，圆满完成目标任务。2020年，全市公办幼儿园在园幼儿占比50.98%，普惠性幼儿园园所占比80.33%，普惠性幼儿园在园幼儿占比80.96%。佛山市积极扩增公办和普惠性学前教育资源，超额完成省下达的民生实事任务，通过多种途径新增公办幼儿园学位5.87万个，超额完成0.88万个。通过有序接收城镇小区配套幼儿园并办成公办幼儿园，积极推动国有资产集体资产举办民办幼儿园转制回收等方式，持续增加普惠性学前教育资源。2018—2020年累计新改扩建幼儿园163所，新增学位6.3万个，超额完成1.9万个，其中2020年新改扩建幼儿园69所，新增学位2.56万个。佛山市出台帮扶举措，积极为民办幼儿园纾困解难，包括减轻社保成本、提前拨付教职工从教津贴、生均经费、提供金融贷款支持等，暖心帮助民办幼儿园渡过难关。

义务教育优质均衡发展。佛山市义务教育阶段学校基础设施五年提升计划圆满收官，五年共完成新（改、扩）建义务教育阶段学校176所、新增学位18.9万个，其中2020年新（改、扩）建义务教育阶段学校40所、新增学位5.9万个。全面消除义务教育大班额，合理确定义务教育学校起始年级班额规模，加强学籍管理，规范转学手续，严格控制增量，逐步化解存量，全面实现省下达的消除大班额和超大班额任务。全面落实义务教育阶段免试就近入学和公民办学校同步招生的政策要求，稳妥做好2020年义务教育阶段"公民同招"招生入学工作。全力保障新市民子女受教育权利。全市85.2万名义务教育学校在校生中，新市民子女达42.1万人，占比49.5%，其中28.7万名新市民子女入读公办学校，占比近七成，综合成效居全省前列。聚焦特殊群体教育公平，完成教育部下达的残疾儿童少年（6～18岁）年度分类安置入学任务，义务教育入学安置率达100%，全面实现残疾儿童少年义务教育"零拒绝""全接纳"。2020年全市共资助各级各类家庭经济困难学生5.2万人次，资助金额8652万元。

普通高中优质特色多样化发展。2020学年是深化普通高中分类创建3年一周期的收官之年，经过三年努力，全市基本形成普通高中优质多样特色发展体系，学校改革发展的动力活力全面激发，普通高中与高校、义务教育学段的衔接更加紧密，教育教学的系统性、整体性和协同性不断增强，教师队伍建设、课程教学改革等关键环节取得新突破，办学质量和育人水平不断提升，2020年高考再创佳绩。

【职业与成人教育】大力提升现代职业教育发展水平。佛山市政府把顺德职业技术学院国家"双高计划"项目、佛山职业技术学院一流高职院校建设项目纳入全市重点任务，积极推进高水平高职院校建设。佛山市属2所高职院校共完成高职扩招1965人，100%完成省高职扩招任务。利用中职学校资源共招收690名高职学段学生，有效扩充了高职学位规模。制定《佛山市中等职业学校布局结构调整实施方案》，扎实推进中职学校学位扩容，明确现有中职学校的校均规模调整到3000人左右。依托学校专业优势和地方产业特色，遴选出4所院校作为"粤菜师傅"人才培养基地，创新现代学徒制人才培养模式，推动"粤菜师傅"培育工程取得突破。2020年，佛山市获全国第一届职业技能大赛金牌一枚，获广东省职业院校学生专业技能大赛一等奖92项，成绩位居全省榜首。

【高等教育】加快推动高等教育高质量发展。佛山科学技术学院高水平理工科大学建设扎实推进，顺利通过省教育厅高水平理工科大学建设完成情况期满考核，41个项目获得国家自然科学基金立项。在软科发布的2020年"中国最好大学"排名中，佛山科学技术学院由2016年的507名提升到228名，办学综合实力大幅提升。稳步推进广州美术学院佛山校区建设，明确校区选址，落实前期建设经费，成立校区理事会并召开第一次会议，首届招生68名。按照"佛山所需、学校所长、双方所能、共建共享"的原则，加快广东财经大学佛山校区、华南师范大学南海校区、南方医科大学顺德校区3个共建校区建设，先后召开共建校区第一次理事会全体会议。积极推进东北大学佛山研究生院、北京科技大学顺德校区、北京外国语大学佛山研究生院3个研究生院高质量发展。持续推进香港理工大学（佛山）筹建工作。创新研究生联合培养机制，加快研究生联合培养基地的建设。加快建设广东高校科技成果转化中心，常态化、实效化举办科技成果转化系列活动，2020年省内高校在佛山转移技术成果服务收入达到1.53亿元。

教育成果与特色

【全面落实素质教育】坚持育人为本、德育为先、全面发展。把社会主义核心价值观教育融入教育教学全过程，着力提升学生思想素质和道德品质。广泛开展"宪法宣传周"、寻找最美南粤少年、讲战疫故事·颂中华美德、新时代好少年等系列主题活动，开展德育品牌项目、书香校园、心理健康教育特色学校、文明校园等创建评选活动，推进大中小幼德育一体化，形成学校、家庭、社会互相配合的德育体系，健全全员全过程全方位育人的体制机制。打造学生心理健康教育品牌。佛山市政府出台关于全面加强中小学生心理健康教育服务体系"十个一"建设的意见和心理健康教育三年行动计划，各级政府成立工作专班，协同发力做好学生心理健康教育服务和心理危机识别干预工作。加强学校心理健康教育力量建设，完善学校心理教育工作机制，持续推进心理健康"1+8+10"活动和心理健康教育月活动，切实保障学生健康成长。佛山中小学专职心理健康教育教师配置率全省领先，南海区成为全国中小学心理健康教育示范区，近300项中小学心育工作成果获国家和省级奖项。推进体育、美育和劳动教育。强化课外体育锻炼，确保学生每天锻炼一小时，增强学生体质，打造学校体育特色品牌。举办各类学生体育赛事，培养体育后备人才。开展艺术教育特色学校、优秀传统文化艺术传承学校评选和"粤剧进校园"等活动，提高学生审美水平与人文素养，"一校一品""一校多品"创建率达95%以上。印发加强中小学劳动教育行动计划，开足开齐劳动教育课程，广泛开展校园劳动等实践活动，组织校外劳动及社会实践，鼓励家务劳动，多渠道建立和拓展劳动教育实践场所，让学生牢固树立劳动最光荣、劳动最崇高、劳动最伟大、劳动最美丽的观念。推进规范化家长学校建设"领航工程"。遴选10个"领航工程"示范点，打造一批典型示范点，打造家校全面合作、线上线下并重、高水平开展家庭教育指导工作的家长学校新模式，最大限度形成家校教育合力，高质量打造"全国规范化家长学校优秀实践基地"。大力创建文明校园。推进"厕所革命"，提前完成省教育厅要求的115所中小学校的厕所提升改造任务。加强教育引导，大力推行垃圾分类，培养师生垃圾分类的好习惯，创设优美校园环境。加强宣传教育，坚决制止餐饮浪费行为，切实培养师生养成勤俭节约良好品德。加强毒品预防教育，深化创建毒品预防教育示范学校。

【加强思想政治理论课建设】落实《佛山市学校思想政治理论课建设实施方案》和思政课建设"九个一"行动计划，深化思政课改革创新，推进大中小学思政课课程教材一体化建设，打造一批思政课精品课例和科研课题研究项目成果。加强学校思想政治理论课教师队伍建设，配齐配强市属高校思政课教师与专职辅导员。结合疫情防控期间线上教育安排，加强爱党爱国教育和社会责任教育，把思想政治工作贯穿到教育教学全过程。

【深入实施"强师工程"】全面加强新时代教师队伍建设。佛山市委、市政府出台佛山市第一个专门面向教师队伍建设的纲领性文件《关于全面深化新时代教师队伍建设改革的实施意见》，加快建设高素质专业化创新型教师队伍。坚持师德师风常抓不懈。落实新时代教师职业行为十项准则，开展师德建设主题月活动，引导广大教师争做以德立身、以德立学、以德施教、以德育德的楷模。建成市、区两级教师发展中心。佛山市政府成立工作专班，将市级教师发展中心建设纳入全市重大工程项目，多次召开工作协调会。佛山市教育局成立专门工作组，全力推进落实，顺利获得建设规划许可证，正式开展施工建设。在市级层面的统筹协调和各区政府的共同努力下，全市五区均已建成教师发展中心。深入推进"十百千万人才培养计划"。引进和培养基础教育高层次人才，形成了一批特级教师、正高级教师和省级名校长、名教师培养对象。全市基础教育领域拥有国家"万人计划"教学名师2人、国务院特殊津贴5人、国家级杰出人才4人、省级领军人才66人、省级各类名师名校长53人、正高级教师59人、省特级教师112人。全面深化教师管理体制机制改革。深入推进"区管校聘"，重点推动名优校长和骨干教师向偏远和相对薄弱学校流动，圆满完成义务教育公办学校教师每年交流轮岗5%的任务，形成义务教育学校教师、校长交流轮岗工作制度化、规范化长效机制。全面开展中小学教师资格考试和定期注册改革。着力提高教师社会地位和福利待遇，实现教师工资收入水平"两个不低于"。

【全力维护校园安全】全面提升校园安全防控水平。进一步健全校园安全责任体系，整合法制、禁毒、交通、消防、卫生"五校长"工作职责，建立日自查、周会议、月培训、季演练、年总结的固态管理模式，层层压紧压实安全责任，狠抓校园安全工作重点，积极开展消防安全、校园食品安全、学生防溺水、校车安全、暑期安全等隐患排查和专项整治，确保校园和师生安全，营造阳光和谐的育人环境。切实加强安全知识宣传教育。贯彻落实教育部《中小学公共安全教育指导纲要》，积极开展公共安全教育，切实做到"五有"（有课时、有教师、有教案、有检查、有评比），努力通过课堂教学增强学生的安全意识和防范能力。深入落实中小学"3830"安全教育制度（每天放学前3分钟、每周放学前8分钟、假期放假前30分钟对学生进行安全提醒和安全教育），定期向家长发送安全提示短信，营造浓厚的"关注安全、关注生命"氛围。坚持以责任清单为目标、以问题为导向、以摸排督查为抓手、以整治乱象为目的，扎实完成扫黑除恶治乱各项工作。不断强化校园周边环境整治，着力解决校园暴力犯罪和校园欺凌现象，从源头上化解各类矛盾纠纷，依法打击各类校园渗透破坏和违法犯罪活动，全市校园及周边治安秩序良好，校外培训机构经营管理进一步规范，校园贷、涉师生的电信诈骗得到有效遏制。2020年，佛山市学校幼儿园没有发生安全责任事故、恶性案件和群体伤亡事故，校园安全工作平稳有序。

【深入推进依法治教】高质量完成政府教育履职评价工作。佛山市政府及市直有关单位主要领导把履行教育职责评价工作作为"一把手工程"抓紧抓实，市政府、市教育局分别成立工作专班，加强领导统筹，健全责任分工机制，扎实推进落实2018年反馈问题整改、2019年指标和2020年重点工作的考核任务，对照评价指标体系逐项完成观测点的自查自评工作，有效解决了一系列教育改革发展的堵点、难点问题，顺利完成2020年省政府对佛山市及五区教育履职评价工作。全面推进依法行政。健全规范性文件起草程序，落实合法性审查、公平竞争审查、集体讨论决定等制度，常态化做好规范性文件评估清理工作。编制部门规范性文件4份。推进教育政务公开，完善例行发布、应急发布、政策解读、热点回应等机制，深入解读政策措施，回应社会关切。通过政务网站、政务微信微博、"南方+"佛山教育频道等渠道，刊载防疫及返校复学相关稿件超过1500份，推送教育活动信息10次，提供新闻通稿25篇，官方微信推送信息358期，官方微博152条，总阅读量超过2000万人次。进一步规范依申请公开工作，承办4个依申请公开政府信息的申请，在受理、答复、保密审查和归档等环节均依法依规妥善答复。认真做好人大、政协建议（提案）办理工作，承办人大建议30件，政协提案51件，全部按时按质办理完毕。2020年佛山市教育局获评行政服务最佳口碑单位，已连续七年获此殊荣。佛山学校全面完成"一校一章程"制定工作，逐步落实依照章程自主办学。以开展依法治校示范校、达标校为抓手，积极推进现代学校制度建设，大力推进学校依章程自主办学。全市中小学校全面达到省级依法治校基本标准。

【深化教育科研和教学研究】加强市、区、校三级教研体系建设，不断改进和优化课堂教学和学科教材质量。深化课程改革，确保普通高中课程实施顺利推进。加强学科教育研究基地建设，组织开展青年教师教学能力大赛和教育教学改革成果展评，提升教育教学水平，促进骨干教师队伍建设。推进教育部教育发展研究中心科研合作，提升教育科研层次和影响力。举办"粤港澳同一堂课，湾区教师共成长"教师发展研讨会，汇聚湾区优质教师资源，助力教师专业成长。积极开展基础课题和重大课题研究，国家级科研课题立项和成果数量继续保持全省领先。

【推动信息技术与教育融合创新】制定《佛山感知教育2025行动计划》，发挥信息技术优势，推进学习个性化、教学差异化、治理过程化，逐步建成"可诊断、可干预、可决策、可自愈"的智能化教育感知新生态系统。举办各类信息素养竞赛和活动，着力提升师生信息技术应用融合创新能力和水平。积极申报教育部"智慧教育示范区"，打造教育信息化高地。举办创新创客教育工作推进会，推动教育装备与创客教育融合创新。高质量完成教育创客培养计划和教育创客导师培养工作。"学科融合＋文化传承＋佛山智造"创新创客教育实践项目成果荣获第五届珠海教博会教育创新成果大奖。大力提升教育装备综合治理能力和水平，师生创新精神和实践能力不断提高。

【加大教育对口帮扶与交流合作】全面落实教育扶贫政策，统筹打好教师支教、职教协作、校地共建、招生支援、师资培训、校际结对等组合拳，圆满完成省委、省政府下达的各项任务，受到省教育厅肯定。一是做好精准扶贫工作。累计筹集资金1081万元，帮助云浮市郁南县平台村提前实现脱贫摘帽，并在2020年度广东省扶贫开发成效考核中获优秀等次。派出16名教师赴清远支教。二是深化对四川凉山彝族自治州的东西部扶贫协作。投入财政援助资金超亿元，帮扶凉山彝族自治州全面完成"义务教育控辍保学"和"学前学会普通话"任务，"学前学会普通话"试点项目组荣获全国脱贫攻坚组织创新奖。累计共派出112名教师赴凉山彝族自治州支教，结对学校共50对，共招收228名凉山彝族自治州学生到佛山市中职学校免费就读。三是加强对口支援新疆伽师县、西藏墨脱县和四川甘孜藏族自治州。作为团长单位率领9个地级市共320人的支教团（其中佛山教师51名）赴伽师县开展两轮、每轮为期一年半的支教。接收43名伽师县、墨脱县教师到佛山市跟岗学习。派出5名教师赴西藏支教。佛山18所中小学与墨脱县、甘孜藏族自治州21所中小学开展结对帮扶和交流合作。四是西藏班办学工作成效显著。佛山市承担内地西藏班工作超过25年，共有4所学校设立内地西藏班，在校学生共计528人。西藏班办学所需经费全部由政府财政负责解决，生均教育经费拨款超过每年20 000元/人（国家规定为每年12 000元/人）。高中藏族毕业生均考上国家重点大学，初中毕业生升内地高中班比率接近100%，办学成绩得到上级主管部门充分肯定和藏族同胞高度认可，佛山市教育局先后获得"全国民族团结进步模范单位""全国各族青年团结进步先进集体""全国教育援藏先进集体""广东省民族团结进步模范集体"等称号。五是加强与双鸭山市、延安市对口合作交流。顺德职业技术学院与黑龙江能源职业学院、双鸭山职教集团三方合作共建智能社区居家健康养老技术研发培训中心，组织双鸭山市 90 名高校教师参加骨干教师培训。接收 10 名延安教师到佛山市跟岗学习。六是支持甘肃山丹培黎学校建设。组织佛山职业院校与山丹培黎学校对接，帮扶学校师资队伍、实训基地等建设，助力学校发展。

（撰稿　林建娜；审稿　姚汉强）

韶关市教育

概 况

2020年,韶关市教育工作在市委、市政府和省教育厅的指导关心下,坚持以习近平新时代中国特色社会主义思想为指导,深入贯彻落实党的十九大、十九届五中全会、习近平总书记系列重要讲话精神,不断深化教育改革,着力改善办学条件,切实加强队伍建设,不断提升信息化水平,努力提高教育质量,扎实推进惠民工程,教育事业改革和发展迈上新台阶。

全市现有基础教育学校(普通中小学、幼儿园)968所,在校学生约54.86万人,教职工4.42万人。其中:普通高中25所,在校学生5.15万人;初级中学73所,在校学生7.3万人;九年一贯制学校53所,在校学生10.05万人;完全小学209所,在校学生20.3万人。另有小学教学点365个,在校学生10 445人,其中20人以下教学点209个(在校生为0的教学点60个)。幼儿园599所,在园幼儿11.78万人,其中公办幼儿园159所,民办幼儿园440所。另有特殊教育学校9所,在校学生2 775人。中等职业技术学校14所,在校学生32 498人。

全市学前教育毛入园率为103.15%,小学阶段毛入学率为117.14%,初中阶段毛入学率为128.76%,残疾儿童少年入学率为96.76%,九年义务教育巩固率为98.11%,高中阶段教育毛入学率为103.51%。

全市招聘教师1 278人(研究生学历134人,本科学历944人,大专学历200人),其中招聘农村教师493人,通过"丹霞英才"招聘共招聘571人(研究生学历132人、本科学历439人)。至2020年底,全市共有中小学(幼儿园)教师36 589人,其中小学教师14 887人(研究生学历50人,本科学历9 963人,大专学历4 502人,高中阶段学历372人),初中教师8 259人(研究生学历118人,本科学历7 182人,大专学历959人),高中教师4 308人(研究生学历376人,本科学历3 888人,大专学历44人),中等职业学校教师1 683人(研究生学历132人,本科学历1 408人,大专学历141人,高中阶段学历2人),幼儿园教师7 452人(研究生学历1人,本科学历1 260人,大专学历4 775人,高中阶段学历1 371人,高中阶段以下学历45人)。特殊教育学校教师175人。全市学前教育专任教师大专及以上学历比例是80.99%,小学、初中专任教师本科以上学历比例分别是67.26%和88.37%,高中阶段学校专任教师硕士研究生以上学历比例是8.72%,与省要求相比仍有较大差距。学前教育专任教师高级职称以上比例是6.2%,小学专任教师高级职称以上比例是8.68%,初中专任教师高级职称以上比例是21.71%,高中阶段学校专任教师高级职称以上比例是31.09%,与省要求的幼儿园8%、小学15%、初中30%、高中40%相比仍有较大差距。

全市共有省、市级名教师、名校长、名班主任174人,特级教师59人,省、市"百千万人才工程"培养对象338人,省级骨干教师112人,享受市政府特殊津贴专家14人,市级首席教师25人,市级学科带头人327人,市级教学能手110人,市级拔尖人才24人,市级名教研员20人,省、市级名教师校长班主任工作室29个。

各级各类教育

【基础教育】(一)学前教育

2020年,全市99%的乡镇建有公办乡镇中心幼儿园;100%的常住人口规模4 000人以上的行政村独立举办规范化幼儿园。全市新建、改扩建幼儿园33所,新增学位12 300个。公办幼儿园和普惠性民办幼儿园在园幼儿占比达91.25%。实现"公办幼儿园在园幼儿占比达50%,公办幼儿园和普惠性民办幼儿园在园幼儿占比80%"的目标。

（二）义务教育

2020年，广东北江中学、韶关市第一中学恢复初中办学第二年，两校各招收七年级新生8个班。市属民办初中学校和广东北江中学、韶关市第一中学同步采取电脑摇号方式招收七年级新生。韶关市田家炳中学继续采用学区对口金福园小学直升方式招生。

务工人员子女平等接受义务教育。2020年秋季，韶关市安排了进城务工人员随迁子女40913人就读，其中小学30885人，初中10028人。除了1198人（占全市义务教育阶段进城务工人员随迁子女总数的2.93%）自主选择了民办学校就读外，其余的39715人（占全市义务教育阶段异地务工人员随迁子女总数的97.07%）全部安排进入公办学校免费就读（其中小学安排学位30586个，初中安排学位9129个）。

加大农村义务教育寄宿制学校建设。全市各地投入1.34亿元，完成达标改造农村义务教育寄宿制学校58所，改造达标寄宿制学位21152个，新增寄宿学位1843个；完成新建改扩建农村义务教育寄宿制学校建设35所，新增建筑面积62039平方米，新增寄宿学位4359个。

持续推进农村义务教育阶段薄弱学校改造工程。全市投入各级资金合计40285.31万元，其中中央能力提升专项资金6194万元，省级资金20837.18万元，市级资金500万元，县级及其他资金11827.13万元，其他资金927万元。项目实施覆盖学校138所，教学点59个，惠及学生119434人。

（三）普通高中教育

2020年，广东北江中学、韶关市第一中学、韶关市田家炳中学、韶关市第五中学、韶关市张九龄纪念中学继续开展自主招生（含体育艺术特长生）的探索实验。继续做好"指标到校"工作。全市省一级以上公办普通高中学校严格按省要求"安排不低于50%的公费招生名额，按初中学校在校生数和实施素质教育的情况，直接分配到区域内各初中（含民办）学校"。

2020年，韶关市高考成绩继续保持增长势头，在山区市中继续名列前茅。优先投档线（不含农村专项）、本科以上上线率均有不同程度的增长，分别是14.22%、53.70%，连续八年增长。农村专项（重点高校招收农村和贫困地区学生专项计划）上线人数略微下降，从2019年的417人下降到2020年的374人。春季高考录取7339人、夏季高考录取13573人，其中，本科录取8452人、专科录取5121人。

（四）特殊教育

2020年，全市有特殊教育学校9所，分别是韶关市特殊教育学校、乐昌市启智学校、南雄市特殊教育学校、仁化县启智学校、翁源县启智学校、乳源瑶族自治县特殊教育学校、曲江区启智学校、浈江区特殊教育学校、始兴县幸福学校。各县（市、区）建设随班就读资源教室共81间，并配备了兼职教师。全市适龄残疾儿童少年总数为3112人，已入学人数为2999人，适龄残疾儿童少年义务教育入学率为96.37%。

（五）民族教育

2020年，全市有少数民族普通中小学3所，少数民族学龄人口入学率达100%。继续实施少数民族考生中考加分政策（加10分）。

【职业与成人教育】（一）职业教育

全市隶属教育部门管理的中等职业学校共有14所（含韶关学院医学院中专部），其中公办10所，民办4所；现有国家中等职业教育改革发展示范校1所、国家级重点中等职业学校3所、省级重点中等职业学校4所，已建成省级实训中心5个，共开设53个专业，其中，省中等职业教育"双精准"示范专业5个。现有专任教师1683名，全日制在校生32079人。2020年省下达给韶关市的中职学校招生指标任务为9980名，全市中等职业学校实际招生人数为12332名，完成年度招生计划的123.6%，在全省各地市中职学校招生工作中排名第二。韶关市成功创建"广东省现代职业教育综合改革示范市"，成为全省第二批创建成功的首个地级市。

（二）成人教育

韶关开放大学现有在职教职工41人，离退休人员共31人，在校生1606人。韶关开放大学加挂广东老年大学韶关分校牌子。浈江区、曲江区、乳源瑶族自治县、南雄市、始兴县、乐昌市6地成为"广东省社区教育实验区"，乳源瑶族自治县、乐昌市创建成为国家级农村职业教育和成人教育示范县，翁源县中等职业技术学校成为省级粤菜师傅培训基地，韶关市育威中等职业学校成为市级粤菜师傅培训基地。韶关市以社区教育、老年教育为抓手，开展了高等学历教育、社区教育和老年教育、各类非学历培训，以满足全市人民对终身教育的需求。在高等学历教育方面，开设了14个本专科专业；在社区教育和老年教育方面，开展各类宣讲进社区活动共300场、47000余人次参加；并根据疫情的特殊性，开设在线课程14门，内容涵盖摄影、国画、书法、舞蹈、瑜伽、剪纸、声乐、太极等，近18 000人次参加学习，极大满足了居民的学习需求。

【高等教育】2020年，韶关市有普通高等教育学校2所，在校生38 890人，教职工3 133人。

韶关学院是广东省省属公办全日制综合性普通本科大学，是学士学位授予单位。拥有在编教工2 630人，专任教师1 245人，全日制本专科在校生29 733人。韶关学院共开设专业93个，有国家级特色专业1个（机械设计制造及其自动化），省级特色专业9个，省级应用型人才培养示范专业2个，省级战略新兴产业特色专业1个，省级重点专业3个，省级一流本科专业9个，教育部产学合作协同育人项目28个，省级专业综合改革试点项目21个。3个专业通过IEET工程教育认证。拥有省级以上（含共建）科研平台22个，省级科研创新团队6个。学校入选教育部——中兴通讯ICT产教融合创新基地项目合作院校。建有国家级大学生实践教育基地1个，省级协同育人平台2个，省级大学生实践教学基地22个，省级实验教学示范中心12个、校级实验教学示范中心30个，省级示范性教师教育实践基地24个、校级示范性教师教育实践基地31个；与各类企事业单位共建实习实践基地340个；形成省、市校共建、校三级重点学科建设体系。

广东松山职业技术学院有占地面积约39.67万平方米，其中东片区21.47万平方米（现使用），西片区18.2万平方米（未使用）；校舍总建筑面积12.81万平方米。现有教职工503人，其中研究生学历或硕士学位以上178人，副高以上职称的专任教师96人；在校学生9 157人。设有机械工程、电气工程、经济管理、计算机、外语、基础教学、思想政治理论教学部系7个，开设有数控技术等42个专业，其中省重点专业4个，省示范专业1个。

【民办教育】全市现有民办教育机构592个，其中中等职业学校4所，完全中学2所，普通初级中学和小学共10所，幼儿园432所，非学历文化类培训机构196个。加大扶持力度，继续落实市财政2020年安排300万元作为市级民办教育发展专项资金并列入年度财政预算的政策。规范办学行为，全年组织或参与民办教育机构专项检查3次，重点检查机构的办证情况、经验范围、安全工作、规范培训和招生收费情况。2020年12月份开展"双随机一公开"检查。

教育成果与特色

【义务教育质量监测工作】韶关市高度重视国家义务教育质量监测工作，加强指导，强化督导，以严谨、务实、高效的工作作风，通过培训会、市级督查、省级视导、国家视导等方式严格按照时间节点抓好各项工作落实，排除万难，圆满完成了疫情防控形势下2020年的监测任务。根据《教育部基础教育质量监测中心关于下发2020年国家义务教育质量监测实施优秀组织单位名单的通知》（教质监〔2021〕1号）和《广东省教育厅关于公布2020年国家义务教育质量监测实施优秀组织单位名单的通知》（粤教督函〔2021〕3号），韶关市教育局和浈江区教育局、武江区教育局、曲江区教育局、南雄市教育局、仁化县教育局、翁源县教育局、新丰县教育局、乳源县教育局等9个单位获得2020年国家义务教育质量监测实施"优秀组织单位"的荣誉称号。

【政府履行教育职责评价工作】韶关市高度重视省对市县级政府履行教育职责评价工作，精心部署，制订工作方案，加强沟通协调，通过培训会、协调会、自评会，确保工作落实。市县两级及相关部门严格按照省规定的时间节点，及时在市县级政府履行教育职责评价操作系统上完成自评说明、自评打分及佐证材料提交，按时完成对县级的初审和市级自评等工作，协助做好省第三方满意度测评，如期完成了各项评价工作。根据《广东省人民政府教育督导室关于印发韶关市2018年度履行教育职责评价意见的函》（粤府教督函〔2020〕16号），韶关市在省政府对2018年地级市政府履行教育职责评价工作中，获全省北部生态发展区排名第二的好成绩，翁源县在北部生态发展区各县履行教育职责评价工作中名列第一，圆满实现了当时市政府主要领导提出"保二争一"的目标。

【研学实践教育】积极开展韶关市第二批中小学生研学实践教育基地（营地）评审认定工作，共认定19个基地2个营地，全市当前共有45个基地（营地）。市内共8个基地、1个营地入选广东省中小学生研学实践教育基地（营地），进一步夯实了学生研学实践活动开展的基础。2020年韶关市约有近70所学校组织了近120批次的研学活动,参加研学活动的学生近27 000人次。

【德育实践活动】 2020年,韶关市评选了20名"韶关市新时代好少年",曲江区实验小学岑昊华、仁化县第一中学刘力勤两名学生获评2020年广东省"新时代好少年"。根据疫情防控要求适时开展"防控疫情 志愿同行""传承红色基因 清明祭英烈""迎接少代会 争做好队员"等线上线下主题教育活动,以"学习新思想,做好接班人"为主题开展主题宣讲、主题阅读、党史国史展览展示、书画及征文比赛等系列活动。7月1日,在韶关市第一中学举办了"学习新思想 做好接班人"主题教育启动仪式,全市近30万名中小学生线上观看了活动。

2020年,全市创建全国校园足球特色学校14所,全国校园足球特色幼儿园19所,全国青少年校园篮球特色学校6所,全国青少年校园排球特色学校2所,广东省校园篮球推广学校7所,广东省校园排球推广学校2所。命名了18所"韶关市体育基地学校",创建7所"韶关市艺术教育基地学校"。积极开展"安全文明校园"和"依法治校示范校"创建活动,全市共有"全国和谐校园先进学校"5所,"全国消防安全教育示范学校"1所,"广东省安全文明校园"61所,"广东省依法治校示范校"52所,广东省交通安全文明示范学校2所,"广东省安全教育基地学校"11所,"韶关市安全文明校园"125所,县级依法治校达标学校294所。

【信息技术应用能力提升工程2.0工作】 成立了"韶关市中小学教师信息技术应用能力提升工程2.0工作领导小组",开展了三期专题培训。始兴县、始兴县丹凤小学、韶关市一中实验学校、仁化县第一中学分别确定为"广东省中小学教师信息技术应用能力提升工程2.0"省级试点县和试点校。2020年,全市中小学校装备和教育信息化工程建设投入资金超过1亿元,全市新增计算机室26间、计算机2 390台、校园网络15套、"班班通"多媒体教室1 393间、其他功能场室129间、纸质图书40余万册、常规教学仪器总值660万元。韶关市始兴县获批为广东省互联网环境下基础教育改革实验区之一。完成了市直学校智慧校园第二期建设项目(韶关市第一中学、韶关市第五中学)。春季开学期间,全市学生参与线上教学率达100%。

【教育教学工作】 韶关市获广东省教育科学"十三五"规划2020年度中小学教师教育科研能力提升计划项目立项15项,获省财经素养专项课题2项,获颁省基础教育学科教研基地10个,获评广东省2019年度中小学(幼儿园)心理健康教育优秀教学成果15项。2020年度全市教育科研课题立项423项、结题372项,获中央电化教育馆立项1项,确定市级优秀教育科研成果推广应用项目10项。在广东教育学会2020年度学术讨论会暨第十六届广东省中小学校长论坛上,韶关市教师、校长的论文获一等奖11篇、二等奖23篇、三等奖54篇。

【教育精准扶贫和学生资助工作】 韶关市教育精准扶贫工作以习近平新时代中国特色社会主义思想为指导,精确对接教育最贫困群体,确保不让一个学生因家庭经济困难而失学。2020年,全市共发放学前教育幼儿助学资金达1 758.7万元,受惠儿童达17 587人;共下达城乡非寄宿家庭经济困难学生生活费补助资金达825.475万元,资助总人数14 543人;对全市7 670名中小学家庭经济困难寄宿学生进行资助,资助总金额为897.55万元;乳源瑶族自治县实施农村义务教育营养改善计划学校有57所,受惠学生14 700人,累计支出省级专项补助资金1 070万元;韶关市普通高中受资助学生达10 064人,发放国家助学金达2 012.8万元;对韶关市辖区困难家庭子女免收书(学)杂费达20.37万元,涉及的免学费学生人数达到194人次;落实全市近4 373名中职生国家助学资金达874.6万元;对全市符合免学费条件的中职学生免除学费达到8 510.6万元,涉及的免学费学生人数达到24 316人;2020年春季学期和秋季学期,韶关市户籍已足额领取建档立卡学生生活费补助人数分别为15 304人和15 080人,发放率达到100%。韶关市共有385所学校开展了教师"一对一"帮扶活动,9 859名教师共帮扶12 982名建档立卡学生,覆盖韶关市学籍所有建档立卡在校学生。2020年6月,韶关市教育局被韶关市委、市政府评为"脱贫攻坚工作先进行业部门"。

(撰稿 薛梅沁;审稿 郭韶燕 黄 伟)

河源市教育

概况

2020年，河源市有各级各类学校1821所，其中普通本科院校1所，高等职业院校1所，中职（含技工）学校15所，特殊教育学校7所，普通高级中学19所，完全中学10所，十二年一贯制学校5所，初级中学110所，九年一贯制学校53所，完全小学368所，幼儿园573所，农村教学点（非完全小学）659所；在校（园）学生总人数678 119人（含特殊教育学校在校生数），其中小学在校生311 036人，初中在校生148 131人，高中在校生69 024人，中职学校在校生30 808人，特殊学校在校生1 017人（不含随班就读和送教上门），幼儿园在园幼儿118 103人；在岗教职工（含公办临聘和民办）总数56 546人，其中小学教职工18 062人（专任教师17 117人），中学教职工22 730人（其中初中专任教师11 405人、高中专任教师5 522人），中职学校教职工2 123人，特殊学校教职工338人，幼儿园教职工13 293人（专任教师和保育员10 109人）。

河源市有573所幼儿园，公办性质幼儿园216所，占比37.69%；民办幼儿园357所，其中已认定的民办普惠园272所；公办和民办普惠园总占比85.16%。在园幼儿118 103人（含教学点混龄班5 956人），学前教育毛入园率达98.52%，其中公办园在园幼儿60 859人（含教学点混龄班5 956人），占比51.53%；民办园在园幼儿57 244人（其中民办普惠性幼儿园41 790人），占比48.46%，普惠性幼儿园（公办幼儿园和普惠性民办幼儿园）在园人数102 649人，占比86.91%。

各级各类教育

【基础教育】（一）学前教育

2020年，河源市深入实施学前教育"5080"攻坚行动。通过新建、扩建、回收、改制等方式增加公办幼儿园数量和学位供给，新增公办学位13 927个，新增认定普惠性民办幼儿园30所。推进4 000人以上行政村规范化普惠性幼儿园建设，投入资金2 100万元，完成6所村级幼儿园建设。落实教育部审定的河源市2020年小区配套幼儿园治理任务，源城区坚基美丽城幼儿园等8所幼儿园均完成治理。

（二）义务教育

2020年，河源市不断增加义务均衡优质学位供给。新建义务教育学校6所，改建35所，扩建27所，新增优质义务教育学位16 865个（其中，民办2 466个），有效缓解城区学位紧张问题。完成义务教育寄宿制学校改造18所，新增学位9 149个，撤并教学点和小规模学校37个，农村办学条件进一步改善。持续推进改薄提升（含寄宿制）项目建设，投入中央资金4 268.27万元、省级资金19 294.33万元，全面完成义务教育薄弱环节改善与能力提升任务。规范义务教育学校招生行为，制定《河源市教育局关于进一步规范中小学招生工作的实施方案》，超过招生计划的河源中学实验学校、广外河源实验学校和龙川实验学校均实行电脑随机摇号招生。

（三）普通高中教育

2020年，河源市大力推进高中阶段招生制度改革。印发《河源市开展普通高中违规跨地市招生专项治理工作方案》，进一步规范普通高中招生秩序。全市秋季招生24 447人，完成2020年全市普通高中招生工作任务。继续推动普通高中学生综合素质评价工作，实施综合素质评价录入信息管理平台工作。

【职业教育与终身教育】（一）职业教育

2020年，河源市委、市政府高度重视职业教育发展，积极创建广东省现代职业教育综合改革示范市，努力构建本科、高职、中职一体化现代职业教育体系。广东技术师范大学河源校区于10月10日建成开学，招收首批本科大一新生4 130人。致力于把河源职业技术学院打造成为省内高水平、有特色的地方高职院校，2020年学院毕业生总体就业率达

99%以上,稳居全省同类高校前列,毕业生用人单位满意率达到92%。积极推进河源护理职业技术学院筹设工作,力争实现河源市高等职业护理学院零的突破。全市有国家中等职业教育改革发展示范学校2所,国家级重点中职学校1所,省级重点中职学校2所。全市中职学校优质学位("省重"以上学位)占84%,普职比为6.1∶3.9(含技工教育和输送珠三角中职学校学生)。坚持以"三区六园"为主阵地,积极推进"校企合作、产教融合",全市职业院校与省内近700家企业实行了联合办学,开辟校外实习实践基地近1 000个。开展中职学校布局调整调研工作,出台《河源市中等职业学校布局结构优化实施方案》。以地方产业特色和企业用工需求为导向开设专业,增设工业机器人技术、物联网技术应用、形象设计等专业,进一步优化专业结构。参与实施"粤菜师傅""广东技工"工程,致力于培养河源客家菜师傅和广东技术工人。组织参加广东省中等职业学校技能大赛,获得二等奖6个、三等奖18个。组织教师参加广东职业院校技能大赛教学能力比赛,河源市卫生学校庄丽琴、巫雪兰、何丽瑜、黄文娟4名教师组成的教学团队在省赛中荣获一等奖,在国赛中荣获三等奖。坚持"立足河源、服务河源"的办学理念,不断提升毕业生就业质量。2020年,全市中职学校毕业生6 513人,就业6 036人,就业率为92.68%,对口就业率为94.13%。

(二)终身教育

河源努力构建全民终身教育体系。举办2020年河源市社区教育管理人员创新能力提升培训班,培训市县社区教育管理干部45人,河源市社区教育工作者管理水平进一步提高。连续6年组织市县同步开展全民终身学习活动周,2020年组织开展以"全民智学,助力双战双赢"为主题的全民终身学习活动周活动,全市2 500余名学生家长参加了启动仪式。

【高等教育】2020年,河源市有普通高等院校2所,其中,普通本科院校1所(新增),高等职业院校1所。全市有高等院校全日制在校生17 441人(本科4 089人);专任教师(含辅导员)740人,副高以上职称247人,其中博士72人、硕士523人。普通本科院校共有26个专业,高职专科院校共有48个专业。全市开办成人高等教育的学校有7所,成人高等教育招生4 892人,在校生19 374人,共开设专业63个。

教育成果与特色

【疫情防控工作】2020年,河源市严格落实教育系统疫情防控措施。坚持停课不停学,通过开设"河源电视课堂"开展义务教育阶段小学3—6年级、初中7—8年级线上教学,100多名优秀教师参与课程录制,共录制880节精品课程,辐射全市30余万名中小学生。加强疫情期间中小学生心理健康教育与心理危机预防干预工作,印发了《关于做好新型冠状病毒感染的肺炎疫情防控期间教育系统心理支持工作的通知》《河源市教育局关于开展中小学生返校后心理健康防护活动方案》《新型冠状病毒肺炎疫情下心理调适手册》等文件指引,发布心理及家庭教育微课20门,设立心理热线9条。联合市文明办、河源广播电视台等部门开展"知心相伴·向阳而生"2020年河源市未成年人心理健康教育公益课堂活动。

【教育强师工程实施】2020年,河源市推进师资培训工作,深入实施"省培计划"、骨干教师高端研修项目、省骨干教师培训、市骨干教师培训、市"三名工程"师资提升工程等项目培训。全年培训校(园)长、骨干教师、骨干班主任、中小学(幼儿园)专任教师共29 956人次,其中,专任教师29 070人次,校长(园长)886人次。加强农村小学教师定向培养工作,已连续招录6届农村小学教师委培生822人。继续实施教师学历提升计划,全市小学专任教师本科以上学历比例达59.16%,初中专任教师本科以上学历比例达86.32%。5名教师被评为广东省"最美教师"。推动教育管理制度改革,中共河源市委办公室、河源市人民政府办公室印发了《关于全面深化新时代教师队伍建设改革的工作方案》。稳步推进"县管校聘"改革,东源县、紫金县分流转聘部分超编富余学科教师,龙川县安排9所学校为推进"县管校聘"管理改革试点学校。

【教育信息化水平提升】2020年,河源市深化"三通"工程,夯实教育信息化发展基础。市直各学校网络带宽全部扩容至1 000M以上,市教育城域网总出口扩容至10G。完全小学以上学校"班班通"多媒体覆盖率达100%，中小学教师终端覆盖率达100%。扩大"网络学习空间人人通"覆盖面，通过"河教云"为全市中小学师生建立"网络学习空间"，逐步为师生建立实名网上学习空间环境。建设互联网环境下基础教育改革实验区，确定东源县为实验区。

【未成年人思想道德建设】2020年，河源市扎实推进未成年人思想道德建设工作。组织全市中小学党组织书记、校长给学生上好第一堂思政课，完成思政课1000多堂。开展新冠肺炎疫情防控期间主题班会和家校共育微课征集活动，共征集微课805节。推进文明校园创建工作，评出市级文明校园40所，全市县区级文明校园创建覆盖率达90%。全市有3所学校被评为广东省"书香校园"，15人被评为广东省"点灯人"校园阅读推广人，3人被评为广东省"阅读之星"，13人被评为广东省优秀学生，2人被评为广东"新时代好少年"。

【教育精准扶贫】2020年，河源市落实建档立卡贫困学生生活补助政策。秋季学期起，建档立卡补助范围扩大到全日制本科、研究生教育阶段，实现从学前教育到硕士研究生各层次全覆盖。2019—2020学年，全市建档立卡（含市外就读）等家庭经济困难学生23 243人，发放金额7 802.1万元。其中，义务教育阶段16 488人，发放金额4 935.9万元；普通高中阶段1 901人，发放金额569.55万元；中职教育阶段2 661人，发放金额792.6万元；高职教育阶段70人，发放金额20.85万元；专科教育阶段1 257人，发放金额877.7万元；本科教育阶段823人，发放金额575.4万元；研究生教育阶段43人，发放金额30.1万元。疫情期间，解决全市6 012名家庭经济困难学生学习终端和网络问题，实现线上教学条件困难学生人数全部清零。

（撰稿　欧丽娜；审稿　黄志鹏）

·市域教育·
EDUCATION IN VARIOUS CITIES

梅州市教育

概 况

2020年，梅州市教育系统坚持以习近平新时代中国特色社会主义思想为指导，深入学习贯彻习近平总书记关于教育的重要论述和重要指示精神，全面落实全国、全省教育大会精神，紧紧围绕市委、市政府中心工作，以推进教育现代化为目标，扎实推进梅州市教育振兴九大重点工作，持续巩固教育强市成果，推动全市教育各项工作取得新突破新进展，全市教育事业呈现出良好的发展态势。

2020年，梅州市有各级各类学校1626所，在校生812942人。其中小学452所，在校生373666人，学龄儿童入学率为100%，小学毛入学率为104.72%，小学升学率为100%；初级中学177所，在校生164181人，初中适龄少年入学率为100%，初中毛入学率为111.65%，初中升学率为99.31%；普通高中（含完全中学）59所，在校生84441人，普通高中升学率为99.13%；中职学校19所，在校生25153人，高中阶段教育毛入学率为95.4%；幼儿园910所，在园（班）幼儿164282人；特殊教育学校9所，在校生1219人。全市有国家级示范性普通高中10所，国家级重点中职（技工）学校5所。全市有中小学教职工62604人，其中专任教师53225人。

各级各类教育

【基础教育】（一）学前教育

2020年，切实加强公办幼儿园规划建设，加大学前教育财政投入，加快发展公办幼儿园。各县（市、区）认真落实幼儿园建设专项规划，通过新建、改扩建公办幼儿园，加强公办幼儿园建设，扩大普惠性学前教育资源供给；多措并举，采取扩班增容、公办中心幼儿园开设分园、新建和改（扩）建公办园等多种途径，增加公办幼儿园数量；各县（市、区）积极开展教育资源情况调研，充分整合和优化教育资源，积极探索利用闲置校舍新建公办园、回收购置民办幼儿园改制成公办幼儿园的新路径。2020年秋，新开办的公办幼儿园包括梅江区站前、上坪、吉祥三所安置区幼儿园和白宫幼儿园，五华县黄狮幼儿园、郭田坪上幼儿园，丰顺县汤坑镇实验幼儿园、黎峰幼儿园、汤南红狮幼儿园，平远县城南幼儿园。至2020年底，全市公办幼儿园在园幼儿占比达51.67%，公办和普惠性民办幼儿园在园幼儿占比达91.57%，公办幼儿园在园幼儿占比较2019年底增长了13个百分点，公办和普惠性民办幼儿园在园幼儿占比较2019年底增长了5个百分点，顺利完成2020年民生实事交账任务。

（二）中小学教育

2020年，梅州市加快实施学位扩容行动，继续落实《幼儿园和中小学校建设专项规划（2018—2022年）》，梅州市实验小学、梅州中学芹洋校区初中部、蕉岭县镇平小学、丰顺县实验小学、五华县中英文实验学校、五华县罗湖黄冈实验学校等学校建成并招生，全市共新建、改扩建中小学27所，共增加学位28515个。组织各县（市、区）落实《义务教育薄弱环节改善与能力提升工作项目规划（2019—2020年）》，扎实做好义务教育薄弱环节改善与能力提升工作，截至2020年底，全市规划校舍建设面积59841平方米，已开工面积63928.58平方米，开工率达106.83%；已竣工面积46357.58平方米，竣工率为77.47%；规划采购设备价值1999.5万元，已完成购置价值1722.19万元，采购率达86.13%。加强乡村小规模学校和寄宿制学校建设，对照省下达的农村义务教育寄宿制学校建设任务清单的实施周期绩效目标，全市完成寄宿制学位达标建设28296个，完成率达103.74%；新增寄宿学位2674个，完成率达100%。

落实教育公平，出台《梅州市教育局关于进一步规范普通中小学招生入学工作的实施意见》（梅市教〔2020〕30号)、《关于印发〈2020年梅州市民办学校义务教育阶段招生入学工作实施方案〉的通知》(梅市教〔2020〕49号)等招生系列文件,进一步规范全市普通中小学招生行为。全市民办义务教育学校招生纳入审批地统一管理,与公办学校同步招生,对报名人数超过招生计划数的民办学校,全部实行电脑随机摇号录取。同时,市统一建设民办学校义务教育阶段招生系统,推进招生工作公平公正公开。落实国家"两为主、两纳入"要求,保障进城务工人员随迁子女平等接受教育的权利,2020年秋季全市在公办学校就读的义务教育阶段进城务工人员随迁子女占比达93.58%。

根据国家和省有关考试招生制度改革、加强学生综合素质评价的文件精神,结合梅州市实际,印发《梅州市初中学生综合素质评价实施方案(试行)》,落实立德树人根本任务,发展素质教育,促进学生德智体美劳全面发展。

(三)普通高中教育

2020年,梅州市高考成绩有所提升,全市优先投档线以上人数2 815人,上线率为8.94%,比2019年增长0.23个百分点;本科上线人数11 428人,上线率为36.31%。广东梅县东山中学等10所示范性普通高中的示范带动作用进一步彰显。坚持实施"一校一特色",推进普通高中优质特色多样化发展,支持一批百年名校内涵式发展。推动华南师范大学附属昭华学校、广东外语外贸大学附设梅州实验学校、五华县中英文高级中学、梅县区华业外国语学校、北大新世纪梅江实验中学等民办普通高中筹建工作。

(四)特殊教育

2020年,梅州市做好残疾儿童少年义务教育招生入学工作。落实《中华人民共和国教育法》《中华人民共和国残疾人保障法》和《残疾人教育条例》等法律法规规定,做好残疾儿童少年义务教育招生入学工作,按照"全覆盖、零拒绝"的要求,根据适龄残疾儿童少年的实际制订教育安置方案,逐一做好适龄残疾儿童少年的入学安置工作,全市残疾儿童少年义务教育入学率达到100%。根据《广东省教育厅等八部门关于印发广东省促进特殊教育公平融合发展行动方案的通知》《广东省教育厅等八部门关于印发广东省第二期特殊教育提升计划的通知》等文件精神,为进一步加强对梅州市特殊教育工作的统筹协调,推动特殊教育公平融合高质量发展,印发了《梅州市教育局等八部门关于建立梅州市特殊教育联席会议制度的通知》(梅市教〔2020〕89号)。

【中等职业教育】2020年,梅州市有中职学校19所,在校生25 153人;中职学校教职工1 482人,其中专任教师1 181人,教师学历达标率为97.8%。中职招生9 345人,高中阶段教育毛入学率达到95.4%。贯彻落实《广东省职业教育"扩容、提质、强服务"三年行动计划(2019—2021年)》,推动职业教育发展上新水平。不断完善职业教育结构,推进广东梅州职业技术学院和嘉应学院紫琳学院的建设,填补了职业高等教育的空白。不断扩大中职招生规模,推进中职学校特色发展,提升职业教育服务经济社会发展的能力。

【民办教育】2020年,全市有民办幼儿园654所,在园幼儿93 044人;民办小学3所,学生4 504人;民办初中7所,学生7 340人;民办高中3所,学生1 856人;民办中职学校8所,学生2 104人。实施《民办教育促进法》《民办教育促进法实施条例》《梅州市关于促进民办教育发展的若干意见(试行)》,大力扶持民办教育发展。加大对民办学校、幼儿园审批、招生和办学行为的监督力度,规范民办学校办学行为。落实省《关于实行民办学校年度检查制度的通知》精神,开展对民办学校的年度检查,将年检结论作为民办学校评优评先、资助、奖惩的重要依据,促进民办学校规范健康发展。

教育成果与特色

【抗疫复学工作】抗击新冠肺炎疫情的战役打响以来,梅州市坚持一手抓疫情防控、一手抓返校复学,高效落实好摸清疫情底数、储备防控物资、组织开展培训、组织应急演练和推演、校园安全维稳、师生心理辅导、返校复学、高考安全等一系列工作。2020年春季复学、秋季开学工作顺利完成,全市教育系统的防疫复学、高考中考工作均实现零失误。

【教育均衡】一是推动学前教育普惠健康发展。全市公办学前教育资源不断扩大,大力扶持普惠性民办幼儿园发展。全市公办幼儿园在园幼儿82 911人，占比达50.57%，公办幼儿园和普惠性民办幼儿园在园幼儿150 149人，占比达91.57%。2020年梅州市城镇小区配套幼儿园治理工作完成率为100%。建构学前教育"新课程"资源体系，组织申报学前教育"新课程"科学保教示范项目17个，获省立项公示8个，在粤东西北地市中名列前茅。二是促进义务教育优质均衡发展。大力增加义务教育阶段学位供给。2020年秋季全市共新建、改扩建中小学27所，共增加学位28 515个。做好义务教育薄弱环节改善与能力提升工作。其中，校舍建设项目开工率在全省15个"薄改提升"项目市中排名第三。同时，开展控辍保学工作完成进度达100%。全面加强乡村小规模学校和农村寄宿制学校建设和管理，补齐两类学校办学条件短板，提升农村学校办学水平。三是推动普通高中优质发展。广东梅县东山中学等10所示范性普通高中的示范带动作用进一步彰显。坚持实施"一校一特色"，推进普通高中优质特色多样化发展，支持一批百年名校内涵式发展。全面落实"五育"并举，教育教学质量稳步提升。四是促使职业教育发展水平提升。贯彻落实《广东省职业教育"扩容、提质、强服务"三年行动计划（2019—2021年）》，推动职业教育发展上新水平。成立了梅州市教育局推进"粤菜师傅""广东技工""南粤家政"三项工程领导小组，推动各中职学校开设相关专业。五是抓好校外培训机构专项治理工作，全面贯彻落实《关于规范校外培训机构发展的意见》（国办发〔2018〕80号）文件精神，建立校外培训机构联席会议制度，明确各相关部门的管理职责，形成政府主导、教育部门牵头，其他职能部门依职进行校外培训机构及活动管理的工作机制。

【教师队伍建设】2020年，梅州市教育系统引进了1 008名优秀本科和硕士毕业生，大力充实全市教师队伍。做好教师交流合作工作，广州、惠州、江门、汕头共选派了72名教师到梅州市支教。深入实施名师名校长培养工程，首届50个市级名师名校长工作室挂牌成立，首批48名优秀中学校长培训班顺利开班。全市评选出50名梅州市"最美教师"，同时择优选出4名推送至广东省参与广东"最美教师"评选，推送1人参加广东省"新时代最美幼师"评选。2020年9月，按照省教育厅的统一部署，继续开展师德建设主题教育月活动。

【教学质量】"五育"并举育人机制进一步健全，积极探索"客家+红色+基地+N"的模式，打造了39个市级中小学生研学基（营）地，促进学生全面发展。深入推进素质教育，制定《梅州市中小学"聚集课堂教学变革，构建科学评价体系"2020—2025五年行动计划》，启动课堂教学评比活动，推动教育教学质量稳步提升。

【教育保障】2020年高考、中考前，全市教育系统累计投入近3 000万元，为900多间高考教室、1 600多间中考教室安装了空调；出台《关于印发〈2020年梅州市民办学校义务教育阶段招生入学工作实施方案〉的通知》等文件，通过网站、公众号等向社会发布，并及时通过"南方+"《民生820》"掌上梅州"等公开电脑随机摇号的流程和结果，全市共有9所民办学校4 022个学位公开派位；服务社会关注，积极做好疫情防控背景下的普通话水平测试、自学考试和教师资格考试工作。

【教育信息化】进一步完善了群建共享数字资源平台，扩大优质教育资源覆盖面，促进区域教育均衡发展。为保障"离校不离教，停课不停学"，满足全市中小学生疫情期间学习的需要，在梅州市教育资源公共服务平台为全市中小学生提供在线学习辅导，开展名师辅导网络直播，远程送课到家，让全市中小学生不出家门就能满足学习需求。

【党建工作】推动市县两级党委教育工作领导机构全覆盖，各县（市、区）均成立县级教育工委。大力开展评选表彰活动，以先进典型带动广大党员在创建示范岗、争先创优活动发挥模范带头作用。组织策划制作了《有一种青春叫支教——村里来了女博士》参加第六届全省党员教育电视片观摩交流活动，被省委组织部授予"优秀奖"。4所学校获评第一批全省基础教育党建工作示范校。切实加强学校思政工作，贯彻落实《梅州市学校思想政治理论课建设行动计划（2019—2021年）》精神，系统规划全市教育系统思想政治理论课建设，按照"六要"标准提升思政课教师的素质和水平。

（撰稿　陈珏宏；审稿　罗俊琴）

惠州市教育

概　　况

2020年，惠州市教育系统坚持以习近平新时代中国特色社会主义思想为指导，深入学习贯彻习近平总书记关于教育的重要论述和重要指示精神，全面落实全国、全省教育大会精神，按照市委、市政府工作部署，全面完成市委、市政府年度教育工作任务和省教育厅《教育工作重点任务告知书》七项工作，教育系统疫情防控有力有效，"抓安全、抓项目、抓效率、抓质量、抓队伍"重点工作推进，一批重大教育改革落地实施，全市教育发展的动力、活力和影响力不断增强，人民群众教育获得感、满意度不断提升。

2020年，全市有各级各类学校（含中小学、幼儿园、特殊学校、中职技工、普通高校，下同）1707所，各级各类在校生总数134.2万人。教职工总数9.98万人，其中专任教师7.64万人。全市公办义务教育标准化学校覆盖率达100%，规范化幼儿园覆盖率为94.9%。

各级各类教育

【基础教育】（一）学前教育

2020年，全市有幼儿园804所，比2019年增加24所。全市幼儿教育招生92786人，比2019年减少1863人；在园幼儿226274人，比2019年减少3569人。幼儿专任教师14551人，比2019年减少81人。幼儿入园率为98.43%，其中女生98.33%、男生98.52%。

2020年，惠州市全面完成发展学前教育第三期行动计划，全市新增公办幼儿园69所，增加公办学位5万多个；全市公办幼儿园在园幼儿占比51.02%，公办幼儿园和普惠性民办幼儿园在园幼儿占比88.12%，超额完成学前教育"5080"攻坚任务。首次成立13个幼教集团，实现"龙头园带动协同发展园共同成长"的集团化办园模式。完成14所城镇小区配套幼儿园整治，乡镇（街道）中心公办性质幼儿园实现全覆盖。成功申报省级学前教育保教课题4项，为历年最多。

（二）义务教育

2020年，全市有小学571所，比2019年增加17所（小学教学点275个，比2019年减少46个）；初级中学88所；九年一贯制学校151所，比2019年增加5所；完全中学22所，比2019年增加1所；十二年一贯制学校12所，比2019年增加3所。小学在校生621791人（教学点在校生16225人，比2019年减少3243人）。初中在校生243085人。小学专任教师32009人，初中专任教师16591人。小学毕业生升学率为100%，小学毛入学率为100.96%；初中毕业生升学率为99.21%，初中毛入学率为103.69%；九年义务教育完成率为99.52%，小学五年巩固率为100%，初中三年巩固率为99.53%。

2020年，全市新建、改扩建义务教育阶段学校43所，新增义务教育学位3万个。惠州市第一中学托管惠州九中办成惠州市第一中学下埔校区顺利实施。充分挖潜扩能，市县（区）联动，义务教育学校大班额由2019年的7.81%下降至2020年秋季学期的1.75%。完成2020年国家和市级义务教育质量监测，惠州市教育局被教育部评为"2020年国家义务教育质量监测实施优秀组织单位"。开展初中学校综合评价，连续三年召开全市基础教育质量大会，教育系统"以质量论英雄"的共识全面形成。

（三）普通高中教育

2020年，全市有高级中学13所；完全中学22所，比2019年增加1所；十二年一贯制学校12所，比2019年增加3所。高中招生37701人，在校生102887人，专任教师7318人。高中毕业生升学率为98.85%，高中阶段教育毛入学率为98.17%。

2020年，全市高中阶段教育普及攻坚计划完成，3年共新建、改扩建普通高中14所，新增普通高中学位5 000个。开展普通高中学校培养能力评价，组建"10＋14"高考备考联盟，普通高中教育质量提升，助力更多学生实现"上大学、上好大学"的目标。

（四）特殊教育

2020年，全市有特殊教育学校7所（民办1所），特殊教育学校招生239人，在校生1 149人。特殊教育（含随班就读、中小学校送教上门学生）招生450人，在校生2 462人。其中义务教育阶段（含随班就读、中小学校送教上门学生）在校生2 386人。特殊教育专任教师232人。

2020年，全市贯彻实施《广东省第二期特殊教育提升计划（2017—2020年）》，出台《惠州市残疾儿童少年义务教育入学评估及转介安置工作实施方案（试行）》，通过普通学校就读、特殊教育学校就读、儿童福利机构（含未成年人救助保护机构）特教班就读、送教上门等多种方式，"一人一案"做好特殊儿童少年教育安置，招收残疾儿童入学类型涵盖听力障碍、视力障碍、智力障碍、自闭症等。全市残疾儿童少年义务教育阶段入学率保持在95%以上，全市特殊教育学校（30万人口以下的可设特教班）覆盖率保持在100%，县（区）特殊教育学校100%建立特殊教育资源中心。在全市范围实施高中阶段残疾学生免费教育，设立特殊教育学校建设维护资金，逐步提高义务教育阶段残疾学生生均公用经费补助标准，对入读全市特殊学校残疾儿童补助伙食费、交通费。

【职业与成人教育】（一）职业教育

2020年，全市有中职学校25所（其中市直属学校14所、县（区）属学校11所），招生18 715人，在校生49 061人。技工学校9所，招生11 558人，在校生32 809人。中职专任教师2 052人，技工学校专任教师1 120人。全市有国家重点中职学校3所，省重点中职学校3所。

2020年，狠抓中职学校布局优化和结构调整，惠州工程职业学院龙门校区挂牌，撤销惠州建筑学校，惠州市宝山职业技术学校等5所民办学校择址新办，全市"中高职贯通、市县（区）联动发展"职教模式初见成效。60个职业研究课题、29个中等职业教育教学改革项目被省立项。1人获全省技能大赛一等奖，4人获二等奖，24人获三等奖。

（二）成人教育

2020年，全市有开放大学5所。全市开放大学系统（含县、区开放大学）招生5 778人，排在全省地市级开放大学系统前列。全市开放大学系统开放教育学生12 443人，占全省地级市开放大学在册生总人数的1/10。全市开放大学系统教职工242人，有副高级职称以上教师35人。

2020年，全市有40 280人报名参加成人高等学校招生全国统一考试，录取33 638人。

【高等教育】2020年，全市有普通高校5所，分别是惠州学院、惠州卫生职业技术学院、惠州城市职业学院、惠州工程职业学院、惠州经济职业技术学院（民办）。普通高校招生28 529人，在校生64 976人，专任教师2 540人。

2020年，克服新冠肺炎疫情影响，举办了两期"惠州西湖科学讲坛"，分别邀请中国工程院院士罗锡文和欧洲科学院院士、俄罗斯工程院外籍院士、美国医学与生物工程院院士李长明主讲。支持惠州学院建设，配合完成惠州学院仲恺信息学院、大亚湾化工研究院建立。

教育成果与特色

【疫情防控取得阶段性成效】全市教育系统疫情防控"早启动、早部署、早落实"，实现1 700多所学校校园疫情"零输入"，返校复学"全覆盖"，140多万名师生有序复学复课。第一时间建立市、县（区）、学校三级防控工作专班，召开疫情防控工作例会75次，编印工作简报36期。市教育局主要负责人以"家校协同，顺利复学"为主题上线"行风热线"节目，16.4万名群众上线参与。创新实施清单化管理，印发《惠州市2020年春季学期返校复学问答》《学生（教职员工）健康卡》，制定学校疫情防控要点及复学准备工作等7类清单。向全市学校发放18万支消毒酒精、60万个口罩、20台红外测温仪、120多吨消毒液（剂）等防疫物资。举办疫情防控应急演练现场会，全市开展演练3 547场。为全市建档立卡贫困户学生发放学习平板907台，97.2万名学生线上教学"零掉队"。录制《战"疫"英雄 青春榜样》"思政第一课"，当日线上观众达400多万人次。疫情防控下包括高考等14类28

项考试实现"平安、公平、诚信、暖心、健康"的目标。

【各学段学位保障水平提升】 全市新增公办（公办性质）幼儿园69所，增加公办（公办性质）学位5万多个；全市公办幼儿园在园幼儿占比51.02%，公办幼儿园和普惠性民办幼儿园在园幼儿占比88.12%。新建、改扩建义务教育阶段学校43所，新增义务教育学位3万个。高中阶段教育普及攻坚计划完成，3年共新建、改扩建普通高中14所，2020年新增普通高中学位5 000个。坚持"标准不降、程序不减、时间不缩、要求不松"，完成惠城区汝湖镇等7个镇（街）的广东省教育强镇复评验收。完成2019年国家对省政府履行教育职责评价实地督查反馈意见涉及惠州市19个问题的整改。

【全方位育人水平提升】 完成国家和市级义务教育质量监测，惠州市教育局被教育部评为国家义务教育质量监测实施优秀组织单位；持续开展初中学校综合评价和普通高中学校培养能力评价，连续三年召开全市基础教育质量大会。发布"惠家教"家校共育平台，举办78场公益巡讲；4万多名教师深入63万多户家庭开展"走进万千家庭，文明携手同行"家访；"惠州市学校家庭教育指导工作经验探索"入选广东省中小学"家庭教育指导品牌项目"。制定学生心理防护工作"十三条"，开展"传递爱，共成长"微家书活动，向学生及家长推送《调适心态 和谐家庭"十条建议"》。新增2所全国文明校园、2所省级文明校园、25所市级文明校园和30所"三全"育人示范校，完成教育系统全国文明城市复评工作。创建4个省级、14个市级中小学生研学实践教育基地。成立市教育系统综合防控儿童青少年近视工作领导小组，完成近100万名学生的视力筛查并建立个人档案。仲恺中学获"省长杯"青少年校园足球联赛高中女子组冠军；创建全国校园足球"满天星"训练营1个，全国校园篮球特色学校6所、全国排球特色学校2所、全国足球特色幼儿园24所，新增广东省艺术特色学校3所、广东省中华优秀文化艺术传承学校9所。

【教育保障和安全发展基础夯实】 惠州市教育局编撰《惠州市教育系统安全工作指引》丛书，开展线上安全大讲堂7次，听课人数986万人次。完成15所停办高中的实验室涉危险废物处置。全市1092家学校食堂100%建成"智慧食堂"，义务教育阶段食堂自主经营的做法得到省教育厅肯定。全面推广"净化+烧开"直饮水，实现校园温开水全覆盖。完成扫黑除恶专项斗争，惠州市教育局被评为年度惠州市反恐怖工作先进单位。一键报警装置覆盖1807所学校（含教学点）。全市高考、中考考点所有考场实现安装空调和高清视频监控两个全覆盖。改革中考阅卷模式，首次在4个县（区）设立中考阅卷点，提高阅卷效率。启动惠州市第一中学南湖校区危楼拆建，完成"惠州西湖科学讲坛"会址澄观楼修缮工程。落实学前到高等教育阶段助学奖学，发放资金约3.1亿元，资助学生43.6万名。超额完成全市52所学校厕所改造提升工程。

【教师队伍综合素质提高】 全市实施教师落实立德树人根本任务承诺宣誓制度，启动共建北京师范大学师德涵养（惠州）实验区各项建设；出台《惠州市直属公办中小学校师德师风监察组工作规程》，加强学校师德师风监察组工作制度化、规范化建设。印发实施《惠州市教育局直属公办中小学年终奖励性绩效考核分配指导意见（试行）》，发挥绩效工资的激励作用；教师工资福利待遇与公务员同步增长，市直及县（区）全部达到"两个不低于或高于"要求；召开庆祝第36个教师节暨教育工作会议，表彰优秀教师480名，首次将校外培训机构教育工作者纳入表彰范围。面向全国招聘引进优秀大学毕业生和骨干教师近4000名，补充紧缺学科教师近600名；新增正高级教师8名。市、县（区）6个教师发展中心建设全部挂牌成立。"县管校聘""局管校聘"管理改革进一步落实，全市校长教师交流轮岗人数占教师总数的5.67%。启动惠州市基础教育"头阵计划"，计划3年选拔培养1000名名校（园）长、名班主任和学科名教师。制定印发《惠州市中小学教师教育教学能力考查实施办法（试行）》，开展教师教育教学能力考查。

【社会办学】 印发实施《关于规范民办学校办学行为 促进民办教育健康发展的有关要求》，完成民办义务教育招生改革，35所报名人数超过招生计划的民办学校全部实行电脑随机录取。民办普通高中与公办学校"同步填报志愿、同步划线录取、同步公布录取分数线"，实现全市统一录取。修订完善《关于对民办教育机构实行"红黑榜"管理的实施办法（试行）》，强化校外培训机构管理，完成198所民办学校、教育培训机构年检工作，规范民办学校办学行为。

（撰稿 郭金萍；审稿 肖树军）

汕尾市教育

概 况

2020年，在汕尾市委、市政府的正确领导和省教育厅的精心指导下，汕尾市教育系统以习近平新时代中国特色社会主义思想为指导，全面贯彻落实习近平总书记重要讲话重要指示批示精神和全国、全省、全市教育大会精神，贯彻党的教育方针，落实立德树人根本任务，深化教育改革攻坚，提升教育教学质量，全力弥补教育短板，加快教育现代化建设，各项工作取得长足进步，"十三五"顺利收官。

（一）强化政治引领，党的建设有力推进

旗帜鲜明讲政治。把"两个维护"作为最高政治原则和根本政治规矩严格抓好，全年召开市委教育工委会4次、市教育局党组会66次、中心组学习会29次，示范引领教育系统各级党组织落实"第一议题"制度。将学习贯彻习近平新时代中国特色社会主义思想、党的十九届五中全会和总书记重要讲话重要指示精神纳入各级培训主体内容，创新实施"线上+线下"培训方式，举办专题学习研讨班，利用"南方+"教育频道、汕尾教育公众号等进行宣传，扎实推动学习宣传贯彻走深走实。

大力夯实基层党建。成立市、县教育工委（党委），完成教育系统748个基层党组织、1.1万多名党员转隶工作，编印《汕尾市教育系统党建工作指南》，131所中小学完成党支部设立，创建24所市级党建示范校，推荐4所学校创建省级党建示范校。开展中小学党组织书记、校长暑期读书班培训，召开抓基层党建述职评议会和"聚焦质量、赛龙夺锦"经验交流会，增强"头雁"队伍抓党建促教育发展的执行力；组织党员、干部职工开展志愿服务活动，树立良好师德师风形象。坚决推动"党建+"，发挥基层党组织和党员在脱贫攻坚、乡村振兴等中心工作的重要作用，推动党建与教育工作深度融合、共同提升。

履行意识形态安全工作责任。压实政治安全工作责任，强化党对意识形态工作领导，召开全市教育系统意识形态安全工作会议，落实局党组定期专项研究及"一月一研判"机制，做好重要节点和敏感期意识形态专项督导检查，把好各种活动进校园关，开展学校课外书籍和校外培训机构教科书专项整治工作，做好网络安全工作，及时科学处理舆情，切实维护校园意识形态安全。

纵深推进全面从严治党。压紧压实主体责任，落实日常谈话提醒制度，举办"严守政治纪律，践行'两个维护'"党章党规党纪培训班，坚持执纪从严，全市教育系统受党纪政纪、政务处分23人。推动省委巡视、市委巡察及"回头看"反馈问题整改，注重"当下改""长久立"相结合，全面规范财务、出入境等多项规章制度，切实以制度管人管事。

（二）统筹推进疫情防控和返校开学，教学健康"两不误"

筑牢校园疫情防控防线。始终紧绷校园疫情防控弦，严格遵循"四精准""六分""一独立""三全""五管"原则，制定各项防控方案、工作指引，指导全市学校严格落实各项防疫"硬核"举措，深入开展境外、国内中高风险地区涉校人员排查和校园爱国卫生运动，加强督导检查力度，强力压实疫情防控主体责任。组建全市校园疫情防控工作专班，由市领导主持召开专项会议12场次，组织参加省疫情防控工作专班视频调度会68次，广东省学生返校工作专班简报刊登汕尾工作动态33期次。成立防范学生心理危机事件工作专班，组织开展心理健康监测，加强家校合作和舆论引导，加强涉校舆论监管。有序开展线上教育，线上教育期间解决11 266名困难学生上网问题，教育教学秩序平稳有序，实现了全年校园零风险感染目标，守住了校园安全底线，确保了60万名师生生命健康安全。

开展"暖心"高考中考。积极应对考试时间推迟后汕尾市气候炎热和疫情防控双叠加的严峻形势，各地各校齐心协力，压实责任，加强督查，新安装空调1051台，首次实现全市高考中考考场空调全覆盖，备考、组考和招生工作井然有序，实现零差错、零失误，得到省教育厅的高度肯定。在2020年高考中，全市本科上线人数6 096人，比2019年增加31人，上线率为33.3%，比2019年提高4.5%；优先投档上线人数1 092人，比2019年增加20人，上线率为6%，比2019年提高0.9%；专科以上上线人数17 360人，比2019年增加4 228人，上线率为95%，比2019年提高3.8%。

（三）坚持立德树人，素质教育有效落实

加强学校思政课建设。坚持用习近平新时代中国特色社会主义思想铸魂育人，市委首次专题研究思政课建设，市党政主要领导带头到高校上思政"第一课"，身体力行推动学校思政课建设。召开全市未成年人思想道德建设工作暨文明校园创建推进会，推动红色文化、抗疫故事进校园，组织上好"复学第一课""开学第一课"，开展名师思政示范课352场次，务求思政育人效果。开展爱国主义教育、文明校园创建、经典诵读活动，组织10名教师参加广东省第二届"南粤师魂杯"演讲比赛，荣获特等奖2人、一等奖5人、二等奖3人及优秀组织奖的佳绩。

加强学校体卫艺及国防教育工作。发挥校园足球综合育人功能，举办共有43支队伍600多名学生参加的全市青少年校园足球比赛，有力推广校园足球。开展"疾病预防、心理健康、健康行为与生活方式"等健康教育活动和"健康促进学校"创建工作，汕尾市林伟华中学等10所学校被评为广东省健康促进示范单位。扎实开展艺术教育，在第十届广东省残疾人文艺汇演中，汕尾市3所特殊教育学校选送的节目全部获奖，其中汕尾市特殊教育学校的舞蹈《默》荣获舞蹈类节目银奖，展现了汕尾市艺术教育的良好成效。

（四）抓重点补短板强弱项，各类教育协调发展

推动学前教育普惠规范发展。出台《汕尾市学前教育"5080"攻坚任务专项工作方案》《汕尾市2020年城镇小区配套幼儿园专项治理工作方案》等文件，采取公办幼儿园新改扩建、扩班增容、小区配套幼儿园治理和集团化办园等措施，扩大普惠学前教育资源，全市公办幼儿园在园幼儿数占比达51.39%，公办和普惠性民办幼儿园在园幼儿数占比达83.86%，如期完成学前教育"5080"攻坚任务。

推动义务教育均衡发展。新改扩建12所义务教育学校，增加优质学位供给，推进农村义务寄宿制学校建设，加快推进改薄提升项目，实现城乡中小学的均衡发展。严肃招生纪律，全面推行义务教育阶段学校"阳光招生"，统一按学区免试就近入学。保障特殊群体平等接受教育，义务教育阶段适龄残疾儿童入学率已达到98.39%，完成了适龄残疾儿童入学率不低于95%的任务。

推动高中教育特色发展。推动龙山中学新校区、彭湃中学、普宁华美学校等学校扩容提质。加大高素质教师引进力度，进一步优化师资结构。严守招生政策，国家级示范性高中和省一级普通高中全面推行指标到校，加强对"普职"协调发展宏观调控，统筹制订高中阶段教育招生计划，适度控制普通高中招生规模，努力扩大中职招生比例。全市高中阶段教育毛入学率为95.1%，普职比大体相当。

推动职业教育融合发展。出台《汕尾市进一步优化中等职业学校布局结构工作实施方案》，通过保留提升、整合撤并等方式，优化调整中等职业学校布局和专业结构，启动汕尾市海丰卫生学校和市城区中等职业学校择地新建，推动陆河职业技术学校创建省重点中职学校。推进"粤菜师傅"工程进校园，推行校企合作、产教融合办学模式，提升中职办学实效。

推动汕尾理工学院动工建设。把汕尾理工学院建设作为"一号工程"加以推进。截至2020年底，首期项目预算37.5亿元、已落实并支出14.02亿元，土方回填累计248万平方米、完成率为90.7%，教学楼、宿舍楼等设施正加快建设，合同总进度已完成21%，完成学科专业设置专家论证，招聘录用专任教师148人及管理和技术人员56人，同步开展设备图书建设方案制订、首期招生专业及培养模式研究及招生准备等工作，确保2021年9月一期启动区工程顺利建成并招生办学。

（五）聚焦高质量现代化竞争力，群众的教育获得感增强

提升基础教育教学质量。全面实施"决胜课堂"行动，立足课堂主阵地，打造高效课堂，切实向课堂要质量。深入实施北师大助力汕尾基础教育质量提升项目，组织开展北师大专家专题指导、种子教师说课、骨干教师同课异构等活动累计200多场次，北京四中网校优质教育资源在汕尾市高中学校试点推广，开展线下专题指导、教学资源研训等活动，取得一定成效。专门邀请湖南省长沙市教育局副局长缪雅琴到汕尾市做了题为《新时代教育评价改革的探索与思考》的专题报告，借力优质资源、共享先进经验，帮助提高教育教学水平。强化教学质量监测及成果应用，召开各级各类教学分析研讨会30多场次，有效促进校长优化管理、教师改进教学。

大抓师资队伍建设。坚持党管人才，引进、储备研究生学历教师各115名、193名。组建省、市名师工作室41个，发挥名师引领作用。加强教师培

训，组织参加国培、省培5978人，组织开展市级培训8723人、县级培训56979人，筛选100名教师到华南师范大学培训，提升素质能力。继续实施专升本学历提升工程，对每名教师予以2000元财政补助。坚持正面激励和反面警示相结合，表彰先进114人，组织广大教职员工全员收看《强党建 正师风》宣传教育片，开展两轮次师德师风专项暗访，并及时发出督办通知严抓整治，持续立师德正师风，打造人民满意的教师队伍。

办好教育民生实事。推进落实79所中小学校"厕所革命"项目建设，"厕所革命"项目100%完成。落实建档立卡贫困户子女实施免学费和生活费补助政策，做到应助尽助，精准资助。在校生享受建档立卡生活费补助27919人次，补助金额共9422.3万元；免学费补助3419人次，补助金额共953.6万元。

深化教育体制机制改革。加快推进教育信息化改革，率先挂靠"粤省事"实行民办小升初招生线上摇号，实施智能化教育缴费快捷缴纳，提高便民服务水平。深化教育领域放管服改革，教育行政审批时限压缩率达到50%及以上。深化教育重点领域综合改革，探索集团化办学，加快推进市实验小学品清新校区装修工程建设，扩大市区优质义务教育资源覆盖面。

加强市直学校项目建设。投资3亿元，推进市实验初级中学运动场（地下停车场）及体育楼、市职校二期工程宿舍楼、市教师技能实训中心综合楼、市林伟华中学综合楼、实验小学品清校区等工程建设项目，改善了市直学校办学条件。

（六）夯实教育保障，教育治理成效明显

用好教育督导。做好教育强市复评自评工作，推进汕尾市"广东省推进教育现代化先进市暨教育强市"复评工作，如期向省申报验收。做好市、县级人民政府履行教育职责一年一度评价工作，健全责任督学机制，开展学前教育普及普惠督导评估工作，促进教育公平优质均衡发展。有效推进各地"两个只增不减"和中小学教师平均工资收入水平"两个不低于或高于"要求的落实，及时将省财政教育转移支付资金安排到具体的学校和项目，加强教育资金支出进度督促检查，统筹优化管好用好教育经费。

依法治教治校。市委、市政府高度重视青少年法治教育工作，专门召开青少年学生法治教育工作推进会，市、县公检法司等部门班子成员兼任高中阶段学校法治副校长，助力依法治校创建，全年创建市级依法治校达标校330所，实现全覆盖。市、县两级按要求基本完成法治教育基地建设，并组织开展相关活动，发挥应有作用。推进家校合作试点工作，完善校委会、家委会等组织体系建设，举办家校合作培训教育、交流讲座等，尤其是"以良好的校风影响家风改变民风"主题讲座，观看直播人数达477万人次、点赞26.8万次，营造浓厚氛围，凝聚强大教育合力。

维护教育安全稳定。推进平安校园建设，健全联防联控机制，完成"一键报警"和"互联网+明厨亮灶"建设，加强学生安全、反邪禁毒、防校园欺凌等专题教育，整治校园及周边涉黑涉恶问题，推进学校应急疏散演练常态化、规范化。完善国家教育考试标准化考点建设，保障招生考试安全。加强网络安全制度建设，提升网络安全水平。健全群众投诉举报快速响应和督办落实机制，妥善解决群众来信来访，收到的信访298件全部办结，实现"件件有回音、事事有着落"。

各级各类教育

【基础教育】2020年，全市有幼儿园525所，在园幼儿99290人，学前三年入园率为96.2%。教职员工11290人，其中专任教师6495人。小学566所，在校生28.6万人，教职工21690人，其中专任教师16593人，专任教师学历达标率为98.58%，小学适龄儿童入学率为100%，"三残"儿童少年入学率为98.39%。初中128所，在校生12万人，教职工9338人，其中专任教师8978人，专任教师学历达标率为99.87%，初中学龄人口入学率为105.07%。特殊教育学校5所，在校生604人，教职工154人，其中专任教师120人。普通高中36所，在校生54481人，其中专任教师4186人，专任教师学历达标率为99.47%。高中阶段教育毛入学率为95.1%，初中毕业生升学率为98.26%，普职比基本相当。

【职业教育】2020年，汕尾市有中等职业技术学校12所，在校生15 226人，教职工937人，其中专任教师823人，专任教师学历达标率为94.53%，"双师型"教师263人，占专业教师的比例为56.68%。

【高等教育】2020年，汕尾职业技术学院有全日制在校生10 202人（含中职段在校生267人），教职工642人，其中专任教师515人。

教育成果与特色

【推动学前教育普惠规范发展】出台《汕尾市学前教育"5080"攻坚任务专项工作方案》《汕尾市2020年城镇小区配套幼儿园专项治理工作方案》等文件，采取公办幼儿园新改扩建、扩班增容、小区配套幼儿园治理和集团化办园等措施，扩大普惠学前教育资源，全市增加公办幼儿园达4.9万个（含购买学位等过渡性措施），完成率为153%。其中城区增加公办学位5 400个，海丰县增加17 604个，陆丰市增加22 544个，陆河县增加3 156个，红海湾区增加300个。公办幼儿园在园幼儿数占比达51.39%，公办和普惠性民办幼儿园在园幼儿数占比达83.86%，如期完成学前教育"5080"攻坚任务。

【大力推进"厕所革命"】根据全市中小学厕所实际情况，制定了《中小学卫生厕所提升改造总体方案和分步实施方案》，细化目标任务、靠实工作责任、明确时间节点，按照"先难后易、分步实施"的原则，通过先行集中整改危房类的厕所和旱厕，按标准改造或新建厕所，优先考虑使用学校改薄和校舍安全保障长效机制资金等措施，大力推进中小学卫生厕所提升改造。截至2020年12月底，全市已完成79所学校学生厕所的新改建任务，完成率为100%。其中陆丰市任务数为50所，已完成50所，完成率为100%；海丰县任务数为17所，已完成17所，完成率为100%；陆河县任务数为7所，已完成7所，完成率为100%；市城区任务数为3所，已完成3所，完成率为100%；红海湾开发区任务数为1所，已完成1所，完成率为100%；华侨管理区任务数为1所，已完成1所，完成率为100%。

【提高生均经费和贫困子女教育保障水平】健全学前至普通高中各学段生均经费保障制度。2020年，学前教育生均公用经费从生均300元/年提高到400元/年，公办普通高中生均公用经费标准从500元/年提高到1 000元/年，义务教育公用经费与2019年保持不变，小学生均1 150元/年、初中生均1 950元/年。各县（市、区）拨付幼儿园至普通高中生均公用经费共计62 480万元，占总下达任务的100%。继续对2020年建档立卡贫困户子女实施免学费和生活费补助。2020年春季在校生享受建档立卡生活费补助28 040人，发放金额为4 699.4万元；免学费补助3 134人，发放免学费补助金额为438.5万元。2020年秋季在校生享受建档立卡生活费补助27 798人，发放金额为4 722.9万元；免学费补助3 704人，发放免学费补助金额为515.125万元。

【建设智慧教育服务系统】2020年，汕尾市教育局协同市政务服务数据管理局，推动在粤省事平台上实施线上办理、智能化积分入学摇号、考试费用、学费快捷缴纳等项目，提高便民服务水平。一是在全省率先实现在"粤省事"上实行民办学校小升初报名摇号。汕尾市民办初中报名摇号系统于2020年7月10日在"粤省事"正式上线，是全省首家在"粤省事"上线运行民办初中报名摇号系统。汕尾市紧扣"大数据+网格化+主动监测+群众路线"四轮联动机制，开发小升初民办学校摇号系统，充分发挥了"数字政府"改革建设成果，实现了学生监护人在"粤省事"报名民办初中，做到家长报名在线办理，减轻了学校和家长的工作量，进一步规范全市义务教育学校招生入学行为，促进了教育公平。二是加快研发考试费用、学费快捷缴纳系统。智慧教育服务系统教育缴费项目主要有"考试缴费"和"教育缴费"两个模块。"考试缴费"主要涉及中考缴费，预计2021年在"粤省事"平台上线。"教育缴费"模块是服务于全市公办学校的行政性收费（学杂费、住宿费等）、代收代缴类费用（业本费、校服费等）和服务性收费（学前阶段伙食费、校车费等）。教育缴费于2020年8月14日启用缴费，2020年共为726所学校开通系统账号，已使用系统进行学杂费缴费的学校共585所，已缴费笔数39.5万笔，缴费金额1.46亿元，使用系统缴费的学生约34万人。

（撰稿　陈　枢；审稿　林汉旋）

·市域教育·
EDUCATION IN VARIOUS CITIES

东莞市教育

概 况

2020年，东莞市共有各类学校1835所（包括幼儿园、小学、初中、普通高中、中职学校、技工学校、在莞高校、特殊教育学校），在校生约179万人。其中，幼儿园1206所，在园幼儿37万人；小学335所（不含九年、十二年一贯制学校），在校生84.22万人；初中206所（不含完全中学、十二年一贯制学校），在校生26.57万人；普通高中学校48所（含完全中学和十二年一贯制学校），在校生9.15万人；中职学校28所（含技工学校7所），全日制在校生8.41万人；在莞高校10所（其中普通本科院校5所、高职院校4所、成人高校1所），全日制在校生13.53万人；特殊教育学校2所，在校生711人。

根据全国教育经费统计报表数据，2020年，东莞市一般公共预算教育经费支出195.16亿元，比2019年增加15.8亿元，增长8.81%，占全市一般公共预算支出比例为23.22%。

各级各类教育

【基础教育】（一）学前教育

2020年，东莞市有幼儿园1206所，其中公办、集体办幼儿园210所，民办幼儿园996所。在园幼儿37万人，学前教育入园率为103.2%。全市有幼儿园教职工5.31万人，其中园长、教师2.77万人，教师学历达标率为99.64%，大专以上学历占87.52%。全市有广东省规范化幼儿园1182所，省、市一级优质幼儿园634所，其中省一级幼儿园21所，市一级幼儿园613所。

完成学前教育"5080"攻坚任务。东莞市进一步推动通过新建、改扩建、回收等方式增加公办园学位，同时继续支持园区、镇（街）通过购买民办园学位、在民办园举办公办班、补贴辖区适龄儿童入读民办园、以公办园为龙头成立幼教集团等多元化方式，增加公办学位，满足不同家庭对教育的多元化需求。2020年东莞市公办园（含创新方式扩充的公办学位）在园幼儿占比达52.49%，公办园（含创新方式扩充的公办学位）和普惠性民办幼儿园在园幼儿占比达82.22%，按期完成国家和省定目标任务。

持续加大普惠性幼儿园扶持力度。对集体办园和普惠性民办园的基本补助标准从每班每年9000元提高至12000元，继续实施集体办幼儿园生均定额经费补助，对815所集体办园和普惠性民办园下拨生均经费补助9770.49万元，对209所集体办园和普惠性民办园下拨教师达标奖补1936万元。根据《东莞市公益普惠性幼儿园认定、扶持和管理办法》，2020年新认定普惠性民办幼儿园61所，公办（集体办）和普惠性民办园共893所。

完成城镇小区配套园专项治理任务。积极落实国家、省有关工作要求，把小区配套园治理工作纳入年度重点工作，加强督查督导，强化部门沟通协调，推进35所小区配套园完成治理，按要求完成2020年城镇小区配套园专项治理任务。

（二）义务教育

2020年，东莞市有小学335所，在校生84.22万人，比2019年增加0.48万人，户籍学龄儿童小学入学率为100%，小学毕业生升学率为100%。全市有初中206所，在校生26.57万人，比2019年增加0.22万人，户籍适龄少年初中入学率为100%，初中毕业生升学率为99.1%。

随迁子女义务教育方面，2020年，东莞市有义务教育学校非东莞户籍学生76万人，比2019年减少2.68万人，减少的主要原因是户籍政策调整，义务教育户籍学生数大幅增加3.38万人。全市有非东莞户籍小学生59.99万人，比2019年减少1.74万人，其中在公办小学就读的有10.5万人；非东莞户籍初中生16.04万人，比2019年减少0.93万人，其中在公办初中就读的有2.94万人。

（三）普通高中教育

2020年，东莞市有普通高中（含完全中学和多层次学校高中部）48所，在校生9.15万人，比2019年增加5987人。东莞高级中学内地新疆班招收新生160人，全市内地新疆高中班有在校生672人。

（四）特殊教育

2020年，东莞市有特殊教育学校2所，在校生711人，新建资源教室20间，户籍"三残"（智残、体残、肢残）儿童入学率为97.59%。完善残疾学生入学机制，加强随班就读和送教上门管理及指导，建立特殊教育干部教师全员培训体系，培训180人次。

【职业与成人教育】（一）职业教育

2020年，东莞市有独立设置中职学校28所（含技工学校7所），特殊学校附设中职班2个，高职院校附设中职部2个，在校生8.41万人。省级以上重点中职学校17所，其中国家级重点中职学校10所，国家示范性中职学校2所。共开设专业130多个，其中省"双精准"建设专业23个，招生2.87万人，接收广东省"双转移"学生6286人。毕业生升学就业率达99.49%。

开展职业院校定点实习实训基地认定工作。全年认定36个定点实习实训基地，并组织1024名学生到定点实习实训基地进行顶岗实习，按标准对接收学生实习的定点实习实训基地发放补贴资金100.43万元和企业设施设备补助200万元。

采取多种方式打通升学渠道。东莞市共有16所中职学校的46个专业与省内高职院校实施"三二分段"中高职贯通培养，共招生5335人，比2019年增加1875人。2020年中职毕业生成功升入高一级院校就读的共8089人，比2019年增加499人。

深入推进1+X证书制度试点工作。东莞理工学校和东莞市经济贸易学校两所试点学校已成功开发1+X技能证书，并成功组织676名学生参加已开发证书的考评，其中396名学生成功考取技能证。全年共有11所中职学校组织学生参加1+X证书制度试点申报工作。

加强对外合作交流。全市共有9所中职学校的13个专业参与中外合作办学，招生规模达570人。成功引入4个国际通用职业证书考证体系，并组织440名学生考证，其中340人成功考取技能证。

积极落实东西扶贫工作。接收了2019名昭通学生在东莞市中职学校就读，共发放交通生活费补助共计364.44万元。

（二）成人教育

2020年，全市共有广东省社区教育实验区26个，乡镇成人文化技术学校30所，持有《民办学校办学许可证》的民办教育培训机构共1670家，年培训量达68万多人次，各类成人高等学历教育规模达1.69万人（不含在莞高校成人学历在校生6.36万人）。依托"莞易学"平台向广大市民提供免费学习内容。"莞易学"平台共有非全日制中职学历教育专业32个，专业课程452门；技能提升课程和素质课程341门，报名人数近35.5万人。

【高等教育】2020年，东莞市有高校10所，分别为东莞理工学院、广东医科大学（东莞校区）、东莞理工学院城市学院、广东科技学院、中山大学新华学院（东莞校区）、东莞职业技术学院、广东创新科技职业学院、广东亚视演艺职业学院、广东酒店管理职业技术学院、东莞开放大学。按类别分，有普通本科院校5所、高职院校4所、成人高校1所。全市有高校在校生19.89万人，其中全日制在校生13.53万人，毕业生3.48万人，毕业生留莞就业率约为38.4%。全市高校的学科专业设置涵盖了除军事学、哲学和历史学以外的10个学科门类，共有博士专业点1个，硕士专业点12个，本科专业点215个，专科专业点198个；有省级重点学科18个，省级特色示范专业建设项目39个、校级特色示范专业建设项目48个。拥有各类实验室和实训中心1434个，国家级重点实验室1个，省级重点实验室13个，各类实习基地3833个。全市有高校教职工7895人，专任教师5935人，硕士研究生3109人，博士生1240人，研究生学历人数占专业教师人数的73.28%，副教授1343人，教授627人，硕士导师423人，博士导师49人。9所高校与23个国家和地区的58所高等教育机构开展教育合作与交流。全市9所高校设立研发机构173个，开展科研项目1589项，研发活动总经费投入5.24亿元。

东莞理工学院加快建设新型高水平理工科大学示范校，加快国际合作创新区项目建设；广东医科大学推进教育教学、人才队伍建设和科技创新服务；东莞职业技术学院成功创建省示范校，全面完成省一流校验收报评工作，加快推进国家"双高校"建设。加快大湾区大学筹设工作，确定大湾区大学创校负责人，制定《大湾区大学办学初步方案》并通过省政府常务会议审议。积极引进香港城市大学开展合作办学，明确由东莞理工学院联合香港城市大学合作举办香港城市大学（东莞），并签署合作协议,接受教育部专家组的现场调研和集中评议,明确校园设计方案。协调加快推进东莞理工学院城市学院和中山大学新华学院的转设工作,中山大学新华学院成功转设为独立设置的本科学校,更名为广州新华学院。

【民办教育】2020年,东莞市经批准开办的民办幼儿园有996所;民办普通中小学296所,其中小学116所,初中(含九年一贯制学校)158所,高中(含十二年一贯制、完全中学)22所。民办中小学(幼儿园)在校生达100.6万人,其中幼儿园在园幼儿29.69万人、小学在校生52.22万人、初中在校生15.19万人、普通高中在校生3.5万人。

加强引导与磋商,吸引多方力量参与学校项目建设。吸纳民间资金约24.1亿元,全年新增设立民办普通中小学5所、民办幼儿园30所,向社会新增提供民办学位2.35万个。

大力扶持民办教育发展。向近1.9万名教师发放从教津贴约7800万元,向约5800名原民办代课教师发放生活困难补助约2900万元。深入推进64对公、民办学校结对帮扶,针对民办学校开展教研活动857次,展示教学课例1007节,听课、评课1365节,协助完善民办学校管理制度218项。向44所民办学校发放教育信息化基础设施建设财政奖励2399.21万元,61所民办学校获得2020年东莞市民办中小学扶持专项资金。

着力推进民办学校规范管理。举办东莞市民办学校管理干部专题培训班,着力提升民办学校管理干部的审批管理水平。深化、优化民办学校行政审批"放管服"改革工作;将无证中小学、幼儿园的日常排查工作纳入市社会服务管理"智网工程"检查项目,实行网格化管理,做到发现一所,取缔一所。

疫情期间开展民办学校扶持工作。4月,印发《东莞市人民政府办公室关于支持民办学校克服疫情影响稳定健康发展的措施》(东府办〔2020〕34号),给予民办学校租金减免、税费优惠、金融扶持、财政补贴等方面的优惠待遇。5月,形成《关于新冠疫情期间我市民办幼儿园享受政策扶持和经营情况的报告》,密切关注各民办幼儿园的经营困难和享受扶持的状况,及时、认真做好民办学校各项扶持资金申报、评审和绩效评价工作。

加强民办培训机构的审批管理。2020年2月,印发《关于明确校外培训机构许可登记有关问题的通知》,明确面向中小学生的民办校外培训机构,由教育部门负责审批和管理,校外培训机构取得办学许可后方可向市场监管部门或民政部门进行登记。3月,公布、发放《中小学生培训机构办事指南》和《中小学生培训机构网上申报指引》,方便群众依法依规申请办学。7月,印发《东莞市清理整治无证中小学生校外培训机构工作方案》,对未取得教育部门办学许可、擅自开展中小学生教育培训的各类校外培训机构进行清理整治,共清理无证机构2028所,其中办理许可证1070所,变更经营范围604所,整改停办354所。11月,开展年检及信用评价,通过"东莞慧教育"公众号公布2020年东莞市白名单民办教育培训机构1651家,灰名单5家,黑名单14家。

教育成果与特色

【大力实施教育扩容提质】从2020年起,东莞市启动教育扩容提质千日攻坚行动。为推动攻坚行动开展,制定了"一个机构、两个支撑、四个指引、一个标准"的政策文件体系,作为开展攻坚行动的政策和机制保障。市镇两级已成立教育扩容提质千日攻坚行动指挥部,将教育扩容提质千日攻坚行动任务纳入市政府"硬任务"管理。其中,市指挥部在2020年共召开会议14次,集中审议并协调解决51个议题事项。召开东莞市人民政府教育督导委员会全体(扩大)会议,研究部署加快推进教育扩容提质工作措施,加大督导督办力度。2020年,完工新改扩建学校32所,增加学位约3.7万个,比原定2020年计划超额完成3所,新增学位超0.34万个;完成拨付寮步镇、常平镇、东坑镇公办中小学校建设项目补助资金约1.63亿元。

深入推进中小学校集团化办学和品牌学校培育工作,累计遴选120所品牌学校培育对象,认定60所品牌学校,组建40个教育集团,扩大优质教育资源覆盖面,努力办好家门口的每一所学校。以课程建设为抓手,推动办学质量提升,构建未来学校课程体系,举办第二届东莞市中小学未来课程设计大赛,有效提升了东莞教师的未来教育理念和未来课程的研发水平,与中国教育科学研究院合作,开展CFS中国未来学校课程框架的课题研究,进行课程框架设计。

【教育改革提速发展】以提高质量、促进公平、增强活力为目标，以破解教育资源供给为重点，以人才培养模式改革为关键，深入推进教育综合改革。推进公办学位供给机制改革，实施教育扩容提质千日攻坚行动，形成"一个机构、一个标准、两个支撑、四个指引"的政策和机制保障，建立公办义务教育学位供给与商住用地出让联动机制、公办高中学校教育用地保障机制。推进校长职级制和教师"市管校聘、镇管校聘"改革，健全中小学岗位设置动态调整机制，加强镇内教师交流。深入推进"莞式慕课"教学改革，新建优课微课11 628节，举办线上线下相结合的教研活动103场，100多万人次教师参与，东莞市被教育部认定为"国家级信息化教学实验区"。深化招生考试制度改革，稳步实施首次义务教育公民办学校同步招生，完善学生综合素质评价体系，初步形成分类考试、综合评价、多元录取的考试招生录取模式。新增提供积分入学和优待政策学位近8万个，"两个为主"随迁子女占比达50.07%。扎实推进高中阶段学校考试招生制度改革，全市优质公办普通高中学校分配名额比例达到50%，随迁子女报考东莞市普通高中，通过资格认定比例达91.2%，居全省前列。进一步深化职业教育改革，开展"学历证书+若干职业技能等级证书"制度（1+X）试点工作。推进质量监测与评价改革试点工作，东莞市教育局被评为2020年国家义务教育质量监测实施优秀组织单位。积极申报广东省基础教育综合改革实验区、教育评价改革实验区。

【政府履行教育职责评价】强化督政工作，统筹做好省政府2020年对市政府履行教育职责评价工作，组织市有关部门和市教育局各科室做好逐项自评，形成东莞市年度自评报告及收集整理相关佐证材料，顺利完成受评工作。组织开展对镇街园区政府2019年履行教育职责评价工作，开发东莞市人民政府履行教育职责评价系统，组织全市33个镇街（园区）开展自评、网上上报材料工作，组织市相关职能部门开展网上评审。组织召开东莞市人民政府教育督导委员会扩大会议，成立由市有关部门组成的17个实地核查组，对全市33个镇街（园区）政府开展实地核查，顺利完成年度评价工作。

【加强教师队伍建设】开展全市第九轮中小学校长聘任期满考核，做好第十轮校长聘任工作。加强学校机构编制支持，增加中小学机构编制总量，优化编制配置结构。贯彻落实保障基础教育精神，用好省市下达和调剂的中小学教职员专门编制，经市委编委批复同意，2020年分两批核增全市中小学事业编制703名，彻底解决中小学校超编问题；其中东莞松山湖未来学校等11所新开办学校核定机构为公益一类事业单位，每校核定10名事业编制用于班子团队建设，缓解新建扩建学校编制短缺问题。组织开展职称评审工作，全年共有12名中小学教师通过正高级职称评审，605名教师通过副高级职称评审。东莞市可园中学刘成兵、东莞市纺织服装学校张蕾被评为广东"最美教师"；组织教师参加广东省第九届师德主题征文及微视频征集活动，获省一等奖4个、二等奖6个、三等奖14个；联合市检察院、市公安局、市民政局出台《东莞市密切接触未成年人行业入职人员违法犯罪记录查询办法》（东检发办字〔2020〕38号），建立普教系统工作人员"先查询，后入职"制度。

【随迁子女教育服务水平不断提升】重新修订出台《东莞市非户籍适龄儿童少年接受义务教育实施办法》和《东莞市义务教育阶段非户籍适龄儿童少年积分制入学积分方案》，进一步降低申请门槛，扩大申请范围，优化积分项目，加大部门数据共享，取消"现场确认"环节，实现积分入学申办全网办结、群众"零跑动"。加大财政投入，2020年为义务教育阶段非户籍适龄儿童少年新增提供积分入学和优待政策申请学位接近8万个（含公办学位、购买民办学位和民办学位补贴）。修订高端人才和企业人才子女入学实施办法，将各类高端人才和企业（机构）人才整合纳入统一的引进人才入学体系，进一步扩大优惠范围和优惠学位数，提供企业人才子女入学学位数超过1万个。

【德育工作实效进一步增强】充分利用党团活动、班级活动、社会实践活动等有效载体，推动习近平新时代中国特色社会主义思想进教材、进课堂、进社团、进课余生活。持续优化全员、全过程、全方位育人的"三全"育人的学校德育工作新模式。推动中小学校"一校一案"落实《中小学德育工作指南》。不断推进社会主义核心价值观内容在广大师生中内化于心，外化于行。结合疫情防控工作，组织线上升旗仪式，并利用微信公众号、官网、线上班会课、线上教学等方式加强中小学生的思想道德建设工作。树立学生榜样，推选出市级优秀学生887名、省优秀学生23名和省宋庆龄奖学金获得者28名，并配合市文明办开展"新时代好少年"评选。大力推进德育研究机制建设。7月，成立东莞市学校德育研究会，推动了东莞市学校德育研究机制的建设。不断提升德育管理干部素质,组织90人参加2020年全国中小学德育骨干、班主任和心理健康教育教师网络培训示范班。承担全省市县德育管理干部培训班的承办工作,全省各地市共203名德育管理干部在东莞市参加了为期三天的培训,全市40多名德育管理骨干参加了观摩培训,东莞市教育局在培训开班仪式上做了学校德育工作经验介绍,承办工作得到了省教育厅和兄弟市的一致好评。积极组织开展主题教育活动。组织开展了"复学第一课""卫生法治大课堂"活动,举办"同上一节主题班会课——我们在战'疫'中成长"等系列主题活动,其中"同上一节主题班会课——我们在战'疫'中成长"的线上活动,聚焦抗击新冠肺炎疫情中的真人真事真情,吸引了近千万人次观看,取得了良好的宣传效果。联合市文化广电旅游体育局举办《东莞战"疫"——东莞市抗击新冠肺炎疫情纪实展》巡展,组织参加第十三届广东省中小学"暑假读一本好书"活动、2020年广东省"书香校园"建设系列活动、广东省教育厅"我和我的祖国"中小学幼儿园主题教育活动,开展东莞市第十五届中小学生书信活动、东莞市第十六届读书节活动。东莞中学初中部、东莞师范学校附属小学被评为全国文明校园,东莞市莞城中心小学被评为广东省文明校园。

【家庭教育与心理健康教育工作稳步推进】开发家庭教育与心理健康教育培训课程,分别培训了专(兼)职心理教师6.63万人和班主任2.74万人;联合"南方+"开展3次"云上"家长会、"同上一节心理暖心课"等系列大型直播活动,参与人数达到839.6万人次。联合11部门印发《东莞市关爱学生心理健康联动工作方案》,健全"家庭、学校、社会"三位一体的学生心理健康防护网络;推进实施《东莞市学校家庭教育品质提升计划(2019—2021年)》,建立了东莞市中小学幼儿园家长学校课程"超市",并要求各中小学开足开好家长教育课程,免费向家长推送《家庭教育100个怎么办》《家教有方 智慧问答》等家庭教育科普微视频,推动全市家庭教育品质发展;联合东莞广播电台《城市的声音》合力打造家庭教育"空中学堂",全年共播出49期;举办了首届东莞市中小学家庭教育指导与心理健康教育优秀案例评选,评出家庭教育指导优秀案例171篇,心理健康教育优秀案例180篇。

【体育、艺术教育取得丰硕成果】开展中小学生体质健康测试评估,委托第三方专业测试机构抽取45 960名学生进行体质测试,结合镇(街)人民政府履行教育职责考核工作,加强学生体质健康测试评估结果应用。参加全省中小学校高水平艺术团队创建交流展示活动,获优胜奖3个、优秀组织奖2个。积极参加各类省级学生体育竞赛,参加广东省中学生篮球锦标赛,荣获高中组亚军和季军、初中组季军;参加"省长杯"青少年足球联赛,获得中职组亚军和高中组第6名;参加广东省中、小学生健美操啦啦操联赛,包揽高中组团体总分冠亚军和初中组团体总分季军,获得12个单项第一名。经扶持培育,2020年有20所学校通过第二批广东省中小学中华优秀传统文化传承学校复评,20所学校通过第四批广东省中小学艺术教育特色学校复评,20所学校获评为全国青少年校园足球特色学校,14所幼儿园获评为全国足球特色幼儿园,4所学校获评为全国青少年校园篮球特色学校,2所学校获评为全国青少年校园排球特色学校,11所学校获评为广东省校园篮球推广学校,6所学校获评为广东省校园排球推广学校。

【科技教育成果明显】顺利建设好并验收完第三批29所创客教育学校,顺利完成东莞市"中小学创客教育"项目规划中"建设97所创客教育学校"的任务。联合科技局开展"科技少年,科创未来"2020年东莞市青少年人工智能创新挑战赛暨科教实践系列活动、"大手拉小手,抗议院士说"院士进校园活动。联合钱学森实验室、松山湖材料实验室、东莞市科技局开展市首届"太空探索实验"青少年教育项目征集活动,并邀请钱学森实验室教授宋坚、中国航天科技集团510所教授周晖、松山湖材料研究所博士柯海波对相关项目进行赛前诊断培育。2020年,东莞市师生参加广东省青少年科技创新大赛获58项大奖,其中一等奖7项、二等奖19项、三等奖27项,3项专利申请奖。其中有7个项目被选送代表广东省参加第35届全国青少年科技创新大赛。

【教育科研水平不断提升】组织开展东莞市2020年度规划课题申报评审,共有申报项目1 897项,为历年最多,批准立项700项。组织申报2020年度省"强师工程"项目,37个项目被批准立项,为历年最多。9项课题被批准立为广东省教育科学规划德育专项课题,10项课题被批准立为广东省中小学德育课题,1个项目被批准立为大湾区专题研究项目。106项成果获广东省中小学教育创新成果奖,获奖数量占全省53%,位列全省第一,其中全省一等奖共9项东莞市占了4项。组织开展市教育学会论文征集评选工作,共评出获奖论文222篇。

东莞市成功入选基础教育国家级优秀教学成果推广应用示范区，成为全省两个入选区域之一。

【开展优质教学资源的建设与应用】 开展优质教学资源的建设与应用，新增优课微课11 628节、习题26.5万道、教学素材61 131个，东莞市教学资源应用平台总浏览量达8.14亿次，上线师生380万人次，教师备课20.4万节，布置作业43.6万份，学生观看2 083.1万次，学生答题3 588.6万道。遴选了东莞市石龙镇明德小学、东莞市大朗启明学校、东莞市清溪银河学校、东莞市常平常青学校4所民办学校为莞式慕课实验基地和另外23所民办学校为莞式慕课实验基地共同体学校，开展市镇教研员蹲点帮扶125人次。2020年8月，东莞被教育部确立为"基于教学改革、融合信息技术的新型教与学模式"实验区，是省内4个试验区之一。《促进区域教育均衡发展的"莞式慕课"研究与实践》被教育部评为2020年度全国基础教育改革发展优秀工作案例。

【大力开展终身教育】 依托"莞易学"平台向广大市民提供免费学习内容。该平台包含学历教育、技能教育、素养教育三大板块，市民可以在网页端登录，也可通过微信小程序登录，随时随地，实现"互联网+"线上自主学习。截止到2020年12月，"莞易学"平台共有非全日制中职学历教育专业32个，专业课程452门；技能提升课程和素质课程341门，报名人数近35.5万人。2020年12月19—20日，举办了非全日制中职学历教育线下毕业考核，共有6 848名学员报名参加考试，实际参加考试人数为5 274人，通过考试人数为3 130人，通过率达53.3%。

2020年11月9—15日，东莞市举办了主题为"全民智学，助力'双战双赢'"的全民终身学习活动周活动。全市33个辖区开展了相关活动，全市参加免费教育咨询和课程培训活动的单位、社区和培训机构有300多个，提供免费教育咨询和课程培训项目500多个、线下公益培训名额2万多个，参加活动的市民近8万人。

【依法治教水平不断提升】 2020年，授权镇街综合执法办行使14个涉及教育行政处罚事项的权力。开展证明事项清理工作，取消了8个证明事项。落实行政执法"三项制度"，规范行政执法。修订教育局行政执法操作流程及文书范本，举办全市教育系统行政执法培训班，开展教育行政执法案卷评查活动。积极开展"双随机、一公开"，加强行政监管。动态调整"一单两库"，开展部门联合监管，共开展部门联合抽查5次。依法做好政府信息依申请公开，按期答复信息公开申请30宗。全面开展依法治校创建活动，2020年新评依法治校达标学校50所。全市已认定达省级依法治校创建标准的学校共564所，其中获评广东省依法治校示范校55所，获评东莞市依法治校示范校316所。

【加强学校安全管理】 2020年，持续开展安全生产监管检查（巡查）工作，强化防溺水、校园安保和校车管理等督导检查，共完成了7个轮次683所中小学幼儿园的督查工作，发现并督促整改隐患7 372处；市财政投入5 750多万元升级改造校车安全管理平台，为全市6 523台校车安装全新的车载监控终端设备，并接入升级改造后的管理平台，实现对校车运行情况的实时监控。全年共督促整治校车违规行为1 017辆次。联合交通、交警等部门，常态化推进试点学校学生接送工作，全年设置接送车运行线路238条、公交专线13条，调配接送车444辆、学生公交50辆，累计运送学生62.3万人次。印发了《东莞市2020年防范学生溺水问题专项治理工作方案》，制定了33条工作措施，全面部署水域隐患整治、构建完善防范网络。完成了50场防溺水体验式宣教活动，通过聘请专业人员采取送教上门的方式，实施体验式的防溺水主题教育课程。联合市禁毒办、市关工委组织小学五年级至高中二年级的学生共94.81万人次学生收看"东莞市青少年禁毒教育公开课"。组织镇街教育管理中心和市直属学校233名安全管理干部开展为期3天的业务培训，增强应对安全管理工作的处置能力。市财政投入190.53万元建设东莞市校园主要出入口一键报警设备管理系统，联合市公安局按照省的技术标准，完成全市1 826所学校主要出入口一键式紧急报警前端设备升级改造，并按要求接入市公安局110报警平台和东莞市校园主要出入口一键报警设备管理系统。2020年，全市校园配备专职保安10 867人，购置安全防卫器械7 577套共68 193件，安装硬质防冲撞设施1 906组，全市中小学、幼儿园校园主要出入口"四路对射视频"和公安"一路治安监控视频"建设完毕并联入公安视频专网。

（撰稿　江　城　张金龙；审稿　杜润江）

·市域教育·
EDUCATION IN VARIOUS CITIES

中山市教育

概　　况

2020年，在中山市委、市政府的正确领导下，全市教体系统全面贯彻党的教育方针，加强党对教体工作的全面领导，落实立德树人和体育惠民根本任务，不断深化教体领域综合改革，着力破解发展不平衡不充分问题，统筹抓好校园疫情防控，人民群众的获得感和满意度进一步增强，实现了"十三五"圆满收官。

（一）旗帜鲜明讲政治，全面加强党对教体工作的领导

党的政治建设全面强化。认真落实"第一议题"学习制度，市教育工委（局党组）"第一议题"学习34次，电子科大中山学院、中山纪念中学等16个党委学校党组织理论中心组学习180余次。开展党的十九届五中全会精神和《习近平谈治国理政》（第三卷）专题学习115场次，推动50多万名师生家长使用"学习强国"平台开展常态化学习。压紧压实意识形态工作制。制定突发事件"四个一"工作机制等十多项制度，强化高校舆情动态和思潮监管，严密防范各类不稳定因素"倒灌"等风险对师生的影响，切实守好政治安全和意识形态安全"南大门"。

巡察整改举措更细更实。抓好市委巡察反馈问题的整改落实，制定《督促、指导、推进6所学校落实巡察整改工作方案》，对29个学校（单位）进行了61批次检查，发现并整改各类问题828个，推动市属高校、市直属学校（幼儿园）党组织对照检查、未巡先改。针对招生招考、合作办学、学校财务管理和后勤管理等重点敏感领域，落实整改，堵塞漏洞，用制度管事管人，切实架好从严治党"高压线"。

主题教育成果精准转化。常态化开展"不忘初心、牢记使命"主题教育活动，聚焦校园疫情防控开展对口联系服务学校活动，4 000多名党员干部深入全市所有大中小学和幼儿园，积极开展协调防控物资、隔离观察室设置、校园内外防疫宣传教育和清洁消毒等工作，实现安全平稳返校复学。紧扣阶段重点工作，全方位推进落实各项保障工作，确保中考、高考等重大考试项目顺利完成。深入开展中高考咨询答疑、困难儿童帮扶等志愿服务活动，积极投身抗击疫情和全国文明城市创建工作。

基层党建基础持续优化。实施基层党组织建设三年行动计划，推动镇街教育部门成立教育系统党委，镇属公办和民办中小学校100%成立党组织，选优配强市直属中小学（幼儿园）党组织书记，全面加强校领导班子建设。深入开展"五好党支部"创建活动，在首批73个基层党支部中评选出30个"五好党支部"，进一步夯实基层党建。

党内政治生态快速净化。深化落实全面从严治党，推进从严治教、从严治校。改革完善市直属学校纪委书记、纪检委员选拔管理机制，配齐配强市直属学校纪检力量，强化业务培训、实践锻炼，提升学校纪委履职能力。廉政教育、警示教育常抓不懈，坚持每季度至少开展1次纪律教育学习活动，推动基层党组织将谈话提醒作为党员干部日常监管的重要抓手。积极运用监督执纪"四种形态"，坚持严管与厚爱相结合，给予党纪政纪处分41人次，在强化监督执纪问责的纪律刚性同时，关心帮助犯了错误的同志，释放组织关怀的温度，达到治病救人目的。

（二）为党育人强素质，全面落实立德树人根本任务

学校思想政治课改革取得新突破。推动成立全市学校思政课建设指导委员会，统筹推进大中小学思政课一体化建设。配齐建强思政课教师队伍，实行思政课教师"梯队式"培养，全市中小学思政课教师增加到5 525人。创新打造基于阵地、文化、管理"三位一体"的网络思政课教育阵地，推出"以艺抗疫"等线上微课，成功搭建了思政教育"立交桥"。

立德树人根本任务取得新成绩。加强社会主义核心价值观教育，增强学生爱国主义情怀，中山市实验小学和东区松苑中学被评为全国文明校园。加强学校美育工作，14所学校被认定为广东省艺术教育特色学校，11所学校被认定为中华优秀传统文化传承学校，中山市美育改革经验获全省推广。劳动教育发生质的改变，首次高规格召开全市中小学推

进劳动教育现场会，夯实实践育人基础。语言文字工作扎实推进。顺利完成第23届全国"推普周"活动，成功举办第七届小学生汉字听写大赛和第十二届大中小学规范汉字书写大赛等活动，面向全市开展普通话水平等级测试3035人次。

教育督导机制改革取得新进展。新聘第六届市督学213名，创新教育督导管理方式，实现"中山市教育督导管理平台"转型升级。完善政府履行教育职责评价体系，树立"用数据说话、重数据评价、依数据决策"的督导理念，建立市对镇街政府履行教育职责评价制度，促进各镇街在组织领导、机制创新、投入保障、办学质量等方面精准发力，攻坚克难。

学校安全教育管理取得新成效。紧密扎牢校园安全防护网，800多所中小学幼儿园完成第二代一键报警系统升级改造，100多所学校推广并安装人脸识别系统。推动各级各类学校利用班会课、专题课等途径开展扫黑除恶和预防校园欺凌宣传教育7000多场次。利用学校安全教育平台深入开展"疫情防控""国家安全""预防溺水"等专题安全教育。校园安全文明水平不断提升，54所学校厕所完成提升改造，"厕所革命"成效显著。学校食堂"互联网+明厨亮灶"实现全覆盖。

（三）创新发展增动力，全面深化教体领域综合改革

顶层设计全面架构。深入实施教育体制机制改革，推动出台《关于深化中山市教育体制机制改革的实施方案》《关于全面深化新时代教师队伍建设改革的实施方案》等文件，科学谋划教育和体育事业"十四五"发展规划、教育设施专项规划（2020—2035年）等项目，高起点、高标准谋划全市教体事业发展。

学前教育驶入"快车道"。实施学前教育"5080"攻坚计划，大胆探索公办幼儿园"委托管理"办园模式，新增规范化幼儿园21所，新增规范化学位7964个，其中新建公办幼儿园10所，增加公办学位4270个。推动20所民办幼儿园转型为公办幼儿园，增加公办学位6300多个，全市公办园和普惠性民办园在园幼儿占比达82.2%，顺利完成"5080"攻坚任务。

招生改革步伐加快。坚持就近入学原则，全面落实公办学校和民办学校同步招生，市直属学校和民办学校同日摇号、同步录取。全市义务教育阶段学校招生10万名，招录全程实现公开、透明、有序，得到社会各界充分肯定。统筹推进"两为主"任务，全市购买学位指标数24031个，核定入围指标数20699个，"两为主"比例达50.4%，顺利完成年度目标任务。

职业教育趟开新路子。中职教育改革全面启动，将全市10所公办中职学校调整为6所，深入推进产教深度融合，推荐5所学校和5个专业参加全省首批高水平中职学校和"双精准"示范专业建设，配合做好"粤菜师傅""广东技工""南粤家政"三项工程。中山市获得全国职业院校教师教学能力比赛一、二、三等奖各1名，连续3年位居广东省地级市代表队前三名。

教育信息技术保驾护航。充分发挥信息技术优势，保障原创优质在线教学资源供给。全市54万名学生利用免费在线学习平台参加线上学习，组织全市教师制作了830个教学微视频，形成一套可辐射全省的本土优质在线学习托底资源，实现在线教育和返校复课无缝对接。推动数字教材应用全覆盖，疫情期间免费推送国家课程配套数字教材，遴选出178个优秀应用案例、16所试点学校，推动45.85万名师生完成"粤教翔云"数字教材资源平台注册应用，高品质实现全市中小学"停课不停学"目标。中山市教育技术中心现代教育技术和教育电视部荣获"广东省三八红旗集体"称号。

（四）提升水平添活力，全面深化新时代教师队伍建设

教师队伍建设全面加强。成立中山市教师发展中心，实现教师培养培训分级负责、分层分类精准培训，实施新一轮"强师工程"和"3680"种苗工程，实现全市教师培训"一盘棋"。选优配强市直属学校校级领导队伍，选聘118人为新一届校（园）长，顺利完成市直属学校校（园）级领导换届工作。

师德师风水平不断提升。深入开展寻找广东"最美教师"、争当"四有好教师"等主题活动，评选出师德先进集体10个和师德标兵50名，名教师11名、名校（园）长3名和名班主任3名，认定了优秀教师1626名和优秀教育（体育）工作者104名，利用新闻媒体加大宣传力度，在全社会营造尊师重教的良好氛围。

选人用人机制不断完善。坚持把树立正确用人导向作为干部选拔任用的关键，推动形成"树导向、聚人心"的共识，全面启动局机关选人用人工作，在局机关内部提任科长6名、局属事业单位负责人3名、四级调研员5名、一级主任科员3名、二级主任科员10名，切实把忠诚、干净、担当的干部选

·市域教育·
EDUCATION IN VARIOUS CITIES

出来、用起来,进一步激发局机关干部干事创业的信心和动力。

（五）聚焦民生增福祉,全面回应群众所想所盼

义务教育更加优质均衡。全力推进公办中小学建设,实现新改扩建中小学12所、新增公办学位9 390个。推动民办教育优质发展,鼓励支持民办学校规范达标和品牌提升,稳步实现从量的增长向质的提升、从复制模式向特色办学、从快速发展向品质凝练的"三大转变"。加大扶困助学力度,确保每个孩子不因经济困难失学辍学,全学段资助大中小幼学生50 495人次,资助总金额超过8 860万元,基本实现全市义务教育"一个都不能少"。

高中阶段教育资源更丰富。全力推进重点建设项目和民生实事项目,三角镇迪茵公学建设工程、市一职二期项目、杨仙逸中学新建学生宿舍和饭堂工程等项目如期交付使用;顺利完成市一中南校区扩建工程（第二期）、市二中扩建改建项目、市侨中高中部二期扩建等工程建设项目;新建南区和西区高中项目已完成招标工作。

学生体质健康水平持续提升。加强学校体育工作,顺利组织1万名学生开展体育课运动负荷与密度跟踪。大力发展校园足球,成功举办"市长杯"足球联赛,参赛队伍和参赛人数均创历史新高。深入实施儿童青少年体质提升行动,印发《中山市综合防控儿童青少年近视实施方案》,为1.1万名中小学生提供视力健康管理精准服务。为10万名学生提供脊柱健康管理精准服务,实现"免费筛查＋拍片确诊＋远程专家会诊",不断增强儿童青少年体质。

审批服务改革亮点突出。创新民办学校审批机制,积极提供送服务上门、申请资料预审、集体答疑等审批服务;大胆探索,打破民办学校传统办学机制,鼓励引导社会力量自办或与政府开展多形式合作,举办优质特色民办学校。创新行政许可审批决策机制,印发《行政许可审批联席会议制度（试行）》,集体研究解决重大疑难审批事项。全年批准2所民办学校正式设立,批准1所民办学校筹设。通过"中国教师资格网"与"广东省政务服务网"人工对接,实现报名、审批、发证"全流程网办",消除群众办事堵点。"校车并联审批改革"实现"全流程、一张网、无纸化、不见面",全程"一站式"办理,从申请到审批实现"零跑腿"。

培训机构治理持续推进。印发《培训机构信息管理制度（暂行）》《中山市规范校外培训机构发展的实施方案》等指导性文件,按照国家、省、市有关管理要求规范年检,积极组织校外培训机构服务管理平台的填报及测试工作。主动开展全市教育机构专项行动,针对复学验收、疫情防控、规范经营、办学质量、教材内容、创文迎检等重点方面进行集中整治。

全民健身运动蓬勃发展。扎实推进全民健身设施建设,在黄圃镇石军村建成全市首个红色社区体育公园,为板芙镇三条经济落后村建成惠民社区体育公园,通过打造神湾缤纷社区体育公园展现旅游氛围,让体育健身成为新常态。成功举办全民健身日启动仪式暨畅游西江活动、镇街男子篮球联赛、越野赛等赛事活动,带动各镇街举办丰富多彩的大型群体活动,实现了"市级有品牌、镇镇有特色"。加强体育社会组织管理,充分调动体育协会积极性,促进社会体育活动广泛开展。拓宽体育彩票销售渠道,全年体育彩票销售8.16亿元,筹集国家公益金约2.05亿元,提供就业岗位超过1 000个。

（六）破冰前行挖潜力,全力扛起新发展新使命

加快推进高水平大学建设。抓住粤港澳大湾区建设重大机遇,推动中山科技大学和澳门科技大学（中山）纳入《教育部 广东省人民政府推进粤港澳大湾区高等教育发展规划》。积极推进与瑞士洛桑酒店管理学院等中外合作办学事项,推动高等教育"科产教"融合。深入推进省市共建研究生联合培养基地建设,电子科技大学、广东工业大学等9所省内高校定向招收了中山市400名硕士和博士研究生,其中198名学生顺利毕业并投入服务社会经济发展大局。

率先开展高水平运动队改革。制定《中山市高中阶段学校高水平运动队建设实施意见》,率先在全省统一实施高中阶段学校田径、游泳、篮球、足球、排球以及具有中山市传统特色的定向越野、攀岩、棒垒球、高尔夫球等项目高水平运动队建设,综合统筹专项选拔测试工作,年内共有210人被录取为高水平运动队学生,为中山市体育后备人才培养创造了良好条件。

加大力度开展对口帮扶工作。全力推进肇庆市广宁县浪沙村扶贫项目,推动浪沙村光伏项目竣工并网,帮助28户106名有劳动能力贫困户人均年增收450多元;顺利完成三造玉米种植,全年利润收益16万元,为贫困户分红增收约600元。实施"牵手工程",选派28名支教老师到云南昭通支教交流。投入5 000多万元帮扶云南昭通中职学生1 800多人,完成新增对口帮扶招生600多人。

各级各类教育

【基础教育】（一）学前教育

2020年，中山市有幼儿园553所，在园幼儿15.2万人，学前三年入园率为99%，残疾儿童学前教育毛入园率为85%。其中，省规范化幼儿园共514所，占幼儿园总数的92.9%。全市有专任幼儿园教师1.11万人，其中大专及以上学历的幼儿园教师比例为85.2%，73.06%的专任教师取得幼儿园教师资格。全年新增规范化幼儿园学位7134个，其中新建幼儿园19所，扩建和迁建幼儿园2所；全年共有11所公办幼儿园投入使用，推动20所民办幼儿园转型为公办幼儿园，增加公办幼儿园学位资源6300多个，新增普惠性民办幼儿园14所，公办幼儿园和普惠性民办幼儿园总数达452所，占全市幼儿园总数的81.7%；公办幼儿园在园幼儿占比达40%，公办幼儿园和普惠性民办幼儿园在园幼儿占比达82%。沙溪镇中心幼儿园领衔的"基于中山本土文化的幼儿园课程开发与实践"项目，及西区中心幼儿园领衔的"课程游戏化背景下幼儿园主题式区域活动研究"项目分别入选广东省学前教育"新课程"科学保教示范项目。2月，印发了中山市人民政府办公室关于印发中山市公办幼儿园深化改革实施方案的通知（中府办〔2020〕8号），根据《中共中央国务院关于学前教育深化改革规范发展的若干意见》等文件指示，结合中山市实际，加大公办园建设的财政奖补力度，对中山市公办幼儿园深化改革做出明确要求。6月，印发了《中山市公办幼儿园委托管理工作指引》（中教体〔2020〕71号），探索"委托管理"的公办幼儿园办园模式，指导各镇区通过公办幼儿园新建、改扩建、回收和回购等多种途径扩大公办学位资源，进一步推进公办幼儿园办园体制机制改革。印发《关于印发中山市学前教育补助资金管理办法的通知》（中教体通〔2020〕81号），进一步规范中山市学前教育补助资金的管理和使用。

（二）义务教育

2020年，中山市有全日制普通小学212所，普通初中85所（含九年一贯制学校38所）。小学在校学生33.56万人，小学学龄儿童入学率和升学率均为100%；初中在校学生12.26万人，初中毕业率为100%，初中升学率为98.11%。全市有义务教育阶段学校专任教师25651人，其中本科学历21605人，研究生学历1769人，专科学历3996人，高中学历50人；助理级及以下职称13880人，中级职称10486人，副高级及以上职称1271人。全市义务教育阶段100%的公办学校和97.3%的民办学校达到广东省标准化学校标准。

（三）普通高中教育

2020年，中山市有全日制普通高中20所（含完全中学5所，十二年一贯制学校6所），在校学生51077人。全市有普通高中专任教师3841人，其中大专学历2人，本科学历2471人，研究生学历1368人；初级及以下职称897人，中级职称1841人，副高及以上职称1103人。全市有广东省国家级示范性普通高中10所。中山市全力推进普通高中学校建设，三角镇迪茵公学建设工程、杨仙逸中学新建学生宿舍和饭堂工程等项目如期交付使用；市一中南校区扩建工程（第二期）、市侨中高中部二期扩建工程开工建设；新建南区、西区高中，市二中扩建改建项目已完成招标工作。

（四）特殊教育

2020年，中山市残疾儿童少年在校生数为1322人，其中，在特殊教育学校就读的963人（含接受送教服务190人），随班就读358人。全市特殊教育学校教职人员255人。由中山市特殊教育指导中心统筹管理指导全市特殊教育工作，组织开展特教师资培训，评估并安排适龄残疾儿童入学，协调属地镇街安置随班就读残疾学生，为重度残疾学生提供送教上门服务等。

【职业与成人教育】2020年，中山市有市属高等职业技术学院2所，全日制在校生19819人；独立设置中等职业学校10所（含体育运动学校和技工学校），其中国家级中职学校4所、省级重点中职学校5所。全市有中职学校全日制在校生4.21万人，中职学校招生1.35万人（含对口帮扶云南省昭通市中职招生601人），其中市教体系统8843人、人社系统4695人。市教体系统中职毕业生共7402人，双证率为99.36%；取得高级技能证754人，占10.37%；进入高等院校深造4927人，占66.8%；就业率（含升学）为99.6%。师生参加国家级职业院校技能竞赛（全国职业院校技能大赛和第一届全

·市域教育·
EDUCATION IN VARIOUS CITIES

国技能大赛），共有10个项目获奖，其中一等奖2项、二等奖5项、三等奖3项；师生参加省级职业院校技能竞赛（广东省职业院校技能大赛、广东省第一届职业技能大赛），共有317个项目获奖，其中一等奖55项、二等奖109项、三等奖153项。

中山市中职教育改革正式启动。整合区域内中等职业教育资源，将全市除体校外的公办中等职业学校由10所调整到6所。6月15日，中山市教育和体育局（以下简称市教体局）召开中职学校校级领导任命暨中等职业教育新一轮改革动员会，通过调整促优化，提升办学能力，为中山市高质量发展培养高技能人才提供支撑。为深入推进中山市职业教育改革，市教体局等6部门于2020年12月联合印发了《中山市促进职业教育校企合作实施意见》。

2020年，中山市有省骨干成人文化技术学校8所，市级示范镇区成人文化技术学校16所，市级示范村（社区）成人文化技术学校109所。全市有20 179人报名参加全国成人高等教育考试，31 182人报考全国高等教育自学考试。年内以中山开放大学为主导，使用"腾讯课堂"线上学习与线下面授相结合，完成中山市职工修身学堂讲座80场，27 000多人次参加学习；采用"中山i学习"App和"钉钉课堂"线上学习与线下面授结合开展社区教育和老年大学14门课程教学，1 900多人次参加学习；面向机关事业单位干部教育培训服务，线下面授与市内红色教育基地现场实践教学结合，完成13个培训项目，1 567人次参加学习；完成社会考试5个项目共服务11 000多人次；设计和制作了"中山红色印迹"系列微视频25件；利用抖音平台举行全民智学长者歌唱比赛；借助"钉钉课堂"举行摄影作品展览；开展线上报名，免费派送社区智库导师编写的社区教育读本近500本；组织开展中山市8所高中职院校校内现场图片巡展——2020年"珠江纵队一支队革命斗争史展览"。

【高等教育】2020年11月，教育部、广东省人民政府正式颁布《推进粤港澳大湾区高等教育合作发展规划》，规划中明确将支持中山科技大学建设和鼓励澳门科技大学在大湾区内地办学列为重点任务。中山科技大学选址相关地块已覆盖了约126.67万平方米（1900多亩）建设规模，为开展校园基础建设创造了条件，澳门科技大学（中山）也明确了先利用现有约26.53万平方米（398亩）用地及其建筑作为启动办学的校园。省市共建研究生联合培养基地持续开展，2020年顺利完成招生50人；6月广东省研究生联合培养基地（中山）26名硕士研究生毕业，成为联合培养基地的第四批毕业生；9月23日举行了2019级联合培养研究生开学典礼，10家高新技术企业新增为联合培养基地的研究生工作站，工作站总数达46家；2020年秋季学期基地进驻硕士研究生共计68人，其中省市联合培养硕士研究生新生35人，电子科技大学本部硕士研究生33人。落实2020年高职扩招的决策部署，中山市完成了省教育厅下达的高职扩招的任务，面向社会人员和中职学校毕业生实际招录1585人，处在全省地级以上市前列。

【民办教育】全市有民办中小学校74所（包括特殊教育学校1所），在校学生约17.8万人。民办中小学教职工总数1.2人，其中专任教师0.9万人。出台《中山市民办学校规范达标计划和品牌提升计划（2020—2022年）》，制定并实施《中山市民办中小学规范达标和品牌提升评估细则（试行）》，52所民办学校被评为星级学校，实现以"细则"为导向、以年检为抓手，推动民办学校树立品牌意识、补齐办学短板。印发《中山市教育和体育局关于报送互联网环境下基础教育教学改革试验校的通知》，安排800万元专项资金补贴参与"爱种子"项目的民办学校，用于软硬件配套，为民办学校教育信息化建设提供经费保障，被广东省教育厅确立为首个互联网环境下教育教学改革实验市。

教育成果与特色

【教育督导】2020年，根据《中共中央办公厅国务院办公厅关于深化新时代教育督导体制机制改革的意见》，中山市结合实际，调整了中山市人民政府教育督导委员会组成人员，由市政府副市长徐小莉任主任，市政府副秘书长雷继敏和市教育体育局局长彭晓新任副主任，成员单位有市委组织部、市委宣传部、市发展改革局、市教育体育局、市科技局、市工业和信息化局、市公安局、市财政局、市人力资源社会保障局、市自然资源局、市住房城乡建设局、市农业农村局、市卫生健康局、市应急管理局、市市场监管局、市民族宗教局、团市委。完成第六届中山市督学聘任工作，聘任市督学213人，聘期3年。根据《广东省人民政府办公厅关于印发对市县级人民政府履行教育职责的评价办法的通知》精神，全面启动对镇街政府履行教育职责评价工作，印发对镇街人民政府履行教育职责的评价办法，对全市24个镇街进行了2020年履职评价。完善责任督学挂牌督导工作，优化督导过程，落实问题整改，规范办学行为，推进素质教育。开展幼儿园办园行为督导评估，全年共有132所幼儿园完成市级督评，向社会发了2019—2020学年幼儿园办园行为督导评估工作报告。

【德育工作】2020年2月印发《中山市中小学（幼儿园）贯彻落实立德树人根本任务工作方案》，印发《中山市中小学德育工作常规（修订）》《中山市中小学班主任常规工作要求（修订）》《中山市中小学班主任基本功要求（修订版）》。深入推进"文明校园"创建工作，广泛开展"同做文明人，共建文明城"文明实践活动和"新时代好少年"寻找、学习和宣传活动，全年共认定了28所市级文明校园，75名"新时代好少年"，20名"新时代好少年标兵"。中山市实验小学、东区松苑中学被中央文明办认定为全国文明校园，小榄广源学校被省文明办认定为广东省文明校园。5月，启动"走进家庭，同育新人——万名教师访万家"大型家访活动，评选认定学校、年级、班级等三级先进家委会共405个。11月，中山市推进三级家委会建设的经验材料"三级家委齐发力 合力育人显担当"在广东省教育厅举办的全省中小学家庭教育研讨会上交流介绍；推动出台《中山市儿童青少年心理健康三年行动计划（2020—2022年）》。12月，召开中山市中小学推进劳动教育现场会，积极推进中小学劳动教育基地和特色学校建设，中山市第一职业技术学校、东区朗晴小学、石岐区体育路学校、西区铁城小学4所学校被认定为广东省中小学劳动教育特色学校。深入推进中小学研学实践，孙中山故居纪念馆、沙溪镇圣狮村民委员会、中山厨邦酱油文化博物馆、中国（大涌）红木文化博览城成功创建广东省中小学研学实践教育基地。加强德育干部队伍建设，组队参加2020年广东省中等职业学校班主任业务能力大赛，共有2人获一等奖，1人获二等奖，1人获评广东省最美中职班主任；2名教师代表广东省参加全国中等职业学校班主任业务能力大赛，1人获一等奖，1人获二等奖。

【学校安全工作】2020年，市教体局大力推动中小学幼儿园安全防范建设三年行动计划，全力推动全市中小学及幼儿园一键式紧急报警建设，推动更多学校（幼儿园）开展"智慧安防进校园"建设。印发了《中山市教体系统安全专项整治三年行动实施方案》，出台了《中山市校园保安员工作指引》和《关于持续深化平安校园的通知》，在中山广播电视台滚动播放预防学生溺水宣传标语，组织全市中小学幼儿园开展消防达标工程建设，开展消防安全视频培训，联合市市场监管局等多部门共同推动全市125所学校食堂建成食品快检室，推动全市231所学校食堂每周至少开展1次食堂食品快检工作。参加全省食品安全管理员技能大赛，中山市获得全省一等奖。依托"中山市学校安全教育平台"，先后开展了国家安全、预防性侵、防溺水、防暴反恐、秋季安全第一课、平安暑假等专题安全教育11批次。不断推进扫黑除恶专项斗争工作，加强行业治理，联合多部门开展校园周边综合整治，完善了图文集、宣传片、典型案例、制度汇编等工作，召开了市教育体育局扫黑除恶专项斗争新闻发布会。完善校车使用许可，加强与市公安交警支队联动，共同监管校车，保障学生交通安全。完善气象灾害预警。

【学校体育工作】将学生体质健康提升项目纳入2020年市十项民生工程，确定10所体质提升试点学校，开展1万名学生体育课运动负荷与密度跟踪试点；引进第三方对全市24个镇区中小学（民办学校）和全市直属学校共30 964名学生开展体质健康抽测，抽测结果纳入市政府考核镇政府履职考核和市直属学校的绩效考核。疫情期间开展体能操、跳绳、足球、篮球、舞蹈、乒乓球、武术、健身操、跆拳道和定向等17个居家运动项目锻炼以及"云运动"挑战赛；制定《中山市高中阶段学校高水平运动队建设实施意见》，率先在全省开展高中阶段学校田径、游泳、篮球、足球、排球以及具有中山市传统特色的定向越野、攀岩、棒垒球、高尔夫球项目高水平运动队建设，最终有234人通过专项测试。开展中山市体育传统项目学校考核暨新周期创建工作，对187所体育传统项目学校进行考核评价，推进新周期体育传统特色学校创建申报。2所学校获批为全国青少年校园篮球特色学校，4所学校获批为全国青少年校园排球特色学校，2所学校获批为全国青少年校园冰雪特色学校。由广东省教育厅和广东省体育局主办，中山市教育和体育局承办的2020年广东省排球锦标赛决赛在中山市中山纪念中学、中山市第一中学举行，中山纪念中学获得高中组男子冠军。

【学校艺术工作】 2020年，全面实施中小学生艺术素质测评工作；举办中小学生合唱、民乐、戏剧比赛，参与学校285所，参与人数近15 000余人；三乡光后小学民族管弦乐团参加2020年全省中小学校美育改革发展现场交流活动；组织古镇镇镇南小学参加第三届粤港澳大湾区学校美术作品展暨第五届广东省高校美术作品学院奖双年展并获得中小学组一等奖；引进广东外语艺术职业学院儿童剧《谜之羽毛》走进中山市实验小学，开展高雅艺术进校园系列活动；开展20场粤剧进校园活动，惠及师生达20 000余人。举办全市中小学音乐教师"柯达伊音乐教学法"培训班、全市中小学舞蹈教师创作能力培训班，参与培训的教师达到1 000多人次。成功创建了14所学校为广东省艺术教育特色学校，11所学校为广东省首批中华优秀传统文化传承学校；学校美育工作经验在全省推广。

【新冠肺炎疫情防控工作】 服务新冠肺炎疫情防控工作大局，编撰《中山市校园新冠肺炎疫情防控工作指引》（第三版）；分别在市实验小学和市一中举办了"中山市春季开学新冠疫情应急处置现场会"和"2020年学校春季开学师生返校模拟演练"，为各镇街和各学校提供防控样板；组织协调各镇街各学校完成教职工及学生返校复学核酸检测工作共5批次、113 118人次；组织开展学校卫生防疫防病培训17场次，培训覆盖27 316人次；制作推送校园新冠疫情防控等宣传教育视频、推文、课件65个。

【学校卫生保健】 2020年，市教体局大力推进中山市十大民生实事儿童青少年体质提升行动——为1万名学生提供视力健康管理精准服务，通过学生视力检查，建立视光学档案，提供诊治矫正意见，27所试点学校11 251名学生实现近视防控早筛查早预警早介入；大力推进中山市十大民生实事儿童青少年体质提升行动——为10万名学生提供脊柱健康管理精准服务，为94所初中学校119 421名学生提供"免费筛查+拍片确诊+远程专家会诊"的脊柱健康管理精准服务。做好学校卫生保障工作，全年有11所中小学通过健康促进学校验收，全市健康促进学校总数达到153所；全年下乡到基层学校388间次，为学校开展卫生保健工作进行点对点、一对一地指导和帮助；利用食堂远程视频监控平台和中山市卫生健康监测信息平台进行学校健康与安全风险自查和干预；开展市直属学校食堂营养配餐调研和座谈会，印发了《中小学校营养配餐工作要点》，指导学校做好营养配餐工作；开展学生口腔保健试

点工作，为中山市实验小学等4所学校超1 200名学生提供口腔健康检查和六龄齿窝沟封闭服务；开展营养保健工作，完成全市24个镇街2018—2019年度学生营养评估调研并形成各镇街中小学生营养状况调查分析及风险干预报告；举办学生健康专家网络直播讲座11场，宣传覆盖超99万人次；组织网上预防近视、预防传染病、学生营养等专题知识竞赛，共43万人次参与；印发《关于加强中山市中小学卫生（保健）室建设和管理的通知》，至2020年底，全市183所中小学共配备专职校医331人，并对校医进行了应急救护、卫生应急能力提升、心理障碍识别和干预、危机干预等方面的培训，全市校医队伍及中小学卫生（保健）室建设与管理水平得到进一步提升。

【数字化教育工程】 2020年新冠疫情突袭，按照教育部统一部署，全国延迟开学，并开展了大规模的线上教育。中山市教育技术中心（原电教站和信息中心）全体人员迅速行动起来，同心协力，无私奉献，发挥技术优势为在线教育保驾护航。中山作为全省唯一组织市内教师拍摄本土托底资源的地市，在疫情初期6天内组织了逾百人的骨干教师团队，历时三个月制作了830个微视频，形成了一套可辐射全省的本土小学优质在线学习托底资源，实现了在线教育工作和各批次学校返校复课的无缝对接。同时还推出十八集访谈节目"停课不停学，应该怎么学"。相关视频通过中山教育信息港、中山广播电视台教育频道、广电网络、广东移动、电信、联通IPTV线上课堂等渠道发布，点击量超过3 000万人次。返校复学期间，为广泛宣传疫情期间抗疫英雄的感人事迹，制作推出了"天使归来，英雄开讲"复学第一课在全市中小学播放，对学生进行爱国主义教育和防疫教育。组织制作了10集返校复学宣传视频以及48节返校复学心理教育课，为学校开展复学后的心理疏导提供了优质素材。

大力推动数字教材应用全覆盖工作，承担市十件民生实事项目之为全市义务教育阶段师生开通数字教材应用平台账号，免费推送国家课程配套数字教材。疫情期间，加强与数字出版部门的联系，在"停课不停学"期间指导学校做好"粤教翔云"数字教材资源平台账号注册和激活工作，完成45.85万名师生账号初始化工作，有效为师生解决了在线教育教材配发问题。开展了全市性的数字教材应用线上有奖问答活动，进一步扩大宣传，激励新生注册。

加强实验教学，参加省教育厅组织的三大实验

教学竞赛活动,成绩均获全省第一。参加2020年广东省优秀自制教具评选活动,中山市有9件参评作品获一等奖,5件作品获二等奖,1件作品获三等奖。广东省有7件作品被推荐参加全国现场展示,中山市占了3件,中山市荣获一等奖数量居全省首位。

经2020年广东省中小学实验教学说课活动选拔,中山市有3名教师代表广东省参加教育部基础教育司主办的"第八届全国中小学实验教学说课活动",全部荣获"2020年度全国中小学实验教学能手"称号。组织参加2020年广东省中学化学和生物学实验操作与创新技能竞赛,7人获一等奖,5人获二等奖,2人获三等奖,同时还有7人获得创新实验奖,中山市获一等奖和创新奖人数均位列全省第一。

"中山教体政务网"和"中山教育信息港"公共服务量不断攀升,"中山市教育和体育局"微信公众号成为全市第三大影响力政务微信,市教体局在政务网站和政务新媒体考评中获优秀等次。

【教育科研】2020年3月,省教育厅公布2019年广东省教育教学成果奖(含基础教育和职业教育)获奖项目,中山市共有21个项目获奖,其中7个项目获一等奖,14个项目获二等奖,基础教育教学成果奖申报获奖率为45%,仅次于广州和深圳。2020年为市级课题立项年,立项市级课题共439项,其中重点课题44项,一般课题203项,青年课题159项,专项课题33项,已完成公示。中山市申报全国教育科学规划课题3项。

【教育考试】2020年,全年共组织开展各类教育考试18场次,服务考生总数达294 048人。其中普通高等院校招生考试15 164人,高中阶段学校招生考试36 583人,高等教育自学考试31 182人,全国中小学教师资格考试笔试11 277人,成人高校招生全国统一考试20 179人,各类非学历考试17 696人,其他教育考试161 967人。

2020年,中山市普通高考本科录取人数10 690人,录取率达到70.74%。普通高考专科以上共录取14 831人,总录取率为98.14%。名牌高校录取中山市考生人数依然维持在高位水平,全国一流大学共录取了628人,其中北京大学录取6人、清华大学录取9人。首年"强基计划"录取成果喜人,中山市录取了9人,其中清华大学录取2人、北京大学录取1人、南开大学录取2人、浙江大学录取2人、厦门大学录取1人、山东大学录取1人。高职类考生共录取4770人,录取率为98.61%。

【招生制度改革】以"大稳定,小调整,微改革"为原则,继续推进高中招生考试制度改革。2020年,中考总分满分从530分调整为600分;进一步规范体艺生招生,取消艺术特长生招生,体育类招生改由组建体育运动队方式替代;开展学科类自主招生试点工作,探索对学生特长和综合评价全面考察的招生模式。

7月7—8日,为期两天的2020年全国普通高等学校招生考试在全市10个考点学校举行,531个考场秩序井然,考试环境温馨和谐,考试期间未发生考务事故,未出现考生违纪作弊,顺利完成了"平安高考""公平高考""诚信高考""暖心高考"的目标任务。

受新冠肺炎疫情影响,2020年初中学业水平考试推迟至7月20—22日进行。全市共设24个考区、38个考点、1230个考场,共有36 583名初中毕业生报名参加初中毕业生升学考试。为了考生能有一个清凉舒适的考试环境,全市中考考场实现了空调全覆盖。考试期间,各职能部门鼎力相助,为中考保驾护航。为期三天的考试,考场秩序井然、考风考纪良好,顺利完成了"平安中考""公平中考""诚信中考""暖心中考"的目标任务。

【精品课程建设】疫情期间,中山市教研室开展"停课不停学"线上教学活动。小学语文线上录播课393节,微课100节,书法30节;小学数学线上录播课183节,设计推送前置探究单183份,设计推送课后练习183份;小学英语录制线上电视录播课程共231节;全市中小学有10 967个班级召开了主题为"致敬抗疫英雄 争做时代雷锋"的线上班会课,开课率为99.59%,共有515 451名学生参加主题班会课;在线上播放关于安全、生命、责任、感恩、道德、爱国等主题的班(团队)网络微课共168节。初中推送学科教学指导课件及相关资料1200多件,开展线上中考备考研讨会18场,保证中考备考质量。高中组织录制了九大学科58个高考备考指导课程。其中小学语文、小学数学录制的网络课程还被省教育厅确定为疫情期间全省线上教学的"托底"课程。

【教师队伍建设】推进全市教师队伍建设改革,根据合作协议,与华南师范大学联合创建国家教师教育创新实验区,实施教师发展学校创建计划,7所中小学被确定为中山市教师发展学校。

成立中山市教师发展中心。落实全员培训,全市专任教师继续教育达标25 576人。举办首届中山市校长论坛,参加论坛人数达到320人;举办新任校长任职资格培训班，培训学员43人。实施新教师三年培训，中小学新教师培训总人数达3042人，其中2017级883人、2018级810人、2019级646人、2020级703人。全年共开设市级培训课程390个，其中面授课程169个，网络课程221个。

【名教师、名校长工程】修订完善《中山市"三名"工作室实施细则》，举行第四届"三名"工作室启动仪式，举办中山市"三名"工作室主持人专项培训，全市共419名名校长、名教师、名班主任工作室主持人及学员参加培训。实施后备校长、后备中层干部培养工程；健全分层分类递进式中小学教师发展体系，选拔造就一批政治立场坚定、师德师风高尚、勇于创新创造、具有示范引领作用和较强区域竞争力的青年教师领军人才，促进和引领各级各类学校学科教学水平和整体办学质量不断攀升，遴选了36名青年教师领军人才。

【教师职称评审】2020年，中山市按政策要求完成中小学教师职称评审（其中正高级职称由省评审），申报正高级评审21人，送审11人，通过省评审公示7人，通过率为63.6%；申报中小学副高级教师职称525人，通过评审338人，通过率为64.4%；申报中小学中级教师职称601人，通过评审368人，通过率为61.2%；申报中小学初级教师职称223人，通过评审192人，通过率为86.1%。

【教师资格认定及注册】2020年，共有1603人通过教师资格认定，获得教师资格。继续开展中小学教师资格定期注册试点工作，2020年下半年全市共6957人的教师资格定期注册合格。

【流动人口积分入学】2020年，中山市积分入学指标为21305个，积分入围公示人数为20699，占申请人数的78%，积分入学成功率较高。全市在公办义务教育学校就读的非中山市户籍学生10.1万人，继续实施购买义务教育阶段民办学校学位补充公办学位工作，购买指标共计2.64万个。

【扶困助学】2020年，市镇两级资助家庭经济困难中小学生1040人次，资助金额94.18万元，其中涉及市专项资金资助563人次，资助金额60.44万元。通过助学金资助家庭经济困难大学生308人，资助金额132万元。家庭经济困难大学生申请广东省生源地信用助学贷款367人，领取贷款金额302.43万元。市扶困助学专项资金累计筹集8918万元。

【教育扶贫工作】为继续加强东西部扶贫教育协作工作力度，2020年5月，市教体局与昭通市教体局再次签订《广东省中山市 云南省昭通市对口帮扶教育协作协议》，按照三年对口帮扶协作计划，开展人才队伍交流对口帮扶教育协作。6月，中山市教体局与昭通市教体局联合印发了《中山市昭通市对口帮扶教育协作中小学幼儿园"牵手工程"实施方案》，明确2020年至2022年，中山市安排10所中小学、幼儿园与对口帮扶的昭通市盐津县、大关县、永善县和绥江县10所中小学、幼儿园结成"一对一"帮扶关系。6月16—23日，组织了8所中职中技学校招生负责人共19人到中山市对口帮扶的昭通市4个县进行2020年中职招生宣传和回访。8月，选派5名长期支教老师和7名短期支教老师前往昭通市开展支教工作。截至2020年，已选派28名支教老师到昭通各级学校支教交流，以教学专题讲座、课堂观摩、主题调研、教学研讨等形式，开展教学指导工作，助力对口帮扶工作进一步提速。市教体局于7月7日下发了《中山市教育和体育局关于开展消费扶贫工作的通知》，将任务分解至各直属中小学校，细化有关要求。截至10月，市教体局消费扶贫已完成金额666021元，提前一个月超额完成任务，达到133.2%。

为做好新时期精准扶贫工作，市教体局与中国联通中山市分公司、中国邮政中山市分公司组成联合扶贫工作组，对口帮扶肇庆市广宁县石咀镇浪沙村。扶贫项目水果玉米基地自成立以来，取得了一定的经济效益和社会效益，为村里有劳动力的贫困户提供了就近就业机会，带动了浪沙村水果玉米产业的规模化发展，被誉为广东省扶贫产业十大典型案例之一。

（撰稿、审稿　中山市教育和体育局）

江门市教育

概　　况

2020年，江门市教育系统坚持以习近平新时代中国特色社会主义思想为指导，全面贯彻党的十九大和十九届二中、三中、四中、五中全会精神，紧紧围绕市委、市政府和省教育厅中心工作，坚定信心坚决打赢疫情防控阻击战，全力以赴做好复学疫情防控，统筹教育优质发展，提升教育发展整体水平，顺利完成了年度教育工作目标任务。

（一）提高政治站位，加强教育系统新时代党的建设

健全完善党的领导机制。加强党对教育工作的全面领导，强化中小学校党的建设，按照与教育管理体制相适应、管党建管业务相结合的原则，进一步理顺中小学党组织隶属关系，加强学校党建工作的统一领导和指导。召开全市中小学校党建工作座谈会，开展市直教育系统模范机关创建活动，聚焦主业主责，以求真务实的作风、抓铁有痕的力度推动落实，切实把习近平总书记对广东重要讲话重要指示批示精神和关于教育的重要论述贯彻落实到各项工作中、把政治要求落实到各项工作中，推动基层党组织全面进步全面过硬。理顺党组织隶属关系，全市公办学校党组织覆盖率达100%，民办学校党组织覆盖率达99.8%。全面推行校长、书记"一肩挑"，将党建工作总体要求纳入中小学校章程，将党组织的机构设置、职责分工、工作任务纳入学校管理体系，明确党组织在学校议事决策、执行、监督等各环节的权责、具体内容程序和工作方式，增强党组织对团建、队建的指导作用，健全党组织在课程体系建设、教育教学管理、评价体系建设、校园文化建设等教书育人环节发挥政治把关作用的长效工作机制。

加强和改进学校思想政治教育工作，打造思政教育江门样本。创新思政教育，深化思政精品课程和思政教育品牌建设，推动全市中小学校思政教育实现"一校一精品课例""一班一优质课例"。组织广大思政教师和教师开展专题研讨、"名师示范课堂"、优秀课例比赛等教学活动，打造思政教育江门样本。加强网络环境下思政教育，在全市开展思政课精品课例征集活动。把社会主义核心价值观引领贯穿知识传授、能力提升全过程，全力营造学校办好思政课、教师认真讲好思政课、学生积极学好思政课的良好氛围。将江门市原创话剧《铁骨丹心林基路》作为学校思政教育的重要内容，组织全市大中小学校全体师生观看，引导学生热爱和拥护中国共产党，立志听党话、跟党走，立志扎根人民、奉献国家。组织全市学校开展2020年度江门市学校德育科研课题申报工作和德育思政论文征集活动，提升江门市学校德育科研的质量，促进学校思想政治工作的科学发展。

坚决维护学校政治意识形态安全，确保校园政治安全稳定。扎实推进学校政治安全工作，抓好教育领域意识形态的工作职责，牢牢掌握意识形态工作领导权和主动权。加强学校意识形态阵地管理，加强民族班管理。严格执行宗教与教育分离规定，坚决抵御和严密防范境内外敌对势力、邪教及非政府组织等对校园的渗透破坏，深入开展扫黑除恶专项斗争和"扫黄打非"工作。多措并举，加强舆论管控。学校每逢重大历史事件或革命纪念日前后，都要提前研判意识形态和社会舆论风险，加强对重大思想理论和舆论问题的引导，严防敌对势力和敌对分子的思想渗透。师生集体外出要按规定报批报备，凡是涉外的事项要严格按照《中共江门市教育局党组关于对外教育交流与合作实行"双审批"制度的通知》执行，同时制定应急预案，对外出学生有针对性地进行安全教育，加强跟踪管理。

（二）突出重点，确保教育民生事业发展

全力做好新冠肺炎疫情防控工作。自新冠疫情发生以来，江门市教育局党组坚决把疫情防控工作作为全市教育工作压倒一切的重要政治任务来抓，坚持确保师生安全健康为底线，全力以赴做好教育系统疫情防控工作。从4月27日开始，分期分批审核、验收各类符合返校条件的学校。全市516所中小学校、8所特殊教育学校、16所中职学校、3所技工院校、5所大专院校符合返校条件，学生分期、分批、错峰返校，全力做好防疫物资保障，各级各类学校校园平稳、有序、安全。江门市教育局安全保卫科科长揭毅被评为广东省抗击新冠肺炎疫情先

进个人。

按时完成"5080"工作任务。制定《江门市学前教育"5080"攻坚行动实施方案》，完成《江门市普惠性民办幼儿园认定、扶持和管理实施细则（修订）》的修订工作，组织认定普惠性民办幼儿园，进一步扩大普惠性民办幼儿园学位。全市公办幼儿园在园幼儿占比52.94%，公办幼儿园和普惠性民办幼儿园在园人数占比85.46%，"5080"工作目标任务已完成，是全省五个提前完成任务的地市之一。

落实生均经费拨款制度。各级财政已按学前教育不低于每生每年400元，公办普通高中每生每年1 000元、义务教育小学不低于每生每年1 150元、初中不低于每生每年1 950元的补助标准将生均经费拨款列入财政年度预算，学校依法依规使用生均公用经费补助资金。2020年，学前教育、义务教育、公办普通高中教育全年所需资金8.31亿元，截至10月底，已全额拨付至学校。

推进高中提质扩容工程和江门幼儿师范高等专科学校二期建设。江门市第一中学扩容增效工程和培英高级中学新校区建设工程两个项目均被列入省、市重点建设项目，十大民生实事项目和城市品质提升项目共投资约3.7亿元，截至10月底，两项目共投入约1.8亿元。推进广东江门幼儿师范高等专科学校二期项目建设，二期建设项目初定总投资约5.45亿元，资金筹集方式采用"政府投入+学校自筹"方式解决。现已完成项目立项调整和勘察、方案设计、初步设计招标。

支持帮助民办幼儿园纾困。针对部分民办幼儿园在疫情期间出现资金周转困难，逐渐陷入困境的情况，会同相关部门制定《江门市关于疫情防控期间支持民办学校稳定健康发展的措施》，在租金减免、税费优惠、金融扶持、财政补贴、贷款贴息、稳岗补贴等方面对民办幼儿园进行全面立体的政策扶持，为民办幼儿园走出困境提供有力帮助。

精准扶困助学。以"精准助学"为重点，建立并完善了"奖、贷、助、勤、补、减、免"的全方位资助工作体系，实现了从学前教育到普通高等教育各学段的全覆盖，资助工作走向规范化和制度化。截至2020年11月初，全市各学段贫困学生享受国家政策资助人数约12.5万人，资助金总额约1.49亿元，没有一个学生因贫失学和因学致贫。引导和鼓励企业、个人、社会团体等面向各级各类学校依法设立奖学金、助学金，开展五邑慈善高考助学、江门慈善"蒲公英关爱行动"高考助学、江门农商银行2020年奖优助学、广东骏贤集团有限公司高考奖优助学、明德慈善教育基金会奖优助学，共奖励资助高考成绩优秀及家庭困难学生437人，共发放资金138.3万元。

完成88所中小学校"厕所革命"改造提升任务。根据省市做好中小学"厕所革命"建设工作的通知要求，江门市教育局把中小学"厕所革命"作为2020年民生实事工作来抓。为做好校园"厕所革命"建设，全市共投入改造资金2 475万元，增加厕所面积3 994平方米，增加厕所坑位1 316个，保障校园厕所整洁、舒适、安全。

精心组织，确保各类考试安全有序。2020年面对疫情防控、高考中考延期等新问题新情况，江门市教育局加强组织领导，强化考务管理，细化安全措施，提高应急反应，成立工作专班，制订考试期间因洪水、暴雨、台风、疫情等自然灾害影响考试实施的各类突发事件应急工作预案，建立应急处置责任人制度，确保师生生命健康安全。全年完成了7大类13小类18场次的考试工作任务，服务考生276 489人（平均每月组织23 000多名考生参加考试），疫情防控零事故、考试安全零差错，实现了疫情防控下"健康考试""平安考试""公平考试""诚信考试""暖心考试"的目标。

履行"双拥"职责，切实解决好"三后"问题。统筹安排军人子女就读义务教育阶段优质学校，高中阶段学校招生照顾录取；致力于解决军人家属就业问题；做好困难转复退军人子女资助工作。2020年，江门市教育局被省委、省政府授予"广东省爱国拥军模范单位"荣誉称号，是江门市唯一获评单位。

（三）深化改革创新，促进教育高质量发展

进一步推进教育集团化办学。从2018年起全市陆续成立教育集团，充分发挥了优质品牌效应，带动相对薄弱学校、农村学校、新建学校整体发展。2020年，全市新增教育集团7个，全市共成立了54个教育集团（其中市直4个、蓬江区8个、新会区13个、台山市18个、鹤山市7个、恩平4个），纳入教育集团的有60所幼儿园、214所普通中小学、12所中职学校，分别占各学段学校总数的9.5%、41%、85.7%，涵括了幼儿园、小学、初中、普通高中及职业教育各阶段。

着力抓好招生工作。制定了《江门市规范普通中小学招生入学工作的实施方案》和《江门市民办学校电脑随机派位工作指引》，进一步规范普通中小学招生秩序，要求各市（区）要开展招生需求调研，科学核定公办、民办学校招生计划。从2020年起，全面取消各类特长生招生，对报名人数超过招生计划数的民办学校，全部实行电脑随机摇号录取，由各市（区）统一组织实施。从2020年入学的初中一年级新生起，普通高中学校名额分配招生一律不得设"限制性"分数线。为及时解除一线医务人员后顾之忧，将防疫一线医务人员子女入学纳入政策照顾范围。

深化职教改革。推进职业教育"扩容、提质、强服务"三年行动计划，根据省教厅统一部署，以立德树人为根本，服务发展为宗旨，促进就业为导向，内涵建设为重点，实施广东省高水平中职学校建设计划，经地市发动、学校申报、组织评审、结果公示的遴选程序，向省教厅推荐五所中职学校参加广东省高水平中职学校建设计划。

加快新时代教师队伍建设。全面推进教师队伍建设，健全教师专业发展体系，持续推进中小学教师"县管校聘"改革，联合市委编办等部门对全市中小学教师编制情况进行调研，进一步优化全市中小学教师编制资源配置和人员结构，均衡师资配置，常态化开展中小学校长、教师交流轮岗工作。加强公办中小学临聘教师管理和完善中小学教师退出岗位机制。开展江门市中小学教师学历提升工程，进一步提升教师学历层次。完成市、县两级8个教师发展中心建设并投入使用。

抓实教师培训，助力教师专业发展。一是继续实施青年后备人才培养计划，开展了青年教师成长培养项目、教育管理"青蓝工程"培养项目，为江门市名师后备人才培养及教育后备干部培养打下扎实基础。二是大力开展"骨干教师"教学能力提升工程，启动"学科组长"培养项目、乡村骨干教师培训项目，2020年培训655人，全面提升一线学科教师整体素质。三是开展中学校长领导力提升计划，2020年培训普通高中校长45人，促进高中校长专业化发展。四是持续推进"名师工程"，启动第五批名教师名校长培养计划，举办名师大讲堂系列活动，制订工作室管理办法，规范名师工作室遴选、运行及考核评价办法，培养更多更优秀名教师名校长，为加快推进江门教育现代化提供人才和智力支持。五是精心部署信息技术应用能力提升工程，按照"试点先行、整校推进"原则，2020年先行推进4所省级试点校、45所市级试点校全员培训，完成约15 000人培训任务。

坚持立德树人，把全员全过程全方位育人落实到位，高标准提升校园文明水平。坚持全面落实立德树人根本任务，把中小学德育工作作为教育系统党的建设的重要内容。成立江门市中小学德育、体育、卫生和心理教育、美育等4个工作指导委员会，发挥德育、体育、卫生、艺术、心理教育工作专家及骨干教师的作用，进一步提高全员、全过程、全方位立德树人的质量。2020年，创建了2所全国文明校园、1个全国家庭教育创新实践基地、13所全国青少年校园篮球体育传统特色学校、11所全国青少年校园排球体育传统特色学校。此外，还创建了2所广东省文明校园、5个省级研学教育基地、3个省级校园生活垃圾分类教育基地、3所广东省中华优秀文化传承学校、13所广东省艺术特色学校、14所广东省篮球推广学校、20所广东省排球推广学校。评审出首批江门市中小学劳动教育示范学校30所和江门市中小学劳动教育综合实践基地6所，并举办首届劳动成果展。在全国第五届学生"学宪法讲宪法"活动中，江门市的学生代表获得演讲比赛小学组一等奖，江门市教育局被教育部关工委评为先进集体。

扎实开展教育督导。在市政府的领导下，应机构改革的情况调整成立了新一届的江门市人民政府督导委员会。牵头制定了江门市校外托管机构管理联席会议制度。做好新冠肺炎疫情防控督导检查工作。完成迎接省对江门市人民政府2019年履行教育职责评价工作的各项准备工作，对各市（区）开展履行教育职责评价，组织了160多所学校数万名师生、家长以及1万多名社会人士参加对江门市政府履行教育职责评价公众满意度网上问卷调查工作。在全市范围内顺利完成对开展义务教育阶段学生思想品德、科学科目的质量监测工作。扎实开展规范化幼儿园认定和义务教育标准化学校达标验收工作。

各级各类教育

【基础教育】（一）学前教育
2020年，全市有幼儿园630所，在园幼儿14.94万人，适龄幼儿学前三年毛入园率为107.06%。推进学前教育普惠优质发展，制定了《江门市学前教育

"5080"攻坚行动实施方案》。至2020年底，全市公办幼儿园在园幼儿占比52.94%，公办和普惠性民办幼儿园在园幼儿占比85.46%。

（二）义务教育

2020年，全市有义务教育阶段学校505所，其中小学325所、九年一贯制学校49所、初中100所、完全中学28所、十二年一贯制学校3所；其中民办学校37所。全市义务教育阶段学校普通在校学生50.05万人，其中，小学35.46万人、初中14.59万人。民办学校在校生为5.79万人。小学学龄儿童入学率为100%，小学五年巩固率为99.03%；小学毕业生升学率为100%。初中阶段教育毛入学率为114.1%，初中三年保留率为97.42%，初中毕业生升学率为99.22%。小学辍学率为零，初中辍学率为零。

（三）普通高中教育

2020年，江门市有普通高中学校48所，其中完全中学28所，高级中学17所，十二年一贯制学校3所，在校学生8.2万人。全市高中阶段教育毛入学率为98.82%。

（四）特殊教育

2020年，江门市有特殊教育学校7所，义务教育阶段适龄残疾儿童少年在校学2070人。保障适龄残疾儿童少年受教育权利，做好开展未入学残疾儿童少年核查和安置工作，"三残"儿童入学率为119.4%。

【西藏幼师班】2020年，西藏班共有三个年级，共有1名男生、128名女生，有3名西藏派驻生活管理教师参与管理。西藏班教育教学管理架构明确，日常管理岗位职责清晰。2020年的工作主题是防疫抗疫，从2020年1月9日放寒假开始直到5月底，全体西藏中专学生安全回到西藏，幼师西藏部工作团队一直坚守岗位，站在西藏班疫情防控最前线，保证了西藏班学生的学习生活秩序正常、和谐平稳，保障了全体学生的身体健康和生命安全。2020年下半年继续抓好疫情防控常态化管理，确保万无一失。为了提高西藏学生文化素养和综合素质，教学上安排政治素质过硬、教学能力突出的教师承担西藏班的教学任务，还开展了周末补课；为丰富学余生活，开展了综合社会实践，在做好疫情防控的前提下，组织学生前往肇庆、开平和台山等地开展爱国爱乡教育。经常举办各类爱国爱党爱校的教育讲座，大力加强遵纪守法思想教育。利用周末和假期开展丰富多彩的文体活动，锻炼身体，愉悦身心。西藏班学生们在思想品质、遵规守纪、学习态度、民族团结等各个方面都进步较大。

【中等职业教育】2020年，江门市中职学校（不含技工，下同）共有16所，其中民办中职学校1所、体育运动学校2所，在校生3.17万人。国家级重点中职学校9所、国家中职教育改革发展示范学校9所，省级示范性中职学校4所、省级重点中职学校2所；承担全国制造业和服务业技能型紧缺人才培养培训工程任务的学校2所；全国重点建设专业1个，全国数控技术职业教育实训基地1个；省级以上重点建设专业（点）22个，广东省中等职业教育"双精准"示范专业19个。学生基本技能和专业水平持续提高，毕业生就业率为94.43%。打造了计算机软件、数控技术应用、模具制造技术、电子技术应用、汽车运用与维修、机电技术应用、中餐烹饪与营养膳食、护理、药剂等一批省级品牌专业。

【社区教育】依托社区教育大力促进农村成人教育、老年教育的发展。以全民终身学习活动周为主题，开展教育培训、观摩学习活动，涵盖红色文化教育、技能培养、职业教育、艺术修养等。潮连社区居民、非遗文化传承人卢国超获得全国"百姓学习之星"；东仓社区教育实验点"校馆携手传承侨乡文化"项目获得"全国终身学习品牌项目"；潮连社区教育特色小镇项目获得"第二批全国城乡特色社区教育学校""地方传统文化特色传承学校"等荣誉；范罗冈社区的《太极八段锦视频教学》、东仓社区的《书法学习的观念和方法》在第五届NERC杯全国社区教育优秀微课程评选中获奖。通过"寻找最美乡村，推广侨乡文化""启超家风处处传""百姓烹饪大课堂"等项目，开展社区教育培训和活动，深受居民喜爱。

【高等教育】（一）五邑大学

2020年，五邑大学有各类在籍学生近2.4万人，其中全日制本科生近2万人，研究生800余人。学校设有17个教学机构，81个本科专业（方向），涉及工学、理学、经济学、管理学、文学、法学、艺术学等7个学科门类，理工类专业（方向）占比65%。拥有国家级特色专业、国家级专业综合改革试点共5个，省级一流本科专业建设点5个，省级重点（名牌）专业、省级应用型人才培养示范专业等共38个，国家级大学生校外实践教育基地1个，省级大学生实践教学基地21个，省级实验教学示范中心14个。建有现代工业生产技术综合训练中心、生物科技与大健康学院实验中心、轨道交通综合实验中心等一批工科实验实训基地。学校人才培养质量得到社会广泛认可，本科生初次就业率多年位居全省公办本科高校前列。学校现有10个省级重点学科，7个一级学科硕士学位授权点、3个二级学科硕士学位授权点和5种硕士专业学位授权类别，硕士授权点覆盖学校所有理工科专业。学校专任教师近1100人，专任教师高级职称占比近50%，博士学位占比达50%；拥有国家级高层次人才30人（其中包括院士5人、长江学者5人、国家"杰青"4人、海外"杰青"1人、国家"优青"2人、中科院"百人计划"特聘教授1人，国家"万人计划"入选者2人），省级高层次人才15人，海外各类优秀人才60人。学校拥有省级新型研发机构1个、省级工程技术研究中心8个、省级人文社科研究基地2个、省级非物质文化遗产研究基地1个、省级区域产业知识产权分析评议中心1个、市厅级科研平台56个。学校着力在生物医药、新材料、智能制造等领域构建"粤港澳大湾区人类重大疾病大动物模型联合创新基地""数字光芯片联合实验室""江门市大健康国际创新研究院""纺织新材料粤港联合实验室""江门市海洋创新发展研究中心"等高水平协同创新平台，推动协同创新取得明显成效，服务地方经济社会高质量发展。学校大力开展对外交流合作，先后与美国、英国、德国、日本、马来西亚、香港、澳门等18个国家及地区共60多所高校及科研机构建立了合作关系，在学科建设、人才培养、学术研究、师资培训等方面开展了实质性合作。

（二）江门职业技术学院

2020年，江门职业技术学院有全日制在校生13000余人，教职员工731人，其中专任教师601人，专任教师中高级职称教师130人，具有硕士及以上学位教师344人。学校秉承"技术立校、文化育人、开放办学、服务侨乡"的办学理念，坚持走"校企合作""工学结合"的发展之路，主动适应江门五邑地区产业发展需求，重点建设智能产品开发、模具设计与制造、机电一体化技术、应用电子技术、物流管理、会计等专业及专业群，建成省级重点专业、品牌专业8个。学校着力推进产教融合、校企合作"精准对接、精准育人"。与翠山湖工业园区、高新技术开发区、蓬江区"人才岛"、德昌电机等产业园区、重大项目、重点企业对接。与古兜温泉公司、中石化等大型企业合作共建现代学徒制试点；与古兜温泉公司合作成立温泉学院。与台山市校地合作，共建江门职院新宁学院，开设旅游管理、模具制造、机电一体化等专业。与澳门旅游学院签署合作协议，探索共建粤港澳大湾区旅游行业资格标准，推动成立大湾区旅游职业教育联盟，共同促进旅游人才培养。学校重视文化校园建设，把传统文化与时代精神有机结合起来，融中华文化、侨乡文化、科技文化、企业文化于一体，教风、学风和校风建设成效显著，初步构筑了"三年四季一校园"侨乡传统文化育人体系。

（三）广东南方职业学院

2020年，广东南方职业学院有全日制在校生1万多人，毕业生总体就业率每年都在99%以上。全校有教职员661人，教授、副教授、工程师、讲师、硕士、博士等学历教师均按比例配备，其中副高职称以上教师占比27%，中级职称教师占比48.36%，研究生学历教师占比39.04%，"双师型"教师占比84%。学校设有智能制造学院、人工智能学院、华为云学院、信息学院、建设工程学院、管理学院、财经学院、医药学院、交通学院、马克思主义学院、继续教育学院、创新创业学院、国际教育学院等13个二级学院。校内设立了智能系统与大数据研究中心、广东省博士后创新实践基地、广东省机器人应用技术创新基地、众创空间等多种实践基地。教学设施齐备，教学科研设备总值1.3亿元。所有课室均配有多媒体教学设备，各专业均配套相应的实验实训室，学校图书馆全面引入人工化智能管理，图书馆藏书120万册，各类期刊1000余种，阅览室配备5000余座位。学校积极联系广州理工学院、广州应用科技学院、广州华商学院等省内"专插本"招生院校举办"专插本"培训班，并与华南师范大学、广东外语外贸大学、广东工业大学、广东财经大学、深圳大学等院校合作举办了相沟通专升本班。并与英国纽曼大学、伦敦摄政大学等国际知名大学合作，为学生提供出国留学机会。学校与1000多家企业建立校企合作关系，打造实训、实习、就业平台，并与部分大型企业合作，设立奖学金，为企业定向培养优秀人才。

（四）广东江门中医药职业学院

2020年，广东江门中医药职业学院有教职工近500人，其中硕士以上学历教师92人，副教授及以上职称122人。学院主动融入粤港澳大湾区建设，紧贴行业发展，准确定位，突出"中医产业"和"南药产业"发展优势，构建了涵盖健康产业链的专业结构完整体系。设有6个二级学院，包括基础医学院、护理临床学院、中医学院、南药学院、医学技术学院、马克思主义学院；共22个专业，包括护理、助产、健康管理、康复治疗技术、中医学（国控）、中医康复技术、中医养生保健、针灸推拿

·市域教育·

(国控)、医学美容技术、药学、中药学、中药制药技术、中药生产与加工、药品经营与管理、药品质量与安全、食品质量与安全、医学检验技术、医学影像技术、老年保健与管理、家政服务与管理、临床医学(国控)、预防医学(国控)。其中,中药学被认定为省级二类品牌专业。学院正在大力推行中药学、中医养生保健、中医康复技术、老年保健与管理、药品经营与管理5个中医药特色专业群建设,为国家、省、粤港澳大湾区以及行业产业培养合格的建设者和接班人。学院拥有20个实训中心,已建成数字化图书管理系统和计算机网络服务体系。投资800多万元建成了中医药展览馆,展览馆占地1400多平方米,拥有具有二维码的中药标本1600多种,并实现了现代信息科技(VR、AR、全息投影)与传统中医药文化的无缝对接;投资800多万元建设岭南药用植物园,种植中草药450多种;投入专项资金600万元建成了面向公众开放的江门市中医药科普示范基地和广东省科普教育基地。

【民办教育】 2020年,全市有各级各类民办学校374所。其中,大专院校1所,中等职业学校1所,普通高中2所,完全中学2所,十二年一贯制学校3所,九年一贯制学校23所,初中4所,小学5所,幼儿园333所。民办中职学校在校学生1 415人,普通高中在校生5 153人,初中在校生2.27万人,小学在校生3.52万人,幼儿园在园幼儿7.2万人。江门市民办教育已覆盖学前教育、义务教育、高中阶段教育及高等教育等各个阶段,有效增加了教育服务供给,不断满足人民群众对多元化、高质量教育的需求。

教育成果与特色

【教学教研】 2020年,江门市参加全国中学生五大学科竞赛获奖数量和质量稳步提升,其中获得全国一、二、三等奖共115人,比2019年增加38人,获奖等次和人数均创新高。在2020年全国生物学联赛中,江门市共40人获奖(全国一等奖4人、二等奖14人、三等奖22人),其中江门市第一中学4人获一等奖。落实《江门市中小学兼职教研员管理办法(试行)》,10月完成了江门市首批88名兼职教研员第三次年度工作考核,12月完成江门市第二批160名兼职教研员遴选聘任工作。成立了江门市普通高中学科核心教研组,聘请了97名成员组成9个学科组。全力推进"协同高效课堂"的探索改革,组织开展初中和高中集体备课优秀成果征集评选活动,共收到参评成果410项,比2019年增加54项。疫情防控期间,组织了全市"空中课堂"课程资源征集、初高中毕业年级"邑起共练"活动、高一高二年级线上教育中期质量诊断等活动16轮次。共推出教学视频3 000多个、其他相关的教学资源近18 000个,大大丰富了线上教育资源;全市学生登录测试共练超过145万人/次,形成数据分析报告64份,有效促进线上教育质量,真正做到停课不停学。印发《江门市教育局关于印发江门市深化中小学课堂教学改革行动计划的通知》,公布江门市深化中小学课堂教学改革行动计划第一批实验项目173项,全力推进全市课堂教学改革。24个项目入选"广东省教育科学'十三五'规划2020年度研究项目",并获省财政资助38万元。组织评选出2019年江门市普通教育教学成果奖一等奖9项,二等奖20项。组织江门市2020年度基础教育优秀教学论文活动,评选出优秀论文930篇。组织参加第二届广东省中小学青年教师教学能力大赛决赛,48人获奖,其中一等奖6人、二等奖18人,并获得优秀组织奖。2020年,全市中小学教师教学基本功培训及比赛活动参赛人数多达13 000人。全学年举行中小学3个学段18个学科优质课例比赛,近千名教师参加了初赛和决赛,并创新开展了说播课比赛。"一师一优课、一课一名师"活动中,晒课教师数占全市教师数比例达72.54%,名列全省第1位;晒课总数32 229节,名列全省第4位;省级优课数92节,名列全省第4位。组织新课标、新教材全员培训,共举办培训19场,4 000人参加学习。组织高中语文教师参加第二届粤港澳大湾区高考作文"下水作文"大赛,取得出色成绩,其中,获特等奖1名,一等奖3名,居全省前列。充分发挥名师的示范、引领和辐射作用,从2012年起,先后组织江门市学科"名师大讲堂"系列活动49场,邀请多名省市名师上示范课、说课和讲座,共约13 500多名教师现场聆听分享,收到良好效果。2020年,江门市高考再创佳绩:本科入围人数15 826人,比2019年净增197人,增幅高于全省平均水平;普高本科入围率达61.03%，再创历史新高，比2019年提升0.73个百分点，高出全省平均水平20多个百分点。

【教师继续教育】 2020年，江门市级教师发展中心正式建成并高效运作，标志着江门市教育资源整合迈上新台阶，教师专业发展开启新征程。区县级教师发展中心建设加速推进，全市7所县级教师发展中心已全部建成并正式运行，充分发挥教师发展中心培训主阵地作用。适应疫情时期，开展继续教育远程培训，全年开展线上培训11 335人次。同时开展线下培训约2 000人次，先后开展了针对骨干教师培养的"青蓝计划"（青年教师成长项目、教育管理干部培养、乡村骨干教师培养、学科组长培养），针对卓越教师培养的"翱翔计划"（高中校长领导能力提升项目、基础教育后备人才培训），针对教育家型教师培养的"教育家计划"（领雁教师培养、第五批名师名校长培养项目），全力打造江门市高素质专业化创新型教育人才队伍。

【名师工程】 2020年，江门市按照"人员全覆盖，分层分类、分科分段"的原则开展教师培训。江门市有省名师、名校（园）长、名班主任工作室主持人19名，省特级教师58名，新一轮"百千万人才培养工程"培养对象20名，正高级在职在岗教师23名；地市级名校长22名，名教师50名，名班主任27名，江门教育专家29名，市"名师名医名家"58名；市专家工作室主持人4名，市名校长工作室主持人2名，名教师工作室主持人9名。开展第五批名师名校长培养计划，培养名师队伍后备人才；开展名师大讲堂活动，充分发挥31个省、市级名师（名校长）和专家工作室传、帮、带作用；开展市级工作室终期考核，有5个工作室考核优秀、10个工作室考核合格，充分发挥工作室的示范引领及辐射带动作用；优中选优，推荐29人参加省级工作室主持人遴选，38人参加省"百千万人才培养工程"遴选，6人参加省级工作室顾问遴选。截至2020年底，全市8所市县级教师发展中心已全部挂牌成立。

【德育工作】 把中小学德育工作作为教育系统党的建设的重要内容，市委教育工作领导小组推动成立了江门市思想政治教育联盟，市教育局成立了江门市中小学德育工作指导委员会，有效加强了对德育工作重点、热点、难点问题的研究和指导，加强了德育工作队伍和思政教育工作，形成了全员全过程全方位育人新局面。

2020年江门市统筹推进大中小幼思政课建设一体化发展，大力推动思想政治理论课改革创新。学校党组织书记、校长带头上"思政第一课"，组织了60多万名大中小学师生观看了话剧《铁骨丹心林基路》，举办了"红色精神在传承——江门市红故事（中小学生组）宣讲赛"等系列活动。以"大力弘扬伟大抗疫精神"为主题，组织了全市中小学生70多万人观看防疫教育纪录片，开展了"复学第一课"等系列教育活动，有效加强全市学生爱党爱国爱人民的情感，帮助学生扣好人生的第一粒扣子，形成全员全过程全方位育人的"大思政"工作格局。

推动劳动教育普及和特色发展。把劳动教育纳入人才培养全过程，融入江门传统特色，因地制宜组织学生开展家务劳动、校园劳动、校外劳动、志愿服务等形式多样的劳动实践活动。选树了36所市劳动教育示范学校，涵盖了小学、初中、高中、职中、特教等各个学段。建立了6个劳动综合实践教育基地，组织开展了江门市中小学校劳动教育成果展活动。

【体卫艺教育】 全面实施素质教育，推进学校体育工作可持续发展。组织开展全市学校体育与健康优秀论文和校园足球科研课题的科研评选，发挥科研的促教作用。加大学生体质健康标准监测的力度，推行阳光一小时体育大课间活动，提升学生体质健康监测工作成效。开展体育竞赛，提高学生运动技能及水平。组织举办了排球、网球、足球、篮球、游泳、乒乓球、田径、篮球和羽毛球等体育项目比赛。参加广东省"省长杯"校园足球比赛荣获中职组第五名。鹤山市沙坪中学吴卓彬同学再度入选全国总营的最佳阵容。台山市第一中学代表广东省参加全国中学生男子沙滩排球比赛。

抓好学校卫生、心理健康教育工作，为师生身心健康发展保驾护航。联合卫生健康局为全市1 172所中小学（幼儿园）配备了卫生健康副校长，确保每所学校（幼儿园）在复学前2周有医疗机构派驻的卫生健康指导员驻守。联合市卫生健康局开展2020年江门市爱眼月健康宣教暨中小学学生近视干预活动。组织举办了江门市学生心理危机干预技能培训班、中小学心理健康教育培训初级和高级培训班，累计培训教师1 000人次。

加强美育工作，培养学生感受美和鉴赏美的能力。成立江门市中小学美育工作指导委员会，指导美育工作开展以及省、市艺术特色学校的创建工作。已创建54所江门市中小学艺术特色学校，36所广东省中小学艺术教育特色学校，16所学校获评为国家及广东省中小学中华优秀传统文化传承学校。参加全省中小学音乐交流展示活动成绩优异，选送作品《以葵为契，促进学生全面发展》参加第三届粤港澳大湾区学校美术作品展暨第五届广东省高校美术作品学院奖双年展获得一等奖；在广东省中小学校高水平艺术团队创建交流展示活动中，江门市培英小学管乐团、江海区银泉小学合唱团以及江门市培英高级中学舞蹈团均获得二等奖。开展主题绘画比赛、家庭亲子阅读手抄报征集活动、师生书法作品比赛，举办2020年江门市中小学生民乐合奏比赛及美育工作成果展活动等，美育工作取得一定成效。

【安全教育】2020年，面对突如其来的新冠肺炎疫情，全市基础教育系统坚持疫情防控和校园安全防范两手抓，密切与多部门合作，全面加强校园安全管控，确保了全市基础教育系统平安稳定。"平安校园"创建扎实推进，60所"广东省安全文明校园"顺利通过省专家组复检，全市取得食品经营许可且正常供餐的学校（幼儿园）食堂食品安全量化分级100%达到B级以上。组织参加广东省首届学校食品安全管理员技能大赛，荣获三等奖。江门市教育局在2020年度江门市安全生产责任制及消防工作考核中荣获市Ⅰ类优秀等次单位，在2020年全市食品安全工作评议考核中获评A等级，参加广东省"守护平安·警民同行"主题作品征集活动获评优秀组织单位。江门市教育局安全保卫科科长被评为广东省抗击新冠肺炎疫情先进个人，受到省委、省政府表彰。学生非正常死亡人数比2019年大幅下降，全年没有发生校方责任安全事故，没有发生师生群体事件。

（撰稿 李月清；审稿 张 峰）

阳江市教育

概　　况

2020年，阳江市坚持以习近平新时代中国特色社会主义思想为指导，深入贯彻落实党的十九大及十九届二中、三中、四中、五中全会精神以及全国、全省、全市教育大会精神，科学推进疫情防控、促进教育均衡发展、提高教育教学质量、深化教师队伍建设等各项工作，取得显著成效。

全市有各级各类学校（幼儿园）971所，在校生557 717人。其中普通高校1所，在校生13 006人；开放大学2所，在校生6 954人；普通高中18所，在校生47 949人；中等职业技术学校6所，在校生19 196人；义务教育学校262所（小学164所、初中98所），在校生365 311人（小学在校生261 279人、初中在校生104 032人）；幼儿园677所（公办幼儿园305所、民办幼儿园372所），在园幼儿104 626人；特殊教育学校5所，在校生675人。学前教育毛入园率为99.22%，适龄残疾儿童少年义务教育入学率为96.52%，小学毛入学率为104.49%、升学率为100%，初中毛入学率为111.38%、升学率为96.61%、义务教育九年巩固率为97.06%，高中阶段教育毛入学率为98.58%、普职比为55.6∶44.4。公办义务教育标准化学校覆盖率达100%，民办义务教育标准化学校覆盖率为88.89%。

全市有各级各类学校（幼儿园）专任教师34 897人。其中普通高校专任教师472人，开放大学专任教师82人，中职学校专任教师879人，普通高中专任教师3 458人，初中专任教师7 340人，小学专任教师15 240人，幼儿园专任教师7 248人，特殊教育学校专任教师178人。幼儿园、小学专任教师大专以上学历占比分别为81.2%、99.4%，师生比分别为1∶14.4、1∶17.1。初中、普通高中、中职学校专任教师本科以上学历占比分别为88.4%、100%、91.5%，师生比分别为1∶14.2、1∶13.9、1∶22。

各级各类教育

【基础教育】教育资源供给稳步扩大。将中小学和幼儿园建设纳入2020年民生实事，全市新建、改扩建中小学7所和公办幼儿园11所，投入资金5.4亿元，新增公办学位1.11万个，公办幼儿园学位3 000个。大力推进学前教育"5080"攻坚行动，投入资金3.72亿元，通过民办幼儿园转制公办幼儿园、政府购买学位等多形式增加公办学前教育学位3.45万个，普惠性幼儿园学位1.3万个，全市公办幼儿园在园幼儿占比达56.2%，普惠性幼儿园在园幼儿占比达87.09%，完成学前教育"5080"攻坚进度居全省前列。全面按时完成14所小区配套幼儿园治理任务。将在阳江市就读的随迁子女纳入财政保障范围，同等享受免费义务教育，全市异地务工人员随迁子女入读公办学校占比59.51%。

基础教育迈向优质均衡。学前教育健康发展，全市新增市一级幼儿园1所，市规范化幼儿园120所，规范化幼儿园覆盖率达73.12%，全面完成37所无证园治理工作。推进普惠性幼儿园建设，全市学前教育三年毛入园率达到99.22%。特殊教育融合发展，依托学校建成阳江市、阳春市特殊教育资源中心，阳春市、阳西县特殊教育学校加快推进标准化建设，全市5所特殊教育学校大力开展随班就读和送教上门，残疾儿童少年义务教育入学率达96.52%。义务教育均衡发展，投入资金1.8亿元实施"改薄提升"，不断改善薄弱学校和乡村寄宿制学校办学条件、设施设备，完成省控辍保学工作任务，全市九年义务教育巩固率达98.72%，开展中小学校结对帮扶工作，加大优质教育资源的辐射力度。普通高中特色发展，等级学校全覆盖，普通高中持续扩招，增加高中学位2 688个，阳江市第一中学、阳春市第一中学跻身全省50强高中，不断扩大普通高中资源覆盖面，普通高中新课程新教材全面

·市域教育·
EDUCATION IN VARIOUS CITIES

实施。

【职业与成人教育】职业教育彰显融合优势。推进落实《职业教育提质培优行动计划（2020—2023年）》，在2019年的基础上继续调高普职比例，中职招生任务完成率首次突破90%，第二期高职扩招2717人，职业教育迎来发展春风。推进产教融合发展，完善现代职教体系，进行"订单班""冠名班"等探索。启动1+X证书制度试点和推广应用，实施"粤菜师傅""广东技工""南粤家政"工程，开展全市中职学生技能大赛和职业教育活动周等活动，优化专业学科结构，发挥学科优势，打造特色品牌。阳江市第一职业技术学校成功创建"国家中等职业教育改革发展示范学校"。全市每年职业技术教育毕业生就业率稳定在98%以上，年培训转移就业8000多人，有效服务"双转移"战略。全力推进阳江应用型本科院校建设，为阳江高质量发展提供有力的人才支撑。

终身教育体系日趋完善。加快推进学习型社会建设，构建服务于全民学习、终身学习的终身教育体系。2020年组织举办"全民智学，助力'双战双赢'"全民终身学习活动周开幕式暨终身学习成果展示活动，评选表彰社区学习活动先进集体6个、学习之星7人，号召全民树立终身学习的思想，不断提高社区居民的整体素质、科学文化素质。每年划拨专项经费支持阳江开放大学开展社区教育活动，社区教育示范点已经扩大到24个，示范点建设水平不断提升。阳江开放大学获2020年"教育部一村一名大学生计划"优秀教学单位和"第四批阳江市社会科学普及基地"荣誉称号。积极应对新冠疫情，指导校外培训机构完善防控措施，助力机构复工复学。盯紧寒、暑假关键时期，开展校外培训机构专项清查整治，强化机构监管能力。

【高等教育】广东海洋大学阳江校区首期占地面积约34.53万平方米，建筑面积15万平方米，实际投资11.61亿元。2020年，校区建设项目加快推进，进度居全省首位，首期建筑已进入后期装修阶段。与此同时，校区34.13万平方米建设用地及地上9.8万平方米建筑，已办理好不动产权证书。一、二、三批师资招聘工作已完成。学科建设和专业设置方案已确定，拟开设5个学院7个专业，并与白天鹅集团、金风科技、明阳智慧等一批知名企业和省地方志办达成合作意向，共建产业学院、文化标志项目、人才培养基地等，先后签约挂牌成立了3个特色产业学院（金刀剪学院、海上风电学院、白天鹅酒店管理学院）和1个中心（岭南地方志文献交流中心）。同时，推进广东海洋大学阳江校区、两个省实验室（阳江海上风电实验室、阳江合金材料实验室）、华南理工大学阳江研究院同步规划、共建共享。

教育成果与特色

【全面推进中小学德育工作】探索学科德育路径，推进德育课程和课程德育融合发展，推进德育一体化体系构建。加强思政课程建设，探索推进大中小思想政治理论课一体化发展。坚持实践育人导向，认定首批阳江市中小学生研学实践教育基地7个，阳江市示范性综合实践基地1个，其中广东海丝馆、阳江漆艺院和阳江十八子音乐与刀研学基地3个单位同时被评为广东省级中小学生研学实践教育基地。扎实推进劳动教育，积极探索阳江特色劳动教育模式，完成中小学劳动教育基地申报工作，选用阳江市劳动教育教材，开展劳动教育提升实践活动，广东两阳中学附属实验学校、阳春市云凌小学等4所学校被评为广东省中小学劳动教育特色学校。优化心理健康服务体系和保障体系，实施阳江市中小学心理健康教育行动计划，开展心理健康教育C证培训，实现心理健康专兼职教师、心理辅导室在中小学全覆盖，围绕春、秋两季返校关键节点做好学生心理危机干预工作，10所学校获省级中小学心理健康教育特色学校称号，1所学校获国家级特色学校称号。启用"i志愿"系统加强全市中小学志愿服务信息管理，推进志愿服务工作做优做强做出特色。阳江市第四中学等72所学校获评"阳江市文明校园先进学校"，10所学校获评阳江市"十大文明示范校园"，并推荐阳江市实验学校等2所学校申报全国文明校园。新增建设乡村学校少年宫17所，实现全市所有乡镇乡村学校全覆盖。全面推进语言文字工作，切实开展普通话推广、语言文字规范化建设工作。

【全面推进素质教育发展】大力发展艺术、体育、卫生、国防教育，全面提升学生综合素养。完善体育中考方案，将音乐、美术考试纳入中考，建立体艺综合素养评价机制。学生体质健康优良率为58.75%，在全省排名第二。新增全国青少年校园足球特色学校11所、全国足球特色幼儿园12所，校园足球普及率不断提升。深入实施戏剧、楹联制作、风筝制作进校园系列美育活动，举办阳江市教师艺术团成立三周年文艺汇演，开展"广州美术学院－阳江市美育浸润计划"活动，积极参与广东省中小学音乐课程改革项目，江城区第一小学被列入全省五所音乐课程改革试点学校之一，全市共有14所学校被评为省级中小学艺术教育特色学校，广东两阳中学加挂阳江市关山月艺术学校。举办阳江市青少年儿童美术作品线上评选比赛，鼓励学生用手中画笔记录2020年的特殊"战斗"，共收到学生作品1457幅，活动达到预期效果。印发《阳江市初中学生综合素质评价实施意见（试行）》，围绕提高教育质量中心任务，深化评价机制改革。开展垃圾分类教育，倡导绿色环保新生活理念，推动文明城市创建。

【全面推进教研科研融合发展】聚焦教育教学重点、难点问题开展重大课题研究，"儿童青少年积极心理品质对学业压力的影响"立项为广东省教育科学"十三五"规划2020年度研究项目，另有10项课题立项为广东省中小学德育课题，11项课题立项为广东省中等职业教育教学改革项目，4项课题立项为广东省STEM教育专项研究课题。12项省、市名教师工作室教科研课题顺利结题。加强线上教育课程建设，利用"粤课堂"构建高效协同机制，切实保障全市41.7万名中小学生"停课不停学"，探索开设省、市级名师网络课堂，录制推广名师课程350余节。深化新高考改革研究，组织新高考备考研讨会，提高高中学科教师备考能力。启动兼职教研员选聘工作，不断壮大市级学科教研员队伍力量，为提高教育质量提供咨询服务。各学段人才培养质量和学业水平不断取得突破，高考成绩连续3年持续提升，2020年全市高考考生总上线率为97.56%，优先投档线上线率为9.34%，本科上线率为39.75%，4人被清华大学、北京大学录取。中职教师指导学生参加广东省职业院校学生专业技能大赛，获奖4人次。

【深入推进师德师风建设】坚持把师德建设放在教师队伍建设的首位，出台了《关于建立健全教师师德建设长效机制的实施办法》，明确阳江市师德建设的指导思想、工作目标和主要措施，不断创新活动形式和载体，推动师德建设的蓬勃有效开展。将师德教育列入教师培训工作之中，通过开展学习讨论、签订师德承诺书等形式加强师德教育，并将师德教育、诚信教育课程纳入教师每年职务培训的必修课程。在全市教育系统深入开展以"淬炼师德师能，践行育人使命"为主题的师德建设主题教育月活动，大力宣传优秀教师典型，引导广大教师主动追求高尚师德、严守职业"底线"。开展阳江市最美教师评选活动。阳江市特殊教育学校高飞等2名教师入选2020年广东省"最美教师"。

【持续加大教师均衡调配】全面推进县管校聘管理改革，共完成20 469名公办中小学教师竞聘上岗工作，占教师总数的97.23%，县域内均衡调配教师2 200人，占竞岗人数的10.75%，其中大部分是从生源减少的学校调配到生源增加的学校，竞争上岗的机制激发了教师队伍的活力。不断深化县域内公办义务教育教师交流轮岗，2020年全市县域内符合交流的教师人数为7981人，实际交流的教师校长为1 227人，占教师总数的比例为5.83%。全市加大编制统筹力度，面向社会公开招聘公办教师1 215人。其中招聘补充农村学校教师357人，占比29.38%；招聘补充紧缺学科教师155人，占比12.75%。通过加强县域内教师调配和教师招聘补充，全市小学体育教师缺额率从2019年的19.19%下降至3.93%，并彻底扭转小学美术、音乐教师缺额情况。

【全面提升教师能力素养】推进校长专业化建设，首批名校长、骨干校长培养对象49人顺利结业，选派65名校长参加国家级、省级培训，派出40名义务教育学校校长赴珠海市跟岗学习，派出60名农村小学德育副校长赴湛江集中培训。加强中小学思想政治理论课教师队伍建设，启动教师信息技术应用能力提升工程2.0，启用"阳江市师资队伍建设信息化管理平台"。做好教师培训工作，完善培养培训体系，推进名师工作室建设，夯实教师培训基地建设，江城区教师发展中心挂牌，阳东区、阳春市、阳西县教师发展中心启动建设。全年共组织653名骨干教师参加国培、省培；组织市级骨干教师培训，共培训6976人，覆盖率超过全市教师总数的20%。组织2020年中小学教师全员网络培训，完成率达到95%以上。10个省级名教师、名校（园）长工作室全部通过考核。新增正高级教师3人，省"特支计划"教学名师1人。

【完善教育质量评价体制】组织做好2020年国家义务教育阶段学生科学学习质量、德育状况监测工作，保障了义务教育质量监测工作顺利完成，江

·市域教育·

城区教育局、阳东区教育局获得"广东省2020年国家义务教育质量监测实施优秀组织单位"称号。组织做好2020年初中学业水平考试的阅卷和质量分析，开展市级义务教育教学质量抽测，不断完善评价体系，切实增强教育质量。聘任新一届市政府督学79名，组织2020年阳江市督学综合能力提升培训班，启用督导评估监测系统，按计划开展年度挂牌督导工作，组织召开督导工作经验交流会议，不断推动阳江市督导工作水平提升。

【开展校园安全专项整治】严格落实国家安全、消防安全责任制，聚焦校园和校车安全专项整治，规范校园安全管理。召开全市性学校安全工作会议14次、局党组会议9次，研究部署校园安全保卫和管理工作。印发《阳江市教育系统安全专项整治三年行动实施方案》，推动校园"三防"建设，城镇"护学岗"设置达标率达到100%。联合公安部门开展全市校园安全防范工作检查，共检查学校277所，对检查学校存在问题列明清单要求抓好整改，并形成整改监管台账。多部门联合开展校园周边环境治理行动，出动校园安保警力1万余人次、执法人员240人次、监管人员1985人次，全力营造安全有序、平安和谐的校园环境。巩固扫黑除恶斗争成果，开展防范"校园贷""套路贷"教育宣传，印发《阳江市预防未成年人违法犯罪三年行动方案（2020—2022年）》，配合有关部门依法严惩利用未成年人实施黑恶势力犯罪行为。结合开学第一课、安全专题教育、应急演练等，切实提高师生安全意识和自我保护能力。

【推进法治建设】健全完善教育系统法治建设工作机制，进一步提升依法行政能力和水平。加强行政执法规范化建设，严格执行行政执法公示、执法全过程记录、重大执法决定法制审核"三项制度"，大力推进"双随机一公开"监管。坚持依法决策，严格落实《阳江市行政机关规范性文件管理办法》，制定出台《阳江市中小学生减负工作实施方案》《阳江市教育局关于我市推进高中阶段学校考试招生制度改革的实施办法》《阳江市教育局关于进一步规范普通中小学招生入学工作的实施办法》等规范性文件。加强学校法治教育，重点加强宪法和民法典普法工作，组织开展知识竞赛、演讲比赛等多形式的法治教育活动，提升师生自觉学法、用法、守法意识。新增广东省依法治校达标学校60所、阳江市依法治校示范校15所，法治副校长实现全覆盖。

【全面提升惠民服务水平】一是落实落细疫情防控。统筹疫情防控和教育教学工作两手抓两手硬，联合市卫生健康局和疾控中心从全市79家医疗机构选派1271名业务骨干，使全市各级各类学校兼职卫生健康副校长和驻点医务人员全覆盖，多措并举解决6517名贫困学生的终端、网络和流量问题，全市春、秋两季学生返校工作平稳、安全、有序。二是加强学校食品安全管理。推进全市学校食堂"互联网+明厨亮灶"建设工作，全市845家学校食堂已全部建成"互联网+明厨亮灶"，实现学校食堂"互联网+明厨亮灶"全覆盖工作目标，并开展网上巡查，提高监管效率和增强管理效果，学校食堂"灭C"行动全部完成。联合相关部门加强检查，通过联防联控，加强校园诺如病毒和食源性传染病防控工作，全市未发生食物中毒事故等食品安全突发事件。三是开展近视防控工作。落实学生近视防控和常见病影响因素监测和干预，组织2020年市监测点学校学生近视等常见病和健康影响因素现场监测与干预项目培训班，落实学生近视率核定、视力健康管理和健康教育宣传工作。

（撰稿 李玉坤；审稿 郑 柏）

湛江市教育

概　　况

2020年，湛江市共有各级各类学校3504所，在校生约170万人，教职工约12.7万人。其中：幼儿园2222所，在园（班）幼儿34.88万人，教职工3.56万人；小学911所、在校生74.81万人，初中253所、在校生28.26万人，普通高中58所、在校生12.74万人，中小学教职工7.6万人；特殊教育学校9所，在校生5150人（含送教上门和随班就读），教职工396人；中等职业学校44所（含省属中职学校2所、技工学校7所），在校生7.49万人，教职工4274人；高校7所，在校生11.45万人（含研究生2709人），教职工1.04万人。

2020年，湛江市学前三年入园率为98.26%，公办幼儿园在园幼儿占比51.03%，公办园和普惠性民办园在园幼儿占比88.47%，省规范化幼儿园占比77.32%。义务教育九年巩固率为95.13%，随迁子女就读公办学校比例为69.62%，公办义务教育标准化学校覆盖率达100%、民办标准化学校覆盖率为72.22%。高中阶段教育毛入学率为99.73%。

各级各类教育

【基础教育】（一）学前教育

持续实施学前教育第三期行动计划。湛江市通过持续实施第三期行动计划，每个乡镇（街道）均建有1所以上公办幼儿园，4000人以上行政村基本建起幼儿园，基本建成"广覆盖、保基本、有质量"的学前教育公共服务体系，较好地完成了第三期学前教育行动计划的目标任务。全力实施学前教育"5080"攻坚行动。市政府将增加公办园学位作为民生实事加以推进，各级财政投入学前教育专项资金18239万元，主要用于公办幼儿园建设和扶持普惠性民办园发展，通过新建、改扩建、转制、购买学位等措施，全市新增学前教育公办学位60248个，新增公办园在园幼儿55654人。公办幼儿园在园幼儿17.79万人、占比51.03%，公办园和普惠性民办园在园幼儿30.81万人、占比88.47%，如期完成学前教育"5080"攻坚任务。大力开展小区配套幼儿园治理工作。根据国家和省关于开展城镇小区配套幼儿园治理工作的部署要求，市县两级政府均制定了小区配套幼儿园治理工作方案。市政府于2020年1月召开全市公办园学位建设推进会暨盛和园配建学校（幼儿园）移交仪式，部署小区配套幼儿园治理工作。市教育局协同市自然资源局和市住房城乡建设局，督促指导有关县（市、区）按照"一园一案"加快推进小区配套幼儿园治理工作，全市28所需治理的小区配套幼儿园均完成治理。不断提升城乡学前教育保教质量，加强无证幼儿园监管，完成20所无证园治理，采取有力措施坚决防止无证幼儿园反弹。印发《湛江市幼儿园秋季招生工作意见》，明确幼儿园招生的原则、安排和要求，确保招生工作公平、公正、公开。出台《湛江市农村学前教育指导示范工作方案》，挑选20所优质乡镇中心幼儿园作为农村学前教育指导示范园，从管理水平、质量提升、卫生保健等方面对当地农村幼儿园进行指导，促进城乡学前教育均衡、优质、健康发展。

（二）义务教育

深化义务教育招生入学改革。出台《湛江市教育局关于进一步规范义务教育招生入学工作的指导意见》，建立湛江市义务教育招生入学服务平台，通过招生平台为每所公办义务教育学校划定服务片区范围，确保各片区之间教育资源大致均衡。从2020年起，民办义务教育学校招生实行网上统一报名和电脑随机派位摇号，实现民办学校与公办学校同步招生，经开区实行随迁子女积分制入学。加强乡村小规模学校和乡镇寄宿制学校建设。认真贯彻落实国家、省关于全面加强乡村小规模学校和乡镇寄宿制学校建设的要求，开展两类学校基本办学条件达标建设，大力推进农村学校教育信息化建设，按照

"缺什么补什么"的原则,基本补齐两类学校短板,全市585所乡村小规模学校、263所乡镇寄宿制学校全部达到省定标准。实施"薄弱环节改善与能力提升"项目。实施《湛江市义务教育薄弱环节改善与能力提升工作项目规划(2019—2020年)》,从薄弱环节入手,以强弱项、提质量为主线,将基本办学条件改善与办学质量建设相结合,促进信息技术与教育教学深度融合,不断提升办学质量和办学能力,促进学校内涵发展。全市规划校舍建设项目学校114所、建设面积19.33万平方米,设备购置项目学校42所、购置金额1364万元,投入资金53944万元。化解义务教育大班额问题。严格按照消除大班额计划目标和标准,多措并举,综合施策,采取"一校一策"对大班额学校进行销号管理,全力化解大班额问题。各级政府及其教育行政部门积极消化存量,严格控制增量,大班额情况大幅缓解。二年级和八年级存在超省标准班额的学校全部销号,一年级和七年级均按标准班额招生,义务教育学校56人及以上大班额占比归零。做好义务教育控辍保学工作。建立健全"县—镇(街道)—村(居委会)"和"教育局—学校—教师"防辍工作机制,强化政府行为,加强组织领导,落实工作责任。依托学籍系统建立控辍保学动态监测机制,通过监测学生学籍异动情况,及时、全面、准确掌握各地各校辍学或疑似辍学学生的情况,落实辍学学生登记、劝返和书面报告制度。坚持"两为主、两纳入"原则,完善以居住证为主要依据的随迁子女义务教育入学政策,加强对留守儿童、残疾学生、学困生等特殊群体的关爱帮扶,确保不让一个学生掉队;强化教育、公安、民政、学校、村委会等部门和单位的联动,扎实做好疑似辍学学生情况摸排及劝返复学工作,实现疑似辍学人数清零。落实各类教育优待政策。印发《关于统筹做好我市教育优待工作的通知》,认真落实军人、消防救援人员、高层次人才、公安英烈和因公牺牲伤残公安民警等群体的子女教育优待政策。启动世行贷款学校对口帮扶项目。根据省教育厅《世行贷款学校对口帮扶项目实施方案》,4个项目县(遂溪、廉江、雷州、吴川)共安排了114所义务教育学校接受帮扶,其中广州市安排46所学校作为支援学校,跨市帮扶项目县的46所义务教育薄弱学校;市直属学校和5个市辖区共安排26所学校作为支援学校,跨县(市、区)帮扶项目县的26所义务教育薄弱学校;4个项目县共安排42所城区学校,"一对一"帮扶本县(市)义务教育薄弱学校。各支援学校分别与省教育厅和受援学校签订《世行贷款学校对口帮扶项目委托实施协议》《世行贷款学校对口帮扶项目协议书》,湛江经济技术开发区第四中学与廉江市雅塘镇大人岭小学率先开展实质性对口帮扶活动。

(三)普通高中教育

优化整合普通高中教育资源。贯彻落实《湛江市人民政府关于湛江市高中阶段公办学校整合工作的指导意见》,全市公办普通高中50所,已完成"将市县所属公办普通高中从73所整合为51所"的目标任务,普通高中基本集中到城区、县城办学。巩固提升高中阶段教育普及水平。在全面完成薄弱高中改造提升工程的基础上,规划投入12.67亿元实施"高中阶段教育普及攻坚"工程,以湛江第一中学、湛江市第二十一中学新校区建设为重点,扩大普通高中优质教育资源,进一步巩固高中阶段教育普及成果。推进普通高中育人方式改革。以新高考为导向,深化课程改革,优化课程结构,落实普通高中课程方案和课程标准,探索基于学科核心素养、教学策略、学业质量标准的教学评价方式。普通高中学校因地制宜开展选课走班教学,探索建立行政班和教学班并存等多种教学组织形式,提高管理水平,提升办学质量。构建学生综合素质评价体系,关注学生学习过程,促进学生全面而有个性发展。稳妥推进高中阶段学校考试招生制度改革。加大普通高中自主招生力度,取消指标生录取"限制性"分数线,实行指标生单独划线和录取;继续实施市内普通高中"大学区"招生政策,盘活市区优质高中学位资源,解决各区生源不平衡问题。推进中考改革,充分发挥考试导向功能,引导和促进义务教育深化改革,发展素质教育,整体提高教育质量。实现平安中考,实行阳光招生,全市普通高中招生4.3万人,较好地完成了省下达的招生任务。

(四)特殊教育

2020年,湛江市有市直属特殊教育学校1所、县级特殊教育学校8所,81个4万人口以上的镇(街)均建有随班就读资源教室,初步构建从学前教育、义务教育到高中职业教育各学段衔接的特殊教育体系。特殊教育学校在校生1949人,普通中小学随班就读残疾学生2453人、送教上门残疾学生658人,残疾儿童少年义务教育入学率达98.37%。制订特殊教育第二期提升计划项目库,重点推动县(市、区)特殊教育资源中心和资源教室建设,完善随班就读支持体系。全市共投入369万元(中央资金120万元、省级资金249万元),支持4所特殊教育学校和9个特殊教育资源教室建设。各级教育行政部门联合残联根据残疾儿童少年实名登记信息，逐一核实未入学适龄残疾儿童少年数据，建立未入学适龄残疾儿童少年台账。通过特殊教育学校就读和普通学校"随班就读""送教上门"等多种方式，"一人一案"做好教育安置工作，残疾儿童少年义务教育普及水平逐年提高。

【职业与成人教育】（一）职业教育

2020年，湛江市有高等职业教育院校2所，即市属湛江幼儿师范专科学校、省管广东文理职业学院。中等职业教育学校44所，其中，中等职业学校37所（含省属中职学校2所），技工学校7所。全市有国家示范学校3所（即湛江技师学院、湛江财贸中等专业学校、湛江机电学校），国家重点学校8所，省重点学校5所。本地中等职业学校在校生7.49万人（技工学校在校生1.45万人），外送生源1.62万人，职业教育规模位于全省前列。中等职业学校教职工3 346人（不含技工），其中专任教师2 616人，生师比为23∶1；专任教师中有专业课教师1 574人。中等职业教育专业设置85个，其中省重点专业22个，市重点专业39个。2020年全市继续开展高职专业学院试点工作，联合高职院校招收中职应、往届毕业生1 830人。继续扩大中高职贯通培养三二分段试点工作，12所中职学校联合13所高职院校开展涉及26个专业的三二分段试点招生工作，招生人数达2 745人。

超额完成中职招生任务。2020年，受疫情影响，全市不再组织统一的招生宣传活动。其间，主要通过《湛江日报》教育专栏、微信公众号、湛江云媒、网站、校园宣传周等多种形式开展招生宣传；现场宣传主要是学校到中考体育考试考场、乡镇中学开展。2020年省下达湛江市中等职业教育招生任务数为4.03万人，其中本地中职（含技工）招生任务数2.79万人，外送生源任务数1.24万人。2020年秋季，全市中职完成总招生4.49万人，其中本地招生2.86万人（中职学校招生2.28万人，技工学校招生5 880人），外送生源1.62万人（外送省属中职学校4 681人，外送省属技工学校1.16万人），超额完成全年招生任务。

职业技能竞赛获佳绩。在2020—2021年的市级比赛中，12所学校330名师生参加了9个专业大类24项竞赛，评选出一等奖74名、二等奖78名、三等奖83名以及指导教师奖94名。在2019—2020年的省级比赛中，湛江市选手荣获二等奖4项、三等奖24项，共83名师生获奖。

开展职业教育交流合作。湛江市职业学校主动作为，做好对口支援工作。湛江机电学校与柳州市鹿寨职教中心开展结对帮扶工作。湛江市教育局和湛江机电学校多次奔赴柳州，明确职业教育帮扶目标、任务和要求。一是召开"湛江－柳州职业教育协作座谈会"，充实两地职业教育协作内容，学习借鉴柳州市职业教育集团化办学经验做法。二是召开"湛江机电学校－鹿寨职业教育中心帮扶工作对接会"，对接规划结对帮扶工作，建立教师互访机制、跟岗学习机制、骨干教师轮换支教机制等，初步制定对接帮扶工作方案。三是开展结对交流活动。2020年受疫情影响，湛江机电学校通过线上交流帮助指导柳州市鹿寨职业教育中心（柳州市城市职业学院鹿寨分院）制定电气运行与控制特色专业发展规划、示范性实训基地建设方案、专业技能竞赛规划等。四是开展支教活动。湛江机电学校先后3次分别派出电气专业部负责人兼机电专业带头人刘竹明、电气专业部骨干教师黄宗将和陈步强、制冷专业负责人陈乃聪和机电专业负责人李建静等人到鹿寨职院支教。五是组织柳州市鹿寨职业教育中心（柳州市城市职业学院鹿寨分院）的师生们到湛江机电学校参加教学管理培训、专业技能培训、竞赛技能培训等活动。

开展卫生类职业教育帮扶工作。根据《湛江市教育局与绥化市教育局职业教育合作框架协议》关于两地职业教育合作事项工作部署，本着优势互补、合作共赢原则，湛江卫生学校、湛江中医学校与黑龙江省绥化市职业技术教育中心结对开展卫生类人才培养的合作共建工作，探索、创新、设计卫生职业教育合作项目，促进两校协同发展。

湛江理工职业学校招收对口支援的广西融水苗族自治县44名贫困学生，承担所有费用，并为他们购买学习及生活用品。疫情期间，学校协调解决好这部分学生线上教育设备、流量问题，保障线上教育顺利进行；安排老师跟踪学生情况，做好防护指导和心理疏导；安排大巴车到广西融水接学生返校，并为学生准备好抗疫物资、学习及生活用品等。

（二）成人教育

2020年，湛江市121个乡镇（街道）有108个乡镇（街道）设立乡镇（街道）成人文化技术学校，建立乡镇成人文化技术学校的乡镇（街道）占全市乡镇（街道）数的89.2%。其中，20所乡镇成人文化技术学校被评为湛江市级示范性乡镇成人文化技术学校。根据上级的文件要求，因为疫情防控需要，湛江市全年没有开展线下培训工作。全市有开放大学1所（社区大学1所，社区大学分校6所，

· 市域教育 ·

健康养生、烹饪美食学院各1所），开展社区教育县（市、区）有霞山区、赤坎区、坡头区、麻章区、经济技术开发区、徐闻县、遂溪县、雷州市、廉江市、吴川市等10个。

【高等教育】2020年，湛江市共有普通高等学校6所，其中，省属公办普通高等本科学校3所，即广东海洋大学、广东医科大学、岭南师范学院；省管民办普通本科高校1所，即广东海洋大学寸金学院；省管民办高职院校1所，即广东文理职业学院；市属普通专科学校1所，即湛江幼儿师范专科学校。市属成人高等学校1所，即湛江开放大学。全市高校共开设专业281个，涵盖理学、工学、农学、文学、法学、经济学、管理学、教育学、医学等学科。具有博士学位授予权的学校2所，具有硕士学位授予权的学校2所。全市有高校教职工10 405人，专任教师6 259人。全市普通高等学校在校生114 504人，其中，研究生2 709人，参加各类成人教育在校学生近2.9万人。全市普通高校毕业生总数25 964人，毕业生就业率为92%。

【民办教育】2020年，湛江市有各级各类民办学校（幼儿园）1 586所（不包含高校和技工学校），在校（园）学生31.62万人，分别占全市学校（幼儿园）数、在校（园）学生数的45.45%、20.15%。其中，民办幼儿园1 505所，在园幼儿18.16万人，分别占全市幼儿园总数、在园幼儿数的67.73%、52.06%；民办中小学63所，在校学生11.66万人，分别占全市中小学校数、在校学生数的5.16%、10.06%；民办中等职业学校（不含技工）16所，在校学生1.68万人，分别占全市中等职业学校数、在校学生数的43.24%、27.87%。省管民办高职专科院校1所，即广东文理职业学院，2020年有在校学生12 265人；省管民办本科院校1所，即广东海洋大学寸金学院，2020年有在校学生19 940万人。民办学校涵盖从学前教育到高等教育各个学段，构成比较完善的办学体系。

加大民办教育扶持力度。帮助解决制约民办学校发展的关键问题，在规划用地、土地价格等重大问题上给予优惠，扶持发展了湛江市雷阳实验学校、徐闻县梅溪中学等一批优质民办学校。设立市级民办教育发展专项资金600万元，用于促进民办学校标准化、优质化建设，提升民办教育整体办学水平。采取集团化办学模式，支持公办学校参与举办民办学校，建立公办与民办学校教师双向交流机制，激发了民办教育办学积极性。

健全民办教育管理制度。严格办学许可，落实审批监管职责；依法进行年检，对年检不合格的民办学校给予限期整改、停办等处理，规范民办学校办学行为；加强信息公开，通过政府门户网站和教育局网站公告民办学校基本信息及年检情况，接受社会监督。开展民办中等职业学校年检。通过查阅资料、现场检查、开座谈会等形式，对全市19所中等职业学校进行2019年度年检，其中9所民办中等职业学校年检结果评定为合格等次，4所民办中等职业学校评定为基本合格等次，6所民办中等职业学校评定为不合格等次。规范民办学校招生工作，要求所有民办中等职业学校落实招生备案制度，规范招生行为，落实招生监管等要求，确保招生工作规范、有序进行。组织民办中等职业教育专项资金评审。全市民办中等职业教育发展专项资金总额为316.8万元，其中省级发展专项资金136.8万元，市级发展专项资金180万元。奖补13所民办中等职业学校，推动学校改善办学条件。

促进民办教育健康发展。贯彻《关于促进我市民办教育平等规范特色发展的实施意见》，加大民办教育投入，落实民办与公办学校教师同等待遇、学生同等享受国家资助政策，落实非营利性民办义务教育学校政策，促进民办教育平等、规范、特色发展。

教育成果与特色

【教育经费投入】2020年，湛江市继续坚持政府为主、多渠道筹措教育经费的体制，保障教育投入稳定增长。全年全市城乡义务教育公用经费拨付资金13.84亿元，全市地方教育经费总投入为168.06亿元，比2019年（157.28亿元）增长6.85%，其中：国家财政性教育经费为142.77亿元，比2019年（130.6亿元）增长9.32%；一般公共预算教育经费为117.66亿元，比2019年（112.93亿元）增长4.19%。

【教育信息化建设】2020年，湛江市不断完善教育信息化基础设施，一是坚持深化信息技术与教育教学的融合应用，开展湛江市中小学"互联网环境下城乡一体化"课堂，在全市选取20个学校作为实验学校，开展"三个课堂"试验活动。自活动实施以来，全市共直播课堂教学145节、教研活动45场、特色活动16场、专题培训9场，取得阶段性成效。二是深入推广应用湛江市教育资源公共服务平台，平台接入学校2 203所，有效用户56.98万人，资源总数24万条。三是完成湛江市教育专网建设部署，全市10个县（市、区）约2 000所中小学已经全部用上教育专网，并达到了校园网络带宽标准。四是开发建设学业质量智能监测系统。深化学业评价方式智能化改革，推进湛江市学业质量数字化，推进教育数据汇聚和共享。五是组建湛江市创新实践共同体，覆盖全市全区40所学校，"以点带面、以面带片"的信息化辐射形势基本形成。六是试点建设智慧校园和智慧教室，推动云计算和大数据等信息技术在日常教育教学中的综合应用，推进教育数据的全面汇聚和共享，为广大师生、各级各类学校和社会公众提供开放便捷的教育信息服务。

【学生素质教育】 2020年，湛江市教育局以创建全国文明城市为抓手，以培育践行社会主义核心价值观为重点，广泛开展"扣好人生第一粒扣子"、社会主义核心价值观、中华优秀传统文化、心理健康、劳动教育、禁毒教育、生态文明等系列主题教育活动，取得显著成效。全市各学校党组织书记、校长带头上好思政第一课，春、秋季学期共上4 528节，听课人数超过200万人次。是年，成功创建湛江市文明校园155所，广东省文明校园2所，全国文明校园1所，完成192所市级文明校园复核工作。全市1 541所学校、55万多名学生在全国青少年毒品预防教育数字化平台注册学习，学校、学生注册率以及课时完成率均达100%。湛江市教育局被评为湛江市全民禁毒工程先进集体。开展学生体质健康测试，推进儿童青少年近视防控工作。新增14所全国青少年足球特色学校和31所广东省校园足球推广学校。举办面向全市中小学生的艺术活动近10场，组织参加教育部、省第六届中小学生艺术展演活动，获教育部展演舞蹈节目一等奖1个，摄影作品二等奖1件，绘画作品三等奖1件；获省展演一等奖15个、二等奖21个、三等奖100个。8所学校加入"粤港澳大湾区小学音乐联盟"。开展全市中小学"爱我中华"主题合唱比赛。

【师资队伍建设】 2020年，湛江市稳步推进落实中小学教师"县管校聘"管理改革，全市3个县（市、区）（麻章区、吴川市、经开区）完成改革任务；2个区（霞山区、赤坎区）已核编，待核岗；4个县（市、区）（坡头区、雷州市、廉江市、遂溪县）已报编办核编；徐闻县正在调整原有的"县管校聘"实施方案。全市共有5个县（市、区）开展竞聘上岗，13 057名教师参加竞聘上岗，占教师总数的20%，12 836名教师获聘任。加强教师培养培训，安排专门面向乡村教师（校长）开展的培训项目（系列）6个，本地或异地面授培训乡村教师（校长）1 480人。继续实施湛江市第三批47名"湛江市名校长"和176名"湛江市名教师"培养工程。推进校长教师交流和支教工作，2020年共有2 925名教师跨校交流轮岗，进一步缓解了农村学校和薄弱学校优秀教师、紧缺学科教师严重不足的矛盾。全市新招聘教师1 701名，优先满足农村教师补充需求，维护乡村教师队伍稳定。推动实施"银龄讲学"计划，补充农村学校紧缺学科教师，雷州、吴川两地共招募83名银龄教师到农村中小学校讲学任教。推进中小学教师职称制度改革，引导教师专业化发展。落实教师平均工资收入水平"两个不低于或高于"政策，落实农村教师生活补助。全面落实4.3万名原民办代课教师生活困难补助政策。建立市高层次人才子女教育服务工作联席会议制度，累计落实63名高层次人才随迁子女入学优待政策。印发实施《湛江市高层次人才学术活动资助办法》。

【教育资助】 2020年，湛江市按标准落实中等职业学校免学费补助，实现家庭经济困难学生资助全覆盖。全市教育部门发放2019—2020学年建档立卡贫困学生生活费补助约1.77亿元，补助学生51 923人，生活费补助落实率达100%。做好教育精准扶贫工作，建立教育扶贫工作部门联动机制，全面实施对就读各教育阶段的建档立卡贫困户子女免学杂费并给予生活费补助政策，加大对贫困家庭的教育资助。

【教育装备建设】 截至2020年，湛江市中小学教学仪器设备总值32.08亿元，纸质图书2 970.7万册，电子图书843.1万册，教学用计算机14万台，网络多媒体教室2.6万间，录播室507间，全年投入建设经费8.6亿元。建成主干宽带10G以上、校均500M以上，农村小学和教学点100M以上，各级各类学校100%接入的高速互联教育专网。全市校校通、班班通、人人通比例分别为100%、100%和90%。

（撰稿 迟 铭；审稿 李文冠）

茂名市教育

概况

2020年，茂名市有幼儿园1565所，在园幼儿34.88万人；义务教育阶段学校1580所，在校学生98.85万人；普通高中学校67所，在校学生15.83万人；中等职业学校15所，在校学生6.23万人；特殊教育学校8所，在校学生1920人；全日制高等院校6所，在校学生7.32万人。全市有幼儿园专任教师2.2万人，小学专任教师4万人，初中专任教师2.1万人，普通高中专任教师1.29万人，中等职业专任教师2892人，特殊教育专任教师348人，高等院校专任教师3400人（不含开放大学）。茂名市教育局宏观管理全市学校，直接管理市城区45所直属公办学校，在校学生9.8万人（不包括高职学生人数），在职公办教职人员7031人。

各级各类教育

【基础教育】（一）学前教育

截至2020年底，茂名市在园幼儿34.88万人，其中公办幼儿园在园幼儿17.13万人、民办幼儿园在园幼儿16.93万人，比2016年增加近3万人。学前教育三年毛入园率从2016年的93.2%增加到98.5%，公办幼儿园在园幼儿占比50.7%，普惠性幼儿园（含公办幼儿园和普惠性民办幼儿园）在园幼儿占比91%。全市有独立建制幼儿园1565所，其中公办幼儿园663所，民办幼儿园902所，其中普惠性民办幼儿园747所。普惠性幼儿园（含公办幼儿园和普惠性民办幼儿园）1410所，占比90.1%。全市有教育功能镇93个，建有乡镇中心幼儿园106所，所有乡镇均建有公办乡镇中心幼儿园1所以上。全市有街道24个，建成街道中心幼儿园16所。规范化幼儿园有1251所，占比79.9%。

2020年，茂名市各区、县级市（经济功能区）按照"50"任务规划表，统筹推进学前教育城乡一体化均衡发展，各区、县级市都在城区新建公办幼儿园，解决城区公办幼儿园学位紧缺问题，筹措资源促进农村幼儿园建设，统筹使用学前教育专项资金和创强创现的专项资金用于农村幼儿园建设，农村新增学前教育学位6万多个。加大城区公办幼儿园建设力度，新建村级公办幼儿园，现有公办幼儿园扩容扩班、回收回购和转制，增加公办学前教育资源供给，截至10月底，全市普惠性幼儿园（含公办幼儿园和普惠性民办幼儿园）在园幼儿比例91%，公办幼儿园在园幼儿比例50.7%，提前完成学前教育"5080"攻坚行动计划。

（二）义务教育

2020年，茂名市推进义务教育学校标准化建设，义务教育标准化学校覆盖率达100%。实施扩容提质工程和农村义务教育学校"改薄"工程，推进消除大班额工作，到2020年底全市已全部消除56人以上大班额。合理配置资源，全面推进教育信息化应用，实现教育资源城乡共享。扶持薄弱学校发展，促进区域学校均衡和城乡学校均衡发展。通过集团化办学、千校扶千校、中心城区学校与农村学校结对帮扶、构建联合办学共同体等举措，促进校际均衡发展，实现义务教育基本均衡县（市、区）覆盖率达100%。做好控辍保学工作，初中辍学率为0.2%，小学辍学率为零，低于省定控制线。落实2020年农村义务教育寄宿制学校建设专项资金2.95亿元。

（三）普通高中教育

2020年，茂名市有普通高中学校67所，在校学生15.83万人，高中阶段毛入学率为95.3%；全市普通高中专任教师1.29万人，教师学历达标率为99.1%，研究生（硕士）以上学历（学位）比例为9.6%。

茂名市落实优质高中招生指标分配到初中学校制度，规范和完善自主招生，全市普通高中招生5.38万人。全市43所普通高中特色教育创建工作全面开展，有2批34所学校通过评估验收，占普通高中学校的56.6%。至2020年底，累计建成国家级示范性普通高中8所、省一级学校22所、省普通高中教学水平评估优秀学校15所，公办普通高中学校全部为市一级以上学校，优质学校比例达100%。普通高中优质学位率达95%以上。深化高中教育改革，推进高中教育高质量发展。深入学习衡水中学办学经验，2020年首次实施全市高中教学质量评价。

高考成绩新突破。2020年，茂名市参加高考人数6.87万人，比2019年减少6118人，专科以上上线人数达6.7万人。其中：进入全省前100名有2人，被清华大学、北京大学录取3人，被中国空军航空大学录取3人；上高分优先投档线人数突破7000人，达7115人，比2019年增加736人，增幅为10.4%，创历史新高，领先粤东西北地市；上本科线人数突破3万人，达3.12万人，比2019年增加1457人，本科上线率达43.8%，增幅为4.7%，本科以上上线人数继续保持全省第二名。全市有12名考生获清华大学、北京大学预录取或"强基计划"招生资格。全国知名高校在茂名市录取考生人数大幅增加，其中中国科技大学录取5人（全省35人）、复旦大学录取5人（全省19人），南京大学录取6人（全省89人），省内名校中山大学、华南理工大学等录取人数也大幅增加。

2020年8月，成立茂名市教育发展促进会，接受社会捐款3800万元，掀起全市各地各普通高中学校成立教育促进会的热潮。全市各地各高中学校成立的教育促进会有120个，壮大支持普通高中学校高质量发展的社会力量，营造尊师重教的氛围。全年向学校和高考尖子生颁发奖教奖学资金420万元。

（四）特殊教育

2020年，茂名市特殊教育稳定发展，扩充教育资源，增加特殊教育学位。落实国家建设标准，通过租赁场地、合作办学、设立分校区、征地新建等，促进相关特殊教育学校办学条件优化升级。协助市民政局筹办市福利特殊教育学校，下半年投入招生9个班。推动茂名市特殊教育学校设立学前教育部，与市康复中心合作，打造从学前教育到高中阶段教育的15年特殊教育。建立月报制度，强化督办，推进化州、信宜两地新校区特殊教育学校标准化建设。全市特殊教育学校8所，在校生1920人，随班就读资源教室143个，市、县级随班就读工作指导中心6个。实现了在30万人口以上的区、市均建有1所特殊教育学校、每个教育功能镇均建有1间以上随班就读资源教室的目标。全面实施残疾学生12年免费教育，全力保障适龄残疾儿童少年受教育权。全市适龄残疾儿童义务教育安置率为97.5%，达到省定95%的目标。

【职业教育】2020年，全市有中等职业学校15所，技工学校6所，中职（含技工）学校在校生9.57万人，其中中职学校6.23万人，技工学校3.34万人。全市中职、技工学校完成招生3.71万人，完成招生任务的109.3%，其中，中等职业学校完成招生2.42万人，完成招生任务的107.9%，技工学校完成招生1.29万人，完成招生任务的112.3%。推进民办中职教育的发展，通过大胆探索，积极创新，形成政府主导、行业企业支持配合、社会力量积极参与、公办与民办共同发展的多元化办学格局。

【高等教育】2020年，茂名市有"两本四专"6所高校，在校生8.57万人，其中全日制在校生7.32万人，非全日制学生1.25万人，专任教师3400人。开设的专业主要有石油化工、交通运输、信息技术、医药卫生、农林牧渔、加工制造、休闲保健、财经商贸、旅游服务、公共管理与服务等。

2020年，茂名市持续提升"两本四专"竞争力，支持广东石油化工学院申硕工作，加快广东茂名农林科技职业学院、幼儿师范专科学校、健康职业学院二期建设，支持茂名职业技术学院、广州科技职业技术大学提质建设。其中水东湾新城管委会国土局处理了广州科技职业技术大学滨海校区4.87公顷水田指标相关报批手续，加快推进土地招拍挂流程；推进茂名职业技术学院南校区8公顷土地征收工作，争取市政府支持解决偿还2020年国家开发银行贷款，多方筹措资金加快推进南校区二期项目建设；年内力争至少1个高水平专业群获得省级立项；开展与东华能源、巴斯夫股份公司的校企合作；广东茂名幼儿师范专科学校二期项目学生宿舍二三区建设已完成，启动综合教学楼、图书馆建设，12月启动学生宿舍四五六区建设；广东茂名健康职业学院二期学生公寓项目投入使用；广东茂名农林科技职业学院二期建设完成并投入使用。

【民办教育】2020年，茂名市有民办中小学校（含民办中职）、幼儿园959所，在校学生28.6万人。其中：民办幼儿园902所，在园幼儿17.2万人；民办小学16所，在校学生3.7万人；民办中学（含初级中学、一贯制学校、高级中学、完全中学）37所，在校学生5.8万人；民办特殊教育学校1所，在校学生244人；民办中职学校3所，在校学生1.9

万人。全市有民办中小学校（含民办中职）、幼儿园专任教师1.98万人。其中：民办幼儿园专任教师1.3万人，民办小学专任教师1843人，民办初中专任教师2556人，民办高中专任教师1540人，民办特殊教育专任教师40人，民办中等职业专任教师899人。

2020年，茂名市分配省级教育发展专项资金（支持民办教育发展）444万元及落实市级民办教育专项资金150万元，用于普惠性民办幼儿园规范化建设。印发《茂名市贯彻落实〈广东省民办学校规范达标计划和品牌提升计划（2019—2022年）〉分工方案》，贯彻落实民办学校规范达标和品牌提升计划。选派公办学校优秀教师到民办学校帮教扶教，加大对薄弱民办学校的帮教扶教力度。实行民办义务教育学校与公办学校同步招生，统筹区域内公办学校、民办学校的招生计划、范围、标准和方式，解决公办学校大班额和民办学校生源不足问题。华南师范大学附属电白学校、化州青鸟实验学校开学，华南师范大学附属茂名滨海学校、广东外语外贸大学附设茂名实验学校开工建设，为茂名提供更多优质教育资源，助力茂名教育高质量发展。

教育成果与特色

【"县管校聘"改革】2020年，茂名市根据《关于推进全市中小学教师"县管校聘"管理改革的实施意见》（茂教规〔2018〕1号）、《关于印发〈2019年茂名市中小学教师"县管校聘"管理改革竞聘上岗工作实施方案〉的通知》（茂教字〔2019〕90号）等有关文件精神，指导和督促各区（县级市）全面推进"县管校聘"管理改革。完成"县管校聘"管理改革任务，聘任中小学教师7.1万人，其中直聘教师3629人，参加校内竞聘上岗教师6.06万人，跨校竞聘（含落聘调剂、选调考试）教师6752人，待岗教师9人，解决教师结构性欠编问题，优化配置教师资源，提升教师活力。

【人才工程建设】2020年，茂名市加大教育人才招聘选聘力度，通过高校现场招聘、市内招考等形式新招聘大中小学教师。全年全市教育系统招聘新教师1847人，其中，赴高校现场招聘签约新教师284人，面向全国选聘骨干教师44人，市内公开招考1519人。落实局机关事业和市直学校干部轮岗提拔（晋升）工作，提拔局机关事业干部9人，落实职级晋升24人；市直学校交流轮岗校长7人，提拔校长3人，进一步加强市直教育人才队伍建设。完善省、市名师工作室建设，有广东省中小学名教师、名校（园）长工作室主持人27人，市名校（园）长工作室、市名教师工作室46个以及市名班主任工作室20个。全市有正高级教师46人，省中小学在岗特级教师89人，省新一轮基础教育"百千万人才培养工程"培养对象32人，省级骨干校长、教师培养对象215人。

【教育信息化建设】2020年，茂名市教育信息化建设总投入资金3亿元，以"三通两平台"为建设与应用的重点，大力推进教育信息化2.0行动计划。

教育平台建设方面，升级配置教学多媒体平台，建设一批数字图书馆、智慧教室、自动录播室、创客体验室、机器人开发室等智慧功能场室，按新标准升级配置实验仪器、图书等。推进智慧教育，推进教育信息化2.0中心示范学校建设与应用。推进校园公共物业开放共享，配合相关部门加快5G基站建设，打造校园5G无线网络全覆盖。茂名市教育城域网进出口带宽提升到60G。100%实现"校校通"，100%城镇学校建成500M以上光纤网络到校园的校园网，农村教学点实现100M以上宽带接入。100%学校实现"班班通"，基本装备多媒体教学平台，更多交互式多媒体教学平台、移动学习终端等走进班级。全市教师、学生、学生家长注册"人人通"全覆盖。教育资源公共服务平台和教育管理公共服务平台完成升级功能扩容，打造教育大数据生态圈。

信息技术与教学融合方面，加强教育信息技术与教育教学深度融合，提高课堂教学效率。运用现代信息技术，让农村边远和贫困山区的孩子共享优质数字教育资源，缩小区域、城乡和校际差距。把握"互联网＋"潮流，推进茂名市教育"云课堂"和"人人通"平台的应用。推动基础教育"同步课堂""名校网络课堂"建设。深度融合教育信息技术与教育教学，以课堂教学为主要抓手，鼓励学校探索创新教学模式，从"以教为中心"转变为"以学为中心"，加强学法研究指导，促进茂名市课堂教学从"有效课堂"到"高效课堂"到"智慧课堂"的转变，提升教师的教学智慧，提高课堂教学效果。

【校园足球特色品牌打造】2020年，茂名市开展校园足球活动，以校园足球为抓手，打造校园足球特色品牌，推进学校体育活动的开展。截至2020年底，全市有全国青少年校园足球特色学校69所、广东省校园足球推广学校157所，广东省校园足球试点县区2个，校园足球普及率进一步提升。8月，茂名市举办2020年茂名市青少年校园足球夏令营活动，评选出茂名市青少年校园足球夏令营最佳阵容；有29名运动员参加2020年广东省青少年校园足球夏令营活动，其中茂名市育才学校的黄炳圳、陈图键，博雅中学的陈倩榆3名运动员入选2020年广东省青少年校园足球夏令营最佳阵容。10月，举办2020年茂名市直属学校校园足球联赛暨茂名市"市长杯"足球赛直属学校预赛，有34所学校85支代表队的1140名运动员参加比赛。

【基础工程建设】2020年，茂名市加快推进教育局重点基建项目建设，全面落实局直属学校迁建、扩建及维修等工程项目建设，加快推进"两本四专"高校建设。

2020年，茂名市新建学校项目有4个（崇文学堂、茂名市第三幼儿园、福地小学、茂名茂南第一实验学校），其中，崇文学堂校园规划用地面积10.67公顷，总建筑面积5.1万平方米，项目总投资2.1亿元。办学规模90个教学班，在校学生4500人。于9月招生开学。茂名茂南第一实验学校和福地小学完成勘察设计工作，概算审核通过，预计于2021年9月竣工交付使用。市第三幼儿园通过立项，并与相关部门加紧规划，争取2021年12月投入使用。

推进茂名市第一职业技术学校第七栋学生宿舍楼、市第二职业技术学校学生宿舍楼、博雅中学南校区综合楼、桥南小学教学楼、方兴小学综合楼、桥北小学教学综合楼、为民路小学教学综合楼、市第二幼儿园综合楼、十六中北校区学生宿舍楼、愉园中学多功能体育馆等10个项目的建设。其中，7个项目已完成全部工程并交付使用；市二幼综合楼、十六中北校区学生宿舍楼、愉园中学多功能体育馆完成主体建设，预计12月交付使用。计划筹建6个新扩建项目，其中福华小学综合楼开始动工建设，市行知中学综合楼、新世纪学校艺术楼、官山学校综合楼、茂名市光华小学综合楼、愉园中学教学综合楼建设项目等5个项目办理了用地规划许可，提请市政府研究批准建设。

【教育扶贫】扎实做好粤桂教育扶贫协作工作。全市派出教师567人次到南宁、来宾两市中小学校开展支教工作，接受南宁、来宾两市到茂名市跟岗学习教师608人次。全市19所学校分别与南宁市、来宾市21所学校结对帮扶，并开展互动交流达200多次，参加人员达4000多人次。投入180万元为来宾市金秀瑶族自治县培养全科教师32名。为南宁、来宾两市专门组织举办培训班5期，培训校长、骨干教师281人。组织10多个省、市名师工作室深入受援地开展帮扶活动，双方参与教师超过6000多人次。协调落实投入资金5771万元，其中协调落实南宁市投入资金4650万元，来宾市投入资金821万元，大幅改善南宁、来宾两市受援学校办学条件，教育教学质量全面提升。此外，响应国家和省援藏援疆、"三区"支教号召，2020年选派26名优秀教师援藏援疆，16名优秀教师赴韶关市新丰县支教，受到当地学校的一致好评。

如期完成省定贫困村高州市马贵镇朗练村的脱贫退出工作。先后协调落实帮扶资金1926.658万元，朗练村行政村和朗练村建档立卡贫困户共41户121人，全部达到脱贫标准，退出贫困村和贫困户序列，脱贫率达100%，茂名市教育局脱贫攻坚工作连续3年考核结果为"好"等次。

建档立卡家庭贫困学生资助工作精准有序。大胆研发新的学生资助专业系统，加强监督，确保政策落实。2019—2020学年发放生活费补助资金11843.31万元，受惠学生34501人；普通高中、大学（含本专科、研究生）学生减免学费1393.375万元，受惠学生5318人。

（撰稿　罗　婷　陈建平；审稿　宋一帆）

肇庆市教育

概　　况

2020年，肇庆市投入教育经费113.72亿元，比2019年增长7.65%；教育固定资产投入18.11亿元，比2019年增长23.11%。全市有各级各类学校1144所，在校学生约103.47万人，专任教师5.11万人。其中，幼儿园682所，在园幼儿15.79万人；小学236所，在校生40.75万人；初级中学155所，在校生16.83万人；普通高中37所（其中，民办普通高中10所），在校生7.53万人；特殊教育学校8所，在校生875人；中等职业技术学校19所（其中2所附设中职部），在校生5.67万人；地方高等院校7所，在校生16.81万人。

年内，完成全市学校党组织隶属关系归口管理工作，公办、民办学校党组织覆盖率达100%。成立新冠肺炎疫情防控返校复学工作专班，抓好学校疫情防控工作，实现教育系统疫情防控"零失误"。制定实施《2020年肇庆市未成年人思想道德建设工作实施方案》，提升未成年人思想道德建设工作水平，黄问一、何见安2名同学被评为2020年广东"新时代好少年"，其中黄问一同学被中央文明办评为2020年全国"新时代好少年"；肇庆市第一中学和鼎湖区广利中心小学被评为广东省文明校园；肇庆市奥威斯实验小学和肇庆市颂德学校被评为全国文明校园。肇庆市获得"全国未成年人思想道德建设工作先进城市"称号。出台《肇庆市推进义务教育阶段教师市域内"城乡联动、双向提升"改革工作方案》，组织东南片区的4个区（市）与西北片区的4个县开展教师交流。引进、建设香港公开大学、广东公共卫生与健康医学院等6所高校。以肇庆中学为盟主，组织10所学校成立肇庆市普通高中千人学校联盟。创建全国青少年校园足球特色学校13所、幼儿园12所，全国青少年冰雪运动特色学校3所，全国青少年校园篮球特色学校6所，全国青少年校园排球特色学校2所；广东省校园篮球推广学校7所，广东省校园排球推广学校4所；市级校园足球推广学校17所，首批市级武术特色学校和游泳特色学校各3所。遴选培育第四批广东省中小学艺术教育特色学校16所、广东省中华优秀文化传承学校22所，评选首批市级武术特色学校和游泳特色学校各3所、肇庆市民间艺术特色社团学校8所、肇庆市书法教育示范学校50所，遴选周焯华书法室建设学校20所、"田埂花开"艺术项目建设学校21所。

各级各类教育

【基础教育】（一）学前教育

2020年，肇庆市有幼儿园682所，比2019年增加30所；在园幼儿15.79万人，比2019年增加1540人；学前教育教师（包括园长）1.56万人，比2019年增加160人，大专以上学历教师占84.147%。公办幼儿园和公办性质幼儿园224所，比2019年增加33所；民办幼儿园458所；规范化幼儿园653所，占幼儿园总数的95.74%。继续推进实施第三期学前教育行动计划，全市基本普及学前教育，学前教育毛入园率达101.24%，各县（市、区）和肇庆高新区学前教育毛入园率继续保持98%以上。分期分批升级改造未达到规范化标准的幼儿园，新认定规范化幼儿园32所。新建、改扩建的19所公办幼儿园全部于2020年9月投入使用，新增学位3220个。普惠性民办幼儿园385所，比2019年增加50所。

（二）义务教育

2020年，肇庆市有小学236所，比2019年增加3所；小学在校学生40.75万人，比2019年增加7019人。初级中学（含九年一贯制学校）155所，比2019年增加1所；初中在校生16.83万人，比2019年增加6300人。小学适龄人口入学率为100%，辍学率为零；初中阶段入学率为99.78%，辍学率为0.09%。"普九"各项主要指标均达到或超过国家和省的有关要求。义务教育阶段坚持"以流入地政府为主,以全日制公办中小学为主"的原则,建立完善异地务工人员随迁子女接受义务教育工作机制,保障异地务工人员随迁子女平等接受义务教育的权利。端州区、高要区、四会市、广宁县、德庆县、肇庆高新区等地实行凭积分方式安排外来务工人员随迁子女入读义务教育阶段公办学校的办法,促进公平入学,解决进城务工人员随迁子女读书问题。2020学年,在义务教育学校就读的非户籍学生和进城务工人员随迁子女95 066人,其中在公办学校就读67 788人,入读率为71.31%。

2020年,肇庆市大力推进义务教育学位建设,继续把"增强城区义务教育学位供给能力"纳入市委、市政府对各县(市、区)党政领导班子工作综合考评的基础教育考评指标,全力加快城镇学校建设,有效缓解城镇学校学位紧缺问题,逐步消除大班额。全市新建、改扩建公办中小学校16所,建设民办中小学校4所,增加义务教育学位14 915个。推进农村义务教育寄宿制学校等薄改项目建设,完成寄宿制学位达标建设30 618个,完成新增寄宿制学位建设6774个。全面实施义务教育阶段学校消除大班额计划,解决义务教育阶段学校大班额问题。2020年,全市义务教育阶段学校有教学班14 268个,较2019年13 789个增加479个。全市义务教育阶段学校存在56人以上大班额总数为139个(全部分布在端州区小学阶段),比例为0.97%,较2019年减少90个、下降0.63个百分点。总体来看,肇庆市已消除义务教育阶段66人以上超大班额,义务教育阶段56人以上大班额比例为0.97%,56人以上大班额比例控制在1%以内。

(三)普通高中教育

2020年,肇庆市坚定实施"高中阶段教育普及攻坚计划",加大对普通高中学校的建设规划、经费投入和教育教学改革等方面的支持力度,进一步优化普通高中办学条件,推动普通高中教育内涵特色发展。成立肇庆市普通高中千人学校联盟。全市公办普通高中28所,民办普通高中10所,在校生75 319人。全市普通高中优质学校占比87.9%,其中公办普通高中100%创建成为优质学校。2020年,全市高中阶段教育毛入学率为96.6%。全市通过整合现有资源,成立肇庆市中小学教师发展中心,推进学科教研与学校教学进一步融合,在全市高中建立15个市级高中学科教研中心,实现市县教、学、研、训一体化。全市普通高中教师本科率为99.56%(其中研究生率为14.85%)。

(四)特殊教育

2020年,肇庆市有各类特殊教育学校(幼儿园)9所,其中综合性特殊教育学校1所(同时招收听障和智障学生),启智学校7所,康复幼儿园1所;建有特殊教育资源教室135个,实现镇(乡)、校随班就读资源教室全覆盖。肇庆市有独立设置的特殊教育幼儿园1所,为隶属市残联的肇庆市康复幼儿园,在园幼儿142人,教职员工67人。全市有义务教育阶段常住适龄残疾儿童少年3483人,已入学3417人,比未入学66人,入学率为98.11%。特殊教育学校就读学生875人,教职员工292人。随班就读的残疾学生1507人,通过送教上门入学的残疾学生1032人。形成以县(市、区)特殊教育学校为主体,县(市、区)残疾人康复中心和中小学学校"随班就读"以及"送教上门"为补充的特殊教育体系,保障特殊儿童少年享有平等教育机会。怀集县异地新建特殊教育学校正在加紧建设中。

【职业与成人教育】(一)高等职业教育

2020年,肇庆市高等职业教育院校有广东工商职业技术大学和广东信息工程职业学院。两所学校占地总面积95.61公顷,建筑总面积46.62万平方米;藏书189.15万册;固定资产总值24.84亿元,其中教学仪器设备总值1.51亿元。两所学校全年招生2.69万人,在校生4.67万人,毕业生9576人;专任教师1112人,其中正高职称84人、高级职称240人。

(二)中等职业教育

2020年,肇庆市有中等职业教育学校19所(不含技工学校,下同),其中公办学校12所、民办学校7所;市属学校10所、县属学校9所。国家中等职业教育改革发展示范学校2所,省级示范学校2所;国家级重点学校4所,省级重点学校9所。19所学校占地总面积123.68公顷,建筑总面积96.71万平方米;藏书185.64万册;固定资产总值20.26亿元,其中教学仪器设备总值3.56亿元。共招生2.06万人,比2019年增长0.48%;在校生5.67万人,比2019年增长4.8%;毕业生1.62万人,比2019年减少11.47%。专任教师2784人,比2019年增加194人,其中正高职称10人、高级职称243人、中级职称1106人。

2020年,肇庆市中等职业学校共有毕业生1.62万人,涉及加工制造、交通运输、信息技术等15个专业类别,基本覆盖装备制造、电子商务、汽车零部件、医药卫生、现代农业等主要产业领域。各职业学校开展订单式、现代学徒制试点,校企共建校内外实习实训基地,建立与经济社会紧密联系、灵活的办学体制,中职学校毕业生就业率保持在98%以上。实施校企合作办学,合作企业220多家。拓展集团化办学机制,支持示范性中职学校牵头联合市县域中职学校及行业企业组建两个城乡职教集团(其中,市工业贸易学校牵头组建肇庆市第一城乡职业教育集团,市农业学校牵头组建市第二城乡职业教育集团),促进市域中职教育城乡一体化发展。遴选市工业贸易学校的"中餐烹饪与营养膳食"专业、市农业学校的"果蔬花卉生产技术"专业两个"学徒制"市级试点项目开展试点,推行订单式培养人才,为企业培养精准技能人才。实施中高职贯通培养试点,支持市工贸学校、市农业学校对接省属高职院校联合开展高职专业学院试点,推动中高职专业技能人才贯通培养。

(三)成人教育

2020年,肇庆市开展全民终身学习活动周,活动内容有读书比赛、疫情防控科普知识宣传、安全知识讲座、全民健身活动、文娱活动等,共有23.1万人次参加。肇庆开放大学作为服务全民终身学习的新型高等学校,开展"终身教育"读书活动、"肇庆市2020年疫情防控知识宣传"活动、老年教育课堂,老年教育覆盖率逐年增长。

2020年,在已实现全市104个乡镇(街道)全部设立成人文化技术学校以外,还拥有省级示范性成人文化技术学校8所、市级示范村(社区)成人文化技术学校85所。全年参加各类技能培训43.2万人次,农民实用技术培训率达51.1%,比2019年增加8%。各县(区、市)开展省级农村职业教育和成人教育示范县(区、市)创建活动,将创建工作纳入全市现代职业教育综合改革试点。肇庆市农业学校先后承担高要区基层农技推广人员培训班1期(培训91人),鼎湖区农产品质量安全管理培训班1期(培训65人),肇庆市农业类专业技术人员继续教育专业课培训班2期(培训100人)。

【高等教育】(一)概况

2020年,肇庆市实施创新驱动发展"1133"工程,打造粤港澳大湾区应用型高等教育技能人才培育基地。至年末,全市有7所高等教育院校,其中公办学校有肇庆学院、广东金融学院肇庆校区、肇庆医学高等专科学校、肇庆开放大学;民办的有广东理工学院、广东工商职业技术大学、广东信息工程职业学院。继续推进广东公共卫生与健康医学院(筹)、广东肇庆航空职业学院、广州华商学院、广州应用科技学院、华南农业大学珠江学院、香港公开大学(肇庆)等高校建设和肇庆学院"申硕改大"工程。

(二)肇庆学院

肇庆学院是由广东省人民政府主办、省教育厅主管的公办全日制本科院校。2020年,学院占地面积84.74公顷,建筑面积53.1万平方米;图书馆藏书176.98万册,电子图书107.3万种;固定资产总值15.25亿元,其中教学和科研仪器设备价值3.82亿元。招收本科生6338人,全日制本、专科在校生20465人,全日制本、专科毕业生5929人;成人教育类学生4495人,成人教育类毕业生1340人。学校面向广东、湖南、广西、河南、河北、山西、山东、安徽、贵州、内蒙古、甘肃、宁夏、青海、海南、新疆及港澳等共17个省区招收学生。学院有教职工1699人,教授等正高职称人员122人,副高职称人员431人。其中,专任教师1207人,兼任教师310人,专任教师中具有博士学位人员413人,具有博士学位人员占专任教师的比例为34.2%。学校拥有经济学、法学、教育学、文学、历史学、理学、工学、农学、管理学、艺术学等十大学科门类。学校设立70个本科专业,其中国家级特色专业1个,省级重点特色专业13个,省级以上本科专业综合改革试点9个,省级应用型人才培养示范专业6个,省级一流本科专业建设点7个,通过IEET工程教育专业认证4个,汉语言文学专业接受教育部师范专业二级认证的专家实地访评。

2020年,启动肇庆学院新校区建设规划。新校区建设规划已取得省教育厅批复同意,学校在建校50周年庆祝大会现场与肇庆市政府签订《肇庆学院新校区建设备忘录》,确定新校区选址和100万平方米用地规模。成立了由常务副市长牵头,学校和肇庆市、高要区相关职能部门组成的工作专班,推进新校区建设。新校区的建设将加快推进肇庆学院服务湾区发展大局,更好发挥地方智库作用。

(三)广东金融学院肇庆校区

广东金融学院肇庆校区位于肇庆市星湖石牌(七星岩风景名胜区北门左侧),是省属公办普通本科院校广东金融学院的校区。2020年,校区占地面积6.67万平方米,建筑面积4.9万平方米。固定资产总值0.58亿元,其中教学仪器设备价值400多万元。图书分馆纸质藏书29.05万册,与学院本部共享中文数字资源库36个、外文数据库18个。设有金融与投资学院、会计学院、经济贸易学院、财经与新媒体学院、保险学院、法学院、公共管理学院、金融数学与统计学院等8个二级学院,开设金融学、会计学、国际经济与贸易、汉语言文学、保险学、法学、行政管理、金融数学等30个本科专业，3 060名大学一年级的新生在校区就读。校区教职工169人，专任教师21人，其中正高职称2人、副高职称9人。西江流域经济研究所和粤桂农村金融与民生金融协同创新中心两个科研平台参与服务地方的科研和培训。

在校区科研平台的支持下，主持由广州优地城市规划设计有限公司委托的"肇庆金融产业园金融机构入驻意愿的调查分析"、肇庆市财政局委托的"肇庆市一般公共预算收入超越200亿元的预测分析项目"以及肇庆市工业和信息化局委托的"肇庆市中小微企业贷款风险补偿基金调研委托项目"等横向项目，同年，"扶持毕节市乡村振兴的金融支持"的横向项目已获得广州大学结项。8名专兼职教师指导大学生申报创新创业训练项目，校区学生获得23项2020年度大学生创新创业项目的立项，其中2项国家级、15项省级、6项校区级。

（四）肇庆医学高等专科学校

2020年，肇庆医学高等专科学校（简称肇庆医专）有端州和鼎湖2个校区，学校占地面积718 595.48平方米，总建筑面积277 186.7平方米。位于肇庆新区北岭片区教育基地的53.8公顷新校区（初拟校名"广东公共卫生与健康医学院"）在建设中，有3所直属附属医院和3所非直属附属医院（其中省外2所），教学（实习）医院180余所；固定资产4.16亿元，其中教学仪器设备总值1亿多元；图书馆藏书72.22万册。招生6 749人，其中大专生3 324人、中专生1 583人、成人专科学生1 842人；在校学生24 590人，其中大专生16 030人、中专生4 808人、成人在校生3 612人，与广东医科大学联合培养插本学生140人，与南方医科大学、广州医科大学、广东医科大学、广东药科大学联合培养成人本科学生1 154人；毕业生5 490人，其中大专生3 134人、中专生1 289人、成人专科毕业生1 067人。设临床医学、口腔医学、中医学等专科专业17个，其中护理专业为国家重点专业，临床、助产、口腔医学、中医学、药学5个专业是省级重点建设专业；有护理、助产、学徒制护理、药学、医学检验技术、康复治疗技术、医学影像技术7个高职专业，其中学徒制护理为新增专业。学校有专任教师552人，其中正高级职称77人、副高职称200人。年内引进高层次人才15名，教授职称2人（其中二级教授1人），副教授1人，博士研究生5人，硕士研究生10人；新晋升教授4人、副教授12人、初中级职称教师18人。

2020年，肇庆医专继续实施科研激励政策、积极搭建科研平台、支持和帮助教师开展立项、研究、成果专利推广，全面推进科研兴校之路。《定岗培养、全科思维贯穿的新时代基层临床医学专业人才培养模式改革与实践》获广东省教学成果一等奖；《校企合作、医教协同的医学影像技术专业"两平台三结合"实践教学改革与实践》获广东省教学成果二等奖；"三年制临床医学教学资源库""社会药房工作实务"成为国家级专业教学资源库和国家级专业教学资源库子库，"临床诊断基本技能"成为省级精品资源课程，"优良药房工作实务"建成省级精品开放课程。护理系教师余淑仪荣获广东省第五届高校（高职）青年教师教学大赛决赛医药卫生组第一名、温丰榕老师荣获二等奖。科研方面，肇庆医专获省、市级教科研课题立项81个，其中获省级项目资助9万元，实际项目获资助38万元；完成市级以上科研课题结题40个。教师主编或者参与编写教材25部，申报国家专利15件，获授权国家发明专利或实用专利12件。教师指导学生参加第十二届"挑战杯"广东大学生创业大赛，获铜奖4项。学生参加全国职业院校技能大赛，获二等奖1项；参加全国医学影像技术专业实践技能大赛，获团体一等奖，并获个人一等奖1项、二等奖3项；参加全国职业院校师生礼仪大赛，获团体二等奖3项、个人二等奖3项；参加全国现场救护技能大赛，2人获二等奖，2人获三等奖。

（五）肇庆开放大学

肇庆开放大学是肇庆市政府直属、集中专教育和现代远程开放本科及专科教育于一体的成人高等教育院校，负责高要、四会、广宁、怀集、封开、德庆6所分校业务指导。2020年，肇庆开放大学有在编在职教职工46人。其中，副高职称5人，中级职称21人，硕士学位11人，中级以上职称的教师占全校教师人数的57%以上。学校占地面积10 000平方米（含校本部和肇庆高新区教学点），校园建筑面积18 000多平方米，固定资产总值2 580万元，其中教学、科研仪器设备资产值861万元，信息化设备资产值463万元。全市开放大学馆藏图书数量32.45万册，其中本部藏书4.9万册。开设专科会计、市场营销、电子商务、文秘、公共文化服务与管理等14门专业；本科开设标准化工程、法学、文化产业管理、经济与金融等12门专业，在校生22 703人。

肇庆开放大学的教师黄莉欣获评肇庆市教育系

·市域教育·

EDUCATION IN VARIOUS CITIES

统优秀共产党员，廖雯娟获评肇庆市教系统先进教育工作者，傅德明获评肇庆市优秀教师，杨华兵获评肇庆市优秀班主任；张帆获广东开放大学体系招生工作优秀奖，张青青获广东开放大学第五届会计专业在线教学能力大赛奖，魏剑获广东开放大学体系课程资源建设先进奖。肇庆开放大学获国家开放大学"教育部'一村一名大学生计划'"招生优秀奖。

教育成果与特色

【职业技能竞赛】参加2019—2020年度全省职业院校技能大赛学生专业技能竞赛，肇庆市获一等奖5项、二等奖2项、三等奖19项。参加第六届中国"互联网"大学生创新创业大赛广东省分赛，有1个项目获银奖，10个项目获铜奖。参加全省职业院校教师教学能力大赛，有21人分别获二、三等奖。

【职工教育】2020年，组织企业对职工开展线上学习。肇庆市企业职工参加学历教育学习5320人；参加岗位培训2.23万人次，比2019年减少1.6万人次；参加资格培训9120人次，比2019年减少581人次；参加其他培训2.3万人次，比2019年增加0.2万人次。职工教育总经费实际支出占职工工资总额的1.72%，比2019年提高0.01个百分点。

【成人高考】2020年，肇庆市有19573人报考成人高考，比2019年增加2352人，其中专科起点升本科6000人，比2019年增加471人；高中起点升本科819人，比2019年减少239人；高中起点升专科12754人，比2019年增加2120人。全市分别在市城区、端州区、鼎湖区、高要区、四会市、广宁县、封开县、怀集县、肇庆高新区设15个考点。全市有16553人被成人高等学校录取，比2019年增加3000人，其中专科起点升本科5154人，比2019年增加379人；高中起点升本科302人，比2019年减少50人；高中起点升专科11097人，比2019年增加2671人。

【自学考试】2020年，肇庆市分别在1月、8月和10月组织自学考试，共有11751人报考自学考试，比2019年减少619人；报考26253科次，比2019年减少564科次。考点设置在市城区。全年有308人自学考试毕业，比2019年减少254人，其中自学本科毕业225人，比2019年减少315人；自学专科毕业83人，比2019年增加61人。

【教育资源共享】2020年，肇庆市教育信息化工作在数字教育资源建设、新技术支持下的课堂改革、双师课堂培训、学校图书装备应用等方面持续发力，推动基础教育变革与创新。疫情期间统筹做好平台使用、资源开发、技术支持、师资培训、组织实施等工作，通过网络保障教育教学"不断线"，采用各种方式解决28735名学生无终端或无网络参加在线学习的问题，做到"停课不停学、不停教"。开展线上教学优秀案例征集，从涵盖小学、初中、高中、中职4个学段及各学科的2350个案例中评选出优秀案例220个。大力推进"粤教翔云"国家课程数字教材应用平台等网络学习空间的建设与应用，构建"互联网+"教育、教学、教研和管理新模式，形成"名校带多校、一校带多点""1+N"学校联盟等校际帮扶新格局，确立37所学科教研基地学校和47所市级"互联网+"联盟学校，开展市级、联盟级教研活动53场，推进信息技术与教育教学实践深度融合。报送3250个课例参加国家和省、市比赛，其中8个获国家级奖励，19个被中央电教馆"一师一课"微信公众号发布。参加全省中小学劳动教育暨学生信息素养提升实践活动，75人获省级奖项。肇庆市教育局获广东省中小学教具创新大赛优秀组织奖。与广州、佛山联合开展"广佛肇可视化教学的实践与研究"专项课题研究，举办"广佛肇可视化教学"研讨会，全市有31所学校参加项目研究。2020年11月，在德庆县举办肇庆市农村小学"双师课堂"第一期培训班。同时，"广东省教育资源公共服务平台应用落地服务暨'人人通'试点区建设项目推进会"在肇庆市召开，向全省各地市推广肇庆市教育信息化工作经验。

【教育督导】2020年9月28日，国务院教育督导委员会办公室和教育部基础教育质量监测中心联合对肇庆市进行2020年国家义务教育质量监测工作，内容为科学学习质量、德育状况监测。全市有161所中小学校（含13个教学点）、4709名中小学生、161名中小学校长、2105名中小学校教师参加该次测试。端州区、鼎湖区、高要区和四会市被教育部基础教育监测中心评为"优秀组织单位"。肇庆市教育局联合市市场监督管理局、市民政局印发

《关于印发进一步加强校外培训机构管理意见的通知》，加强校外培训机构整治。完成18个镇广东省教育强镇复评验收，提高镇（街）的办学水平，促进学校内涵发展。

【免费义务教育】2020年，全市享受免费义务教育人数为57.58万人，其中小学40.75万人，初中16.83万人。各级财政补助免费义务教育公用经费8.05亿元，其中省级以上财政负担6.18亿元，市级财政负担0.37亿元，县级财政负担1.5亿元。

【课程改革】2020年，肇庆市严格执行国家课程计划和课程标准，开齐开足国家规定课程。加强地方特色课程和校本课程建设，推进以广府文化、创新文化为特色的课程进课堂，满足学生兴趣特长发展和学习成长的需要。开展新修订的普通高中课程方案、课程标准和新教材的培训工作，全市有2000多名高中教师参加培训。开展基于新课程、新课堂理念下的高效课堂教学竞赛，有99节课参加市级决赛，45节获市级一等奖。制定和出台《肇庆市普通高中教育质量综合评价方案》。2020年，肇庆市成功申报27个广东省教育科学"十三五"规划2020年中小学教师教育科研能力提升计划项目（其中，2个重点项目、25个一般项目），获课题经费37万元。肇庆市基础教育科研"十三五"规划项目2020年度课题立项340项。开展第七届肇庆市基础教育科研成果奖评选，在申报的169项成果中评出特等奖2项、一等奖20项、二等奖55项，共77个项目获奖。

【扶困助学】2020学年，肇庆市扶困助学对象建档立卡学生19654人（其中义务教育阶段学生14396人、高中阶段学生1529人、中职学生2114人、省内外大专及以上的学生1615人），发放资助金额6474.84万元。对建档立卡贫困户子女生活费补助落实率达100%。全市应免学费建档立卡人数2485人，实施免费人数2485人，免学费金额674.37万元，实现应免尽免。全市100%落实贫困学生生活费补助和免学费、学杂费补助。

【未成年人思想道德建设】2020年，肇庆市制定印发《2020年肇庆市未成年人思想道德建设工作实施方案》，组织开展社会主义核心价值观宣传教育和"扣好人生第一粒扣子"等主题教育实践活动，促进全市未成年人健康成长，全面提升未成年人思想道德建设工作水平。7月，《南方日报》以《"传承经典·立德树人"工作品牌熠熠生辉》为题，报道肇庆市深化中华优秀传统文化教育的典型经验。黄问一、何见安2名同学被评为2020年广东"新时代好少年"，其中黄问一同学被中央文明办评为2020年全国"新时代好少年"。肇庆中学报送的《明经行修以立德，崇善尚美以树人》案例和肇庆市颂德学校报送的《立德修身，感恩成长》案例入选全国典型案例。肇庆市第一中学和鼎湖区广利中心小学被评为广东省文明校园；肇庆市奥威斯实验小学和肇庆市颂德学校创建成为全国文明校园。肇庆市获得"全国未成年人思想道德建设工作先进城市"称号。

【高中职招生任务】2020年，肇庆市完成高职扩招专项任务。全市中职招生26050人，完成率达113.7%；向珠三角其他城市转送学生5224人，完成率达261%。

【学校疫情防控】2020年，肇庆市组建市、县、校防疫三级专班，压实属地管理、教育部门主管和学校主体三级责任，充分发挥"防疫专职副校长+工作专班"作用，统筹抓好学校疫情防控和返校复课各项工作。2020年春季学期，全市近1100所大中专院校、中小学校、幼儿园的近100万名师生错峰有序复学复课；安全顺利完成疫情防控常态化下的高考、中考组织实施工作，实现疫情防控"零失误"、高考（中考）组织"零差错"。秋季学期延续上学期经验做法，提前采取应对措施全力防范疫情、校园安全、心理健康危机等风险叠加，教育教学秩序得到全面恢复。

【中小学党建"双百"工程】2020年5月，肇庆市教育局制定《肇庆市中小学党建工作的整改方案》，推动县（市、区）成立教育工委或教育系统党委，进一步理顺中小学组织隶属关系。至2020年11月30日，肇庆市实现全市430所中小学校党组织关系隶属党委教育部门，归口率为100%，实现全市中小学校的党组织覆盖和工作覆盖率达100%。

【强师工程】肇庆市大力支持鼓励在职教师提升学历层次，对取得硕士学位的中小学教师奖补8000元、取得本科学历的山区县教师奖补1000元（非山区县教师奖补700元），2020年对2336名教师提升本科学历、198名教师考取硕士学位、111名教师硕士学位毕业，发放学历奖补资金338.15万元。当年，全市引进高校毕业生1037人，其中硕士研究生74人。广东肇庆中学引进中山大学全日制博士毕业生1人，成为全市基础教育系统第一个引进的博士，实现历史性突破。通过肇庆市"百名博（硕）士引育工程"计划，引进1名高层次人才到肇庆市教师发展中心工作。结合国家、省、市教师培训工作的开展，积极做好"国培计划"、省"强师工程"培训研修以及省中职专题培训项目工作。共安排21名骨干教师参加"国培计划"示范项目（16人）、国家安全教育教师培训（4人）和全国基础教育改革动态研修班（1人）；安排764人次参加省"强师工程"培训研修；安排2人参加卓越校长高级研修；安排41人参加省中职专题培训，各项培训工作有序开展，对骨干教师队伍教育教学专业化综合素质的提升起到良好的促进作用。实施中小学新型教师优培行动计划和"三区"教师全员培训计划，组织532人参加国培、省培；组织怀集县全员教师参加"三区"教师全员培训。

【"城乡联动、双向提升"改革】在2019年试点基础上，出台《肇庆市推进义务教育阶段教师市域内"城乡联动、双向提升"改革工作方案》（肇府办〔2020〕20号），从2020年9月起，组织东南片区的4个区（市）与西北片区的4个县结合实际开展教师交流，互派教师370人，有效缓解城区教师不足的问题，丰富教师培养渠道和模式，促进多元校园文化有机融合，深化县域间教育交流。

【中小学教师职称评定】2020年，肇庆市的市、县两级教育行政部门组建中小学教师职称评委会，严格审核辖区各学校报送的职称申报材料，全市受理申报中小学教师职称2 548人，其中高级职称1 094人、中级职称1 115人、初级职称328人，经综合评定，获得高级职称639人、中级职称984人、初级职称288人。

【师德建设】2020年，肇庆市全面贯彻落实《新时代教师职业行为十项准则》，把打造"四有"教师队伍作为落实立德树人根本任务、提高教育教学质量、办好人民满意教育的重要举措，取得良好效果。印发《肇庆市2020年师德师风建设实施方案》，召开肇庆市师德师风建设动员大会，部署新时代师德师风建设工作。实施"立师德、树师风、育新人"师德师风铸魂工程。结合"不忘初心、牢记使命"主题教育活动，以骨干培训、专题研讨、集中学习等形式，组织全市5万多名教师学习《中小学教师职业道德规范》等规章制度。组织开展《新时代教师职业行为十项准则》签名宣誓活动，把新时代师德师风的基本要求变成教师的行为准则。全市近60所学校组织开展师德师风建设课题研究，80多所学校组织依法执教、廉洁从教专题学习和专家讲座。举办师德标兵120场先进事迹报告会，激发广大教师的理想情怀和职业荣誉感。以学校是文明高地、教师是文明楷模为准则，把为人师表、以身作则变成教师的日常要求。在全市组织"千师访万家"入户家访活动，尊师爱生和家校融合出现良好的局面。2020年，在全省范围内首次评选"肇庆市人民教育家"3名，分别是广东肇庆中学校长陈淑玲、肇庆市直属机关第二幼儿园园长宋小群、肇庆市第十六小学校长卢少延；全市评选肇庆市优秀校长10名、肇庆市优秀教师97名、肇庆市优秀班主任97名、肇庆市师德标兵97名、肇庆市优秀乡村教师50名、肇庆市教坛新秀48名；评选肇庆最美教师20名，其中端州区奥威斯小学校长张建华、肇庆启聪学校教师段传霞、怀集县怀集第一中学教师徐琼武3人获广东省最美教师称号。在市内主流媒体对各类先进人物进行深入宣传报道，表彰他们立足本职工作岗位，默默无私地为教育事业所付出的奉献，弘扬师德师风正能量。

【肇庆市普通高中千人学校联盟成立】2020年5月29日，由肇庆市普通高中千人学校联盟在广东肇庆中学举行成立大会。盟主学校为广东肇庆中学，联盟成员校分别是广东肇庆中学、肇庆市第一中学、高要区第一中学、高要区第二中学、四会市四会中学、怀集县第一中学、怀集中学、封开县江口中学、香山中学、广宁中学。该联盟的成立，旨在充分发挥广东肇庆中学的示范辐射功能，带动肇庆学校教育资源整体优化与教育质量整体提升，开启肇庆市跨区域不同学校之间融合发展的新路径。

（撰稿、审稿　肇庆市教育局）

清远市教育

概　　况

2020年，清远市有中小学校（幼儿园）1 352所，其中幼儿园818所、小学341所、初中93所、九年一贯制学校60所、普通高中14所、完全中学11所、十二年一贯制学校8所、特殊教育学校7所。全市基础教育在校（园）学生总数为805 393人，其中学前教育171 158人、小学410 969人、初中154 046人、普通高中68 266人、特殊教育954人。全市基础教育中小学校（幼儿园）共有专任教师53 455人，其中学前教育专任教师10 834人、义务教育阶段专任教师34 998人、高中专任教师7 380人、特殊教育专任教师243人。

2020年，清远市教育系统以习近平新时代中国特色社会主义思想作为统领，全面贯彻党的十九大和十九届二中、三中、四中、五中全会以及习近平总书记对广东重要讲话和重要指示批示精神，以不断提高基本公共教育服务均等化水平为重心，深入推进教育体制机制改革，积极扩充公共优质教育资源，大力促进教育公平，教育质量全面提升。

新冠肺炎疫情防控有力有效。认真落实"四精准""六分""一独立""三全""五管"硬核疫情防控举措，解决104 474名学生的线上学习困难，60余万名中小学生线上教育实现"一个不落"，各级各类学校春秋季平稳、顺利开学复课，并实现了疫情期间平安高考、平安中考的目标。

党对教育工作的领导全面加强。全面提升学校党组织的组织力，在全面规范市直学校党组织换届，党组织书记、副书记选拔任用条件、程序的同时，为市直学校配备党组织副书记，并与副校长在岗位等级确定、考核奖励、待遇落实等方面同等对待。清远市华侨中学团委被评为"全国五四红旗团委"。

教育民生实事全面落实。加大学位供给。截至12月，全市新建、改扩建学校（幼儿园）31所，新增公办学前教育学位2 685个，新增公办中小学学位20 115个。全市100所学校完成中小学"厕所革命"改造提升工程，完成率达100%。乡村地区校园专线实现全覆盖。

未成年人思想道德建设卓有成效。未成年人思想道德建设工作持续走在全国、全省前列，新创全国文明校园2所，省文明校园2所。组织中小学生举办11项体育赛事，参加2020年"省长杯"足球联赛总决赛，英德市第一中学获得高中女子组第五名和高中男子组第六名，并包揽男子组、女子组最佳射手金靴奖；举办清远市第二届中小学生美育节暨"田埂花开"艺术节，2020年全省农村学校美育工作汇报交流会在清远市召开。连樟村新农村建设研学教育基地等3个基地被挂牌命名为"广东省中小学生研学实践教育基地"，3所学校被评为"省级校园生活垃圾分类教育基地"。

各级各类教育优质均衡发展。制定印发《清远市教育局关于建立教育发展共同体 推进义务教育优质均衡发展的意见》等规范性文件，推动教育发展共同体创建，缩小城乡学校办学质量和水平的差距，不断推动优质学位的供给，满足老百姓对"读好书"的需求。2020年，学前教育毛入园率达101.3%，公办（含公办性质）幼儿园在园幼儿占比达54.12%，公办和普惠性民办幼儿园在园幼儿占比达85.38%，公、民办义务教育标准化学校覆盖率达100%；高中阶段教育优质特色发展，特殊教育普及提升，职业教育综合改革持续深化，现代学徒制试点工作有序推进，高等教育实现跨越式发展，市省级职教城二期工程先行项目顺利建成交付，新增2万高校新生进驻。广东金融学院清远校区建设取得突破性进展。

强师工程有效实施。一是进一步加强师德师风建设，印发《清远市教育系统师德师风建设实施方案》《清远市中小学教师师德考核负面清单（试行）》《师德口袋书》，举办"弘高尚师德，展教师风采"培训拓展活动。二是选树优秀典型，开展2020年清远市优秀校长等表扬工作，492名教师受到表扬，20名教师获评"最美教师"，其中，2名教师获评"广东省最美教师"。三是加强教师培养培训，组织干部教师开展培训44 800人次。四是着力保障教师待遇，落实"两个不低于或高于"要求，积极推动市、县级教师发展中心建设。五是教研教改持续深入，有序组织在线教研和新教材培训等教学研究活动，全市教育教学水平整体提升，2

个课题获省教学科研成果二等奖。2020年高考优投率达10.8%，本科率达44%。

教育精准扶贫全省前列。2016年以来，清远市每年度学生资助金额均达2.6亿元以上，每年度约有38万人次学生受助。2020年学生资助工作绩效考评排名全省第五，获省教育厅通报表扬。

政府教育履职考核评价粤北领先。省人民政府督导室于5月30日印发文件通报2019年政府履行教育职责评价工作，清远市获得88分，居北部生态发展区首位。

各级各类教育

【基础教育】（一）学前教育

2020年，清远市有幼儿园818所，比2019年增加21所，其中公办幼儿园208所，民办幼儿园610所。规范化幼儿园697所，覆盖率为85.21%。全市在园（班）幼儿171 158人，学前教育毛入园率达101.3%。公办（含公办性质）及普惠性民办幼儿园占比89.61%。

（二）义务教育

2020年，清远市有公办义务教育学校497所，民办义务教育学校26所。义务教育在校学生538 329人。小学入学率为100%，辍学率为0；初中入学率为100%，辍学率为0.17%。九年义务教育巩固率为98.34%。

（三）普通高中教育

2020年，清远市有普通高中31所（含民办6所），比2019年增加1所，其中完全中学10所，独立高中14所，十二年一贯制学校7所。在校生68 266人，高中阶段教育毛入学率达100.06%。

2020年，省下达清远市高中阶段学校指导性招生任务42 400人，其中普通高中招生任务20 800人。全市普通高中招生23 914人，完成招生任务的114.97%。

（四）特殊教育

2020年，清远市共有义务教育阶段残疾学生3 377人，比2019年增加222人。其中在特殊教育学校就读819人，随班就读1 494人，送教上门1 064人。全市适龄残疾儿童入学率为98.91%。

【职业与成人教育】2020年，清远市有中等职业学校17所（含民办中职学校4所、技工院校4所），其中2所国家中等职业教育改革与发展示范性学校，7所省级重点以上中等职业学校。全日制中职学校在校生30 150人；教职工2 021人，其中专任教师1 649人，占教职工总数的81.16%；生师比为18.28∶1；专任教师"双师型"比例为53.37%；聘请兼职教师122人；专任教师硕士学历55人，占专任教师的3.34%；本科学历1 542人，占专任教师的93.51%；高级教师201人，占专任教师的12.19%。全市高中阶段普职比为58.52∶41.48。

2020年，清远市继续优化中职学校布局，初步建立以省级职教城为"中心区域"、示范带动"中东部"和"三连一阳"地区特色发展的合理格局。在专业布局上，推进学校专业设置对接区域产业发展，动态调整及优化专业，实现各校重点专业错位发展。全市共有9所学校通过申报评审，新设21个专业，比2019年新增12个专业点数，其中面向第二产业4个，面向第三产业8个，专业设置基本能满足本地企业对中级技能人才的需求，专业与当地经济的吻合度超过93%，区域经济社会发展人才需求满意度为96.8%，较2019年有所提升。疫情期间中职学校为企业复工复产提供了人力保障。

2020年，全市社区教育成果丰硕，老年教育蓬勃发展，终身教育多点开花。全市各中职学校积极发挥职业教育服务地方经济社会发展的功能，充分利用各类资源开展全民培训，全年共开展各类培训项目35个，培训总人数5 394人。全市有6所中等职业学校设有职业技能鉴定所，面向社会人员和企业在职人员开展电工、焊工等特殊工种岗位技术操作培训、就业技能培训、安全生产知识培训、职务证书培训、技术咨询等多层次服务，全年共开展55个工种职业技能鉴定10 168人次。

【高等教育】2020年，全市有10所高等院校（校区），其中已招生开学的普通高等职业学校（校区）9所，在建普通本科高等学校（校区）1所（广东金融学院清远校区），在校大学生73 158人，教职工3 619人。广东金融学院清远校区项目工程进展顺利，预计2021年秋季建成使用。省职教城二期先行项目于2020年9月建成交付使用，二期后行项目计划于2021年秋季建成交付使用，三期先行组团的征地拆迁正在开展，由省城乡规划设计院重新规划编制《广东省职教城概念规划》已公示完毕，

《广东省职教城（三期先行组团）控制性详细规划》已形成初步成果，6所拟进驻院校正在进行各项前期工作，已完成清远校区的可行性研究报告和概念性校区规划方案设计初稿编制。

【民办教育】 全市现有民办学校（含幼儿园）648所（不含教育培训机构），其中幼儿园610所，小学10所，初级中学2所，完全中学1所，九年一贯制学校14所，十二年一贯制学校7所，中职学校4所。民办幼儿园在读幼儿125 524人，约占全市在园幼儿人数的73.34%。民办中小学在校生49 953人，约占全市中小学在校生总数的7.89%。2020年，清远市教育局与北京师范大学附中、斯坦福启天中英文学校、广大附中、光正教育集团等多所优质民办学校进行密切的对接。斯坦福启天中英文学校已与高新区管委会签订办学协议。出台《关于支持民办学校克服疫情影响稳定健康发展的措施》，对民办学校在租金减免、税费优惠、金融扶持等方面给予扶持。

教育成果与特色

【乡村教育振兴工程】 出台实施《清远市乡村教育振兴三年行动计划》，着力破解城乡教育二元结构和区域优质教育资源分布不均问题。推进乡镇寄宿制学校和乡村小规模学校建设，累计投入约2.52亿元资金改善寄宿制学校的办学条件，新增寄宿制学位15 174个，减少教学点81个。投入10 123.99万元购买校车368台，开通线路511条，全市85个乡镇已实现乡村校园专线全覆盖。

【政府教育履职考核】 省政府于2019年起每年对全省各地级市、各县（市、区）政府履行教育职责情况进行评价。省人民政府教育督导室组织核查组于2020年11月24—27日对清远市人民政府及县（市、区）人民政府履行教育职责评价进行实地核查，并抽查了清新区、英德市。核查组对清远市及县级政府教育履职工作给予充分的肯定。

【教育督导】 2020年，清远市人民政府教育督导室组织开展春秋季开学检查、减轻中小学课外负担和中小学校外培训机构专项治理、幼儿园办学行为规范网上评价、义务教育阶段公办学位供给和寄宿制学校建设情况专项督查等四项专项督导。开展了对义务教育学校和普通高中的常规督导，共督导81所学校，随堂听课400节，发放问卷20 000多份，召开反馈会81场，交流座谈会28场，查阅资料2 800余盒，保证了教育法律、法规、规章和国家方针政策的贯彻执行，有效地规范了学校办学行为，促进了学校常规工作落实，提高了学校教育教学质量，提升了学校的办学品位。10个复评的广东省教育强镇通过省的抽查认定，54所通过广东省规范化幼儿园督导验收。

【广清教育对口帮扶】 2020年，清远市、县两级教育部门按照上级广清教育帮扶工作部署，积极贯彻落实《广清教育对口帮扶"一校扶一镇"工作方案》。按照"清远急需、广州所能"的工作方针，引进广州优质教育资源，通过双向交流的方式，提高全市农村学校教师教育教学能力和学校管理水平。全市85个乡镇全部与广州学校结成帮扶对子，共计97所乡镇（街道）学校与广州78所学校签订了帮扶协议。

【教育科研】 2020年，清远市申报省教育厅中小学教师教育科研能力提升计划（强师工程）项目21项，全部通过评审获得立项，其中重点项目2项，一般项目19项。申报市级课题169项，立项104项。市级立项课题中，重点课题6项、一般课题98项。清远市政府继续对市级课题研究予以经费支持，重点课题10 000元/项、一般课题7 000元/项。全年111项市级课题通过成果鉴定。省级课题立项数与2019年同比增长10.5%。市级课题申报数量与2019年同比下降23.8%，立项数目与2019年同比下降3.7%；每项课题的资金支持与2019年持平；申请成果鉴定数量与鉴定通过的数量与2019年同比上升54.1%。

【课程改革】 2020年，为做好新冠肺炎疫情防控期间"停课不停学"工作，市教师发展中心组织骨干教师录制筛选微课及同步课例，充实地市线上教学托底资源库，优化资源供给模式等，累计组织开发资源总数921个，各学科助学资源包下载次数113 769次。是年，清远市第28届中小学青年教师基本功比赛共25个学科全市总决赛分学段顺利举行。经过评委的严谨评审，74人获一等奖、130人获二等奖、52人次获单项最佳奖，为来年广东省总工会、广东省教育厅联合举办的广东省中小学青年教师教学能力大赛挑选了优秀的选手。

【教师培训】2020年，组织44 800名干部教师参加各级各类培训，其中，15名教师（教研员）参加"国培计划"，887名教师参加广东省专项培训，3 771名中小学教师参加市级培训，40 127名中小学（幼儿园）学科教师参加全员培训。有序推进第二批援藏援疆万名教师选派工作及继续开展专项慰问工作，选派3名中小学教师援藏支教，选派22名中小学教师援疆支教。

【招生考试改革】2020年，清远市出台《清远市教育局进一步推进高中阶段学校考试招生制度改革实施意见》《清远市初中学业水平考试物理化学生物学实验操作考试实施方案（试行）》《清远市普通高中体育与健康等科目学业水平考试实施办法（试行）》三项重大招生考试改革政策，并于12月进行普通高中信息技术和通用技术学业水平的上机考试，成为广东省首个完成此科目机考的地市。

【扶困助学】2020年，清远市落实省、市、县各类政策及资金3.38亿元，资助各类学生（不含免费义务教育政策部分）182 778人。其中：资助学前教育阶段学生20 085人，投入资金1 939万元；资助农村义务教育阶段家庭经济困难学生35 758人，投入资金2 590.8万元；少数民族地区义务教育阶段寄宿制民族班生活费补助受益学生9 878人，投入资金1 812.2万元；农村义务教育阶段营养改善计划（住宿生伙食补助）共资助学生42 271人，投入资金3 054.9万元；普通高中助学金资助学生11 359人，投入资金2 351.3万元；普通高中学生免学费政策受益学生共2 618人，投入资金567万元；中等职业学校国家助学金政策受益学生2 964人，投入资金592.8万元；中等职业学校国家免学费政策受益学生24 130人，投入资金8 278.2万元；清远市助学扶志款资助学生237人，投入资金36万元；扶助贫困省外大学新生196人，投入资金98.9万元；东莞银行教育基金资助贫困大学新生7人，投入资金3.5万元。全年，全市义务教育阶段、高中阶段和外省就读学生共21 439人享受建档立卡学生生活费补助，补助资金7 343.4万元；全市生源地信用助学贷款共有6 356名大学生贷款，贷款金额5 103.7万元。

【教育公平】2020年，就读清远市义务教育阶段学校的进城务工人员随迁子女有71 780人，占义务教育阶段学校在校生的12.69%，其中在公办学校就读59 620人，占83.06%，在民办学校就读12 160人，占16.96%。清远市随迁子女适龄儿童的义务教育阶段入学率为100%。

【学位供给】2020年持续推动《清远市教育设施规划建设管理规定》（清远市人民政府令第1号）落地见效，全市县城和中心区域全部动工建设的31所新建、改扩建学校（幼儿园），实际已投入使用学校（幼儿园）31所，新增学位22 800个，其中幼儿园2 685个，中小学20 115个。

【体育艺术教育】2020年10月26日至30日，清远市第二届中小学生美育节暨时代基金会"田埂花开"艺术节活动在连州市第二中学举办。现场共展示优秀节目126个，艺术作品800余件，师生优秀作品200多件，最终评选出一等奖49个、二等奖41个、三等奖34个。同时对开展美育节活动较为突出的6个县市区教育局及7所市直学校颁发了"优秀组织奖"。现场参演师生达3 100多人，现场直播观看人数达30多万人次。全年新增21所全国青少年校园足球特色学校，全国青少年校园足球特色学校达到88所；全国足球特色幼儿园23所；清城区成功通过全国青少年校园足球试点区评选（全国41个，广东只有2个）。在2020年广东省"省长杯"青少年校园足球联赛（高中组、中职组）全省总决赛中，英德市第一中学获得高中女子组第五名和高中男子组第六名，并包揽男子组、女子组最佳射手金靴奖；清远工贸职业技术学校获得中职组第八名，清远市第一中学进入高中男子组16强。

【校园食品安全管理】11月7日，清远市教育局组织全市共8个县（市、区）以及市直16所学校、12个队进行学校食品安全管理员技能比赛，选拔连山县教育局代表队代表清远市参加广东省首届学校食品安全管理员技能大赛。在11月28日举办的广东省首届学校食品安全管理员技能大赛中，清远市代表队从21个地级市代表队中脱颖而出，以总分第一名的成绩夺得全省一等奖。

【新冠肺炎疫情防控】2020年，爆发新冠肺炎疫情，清远市教育局早研判、早部署，成立市教育局疫情防控工作领导小组，牵头组建全市校园疫情防控工作专班，召开4次全市疫情防控工作专班视频防控调度会，组织参加66次省视频调度会；筹措资金解决10余万名学生的线上学习困难，全市中小学生线上教育实现"一个不落"；组织开发线上教育资源，累计组织开发资源总数921个，各学科助学资源包下载次数113 769次，确保线上教育质量；认真落实"四精准""六分""一独立""三全""五管"硬核疫情防控举措，筑牢学校疫情防线，全市90多万名师生顺利开学。顺利组织16场近20万人参加的各类国家考试，实现了"平安高考"的目标。教育教学秩序运转正常，涉校舆情平稳。

【全市安全工作会议】2020年4月17日,全市中小学安全工作视频会议在清远市教育局召开,市教育局班子成员和各科室负责人,市直各学校(幼儿园)校(园)长,市委政法委、市公安局、团市委等11个部门领导参加了会议。会议由市教育局党组成员、副局长刘耀坚主持,并对2019年全市中小学安全管理工作情况进行总结和部署2020年工作。市委教育工委书记,市教育局党组书记、局长张玉兰在会上就做好2020年全市教育系统安全工作强调三点意见。

【家校共育】2020年7月18日,清远市"家校共育,构建孩子积极人生"——"清远市家长网校·公益大讲堂"启动仪式在清远市第一中学举行。全市中小学教师、家长通过线上直播的方式参加此次活动。活动充分运用了"互联网+"的技术优势,创建现代"家校共育"信息平台,构筑新型的"互联网+家校教育"的育人模式,全面提升清远市家庭、学校、政府、社会教育的一体化水平,共同助力未成年人健康成长。

(撰稿 刘灿辉;审稿 陈劲松)

潮州市教育

概　　况

2020年,潮州市委、市政府坚持教育优先发展战略,以抓实校园疫情防控,保障师生健康安全为底线,以坚持和加强党对教育工作的全面领导,推动重大项目建设,深化综合改革,强化发展内涵,加快教育现代化建设为重点,全力促进教育公平,推动教育高质量发展。

一是突出综合防控,守牢教育系统防疫安全底线。全市学校春季秋季学期开学顺利,整体平稳安全有序。全市未出现学生心理问题极端事件,学生心理健康教育工作经验被省委办公厅《每日汇报》刊登。抓统筹推进,实行"定时调度例会"制度,各级组建40多个督查组"挂点督查",严抓学校"两案九制"落实。抓综合防控,打造"市—县区—镇街—学校—班级—个人"工作链条,逐日监测全市师生健康情况,并落实核酸抽检;学校配齐"一名健康副校长、一名专责校医、一家定点医院、一个以上医学观察室(隔离点)",37家医疗机构开设"绿色通道";持续保障校园防控物资,执行校园封闭管理,定期整治校园环境卫生,规范校内聚集性活动管理,全覆盖开展防疫培训和应急演练。抓心理健康,组建市心理援助服务团队,上好心理健康辅导课、推送心理健康微课、举办线上心理网课,开展主题艺术作品创作活动、校园主题系列活动、家庭教育指导活动等,"一生一策"帮助学生干预化解心理健康问题。

二是突出政治建设,全面提升教育系统党建水平。强政治,开展党中央教育决策部署落实情况自查工作,坚持"第一议题"制度,市教育局党组围绕58项内容开展了24场中心组学习、2场主题党日活动以及教育系统"解放思想大家谈"学习讨论活动,落实学校党组织定期学习制度;强化学校思政工作,实施"5+1"思政工程,组建思政讲师团到校宣讲10场,邀请市领导上思政课,落实学校书记上思政课制度,开展"扣好人生第一粒扣子"系列实践活动,举办教师思想政治和师德素养提升培训。抓组织,推动设立市、县(区)教育工委,完善市直学校党委设置,全面厘清县区学校党组织隶属关系,开展创新学校党支部活动专题调研、市直教育系统党建全覆盖检查推进"三好两强"模范党支部、"五好六有"党支部创建,推动潮州市职业技术学校等18所学校创建城市基层党建示范点、潮州市实验学校等4所学校争创全省基础教育党建工作示范校;举办全市教育系统党组织"书记论坛"、新时代党建培训、书记赴瑞金专题培训,实现学校党组织书记培训全覆盖,推进优秀教师、高职称教师与党员"双培养",新发展党员62名,发动学校6946名党员(团员)教师主动参与社区防疫。保稳定,搭建维护教育领域政治安全工作领导小组,制订年度工作方案,开展维护安全专项行动,建设风险隐患台账,实行季度定期研判,规范各类进校园活动,开展在线教育安全保护工作,网络安全工作获省教育厅通报表扬。

三是突出规划建设,完善教育协调发展体系。抓教育创现争先,全市累计投入19.8亿元,建成"广东省推进教育现代化先进市",获市委、市政府主要领导批示肯定。抓教育规划建设,出台《潮州市教育现代化2035》,正编制全市教育发展"十四五"规划,全力推进潮州卫生健康职业学院等总投资超56.8亿元的26个学校工程项目建设,竣工8个项目。抓教育提质发展,制订全市学生减负工作方案、普通高中全面提升行动计划、特殊教育公平融合发展方案等,开展基础高质量发展专题调研,完成学前教育"5080"攻坚任务,新建改扩建公办幼儿园38所,新增公办学位2.8万个,新增公办园在园幼儿2.63万名,专项治理推动4小区配建幼儿园落地办学,全市公办园在园幼儿占比达52.07%,公办园和普惠性民办园在园幼儿占比达88.73%;推动整合建设潮安区颜锡祺职业技术学校。抓集团化办学,新建潮州职校职业教育集团,已成立7个教育集团,推动10所学校与深圳学校结对共建。

四是突出内涵提升,健全学生全面培养体系。强化学生德体艺综合培养,新建成全国校园篮球、排球和冰雪运动特色学校共10所,完成文明校园创建100%覆盖,建成2个省中小学生社会实践基地,深化美育改革工作在省教育厅举办的全省交流活动上推介交流,开展学生体质健康水平提升行动、制止餐饮浪费主题活动、"绿色学校"创建活动等。强化教学教研工作,兜底保障学生返校前线上教学100%覆盖,建立教研员联点指导教学机制,成立市学前教育中心教研组,多渠道开展高中课程教学改革培训,稳妥推进中考部分科目分值调整,与华南师范大学合作在潮州市建立外语教育精准帮扶基地等3个基地,2020年全市高考优先投档率、本科率、尖子生较2019年均有提高。强化教师队伍建设,提高中小学教师高级岗位结构比例,设立市及各县区教师发展中心,新招聘研究生学历教师近80名,实施市直学校中青年人才培养方案,开展骨干教师培训、教师赴知名高校培训、"三名"工作室主持人培训、校长教育改革能力培训,共培训教师5 000多名,实现全市教师待遇"两个不低于或高于"。强化教育信息化发展,全市教学班级多媒体教学设备覆盖率提高至95%,升级完成市教育资源公共服务平台等级保护工作,建成省信息化中心学校8所、智慧教室17间,推进4个融合创新示范培育推广建设项目建设,开展"同步课堂"试点、教学信息化交流展示活动、网络学习空间应用普及活动等。

五是突出综合治理,营造教育发展良好环境。抓治理,开展县域学前教育普及普惠督导评估、学前教育政策落实审计整改、民办义务教育学校专项审计、建档立卡学生资助政策审计、教育及培训问题专项治理等工作,其中取缔3家办学条件严重不足的培训机构;推进教育系统法治建设,潮州市教育局"谁执法谁普法"履职考核获2020年全市受评单位第一名。抓安全,开展校园安全主体责任整治,修订完善9类校园突发事件应急预案,足额配齐校园安保人员,保障各学校校门开放时段均有2名以上安保人员值守,全覆盖举办校园安保人员业务技能提升培训,完成全市中小学和313所城镇幼儿园的一键报警系统升级及视频监控并网工作,开展校车安全大整治等10项以上涉校安全专项工作,完成全市学校食堂"互联网+明厨亮灶"平台建设。抓民生,提高学前教育和普通高中生均公用经费标准,开展脱贫攻坚教育保障挂牌督导督战工作,投入4584亿元资助学生3.99万名,为1663名困难大学生申请助学贷款1 323万元,完成29所学校"厕所革命"任务,全覆盖升级高考考点视频监控设备,全覆盖安装中考和高考考点空调。

各级各类教育

【基础教育】落实各级政府发展学前教育责任,深化体制机制改革,充分调动各方面积极性,合理配套学前教育资源,健全广覆盖、保基本、有质量的学前教育公共服务体系。大力发展公办幼儿园,实现"5080"目标。2020年,全市新建、改扩建公办幼儿园38所,新增公办学前学位约2.8万个,有效发挥公办园保基本、兜底线、引领方向、平抑收费的主渠道作用。全市公办幼儿园年生均公用经费拨款标准提高到400元。扩大普惠性幼儿园覆盖面,积极扶持普惠性幼儿园发展。加强工作协调,整改完善城镇小区配套幼儿园工作。全面开展无证园清查行动。成立市学前教育中心教研组,加强学前教育教研指导工作。2020年,全市有各级各类幼儿园706所,在园幼儿105 263人,学前三年毛入园率达111.87%。

推动重大项目建设,深化综合改革,推进全市义务教育优质均衡发展。2020年4月,经省人民政府同意,潮州市被授予"广东省推进教育现代化先进市"称号。出台《潮州市教育现代化2035》《潮州市落实中小学生减负措施工作方案》和《潮州市促进特殊教育公平融合发展行动方案》等,推进义务教育优质发展。稳妥推进中考部分科目分值调整。制定《关于加强疫情防控期间中小学教育教学管理工作方案》,最大限度减少疫情对中小学教育教学的影响。积极落实粤港澳大湾区发展规划纲要精神,做好港澳居民居住证持有人在潮州市接受义务教育有关工作。开展民办义务教育学校专项审计、建档立卡学生资助政策审计等工作。2020年,全市有义务教育阶段学校701所(其中,初中108所,小学593所),全市初中、小学在校学生分别为87 610人、213 159人。全市有特殊教育学校4所,学生276人。

【高中阶段教育】聚焦高考改革,落实立德树人,创新育人环境,优化教师队伍,激发办学活力,提升高中阶段办学水平和育人质量。实施《潮州市推进普通高中全面提升行动计划》《潮州市关于优化中等职业学校布局结构的工作实施方案》等,推进高中教育提质发展。多渠道开展高中课程教学改革培训,与华南师范大学合作在潮州市建立外语教育精准帮扶基地等3个基地。2020年全市高考优先投档率、本科率、尖子生较去年均有提高。成立潮州职校职业教育集团,进一步整合潮州职业教育资源、深化校企合作,提升职业教育为经济发展服务的功能。2020年,全市有全日制高中阶段学校40所,其中普通高中33所,中等职业技术学校7所;高中阶段学校在校生58 814人,其中普通高中49 907人,中等职业学校8 907人(不含技工),高中阶段教育毛入学率达到95.69%。

教育成果与特色

【德育工作】以习近平新时代中国特色社会主义思想为指导,全面落实立德树人根本任务,深入开展理想信念教育,以"扣好人生第一粒扣子""我和我的祖国""传承红色基因"等主题开展爱国主义教育,强化学生理想信念。大力开展法治教育,建立健全法治副校长聘任管理机制,全市中小学实现法治副校长聘任全覆盖。建立"大思政"工作格局,加强思政教师队伍建设,加快思想课改革,推进"思政课程"和"课程思政"双驱动前进。深化文明校园创建活动,全市726所学校完成文明校园创建活动,学习宣传覆盖率达100%。继续推进学校共青团少先队改革,加强全市团组织规范化建设。加大德育队伍培养力度,组建潮州市中小学班主任队伍建设中心组、中小学心理健康教育中心组、学校家庭教育指导中心组,强化辐射带动作用。积极推进环保、劳动教育,深入推进"垃圾分类进校园",加大劳动教育力度,倡导文明健康绿色环保生活方式。

【教研工作】兜底保障学生返校前线上教学100%覆盖,建立教研员联点指导教学机制,成立市学前教育中心教研组,多渠道开展高中课程教学改革培训,稳妥推进中考部分科目分值调整,与华南师范大学合作在潮州市建立外语教育精准帮扶基地等3个基地,2020年全市高考优先投档率、本科率、尖子生较2019年均有提高。

【体育工作】印发《潮州市学生体质健康水平提升行动工作方案》。饶平县、湘桥区代表潮州市接受教育部国家学生体质健康标准抽检,枫溪区代表潮州市接受省教育厅国家学生体质健康标准抽检,实现优良率、合格率双达标。完成全市中考体育考试工作,其中立定跳远全市平均分比2019年提升了2.92分(百分制)。潮安区江东镇下湖小学等7所学校被教育部评定为"全国青少年校园足球特色学校",湘桥区意溪中学等3所学校被教育部评定为"全国青少年校园冰雪运动特色学校",潮安区庵埠镇华侨中学等5所学校被教育部评定为"全国青少年校园篮球特色学校",饶平县建饶镇饶东小学等2所学校被教育部评定为"全国青少年校园排球特色学校",潮州市枫溪区玉兰幼儿园等14所幼儿园被教育部评定为"全国足球特色幼儿园"。潮州市潮安区庵埠中学等15所学校被省教育厅评定为"广东省校园篮球推广学校",饶平县洪洲中学等8所学校被省教育厅评定为"广东省校园排球推广学校"。

【美育工作】加快学校美育改革发展,提高学生审美与人文素养,促进学生全面发展,进一步强化学校美育育人功能,把美育课程实施纳入学校美育改革和实施的整体方案之中,构建艺术课堂、艺术活动、艺术文化"三位一体"的育人机制。组织开展参加第23届中日青少年书画交流大会作品,共189名学生获奖;参加省广东音乐征集活动,获得省二等奖1个,三等奖2个;组织市中小学生"庆祝国庆"书画、手工艺作品比赛,共165名学生获奖;组织参加2020广东国际青少年线上画展交流活动,共16名学生获奖;组织开展"和谐校园·醇美的古韵"市中小学生民族器乐独奏比赛,共70名师生获奖;组织开展市优秀学生艺术实践工作坊评选,共评出15个市优秀学生艺术实践工作坊,获得省一等奖1个、二等奖2个、三等奖1个;培养高水平艺术团队,3个艺术团队获得省优胜奖;组织开展市美育改革成果展示活动。截至2020年,共创建全国中华优秀文化艺术传承学校3所,广东省中华优秀传统文化传承学校21所,广东省艺术教育特色学校29所,潮州大锣鼓进校园试点学校30所,新农村少儿舞蹈教室7个。

【教师队伍建设】优化教师队伍管理。推进中小学教师资格考试、5年一周期定期注册制度建设和中小学"县管校聘"管理改革,推动市、县级教师发展中心建设。提升教师队伍素质。完成"强师培训三年行动计划",重点开展第二批"十百千人才培养工程"、名校长和名教师培养、幼儿园教师培训等项目。2020年先后组织市级培训10场次共培训5 662人，各级各类教师培训39场共培训29 257人次。实施学历提升工程，落实补助政策；积极引进高层次人才，组织赴省内外知名高校招收硕士研究生工作，全年新引进全日制硕士研究生学历教师近80人。保障教师收入待遇。继续实行山区和农村边远地区学校教师生活补助政策和上岗退费政策，补助标准人均达到1 000元/月，全面实现"两个不低于或高于"。

【信息化建设】 全市实施《教育信息化2.0行动计划》，全市中小学网络接入率达100%，城镇中小学接入带宽不低于500M、其他学校不低于100M。全市中小学校拥有教学计算机9万多台，100%的中小学拥有多媒体教室，多媒体教学设备配备覆盖率达到95%以上，较好满足全市中小学校开展信息化教学的需要。升级完成市教育资源公共服务平台等级保护工作，建成省信息化中心学校8所、智慧教室17间，推进4个融合创新示范培育推广建设项目建设，开展"同步课堂"试点、教学信息化交流展示活动、网络学习空间应用普及活动等。

【安全工作】 2020年，全市教育系统始终坚持"安全第一"的原则，狠抓校园各项安保工作的落实，全市教育系统安全无责任事故。认真做好校园及周边环境综合整治和单位内部安保工作；完善"三防"建设，不断提高学校安全防范能力；抓好隐患排查整治；做好教育系统"扫黑除恶"工作的落实；深入推进"平安校园"创建工作。全市760所公办中小学100%达到省、市平安办提出的工作目标，全市共建成611所省、市、县（区）级安全文明校园，1 403所中小学幼儿园全部配备专兼职保安人员，校园安全监控系统覆盖率达100%，全市中小学及城镇幼儿园完成一键报警系统升级、校门视频监控与公安和教育部门联网。

【后勤工作】 部门协调联动、齐抓共管，落实校园食品安全主体责任，切实做好新冠肺炎疫情常态化防控期间校园食堂卫生防疫工作，全年未发生一起校园食品安全事件。强化校园食品安全的常态化监管，重点落实春秋季开学、中高考等重点时段的专项检查。实施《潮州市校园食品安全守护行动实施方案（2020—2022年）》，严防严管严控校园食品安全风险。开展"美好'食'光"校园系列活动，积极倡导健康文明用餐新理念，坚决制止餐饮浪费行为。完成29所中小学校厕所提升改造、学校食堂"互联网+明厨亮灶"全覆盖两件2020年潮州市十件民生实事。启动绿色学校创建工作，潮州市推荐的饶平县第二中学等91所学校已被省教育厅认定为广东省绿色学校。

（撰稿　刘世通；审稿　蔡少玲）

· 市域教育 ·

EDUCATION IN VARIOUS CITIES

揭阳市教育

概 况

2020年，揭阳市教育局在揭阳市委、市政府的正确领导和广东省教育厅的支持指导下，全面贯彻党的教育方针，加强党对教育工作的全面领导，落实立德树人根本任务，深化教育领域综合改革，加快推进教育现代化，统筹抓好疫情防控和教育改革发展，全力确保校园安全稳定，教育公平日益彰显，教育质量不断提升。

2020年，揭阳市基础教育各级各类学校共2860所，在校生约123.45万人。其中幼儿园1298所，在园幼儿27.6万人；小学1243所，在校生55.5万人；初中233所，在校生24.1万人；普通高中65所，在校生13.5万人；特殊教育学校5所，在校生548人；中职学校16所，在校生2.7万人。另外，有高职院校2所，在校生1.16万人。

全市中小学校（含幼儿园、中职）有教职工9.43万人，其中专任教师约7.57万人（其中幼儿园1.5万人，小学3.1万人，初中1.9万人，普通高中0.9万人，特殊教育139人，中职1540人）。全市有中小学正高级教师8人，中小学高级教师5518人，中小学特级教师58人；省级名校长1人、名教师4人，省级名校长工作室5个、名教师工作室10个、名班主任工作室3个，市级名班主任工作室18个。

各级各类教育

【基础教育】（一）学前教育

2020年，揭阳市全力推动落实"5080"攻坚工程，多措并举拓宽增加学前教育公办优质学位的途径。全年全市累计投入资金9142万元，新（改、扩）建公办幼儿园45所。通过转制、扩容增班、购买学位等途径新增公办幼儿园学位6.04万个。全市在园幼儿27.60万人，其中，公办园在园幼儿14.01万人，占比50.72%；公办和普惠性民办幼儿园在园幼儿24.66万人，占比89.33%，顺利完成学前教育"5080"任务。100%完成小区配套幼儿园和无证幼儿园治理。

（二）义务教育

全面消除义务教育66人以上超大班额和56人以上大班额；加强控辍保学，建档立卡贫困家庭辍学学生实现动态清零；全面推进"两类学校"建设，实施改薄提升工程，累计投入8161.14万元，建设校舍51743平方米，购置设备1664.25万元；按计划推进撤并"麻雀学校"，全年完成撤并"麻雀学校"61所；推进揭阳市第二实验小学和揭阳市第二实验中学建设，揭阳市政府印发了《揭阳市第二实验小学建设项目实施方案》和《扩建揭阳市第二实验中学（一期）项目实施方案》，并由揭阳市代建中心实施建设，其中揭阳市第二实验小学建设工程顺利推进，预计于2021年9月招生办学。

（三）普通高中教育

继续推动实施普通高中办学水平提升、特色普通高中创建、普通高中育人方式改革三大工程，普通高中办学条件和办学水平整体提升。2020年，高中阶段教育毛入学率为96.27%。

（四）特殊教育

推动特殊教育学校标准化建设，积极做好适龄残疾儿童少年入学安置工作。义务教育残疾儿童、少年入学安置率达98.88%。

【中职教育】全面推进中职学校布局结构调整和优化专业设置，2020年撤销1所、设立1所、停止招生4所；立项创建省高水平中职学校2所；新增专业16个，建设省级1+X证书制度试点专业4个、"双精准"示范专业4个。中职招生完成率为123%，全省排名第一位。参加2020年广东省中职学校班主任业务能力大赛荣获一等奖，并代表省参加国家比赛。中职学校就业率达97.1%，超出省的平均水平。

【高等教育】加快建设广工揭阳理工学院。以"共建、共享、共商"为原则，与广东工业大学确立"对口帮扶+深度合作"的共建办学机制,探索"揭阳主体、广工主导、专班负责"的学院筹建运营孵化新机制。以"揭阳所需、广工所长、未来所向"为原则,完成学科专业设置方案;以"前引后推"结合的双建设模式和"一招四引"的人才招引方式,拟录用教工214人;以"科学规划、分步实施"为思路,完成40万册图书、电子文献资源和图书馆管理系统的采购招标工作,到馆纸质图书达22万余册。以满足教学需求和申报指标为导向,首批教学仪器设备10个项目产生中标单位,总中标金额达2826万元;以"新理念、高品质、控投资、快速度"为原则,全面完成首期工程项目用地约63.73万平方米的征地工作,校园工程建设面积近22万平方米,学校主体结构全封顶,全面转入室内装修阶段施工。

【民办教育】落实政策,资金扶持,优化民办教育发展模式。一方面,2020年省级教育发展资金(民办教育发展方向)360万元按照因素法的方式分配给各地,用于民办义务教育阶段学校标准化建设和民办幼儿园规范化建设,服务区域教育优质发展。另一方面,坚持"积极鼓励、大力支持、正确引导、依法管理"的方针,深化放管服,简化审批程序,规范准入门槛,增强服务意识,优化教育结构。同意广东省黄埔技工学校在普宁市梅塘镇正式设立普宁市黄埔职业技术学校,占地面积达到4.39万平方米,工程投资达到8000多万元。至2020年,揭阳市有民办学校1139所,在校生35.4万人,教职工3.4万人。

教育成果与特色

【校园疫情防控】一是筑牢校园疫情防控坚固防线。按照揭阳市疫情防控部署要求,全面压实学校主体责任,压实第一责任人责任。开展师生健康状况全面摸排,共排查师生总人数130万人。加强重点群体人员健康管理,重点人群全部进行核酸检测。加强培训和演练,2020年揭阳市共开展应急演练5776场次。组织开展对全市2860所学校返校条件进行全覆盖验收。落实常态化疫情防控工作,按照"四精准""六分""一独立""三全""五管"校园疫情防控方案要求,全面落实学生安全返校和校园疫情防控各项措施。实行教职员工和学生健康情况"日报告"和"零报告"制度,第一时间掌握全市130万师生健康数据,有力有序有效保障全市百万师生员工生命安全和身体健康。二是完成高考、中考招生录取工作。在2020年高考、中考因疫情延期、遭遇夏季高温的情况下,揭阳市上下同心、齐心协力,安装空调近6300台,首次实现了全市高考、中考考场空调全覆盖,顺利完成高考、中考考试组织工作。全市报名参加高考48951人,录取42679人,报考录取率达87.19%,同比增长2.33个百分点。顺利实现平安高考、平安中考目标,考生、家长、学校、社会满意度进一步提升。揭阳市教育局被市委、市政府授予"揭阳市抗击新冠肺炎疫情先进集体"称号。

【德育工作】坚持用习近平新时代中国特色社会主义思想铸魂育人,强化思想引领,用好疫情防控"教科书",组织上好"复学第一课""开学第一课"。深化实践育人,扎实开展"扣好人生第一粒扣子""我和我的祖国"主题教育活动,持续推动社会主义核心价值观进校园、进头脑、进教材。加强学校思政课建设,强力督促大中小学校落实思政课教师配备工作。举办全市大中小学思政课一体化教学展示活动,打造"八个相统一"精品思政课程。建立大中小学思政课一体化建设的育人体系。持续开展文明校园创建工作,2020年,创建全国文明校园1所,省级文明校园2所,揭阳市文明校园81所。

【教育改革】制订并全面落实《揭阳市加快推进教育现代化实施方案(2020—2022年)》《关于推动基础教育深化改革高质量发展的实施意见》,以立德树人育人体系、高质量教育发展体系、高效治理体系三个体系的构建,扎实完成教育改革发展重点交账任务。一是深化基础教育管理体制改革。统筹推进幼儿园布局建设专项规划和全市中小学校布局调整与学位建设规划工作,探索以市为主统筹市区普通高中办学的发展路子,优化重构市区普通高中学校布局和管理体制,全面提升市级对普通高中教育的统筹力度。研究制订《揭阳市中职教育优化提质增效工作方案》,扎实推进全市中职学校新一轮的布局结构调整和优化专业设置工作。二是深化教师管理制度改革,中小学教师"县管校聘"全面推进,教师队伍结构进一步优化。深化教师发展支持体系建设，全市5所市县级教师发展中心全部获批，并挂牌建设。三是深化基础教育办学体制改革。探索学区化集团化办学模式，以中小学（幼儿园）为主体，建立横向连通纵向贯通的教育学区与教育集团，2020年全市共形成101对强弱结对学校（幼儿园），3个民办教育集团。四是改革教育评价方式。转变以考试成绩为唯一标准评价学生的做法，建立完善初高中学生综合素质评价制度，全面考评学生德智体美劳综合表现，从根本上解决教育评价指挥棒问题。深入实施素质教育，推进育人方式变革，引导全社会树立科学的人才培养观、教育质量观和教育评价观，促进学生全面发展。

【教师队伍建设】一是狠抓师德师风建设。建立完善师德建设长效机制，严肃处理师德违规行为。弘扬优秀教师高尚师德和先进事迹，共有2名教师获得广东"最美教师"称号，42名教师获得潮汕星河辉勇师表奖，31名教师获得揭阳"最美教师"称号。二是加大人才引进力度。2020年，揭阳市公开招聘引进756名紧缺学科优秀人才充实到教师队伍，其中全日制研究生30名，本科生533名，大专生193名。三是加强队伍培训。统筹做好教师继续教育培训工作。加强与北京师范大学等高等院校合作，组织300名教师、校（园）长参加北京师范大学名教师、名校（园）长培养对象线上高级研修班培训；组织98名中学骨干校长参加浙江大学－揭阳市"三区"中学校长核心素养提升研修班培训；遴选推荐14所中小学校作为中小学教师信息技术应用能力提升工程2.0试点校，重点提升教师信息技术与教育教学深度融合能力。2020年，全市累计组织教师、校（园）长参加各级各类培训5.8万人次。四是切实提高中小学教师待遇。推动全面落实中小学教师工资收入水平"两个不低于或高于"要求。同步落实好教师医疗保障、住房公积金、养老保险、山区和农村边远地区学校教师生活补助等各项待遇。

【体育卫生】学校体育工作方面，贯彻落实习近平总书记"文明其精神、野蛮其体魄"指示精神，牢固树立健康第一的教育理念，指导做好疫情防控期间学校体育工作。全面落实"保证学生每天1小时校园体育活动"的精神，切实执行校园体育教学的常规要求，严格规范体育课堂的教学行为。2020年，全市学生体质健康状况总体呈现"逐步提升"趋势，优良率为44.27%，比2019年提高了3.77%。学校卫生工作方面，一是在全面抓好校园疫情防控工作的同时，奋力做好诺如病毒防控工作，开展爱国卫生运动、学校食品安全管理、饮水安全等工作，全力减少疫情叠加风险，全市教育系统实现了卫生安全。二是不断提升校园文明水平，"厕所革命"成效显著，完成率达109%；学校食堂"互联网＋明厨亮灶"实现全覆盖。

【教育保障】2020年，揭阳市一般公共预算教育经费投入81.27亿元，比2019年增加3.33亿元，增长4.27%；学前教育、普通小学、普通初中、普通高中生均一般公共预算教育经费分别比2019年增长7.84%、2.97%、2.12%、12.69%，基本实现教育经费"两个只增不减"的目标，为全市教育的发展提供强有力的保障。一是加大省级财政教育资金筹措力度。全年全市累计筹措省以上财政教育资金约22.18亿元。二是提高学前至普通高中生均经费保障水平。按省定标准全面构建学前至普通高中生均拨款制度，建立通报制度，督促县（市、区）加快拨款进度。至2020年12月初，全市拨付生均经费13.05亿元，各学段拨款率均达100%。三是推动实施教育信息化2.0行动计划。全市中小学校（含教学点）宽带接入率达到100%，中小学校100%实现接入带宽速率超100M，中小学校最少拥有一间多媒体教室比例达100%。积极推进与科大讯飞合作开展"因材施教"公益性项目，推动项目落地。实施国家课程数字教材规模化应用全覆盖工程，有效推进信息技术与教育教学融合创新。

【学校安全管理】以确保校园安全为目的，从增强师生安全意识，强化学校安全管理入手，常抓常管学校安全防范工作的落实。通过扎实抓好日常安全行为、防灾减灾、心理健康、法治安全、消防安全、防溺水等各类安全教育，开展校园周边安全工作和校车安全工作，排查隐患并落实整改措施，不断建立健全确保师生安全的各项规章制度等，在保障师生生命财产安全、维护校园正常秩序、消除安全隐患等方面做了大量工作，确保校园的安全与稳定，为广大师生营造了一个安全、文明、健康、和谐的学习和工作育人环境。2020年，揭阳市各级各类学校安全稳定，没有发生任何政治或其他安全事件。

（撰稿　林建英；审稿　罗俊波）

云浮市教育

概　　况

2020年，云浮市有基础教育学校759所，其中幼儿园474所，在园（班）幼儿11.47万人，学前三年毛入园（班）率为98.1%；小学180所（另有教学点638个），在校生26.36万人，小学适龄儿童入学率为107.65%；初级中学84所（含九年一贯制学校11所），在校生10.42万人，毕业生3.03万人，初中适龄儿童入学率为116.89%。普通高中21所（含十二年一贯制学校1所），普通高中招生1.57万人，在校生4.63万人，毕业生1.49万人。中职学校11所（含技工学校2所），在校生2.49万人；普通高校3所，在校生2.59万人；开放大学4所；特殊教育学校4所。全市有各级各类学校（含幼儿园、中职学校、特殊教育学校）专任教师33 984人，其中，幼儿园专任教师6 823人，小学专任教师15 048人，初中专任教师7 615人，高中专任教师3 477人，中等职业学校专任教师890人，特殊教育学校专任教师131人。幼儿园教师大专及以上学历5 324人，占78.03%，本科学历673人，占9.86%；特殊教育学校教师大专及以上学历121人，占92.36%，本科学历79人，占60.03%；小学教师专科及以上学历14 710人，占97.75%，本科以上学历8 110人，占53.89%；初中教师本科及以上学历6 604人，占86.72%；高中教师本科以上学历3 474人，占99.91%；中等职业学校教师本科及以上学历771人，占86.63%。全市教师研究生学历351人，其中高中教师237人，初中教师59人，小学教师11人，中职学校教师44人。全市有正高级职称教师16人，高级教师2 380人，一级教师14 809人，二级以下教师17 779人，其中，中等职业学校"双师型"教师429人。

（一）加强教育系统党的建设

2020年，云浮市教育局党组凝心聚力、脚踏实地、贯彻落实党建工作，坚持将党建工作与教育改革发展工作同谋划、同部署、同推进、同督查。2020年9月，市委批复同意设立中共云浮市教育工作委员会，全面加强市教育系统党的领导。市教育局党组中心组开展集中学习30余次，采取仪式教学、体验教学、现场教学、情景教学多种形式培训基层学校党支部书记、党务干部800余人次。截至2020年9月底，已做到党的组织和党的工作全覆盖，全市297所中小学100%成立党组织，设立了标准化党支部，党组织和党员全部实现归口教育工委管理，打通了党对教育工作全面领导的"最后一公里"。此外，结合2020年疫情防控的形势，市教育局党组坚持"党有号召、组织有行动"，发出了"六个带头"的倡议，系统内各级党组织党员干部和广大教职工"逆行"而上，或在校园内外守阵地、测体温、做登记，或在家里做摸排、上网课，用责任和担当织密一张张"防护网"，为全市50多万名学生构筑起了防控疫情、护卫平安的钢铁长城。全市教育系统组建了115支由1 685名志愿党员教师参加的党员突击队，一批批基层党组织和志愿党员冲锋在疫情防控一线，以实际行动践行初心和使命，呈现了一个个感人的真实事例，充分发挥基层党组织战斗堡垒和党员先锋带头作用，为云浮市取得疫情防控和经济建设的阶段性胜利做出应有的贡献。

（二）切实加强教师队伍建设

一是抓"县管校聘"管理改革。2019—2020学年，全市合计交流教师1 456人，占全市教师总数的6.07%，高于省的5%的指标要求。二是抓教师培训。组织教师参加国家级和省级培训1 026人次，市级培训15 762人次，有效提高了教师队伍的素质。三是抓师德师风建设。抓好师德建设主题月活动，全体在职教师签订《师德承诺书》；开展云浮市新时代"最美教师"宣传活动，关心关怀教师成长；开展"为教师亮灯"活动，营造尊师重教的良好社会氛围，致力于提高师德师风建设水平。四是抓教师工资福利待遇。突出落实中小学教师福利待遇"两相当"，规范教师津补贴和义务教育学校绩效工资，落实山区和农村边远地区学校教师生活补助政策。山区和农村边远地区学校教师生活补助每月人均已达到1 000元。五是抓教师资格认定。2020年共认定教师资格227人，其中，高级中学教师资格206人，中等职业学校教师资格20人，中等职业学校实习指导教师资格1人。

（三）努力提高中心城区教育首位度

云浮市教育局以落实《云浮市中小学建校三年行动方案》为抓手，努力提高市中心城区教育首位度，扩大优质教育资源覆盖面。云浮市佛云学校项目于2020年6月动工建设，推进顺利，计划于2021年9月部分投入使用，2022年8月全部通过竣工验收。此外，云浮市教育局于2020年8月正式启动云浮市实验幼儿园筹建工作，该建设项目计划2021年7月底建成并于2021年秋季招生投入使用。云浮市第二幼儿园（云城区）项目开工建设，已完成用地"三通一平"，工程进展顺利。

各级各类教育

【基础教育】（一）学前教育

2020年，云浮市有幼儿园474所，其中公办幼儿园132所（含集体办园），民办幼儿园342所。在园（班）幼儿11.47万人，学前三年毛入园（班）率为98.1%。幼儿园教职工12 230人，其中专任教师6 823人。实施学前教育"5080"攻坚行动计划，落实《云浮市促进学前教育普惠健康发展行动方案》，进行幼儿园新建、改扩建，扩大普惠性学前教育学位资源供给，新增公办幼儿园7所，新增民办普惠性幼儿园29所，全市普惠性幼儿园有378所（含公办和普惠性民办幼儿园），占幼儿园数的79.75%。推进配套幼儿园治理，开展全市城镇小区配套幼儿园治理排查摸底和全面整改工作，完成14个城镇小区配套幼儿园治理，新增普惠性学位4 190个。完善生均公用经费拨款制度，公办幼儿园2020年生均公用经费拨款标准为每生每年400元。规范幼儿园办园行为，开展无证园专项治理，落实民办幼儿园年度检查制度。加强学前教育工作统筹协调，建立学前教育发展联席会议制度，组织申报省级学前教育"新课程"科学保教示范项目，带动全市各级各类幼儿园提升保教质量。

（二）义务教育

2020年，云浮市有义务教育学校264所，其中小学180所，初级中学84所。全市参加中考考生29 345人，录取26 457人，录取率为90.2%。是年，云浮市推进义务教育质量提升工程，继续实施《云浮市推动义务教育优质均衡发展行动方案》《云浮市教育局关于提升初中教育质量的指导意见》《云浮市提升小学教育质量工作指导意见》。推进《云浮市中小学校建设三年行动方案》《云浮市优化学校布局和未来三年农村义务教育寄宿制学校建设规划》，全市推进49个寄宿制学校建设，已竣工9个，新增云浮市臻汇园小学等6所学校，增加学位约2万个。推进《义务教育薄弱环节改善与能力提升工作项目规划（2019—2020年）》，义务教育学校薄弱环节改善与能力提升项目完成70%。开展《义务教育学校管理标准》对标研判和核查确认，全市学校完成达标自评，新增认定罗定培英小学等6所标准化学校（教学点），全市公办义务教育学校100%建成标准化学校。开展农村留守儿童教育管理，做好义务教育防流控辍工作，实现年内全部辍学台账清零；落实进城务工人员子女平等接受义务教育优待政策，2020—2021学年随迁子女入学人数共38 666人，其中小学28 481人、初中10 185人，98%与常住户口学生同等待遇。全面实施中小学阳光招生工程，云城区、罗定市实行积分入学制度。

（三）普通高中教育

2020年末，云浮市有普通高中21所（含十二年一贯制学校1所）。全市普通高中在校生4.63万人，毕业生1.49万人。全市参加高考考生18 410人（普通高考考生16 880人，单考单招考生1 188人，3+证书考生342人），录取16 550人，录取人数比2019年增加557人。是年，全市普通高中招生由市级统筹，实行"按志愿按分数按区域"招生，普通高中招生计划由市直接下达到每所普通高中学校，秋季招生1.57万人。开展普通高中违规招生专项整治，加强"高考移民"治理，审核参加全国联招报名考试的华侨和港澳台考生高中学历32人。做好2020年度广东省宋庆龄奖学金评选推荐工作，全市15名普通高中二年级学生获奖。落实公办普通高中生均公用经费拨款制度，全市公办普通高中生均公用经费最低标准由每生每年500元提高到1 000元。

（四）特殊教育

2020年，云浮市有特殊教育学校4所，分别是云浮市特殊教育学校、罗定市特殊教育学校、新兴县特殊教育学校和郁南县特殊教育学校，在校生共有739人。全市义务教育阶段适龄残疾儿童少年学生共有2 211人，其中特殊教育学校就读739人、随班就读1040人、送教上门432人。一是提高残疾儿童少年义务教育普及水平。做好全市未入学残疾儿童少年核实和安置工作，做好适龄残疾儿童少年入学情况监测系统应用和管理，加强入学安置工作跟踪管理。二是加强特殊教育基础能力建设。进一步改扩建特殊教育学校，增加功能场所设施设备，改善学校办学条件。三是加大经费保障力度。组织罗定市申报世行贷款特殊儿童随班就读保障服务项目，推进融合教育，提高随班就读质量。落实义务教育阶段残疾学生生均公用经费标准，按每年不低于6000元的标准拨付经费。实施高中阶段残疾学生免学杂费、课本费政策。四是建立特殊教育专业支撑体系。以县（市、区）为单位统筹规划，招收残疾学生5人以上的普通学校逐步建立特殊教育资源教师并配备资源教师。组织市县两级特殊教育管理干部参加全省培训班。执行国家特殊教育学校课程标准，加强指导和督促，提高特殊教育办学质量。

【职业与成人教育】（一）中等职业教育

2020年，云浮市有普通中等职业学校13所（不含技工学校，独立设置的普通中职学校10所）。其中，4所尚未达到国家中职学校设置基本标准的学校已停止全日制中职招生，实际招生中职学校有6所（含公办中职学校5所、民办中职学校1所）。其中，广东省新兴中药学校是国家重点中等职业学校，也是省示范性中等职业学校；新兴理工学校是国家重点中等职业学校；云浮市中等专业学校、罗定市中等职业技术学校和郁南县职业技术学校是省重点中等职业学校；罗定市培英中等职业学校是民办中职学校。全市6所实际招生中职学校占地面积82.83万平方米，生均占地面积48.23平方米；校舍建筑面积39.71万平方米，生均校舍建筑面积23.12平方米。全市中职学校在校生1.72万人，招生6913人，毕业生6164人。

（二）技工教育

2020年，云浮市有云浮技师学院、罗定市技工学校两所技工院校，教师259人，在校生3754人，每年输送技能人才1000多人。是年，云浮市重点推进"广东技工"工程，出台《云浮市推进落实"广东技工"工程实施方案》《云浮市"云浮工匠"认定管理暂行办法》等政策文件。7月，云浮技师学院与白俄罗斯国立工业大学、广东科技企业合作促进会共同签署《共建"广东技工"工程云浮国际教育培训示范基地合作备忘录》，开启国际化办学模式。至年底，云浮技师学院已开展了"一带一路"先进制造技术分享交流专业建设、"一带一路"机电一体化专业师资提升2个海外名师项目，加强教师队伍国际交流能力。两所技工院校面向先进制造业、战略性新兴产业和现代服务业开设专业25个；与93家知名企业建立校企合作关系（其中粤港澳大湾区企业29家），建立企业实习实训基地88个，开设冠名班21个。

（三）成人教育

2020年，云浮市成人教育主要由云浮开放大学、罗定开放大学、新兴开放大学、郁南开放大学4所开放大学承担。全市成人本专科招生3434人，比2019年增长53.5%；在校生6171人，比2019年增长34.2%；毕业生1713人，比2019年增长20.5%。奥鹏（华师）网络教育本专科招生231人，比2019年下降31.5%；在校生854人，比2019年下降34%；毕业生406人，比2019年下降8.1%。

【高等教育】 2020年，云浮市有普通高校3所，分别是广东药科大学云浮校区、罗定职业技术学院、广州华立科技职业学院云浮校区。全市有普通高等教育全日制在校生20 659人。推进广东药科大学云浮校区项目二三期建设，二期工程全部通过竣工验收并交付使用。罗定职业技术学院西校区项目总投资7.89亿元，新增校园占地面积11.27公顷，新增建筑面积16.1万平方米，到12月底累计完成投资3.69亿元，计划2021年9月竣工验收并交付使用。全市参加高等教育自学考试人数7676人，报考科目13 280科次，毕业生人数359人。

教育成果与特色

【校园疫情防控】 全市校园实行"微网格"化管理，将疫情防控和校园安全管理结合起来，建立"横向到边、纵向到底、纵横交错、全面覆盖"的校园网格化管理模式，将教育教学空间、室外活动场所、生活区域等层级划分成大、中、小、微网格，实行专人包干、责任到人，对场所、人员进行分类管理，把"三全""五管"的措施真正落实到位。严格把好校门"入口关"，实行校园闭环式管理，

· 市域教育 ·

做好人员出入校园登记管理，执行每天24小时值班和领导带班制度，严格落实突发事件信息报送制度，强化值班值守和校园安保工作。

【教师"县管校聘"管理改革】2019—2020学年，全市合计交流教师1456人，占全市教师总数的6.07%（其中云城区交流教师242人、占比7.72%，云安区交流教师148人、占比6.69%，罗定市交流教师348人、占比3.38%，新兴县交流教师295人、占比6.9%，郁南县交流教师423人、占比10.36%），高于省的5%的指标要求。

【线上教学】2020年，云浮市依靠"云浮智慧教育云平台"和网络电视，先后邀请了中国移动云视讯、广电网络、中国联通等线上教育平台到市教育局展示。截至4月30日，先后在云浮智慧教育云平台学科网站上传教育教学文章235篇，打造了具有云浮特色的"石都云课堂"网络课堂名片，汇聚了优质课件和教学设计1778个，录像课例3950个，覆盖从小学到高中各年级各学科；同时，在电信IPTV、移动IPTV、广电IPTV等网络电视分别推出了593个、599个、459个网络电视课堂资源。发布《关于继续做好线上教学 丰富网络教学资源的通知》，收集网课资源，有效应对新冠疫情，做到了"停课不停学，停课不停研"。

【广东名师大讲堂——走进云浮（罗定）活动】2020年12月14日，云浮市组织了由广东省教育厅主办，华南师范大学、云浮市教育局联合承办，罗定市教育局协办的"南粤名师大讲堂·走进云浮"教研巡讲活动。该活动涵盖中小学12个学科，分10个会场同时进行，全市超过1100名教师参与了此次活动。该活动充分发挥了专家、名师的示范和引领作用，让全市中小学教师感受同课异构的教学风采，汲取先进的教育理念，开阔教学视野，促进专业成长，进一步推动全市教育质量的提高。

（组稿 冯小军；审稿 林文裕）

教育人物

EDUCATIONAL PERSONAGE

教育人物

【全国教书育人楷模】 钟南山，男，汉族，1936年10月生，中共党员，中国工程院院士，广州医科大学教授。从医从教60年来，钟南山一直致力于推动国家重大呼吸道传染病防控体系的建设，他牵头带领团队建立了国际先进的新发特发呼吸道重大传染病"防—监—治—控"链式周期管理体系，建立覆盖全国的完善的流感监测哨点，创立呼吸病毒滴度预警技术，全病程纵向动态监测，建设粤港澳呼吸系统传染病联合实验室，充分发挥了大湾区卫生联合体的核心作用。改革开放40周年，作为"公共卫生事件应急体系建设的重要推动者"，钟南山被授予"改革先锋"称号。从"非典"到"新冠"，17年来他一直站在抗疫一线，成为公共卫生事件应急体系建设的推动者，促成了国家多项政策法规的制定，更成为突发公共卫生事件的代言人。

除了奋斗在临床和科研一线，钟南山还致力于教书育人工作。广州医科大学（以下简称广医）及广东实验中学"南山班"是优中选优的示范性教学集体，钟南山领衔的广州医科大学呼吸学科教师团队于2017年获评首批"全国高校黄大年式教师团队"，为呼吸疾病领域培养了一批又一批的接班人。钟南山每年都会为广医"南山班"讲授课程。2020年新冠疫情期间，响应国家"停课不停学"号召，钟南山为广医"南山班"学生上了一节英语主讲、中英双语课件的"呼吸疾病总论"在线课程，讲述了包括新冠肺炎在内的呼吸系统疾病知识。

2020年9月4日，钟南山获评2020年"全国教书育人楷模"称号。

（供稿 广州医科大学）

钟南山详细事迹

顶天立地　敢医敢言

——一名医者、师者不平凡的人生

"中国人一直都是幸运的,他们总是被最勇敢的人保护得很好。"2020年春节,当新冠疫情肆虐神州大地之际,这句出自美国著名外交家基辛格的一句话,悄悄在互联网上流行起来。它生动描绘了新冠疫情下每一名逆行而上、驰援荆楚的人们坚定不移的决心与无所畏惧的勇气。然而,对于钟南山院士而言,2020年的春节,只是悠悠岁月中又一个挑战而已。

2003年,抗击非典一战,"请把最重的病人送到我这里来"这句话,让钟南山院士走进每一个中国人心里。2020年,他以"院士的专业、战士的勇猛、国士的担当"再次冲锋在抗击新冠的前线。当网络铺天盖地的赞誉声响起,夹杂着丝丝不实的传言袭来。钟院士荣辱不惊,不改初心,依然坚持在他所挚爱的临床救治、科研攻关和教书育人事业中。一甲子的坚持,倾注了他无尽的心血。载誉无数,他仍坚持"我只是一名看病的大夫"。

心系家国,逆行于战疫的最前线

夙兴夜寐,驰骋江城。2020年1月,人们正欢天喜地地准备迎接中国农历新年的到来。18日,钟南山院士却接到紧急任务。为尽快了解武汉当地的实际情况,钟院士在春节车票紧张的情况下,与助理匆匆赶到广州南站,购买了无座的车票即赶赴武汉。由于正处春运期间,钟院士与助理只能够在餐车中找到两个位置。由上午10点接到通知,到下午4点半会议结束赶往火车南站,一整天高强度的工作,已经让钟院士相当疲惫。19日一早,钟院士临危受命,被任命为国家卫健委高级别专家组长。随即展开了紧锣密鼓的行程,到华南海鲜市场实地调研,到金银潭医院了解,与ICU医生视频交流,到当地疾控中心进一步了解情况,与武汉市卫健委核实当时已发病的实际人数。随即组织专家组开会,奔赴北京。20日,到国务院汇报情况,参加由李克强总理主持的全国电视电话会议。晚上与《新闻1+1》节目主持人白岩松现场连线,向全国人民简单介绍新型冠状病毒的病情发展情况。短短的3天,钟院士旋风式地辗转三地,实地调研、组织专家讨论、向国家汇报情况,快速及时地研判疫情,为国家防止疫情的蔓延,赢得了宝贵的时间!

精锐俱出,整体部署,提升危重病症救治成功率。新冠期间,钟院士坚持疫情防控全国"一盘棋"的指示精神,按照"早关注、早部署、早启动、早落实"的策略,结合广州市和省内的实际情况,进行疫情防控的整体部署。先后派出4批16名精兵强将驰援武汉、23名专科医护支援广州市第八人民医院。在钟南山的牵头下,广州医科大学附属第一医院收治了广州绝大部分新冠重症患者,支援市第八人民医院的医疗队全程参与8例危重症、17例重症的救治工作,驰援武汉的医疗队累计诊治逾400例次。主持《国家新型冠状病毒肺炎诊疗方案》第二版至第七版的撰写与修订。利用远程网络会议系统,牵头对湖北武汉、荆州等各省市的危重症、重症病例进行远程会诊24场超过55例次,指导临床诊疗工作,提高危重病救治的成功率。中山市有一名怀孕35周多的彭女士,2月1日从武汉回中山后发病,被收治到中山小榄人民医院治疗。然而病情进展非常迅速,病人先后出现一系列高危、致死性问题,如感染性休克、成人呼吸窘迫等问题。小榄人民医院全力抢救,进行气管插管,上呼吸机,剖宫产终止妊娠,并将病人转送到中山市第二人民医院治疗。然而病毒凶猛,彭女士转院后第一天单侧下肺变白,第二天两侧下肺病变,第三天双肺开始出现实变,第四天影像片提示双肺变白。随即而来的是心、肺、肾、消化系统多脏器衰竭。在这命悬一线之际,治疗团队立即为她上了ECMO。整个救治过程,钟院士高度关注彭女士的病情发展与救治方案,至少3次参加彭女士的会诊。在第一次参加会诊时,他还特地拜托一线医护人员:"太年轻了,请一定要把她救回来。"经过一个月的努力,广

·教育人物·
EDUCATIONAL PERSONAGE

东省人民医院心研所和呼研院多名专家多次多学科会诊后，终于把这位31岁的彭女士从死神的手上抢回来。

随着国外疫情的不断恶化，钟南山先后进行24场国际远程连线，与来自美国、法国、德国、意大利、印度、西班牙、新加坡、日本、韩国等13个国家的科研临床专家进行经验探讨，传授我国新冠救治成功经验，为全球抗击新冠疫情贡献"中国方案"，为共同构建人类卫生健康共同体做出积极贡献。其中中欧五国交流会达到全球1.5亿次的观看量。在国内参与包括国家级新闻发布会共7次，积极为政府的疫情防控措施建言献策。

开展新冠攻关项目，以科研助力临床救治。新冠期间，钟南山院士带领团队积极开展新冠肺炎相关基础研究。开展病毒溯源研究，成功从临床样本、粪便及尿液中分离出活毒株。开展首个全国范围的新冠临床特征研究，并揭示医疗资源是否充足以及并发症与新冠患者临床预后的相关性，为临床准确认识和科学诊治新冠肺炎提供重要依据。开展新冠病毒感染动物模型研究。开展中医药防治新冠病毒肺炎研究，分别对连花清瘟胶囊、六神丸、血必净和板蓝根等已上市的中药对新冠病毒（SARS-CoV-2）的体外复制和病毒感染引起的炎症因子表达的抑制活性展开研究。开展新冠病毒相关试剂盒和检测防控技术产品的研发。成功研发出新型冠状病毒IgM抗体快速检测试剂盒，仅需采取一滴血，就可在15分钟内通过肉眼观察获得检测结果。开发出人工智能应用与预测模型构建，研发了咽拭子采样机器人，研发新冠肺炎危重症AI预测模型及新冠疫情爆发趋势预测，为政府部门制定疫情防控指引提供科学依据；开展新冠病毒疫苗研究，建立国际首个非转基因新型冠状病毒肺炎小鼠动物模型，研制出3类疫苗，包括mRNA疫苗、腺病毒载体疫苗、重组蛋白（VLPs）疫苗；创新临床转化应用，首创单人隔离、即时消杀理念，生产院感防控系列设备应用，在广东省政府直接支持下，省药监局迅速组织专家对钟南山产学研团队研发的隔离病床产品进行论证、现场评审，应急审批生产注册证，应用于疫情防控工作中。

126天的抗疫历程，钟南山院士带领团队只争朝夕，一边进行临床救治任务，一边进行科研攻关，先后获得部级科研立项5项、省级科研16项、市级5项，牵头开展新冠应急临床试验项目5项，参与41项，在《新英格兰医学杂志》等权威杂志上发表SCI文章20篇，授权专利6项，牵头完成新冠相关疾病指南3项，牵头完成新冠相关论著2部，群策群力，助力临床救治。鉴于钟南山院士团队在新冠疫情防控方面的突出成绩，3月，钟院士团队受欧洲呼吸学会的邀请，分享新冠疫情防控的经验。坚持"治疗第一、科研第二"，钟院士团队成功将临床治疗与科研攻关形成有机整体，真正实现所有研究都是"为提高患者的救治率服务"的目标。

教书育人，他是创新医学教育的践行者

从1960年担任北京医学院放射医学教研组的助教起，钟院士一直站在医学教学的第一线。他于2013年创办"南山学院"，致力于培养具有国际视野的医学精英人才，培养优秀的临床医师，优秀的医疗管理者和优秀的医疗科研工作者。

创新地采用基础与临床融合的器官系统整合的课程体系，实行PBL的教学方法。提倡早临床、多临床、反复临床，结合双语教学，注重学生人文素养、临床实践能力、自主学习能力、批判性思维、团队精神、沟通能力等的培养。坚持创新的教学模式，"南山学院"取得显著的教学成效。学生先后立项国家级大学生创新创业项目4项，省级创新创业项目32项。本科学生先后以第一作者在SCI收录期刊以及国内核心期刊发表论文。开发多项发明专利。2017年，钟院士带领的呼吸学科教师团队荣获首批"全国高校黄大年式教师团队"称号；2019年，南山学院教师团队荣获"全国教育系统先进集体"称号。

此外，钟院士关注教学技术改革。积极利用网络多媒体技术进行教学技术的革新。先后设计"走进肺功能"以及新冠疫情期间的"新型冠状病毒肺炎防控"课程。两项课程均在新冠抗疫期间对科学抗疫、稳定医务人员队伍起到积极的作用。钟院士亲自主讲"走进肺功能"的第一章"什么是肺功能"，采用引导式教学，通过讨论肺部有什么功能引出"肺功能"的概念，并以动画的形式，生动地介绍呼吸全过程。将以往晦涩难懂的呼吸生理基础知识，在10分钟内以立体的形式呈现于学生面前。"走进肺功能"是我国首个详细讲授肺功能检查技术的在线课程。该课程共分为四大章，25个小节。分为肺功能检查的呼吸生理学基础、肺功能检查的概论、肺功能检查的技术方法和肺功能检查的临床应用。总课时约为360学时，每节课约为10分钟，面向呼吸医学的临床医学生和医务人员、医学相关专业的技术与研究人员、对医学感兴趣的社会人士。该课程从2019年运行以来，就得到广大医务人员的

广泛好评。新冠期间增开一期课程并且同期发布由郑劲平教授与高怡副教授执笔的《新型冠状病毒（2019-nCov）肺炎疫情防控中肺功能检查指引》。疫情的3个月内，注册学员人数接近2000人，考核优秀人数为294人，约占14.8%，教学效果良好。2019年，"走进肺功能"在线课程荣获第二届人卫慕课在线课程与教学资源比赛微视频一等奖（第一完成人）与三等奖，以及课程设计二等奖。"新型冠状病毒肺炎防控"课程则是钟院士团队针对新冠期间抗疫一线的战斗经验、常见问题的全面梳理。课程分为概论、临床诊治、疾病防控、中医药防治以及防控中的人文关怀、新冠肺炎的研究热点及启示六大板块，为医务人员、临床医学生、相关医学专业技术人员及研究人员，提供了系统全面的新冠肺炎知识体系。

敢医敢言，他是人民心中的"狠角色"

17年前一场无硝烟的战争，将钟院士带入大众的视线。直言不讳，让他成为人民群众心中的真心英雄。新冠疫情来势汹汹，84岁的钟院士再次挂帅出征，以对国家的赤诚和对医学事业的热爱，出入传染病流行最危险的地区，以科学家的严谨和务实，发布疫情准确信息，为公众释疑，稳住舆论的惊恐之心。"我们只相信钟南山"，这句留言在疫情暴发之初在网络流行。他对权威的挑战，对真相的坚持，对自己的高标准、严要求，让他成为人民群众心中的"狠角色"，他是全国人民的新晋男神。

从1月18日钟院士夜驰江城、餐车小憩的照片在朋友圈、网络曝光后，根据读秀数据库显示，国内与钟院士相关的报刊报道达2063篇，其中许多来自主流媒体，如香港文汇报44篇、广州日报42篇、澳门日报35篇、深圳特区报31篇、羊城晚报31篇、南方都市报19篇、南方日报18篇、中国青年报13篇。按照地域区分，广东省320篇、北京市146篇、浙江省111篇。126天里，钟院士办公室共收到超过250封群众来信。由于来信量巨大，钟院士虽不能一一回信，但却认真阅读。其中来自青少年与小朋友的信，钟院士尤为珍视，并亲自回信，亲笔写下对青少年的寄语。

凭借一股"狠劲"，钟南山院士团队在新冠的临床救治与科研攻关上取得一系列成果。在一次次的危机中，钟院士以做事的魄力与个人的魅力，赢得大家的信任与喜爱。钟院士曾叮嘱学生，为医者，需顶天立地为人民。从医从教一甲子，钟院士为国家培养了一批又一批医学人才。

（供稿　广州医科大学）

教育统计

EDUCATIONAL STATISTICS

· 教育统计 ·
EDUCATIONAL STATISTICS

广东省学校数

(单位：所)

	2010年	2015年	2019年	2020年	2020年比2019年		2020年比2010年	
					增加数	增加率（％）	增加数	年均增加率（％）
各级各类教育合计	33 336	31 849	36 071	36 986	915	2.5	3 650	1.0
一、培养研究生单位	31	28	30	30	0	0.0	－1	－0.3
其中：普通高校	23	25	27	27	0	0.0	4	1.6
二、高等教育	146	158	168	168	0	0.0	22	1.4
（一）普通高等学校	131	143	154	154	0	0.0	23	1.6
其中：本科院校	55	62	67	67	0	0.0	12	2.0
专科院校	76	81	87	87	0	0.0	11	1.4
（二）成人高等学校	15	15	14	14	0	0.0	－1	－0.7
三、高中阶段教育	1 838	1 663	1 597	1 577	－20	－1.3	－261	－1.5
（一）中等职业教育	566	481	426	396	－30	－7.0	－170	－3.5
（二）技工学校	246	163	163	146	－17	－10.4	－100	－5.1
（三）普通高中	1 026	1 019	1 008	1 035	27	2.7	9	0.1
其中：完全中学	697	573	536	538	2	0.4	－159	－2.6
十二年一贯制学校	—	106	153	178	25	16.3	—	—
高级中学	329	340	319	319	0	0.0	－10	－0.3
四、初中	3 308	3 415	3 712	3 748	36	1.0	440	1.3
其中：九年一贯制学校	—	1 358	1 682	1 725	43	2.6	—	—
五、小学	16 806	10 126	10 565	10 600	35	0.3	－6 206	－4.5
另有：教学点（不计校数）	—	6 285	5 827	5 710	－126	－2.2	—	—
六、幼儿教育	11 161	16 368	19 885	20 747	862	4.3	9 586	6.4
七、特殊教育学校	75	116	141	143	2	1.4	68	6.7
八、工读学校	2	3	3	3	0	0.0	1	4.1

注：1. 各级各类教育合计数含高等教育（含独立学院）、高中阶段教育、普通初中、小学、幼儿教育、特殊教育学校、工读学校数据。

2. 2014年起中国科学院大学所辖的广州化学研究所、南海海洋研究所、华南植物研究所、广州能源研究所和广州地球化学研究所的教育事业统一归口中国科学院大学管理，从2013年起研究生数据均不含以上培养研究生单位数据。

广东省毕业生数

（单位：人）

类别	2010年	2015年	2019年	2020年	2020年比2019年		2020年比2010年	
					增加数	增加率（%）	增加数	年均增加率（%）
各级各类教育合计	5 856 267	5 812 343	6 274 340	6 400 975	126 635	2.0	544 708	0.9
一、高等教育	514 911	720 468	815 291	891 490	76 199	9.3	376 579	5.6
（一）研究生	17 862	26 174	30 178	36 011	5 833	19.3	18 149	7.3
1. 博士	2 436	2 947	3 085	3 393	308	10.0	957	3.4
2. 硕士	15 426	23 227	27 093	32 618	5 525	20.4	17 192	7.8
（二）普通本专科	334 187	476 901	522 094	550 090	27 996	5.4	215 903	5.1
1. 本科	152 893	224 145	267 550	274 415	6 865	2.6	121 522	6.0
2. 专科	181 294	252 756	254 544	275 675	21 131	8.3	94 381	4.3
（三）成人本专科	144 427	183 503	225 670	265 912	40 242	17.8	121 485	6.3
1. 本科	46 973	55 713	64 615	75 790	11 175	17.3	28 817	4.9
2. 专科	97 454	127 790	161 055	190 122	29 067	18.0	92 668	6.9
（四）网络本专科	18 435	33 890	37 349	39 477	2 128	5.7	21 042	7.9
1. 本科	10 545	14 102	15 496	14 278	−1 218	−7.9	3 733	3.1
2. 专科	7 890	19 788	21 853	25 199	3 346	15.3	17 309	12.3
二、高中阶段教育	1 027 389	1 288 599	1 092 665	1 018 347	−74 318	−6.8	−9 042	−0.1
（一）中等职业教育小计	459 741	561 909	464 142	419 985	−44 157	−9.5	−39 756	−0.9
1. 中等职业教育	331 741	417 278	279 317	266 124	−13 193	−4.7	−65 617	−2.2
2. 技工学校	128 000	144 631	184 825	153 861	−30 964	−16.8	25 861	1.9
（二）普通高中	567 648	726 690	628 523	598 362	−30 161	−4.8	30 714	0.5
三、初中	1 534 663	1 292 909	1 149 457	1 204 191	54 734	4.8	−330 472	−2.4
四、小学	1 741 881	1 214 916	1 430 339	1 469 516	39 177	2.7	−272 365	−1.7
五、幼儿教育	1 036 468	1 293 693	1 783 537	1 814 323	30 786	1.7	777 855	5.8
六、特殊教育	4 165	3 053	5 179	6 084	905	17.5	1 919	3.9
特殊学校和附设特教班学生数	801	1 626	2 906	2 843	−63	−2.2	2 042	13.5
在普通中小学随班就读及送教上门学生数	3 364	1 427	2 273	3 241	968	42.6	−123	−0.4
七、工读学校	154	132	145	265	120	82.8	111	5.6

注：1. 技工学校有关数据由省人力资源和社会保障厅提供。
2. 从2013年起，研究生数据不含中国科学院大学所辖的5个研究所数据。
3. 各级各类教育合计数含高等教育、高中阶段教育、普通初中、小学、幼儿教育、特殊教育（随班就读学生数及送教上门学生数已包含在各普通中小学学生数中）、工读学校数据。
4. 2019年，教育部规范了统计报表幼儿园"离园"定义，仅指完成学前教育离开幼儿园的幼儿人数，由本园转出到其他园的幼儿不计，因此2019年学前教育毕业生数有所降低。

广东省招生数

(单位：人)

类别	2010 年	2015 年	2019 年	2020 年	2020 年比 2019 年		2020 年比 2010 年	
					增加数	增加率（%）	增加数	年均增加率（%）
各级各类教育合计	6 883 172	6 821 761	7 465 260	7 696 995	231 735	3.1	813 823	1.1
一、高等教育	659 262	868 086	1 160 531	1 473 352	312 821	27.0	814 090	8.4
（一）研究生	30 700	35 893	46 576	59 918	13 342	28.6	29 218	6.9
1. 博士	3 307	3 540	5 697	6 394	697	12.2	3 087	6.8
2. 硕士	22 491	27 110	40 879	53 524	12 645	30.9	31 033	9.1
3. 在职人员攻读硕士学位	4 902	5 243	0	0	0	—	-4 902	-100.0
（二）普通本专科	440 167	561 456	640 056	917 196	277 140	43.3	477 029	7.6
1. 本科	217 048	275 399	305 879	345 191	39 312	12.9	128 143	4.7
2. 专科	223 119	286 057	334 177	572 005	237 828	71.2	348 886	9.9
（三）成人本专科	161 757	241 193	425 138	453 516	28 378	6.7	291 759	10.9
1. 本科	57 130	60 360	119 783	145 135	25 352	21.2	88 005	9.8
2. 专科	104 627	180 833	305 355	308 381	3 026	1.0	203 754	11.4
（四）网络本专科	26 638	29 544	48 761	42 722	-6 039	-12.4	16 084	4.8
1. 本科	11 830	12 806	20 840	22 007	1 167	5.6	10 177	6.4
2. 专科	14 808	16 738	27 921	20 715	-7 206	-25.8	5 907	3.4
二、高中阶段教育	1 779 201	1 259 159	1 167 076	1 202 362	35 286	3.0	-576 839	-3.8
（一）中等职业教育小计	1 023 320	594 783	527 663	530 557	2 894	0.5	-492 763	-6.4
1. 中等职业教育	741 320	395 377	314 820	313 885	-935	-0.3	-427 435	-8.2
2. 技工学校	282 000	199 406	212 843	216 672	3 829	1.8	-65 328	-2.6
（二）普通高中	755 881	664 376	639 413	671 805	32 392	5.1	-84 076	-1.2
三、初中	1 663 662	1 164 480	1 380 301	1 419 625	39 324	2.8	-244 037	-1.6
四、小学	1 359 159	1 658 031	1 944 213	1 770 662	-173 551	-8.9	411 503	2.7
五、幼儿教育	1 420 443	1 868 715	1 808 192	1 825 885	17 693	1.0	405 442	2.5
六、特殊教育	3 666	7 303	10 149	12 550	2 401	23.7	8 884	13.1
特殊学校和附设特教班学生数	1 330	3 185	4 777	4 951	174	3.6	3 621	14.0
在普通中小学随班就读及送教上门学生数	2 336	4 118	5 372	7 599	2 227	41.5	5 263	12.5
七、工读学校	115	105	170	158	-12	-7.1	43	3.2

注：1. 从 2013 年起，研究生数据不含中国科学院大学所辖的 5 个研究所数据。
2. 各级各类教育合计数含高等教育、高中阶段教育、普通初中、小学、幼儿教育、特殊教育（随班就读学生数及送教上门学生数已包含在各普通中小学学生数中）、工读学校数据。
3. 从 2017 年起，在职人员攻读硕士专业学位招生纳入国家硕士生招生统筹管理，教育部按全日制和非全日制下达全国研究生招生计划。
4. 2019 年，教育部规范了统计报表幼儿园"招生"定义，仅指首次进入学前教育的幼儿人数，由其他园转入的幼儿不计，因此 2019 年学前教育招生数有所降低。

广东省在校学生数

(单位：人)

类别	2010年	2015年	2019年	2020年	2020年比2019年		2020年比2010年	
					增加数	增加率（%）	增加数	年均增加率（%）
各级各类教育合计	22 707 645	22 819 662	25 417 043	26 615 245	1 198 202	4.7	3 907 600	1.6
一、高等教育	2 048 028	2 725 085	3 250 811	3 783 888	533 077	16.4	1 735 860	6.3
（一）研究生	90 542	110 378	136 154	154 748	18 594	13.7	64 206	5.5
1. 博士	12 341	14 474	19 430	22 127	2 697	13.9	9 786	6.0
2. 硕士	60 114	74 930	110 142	129 220	19 078	17.3	69 106	8.0
3. 在职人员攻读硕士学位	18 087	20 974	6 582	3 401	-3 181	-48.3	-14 686	-15.4
（二）普通本专科	1 426 624	1 856 355	2 053 977	2 400 227	346 250	16.9	973 603	5.3
1. 本科	778 595	1 040 784	1 159 808	1 222 533	62 725	5.4	443 938	4.6
2. 专科	648 029	815 571	894 169	1 177 694	283 525	31.7	529 665	6.2
（三）成人本专科	463 987	664 495	931 474	1 103 093	171 619	18.4	639 106	9.0
1. 本科	161 569	172 624	275 580	341 069	65 489	23.8	179 500	7.8
2. 专科	302 418	491 871	655 894	762 024	106 130	16.2	459 606	9.7
（四）网络本专科	66 875	93 857	129 206	125 820	-3 386	-2.6	58 945	6.5
1. 本科	34 263	42 732	56 729	61 575	4 846	8.5	27 312	6.0
2. 专科	32 612	51 125	72 477	64 245	-8 232	-11.4	31 633	7.0
二、高中阶段教育	4 391 247	3 814 722	3 274 755	3 379 304	104 549	3.2	-1 011 943	-2.6
（一）中等职业教育小计	2 301 785	1 760 689	1 437 356	1 475 787	38 431	2.7	-825 998	-4.3
1. 中等职业教育	1 547 785	1 172 119	859 668	866 831	7 163	0.8	-680 954	-5.6
2. 技工学校	754 000	588 570	577 688	608 956	31 268	5.4	-145 044	-2.1
（二）普通高中	2 089 462	2 054 033	1 837 399	1 903 517	66 118	3.6	-185 945	-0.9
三、初中	5 001 040	3 553 170	3 890 283	4 054 670	164 387	4.2	-946 370	-2.1
四、小学	8 485 498	8 688 785	10 334 303	10 571 118	236 815	2.3	2 085 620	2.2
五、幼儿教育	2 772 293	4 022 844	4 645 041	4 801 766	156 725	3.4	2 029 473	5.6
六、特殊教育	26 064	36 048	52 869	63 802	10 933	20.7	37 738	9.4
特殊学校和附设特教班学生数	9 331	14 677	21 506	24 173	2 667	12.4	14 842	10.0
在普通中小学随班就读及送教上门学生数	16 733	21 371	31 363	39 629	8 266	26.4	22 896	9.0
七、工读学校	208	379	344	326	-18	-5.2	118	4.6

注：1. 从2013年起，研究生数据不含中国科学院大学所辖的5个研究所数据。

2. 各级各类教育合计数含高等教育、高中阶段教育、普通初中、小学、幼儿教育、特殊教育（随班就读学生数及送教上门学生数已包含在各普通中小学学生数中）、工读学校数据。

·教育统计·
EDUCATIONAL STATISTICS

广东省教职工数

(单位：人)

类别	2010 年	2015 年	2019 年	2020 年	2020 年比 2019 年		2020 年比 2010 年	
					增加数	增加率（%）	增加数	年均增加率（%）
各级各类教育合计	1 383 057	1 661 786	1 949 883	2 040 062	90 179	4.6	657 005	4.0
一、高等教育	123 849	144 174	164 280	181 090	16 810	10.2	57 241	3.9
（一）普通高等学校	114 018	139 888	160 253	177 919	17 666	11.0	63 901	4.6
（二）成人高等学校	9 831	4 286	4 027	3 171	－856	－21.3	－6 660	－10.7
二、中等职业教育小计	86 554	87 199	87 162	87 643	481	0.6	1 089	0.1
（一）中等职业教育	58 754	57 760	56 252	55 946	－306	－0.5	－2 808	－0.5
（二）技工学校	27 800	29 439	30 910	31 697	787	2.5	3 897	1.3
三、普通中学（含普通初高中）	445 335	475 396	497 285	514 736	17 451	3.5	69 401	1.5
其中：九年一贯制学校	—	133 681	192 182	207 955	15 773	8.2	—	—
十二年一贯制学校	—	30 475	57 576	67 588	10 012	17.4	—	—
四、小学	487 773	514 405	612 020	637 589	25 569	4.2	149 816	2.7
五、幼儿教育	236 760	436 203	582 390	611 347	28 957	5.0	374 587	10.0
六、特殊教育	2 719	4 271	6 570	7 461	891	13.6	4 742	10.6
七、工读学校	67	138	176	196	20	11.4	129	11.3

注：1. 从 2011 年起，广播电视大学的分校教师不计入学校教师数，2011 年前含分校教师数，故成人高等学校教职工数大幅减少。
2. 各级各类教育合计数含高等教育、高中阶段教育、普通初中、小学、幼儿教育、特殊教育、工读学校数据。
3. 因一贯制学校的存在，小学教职工数和普通中学教职工数按照一定的比例进行折算。
4. 表中的九年一贯制学校、十二年一贯制学校数据并未进行折算，是实际统计数据。
5. 2019 年前高等教育的教职工取校本部数，2020 年开始，教职工取全口径数。

广东省专任教师数

(单位：人)

类别	2010年	2015年	2019年	2020年	2020年比2019年		2020年比2010年	
					增加数	增加率（%）	增加数	年均增加率（%）
各级各类教育合计	1 108 664	1 307 083	1 491 413	1 545 861	54 448	3.7	437 197	3.4
一、高等教育	84 684	101 449	117 219	124 396	7 177	6.1	39 712	3.9
（一）普通高等学校	78 569	98 897	114 700	122 350	7 650	6.7	43 781	4.5
其中：正高级职称	8 787	12 267	15 537	16 773	1 236	8.0	7 986	6.7
副高级职称	20 585	25 824	31 203	33 075	1 872	6.0	12 490	4.9
（二）成人高等学校	6 115	2 552	2 519	2 046	-473	-18.8	-4 069	-10.4
其中：正高级职称	64	52	58	28	-30	-51.7	-36	-7.9
副高级职称	1 034	510	538	414	-124	-23.0	-620	-8.7
二、高中阶段教育	188 402	216 844	215 920	219 659	3 739	1.7	31 257	1.5
（一）中等职业教育	43 533	44 972	44 034	43 848	-186	-0.4	315	0.1
（二）技工学校	19 800	21 011	23 111	24 009	898	3.9	4 209	1.9
（三）普通高中	125 069	150 861	148 775	151 802	3 027	2.0	26 733	2.0
三、初中	266 445	275 787	291 619	300 929	9 310	3.2	34 484	1.2
四、小学	430 735	468 608	553 241	573 428	20 187	3.6	142 693	2.9
五、幼儿教育	136 321	240 749	307 952	321 477	13 525	4.4	185 156	9.0
六、特殊教育学校	2 026	3 550	5 326	5 841	515	9.7	3 815	11.2
七、工读学校	51	96	136	131	-5	-3.7	80	9.9

注：1. 从2011年起，广播电视大学的分校教师不计入学校教师数，2011年前含分校教师数，故成人高等学校专任教师数大幅减少。

2. 各级各类教育合计数含高等教育、高中阶段教育、普通初中、小学、幼儿教育、特殊教育、工读学校数据。

广东省各级各类教育基本情况（一）

类别	2010年	2015年	2019年	2020年	2020年比2019年增加数	2020年比2010年增加数
一、教育普及情况						
（一）学前教育						
学前教育毛入园率（%）	82.57	100.97	111.57	107.04	-4.5	24.5
（二）小学						
1. 净入学率（%）	99.95	99.98	100.00	100.00	0.0	0.0
2. 五年巩固率（%）	98.24	98.37	99.93	99.76	-0.2	1.5
3. 小学毕业生升学率（%）	95.51	95.85	96.50	96.60	0.1	1.1
（三）初中						
1. 毛入学率（%）	109.61	114.62	110.80	109.75	-1.0	0.1
2. 三年巩固率（%）	90.41	94.84	96.44	97.53	1.1	7.1
3. 义务教育九年巩固率（%）		93.74	95.43	96.11	0.7	—
4. 初中毕业生升学率（%）	94.30	93.49	98.86	98.76	-0.1	4.5
（四）高中阶段						
高中阶段教育毛入学率（%）	86.20	95.66	96.88	97.29	0.4	11.1
（五）高等教育						
高等教育毛入学率（%）	28.00	33.02	48.80	53.41	4.6	25.4
二、生均校舍面积（平方米）						
（一）小学	6.92	7.62	7.00	7.13	0.1	0.2
（二）普通中学	10.71	17.46	20.16	20.59	0.4	9.9
（三）中等职业教育	10.14	14.15	19.31	19.17	-0.1	9.0
（四）普通高等学校	30.23	26.74	27.80	25.56	-2.2	-4.7
三、生均教学仪器设备值（元）						
（一）中等职业教育	2 910.15	5 535.30	9 820.49	10 415.26	594.8	7 505.1
（二）普通高等学校	9 748.64	10 848.58	17 319.05	16 553.53	-765.5	6 804.9
四、生均图书（册）						
（一）小学	19.11	21.62	21.06	21.58	0.5	2.5
（二）普通初中	17.56	35.11	38.26	38.77	0.5	21.2
（三）普通高中	34.50	55.15	61.54	60.31	-1.2	25.8
（四）中等职业教育	16.24	24.84	28.68	28.87	0.2	12.6
（五）普通高等学校	67.68	69.37	76.56	68.17	-8.4	0.5

注：1. 2011年后初中毕业生升学率（%）计算公式为新学年高中阶段一年级招生数（普通高中招生数+中职招应届初中毕业生数+技工学校招生数）/初中毕业生总数（普通初中毕业生数+职业初中毕业生数）×100%（注：不考虑跨省升学学生）。

2. 小学升学率（%）=初中招生数/小学毕业生数（注：不考虑跨省升学学生）。

3. 小学生均校舍面积（图书）=小学、小学教学点校舍面积（图书）/小学在校生数。

4. 初中生均校舍面积（图书）=（初级中学+九年一贯制学校）校舍面积（图书）/初中在校生数。

5. 高中生均校舍面积（图书）=（高级中学+十二年一贯制学校+完全中学学校）校舍面积（图书）/高中在校生数。

6. 普通中学生均校舍面积（图书）=（初中校舍面积+高中校舍面积）（图书）/（初中在校生数+高中在校生数）。

7. 中等职业教育生均校舍面积（教学仪器设备值、图书）=（学校产权+学校非产权独立使用）校舍面积（教学仪器设备值、图书）/中等职业教育在校生数。

8. 2019年及以前的高等教育生均校舍面积（教学仪器设备值、图书）均取自办学条件表中的普通高校合计数；2020年后均用新计算公式：生均图书=图书总数/折合在校生数；生均教学科研仪器设备值=教学科研仪器设备资产总值/折合在校生数；生均校舍面积=校舍总面积/在校学生数。

9. 初中毛入学率（%）=初中在校生合计数/校内外学龄人口合计数

10. 小学净入学率=6—11岁校内学龄人口数/（6—11岁校内外学龄人口数）

11. 折合在校生数=普通本、专科（高职）生数+硕士生数×1.5+博士生数×2+留学生数×3+预科生数+进修生数+成人脱产班学生数+夜大（业余）学生数×0.3+函授生数×0.1。

12. 全日制在校生数=普通本、专科（高职）生数+研究生数+留学生数+预科生数+成人脱产班学生数+进修生数。

广东省各级各类教育基本情况（二）

类别	2010 年	2015 年	2019 年	2020 年	2020 年比 2019 年增加数	2020 年比 2010 年增加数
五、生师比						
（一）幼儿园	20.34	16.71	15.08	14.94	−0.1	−5.4
（二）小学	19.70	18.54	18.68	18.43	−0.3	−1.3
（三）普通初中	18.77	12.88	13.34	13.47	0.1	−5.3
（四）普通高中	16.71	13.62	12.35	12.54	0.2	−4.2
（五）中等职业教育	35.55	26.06	19.52	19.77	0.3	−15.8
（六）普通高等学校	18.80	18.69	17.33	18.86	1.5	0.1
六、专任教师学历、职称比重（%）						
（一）幼儿园						
1. 高中毕业及以上	95.42	98.11	99.05	99.03	0.0	3.6
2. 大专毕业及以上	46.57	64.23	81.00	84.30	3.3	37.7
（二）小学						
1. 大专毕业及以上	83.51	95.25	98.55	98.90	0.3	15.4
2. 本科毕业及以上	23.47	44.51	68.84	73.20	4.4	49.7
3. 中级职称及以上	60.03	60.56	54.62	52.89	−1.7	−7.1
（三）普通初中						
1. 大专毕业及以上	98.70	99.96	99.98	99.98	0.0	1.3
2. 本科毕业及以上	60.87	79.66	90.56	91.89	1.3	31.0
3. 中级职称及以上	54.00	60.96	60.54	59.17	−1.4	5.2
（四）普通高中						
1. 本科毕业及以上	94.38	98.76	99.35	99.26	−0.1	4.9
2. 研究生毕业以上	5.14	8.41	13.08	14.66	1.6	9.5
3. 中级职称及以上	58.78	62.85	66.87	66.67	−0.2	7.9
（五）中等职业教育						
1. 本科毕业及以上	85.82	91.69	94.09	94.34	0.3	8.5
2. 研究生毕业以上	5.77	9.07	11.33	12.09	0.8	6.3
3. 中级职称及以上	58.45	61.64	63.11	61.47	−1.6	3.0
（六）普通高等学校						
1. 研究生毕业以上	61.75	69.52	76.40	77.36	1.0	15.6
2. 博士毕业以上	17.48	22.60	29.59	29.87	0.3	12.4
3. 副高职称及以上	37.38	38.52	40.75	40.74	0.0	3.4
（七）成人高校						
1. 研究生毕业以上	18.66	32.13	36.13	28.35	−7.8	9.7
2. 副高职称及以上	17.96	22.02	23.66	21.60	−2.1	3.6

注：2019 年及以前，普通高等教育生师比均取自办学条件；2020 年开始普通高等教育生师比＝折合在校生数/教师总数（教师总数＝专任教师＋聘请校外教师×0.5＋临床医生）

广东省各级各类教育基本情况（三）

类别	2010年	2015年	2019年	2020年	2020年比2019年增加数	2020年比2010年增加数
七、生均一般公共预算教育事业费支出（元）						
（一）小学	3 487.00	8 758.00	13 061.70	13 464.80	403.2	9 977.8
（二）普通初中	3 921.00	11 456.70	19 229.90	19 851.20	621.3	15 930.2
（三）普通高中	5 312.90	10 863.20	20 086.10	21 185.90	1 099.8	15 873.0
（四）中等职业学校	4 815.30	9 977.90	17 821.50	18 908.30	1 086.8	14 093.0
（五）普通高等学校	11 200.20	17 823.40	30 479.90	28 808.90	-1 671.0	17 608.7
八、生均一般公共预算公用经费支出（元）						
（一）小学	735.90	2 251.10	2 952.30	3 047.20	94.9	2 311.4
（二）普通初中	974.20	2 947.40	3 990.00	4 282.70	292.7	3 308.5
（三）普通高中	1 509.00	2 601.10	3 497.40	3 898.10	400.7	2 389.1
（四）中等职业学校	1 975.10	4 099.00	5 668.40	5 783.00	114.6	3 807.9
（五）普通高等学校	5 864.80	7 694.90	12 032.90	10 628.50	-1 404.4	4 763.7
九、普通高等学校各学科学生数比重（%）						
（一）哲学	0.0	0.1	0.1	0.1	0.0	0.0
（二）经济学	7.3	8.8	8.2	7.7	-0.5	0.4
（三）法学	3.5	4.1	3.7	3.7	0.0	0.1
（四）教育学	5.3	2.6	2.6	2.8	0.2	-2.5
（五）文学	15.7	11.4	12.2	12.2	0.0	-3.5
（六）历史学	0.3	0.4	0.4	0.4	0.1	0.1
（七）理学	5.3	7.0	7.0	7.0	-0.1	1.6
（八）工学	29.8	26.9	29.9	30.0	0.1	0.2
（九）农学	1.0	1.4	1.3	1.3	0.0	0.3
（十）医学	6.3	6.4	6.5	6.6	0.1	0.3
（十一）管理学	25.4	23.8	20.5	19.6	-0.9	-5.8
（十二）艺术学	—	7.0	7.4	7.5	0.1	—
十、每万人口在校学生数（人）						
（一）小学	837.64	810.22	910.83	917.55	6.7	79.9
（二）普通初中	493.68	331.33	342.88	351.94	9.1	-141.7
（三）普通高中	206.26	191.54	161.94	165.22	3.3	-41.0
（四）中等职业教育	152.79	109.30	75.77	75.24	-0.5	-77.6
（五）普通高等教育	140.83	173.10	181.03	208.33	27.3	67.5
（六）成人高等教育	45.80	61.96	82.10	95.75	13.6	49.9

注：1. 由于2011年采用了新的高职高专教育指导性专业目录，各学科分类全面调整，专科学科分类无法与往年对照，从2011年开始各学科学生比重只能统计本科学生（不含专科学生）。

2. 由于教育部2013年调整学科设置，新增"艺术类"学科分类，因此，"艺术学"与2012年前数据对比情况为空。

3. 每万人口在校生数＝今年度在校生数/上一年度的常住人口数（常住人口取中国统计年鉴表2—6）。

4. 表中中等职业教育不含技工学校数据。

广东省各级各类民办教育基本情况（一）

（单位：人）

类别	2010年		2015年		2019年		2020年		2020年比2019年		2020年比2010年	
	计	占全省比例（%）	计	占全省比例（%）	计	占全省比例（%）	计	占全省比例（%）	增加数	增长率（%）	增加数	年均增长率（%）
一、高等教育												
（一）普通本专科												
学校数（所）	47	35.9	52	36.4	50	32.5	50	32.5	0	0.0	3	0.6
毕业生数	94411	28.3	147235	30.9	174692	33.5	184338	33.5	9646	5.5	89927	6.9
招生数	132047	30.0	193501	34.5	199107	31.1	289263	31.5	90156	45.3	157216	8.2
在校生数	404632	28.4	618020	33.3	682422	33.2	780398	32.5	97976	14.4	375766	6.8
教职工数	27951	24.5	37257	26.6	40778	25.4	42819	24.1	2041	5.0	14868	4.4
专任教师数	19875	25.3	28053	28.4	31718	27.7	34161	27.9	2443	7.7	14286	5.6
（二）成人本专科												
学校数（所）	1	6.7	1	6.7	1	7.1	1	7.1	0	0.0	0	0.0
二、高中阶段教育												
（一）高中阶段教育小计												
学校数（所）	282	17.7	285	19.0	318	22.2	328	22.9	10	3.1	46	1.5
毕业生数	82138	9.1	99113	8.7	120551	13.3	118461	13.7	-2090	-1.7	36323	3.7
招生数	169263	9.5	125935	11.9	159767	16.7	175981	17.9	16214	10.1	6718	0.4
在校生数	380868	10.5	335056	9.2	410154	15.2	446944	16.1	36790	9.0	66076	1.6
教职工数	10507				32472	14.5	36587	16.0	4115	12.7	26080	13.3
专任教师数	6809				24132	12.5	26895	13.7	2763	11.4	20086	14.7

续上表

类别	2010年 计	2010年 占全省比例(%)	2015年 计	2015年 占全省比例(%)	2019年 计	2019年 占全省比例(%)	2020年 计	2020年 占全省比例(%)	2020年比2019年 增加数	2020年比2019年 增长率(%)	2020年比2010年 增加数	2020年比2010年 年均增长率(%)
（二）中等职业教育												
学校数（所）	156	27.6	123	25.6	112	26.3	100	25.3	-12	-10.7	-56	-4.3
毕业生数	55514	16.7	50771	12.2	47674	17.1	47161	17.7	-513	-1.1	-8353	-1.6
招生数	132092	17.8	56291	14.2	62993	20.0	67689	21.6	4696	7.5	-64403	-6.5
在校生数	279753	18.1	155759	13.3	160392	18.7	169878	19.6	9486	5.9	-109875	-4.9
教职工数	10507	17.9	7219	12.5	8405	14.9	9222	16.5	817	9.7	-1285	-1.3
专任教师数	6809	15.6	4925	11.0	6279	14.3	7031	16.0	752	12.0	222	0.3
（三）普通高中教育												
学校数（所）	126	12.3	162	15.9	206	20.4	228	22.0	22	10.7	102	6.1
毕业生数	26624	4.7	48342	6.7	72877	11.6	71300	11.9	-1577	-2.2	44676	10.4
招生数	37171	4.9	69644	10.5	96774	15.1	108292	16.1	11518	11.9	71121	11.3
在校生数	101115	4.8	179297	8.7	249762	13.6	277066	14.6	27304	10.9	175951	10.6
专任教师数	6773	5.4	12070	8.0	17853	12.0	19864	13.1	2011	11.3	13091	11.4

注：1. 中等职业教育不含技工学校数。
2. 从2018年起教育部对中外（含内地与港澳台）合作院校划分为单独类型，不计入民办教育。
3. 高等教育教职工数2019年前取校本部教职工，2020年起，取全口径。
4. 普通高中教职工数需要折算。

广东省各级各类民办教育基本情况（二）

（单位：人）

类别	2010年		2015年		2019年		2020年		2020年比2019年		2020年比2010年	
	计	占全省比例（%）	计	占全省比例（%）	计	占全省比例（%）	计	占全省比例（%）	增加数	增长率（%）	增加数	年均增长率（%）
三、义务教育												
（一）义务教育小计												
学校数（所）	1539	7.7	1615	11.9	1722	12.1	1733	12.1	11	0.6	194	1.2
毕业生数	355462	10.8	447295	17.8	544354	21.1	570792	21.3	26438	4.9	215330	4.9
招生数	509621	16.9	660773	23.4	773787	23.3	705604	22.1	-68183	-8.8	195983	3.3
在校生数	2047492	15.2	2675509	21.9	3189566	22.4	3208292	21.9	18726	0.6	1160800	4.6
（二）普通初中												
学校数（所）	712	21.5	912	26.7	1049	28.3	1063	28.4	14	1.3	351	4.1
毕业生数	145095	9.5	202471	15.7	238619	20.8	258338	21.5	19719	8.3	113243	5.9
招生数	220355	13.2	260001	22.3	335736	24.3	335456	23.6	-280	-0.1	115101	4.3
在校生数	586002	11.7	714511	20.1	904057	23.2	934178	23.0	30121	3.3	348176	4.8
专任教师数	29939	16.2	42917	15.6	58633	20.1	62714	20.8	4081	7.0	32775	7.7
（三）小学												
学校数（所）	827	4.9	703	6.9	673	6.4	670	6.3	-3	-0.4	-157	-2.1
毕业生数	210367	12.1	244824	20.2	305735	21.4	312454	21.3	6719	2.2	102087	4.0
招生数	289266	21.3	400772	24.2	438051	22.5	370148	20.9	-67903	-15.5	80882	2.5
在校生数	1461490	17.2	1960998	22.6	2285509	22.1	2274114	21.5	-11395	-0.5	812624	4.5
教职工数	81159	16.6			147287	24.1	153885	24.1	6598	4.5	72726	6.6

续上表

类别	2010年 计	2010年 占全省比例(%)	2015年 计	2015年 占全省比例(%)	2019年 计	2019年 占全省比例(%)	2020年 计	2020年 占全省比例(%)	2020年比2019年 增加数	2020年比2019年 增长率(%)	2020年比2010年 增加数	2020年比2010年 年均增长率(%)
专任教师数	60 116	14.0	86 805	18.5	112 097	20.3	115 696	20.2	3 599	3.2	55 580	6.8
四、幼儿教育												
学校数（所）	8 648	77.5	11 585	75.1	14 675	73.8	13 624	65.7	-1 051	-7.2	4 976	4.6
毕业生数	506 491	48.9	755 361	58.4	1 144 084	64.1	1 069 158	58.9	-74 926	-6.5	562 667	7.8
招生数	713 434	50.2	1 110 175	59.4	1 198 700	66.3	1 001 288	54.8	-197 412	-16.5	287 854	3.4
在校生数	1 687 083	60.9	2 610 690	64.9	3 271 425	70.4	2 829 374	58.9	-442 051	-13.5	1 142 291	5.3
教职工数	178 077	75.2	315 511	72.3	437 528	75.1	389 841	63.8	-47 687	-10.9	211 764	8.2
专任教师数	102 228	75.0	170 889	71.0	226 779	73.6	201 286	62.6	-25 493	-11.2	99 058	7.0
其中：普惠性民办幼儿园												
学校数（所）	—	—	—	—	10 276	51.7	10 217	49.2	-59	-0.6	—	—
毕业生数	—	—	—	—	850 399	47.7	830 866	45.8	-19 533	-2.3	—	—
招生数	—	—	—	—	799 477	44.2	730 049	40.0	-69 428	-8.7	—	—
在校生数	—	—	—	—	2 296 820	49.4	2 089 211	43.5	-207 609	-9.0	—	—
教职工数	—	—	—	—	294 603	50.6	275 371	45.0	-19 232	-6.5	—	—
专任教师数	—	—	—	—	153 798	49.9	143 923	44.8	-9 875	-6.4	—	—
五、特殊教育												
学校数	5	6.7	7	6.0	4	2.8	4		0	0.0	-1	-2.2

注：1. 从2016年起，幼儿教育增加"普惠性民办幼儿园"数据。
2. 小学教职工数据高折算。

广东省主要教育综合指标在全国排位情况（一）

类别		2019 年			2020 年			2020 年排位在广东前的省份
		全国水平	广东	排位	全国水平	广东	排位	
按常住人口计算	每万人口普通本专科在校生（人）	217.25	181.03	27	234.66	208.33	25	—
	每万人口成人本专科在校生（人）	47.91	82.10	1	55.52	95.75	1	—
	每万人口高中阶段教育在校生（人）	260.18	237.71	21	268.73	240.46	21	—
	其中：每万人口中等职业教育学校在校生（人）	87.16	75.77	19	90.56	75.24	21	—
	每万人口普通高中在校生（人）	173.02	161.94	21	178.17	165.22	21	—
	每万人口普通初中在校生（人）	345.94	342.88	17	350.99	351.94	16	—
	每万人口小学在校生（人）	756.87	910.83	7	766.07	917.55	6	新疆、贵州、河南、广西、西藏
	每万人口幼儿园在园儿童（人）	337.82	409.40	7	344.15	416.78	8	—
按户籍人口计算	每万人口普通本专科在校生（人）	215.86	216.16	16	232.94	248.38	10	—
	每万人口成人本专科在校生（人）	47.60	98.03	1	55.11	114.15	1	—
	每万人口高中阶段教育在校生（人）	258.51	283.84	10	266.76	286.68	12	—
	其中：每万人口中等职业教育学校在校生（人）	86.60	90.47	14	89.89	89.70	16	—
	每万人口普通高中在校生（人）	171.91	193.37	7	176.86	196.98	9	—
	每万人口普通初中在校生（人）	343.71	409.41	5	348.42	419.59	5	新疆、江西、西藏、宁夏
	每万人口小学在校生（人）	752.01	1 087.58	2	760.46	1 093.93	2	新疆
	每万人口幼儿园在园儿童（人）	335.65	488.84	2	341.63	496.90	2	新疆

广东省主要教育综合指标在全国排位情况（二）

类别		2019 年			2020 年			2020 年排位在广东前的省份
		全国水平	广东	排位	全国水平	广东	排位	
小学教师学历达标率（%）		99.97	99.98	19	99.98	99.99	14	—
小学教师专科以上学历比重（%）		97.26	98.55	8	97.88	98.90	9	—
普通初中教师学历达标率（%）		99.88	99.98	5	99.89	99.98	8	—
普通高中教师学历达标率（%）		98.62	99.35	6	98.79	99.26	8	—
普通高校教师高职称比重（%）		43.29	40.38	21	43.30	40.74	21	—
普通高校学校数（所）		2 688	154	2	2 738	154	2	江苏
成人高校学校数（所）		268	14	5	265	14	5	北京、辽宁、黑龙江、四川、吉林、上海、湖北、陕西
普通本专科招生数（人）		9 149 026	616 331	3	9 674 518	866 140	1	—
成人本专科招生数（人）		3 022 088	425 138	1	3 637 630	453 516	1	—
普通本专科在校生数（人）		30 315 262	2 053 977	3	32 852 948	2 400 227	2	河南
成人本专科在校生数（人）		6 685 603	931 474	1	7 772 942	1 103 093	1	—
研究生在校生数（人）		2 863 712	136 154	6	3 139 598	154 748	6	北京、江苏、上海、湖北、陕西
中等职业学校招生数（人）		4 574 121	314 820	4	4 846 056	313 885	5	河南、河北、四川、安徽
中等职业学校在校生数（人）		12 161 663	859 668	2	12 678 379	866 831	2	河南
普通高中在校生数（人）		24 143 050	1 837 399	2	24 944 529	1 903 517	2	河南
高等学校两院院士数（人事关系在学校）（人）		—	50		1 289	62	4	北京、上海、江苏
国家级重点学科（个）	一级学科	307	5	14	307	5	13	北京、江苏、上海、湖北、黑龙江、浙江、陕西、天津、四川、安徽、湖南、辽宁
	二级学科	876	44	8	871	43	8	北京、江苏、上海、湖北、陕西、四川、辽宁

注：1. 本专科招生数含专升本和五年一贯制转入学生数。
2. 普通高校学校数包含独立学院数。
3. 小学教师学历达标率取高中阶段专任教师/总专任教师数。
4. 初中教师学历达标为专科及以上学历；高中教师学历达标为本科及以上学历。

广东省主要教育综合指标在全国排位情况（三）

类别	2019年			2020年			2020年排位在广东前的省份
	全国水平	广东	排位	全国水平	广东	排位	
国家重点实验室（个）	419	11		505	12	9	北京、陕西、江苏、上海、湖北、四川、浙江、黑龙江、辽宁
国家工程研究中心（个）	277	12		284	12	8	北京、江苏、陕西、辽宁、上海、福建、湖南
国家工程技术研究中心（个）	272	8		273	8	11	北京、江苏、湖北、陕西、湖南、辽宁、上海、山东、浙江、江西、安徽
博士学位授权一级学科点（个）	3590	187	5	3598	189	5	北京、江苏、上海、湖北
博士学位授权二级学科点（不含一级学科覆盖点）（个）	585	16	9	624	16	11	北京、江苏、上海、河北、宁夏、湖南、陕西、山东、河南、甘肃
硕士学位授权一级学科点（个）	9682	434	8	9716	434	8	北京、江苏、湖北、山东、陕西、辽宁、上海
硕士学位授权二级学科点（不含一级学科覆盖点）（个）	2641	54	16	2488	66	12	北京、江苏、上海、宁夏、河南、江西、陕西、辽宁、山东、湖南、浙江
博士后科研流动站（个）	3065	150	6	3209	169	5	北京、江苏、上海、湖北
国家重点（培育）学科（个）	220	12	6	231	12	5	上海、北京、江苏、湖北
省、部级重点学科（一级）（个）	4644	271	5	4612	290	4	江苏、湖北、河南
省、部级重点学科（二级）（个）	4319	125	17	4186	120	15	陕西、北京、山东、辽宁、四川、江苏、河北、黑龙江、广西、上海、安徽、浙江、云南、河南
国家财政性教育经费占GDP比例（%）	—	3.45	—	—	3.77	—	
公共财政教育支出占公共财政一般预算支出比例（%）	—	18.60	—	—	20.23	—	

注：1. 国家财政性教育经费占GDP的比例，教育部没有公布省、自治区、直辖市的数据。
  2. 从2014年起，预算内教育经费占财政支出比例（%）改为公共财政教育支出占公共财政一般预算支出比例（%）。

广东省各地级以上市学校数

(单位：所)

省市	幼儿园 2019年	幼儿园 2020年	幼儿园 增减	小学 2019年	小学 2020年	小学 增减	普通初中 2019年	普通初中 2020年	普通初中 增减	普通高中 2019年	普通高中 2020年	普通高中 增减	中等职业教育（不含技工学校） 2019年	中等职业教育（不含技工学校） 2020年	中等职业教育（不含技工学校） 增减	特殊教育 2019年	特殊教育 2020年	特殊教育 增减
广东省	19885	20747	862	10565	10600	35	3712	3748	36	1008	1035	27	426	396	-30	141	143	2
广州市	1966	2068	102	980	992	12	415	419	4	119	120	1	82	77	-5	20	20	0
深圳市	1836	1881	45	340	347	7	334	347	13	83	88	5	15	15	0	8	8	0
珠海市	346	360	14	131	134	3	57	60	3	20	20	0	8	8	0	2	2	0
汕头市	993	1151	158	741	737	-4	213	211	-2	95	96	1	21	16	-5	8	8	0
佛山市	1016	1039	23	417	419	2	152	154	2	60	62	2	31	28	-3	7	7	0
韶关市	583	599	16	204	209	5	126	126	0	25	25	0	14	14	0	8	9	1
河源市	575	573	-2	364	368	4	166	163	-3	32	34	2	13	13	0	7	7	0
梅州市	843	910	67	454	452	-2	173	177	4	59	59	0	20	19	-1	9	9	0
惠州市	780	804	24	554	571	17	234	239	5	43	47	4	25	25	0	7	7	0
汕尾市	495	525	30	450	451	1	127	128	1	37	36	-1	13	12	-1	5	5	0
东莞市	1171	1206	35	331	335	4	204	206	2	42	48	6	21	21	0	2	2	0
中山市	544	554	10	212	212	0	84	85	1	19	20	1	11	7	-4	2	2	0
江门市	632	635	3	326	325	-1	145	149	4	48	48	0	18	17	-1	7	7	0
阳江市	651	677	26	154	164	10	98	98	0	17	18	1	5	5	0	5	5	0
湛江市	2163	2222	59	940	911	-29	256	253	-3	59	58	-1	42	39	-3	9	9	0
茂名市	1464	1565	101	1377	1380	3	198	200	2	65	67	2	17	15	-2	7	8	1
肇庆市	652	682	30	233	236	3	154	155	1	33	37	4	17	17	0	8	8	0
清远市	797	818	21	342	341	-1	155	153	-2	32	33	1	14	14	0	7	7	0
潮州市	656	706	50	596	593	-3	106	108	2	34	33	-1	10	9	-1	4	4	0
揭阳市	1256	1298	42	1245	1243	-2	231	233	2	64	65	1	16	16	0	5	5	0
云浮市	466	474	8	174	180	6	84	84	0	22	21	-1	13	9	-4	4	4	0

广东省各地级以上市招生数

（单位：人）

省市	幼儿园 2019年	幼儿园 2020年	幼儿园 增减	小学 2019年	小学 2020年	小学 增减	普通初中 2019年	普通初中 2020年	普通初中 增减	普通高中 2019年	普通高中 2020年	普通高中 增减	中等职业教育（不含技工学校） 2019年	中等职业教育（不含技工学校） 2020年	中等职业教育（不含技工学校） 增减	特殊教育 2019年	特殊教育 2020年	特殊教育 增减
广东省	1 808 192	1 825 885	17 693	1 944 213	1 770 662	-173 551	1 380 301	1 419 625	39 324	639 413	671 805	32 392	314 820	313 885	-935	10 149	12 550	2 401
广州市	193 130	221 927	28 797	210 895	198 393	-12 502	131 578	138 917	7 339	53 127	54 360	1 233	63 539	60 259	-3 280	958	1 160	202
深圳市	179 844	187 135	7 291	203 957	190 742	-13 215	124 848	137 214	12 366	49 206	56 027	6 821	13 835	12 504	-1 331	573	637	64
珠海市	28 601	31 691	3 090	34 809	31 949	-2 860	24 773	26 646	1 873	10 948	11 913	965	6 744	6 680	-64	125	123	-2
汕头市	67 795	89 216	21 421	103 070	98 398	-4 672	80 053	81 877	1 824	47 522	46 934	-588	11 021	10 334	-687	767	707	-60
佛山市	113 278	125 672	12 394	117 468	108 646	-8 822	83 566	86 358	2 792	42 129	44 173	2 044	27 862	21 858	-6 004	448	450	2
韶关市	41 256	44 214	2 958	48 233	43 074	-5 159	35 845	34 973	-872	17 270	17 716	446	11 856	12 442	586	389	615	226
河源市	49 494	50 029	535	53 484	47 013	-6 471	49 784	51 402	1 618	23 203	24 470	1 267	8 108	9 709	1 601	629	641	12
梅州市	70 747	61 004	-9 743	68 412	57 639	-10 773	53 431	57 839	4 408	28 794	29 364	570	9 282	9 345	63	666	679	13
惠州市	94 644	92 786	-1 858	113 801	102 331	-11 470	84 317	82 967	-1 350	34 029	37 701	3 672	16 775	18 715	1 940	419	450	31
汕尾市	50 163	38 510	-11 653	53 850	46 046	-7 804	40 535	38 864	-1 671	18 090	18 774	684	5 737	6 185	448	209	362	153
东莞市	121 328	125 992	4 664	160 064	140 231	-19 833	97 821	92 418	-5 403	30 221	33 822	3 601	19 515	19 077	-438	197	240	43
中山市	53 369	55 994	2 625	61 802	57 575	-4 227	40 883	43 898	3 015	17 175	18 739	1 564	8 535	8 843	308	273	272	-1
江门市	52 072	54 992	2 920	63 474	57 646	-5 828	49 560	50 618	1 058	28 250	29 331	1 081	11 719	10 941	-778	409	400	-9
阳江市	41 082	40 144	-938	46 019	40 547	-5 472	34 935	36 284	1 349	16 382	16 952	570	4 990	5 947	957	309	413	104
湛江市	139 969	132 624	-7 345	138 902	128 870	-10 032	95 900	98 532	2 632	42 050	43 087	1 037	22 337	25 082	2 745	688	1 240	552
茂名市	172 729	151 884	-20 845	128 529	115 425	-13 104	97 592	97 836	244	53 686	53 822	136	23 566	23 427	-139	863	1 236	373
肇庆市	69 017	69 302	285	72 484	64 619	-7 865	56 675	58 377	1 702	24 850	27 688	2 838	20 496	20 605	109	556	697	141
清远市	70 307	66 642	-3 665	77 100	68 642	-8 458	52 201	55 089	2 888	23 337	23 912	575	10 379	11 731	1 352	588	709	121
潮州市	32 320	42 271	9 951	36 989	39 151	2 162	29 969	30 970	1 001	16 879	17 538	659	2 970	3 394	424	192	213	21
揭阳市	114 575	91 811	-22 764	102 471	91 536	-10 935	81 642	81 094	-548	46 411	49 780	3 369	9 207	9 568	361	629	824	195
云浮市	52 472	52 045	-427	48 400	42 189	-6 211	34 393	37 452	3 059	15 854	15 702	-152	6 347	7 239	892	262	482	220

广东省各地级以上市在校学生数

(单位：人)

省市	幼儿园 2019年	幼儿园 2020年	幼儿园 增减	小学 2019年	小学 2020年	小学 增减	普通初中 2019年	普通初中 2020年	普通初中 增减	普通高中 2019年	普通高中 2020年	普通高中 增减	中等职业教育（不含技工学校） 2019年	中等职业教育（不含技工学校） 2020年	中等职业教育（不含技工学校） 增减	特殊教育 2019年	特殊教育 2020年	特殊教育 增减
广东省	4645041	4801766	156725	10334303	10571118	236815	3890283	4054670	164387	1837399	1903517	66118	859668	866831	7163	52869	63802	10933
广州市	527648	574541	46893	1104714	1125103	20389	366867	383753	16886	159355	159450	95	180990	179515	-1475	4938	5757	819
深圳市	545032	559674	14642	1068992	1091179	22187	339851	367341	27490	137539	150289	12750	39442	39134	-308	2347	3495	1148
珠海市	81459	87959	6500	181989	185969	3980	68705	73341	4636	31909	33350	1441	18493	19320	827	859	1014	155
汕头市	191402	212323	20921	564301	576215	11914	229953	236498	6545	137056	137178	122	31061	28350	-2711	3776	4073	297
佛山市	318480	338060	19580	616570	638742	22172	235575	245373	9798	120734	127543	6809	64974	62648	-2326	2230	2262	32
韶关市	118349	119464	1115	260813	268462	7649	107503	108082	579	50560	51505	945	29730	32498	2768	2243	2775	532
河源市	119402	118103	-1299	312719	311036	-1683	137742	148131	10389	65276	69024	3748	21202	23508	2306	3549	3788	239
梅州市	156989	164282	7293	370951	373666	2715	155353	164181	8828	83306	84441	1135	26206	25153	-1053	3382	3932	550
惠州市	229843	226274	-3569	609393	621791	12398	232574	243085	10511	95151	102887	7736	48687	49061	374	2003	2462	459
汕尾市	98430	99290	860	276450	285556	9106	118749	120458	1709	54116	54481	365	13618	15226	1608	867	1636	769
东莞市	364816	370798	5982	837399	842240	4841	263482	265727	2245	85561	91548	5987	56962	55677	-1285	1116	1388	272
中山市	147946	154899	6953	326422	335628	9206	117270	122552	5282	47790	51077	3287	23847	24604	757	1429	1434	5
江门市	143662	149419	5757	348700	354628	5928	141788	145913	4125	78321	82032	3711	33725	31736	-1989	2001	2128	127
阳江市	104267	104626	359	256665	261279	4614	98398	104032	5634	45261	47949	2688	13379	14509	1130	1438	1996	558
湛江市	355463	348825	-6638	715299	748066	32767	271742	282606	10864	130920	127441	-3479	58386	61043	2657	3809	5160	1351
茂名市	334761	348161	13400	679448	701483	22035	281404	288074	6670	156727	158290	1563	63120	64184	1064	4631	5707	1076
肇庆市	156408	157948	1540	400466	407485	7019	161919	168263	6344	70345	75319	4974	54052	56781	2729	3003	3414	411
清远市	172595	171158	-1437	394825	410969	16144	143504	154046	10542	66805	68266	1461	28771	30150	1379	3155	3512	357
潮州市	100437	105263	4826	207118	213159	6041	84057	87610	3553	48745	49907	1162	8825	8907	82	1207	1393	186
揭阳市	263554	275989	12435	542455	554855	12400	237009	241424	4415	126271	135192	8921	25980	26594	614	3426	4265	839
云浮市	114098	114710	612	258614	263607	4993	96838	104180	7342	45651	46348	697	18218	18233	15	1460	2211	751

2020年广东省各普通高校研究生、普通本专科招生数和在校生数

(单位：人)

名称	招生数				在校生数			
	合计	研究生	本科	专科	合计	研究生	本科	专科
全省合计	976 981	59 785	345 191	572 005	2 554 579	154 352	1 222 533	1 177 694
本科院校合计	445 691	59 785	345 191	40 715	1 463 674	154 352	1 222 533	86 789
公办本科院校	286 511	59 785	213 967	12 759	937 972	154 352	756 925	26 695
中山大学	18 289	10 604	7 685	0	61 548	29 356	32 192	0
华南理工大学	13 665	7 093	6 572	0	47 609	22 034	25 575	0
暨南大学	12 212	5 421	6 791	0	40 987	14 425	26 562	0
华南农业大学	13 434	3 602	9 832	0	46 594	8 628	37 966	0
南方医科大学	5 791	2 539	3 080	172	20 760	6 502	13 910	348
广州中医药大学	4 938	1 958	2 980	0	17 742	5 212	12 345	185
华南师范大学	12 427	5 058	7 369	0	40 325	13 307	27 018	0
广东工业大学	13 096	3 694	9 402	0	46 314	9 609	36 705	0
广东外语外贸大学	6 856	1 781	5 075	0	23 871	4 045	19 826	0
汕头大学	5 217	1 675	3 050	492	15 294	4 400	10 402	492
广东财经大学	9 308	1 250	8 058	0	27 947	2 446	25 501	0
广东医科大学	6 775	905	5 870	0	23 796	1 813	21 983	0
广东海洋大学	10 075	655	9 420	0	35 114	1 405	33 709	0
仲恺农业工程学院	7 663	619	7 044	0	24 439	1 534	22 905	0
广东药科大学	5 381	730	4 651	0	22 748	1 770	20 978	0
星海音乐学院	1 418	143	1 275	0	5 405	389	5 016	0
广州美术学院	2 243	393	1 850	0	6 877	968	5 909	0
广州体育学院	2 124	388	1 736	0	7 800	1 083	6 717	0
广东技术师范大学	10 943	525	10 418	0	28 165	1 199	26 920	46
岭南师范学院	9 414	0	7 701	1 713	28 559	0	25 049	3 510
韩山师范学院	7 408	0	6 577	831	21 125	0	18 833	2 292
广东石油化工学院	13 850	0	10 453	3 397	28 747	0	25 094	3 653
广东金融学院	6 173	128	6 045	0	21 702	227	21 475	0
广东警官学院	1 692	0	1 692	0	6 713	0	6 713	0
广东第二师范学院	3 826	0	3 826	0	14 077	0	14 077	0
广州大学	12 731	2 570	7 465	2 696	43 032	5 995	29 960	7 077
广州医科大学	3 465	1 336	2 129	0	12 303	3 015	9 286	2
广州航海学院	2 942	0	2 942	0	12 082	0	12 082	0
深圳大学	11 034	4 301	6 733	0	38 875	10 483	28 392	0

续上表

名称	招生数				在校生数			
	合计	研究生	本科	专科	合计	研究生	本科	专科
南方科技大学	2 345	1 252	1 093	0	6 484	2 174	4 310	0
深圳技术大学	1 577	0	1 577	0	2 380	0	2 380	0
佛山科学技术学院	5 874	578	5 296	0	21 064	1 256	19 808	0
韶关学院	10 859	0	9 160	1 699	29 733	0	25 239	4 494
嘉应学院	8 998	0	7 239	1 759	28 340	0	23 749	4 591
惠州学院	5 422	0	5 422	0	19 234	0	19 234	0
东莞理工学院	5 294	183	5 111	0	19 587	260	19 327	0
五邑大学	5 543	404	5 139	0	20 135	817	19 318	0
肇庆学院	6 209	0	6 209	0	20 465	0	20 460	5
中外（含内地与港澳台）合作院校	3 627	0	3 627	0	12 949	0	12 949	0
北京师范大学－香港浸会大学联合国际学院	1 787	0	1 787	0	6 641	0	6 641	0
香港中文大学（深圳）	1 351	0	1 351	0	4 683	0	4 683	0
深圳北理莫斯科大学	304	0	304	0	716	0	716	0
广东以色列理工学院	185	0	185	0	909	0	909	0
民办本科院校	139 113	0	111 157	27 956	432 814	0	372 720	60 094
广东培正学院	4 901	0	4 901	0	17 529	0	17 529	0
广东白云学院	8 133	0	8 133	0	24 773	0	24 699	74
广东科技学院	13 812	0	9 988	3 824	30 178	0	24 681	5 497
广州商学院	4 962	0	4 781	181	16 875	0	16 218	657
广东东软学院	3 796	0	2 666	1 130	11 228	0	9 431	1 797
广州工商学院	7 183	0	6 711	472	25 399	0	23 389	2 010
广东理工学院	16 985	0	10 536	6 449	39 910	0	29 227	10 683
广州理工学院	5 864	0	5 864	0	13 056	0	13 056	0
广州大学华软软件学院	3 447	0	3 447	0	14 291	0	14 290	1
广州大学松田学院	3 500	0	3 500	0	11 282	0	11 282	0
广东财经大学华商学院	7 032	0	7 032	0	25 038	0	25 038	0
中山大学南方学院	4 838	0	4 838	0	19 600	0	19 600	0
中山大学新华学院	5 209	0	5 209	0	21 987	0	21 987	0
广东海洋大学寸金学院	4 212	0	4 212	0	19 940	0	19 940	0
华南理工大学广州学院	5 132	0	5 132	0	21 854	0	21 854	0
吉林大学珠海学院	8 136	0	8 136	0	30 786	0	30 786	0
广东工业大学华立学院	4 199	0	4 199	0	18 359	0	18 359	0
东莞理工学院城市学院	2 593	0	2 593	0	18 509	0	18 509	0
广州科技职业技术大学	9 955	0	4 726	5 229	25 495	0	6 487	19 008
广东工商职业技术大学	15 224	0	4 553	10 671	26 725	0	6 358	20 367

续上表

名称	招生数				在校生数			
	合计	研究生	本科	专科	合计	研究生	本科	专科
独立学院	16 440	0	16 440	0	79 939	0	79 939	0
北京师范大学珠海分校	2 096	0	2 096	0	16 108	0	16 108	0
电子科技大学中山学院	4 630	0	4 630	0	19 535	0	19 535	0
北京理工大学珠海学院	4 485	0	4 485	0	22 408	0	22 408	0
华南农业大学珠江学院	3 113	0	3 113	0	12 852	0	12 852	0
广东外语外贸大学南国商学院	2 116	0	2 116	0	9 036	0	9 036	0
高职（专科）院校小计	531 290	0	0	531 290	1 090 905	0	0	1 090 905
公办专科院校	397 580	0	0	397 580	823 260	0	0	823 260
广州民航职业技术学院	4 592	0	0	4 592	12 744	0	0	12 744
广东轻工职业技术学院	11 807	0	0	11 807	26 747	0	0	26 747
广东省外语艺术职业学院	6 971	0	0	6 971	13 861	0	0	13 861
广东机电职业技术学院	11 663	0	0	11 663	21 579	0	0	21 579
广东工贸职业技术学院	10 898	0	0	10 898	22 295	0	0	22 295
广东职业技术学院	9 950	0	0	9 950	19 939	0	0	19 939
广东建设职业技术学院	8 510	0	0	8 510	17 110	0	0	17 110
广东理工职业学院	4 799	0	0	4 799	12 786	0	0	12 786
广东科学技术职业学院	13 137	0	0	13 137	29 289	0	0	29 289
广东交通职业技术学院	11 856	0	0	11 856	22 096	0	0	22 096
广东松山职业技术学院	8 178	0	0	8 178	14 435	0	0	14 435
广东工程职业技术学院	10 171	0	0	10 171	20 428	0	0	20 428
广东科贸职业学院	13 050	0	0	13 050	23 134	0	0	23 134
广东食品药品职业学院	8 086	0	0	8 086	21 262	0	0	21 262
广东水利电力职业技术学院	7 545	0	0	7 545	18 241	0	0	18 241
广东女子职业技术学院	3 907	0	0	3 907	8 889	0	0	8 889
广东环境保护工程职业学院	4 582	0	0	4 582	11 996	0	0	11 996
广东生态工程职业学院	6 899	0	0	6 899	11 492	0	0	11 492
广东文艺职业学院	1 572	0	0	1 572	4 111	0	0	4 111
广东舞蹈戏剧职业学院	1 523	0	0	1 523	3 432	0	0	3 432
广东财贸职业学院	3 183	0	0	3 183	4 531	0	0	4 531
广东体育职业技术学院	1 899	0	0	1 899	4 107	0	0	4 107
广东行政职业学院	1 930	0	0	1 930	3 746	0	0	3 746
广东青年职业学院	2 388	0	0	2 388	4 578	0	0	4 578
广东司法警官职业学院	2 023	0	0	2 023	5 032	0	0	5 032
广东农工商职业技术学院	10 064	0	0	10 064	23 491	0	0	23 491
广东邮电职业技术学院	3 146	0	0	3 146	6 323	0	0	6 323
广东南华工商职业学院	5 857	0	0	5 857	13 587	0	0	13 587

续上表

名称	招生数				在校生数			
	合计	研究生	本科	专科	合计	研究生	本科	专科
广州番禺职业技术学院	5 852	0	0	5 852	13 607	0	0	13 607
广州体育职业技术学院	1 429	0	0	1 429	2 915	0	0	2 915
广州工程技术职业学院	6 609	0	0	6 609	11 679	0	0	11 679
广州铁路职业技术学院	3 565	0	0	3 565	9 155	0	0	9 155
广州城市职业学院	5 803	0	0	5 803	12 071	0	0	12 071
广州科技贸易职业学院	3 233	0	0	3 233	9 000	0	0	9 000
广州卫生职业技术学院	2 486	0	0	2 486	5 924	0	0	5 924
深圳职业技术学院	16 111	0	0	16 111	32 450	0	0	32 450
深圳信息职业技术学院	8 315	0	0	8 315	20 497	0	0	20 497
珠海城市职业技术学院	3 798	0	0	3 798	7 809	0	0	7 809
汕头职业技术学院	6 912	0	0	6 912	14 162	0	0	14 162
佛山职业技术学院	5 034	0	0	5 034	10 144	0	0	10 144
河源职业技术学院	7 494	0	0	7 494	16 486	0	0	16 486
惠州卫生职业技术学院	6 439	0	0	6 439	9 686	0	0	9 686
惠州城市职业学院	7 503	0	0	7 503	15 421	0	0	15 421
惠州工程职业学院	5 847	0	0	5 847	11 372	0	0	11 372
汕尾职业技术学院	4 592	0	0	4 592	9 935	0	0	9 935
东莞职业技术学院	7 272	0	0	7 272	15 117	0	0	15 117
中山火炬职业技术学院	4 222	0	0	4 222	8 728	0	0	8 728
中山职业技术学院	5 483	0	0	5 483	11 091	0	0	11 091
江门职业技术学院	6 618	0	0	6 618	14 888	0	0	14 888
广东江门中医药职业学院	4 223	0	0	4 223	9 125	0	0	9 125
广东江门幼儿师范高等专科学校	3 062	0	0	3 062	4 046	0	0	4 046
阳江职业技术学院	5 749	0	0	5 749	13 006	0	0	13 006
湛江幼儿师范专科学校	7 863	0	0	7 863	12 330	0	0	12 330
茂名职业技术学院	6 882	0	0	6 882	17 466	0	0	17 466
广东茂名健康职业学院	4 579	0	0	4 579	7 630	0	0	7 630
广东茂名幼儿师范专科学校	7 078	0	0	7 078	13 651	0	0	13 651
广东茂名农林科技职业学院	6 932	0	0	6 932	11 024	0	0	11 024
肇庆医学高等专科学校	9 844	0	0	9 844	16 030	0	0	16 030
清远职业技术学院	8 593	0	0	8 593	16 379	0	0	16 379
揭阳职业技术学院	3 670	0	0	3 670	7 523	0	0	7 523
罗定职业技术学院	5 609	0	0	5 609	11 806	0	0	11 806
顺德职业技术学院	8 693	0	0	8 693	19 846	0	0	19 846
民办专科院校	133 710	0	0	133 710	267 645	0	0	267 645
私立华联学院	3 460	0	0	3 460	9 680	0	0	9 680

续上表

名称	招生数				在校生数			
	合计	研究生	本科	专科	合计	研究生	本科	专科
潮汕职业技术学院	2 228	0	0	2 228	5 039	0	0	5 039
广东新安职业技术学院	2 758	0	0	2 758	5 695	0	0	5 695
广东岭南职业技术学院	12 536	0	0	12 536	26 416	0	0	26 416
广东亚视演艺职业学院	1 035	0	0	1 035	3 557	0	0	3 557
广州康大职业技术学院	1 391	0	0	1 391	2 443	0	0	2 443
珠海艺术职业学院	1 275	0	0	1 275	4 414	0	0	4 414
广州涉外经济职业技术学院	6 569	0	0	6 569	13 661	0	0	13 661
广州南洋理工职业学院	4 929	0	0	4 929	13 012	0	0	13 012
惠州经济职业技术学院	3 318	0	0	3 318	9 263	0	0	9 263
广州华南商贸职业学院	3 847	0	0	3 847	8 455	0	0	8 455
广州华立科技职业学院	7 840	0	0	7 840	17 450	0	0	17 450
广州现代信息工程职业技术学院	4 755	0	0	4 755	10 519	0	0	10 519
广州珠江职业技术学院	2 012	0	0	2 012	6 492	0	0	6 492
广州松田职业学院	5 657	0	0	5 657	8 659	0	0	8 659
广东文理职业学院	7 704	0	0	7 704	12 265	0	0	12 265
广州城建职业学院	9 644	0	0	9 644	22 949	0	0	22 949
广东南方职业学院	16 925	0	0	16 925	22 710	0	0	22 710
广州华商职业学院	9 640	0	0	9 640	16 998	0	0	16 998
广州华夏职业学院	11 569	0	0	11 569	20 078	0	0	20 078
广东创新科技职业学院	4 795	0	0	4 795	9 427	0	0	9 427
广州东华职业学院	4 232	0	0	4 232	8 192	0	0	8 192
广东信息工程职业学院	1 553	0	0	1 553	3 003	0	0	3 003
广东碧桂园职业学院	822	0	0	822	1 805	0	0	1 805
广东酒店管理职业技术学院	3 216	0	0	3 216	5 463	0	0	5 463

注：1. 研究生招生数、在校生数不含科研机构数据。
　　2. 研究生在校生含在职人员攻读硕士学位。